해커스 토익 RC

실전 1000제 3 READING

해설집

해커스 어학연구소

최신 토익 경향을 완벽하게 반영한
해커스 토익 실전 1000제 3 READING 해설집을 내면서

해커스 토익이 항상 독보적인 베스트셀러의 자리를 지킬 수 있는 것은 **늘 처음과 같은 마음**으로 더 좋은 책을 만들기 위해 고민하고, **최신 경향을 반영하기 위해 끊임없이 노력**하기 때문입니다.

그리고 이러한 노력 끝에 **최신 토익 경향을 반영한《해커스 토익 실전 1000제 3 Reading 해설집》(최신개정판)**을 출간하게 되었습니다.

최신 출제 경향의 문제 이해로 실전 완벽 대비!

최신 토익 출제 경향이 완벽 반영된《해커스 토익 실전 1000제 3 Reading 문제집》의 모든 문제 유형을 세분화하고, 각 유형에 따른 명쾌한 해설로 문제를 제대로 이해하고 풀 수 있도록 하였습니다. 이러한 문제 이해를 바탕으로 실전에 보다 철저하게 대비할 수 있으며, 나아가 토익 리딩 실력 또한 향상시킬 수 있도록 하였습니다.

상세한 해설과 문제 풀이 전략 적용을 통한 고득점 달성!

모든 문제에 대한 해석과 정답에 대한 해설은 기본이고, 오답까지 상세하게 분석한 해설과 중요 어휘를 수록하여 문제를 확실하게 이해하고 학습할 수 있습니다. 또한, 모든 문제에 난이도를 표시하여 자신의 실력과 학습 목표에 따라 학습할 수 있을 뿐만 아니라, 지문에서 정답의 단서가 되는 부분이 질문이나 정답 보기에서 어떻게 바뀌어 표현되었는지를 한눈에 확인할 수 있는 '바꾸어 표현하기' 등 문제 풀이에 실질적으로 도움이 되는 구성도 함께 수록하여 실전 고득점 달성이 가능합니다.

《**해커스 토익 실전 1000제 3 Reading** 해설집》이 여러분의 토익 목표 점수 달성에 확실한 해결책이 되고 영어 실력 향상, 나아가 여러분의 꿈을 향한 길에 믿음직한 동반자가 되기를 소망합니다.

해커스 어학연구소

CONTENTS

PART 5 해설 미리보기

1. 문제, 해석

2. 난이도

3. 문제 유형

4. 해설

5. 어휘

PART 5

101 Many customers of RDF Bank find it convenient to ------- deposit paychecks into a specific account each month.

(A) automation   (B) automatically
(C) automatic   (D) automate

RDF 은행의 많은 고객들은 매달 특정한 계좌에 자동으로 급여를 예금하는 것이 편리하다고 느낀다.

정답 (B)

■ 부사 자리

빈칸 뒤에서 to 부정사를 완성하는 동사원형(deposit)을 꾸밀 수 있는 것은 부사이므로 부사 (B) automatically(자동으로)가 정답이다. 명사 (A), 형용사 (C), 동사 (D)는 동사를 꾸밀 수 없다. deposit을 '보증금'이라는 의미의 명사로 볼 경우, 동사 (D)가 명사 deposit을 취할 수는 있지만, 이 경우 명사(deposit)와 명사(paychecks)가 특별한 연결어 없이 나란히 오게 되므로 답이 될 수 없다.

어휘 deposit v. 예금하다 paycheck n. 급여 account n. 계좌, 계정 automation n. 자동화 automate v. 자동화하다

PART 6 해설 미리보기

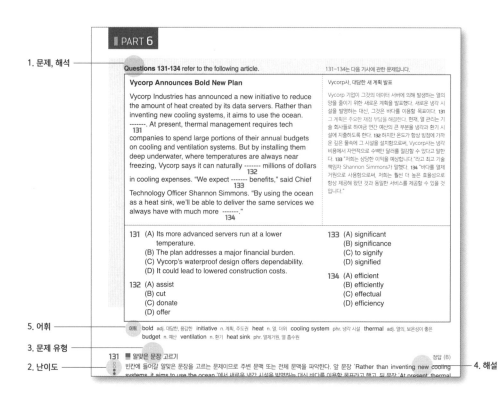

1. 문제, 해석

5. 어휘

3. 문제 유형

2. 난이도

4. 해설

Questions 131-134 refer to the following article.

Vycorp Announces Bold New Plan

Vycorp Industries has announced a new initiative to reduce the amount of heat created by its data servers. Rather than inventing new cooling systems, it aims to use the ocean. -------. At present, thermal management requires tech **131** companies to spend large portions of their annual budgets on cooling and ventilation systems. But by installing them deep underwater, where temperatures are always near freezing, Vycorp says it can naturally ------- millions of dollars **132** in cooling expenses. "We expect ------- benefits," said Chief **133** Technology Officer Shannon Simmons. "By using the ocean as a heat sink, we'll be able to deliver the same services we always have with much more -------." **134**

131-134는 다음 기사에 관한 문제입니다.

Vycorp사, 대담한 새 계획 발표

Vycorp 기업이 그것의 데이터 서버에 의해 발생하는 열의 양을 줄이기 위한 새로운 계획을 발표했다. 새로운 냉각 시설을 발명하는 대신, 그것은 바다를 이용할 목표이다. **131** 그 계획은 주요한 재정 부담을 해결한다. 현재, 열 관리는 기술 회사들로 하여금 연간 예산의 큰 부분을 냉각과 환기 시설에 지출하도록 한다. **132** 하지만 온도가 항상 빙점에 가까운 깊은 물속에 그 시설을 설치함으로써, Vycorp사는 냉각 비용에서 자연적으로 수백만 달러를 절감할 수 있다고 말한다. **133** "저희는 상당한 이익을 예상합니다."라고 최고 기술 책임자 Shannon Simmons가 말했다. **134** "바다를 열제거원으로 사용함으로써, 저희는 훨씬 더 높은 효율성으로 항상 제공해 왔던 것과 동일한 서비스를 제공할 수 있을 것입니다."

131 (A) Its more advanced servers run at a lower temperature.
(B) The plan addresses a major financial burden.
(C) Vycorp's waterproof design offers dependability.
(D) It could lead to lowered construction costs.

132 (A) assist
(B) cut
(C) donate
(D) offer

133 (A) significant
(B) significance
(C) to signify
(D) signified

134 (A) efficient
(B) efficiently
(C) effectual
(D) efficiency

어휘 bold adj. 대담한, 용감한 initiative n. 계획, 주도권 heat n. 열, 더위 cooling system phr. 냉각 시설 thermal adj. 열의, 보온성이 좋은 budget n. 예산 ventilation n. 환기 heat sink phr. 열제거원, 열 흡수원

131 ■ 알맞은 문장 고르기

정답 (B)

빈칸에 들어갈 알맞은 문장을 고르는 문제이므로 주변 문맥 또는 전체 문맥을 파악한다. 앞 문장 'Rather than inventing new cooling systems, it aims to use the ocean.'에서 새로운 냉각 시설을 발명하는 대신 바다를 이용할 목표라고 했고, 뒤 문장 'At present, thermal

PART 5 & 6

1. 문제, 해석

최신 출제 경향과 난이도가 반영된 문제를 해설집에도 그대로 수록하였습니다. 해설을 보기 전에 문제를 다시 한번 풀어보며 자신이 어떤 과정으로 정답을 선택했는지 되짚어보고, 함께 수록된 정확한 해석을 보며 문제를 확실히 이해하고 문장 구조를 꼼꼼하게 파악합니다.

2. 난이도

사전 테스트를 거쳐 검증된 문제별 난이도를 '하, 중, 상, 최상'의 4단계로 나누어 각 문제 번호 아래에 표시하였습니다. 각 문제별 난이도를 참고하여 자신의 실력과 학습 목표에 따라 학습할 수 있습니다.

3. 문제 유형

자주 틀리는 문제 유형을 쉽게 파악할 수 있도록 모든 문제마다 문제 유형을 제시하였습니다. 문제 유형은 모두 《해커스 토익 Reading》의 목차 목록과 동일하여, 특정 유형에 대해 보완 학습이 필요할 경우 쉽게 참고할 수 있도록 하였습니다.

4. 해설

문제 유형별로 가장 효과적인 해결 방법을 제시하였을 뿐만 아니라, 오답 보기가 오답이 되는 이유까지도 상세하게 설명하였습니다. 이와 함께, 중요 문법·어휘를 함께 학습할 수 있도록 문법·어휘 포인트 설명을 추가로 제공하였습니다.

5. 어휘

문제 풀이 시 사전을 찾는 불편을 덜 수 있도록 지문 및 문제에서 사용된 단어나 어구의 뜻을 품사 표시와 함께 수록하였습니다.

PART 7 해설 미리보기

1. 지문, 문제, 해석

3. 정답의 단서

6. 어휘

2. 난이도

4. 문제 유형

7. 바꾸어 표현하기

5. 해설

PART 7

Questions 147-148 refer to the following advertisement.

147-148은 다음 광고에 관한 문제입니다.

Are you letting high prices get in the way of your fitness goals?

Everyone is talking about yoga these days—in magazines, on television, and even during chats with friends. But while we've all heard about the many health benefits that yoga provides, looking around yoga stores can be intimidating. With even a simple yoga mat costing up to $50 or more, yoga can seem like an expensive activity to get into!

Well, not anymore. ¹⁴⁷Merchandise at FlexiWorld Yoga ranges from top brand name yoga equipment to cheaper gear for beginners. And ¹⁴⁸we can afford to offer all of our products at lower prices than department stores and other retailers because we operate entirely online.

So if you're thinking of trying out yoga, but don't want to overspend, head to www.flexiworldyoga.com!

높은 가격이 당신의 운동 목표에 방해가 되게 하고 계십니까?

요즘 모든 사람들이 잡지에서, 텔레비전에서, 그리고 심지어 친구들과의 잡담 중에도 요가에 대해 이야기하고 있습니다. 그러나 우리 모두가 요가가 주는 많은 건강상의 이점들에 대해 들어보긴 했지만, 요가 관련 상점들을 둘러보는 것은 겁이 날 수 있습니다. 단순한 요가 매트 하나마저 가격이 최고 50달러 이상에 이르기 때문에, 요가는 흥미를 붙이기에 바쁜 활동인 것처럼 보일 수 있습니다!

자, 이제는 아닙니다. ¹⁴⁷FlexiWorld Yoga의 제품들은 최고 브랜드 요가 장비에서부터 더 저렴한 초보자용 장비까지 다양합니다. 그리고 ¹⁴⁸저희는 전적으로 온라인으로 운영되기 때문에 백화점들과 다른 소매업체들보다 더 낮은 가격에 저희의 모든 제품들을 제공할 수 있습니다.

그러니 요가를 해보는 것에 대해 생각하고 있지만 돈을 많이 쓰고 싶지 않다면, www.flexiworldyoga.com으로 가보십시오!

어휘 □ **get in the way of** phr. 방해되다, 방해하다　□ **fitness** n. 운동, 건강(상태)　□ **look around** phr. 둘러보다
□ **intimidating** adj. 겁나는, 위협적인　□ **get into** phr. ~에 흥미를 갖게 되다　□ **range from A to B** phr. A에서 B까지 다양하다
□ **gear** n. 장비, 장치　□ **afford to** phr. ~할 수 있다, ~할 여유가 있다　□ **overspend** v. 돈을 많이 쓰다, 초과 지출하다

147 What is the advertisement mainly about?

(A) A subscription to a health magazine
(B) A discounted yoga course
(C) An exercise equipment store
(D) A series of fitness videos

광고는 주로 무엇에 대한 것인가?

(A) 건강 잡지 구독
(B) 할인된 요가 수업
(C) 운동 장비 상점
(D) 운동 비디오 시리즈

■ **주제/목적 찾기** 글의 주제　　　　　　　　　　　　　　　　　　　　　　　정답 (C)

광고가 주로 무엇에 대한 것인지를 묻는 주제 찾기 문제이다. 특별히 이 문제는 지문의 중반에 주제 관련 내용이 언급되었음에 주의한다. 'Merchandise at FlexiWorld Yoga ranges from top brand name yoga equipment to cheaper gear for beginners.'에서 FlexiWorld Yoga의 제품들이 최고 브랜드 요가 장비에서부터 더 저렴한 초보자용 장비까지 다양하다고 하면서 요가 장비를 판매하는 상점을 광고하고 있으므로 (C)가 정답이다.

바꾸어 표현하기
yoga equipment 요가 장비 → exercise equipment 운동 장비

148 According to the advertisement, how can FlexiWorld Yoga offer reasonable prices?

(A) It retails its merchandise solely online.
(B) It buys its goods at a discount.
(C) It manufactures its own products.
(D) It has exclusive deals with suppliers.

광고에 따르면, FlexiWorld Yoga는 어떻게 합리적인 가격을 제공할 수 있는가?

(A) 제품들을 오로지 온라인에서만 판매한다.
(B) 제품들을 할인하여 사들인다.
(C) 자체 제품들을 생산한다.
(D) 공급업체들과 독점 계약을 맺고 있다.

■ **육하원칙** How　　　　　　　　　　　　　　　　　　　　　　　　　　　정답 (A)

FlexiWorld Yoga가 어떻게(how) 합리적인 가격을 제공할 수 있는지를 묻는 육하원칙 문제이다. 질문의 핵심 어구인 FlexiWorld Yoga offer reasonable prices와 관련하여, 'we can afford to offer all of our products at lower prices than department stores and other retailers because we operate entirely online'에서 우리, 즉 FlexiWorld Yoga는 전적으로 온라인에서 운영되기 때문에 백화점들과 다른 소매업체들보다 더 낮은 가격에 모든 제품들을 제공할 수 있다고 했으므로 (A)가 정답이다.

어휘 **solely** adv. 오로지, 단독으로　**at a discount** phr. 할인하여, 정가 이하로　**exclusive** adj. 독점적인; n. 독점 기사　**deal** n. 계약, 거래; v. 다루다, 거래하다

PART 7

1. 지문, 문제, 해석

최신 출제 경향과 난이도가 반영된 지문 및 문제를 해설집에도 그대로 수록하였습니다. 해설을 보기 전에 문제를 다시 한번 풀어보며 자신이 어떤 과정으로 정답을 선택했는지 되짚어보고, 함께 수록된 정확한 해석을 보며 문제를 확실히 이해하고 문장 구조를 꼼꼼하게 파악합니다.

2. 난이도

사전 테스트를 거쳐 검증된 문제별 난이도를 '하, 중, 상, 최상'의 4단계로 나누어 각 문제 번호 아래에 표시하였습니다. 각 문제별 난이도를 참고하여 자신의 실력과 학습 목표에 따라 학습할 수 있습니다.

3. 정답의 단서

지문에서 정답을 선택하는 데 결정적인 단서가 되는 부분을 녹색으로 표시하였습니다. 해설을 읽기 전에 먼저 지문에서 녹색으로 표시된 단서를 찾고, 정답을 선택하는 연습을 합니다.

4. 문제 유형

자주 틀리는 문제 유형을 쉽게 파악할 수 있도록 모든 문제마다 문제 유형을 제시하였습니다. 문제 유형은 모두 《해커스 토익 Reading》의 목차 목록과 동일하여, 특정 유형에 대해 보완 학습이 필요할 경우 쉽게 참고할 수 있도록 하였습니다.

5. 해설

질문 유형별로 가장 효율적인 해결 방법이 적용된 문제 풀이 방법을 제시하였습니다. 질문의 핵심 어구를 파악하고, 이를 지문에서 찾아 보기와 연결하고 정답을 선택하는 문제 풀이 과정을 읽는 것만으로도 자연스럽게 Part 7의 유형별 문제 풀이 전략을 익힐 수 있습니다.

6. 어휘

문제 풀이 시 사전을 찾는 불편을 덜 수 있도록 지문 및 문제에서 사용된 단어나 어구의 뜻을 품사 표시와 함께 수록하였습니다.

7. 바꾸어 표현하기

지문의 내용이 질문이나 보기에서 바꾸어 표현된 경우, [지문의 표현 → 보기의 표현] 혹은 [질문의 표현 → 지문의 표현]으로 정리하여 한눈에 확인할 수 있도록 하였습니다. 이를 통해 Part 7 풀이 전략을 익히고 나아가 고득점 달성이 가능하도록 하였습니다.

토익 소개 및 시험장 Tips

토익이란 무엇인가?

TOEIC은 **Test Of English for International Communication**의 약자로 영어가 모국어가 아닌 사람들을 대상으로 언어 본래의 기능인 '커뮤니케이션' 능력에 중점을 두고 일상생활 또는 국제 업무 등에 필요한 실용영어 능력을 평가하는 시험입니다. 토익은 일상생활 및 비즈니스 현장에서 필요로 하는 내용을 평가하기 위해 개발되었고 다음과 같은 실용적인 주제들을 주로 다룹니다.

- 협력 개발: 연구, 제품 개발
- 재무 회계: 대출, 투자, 세금, 회계, 은행 업무
- 일반 업무: 계약, 협상, 마케팅, 판매
- 기술 영역: 전기, 공업 기술, 컴퓨터, 실험실
- 사무 영역: 회의, 서류 업무
- 물품 구입: 쇼핑, 물건 주문, 대금 지불

- 식사: 레스토랑, 회식, 만찬
- 문화: 극장, 스포츠, 피크닉
- 건강: 의료 보험, 병원 진료, 치과
- 제조: 생산 조립 라인, 공장 경영
- 직원: 채용, 은퇴, 급여, 진급, 고용 기회
- 주택: 부동산, 이사, 기업 부지

토익의 파트별 구성

구성		내용	문항 수	시간	배점
Listening Test	Part 1	사진 묘사	6문항 (1번~6번)	45분	495점
	Part 2	질의 응답	25문항 (7번~31번)		
	Part 3	짧은 대화	39문항, 13지문 (32번~70번)		
	Part 4	짧은 담화	30문항, 10지문 (71번~100번)		
Reading Test	Part 5	단문 빈칸 채우기 (문법/어휘)	30문항 (101번~130번)	75분	495점
	Part 6	장문 빈칸 채우기 (문법/어휘/문장 고르기)	16문항, 4지문 (131번~146번)		
	Part 7	지문 읽고 문제 풀기(독해) - 단일 지문 (Single Passage) - 이중 지문 (Double Passages) - 삼중 지문 (Triple Passages)	54문항, 15지문 (147번~200번) - 29문항, 10지문 (147번~175번) - 10문항, 2지문 (176번~185번) - 15문항, 3지문 (186번~200번)		
Total		7 Parts	200문항	120분	990점

토익 접수 방법 및 성적 확인

1. 접수 방법
- 접수 기간을 TOEIC위원회 인터넷 사이트(www.toeic.co.kr) 혹은 공식 애플리케이션에서 확인하고 접수합니다.
- 접수 시 jpg형식의 사진 파일이 필요하므로 미리 준비합니다.

2. 성적 확인
- 시험일로부터 약 10일 이후 TOEIC위원회 인터넷 사이트(www.toeic.co.kr) 혹은 공식 애플리케이션에서 확인합니다. (성적 발표 기간은 회차마다 상이함)
- 시험 접수 시, 우편 수령과 온라인 출력 중 성적 수령 방법을 선택할 수 있습니다.
  *온라인 출력은 성적 발표 즉시 발급 가능하나, 우편 수령은 약 7일가량의 발송 기간이 소요될 수 있습니다.

시험 당일 준비물

| 신분증 | 연필&지우개 | 시계 | 수험번호를 적어둔 메모 | 오답노트&단어암기장 |

* 시험 당일 신분증이 없으면 시험에 응시할 수 없으므로, 반드시 ETS에서 요구하는 신분증(주민등록증, 운전면허증, 공무원증 등)을 지참해야 합니다.
  ETS에서 인정하는 신분증 종류는 TOEIC위원회 인터넷 사이트(www.toeic.co.kr)에서 확인 가능합니다.

시험 진행 순서

정기시험/추가시험(오전)	추가시험(오후)	진행내용	유의사항
AM 9:30 - 9:45	PM 2:30 - 2:45	답안지 작성 오리엔테이션	10분 전에 고사장에 도착하여, 이름과 수험번호로 고사실을 확인합니다.
AM 9:45 - 9:50	PM 2:45 - 2:50	쉬는 시간	준비해간 오답노트나 단어암기장으로 최종 정리를 합니다. 시험 중간에는 쉬는 시간이 없으므로 화장실에 꼭 다녀오도록 합니다.
AM 9:50 - 10:10	PM 2:50 - 3:10	신분 확인 및 문제지 배부	
AM 10:10 - 10:55	PM 3:10 - 3:55	Listening Test	Part 1과 Part 2는 문제를 풀면서 정답을 바로 답안지에 마킹합니다. Part 3와 Part 4는 문제의 정답 보기 옆에 살짝 표시해두고, Listening Test가 끝난 후 한꺼번에 마킹합니다.
AM 10:55 - 12:10	PM 3:55 - 5:10	Reading Test	각 문제를 풀 때 바로 정답을 마킹합니다.

* 추가시험은 토요일 오전 또는 오후에 시행되므로 이 사항도 꼼꼼히 확인합니다.
* 당일 진행 순서에 대한 더 자세한 내용은 해커스토익(Hackers.co.kr) 사이트에서 확인할 수 있습니다.

파트별 형태 및 전략

Part 5 단문 빈칸 채우기 (30문제)

· 한 문장의 빈칸에 알맞은 문법 사항이나 어휘를 4개의 보기 중에서 고르는 유형
· 권장 소요 시간: 11분 (문제당 풀이 시간: 20초~22초)

문제 형태

1 문법

---

101. Mr. Monroe announced his ------- to retire from the firm at a meeting last week.

    (A) decides
    (B) decisively
    (C) decision
    (D) decisive

해설 101. 빈칸 앞에 형용사 역할을 하는 소유격 인칭대명사(his)가 왔으므로 형용사의 꾸밈을 받을 수 있는 명사 (C)가 정답이다.

2 어휘

---

102. Effective on Monday, employees must start ------- a new procedure for ordering office supplies.

    (A) causing
    (B) following
    (C) excluding
    (D) informing

해설 102. '직원들은 새로운 절차를 ____하기 시작해야 한다'라는 문맥에 가장 잘 어울리는 단어는 동사 follow의 동명사 (B)이다.

문제 풀이 전략

1. 보기를 보고 문법 문제인지, 어휘 문제인지 유형을 파악합니다.

네 개의 보기를 보고 문법 사항을 묻는 문제인지, 어휘의 의미를 묻는 문제인지를 파악합니다. 보기가 첫 번째 예제의 decides, decisively, decision, decisive처럼 품사가 다른 단어들로 구성되어 있으면 문법 문제이고, 두 번째 예제의 causing, following, excluding, informing처럼 품사는 같지만 의미가 다른 단어들로 구성되어 있으면 어휘 문제입니다.

2. 문제 유형에 따라 빈칸 주변이나 문장 구조 또는 문맥을 통해 정답을 선택합니다.

문법 문제는 빈칸 주변이나 문장 구조를 통해 빈칸에 적합한 문법적 요소를 정답으로 선택합니다. 어휘 문제의 경우 문맥을 확인하여 문맥에 가장 적합한 단어를 정답으로 선택합니다.

* 실제 시험을 볼 때, Part 1과 Part 2의 디렉션이 나오는 동안 Part 5 문제를 최대한 많이 풀면 전체 시험 시간 조절에 도움이 됩니다.

Part 6 장문 빈칸 채우기 (16문제)

· 한 지문 내의 4개의 빈칸에 알맞은 문법 사항이나 어휘, 문장을 고르는 유형. 총 4개의 지문 출제.
· 권장 소요 시간: 8분 (문제당 풀이 시간: 25초~30초)

문제 형태

Questions 131-134 refer to the following e-mail.

Dear Ms. Swerter,

It was a treat to see your group ------- its music at the community event in Morristown. Do you think you
131.
could do the same for us at a private gathering next month? My company ------- a welcoming
132.
celebration for some clients. -------. We are planning a special dinner and are hoping your group can
133.
provide the accompanying entertainment. We'd also like to book the dancers who were with you at the

concert. Their performance was quite ------- to watch. Our guests would surely enjoy seeing both acts
134.
together. Please let me know.

Shannon Lemmick

어휘 **131.** (A) act
(B) explain
(C) perform
(D) observe

문법 **132.** (A) will be hosting
(B) hosted
(C) hosts
(D) to host

문장 **133.** (A) I'd like to buy tickets for the afternoon show.
고르기 (B) You may request their services for an additional charge.
(C) It will be their first time meeting with my company's staff.
(D) We approve of the schedule you have proposed.

어휘 **134.** (A) tough
(B) thrilling
(C) content
(D) punctual

해설 131. '당신의 그룹이 지역 사회 행사에서 곡을 연주하는 것을 보게 되어 좋았다'라는 문맥이므로 동사 (C)가 정답이다.

132. 앞 문장에서 다음 달에 같은 공연을 해줄 수 있는지 물었으므로 행사가 미래에 열린다는 것을 알 수 있다. 따라서 미래 시제 (A)가 정답이다.

133. 앞 문장에서 '회사는 몇몇 고객들을 위한 환영 행사를 개최할 것이다'라고 했으므로 빈칸에는 고객들과의 만남에 대한 추가적인 내용이 들어가야 함을 알 수 있다. 따라서 (C)가 정답이다.

134. '그들의 공연은 관람하기에 꽤 황홀했다'라는 문맥이므로 형용사 (B)가 정답이다.

문제 풀이 전략

1. 보기를 보고 문제 유형을 파악합니다.

보기를 먼저 보고 문법 문제, 어휘 문제, 문장 고르기 문제 가운데 어떤 유형의 문제인지를 파악합니다.

2. 문제 유형에 따라 빈칸이 포함된 문장이나, 앞뒤 문장, 또는 전체 지문의 문맥을 통해 정답을 선택합니다.

Part 6에서는 빈칸이 포함된 문장뿐만 아니라 앞뒤 문장, 전체 지문의 문맥을 통해 정답을 파악해야 하는 문제도 출제됩니다. 그러므로 빈칸이 포함된 문장의 구조 및 문맥만으로 정답 선택이 어려울 경우 앞뒤 문맥이나 전체 문맥을 통해 정답을 선택합니다.

Part 7 지문 읽고 문제 풀기 (54문제)

· 지문을 읽고 지문과 관련된 질문들에 대해 가장 적절한 보기를 정답으로 고르는 유형
· 구성: Single Passage에서 29문제, Double Passages에서 10문제, Triple Passages에서 15문제 출제
· 권장 소요 시간: 54분 (문제당 풀이 시간: 1분)

문제 형태

1 단일 지문 (Single Passage)

Questions 164-167 refer to the following advertisement.

AVALON WINDOWS
The window professionals

For over 30 years, homeowners have trusted Avalon Windows for expert window installation and repair. We offer quick and efficient service no matter what the job is. — [1] —. We ensure total customer satisfaction for a reasonable price. — [2] —. We provide accurate measurements, a complete project estimate with no hidden fees, and a 10-year warranty on all installations. We also offer a selection of window styles and sizes for you to choose from. — [3] —. Simply call us at 555-2092 to receive a free catalog in the mail or to schedule a consultation. Mention this advertisement when you call and receive 15 percent off your next window installation. — [4] —.

164. For whom is the advertisement intended?

(A) Real estate consultants
(B) Proprietors of residences
(C) Construction contractors
(D) Building supply retailers

165. What is true about Avalon Windows?

(A) It offers guarantees on installations.
(B) It also offers construction services.
(C) It plans to expand style selections.
(D) It charges a small fee for job estimates.

166. How can customers obtain discounts on a service?

(A) By ordering a specific number of windows
(B) By signing up on a Web site
(C) By mailing in a special coupon
(D) By mentioning an advertisement

167. In which of the positions marked [1], [2], [3], and [4] does the following sentence best belong?

"In fact, if you aren't pleased with our work, you'll get your money back."

(A) [1]
(B) [2]
(C) [3]
(D) [4]

해설 164. 주택 소유자들이 Avalon Windows사에 전문적인 창문 설치와 수리를 믿고 맡겨왔다고 했으므로 (B)가 정답이다.

165. Avalon Windows사가 모든 설치에 대해 10년의 보증을 제공한다고 했으므로 (A)가 정답이다.

166. 전화해서 이 광고를 언급하면 다음 창문 설치 시 15퍼센트 할인을 받는다고 했으므로 (D)가 정답이다.

167. 제시된 문장이 실제로 작업에 만족하지 않을 시에는 돈을 돌려받을 것이라고 했으므로, [2]에 제시된 문장이 들어가면 Avalon Windows사는 전면적인 고객 만족을 보장하므로 실제로 작업에 만족하지 않을 시에는 돈을 돌려받을 것이라는 자연스러운 문맥이 된다는 것을 알 수 있다. 따라서 (B)가 정답이다.

2 이중 지문 (Double Passages)

Questions 176-180 refer to the following e-mails.

To: Natalie Mercer <n.mercer@silverfield.com>
From: Robert Altieri <r.altieri@silverfield.com>
Subject: Digital Creators Conference (DCC)
Date: October 9
Attachment: DCC passes

Natalie,

I have attached four passes for you and your team to the upcoming DCC in San Francisco and would now like to go ahead and book your accommodations there. I know you stayed at the Gordon Suites and the Grand Burgess Hotel in previous years, but I think I have found some better options. Please indicate which of the following hotels you wish to stay at in response to this e-mail.

The Bismarck Hotel is close to the convention center but unfortunately does not offer access to Wi-Fi. Those who need to work from the hotel may thus be interested in the Newburg Plaza, which provides free Internet use. However, staying at this location would require the reservation of a car service, as it is a 20-minute drive from the conference venue.

Let me know which one you prefer when you have a moment. Also, please note that the passes I have attached allow entry to the event halls on all four days. Meals are not included, but there are places to purchase food at nearby restaurants. Thank you.

Robert

To: Robert Altieri <r.altieri@silverfield.com>
From: Natalie Mercer <n.mercer@silverfield.com>
Subject: Re: Digital Creators Conference (DCC)
Date: October 9

Robert,

I think it's best for us to have access to the Internet at the hotel. Some of my team members will be convening on evenings following the conference events and may want to reference information online. As for the car service, I believe we can have expenses reimbursed for that. Everyone agrees that a 20-minute ride doesn't sound like a major inconvenience.

But before you make the reservation, could you check what the rates are for parking at the hotel? Francine will be taking her own vehicle to San Francisco and will need to leave it in a lot for the duration of the conference. Thanks in advance.

Natalie

176. Why did Mr. Altieri write the e-mail?

(A) To invite a guest to speak at a conference
(B) To ask about a preference for a trip
(C) To explain a travel expense policy
(D) To ask for airline recommendations

177. What is NOT mentioned about the Digital Creators Conference?

(A) It lasts for four days.
(B) It is a short drive from the airport.
(C) It is close to dining establishments.
(D) It is being held in San Francisco.

178. In the second e-mail, the word "reference" in paragraph 1, line 2, is closest in meaning to

(A) mention
(B) supply
(C) search
(D) adapt

179. Which hotel will Mr. Altieri most likely book?

(A) The Gordon Suites
(B) The Grand Burgess Hotel
(C) The Bismarck Hotel
(D) The Newburg Plaza

180. What is indicated about Ms. Mercer?

(A) She has a team member who will bring her own car.
(B) She might change her mind about attending the DCC.
(C) She has an issue with Mr. Altieri's proposals.
(D) She is busy preparing for a series of presentations.

해설 176. 선택할 수 있는 2가지 숙박 시설 중 어느 것을 더 선호하는지 알려달라고 했으므로 (B)가 정답이다.

177. 공항에서 차로 가까운 거리에 있다는 내용은 지문에 언급되지 않았으므로 (B)가 정답이다.

178. reference를 포함하고 있는 구절 'will be convening ~ and may want to reference information online'에서 reference가 '찾아보다, 참고하다'라는 뜻으로 사용되었다. 따라서 '찾다'라는 의미의 (C)가 정답이다.

179. 두 번째 이메일에서 호텔에 인터넷 이용이 가능한 것이 좋을 것 같다고 했고, 첫 번째 이메일에서 Newburg Plaza가 무료 인터넷 이용을 제공한다고 했으므로 (D)가 정답이다.

180. 같이 회의에 가는 Francine이 자신의 차량을 샌프란시스코에 가져올 것이라고 했으므로 (A)가 정답이다.

3 삼중 지문 (Triple Passages)

Questions 186-190 refer to the following e-mail, schedule, and article.

TO: Ben Finch <ben.finch@mymail.com>
FROM: Taylor Gray <t.gray@streetmag.com>
SUBJECT: Welcome to *Street Magazine*
DATE: June 12

Hi Ben,

Congratulations on being selected as an intern for *Street Magazine*. For 25 years, the citizens of Seattle have looked to us weekly for the latest fashion, art, and music news.

Your internship will be from July 1 to December 31. You will report to me five days a week from 9:00 A.M. to 6:00 P.M. As an intern, you will not be a salaried employee, but we will provide an allowance for some expenses. If you do well, there may be a place for you here after your internship ends.

Please note that although you will have to do office work for various departments as the need arises, your responsibilities will be to research, take notes, and fact check content for me.

Taylor Gray

Personal Work Schedule: Taylor Gray
Thursday, August 7

Time	Activities	To do
09:30	Discuss budget with Mr. Robinson	
11:30	Leave for lunch appointment with photographer Stacy Larson	
13:00	Review photo submissions for "People" section	
14:30	Proofread articles for print version of lifestyle section	Send final list to Ms. McKee
16:00	Cover photo shoot at West Town Music Club	Assign to Ryan Oakley
16:30	Fact check music section for Web site	
17:30	Pick up laundry at Van's Cleaners	
18:00	Interview owner of Contempo Art Space	

Street Magazine

"Fusion In Fusion"
Opening Reception, Contempo Art Space
Thursday, August 7, 6:00 P.M. – 8:00 P.M.

This exhibit of artwork expresses an appreciation for all creative art forms, such as visual art, music, dance, film, and more. Works are representational or abstract, in 2D or 3D. All pieces exhibited in the main gallery will be for sale. This exhibit will be on display until November 6. For details, please contact gallery owner Mischa Michaels at 555-3941.

186. What is NOT true about the internship position at *Street Magazine*?

(A) It does not pay a regular salary.

(B) It involves working with different departments.

(C) It can lead to offers of a permanent job.

(D) It is available only during the summer.

187. What is suggested about *Street Magazine* in the e-mail?

(A) It is planning to relocate its office.

(B) It is published on a weekly basis.

(C) It is mainly devoted to fashion news.

(D) It has subscribers in many cities.

188. What task will Mr. Finch most likely be assigned on August 7?

(A) Proofreading lifestyle section material

(B) Collecting items from a laundry facility

(C) Reviewing photographic submissions

(D) Fact checking music section content

189. What can be inferred about Ms. Gray?

(A) She will be interviewing Ms. Michaels.

(B) She is unable to make her lunch appointment.

(C) She will be supervising a photo shoot.

(D) She is responsible for approving a budget.

190. What is mentioned about the exhibit at Contempo Art Space?

(A) It is a collection of past works by a group.

(B) Some of the artworks may be purchased on-site.

(C) It will run in conjunction with another event.

(D) Most of the participants are known artists.

해설 186. 이메일에서 *Street*지에서의 인턴직이 7월 1일부터 12월 31일까지라고 했으므로 (D)가 정답이다.

187. 지역 독자들이 *Street*지가 주간 단위로 최신 사건들을 알려줄 것이라고 기대해왔다고 했으므로 (B)가 정답이다.

188. 이메일에서 Ms. Finch가 맡을 일 중 Ms. Gray를 위해 온라인 기사의 사실 확인을 하는 것이 있다고 했고, 일정표에서 Ms. Gray의 8월 7일 일정에 웹사이트의 음악 부문에 대한 사실 확인이 포함되어 있으므로 (D)가 정답이다.

189. 일정표에서 Ms. Gray의 일정에 Contempo Art Space의 소유주와의 인터뷰가 있고, 기사에서 Contempo Art Space의 소유주가 Mischa Michaels라고 했으므로 (A)가 정답이다.

190. 기사에서 Contempo Art Space의 주요 갤러리에 전시된 모든 작품들은 판매될 것이라고 했으므로 (B)가 정답이다.

문제 풀이 전략

아래 전략 선택 TIP을 참고하여 <문제 먼저 읽고 지문 읽기> 또는 <지문 먼저 읽고 문제 읽기> 중 자신에게 맞는 전략을 택하여 빠르고 정확하게 문제를 풀 수 있도록 합니다.

전략 선택 TIP

1) 다음 주어진 글의 내용을 이해하며 읽는 데 몇 초가 걸리는지 기록해 둡니다.

Come join the annual office party on Friday, December 20th! Be sure to stop by Mr. Maschino's desk to inform him of your participation as well as the attendance of any accompanying family members. We hope to see you all there!

2) 아래 문제를 풀어봅니다.

What should employees tell Mr. Maschino about?
(A) Bringing family members to a party
(B) Planning for a celebration
(C) Catering for company events
(D) Giving cash to a charity

정답: (A)

글을 읽는 데 10초 이상이 걸렸거나 문제를 풀면서 다시 글의 내용을 확인했다면 → 전략1

글을 읽는 데 10초 미만이 걸렸고, 문제를 한번에 풀었다면 → 전략2

전략1 문제 먼저 읽고 지문 읽기

1. 질문들을 빠르게 읽고 지문에서 확인할 내용을 파악합니다.
   지문을 읽기 전 먼저 질문들을 빠르게 읽어서, 어떤 내용을 지문에서 중점적으로 읽어야 하는지 확인합니다.

2. 지문을 읽으며, 미리 읽어 두었던 질문과 관련된 내용이 언급된 부분에서 정답의 단서를 확인합니다.
   미리 읽어 두었던 질문의 핵심 어구와 관련된 내용이 언급된 부분을 지문에서 찾아 정답의 단서를 확인합니다.

3. 정답의 단서를 그대로 언급했거나, 다른 말로 바꾸어 표현한 보기를 정답으로 선택합니다.

전략2 지문 먼저 읽고 문제 읽기

1. 지문의 종류나 글의 제목을 확인하여 지문의 전반적인 내용을 추측합니다.

2. 지문을 읽으며 문제로 나올 것 같은 부분을 특히 꼼꼼히 확인합니다.
   중심 내용, 특정 인물 및 사건, 예외 및 변동 등의 사항은 문제로 나올 가능성이 크므로 이러한 부분들을 집중적으로 확인하며 지문을 읽습니다.

3. 정답의 단서를 그대로 언급했거나, 다른 말로 바꾸어 표현한 보기를 정답으로 선택합니다.

수준별 맞춤 학습 플랜

TEST 01을 마친 후 자신의 환산 점수에 맞는 학습 플랜을 선택하고 매일매일 박스에 체크하며 공부합니다. 각 TEST를 마친 후, 다양한 자료를 활용하여 각 테스트를 꼼꼼하게 리뷰합니다.

* 각 테스트를 마친 후, 해당 테스트의 점수를 문제집 앞쪽에 있는 [토익 목표 달성기]에 기록하여 자신의 점수 변화를 확인할 수 있습니다.

400점 이상
2주 완성 학습 플랜
· 2주 동안 매일 테스트 1회분을 문제집 뒤의 Answer Sheet(p.411)를 활용하여 실전처럼 풀어본 후 꼼꼼하게 리뷰합니다.
· 틀린 문제와 난이도 최상 문제를 다시 한번 풀어보며 완벽하게 이해합니다.
· 틀린 문제는 정답 및 오답 해설을 보며 오답이 왜 오답인지 그 이유까지 확실하게 파악합니다.

	Day 1	Day 2	Day 3	Day 4	Day 5
Week 1	☐ Test 01 풀기 및 리뷰	☐ Test 02 풀기 및 리뷰	☐ Test 03 풀기 및 리뷰	☐ Test 04 풀기 및 리뷰	☐ Test 05 풀기 및 리뷰
Week 2	☐ Test 06 풀기 및 리뷰	☐ Test 07 풀기 및 리뷰	☐ Test 08 풀기 및 리뷰	☐ Test 09 풀기 및 리뷰	☐ Test 10 풀기 및 리뷰

300~395점
3주 완성 학습 플랜
· 3주 동안 첫째 날, 둘째 날에 테스트 1회분씩을 풀어본 후 꼼꼼하게 리뷰하고, 셋째 날에는 2회분에 대한 심화 학습을 합니다.
· 틀린 문제와 난이도 상 이상의 문제를 다시 한번 풀어보며 완벽하게 이해합니다.
· 틀린 문제는 정답 및 오답 해설을 보며 오답이 왜 오답인지 그 이유까지 확실하게 파악합니다.
· 모든 문제마다 표시된 문제 유형을 보며 자신이 자주 틀리는 문제 유형이 무엇인지 파악하고 보완합니다.
· 지문에 녹색으로 표시된 정답의 단서를 보고 정답을 선택해보며 문제 풀이 노하우를 파악합니다.

	Day 1	Day 2	Day 3	Day 4	Day 5
Week 1	☐ Test 01 풀기 및 리뷰	☐ Test 02 풀기 및 리뷰	☐ Test 01&02 심화 학습	☐ Test 03 풀기 및 리뷰	☐ Test 04 풀기 및 리뷰
Week 2	☐ Test 03&04 심화 학습	☐ Test 05 풀기 및 리뷰	☐ Test 06 풀기 및 리뷰	☐ Test 05&06 심화 학습	☐ Test 07 풀기 및 리뷰
Week 3	☐ Test 08 풀기 및 리뷰	☐ Test 07&08 심화 학습	☐ Test 09 풀기 및 리뷰	☐ Test 10 풀기 및 리뷰	☐ Test 09&10 심화 학습

295점 이하
4주 완성 학습 플랜

· 4주 동안 이틀에 걸쳐 테스트 1회분을 풀고 꼼꼼하게 리뷰합니다.
· 틀린 문제와 난이도 중 이상의 문제를 다시 한번 풀어보며 완벽하게 이해합니다.
· 틀린 문제는 정답 및 오답 해설을 보며 오답이 왜 오답인지 그 이유까지 확실하게 파악합니다.
· 모든 문제마다 표시된 문제 유형을 보며 자신이 자주 틀리는 문제 유형이 무엇인지 파악하고 보완합니다.
· 지문에 녹색으로 표시된 정답의 단서를 보고 정답을 선택해보며 문제 풀이 노하우를 파악합니다.
· Part 7의 중요한 바꾸어 표현하기를 정리하고 암기합니다.

	Day 1	Day 2	Day 3	Day 4	Day 5
Week 1	☐ Test 01 풀기	☐ Test 01 리뷰	☐ Test 02 풀기	☐ Test 02 리뷰	☐ Test 03 풀기
Week 2	☐ Test 03 리뷰	☐ Test 04 풀기	☐ Test 04 리뷰	☐ Test 05 풀기	☐ Test 05 리뷰
Week 3	☐ Test 06 풀기	☐ Test 06 리뷰	☐ Test 07 풀기	☐ Test 07 리뷰	☐ Test 08 풀기
Week 4	☐ Test 08 리뷰	☐ Test 09 풀기	☐ Test 09 리뷰	☐ Test 10 풀기	☐ Test 10 리뷰

해커스와 함께라면 여러분의 목표를 더 빠르게 달성할 수 있습니다!
자신의 점수에 맞춰 아래 해커스 교재로 함께 학습하시면 더욱 빠르게 여러분이 목표한 바를 달성할 수 있습니다.

400점 이상	300~395점	295점 이하
《해커스 토익 Reading》	《해커스 토익 750+ RC》	《해커스 토익 스타트 Reading》

TEST 01

PART 5

101

Many customers of RDF Bank find it convenient to ------- deposit paychecks into a specific account each month.

(A) automation   (B) automatically
(C) automatic   (D) automate

RDF 은행의 많은 고객들은 매달 특정한 계좌에 자동으로 급여를 예금하는 것이 편리하다고 느낀다.

■ 부사 자리   정답 (B)

빈칸 뒤에서 to 부정사를 완성하는 동사원형(deposit)을 꾸밀 수 있는 것은 부사이므로 부사 (B) automatically(자동으로)가 정답이다. 명사 (A), 형용사 (C), 동사 (D)는 동사를 꾸밀 수 없다. deposit을 '보증금'이라는 의미의 명사로 볼 경우, 동사 (D)가 명사 deposit을 취할 수는 있지만, 이 경우 명사(deposit)와 명사(paychecks)가 특별한 연결어 없이 나란히 오게 되므로 답이 될 수 없다.

어휘 deposit v. 예금하다 paycheck n. 급여 account n. 계좌, 계정 automation n. 자동화 automate v. 자동화하다

102

------- the closure of a public park and some businesses, the neighborhood hasn't changed in years.

(A) Due to   (B) In terms of
(C) Apart from   (D) Similar to

공원과 몇몇 사업체의 폐업을 제외하면, 그 동네는 몇 년 동안 변하지 않았다.

■ 전치사 선택 제외   정답 (C)

'공원과 몇몇 사업체의 폐업을 제외하면 몇 년 동안 변하지 않았다'라는 의미가 되어야 하므로 제외를 나타내는 전치사 (C) Apart from(~을 제외하고)이 정답이다. (A) Due to는 '~으로 인해', (B) In terms of는 '~의 측면에서', (D) Similar to는 '~과 유사하게'라는 의미이다.

어휘 closure n. 폐업, 폐쇄 neighborhood n. 동네

103

An editor more dedicated to the story than his or her peers ------- reporters on public figures to help them prepare for interviews.

(A) to brief   (B) brief
(C) briefs   (D) briefing

동료들보다 취재에 더 헌신적인 편집자는 기자들이 인터뷰를 준비하는 것을 돕기 위해 그들에게 공인들에 대해 설명해 준다.

■ [동사 자리] 단수 주어 뒤에는 단수 동사, 복수 주어 뒤에는 복수 동사를 쓴다.   정답 (C)

문장에 동사가 없으므로 동사 (B)와 (C)가 정답의 후보이다. 문장의 주어(An editor)가 단수이므로 동사 brief(설명하다, 알려주다)의 3인칭 단수형 (C) briefs가 정답이다. 복수 동사 (B)는 단수 주어와 함께 쓸 수 없다. to 부정사 (A)와 동명사 또는 현재분사 (D)는 동사 자리에 올 수 없다. 참고로, 빈칸 앞의 peers는 수식어 거품(more ~ peers)의 일부로, peers만 보고 복수형 (B) brief를 고르지 않도록 주의한다.

어휘 dedicated adj. 헌신적인 peer n. 동료, 또래 public figure phr. 공인

104

The body camera ------- to Officer Peabody during his recent confrontation ensures that the entire situation can be reviewed now.

(A) attach   (B) attached
(C) attaching   (D) attachment

최근 그의 대치 도중 Peabody 경관에게 부착되어 있던 보디카메라는 지금 전체 상황이 검토될 수 있도록 보장한다.

■ [수식어 거품을 이끄는 것] 현재분사 vs. 과거분사   정답 (B)

이 문장은 주어(The body camera), 동사(ensures), 목적어(that ~ now)를 갖춘 완전한 절이므로 ___ ~ confrontation은 수식어 거품으로 보아야 한다. 이 수식어 거품은 빈칸 앞의 명사(The body camera)를 꾸미고 있으므로 명사를 뒤에서 수식할 수 있는 분사 (B)와 (C)가 정답의 후보이다. 빈칸 다음에 목적어가 없고, 분사의 꾸밈을 받는 명사(The body camera)와 분사가 'Peabody 경관에게 부착되어 있던 보디카메라'라는 의미의 수동 관계이므로 동사 attach(부착하다)의 과거분사 (B) attached(부착된)가 정답이다. 현재분사 (C) attaching(부착하는)을 쓰면 '부착하는 보디카메라'라는 어색한 문맥을 만든다. 동사 (A)와 명사 (D)는 수식어 거품을 이끌 수 없다.

어휘 confrontation n. 대치, 대립 ensure v. 보장하다 review v. 검토하다

105

The city council has voted to ------- a large number of parking spaces downtown to make the area safer for pedestrians.

(A) expose
(B) eliminate
(C) relate
(D) transmit

시의회는 그 구역을 보행자들에게 더 안전하게 만들기 위해 시내 주차 공간의 다수를 없애기로 투표했다.

■ 동사 어휘 정답 (B)

'구역을 보행자들에게 더 안전하게 만들기 위해 시내 주차 공간의 다수를 없애기로 투표했다'라는 문맥이므로 동사 (B) eliminate(없애다, 제거하다)가 정답이다. (A) expose는 '드러내다, 노출하다', (C) relate는 '관련시키다, 이야기하다', (D) transmit는 '전송하다, 내보내다'라는 의미이다.

어휘 council n. 의회 downtown adv. 시내의 pedestrian n. 보행자

106

Ms. Sharpe believes in being ------- with deadlines so that workers can focus more on the quality of their work.

(A) flexible
(B) official
(C) distant
(D) tolerant

Ms. Sharpe는 작업자들이 작업의 질에 더 집중할 수 있도록 마감 기한에 대해 융통성을 가지는 것을 믿는다.

■ 형용사 어휘 정답 (A)

'작업자들이 작업의 질에 더 집중할 수 있도록 마감 기한에 대해 융통성을 가진다'라는 문맥이므로 형용사 (A) flexible(융통성 있는, 유연한)이 정답이다. (D) tolerant(관대한)도 해석상 그럴듯해 보이지만, '~에 대해 관대한'이라는 의미를 가지기 위해서는 전치사 of, to 등과 함께 쓰여야 한다. (B) official은 '공식적인', (C) distant는 '먼, 동떨어진'이라는 의미이다.

어휘 deadline n. 마감 기한

107

The Bellflower Restaurant is usually very busy by 5:30 P.M., so making a reservation is -------.

(A) recommendation
(B) recommended
(C) recommends
(D) recommending

Bellflower 식당은 보통 오후 5시 30분쯤에 매우 붐비기 때문에, 예약을 하는 것이 권장된다.

■ [be동사 다음에 올 수 있는 것] 능동태와 수동태의 구별 정답 (B)

빈칸이 be동사(is) 다음에 왔으므로 명사 (A), p.p.형 (B), -ing형 (D)가 정답의 후보이다. '예약을 하는 것이 권장된다'라는 수동의 의미이고 빈칸 다음에 타동사 recommend(권장하다, 추천하다)의 목적어가 없으므로 빈칸 앞의 be동사와 함께 수동태를 만드는 p.p.형 (B) recommended가 정답이다. 명사 (A)는 가산 명사이므로 관사 없이 쓰일 수 없고, -ing형 (D)는 '예약을 하는 것이 권장하고 있다/권장하는 것이다'라는 어색한 문맥을 만든다. 3인칭 단수 동사 (C)는 be동사 다음에 올 수 없다.

어휘 busy adj. 붐비는, 바쁜

108

An accident has blocked the southbound lanes of Highway 32, so motorists should find ------- routes to their destinations.

(A) spontaneous
(B) constructive
(C) relative
(D) alternate

사고가 32번 고속도로의 남행 차선들을 막았기 때문에, 운전자들은 그들의 목적지로 향하는 대체 경로를 찾아야 한다.

■ 형용사 어휘 정답 (D)

'사고가 남행 차선들을 막았기 때문에 운전자들은 대체 경로를 찾아야 한다'라는 문맥이므로 형용사 (D) alternate(대체의)가 정답이다. (A) spontaneous는 '즉흥적인', (B) constructive는 '건설적인', (C) relative는 '상대적인'이라는 의미이다.

어휘 southbound adj. 남행의 lane n. 차선 motorist n. 운전자 route n. 경로, 노선

109
○○○●○ 하

Companies that traditionally ------- their products to adult members of the workforce are targeting teenage consumers instead.

(A) has marketed
(B) marketed
(C) are marketing
(D) will market

전통적으로 그들의 상품을 노동 인구의 성인 구성원들에게 광고했던 회사들이 대신 십대의 소비자들을 겨냥하고 있다.

■ 동사는 수, 태, 시제가 맞아야 한다.　　　　　　　　　　정답 (B)

'전통적으로 성인 구성원들에게 광고했던 회사들이 대신 십대의 소비자들을 겨냥한다'라는 문맥이므로 현재 완료 시제 (A)와 과거 시제 (B)가 정답의 후보이다. 주어(Companies)가 복수이므로 복수 동사 과거 시제 (B) marketed가 정답이다. 단수 동사 (A)는 복수 주어와 함께 쓸 수 없다. 현재 진행 시제 (C)와 미래 시제 (D)는 과거에 발생한 일을 나타낼 수 없다.

어휘　workforce n. 노동 인구　target v. 겨냥하다　market v. 광고하다; n. 시장

110
○○○○● 중

More than 60 percent of all the visas the Immigration Department ------- are for short-term tourism.

(A) seeks
(B) labels
(C) issues
(D) conducts

이민국이 발급하는 모든 비자의 60퍼센트 이상은 단기 관광을 위한 것이다.

■ 동사 어휘　　　　　　　　　　정답 (C)

'이민국이 발급하는 모든 비자'라는 문맥이므로 동사 issue(발급하다, 발행하다)의 3인칭 단수형 (C) issues가 정답이다. (A)의 seek는 '찾다, 추구하다', (B)의 label은 '꼬리표를 달다', (D)의 conduct는 '수행하다, 지휘하다'라는 의미이다.

어휘　visa n. 비자　immigration department phr. 이민국　short-term adj. 단기의　tourism n. 관광, 관광업

111
○○○○● 상

The extravagant new high-rise offices have attracted ------- more demand from buyers than critics had predicted.

(A) considerable
(B) considerably
(C) consideration
(D) consider

호화로운 새 고층 사무실들은 비평가들이 예상했던 것보다 구매자들로부터 상당히 더 많은 수요를 끌어 모았다.

■ 부사 자리　　　　　　　　　　정답 (B)

빈칸 뒤의 형용사(more)를 꾸밀 수 있는 것은 부사이므로 부사 (B) considerably(상당히)가 정답이다. 형용사 (A), 명사 (C), 동사 (D)는 형용사를 꾸밀 수 없다.

어휘　extravagant adj. 호화로운, 사치스러운　high-rise adj. 고층의　predict v. 예상하다, 예측하다　consideration n. 사려, 숙고

112
○○○○● 하

Line 5 of the City of Davenport's subway ------- to smaller suburban areas following the completion of the ongoing expansion project.

(A) to extend
(B) extends
(C) will extend
(D) extending

Davenport시의 지하철 5호선은 진행 중인 확장 프로젝트의 완료 후에 더 작은 교외 지역까지 연장될 것이다.

■ [동사 자리] 미래 시제　　　　　　　　　　정답 (C)

문장에 동사가 없으므로 동사 (B)와 (C)가 정답의 후보이다. '지하철 5호선은 진행 중인 확장 프로젝트의 완료 후에 연장될 것이다'라는 문맥이므로, 미래 시제 (C) will extend가 정답이다. 현재 시제 (B)는 미래에 발생할 일을 나타낼 수 없다. to 부정사 (A)와 동명사 또는 현재분사 (D)는 동사 자리에 올 수 없다.

어휘　suburban adj. 교외의　following prep. ~ 후에　expansion n. 확장　extend v. 연장하다

113

------ requested by guests can be found at Hotel Denuit, thanks to our luxurious accommodations and award-winning customer service.

(A) Neither (B) Nothing
(C) Another (D) Everything

저희의 고급스러운 숙박 시설과 수상 경력에 빛나는 고객 서비스 덕분에, 투숙객들에 의해 요청되는 모든 것은 Denuit 호텔에서 찾을 수 있습니다.

■ 부정대명사 정답 (D)

'고급스러운 숙박 시설과 고객 서비스 덕분에 투숙객들에 의해 요청되는 모든 것은 Denuit 호텔에서 찾을 수 있다'라는 의미가 되어야 하므로 부정대명사 (D) Everything(모든 것)이 정답이다. (A) Neither는 2가지 중 어느 것도 아님을 나타내므로 답이 될 수 없고, 주로 nor와 함께 상관접속사 neither A nor B(A도 B도 아닌)의 형태로 쓰인다. (B) Nothing(아무것도 ~ 아니다)은 '고급스러운 숙박 시설과 고객 서비스 덕분에 투숙객들에 의해 요청되는 아무것도 Denuit 호텔에서 찾을 수 없다'라는 어색한 문맥을 만든다. (C) Another는 '이미 언급된 것 이외의 또 다른 하나'를 나타내므로 답이 될 수 없다.

어휘 luxurious adj. 고급스러운, 화려한 accommodation n. 숙박 시설

114

Ms. Cranston showed up for work when she was sick ------ she was not expected to.

(A) even though (B) until
(C) if only (D) once

Ms. Cranston은 그렇게 하도록 요구되지 않았는데도 불구하고 그녀가 아팠을 때 출근했다.

■ 부사절 접속사 양보 정답 (A)

절(Ms. Cranston ~ sick)과 절(she ~ to)을 연결할 수 있는 접속사인 모든 보기가 정답의 후보이다. '그렇게 하도록 요구되지 않았는데도 불구하고 아팠을 때 출근했다'라는 의미가 되어야 하므로 양보를 나타내는 부사절 접속사 (A) even though(~에도 불구하고)가 정답이다. (B) until은 '~할 때까지', (C) if only는 '~하기만 했더라면', (D) once는 '~하자마자, ~할 때'라는 의미이다.

115

Vegetarian passengers are advised to order special in-flight meals in advance as ------ of the onboard dining options contain meat.

(A) both (B) few
(C) any (D) every

기내의 식사 선택지들이 둘 다 고기를 포함하므로 채식주의자인 승객들은 특수 기내식을 미리 주문하도록 권장된다.

■ 수량 표현 정답 (A)

종속절의 동사(contain)가 복수 동사이므로 복수 명사와 함께 쓰일 수 있는 수량 표현 (A), (B)와 단·복수 명사와 함께 쓰일 수 있는 수량 표현 (C)가 정답의 후보이다. '기내의 식사 선택지들이 둘 다 고기를 포함하므로 채식주의자인 승객들은 특수 기내식을 미리 주문하도록 권장된다'라는 의미가 되어야 하므로 (A) both(둘 다)가 정답이다. (B) few(거의 없는)와 (C) any(어느 것, 어떤 것)도 해석상 그럴듯해 보이지만, '기내의 식사 선택지들은 거의 고기를 포함하지 않으므로/기내의 식사 선택지 중 어느 것이 고기를 포함하므로 채식주의자인 승객들은 특수 기내식을 미리 주문하도록 권장된다'라는 어색한 문맥을 만든다. (D) every(모든)는 명사 없이 전치사(of) 앞에 올 수 없다.

어휘 in-flight adj. 기내의 in advance phr. 미리 onboard adj. 기내의, 선상의 dining n. 식사 option n. 선택지

116

The mechanic told Ms. Vine that she should rotate her car's tires ------ to prevent irregular wear.

(A) almost (B) closely
(C) finally (D) soon

정비공은 Ms. Vine에게 고르지 못한 마모를 방지하기 위해 그녀의 차 타이어를 곧 회전시켜야 한다고 말했다.

■ 부사 어휘 정답 (D)

'고르지 못한 마모를 방지하기 위해 타이어를 곧 회전시키다'라는 문맥이므로 부사 (D) soon(곧, 머지않아)이 정답이다. (A) almost는 '거의', (B) closely는 '가까이, 면밀하게', (C) finally는 '마침내, 마지막으로'라는 의미이다.

어휘 mechanic n. 정비공 rotate v. 회전시키다, 회전하다 irregular adj. 고르지 못한, 불규칙한 wear n. 마모, 손상

117

The lineup of the Sloane Hill Music Festival is not ------- yet, but Hertzfield Park has been secured as the venue.

(A) definitely
(B) definite
(C) definition
(D) defining

Sloane Hill 음악 축제의 라인업은 아직 확실하지 않지만, Hertzfield 공원이 장소로 확보되었다.

■ **[보어 자리] 명사 보어 vs. 형용사 보어**　　　　　　　　　　　　　　　정답 (B)

빈칸은 be동사(is)의 보어 자리이므로 보어가 될 수 있는 형용사 (B), 명사 (C), 동명사 또는 현재분사 (D)가 정답의 후보이다. '음악 축제의 라인업은 아직 확실하지 않다'라는 의미가 되어야 하므로 형용사 (B) definite(확실한)가 정답이다. 명사 (C) definition(정의, 선명도)을 쓰면 주어(The lineup)와 동격이 되어 '음악 축제의 라인업은 아직 정의/선명도가 아니다'라는 어색한 문맥이 되고, 단수 가산 명사이므로 관사 없이 쓰일 수 없다. 동명사 또는 현재분사 (D) defining(정의하는)은 '음악 축제의 라인업은 아직 정의하지 않는다'라는 어색한 문맥을 만든다. 부사 (A)는 보어 자리에 올 수 없다.

어휘　secure v. 확보하다; adj. 확실한　venue n. 장소

118

Roxco Inc.'s stock ------- has been extremely volatile lately, often plunging 20 percent and then recovering in a single day.

(A) price
(B) amount
(C) size
(D) range

Roxco사의 주식 가격은 종종 20퍼센트 급락했다가 하루 만에 다시 회복되며, 최근 매우 변덕스러웠다.

■ **명사 어휘**　　　　　　　　　　　　　　　　　　　　　　　　　　　　정답 (A)

'주식 가격이 매우 변덕스러웠다'라는 문맥이므로 명사 (A) price(가격)가 정답이다. (B) amount는 '양', (C) size는 '규모', (D) range는 '범위'라는 의미이다.

어휘　stock n. 주식, 재고　volatile adj. 변덕스러운, 불안한　plunge v. 급락하다　recover v. 회복하다, 만회하다

119

Friendly Seas is a socially responsible ------- that is committed to protecting the world's oceans from pollution and overfishing.

(A) founding
(B) found
(C) foundation
(D) founded

Friendly Seas는 오염과 남획으로부터 세계의 바다를 보호하는 데에 전념하는 사회적 책임 재단이다.

■ **명사 자리**　　　　　　　　　　　　　　　　　　　　　　　　　　　　정답 (C)

부정관사(a) 다음에 올 수 있으면서 빈칸 앞의 형용사(responsible)의 꾸밈을 받을 수 있는 것은 명사이므로 명사 (C) foundation(재단)이 정답이다. (A)는 동명사일 경우 부정관사(a) 다음에 올 수 없고, 현재분사일 경우 명사 자리에 올 수 없다. 동사 (B)와 과거분사 (D)는 명사 자리에 올 수 없다.

어휘　committed adj. ~에 전념하는　pollution n. 오염　overfishing n. 남획

120

Avenda Networking requires all applicants to pass a thorough background check before being hired for any position ------- the company.

(A) to
(B) among
(C) within
(D) toward

Avenda Networking사는 회사 내의 어떤 직책에라도 채용되기 전에 모든 지원자들이 철저한 신원 조사를 통과하도록 요구한다.

■ **전치사 선택 위치**　　　　　　　　　　　　　　　　　　　　　　　　　정답 (C)

'회사 내의 어떤 직책에라도 채용되기 전에'라는 의미가 되어야 하므로 전치사 (C) within(~ 내에)이 정답이다. (A) to는 '~로, ~ 쪽으로', (B) among은 '(셋 이상의 그룹) 사이의', (D) toward는 '~ 쪽으로'라는 의미이다.

어휘　applicant n. 지원자　thorough adj. 철저한　background check phr. 신원 조사　position n. 직책, 위치

121

Mr. David, the operations manager for the factory, ------- accountable for his staff member's mistake.

(A) was held
(B) is holding
(C) has held
(D) holds

공장의 운영 담당자인 Mr. David가 그의 직원의 실수에 대해 책임이 지워졌다.

■ 5형식 동사의 수동태   정답 (A)

'A에게 B의 책임을 지우다'라는 의미의 관용어구 hold A accountable for B의 동사 hold는 타동사인데, 빈칸 다음에 목적어가 없고 '책임이 지워지다'라는 수동의 의미가 되어야 하므로 수동태 (A) was held가 정답이다. 참고로, 이 문장은 목적어와 목적격 보어를 취하는 5형식 동사 hold(여기다, 간주하다)가 수동태로 쓰이면서 목적어(Mr. David)가 주어 자리에 오고 목적격 보어(accountable)가 동사 뒤에 남은 형태임을 알아둔다. (B), (C), (D)는 모두 능동태이므로 답이 될 수 없다.

어휘   operation n. 운영, 작동   accountable adj. 책임이 있는

122

To avoid biased survey results, researchers ------- called people up to ask their opinions on genetically modified foods.

(A) questionably
(B) accidentally
(C) persuasively
(D) randomly

편향된 설문 결과를 피하기 위해, 연구원들은 사람들에게 임의로 전화를 걸어 유전자 조작 식품에 대한 그들의 의견을 물었다.

■ 부사 어휘   정답 (D)

'편향된 설문 결과를 피하기 위해 사람들에게 임의로 전화를 걸었다'라는 문맥이므로 부사 (D) randomly(임의로, 무작위로)가 정답이다. (A) questionably는 '의심스럽게, 수상하게', (B) accidentally는 '실수로, 사고로', (C) persuasively는 '설득력 있게'라는 의미이다.

어휘   avoid v. 피하다   biased adj. 편향된, 치우친   genetically modified food phr. 유전자 조작 식품

123

Although conference guests will be attending lectures throughout the afternoon, they may do ------- they want during the rest of the time.

(A) that
(B) either
(C) what
(D) which

학회 손님들은 오후 내내 강연에 참석하게 될 것이지만, 나머지 시간 동안에는 그들이 원하는 것을 할 수 있다.

■ 명사절 접속사 _의문사 what_   정답 (C)

동사(may do)의 목적어 역할을 하는 명사절(____ they want)을 이끌 수 있는 명사절 접속사 (A), (C), (D)가 정답의 후보이다. 빈칸이 주절(they may do ~ time)의 목적어 자리에 왔으므로, 그 자체가 목적어 역할을 하며 불완전한 절(they want)을 이끄는 (C) what이 정답이다. (A) that은 뒤에 완전한 절이 와야 하고, (D) which는 '어떤 것'이라는 의미로 선택지가 있는 상황에서 쓰여야 한다. 부사 또는 접속사 (B)는 명사절을 이끌 수 없다.

어휘   attend v. 참석하다   lecture n. 강연, 강의; v. 강의하다   rest n. 나머지

124

Drexa laptops manufactured in April are ------- a voluntary recall because their batteries are prone to overheating.

(A) undergoing
(B) engaging
(C) serving
(D) installing

그것들의 배터리가 과열되는 경향이 있어서 4월에 생산된 Drexa 노트북들이 자발적인 회수를 거치고 있다.

■ 동사 어휘   정답 (A)

'배터리가 과열되는 경향이 있어서 노트북이 자발적인 회수를 거치고 있다'라는 문맥이므로 동사 undergo(거치다, 겪다)의 동명사형 (A) undergoing이 정답이다. (B)의 engage는 '참여하다, 사로잡다', (C)의 serve는 '제공하다, 시중을 들다', (D)의 install은 '설치하다'라는 의미이다.

어휘   manufacture v. 생산하다   voluntary adj. 자발적인   recall n. 상품 회수, 리콜   prone to phr. ~하는 경향이 있다   overheating n. 과열

125

Clements Telecommunications invited employees to suggest ideas for ------- annual team-building retreat.

(A) itself
(B) them
(C) theirs
(D) its

Clements 통신사는 직원들에게 그것의 연례 단합 야유회를 위한 아이디어를 제안하도록 요청했다.

■ 인칭대명사의 격   정답 (D)

명사구(annual team-building retreat) 앞에서 형용사처럼 명사구를 꾸밀 수 있는 인칭대명사는 소유격이므로 소유격 인칭대명사 (D) its가 정답이다. 재귀대명사 (A), 목적격 인칭대명사 (B), 소유대명사 (C)는 명사구를 꾸밀 수 없다.

어휘   invite v. 요청하다, 초대하다 annual adj. 연례의, 매년의 team-building n. 단합 retreat n. 야유회; v. 후퇴하다

126

Concerned about nursing shortages, the National Health Agency allocated additional funds in order to ------- hospitals.

(A) staff
(B) renovate
(C) stretch
(D) advance

간호 인력 부족에 대해 염려하여, 국립보건원은 병원들에 직원을 배치하기 위해 추가적인 자금을 할당했다.

■ 동사 어휘   정답 (A)

'간호 인력 부족에 대해 염려하여 병원들에 직원을 배치하기 위해 추가적인 자금을 할당했다'라는 문맥이므로 동사 (A) staff(직원을 배치하다)가 정답이다. (B) renovate는 '개조하다, 보수하다', (C) stretch는 '늘이다, 뻗다', (D) advance는 '나아가다, 올라가다'라는 의미이다.

어휘   concerned adj. 염려하는, 관심이 있는 nursing n. 간호 인력, 간호직 shortage n. 부족, 결핍 allocate v. 할당하다 funds n. 자금

127

------- waiting for his flight, Mr. Ortega purchased a magazine and a cup of coffee from an airport convenience store.

(A) Since
(B) During
(C) While
(D) Provided

그의 항공편을 기다리는 동안, Mr. Ortega는 공항 편의점에서 잡지와 커피 한 잔을 샀다.

■ [수식어 거품을 이끄는 것] 부사절 접속사 시간   정답 (C)

이 문장은 주어(Mr. Ortega), 동사(purchased), 목적어(a magazine ~ coffee)를 갖춘 완전한 절이므로, ___ ~ flight은 수식어 거품으로 보아야 한다. 이 수식어 거품은 분사구문이므로, 분사구문을 이끌 수 있는 부사절 접속사 (A), (C), (D)가 정답의 후보이다. '항공편을 기다리는 동안 잡지와 커피 한 잔을 샀다'라는 의미가 되어야 하므로 (C) While(~하는 동안)이 정답이다. (A) Since는 '~한 이래로', (D) Provided는 '오직 ~하는 경우에'라는 의미이다. (A) Since와 (B) During을 전치사로 본다 해도, since(~부터)는 시점을 나타내는 전치사이므로 뒤에 시점 표현이 와야 하며, during(~하는 동안)은 동명사(waiting) 앞에 올 수 없다.

128

Customers planning ------- Internet service providers should check their current contract to see if there are any termination fees.

(A) switches
(B) to switch
(C) switched
(D) switching

인터넷 서비스 제공업체를 교체하려고 계획 중인 고객들은 해지 수수료가 있는지 알아보기 위해 그들의 현재 계약을 확인해야 한다.

■ to 부정사를 취하는 동사   정답 (B)

빈칸 앞의 동사 plan(계획하다)는 to 부정사를 목적어로 가지므로 to 부정사 (B) to switch가 정답이다. 동사 (A)와 동사 또는 과거분사 (C), 동명사 (D)는 동사 plan의 목적어 자리, 즉 to 부정사 자리에 올 수 없다.

어휘   contract n. 계약, 계약서 termination fee phr. 해지 수수료

129

○○○○
●●●●
상

The foundation grant will provide the library with $50,000 this year and $10,000 each year ------- for the next decade.

(A) thereafter　　　　　(B) regardless
(C) otherwise　　　　　(D) instead

그 재단의 보조금은 도서관에 올해 50,000달러를 그리고 그 후 다음 10년간 매년 10,000달러를 제공할 것이다.

■ 부사 선택　　　　　　　　　　　　　　　　　　　　　　　　　　정답 (A)

'올해 50,000달러를 그리고 그 후 다음 10년간 매년 10,000달러를 제공할 것이다'라는 의미가 되어야 하므로 부사 (A) thereafter(그 후에)가 정답이다. (B) regardless는 '상관하지 않고', (C) otherwise는 '그렇지 않으면', (D) instead는 '대신에'라는 의미이다.

어휘　foundation n. 재단　grant n. 보조금; v. 승인하다　decade n. 10년

130

○○○○
●●●●
중

Some former commercial properties outside of Doeville ------- for residential use.

(A) were converting　　　　　(B) are being converted
(C) is converted　　　　　　　(D) converting

Doeville 밖에 있는 몇몇 과거의 상업용지가 주거 목적으로 전환되고 있다.

■ 동사는 수, 태, 시제가 맞아야 한다.　　　　　　　　　　　　　　정답 (B)

빈칸 뒤에 목적어가 없고, '상업용지가 전환되다'라는 수동의 의미가 되어야 하므로 동사 convert(전환시키다, 개조하다)의 수동태 (B)와 (C)가 정답의 후보이다. 주어(Some ~ properties)가 복수이므로 복수 수동태 동사 (B) are being converted가 정답이다. 단수 동사 (C)는 단수 주어와 함께 쓰여야 한다. 능동태 (A)와 (D)는 목적어 없이 쓰일 수 없다.

어휘　former adj. 과거의, 이전의　commercial property phr. 상업용지　residential adj. 주거의

PART 6

Questions 131-134 refer to the following article.

131~134는 다음 기사에 관한 문제입니다.

Vycorp Announces Bold New Plan

Vycorp Industries has announced a new initiative to reduce the amount of heat created by its data servers. Rather than inventing new cooling systems, it aims to use the ocean. -------. At present, thermal management requires tech
        131
companies to spend large portions of their annual budgets on cooling and ventilation systems. But by installing them deep underwater, where temperatures are always near freezing, Vycorp says it can naturally ------- millions of dollars
                                          132
in cooling expenses. "We expect ------- benefits," said Chief
                              133
Technology Officer Shannon Simmons. "By using the ocean as a heat sink, we'll be able to deliver the same services we always have with much more -------."
                                    134

Vycorp사, 대담한 새 계획 발표

Vycorp 기업이 그것의 데이터 서버에 의해 발생하는 열의 양을 줄이기 위한 새로운 계획을 발표했다. 새로운 냉각 시설을 발명하는 대신, 그것은 바다를 이용할 목표이다. **131** 그 계획은 주요한 재정 부담을 해결한다. 현재, 열 관리는 기술 회사들로 하여금 연간 예산의 큰 부분을 냉각과 환기 시설에 지출하도록 한다. **132** 하지만 온도가 항상 빙점에 가까운 깊은 물속에 그 시설을 설치함으로써, Vycorp사는 냉각 비용에서 자연적으로 수백만 달러를 절감할 수 있다고 말한다. **133** "저희는 상당한 이익을 예상합니다."라고 최고 기술 책임자 Shannon Simmons가 말했다. **134** "바다를 열제거원으로 사용함으로써, 저희는 훨씬 더 높은 효율성으로 항상 제공해 왔던 것과 동일한 서비스를 제공할 수 있을 것입니다."

131 (A) Its more advanced servers run at a lower temperature.
(B) The plan addresses a major financial burden.
(C) Vycorp's waterproof design offers dependability.
(D) It could lead to lowered construction costs.

132 (A) assist
(B) cut
(C) donate
(D) offer

133 (A) significant
(B) significance
(C) to signify
(D) signified

134 (A) efficient
(B) efficiently
(C) effectual
(D) efficiency

어휘 **bold** adj. 대담한, 용감한 **initiative** n. 계획, 주도권 **heat** n. 열, 더위 **cooling system** phr. 냉각 시설 **thermal** adj. 열의, 보온성이 좋은
budget n. 예산 **ventilation** n. 환기 **heat sink** phr. 열제거원, 열 흡수원

131 ■ 알맞은 문장 고르기

정답 (B)

빈칸에 들어갈 알맞은 문장을 고르는 문제이므로 주변 문맥 또는 전체 문맥을 파악한다. 앞 문장 'Rather than inventing new cooling systems, it aims to use the ocean.'에서 새로운 냉각 시설을 발명하는 대신 바다를 이용할 목표라고 했고, 뒤 문장 'At present, thermal management requires tech companies to spend large portions of their annual budgets on cooling and ventilation systems.'에서 현재 열 관리는 기술 회사들로 하여금 연간 예산의 큰 부분을 냉각과 환기 시설에 지출하도록 한다고 했으므로 빈칸에는 바다를 이용하는 것이 열 관리 비용을 절감시킨다는 내용이 들어가야 함을 알 수 있다. 따라서 (B) The plan addresses a major financial burden 이 정답이다.

보기 해석
(A) 그것의 더 고급 서버는 더 낮은 온도에서 작동한다.
(B) 그 계획은 주요한 재정 부담을 해결한다.
(C) Vycorp사의 방수 설계는 신뢰성을 제공한다.
(D) 그것은 감소된 건설 비용으로 이어질 수 있다.

어휘 **advanced** adj. 고급의, 발전한 **run** v. 작동하다, 운영하다 **address** v. 해결하다, 다루다 **major** adj. 주요한, 큰 **financial** adj. 재정적 **burden** n. 부담, 짐 **waterproof** adj. 방수의 **dependability** n. 신뢰성, 의존성 **construction** n. 건설, 공사

132 ■ 동사 어휘 전체 문맥 파악

정답 (B)

'냉각 비용에서 자연적으로 수백만 달러를 ____ 할 수 있다'라는 문맥이므로 모든 보기가 정답의 후보이다. 빈칸이 있는 문장만으로는 정답을 고를 수 없으므로 주변 문맥이나 전체 문맥을 파악한다. 앞부분에서 그 계획은 주요한 재정 부담을 해결하는데, 현재 열 관리는 연간 예산의 큰 부분을 냉각과 환기 시설에 지출하도록 한다고 했고, 빈칸이 있는 문장에서는 이 시설을 온도가 항상 빙점에 가까운 깊은 물속에 설치한다고 했으므로 냉각 비용을 절감할 수 있음을 알 수 있다. 따라서 동사 (B) cut((비용을) 절감하다)이 정답이다. (A) assist는 '지원하다, 돕다', (C) donate 는 '기부하다', (D) offer는 '제공하다, 제의하다'라는 의미이다.

133 ■ 형용사 자리

정답 (A)

빈칸 뒤의 명사(benefits)를 꾸밀 수 있는 것은 형용사이므로 형용사 (A)와 형용사 역할을 하는 과거분사 (D)가 정답의 후보이다. '우리는 상당한 이익을 예상한다'라는 문맥이 되어야 하므로 형용사 (A) significant(상당한)가 정답이다. 과거분사 (D) signified(뜻해진, 보여진)를 쓰면 '우리는 뜻해진 이익을 예상한다'라는 어색한 문맥을 만든다. 명사 (B)는 명사를 꾸밀 수 없다. to 부정사 (C)는 명사를 앞이 아닌 뒤에서 꾸미고, to signify가 동사 expect의 목적어로 쓰인 것으로 본다 해도, '우리는 상당한 이익을 뜻하기로 예상한다'라는 어색한 문맥을 만든다.

134 ■ 명사 자리

정답 (D)

전치사(with)의 목적어 역할을 하면서 형용사(more)의 꾸밈을 받는 것은 명사이므로 명사 (D) efficiency(효율성)가 정답이다. 형용사 (A)와 (C), 부사 (B)는 명사 자리에 올 수 없다.

Wexler Furniture is launching a new -------! Check out our **135** beautiful 12,000-square-meter showroom at 6 Somerset Drive today. It is not only our biggest store ever but will also be the first one ------- our newest products. -------. A **136**   **137** ribbon-cutting ceremony will be held on September 28 to celebrate the occasion. Many items in the store will also be ------- marked down just for the grand opening. Download **138** the Wexler Furniture app and click on our new location to see the amazing deals that will be on offer.

135 Wexler 가구사가 새로운 지점을 개시합니다! 오늘 바로 Somerset가 6번지에 있는 저희의 아름다운 12,000평 방미터 크기의 전시장을 확인해 보세요. **136** 이곳은 저희의 역대 가장 큰 매장일 뿐만 아니라 저희의 최신 제품들을 처음으로 갖추게 될 곳이기도 합니다. **137** 이것들은 Brunswick 소파와 Burgundy 협탁을 포함합니다. 이때를 기념하여 9월 28일 개업식이 열릴 것입니다. **138** 매장의 많은 상품들이 또한 개업일만을 위해 대폭 할인될 것입니다. Wexler 가구사 앱을 다운로드하고 저희의 새로운 매장을 클릭하여 제공될 놀라운 할인 거래를 확인하세요.

135 (A) location
(B) line
(C) application
(D) catalogue

136 (A) stocks
(B) stocked
(C) stock
(D) to stock

137 (A) Market researchers are meeting with customers to identify their needs.
(B) You may already be familiar with our year-end sale.
(C) We received a permit for the construction of our showroom last year.
(D) These include the Brunswick Sofa and Burgundy End Table.

138 (A) entirely
(B) heavily
(C) exactly
(D) constantly

어휘   check out   phr. 확인하다   ribbon-cutting ceremony   phr. 개업식, 개관식   occasion   n. 때, 계기, 경우   mark down   phr. 할인하다

135 ■ 명사 어휘 주변 문맥 파악   정답 (A)

'Wexler 가구사가 새로운 ____을 개시한다'라는 문맥이므로 모든 보기가 정답의 후보이다. 빈칸이 있는 문장만으로는 정답을 고를 수 없으므로 주변 문맥이나 전체 문장을 파악한다. 뒤 문장에서 Wexler 가구사의 아름다운 12,000평방미터 크기의 전시장을 확인해 보라고 했으므로 회사의 새로운 지점이 개장한 것임을 알 수 있다. 따라서 명사 (A) location(지점)이 정답이다. (B) line은 '상품 종류', (C) application은 '애플리케이션', (D) catalogue는 '상품 목록'이라는 의미이다.

136 ■ [수식어 거품을 이끄는 것] to 부정사의 역할   정답 (D)

이 문장은 주어(It), 동사(will ~ be), 보어(the first one)를 갖춘 완전한 절이므로, ____ ~ products는 수식어 거품으로 보아야 한다. 이 수식어 거품은 동사가 없는 거품구로서 빈칸 앞의 대명사(one)를 꾸미고 있으므로, 거품구를 이끌면서 대명사를 뒤에서 수식할 수 있는 과거분사 (B)와 to 부정사 (D)가 정답의 후보이다. 빈칸 뒤에 목적어(our newest products)가 있고 '최신 제품들을 갖추게 될 곳'이라는 의미가 되어야 하므로 to 부정사 (D) to stock이 정답이다. 과거분사 (B)는 빈칸 뒤에 목적어를 취할 수 없다. 동사 또는 명사 (A)와 (C)는 수식어 거품을 이끌 수 없다.

137 ■ 알맞은 문장 고르기   정답 (D)

빈칸에 들어갈 알맞은 문장을 고르는 문제이므로 주변 문맥 또는 전체 문맥을 파악한다. 앞 문장 'It ~ will ~ be the first one to stock our newest products.'에서 이곳이 최신 제품들을 처음으로 갖추게 될 곳이라고 했으므로 빈칸에는 최신 제품과 관련된 내용이 들어가야 함을 알 수 있다. 따라서 (D) These include the Brunswick Sofa and Burgundy End Table이 정답이다.

보기 해석
(A) 시장 조사원들이 고객들과 만나서 그들의 필요를 확인하고 있습니다.
(B) 여러분은 저희의 연말 할인에 대해 이미 잘 알고 계실지도 모릅니다.
(C) 저희는 작년에 저희 전시장 건설을 위한 허가를 받았습니다.
(D) 이것들은 Brunswick 소파와 Burgundy 협탁을 포함합니다.

어휘   identify v. 확인하다   permit n. 허가; v. 허용하다   end table phr. 협탁, 작은 탁자

138 ■ 부사 어휘   정답 (B)

'매장의 많은 상품들이 개업일만을 위해 대폭 할인될 것이다'라는 의미가 되어야 하므로 부사 (B) heavily(대폭, 아주 많이)가 정답이다. (A) entirely(전부, 완전히)도 해석상 그럴듯해 보이지만, 할인되는 정도가 전부일 수는 없으므로 답이 될 수 없다. (C) exactly는 '정확히', (D) constantly는 '끊임없이, 거듭'이라는 의미이다.

From: Jason Redman, HR Director
To: All employees
Date: October 7
Subject: New Policy

Starting next month, the company will use new software. This will provide a number of improvements for our ------- system. For one, it can track working hours both in the office and when working from home. The software will also make it more convenient to ------- your start and end times. Unlike before, when you had to wait for your desktop PC program to boot up, you will now be able to log in via smartphone. -------. As requested, the new system includes a weekly summary of the hours you worked. This weekly report ------- to your company e-mail address.

139

140

141

142

발신: Jason Redman, 인사부장
수신: 전 직원
날짜: 10월 7일
제목: 새로운 방침

다음 달부터, 회사는 새로운 소프트웨어를 사용할 것입니다. 139 이것은 우리의 시간 기록 시스템에 많은 개선사항을 가져올 것입니다. 예를 들어, 이는 사무실에서 그리고 재택 근무 시 모두 근무 시간을 추적할 수 있습니다. 140 이 소프트웨어는 또한 여러분의 시작 및 종료 시간을 기록하는 것을 더 편리하게 만들 것입니다. 데스크탑 PC의 프로그램이 부팅될 때까지 기다려야 했던 이전과 달리, 여러분은 이제 스마트폰을 통해 로그인할 수 있을 것입니다. 141 또한, 저희는 여러분의 피드백에 응답했습니다. 요청하신 대로, 새 시스템은 근무 시간에 대한 주간 요약을 포함합니다. 142 이 주간 보고는 여러분의 회사 이메일 주소로 전송될 것입니다.

139 (A) attendance
(B) complaint
(C) timekeeping
(D) finance

140 (A) record
(B) select
(C) postpone
(D) declare

141 (A) Additionally, we have responded to your feedback.
(B) Contact HR to request your individual summary.
(C) Employees logging in while not physically present will face disciplinary action.
(D) Office PCs will be receiving updates soon.

142 (A) will send
(B) was sent
(C) will be sent
(D) sending

어휘 **track** v. 추적하다, 따라가다 **convenient** adj. 편리한 **boot up** phr. 부팅하다, 시작하게 하다 **via** prep. 통하여, 경유하여 **summary** n. 요약

139 ■ 명사 어휘 주변 문맥 파악 정답 (C)

○○○○●중

'이것은 우리의 ____ 시스템에 많은 개선사항을 가져올 것이다'라는 문맥이므로 모든 보기가 정답의 후보이다. 빈칸이 있는 문장만으로는 정답을 고를 수 없으므로 주변 문맥이나 전체 문맥을 파악한다. 뒤 문장에서 이것이 사무실에서 그리고 재택근무 시 모두 근무 시간을 추적할 수 있다고 했으므로, 시간 기록 시스템에 대한 개선사항임을 알 수 있다. 따라서 명사 (C) timekeeping(시간 기록, 시간 엄수)이 정답이다. (A) attendance는 '출석, 참석', (B) complaint는 '민원, 불만', (D) finance는 '재무, 재정'이라는 의미이다.

140 ■ 동사 어휘 정답 (A)

○○○○●중

'이 소프트웨어는 시작 및 종료 시간을 기록하는 것을 더 편리하게 만들 것이다'라는 문맥이므로 동사 (A) record(기록하다)가 정답이다. (B) select는 '선정하다, 고르다', (C) postpone은 '연기하다, 미루다', (D) declare는 '선언하다, 공표하다'라는 의미이다.

141 ■ 알맞은 문장 고르기 정답 (A)

○○○○●중

빈칸이 들어갈 알맞은 문장을 고르는 문제이므로 주변 문맥 또는 전체 문맥을 파악한다. 앞부분에서 사무실에서 그리고 재택근무 시 모두 사용할 수 있고 시작 및 종료 시간을 더 편리하게 기록할 수 있는 등 새로운 소프트웨어의 이점에 대해 설명한 후, 뒤 문장 'As requested, the new system includes a weekly summary of the hours you worked.'에서 요청한 대로 새 시스템은 근무 시간에 대한 주간 요약을 포함한다고 했으므로, 빈칸에는 새로운 소프트웨어의 이점 중 직원들이 요청한 사항에 대한 내용이 들어가야 함을 알 수 있다. 따라서 (A) Additionally, we have responded to your feedback이 정답이다.

보기 해석
(A) 또한, 저희는 여러분의 피드백에 응답했습니다.
(B) 여러분의 개별 요약을 요청하기 위해 인사팀에 연락하십시오.
(C) 물리적으로 출근하지 않은 상태에서 로그인하는 직원들은 징계 처분에 직면할 것입니다.
(D) 사무실 PC는 곧 업데이트를 받을 것입니다.

어휘 **individual** adj. 개별적; n. 개인 **physically** adv. 물리적으로, 신체적으로 **disciplinary action** phr. 징계 처분

142 ■ [동사 자리] 동사는 수, 태, 시제가 맞아야 한다. 주변 문맥 파악 정답 (C)

○○○○●하

문장에 동사가 없고, 빈칸 뒤에 목적어가 없으므로 수동태 동사 (B)와 (C)가 정답의 후보이다. '이 주간 보고는 여러분의 회사 이메일 주소로 ____ 할 것이다'라는 문맥인데, 빈칸이 있는 문장만으로는 정답을 고를 수 없으므로 주변 문맥이나 전체 문맥을 파악한다. 앞부분에서 다음 달부터 사용할 새로운 소프트웨어가 주간 요약을 포함할 것이라고 했으므로 미래 시제 (C) will be sent가 정답이다. 과거 시제 (B)는 미래에 일어날 일을 나타낼 수 없다. 능동태 미래 시제 (A)는 목적어 없이 쓰일 수 없고, 동명사 또는 현재분사 (D)는 동사 자리에 올 수 없다.

From: abertiz@tripleluxhotel.com
To: gatwood@tripleluxhotel.com
Date: April 18
Subject: Summer Vacation Promotion

Dear Mr. Atwood,

Market research shows that the ------- advertising campaign
                                143
for the summer hotel packages needs to be revised.
Through the use of focus groups and surveys, we ------- that
                                                144
fewer families and couples will be visiting the area in the
coming months. Instead, single travelers are more likely to
be sightseeing this summer. -------, it's important that our
                            145
hotel refocus its advertising materials. The promotions
should be run entirely online—especially on social media
Web sites. -------.
           146

Sincerely,
Ashley Bertiz, market researcher
Triple Lux Hotel

발신: abertiz@tripleluxhotel.com
수신: gatwood@tripleluxhotel.com
날짜: 4월 18일
제목: 여름 휴가 홍보

Mr. Atwood께,

143 시장 조사에서 여름 호텔 패키지를 위해 제안된 광고 캠페인이 수정되어야 함이 드러납니다. **144** 표적 집단과 설문 조사를 사용하여, 저희는 앞으로 몇 달 동안 더 적은 수의 가족들과 커플들이 이 지역을 방문할 것임을 확인했습니다. 대신에, 단독 여행객들이 올 여름에 관광할 가능성은 더 높습니다. **145** 따라서, 우리 호텔이 광고 자료의 초점을 조정하는 것이 중요합니다. 홍보는 전적으로 온라인, 특히 소셜 미디어 웹사이트에서 진행되어야 합니다. **146** 이것은 우리가 더 많은 잠재 고객에게 다가가는 데 도움이 될 것입니다.

시장 조사원 Ashley Bertiz 드림
Triple Lux 호텔

143 (A) appointed
(B) proposed
(C) rejected
(D) challenged

144 (A) have determined
(B) are determining
(C) determine
(D) will determine

145 (A) Although
(B) Nonetheless
(C) Therefore
(D) However

146 (A) The summer season is the busiest time for our hotel.
(B) Unfortunately, these will not be available much longer.
(C) I'll be out of the office on vacation for the next two weeks.
(D) This will help us reach more of our potential customers.

어휘 **promotion** n. 홍보, 승진 **revise** v. 수정하다, 변경하다 **focus group** phr. 표적 집단 **sightseeing** n. 관광, 구경 **run** v. 진행하다, 운영하다

143 ■ 형용사 어휘
정답 (B)

'여름 호텔 패키지를 위해 제안된 광고 캠페인이 수정되어야 한다'라는 문맥이므로 형용사 (B) proposed(제안된)가 정답이다. (A) appointed 는 '임명된, 정해진', (C) rejected는 '거절된, 거부당한', (D) challenged는 '도전을 받은, 반박된'이라는 의미이다.

144 ■ 현재 완료 시제 주변 문맥 파악
정답 (A)

'표적 집단과 설문조사를 사용하여 더 적은 수의 가족들과 커플들이 방문할 것임을 확인하다'라는 문맥인데, 이 경우 빈칸이 있는 문장만으로 올바른 시제의 동사를 고를 수 없으므로 주변 문맥이나 전체 문맥을 파악한다. 앞 문장에서 시장 조사에서 여름 호텔 패키지를 위해 제안된 광고 캠페인이 수정되어야 함이 드러난다고 했고, 뒤 문장에서 대신 단독 여행객들이 올 여름에 관광할 가능성은 더 높다고 했으므로 표적 집단과 설문조사를 사용하여 더 적은 수의 가족들과 커플들이 지역을 방문할 것임을 확인한 것이 과거에 일어난 일임을 알 수 있다. 따라서 과거를 나타낼 수 있는 현재 완료 시제 (A) have determined가 정답이다. 현재 진행 시제 (B)는 현재 진행되고 있거나 앞으로 일어날 일을 나타내며, 현재 시제 (C)는 주로 반복적인 행동이나 습관을, 미래 시제 (D)는 미래에 일어날 일을 나타낸다.

145 ■ 접속부사 전체 문맥 파악
정답 (C)

빈칸이 콤마와 함께 문장의 맨 앞에 온 접속부사 자리이므로, 앞부분과 빈칸이 있는 문장의 의미 관계를 파악하여 정답을 선택한다. 앞부분에서 여름 호텔 패키지를 위해 제안된 광고 캠페인이 수정되어야 하는데, 앞으로 몇 달 동안 더 적은 수의 가족들과 커플들이 지역을 방문할 것이지만 대신 단독 여행객들이 올 여름에 관광할 가능성이 더 높다고 했고, 빈칸이 있는 문장에서는 호텔이 광고 자료의 초점을 조정하는 것이 중요하다고 했으므로, 앞부분과 이어지며 결론에 대한 내용을 언급할 때 사용되는 접속부사 (C) Therefore(따라서)가 정답이다. (A) Although은 '그럼에도 불구하고', (B) Nonetheless는 '그렇더라도', (D) However는 '그러나'라는 의미로 빈칸에 쓸 경우 어색한 문맥이 된다.

146 ■ 알맞은 문장 고르기
정답 (D)

빈칸에 들어갈 알맞은 문장을 고르는 문제이므로 주변 문맥 또는 전체 문맥을 파악한다. 앞 문장 'The promotions should be run entirely online—especially on social media Web sites.'에서 홍보는 전적으로 온라인, 특히 소셜 미디어 웹사이트에서 진행되어야 한다고 했으므로 빈칸에는 홍보가 소셜 미디어 웹사이트에서 진행되어야 하는 이유가 들어가야 함을 알 수 있다. 따라서 (D) This will help us reach more of our potential customers가 정답이다. (A)도 홍보와 관련된 내용이지만, 지문에서 앞으로 몇 달 동안, 즉 여름에 더 적은 수의 가족들과 커플들이 지역을 방문할 것이라고 했으므로 답이 될 수 없다.

보기 해석
(A) 여름 시즌은 우리 호텔에게 가장 바쁜 시기입니다.
(B) 안타깝게도, 이것들은 곧 이용할 수 없게 될 것입니다.
(C) 저는 다음 2주 동안 휴가로 인해 사무실에 없을 것입니다.
(D) 이것은 우리가 더 많은 잠재 고객에게 다가가는 데 도움이 될 것입니다.

PART 7

Questions 147-148 refer to the following notice.

147-148은 다음 공고에 관한 문제입니다.

Attention All Passengers:

Please note that [147]the Greenfield Subway System will begin maintenance and renovation work on all stations starting next week on March 1. The project will take a total of 18 months to complete, and all stations will be affected. There may be temporary delays or disruptions to your trip, and we apologize in advance for any inconvenience you may experience as a result.

Work here at the Bridgeport Station will begin on March 21. [147]The eastbound platform of the station will be temporarily closed until May 1, and [147/148]the westbound platform will be inaccessible from May 21. This closure will last until June 1, when the station will be reopened to the public.

For updates and news on the project, visit www. greenfieldtransit.gov/news.

George Jenkins
Operations Manager, Greenfield Subway System

모든 승객에게 안내 드립니다:

[147]Greenfield 지하철 시설이 다음 주 3월 1일부터 모든 역에 대한 정비 및 보수 작업을 시작할 예정인 점을 참고해 주십시오. 이 프로젝트는 완료되기까지 총 18개월이 걸릴 것이며, 모든 역이 영향을 받을 것입니다. 여러분의 이동에 일시적인 지연이나 지장이 있을 수 있으며, 이로 인해 경험하실 수 있는 불편에 대해 미리 사과드립니다.

여기 Bridgeport 역에서의 작업은 3월 21일에 시작됩니다. [147]역의 동쪽 방향 승강장은 5월 1일까지 일시적으로 폐쇄되며, [147/148]서쪽 방향 승강장은 5월 21일부터 접근이 불가능할 것입니다. 이 폐쇄는 역이 대중에 재개방될 6월 1일까지 계속될 것입니다.

프로젝트에 대한 최신 소식 및 뉴스를 보려면, www. greenfieldtransit.gov/news를 방문하십시오.

George Jenkins 드림
Greenfield 지하철 시설 운영 관리자

어휘
□ maintenance n. 정비, 유지
□ delay n. 지연; v. 미루다
□ inconvenience n. 불편
□ westbound adj. 서쪽으로 향하는
□ renovation n. 보수
□ disruption n. 지장, 방해
□ eastbound adj. 동쪽으로 향하는
□ inaccessible adj. 접근이 불가능한
□ temporary adj. 일시적인
□ in advance phr. 미리
□ platform n. 승강장
□ closure n. 폐쇄, 종료

147

What is the notice mainly about?

(A) The purpose of station maintenance
(B) Changes in service at a subway station
(C) A reason for a delay to renovation work
(D) Expansions to a city transit system

공고는 주로 무엇에 대한 것인가?

(A) 역 정비의 목적
(B) 지하철역에서의 운행 변화
(C) 보수 작업의 지연 이유
(D) 도시 교통 체계의 확장

■ 주제/목적 찾기 글의 주제

정답 (B)

공고가 주로 무엇에 대한 것인지를 묻는 주제 찾기 문제이다. 특별히 이 문제는 전체 지문을 요약하여 주제를 찾아야 한다. 'the Greenfield Subway System will begin maintenance and renovation work on all stations'에서 Greenfield 지하철 시설이 모든 역에 대한 정비 및 보수 작업을 시작할 예정이라고 한 후, 'The eastbound platform of the station will be temporarily closed until May 1', 'the westbound platform will be inaccessible from May 21.'에서 역의 동쪽 방향 승강장은 5월 1일까지 일시적으로 폐쇄되며 서쪽 방향 승강장은 5월 21일부터 접근이 불가능할 것이라며 Bridgeport 역에서의 지하철 운행 변화에 대해 설명하고 있으므로 (B)가 정답이다.

어휘 expansion n. 확장 transit system phr. 교통 체계

148

When will work on Bridgeport Station's westbound platform most likely begin?

(A) On March 21
(B) On May 1
(C) On May 21
(D) On June 1

Bridgeport 역의 서쪽 방향 승강장에서는 언제 작업이 시작될 것 같은가?

(A) 3월 21일에
(B) 5월 1일에
(C) 5월 21일에
(D) 6월 1일에

■ **추론** 세부 정보 　　　　　　　　　　　　　　　　　　　　　　　　　　　정답 (C)

질문의 핵심 어구인 work on Bridgeport Station's westbound platform ~ begin에 대해 추론하는 문제이다. 'the westbound platform will be inaccessible from May 21'에서 서쪽 방향 승강장은 5월 21일부터 접근이 불가능할 것이라고 했으므로 5월 21일에 작업이 시작될 것이라는 사실을 추론할 수 있다. 따라서 (C)가 정답이다.

149-150은 다음 설명서에 관한 문제입니다.

La Brava: for a cleaner, purer, and healthier life!

[149]Information on changing filters: It is recommended that all filters in La Brava water filter products be changed twice a year.

To remove an old filter, lift the rear lid of the device, and pull the red tab attached to the filter. Make sure to remove the plastic wrapping on the new filter before inserting it into the device. Fill the water tank, and let the filter absorb the water for at least 10 minutes before switching on the device.

Once a new filter has been installed, the light will turn to green. A yellow light next to "filter" will turn on to give you advance warning that a replacement will soon be necessary.

La Brava사: 더 깨끗하고, 순수하고, 건강한 삶을 위해!

[149]필터 교체에 대한 정보: La Brava사 정수기 제품의 모든 필터는 1년에 두 번 교체하도록 권장됩니다.

오래된 필터를 제거하기 위해서는, 장치의 후면 뚜껑을 열고, 필터에 부착된 빨간색 탭을 당깁니다. 새로운 필터를 장치에 삽입하기 전에 반드시 그것의 플라스틱 포장재를 제거하십시오. 물탱크를 채우고, 장치를 켜기 전에 필터가 적어도 10분 동안 물을 흡수하게 두십시오.

새 필터가 설치되면, 표시등이 녹색으로 바뀔 것입니다. 교체가 곧 필요할 것이라는 사전 경고를 주기 위해 "필터" 옆의 노란색 표시등이 켜질 것입니다.

어휘 □ pure adj. 순수한, 깨끗한   □ rear adj. 후면의, 뒤쪽의   □ lid n. 뚜껑
      □ attach v. 부착하다, 붙이다   □ wrapping n. 포장재   □ insert v. 삽입하다, 끼우다
      □ absorb v. 흡수하다   □ switch on phr. (스위치를) 켜다   □ warning n. 경고

149

What are the instructions for?

(A) Prolonging the life of a device
(B) Replacing a component on a machine
(C) Setting up an appliance for the first time
(D) Cleaning filters on a regular basis

무엇을 위한 설명서인가?

(A) 기기의 수명을 연장하는 것
(B) 기계의 부품을 교체하는 것
(C) 가전 제품을 처음 설치하는 것
(D) 정기적으로 필터를 청소하는 것

■ 주제/목적 찾기 글의 목적

정답 (B)

설명서의 목적을 묻는 목적 찾기 문제이므로 지문의 앞부분을 주의 깊게 확인한다. 'Information on changing filters: It is recommended that all filters in La Brava water filter products be changed twice a year.'에서 필터 교체에 대한 정보를 언급하며 La Brava사 정수기 제품의 모든 필터는 1년에 두 번 교체하도록 권장된다고 한 후, 정수기 필터 교체 방법에 대한 세부 내용을 설명하고 있으므로 (B)가 정답이다.

바꾸어 표현하기
changing filters 필터 교체 → Replacing a component on a machine 기계의 부품을 교체하는 것

어휘 prolong v. 연장하다   component n. 부품, 구성 요소   set up phr. 설치하다, 설정하다   on a regular basis phr. 정기적으로

150

The word "advance" in paragraph 3, line 2, is closest in meaning to

(A) prior
(B) sufficient
(C) urgent
(D) clear

3문단 두 번째 줄의 단어 "advance"는 의미상 –와 가장 가깝다.

(A) 사전의
(B) 충분한
(C) 긴급한
(D) 명확한

■ 동의어

정답 (A)

advance를 포함하는 구절 'to give you advance warning that a replacement will soon be necessary'에서 advance가 '사전의'라는 의미로 사용되었다. 따라서 '사전의'라는 의미를 가진 (A)가 정답이다.

Jared Chan [8:52 A.M.]

Hi, ¹⁵¹I'm scheduled to drop off a new dining set at your home tomorrow morning. Will you be available at 10?

Bonnie Townsend [8:55 A.M.]

Hi! I will be at work all day. But I have left a key card at my building's security desk. You can pick it up and use the service elevator.

Jared Chan [8:56 A.M.]

I see. And where in your apartment should I leave the items?

Bonnie Townsend [8:57 A.M.]

¹⁵²I have a dining room that is through the first doorway on the left. The room is empty, and you can leave the items anywhere there.

Jared Chan [8:59 A.M.]

Will do. Would you also like me to remove the packaging?

Bonnie Townsend [9:01 A.M.]

I would appreciate that. Do you know if any assembly is required?

Jared Chan [9:02 A.M.]

No. Everything is already put together.

Jared Chan [오전 8시 52분]

안녕하세요, ¹⁵¹제가 내일 아침 당신의 집에 새 주방 가구 세트를 배송하기로 되어 있어요. 10시에 가능하신가요?

Bonnie Townsend [오전 8시 55분]

안녕하세요! 저는 하루 종일 회사에 있을 거예요. 하지만 저희 건물 경비실에 카드 키를 두고 왔어요. 그걸 수령하셔서 화물 엘리베이터를 이용하시면 돼요.

Jared Chan [오전 8시 56분]

그렇군요. 그리고 물건들은 당신의 아파트 어디에 두면 되나요?

Bonnie Townsend [오전 8시 57분]

¹⁵²왼쪽 첫 번째 출입구를 통과해서 다이닝룸이 있어요. 그 방은 비어 있고, 물건들은 거기 아무데나 두셔도 돼요.

Jared Chan [오전 8시 59분]

알겠습니다. 포장도 제거해 드리기를 원하시나요?

Bonnie Townsend [오전 9시 01분]

그렇게 해주시면 고맙겠어요. 혹시 조립이 필요한지 아시나요?

Jared Chan [오전 9시 02분]

아니요. 모든 것이 이미 다 조립되어 있어요.

어휘 □ **drop off** phr. 배송하다, 전달하다 □ **dining set** phr. 주방 가구 세트 □ **security desk** phr. 경비실
□ **service elevator** phr. 화물 엘리베이터 □ **doorway** n. 출입구, 문간 □ **packaging** n. 포장, 포장지
□ **assembly** n. 조립, 집회 □ **put together** phr. 조립하다, 끼워 맞추다

151

○○○○● 하

Who most likely is Mr. Chan?

(A) A furniture store salesperson
(B) A member of a delivery staff
(C) An apartment security officer
(D) An employee from a moving company

Mr. Chan은 누구일 것 같은가?

(A) 가구점 판매원
(B) 배달원
(C) 아파트 경비원
(D) 이삿짐 회사 직원

■ 추론 세부 정보 정답 (B)

질문의 핵심 어구인 Mr. Chan에 대해 추론하는 문제이다. 'I'm scheduled to drop off a new dining set at your home tomorrow morning'에서 Mr. Chan이 내일 아침 당신, 즉 Bonnie Townsend의 집에 새 주방 가구 세트를 배송하기로 되어 있다고 했으므로, Mr. Chan 이 Bonnie Townsend에게 새 주방 가구 세트를 배송할 배달원이라는 사실을 추론할 수 있다. 따라서 (B)가 정답이다.

어휘 **salesperson** n. 판매원 **moving company** phr. 이삿짐 회사

152

152

At 8:59 A.M., what does Mr. Chan most likely mean when he writes, "Will do"?

(A) He will be at the building by 10 A.M.
(B) He will leave the items at the security desk.
(C) He will take the furniture out of the boxes.
(D) He will put the delivery in a designated area.

오전 8시 59분에, Mr. Chan이 "Will do"라고 썼을 때 그가 의도한 것 같은 것은?

(A) 오전 10시까지 건물에 올 것이다.
(B) 물건들을 경비실에 맡길 것이다.
(C) 가구를 상자에서 꺼낼 것이다.
(D) 배송품을 지정된 장소에 둘 것이다.

■ **의도 파악**

정답 (D)

Mr. Chan이 의도한 것을 묻는 문제이므로, 질문의 인용어구(Will do)가 언급된 주변 문맥을 확인한다. 'I have a dining room that ~ is empty, and you can leave the items anywhere there.'에서 Bonnie Townsend가 다이닝룸이 비어 있는데 물건을 거기 아무데나 두어도 된다고 하자, Mr. Chan이 'Will do.'(알겠습니다)라고 한 것을 통해, Mr. Chan이 배송품을 지정된 장소인 다이닝룸에 둘 것임을 알 수 있다. 따라서 (D)가 정답이다.

어휘 designated adj. 지정된, 지명된

Questions 153-154 refer to the following e-mail.

153-154는 다음 이메일에 관한 문제입니다.

TO: Noelle Tatou <notat@tatoudecor.com>
FROM: Blake Anderson <blander@bawebdesign.com>
SUBJECT: Your Web site
DATE: October 9

Hi, Noelle.

I have just completed a basic layout for your new Web site. Everything looks good and follows your specifications. I'll need a few more days to have it up and running and will make sure you get to look through everything before the site is activated. But [153]I have encountered one issue that I need your help with. I uploaded the files you e-mailed to me about your products. However, [153]the images you sent are low-resolution, so they aren't very clear. Do you happen to have better quality images? If so, please send them to me so that I can use them on the site. If you don't have any higher resolution images, I'd suggest taking additional photos. [154]Customers will want to clearly see what your merchandise looks like.

Let me know if you have any questions.

Blake

수신: Noelle Tatou <notat@tatoudecor.com>
발신: Blake Anderson <blander@bawebdesign.com>
제목: 당신의 웹사이트
날짜: 10월 9일

안녕하세요, Noelle.

당신의 새 웹사이트를 위한 기본 레이아웃을 방금 완료했습니다. 모든 것이 좋아 보이고 당신의 설명에 따릅니다. 제대로 작동하도록 하기 위해서는 며칠이 더 필요할 것이고 사이트가 활성화되기 전에 당신이 모든 것을 점검하실 수 있도록 할 겁니다. 하지만 [153]저는 당신의 도움이 필요한 한 가지 문제를 맞닥뜨렸습니다. 당신이 이메일로 보내주신 당신의 제품들에 대한 파일을 업로드했습니다. 하지만, [153]보내주신 이미지는 해상도가 낮아, 별로 선명하지 않습니다. 혹시 더 질이 좋은 이미지가 있으신가요? 만약 그렇다면, 그것들을 사이트에 사용할 수 있도록 저에게 보내주시기 바랍니다. 해상도가 더 높은 이미지가 없으시다면, 저는 추가적인 사진을 찍으시는 것을 제안하고 싶습니다. [154]고객들은 당신의 상품이 어떻게 생겼는지 뚜렷하게 보고 싶어 할 것입니다.

질문이 있으시면 알려 주십시오.

Blake

어휘 □ **specification** n. 설명서, 사양   □ **up and running** phr. 제대로 작동하는   □ **activate** v. 활성화하다
□ **encounter** v. ~을 맞닥뜨리다, ~을 마주치다   □ **resolution** n. 해상도   □ **clearly** adv. 또렷하게, 분명히
□ **merchandise** n. 상품, 물품

153

What is one reason Mr. Anderson contacts Ms. Tatou?

(A) To inquire about Web design services offered
(B) To request images suitable for a site
(C) To inform her that a site is now active
(D) To ask about site specifications

Mr. Anderson이 Ms. Tatou에게 연락하는 한 가지 이유는 무엇인가?

(A) 제공된 웹 디자인 서비스에 대해 문의하기 위해
(B) 사이트에 적합한 이미지를 요청하기 위해
(C) 사이트가 현재 활성화되었음을 알리기 위해
(D) 사이트 사양에 대해 문의하기 위해

■ **주제/목적 찾기** 글을 쓴 이유   정답 (B)

Mr. Anderson이 Ms. Tatou에게 연락하는 이유를 묻는 목적 찾기 문제이다. 특별히 이 문제는 지문의 중반에 지문의 목적과 관련된 내용이 언급되었음에 유의한다. 'I have encountered one issue that I need your help with'에서 당신, 즉 Ms. Tatou의 도움이 필요한 한 가지 문제를 맞닥뜨렸다고 한 뒤, 'the images you sent are low-resolution ~. Do you happen to have better quality images? If so, please send them to me'에서 Ms. Tatou가 보내준 이미지는 해상도가 낮다며 혹시 더 질이 좋은 이미지가 있는지 묻고, 만약 그렇다면 보내달라고 했으므로 (B)가 정답이다.

어휘 **suitable** adj. 적합한, 알맞은   **active** adj. 활성화된

What is indicated about Ms. Tatou?	Ms. Tatou에 대해 암시되는 것은?
(A) She has done business with Mr. Anderson before.	(A) 전에 Mr. Anderson과 거래를 한 적이 있다.
(B) She recently hired a professional photographer.	(B) 최근에 전문 사진 작가를 고용했다.
(C) She will meet with Mr. Anderson in a few days.	(C) 며칠 후에 Mr. Anderson을 만날 것이다.
(D) She intends to sell goods online.	(D) 온라인으로 상품을 판매할 계획이다.

■ **추론** 세부 정보   정답 (D)

질문의 핵심 어구인 Ms. Tatou에 대해 추론하는 문제이다. 'Customers will want to ~ see what your merchandise looks like.'에서 고객들은 당신, 즉 Ms. Tatou의 상품이 어떻게 생겼는지 보고 싶어 할 것이라고 했으므로 Ms. Tatou가 온라인으로 상품을 판매할 계획이라는 사실을 추론할 수 있다. 따라서 (D)가 정답이다.

어휘   hire v. 고용하다   intend v. ~을 할 계획이다

Questions 155-157 refer to the following advertisement.

155-157은 다음 광고에 관한 문제입니다.

Crescent Home Care Services

With a staff of 15 certified nurses, Crescent Home Care Services guarantees its clients expert health care from the comfort of their own home! [155]We offer medical care services to elderly patients, ensuring they are regularly tested for health conditions. Not just that, but [156-A]our nurses help give patients medication, injections, and health check-ups. Furthermore, [156-D]they provide aid to clients with mobility issues. [156-C]We even have staff that can help patients prepare healthy meals at home.

The advantage of using Crescent Home Care Services is that there is no waiting in a clinic or hospital to see a medical professional because our nurses come to you! [157-B]Our services are partially covered by the National Health Program, and most medical insurance policies will also provide coverage. And you can rest assured that your health is in the hands of professionals as [157-C]our staff members are all experienced and state-certified.

Find out what other patients are saying about Crescent Home Care Services by checking out the client reviews on our Web site. And you can also fill out an online inquiry form at www.crescentserv.com/contact. [157-D]We will answer your questions within 24 hours and can arrange an in-person meeting with one of our nursing staff members at your home. [156-B]We will determine your requirements and set up a home-care schedule that is convenient for you. Contact us today!

Crescent 가정 요양 서비스

15명의 공인 간호사들과 함께, Crescent 가정 요양 서비스는 고객들에게 그들 자신의 집에서 편안히 받는 전문적인 건강 관리를 보장합니다! [155]저희는 연세가 많은 환자들에게 의료 서비스를 제공하여, 그들이 정기적으로 건강 상태에 대한 검사를 받도록 합니다. 그것뿐만 아니라, [156-A]저희 간호사들은 환자들에게 약, 주사, 그리고 건강검진을 제공하는 것을 돕습니다. 게다가, [156-D]그들은 이동에 문제를 겪는 고객들에게 도움을 제공합니다. [156-C]저희는 심지어 환자들이 집에서 건강한 식사를 준비하도록 도울 수 있는 직원들도 있습니다.

Crescent 가정 요양 서비스를 사용하는 것의 장점은 저희 간호사들이 귀하에게 가기 때문에 의료 전문가의 진찰을 받기 위해 치료소나 병원에서의 대기가 없다는 것입니다! [157-B]저희의 서비스는 부분적으로 국민 건강 프로그램에 의해 보장되며, 대부분의 의료 보험 정책도 적용될 것입니다. 그리고 [157-C]저희 직원들은 모두 경력 있고 국가 인증을 받았기 때문에 귀하의 건강이 전문가들에게 맡겨져 있다고 확신하실 수 있습니다.

당사 웹사이트에서 고객 리뷰를 확인하여 다른 환자들이 Crescent 가정 요양 서비스에 대해 뭐라고 하는지 알아보십시오. 그리고 귀하는 또한 www.crescentserv.com/contact에서 온라인 문의 양식을 작성하실 수도 있습니다. [157-D]저희가 24시간 이내에 귀하의 질문에 답변해 드릴 것이며 귀하의 가정에서 저희 간호 직원 중 한 명과의 대면 상담을 마련할 수 있습니다. [156-B]저희가 귀하의 요구 사항을 확인하고 귀하에게 편리한 가정 요양 일정을 수립하겠습니다. 오늘 연락 주십시오!

어휘 □ **certified** adj. 공인의, 보증된 □ **patient** n. 환자 □ **mobility** n. 이동성 □ **rest assured** phr. ~라고 확신해도 되다, ~라고 믿어도 되다 □ **state-certified** adj. 국가 인증을 받은 □ **determine** v. 확인하다, 결정하다 □ **from the comfort of** phr. ~에서 편안히 □ **medication** n. 약 □ **partially** adv. 부분적으로 □ **arrange** v. 마련하다, 준비하다 □ **elderly** adj. 연세가 많은, 고령의 □ **injection** n. 주사, 주입 □ **insurance policy** phr. 보험 정책, 보험 증서 □ **in the hands of** phr. ~의 손에 맡겨진 □ **in-person** adj. 대면의, 직접의

155
○○○○ ●● 중

For whom is the advertisement most likely intended?

(A) Senior citizens
(B) Health care workers
(C) Hospital inpatients
(D) Homeowners

광고는 누구를 대상으로 하는 것 같은가?

(A) 노인들
(B) 의료 서비스 종사자들
(C) 병원 입원 환자들
(D) 주택 소유자들

■ **추론** 전체 정보

정답 (A)

지문 곳곳에 퍼져 있는 여러 단서를 종합하여 광고의 대상을 추론하는 문제이다. 'We[Crescent Home Care Services] offer medical care services to elderly patients'에서 Crescent 가정 요양 서비스는 연세가 많은 환자들에게 의료 서비스를 제공한다고 한 후, 제공하는 서비스들을 소개하고 있으므로 노인들을 대상으로 하는 광고임을 추론할 수 있다. 따라서 (A)가 정답이다.

바꾸어 표현하기
elderly patients 연세가 많은 환자들 → Senior citizens 노인들

어휘 **senior** adj. 노인의, 고령의 **citizen** n. 시민 **inpatient** n. 입원 환자

What does Crescent Home Care Services NOT do?

(A) Administer medicine and conduct examinations
(B) Assess clients' needs and create a plan
(C) Deliver healthy meals to homes
(D) Help those who have trouble moving

Crescent 가정 요양 서비스가 하지 않는 것은?

(A) 약을 복용시키고 검사를 실시한다
(B) 고객의 필요사항을 가늠하고 계획을 세운다
(C) 집에 건강한 식사를 배달한다
(D) 이동하는 데에 문제가 있는 사람들을 돕는다

■ **Not/True** Not 문제
정답 (C)

질문의 핵심 어구인 Crescent Home Care Services와 관련된 내용을 지문에서 찾아 각 보기와 대조하는 Not/True 문제이다. (A)는 'our nurses help give patients medication ~ and health check-ups'에서 우리, 즉 Crescent 가정 요양 서비스의 간호사들은 환자들에게 약과 건강검진을 제공하는 것을 돕는다고 했으므로 지문의 내용과 일치한다. (B)는 'We will determine your requirements and set up a home-care schedule'에서 귀하, 즉 고객의 요구 사항을 확인하고 가정 요양 일정을 수립하겠다고 했으므로 지문의 내용과 일치한다. (C)는 'We ~ have staff that can help patients prepare healthy meals at home.'에서 환자들이 집에서 건강한 식사를 준비하도록 도울 수 있는 직원들이 있다고 했지만, Crescent 가정 요양 서비스가 집에 건강한 식사를 배달한다는 것은 아니므로 지문의 내용과 일치하지 않는다. 따라서 (C)가 정답이다. (D)는 'they[our nurses] provide aid to clients with mobility issues'에서 간호사들이 이동에 문제를 겪는 고객들에게 도움을 제공한다고 했으므로 지문의 내용과 일치한다.

어휘 administer v. (약을) 복용시키다, 투여하다 conduct v. 실시하다, 수행하다 assess v. 가늠하다, 평가하다

What is mentioned about Crescent Home Care Services?

(A) It employs dental health professionals.
(B) Its staff members receive partial medical insurance.
(C) Its nurses must have experience at local hospitals.
(D) It organizes consultations at patients' homes.

Crescent 가정 요양 서비스에 대해 언급된 것은?

(A) 치아 건강 전문가들을 고용한다.
(B) 그곳의 직원들은 부분적인 의료 보험을 받는다.
(C) 그곳의 간호사들은 지역 병원에서의 경력이 있어야 한다.
(D) 환자들의 집에서 상담을 잡는다.

■ **Not/True** True 문제
정답 (D)

질문의 핵심 어구인 Crescent Home Care Services와 관련된 내용을 지문에서 찾아 각 보기와 대조하는 Not/True 문제이다. (A)는 지문에 언급되지 않은 내용이다. (B)는 'Our services are partially covered by the National Health Program'에서 서비스가 부분적으로 국민 건강 프로그램에 의해 보장된다고 했지만 직원들이 의료 보험을 받는지는 알 수 없으므로 지문의 내용과 일치하지 않는다. (C)는 'our staff members are all experienced'에서 직원들이 모두 경력 있다고는 했으나 지역 병원에서의 경력이 있어야 하는지는 언급되지 않았으므로 지문의 내용과 일치하지 않는다. (D)는 'We ~ can arrange an in-person meeting with one of our nursing staff members at your home.'에서 귀하, 즉 환자의 가정에서 간호 직원 중 한 명과의 대면 상담을 마련할 수 있다고 했으므로 지문의 내용과 일치한다. 따라서 (D)가 정답이다.

바꾸어 표현하기
in-person meeting 대면 상담 → consultations 상담

어휘 employ v. 고용하다 dental adj. 치아의, 구강의 consultation n. 상담

158-160은 다음 기사에 관한 문제입니다.

Lucy's is Keeping Up with the Times
By Peter Ling

In an effort to address consumers' growing demand for healthier food, [158]fast food franchise Lucy's is making major adjustments to its menu. CEO of Lucy's Rhoda Gould said, "As before, we will continue to offer customer favorites, including burgers and French fries." — [1] —. Gould explained that these items would simply include healthier ingredients. — [2] —. She said that [159]all meat products used will be organically raised. — [3] —. In addition, the sugar and salt content will be decreased, and the bread used for the burgers will be whole wheat, rather than traditional white bread. — [4] —. Furthermore, bottled water and natural fruit juices will be added as options for beverages when ordering one of Lucy's meal sets. Gould explained, "Our customers are concerned about the amount of sugar they consume. So, offering healthier alternatives instead of soda pop and other sugary soft drinks is something I am sure they will appreciate." [160]As for prices, while menu items will increase slightly in cost to the consumer, they will still be competitive with other fast food franchises.

Lucy's, 시대를 따라가다
Peter Ling 기자

보다 건강한 음식에 대한 소비자들의 증가하는 수요를 해결하기 위한 노력으로, [158]패스트푸드 체인점 Lucy's가 메뉴에 주요한 조정을 실시한다. Lucy's의 최고 경영자 Rhoda Gould는 "전과 마찬가지로, 버거와 감자튀김을 포함한 고객이 좋아하는 제품들을 계속 제공할 것입니다."라고 말했다. — [1] —. Gould는 이러한 품목들이 그저 더 건강한 재료를 포함할 것이라고 설명했다. — [2] —. 그녀는 [159]사용되는 모든 육류 제품이 유기농으로 길러질 것이라고 말했다. — [3] —. 또한, 설탕과 염분 함량이 감소될 것이며, 버거에 사용되는 빵은 기존의 흰 빵이 아닌 통밀빵일 것이다. — [4] —. 게다가, Lucy's의 식사 세트 중 한 개를 주문할 때 음료 선택지로 병에 든 생수와 천연 과일 주스가 추가될 것이다. Gould는 "저희 고객들은 그들이 섭취하는 설탕의 양에 대해 우려하고 있습니다. 따라서, 탄산음료와 다른 설탕이 든 청량음료 대신 더 건강한 대안을 제공하는 것은 그들이 환영할 만한 무언가라고 저는 확신합니다."라고 설명했다. [160]가격에 관해서는, 메뉴 품목들이 소비자들에게 있어 비용이 약간 상승할 것이지만, 여전히 다른 패스트푸드 체인점에 비해 경쟁력 있을 것이다.

어휘
□ **keep up with** phr. (시류를) 따르다
□ **organically** adv. 유기농으로
□ **whole wheat** phr. 통밀로 된
□ **soda pop** phr. 탄산음료
□ **franchise** n. 체인점
□ **raise** v. 기르다, 양육하다
□ **traditional** adj. 기존의, 전통적인
□ **sugary** adj. 설탕이 든, 단
□ **French fry** phr. 감자튀김
□ **content** n. 함량, 내용물
□ **bottled** adj. 병에 든
□ **competitive** adj. 경쟁력 있는, ~에 뒤지지 않는

158

What is the article mainly about?

(A) Customers' reactions to fast food
(B) Product changes of a food service company
(C) The launch of a new dining business
(D) Health concerns over restaurant menus

기사는 주로 무엇에 대한 것인가?

(A) 패스트푸드에 대한 고객들의 반응
(B) 식품 서비스 회사의 제품 변경
(C) 새로운 외식업체의 출시
(D) 레스토랑 메뉴에 대한 건강 우려

■ **주제/목적 찾기** 글의 주제   정답 (B)

기사가 주로 무엇에 대한 것인지를 묻는 주제 찾기 문제이므로 지문의 앞부분을 주의 깊게 확인한다. 'fast food franchise Lucy's is making major adjustments to its menu'에서 패스트푸드 체인점 Lucy's가 메뉴에 주요한 조정을 실시한다고 한 후, 메뉴 조정 사항에 대한 세부 내용을 설명하고 있으므로 (B)가 정답이다.

바꾸어 표현하기
adjustments to its menu 메뉴 조정 → Product changes 제품 변경

어휘 **reaction** n. 반응

159

○○●●
중

In which of the positions marked [1], [2], [3], and [4] does the following sentence best belong?

"This also applies to any vegetables used."

(A) [1]
(B) [2]
(C) [3]
(D) [4]

[1], [2], [3], [4]로 표시된 위치 중, 다음 문장이 들어갈 곳으로 가장 적절한 것은?

"이것은 사용되는 모든 채소에도 적용된다."

(A) [1]
(B) [2]
(C) [3]
(D) [4]

■ **문장 위치 찾기**   정답 (C)

지문의 흐름상 주어진 문장이 들어가기에 가장 적절한 곳을 고르는 문제이다. 주어진 문장에서 이것은 사용되는 모든 채소에도 적용된다고 했으므로, 이 문장이 음식에 사용되는 식재료와 관련된 내용 뒷부분에 들어가야 함을 알 수 있다. [3]의 앞 문장인 'all meat products used will be organically raised'에서 사용되는 모든 육류 제품이 유기농으로 길러질 것이라고 했으므로, [3]에 제시된 문장이 들어가면 사용되는 모든 채소도 육류 제품과 마찬가지로 유기농으로 재배될 것이라는 자연스러운 문맥이 된다는 것을 알 수 있다. 따라서 (C)가 정답이다.

어휘   apply   v. 적용하다, 응용하다

160

○○●●
중

What does Lucy's plan to do?

(A) Lower the amount of sugar in drinks
(B) Raise menu prices a small amount
(C) Cut down on supply costs
(D) Test out new items with staff

Lucy's는 무엇을 할 계획인가?

(A) 음료에 포함된 설탕의 양을 줄인다
(B) 메뉴 가격을 소액 인상한다
(C) 공급 비용을 절감한다
(D) 직원들에게 새로운 품목을 시험한다

■ **육하원칙** What   정답 (B)

Lucy's가 무엇(What)을 할 계획인지를 묻는 육하원칙 문제이다. 질문의 핵심 어구인 Lucy's plan to do와 관련하여, 'As for prices, ~ menu items will increase slightly in cost to the consumer'에서 가격에 관해서는 메뉴 품목들이 소비자들에게 있어 비용이 약간 상승할 것이라고 했으므로 (B)가 정답이다.

어휘   raise   v. 인상하다, 올리다   cut down   phr. 절감하다, 줄이다   supply   n. 공급; v. 공급하다

Financial Gazette
January issue

Student Savings

University students who live away from home are learning to be responsible with money, often budgeting for groceries, textbooks, clothing, and buses or taxis for the first time.

[161]To respond to the needs of these young customers, many banks are now offering student accounts. [162]To qualify for a student account, a customer must be between the ages of 18 and 25 and have a valid university identification when opening the account.

Depending on the bank, a student account usually does not charge fees for receiving wire transfers. These types of accounts also do not require customers to maintain a minimum balance. Augustine Bank's spokesperson Lia Steele said, "Our student bank account works just like a normal account, but there are extra perks. [163]We offer students a bonus of $100 as long as they make 10 transactions within the first 60 days of opening an account, and there are no ATM charges. We understand that it can be hard for university students to budget, so in the future, we plan to offer a convenient mobile app."

*Financial Gazette*지
1월호

학생용 적금

집을 떠나 사는 대학생들은 종종 처음으로 식료품, 교재, 옷, 그리고 버스 또는 택시를 위한 예산을 짜면서, 돈에 있어 책임을 지는 법을 배우고 있다.

[161]이러한 젊은 고객들의 필요에 응답하기 위해, 많은 은행에서 이제 학생 계좌를 제공하고 있다. [162]학생 계좌를 위한 자격을 얻으려면, 고객은 18세에서 25세 사이여야 하며 계좌를 개설할 때 유효한 대학교 신분증이 있어야 한다.

은행에 따라, 학생 계좌는 일반적으로 전자 송금을 받는 데 수수료를 부과하지 않는다. 이러한 유형의 계좌는 또한 고객이 최소 잔액을 유지하도록 요구하지 않는다. Augustine 은행의 대변인 Lia Steele은 "저희 학생 계좌는 일반 계좌와 똑같이 작용하지만, 추가 혜택이 있습니다. [163]저희는 학생들이 계좌를 개설한 후 처음 60일 이내에 10번의 거래를 하는 한 그들에게 100달러의 보너스를 제공하며, ATM 수수료가 없습니다. 대학생들이 예산을 짜기 어려울 수 있다는 점을 이해하기 때문에, 앞으로 편리한 모바일 앱을 제공할 계획입니다."라고 말했다.

어휘 □ budget v. 예산을 짜다; n. 예산 □ respond v. 응답하다, 반응하다 □ qualify v. ~을 위한 자격을 얻다
□ valid adj. 유효한, 타당한 □ identification n. 신분증 □ charge v. 요금을 부과하다; n. 요금
□ wire transfer phr. 전자 송금 □ balance n. 잔액, 잔고 □ perk n. 혜택, 특혜
□ transaction n. 거래

161

What is the main purpose of the article?

(A) To encourage students to take finance classes
(B) To discuss the benefits of a type of financial product
(C) To teach young people how to save money
(D) To promote a low-cost university program

기사의 주 목적은 무엇인가?

(A) 학생들에게 경제 수업을 듣도록 장려하기 위해
(B) 한 금융 상품의 혜택에 대해 논의하기 위해
(C) 젊은 사람들에게 돈을 절약하는 방법을 가르치기 위해
(D) 저비용 대학 프로그램을 홍보하기 위해

■ **주제/목적 찾기** 글의 목적

정답 (B)

기사의 목적을 묻는 목적 찾기 문제이므로 지문의 앞부분을 주의 깊게 확인한다. 'To respond to the needs of ~ young customers, many banks are now offering student accounts.'에서 젊은 고객들의 필요에 응답하기 위해 많은 은행에서 이제 학생 계좌를 제공하고 있다고 한 후, 학생 계좌의 혜택을 설명하고 있으므로 (B)가 정답이다.

어휘 finance n. 경제, 금융 promote v. 홍보하다 low-cost adj. 저비용의

What is needed to open a student account?

(A) A minimum balance
(B) A parent's signature
(C) An initial deposit
(D) A school-issued ID

학생 계좌를 개설하려면 무엇이 필요한가?

(A) 최소 잔액
(B) 부모의 서명
(C) 초기 예치금
(D) 학교에서 발급된 신분증

■ **육하원칙** What   정답 (D)

학생 계좌를 개설하려면 무엇(What)이 필요한지를 묻는 육하원칙 문제이다. 'To qualify for a student account, a customer must ~ have a valid university identification when opening the account.'에서 학생 계좌를 위한 자격을 얻으려면 고객이 계좌를 개설할 때 유효한 대학교 신분증이 있어야 한다고 했으므로 (D)가 정답이다.

바꾸어 표현하기
university identification 대학교 신분증 → A school-issued ID 학교에서 발급된 신분증

어휘 signature n. 서명 initial adj. 초기의, 처음의 deposit n. 예치금 issue v. 발급하다, 발행하다

What does Ms. Steele suggest about Augustine Bank?

(A) It has a huge network of ATMs nationwide.
(B) It requires all students to use a mobile application.
(C) It will not offer every customer a financial incentive.
(D) It will not charge students for having a negative account balance.

Ms. Steele은 Augustine 은행에 대해 무엇을 암시하는가?

(A) 전국적으로 거대한 ATM 연결망을 가지고 있다.
(B) 모든 학생들에게 모바일 애플리케이션을 사용하도록 요구한다.
(C) 모든 고객에게 재정적 장려금을 제공하지는 않을 것이다.
(D) 계좌 잔액이 부족한 학생에게 요금을 부과하지 않을 것이다.

■ **추론** 세부 정보   정답 (C)

질문의 핵심 어구인 Ms. Steele suggest about Augustine Bank에 대해 추론하는 문제이다. 'We offer students a bonus of $100 as long as they make 10 transactions within the first 60 days of opening an account'에서 Ms. Steele이 우리, 즉 Augustine 은행은 학생들이 계좌를 개설한 후 처음 60일 이내에 10번의 거래를 하는 한 100달러의 보너스를 제공한다고 했으므로, 계좌 개설 후 60일 이내에 10번의 거래를 하지 않은 고객에게는 100달러의 재정적 장려금을 제공하지 않을 것이라는 사실을 추론할 수 있다. 따라서 (C)가 정답이다.

어휘 nationwide adj. 전국적인 incentive n. 장려금, 장려 대책

http://www.dimensionalprinters.com/guarantee

HOME	**Dimensional Printers' Guarantee to You**
PRODUCTS	
SHOP	Dimensional Printers is proud to offer guarantees on all our products. This includes all 3D printers, software, and replacement cartridges.
GUARANTEE	
COMPANY	
REPAIR CENTERS	All 3D printers come with a two-year warranty. That means if your device breaks down or becomes inoperable, it will be repaired or replaced for free within the warranty period. Simply return the device to one of our authorized repair centers. You can find the one nearest you by clicking on REPAIR CENTERS. [164]Warranties can be extended for an additional charge, starting at $32 per year. Please note that [165]warranties may not be honored if the owner fails to perform regular printer upkeep. Instructions for this can be found in the user manual.
CONTACT	

[166]If a cartridge is defective, you may simply return it to the retail outlet where it was purchased for an exchange. If you purchased it on our Web site, return the item to us in the mail. We will reimburse you for shipping fees and send you a replacement.

[167]Should you have any difficulties using or installing any of our products, feel free to click on CONTACT. You'll have the option of sending an e-mail or text to one of our service representatives.

Thank you for your business, and please let us know how we can be of further assistance.

http://www.dimensionalprinters.com/guarantee

홈	Dimensional Printers사의 보증
상품	Dimensional Printers사는 자랑스럽게 당사의 모든 제품에 대한 보증을 제공합니다. 여기에는 모든 3D 프린터, 소프트웨어, 그리고 교체용 카트리지가 포함됩니다.
구매	
보증	
회사	모든 3D 프린터에는 2년 보증이 적용됩니다. 이는 귀하의 기기가 고장 나거나 작동하지 않게 될 경우, 보증 기간 내에 무료로 수리 또는 교체될 것이라는 의미입니다. 그저 기기를 저희 공인 수리 센터 중 한 곳에 반환하기만 하시면 됩니다. 수리 센터를 클릭하시면 귀하와 가장 가까운 지점을 찾으실 수 있습니다. [164]보증은 연간 32달러부터 시작하는 추가 요금으로 연장될 수 있습니다. [165]소유자가 정기적인 프린터 유지보수를 수행하지 못할 경우 보증이 유효로 인정되지 않을 수 있다는 점을 유의해 주십시오. 이에 대한 지침은 사용자 설명서에서 확인할 수 있습니다.
수리 센터	
연락처	

[166]카트리지에 결함이 있는 경우, 그저 교환을 위해 그것을 구입한 소매점에 반환하시기만 하면 됩니다. 만약 그것을 저희 웹사이트에서 구매하셨다면, 저희에게 우편으로 상품을 반송해 주십시오. 저희가 귀하께 배송비를 보상해드리고 대체품을 보내 드릴 것입니다.

[167]귀하께서 당사의 어떤 제품이든 사용하거나 설치하는 데 어려움이 있으실 경우, 언제든지 연락처를 클릭하십시오. 저희 서비스 담당자들 중 한 명에게 이메일 또는 문자 메시지를 보내는 선택지가 있을 것입니다.

귀하의 거래에 감사드리며, 저희가 어떻게 도움을 더 제공할 수 있을지 알려주시기 바랍니다.

여휘
- □ **guarantee** n. 보증; v. 보장하다
- □ **inoperable** adj. 작동하지 않는, 실행 불가능한
- □ **upkeep** n. 유지보수
- □ **defective** adj. 결함이 있는
- □ **shipping** n. 배송, 운송
- □ **replacement** n. 교체용, 교체
- □ **authorized** adj. 공인된, 승인된
- □ **instruction** n. 지침, 지시
- □ **retail** adj. 소매의
- □ **business** n. 거래, 사업
- □ **warranty** n. 보증
- □ **honor** v. 유효로 인정하다
- □ **manual** n. 설명서
- □ **reimburse** v. 배상하다, 환불하다

164

How can customers extend a product guarantee?

(A) By visiting a repair center
(B) By filling out an online form
(C) By paying an extra fee
(D) By contacting a local retailer

| 고객들은 어떻게 제품 보증을 연장할 수 있는가?
| (A) 수리 센터를 방문함으로써
| (B) 온라인 양식을 작성함으로써
| (C) 추가 요금을 지불함으로써
| (D) 지역 소매업자에게 연락함으로써

■ 육하원칙 How 정답 (C)

고객들이 어떻게(How) 제품 보증을 연장할 수 있는지를 묻는 육하원칙 문제이다. 질문의 핵심 어구인 extend a product guarantee와 관련하여, 'Warranties can be extended for an additional charge, starting at $32 per year.'에서 보증은 연간 32달러부터 시작하는 추가 요금으로 연장될 수 있다고 했으므로 (C)가 정답이다.

바꾸어 표현하기
product guarantee 제품 보증 → Warranties 보증
additional charge 추가 요금 → extra fee 추가 요금

어휘 retailer n. 소매업자

165

According to the Web page, why might a warranty claim be rejected?

(A) Warranty registration has not been completed.
(B) A device has been inadequately maintained.
(C) A customer has lost the provided warranty card.
(D) Instructions for printer installation have not been followed.

| 웹페이지에 따르면, 왜 보증 요청이 거부될 수 있는가?
| (A) 보증 등록이 완료되지 않았다.
| (B) 기기가 미흡하게 정비되었다.
| (C) 고객이 제공된 보증서 카드를 분실했다.
| (D) 프린터 설치를 위한 지침이 지켜지지 않았다.

■ 육하원칙 Why 정답 (B)

웹페이지에 따르면 왜(why) 보증 요청이 거부될 수 있는지를 묻는 육하원칙 문제이다. 질문의 핵심 어구인 warranty claim be rejected와 관련하여, 'warranties may not be honored if the owner fails to perform regular printer upkeep'에서 소유자가 정기적인 프린터 유지보수를 수행하지 못할 경우 보증이 유효로 인정되지 않을 수 있다고 했으므로 (B)가 정답이다.

바꾸어 표현하기
fails to perform regular printer upkeep 정기적인 프린터 유지보수를 수행하지 못하다
→ A device has been inadequately maintained 기기가 미흡하게 정비되었다

어휘 inadequately adv. 미흡하게, 불충분하게

166

What is suggested about Dimensional Printers?

(A) It sells products both online and in stores.
(B) It has technicians who perform service calls.
(C) It does not charge for the shipping of purchases.
(D) It only offers replacements for defective items.

| Dimensional Printers사에 대해 암시되는 것은?
| (A) 온라인과 상점 모두에서 제품을 판매한다.
| (B) 호출 서비스를 진행하는 기술자들이 있다.
| (C) 구매에 대한 배송에는 요금을 부과하지 않는다.
| (D) 불량품에 대한 교체만 제공한다.

■ 추론 세부 정보 정답 (A)

질문의 핵심 어구인 Dimensional Printers에 대해 추론하는 문제이다. 'If a cartridge is defective, you may simply return it to the retail outlet where it was purchased ~. If you purchased it on our Web site, return the item to us in the mail.'에서 카트리지에 결함이 있는 경우 그것을 구입한 소매점에 반환하면 되고 웹사이트에서 구매했다면 우편으로 상품을 반송해 달라고 했으므로, Dimensional Printers사가 온라인과 상점 모두에서 제품을 판매한다는 사실을 추론할 수 있다. 따라서 (A)가 정답이다.

어휘 technician n. 기술자 purchase n. 구매; v. 구매하다

167

What can buyers do to receive assistance setting up a product?

(A) Call a number
(B) Go to a service counter
(C) Send an electronic message
(D) Mail a document

구매자들은 제품을 설치하는 것에 도움을 받기 위해 무엇을 할 수 있는가?

(A) 전화를 건다
(B) 서비스 카운터로 간다
(C) 전자 메시지를 보낸다
(D) 문서를 우편 발송한다

■ **육하원칙** What

정답 (C)

구매자들이 제품을 설치하는 것에 도움을 받기 위해 무엇(What)을 할 수 있는지를 묻는 육하원칙 문제이다. 질문의 핵심어구인 receive assistance setting up a product와 관련하여, 'Should you have any difficulties ~ installing any of our products ~. You'll have the option of sending an e-mail or text to one of our service representatives.'에서 어떤 제품이든 설치하는 데 어려움이 있을 경우, 서비스 담당자들 중 한 명에게 이메일 또는 문자 메시지를 보내는 선택지가 있을 것이라고 했으므로 (C)가 정답이다.

바꾸어 표현하기
sending an e-mail or text 이메일 또는 문자 메시지를 보내는 것 → Send an electronic message 전자 메시지를 보낸다

You-View Subscriber Reviews
Production: *Mainlander*, drama series
Viewer: Michael Rogers (Username: MRogers)

168-AThe second season of *Mainlander* was launched last week, much to the excitement of fans of the first season. So, is it as good as the first season? The answer is no. It is actually even better! Online streaming service You-View has put more effort into this season, so 168-Dthe wardrobe and sets are better and very elaborate. 168-CIt also showcases much more high-quality special effects.

All of the characters we loved in the first season are back in season two as well. — [1] —. And 168-Bthere are several new ones that are introduced into the story. — [2] —. 169The acting level is just as good as it was in the first season, with Muriel Lightly really doing an excellent job this season. — [3] —. The story of season two continues from season one, and it becomes even more mysterious and fascinating. — [4] —.

170The only negative side to the second season is that the series is only 10 episodes long. The story seemed too rushed at times. In comparison, 171the first season was 12 episodes. Most of You-View's series are at least 15 episodes, so I think that *Mainlander* deserves at least that many.

★★★★ (out of five stars)

You-View 구독자 후기
작품: *Mainlander*, 드라마 시리즈
시청자: Michael Rogers (사용자 이름: MRogers)

첫 번째 시즌의 팬들이 흥분할 만하게도, 168-A지난주 *Mainlander*의 두 번째 시즌이 시작되었습니다. 그래서, 첫 번째 시즌만큼 훌륭하냐고요? 답은 아니오입니다. 사실 훨씬 더 낫습니다! 온라인 스트리밍 서비스 You-View가 이번 시즌에 더 많은 노력을 기울였고, 따라서 168-D의상과 세트장이 더 낫고 매우 화려합니다. 168-C그것은 또한 훨씬 더 고품질의 특수 효과를 보여줍니다.

우리가 첫 시즌에서 사랑했던 모든 등장인물들도 시즌 2에 돌아왔습니다. — [1] —. 그리고 168-B이야기에 소개되는 몇몇 새로운 인물들이 있습니다. — [2] —. 169이번 시즌을 정말 탁월히 해낸 Muriel Lightly와 함께, 연기 수준은 첫 시즌만큼이나 훌륭합니다. — [3] —. 시즌 2의 이야기는 시즌 1에서 이어지며, 더욱 신비롭고 매력적이어집니다. — [4] —.

170두 번째 시즌의 유일한 부정적인 측면은 그 시리즈가 고작 10부작이라는 것입니다. 이야기가 때때로 지나치게 서두르는 것처럼 보였습니다. 이에 비해, 171첫 번째 시즌은 12부작이었습니다. You-View의 시리즈 대부분은 최소 15부작이기 때문에, *Mainlander*가 적어도 그 정도 분량의 자격이 있다고 생각합니다.

★★★★ (별 다섯 개 중)

어휘　□ **launch** v. 시작하다, 출시하다　　　　□ **wardrobe** n. 의상, 옷장　　　　□ **elaborate** adj. 화려한, 정교한
　　□ **showcase** v. 보여주다, 전시하다　　　□ **special effect** phr. 특수 효과　　□ **mysterious** adj. 신비로운, 불가사의한
　　□ **fascinating** adj. 매력적인, 흥미로운　　□ **rushed** adj. 서두른, 성급히 한　　□ **in comparison** phr. ~에 비해
　　□ **deserve** v. ~을 할 자격이 있다, ~을 해야 마땅하다

168

What is NOT indicated about *Mainlander*?

(A) It has two seasons available.
(B) It has added new characters.
(C) It uses few special effects.
(D) It features impressive costumes.

*Mainlander*에 대해 언급되지 않은 것은?

(A) 두 시즌이 이용 가능하다.
(B) 새로운 등장인물들을 추가했다.
(C) 특수 효과를 거의 사용하지 않는다.
(D) 인상적인 의상을 포함한다.

■ **Not/True** Not 문제　　　　　　　　　　　　　　　　　　　　　　　　　　　　　　　　정답 (C)
질문의 핵심 어구인 *Mainlander*와 관련된 내용을 지문에서 찾아 각 보기와 대조하는 Not/True 문제이다. (A)는 'The second season of *Mainlander* was launched last week'에서 지난주 *Mainlander*의 두 번째 시즌이 시작되었다고 했으므로 지문의 내용과 일치한다. (B)는 'there are several new ones[characters] ~ introduced into the story'에서 이야기, 즉 *Mainlander*에 소개되는 몇몇 새로운 인물들이 있다고 했으므로 지문의 내용과 일치한다. (C)는 'It ~ showcases much more high-quality special effects.'에서 그것, 즉 *Mainlander*가 훨씬 더 고품질의 특수 효과를 보여준다고 했으므로 지문의 내용과 일치하지 않는다. 따라서 (C)가 정답이다. (D)는 'the wardrobe ~ are ~ very elaborate'에서 의상이 매우 화려하다고 했으므로 지문의 내용과 일치한다.

어휘　**impressive** adj. 인상적인　**costume** n. 의상

169

In which of the positions marked [1], [2], [3], and [4] does the following sentence belong?

"Numerous critics are already discussing the performance in the role as being worthy of awards."

(A) [1]
(B) [2]
(C) [3]
(D) [4]

[1], [2], [3], [4]로 표시된 위치 중, 다음 문장이 들어갈 곳으로 가장 적절한 것은?

"수많은 비평가들이 이미 그 배역의 연기가 상을 받을 만한 것이라고 이야기하고 있습니다."

(A) [1]
(B) [2]
(C) [3]
(D) [4]

■ 문장 위치 찾기   정답 (C)

지문의 흐름상 주어진 문장이 들어가기에 가장 적절한 곳을 고르는 문제이다. 주어진 문장에서 수많은 비평가들이 이미 그 배역의 연기가 상을 받을 만한 것이라고 이야기하고 있다고 했으므로, 이 문장이 훌륭한 연기와 관련된 내용이 나오는 부분에 들어가야 함을 알 수 있다. [3]의 앞 문장인 'The acting level is just as good ~, with Muriel Lightly really doing an excellent job this season.'에서 이번 시즌을 정말 탁월히 해낸 Muriel Lightly와 함께 연기 수준이 훌륭하다고 했으므로, [3]에 제시된 문장이 들어가면 Muriel Lightly의 탁월한 연기로 수많은 비평가들이 이미 그 배역의 연기가 상을 받을 만한 것이라고 이야기하고 있다는 자연스러운 문맥이 된다는 것을 알 수 있다. 따라서 (C)가 정답이다.

어휘 numerous adj. 수많은 critic n. 비평가, 평론가 performance n. 연기, 공연 worthy adj. ~을 받을 만한, ~을 받을 자격이 있는

170

What is suggested about Mr. Rogers?

(A) He preferred the first season of *Mainlander*.
(B) He felt more time should have been devoted to a plot.
(C) He thinks more money should be spent on a production.
(D) He believes the characters were not as compelling as previous efforts.

Mr. Rogers에 대해 암시되는 것은?

(A) *Mainlander*의 첫 번째 시즌을 선호했다.
(B) 줄거리에 더 많은 시간이 할애되었어야 한다고 느꼈다.
(C) 작품에 더 많은 돈이 쓰였어야 한다고 생각한다.
(D) 등장인물들이 이전의 시도만큼 강렬하지 않았다고 생각한다.

■ 추론 세부 정보   정답 (B)

질문의 핵심 어구인 Mr. Rogers에 대해 추론하는 문제이다. 'The only negative side ~ is that the series is only 10 episodes long. The story seemed too rushed at times.'에서 Mr. Rogers가 유일한 부정적인 측면은 그 시리즈, 즉 *Mainlander*가 고작 10부작이라는 것이라며 이야기가 때때로 지나치게 서두르는 것처럼 보였다고 했으므로, 그가 *Mainlander*의 줄거리에 더 많은 시간이 할애되었어야 한다고 느꼈다는 사실을 추론할 수 있다. 따라서 (B)가 정답이다.

어휘 devote v. ~을 -에 할애하다, 바치다 plot n. 줄거리 compelling adj. 강렬한, 설득력 있는

171

How many episodes does the first season of *Mainlander* have?

(A) 5
(B) 10
(C) 12
(D) 15

*Mainlander*의 첫 번째 시즌은 몇 부작인가?

(A) 5
(B) 10
(C) 12
(D) 15

■ 육하원칙 How   정답 (C)

*Mainlander*의 첫 번째 시즌은 몇(How many) 부작인지를 묻는 육하원칙 문제이다. 질문의 핵심 어구인 episodes ~ the first season of *Mainlander* have와 관련하여, 'the first season was 12 episodes'에서 첫 번째 시즌은 12부작이었다고 했으므로 (C)가 정답이다.

Questions 172-175 refer to the following online chat discussion.

172-175는 다음 온라인 채팅 대화문에 관한 문제입니다.

Fred Cameron 10:34 A.M.	**Fred Cameron** 오전 10시 34분
So, ^{172/173}I want to make some initial plans for the company booth at the trade fair in Austin on November 1 and 2. ¹⁷²We need at least three people at the booth on both days. Are any of you available?	자, ^{172/173}11월 1일과 2일에 오스틴에서 열리는 무역 박람회에서의 회사 부스에 대한 초기 계획을 세우고 싶어요. ¹⁷²이틀 모두 부스에 최소 3명이 필요해요. 여러분 중에 시간 되시는 분 계신가요?
Amber Krane 10:36 A.M.	**Amber Krane** 오전 10시 36분
What time is the fair? ¹⁷³I am supposed to attend a function at my daughter's school at 2 P.M. on November 2.	박람회가 몇 시인가요? ¹⁷³저는 11월 2일 오후 2시에 저희 딸의 학교에서 열리는 행사에 참석하기로 되어 있어요.
Rajiv Gopal 10:37 A.M.	**Rajiv Gopal** 오전 10시 37분
I will be at a conference on November 1. But I can help out on the other date.	저는 11월 1일에는 컨퍼런스에 있을 예정이에요. 하지만 다른 날짜에는 도와드릴 수 있어요.
Donna Jackson 10:37 A.M.	**Donna Jackson** 오전 10시 37분
Mark me down for both days.	이틀 모두에 저를 기록해 주세요.
Fred Cameron 10:38 A.M.	**Fred Cameron** 오전 10시 38분
Amber, it's from 10 A.M. until 7 P.M. So, could you do November 1? And thanks, Donna.	Amber, 오전 10시부터 오후 7시까지예요. 그럼, 11월 1일에는 할 수 있나요? 그리고 고마워요, Donna.
Amber Krane 10:39 A.M.	**Amber Krane** 오전 10시 39분
Yes, I can do the first day.	네, 첫날은 할 수 있어요.
Donna Jackson 10:40 A.M.	**Donna Jackson** 오전 10시 40분
¹⁷⁴Do we need to be at the venue early for setup?	¹⁷⁴설치를 위해 행사장에 일찍 와야 하나요?
Fred Cameron 10:42 A.M.	**Fred Cameron** 오전 10시 42분
That would help me out a lot. ¹⁷⁴If you could all arrive at around 9 A.M. on the first date, I'd appreciate it.	그러면 제게 많은 도움이 될 거예요. ¹⁷⁴모두 첫날에 오전 9시 정도까지 도착해 주실 수 있다면, 감사하겠어요.
Rajiv Gopal 10:43 A.M.	**Rajiv Gopal** 오전 10시 43분
And ¹⁷⁵I can help you take everything down at the end of the fair.	그리고 ¹⁷⁵박람회 마지막엔 제가 모든 것을 해체하는 걸 도와드릴 수 있어요.
Fred Cameron 10:45 A.M.	**Fred Cameron** 오전 10시 45분
Perfect! Okay, I'm going to make a schedule this morning. I'll send a copy to all of you by e-mail this afternoon. Thanks!	완벽해요! 좋아요, 오늘 오전에 일정을 짤 거예요. 오늘 오후에 이메일로 여러분 모두에게 사본을 보내 드릴게요. 고마워요!

어휘 □ **initial** adj. 초기의, 처음의 □ **trade** n. 무역, 거래 □ **fair** n. 박람회
□ **attend** v. 참석하다 □ **function** n. 행사, 의식 □ **venue** n. 행사장, 장소
□ **setup** n. 설치, 준비 □ **take down** phr. 해체하다, 치우다

172
○ ○ ○ ●
∞ •

Why did Mr. Cameron start the chat?

(A) To schedule an upcoming exhibition
(B) To find volunteers for an event
(C) To point out a problem with a booth
(D) To ask that a venue be booked

Mr. Cameron은 왜 채팅을 시작했는가?

(A) 다가오는 박람회 일정을 잡기 위해
(B) 행사를 위한 자원자를 찾기 위해
(C) 부스의 문제점을 지적하기 위해
(D) 장소가 예약되도록 요청하기 위해

■ **주제/목적 찾기** 글의 목적 　　　　　　　　　　　　　　　　　　　　　　　　　　　　　　정답 (B)

온라인 채팅 대화문의 목적을 묻는 목적 찾기 문제이므로 지문의 앞부분을 주의 깊게 확인한다. 'I want to make some initial plans for the company booth at the trade fair ~. We need at least three people at the booth on both days. Are any of you available?'에서 Mr. Cameron이 무역 박람회에서의 회사 부스에 대한 초기 계획을 세우고 싶다고 한 후, 이틀 모두 부스에 최소 3명이 필요한데 시간 되는 사람이 있는지 묻고 있으므로 (B)가 정답이다.

어휘 **schedule** v. 일정을 잡다, 예정하다 **point out** phr. 지적하다 **book** v. 예약하다

173 What will Ms. Krane do on the second day of the fair?

(A) Attend a business conference
(B) Go to a school event
(C) Take her child to an appointment
(D) Work at the office

Ms. Krane은 박람회 둘째 날에 무엇을 할 것인가?

(A) 업무 컨퍼런스에 참석한다
(B) 학교 행사에 참석한다
(C) 아이를 약속에 데려간다
(D) 사무실에서 일한다

■ 육하원칙 What   정답 (B)

Ms. Krane이 박람회 둘째 날에 무엇(What)을 할 것인지를 묻는 육하원칙 문제이다. 질문의 핵심 어구인 Ms. Krane do on the second day of the fair와 관련하여, '~ the trade fair ~ on November 1 and 2'에서 Mr. Cameron이 무역 박람회가 11월 1일과 2일에 열릴 것이라고 했고, 'I am supposed to attend a function at my daughter's school ~ on November 2.'에서 Ms. Krane이 박람회 둘째 날인 11월 2일 딸의 학교에서 열리는 행사에 참석하기로 되어 있다고 했으므로 (B)가 정답이다.

174 At 10:42 A.M., what does Mr. Cameron mean when he writes, "That would help me out a lot"?

(A) He would be pleased about a schedule change.
(B) He is grateful for the feedback.
(C) He is glad the staff will stay late.
(D) He would appreciate assistance getting ready.

오전 10시 42분에, Mr. Cameron이 "That would help me out a lot"이라고 썼을 때 그가 의도한 것은?

(A) 일정 변경에 대해 만족스러워할 것이다.
(B) 피드백에 감사한다.
(C) 직원들이 늦게까지 머무를 것이 기쁘다.
(D) 준비하는 것에 대한 도움을 고맙게 여길 것이다.

■ 의도 파악   정답 (D)

Mr. Cameron이 의도한 것을 묻는 문제이므로, 질문의 인용어구(That would help me out a lot)가 언급된 주변 문맥을 확인한다. 'Do we need to be at the venue early for setup?'에서 Ms. Jackson이 설치를 위해 행사장에 일찍 와야 하는지 묻자, Mr. Cameron이 'That would help me out a lot.'(그러면 제게 많은 도움이 될 거예요)이라고 한 후 'If you could all arrive at around 9 A.M. on the first date, I'd appreciate it.'이라며 모두 첫날에 오전 9시 정도까지 도착해 줄 수 있다면 감사하겠다고 한 것을 통해, Mr. Cameron이 준비하는 것에 대한 도움을 고맙게 여길 것임을 알 수 있다. 따라서 (D)가 정답이다.

어휘 pleased adj. 만족스러운, 기쁜 grateful adj. 감사하는

175 What does Mr. Gopal offer to do?

(A) Finalize an activity schedule
(B) Dismantle a booth
(C) Copy everything on a list
(D) Send an e-mail message

Mr. Gopal은 무엇을 해주겠다고 제안하는가?

(A) 활동 일정을 확정한다
(B) 부스를 해체한다
(C) 목록에 있는 모든 것을 옮겨 적는다
(D) 이메일 메시지를 보낸다

■ 육하원칙 What   정답 (B)

Mr. Gopal이 무엇(What)을 해주겠다고 제안하는지를 묻는 육하원칙 문제이다. 질문의 핵심 어구인 Mr. Gopal offer to do와 관련하여, 'I can help you take everything down at the end of the fair'에서 Mr. Gopal이 박람회 마지막엔 모든 것을 해체하는 것을 도와줄 수 있다고 했으므로 (B)가 정답이다.

바꾸어 표현하기
take everything down 모든 것을 해체하다 → Dismantle a booth 부스를 해체하다

어휘 finalize v. 확정하다, 마무리 짓다 dismantle v. 해체하다, 분해하다

Questions 176-180 refer to the following Web page and advertisement. 176-180은 다음 웹페이지와 광고에 관한 문제입니다.

www.landmass.com

Home I Search Listings I **Advertise with Us** I Resources I Help I Log In

Advertise as a private seller

You must be logged in to advertise. Once logged in, select a package, create your advertisement, and hit "submit." You can edit your advertisement whenever you like and direct any inquiries or concerns you might have to our 24/7 customer service team.

Packages	Property Value	Monthly Rate
Package 1	under $100,000	$19
Package 2	$100,000 to $249,999	$29
[178]Package 3	$250,000 to $499,999	$49
Package 4	$500,000 and up	$69

All standard packages include:

• Virtual tours: Use any video recording device to capture walk-throughs of your property.

• Unlimited photos: Show every detail of your property with unlimited photos. Photos must conform to specific dimensions and file sizes.

• [177]Floor plans: Floor plans help buyers imagine how they might lay out their future home. Our data also shows [177]they increase the likelihood that a buyer clicks on an advertisement by 52 percent.

[179] *Premium services such as targeted e-mail campaigns and advanced reporting tools, which help to locate individuals who may be interested, are available with packages that cost $29 and up.*

Buying instead of selling? Check out RESOURCES for assistance with everything from calculating how much you can afford to estimating moving costs. To buy or sell overseas properties, click here.

---

www.landmass.com

홈 | 부동산 검색 | 광고하기 | 자료 | 도움말 | 로그인

개인 판매자로 광고하세요

광고를 하려면 로그인해야 합니다. 로그인했다면, 패키지를 선택하고, 당신의 광고를 만든 후, "등록"을 누르세요. 언제든지 원할 때 광고를 편집하실 수 있으며 문의나 우려 사항이 있으실 경우 연중무휴인 저희 고객 서비스 팀에 보내실 수 있습니다.

패키지	부동산 가치	월별 가격
패키지 1	100,000달러 미만	19달러
패키지 2	100,000달러부터 249,999달러까지	29달러
[178]패키지 3	250,000달러부터 499,999달러까지	49달러
패키지 4	500,000달러 이상	69달러

모든 표준 패키지에는 다음이 포함됩니다.

· 가상 투어: 어떤 영상 녹화 장치든 사용하여 집의 현장 안내를 기록하세요.

· 무제한 사진: 무제한 사진으로 집의 모든 세부 정보를 보여주세요. 사진은 특정 치수 및 파일 크기에 부합해야 합니다.

· [177]평면도: 평면도는 구매자들이 미래의 집을 어떻게 배치할지 상상하는 데 도움이 됩니다. 우리의 데이터는 또한 [177]그것들이 구매자가 광고를 클릭할 가능성을 52퍼센트만큼 증가시킨다는 것을 보여줍니다.

[179] *관심 있을 만한 사람들을 찾는 데 도움을 주는, 표적 이메일 캠페인 및 고급 리포팅 도구와 같은 프리미엄 서비스는 29달러 이상의 패키지에서 이용 가능합니다.*

판매 대신 구매하시나요? 얼마나 많은 비용을 감당할 수 있는지 계산하는 것부터 이사 비용 견적까지 모든 것에 대한 지원을 받을 수 있는 자료를 확인하십시오. 해외 부동산을 구입하거나 판매하시려면, 여기를 클릭하십시오.

Brand-New, Four-Bedroom House	[178]$325,990
ADD A PHOTO or VIDEO	116 Vail Drive, Boerne, TX 4 beds, 3 baths 3,050 sq. ft. Contact: [178]Nathan Lerner (owner) Tel: 555-6985 Inquire about this property

---

침실 4개짜리 신축 주택	[178]325,990달러
사진 또는 영상 추가	116 Vail로, Boerne, 텍사스주 침실 4개, 욕실 3개 3,050평방 피트 연락처: [178]Nathan Lerner (소유주) 전화번호: 555-6985 이 부동산에 대해 문의하기

Description	Floor Plan	Map	Virtual Tour	

Stunning, newly built home in gated community that has a swimming pool and other five-star amenities. Features four generously sized bedrooms and 3 baths, a formal dining room, and [180-D]a two-car covered garage. Open-plan living area is spacious with ample light. [180-A]Gorgeous kitchen includes granite countertops and new appliances. [180-C]Wood flooring in entryway, dining room, and family room.

설명	평면도	지도	가상 투어	

수영장과 기타 5성급 편의시설을 갖춘 외부인 출입 통제 단지에 위치한 멋진 신축 주택입니다. 넉넉한 크기의 침실 4개와 3개의 욕실, 격식 있는 다이닝룸, 그리고 [180-D]차량 두 대짜리 지붕이 달린 차고를 갖추고 있습니다. 개방형 생활공간은 넓고 채광이 풍부합니다. [180-A]아름다운 주방은 화강암 조리대와 새 가전제품을 포함합니다. [180-C]현관, 다이닝룸, 그리고 거실에는 목재 바닥이 깔려 있습니다.

지문 1
- ☐ listing n. 부동산, 목록
- ☐ rate n. 가격, 비율
- ☐ walk-through n. 현장 안내, 자세한 설명
- ☐ floor plan phr. 평면도
- ☐ locate v. 찾다, 위치시키다
- ☐ 24/7 adj. 연중무휴의
- ☐ standard adj. 표준의; n. 표준
- ☐ conform v. 부합하다, 순응하다
- ☐ lay out phr. 배치하다, 설계하다
- ☐ estimate v. 견적을 내다, 추산하다
- ☐ property n. 부동산, 재산, 소유물
- ☐ virtual adj. 가상의
- ☐ dimension n. 치수, 차원
- ☐ targeted adj. 표적으로 하는, 조준된

지문 2
- ☐ stunning adj. 멋진, 놀라운
- ☐ amenity n. 편의시설
- ☐ open-plan adj. 개방형의
- ☐ granite n. 화강암
- ☐ flooring n. 바닥, 바닥재
- ☐ gated community phr. 외부인 출입 통제 단지
- ☐ generous adj. 넉넉한, 인심 좋은
- ☐ spacious adj. 넓은
- ☐ countertop n. (부엌의) 조리대
- ☐ entryway n. 현관, 출입구
- ☐ covered garage phr. 지붕이 달린 차고
- ☐ ample adj. 풍부한
- ☐ appliance n. 가전제품

176
○○●○
정답 (A)

On the Web page, the word "direct" in paragraph 1, line 2, is closest in meaning to

(A) send
(B) yield
(C) approach
(D) explain

웹페이지에서, 1문단 두 번째 줄의 단어 "direct"는 의미상 ~와 가장 가깝다.

(A) 보내다
(B) 양보하다
(C) 접근하다
(D) 설명하다

■ 동의어

정답 (A)

첫 번째 지문인 웹페이지의 direct를 포함하는 구절 'direct any inquiries or concerns you might have to our 24/7 customer service team'에서 direct가 '보내다'라는 뜻으로 사용되었다. 따라서 '보내다'라는 뜻을 가진 (A)가 정답이다.

According to the Web page, what helps attract more buyers to an advertisement?

(A) Recorded walk-throughs
(B) Detailed photographs
(C) Property layouts
(D) Professional brokers

웹페이지에 따르면, 무엇이 광고에 더 많은 구매자들을 유치하는 데 도움을 주는가?

(A) 녹화된 현장 안내
(B) 상세한 사진
(C) 부동산 배치도
(D) 전문 중개인

■ **육하원칙** What 정답 (C)

웹페이지에 따르면 무엇(what)이 광고에 더 많은 구매자들을 유치하는 데 도움을 주는지 묻는 육하원칙 문제이므로 첫 번째 지문인 웹페이지에서 관련 내용을 확인한다. 질문의 핵심 어구인 attract more buyers to an advertisement와 관련하여, 'Floor plans: ~ they increase the likelihood that a buyer clicks on an advertisement by 52 percent'에서 평면도를 언급한 후 그것들이 구매자가 광고를 클릭할 가능성을 52퍼센트만큼 증가시킨다고 했으므로 (C)가 정답이다.

바꾸어 표현하기
attract more buyers to an advertisement 광고에 더 많은 구매자들을 유치한다
→ increase the likelihood that a buyer clicks on an advertisement 구매자가 광고를 클릭할 가능성을 증가시킨다
Floor plans 평면도 → Property layouts 부동산 배치도

어휘 attract v. 유치하다, 이끌다 broker n. 중개인

How much does it cost Mr. Lerner to advertise his property?

(A) $19 a month
(B) $29 a month
(C) $49 a month
(D) $69 a month

Mr. Lerner가 그의 부동산을 광고하기 위해서는 얼마의 비용이 드는가?

(A) 월 19달러
(B) 월 29달러
(C) 월 49달러
(D) 월 69달러

■ **육하원칙** 연계 문제 정답 (C)

두 지문의 내용을 종합해서 풀어야 하는 연계 문제이다. 질문의 핵심 어구인 cost Mr. Lerner to advertise his property에서 Mr. Lerner가 그의 부동산을 광고하기 위해서는 얼마(How much)의 비용이 들 것인지를 묻고 있으므로 Mr. Lerner가 언급된 광고를 먼저 확인한다.

단서 1 두 번째 지문(광고)의 '$325,990'와 'Nathan Lerner (owner)'에서 Mr. Lerner가 소유한 부동산의 가격이 325,990달러임을 알 수 있다. 그런데 325,990달러 가치의 부동산을 광고하는 데 얼마의 비용이 드는지 제시되지 않았으므로 웹페이지에서 관련 내용을 확인한다.

단서 2 첫 번째 지문(웹페이지)의 'Package 3, $250,000 to $499,999, $49'에서 250,000달러부터 499,999달러까지의 부동산을 광고하는 패키지 3이 월 49달러임을 알 수 있다.

두 단서를 종합할 때, 325,990달러인 Mr. Lerner의 부동산을 광고하는 데는 월 49달러가 들 것임을 알 수 있다. 따라서 (C)가 정답이다.

What advantage do more expensive advertising packages offer?

(A) Fewer restrictions on file sizes
(B) Coverage of larger floor plans
(C) Assistance with finding buyers
(D) Design advice from experts

더 비싼 광고 패키지들이 제공하는 혜택은 무엇인가?

(A) 파일 크기에 대한 더 적은 제한
(B) 더 큰 평면도의 보장
(C) 구매자들을 찾는 것에 대한 지원
(D) 전문가들의 디자인 조언

■ **육하원칙** What 정답 (C)

더 비싼 광고 패키지들이 제공하는 혜택이 무엇(What)인지를 묻는 육하원칙 문제이므로 질문의 핵심 어구인 advertising packages와 관련된 내용이 언급된 첫 번째 지문인 웹페이지를 확인한다. 웹페이지의 '*Premium services ~, which help to locate individuals who may be interested, are available with packages that cost $29 and up.'에서 관심 있을 만한 사람들을 찾는 데 도움을 주는 프리미엄 서비스가 29달러 이상의 패키지에서 이용 가능하다고 했으므로 (C)가 정답이다.

바꾸어 표현하기
more expensive advertising packages 더 비싼 광고 패키지들 → packages that cost $29 and up 29달러 이상의 패키지
help to locate individuals who may be interested 관심 있을 만한 사람들을 찾는 데 도움을 주다
→ Assistance with finding buyers 구매자들을 찾는 것에 대한 지원

What is NOT a feature of Mr. Lerner's property?	Mr. Lerner의 집이 갖추지 않은 것은?
(A) Up-to-date kitchen devices	(A) 최신식 부엌 장비
(B) Access to a fitness center	(B) 운동 센터 출입 권한
(C) Partial wood flooring	(C) 일부 목재 바닥
(D) A multi-vehicle enclosed garage	(D) 여러 차량용 실내 차고

■ **Not/True** Not 문제   정답 (B)

질문의 핵심 어구인 feature of Mr. Lerner's property와 관련된 내용을 지문에서 찾아 각 보기와 대조하는 Not/True 문제이므로 Mr. Lerner의 부동산이 언급된 두 번째 지문인 광고에서 관련 내용을 확인한다. (A)는 'Gorgeous kitchen includes ~ new appliances.'에서 아름다운 주방이 새 가전제품을 포함한다고 했으므로 지문의 내용과 일치한다. (B)는 지문에 언급되지 않은 내용이다. 따라서 (B)가 정답이다. (C)는 'Wood flooring in entryway, dining room, and family room.'에서 현관, 다이닝룸, 그리고 거실에 목재 바닥이 깔려 있다고 했으므로 지문의 내용과 일치한다. (D)는 'a two-car covered garage'에서 차량 두 대짜리 지붕이 달린 차고가 있다고 했으므로 지문의 내용과 일치한다.

바꾸어 표현하기

two-car covered garage 차량 두 대짜리 지붕이 달린 차고 → multi-vehicle enclosed garage 여러 차량용 실내 차고

어휘 **partial** adj. 부분적인, 일부의 **enclosed** adj. 실내의, 에워싸인

Questions 181-185 refer to the following brochure and letter.

181-185는 다음 브로슈어와 편지에 관한 문제입니다.

지문 1

Sands Museum Membership

Support one of the country's largest museums and enjoy access to multiple benefits throughout the year. [181]With a vast collection of biological specimens, the Sands Museum plays a vital role in scientific research and education. Join today!

INDIVIDUAL	STUDENT	[183]FAMILY	SENIOR
$85, 1 year	$65, 1 year	$240, 1 year	$55, 1 year
$160, 2 years	$120, 2 years	$460, 2 years	$100, 2 years

Included are the following:

- Unlimited general admission to the Sands Museum
- Free or discounted tickets to temporary exhibitions based on your member category
- [182-A]Free admission to over 200 affiliated science museums around the country
- [182-C]Free subscription to *Pathfinder*, our quarterly member magazine
- [182-B]Invitations to members-only viewings of special exhibitions
- 10% discount in the museum restaurant Sands of Time
- 10% discount in the museum gift shop
- [182-D]10% discount on space leasing for private events held at the museum

For more information, call 555-3095 or visit www.sandsmuseum.org. The Sands Museum is located in Cincinnati, Ohio.

Sands 박물관 회원권

국내 최대 규모 중 하나인 박물관을 후원하고 연중 내내 여러 혜택을 누리세요. [181]방대한 생물 표본 모음과 함께, Sands 박물관은 과학 연구와 교육에 중요한 역할을 합니다. 오늘 가입하세요!

개인	학생	[183]가족	고령자
85달러, 1년	65달러, 1년	240달러, 1년	55달러, 1년
160달러, 2년	120달러, 2년	460달러, 2년	100달러, 2년

다음이 포함됩니다.

- Sands 박물관 무제한 일반 입장
- 회원권 종류에 따라 비정기 전시회 티켓 무료 또는 할인가
- [182-A]전국 200군데 이상의 제휴 과학 박물관 무료 입장
- [182-C]회원 계간지 *Pathfinder* 무료 구독
- [182-B]특별전의 회원 전용 관람 초대
- 박물관 식당 Sands of Time에서 10퍼센트 할인
- 박물관 기념품 가게에서 10퍼센트 할인
- [182-D]박물관 내 개인 행사를 위한 공간 대여 10퍼센트 할인

더 많은 정보를 위해서는, 555-3095로 전화하거나 www.sandsmuseum.org를 방문하십시오. Sands 박물관은 오하이오주 신시내티에 위치해 있습니다.

지문 2

The Sands Museum
Cincinnati, Ohio

July 24

Ms. Connie Pastore
3418 29th St.
Muncie, IN 47302

Dear Ms. Pastore,

Welcome to the Sands Museum!

[183]You have been given the gift of a membership by Bernice Hawkins. As a member, you and up to three additional members of your household are entitled to a range of benefits for 12 months. These include unlimited basic admission, invitations to special events, and so much more. A calendar with information on upcoming exhibitions at the museum has been included with this letter for your reference.

Sands 박물관
오하이오주 신시내티

7월 24일

Ms. Connie Pastore
29번길 3418번지
인디애나주 47302 Muncie

Ms. Pastore께,

Sands 박물관 회원이 되신 것을 환영합니다!

[183]귀하는 Bernice Hawkins로부터 회원권을 선물로 받으셨습니다. 회원으로서, 귀하와 최대 3명의 추가 가구원은 12개월 동안 다양한 혜택을 받을 권리가 있습니다. 여기에는 무제한 기본 입장, 특별 행사 초청, 그리고 기타 많은 것들이 포함됩니다. 박물관에서 곧 열릴 전시회들에 대한 정보가 담긴 달력이 귀하의 참고를 위해 이 편지에 첨부되었습니다.

Please also find your official Sands Museum card and unique activation number enclosed. To begin your membership, visit our Web site at www.sandsmuseum.org/membership, and enter the code beneath the prompt "Activate Now." [184]Within two weeks of activation, your first issue of our member magazine will be sent to you in the mail.

Please note that all membership beneficiaries must be listed by name under your account. [185]You may also be asked to supply a driver's license or passport photos to prove your familial relations.

For complete membership details, visit www.sandsmuseum.org, or download our mobile application.

Sincerely,

Eric Swale
Member Coordinator
The Sands Museum

동봉된 귀하의 공식 Sands 박물관 카드와 고유 활성화 번호 또한 확인해 주십시오. 회원 자격을 시작하려면, 저희 웹사이트 www.sandsmuseum.org/membership을 방문하셔서, "지금 활성화하기" 문구 아래에 번호를 입력하십시오. [184]활성화 후 2주 이내에, 귀하의 첫 번째 회원 잡지가 우편으로 보내질 것입니다.

모든 회원권 수혜자들은 귀하의 계정에 이름이 기재되어 있어야 하는 점 참고 바랍니다. [185]귀하는 가족 관계를 증명하기 위해 운전면허증이나 여권 사진을 제공하라는 요청을 받을 수도 있습니다.

회원권에 대한 전체 정보를 보려면, www.sandsmuseum.org를 방문하시거나 저희 모바일 애플리케이션을 다운로드하십시오.

Eric Swale 드림
회원 담당자
Sands 박물관

지문 1
- □ vast adj. 방대한, 광활한
- □ admission n. 입장, 인정
- □ quarterly adj. 계간지의, 분기별의

- □ biological specimen phr. 생물 표본
- □ affiliated adj. 제휴의, 소속된
- □ leasing n. 대여, 임대

- □ senior n. 고령자, 노인
- □ subscription n. 구독

지문 2
- □ household n. 가구, 가정
- □ calendar n. 달력
- □ unique adj. 고유의, 독특한
- □ code n. 번호, 암호
- □ account n. 계정, 계좌
- □ coordinator n. 담당자, 진행자

- □ entitled adj. ~에 대한 권리가 있는
- □ upcoming adj. 곧 ~할, 다가오는
- □ activation n. 활성화
- □ prompt n. 문구; v. 재촉하다
- □ driver's license phr. 운전면허증

- □ a range of phr. 다양한
- □ reference n. 참고
- □ enclosed adj. 동봉된, 둘러싸인
- □ beneficiary n. 수혜자
- □ familial adj. 가족의

181

What would most likely be exhibited at the Sands Museum?

(A) Rare pieces of art
(B) Items from American history
(C) Objects of cultural value
(D) Animal fossils

무엇이 Sands 박물관에 전시되어 있을 것 같은가?

(A) 희귀한 예술품
(B) 미국 역사의 유물
(C) 문화적 가치가 있는 물건
(D) 동물 화석

■ 추론 세부 정보
정답 (D)

질문의 핵심 어구인 exhibited at the Sands Museum에 대해 추론하는 문제이므로 Sands 박물관이 언급된 첫 번째 지문인 브로슈어에서 관련 내용을 확인한다. 'With a vast collection of biological specimens, the Sands Museum plays a vital role in scientific research and education.'에서 방대한 생물 표본 모음과 함께 Sands 박물관은 과학 연구와 교육에 중요한 역할을 한다고 했으므로, Sands 박물관에 동물 화석이 전시되어 있을 것이라는 사실을 추론할 수 있다. 따라서 (D)가 정답이다.

바꾸어 표현하기
biological specimens 생물 표본 → Animal fossils 동물 화석

어휘 fossil n. 화석

182

What is NOT stated as a benefit of membership?

(A) Admission to other institutions
(B) Invitations to exclusive events
(C) Issues of a monthly magazine
(D) A price reduction on venue rentals

회원권의 혜택으로 언급되지 않은 것은?

(A) 다른 기관 입장
(B) 회원 전용 행사 초대
(C) 월간지의 발행물
(D) 장소 임대 가격 할인

■ Not/True Not 문제　　　　　　　　　　　　　　　　　　　　　　　　　　　　　　　정답 (C)

질문의 핵심 어구인 benefit of membership과 관련된 내용을 지문에서 찾아 각 보기와 대조하는 Not/True 문제이므로 회원권 혜택이 언급된 첫 번째 지문인 브로슈어에서 관련 내용을 확인한다. (A)는 'Free admission to ~ affiliated science museums'에서 제휴 과학 박물관에 무료 입장이 가능하다고 했으므로 지문의 내용과 일치한다. (B)는 'Invitations to members-only viewings of special exhibitions'에서 특별전의 회원 전용 관람에 초대받을 수 있다고 했으므로 지문의 내용과 일치한다. (C)는 'Free subscription to ~ our quarterly ~ magazine'에서 계간지 무료 구독이 제공된다고 했으므로 지문의 내용과 일치하지 않는다. 따라서 (C)가 정답이다. (D)는 '10% discount on space leasing for private events'에서 개인 행사를 위한 공간 대여에 10퍼센트 할인을 받을 수 있다고 했으므로 지문의 내용과 일치한다.

어휘　institution n. 기관　exclusive adj. 전용의, 배타적인　venue n. 장소　rental n. 임대

183

How much did Ms. Hawkins likely pay for her gift?

(A) $85
(B) $120
(C) $240
(D) $460

Ms. Hawkins는 선물을 위해 얼마를 지불한 것 같은가?

(A) 85달러
(B) 120달러
(C) 240달러
(D) 460달러

■ 추론 연계 문제　　　　　　　　　　　　　　　　　　　　　　　　　　　　　　　　정답 (C)

두 지문의 내용을 종합적으로 확인한 후 추론해서 풀어야 하는 연계 문제이다. 질문의 핵심 어구인 Ms. Hawkins ~ gift가 언급된 편지를 먼저 확인한다.

단서 1　두 번째 지문(편지)의 'gift of a membership by Bernice Hawkins ~ you and up to three additional members of your household are entitled to a range of benefits for 12 months'에서 Ms. Hawkins로부터의 선물인 회원권을 언급한 후 귀하, 즉 Ms. Pastore와 최대 3명의 추가 가구원이 12개월 동안 다양한 혜택을 받을 권리가 있다고 했다. 그런데 가족 1년 회원권이 얼마인지 제시되지 않았으므로 브로슈어에서 관련 내용을 확인한다.

단서 2　첫 번째 지문(브로슈어)의 'FAMILY, $240, 1 year'에서 가족 1년 회원권이 240달러라는 사실을 확인할 수 있다.

두 단서를 종합할 때, Ms. Hawkins가 가족 1년 회원권을 선물하기 위해 240달러를 지불했다는 사실을 추론할 수 있다. 따라서 (C)가 정답이다.

184

What will Ms. Pastore receive later?

(A) An exclusive publication
(B) A specific code
(C) A proof of membership
(D) A schedule of events

Ms. Pastore는 무엇을 나중에 받을 것인가?

(A) 회원 전용 출판물
(B) 특정한 번호
(C) 회원권 증빙 자료
(D) 행사 일정

■ 육하원칙 What　　　　　　　　　　　　　　　　　　　　　　　　　　　　　　　　정답 (A)

Ms. Pastore가 무엇(What)을 나중에 받을 것인지를 묻는 육하원칙 문제이므로 Ms. Pastore에게 보내진 두 번째 지문인 편지에서 관련 내용을 확인한다. 편지의 'Within two weeks of activation, your first issue of our member magazine will be sent to you'에서 회원권을 활성화한 후 2주 이내에 첫 번째 회원 잡지가 보내질 것이라고 했으므로 (A)가 정답이다.

어휘　publication n. 출판물, 간행물　specific adj. 특정한, 구체적인

185 What might Ms. Pastore be asked to do?

(A) Pay a small fee for additional members
(B) Provide supporting documentation
(C) Sign a membership form at an office
(D) Plan a visit within the next few weeks

무엇이 Ms. Pastore에게 요청될 수 있는가?

(A) 추가 회원들에 대한 소정의 요금을 지불한다
(B) 증빙 서류를 제공한다
(C) 사무실에서 회원권 양식에 서명한다
(D) 다음 몇 주 이내에 방문을 계획한다

■ **육하원칙** What

정답 (B)

무엇(What)이 Ms. Pastore에게 요청될 수 있는지를 묻는 육하원칙 문제이므로 질문의 핵심 어구인 Ms. Pastore에게 보내진 두 번째 지문인 편지에서 관련 내용을 확인한다. 편지의 'You may also be asked to supply a driver's license or passport photos to prove your familial relations.'에서 가족 관계를 증명하기 위해 운전면허증이나 여권 사진을 제공하라는 요청을 받을 수도 있다고 했으므로 (B)가 정답이다.

어휘 **supporting** adj. 증빙의, 뒷받침하는

지문 1

2nd Annual Global AI Summit

Shanghai, China • May 21 to 26
Organized by McLane Media in cooperation with Congming Microchips

As artificial intelligence (AI) moves out of the laboratory and into the real world, more and more companies are looking for ways to integrate it into their products and services. Stay a step ahead by learning the critical components for success in this field. Leverage tomorrow's technology today!

Join us if you want to understand how AI will impact the business landscape. You'll have a chance to review the latest research, analyze case studies, and learn about emerging best practices from leaders in the field. [186]The summit also provides ample opportunities for hiring, career advancement, and investment.

[188]Travel discounts are available to early registrants through our partners Eckhart Air and Songbird Hotels. For related inquiries, contact Mindy Lee at m.lee@gais.org.

지문 2

To: Katherine Loach <k.loach@inflectauk.com>
From: Richard Haysbert <r.haysbert@inflectauk.com>
Subject: Global AI Summit
Date: February 11

Dear Ms. Loach,

[187]I've just confirmed the purchase of three tickets with Grandways Airlines [187/188]for you and your team to travel to the AI summit. I didn't include Mr. Visser since he will be coming from another event in Singapore. The only direct flight I could find was 12 hours long. It departs on May 19 and arrives the next day. [187/188]Because you are staying at a partner hotel, I was able to secure a discount rate on the rooms. Lastly, [187/190]I made arrangements with Kuaisu Logistics to ship the equipment you'll need for your product demonstration on the 23rd. They will handle all the paperwork and deliver everything to the venue itself.

Richard Haysbert
Executive assistant
[188]Inflecta UK

지문 3

2nd Annual Global AI Summit

Jijia Convention Center, Shanghai, China • May 21 to 26

Schedule I Speakers I Events I Sponsors I Venue I Help

General Activities I Training Seminars I Keynotes and Sessions

Speed Networking 8:10 A.M. to 8:45 A.M. Location: Baosheng Hall	Gather before keynote speeches on Tuesday and Wednesday morning to network with other attendees. Read more.
[189]McLane Media Book Signings 10:30 A.M. to 5:00 P.M. Location: Waitan Hall	Book signing events with various authors we publish in fields including computing and robotics will be held throughout the conference. Complimentary copies will be provided to the first 25 attendees. Read more.
[190]Demonstration Stage 10:30 A.M. to 4:30 P.M. [190]Location: Longxing Hall	Do you have an interesting AI example or application to show? Here is your chance to show off your products to attendees. Read more.
Sponsor Receptions 5:30 P.M. to 6:30 P.M. Location: Sponsor Pavilion	Enjoy delicious snacks and beverages with fellow conference participants, speakers, and sponsors. Read more.

[190]5월 23일 화요일

활동 전반 | 교육 세미나 | 기조연설 및 회의

신속 네트워킹 오전 8시 10분부터 오전 8시 45분 위치: Baosheng 홀	화요일과 수요일 아침 기조연설에 앞서 다른 참가자들과 네트워크를 형성하기 위해 모입니다. 더 알아보기
[189]McLane Media사 책 사인회 오전 10시 30분부터 오후 5시 위치: Waitan 홀	저희가 출판하는 컴퓨팅과 로봇 공학을 포함한 분야의 다양한 작가들과의 책 사인회가 총회 내내 열릴 것입니다. 선착순 25명의 참가자들에게 무료로 책이 제공됩니다. 더 알아보기
[190]시연 무대 오전 10시 30분부터 오후 4시 30분 [190]위치: Longxing 홀	선보일 흥미로운 AI 사례나 애플리케이션이 있으신가요? 참가자들에게 당신의 제품을 자랑할 기회입니다. 더 알아보기
후원자 다과회 오후 5시 30분부터 오후 6시 30분 위치: 후원자 별관	다른 총회 참가자들, 강연자들, 그리고 후원자들과 함께 맛있는 간식과 음료를 즐기세요. 더 알아보기

TEST 01 02 03 04 05 06 07 08 09 10 해커스 토익 실전 1000제 3 Reading

지문 1 □ summit n. 총회, 정상회담, 정점
□ leverage v. 활용하다; n. 영향력
□ emerging adj. 부상하는, 떠오르는
□ career advancement phr. 승진

□ artificial adj. 인공의
□ analyze v. 분석하다
□ best practice phr. 모범 관행, 모범 경영
□ investment n. 투자

□ integrate v. 통합시키다
□ case study phr. 사례 연구
□ ample adj. 충분한, 넉넉한
□ registrant n. 등록자

지문 2 □ secure v. 확보하다, 구하다
□ ship v. 운송하다; n. 선박
□ executive n. 임원

□ arrangements n. 준비
□ demonstration n. 시연, 시범

□ logistics n. 물류회사, 실행 계획
□ paperwork n. 서류, 서류 작업

지문 3 □ sponsor n. 후원자
□ book signing phr. 책 사인회
□ reception n. 다과회, 환영회

□ keynote n. 기조연설, 기조
□ complimentary adj. 무료의
□ pavilion n. 별관, 부속 건물

□ attendee n. 참석자
□ show off phr. 자랑하다

186

○●●●
상

What can be inferred about the AI Summit?

(A) It will take place for an entire week.
(B) It was held in Shanghai the year before.
(C) It is heavily focused on academic research.
(D) It is expected to be attended by job seekers.

AI 총회에 대해 추론할 수 있는 것은?

(A) 일주일 내내 개최될 것이다.
(B) 지난 해에 상하이에서 개최되었다.
(C) 주로 학술적 연구에 초점이 맞춰져 있다.
(D) 구직자들이 참석할 것으로 예상된다.

■ **추론** 세부 정보 　　　　　　　　　　　　　　　　　　　　　　　　　　　　　　　　　　　　정답 (D)

질문의 핵심 어구인 AI Summit에 대해 추론하는 문제이므로 AI 총회가 언급된 첫 번째 지문인 안내문에서 관련 내용을 확인한다. 안내문의 'The summit also provides ample opportunities for hiring'에서 총회가 또한 채용을 위한 충분한 기회를 제공한다고 했으므로, 총회에 구직자들이 참석할 것으로 예상된다는 사실을 추론할 수 있다. 따라서 (D)가 정답이다.

어휘　**academic** adj. 학술적인　**job seeker** phr. 구직자

187

○●●●
중

What is the purpose of Mr. Haysbert's e-mail?

(A) To apologize for changes to travel plans
(B) To provide updates on conference preparations
(C) To explain the process of securing a discount
(D) To confirm the time and location of a presentation

Mr. Haysbert의 이메일의 목적은 무엇인가?

(A) 여행 계획 변동에 대해 사과하기 위해
(B) 총회 준비에 대한 최신 정보를 제공하기 위해
(C) 할인을 확보하는 절차를 설명하기 위해
(D) 발표의 시간과 장소를 확인하기 위해

■ **주제/목적 찾기** 글의 목적 　　　　　　　　　　　　　　　　　　　　　　　　　　　　　　　정답 (B)

이메일의 목적을 묻는 목적 찾기 문제이므로 두 번째 지문인 이메일의 내용을 확인한다. 특별히 이 문제는 전체 지문을 요약하여 주제를 찾아야 한다. 이메일의 'I've just confirmed the purchase of three tickets ~ to travel to the AI summit.'에서 AI 총회에 참석하도록 항공권 3장의 구매를 확정했다고 했고, '~ you are staying at a partner hotel'에서 파트너 호텔에서 묵을 것이라고 한 후, 'I made arrangements with Kuaisu Logistics to ship the equipment you'll need for your product demonstration on the 23rd'에서 23일 제품 시연을 위해 필요할 장비를 Kuaisu 물류회사가 운송하도록 준비했다며 총회를 위해 준비한 사항들을 설명하고 있으므로 (B)가 정답이다.

188

○●●●
중

What is suggested about Inflecta UK?

(A) It is one of the summit's main sponsors.
(B) It registered early for the conference.
(C) It maintains a branch office in Singapore.
(D) It secured a booth at a discounted rate.

Inflecta UK사에 대해 암시되는 것은?

(A) 총회의 주 후원자들 중 하나이다.
(B) 총회에 일찍 등록했다.
(C) 싱가포르 지부를 운영한다.
(D) 부스를 할인된 가격에 확보했다.

■ **추론** 연계 문제 　　　　　　　　　　　　　　　　　　　　　　　　　　　　　　　　　　　　정답 (B)

세 지문 중 두 지문의 내용을 종합적으로 확인한 후 추론해서 풀어야 하는 연계 문제이다. 질문의 핵심 어구인 Inflecta UK사가 언급된 이메일을 먼저 확인한다.

단서 1 두 번째 지문(이메일)의 'Inflecta UK', 'for you and your team to travel to the AI summit', 'Because you are staying at a partner hotel, I was able to secure a discount rate on the rooms.'에서 여러분, 즉 Inflecta UK사의 Ms. Loach와 그녀의 팀이 AI 총회에 참석할 것이고, 파트너 호텔에서 묵을 것이기 때문에 객실에 대한 할인가를 확보할 수 있었다고 했다. 그런데 파트너 호텔에 대한 세부 사항이 제시되지 않았으므로 안내문에서 관련 내용을 확인한다.

단서 2 첫 번째 지문(안내문)의 'Travel discounts are available to early registrants through our partners ~ Songbird Hotels.'에서 파트너인 Songbird 호텔을 통해 총회의 조기 등록자들에게 여행 할인이 제공된다는 사실을 확인할 수 있다.

두 단서를 종합할 때, Inflecta UK사가 총회에 일찍 등록하여 호텔 할인을 받았다는 사실을 추론할 수 있다. 따라서 (B)가 정답이다.

어휘　**branch office** phr. 지부

189

○○○●● 중

What will McLane Media do during the summit?

(A) It will host an event for writers to meet with readers.
(B) It will distribute training materials.
(C) It will conduct an AI application demonstration.
(D) It will provide refreshments to workshop attendees.

McLane Media사는 총회 동안 무엇을 할 것인가?

(A) 작가들이 독자들과 만날 수 있는 행사를 주최할 것이다.
(B) 교육 자료를 배포할 것이다.
(C) AI 애플리케이션 시연을 진행할 것이다.
(D) 워크숍 참가자들에게 다과를 제공할 것이다.

■ **육하원칙** What

정답 (A)

McLane Media사가 총회 동안 무엇(What)을 할 것인지를 묻는 육하원칙 문제이므로 McLane Media사가 언급된 세 번째 지문인 일정표에서 관련 내용을 확인한다. 일정표의 'McLane Media Book Signings'에서 McLane Media사 책 사인회가 열릴 것이라고 했으므로 (A)가 정답이다.

어휘 distribute v. 배포하다, 분배하다 refreshments n. 다과, 간식

190

●●●●○ 최상

Where will Ms. Loach and her team conduct their activity?

(A) Baosheng Hall
(B) Waitan Hall
(C) Longxing Hall
(D) Sponsor Pavilion

Ms. Loach와 그녀의 팀은 그들의 활동을 어디에서 진행할 것인가?

(A) Baosheng 홀
(B) Waitan 홀
(C) Longxing 홀
(D) 후원자 별관

■ **육하원칙** 연계 문제

정답 (C)

세 지문 중 두 지문의 내용을 종합해서 풀어야 하는 연계 문제이다. 질문의 핵심 어구인 Ms. Loach and her team conduct their activity에서 Ms. Loach와 그녀의 팀이 그들의 활동을 어디(Where)에서 진행할 것인지를 묻고 있으므로 Ms. Loach와 그녀의 팀이 언급된 이메일을 먼저 확인한다.

단서 1 두 번째 지문(이메일)의 'I made arrangements ~ to ship the equipment you'll need for your product demonstration on the 23rd'에서 당신, 즉 Ms. Loach가 23일 제품 시연을 위해 필요할 장비를 운송하도록 준비했다고 했다. 그런데 23일에 제품 시연을 어디에서 할 것인지가 제시되지 않았으므로 일정표에서 관련 내용을 확인한다.

단서 2 세 번째 지문(일정표)의 'Tuesday, May 23'와 'Demonstration Stage', 'Location: Longxing Hall'에서 5월 23일 화요일에 Longxing 홀에서 시연 무대가 있다는 것을 확인할 수 있다.

두 단서를 종합할 때, Ms. Loach와 그녀의 팀이 그들의 제품 시연 활동을 Longxing 홀에서 진행할 것임을 알 수 있다. 따라서 (C)가 정답이다.

191-195는 다음 공고, 회람, 양식에 관한 문제입니다.

지문 1

Beeker Corporation Internship Program Now Open

[191]The Beeker Corporation Internship Program is now accepting applications. The internship period runs for eight weeks from June to August. Applications will be accepted until March 29 of next year. [192]All interviews will take place online.

The Internship Program grants local students the opportunity to take a paid position at the company's Chicago headquarters. [191]It provides valuable experience within a global company specializing in the research, production, and marketing of drugs and medicines.

A recruitment committee representing different areas of the company will oversee the selection process, making an effort to match students to areas of interest. However, placements are subject to availability. Work hours are full-time from Monday to Thursday, while Fridays are reserved for mandatory professional development seminars.

For more information, visit www.beekercorp.com.

Beeker 기업 인턴십 프로그램 시작

[191]Beeker 기업 인턴십 프로그램이 현재 지원서를 받고 있습니다. 인턴십 기간은 6월부터 8월 사이 8주간입니다. 지원서는 내년 3월 29일까지 접수될 것입니다. [192]모든 면접은 온라인으로 진행됩니다.

인턴십 프로그램은 지역 학생들에게 본사의 시카고 본부에서 유급 일자리를 얻을 수 있는 기회를 부여합니다. [191]이것은 의약품의 연구, 생산, 마케팅을 전문으로 하는 세계적 기업 내에서의 가치 있는 경험을 제공합니다.

기업 내 다양한 부서들을 대표하는 채용 위원회가 선발 과정을 총괄하여, 학생들을 관심 분야에 맞게 배치하도록 노력할 것입니다. 그러나, 배정은 가용성에 달려 있습니다. 근무 시간은 월요일부터 목요일까지 풀타임이며, 금요일은 의무적인 진로 계발 세미나를 위해 지정되어 있습니다.

더 많은 정보를 원하시면, www.beekercorp.com을 방문하세요.

지문 2

Beeker Corporation
MEMO

To: All department heads
From: [192]Janet Chong
Subject: Update on internship program
Date: April 15

I want to let you know that we've begun screening applicants and have already eliminated those who failed to submit an adequate internship essay along with their application. [193]So far, we've narrowed the field to 150. This will go down further as we evaluate for skill and potential fit.

[195]It must be noted that some departments—sales, information technology, and research and development—have received a larger share of applicants. For these departments, we will be prioritizing students preparing to graduate. Applicants who may be excluded by this criterion but otherwise show promise will be considered for open positions in other departments of preference.

[192]Final selections will be based on interviews in the coming two weeks, and applicable department heads should accompany me in the process so that relevant and technical questions can be asked. I'll send you the schedule next week so you know which ones to participate in. We expect to have all 60 candidates placed by the start of May. For questions or concerns, please call extension 48.

Beeker 기업
회람

수신: 모든 부서장
발신: [192]Janet Chong
주제: 인턴십 프로그램 최신 정보
날짜: 4월 15일

우리가 지원자 평가를 시작했으며 지원서와 함께 적절한 인턴십 에세이를 제출하지 못한 사람들을 이미 탈락시켰다는 것을 알려드리고 싶습니다. [193]지금까지, 150명으로 범위를 좁혔습니다. 이는 역량과 잠재적 적합성을 평가함에 따라 더욱 낮아질 것입니다.

[195]영업, 정보 기술, 연구 개발 등 일부 부서는 더 많은 몫의 지원자를 받은 점 참고 바랍니다. 이러한 부서들에서, 우리는 졸업 예정인 학생들을 우선시할 것입니다. 이 기준에 의해 제외될 수 있지만 그 외에는 가능성을 보이는 지원자들은 다른 선호 부서의 남아 있는 자리에 고려될 것입니다.

[192]최종 선발은 다음 2주 동안의 면접에 기반할 것이며, 관련성 있고 기술적인 질문이 이루어질 수 있도록 해당 부서장들이 그 과정에 저와 함께하셔야 합니다. 여러분이 어떤 면접에 참여해야 하는지 알 수 있도록 다음 주에 일정을 보내드리겠습니다. 우리는 5월 초까지 60명의 후보자가 모두 배치되도록 할 것으로 예상합니다. 문의나 우려 사항이 있으시면, 내선 48번으로 전화 주십시오.

Beeker Corporation Internship Program
APPLICATION FORM

Personal Details

Date: March 16

[195]Name: Sylvia Cruz

Telephone: 555-5209

Address: Room 28, Hanson Dormitory, Belmont University
2231 Central Avenue
Chicago, IL 60639

Email: s.cruz@belmont.edu

Academic status

School: Belmont University

[195]Level: _____ Sophomore _____ Junior _X_ Senior

Major: Chemical biology

GPA: 3.7

[194-C/195]**List your top four choices for placement**

[195]1. Research and development
2. Engineering and manufacturing
3. Information technology
4. Corporate communications

[194-A/D]Please attach copies of the following to your application: cover letter, [194-D]reference letters, [194-A]latest school transcripts, internship essay, and student ID.

Beeker 기업 인턴십 프로그램
지원 양식

개인 정보

날짜: 3월 16일

[195]이름: Sylvia Cruz

전화번호: 555-5209

주소: 28호, Hanson 기숙사, Belmont 대학교
Central가 2231번지
시카고, 일리노이주 60639

이메일 주소: s.cruz@belmont.edu

학적

학교: Belmont 대학교

[195]학년: _____ 2학년 _____ 3학년 _X_ 4학년

전공: 화학생물학

평점: 3.7

[194-C/195]배정 선호 부서를 4위까지 나열하십시오

[195]1. 연구 개발
2. 공학 제조
3. 정보 기술
4. 기업 커뮤니케이션

[194-A/D]다음 서류 사본을 지원서에 첨부하십시오: 자기소개서, [194-D]추천서, [194-A]최신 학교 성적 증명서, 인턴십 에세이, 학생증

지문 1
- □ grant v. 부여하다, 승인하다
- □ specialize v. ~을 전문으로 하다
- □ oversee v. 총괄하다
- □ subject to phr. ~에 달려 있다, ~에 따라 달라지다
- □ mandatory adj. 의무적인

- □ paid adj. 유급의
- □ recruitment n. 채용, 모집
- □ placement n. 배정, 배치

- □ headquarters n. 본부
- □ committee n. 위원회
- □ reserved for phr. ~을 위해 지정된

지문 2
- □ screen v. 평가하다, 검진하다
- □ narrow v. 좁히다; adj. 좁은
- □ share n. 몫
- □ promise n. 가능성, 장래성
- □ relevant adj. 관련성 있는

- □ eliminate v. 탈락시키다, 제거하다
- □ evaluate v. 평가하다
- □ prioritize v. 우선시하다
- □ applicable adj. 해당되는
- □ extension n. 내선 번호

- □ adequate adj. 적절한, 충분한
- □ fit n. 적합성
- □ criterion n. 기준
- □ accompany v. 함께하다, 동행하다

지문 3
- □ dormitory n. 기숙사
- □ senior n. 4학년, 연장자
- □ reference letter phr. 추천서

- □ sophomore n. 2학년
- □ chemical adj. 화학의
- □ transcript n. 성적 증명서, 기록

- □ junior n. 3학년
- □ copy n. 사본

What kind of business is Beeker Corporation engaged in?

(A) Personnel recruitment
(B) Pharmaceutical products
(C) Educational programs
(D) Information technology

Beeker 기업은 어떤 업종에 종사하고 있는가?

(A) 인력 채용
(B) 제약 제품
(C) 교육 프로그램
(D) 정보 기술

■ **육하원칙** What 　　　　　　　　　　　　　　　　　　　　　　　　　　정답 (B)

Beeker 기업이 어떤(What) 업종에 종사하고 있는지를 묻는 육하원칙 문제이므로 질문의 핵심 어구인 business ~ Beeker Corporation engaged in과 관련된 내용이 언급된 첫 번째 지문인 공고를 확인한다. 공고의 'The Beeker Corporation Internship Program'과 'It provides valuable experience within a global company specializing in the research, production, and marketing of drugs and medicines.'에서 이것, 즉 Beeker 기업 인턴십 프로그램은 의약품의 연구, 생산, 그리고 마케팅을 전문으로 하는 세계적 기업 내에서의 가치 있는 경험을 제공한다고 했으므로 Beeker 기업이 제약 제품 사업에 종사한다는 것을 알 수 있다. 따라서 (B)가 정답이다.

바꾸어 표현하기
drugs and medicines 의약품 → Pharmaceutical products 제약 제품

어휘 personnel n. 인력, 인사　pharmaceutical adj. 제약의

What will Ms. Chong be doing over the next two weeks?

(A) Reviewing applications collected over the last month
(B) Promoting heads of relevant departments
(C) Conducting online conversations with qualified applicants
(D) Matching students with indicated areas of interest

Ms. Chong은 다음 2주 동안 무엇을 할 것인가?

(A) 지난달 동안 접수된 지원서를 검토하는 것
(B) 관련 있는 부서들의 부장을 승진시키는 것
(C) 자격 있는 지원자들과 온라인 대화를 진행하는 것
(D) 학생들을 명시된 관심 분야와 연결해 주는 것

■ **육하원칙** 연계 문제 　　　　　　　　　　　　　　　　　　　　　　정답 (C)

세 지문 중 두 지문의 내용을 종합해서 풀어야 하는 연계 문제이다. 질문의 핵심 어구인 Ms. Chong ~ doing over the next two weeks에서 Ms. Chong이 다음 2주 동안 무엇(What)을 할 것인지를 묻고 있으므로 Ms. Chong이 작성한 회람을 먼저 확인한다.

단서 1 두 번째 지문(회람)의 'Final selections will be based on interviews in the coming two weeks, and ~ department heads should accompany me in the process'에서 최종 선발은 다음 2주 동안의 면접에 기반할 것이며, 부서장들이 그 과정에 자신, 즉 Ms. Chong과 함께해야 한다고 했다. 그런데 면접 관련 세부사항이 제시되지 않았으므로 공고에서 관련 내용을 확인한다.

단서 2 첫 번째 지문(공고)의 'All interviews will take place online.'에서 모든 면접은 온라인으로 진행된다는 것을 확인할 수 있다.

두 단서를 종합할 때, Ms. Chong은 다음 2주 동안 최종 선발을 위해 자격 있는 지원자들의 온라인 면접을 진행할 것임을 알 수 있다. 따라서 (C)가 정답이다.

어휘 promote v. 승진시키다　qualified adj. 자격 있는　indicated adj. 명시된, 암시된

Which criteria are the top 150 applicants being compared on?

(A) Sociability and commendations
(B) Flexibility and ambition
(C) Expertise and compatibility
(D) Communication and grades

상위 150명의 지원자들은 어떤 기준으로 비교되는가?

(A) 사교성과 표창
(B) 융통성과 포부
(C) 전문성과 적합성
(D) 소통 능력과 성적

■ **육하원칙** Which 　　　　　　　　　　　　　　　　　　　　　　　　정답 (C)

상위 150명의 지원자들이 어떤(Which) 기준으로 비교되는지를 묻는 육하원칙 문제이므로 질문의 핵심 어구인 criteria ~ top 150 applicants ~ compared on과 관련된 내용이 언급된 두 번째 지문인 회람을 확인한다. 회람의 'So far, we've narrowed the field to 150. This will go down further as we evaluate for skill and potential fit.'에서 지금까지 150명으로 범위를 좁혔고, 이는 역량과 잠재적 적합성을 평가함에 따라 더욱 낮아질 것이라고 했으므로 (C)가 정답이다.

바꾸어 표현하기
skill and potential fit 역량과 잠재적 적합성 → Expertise and compatibility 전문성과 적합성

어휘 criteria n. 기준　sociability n. 사교성, 붙임성　commendation n. 표창, 칭찬　ambition n. 포부, 야망　expertise n. 전문성
　　　compatibility n. 적합성, 양립 가능성, 호환성

194

○ ○ ○
● ● ●
상

What are applicants NOT required to do?

(A) Submit copies of grades
(B) Complete a pre-employment test
(C) Indicate their preferred choice of work
(D) Supply recommendation letters

지원자들에게 요구되지 않는 것은 무엇인가?

(A) 성적 사본을 제출한다
(B) 채용 사전 시험을 완료한다
(C) 직무 선호도를 명시한다
(D) 추천서를 제공한다

■ **Not/True** Not 문제 　　　　　　　　　　　　　　　　　　　　　　　　　　　　　　　　　　　　　정답 (B)

질문의 핵심 어구인 applicants ~ required to do와 관련된 내용을 지문에서 찾아 각 보기와 대조하는 Not/True 문제이므로 지원자들과 관련된 내용이 언급된 세 번째 지문인 양식을 확인한다. (A)와 (D)는 'Please attach copies of the following to your application ~ reference letters, latest school transcripts'에서 지원서에 추천서와 최신 학교 성적 증명서 사본을 첨부하라고 했으므로 지문의 내용과 일치한다. (B)는 지문에 언급되지 않은 내용이다. 따라서 (B)가 정답이다. (C)는 'List your top four choices for placement'에서 배정 선호 부서를 4위까지 나열하라고 했으므로 지문의 내용과 일치한다.

195

○ ○ ○
● ● ●
상

What can be inferred about Ms. Cruz?

(A) Her internship essay does not meet Beeker Corporation's standards.
(B) Her major is not relevant to the internship.
(C) Her application will receive a high priority.
(D) Her university is far from the Beeker headquarters.

Ms. Cruz에 대해 추론될 수 있는 것은?

(A) 인턴십 에세이가 Beeker 기업의 기준을 충족하지 못한다.
(B) 전공이 인턴십과 무관하다.
(C) 지원서가 높은 우선 순위를 받을 것이다.
(D) 대학이 Beeker 본사로부터 멀다.

■ **추론** 연계 문제 　　　　　　　　　　　　　　　　　　　　　　　　　　　　　　　　　　　　　　정답 (C)

세 지문 중 두 지문의 내용을 종합적으로 확인한 후 추론해서 풀어야 하는 연계 문제이다. 질문의 핵심 어구인 Ms. Cruz가 작성한 양식을 먼저 확인한다.

[단서 1] 세 번째 지문(양식)의 'Name: Sylvia Cruz', 'Level: _X_ Senior'와 'List your top four choices for placement: 1. Research and development'에서 Ms. Cruz가 4학년이며, 그녀가 가장 선호하는 배정 선택지는 연구 개발 부서라고 했다. 그런데 부서 배정 조건에 대한 추가 정보가 제시되지 않았으므로 회람에서 관련 내용을 확인한다.

[단서 2] 두 번째 지문(회람)의 '~ some departments ~ research and development—have received a larger share of applicants. For these departments, we will be prioritizing students preparing to graduate.'에서 연구 개발 등 일부 부서는 더 많은 몫의 지원자를 받았는데, 이러한 부서들에서는 졸업 예정인 학생들을 우선시할 것이라고 했다.

두 단서를 종합할 때, Ms. Cruz는 4학년으로 졸업 예정이므로 그녀의 지원서가 연구 개발 부서에 대해 높은 우선 순위를 받을 것이라는 사실을 추론할 수 있다. 따라서 (C)가 정답이다.

어휘 **priority** n. 우선 순위

Questions 196-200 refer to the following flyer, e-mail, and booking confirmation.

NAVIGANTE AIRLINES SPECIAL OFFERS
[196]Offers valid until dates shown.

Enjoy free access to the Executive Lounge

when you rent a Porte car for three days or more. Travel must occur [196]between January 1 and December 31.

Earn 1,000 Navi miles and save 25 percent on the room rate

when you stay at a Comoda Hotel [196]between January 1 and March 31.

Instantly earn 150 reward points

when you sign up for a Munchen Rewards Card. Points redeemable for any purchase at Munich International Airport. [196]Valid until October 1.

[197]Earn bonus miles with Turismo

when you book tours through www.navigante.com [196/197]before May 15. [197]Turismo is a leading tour provider available at over 200 destinations.

[200]Enjoy fares priced at 15% off

when you use a Finma card to purchase flights [196/200]between February 1 and September 30.

Save on selected destinations in Australia, China, and the Middle East

when you travel [196]between January 31 and June 30.

All offers are subject to terms and conditions. For detailed information, consult your travel advisor, visit www.navigante.com, or download our free mobile application Navi Plus.

To: Eloisa Perez <e.perez@saludos.com>
From: Rafael Garcia <r.garcia@navigante.com>
Subject: Navi miles
Date: August 10

Dear Ms. Perez,

I've checked your account as requested. [197]The miles you earned on your previous trip to Costa Rica, including the bonus ones, will soon be added to your account.

[198]As for your other inquiry, you may fund your upcoming trip using a combination of miles and a credit or debit card. A round-trip, economy-class flight to Los Angeles would cost about $1,050 or 52,500 Navi miles. If you use all of your accumulated miles, you need only pay a balance of $826.78. I highly recommend that you book your trip before some of your miles expire.

Please let me know if I can be of any further assistance.

Sincerely,

Rafael Garcia
Travel Advisor
Navigante Airlines

Rafael Garcia 드림
여행 조언자
Navigante 항공사

지문 3

BOOKING CONFIRMATION
Thank you for booking your flight with [199]Navigante Airlines. Now flying from Argentina to more locations around the world!

[200]Passenger Name	Eloisa Perez	Navi Member Number	B04JL6192
Booking ID	383920210A	Navi Miles Used	6,623
[200]Payment Provider	Finma	Card Number	XXXX-XXXX-XXXX-1876

Please expect an e-mail from Paresda Insurance with your policy details shortly.

Departure

Flight Number	NA4762	Class	Economy
Departure City	Buenos Aires	[200]Arrival City	Los Angeles
[200]Departure Time	September 25, 8:00 A.M.	Arrival Time	September 25, 9:15 P.M.
Total Flight Time	13 hours, 15 minutes (0 stops)		

Arrival

Flight Number	NA4795	Class	Economy
Departure City	Los Angeles	Arrival City	Buenos Aires
Departure Time	October 14, 8:00 A.M.	Arrival Time	October 14, 10:45 P.M.
Total Flight Time	13 hours, 15 minutes (0 stops)		

예약 확정
[199]Navigante 항공사에서 항공편을 예약해 주셔서 감사합니다. 이제 아르헨티나로부터 전세계의 더 많은 장소로 비행합니다!

[200]승객 이름	Eloisa Perez	Navi 회원 번호	B04JL6192
예약 ID	383920210A	사용된 Navi 마일	6,623
[200]지불 카드사	Finma	카드 번호	XXXX-XXXX-XXXX-1876

곧 Paresda 보험사로부터 귀하의 정책 세부사항에 대한 이메일을 받으실 것입니다.

출발

항공편 번호	NA4762	좌석 등급	일반석
출발지	부에노스아이레스	[200]도착지	로스앤젤레스
[200]출발 시간	9월 25일 오전 8시	도착 시간	9월 25일 오후 9시 15분
총 비행 시간	13시간 15분 (경유 없음)		

도착

항공편 번호	NA4795	좌석 등급	일반석
출발지	로스앤젤레스	도착지	부에노스아이레스
출발 시간	10월 14일 오전 8시	도착 시간	10월 14일 오후 10시 45분
총 비행 시간	13시간 15분 (경유 없음)		

지문 1
- □ special offer phr. 특가 상품, 특별 할인
- □ earn v. 적립하다, 벌다
- □ book v. 예약하다
- □ selected adj. 특정한, 선정된
- □ valid adj. 유효한
- □ sign up phr. 신청하다, 등록하다
- □ tour provider phr. 관광 업체
- □ terms and conditions phr. 이용 약관
- □ executive lounge phr. 중요 고객 라운지
- □ redeemable adj. 사용할 수 있는
- □ fare n. 항공료, 가격

지문 2
- □ fund v. 비용을 지불하다, 자금을 대다
- □ accumulated adj. 적립된, 축적된
- □ upcoming adj. 다음의, 다가오는
- □ balance n. 잔금, 잔고
- □ round-trip n. 왕복 여행
- □ expire v. 만료되다

지문 3
- □ insurance n. 보험사, 보험
- □ policy n. 정책
- □ shortly adv. 곧, 얼마 안 되어

196

What do all of the offers have in common?

(A) They can only be used in a single country.
(B) They expire by the end of the year.
(C) They are exclusive to Navi members.
(D) They require an additional purchase.

모든 상품들이 가지는 공통점이 무엇인가?

(A) 오직 한 국가에서만 사용될 수 있다.
(B) 연말에는 만료된다.
(C) Navi 회원 전용이다.
(D) 추가 구매를 필요로 한다.

■ **육하원칙** What   정답 (B)

모든 상품들이 가지는 공통점이 무엇(What)인지를 묻는 육하원칙 문제이므로 상품들이 언급된 첫 번째 지문인 광고지에서 관련 내용을 확인한다. 광고지의 'Offers valid until dates shown.'에서 상품은 표시된 날짜까지 유효하다고 한 후, 'between January 1 and December 31,' 'between January 1 and March 31', 'Valid until October 1.', 'before May 15', 'between February 1 and September 30', 'between January 31 and June 30'에서 각 상품이 만료되는 날짜가 연말 또는 그 이전임을 알 수 있으므로 (B)가 정답이다.

197

What can be inferred about Ms. Perez?

(A) She visited Costa Rica last year.
(B) She booked a tour on her last trip.
(C) She usually flies first-class.
(D) She always uses her miles to pay for trips.

Ms. Perez에 대해 추론될 수 있는 것은?

(A) 작년에 코스타리카를 방문했다.
(B) 지난 여행에서 관광을 예약했다.
(C) 보통 일등석을 타고 비행한다.
(D) 여행 비용을 지불하기 위해 늘 마일리지를 사용한다.

■ **추론** 연계 문제   정답 (B)

세 지문 중 두 지문의 내용을 종합적으로 확인한 후 추론해서 풀어야 하는 연계 문제이다. 질문의 핵심 어구인 Ms. Perez에게 보내진 이메일을 먼저 확인한다.

단서 1 두 번째 지문(이메일)의 'The miles you earned on your previous trip to Costa Rica, including the bonus ones, will soon be added to your account.'에서 귀하, 즉 Ms. Perez가 지난번 코스타리카 여행에서 적립한 마일은 보너스 마일을 포함하여 곧 계정에 추가될 예정이라고 했다. 그런데 Ms. Perez가 어떻게 보너스 마일을 적립했는지 제시되지 않았으므로 광고지에서 관련 내용을 확인한다.

단서 2 첫 번째 지문(광고지)의 'Earn bonus miles with Turismo when you book tours ~. Turismo is a leading tour provider'에서 주요 관광 업체인 Turismo사의 관광을 예약하면 보너스 마일을 적립할 수 있다는 것을 알 수 있다.

두 단서를 종합할 때, Ms. Perez가 지난 코스타리카 여행에서 Turismo사의 관광을 예약하여 보너스 마일을 적립했다는 사실을 추론할 수 있다. 따라서 (B)가 정답이다.

198

What did Ms. Perez ask Mr. Garcia about?

(A) Special flight deals
(B) The expiration date of her Navi miles
(C) The room rate at associated hotels
(D) Possible payment methods

Ms. Perez는 Mr. Garcia에게 무엇에 대해 질문했는가?

(A) 특별 항공 거래
(B) 그녀의 Navi 마일 만기일
(C) 제휴 호텔의 객실 가격
(D) 가능한 지불 방식

■ **육하원칙** What   정답 (D)

Ms. Perez가 Mr. Garcia에게 무엇(What)에 대해 질문했는지를 묻는 육하원칙 문제이므로 Mr. Garcia가 Ms. Perez에게 보낸 두 번째 지문인 이메일에서 관련 내용을 확인한다. 이메일의 'As for your other inquiry, you may fund your upcoming trip using a combination of miles and a credit or debit card.'에서 Mr. Garcia가 귀하, 즉 Ms. Perez의 다른 문의 사항에 대해서는 마일과 신용카드 또는 직불카드를 함께 사용하여 다음 여행 비용을 지불할 수 있다고 했으므로 (D)가 정답이다.

어휘   **deal** n. 거래   **expiration date** phr. 만기일, 유효 기한   **rate** n. 가격, 비율

199 ○○○○ 상

What is most likely true about Navigante Airlines?

(A) It awards points when new customers register.
(B) Its fares to Los Angeles have increased.
(C) It will send a message about insurance.
(D) It is based in Argentina.

Navigante 항공사에 대해 사실일 것 같은 것은?

(A) 신규 고객들이 등록할 때 포인트를 부여한다.
(B) 로스앤젤레스행 항공료가 올랐다.
(C) 보험에 관한 메시지를 보낼 것이다.
(D) 아르헨티나에 본사를 두고 있다.

■ **추론** 세부 정보

정답 (D)

질문의 핵심 어구인 Navigante Airlines에 대해 추론하는 문제이므로 Navigante 항공사가 언급된 세 번째 지문인 예약 확인서를 확인한다. 예약 확인서의 '~ Navigante Airlines. Now flying from Argentina to more locations around the world!'에서 Navigante 항공사가 이제 아르헨티나로부터 전세계의 더 많은 장소로 비행한다고 했으므로 Navigante 항공사가 아르헨티나에 본사를 둔 회사라는 사실을 추론할 수 있다. 따라서 (D)가 정답이다.

어휘 award v. 부여하다, 수여하다; n. 상 register v. 등록하다

200 ○○○○ 최상

What did Ms. Perez receive for her flight to Los Angeles?

(A) Access to a VIP room
(B) Extra reward points
(C) Travel discounts
(D) Seat upgrades

Ms. Perez는 그녀의 로스앤젤레스행 항공편에 대해 무엇을 받았는가?

(A) VIP실 이용
(B) 추가 보상포인트
(C) 여행 할인
(D) 좌석 업그레이드

■ **육하원칙** 연계 문제

정답 (C)

세 지문 중 두 지문의 내용을 종합해서 풀어야 하는 연계 문제이다. Ms. Perez가 그녀의 로스앤젤레스행 항공편에 대해 무엇(What)을 받았는지를 묻고 있으므로 Ms. Perez의 로스앤젤레스행 항공편이 언급된 예약 확인서를 먼저 확인한다.

단서 1 세 번째 지문(예약 확인서)의 'Passenger Name: Eloisa Perez', 'Payment Provider: Finma', 'Arrival City: Los Angeles', 'Departure Time: September 25'에서 Ms. Perez가 9월 25일에 로스앤젤레스로 출발할 것이며 Finma 카드사를 통해 비용을 지불한 것을 확인할 수 있다. 그런데 Ms. Perez가 지불한 비용에 대한 세부 내용은 제시되지 않았으므로 광고지에서 관련 내용을 확인한다.

단서 2 첫 번째 지문(광고지)의 'Enjoy fares priced at 15% off when you use a Finma card to purchase flights between February 1 and September 30.'에서 2월 1일부터 9월 30일 사이에 Finma 카드를 사용하여 항공편을 구매하면 항공료를 15퍼센트 할인받을 수 있다고 했다.

두 단서를 종합할 때, Ms. Perez는 9월 25일 자 항공편을 구매하기 위해 Finma 카드를 사용했으므로 여행 할인을 받았음을 알 수 있다. 따라서 (C)가 정답이다.

해커스 토익 실전 1000제 3 READING

TEST 02

PART 5

101
○○○●○
하

Hanson Inc.'s marketing team ------- to finalize the television advertisement for the company's newest touch screen monitor.

(A) assembling   (B) assembled
(C) to assemble   (D) assembly

Hanson사의 마케팅팀은 자사의 최신 터치스크린 모니터를 위한 텔레비전 광고를 마무리 짓기 위해 모였다.

■ 동사 자리   정답 (B)

문장에 주어(Hanson Inc.'s marketing team)만 있고 동사가 없으므로 동사 assemble(모이다, 집합시키다)의 과거형 (B) assembled가 정답이다. 동명사 또는 분사 (A), to 부정사 (C), 명사 (D)는 동사 자리에 올 수 없다.

어휘   finalize v. 마무리 짓다, 완성하다   assembly n. 의회, 집회

102
○○○●○
중

The construction of a new subway line was aimed at ------- overcrowding during rush hour.

(A) imposing   (B) preparing
(C) relieving   (D) benefiting

새로운 지하철 노선의 건설은 러시아워 동안의 혼잡을 줄이는 것을 목표로 삼았다.

■ 동사 어휘   정답 (C)

'새로운 지하철 노선의 건설은 혼잡을 줄이는 것을 목표로 삼았다'라는 문맥이므로 동사 relieve(줄이다, 완화하다)의 동명사 (C) relieving이 정답이다. (A)의 impose는 '부과하다, 강요하다', (D)의 benefit은 '~의 이익이 되다, 유용하다'라는 의미이다. (B)의 prepare는 '준비하다, 준비시키다'라는 의미로 해석상 그럴듯해 보이지만, '~에 대비하다'라는 의미를 가지기 위해서는 for와 함께 쓰여야 한다.

어휘   aim v. 목표로 삼다, 겨냥하다; n. 목표   overcrowding n. 혼잡, 초만원

103
○○○●○
중

Ms. Bedford was chosen to represent Centraine because of her considerable ------- in mergers and acquisitions.

(A) experts   (B) expertly
(C) expert   (D) expertise

Ms. Bedford는 기업 인수 합병에서의 그녀의 상당한 전문 지식 때문에 Centraine사를 대표하도록 선정되었다.

■ [명사 자리] 사람명사 vs. 추상명사   정답 (D)

빈칸 앞의 형용사(considerable)의 꾸밈을 받을 수 있는 것은 명사이므로 명사 (A), (C), (D)가 정답의 후보이다. '그녀의 상당한 전문 지식 때문에 Centraine사를 대표하도록 선정되었다'라는 의미가 되어야 하므로 추상명사 (D) expertise(전문 지식)가 정답이다. 사람명사인 (A)와 (C)의 expert(전문가, 숙련가)는 '그녀의 상당한 전문가(들) 때문에 Centraine사를 대표하도록 선정되었다'라는 어색한 문맥을 만든다. 부사 (B)는 형용사의 꾸밈을 받을 수 없다.

어휘   considerable adj. 상당한, 많은   mergers and acquisitions phr. 기업 인수 합병

104
○○○●○
하

The wireless headset ------- by Smartcom's representative at the Fentwood Technology Trade Show will go on the market next month.

(A) demonstrate   (B) demonstrates
(C) demonstrated   (D) demonstrating

Fentwood 기술 무역 박람회에서 Smartcom사의 직원에 의해 설명된 무선 헤드셋은 다음 달에 시장에서 판매될 것이다.

■ [수식어 거품을 이끄는 것] 현재분사 vs. 과거분사   정답 (C)

이 문장은 주어(The wireless headset)와 동사(will go)를 갖춘 완전한 절이므로 ____ ~ Trade Show는 수식어 거품으로 보아야 한다. 이 수식어 거품은 빈칸 앞의 명사(headset)를 꾸미고 있으므로 명사를 뒤에서 수식할 수 있는 과거분사 (C)와 현재분사 (D)가 정답의 후보이다. 분사의 꾸밈을 받는 명사(headset)와 분사가 '헤드셋이 설명되다'라는 의미의 수동 관계이고, 행위의 주체(Smartcom's representative)가 by 다음에 왔으므로 동사 demonstrate(설명하다, 입증하다)의 과거분사 (C) demonstrated가 정답이다. 현재분사 (D)를 쓰면 '헤드셋이 설명하다'라는 어색한 문맥이 된다. 동사 (A)와 (B)는 수식어 거품을 이끌 수 없다.

어휘   wireless adj. 무선의, 라디오의   trade show phr. 무역 박람회   go on the market phr. 시장에서 팔리다, 유통되다

105

Members who renew their newspaper subscription at least one month prior to its ------- will receive a 5 percent discount.

(A) opening
(B) expiration
(C) obligation
(D) statement

만료 최소 한 달 전에 신문 구독을 갱신하는 회원들은 5퍼센트의 할인을 받을 것입니다.

■ 명사 어휘
정답 (B)

'만료 최소 한 달 전에 신문 구독을 갱신하다'라는 문맥이므로 명사 (B) expiration(만료, 만기)이 정답이다. (A) opening은 '개시, 개방', (C) obligation은 '의무, 책임', (D) statement는 '성명, 진술'이라는 의미이다. (A) opening도 해석상 그럴듯해 보이지만 행사, 공연 등의 시작이나 초반부를 나타낼 때 주로 쓰이므로 문맥상 어울리지 않는다. 참고로, '구독이 시작되다'라는 의미일 때에는 The subscription starts next month와 같이 open이 아닌 start가 쓰인다.

어휘 member n. 회원, 의원 renew v. 갱신하다, 재개하다 subscription n. 구독, 가입, 사용 prior to phr. 전에, 앞서

106

Lorasoft's factory workers must apply ------- to any given assignments during work hours.

(A) their
(B) them
(C) they
(D) themselves

Lorasoft사의 공장 근로자들은 근무 시간 동안 주어진 모든 업무에 스스로 전념해야 한다.

■ [목적어 자리] 재귀대명사
정답 (D)

동사(must apply)의 목적어 자리에 올 수 있는 목적격 인칭대명사 (B)와 재귀대명사 (D)가 정답의 후보이다. '공장 근로자들은 주어진 업무에 스스로 전념해야 한다'라는 의미가 되어야 하므로 주어(factory workers)와 목적어가 동일할 때 목적어 자리에 올 수 있는 재귀대명사 (D) themselves가 정답이다. 참고로, apply oneself to(~에 전념하다)를 관용구로 알아둔다. 목적격 인칭대명사 (B) them을 쓰면 '공장 근로자들은 그들(공장 근로자들이 아닌 다른 사람들)이 주어진 업무에 전념해야 한다'라는 어색한 문맥이 된다. 소유격 인칭대명사 (A) their와 주격 인칭대명사 (C) they는 목적어 자리에 올 수 없다.

107

The popularity of the daily television show, *Celebrity Update*, has declined ------- the years as entertainment news has become increasingly available online.

(A) toward
(B) until
(C) as to
(D) over

연예 뉴스를 온라인으로 더욱더 접할 수 있게 되면서 일일 텔레비전 쇼 *Celebrity Update*의 인기는 수년 동안 하락해왔다.

■ 전치사 선택 기간
정답 (D)

'텔레비전 쇼의 인기가 수년 동안 하락해왔다'라는 의미가 되어야 하므로 기간을 나타내는 전치사 (D) over(~ 동안, ~ 내내)가 정답이다. (A) toward는 '~ 쪽으로, ~을 향하여'라는 의미로 방향을, (B) until은 '~까지'라는 의미로 시점을 나타낸다. (C) as to는 '~에 관하여'라는 의미이다.

어휘 popularity n. 인기, 인지도 decline v. 하락하다, 감소하다; n. 하락, 감소 increasingly adv. 더욱더, 점점 더

108

Scientists employed by Fluent Pharmaceuticals spend most of their time ------- medications to treat diabetes.

(A) developing
(B) practicing
(C) depicting
(D) signaling

Fluent 제약 회사에 고용된 과학자들은 그들 시간의 대부분을 당뇨병을 치료하는 약을 개발하는 데에 쓴다.

■ 동사 어휘
정답 (A)

'그들 시간의 대부분을 당뇨병을 치료하는 약을 개발하는 데에 쓴다'라는 문맥이므로 동사 develop(개발하다, 발전시키다)의 동명사 (A) developing이 정답이다. (B)의 practice는 '실천하다, 연습하다', (C)의 depict는 '그리다, 묘사하다', (D)의 signal은 '신호를 보내다, 암시하다'라는 의미이다.

어휘 medication n. 약, 약물 치료 treat v. 치료하다, 대하다; n. 대접 diabetes n. 당뇨병

109
○○○○
●
상

------- who needs to access information on the corporate Web site must first obtain login credentials from the IT department.

(A) Those
(B) Anyone
(C) Most
(D) All

회사 웹사이트에서 정보에 접근해야 할 필요가 있는 누구든지 우선 IT 부서에서 로그인 자격을 얻어야 한다.

■ 부정대명사
정답 (B)

빈칸은 주격 관계절(who ~ Web site)의 선행사인데, 선행사와 수 일치하는 관계절의 동사(needs)가 단수 동사이므로 단수 취급되는 부정대명사 (B) Anyone(누구나)이 정답이다. 지시대명사 (A) Those(~한 사람들)와 대명사 (C) Most(대부분의 사람들)는 복수 취급되므로 복수 동사와 쓰여야 한다. (D) All은 대명사로 쓰일 때 가리키는 대상에 따라 단수로 취급될 수도, 복수로 취급될 수도 있는데, 이 문맥에서처럼 '모든 사람들'이라는 의미일 때에는 복수 취급된다. 참고로, all이 불가산 명사를 지칭하거나 전체를 하나의 대상이나 개념으로 지칭할 때는 단수 취급됨을 알아둔다.

어휘 access v. 접근하다, 이용하다; n. 접근 credential n. 자격, 증명서; adj. 신뢰할 수 있는

110
○○○○
●
중

Flintrock Manufacturing employees are required ------- a training program in equipment safety in order to operate heavy machinery on the job.

(A) completing
(B) complete
(C) to complete
(D) completely

Flintrock 제조사 직원들은 작업 중에 중장비를 가동하기 위하여 장비 안전에 관한 교육 프로그램을 이수하도록 요구된다.

■ to 부정사를 취하는 동사
정답 (C)

빈칸 앞에 to 부정사를 목적격 보어로 취하는 동사 require가 있으므로 to 부정사 (C) to complete가 정답이다. 참고로, 이 문장은 목적어와 목적격 보어를 취하는 5형식 동사 require(요구하다, 필요하다)가 수동태로 쓰이면서 목적어(Flintrock Manufacturing employees)가 주어 자리에 오고 목적격 보어(to complete)가 동사 뒤에 남은 형태임을 알아둔다. 동명사 또는 분사 (A), 동사 또는 형용사 (B), 부사 (D)는 require의 목적격 보어 자리, 즉 to 부정사 자리에 올 수 없다. 부사 (D)가 빈칸 앞의 동사(are required)를 수식한다고 본다 해도, 수동태 동사 뒤에 목적어(a training program)가 오게 되므로 답이 될 수 없다.

어휘 operate v. 가동하다, 운용하다, 작동하다 heavy machinery phr. 중장비 on the job phr. 작업 중에, 근무 중에

111
○○○○
●
상

Had Mr. Shriver booked his vacation package further in advance, he ------- a much lower price.

(A) is being paid
(B) would have paid
(C) would have been paid
(D) has paid

Mr. Shriver가 휴가 패키지를 더 미리 예약했더라면, 그는 훨씬 더 낮은 가격을 지불했을 것이다.

■ [if 없는 가정법] 능동태와 수동태의 구별
정답 (B)

문장이 Had로 시작되고 주어(Mr. Shriver) 다음에 p.p.형(booked)이 온 것으로 보아, 가정법 과거 완료에서 if절의 if가 생략되어 주어와 동사가 도치된 것임을 알 수 있다. 따라서 주절에는 if절의 Had ~ booked와 짝을 이뤄 가정법 과거 완료를 만드는 would have p.p. 형태의 (B)와 (C)가 정답의 후보이다. 빈칸 뒤에 목적어(a much lower price)가 있고, '그는 훨씬 더 낮은 가격을 지불했을 것이다'라는 능동의 의미이므로 능동태 (B) would have paid가 정답이다. 수동태 (C)는 수동의 의미를 나타내서 '그가 훨씬 더 낮은 가격을 지불 받았을 것이다'라는 어색한 문맥을 만든다. 참고로, 가정법 과거 완료는 과거 사실의 반대를 가정하며 'If + 주어 + had p.p., 주어 + would(could, might, should) have p.p.'의 형태로 쓰임을 알아둔다. 현재 진행 시제 (A)와 현재 완료 시제 (D)는 가정법 과거 완료의 주절의 동사로 쓰일 수 없다.

어휘 book v. 예약하다, 기록하다 in advance phr. 미리, 사전에

112
○○○●● 중

Most of the conference participants arrived an hour ago, but the keynote speaker is ------- on his way.

(A) still
(B) already
(C) before
(D) lately

대부분의 학회 참석자들은 한 시간 전에 도착했지만, 기조 연설자는 아직 오고 있는 중이다.

■ **부사 선택** 시간 부사

정답 (A)

'대부분의 학회 참석자들은 도착했지만 기조 연설자는 아직 오고 있는 중이다'라는 의미가 되어야 하므로 시간을 나타내는 부사 (A) still(아직, 여전히)이 정답이다. (B) already는 '이미, 벌써', (C) before는 '전에, 일찍', (D) lately는 '최근에, 얼마 전에'라는 의미로 빈칸에 쓸 경우 어색한 문맥이 된다.

어휘 **keynote speaker** phr. 기조 연설자

113
○○○●● 중

Research indicates that consumers are much more likely to purchase products from companies that show ------- for the environment.

(A) compliance
(B) designation
(C) concern
(D) diversity

연구는 소비자들이 환경에 대한 관심을 보여주는 회사들의 제품을 구매할 가능성이 훨씬 더 많다는 것을 나타낸다.

■ **명사 어휘**

정답 (C)

'소비자들이 환경에 대한 관심을 보여주는 회사들의 제품을 구매할 가능성이 훨씬 더 많다'라는 문맥이므로 명사 (C) concern(관심, 걱정)이 정답이다. (A) compliance는 '(법·명령 등의) 준수, (요구·명령 등에 대한) 승낙', (B) designation은 '지정, 지명', (D) diversity는 '다양성'이라는 의미이다.

어휘 **indicate** v. 나타내다, 가리키다 **consumer** n. 소비자 **be likely to** phr. 일어날 가능성이 있다, ~하기 쉽다

114
○○○○● 하

Mr. Reed made ------- to rent a car, as he planned to meet with several clients during his trip.

(A) arranges
(B) arranging
(C) arranged
(D) arrangements

Mr. Reed는 여행 중에 몇 명의 고객들과 만나기로 계획했기 때문에 차를 빌릴 준비를 했다.

■ **[목적어 자리] 동명사 vs. 명사**

정답 (D)

타동사(made)의 목적어 자리에 올 수 있는 것은 명사이므로 명사 역할을 하는 동명사 (B)와 명사 (D)가 정답의 후보이다. '차를 빌릴 준비를 했다'라는 의미가 되어야 하므로, 빈칸 앞의 동사 made와 함께 '준비를 하다'라는 의미의 어구 make arrangements를 만드는 명사 (D) arrangements(준비, 마련)가 정답이다. 동명사 (B)는 '준비하는 것을 만들다'라는 어색한 문맥을 만든다. 동사 (A)와 동사 또는 분사 (C)는 목적어 자리에 올 수 없다.

115
○○○○● 상

The latest version of the accounting software is not ------- with the operating system installed on the office computers.

(A) competent
(B) evaluated
(C) acquainted
(D) compatible

그 회계 소프트웨어의 최신 버전은 사무실 컴퓨터들에 설치된 운영 체제와 호환이 되지 않는다.

■ **형용사 관련 어구**

정답 (D)

'그 회계 소프트웨어의 최신 버전은 사무실 컴퓨터들에 설치된 운영 체제와 호환이 되지 않는다'라는 문맥이므로, 빈칸 뒤의 전치사 with와 함께 '~과 호환되다'라는 의미의 형용사 어구 be compatible with를 만드는 형용사 (D) compatible(호환이 되는, 양립될 수 있는)이 정답이다. (A) competent는 '경쟁력 있는', (B) evaluated는 '평가된, 감정된', (C) acquainted는 '알고 있는, 안면이 있는'이라는 의미이다.

어휘 **accounting** n. 회계 **operating system** phr. 운영 체제 **install** v. 설치하다, 설비하다

116

Automat CEO Sergei Rostov's speech on trends in the high-tech industry drew an audience consisting mostly of ------- entrepreneurs.

(A) aspiring
(B) aspired
(C) aspire
(D) aspiration

최첨단 산업의 동향에 대한 Automat사의 최고 경영자 Sergei Rostov의 연설은 대부분 기업가를 열망하는 사람들로 구성된 청중을 이끌었다.

■ [형용사 자리] 현재분사 vs. 과거분사   정답 (A)

빈칸 뒤의 명사(entrepreneurs)를 꾸밀 수 있는 것은 형용사이므로 형용사 역할을 할 수 있는 분사 (A)와 (B)가 정답의 후보이다. 분사의 꾸밈을 받는 명사(entrepreneurs)와 분사가 '기업가를 열망하는 사람들'이라는 의미의 능동 관계이므로 현재분사 (A) aspiring(열망하는, 장차 ~이 되려는)이 정답이다. 과거분사 (B)를 쓰면 수동의 의미가 되어 '기업가로 열망되는 사람들'이라는 어색한 문맥을 만든다. 동사 (C)와 명사 (D)는 명사를 꾸밀 수 없다.

어휘   high-tech adj. 최첨단의; n. 고도 기술   draw v. 끌다, 얻다; n. 추첨   audience n. 청중, 시청자   entrepreneur n. 기업가

117

Since acquiring the land on Taylor Avenue five years ago, the proprietor ------- multiple offers from developers wishing to buy it.

(A) had been receiving
(B) will receive
(C) has received
(D) to receive

5년 전에 Taylor가에 있는 토지를 매입한 이후로, 소유주는 그 토지를 사기를 원하는 개발업자들로부터 많은 제안을 받아왔다.

■ [동사 자리] 현재 완료 시제   정답 (C)

주절(the proprietor ~ buy it)에 동사가 없으므로 동사 (A), (B), (C)가 정답의 후보이다. 문장에 현재 완료 시제와 함께 쓰이는 표현(Since)이 있으므로, 과거에 발생한 일이 현재까지 계속될 때 사용되는 현재 완료 시제 (C) has received가 정답이다. 과거 완료 진행 시제 (A)는 과거의 특정 시점 이전에 발생한 일이 과거의 특정 시점까지 계속되는 것을 나타낸다. 미래 시제 (B)는 미래에 일어날 일, 미래의 상황에 대한 추측이나 의지를 표현한다. to 부정사 (D)는 동사 자리에 올 수 없다.

어휘   acquire v. 매입하다, 취득하다, 습득하다   proprietor n. 소유주   multiple adj. 많은, 다양한

118

BRE Manufacturing is unlikely to take chances on new names as ------- brands are more appealing to its target market.

(A) familiar
(B) proficient
(C) sufficient
(D) aggressive

BRE 제조회사는 익숙한 브랜드가 목표 시장의 관심을 더 끌기 때문에 새로운 이름들을 시도하지 않을 것 같다.

■ 형용사 어휘   정답 (A)

'익숙한 브랜드가 목표 시장의 관심을 더 끌기 때문에 새로운 이름들을 시도하지 않는다'라는 문맥이므로 형용사 (A) familiar(익숙한, 잘 알려져 있는)가 정답이다. (B) proficient는 '능숙한, 능한', (C) sufficient는 '충분한, 넉넉한', (D) aggressive는 '공격적인, 적극적인'이라는 의미이다. (B)도 '익숙한'이라는 뜻을 가질 수 있지만, 어떤 일을 하는 데 익숙하고 능숙한 것을 나타내므로 문맥상 어울리지 않는다.

어휘   take a chance phr. 해보다, 운에 맡기다   appeal v. 관심을 끌다, 호소하다; n. 매력, 호소

119

The cast was interviewed by the press ------- the first performance of the play *Father Simon*.

(A) rather
(B) as soon as
(C) following
(D) between

연극 *Father Simon*의 첫 공연 후에 출연자들은 기자들에게 인터뷰를 받았다.

■ [수식어 거품을 이끄는 것] 전치사 선택 시점   정답 (C)

이 문장은 주어(The cast)와 동사(was interviewed)를 갖춘 완전한 절이므로 ____ ~ *Father Simon*은 수식어 거품으로 보아야 한다. 이 수식어 거품은 동사가 없는 거품구이므로 거품구를 이끌 수 있는 전치사 (C)와 (D)가 정답의 후보이다. '첫 공연 후에 출연자들은 기자들에게 인터뷰를 받았다'라는 의미가 되어야 하므로 시점을 나타내는 전치사 (C) following(~ 후에, ~에 이어)이 정답이다. (D) between은 '~ 사이에'라는 의미로 특정 시점들 사이의 기간을 나타낸다. 부사절 접속사 (B) as soon as(~하자마자)는 거품구가 아닌 거품절을 이끈다. 부사 (A) rather(꽤, 약간)는 수식어 거품을 이끌 수 없다.

어휘   cast n. 출연자들; v. 배역을 정하다, 던지다   press n. 기자들, 언론; v. 누르다   performance n. 공연, 성과

120

Ms. Morgan's ------- responsibility as the company's head of operations is to ensure that every department is running smoothly.

(A) reputable
(B) principal
(C) ethical
(D) efficient

회사의 사업 본부장으로서 Ms. Morgan의 주된 책임은 모든 부서가 순조롭게 운영되고 있도록 확실히 하는 것이다.

■ 형용사 어휘 　　　　　　　　　　　　　　　　　　　　　　　　　　　　　　　　　　　　　　정답 (B)

'회사의 사업 본부장으로서 주된 책임은 모든 부서가 순조롭게 운영되고 있도록 확실히 하는 것이다'라는 문맥이므로 형용사 (B) principal(주된, 중요한)이 정답이다. (A) reputable은 '평판이 좋은', (C) ethical은 '윤리적인, 도덕적인', (D) efficient는 '유능한, 효율적인'이라는 의미이다.

어휘　head of operations phr. 사업 본부장　department n. 부서, 학과　smoothly adv. 순조롭게, 부드럽게

121

Home Choice is looking for suppliers who can ------- produce the various parts it needs for its new line of kitchen appliances.

(A) afford
(B) affording
(C) affordable
(D) affordably

Home Choice사는 새로운 주방용품 제품에 필요한 다양한 부품들을 알맞은 가격으로 생산할 수 있는 공급업체들을 찾고 있다.

■ 부사 자리 　　　　　　　　　　　　　　　　　　　　　　　　　　　　　　　　　　　　　　정답 (D)

조동사(can)와 동사원형(produce) 사이에 와서 동사를 꾸며줄 수 있는 부사 (D) affordably((가격 등이) 알맞게, 감당할 수 있게)가 정답이다. 동사 (A), 동명사 또는 분사 (B), 형용사 (C)는 동사를 꾸밀 수 없다. (A) afford를 조동사(can) 다음에 오는 동사원형으로 본다 해도, 빈칸 뒤의 produce가 명사가 아니라 목적어(the various parts)를 취하는 타동사이므로 답이 될 수 없다.

어휘　look for phr. 찾다, 기대하다　produce v. 생산하다; n. 생산물　line n. 제품, 사업　kitchen appliance phr. 주방용품

122

Eastern Automotive is the largest producer of vehicle parts, ------- only Dreier Limited in terms of annual profits.

(A) within
(B) behind
(C) among
(D) beyond

Eastern Automotive사는 연간 수익 면에서 Dreier Limited사에만 뒤처지는 가장 큰 차량 부품 생산업체이다.

■ 전치사 선택 위치 　　　　　　　　　　　　　　　　　　　　　　　　　　　　　　　　　　정답 (B)

'연간 수익 면에서 Dreier Limited사에만 뒤처지는 가장 큰 차량 부품 생산업체이다'라는 의미가 되어야 하므로 전치사 (B) behind(~보다 뒤떨어져)가 정답이다. (A) within은 '~ 이내에'라는 의미로 시간이나 장소의 범위를 나타낸다. (C) among은 '~ 사이에, ~ 중에'라는 의미로 보통 셋 이상의 사람이나 사물 사이를 나타낼 때 쓰인다. (D) beyond(~을 넘어서는, ~ 이상으로)를 쓸 경우, 'Dreier Limited사만 넘어서는 가장 큰 차량 부품 생산업체'라는 어색한 문맥을 만든다.

어휘　vehicle part phr. 차량 부품　in terms of phr. ~ 면에서, ~에 관하여　profit n. 수익, 이윤

123

The owner of White Pearl Restaurant has always found conducting regular surveys to be a ------- way of obtaining customer feedback.

(A) reliant
(B) reliability
(C) reliable
(D) relying

White Pearl 레스토랑의 주인은 정기적인 설문조사를 실시하는 것이 고객 의견을 얻는 데에 신뢰할 수 있는 방법이라고 항상 여겨왔다.

■ [형용사 자리] 혼동하기 쉬운 형용사 　　　　　　　　　　　　　　　　　　　　　　　　정답 (C)

빈칸 뒤의 명사(way)를 꾸밀 수 있는 것은 형용사이므로 형용사 (A)와 (C), 형용사 역할을 하는 분사 (D)가 정답의 후보이다. '정기적인 설문조사를 실시하는 것이 고객 의견을 얻는 데에 신뢰할 수 있는 방법이라고 여겨왔다'라는 의미가 되어야 하므로 형용사 (C) reliable(신뢰할 수 있는, 믿을 만한)이 정답이다. 형용사 (A) reliant(의존하는, 의지하는)와 현재분사 (D) relying(의존하는)은 '방법이 의존하다(의존하는 방법)'라는 어색한 문맥을 만든다. 명사 (B)는 명사를 꾸밀 수 없다.

어휘　conduct v. 실시하다, 안내하다; n. 행동　feedback n. 의견, 피드백

124

------- students have requested on-campus housing, they must wait at least a month for an official response.

(A) Once
(B) Then
(C) Whether
(D) Lest

일단 학생들이 교내 숙소를 신청했다면, 그들은 공식적인 답을 받기 위해 최소한 한 달을 기다려야 한다.

■ [수식어 거품을 이끄는 것] 부사절 접속사 조건   정답 (A)

이 문장은 주어(they)와 동사(must wait)를 갖춘 완전한 절이므로, ___ ~ housing은 수식어 거품으로 보아야 한다. 이 수식어 거품은 동사 (have requested)가 있는 거품절이므로, 거품절을 이끌 수 있는 부사절 접속사 (A), (C), (D)가 정답의 후보이다. '일단 학생들이 교내 숙소를 신청했다면 공식적인 답을 받기 위해 최소한 한 달을 기다려야 한다'라는 의미가 되어야 하므로 조건을 나타내는 부사절 접속사 (A) Once(일단 ~하면)가 정답이다. (C) Whether는 '~이든지 −이든지 간에'라는 의미로 양보를, (D) Lest는 '~하지 않도록'이라는 의미를 나타낸다. 부사 (B) Then(그때, 그리고 나서)은 수식어 거품을 이끌 수 없다.

어휘   on-campus adj. 학교 내의   housing n. 숙소, 주택

125

Mr. Trevors overcame the difficulty of speaking French by ------- improving his skills with regular practice.

(A) gradually
(B) respectively
(C) intimately
(D) haltingly

Mr. Trevors는 정기적인 연습을 통해 그의 실력을 점점 향상시킴으로써 프랑스어 구사의 어려움을 극복했다.

■ 부사 어휘   정답 (A)

'정기적인 연습을 통해 실력을 점점 향상시켰다'라는 문맥이므로 부사 (A) gradually(점점, 차츰)가 정답이다. (B) respectively는 '각자, 저마다', (C) intimately는 '친밀하게', (D) haltingly는 '머뭇거리며, 주저하며'라는 의미이다.

어휘   skill n. 실력, 기술

126

Dong Suk Kim's promotion was approved after the sudden ------- of the company's chief executive officer.

(A) gratitude
(B) departure
(C) routine
(D) adjustment

Dong Suk Kim의 승진은 회사 최고 경영자의 갑작스러운 사임 이후에 승인되었다.

■ 명사 어휘   정답 (B)

'Dong Suk Kim의 승진은 회사 최고 경영자의 갑작스러운 사임 이후에 승인되었다'라는 문맥이므로 명사 (B) departure(사임, 떠남)가 정답이다. (A) gratitude는 '감사, 감사하는 마음', (C) routine은 '일상, 관례'라는 의미이다. (D) adjustment(조정, 수정)도 해석상 그럴듯해 보이지만, 원하는 결과를 얻거나 무언가를 개선시키기 위해 방식에 약간의 변화를 주거나 수치 등을 변경하는 것을 나타내므로 문맥과 어울리지 않는다.

127

The ------- script for the novel of *Winding Road* will serve as a screenplay for the upcoming film.

(A) adapt
(B) adapted
(C) adaptability
(D) adaptively

소설 *Winding Road*의 각색된 원고는 곧 개봉될 영화의 대본 역할을 할 것이다.

■ 형용사 자리   정답 (B)

빈칸 뒤의 명사(script)를 꾸밀 수 있는 것은 형용사이므로 형용사 (B) adapted(각색된)가 정답이다. 동사 (A), 명사 (C), 부사 (D)는 명사를 꾸밀 수 없다.

어휘   serve as phr. ~의 역할을 하다   screenplay n. 영화 대본, 시나리오   adapt v. 각색하다, 조정하다   adaptability n. 적응성, 융통성

128
○●●●●
상

------ the run-down parking lot, the rest of the building's facilities are in excellent condition.

(A) Regarding   (B) Namely
(C) Other than   (D) Or else

황폐한 주차장 외에, 건물 시설의 나머지는 훌륭한 상태이다.

■ [수식어 거품을 이끄는 것] 전치사 선택 제외   정답 (C)

이 문장은 주어(the rest of the building's facilities), 동사(are), 보어(in excellent condition)를 갖춘 완전한 절이므로, ___ the run-down parking lot은 수식어 거품으로 보아야 한다. 이 수식어 거품은 동사가 없는 거품구이므로, 거품구를 이끌 수 있는 전치사 (A)와 (C)가 정답의 후보이다. '황폐한 주차장 외에 건물 시설의 나머지는 훌륭한 상태이다'라는 의미가 되어야 하므로 제외를 나타내는 전치사 (C) Other than(~ 외에)이 정답이다. (A) Regarding은 '~과 관련하여'라는 의미이다. 부사 (B) Namely(즉, 다시 말해)와 부사 또는 등위접속사 (D) Or else(그렇지 않으면)는 수식어 거품을 이끌 수 없다.

어휘   run-down adj. 황폐한, 쇠퇴한   facility n. 시설, 기관

129
●●●●○
최상

Although there are numerous household cleaners being sold, many shoppers simply purchase ------ ones are being promoted.

(A) both   (B) what
(C) whichever   (D) which

판매되고 있는 수많은 가정용 세척제들이 있지만, 많은 쇼핑객들은 단순히 어느 것이든 판촉 중인 것을 구매한다.

■ 명사절 접속사 복합관계형용사 whichever   정답 (C)

타동사 purchase(구매하다)의 목적어 자리에 온 명사절(___ ~ promoted)을 이끌면서, 빈칸 뒤의 대명사(ones)를 꾸며주는 형용사 역할을 할 수 있는 의문형용사 (B)와 (D), 복합관계형용사 (C)가 정답의 후보이다. '어느 것이든 판촉 중인 것을 구매한다'라는 의미가 되어야 하므로 복합관계형용사 (C) whichever(어느 것이든 간에)가 정답이다. (B) what과 (D) which는 '무슨/어떤 세척제가 판촉 중인지를 구매한다'라는 어색한 문맥을 만든다. 수량 표현 (A) both(둘 다)는 명사절을 이끌 수 없다.

어휘   numerous adj. 수많은, 다수의   household adj. 가정용의; n. 가정   promote v. 판촉 하다, 장려하다

130
○○●●○
중

Providing senior managers with incentive-based compensation is a ------ solution to their declining productivity.

(A) variable   (B) thriving
(C) discrete   (D) practical

고위 간부들에게 인센티브 기반의 보상을 제공하는 것은 그들의 감소하는 생산성에 대한 실질적인 해결책이다.

■ 형용사 어휘   정답 (D)

'감소하는 생산성에 대한 실질적인 해결책이다'라는 문맥이므로 형용사 (D) practical(실질적인, 실용적인)이 정답이다. (A) variable은 '변화하기 쉬운, 가변적인', (B) thriving은 '번영하는, 번성하는', (C) discrete는 '분리된, 따로따로의'라는 의미이다.

어휘   compensation n. 보상, 보충   solution n. 해결책, 해답   productivity n. 생산성

PART 6

Questions 131-134 refer to the following e-mail.

131-134는 다음 이메일에 관한 문제입니다.

To: Collin McCabe <cmccabe1@ncmail.com>
From: Virginia Payton <virginiapayton@clarkstel.com>
Date: February 22
Subject: Your Clarks Telecom bill

Dear Mr. McCabe,

Please be informed that your monthly Internet bill -------
                                                    131
$48.25 should have been paid by February 15. Payment is
due immediately. Otherwise, a fee worth 5 percent of the
amount owed will be added every month until your
outstanding balance has been -------.
                              132

At this time, we would like to recommend that you use our
automatic payment system. -------. Simply log into your
                          133
account, go to "Payment Settings," select "Automatic," and
click "Submit."

If you feel that there has been a billing error, you ------- to
                                                     134
contact us and we will gladly review your payment history.

Virginia Payton
Clarks Telecom

수신: Collin McCabe <cmccabe1@ncmail.com>
발신: Virginia Payton <virginiapayton@clarkstel.com>
날짜: 2월 22일
제목: 귀하의 Clarks Telecom사 청구 금액

Mr. McCabe께,

131 총 48.25달러인 귀하의 월별 인터넷 청구 금액이 2월
15일까지 납부되었어야 했음을 알아두시기 바랍니다. 납입
은 즉시 되어야 합니다. **132** 그렇지 않으면, 귀하의 지불되
어야 할 금액의 5퍼센트 상당의 요금이 미지불된 잔금이 정
산될 때까지 매월 추가될 것입니다.

이번에, 저희는 귀하께서 저희의 자동 납부 시스템을 이용
하시는 것을 권해드리고 싶습니다. **133** 이 방법으로 귀하께
서 지불하셔야 할 금액은 예정된 날짜에 지불될 것입니다.
귀하의 계정에 로그인하셔서, "납부 설정"으로 가시고 "자
동"을 선택하셔서 "제출"만 클릭하시면 됩니다.

134 만약 청구상의 오류가 있었다고 생각하시면, 저희에게
연락하시도록 권장되며 저희는 기꺼이 귀하의 납부 내역을
검토할 것입니다.

Virginia Payton 드림
Clarks Telecom사

131 (A) totaled
(B) totally
(C) totaling
(D) totals

132 (A) canceled
(B) settled
(C) insured
(D) forgotten

133 (A) This may affect when you start receiving high-speed service.
(B) The money you owe will be paid on the scheduled date through this means.
(C) We have sent a receipt confirming payment of the charges.
(D) Your service will be restored once you send the amount that is due.

134 (A) encourage
(B) encouraging
(C) are encouraged
(D) will encourage

어휘 due adj. (돈을) 지불해야 하는, ~하기로 되어 있는 owe v. 지불할 의무가 있다, (명예 · 성공 등을) ~에 돌리다 outstanding adj. 미지불된, 뛰어난, 중요한
balance n. 잔금, 균형 automatic adj. 자동의, 무의식적인 gladly adv. 기꺼이, 기쁘게 review v. 검토하다, 논평하다

131 ■ [수식어 거품을 이끄는 것] 현재분사 vs. 과거분사
정답 (C)

that절(that ~ February 15)이 주어(your monthly Internet bill)와 동사(should have been paid)를 갖춘 완전한 절이므로, ____ $48.25는 수식어 거품으로 보아야 한다. 이 수식어 거품은 앞의 명사(monthly Internet bill)를 꾸미고 있으므로 명사를 뒤에서 꾸밀 수 있는 과거분사 (A)와 현재분사 (C)가 정답의 후보이다. 빈칸 뒤에 목적어($48.25)가 있고, 분사의 꾸밈을 받는 명사(bill)와 분사가 '월별 인터넷 청구 금액의 총계가 48.25달러에 이르다'라는 의미의 능동 관계이므로 동사 total(총계가 ~에 이르다, 합계하다)의 현재분사 (C) totaling이 정답이다. 과거분사 (A)는 수동태이므로 빈칸 뒤에 목적어를 취할 수 없다. 부사 (B)와 명사 또는 동사 (D)는 수식어 거품을 이끌 수 없다.

132 ■ 동사 어휘
정답 (B)

'지불되어야 할 금액의 5퍼센트 상당의 요금이 미지불된 잔금이 정산될 때까지 매월 추가될 것이다'라는 문맥이므로 동사 settle(정산하다, 지불하다)의 p.p.형 (B) settled가 정답이다. (A)의 cancel은 '취소하다, 중지하다', (C)의 insure는 '보험에 들다, 보증하다', (D)의 forget은 '잊다, 게을리하다'라는 의미이다.

133 ■ 알맞은 문장 고르기
정답 (B)

빈칸에 들어갈 알맞은 문장을 고르는 문제이므로 주변 문맥 또는 전체 문맥을 파악한다. 앞 문장 'we would like to recommend that you use our automatic payment system'에서 자동 납부 시스템을 이용하는 것을 권해주고 싶다고 했으므로 빈칸에는 자동 납부 시스템 이용 시의 지불 방식에 대한 내용이 들어가야 함을 알 수 있다. 따라서 (B) The money you owe will be paid on the scheduled date through this means가 정답이다.

보기 해석
(A) 이는 귀하께서 언제 고속 서비스를 받기 시작하는지에 영향을 미칠 수 있습니다.
(B) 이 방법으로 귀하께서 지불하셔야 할 금액은 예정된 날짜에 지불될 것입니다.
(C) 저희는 요금의 납부를 확인해주는 영수증을 보내드렸습니다.
(D) 귀하께서 지불하셔야 할 금액을 보내주시면 서비스가 복구될 것입니다.

어휘 **affect** v. 영향을 미치다, 작용하다 **high-speed** adj. 고속의 **means** n. 방법, 매체 **restore** v. 복구하다, 회복시키다

134 ■ [동사 자리] 능동태와 수동태의 구별
정답 (C)

주절(you ~ payment history)의 첫 번째 절(you ____ to contact us)에 주어(you)만 있고 동사가 없으므로 동사 (A), (C), (D)가 정답의 후보이다. 동사 encourage(권장하다, 장려하다)가 타동사인데 빈칸 뒤에 목적어 없이 바로 to 부정사(to contact us)가 왔고, '연락하도록 권장된다'라는 수동의 의미이므로 수동태 (C) are encouraged가 정답이다. (A)와 (D)는 능동태이므로 목적어와 함께 쓰여야 한다. 동명사 또는 분사 (B)는 동사 자리에 올 수 없다. 참고로, 동사 encourage는 'encourage + 목적어 + to 부정사'의 형태로 자주 쓰이는데, 이 문장은 동사 encourage가 수동태로 쓰이면서 목적어(you)가 주어 자리에 오고 to 부정사(to contact us)가 동사 뒤에 남은 형태임을 알아둔다.

Questions 135-138 refer to the following advertisement.

135-138은 다음 광고에 관한 문제입니다.

Waterview Valley Ranch is the perfect place to take a horse-riding holiday. Discover the beauty of the surrounding area and ------- about its past as our knowledgeable guides
135
delight you with interesting stories of its history. ------- you
136
like riding horses for relaxation or prefer a challenging ride in the open country, we have all the equipment you'll need to fulfill your requirements. -------. In addition, should you
137
choose to bring your own horses, we can ------- them during
138
your stay with us. This is because our stables have ample space, where they will be well cared for. Simply let us know what your party needs when you call us at 555-7823 to book your spot.

Waterview Valley 목장은 승마를 하는 휴일을 보내기에 완벽한 장소입니다. 135 저희의 박식한 가이드들이 지역의 역사에 대한 흥미로운 이야기들로 여러분들을 즐겁게 해드리는 동안 주변 지역의 아름다움을 발견해보고 그 과거에 대해서 배워보세요. 136 여러분이 기분 전환을 위해 말을 타는 것을 좋아하든지 탁 트인 지대에서 도전 의식을 북돋우는 승마를 선호하든지, 저희는 여러분의 요구 사항들을 충족시키기 위해 필요할 모든 장비를 갖추고 있습니다. 137 이는 저희와의 경험을 확실히 안전하면서도 만족스럽도록 해줍니다. 138 또한 여러분이 만약 자신의 말을 가져오기로 한다면, 저희와 머무르시는 동안 말들에게 거처를 제공해줄 수 있습니다. 이는 저희 마구간에 넓은 공간이 있기 때문이고, 그곳에서 말들은 잘 돌봐질 것입니다. 555-7823으로 저희에게 전화하셔서 자리를 예약하실 때에 여러분의 일행이 필요로 하는 것을 말씀만 해주시면 됩니다.

135 (A) learned
(B) learns
(C) learn
(D) to learn

136 (A) Even
(B) Although
(C) Only if
(D) Whether

137 (A) Our regularly scheduled guided tours have been overbooked.
(B) This ensures your experience with us is both safe and satisfactory.
(C) The livestock we raise is renowned for its exceptionally high quality.
(D) Your horse-riding gear must meet the strict standards of the ranch.

138 (A) switch
(B) race
(C) house
(D) auction

어휘 ranch n. 목장 horse-riding n. 승마 discover v. 발견하다, 깨닫다 surrounding adj. 주변의; n. 주변, 환경
knowledgeable adj. 박식한, 지식이 있는 delight v. 즐겁게 하다; n. 즐거움 relaxation n. 기분 전환, 휴식
challenging adj. 도전 의식을 북돋우는, 도전적인 country n. 지대, 시골 fulfill v. 충족시키다, 실현하다 stable n. 마구간; adj. 안정된
ample adj. 넓은, 충분한 care for phr. ~을 돌보다, ~을 좋아하다 party n. 일행, 모임 spot n. 자리, 장소

135 ■ 병치 구문   정답 (C)

'주변 지역의 아름다움을 발견하고 그 과거에 대해서 배워라'라는 의미가 되어야 하고, 등위접속사(and)가 동사(Discover)와 또 다른 동사인 빈칸을 연결하고 있음을 알 수 있다. 앞의 동사(Discover)가 명령문의 동사로 사용되는 동사원형이므로 빈칸도 그와 같은 형태인 동사원형 (C) learn(배우다, 알다)이 정답이다. 과거 동사 또는 분사 (A), 3인칭 단수 동사 (B), to 부정사 (D)는 동사원형과 병치를 이룰 수 없다.

136 ■ [수식어 거품을 이끄는 것] 부사절 접속사 조건   정답 (D)

이 문장은 주어(we), 동사(have), 목적어(all the equipment)를 갖춘 완전한 절이므로, ＿＿ ~ open country는 수식어 거품으로 보아야 한다. 이 수식어 거품은 동사(like, prefer)가 있는 거품절이므로, 거품절을 이끌 수 있는 부사절 접속사 (B), (C), (D)가 정답의 후보이다. '기분 전환을 위해 말을 타는 것을 좋아하든지 탁 트인 지대에서 도전 의식을 북돋우는 승마를 선호하든지 필요할 모든 장비를 갖추고 있다'라는 의미가 되어야 하므로 조건을 나타내는 부사절 접속사 (D) Whether(~이든지 –이든지)가 정답이다. (B) Although는 '비록 ~이지만'이라는 의미로 양보를, (C) Only if는 '오직 ~하는 경우에만'이라는 의미로 조건을 나타낸다. 부사 또는 형용사 (A) Even(~조차, 훨씬; 평평한)은 수식어 거품을 이끌 수 없다.

137 ■ 알맞은 문장 고르기   정답 (B)

빈칸에 들어갈 알맞은 문장을 고르는 문제이므로 주변 문맥 또는 전체 문맥을 파악한다. 앞 문장 'we have all the equipment you'll need to fulfill your requirements'에서 고객들의 요구 사항들을 충족시키기 위해 필요할 모든 장비를 갖추고 있다고 했으므로 빈칸에는 다양한 장비를 갖추고 있는 것과 관련된 내용이 들어가야 함을 알 수 있다. 따라서 (B) This ensures your experience with us is both safe and satisfactory가 정답이다.

보기 해석
(A) 정기적으로 예정된 저희의 가이드 투어는 예약이 초과되었습니다.
(B) 이는 저희와의 경험을 확실히 안전하면서도 만족스럽도록 해줍니다.
(C) 저희가 기르는 가축은 매우 높은 품질로 유명합니다.
(D) 여러분의 승마 장비는 목장의 엄격한 기준들을 충족시켜야 합니다.

어휘   overbook v. 초과하여 예약을 받다   ensure v. 확실히 하게 하다, 반드시 ~하게 하다   livestock n. 가축   renowned adj. 유명한, 명성 있는   exceptionally adv. 매우, 예외적으로   gear n. 장비, 기어; v. 조정하다   strict adj. 엄격한, 엄한

138 ■ 동사 어휘 주변 문맥 파악   정답 (C)

'만약 자신의 말을 가져오기로 한다면 머무르는 동안 말들을 ＿＿＿해줄 수 있다'라는 문맥이므로 모든 보기가 정답의 후보이다. 빈칸이 있는 문장만으로 정답을 고를 수 없으므로 주변 문맥이나 전체 문맥을 파악한다. 뒤 문장에서 이는 마구간에 넓은 공간이 있기 때문이고 그곳에서 말들이 잘 돌봐질 것이라고 했으므로, 고객이 자신의 말을 가져오면 말들이 있을 장소를 제공받을 수 있음을 알 수 있다. 따라서 동사 (C) house(거처를 제공하다, 수용하다)가 정답이다. (A) switch는 '교환하다, 바꾸다', (B) race는 '경주하게 하다, 경주하다', (D) auction은 '경매에서 팔다, 경매하다'라는 의미이다.

Questions 139-142 refer to the following announcement.

139-142는 다음 공고에 관한 문제입니다.

Important Announcement

Beaumont Hall announces with ------- that the August 17 **[139]**
concert featuring the pianist Sophia Kaminsky has been
canceled. Ms. Kaminsky has suddenly taken ill, and
organizers have deemed it best to ------- the event until **[140]**
further notice. If you purchased your ticket using cash, you
will receive an immediate refund. On the other hand, those
who paid for tickets with a credit card will not get a ------- **[141]**
refund. This is due to card processing regulations.

In addition to being fully refunded, everyone who purchased
a ticket will receive a 20 percent discount when they make a
future reservation. -------. Hopefully, the discount makes up **[142]**
for the inconvenience. Please accept our sincerest apologies.

139 유감스럽게도 Beaumont 홀은 피아니스트 Sophia Kaminsky가 특별 출연하는 8월 17일 연주회가 취소되었음을 알려드립니다. **140** Ms. Kaminsky가 갑자기 몸이 안 좋아져서, 주최자들은 추후 통지가 있을 때까지 행사를 연기하는 것이 최선이라고 생각했습니다. 만약 현금으로 티켓을 구매하셨다면 즉시 환불을 받으실 것입니다. **141** 반면에, 신용카드로 티켓을 구매하셨던 분들은 즉각적인 환불을 받으실 수 없을 것입니다. 이는 카드 처리 규정 때문입니다.

전액 환불을 받는 것에 더해, 티켓을 구매하셨던 모든 분들은 추후 예매 시 20퍼센트 할인을 받을 것입니다. **142** 저희는 이 가격 할인을 다른 어떠한 특별 판촉 행사나 할인과 중복시켜드릴 수 없습니다. 이 할인이 불편을 보상해 드리길 바랍니다. 저희의 진심 어린 사과를 받아주십시오.

---

139 (A) regrettable
(B) regret
(C) regrettably
(D) regretful

140 (A) sponsor
(B) evaluate
(C) confirm
(D) postpone

141 (A) previous
(B) formal
(C) prompt
(D) dependent

142 (A) We can no longer offer group rates to those without valid memberships.
(B) We cannot combine this price reduction with any other special promotion or discount.
(C) We are committed to starting each of our productions in a punctual manner.
(D) We have posted the dates and times for this performance on our Web site.

어휘 **deem** v. 생각하다, 여기다 **until further notice** phr. 추후 통지가 있을 때까지 **immediate** adj. 즉시의, 직접의 **regulation** n. 규정, 조정 **discount** n. 할인, 할인액 **make up for** phr. 보상하다, 만회하다 **inconvenience** n. 불편; v. 불편하게 하다

139 ■ 명사 자리 정답 (B)

전치사(with)의 목적어 자리에 올 수 있는 것은 명사이므로 명사 (B) regret(유감, 후회)이 정답이다. 참고로, with regret(유감으로)을 관용구로 외워둔다. 형용사 (A)와 (D), 부사 (C)는 명사 자리에 올 수 없다.

어휘 regrettable adj. 유감스러운, 후회되는 regretful adj. 유감의 뜻을 표하는, 애석해하는

140 ■ 동사 어휘 정답 (D)

'Ms. Kaminsky가 갑자기 몸이 안 좋아져서 주최자들이 행사를 연기하는 것이 최선이라고 생각했다'라는 문맥이므로 동사 (D) postpone(연기하다, 미루다)이 정답이다. (A) sponsor는 '후원하다, 지지하다', (B) evaluate는 '평가하다, 감정하다', (C) confirm은 '확인하다, 승인하다'라는 의미이다.

141 ■ 형용사 어휘 주변 문맥 파악 정답 (C)

'신용카드로 티켓을 구매했던 사람들은 ___한 환불을 받을 수 없을 것이다'라는 문맥이므로 (A), (B), (C)가 정답의 후보이다. 빈칸이 있는 문장만으로 정답을 고를 수 없으므로 주변 문맥이나 전체 문맥을 파악한다. 앞 문장에서 만약 현금으로 티켓을 구매했다면 즉시 환불을 받을 것이라고 했고, 빈칸이 있는 문장에서는 반면에 신용카드로 티켓을 구매했던 사람들의 경우를 언급하며 뒤 문장에서 이는 카드 처리 규정 때문이라고 했으므로, 현금으로 구매한 경우와 달리 신용카드로 티켓을 구매했던 사람들은 카드 처리 규정 때문에 즉시 환불을 받을 수 없음을 알 수 있다. 따라서 형용사 (C) prompt(즉각적인, 지체 없는)가 정답이다. (A) previous는 '이전의, 앞의', (B) formal은 '공식적인, 정식의', (D) dependent는 '의지하는, 의존하는'이라는 의미이다.

142 ■ 알맞은 문장 고르기 정답 (B)

빈칸에 들어갈 알맞은 문장을 고르는 문제이므로 주변 문맥 또는 전체 문맥을 파악한다. 앞 문장 'everyone who purchased a ticket will receive a 20 percent discount when they make a future reservation'에서 티켓을 구매했던 모든 사람들은 추후 예매 시 20퍼센트 할인을 받을 것이라고 했으므로 빈칸에는 할인이 적용되는 경우에 대한 추가 설명이 들어가야 함을 알 수 있다. 따라서 (B) We cannot combine this price reduction with any other special promotion or discount가 정답이다.

보기 해석
(A) 저희는 유효한 회원권이 없는 분들께 더 이상 단체 요금을 제공해드릴 수 없습니다.
(B) 저희는 이 가격 할인을 다른 어떠한 특별 판촉 행사나 할인과 중복시켜드릴 수 없습니다.
(C) 저희는 각 상연 작품이 시간을 엄수하여 시작되게 하는 데에 전념합니다.
(D) 저희는 이 공연의 날짜와 시간을 저희 웹사이트에 게시해두었습니다.

어휘 rate n. 요금, 비율; v. 평가하다 combine v. 병행하다, 결합하다 price reduction phr. 가격 할인 promotion n. 판촉 활동, 홍보, 승진 be committed to phr. ~에 전념하다 production n. 상연 작품, 제작 punctual adj. 시간을 엄수하는, 정확한

TEST | 01 | 02 | 03 | 04 | 05 | 06 | 07 | 08 | 09 | 10 | 해커스 토익 실전 1000제 3 Reading

TEST 02 PART 6 **95**

Questions 143-146 refer to the following letter.

143-146은 다음 편지에 관한 문제입니다.

Emma Florins
1119 Parrish Drive
Rockville, MD 20851

Dear Ms. Florins,

You are cordially invited to *Speaking Poetry*, a recital with three of the literary world's most ------- poets. Adalberto
                                                    143
Marte, Marceline Fontes, and Lawrence Faucher will be reading their recently published works.

Our past ------- have mainly featured works adhering to a
         144
more traditional style. However, we are pleased that the diversity of the genre will be able to shine through this time. Our invited writers discard regular forms and rhyming patterns characteristic of conventional poetry. -------.
                                                           145
Focusing on such topics as our rapidly changing society and the impact of technology, ------- poems are sure to resonate
                                146
with audience members.

The recital will take place on October 10 at the Rocheport Arts Center. We hope to see you there.

Sincerely,

Abraham Schlitz
Rocheport Arts Center

Emma Florins
1119번지 Parrish로
록빌, 메릴랜드 주 20851

Ms. Florins께,

143 문학계의 가장 유망한 시인들 중 세 명과 함께하는 낭송회인 *Speaking Poetry*에 귀하를 진심 어린 마음으로 초대합니다. Adalberto Marte, Marceline Fontes, Lawrence Faucher가 최근에 발표된 그들의 작품들을 낭송할 것입니다.

144 저희의 이전 공연들은 더 전통적인 형식을 고수하는 작품들을 주로 포함해왔습니다. 하지만, 저희는 이번 시간을 통해 장르의 다양성이 돋보일 수 있게 되어 기쁩니다. 저희의 초대된 작가들은 전통 시 특유의 일정한 형식과 운율을 가진 패턴을 버립니다. **145** 대신에, 그들은 현대의 쟁점들을 다루기 위한 표현적 글쓰기에 의존합니다. **146** 우리의 빠르게 변화하는 사회와 기술의 영향과 같은 주제들에 초점을 맞추면서, 그들의 시들은 분명히 청중들의 반향을 불러일으킬 것입니다.

낭송회는 10월 10일 Rocheport 예술 센터에서 열릴 것입니다. 그곳에서 뵙기를 바랍니다.

Abraham Schlitz 드림
Rocheport 예술 센터

---

143 (A) imminent
(B) crowded
(C) widespread
(D) promising

144 (A) performances
(B) publications
(C) communications
(D) competitions

145 (A) With the right publicity, these poets will be able to become well known.
(B) There are similarities between traditional and contemporary works.
(C) Instead, they rely on expressive writing to address modern issues.
(D) Many guests have much preferred the themes of our earlier recitals.

146 (A) his
(B) its
(C) your
(D) their

어휘 **recital** n. 낭송회, 연주회 **publish** v. 발표하다, 게재하다 **adhere** v. 고수하다, 충실하다 **traditional** adj. 전통적인, 구식의
diversity n. 다양성, 변화 **shine** v. 돋보이다, 빛나다 **discard** v. 버리다, 제거하다 **regular** adj. 일정한, 규칙적인 **form** n. 형식, 양식; v. 형성되다
rhyming adj. 운율을 가진, 운이 맞는 **characteristic** adj. 특유의; n. 특징 **conventional** adj. 전통적인, 형식적인 **impact** n. 영향; v. 영향을 주다
resonate v. 반향을 불러일으키다, 울려 퍼지다

143 ■ 형용사 어휘
정답 (D)

'문학계의 가장 유망한 시인들 중 세 명과 함께하는 낭송회'라는 문맥이므로 형용사 (D) promising(유망한, 촉망되는)이 정답이다. (A) imminent는 '임박한, 촉박한', (B) crowded는 '붐비는, 혼잡한', (C) widespread는 '광범위한, 널리 퍼진'이라는 의미이다.

144 ■ 명사 어휘 전체 문맥 파악
정답 (A)

'이전 ___은 더 전통적인 형식을 고수하는 작품들을 주로 포함해왔다'라는 문맥이므로 (A), (B), (D)가 정답의 후보이다. 빈칸이 있는 문장만으로 정답을 고를 수 없으므로 주변 문맥이나 전체 문맥을 파악한다. 앞부분에서 시인들과 함께하는 낭송회에 초대한다고 했고, 뒷부분에서 이번 시간을 통해 장르의 다양성이 돋보일 수 있게 되어 기쁘며 초대된 작가들이 전통 시 특유의 일정한 형식과 운율을 가진 패턴을 버린다고 했으므로, 이번 낭송회와는 달리 이전 공연들에서는 전통적인 형식의 작품들이 주로 포함되었다는 것을 알 수 있다. 따라서 명사 (A) performances (공연, 연주회)가 정답이다. (B)의 publication은 '출판물, 간행물', (C)의 communication은 '편지, 의사소통', (D)의 competition은 '대회, 경기'라는 의미이다.

145 ■ 알맞은 문장 고르기
정답 (C)

빈칸에 들어갈 알맞은 문장을 고르는 문제이므로 주변 문맥 또는 전체 문맥을 파악한다. 앞 문장 'Our invited writers discard regular forms and rhyming patterns characteristic of conventional poetry.'에서 초대된 작가들이 전통 시 특유의 일정한 형식과 운율을 가진 패턴을 버린다고 했고, 뒤 문장 'Focusing on such topics as our rapidly changing society and the impact of technology'에서 우리의 빠르게 변화하는 사회와 기술의 영향과 같은 주제들에 초점을 맞춘다고 했으므로 빈칸에는 초대된 작가들이 전통 시의 특징을 버리고 대신 현대의 쟁점들을 다룬다는 내용이 들어가야 함을 알 수 있다. 따라서 (C) Instead, they rely on expressive writing to address modern issues가 정답이다.

보기 해석
(A) 적절한 홍보로 이 시인들은 유명해질 수 있을 것입니다.
(B) 전통 작품들과 현대 작품들 간에는 유사점들이 있습니다.
(C) 대신에, 그들은 현대의 쟁점들을 다루기 위한 표현적 글쓰기에 의존합니다.
(D) 많은 손님들은 저희의 이전 낭송회들의 주제를 훨씬 선호해왔습니다.

어휘   publicity n. 홍보, 언론의 관심   contemporary adj. 현대의, 동시대의   rely on phr. ~에 의존하다, ~을 필요로 하다
expressive adj. 표현적인, 의미 있는   modern adj. 현대의, 최신의   prefer v. 선호하다, 택하다   theme n. 주제, 테마

146 ■ 명사-대명사 일치 전체 문맥 파악
정답 (D)

'___의 시들이 청중들의 반향을 불러일으킬 것이다'라는 문맥이므로 모든 보기가 정답의 후보이다. 빈칸이 있는 문장만으로 정답을 고를 수 없으므로 주변 문맥이나 전체 문맥을 파악한다. 앞부분에서 시인 Adalberto Marte, Marceline Fontes, Lawrence Faucher가 낭송회에서 최근에 발표된 그들의 작품들을 낭송할 것이라고 한 후, 지문 전체에 걸쳐 그들이 낭송할 작품들의 특징에 대해 설명하고 있으므로 세 명의 시인들을 가리키는 3인칭 복수 소유격 인칭대명사 (D) their가 정답이다. (A) his와 (B) its는 3인칭 단수 소유격 인칭대명사, (C) your는 2인칭 소유격 인칭대명사이다.

PART 7

Questions 147-148 refer to the following advertisement.

147-148은 다음 광고에 관한 문제입니다.

Are you letting high prices get in the way of your fitness goals?

Everyone is talking about yoga these days—in magazines, on television, and even during chats with friends. But while we've all heard about the many health benefits that yoga provides, looking around yoga stores can be intimidating. With even a simple yoga mat costing up to $50 or more, yoga can seem like an expensive activity to get into!

Well, not anymore. [147]Merchandise at FlexiWorld Yoga ranges from top brand name yoga equipment to cheaper gear for beginners. And [148]we can afford to offer all of our products at lower prices than department stores and other retailers because we operate entirely online.

So if you're thinking of trying out yoga, but don't want to overspend, head to www.flexiworldyoga.com!

높은 가격이 당신의 운동 목표에 방해가 되게 하고 계십니까?

요즘 모든 사람들이 잡지에서, 텔레비전에서, 그리고 심지어 친구들과의 잡담 중에도 요가에 대해 이야기하고 있습니다. 그러나 우리 모두가 요가가 주는 많은 건강상의 이점들에 대해 들어보긴 했지만, 요가 관련 상점들을 둘러보는 것은 겁이 날 수 있습니다. 단순한 요가 매트 하나마저 가격이 최고 50달러 이상에 이르기 때문에, 요가는 흥미를 붙이기에 비싼 활동인 것처럼 보일 수 있습니다!

자, 이제는 아닙니다. [147]FlexiWorld Yoga의 제품들은 최고 브랜드 요가 장비에서부터 더 저렴한 초보자용 장비까지 다양합니다. 그리고 [148]저희는 전적으로 온라인에서 운영되기 때문에 백화점들과 다른 소매업체들보다 더 낮은 가격에 저희의 모든 제품들을 제공할 수 있습니다.

그러니 요가를 해보는 것에 대해 생각하고 있지만 돈을 많이 쓰고 싶지 않다면, www.flexiworldyoga.com으로 가 보십시오!

어휘
□ **get in the way of** phr. 방해되다, 방해하다
□ **intimidating** adj. 겁나는, 위협적인
□ **gear** n. 장비, 장치
□ **fitness** n. 운동, 건강(상태)
□ **get into** phr. ~에 흥미를 갖게 되다
□ **afford to** phr. ~할 수 있다, ~할 여유가 있다
□ **look around** phr. 둘러보다
□ **range from A to B** phr. A에서 B까지 다양하다
□ **overspend** v. 돈을 많이 쓰다, 초과 지출하다

---

147 What is the advertisement mainly about?

(A) A subscription to a health magazine
(B) A discounted yoga course
(C) An exercise equipment store
(D) A series of fitness videos

광고는 주로 무엇에 대한 것인가?

(A) 건강 잡지 구독
(B) 할인된 요가 수업
(C) 운동 장비 상점
(D) 운동 비디오 시리즈

■ **주제/목적 찾기** 글의 주제 · 정답 (C)

광고가 주로 무엇에 대한 것인지를 묻는 주제 찾기 문제이다. 특별히 이 문제는 지문의 중반에 주제 관련 내용이 언급되었음에 주의한다. 'Merchandise at FlexiWorld Yoga ranges from top brand name yoga equipment to cheaper gear for beginners.'에서 FlexiWorld Yoga의 제품들이 최고 브랜드 요가 장비에서부터 더 저렴한 초보자용 장비까지 다양하다고 하면서 요가 장비를 판매하는 상점을 광고하고 있으므로 (C)가 정답이다.

바꾸어 표현하기
yoga equipment 요가 장비 → exercise equipment 운동 장비

---

148 According to the advertisement, how can FlexiWorld Yoga offer reasonable prices?

(A) It retails its merchandise solely online.
(B) It buys its goods at a discount.
(C) It manufactures its own products.
(D) It has exclusive deals with suppliers.

광고에 따르면, FlexiWorld Yoga는 어떻게 합리적인 가격을 제공할 수 있는가?

(A) 제품들을 오로지 온라인에서만 판매한다.
(B) 제품들을 할인하여 사들인다.
(C) 자체 제품들을 생산한다.
(D) 공급업체들과 독점 계약을 맺고 있다.

■ **육하원칙** How · 정답 (A)

FlexiWorld Yoga가 어떻게(how) 합리적인 가격을 제공할 수 있는지를 묻는 육하원칙 문제이다. 질문의 핵심 어구인 FlexiWorld Yoga offer reasonable prices와 관련하여, 'we can afford to offer all of our products at lower prices than department stores and other retailers because we operate entirely online'에서 우리, 즉 FlexiWorld Yoga는 전적으로 온라인에서 운영되기 때문에 백화점들과 다른 소매업체들보다 더 낮은 가격에 모든 제품들을 제공할 수 있다고 했으므로 (A)가 정답이다.

어휘 **solely** adv. 오로지, 단독으로 **at a discount** phr. 할인하여, 정가 이하로 **exclusive** adj. 독점적인; n. 독점 기사 **deal** n. 계약, 거래; v. 다루다, 거래하다

Questions 149-150 refer to the following announcement.

149-150은 다음 공고에 관한 문제입니다.

The Ramford Center for the Arts

¹⁴⁹Our center seeks a dynamic individual to join its fundraising team at our main facility in Houston. Reporting to the executive director, the fundraising associate will be responsible for requesting donations for the various year-round programs and events we hold at our center.

Successful candidates need to possess a bachelor's degree in nonprofit management, fine arts, or a similar field. ¹⁵⁰⁻ᴰRelevant experience is preferred but not required.

¹⁵⁰⁻ᴮThe Ramford Center for the Arts offers a competitive compensation package, including medical insurance, generous vacation allowances, pension contributions, and complimentary admission to all exhibitions for its entire staff.

Interested applicants should send their cover letter and résumé to Andrea Perkins (aperkins@ramfordarts.com) by Friday, October 3.

Ramford 예술 센터

¹⁴⁹저희 센터는 휴스턴에 있는 저희 주요 시설에서 기금 모금팀과 함께할 활동적인 사람을 구하고 있습니다. 상무 이사의 지시를 받는 기금 모금 담당 직원은 저희 센터에서 여는 연중 계속되는 다양한 프로그램들과 행사들을 위한 기부를 요청하는 책임을 맡을 것입니다.

합격자들은 비영리 경영, 미술, 또는 비슷한 분야에서의 학사 학위를 소지해야 합니다. ¹⁵⁰⁻ᴰ관련 경력은 선호되지만 필수는 아닙니다.

¹⁵⁰⁻ᴮRamford 예술 센터는 의료보험, 후한 휴가 수당, 연금 분담금, 전 직원 대상의 모든 전시 무료입장을 포함하는 경쟁력 있는 보수를 제공합니다.

관심 있는 지원자들은 자기소개서와 이력서를 10월 3일 금요일까지 Andrea Perkins(aperkins@ramfordarts.com)에게 보내야 합니다.

어휘
□ **report to** phr. ~의 지시를 받다
□ **bachelor's degree** phr. 학사 학위
□ **allowance** n. 수당, 용돈
□ **year-round** adj. 연중 계속되는
□ **compensation package** phr. (급여와 복리후생을 포함한) 보수
□ **pension** n. 연금, 생활 보조금
□ **successful candidate** phr. 합격자
□ **contribution** n. 분담금, 기여

149

What is the purpose of the announcement?

(A) To inform personnel of a change
(B) To recruit a new employee
(C) To announce a yearly event
(D) To promote a new program

공고의 목적은 무엇인가?

(A) 직원들에게 변경 사항을 알리기 위해
(B) 신규 직원을 뽑기 위해
(C) 연례행사를 알리기 위해
(D) 새로운 프로그램을 홍보하기 위해

■ **주제/목적 찾기** 글의 목적
정답 (B)

공고의 목적을 묻는 목적 찾기 문제이므로 지문의 앞부분을 주의 깊게 확인한다. 'Our center seeks a dynamic individual to join its fundraising team at our main facility in Houston.'에서 센터가 휴스턴에 있는 주요 시설에서 기금 모금팀과 함께할 활동적인 사람을 구하고 있다고 한 후, 지원 자격 및 채용 조건 등에 대해 설명하고 있으므로 (B)가 정답이다.

150

What is mentioned about the center?

(A) It has achieved its annual fundraising goal.
(B) It allows its staff to attend exhibits for free.
(C) It offers gift packages to visitors.
(D) It only hires staff with previous experience.

센터에 대해 언급된 것은?

(A) 연간 기금 모금 목표를 달성했다.
(B) 자사 직원들이 무료로 전시에 가는 것을 허용한다.
(C) 방문객들에게 선물 패키지를 제공한다.
(D) 이전 경력이 있는 직원만 고용한다.

■ **Not/True** True 문제
정답 (B)

질문의 핵심 어구인 the center와 관련된 내용을 지문에서 찾아 각 보기와 대조하는 Not/True 문제이다. (A)는 지문에 언급되지 않은 내용이다. (B)는 'The Ramford Center for the Arts offers a competitive compensation package, including ~ complimentary admission to all exhibitions for its entire staff.'에서 Ramford 예술 센터가 전 직원 대상의 모든 전시 무료입장을 포함하는 경쟁력 있는 보수를 제공한다고 했으므로 지문의 내용과 일치한다. 따라서 (B)가 정답이다. (C)는 지문에 언급되지 않은 내용이다. (D)는 'Relevant experience is preferred but not required.'에서 지원 시 관련 경력이 선호되지만 필수는 아니라고 했으므로 지문의 내용과 일치하지 않는다.

바꾸어 표현하기
offers ~ complimentary admission to all exhibitions for its entire staff 전 직원 대상의 모든 전시 무료입장을 제공하다
→ allows its staff to attend exhibits for free 직원들이 무료로 전시에 가는 것을 허용한다

Questions 151-152 refer to the following text-message chain.

151-152는 다음 메시지 대화문에 관한 문제입니다.

Megan Watts	11:21 A.M.

Hi. [151]I'm interested in obtaining new business lines and was wondering whether Max Mobile had any ongoing offers.

Dan Mukherjee	11:22 A.M.

How many business lines do you currently own?

Megan Watts	11:23 A.M.

[152]Eight in total, and I'd like to add two more. They should all have unlimited data.

Dan Mukherjee	11:25 A.M.

You're in luck. [152]With at least 10 lines, you can take advantage of our Biz+ plan. Under this plan, each new line costs just $25 more a month with a two-year agreement. All other plan details stay the same.

Megan Watts	11:25 A.M.

OK. That's less than the $30 I pay now.

Megan Watts 오전 11시 21분
안녕하세요. [151]저는 새로운 업무용 회선을 구입하는 데 관심이 있어서 Max Mobile사에 진행 중인 상품이 있는지 궁금합니다.

Dan Mukherjee 오전 11시 22분
현재 몇 개의 업무용 회선을 소유하고 계신가요?

Megan Watts 오전 11시 23분
[152]총 8개인데, 두 개를 더 추가하고 싶어요. 모두 무제한 데이터가 있어야 합니다.

Dan Mukherjee 오전 11시 25분
운이 좋으시네요. [152]최소 10개의 회선이 있으면, 저희 Biz+ 요금제를 이용하실 수 있습니다. 이 요금제 하에서는, 새로운 회선은 2년 약정으로 각 월 25달러밖에 더 들지 않습니다. 다른 모든 요금제 세부 사항은 동일하게 유지됩니다.

Megan Watts 오전 11시 25분
좋아요. 그건 제가 지금 지불하는 30달러보다 적네요.

어휘 □ **obtain** v. 구입하다, 구하다, 얻다   □ **line** n. 회선, 전화선   □ **ongoing** adj. 진행 중인
□ **in luck** phr. 운이 좋은   □ **take advantage of** phr. ~을 이용하다, 활용하다
□ **agreement** n. 약정, 동의

151
○ ○ ○
● ● ●
중

Why did Ms. Watts send a text message to Mr. Mukherjee?

(A) To discuss a business proposal
(B) To request a larger personal data plan
(C) To inquire about current promotions
(D) To verify the cost of a phone service

Ms. Watts는 왜 Mr. Mukherjee에게 메시지를 보냈는가?

(A) 사업 제안에 대해 논의하기 위해
(B) 더 대용량의 개인 데이터 요금제를 요청하기 위해
(C) 현재의 판촉 상품에 대해 문의하기 위해
(D) 전화 서비스 비용을 확인하기 위해

■■ **주제/목적 찾기** 글을 쓴 이유   정답 (C)

Ms. Watts가 Mr. Mukherjee에게 메시지를 보낸 이유를 묻는 목적 찾기 문제이므로 지문의 앞부분을 주의 깊게 확인한다. 'I'm interested in obtaining new business lines and was wondering whether Max Mobile had any ongoing offers.'에서 새로운 업무용 회선을 구입하는 데 관심이 있어서 Max Mobile사에 진행 중인 상품이 있는지 궁금하다고 했으므로 (C)가 정답이다.

바꾸어 표현하기
any ongoing offers 진행 중인 상품 → current promotions 현재의 판촉 상품

어휘 promotion n. 판촉 상품, 할인 거래, 홍보   verify v. 확인하다

152

At 11:25 A.M., what does Mr. Mukherjee most likely mean when he writes, "You're in luck"?

(A) Max Mobile is having a sale on devices.
(B) Ms. Watts qualifies for an offer.
(C) Business plan prices have been reduced.
(D) Ms. Watts is eligible for a refund.

오전 11시 25분에, Mr. Mukherjee가 "You're in luck" 이라고 썼을 때 그가 의도한 것 같은 것은?

(A) Max Mobile사는 기기들을 세일하고 있다.
(B) Ms. Watts는 상품을 위한 자격이 있다.
(C) 업무용 요금제 가격이 인하되었다.
(D) Ms. Watts는 환불 받을 자격이 있다.

■ 의도 파악

정답 (B)

Mr. Mukherjee가 의도한 것을 묻는 문제이므로, 질문의 인용어구(You're in luck)가 언급된 주변 문맥을 확인한다. 'Eight [business lines] in total, and I'd like to add two more.'에서 Ms. Watts가 총 8개의 업무용 회선을 소유하고 있는데 두 개를 더 추가하고 싶다고 하자, Mr. Mukherjee가 'You're in luck.'(운이 좋으시네요)이라고 한 후, 'With at least 10 lines, you can take advantage of our Biz+ plan.'에서 최소 10개의 회선이 있으면 Biz+ 요금제를 이용할 수 있다고 한 것을 통해, Ms. Watts가 요금제 상품을 위한 자격이 있다는 것을 알 수 있다. 따라서 (B)가 정답이다.

바꾸어 표현하기

can take advantage of ~ plan ~ 요금제를 이용할 수 있다 → qualifies for an offer 상품을 위한 자격이 있다

어휘 qualify for phr. ~의 자격을 얻다 eligible adj. ~의 자격이 있는

153-155는 다음 회람에 관한 문제입니다.

To: All TechBase Staff
From: John Borges
Subject: Speaking event
Date: August 20

Hello everyone,

I am pleased to announce that [155-A]we will have an exclusive speaking event here at the TechBase office on Wednesday, September 12. Elsa Goncalvez, author of [155-B]the book *The Key Components of Selling*, will be coming in to talk about proven marketing strategies that she has learned over the years. [153]Ms. Goncalvez previously worked with distinguished enterprises in the same field as our company, including two of the country's top computer manufacturers, Stentech and Microtrax, so I'm sure that her advice will be helpful to us as well.

[155-C]Attending the event is not mandatory, but I encourage your participation. [154-A/B/D]Ms. Goncalvez will be focusing on tools and techniques that we can easily adopt, including understanding customer needs, defining unique selling points, and creating effective advertising materials for various forms of media.

[155-B]Everyone who attends the talk will also receive a free copy of *The Key Components of Selling*. I hope to see many of you there.

Best wishes,

John Borges
Administrative associate

수신: TechBase사 전 직원
발신: John Borges
제목: 강연 행사
날짜: 8월 20일

안녕하세요 여러분,

[155-A]우리가 9월 12일 수요일에 이곳 TechBase사 사무실에서 독점적인 강연 행사를 가질 것임을 알리게 되어 기쁩니다. [155-B]책 *Key Components of Selling*의 저자인 Elsa Goncalvez가 와서 그녀가 수년 동안 익혀온 입증된 마케팅 전략들에 대해 강연을 할 것입니다. [153]Ms. Goncalvez는 이전에 국내 최고 컴퓨터 제조사들 중 두 회사인 Stentech사와 Microtrax사를 비롯하여 우리 회사와 같은 분야의 유명한 기업들과 일을 했었기에, 그녀의 조언이 우리에게도 도움이 될 것이라고 확신합니다.

[155-C]행사에 참석하는 것은 의무적이지는 않지만, 저는 여러분들의 참석을 권장합니다. [154-A/B/D]Ms. Goncalvez는 고객의 요구를 이해하는 것, 상품의 특별한 강조점을 정하는 것, 다양한 형태의 미디어를 위한 효과적인 광고물을 만드는 것을 포함하여 우리가 쉽게 적용할 수 있는 수단들과 기술들에 초점을 맞출 것입니다.

[155-B]강연에 참석하는 모든 사람들은 또한 *Key Components of Selling* 한 권을 무료로 받을 것입니다. 많은 분들을 거기서 볼 수 있기를 바랍니다.

John Borges 드림
관리부 직원

어휘 ☐ **proven** adj. 입증된, 증명된 ☐ **previously** adv. 이전에, 미리 ☐ **distinguished** adj. 유명한, 성공한
☐ **enterprise** n. 기업, 회사 ☐ **mandatory** adj. 의무적인, 필수의 ☐ **adopt** v. 적용하다, 채택하다
☐ **define** v. 정하다, 정의하다 ☐ **unique** adj. 특별한, 유일한
☐ **selling point** phr. (판매 때의) 상품의 강조점, 장점

153

What is indicated about TechBase?

(A) It has invited Ms. Goncalvez to speak before.
(B) It works in conjunction with two firms.
(C) It is a computer-related company.
(D) It hired a new full-time marketing specialist.

TechBase사에 대해 암시되는 것은?

(A) 이전에 Ms. Goncalvez를 강연하도록 초청한 적이 있다.
(B) 두 개의 회사와 협력한다.
(C) 컴퓨터 관련 회사이다.
(D) 새로운 정규직 마케팅 전문가를 고용했다.

■ 추론 세부 정보

정답 (C)

질문의 핵심 어구인 TechBase에 대해 추론하는 문제이다. 'Ms. Goncalvez previously worked with distinguished enterprises in the same field as our company, including two of the country's top computer manufacturers, Stentech and Microtrax'에서 Ms. Goncalvez가 이전에 국내 최고 컴퓨터 제조사들 중 두 회사인 Stentech사와 Microtrax사를 비롯하여 자사, 즉 TechBase사와 같은 분야의 유명한 기업들과 일을 했었다고 했으므로, TechBase사가 Stentech사와 Microtrax사와 같이 컴퓨터와 관련된 회사라는 사실을 추론할 수 있다. 따라서 (C)가 정답이다.

바꾸어 표현하기
computer manufacturers 컴퓨터 제조사 → computer-related company 컴퓨터 관련 회사

어휘 **work in conjunction with** phr. ~와 협력하다 **specialist** n. 전문가, 전공자

154

What will NOT be discussed during the talk?

(A) Comprehending customer needs
(B) Producing successful advertisements
(C) Forming effective sales teams
(D) Identifying product selling points

강연 동안 무엇이 논의되지 않을 것인가?

(A) 고객의 요구를 이해하는 것
(B) 성공적인 광고를 만드는 것
(C) 효과적인 영업팀을 구성하는 것
(D) 제품의 강조점을 찾는 것

■ Not/True Not 문제   정답 (C)

질문의 핵심 어구인 discussed during the talk와 관련된 내용을 지문에서 찾아 각 보기와 대조하는 Not/True 문제이다. (A), (B), (D)는 'Ms. Goncalvez will be focusing on tools and techniques ~ including understanding customer needs, defining unique selling points, and creating effective advertising materials for various forms of media.'에서 Ms. Goncalvez가 강연에서 고객의 요구를 이해하는 것, 상품의 특별한 강조점을 정하는 것, 다양한 형태의 미디어를 위한 효과적인 광고물을 만드는 것을 포함하는 수단들과 기술들에 초점을 맞출 것이라고 했으므로 지문의 내용과 일치한다. (C)는 지문에 언급되지 않은 내용이다. 따라서 (C)가 정답이다.

바꾸어 표현하기

understanding 이해하는 것 → Comprehending 이해하는 것
creating effective advertising materials for various forms of media 다양한 형태의 미디어를 위한 효과적인 광고물을 만드는 것
→ Producing successful advertisements 성공적인 광고를 만드는 것
defining unique selling points 상품의 특별한 강조점을 정하는 것 → Identifying product selling points 제품의 강조점을 찾는 것

어휘   comprehend   v. 이해하다, 포함하다   form   v. 구성하다; n. 형태, 양식   identify   v. 찾다, 확인하다

155

What is true about the event?

(A) It will take place at a rented venue.
(B) Attendees will be given a copy of a book.
(C) All staff members are obliged to attend it.
(D) Participants must read some material beforehand.

행사에 대해 사실인 것은?

(A) 대여한 장소에서 개최될 것이다.
(B) 참석자들은 책 한 권을 받을 것이다.
(C) 모든 직원들은 행사에 의무적으로 참석해야 한다.
(D) 참석자들은 사전에 어떤 자료를 읽어야 한다.

■ Not/True True 문제   정답 (B)

질문의 핵심 어구인 the event와 관련된 내용을 지문에서 찾아 각 보기와 대조하는 Not/True 문제이다. (A)는 'we will have an exclusive speaking event here at the TechBase office'에서 이곳 TechBase사 사무실에서 독점적인 강연 행사를 가질 것이라고 했으므로 지문의 내용과 일치하지 않는다. (B)는 'the book *The Key Components of Selling*'과 'Everyone who attends the talk will also receive a free copy of *The Key Components of Selling*.'에서 강연에 참석하는 모든 사람들은 *Key Components of Selling* 책 한 권을 무료로 받을 것이라고 했으므로 지문의 내용과 일치한다. 따라서 (B)가 정답이다. (C)는 'Attending the event is not mandatory'에서 행사에 참석하는 것이 의무적이지 않다고 했으므로 지문의 내용과 일치하지 않는다. (D)는 지문에 언급되지 않은 내용이다.

바꾸어 표현하기

Everyone who attends the talk will also receive 강연에 참석하는 모든 사람들이 받을 것이다 → Attendees will be given 참석자들이 받을 것이다

어휘   oblige   v. 의무적으로 ~하게 하다, 돕다   beforehand   adv. 사전에, 미리

Sheltonville Town Council

NOTICE: Residents of Smith Street and Surrounding Areas

[156]Please be aware that a public forum will be held to talk about the ongoing work at the corner of Smith Street and Lincoln Avenue, where an apartment complex is in the process of being constructed. We have been informed that the project is about to enter its building phase, and this is expected to last until the end of September. During this period, it is likely that residents will be affected by road closures and increased levels of noise from the worksite. Additionally, the sidewalk will be closed off to pedestrians in the interest of safety.

Representatives from the construction firm of Blakely and Reid will be on hand to respond to questions from residents. [157-B/C/D]The forum will be moderated by Joseph Coran, member of the city council representing District 11.

The forum will begin at 6:00 P.M. on Tuesday, July 10. It will be held at the Evergreen Community Center, and everyone in the neighborhood is free to attend.

Sheltonville 시 의회

공고: Smith가와 주변 지역의 주민들께

아파트 단지가 지어지고 있는 [156]Smith가와 Lincoln가의 모퉁이에서 진행 중인 작업에 관해 이야기하기 위해 공개 토론회가 열릴 것임을 알아두시기 바랍니다. 저희는 그 프로젝트가 이제 막 건설 단계에 들어가려고 하고 있고, 이는 9월 말까지 지속될 것으로 예상된다고 통지받았습니다. 이 기간 동안, 주민들은 도로 폐쇄와 공사 현장으로부터의 증가된 소음의 영향을 받을 것입니다. 추가로, 안전을 위하여 보행자들에게 인도가 폐쇄될 것입니다.

건설회사인 Blakely and Reid사의 직원들이 참석하여 주민들의 질문에 답을 할 것입니다. [157-B/C/D]11구역을 대표하는 시 의회 의원인 Joseph Coran이 토론회의 사회를 볼 것입니다.

토론회는 7월 10일 화요일 오후 6시에 시작될 것입니다. 이는 Evergreen 시민 문화회관에서 열릴 것이고, 인근의 모든 분들은 자유롭게 참석하셔도 됩니다.

어휘 □ **surrounding** adj. 주변의; n. 주변 지역 □ **forum** n. 토론회, 법정 □ **ongoing** adj. 진행 중인, 계속하고 있는; n. 진행
  □ **phase** n. 단계, 국면, 양상 □ **sidewalk** n. 인도, 보도 □ **close off** phr. 폐쇄시키다, 차단시키다
  □ **pedestrian** n. 보행자; adj. 도보인, 보행용인 □ **in the interest of** phr. ~을 위하여 □ **be on hand** phr. 참가하다
  □ **moderate** v. 사회를 보다, 완화하다; adj. 온건한

156

What is the main purpose of the notice?

(A) To warn people of upcoming road closures
(B) To express worries about pedestrian safety
(C) To invite participation in a public discussion
(D) To solicit suggestions for the use of a space

공고의 주 목적은 무엇인가?

(A) 사람들에게 곧 있을 도로 폐쇄에 대해 주의를 주기 위해
(B) 보행자 안전에 관한 우려를 나타내기 위해
(C) 공개 토론에의 참석을 요청하기 위해
(D) 공간 사용에 대한 의견을 요청하기 위해

■ 주제/목적 찾기 글의 목적
정답 (C)

공고의 목적을 묻는 목적 찾기 문제이므로 지문의 앞부분을 주의 깊게 확인한다. 'Please be aware that a public forum will be held to talk about the ongoing work at the corner of Smith Street and Lincoln Avenue'에서 Smith가와 Lincoln가의 모퉁이에서 진행 중인 작업에 관해 이야기하기 위해 공개 토론회가 열릴 것임을 알아두라고 한 후, 토론회를 열게 된 배경 및 토론회 일시를 알려주고 있으므로 (C)가 정답이다.

바꾸어 표현하기
public forum 공개 토론회 → public discussion 공개 토론

어휘 warn v. 주의시키다, 훈계하다, 경계하다 invite v. (정식으로) 요청하다, 초대하다 solicit v. 요청하다, 간청하다

157

What is indicated about Joseph Coran?

(A) He has questions about a building project.
(B) He will facilitate a public forum.
(C) He is an employee of a construction firm.
(D) He is running for office in Sheltonville.

Joseph Coran에 대해 언급된 것은?

(A) 건축 프로젝트에 대해 질문이 있다.
(B) 공개 토론회를 진행할 것이다.
(C) 건설회사의 직원이다.
(D) Sheltonville에서 공직에 출마하고 있다.

■ Not/True True 문제
정답 (B)

질문의 핵심 어구인 Joseph Coran과 관련된 내용을 지문에서 찾아 각 보기와 대조하는 Not/True 문제이다. (A)는 지문에 언급되지 않은 내용이다. (B)는 'The forum will be moderated by Joseph Coran'에서 Joseph Coran이 토론회의 사회를 볼 것이라고 한 것에서 공개 토론회를 진행할 것임을 알 수 있으므로 지문의 내용과 일치한다. 따라서 (B)가 정답이다. (C)와 (D)는 'Joseph Coran, member of the city council representing District 11'에서 Joseph Coran이 11구역을 대표하는 시 의회 의원이라고 했으므로 지문의 내용과 일치하지 않는다.

바꾸어 표현하기
The forum will be moderated by 토론회의 사회를 볼 것이다 → will facilitate a public forum 공개 토론회를 진행할 것이다

어휘 facilitate v. 원활히 진행시키다, 촉진하다 run for office phr. 공직에 출마하다

Belajar University to Open High-Tech Hub

Malaysia's Belajar University yesterday announced that it is beginning to build a new campus in Malacca City that is expected to be completed by the end of next year. [158-A]The new campus is part of an outreach strategy to encourage students from other parts of Malaysia to apply to the prestigious university, the campuses of which are primarily located in the capital Kuala Lumpur. "Although we have seen an increase in the number of applicants from outside Kuala Lumpur in recent years," said university vice-chancellor Abdullah Mohammed, "this new campus is sure to attract even more."

The new campus is also being partially funded by the Malaysian government, which considers it a key part of its plan to develop the southern part of the country into a high-technology hub. Because of this, the campus will feature a number of state-of-the-art computer laboratories that will be used to develop new types of microchips and computer processors. [159]A new high-speed rail link between the capital and Malacca City is also being constructed by the government as part of the process of encouraging technology companies to relocate to the smaller town.

[160]Qing Weihai, governor of Malacca State, said, "We welcome this decision by the Malaysian government and Belajar University and expect the new campus to create thousands of new jobs in the region by encouraging businesses to move here."

Belajar 대학교가 첨단 기술 중심지를 개발할 예정이다

말레이시아의 Belajar 대학교가 내년 말쯤에 완공될 것으로 예상되는 새로운 캠퍼스를 믈라카에 건설하기 시작할 것이라고 어제 발표했다. [158-A]새 캠퍼스는 말레이시아의 다른 지역의 학생들이 그 명망 있는 대학교에 지원하도록 장려하기 위한 원조 전략의 일부인데, 그 대학교의 캠퍼스들은 주로 수도인 쿠알라룸푸르에 위치하고 있다. "최근 몇 년 동안 쿠알라룸푸르 외부로부터의 지원자들의 수가 증가하는 것을 보아왔지만, 이 새로운 캠퍼스는 한층 더 많은 지원자들을 불러들일 것이 확실합니다."라고 대학교 부총장인 Abdullah Mohammed가 말했다.

새 캠퍼스는 또한 말레이시아 정부로부터 부분적으로 자금 지원을 받고 있는데, 정부는 그 캠퍼스를 국가의 남부 지역을 첨단 기술의 중심지로 발전시키려는 계획의 중요한 부분으로 여긴다. 이 때문에, 그 캠퍼스는 새로운 종류의 마이크로칩과 컴퓨터 프로세서를 개발하는 데에 사용될 많은 최첨단 컴퓨터 실험실들을 포함할 것이다. 기술 회사들이 더 소규모인 그 도시로 이전하는 것을 장려하는 과정의 일부로서 [159]수도와 믈라카 간의 새로운 고속철도 또한 정부에 의해 건설되고 있다.

[160]믈라카 주지사인 Qing Weihai는 "저희는 말레이시아 정부와 Belajar 대학교의 이 결정을 환영하고 새 캠퍼스가 사업체들이 이곳으로 이전하도록 장려함으로써 지역에 수천 개의 새로운 일자리들을 창출할 것으로 기대합니다."라고 말했다.

어휘
□ open v. 개발하다, 공개하다
□ strategy n. 전략, 계획
□ vice-chancellor n. 대학 부총장, 차관
□ state-of-the-art adj. 최첨단의, 최신의
□ hub n. (특정 장소·활동의) 중심지
□ prestigious adj. 명망 있는, 일류의
□ partially adv. 부분적으로, 불완전하게
□ relocate v. 이전하다, 이동시키다
□ outreach n. 원조 활동, 봉사 활동
□ primarily adv. 주로, 본래
□ fund v. 자금을 대다; n. 자금

158

What is stated about Belajar University?

(A) It is trying to attract students from diverse areas of the nation.
(B) It is celebrating the 100th year since its establishment.
(C) It has recently opened a new students' union building.
(D) It has the highest entrance standards in the country.

Belajar 대학교에 대해 언급된 것은?

(A) 국가의 다양한 지역들로부터 학생들을 끌어오기 위해 노력하고 있다.
(B) 설립 후 100년째 해를 기념하고 있다.
(C) 최근에 새 학생회 건물을 개관했다.
(D) 국내에서 가장 높은 입학 기준을 가지고 있다.

■ Not/True True 문제   정답 (A)

질문의 핵심 어구인 Belajar University와 관련된 내용을 지문에서 찾아 각 보기와 대조하는 Not/True 문제이다. (A)는 'The new campus is part of an outreach strategy to encourage students from other parts of Malaysia to apply to the prestigious university'에서 새 캠퍼스는 말레이시아의 다른 지역의 학생들이 그 명망 있는 대학교, 즉 Belajar 대학교에 지원하도록 장려하기 위한 원조 전략의 일부라고 한 것에서 Belajar 대학교가 말레이시아의 다양한 지역의 학생들이 학교에 지원하도록 하기 위해 노력하고 있다는 것을 알 수 있으므로 지문의 내용과 일치한다. 따라서 (A)가 정답이다. (B), (C), (D)는 지문에 언급되지 않은 내용이다.

어휘 establishment n. 설립, 시설 students' union phr. 학생회 entrance n. 입학, 입구

159

What is being built by the Malaysian government?

(A) An employee training campus
(B) A wider road to the capital
(C) A fast railway connection
(D) A residence for students

말레이시아 정부에 의해 무엇이 건설되고 있는가?

(A) 직원 교육 캠퍼스
(B) 수도로 이어지는 더 넓은 도로
(C) 고속철도 연결
(D) 학생들을 위한 주택

■ 육하원칙 What   정답 (C)

말레이시아 정부에 의해 무엇(What)이 건설되고 있는지를 묻는 육하원칙 문제이다. 질문의 핵심 어구인 being built by the Malaysian government와 관련하여, 'A new high-speed rail link between the capital and Malacca City is also being constructed by the government'에서 수도와 믈라카 간의 새로운 고속철도가 정부, 즉 말레이시아 정부에 의해 건설되고 있다고 했으므로 (C)가 정답이다.

바꾸어 표현하기
is being built 건설되고 있다 → is also being constructed 건설되고 있다
A new high-speed rail link 새로운 고속철도 → A fast railway connection 고속철도 연결

어휘 residence n. 주택, 거주지

160

What does Qing Weihai anticipate will happen?

(A) A state will receive more foreign visitors.
(B) A major road will be reopened to the public.
(C) Construction of a school building will be expedited.
(D) Local citizens will have more employment opportunities.

Qing Weihai는 무슨 일이 일어날 것으로 기대하는가?

(A) 주가 더 많은 외국인 관광객들을 받을 것이다.
(B) 주요 도로가 대중에게 다시 개방될 것이다.
(C) 학교 건물의 건설이 더 신속히 이루어질 것이다.
(D) 지역 주민들이 더 많은 고용 기회를 가질 것이다.

■ 육하원칙 What   정답 (D)

Qing Weihai가 무슨 일(What)이 일어날 것으로 기대하는지를 묻는 육하원칙 문제이다. 질문의 핵심 어구인 Qing Weihai anticipate will happen과 관련하여, 'Qing Weihai ~ said, "We ~ expect the new campus to create thousands of new jobs in the region'에서 Qing Weihai가 새 캠퍼스가 지역에 수천 개의 새로운 일자리들을 창출할 것으로 기대한다고 말했다고 했으므로 (D)가 정답이다.

바꾸어 표현하기
create thousands of new jobs in the region 지역에 수천 개의 새로운 일자리들을 창출하다
→ Local citizens will have more employment opportunities 지역 주민들이 더 많은 고용 기회를 가질 것이다

어휘 anticipate v. 기대하다, 예상하다

TEST | 01 | 02 | 03 | 04 | 05 | 06 | 07 | 08 | 09 | 10 | 해커스 토익 실전 1000제 3 Reading

TEST 02 PART 7 **107**

Questions 161-164 refer to the following e-mail.

161-164는 다음 이메일에 관한 문제입니다.

TO	Carolyn Shah <cshah@qrcbooks.com>
FROM	Edwin Lewis <elewis@caspub.com>
SUBJECT	Publication information
DATE	July 19

Dear Ms. Shah,

[161]I am pleased to tell you that Casper Publishing has come out with an important title that I think QRC Bookstore will be interested in selling. — [1] —.

The 10th edition of *Economics for Business* has been completed and contains revised multimedia content and new exercises in DVD format. We have one version for students and another for teachers. The students' version is packaged for affordability, while [164]the teachers' version features several premium extras, such as preloaded presentation. — [2] —. Seeing as [162]QRC Bookstore mainly sells university textbooks, it would make perfect sense for your shop to carry both versions of this publication or any of the other new titles in our catalog. — [3] —.

[163]If you are interested in ordering, download the form on our Web site at www.caspub.com/orders and send it to us by post. — [4] —. For any further information, feel free to respond to this e-mail or contact me directly at 555-3044.

Best Regards,

Edwin Lewis

수신 Carolyn Shah <cshah@qrcbooks.com>
발신 Edwin Lewis <elewis@caspub.com>
제목 출판물 정보
날짜 7월 19일

Ms. Shah께,

[161]QRC 서점이 판매에 관심을 가질 것이라고 생각하는 중요한 서적을 Casper 출판사가 출판했다는 것을 알려드리게 되어 기쁩니다. — [1] —.

*Economics for Business*의 10판이 완성되었고 개정된 멀티미디어 콘텐츠와 새로운 연습문제들을 DVD 형식으로 포함합니다. 저희는 학생용 판과 선생님용 판이 있습니다. [164]선생님용 판은 미리 데이터가 삽입된 프레젠테이션과 같은 몇 가지의 고급 추가 구성을 포함하는 반면, 학생용 판은 적절한 가격으로 구입할 수 있도록 엮어져 있습니다. — [2] —. [162]QRC 서점이 주로 대학교 교재를 판매한다는 것을 감안하면, 귀하의 상점이 이 출판물의 두 가지 판 모두나 저희 카탈로그에 있는 다른 새로운 서적들 중 어느 것이든 취급하는 것이 매우 적절할 것 같습니다. — [3] —.

[163]주문에 관심이 있으시면, 저희 웹사이트 www.caspub.com/orders에서 양식을 다운로드해서 저희에게 우편으로 보내주십시오. — [4] —. 추가 정보를 원하시면, 주저 말고 이 이메일에 답을 주시거나 제게 555-3044로 직접 연락해 주십시오.

Edwin Lewis 드림

어휘 □ **come out with** phr. ~을 출판하다, ~을 공표하다
　　　□ **exercise** n. 연습문제, 운동　　　□ **format** n. 형식, 구성 방식
　　　□ **affordability** n. 적당한 가격으로 구입할 수 있는 것, 감당할 수 있는 비용
　　　□ **textbook** n. 교재, 교과서　　　□ **carry** v. 취급하다, 운반하다
　　　□ **title** n. 서적, 제목; v. 제목을 붙이다
　　　□ **extra** n. 추가되는 것, 특별한 것; adj. 추가의

161
○○○○
하

Why was the e-mail written?

(A) To request an updated product list
(B) To give feedback on a purchase
(C) To inquire about a popular book
(D) To promote a publication's release

이메일은 왜 쓰여졌는가?

(A) 업데이트된 제품 목록을 요청하기 위해
(B) 구매품에 대한 의견을 주기 위해
(C) 인기 있는 책에 관해 문의하기 위해
(D) 출판물의 출간을 홍보하기 위해

■ **주제/목적 찾기** 글을 쓴 이유　　　　　　　　　　　　　　　　　　　　　　　　　　　정답 (D)

이메일이 쓰여진 이유를 묻는 목적 찾기 문제이므로 지문의 앞부분을 주의 깊게 확인한다. 'I am pleased to tell you that Casper Publishing has come out with an important title that I think QRC Bookstore will be interested in selling.'에서 QRC 서점이 판매에 관심을 가질 것이라고 생각하는 중요한 서적을 Casper 출판사가 출판했다는 것을 알려주게 되어 기쁘다고 한 후, 새로 출간된 출판물을 소개하고 있으므로 (D)가 정답이다.

바꾸어 표현하기
has come out with an important title 중요한 서적을 출간했다 → a publication's release 출판물의 출간

162

What is implied about QRC Bookstore?

(A) It is owned by a former professor.
(B) It sells all of its products online.
(C) Its customers include university students.
(D) Its products are discounted for teachers.

QRC 서점에 대해 추론되는 것은?

(A) 전직 교수였던 사람이 소유하고 있다.
(B) 온라인으로 모든 제품을 판매한다.
(C) 고객에 대학교 학생들이 포함된다.
(D) 제품이 선생님들에게 할인된다.

■ **추론** 세부 정보　　　　　　　　　　　　　　　　　　　　　　　　　　정답 (C)

질문의 핵심 어구인 QRC Bookstore에 대해 추론하는 문제이다. 'QRC Bookstore mainly sells university textbooks'에서 QRC 서점이 주로 대학교 교재를 판매한다고 했으므로 QRC 서점의 고객에 대학교 학생들이 포함될 것이라는 사실을 추론할 수 있다. 따라서 (C)가 정답이다.

163

How can Ms. Shah place a product order?

(A) By submitting a form online
(B) By mailing a document
(C) By calling a phone number
(D) By responding to an e-mail

Ms. Shah는 어떻게 제품을 주문할 수 있는가?

(A) 온라인으로 양식을 제출함으로써
(B) 문서를 우편으로 보냄으로써
(C) 전화번호에 전화함으로써
(D) 이메일에 답장을 보냄으로써

■ **육하원칙** How　　　　　　　　　　　　　　　　　　　　　　　　　　정답 (B)

Ms. Shah가 어떻게(How) 제품을 주문할 수 있는지를 묻는 육하원칙 문제이다. 질문의 핵심 어구인 Ms. Shah place a product order와 관련하여, 'If you are interested in ordering, download the form on our Web site ~ and send it to us by post.'에서 주문에 관심이 있으면 웹사이트에서 양식을 다운로드해서 우편으로 보내달라고 했으므로 (B)가 정답이다.

바꾸어 표현하기
place a product order 제품을 주문하다 → ordering 주문
send it to us by post 양식을 우편으로 보내다 → mailing a document 문서를 우편으로 보내다

어휘　place an order phr. 주문하다　respond v. 답장을 보내다, 대응하다

164

In which of the positions marked [1], [2], [3], and [4] does the following sentence best belong?

"These may be used in the classroom along with the extensive lesson plans found in each chapter."

(A) [1]
(B) [2]
(C) [3]
(D) [4]

[1], [2], [3], [4]로 표시된 위치 중, 다음 문장이 들어갈 곳으로 가장 적절한 것은?

"이것들은 각 챕터에서 확인할 수 있는 폭넓은 강의 계획안들과 함께 교실에서 활용될 수 있습니다."

(A) [1]
(B) [2]
(C) [3]
(D) [4]

■ **문장 위치 찾기**　　　　　　　　　　　　　　　　　　　　　　　　　　정답 (B)

지문의 흐름상 주어진 문장이 들어가기에 가장 적절한 곳을 고르는 문제이다. 주어진 문장에서 이것들이 각 챕터에서 확인할 수 있는 폭넓은 강의 계획안들과 함께 교실에서 활용될 수 있다고 했으므로, 이 문장이 교실에서 활용될 수 있는 자료가 언급된 부분 뒤에 들어가야 함을 알 수 있다. [2]의 앞 문장인 'the teachers' version features several premium extras, such as preloaded presentation'에서 선생님용 판이 미리 데이터가 삽입된 프레젠테이션과 같은 몇 가지의 고급 추가 구성을 포함한다고 했으므로, [2]에 제시된 문장이 들어가면 선생님용 판에 포함된 프레젠테이션들이 강의 계획안들과 함께 교실에서 활용될 수 있음을 설명하는 자연스러운 문맥이 된다는 것을 알 수 있다. 따라서 (B)가 정답이다.

어휘　along with phr. ~와 함께, ~와 마찬가지로　extensive adj. 폭넓은, 광대한

Clara McCaffrey [2:01 P.M.]

Good afternoon, everyone. As I'm sure you all heard on Monday, [165]the board of directors has scheduled the opening of the Erik Masterson art exhibit for next month. We need to start letting people know about it, and [165]I'd like to get a sense of how everything's going.

Aaron Cobble [2:04 P.M.]

[165/168-B]I finished designing the personalized invitations for everyone who attended our last exhibition, but the mailing list hasn't been compiled yet. George, do you think this might cause any problems?

George Duffy [2:10 P.M.]

A delay of one day is fine. But the guests should receive their invitations before [166]Saturday when we publish a press release about the opening. So, we need to get them to the courier by Thursday at the very latest.

Clara McCaffrey [2:12 P.M.]

All right. I'll ask Steven to take care of it. Deborah, how about the posters?

Deborah Emerson [2:14 P.M.]

They're ready to be printed. [167/168-C]Do you have any thoughts on where I should tell our volunteers to put them up?

Clara McCaffrey [2:16 P.M.]

I've heard that Mr. Masterson's work is popular with college students.

Deborah Emerson [2:20 P.M.]

Oh, [167]what about Randall University? The gallery is within walking distance of it.

Clara McCaffrey [2:21 P.M.]

That sounds great. [168-A]Maybe we should give a presentation on campus to promote the exhibit as well.

Deborah Emerson [2:22 P.M.]

Sure. I'll call the university to check on that.

Clara McCaffrey [오후 2시 01분]

안녕하세요, 여러분. 여러분 모두가 월요일에 들었을 거라 확신하는데, [165]이사회가 Erik Masterson 미술전의 개막 일정을 다음 달로 잡았어요. 우리는 이것에 대해 사람들에게 알리기 시작해야 하고, [165]저는 모든 것이 어떻게 진행되고 있는지 알고 싶어요.

Aaron Cobble [오후 2시 04분]

[165/168-B]저는 우리의 지난 전시에 참석했던 모든 사람들을 위한 개인 맞춤 초대장을 디자인하는 것은 끝마쳤지만, 우편물 수신자 명단이 아직 모아지지 않았어요. George, 이것이 어떤 문제를 일으킬 것 같나요?

George Duffy [오후 2시 10분]

하루가 지연되는 것은 괜찮아요. 하지만 손님들은 [166]우리가 개막에 대한 보도 자료를 발표하는 토요일 이전에 그들의 초대장을 받아야 해요. 따라서, 우리는 아무리 늦어도 목요일까지는 택배업체에 그것들을 전달해야 해요.

Clara McCaffrey [오후 2시 12분]

알겠어요. 제가 Steven에게 그것을 처리해달라고 요청할게요. Deborah, 포스터는 어떻게 됐어요?

Deborah Emerson [오후 2시 14분]

포스터는 출력될 준비가 되었어요. [167/168-C]자원봉사자들에게 그것들을 어디에 붙이라고 해야 할지에 대한 의견이 있으신가요?

Clara McCaffrey [오후 2시 16분]

Mr. Masterson의 작품이 대학생들 사이에서 인기가 있다고 들었어요.

Deborah Emerson [오후 2시 20분]

아, [167]Randall 대학교는 어때요? 갤러리가 그곳에서 걸어갈 수 있는 거리 내에 있어요.

Clara McCaffrey [오후 2시 21분]

좋은 의견이에요. [168-A]전시를 홍보하기 위해서 우리가 교내에서 프레젠테이션을 하는 것도 좋을 것 같아요.

Deborah Emerson [오후 2시 22분]

좋아요. 그 대학교에 전화해서 확인해 볼게요.

어휘 ☐ **opening** n. 개막, 개막식 ☐ **compile** v. 모으다, 편집하다 ☐ **press release** phr. 보도 자료, 공식 발표
☐ **courier** n. 택배업자, 운반인 ☐ **put up** phr. 내붙이다, 세우다

165

What kind of organization does Ms. McCaffrey most likely work for?

(A) An art gallery
(B) A local university
(C) An advertising agency
(D) A printing company

Ms. McCaffrey는 어떤 종류의 기관에서 일할 것 같은가?

(A) 미술 갤러리
(B) 지역 대학교
(C) 광고 대행사
(D) 출력 업체

■ **추론** 세부 정보

정답 (A)

질문의 핵심 어구인 Ms. McCaffrey ~ work for에 대해 추론하는 문제이다. 'the board of directors has scheduled the opening of the Erik Masterson art exhibit for next month'와 'I'd like to get a sense of how everything's going'에서 Ms. McCaffrey가 이사회가 Erik Masterson 미술전의 개막 일정을 다음 달로 잡았고 모든 것이 어떻게 진행되고 있는지 알고 싶다고 하자, 'I finished designing the personalized invitations for everyone who attended our last exhibition'에서 Mr. Cobble이 자신들의 지난 전시에 참석했던 모든 사람들을 위한 개인 맞춤 초대장을 디자인하는 것을 끝마쳤다고 했으므로 Ms. McCaffrey가 미술 전시를 여는 갤러리에서 일한다는 사실을 추론할 수 있다. 따라서 (A)가 정답이다.

166

When will the event be formally announced?

(A) On Monday
(B) On Tuesday
(C) On Thursday
(D) On Saturday

행사는 언제 공식적으로 발표될 것인가?

(A) 월요일에
(B) 화요일에
(C) 목요일에
(D) 토요일에

■ **육하원칙** When

정답 (D)

행사가 언제(When) 공식적으로 발표될 것인지를 묻는 육하원칙 문제이다. 질문의 핵심 어구인 the event be formally announced와 관련하여, 'Saturday when we publish a press release about the opening'에서 Mr. Duffy가 토요일에 미술전의 개막에 대한 보도 자료를 발표한다고 했으므로 (D)가 정답이다.

바꾸어 표현하기

event be formally announced 행사가 공식적으로 발표되다 → publish a press release about the opening 개막에 대한 보도 자료를 발표하다

167

At 2:21 P.M., what does Ms. McCaffrey mean when she writes, "That sounds great"?

(A) She agrees that a school will be a good place to promote an event.
(B) She is glad that Ms. Emerson was able to recruit student volunteers.
(C) She will check with an artist about a suggestion for a location.
(D) She is pleased that the posters will be finished in time.

오후 2시 21분에, Ms. McCaffrey가 "That sounds great"이라고 썼을 때 그녀가 의도한 것은?

(A) 학교가 행사를 홍보하기에 좋은 장소일 것이라는 점에 동의한다.
(B) Ms. Emerson이 학생 자원봉사자들을 모집할 수 있어서 기쁘다.
(C) 장소에 대한 제의와 관련하여 화가와 상의할 것이다.
(D) 포스터가 제시간에 완성될 것이 기쁘다.

■ **의도 파악**

정답 (A)

Ms. McCaffrey가 의도한 것을 묻는 문제이므로, 질문의 인용어구(That sounds great)가 언급된 주변 문맥을 확인한다. 'Do you have any thoughts on where I should tell our volunteers to put them[the posters] up?'에서 Ms. Emerson이 자원봉사자들에게 그것들, 즉 포스터들을 어디에 붙이라고 해야 할지에 대한 의견이 있는지 물었고, 'what about Randall University'에서 Ms. Emerson이 Randall 대학교가 어떤지 제안하자, Ms. McCaffrey가 'That sounds great.'(좋은 의견이에요)이라고 한 것을 통해, Ms. McCaffrey는 Randall 대학교가 Mr. Masterson의 미술전을 홍보하는 포스터를 붙이기에 좋은 장소일 것이라는 점에 동의한다는 것을 알 수 있다. 따라서 (A)가 정답이다.

어휘 recruit v. 모집하다, 보충하다 check with phr. ~와 상의하다, 확인하다

What is NOT mentioned as a method of publicizing the opening?

(A) Speaking at a university
(B) Contacting previous visitors
(C) Posting advertisements
(D) Updating a Web site

개막을 알리는 방법으로 언급되지 않은 것은?

(A) 대학교에서 발표하는 것
(B) 이전 방문객들에게 연락하는 것
(C) 광고물들을 게시하는 것
(D) 웹사이트를 업데이트하는 것

■ **Not/True** Not 문제   정답 (D)

질문의 핵심 어구인 a method of publicizing the opening과 관련된 내용을 지문에서 찾아 각 보기와 대조하는 Not/True 문제이다. (A)는 'Maybe we should give a presentation on campus to promote the exhibit as well.'에서 Ms. McCaffrey가 전시를 홍보하기 위해서 교내, 즉 대학교에서 프레젠테이션을 하는 것도 좋을 것 같다고 했으므로 지문의 내용과 일치한다. (B)는 'I finished designing the personalized invitations for everyone who attended our last exhibition'에서 Mr. Cobble이 지난 전시에 참석했던 모든 사람들을 위한 개인 맞춤 초대장을 디자인하는 것을 끝마쳤다고 한 것에서 이전 전시 방문객들에게 초대장을 보낼 것임을 알 수 있으므로 지문의 내용과 일치한다. (C)는 'Do you have any thoughts on where I should tell our volunteers to put them up?'에서 Ms. Emerson이 자원봉사자들에게 포스터들을 어디에 붙이라고 해야 할지에 대한 의견이 있냐고 물은 것에서 포스터를 붙일 것임을 알 수 있으므로 지문의 내용과 일치한다. (D)는 지문에 언급되지 않은 내용이다. 따라서 (D)가 정답이다.

바꾸어 표현하기
give a presentation on campus 교내에서 프레젠테이션을 하는 것 → Speaking at a university 대학교에서 발표하는 것
everyone who attended our last exhibition 지난 전시에 참석했던 모든 사람들 → previous visitors 이전 방문객들
put them up 포스터들을 붙이다 → Posting advertisements 광고물들을 게시하다

어휘 publicize v. 알리다, 홍보하다

Adam Suzuki
12 Westbourne Avenue
Hull, UK, HU2 7HF
November 22

Dear Mr. Suzuki,

[169]I am pleased to announce a change to your North Bank account. [171]Currently, you can overdraw up to £250 from your checking account when needed. — [1] —. As you have been a loyal customer with us over the past three years and have an excellent credit rating, [171]your overdraft limit has been increased to £750. The increase will take effect at the beginning of next month. — [2] —.

In addition, I would like to let you know that you are eligible to apply for our Silver Spender and Graduate Spender credit cards. — [3] —. Some details about the benefits of each card are listed below. [170-A]If you are interested in applying for either card, please fill out the attached form and send it to us. There is no need to do anything else as you have already been preapproved. — [4] —.

[170-B]Silver Spender Credit Card
- 10% discount on movie admission fees
- 0% interest on installment plans for up to 24 months
- [170-B]£25 annual fee

[170-B/D]Graduate Spender Credit Card
- Access to Greyline Air's VIP lounges in airports nationwide
- [170-D]0% interest on installment plans for up to 12 months
- [170-B]£45 annual fee

Should you have any questions or concerns, please feel free to contact us at any time.

North Bank Customer Service Team

Adam Suzuki
12번지 Westbourne가
헐, 영국, HU2 7HF
11월 22일

Mr. Suzuki께,

[169]귀하의 North 은행 계좌의 변경 사항을 알려드리게 되어 기쁩니다. [171]현재, 귀하께서는 필요시 귀하의 당좌 예금 계좌에서 250파운드까지 초과 인출하실 수 있습니다. — [1] —. 귀하께서 지난 3년 동안 저희의 단골 고객이셨고 우수한 신용 등급을 가지고 있으시기 때문에, [171]귀하의 초과 인출 한도가 750파운드로 상향되었습니다. 이 상향은 다음 달 초에 적용될 것입니다. — [2] —.

추가로, 귀하께서 저희의 Silver Spender 신용카드와 Graduate Spender 신용카드를 신청할 자격이 있음을 알려드리고자 합니다. — [3] —. 각 카드의 혜택들에 관한 몇몇 세부 사항은 아래에 나열되어 있습니다. [170-A]만약 둘 중 하나의 카드를 신청하는 것에 관심이 있으시면, 동봉된 양식을 작성하셔서 저희에게 보내주십시오. 귀하께서는 이미 사전 승인이 되었기 때문에 다른 어떠한 것도 하실 필요가 없습니다. — [4] —.

[170-B]Silver Spender 신용카드
- 영화 입장료 10퍼센트 할인
- 24개월까지 무이자 할부
- [170-B]연회비 25파운드

[170-B/D]Graduate Spender 신용카드
- 전국 공항 내 Greyline 항공사 VIP 라운지 이용
- [170-D]12개월까지 무이자 할부
- [170-B]연회비 45파운드

어떤 질문이나 용무가 있으시면, 주저 말고 저희에게 언제든지 연락 주십시오.

North 은행 고객서비스팀 드림

어휘 □ **overdraw** v. (예금보다) 초과 인출하다　□ **loyal customer** phr. 단골 고객　□ **credit rating** phr. 신용 등급
　□ **overdraft** n. 초과 인출, 마이너스 통장 설정　□ **take effect** phr. 적용되다, 시행되다　□ **eligible** adj. ~할 자격이 있는, 적격의
　□ **annual fee** phr. 연회비　□ **installment** n. 할부, (연재물 등의) 1회분

169
상

What is the purpose of the letter?

(A) To ask for details regarding an application
(B) To announce an increase to an extension of credit
(C) To explain changes in bank regulations
(D) To suggest switching to a newer product

편지의 목적은 무엇인가?

(A) 신청과 관련된 세부 사항들을 요청하기 위해
(B) 신용한도의 확장을 공지하기 위해
(C) 은행 규정의 변경 사항들을 설명하기 위해
(D) 더 새로운 상품으로 바꾸는 것을 제안하기 위해

■ **주제/목적 찾기** 글의 목적　　　　　　　　　　　　　　　　　　　　　　　　　　　정답 (B)

편지의 목적을 묻는 목적 찾기 문제이다. 특별히 이 문제는 전체 지문을 요약하여 주제를 찾아야 한다. 'I am pleased to announce a change to your North Bank account.'에서 귀하, 즉 Mr. Suzuki의 North 은행 계좌의 변경 사항을 알려주게 되어 기쁘다고 한 후, 계좌의 초과 인출 한도 상향 및 신용카드 신청 자격 부여 등과 같이 고객의 신용한도가 확장된 것에 대해 공지하고 있으므로 (B)가 정답이다. 참고로, 은행 고객의 계좌와 신용카드 신청 자격과 관련된 변경 사항이 언급되긴 했지만, 은행 자체 규정의 변경 사항에 대한 내용은 아니므로 (C)는 답이 될 수 없다.

어휘 **regulation** n. 규정, 통제　**switch** v. 바꾸다, 전환하다; n. 전환

What is indicated about the Graduate Spender Credit Card?

(A) It can only be applied for in person.
(B) It has a lower annual fee than the Silver Spender.
(C) It involves a lengthy approval process.
(D) It offers interest-free installments for up to one year.

Graduate Spender 신용카드에 대해 언급된 것은?

(A) 직접 가야지만 신청될 수 있다.
(B) Silver Spender 신용카드보다 연회비가 더 낮다.
(C) 긴 승인 과정을 포함한다.
(D) 일 년까지의 무이자 할부를 제공한다.

■ Not/True True 문제
정답 (D)

질문의 핵심 어구인 the Graduate Spender Credit Card와 관련된 내용을 지문에서 찾아 각 보기와 대조하는 Not/True 문제이다. (A)는 'If you are interested in applying for either card, please fill out the attached form and send it to us.'에서 만약 둘, 즉 Silver Spender 신용카드와 Graduate Spender 신용카드 중 하나를 신청하는 것에 관심이 있으면 동봉된 양식을 작성해서 은행에 보내달라고 했으므로 지문의 내용과 일치하지 않는다. (B)는 'Silver Spender Credit Card', '£25 annual fee'와 'Graduate Spender Credit Card', '£45 annual fee'에서 Silver Spender 신용카드의 연회비가 25파운드이고 Graduate Spender 신용카드의 연회비가 45파운드라고 했으므로 지문의 내용과 일치하지 않는다. (C)는 지문에 언급되지 않은 내용이다. (D)는 'Graduate Spender Credit Card', '0% interest on installment plans for up to 12 months'에서 Graduate Spender 신용카드가 12개월까지 무이자 할부를 제공한다고 했으므로 지문의 내용과 일치한다. 따라서 (D)가 정답이다.

바꾸어 표현하기
0% interest on installment plans for up to 12 months 12개월까지 무이자 할부
→ interest-free installments for up to one year 일 년까지의 무이자 할부

어휘 lengthy adj. 긴, 장황한 interest-free adj. 무이자의

In which of the positions marked [1], [2], [3], and [4] does the following sentence best belong?

"Other terms and conditions associated with your account will remain the same."

(A) [1]
(B) [2]
(C) [3]
(D) [4]

[1], [2], [3], [4]로 표시된 위치 중, 다음 문장이 들어갈 곳으로 가장 적절한 것은?

"귀하의 계좌와 관련된 다른 조건들은 동일하게 유지될 것입니다."

(A) [1]
(B) [2]
(C) [3]
(D) [4]

■ 문장 위치 찾기
정답 (B)

지문의 흐름상 주어진 문장이 들어가기에 가장 적절한 곳을 고르는 문제이다. 주어진 문장에서 계좌와 관련된 다른 조건들은 동일하게 유지될 것이라고 했으므로, 이 문장이 계좌의 조건 변경을 언급하는 부분에 들어가야 함을 알 수 있다. [2]의 앞부분인 'Currently, you can overdraw up to £250 from your checking account'와 'your overdraft limit has been increased to £750'에서 현재는 당좌 예금 계좌에서 250 파운드까지 초과 인출할 수 있는데 초과 인출 한도가 750파운드로 상향되었다고 했으므로, [2]에 제시된 문장이 들어가면 당좌 예금 계좌의 초과 인출 한도가 상향되지만 계좌의 다른 조건들은 동일하게 유지될 것이라는 자연스러운 문맥이 된다는 것을 알 수 있다. 따라서 (B)가 정답이다.

어휘 terms and conditions phr. 조건, 약관

Questions 172-175 refer to the following article.

172-175는 다음 기사에 관한 문제입니다.

Health First Magazine
April Edition

Leading Fitness Trends

Spring is always the busiest season for fitness centers as individuals prepare to get in shape for the coming summer months. And gym owners hoping to have a competitive edge over other facilities will be pleased to know that popular health equipment manufacturer [172]RockTech has recently launched a new line of fitness equipment with some impressive features.

The head of product design for RockTech, Nancy Flores, said that [173-A]the new equipment is sleek in appearance and incorporates the latest technological advances. [173-B/D]The RockRunner treadmill, for instance, automatically adjusts settings, such as speed and incline, in correspondence with satellite map routes to give users the experience of jogging in real terrain.

Furthermore, Ms. Flores noted that RockTech will soon release a new line of weight training equipment. [175-B]The machines will include highly sophisticated, newly developed calorie counters that can be synchronized with wearable fitness trackers. "People focused on burning calories can easily see their progress," Ms. Flores explained. She also stated that [175-B]RockTech plans to have this feature on all newly released products.

[173-C]These and other products are available on the company's Web site, www.rocktech.com, but [175-C]they are presently only sold to gyms and health clubs.

Health First지
4월호

운동의 트렌드를 주도하다

사람들이 다가오는 여름을 위해 좋은 몸매를 유지할 준비를 하기 때문에 봄은 항상 헬스클럽들이 가장 붐비는 계절이다. 그리고 다른 시설들보다 경쟁력 있는 우위를 차지하고자 하는 체육관 소유주들은 인기 있는 운동 기구 제조업체인 [172]RockTech사가 최근에 몇 가지 인상적인 특징들을 갖춘 새로운 운동 기구 제품을 출시했다는 것을 알면 기쁠 것이다.

RockTech사의 제품 디자인부 부장인 Nancy Flores는 [173-A]새로운 기구가 외관상 세련되고 최신의 기술적 진보를 포함한다고 말했다. [173-B/D]예를 들어, RockRunner 러닝머신은 사용자들에게 실제 지형에서 조깅하는 듯한 경험을 주기 위해 위성 지도의 길과 일치하게 속도와 경사 같은 설정을 자동으로 조정한다.

게다가, Ms. Flores는 RockTech사가 곧 새로운 근력 운동 기구 제품을 출시할 것이라고 언급했다. [175-B]이 기구들은 매우 정교하고 최근에 개발된 칼로리 계산기를 포함할 것인데, 이는 착용 가능한 운동용 추적 장치들과 동기화될 수 있다. "칼로리를 소모시키는 데 중점을 두는 사람들은 그들의 진전 상황을 쉽게 확인할 수 있습니다."라고 Ms. Flores는 설명했다. 그녀는 또한 [175-B]RockTech사가 새롭게 출시되는 모든 제품들에 이 특징을 포함할 계획이라고 말했다.

[173-C]이 제품들과 다른 제품들은 회사 웹사이트 www.rocktech.com에서 구매될 수 있지만, [175-C]현재는 체육관과 헬스클럽에만 판매된다.

어휘
- □ **get in shape** phr. 좋은 몸매를 유지하다
- □ **feature** n. 특징, 특색; v. 특별히 포함하다
- □ **incorporate** v. 포함하다, 통합하다
- □ **automatically** adv. 자동으로, 자연히
- □ **correspondence** n. 일치, 조화
- □ **sophisticated** adj. 정교한, 세련된
- □ **progress** n. 진전, 경과; v. 진행하다
- □ **line** n. 제품, 선
- □ **sleek** adj. 세련된, 윤이 나는
- □ **advance** n. 진보, 전진; v. 증진되다
- □ **adjust** v. 조정하다, 적응하다
- □ **satellite** n. (인공)위성
- □ **synchronize** v. 동기화하다, 동시에 일어나다
- □ **presently** adv. 현재, 곧
- □ **impressive** adj. 인상적인, 감명 깊은
- □ **appearance** n. 외관, 출연
- □ **treadmill** n. 러닝머신, 반복
- □ **incline** n. 경사; v. ~하는 경향이 있다
- □ **terrain** n. 지형, 지역
- □ **wearable** adj. 착용 가능한

172
○○○○
하

What is the main topic of the article?

(A) The opening of a fitness center
(B) The popularity of an exercise class
(C) The release of workout products
(D) The recall of a health equipment

기사의 주요 주제는 무엇인가?

(A) 헬스클럽의 개장
(B) 운동 수업의 인기
(C) 운동 제품들의 출시
(D) 건강 기구의 회수

■ **주제/목적 문제** 글의 주제

정답 (C)

기사의 주제를 묻는 주제 찾기 문제이다. 특별히 이 문제는 전체 지문을 요약하여 주제를 찾아야 한다. 'RockTech has recently launched a new line of fitness equipment with some impressive features'에서 RockTech사가 최근에 몇 가지 인상적인 특징들을 갖춘 새로운 운동 기구 제품을 출시했다고 한 후, 최근에 출시된 운동 기구를 포함하여 앞으로 출시될 운동 기구들에 대해서도 설명하고 있으므로 (C)가 정답이다.

173

What is NOT mentioned about the RockRunner?

(A) It makes use of recent technology.
(B) It corresponds with map data.
(C) It can be purchased in select locations.
(D) It allows users to feel as if they were jogging.

RockRunner에 대해 언급되지 않은 것은?

(A) 최신 기술을 이용한다.
(B) 지도 정보와 일치한다.
(C) 선정된 지점들에서 구매될 수 있다.
(D) 사용자들이 조깅을 하는 것처럼 느끼게 한다.

■ **Not/True** Not 문제
정답 (C)

질문의 핵심 어구인 the RockRunner와 관련된 내용을 지문에서 찾아 각 보기와 대조하는 Not/True 문제이다. (A)는 'the new equipment ~ incorporates the latest technological advances'에서 새로운 기구, 즉 RockRunner가 최신의 기술적 진보를 포함한다고 했으므로 지문의 내용과 일치한다. (B)는 'The RockRunner treadmill ~ adjusts settings ~ in correspondence with satellite map routes'에서 RockRunner 러닝머신이 위성 지도의 길과 일치하게 설정을 자동으로 조정한다고 했으므로 지문의 내용과 일치한다. (C)는 'These and other products are available on the company's Web site'에서 RockTech사의 제품들이 회사 웹사이트에서 구매될 수 있다고 했지 선정된 지점들에서 구매될 수 있다는 의미는 아니므로 지문의 내용과 일치하지 않는다. 따라서 (C)가 정답이다. (D)는 'The RockRunner treadmill ~ to give users the experience of jogging in real terrain.'에서 RockRunner 러닝머신이 사용자들에게 실제 지형에서 조깅하는 듯한 경험을 준다고 했으므로 지문의 내용과 일치한다.

바꾸어 표현하기

incorporates the latest technological advances 최신의 기술적 진보를 포함하다 → makes use of recent technology 최신 기술을 이용하다
in correspondence with satellite map routes 위성 지도의 길과 일치하게 → corresponds with map data 지도 정보와 일치하다
give users the experience of jogging in real terrain 사용자들에게 실제 지형에서 조깅하는 듯한 경험을 주다
→ allows users to feel as if they were jogging 사용자들이 조깅을 하는 것처럼 느끼게 하다

어휘 **make use of** phr. ~을 이용하다, 활용하다 **correspond** v. 일치하다, 해당하다 **select** adj. 선택된, 최고의; v. 선택하다

174

The word "edge" in paragraph 1, line 3, is closest in meaning to

(A) approach
(B) sharpness
(C) advantage
(D) threshold

1문단 세 번째 줄의 단어 "edge"는 의미상 -와 가장 가깝다.

(A) 접근
(B) 날카로움
(C) 유리한 입장
(D) 한계점

■ **동의어**
정답 (C)

edge를 포함하는 구절 'gym owners hoping to have a competitive edge over other facilities'에서 edge가 '우위, 우세'라는 뜻으로 사용되었다. 따라서 '유리한 입장'이라는 뜻을 가진 (C)가 정답이다.

175

What is indicated about RockTech?

(A) It sponsors an assortment of athletics competitions.
(B) It will include a new feature in its upcoming products.
(C) It offers discounts to gyms and health clubs.
(D) It has regional offices all over the world.

RockTech사에 대해 언급된 것은?

(A) 여러 가지의 운동 경기들을 후원한다.
(B) 새로 나올 제품들에 새로운 특징을 포함할 것이다.
(C) 체육관과 헬스클럽에 할인을 제공한다.
(D) 전 세계에 지사들이 있다.

■ **Not/True** True 문제
정답 (B)

질문의 핵심 어구인 RockTech와 관련된 내용을 지문에서 찾아 각 보기와 대조하는 Not/True 문제이다. (A)는 지문에 언급되지 않은 내용이다. (B)는 'The machines will include highly sophisticated, newly developed calorie counters'와 'RockTech plans to have this feature on all newly released products'에서 Rocktech사가 이 특징, 즉 최근에 개발된 칼로리 계산기라는 특징을 새롭게 출시되는 모든 제품들에 포함할 계획이라고 했으므로 지문의 내용과 일치한다. 따라서 (B)가 정답이다. (C)는 'they are presently only sold to gyms and health clubs'에서 제품들이 현재 체육관과 헬스클럽에만 판매된다고 했으나 할인을 제공하는지는 알 수 없으므로 지문의 내용과 일치하지 않는다. (D)는 지문에 언급되지 않은 내용이다.

바꾸어 표현하기

newly released products 새롭게 출시되는 제품들 → upcoming products 새로 나올 제품들

어휘 **an assortment of** phr. 여러 가지의 **regional office** phr. 지사 **all over the world** phr. 전 세계에

Questions 176-180 refer to the following invitation and list.

176-180은 다음 초대장과 목록에 관한 문제입니다.

지문 1

[176-D]Come to the WPA's Annual Wine Tasting Fund-raiser!

[176-D]Saturday, November 5
from 6:00 P.M. to 11:00 P.M.
at the Lambdia Hotel Grand Ballroom

The Wildlife Preservation Association (WPA) invites you to our yearly fund-raiser. You can indulge in a variety of gourmet foods and upscale wines specially selected to appeal to discriminating tastes. [176-B]Enjoy the musical stylings of Willis Gustavo's Jazz Band, which will be on hand to perform a number of tunes.

[180]During the fund-raiser, an auction will also be held, where guests will have the opportunity to place bids on all of the wines served at the event. After a short welcome speech by a WPA representative, chefs will begin preparing food at stations placed around the Grand Ballroom. Guests are free to help themselves to food while they socialize. And [178]don't forget to visit the reception area, where you can enter a draw to win a free bottle of Miller-Ortega Riesling wine!

[176-A/C]Tickets:
[176-A]$85 for WPA members/$145 for WPA member couples
$95 for non-WPA members/$165 for non-WPA member couples
* [176-C]Must be reserved by calling 555-3509 no later than November 1.

All proceeds raised during the event will be used to protect endangered animals.

[176-D]WPA의 연례 와인 시음 기금 모금 행사에 오세요!

11월 5일 [176-D]토요일
오후 6시부터 11시까지
Lambdia 호텔 그랜드볼룸에서

야생 동물 보존 협회(WPA)가 연례 기금 모금 행사에 여러분들을 초대합니다. 여러분은 다양한 고급 요리들과 안목 있는 취향의 흥미를 끌기 위해 특별히 선정된 고급 와인들을 마음껏 즐기실 수 있습니다. [176-B]행사에 와서 다수의 곡을 연주할 Willis Gustavo 재즈 밴드의 음악을 즐겨 보세요.

[180]기금 모금 행사 동안, 경매 또한 진행될 것이고 거기에서 손님들은 행사에서 제공되는 모든 와인들에 입찰을 제출할 기회를 가질 것입니다. WPA 대표의 짧은 환영사 후에, 요리사들이 그랜드볼룸의 곳곳에 위치한 구역들에서 음식을 준비하기 시작할 것입니다. 손님들은 사람들과 어울리면서 마음껏 음식을 드실 수 있습니다. 그리고 [178]무료 Miller-Ortega Riesling 와인 한 병을 얻기 위한 추첨에 참여할 수 있는 로비에 방문하는 것을 잊지 마십시오!

[176-A]티켓:
[176-A]WPA 회원 85달러/WPA 회원 두 명 145달러
WPA 비회원 95달러/WPA 비회원 두 명 165달러
* [176-C]늦어도 11월 1일까지 555-3509에 전화해서 예약되어야 합니다.

행사 동안 모아진 모든 기금은 멸종 위기의 동물들을 보호하기 위해 사용될 것입니다.

지문 2

[180]WPA Fund-raiser Food and Wine List

[179-A]Location	Food	[179-A/180]Wines
[179-A]Station One	- Spinach and cranberry salad - Blackberry compote with roasted chestnut cream	[179-A]White wine Chateau 54 Sauvignon Blanc
[179-A]Station Two	- Focaccia bread with mozzarella and black olives - Mushroom risotto	[179-A]White wine Mosdel Pinot Gris
[179-A/C]Station Three	- [179-C]Salmon with brown sugar and mustard glaze	[179-A]Red wine Pewter Vineyards Pinot Noir
[179-A/D]Dessert Station	- Assortment of miniature pastries - Chocolate truffles - [179-D]Hot coffee and tea	[179-A/180]Sparkling wine Wildfelt Moscato

[179-B]Chefs will prepare small plates of food that guests can pick up at each station with their wine.

[180]WPA 기금 모금 행사 음식 및 와인 목록

[179-A]장소	음식	[179-A/180]와인
[179-A]1번 구역	- 시금치와 크랜베리 샐러드 - 구운 밤 크림이 있는 설탕에 절인 블랙베리	[179-A]화이트 와인 Chateau 54 Sauvignon Blanc
[179-A]2번 구역	- 모짜렐라와 블랙 올리브가 있는 포카치아 빵 - 버섯 리조또	[179-A]화이트 와인 Mosdel Pinot Gris
[179-A/C]3번 구역	- [179-C]흑설탕과 머스터드 글레이즈를 곁들인 연어	[179-A]레드 와인 Pewter Vineyards Pinot Noir
[179-A/D]디저트 구역	- 여러 가지의 작은 페이스트리 - 초콜릿 트러플 - [179-D]따뜻한 커피와 차	[179-A/180]스파클링 와인 Wildfelt Moscato

[179-B]요리사들이 손님들이 각 구역에서 그들의 와인과 함께 들고 갈 수 있는 음식이 담긴 작은 접시들을 준비할 것입니다.

지문 1 □ wildlife n. 야생 동물　　　　　　　□ preservation n. 보존　　　　　　□ fund-raiser n. 기금 모금 행사
　　　　□ indulge v. 마음껏 즐기다, 채우다　　□ gourmet food phr. 고급 요리　　□ discriminating adj. 안목 있는, 구별하는
　　　　□ be on hand phr. 참가하다　　　　　□ tune n. 곡, 선율　　　　　　　　□ auction n. 경매; v. 경매하다
　　　　□ bid n. 입찰; v. 값을 부르다　　　　□ help oneself to phr. 마음껏 먹다　□ socialize v. (사람들과) 어울리다, 교제하다
　　　　□ enter v. 참가하다, 들어오다　　　　□ draw n. 추첨, 제비 뽑기; v. 끌다　□ endangered adj. 멸종 위기의

지문 2 □ spinach n. 시금치　　　　　　　　□ compote n. 설탕에 절인 과일　　　□ salmon n. 연어

176

What is NOT true about the event?

(A) It is cheaper for WPA members to attend.
(B) A live band will entertain guests.
(C) There is a deadline to reserve tickets.
(D) It will take place throughout the weekend.

행사에 대해 사실이 아닌 것은?

(A) WPA 회원에게는 참석하는 것이 더 저렴하다.
(B) 라이브 밴드가 손님들을 즐겁게 해줄 것이다.
(C) 티켓을 예약하는 데 마감일이 있다.
(D) 주말 내내 열릴 것이다.

■ Not/True Not 문제　　　　　　　　　　　　　　　　　　　　　　　　　　　　　　　　정답 (D)

질문의 핵심 어구인 the event와 관련된 내용을 지문에서 찾아 각 보기와 대조하는 Not/True 문제이므로 구체적인 행사 내용이 언급된 첫 번째 지문인 초대장에서 관련 내용을 확인한다. (A)는 'Tickets: $85 for WPA members/$145 for WPA member couples, $95 for non-WPA members/$165 for non-WPA member couples'에서 티켓의 가격이 WPA 회원 85달러/WPA 회원 두 명 145달러, WPA 비회원 95달러/WPA 비회원 두 명 165달러라고 했으므로 지문의 내용과 일치한다. (B)는 'Enjoy the musical stylings of Willis Gustavo's Jazz Band, which will be on hand to perform a number of tunes.'에서 행사에 와서 다수의 곡을 연주할 Willis Gustavo 재즈 밴드의 음악을 즐겨 보라고 했으므로 지문의 내용과 일치한다. (C)는 'Tickets', 'Must be reserved ~ no later than November 1.'에서 늦어도 11월 1일까지 티켓이 예약되어야 한다고 했으므로 지문의 내용과 일치한다. (D)는 'Come to the WPA's Annual Wine Tasting Fund-raiser!', 'Saturday'에서 WPA의 연례 와인 시음 기금 모금 행사가 토요일에 열린다고 했으므로 지문의 내용과 일치하지 않는다. 따라서 (D)가 정답이다.

바꾸어 표현하기
Band, which will be on hand to perform a number of tunes 와서 다수의 곡을 연주할 밴드 → A live band 라이브 밴드
Must be reserved ~ no later than November 1 늦어도 11월 1일까지 예약되어야 하다 → There is a deadline to reserve 예약하는 데 마감일이 있다

177

In the invitation, the word "place" in paragraph 2, line 2, is closest in meaning to

(A) estimate
(B) submit
(C) appoint
(D) stock

초대장에서, 2문단 두 번째 줄의 단어 "place"는 의미상 ~와 가장 가깝다.

(A) 추산하다
(B) 제출하다
(C) 임명하다
(D) 비축하다

■ 동의어　　　　　　　　　　　　　　　　　　　　　　　　　　　　　　　　　　　　정답 (B)

첫 번째 지문인 초대장의 place를 포함하는 구절 'guests will have the opportunity to place bids on all of the wines'에서 place가 '(입찰을) 제출하다'라는 뜻으로 사용되었다. 따라서 '제출하다'라는 뜻을 가진 (B)가 정답이다.

178

Why might guests visit the reception area?

(A) To sample a salad with some red wine
(B) To enter to win a bottle of wine
(C) To pay for tickets to the fund-raiser
(D) To check out items available for auction

손님들은 왜 로비를 방문할 것인가?

(A) 레드 와인과 함께 샐러드를 맛보기 위해
(B) 와인 한 병을 얻는 것에 참여하기 위해
(C) 기금 모금 행사의 티켓 가격을 지불하기 위해
(D) 경매에서 구매 가능한 물품들을 확인하기 위해

■ 육하원칙 Why　　　　　　　　　　　　　　　　　　　　　　　　　　　　　　　　　정답 (B)

손님들이 왜(Why) 로비를 방문할 것인지를 묻는 육하원칙 문제이므로 질문의 핵심 어구인 guests visit the reception area와 관련된 내용이 언급된 첫 번째 지문인 초대장을 확인한다. 초대장의 'don't forget to visit the reception area, where you can enter a draw to win a free bottle of Miller-Ortega Riesling wine'에서 무료 Miller-Ortega Riesling 와인 한 병을 얻기 위한 추첨에 참여할 수 있는 로비에 방문하는 것을 잊지 말라고 했으므로 (B)가 정답이다.

어휘　sample v. 맛보다; n. 표본, 샘플　check out phr. 확인하다, 살펴보다

179

○○○○ 중

What is NOT indicated in the list?	목록에서 언급되지 않은 것은?
(A) Wines will be provided to diners at every station.	(A) 모든 구역에서 와인이 만찬 손님들에게 제공될 것이다.
(B) Guests will be served meals at their tables by chefs.	(B) 손님들은 요리사들에 의해 테이블에서 식사를 제공받을 것이다.
(C) A seafood dish will be prepared at Station Three.	(C) 3번 구역에서 해산물 요리가 준비될 것이다.
(D) Guests will be able to enjoy hot beverages at the Dessert Station.	(D) 손님들은 디저트 구역에서 따뜻한 음료를 즐길 수 있을 것이다.

■ Not/True Not 문제   정답 (B)

목록에 언급된 내용을 지문에서 찾아 각 보기와 대조하는 Not/True 문제이다. 이 문제는 질문에 핵심 어구가 없으므로 각 보기의 핵심 어구와 관련된 내용을 두 번째 지문인 목록에서 찾아 대조한다. (A)는 'Location', 'Wines'와 'Station One, White wine', 'Station Two, White wine', 'Station Three, Red wine', 'Dessert Station, Sparkling wine'에서 1번 구역, 2번 구역, 3번 구역, 디저트 구역 모두에서 와인이 제공된다는 것을 알 수 있으므로 지문의 내용과 일치한다. (B)는 'Chefs will prepare small plates of food that guests can pick up at each station with their wine.'에서 요리사들이 손님들이 각 구역에서 그들의 와인과 함께 들고 갈 수 있는 음식이 담긴 작은 접시들을 준비할 것이라고 한 것에서 손님들이 각 구역에 준비된 음식들을 직접 가지고 가야 한다는 것을 알 수 있으므로 지문의 내용과 일치하지 않는다. 따라서 (B)가 정답이다. (C)는 'Station Three', 'Salmon with brown sugar and mustard glaze'에서 3번 구역에서 흑설탕과 머스터드 글레이즈를 곁들인 연어 요리가 제공된다고 했으므로 지문의 내용과 일치한다. (D)는 'Dessert Station', 'Hot coffee and tea'에서 디저트 구역에서 따뜻한 커피와 차가 제공된다고 했으므로 지문의 내용과 일치한다.

바꾸어 표현하기
Salmon with brown sugar and mustard glaze 흑설탕과 머스터드 글레이즈를 곁들인 연어 → A seafood dish 해산물 요리
coffee and tea 커피와 차 → beverages 음료

180

●●●● 최상

What can be inferred about the auction?	경매에 대해 추론될 수 있는 것은?
(A) It will set the starting bids for available items.	(A) 구매 가능한 물품들에 입찰 시작가를 설정할 것이다.
(B) Items there have been donated by WPA members.	(B) 경매에 나온 물품들은 WPA 회원들에 의해 기부되었다.
(C) Participants will receive a box of chocolate truffles.	(C) 참여자들은 초콜릿 트러플 한 상자를 받을 것이다.
(D) Sparkling wine will be available to bid on.	(D) 스파클링 와인이 입찰 가능할 것이다.

■ 추론 연계 문제   정답 (D)

두 지문의 내용을 종합적으로 확인한 후 추론해서 풀어야 하는 연계 문제이다. 질문의 핵심 어구인 the auction과 관련된 내용이 언급된 초대장을 먼저 확인한다.

단서 1 첫 번째 지문(초대장)의 'During the fund-raiser, an auction will also be held, where guests will have the opportunity to place bids on all of the wines served at the event.'에서 기금 모금 행사 동안 경매가 진행될 것이고 거기에서 손님들이 행사에서 제공되는 모든 와인들에 입찰을 제출할 기회를 가질 것이라고 했다. 그런데 기금 모금 행사 중에 제공되는 와인들이 무엇인지 제시되지 않았으므로 목록에서 관련 내용을 확인한다.

단서 2 두 번째 지문(목록)의 'WPA Fund-raiser Food and Wine List'와 'Wines, Sparkling wine'에서 WPA 기금 모금 행사에서 제공되는 와인에 스파클링 와인이 있다는 것을 확인할 수 있다.

두 단서를 종합할 때, 경매에서 스파클링 와인이 입찰 가능할 것이라는 사실을 추론할 수 있다. 따라서 (D)가 정답이다.

바꾸어 표현하기
have the opportunity to place bids on 입찰을 할 기회를 가지다 → be available to bid on 입찰 가능하다

Questions 181-185 refer to the following memo and Web page.

181-185는 다음 회람과 웹페이지에 관한 문제입니다.

지문 1

To: All assistant managers
From: Fiona White, general manager
Date: November 5
Subject: Holiday season

This is to let everyone know that our hours of operation for the holiday season have been finalized. [184]From December 9 until January 8, [181]Horizon Department Store will close at 11 P.M., an hour later than its usual time. Of course, we will not be open on Christmas Day or New Year's Day. I expect it to be much more packed than usual this year as [184]all clothing items in the store will be marked down by 10 to 15 percent during this period. This applies to online purchases as well. [183]Please arrange for employees in each of your departments to work overtime over the holidays, and e-mail me the dates and times that they will be working by November 15 at the latest. Thank you.

수신: 부지배인 전체
발신: 총지배인 Fiona White
날짜: 11월 5일
주제: 휴가철

이것은 모두에게 우리의 휴가철 영업 시간이 확정되었음을 알리기 위함입니다. [184]12월 9일부터 1월 8일까지, [181]Horizon 백화점은 평소 시간보다 1시간 늦은, 오후 11시에 문을 닫을 것입니다. 물론, 크리스마스나 새해 첫날에는 문을 열지 않을 것입니다. [184]이 기간 동안 매장 내 모든 의류 품목이 10에서 15퍼센트 할인될 것이므로 올해는 평소보다 훨씬 더 혼잡할 것으로 예상합니다. 이는 온라인 구매에도 적용됩니다. [183]여러분의 각 부서 직원들이 연휴 동안 초과 근무하도록 준비해 주시고, 늦어도 11월 15일까지 그들이 근무할 날짜와 시간을 저에게 이메일로 보내주시기 바랍니다. 감사합니다.

지문 2

Horizon Department Store
Order Confirmation Page

Order Number: 04938583
[184]Order Date: December 15

Customer Information	Shipping Details
[184]Name: Jeremy Plumpton Address: 104-234 Oak Way, Boston MA 01841 Telephone number: 555-0293 [185]VIP Membership Number: 03494	Method: Standard (orders over $100 free) Shipping Date: December 17 Estimated Arrival Date: December 23

Product	Price
Lakewood Coffee Maker	$49.00
[184]Bowman Leather Jacket	[184]$135.00
EZ Glide Office Chair	$27.00
XS3 Digital Camera	$245.00
Tax	$45.60
Total	$501.60

*Prices above include all applicable discounts.

**[185]VIP members have the option to return items at no additional charge. Simply log in to your account to print the prepaid shipping label.

Horizon 백화점
주문 확인 페이지

주문 번호: 04938583
[184]주문 날짜: 12월 15일

고객 정보	배송 정보
[184]이름: Jeremy Plumpton 주소: 104-234 Oak로, 매사추세츠주 보스턴 01841 전화번호: 555-0293 [185]VIP 회원 번호: 03494	방식: 일반 (100달러 이상의 주문은 무료) 배송일: 12월 17일 도착 예정일: 12월 23일

제품	가격
Lakewood 커피 제조기	49.00달러
[184]Bowman 가죽 재킷	[184]135.00달러
EZ Glide 사무용 의자	27.00달러
XS3 디지털 카메라	245.00달러
세금	45.60달러
총합	501.60달러

* 위 가격은 적용 가능한 모든 할인을 포함합니다.

**[185] VIP 회원들은 추가 비용 없이 상품을 반품할 수 있는 선택권이 있습니다. 선불된 배송 라벨을 인쇄하려면 단순히 계정에 로그인하십시오.

지문 1 □ **finalize** v. 확정하다 □ **mark down** phr. 할인을 하다 □ **apply** v. 적용하다
□ **arrange for** phr. 준비하다 □ **overtime** n. 추가 근무, 시간 외 근무
지문 2 □ **estimated** adj. 예정된, 예상된 □ **applicable** adj. 적용 가능한, 해당되는 □ **prepaid** adj. 선불된, 선납된

181

At what time does Horizon Department Store usually close?

(A) 8:00 P.M.
(B) 9:00 P.M.
(C) 10:00 P.M.
(D) 11:00 P.M.

Horizon 백화점은 평소에 몇 시에 문을 닫는가?

(A) 오후 8시
(B) 오후 9시
(C) 오후 10시
(D) 오후 11시

■ 육하원칙 What   정답 (C)

Horizon 백화점이 보통 몇 시(what time)에 문을 닫는지를 묻는 육하원칙 문제이므로 질문의 핵심 어구인 Horizon Department Store ~ close와 관련된 내용이 언급된 첫 번째 지문인 회람을 확인한다. 회람의 'Horizon Department Store will close at 11 P.M., an hour later than its usual time'에서 Horizon 백화점은 평소 시간보다 1시간 늦은 오후 11시에 문을 닫을 것이라고 했으므로, 평소에는 오후 10시에 문을 닫는다는 것을 알 수 있다. 따라서 (C)가 정답이다.

182

In the memo, the word "packed" in paragraph 1, line 4, is closest in meaning to

(A) sorted
(B) wrapped
(C) crowded
(D) pressed

회람에서, 1문단 네 번째 줄의 단어 "packed"는 의미상 ~와 가장 가깝다.

(A) 분류된
(B) 포장된
(C) 붐비는
(D) 압박된

■ 동의어   정답 (C)

첫 번째 지문인 회람의 packed를 포함하는 구절 'I expect it to be much more packed than usual this year'에서 packed가 '혼잡한'이라는 뜻으로 사용되었다. 따라서 '붐비는'이라는 뜻을 가진 (C)가 정답이다.

183

What does Ms. White ask her colleagues to do?

(A) Complete employee evaluations
(B) Review job applications
(C) Verify holiday requests
(D) Send work schedules

Ms. White는 동료들에게 무엇을 하도록 요청하는가?

(A) 직원 평가를 완료한다
(B) 입사 지원서를 검토한다
(C) 휴무 신청을 확인한다
(D) 근무 일정을 보낸다

■ 육하원칙 What   정답 (D)

Ms. White가 동료들에게 무엇(What)을 하도록 요청하는지를 묻는 육하원칙 문제이므로 Ms. White가 작성한 첫 번째 지문인 회람을 확인한다. 회람의 'Please arrange for employees ~ to work overtime ~, and e-mail me the dates and times that they will be working'에서 직원들이 초과 근무하도록 준비하고 그들이 근무할 날짜와 시간을 이메일로 보내 달라고 했으므로 (D)가 정답이다.

어휘 evaluation n. 평가 review v. 검토하다 verify v. 확인하다

184

Which amount on Mr. Plumpton's order was discounted?

(A) $49.00
(B) $135.00
(C) $27.00
(D) $245.00

Mr. Plumpton의 주문에서 어떤 금액이 할인되었는가?

(A) 49.00달러
(B) 135.00달러
(C) 27.00달러
(D) 245.00달러

■ **육하원칙** 연계 문제　　　　　　　　　　　　　　　　　　　　　　　　　　　　　　　　　　　　　정답 (B)

두 지문의 내용을 종합해서 풀어야 하는 연계 문제이다. 질문의 핵심 어구인 amount on Mr. Plumpton's order ~ discounted에서 Mr. Plumpton의 주문에서 어떤(Which) 금액이 할인되었는지를 묻고 있으므로 Mr. Plumpton이 언급된 웹페이지를 먼저 확인한다.

단서 1 두 번째 지문(웹페이지)의 'Order Date: December 15', 'Name: Jeremy Plumpton', 'Lakewood Coffee Maker, $49.00', 'Bowman Leather Jacket, $135.00', 'EZ Glide Office Chair, $27.00', 'XS3 Digital Camera, $245.00'에서 Mr. Plumpton이 12월 15일에 Horizon 백화점에서 커피 제조기, 가죽 재킷, 사무용 의자, 디지털 카메라를 주문한 것을 확인할 수 있다. 그런데 이 중 어떤 금액이 할인되었는지는 제시되지 않았으므로 회람에서 관련 내용을 확인한다.

단서 2 첫 번째 지문(회람)의 'From December 9 until January 8', 'all clothing items in the store will be marked down ~ during this period. This applies to online purchases as well.'에서 12월 9일부터 1월 8일까지 매장 내 모든 의류 품목이 할인되며 이는 온라인 구매에도 적용된다고 했다.

두 단서를 종합할 때, Mr. Plumpton은 12월 9일부터 1월 8일 사이에 Horizon 백화점에서 온라인으로 주문했으므로, 의류 품목인 Bowman 가죽 재킷의 가격 135.00달러가 할인되었다는 사실을 알 수 있다. 따라서 (B)가 정답이다.

185

What is indicated about Mr. Plumpton?

(A) He will receive a package on December 17.
(B) He paid more for shipping.
(C) He can return an item for free.
(D) He needs to update his account information.

Mr. Plumpton에 대해 암시된 것은?

(A) 12월 17일에 택배를 받을 것이다.
(B) 배송을 위해 더 많은 돈을 지불했다.
(C) 물건을 무료로 반품할 수 있다.
(D) 자신의 계정 정보를 업데이트해야 한다.

■ **추론** 세부 정보　　　　　　　　　　　　　　　　　　　　　　　　　　　　　　　　　　　　　　　정답 (C)

질문의 핵심 어구인 Mr. Plumpton에 대해 추론하는 문제이므로 Mr. Plumpton이 언급된 두 번째 지문인 웹페이지에서 관련 내용을 확인한다. 웹페이지의 'VIP Membership Number: 03494'에서 Mr. Plumpton이 VIP 회원 번호를 가지고 있음을 확인할 수 있고, '*VIP members have the option to return items at no additional charge.*'에서 VIP 회원들은 추가 비용 없이 상품을 반품할 수 있는 선택권이 있다고 했으므로 VIP 회원인 Mr. Plumpton은 물건을 무료로 반품할 수 있다는 사실을 추론할 수 있다. 따라서 (C)가 정답이다.

Questions 186-190 refer to the following article, review, and letter.

186-190은 다음 기사, 후기, 편지에 관한 문제입니다.

지문 1

Courtyard Theater to Open Soon

WATVILLE, January 2—The grand opening of Courtyard Theater is just around the corner. Courtyard Theater is a welcome addition to Watville, whose residents have been pushing for a new theatrical space since The Gallant closed.

Two of the state's top performing arts companies, [186-A/B]Blue Giraffe Ensemble and Liberty Heritage Players, will occupy Courtyard Theater as its permanent residents, with the former specializing in children's theater and the latter focusing on the classics. [186-C]Liberty Heritage Players reportedly has its entire first season of shows planned out and has already hired all necessary cast members. [186-C/D/190]However, Blue Giraffe Ensemble does not and is currently in the process of recruiting additional actors who can travel to local schools for performances. [190]Open auditions will be held on January 11 at Courtyard Theater from noon to 5 P.M.

Meanwhile, a special production called [187]*Trinket Box*, involving both companies, is currently being prepared for the theater's grand opening on January 15. For tickets, call 555-9911.

지문 2

Theater Review: *Trinket Box*
By Thalia Martindale, January 18

[187]I recently had the pleasure of attending the debut performance of *Trinket Box* at Watville's new Courtyard Theater. [188-A]It definitely has more appeal for children, but I was really impressed with how thought-provoking and mature it also was. Apparently, [188-D]it was co-authored by the directors of the venue's two resident theater companies, and they did a fantastic job. *Trinket Box* was so good in fact that I'm planning on bringing my fifth-grade class to see it on January 22.

지문 3

Blue Giraffe Ensemble
Courtyard Theater, 146 Gleason Rd., Watville

January 19

Hector Corbin
1934 Ellis St., Watville

Dear Mr. Corbin,

[189/190]I am happy to inform you that we were impressed with your résumé and audition on January 11 and would like to welcome you to the Blue Giraffe Ensemble for our next play *A Winter Garden*.

As discussed, rehearsals for this production will begin on January 30 and last for two weeks. Based on your

---

Courtyard 극장 곧 개장 예정

WATVILLE, 1월 2일—Courtyard 극장의 개장이 코앞으로 다가왔다. The Gallant가 문을 닫은 이후로 주민들이 새로운 연극 공간을 요구해온 Watville에, Courtyard 극장은 반가운 보탬이다.

주 내 최고의 공연예술단체 중 두 곳인, [186-A/B]Blue Giraffe 극단과 Liberty Heritage Players가 전속 예술가로서 Courtyard 극장을 사용할 것이며, 전자는 어린이 연극을 전문으로 하고 후자는 고전에 집중할 것이다. [186-C]전하는 바에 의하면 Liberty Heritage Players는 첫 번째 시즌의 공연 전체를 계획해 놓았으며 필요한 모든 출연진들을 이미 고용했다. [186-C/D/190]그러나, Blue Giraffe 극단은 그렇지 않으며 현재 공연을 위해 지역 학교들로 이동할 수 있는 추가 배우들을 모집하는 과정에 있다. [190]공개 오디션이 1월 11일 정오부터 오후 5시까지 Courtyard 극장에서 진행될 것이다.

한편, [187]양 극단이 참여한 *Trinket Box*라는 특별 작품이 1월 15일 극장의 개장을 위해 현재 준비 중이다. 티켓 문의를 하려면, 555-9911로 전화하면 된다.

연극 후기: *Trinket Box*
Thalia Martindale 작성, 1월 18일

[187]저는 최근에 Watville의 새 Courtyard 극장에서 열린 *Trinket Box*의 데뷔 공연에 참석하는 기쁨을 누렸습니다. [188-A]그것은 확실히 아이들에게 더 매력 있지만, 저는 그것이 또한 얼마나 시사하는 바가 많고 성숙했는지에 정말 감명받았습니다. 듣자 하니, [188-D]이것은 그 장소의 두 전속 극단의 감독들에 의해 공동 창작되었다고 하는데, 그들은 아주 멋지게 해냈습니다. 사실 *Trinket Box*가 매우 훌륭해서 저는 1월 22일에 저의 5학년 학급을 데려와서 함께 볼 예정입니다.

Blue Giraffe 극단
Courtyard 극장, Gleason가 146번지, Watville

1월 19일

Hector Corbin
Ellis길 1934번지, Watville

Mr. Corbin께,

[189/190]저는 귀하의 이력서와 1월 11일의 오디션이 인상 깊었다는 것을 전하게 되어 기쁘며 저희의 다음 연극 *A Winter Garden*을 위해 귀하를 Blue Giraffe 극단에 환영해 드리고자 합니다.

논의된 바와 같이, 이 작품을 위한 리허설은 1월 30일부터 시작하여 2주간 지속될 것입니다. 귀하의 경력에 기반하여,

experience, you will be compensated at a rate of $18 an hour during this period.

If this is agreeable to you, please contact me at 516-8832 by January 24.

Regards,

Samantha Miller
Director, Blue Giraffe Ensemble

이 기간 동안 시간당 18달러의 보수를 받게 되실 것입니다.

이에 동의하시면, 1월 24일까지 516-8832로 저에게 연락 주시길 바랍니다.

Samantha Miller 드림
Blue Giraffe 극단 감독

지문 1 □ grand opening phr. 개장
　　　　□ resident n. 주민
　　　　□ ensemble n. 극단, 앙상블
　　　　□ specialize v. 전문으로 하다
　　　　□ reportedly adv. 전하는 바에 의하면

□ around the corner phr. 코앞에 와 있는
□ push for phr. 요구하다
□ occupy v. 사용하다, 차지하다
□ latter n. 후자
□ recruit v. 모집하다

□ addition n. 보탬, 추가
□ theatrical adj. 연극의, 공연의
□ former n. 전자
□ classic n. 고전
□ production n. 작품, 제작

지문 2 □ pleasure n. 기쁨
　　　　□ thought-provoking adj. 시사하는 바가 많은

□ attend v. 참석하다
□ mature adj. 성숙한

□ appeal n. 매력
□ venue n. 장소

지문 3 □ compensate v. 보수를 받다, 보상금을 주다

186

What is NOT true about Blue Giraffe Ensemble?

(A) It will be a permanent fixture at Courtyard Theater.
(B) It primarily performs theatrical productions for children.
(C) It has finalized its offerings for the upcoming season.
(D) It is looking for new actors to perform in plays.

Blue Giraffe 극단에 대해 사실이 아닌 것은?

(A) Courtyard 극장에서 영구적인 고정 출연진이 될 것이다.
(B) 주로 어린이들을 위한 연극 작품들을 공연한다.
(C) 다가오는 시즌에 선보일 작품을 확정했다.
(D) 연극에서 공연할 새로운 배우들을 찾고 있다.

■ **Not/True 문제** Not 문제　　　　　　　　　　　　　　　　　　　　　　　　　　　　　　　　　정답 (C)

질문의 핵심 어구인 Blue Giraffe 극단과 관련된 내용을 지문에서 찾아 각 보기와 대조하는 Not/True 문제이므로 Blue Giraffe 극단이 언급된 첫 번째 지문인 기사에서 관련 내용을 확인한다. (A)와 (B)는 'Blue Giraffe Ensemble ~ will occupy Courtyard Theater as its permanent residents, ~ specializing in children's theater'에서 Blue Giraffe 극단이 전속 예술가로서 Courtyard 극장을 사용할 것이며 어린이 연극을 전문으로 할 것이라고 했으므로 지문의 내용과 일치한다. (C)는 'Liberty Heritage Players reportedly has its entire first season of shows planned out ~. However, Blue Giraffe Ensemble does not'에서 전하는 바에 의하면 Liberty Heritage Players는 첫 번째 시즌의 공연 전체를 계획해 놓았으나 Blue Giraffe 극단은 그렇지 않다고 했으므로 지문의 내용과 일치하지 않는다. 따라서 (C)가 정답이다. (D)는 '~ Blue Giraffe Ensemble ~ is currently ~ recruiting additional actors'에서 Blue Giraffe 극단이 추가 배우들을 모집하고 있다고 했으므로 지문의 내용과 일치한다.

어휘 fixture n. 고정물 primarily adv. 주로 finalize v. 확정하다, 완료하다

187

When did Ms. Martindale watch a performance?

(A) On January 15
(B) On January 18
(C) On January 22
(D) On January 24

Ms. Martindale은 언제 공연을 보았는가?

(A) 1월 15일에
(B) 1월 18일에
(C) 1월 22일에
(D) 1월 24일에

■ 육하원칙 연계 문제   정답 (A)

세 지문 중 두 지문의 내용을 종합해서 풀어야 하는 연계 문제이다. 질문의 핵심 어구인 Ms. Martindale watch a performance에서 Ms. Martindale이 언제(When) 공연을 보았는지 묻고 있으므로 Ms. Martindale이 작성한 후기를 먼저 확인한다.

단서 1 두 번째 지문(후기)의 'I recently had the pleasure of attending the debut performance of *Trinket Box*'에서 Ms. Martindale이 최근에 *Trinket Box*의 데뷔 공연에 참석하는 기쁨을 누렸다고 했다. 그런데 데뷔 공연이 언제였는지는 제시되지 않았으므로 기사에서 관련 내용을 확인한다.

단서 2 첫 번째 지문(기사)의 '*Trinket Box* ~ is currently being prepared for the theater's grand opening on January 15'에서 *Trinket Box*가 1월 15일 극장의 개장을 위해 준비 중이었음을 알 수 있다.

두 단서를 종합할 때, Ms. Martindale이 개장일인 1월 15일에 *Trinket Box*의 데뷔 공연을 보았다는 것을 알 수 있다. 따라서 (A)가 정답이다.

188

What does Ms. Martindale indicate about *Trinket Box*?

(A) It was not suitable for all audiences.
(B) It was an adapted version of a classic play.
(C) It was the theater's first sold out performance.
(D) It was jointly written by two directors.

Ms. Martindale이 *Trinket Box*에 대해 언급하는 것은?

(A) 모든 관객에게 적합하지는 않았다.
(B) 고전 연극의 각색본이었다.
(C) 극장에서 첫 번째로 매진된 공연이었다.
(D) 두 감독들에 의해 공동으로 쓰였다.

■ Not/True 문제   True 문제   정답 (D)

질문의 핵심어구인 Ms. Martindale indicate about *Trinket Box*와 관련된 내용을 지문에서 찾아 각 보기와 대조하는 Not/True 문제이므로 Ms. Martindale이 작성한 두 번째 지문인 후기에서 관련 내용을 확인한다. (A)는 'It[*Trinket Box*] definitely has more appeal for children, but I was really impressed with how thought-provoking and mature it also was.'에서 *Trinket Box*가 확실히 아이들에게 더 매력 있지만 자신은 그것이 또한 얼마나 시사하는 바가 많고 성숙했는지에 정말 감명받았다고 했으므로 지문의 내용과 일치하지 않는다. (B)와 (C)는 지문에 언급되지 않은 내용이다. (D)는 'it[*Trinket Box*] was co-authored by the directors of ~ two ~ theater companies'에서 *Trinket Box*가 두 극단의 감독들에 의해 공동 창작되었다고 했으므로 지문의 내용과 일치한다. 따라서 (D)가 정답이다.

바꾸어 표현하기
co-authored 공동 창작되다 → jointly written 공동으로 쓰이다

어휘   adapted adj. 각색된, 개조된   jointly adv. 공동으로

189

What is the main purpose of the letter?

(A) To notify a candidate of a successful application
(B) To request clarification of some information
(C) To schedule an appointment for an interview
(D) To explain a company's compensation package

편지의 주 목적은 무엇인가?

(A) 지원자에게 성공적인 구직에 대해 알리기 위해
(B) 일부 정보에 대한 설명을 요청하기 위해
(C) 인터뷰 약속 일정을 잡기 위해
(D) 회사의 보수에 대해 설명하기 위해

■ 주제/목적 찾기   글의 목적   정답 (A)

편지의 목적을 묻는 목적 찾기 문제이므로 세 번째 지문인 편지를 확인한다. 편지의 'I am happy to inform you that we were impressed with your résumé and audition ~ and would like to welcome you to the Blue Giraffe Ensemble'에서 귀하, 즉 Mr. Corbin의 이력서와 오디션이 인상 깊었다는 것을 전하게 되어 기쁘며 Blue Giraffe 극단에 환영하고자 한다고 했으므로 (A)가 정답이다.

어휘   clarification n. 설명   compensation package phr. 보수

What can be inferred about Mr. Corbin?

(A) He has no prior professional acting experience.
(B) He will receive theatrical training before January 30.
(C) He recently performed in an opening night production.
(D) He may be required to travel in the local area.

Mr. Corbin에 대해 추론될 수 있는 것은?

(A) 이전의 전문적인 연기 경력이 없다.
(B) 1월 30일 전에 연극 교육을 받을 것이다.
(C) 최근에 개장식 밤 작품에서 공연했다.
(D) 그 지역 내에서 이동해야 할 수도 있다.

■ **추론** 연계 문제   정답 (D)

세 지문 중 두 지문의 내용을 종합적으로 확인한 후 추론해서 풀어야 하는 연계 문제이다. 질문의 핵심 어구인 Mr. Corbin에게 보내진 편지를 먼저 확인한다.

단서1 세 번째 지문(편지)의 'I am happy to inform you that we were impressed with your ~ audition on January 11 and would like to welcome you to the Blue Giraffe Ensemble'에서 귀하, 즉 Mr. Corbin의 1월 11일의 오디션이 인상 깊었다는 것을 전하게 되어 기쁘며 Blue Giraffe 극단에 환영하고자 한다고 했다. 그런데 1월 11일 Blue Giraffe 극단의 오디션에서 합격한 배우들이 무엇을 하게 될지는 제시되지 않았으므로 기사에서 관련 내용을 확인한다.

단서2 첫 번째 지문(기사)의 '~ Blue Giraffe Ensemble ~ is currently ~ recruiting additional actors who can travel to local schools for performances. Open auditions will be held on January 11'에서 Blue Giraffe 극단이 현재 공연을 위해 지역 학교들로 이동할 수 있는 추가 배우들을 모집하고 있으며 공개 오디션은 1월 11일에 진행될 것이라고 했다.

두 단서를 종합할 때, Mr. Corbin은 1월 11일 Blue Giraffe 극단의 오디션에 합격하였으므로 공연을 위해 지역 학교들로 이동해야 할 수도 있다는 사실을 추론할 수 있다. 따라서 (D)가 정답이다.

어휘 **prior** adj. 이전의 **be required to** phr. ~을 해야 한다, ~을 할 필요가 있다

191-195는 다음 편지, 이메일, 양식에 관한 문제입니다.

지문 1

February 4

Dear Ms. Montessori,

As you are probably aware, [193]my contract will expire at the end of March. We have already discussed my plan to retire, so hopefully this does not come as a surprise. [191]This letter serves as official notification of my intention to step down as the company's vice president of finance. I would be happy to stay on for an additional month to train and assist any replacement you choose.

I have truly enjoyed my time with Homestead Properties and appreciate all the support I've been provided over the years. I will miss working with my wonderful colleagues, but I will stay in touch.

Thank you very much for all the opportunities you and the board of directors have afforded me.

Sincerely,

Edward Grainger

2월 4일

Ms. Montessori께,

아마 알고 계시겠지만, [193]제 계약은 3월 말에 종료될 것입니다. 우리가 이미 제 은퇴 계획에 대해 논의했으므로, 이것이 뜻밖의 소식이 아니기를 바랍니다. [191]이 편지는 회사의 재무 부사장으로서 사직하려는 제 의사의 공식적인 통지의 역할을 합니다. 저는 당신이 선택하는 후임자를 교육하고 돕기 위해 추가로 한 달을 기꺼이 머무를 것입니다.

저는 Homestead Properties사에서의 시간이 정말로 즐거웠고 수년간 제가 받아왔던 모든 지원에 대해 감사하게 생각합니다. 저는 훌륭한 동료들과 함께 일했던 것이 그리울 것이지만 연락을 유지할 것입니다.

당신과 이사회가 제게 주었던 모든 기회들에 대해 매우 감사드립니다.

Edward Grainger 드림

지문 2

TO   Florence Ingram <f.ingram@homesteadprop.com>
FROM   Elizabeth Montessori
            <e.montessori@homesteadprop.com>
SUBJECT Party preparations
DATE   March 12

Hi Florence,

[193]You've likely heard the news about Mr. Grainger. I would like to organize a dinner party in his honor. You did such a wonderful job of planning our awards dinner last fall, and [193]I was wondering if you'd be willing to take care of the arrangements for this event as well.

[194]We plan to spend up to $6,000 on the party's location. The board and I will take care of the gift. The date would be March 27, which is a Friday. I can send you a list of people we would like to invite later today. I imagine 50-60 people will be attending. As before, [192]the company is happy to offer you an extra $500 on your next paycheck as compensation. Please let me know if you're interested as soon as possible.

Regards,

Elizabeth Montessori
COO, Homestead Properties Inc.

수신 Florence Ingram
        <f.ingram@homesteadprop.com>
발신 Elizabeth Montessori
        <e.montessori@homesteadprop.com>
제목 파티 준비
날짜 3월 12일

안녕하세요 Florence,

[193]당신은 아마 Mr. Grainger에 관한 소식을 들었을 것입니다. 저는 그를 위해 저녁 파티를 준비하고 싶습니다. 당신이 지난가을에 우리의 시상식 만찬을 계획하는 것을 아주 멋지게 해 주었기에, [193]당신이 이 행사를 위해서도 준비를 맡아줄 의향이 있는지 궁금합니다.

[194]우리는 파티 장소에 최대 6,000달러까지 쓸 계획입니다. 이사회와 제가 선물을 담당할 것입니다. 날짜는 금요일인 3월 27일이 될 것입니다. 우리가 초대하고자 하는 사람들의 명단을 오늘 늦게 제가 당신에게 보내줄 수 있습니다. 50명에서 60명 정도가 참석할 것으로 짐작합니다. 이전처럼, [192]보상으로서 회사가 기꺼이 당신에게 다음 급료에서 추가 500달러를 지급할 것입니다. 관심이 있으신지 가능한 한 빨리 제게 알려주시기 바랍니다.

Elizabeth Montessori 드림
Homestead Properties사 최고 업무 집행 책임자

TEST | 01 | 02 | 03 | 04 | 05 | 06 | 07 | 08 | 09 | 10 | 해커스 토익 실전 1000제 3 Reading

194/195EVENT RESERVATION CONFIRMATION: Grand-Mont Hotel

194NAME	Florence Ingram	COMPANY (if applicable)	Homestead Properties Inc.
PHONE	(604)555-4995	E-MAIL	f.ingram@homesteadprop.com
EVENT DATE	March 27	EVENT TIME	7 P.M.-10:00 P.M.
EVENT SITE	2nd Floor, Victoriana Event Hall		

NUMBER OF GUESTS: 66
MEAL: Four-course dinner with beef, fish, and vegetarian options
BEVERAGES: Open bar with soft drinks, wine, and cocktails
195SPECIAL REQUESTS: Microphone and projection system with sound

This form serves as confirmation of your reservation, and receipt of 194your $2,500 deposit. The remaining funds of $2,500 is payable upon the conclusion of your event. In case of cancellation, the deposit is non-refundable. 194The total amount of $5,000 is inclusive of a $500 service fee.

194/195행사 예약 확인: Grand-Mont 호텔

194이름	Florence Ingram	회사 (해당될 경우)	Homestead Properties사
전화	(604)555-4995	이메일	f.ingram@homesteadprop.com
행사 날짜	3월 27일	행사 시간	오후 7시-오후 10시
행사 장소	Victoriana 이벤트홀 2층		

손님 수: 66명
식사: 소고기, 생선, 채식 옵션이 있는 4가지 코스 만찬
음료: 청량음료, 와인, 칵테일이 있는 무료 음료 바
195특별 요청사항: 마이크와 음향이 나오는 영사기 시스템

이 양식은 귀하의 예약 확인 및 1942,500달러 보증금의 영수증 역할을 합니다. 잔금 2,500달러는 행사 종료 시에 지불하셔야 합니다. 취소 시에 보증금은 환불되지 않습니다. 1945,000달러의 총 합계는 500달러의 봉사료를 포함합니다.

지문 1	□ expire v. (기한이) 끝나다, 만료하다 □ intention n. 의사, 의도, 목적 □ appreciate v. 고마워하다, 진가를 알아보다	□ serve as phr. ~의 역할을 하다 □ step down phr. 사직하다, 물러나다 □ afford v. 제공하다, 여유가 되다	□ notification n. 통지, 알림 □ replacement n. 후임자, 대체
지문 2	□ likely adv. 아마; adj. 있을 법한 □ awards dinner phr. 시상식 만찬 □ compensation n. 보상, 배상	□ in one's honor phr. ~에게 경의를 표하여, ~를 축하하여 □ arrangement n. 준비, 마련	□ paycheck n. 급료
지문 3	□ vegetarian adj. 채식주의자의; n. 채식주의자 □ deposit n. 보증금, 예금; v. 예금하다 □ inclusive adj. 포함된, 포괄적인	□ soft drink phr. 청량음료 □ payable adj. 지불해야 할	□ projection n. 영시, 예상 □ conclusion n. 마무리, 결론, 체결

191

What is the main purpose of the letter?

(A) To confirm an intention to resign from a position
(B) To turn down an offer for an executive job
(C) To notify an executive of a contract extension
(D) To request some time off for personal reasons

편지의 주 목적은 무엇인가?

(A) 직책에서 사직하려는 의사를 공식화하기 위해
(B) 임원직에 대한 제안을 거절하기 위해
(C) 임원에게 계약 연장에 대해 통지하기 위해
(D) 개인적인 이유로 휴가를 신청하기 위해

■ 주제/목적 찾기 글의 목적   정답 (A)

편지의 목적을 묻는 목적 찾기 문제이므로 첫 번째 지문인 편지의 내용을 확인한다. 편지의 'This letter serves as official notification of my intention to step down as the company's vice president of finance.'에서 이 편지가 회사의 재무 부사장으로서 사직하려는 자신의 의사의 공식적인 통지의 역할을 한다고 했으므로 (A)가 정답이다.

바꾸어 표현하기
official notification 공식적인 통지 → confirm 공식화하다
step down as the company's vice president of finance 재무 부사장으로서 사직하다 → resign from a position 직책에서 사직하다

어휘 confirm v. 공식화하다, 확정하다 turn down phr. 거절하다, 줄이다

According to the e-mail, what will Ms. Ingram be offered?

(A) A printed invitation for a party
(B) A monetary incentive
(C) A complimentary meal
(D) A copy of an agreement

이메일에 따르면, Ms. Ingram은 무엇을 제공받을 것인가?

(A) 출력된 파티 초대장
(B) 금전적 인센티브
(C) 무료 식사
(D) 합의서 한 부

■ **육하원칙** What

정답 (B)

이메일에 따르면 Ms. Ingram이 무엇(what)을 제공받을 것인지를 묻는 육하원칙 문제이므로 질문의 핵심 어구인 Ms. Ingram be offered와 관련된 내용이 언급된 두 번째 지문인 이메일에서 관련 내용을 확인한다. 이메일의 'the company is happy to offer you an extra $500 on your next paycheck as compensation'에서 회사가 행사 준비에 대한 보상으로서 기꺼이 Ms. Ingram에게 다음 급료에서 추가 500달러를 지급할 것이라고 했으므로 (B)가 정답이다.

바꾸어 표현하기
an extra $500 on your next paycheck 다음 급료에서 추가 500달러 → A monetary incentive 금전적 인센티브

어휘 monetary adj. 금전의, 화폐의 complimentary adj. 무료의, 칭찬하는 a copy of phr. 한 부

What did Ms. Montessori ask Ms. Ingram to do?

(A) Arrange a corporate awards ceremony
(B) Plan a retirement celebration
(C) Purchase a gift for an employee
(D) Recruit volunteers to decorate a venue

Ms. Montessori는 Ms. Ingram에게 무엇을 해줄 것을 요청했는가?

(A) 회사 시상식을 준비한다
(B) 은퇴 기념 행사를 계획한다
(C) 직원을 위한 선물을 구입한다
(D) 장소를 꾸밀 자원봉사자들을 모집한다

■ **육하원칙** 연계 문제

정답 (B)

세 지문 중 두 지문의 내용을 종합해서 풀어야 하는 연계 문제이다. 질문의 핵심 어구인 Ms. Montessori ask Ms. Ingram to do에서 Ms. Montessori가 Ms. Ingram에게 무엇(What)을 해줄 것을 요청했는지를 묻고 있으므로 Ms. Montessori가 Ms. Ingram에게 보낸 이메일을 먼저 확인한다.

단서 1 두 번째 지문(이메일)의 'You've likely heard the news about Mr. Grainger. I would like to organize a dinner party in his honor.'와 'I was wondering if you'd be willing to take care of the arrangements for this event as well'에서 Ms. Montessori가 Mr. Grainger에 관한 소식을 들었을 것이라 하면서 그를 위해 저녁 파티를 준비하고 싶다고 한 후 Ms. Ingram이 이 행사의 준비를 맡아줄 의향이 있는지 궁금하다고 했다. 그런데 Mr. Grainger에 관한 소식이 무엇이고 왜 그를 위한 파티를 준비하는지 제시되지 않았으므로 편지에서 관련 내용을 확인한다.

단서 2 첫 번째 지문(편지)의 'my contract will expire at the end of March. We have already discussed my plan to retire'에서 저, 즉 Mr. Grainger의 계약이 3월 말에 종료될 것이고 이미 Ms. Montessori와 Mr. Grainger가 그의 은퇴 계획에 대해 논의했다는 것을 확인할 수 있다.

두 단서를 종합할 때, Ms. Montessori가 3월 말 이후에 은퇴할 Mr. Grainger를 위한 은퇴 기념 파티 준비를 Ms. Ingram에게 요청했음을 알 수 있다. 따라서 (B)가 정답이다.

What can be inferred about Ms. Ingram?

(A) She reserved two rooms for the event.
(B) She invited fewer guests than expected.
(C) She needs to submit a deposit to the venue soon.
(D) She booked an event venue under budget.

Ms. Ingram에 대해 추론될 수 있는 것은?

(A) 행사를 위해 두 개의 방을 예약했다.
(B) 예상했던 것보다 더 적은 손님들을 초대했다.
(C) 곧 장소에 보증금을 보내야 한다.
(D) 예산보다 적은 비용으로 행사 장소를 예약했다.

■ **추론** 연계 문제 　　　　　　　　　　　　　　　　　　　　　　　　　　　　　　　　　　　　정답 (D)

세 지문 중 두 지문의 내용을 종합적으로 확인한 후 추론해서 풀어야 하는 연계 문제이다. 질문의 핵심 어구인 Ms. Ingram에게 보내진 이메일을 먼저 확인한다.

단서 1 두 번째 지문(이메일)의 'We plan to spend up to $6,000 on the party's location.'에서 회사가 파티 장소에 최대 6,000달러까지 쓸 계획이라고 했다. 그런데 실제로 파티 장소에 든 비용이 얼마인지 제시되지 않았으므로 양식에서 관련 내용을 확인한다.

단서 2 세 번째 지문(양식)의 'EVENT RESERVATION CONFIRMATION: Grand-Mont Hotel', 'NAME, Florence Ingram', 'your $2,500 deposit. The remaining funds of $2,500', 'The total amount of $5,000'에서 Ms. Ingram이 Grand-Mont 호텔에서의 행사 예약에 든 비용이 보증금 2,500달러, 잔금 2,500달러로 총 합계가 5,000달러임을 확인할 수 있다.

두 단서를 종합할 때, Ms. Ingram이 파티 장소 예약을 위한 예산인 6,000달러보다 적은 5,000달러를 썼다는 사실을 추론할 수 있다. 따라서 (D)가 정답이다.

어휘　venue n. 장소, 개최지　budget n. 예산, 예산안; v. 예산을 세우다

What has Ms. Ingram requested from the Grand-Mont Hotel?

(A) An invoice for the total cost
(B) Some recommendations for menus
(C) Some audiovisual equipment
(D) A choice of two meal options

Ms. Ingram은 Grand-Mont 호텔에 무엇을 요청했는가?

(A) 총비용에 대한 송장
(B) 몇 가지 메뉴 추천
(C) 몇몇 시청각 장비
(D) 두 가지 식사 옵션의 선택권

■ **육하원칙** What 　　　　　　　　　　　　　　　　　　　　　　　　　　　　　　　　　　　　정답 (C)

Ms. Ingram이 Grand-Mont 호텔에 무엇(What)을 요청했는지를 묻는 육하원칙 문제이므로 질문의 핵심 어구인 Ms. Ingram requested from the Grand-Mont Hotel과 관련된 내용이 언급된 세 번째 지문인 양식을 확인한다. 양식의 'EVENT RESERVATION CONFIRMATION: Grand-Mont Hotel'과 'SPECIAL REQUESTS: Microphone and projection system with sound'에서 Grand-Mont 호텔에서의 행사 예약과 관련된 특별 요청사항으로 마이크와 음향이 나오는 영사기 시스템을 요청했다는 것을 알 수 있으므로 (C)가 정답이다.

바꾸어 표현하기

Microphone and projection system with sound 마이크와 음향이 나오는 영사기 시스템 → Some audiovisual equipment 몇몇 시청각 장비

어휘　invoice n. 송장, 청구서; v. 송장을 보내다　recommendation n. 추천, 의견　audiovisual adj. 시청각의

지문 1

http://www.portkeyclassifieds.com/realestate/rentals

HOME | CLASSIFIED ADS | **POST AN AD** | CONTACT

[197]DOWNTOWN APARTMENT FOR RENT: 543 Mapleton Street

This 950-square-foot apartment is located in the city center in Portsmouth Residential Towers. It contains two bedrooms, a living room, a kitchen and dining area, a bathroom, and a balcony. The residence is conveniently located near a bus stop, a subway station, and a shopping mall. [196]The unit comes with a space in the building's parking garage, the cost of which is included in the $1,900 monthly rental fee. [197]New wallpaper will be installed for the new resident. The apartment will be ready to move into as soon as this work is finished on August 30. Contracts are for one or two years with the possibility of an extension. A one-month security deposit is required along with a reference from a previous landlord. To book a viewing, please contact George Lee at georgelee@vendorrealty.com, or call him at 555-0393.

http://www.portkeyclassifieds.com/realestate/rentals

홈 | 항목별 광고 | 광고 게시 | 연락처

[197]시내 아파트 임대: 543번지 Mapleton가

이 950평방피트의 아파트는 도시 중심부의 Portsmouth Residential Towers에 위치합니다. 이 아파트는 2개의 침실, 1개의 거실, 부엌 및 식사 공간, 화장실, 발코니를 포함합니다. 이 주택은 버스 정류장, 지하철역, 쇼핑몰 근처에 편리하게 위치해 있습니다. [196]이 세대는 건물 주차장 내 자리가 딸려 있고, 그 비용은 월 1,900달러의 임대료에 포함되어 있습니다. [197]새로운 입주자를 위해 새 벽지가 도배될 것입니다. 아파트는 8월 30일에 이 작업이 끝나는 대로 입주 준비가 완료될 것입니다. 계약은 1년이나 2년 동안이고 연장 가능합니다. 이전 집주인의 추천서와 함께 한 달치의 임대 보증금이 요구됩니다. 집을 보는 것을 예약하려면 georgelee@vendorrealty.com으로 George Lee에게 연락 주시거나 555-0393으로 그에게 전화하십시오.

지문 2

From: Neil Kaplan (555-3004)
To: George Lee (555-0393)

Received: May 25, 4:10 P.M.

Thank you for showing me the three apartment units this morning. [197]I'm interested in renting the one on Mapleton Street. I understand that the owner needs a reference prior to signing any agreement. He is free to contact [198]Miranda Chase at mirandach@verymail.com. She's the proprietor of the [198/199-A]studio apartment I currently rent in Tanner Hill Condominiums. [197]I am prepared to sign a two-year contract and move into the unit as soon as the new wallpaper has been put up. Thank you.

발신: Neil Kaplan (555-3004)
수신: George Lee (555-0393)

수신됨: 5월 25일, 오후 4시 10분

오늘 아침에 아파트 세 곳을 보여주셔서 감사합니다. [197]저는 Mapleton가에 있는 아파트를 임대하고 싶습니다. 집주인이 계약서에 서명하기 전에 추천서를 필요로 한다는 것을 알고 있습니다. 그는 [198]mirandach@verymail.com으로 Miranda Chase에게 연락할 수 있습니다. [198/199-A]그녀는 제가 현재 Tanner Hill Condominiums에서 임대하고 있는 원룸형 아파트의 소유주입니다. [197]저는 2년짜리 계약서에 서명하고 새 벽지가 도배되는 대로 최대한 빨리 그 집에 이사를 들어갈 준비가 되어 있습니다. 감사합니다.

지문 3

NOTICE: All Tenants

Tanner Hill Condominiums' underground parking facility will undergo resurfacing this week. [199-A]The work will begin on Monday, May 30, and last until Friday. The facility will be inaccessible not only during this time but also on the weekend as the concrete requires time to set properly. Tenants may once again park their vehicles in the garage on Monday, June 6.

[199-A]Tenants should move their vehicles one day before the work begins, to the Downtown Parkade located across the road at 168 Beauregard Avenue. Simply [199-D]pick up a temporary pass from the facility's ticket office, and display it on your vehicle's windshield.

We apologize for any inconvenience and disturbance the

알림: 모든 세입자분들께

Tanner Hill Condominiums의 지하 주차 시설이 이번 주에 재포장될 것입니다. [199-A]이 공사는 5월 30일 월요일에 시작해서 금요일까지 계속될 것입니다. 콘크리트가 제대로 굳으려면 시간이 필요하기 때문에 이 기간뿐만 아니라 주말에도 시설에 접근할 수 없을 것입니다. 세입자들은 6월 6일 월요일에 자신의 차량을 다시 주차장에 주차할 수 있을 것입니다.

[199-A]세입자들은 공사가 시작되기 하루 전날에 자신의 차량을 길 건너에 위치한 168번지 Beauregard가의 Downtown Parkade로 옮기셔야 합니다. [199-D]그 시설의 매표소에서 임시 주차권을 받아 가셔서 차량의 앞 유리에 보이게 두시기만 하면 됩니다.

공사가 야기할 수 있는 불편과 방해에 대해 사과드립니다.

work may cause. For more details, [200-D]contact the building's administrative office at 555-4958 during its operating hours of 8 A.M. to 4 P.M., from Monday to Friday.

더 자세한 사항을 원하시면 [200-D]건물 관리사무소에 555-4958로 영업시간인 월요일부터 금요일 오전 8시부터 오후 4시에 연락하시기 바랍니다.

지문 1	□ conveniently adv. 편리하게, 알맞게	□ wallpaper n. 벽지	□ extension n. (기간의) 연장, 확대
	□ security deposit phr. 임대 보증금	□ reference n. 추천서, 참조	□ landlord n. 집주인, 임대주
지문 2	□ prior to phr. 전에, 앞서	□ proprietor n. 소유주, 경영자	
지문 3	□ resurface v. (도로를) 재포장하다	□ inaccessible adj. 접근할 수 없는, 접근하기 어려운	
	□ properly adv. 제대로, 올바르게	□ vehicle n. 차량, 탈것	
	□ windshield n. (자동차 등의) 앞 유리, 바람막이 유리		□ disturbance n. 방해, 장애
	□ drop by phr. 들르다		

196

What is included in the advertised apartment's rental fee?

(A) A security system
(B) A parking spot
(C) Maintenance costs
(D) Electricity charges

광고된 아파트의 임대료에 무엇이 포함되는가?

(A) 보안 시스템
(B) 주차 공간
(C) 유지 관리 비용
(D) 전기 요금

■ **육하원칙** What 정답 (B)

광고된 아파트의 임대료에 무엇(What)이 포함되는지를 묻는 육하원칙 문제이므로 질문의 핵심 어구인 included in the advertised apartment's rental fee와 관련된 내용이 언급된 첫 번째 지문 광고를 확인한다. 광고의 'The unit comes with a space in the building's parking garage, the cost of which is included in the $1,900 monthly rental fee.'에서 아파트 세대에 건물 주차장 내 자리가 딸려 있고 그 비용이 월 1,900달러의 임대료에 포함되어 있다고 했으므로 (B)가 정답이다.

바꾸어 표현하기
a space in the building's parking garage 건물 주차장 내 자리 → A parking spot 주차 공간

어휘 maintenance n. 유지 관리, 보수 electricity n. 전기, 전력

197

What is implied about Mr. Kaplan?

(A) He should pay the rent by bank transfer.
(B) He must renew a contract after one year.
(C) He will not be refunded a deposit.
(D) He can move into a unit from August 30.

Mr. Kaplan에 대해 추론되는 것은?

(A) 계좌 이체로 임대료를 지불해야 한다.
(B) 1년 후에 계약을 갱신해야 한다.
(C) 보증금을 환불받지 못할 것이다.
(D) 8월 30일부터 세대에 이사를 들어갈 수 있다.

■ **추론** 연계 문제 정답 (D)

세 지문 중 두 지문의 내용을 종합적으로 확인한 후 추론해서 풀어야 하는 연계 문제이다. 질문의 핵심 어구인 Mr. Kaplan이 작성한 문자 메시지를 먼저 확인한다.

단서 1 두 번째 지문(문자 메시지)의 'I'm interested in renting the one on Mapleton Street.'와 'I am prepared to ~ move into the unit as soon as the new wallpaper has been put up.'에서 Mr. Kaplan이 Mapleton가에 있는 아파트를 임대하고 싶고 새 벽지가 도배되는 대로 최대한 빨리 그 집에 이사를 들어갈 준비가 되어 있다고 했다. 그런데 Mapleton가에 있는 아파트에 새 벽지가 도배되는 때가 언제인지 제시되지 않았으므로 광고에서 관련 내용을 확인한다.

단서 2 첫 번째 지문(광고)의 'DOWNTOWN APARTMENT FOR RENT: 543 Mapleton Street'와 'New wallpaper will be installed ~. The apartment will be ready to move into as soon as this work is finished on August 30.'에서 543번지 Mapleton가에 있는 시내 아파트에 새 벽지가 도배될 것이고 8월 30일에 도배 작업이 끝나는 대로 아파트가 입주 준비가 완료될 것임을 확인할 수 있다.

두 단서를 종합할 때, Mr. Kaplan이 벽지 도배 작업이 끝나는 8월 30일부터 아파트에 이사를 들어갈 수 있다는 사실을 추론할 수 있다. 따라서 (D)가 정답이다.

어휘 in advance phr. 미리, 사전에 refund v. 환불하다, 갚다; n. 환불

198 Who is Miranda Chase?

(A) The owner of a residential unit
(B) A representative of a real estate agency
(C) The administrator of Portsmouth Residential Towers
(D) A tenant of a Mapleton Street apartment

Miranda Chase는 누구인가?

(A) 주택의 소유주
(B) 부동산 중개소 직원
(C) Portsmouth Residential Towers의 관리인
(D) Mapleton가 아파트의 세입자

■ **육하원칙** Who

정답 (A)

Miranda Chase가 누구(Who)인지를 묻는 육하원칙 문제이므로 질문의 핵심 어구인 Miranda Chase가 언급된 두 번째 지문인 문자 메시지를 확인한다. 문자 메시지의 'Miranda Chase ~. She's the proprietor of the studio apartment'에서 Miranda Chase가 원룸형 아파트의 소유주라고 했으므로 (A)가 정답이다.

바꾸어 표현하기

the proprietor of the studio apartment 원룸형 아파트의 소유주 → The owner of a residential unit 주택의 소유주

---

199 What will Mr. Kaplan probably have to do on May 29?

(A) Park his vehicle at the DownTown Parkade
(B) Move his belongings into an apartment
(C) Meet with a landlord to sign an agreement
(D) Purchase a pass at a ticketing office

Mr. Kaplan은 5월 29일에 무엇을 해야 할 것 같은가?

(A) 차량을 DownTown Parkade에 주차한다
(B) 물품들을 아파트로 옮긴다
(C) 집주인을 만나서 계약서에 서명한다
(D) 매표소에서 주차권을 구입한다

■ **추론** 연계 문제

정답 (A)

세 지문 중 두 지문의 내용을 종합적으로 확인한 후 추론해서 풀어야 하는 연계 문제이다. 질문의 핵심 어구인 Mr. Kaplan ~ have to do on May 29에서 Mr. Kaplan이 5월 29일에 무엇을 해야 할 것 같은지를 묻고 있으므로 Mr. Kaplan이 작성한 문자 메시지를 먼저 확인한다.

단서 1 두 번째 지문(문자 메시지)의 'studio apartment I currently rent in Tanner Hill Condominiums'에서 Mr. Kaplan이 현재 Tanner Hill Condominiums에서 집을 임대하고 있다는 사실을 확인할 수 있다. 그런데 Mr. Kaplan이 Tanner Hill Condominiums에서 5월 29일에 무엇을 해야 하는지 제시되지 않았으므로 공고에서 관련 내용을 확인한다.

단서 2 세 번째 지문(공고)의 'The work will begin on ~ May 30'과 'Tenants should move their vehicles one day before the work begins, to the Downtown Parkade'에서 공사, 즉 Tanner Hill Condominiums의 지하 주차 시설 공사가 5월 30일에 시작될 것이고 세입자들은 공사가 시작되기 하루 전날에 차량을 DownTown Parkade로 옮겨야 한다고 했다.

두 단서를 종합할 때, Tanner Hill Condominiums의 세입자인 Mr. Kaplan이 5월 29일에 자신의 차량을 DownTown Parkade에 주차해야 할 것이라는 사실을 추론할 수 있다. 따라서 (A)가 정답이다. (D)는 'pick up a temporary pass from the facility's ticket office'에서 그 시설, 즉 DownTown Parkade의 매표소에서 임시 주차권을 받아 가라고 했지만 주차권을 돈을 내고 구입해야 하는지는 알 수 없으므로 답이 될 수 없다.

어휘 belonging n. 소유물, 소지품

---

200 What is indicated about Tanner Hill Condominiums?

(A) It currently has no vacant units.
(B) It charges monthly fees for parking.
(C) It is situated nearby public transit.
(D) It closes its office on weekends.

Tanner Hill Condominiums에 대해 언급된 것은?

(A) 현재 빈 세대가 없다.
(B) 주차에 대해 월별 요금을 청구한다.
(C) 대중교통 근처에 위치해 있다.
(D) 주말에 사무소를 닫는다.

■ **Not/True** True 문제

정답 (D)

질문의 핵심 어구인 Tanner Hill Condominiums와 관련된 내용을 지문에서 찾아 각 보기와 대조하는 Not/True 문제이므로 Tanner Hill Condominiums의 세입자들에게 작성된 세 번째 지문인 공고에서 관련 내용을 확인한다. (A), (B), (C)는 지문에 언급되지 않은 내용이다. (D)는 'contact the building's administrative office ~ during its operating hours ~ from Monday to Friday'에서 건물, 즉 Tanner Hill Condominiums의 관리사무소에 영업시간인 월요일부터 금요일에 연락하라고 한 것에서 월요일부터 금요일까지 사무소를 연다는 것을 알 수 있으므로 지문의 내용과 일치한다. 따라서 (D)가 정답이다.

▌TEST 03

PART 5

101
○○○○● 하

According to *Picton Daily News*, only ------- damage to the area occurred during the tropical storm.

(A) moderate
(B) moderating
(C) moderately
(D) moderation

*Picton Daily News*에 따르면, 열대 폭풍우 동안 그 지역에는 중간 정도의 피해만 발생했다.

■ 형용사 자리 　　　　　　　　　　　　　　　　　　　　　　　　　　　　　　　　　　　　　　정답 (A)

빈칸 뒤의 명사(damage)를 꾸밀 수 있는 것은 형용사이므로 형용사 (A)와 형용사 역할을 하는 분사 (B)가 정답의 후보이다. '중간 정도의 피해만 발생했다'라는 의미가 되어야 하므로 형용사 (A) moderate(중간 정도의, 적당한)가 정답이다. 동사 moderate(완화하다)의 현재분사 (B) moderating을 쓰면 '완화하는 피해만 발생했다'라는 어색한 문맥이 된다. 부사 (C)와 명사 (D)는 명사를 꾸밀 수 없다.

어휘　damage n. 피해, 손해; v. 피해를 입히다　occur v. 발생하다, 나타나다　tropical storm phr. 열대 폭풍우　moderation n. 적당함, 온건

102
○○○○● 상

The employees at Barneveld Inc. are encouraged to build teamwork by assisting ------- on various projects.

(A) the other
(B) one another
(C) other
(D) another

Barneveld사의 직원들은 다양한 프로젝트에서 서로를 도움으로써 팀워크를 형성하도록 장려된다.

■ 부정대명사 one another 　　　　　　　　　　　　　　　　　　　　　　　　　　　　　　　정답 (B)

'서로를 도움으로써 팀워크를 형성하도록 장려된다'라는 의미가 되어야 하므로 부정대명사 (B) one another(서로)가 정답이다. (A) the other는 정해진 것들 중 앞에서 언급된 것을 제외한 나머지 전부를 의미한다. (C) other(다른)는 이미 언급한 것 이외의 몇몇을 가리키는 형용사로 쓰이며, 대명사로 사용될 경우에는 others나 the other(s)의 형태로 쓰여 각각 '(이미 언급한 것 이외의) 다른 것들', '나머지 전부'를 의미한다. (D) another(또 다른)는 이미 언급한 것 이외의 또 다른 하나를 의미한다.

어휘　encourage v. 장려하다, 촉진하다　build v. 형성하다, 짓다　assist v. 돕다; n. 원조, 조력

103
○○○○● 중

Some marketing team members from Game-Tekno will be traveling to Tokyo ------- the branch opening to finalize preparations.

(A) although
(B) next to
(C) ahead of
(D) inside of

Game-Tekno사의 일부 마케팅 팀원들은 준비를 마무리하기 위해 지점의 개점에 앞서 도쿄로 갈 것이다.

■ [수식어 거품을 이끄는 것] 전치사 선택 시점 　　　　　　　　　　　　　　　　　　　　　정답 (C)

이 문장은 주어(Some marketing team members)와 동사(will be traveling)를 갖춘 완전한 절이므로, ＿＿ ~ preparations는 수식어 거품으로 보아야 한다. 이 수식어 거품은 동사가 없는 거품구이므로, 거품구를 이끌 수 있는 전치사 (B), (C), (D)가 정답의 후보이다. '준비를 마무리하기 위해 지점의 개점에 앞서 도쿄로 갈 것이다'라는 의미가 되어야 하므로 시점을 나타내는 전치사 (C) ahead of(~에 앞서, ~보다 빨리)가 정답이다. (B) next to는 '~ 옆에', (D) inside of는 '~의 안에'라는 의미로 위치를 나타낸다. 부사절 접속사 (A) although(비록 ~이지만)는 거품구가 아닌 거품절을 이끈다.

어휘　finalize v. 마무리하다, 완성하다　preparation n. 준비, 예습

104
○○○○● 중

The seminar speaker offered some ------- arguments in favor of natural medications and remedies.

(A) convinced
(B) convince
(C) convincing
(D) convincingly

세미나 연사는 자연 약물 및 치료법을 지지하는 몇몇 설득력 있는 주장을 제시했다.

■ [형용사 자리] 현재분사 vs. 과거분사 　　　　　　　　　　　　　　　　　　　　　　　　　정답 (C)

빈칸 뒤의 명사(arguments)를 꾸밀 수 있는 것은 형용사이므로 형용사 역할을 하는 과거분사 (A)와 현재분사 (C)가 정답의 후보이다. 꾸밈을 받는 명사(arguments)와 분사가 '설득력 있는 주장'이라는 의미의 능동 관계이므로 동사 convince(설득하다)의 현재분사 (C) convincing(설득력 있는)이 정답이다. 과거분사 (A)를 쓰면 '설득된 주장'이라는 어색한 문맥이 된다. 참고로, 형용사 convinced는 '독실한, 투철한'의 의미일 때만 명사 앞에 쓰이며, '확신하는'이라는 의미일 때는 'convinced + of 또는 that절'의 형태로 자주 쓰인다. 동사 (B)와 부사 (D)는 명사를 꾸밀 수 없다.

어휘　argument n. 주장, 논쟁　in favor of phr. ~을 지지하여, 찬성하여　medication n. 약물, 약물치료　remedy n. 치료법, 해결책

105

The employee complaints about the new leave policy need ------- as soon as possible.

(A) address
(B) to have addressed
(C) to be addressed
(D) to address

새 휴가 방침에 대한 직원 불만 사항들은 가능한 한 빨리 해결되어야 한다.

■ [목적어 자리] 능동태와 수동태의 구별   정답 (C)

빈칸 앞에 to 부정사를 목적어로 취하는 동사(need)가 있으므로 to 부정사 (B), (C), (D)가 정답의 후보이다. 빈칸 뒤에 목적어가 없고 '직원 불만 사항들이 해결되다'라는 수동의 의미이므로 to 부정사의 수동형 (C) to be addressed가 정답이다. 능동태 (B)와 (D)는 타동사 address (해결하다, 다루다) 뒤에 목적어가 없으므로 답이 될 수 없다. (A)도 능동태이며, 동사원형은 긍정문에서는 일반동사로 쓰이는 need의 목적어 자리에 올 수 없다. (A)를 '주소, 연설'이라는 의미의 명사로 본다 해도, 가산 명사이므로 관사와 함께 쓰이거나 복수형으로 쓰여야 하며 '직원 불만 사항들은 주소/연설을 필요로 한다'라는 어색한 문맥을 만든다.

어휘   leave n. 휴가, 휴무   policy n. 방침, 정책

106

An old building in the Brickford neighborhood will be demolished and ------- a luxury apartment.

(A) differed from
(B) imposed on
(C) replaced with
(D) attributed to

Brickford 인근에 있는 오래된 건물은 철거되고 고급 아파트로 대체될 것이다.

■ 동사 관련 어구   정답 (C)

'오래된 건물은 철거되고 고급 아파트로 대체될 것이다'라는 문맥이므로 동사 어구 replace with(~으로 대체하다)의 수동형 be replaced with를 만드는 (C) replaced with가 정답이다. 참고로, replace A with B(A를 B로 대체하다)는 수동태일 경우 A is replaced with B의 형태로 사용됨을 알아둔다. (A)의 differ from은 '~과 다르다', (B)의 impose on은 '~에 대해 (세금 등을) 부과하다, 강요하다', (D)의 attribute to는 '~의 덕분으로 돌리다'라는 의미이다.

어휘   neighborhood n. 인근, 주민   demolish v. 철거하다, 무너뜨리다   luxury adj. 고급의; n. 사치, 고급품

107

After he was appointed sales manager, Bill Haskell achieved improved ------- between the staff in the sales and marketing departments.

(A) coordinator
(B) coordinative
(C) coordinated
(D) coordination

그가 영업 관리자로 임명된 이후, Bill Haskell은 영업부와 마케팅부의 직원들 간에 향상된 협동을 이루어냈다.

■ [명사 자리] 사람명사 vs. 추상명사   정답 (D)

형용사 역할을 하는 과거분사(improved)의 꾸밈을 받을 수 있는 것은 명사이므로 명사 (A)와 (D)가 정답의 후보이다. '직원들 간에 향상된 협동을 이루어냈다'라는 의미가 되어야 하므로 추상명사 (D) coordination(협동, 조화)이 정답이다. 사람명사 (A) coordinator(조정자, 책임자)는 가산 명사이므로 관사와 함께 쓰이거나 복수형으로 쓰여야 하고, '향상된 조정자를 이루어냈다'라는 어색한 문맥을 만들기 때문에 답이 될 수 없다. 형용사 (B)와 동사 또는 분사 (C)는 명사 자리에 올 수 없다.

어휘   appoint v. 임명하다, (시간·장소 등을) 정하다   achieve v. 이루다, 달성하다   coordinative adj. 동등한, 조정된

108

All potential clients are given brochures containing brief ------- of GL Mutual's insurance policy packages.

(A) distributions
(B) operations
(C) summaries
(D) subtractions

모든 잠재 고객들에게는 GL Mutual사의 보험 정책 패키지에 대한 간략한 개요가 들어있는 안내서가 주어진다.

■ 명사 어휘   정답 (C)

'모든 잠재 고객들에게는 보험 정책 패키지에 대한 간략한 개요가 들어있는 안내서가 주어진다'라는 문맥이므로 명사 (C) summaries(개요, 요약)가 정답이다. (A)의 distribution은 '분배, 분포', (B)의 operation은 '운영, 작용', (D)의 subtraction은 '빼기, 공제'라는 의미이다.

어휘   potential adj. 잠재적인, 가능성이 있는; n. 가능성   brief adj. 간략한, 간단한   insurance n. 보험, 보험금   policy n. 정책, 방침

109
○○○●○ 중

The Beckford Auditorium can be reached by walking ------- the second floor corridor to the end of the hallway.

(A) through
(B) without
(C) away
(D) under

■ 전치사 선택 _방향_ 정답 (A)

'2층 통로를 통해 걸어가다'라는 의미가 되어야 하므로 방향을 나타내는 전치사 (A) through(~을 통해, ~을 지나)가 정답이다. (B) without은 '~ 없이'라는 의미로 제외를, (D) under는 '~ 아래에'라는 의미로 위치를 나타낸다. 부사 (C) away(떨어져)는 뒤에 목적어가 올 수 없고, 목적어를 취할 경우 away from(~에서 떨어져)의 형태로 쓰여 위치를 나타낸다.

어휘 auditorium n. 강당, 관객석 reach v. 도착하다, 도달하다; n. 거리 corridor n. 통로, 복도 hallway n. 복도

110
○○○○● 하

Codex Corporation showed a great deal of ------- about Ms. Khan's recent medical issues and gave her an extended leave.

(A) understand
(B) understandable
(C) understood
(D) understanding

■ 명사 자리 정답 (D)

전치사(of)의 목적어 자리에 올 수 있는 것은 명사이므로 명사 (D) understanding(이해심, 이해)이 정답이다. 동사 (A), 형용사 (B), 동사 또는 분사 (C)는 명사 자리에 올 수 없다.

어휘 medical adj. 의료상의, 의학의 issue n. 문제, 주제 extended leave phr. 장기 휴가 understandable adj. 이해할 수 있는, 당연한

111
○○○●○ 중

Mayor Terrence Miller ------- the volunteers for the self-sacrificing work they did to assist the community during the disaster.

(A) contested
(B) commended
(C) restricted
(D) promised

■ 동사 어휘 정답 (B)

'재난 동안 지역사회를 돕기 위해 자원봉사자들이 했던 헌신적인 일에 대해 그들을 칭찬했다'라는 문맥이므로 동사 commend(칭찬하다)의 과거형 (B) commended가 정답이다. (A)의 contest는 '논쟁하다, 경쟁하다', (C)의 restrict는 '제한하다, 금지하다', (D)의 promise는 '약속하다, 공약하다'라는 의미이다.

어휘 self-sacrificing adj. 헌신적인 community n. 지역사회, 공동체 disaster n. 재난, 재해

112
○○○○● 하

The Parker Fairground off Taylor Street is the perfect place for families and friends ------- during the summer.

(A) to visit
(B) will visit
(C) are visiting
(D) visits

■ [수식어 거품을 이끄는 것] to 부정사의 역할 정답 (A)

이 문장은 주어(The Parker Fairground), 동사(is), 보어(the perfect place)를 모두 갖춘 완전한 절이므로 ___ during the summer는 수식어 거품으로 보아야 한다. 이 수식어 거품은 동사가 없는 거품구이므로, 거품구를 이끌 수 있고 명사구(perfect place)를 뒤에서 꾸며 '방문하기에 완벽한 장소'라는 의미를 만드는 to 부정사 (A) to visit이 정답이다. 동사 (B)와 (C), 동사 또는 명사 (D)는 수식어 거품을 이끌 수 없다. 참고로, 여기서 to 앞의 for families and friends가 to 부정사의 의미상 주어로 쓰였음을 알아둔다.

어휘 fairground n. 축제 마당, 풍물 장터

113

The carpenter noted that the old house's roof was ------- run-down and would soon have to be repaired.

(A) rather
(B) seldom
(C) never
(D) often

목수는 오래된 집의 지붕이 상당히 낡았으며 곧 수리되어야 할 것을 알아차렸다.

■ 부사 선택 · 정답 (A)

'오래된 집의 지붕이 상당히 낡았으며 곧 수리되어야 할 것을 알아차렸다'라는 의미가 되어야 하므로 부사 (A) rather(상당히, 꽤)가 정답이다. (B) seldom은 '거의 ~않다', (C) never는 '결코 ~않다', (D) often은 '자주'라는 의미로 모두 빈도를 나타낸다.

어휘 carpenter n. 목수 roof n. 지붕, 천장 run-down adj. 낡은, 황폐한

114

------- editing and rewriting documents, Quill Editing offers translation services in a number of languages.

(A) On behalf of
(B) In addition to
(C) Due to
(D) In spite of

문서를 수정하고 재작성하는 것에 더하여, Quill Editing사는 많은 언어들로 번역 서비스를 제공한다.

■ 전치사 선택 부가 · 정답 (B)

'문서를 수정하고 재작성하는 것에 더하여 많은 언어들로 번역 서비스를 제공한다'라는 의미가 되어야 하므로 전치사 (B) In addition to(~에 더하여)가 정답이다. (A) On behalf of는 '~을 대표하여, 대신하여', (C) Due to는 '~ 때문에', (D) In spite of는 '~에도 불구하고'라는 의미이다.

어휘 edit v. 수정하다, 편집하다 translation n. 번역, 통역, 해석 a number of phr. 많은, 다수의

115

Customers should carefully read the descriptions of each item ------- online to avoid time-consuming product returns.

(A) was ordered
(B) ordering
(C) ordered
(D) orders

고객들은 시간이 많이 걸리는 반품을 피하기 위해 온라인으로 주문된 각 물품의 설명을 주의 깊게 읽어보아야 한다.

■ [수식어 거품을 이끄는 것] 현재분사 vs. 과거분사 · 정답 (C)

이 문장은 주어(Customers), 동사(should ~ read), 목적어(the descriptions of each item)를 갖춘 완전한 절이므로, ___ online은 수식어 거품으로 보아야 한다. 이 수식어 거품은 빈칸 앞의 명사(item)를 꾸미고 있으므로 명사를 뒤에서 수식할 수 있는 현재분사 (B)와 과거분사 (C)가 정답의 후보이다. 꾸밈을 받는 명사(item)와 분사가 '주문된 물품'이라는 의미의 수동 관계이므로 동사 order(주문하다)의 과거분사 (C) ordered가 정답이다. 현재분사 (B) ordering은 능동의 의미를 나타내어 '물품이 주문하다'라는 어색한 문맥을 만들기 때문에 답이 될 수 없다. (B)를 '정리'라는 의미의 명사로 보아 빈칸 앞의 명사(item)와 함께 쓰인 복합명사로 본다 해도, '반품을 피하기 위해 온라인으로 각 물품 정리의 설명을 주의 깊게 읽어야 한다'라는 의미가 되어 문맥상 어울리지 않는다. 동사 (A)와 동사 또는 명사 (D)는 명사를 뒤에서 수식할 수 없다. (D)를 빈칸 앞의 명사(item)와 함께 쓰인 복합명사로 보더라도, 수량 표현 each(각) 뒤에는 단수 명사가 와야 하므로 답이 될 수 없다.

어휘 carefully adv. 주의 깊게, 신중히 description n. 설명, 묘사 time-consuming adj. 시간이 많이 걸리는 product return phr. 반품

116

The release date for HBS Tech's new product was ------- a mistake as its competitor had launched a similar item earlier.

(A) deliberately
(B) indeed
(C) instead
(D) evenly

경쟁사가 비슷한 제품을 더 일찍 출시했으므로 HBS Tech사의 신제품 출시일은 확실히 실수였다.

■ 부사 어휘 · 정답 (B)

'경쟁사가 비슷한 제품을 더 일찍 출시했으므로 신제품 출시일은 확실히 실수였다'라는 의미가 되어야 하므로 부사 (B) indeed(확실히, 정말)가 정답이다. (A) deliberately는 '고의로, 의도적으로', (C) instead는 '대신에', (D) evenly는 '고르게, 균등하게'라는 의미이다.

어휘 release n. 출시, 공개; v. 출시하다 competitor n. 경쟁사, 경쟁 상대 launch v. (상품을) 출시하다, 시작하다

117
○○○●● 중

All ------- directed to Holston Prudential's customer service support team are handled in complete confidence.

(A) inquiring
(B) inquired
(C) inquiries
(D) inquire

Holston Prudential사의 고객 서비스 지원팀으로 전달되는 모든 문의들은 완전한 극비로 처리된다.

■ [주어 자리] 동명사 vs. 명사 　　　　　　　　　　　　　　　　정답 (C)

문장에 동사(are handled)만 있고 주어가 없으므로 주어 자리에 올 수 있는 동명사 (A)와 명사 (C)가 정답의 후보이다. '고객 서비스 지원팀으로 전달되는 문의들'이라는 의미가 되어야 하므로 명사 (C) inquiries(문의)가 정답이다. 동명사 (A)를 쓰면 '고객 서비스 지원팀으로 전달되는 문의하는 것'이라는 어색한 문맥이 된다. 동사 또는 분사 (B)와 동사 (D)는 주어 자리에 올 수 없다.

어휘　direct v. 보내다, 지도하다　handle v. 처리하다, 다루다　in confidence phr. 극비로, 비밀로　inquire v. 문의하다, 조사하다

118
○○○●● 중

Country-Link Limited utilizes special wrapping paper to prevent ------- items from breaking during delivery.

(A) subtle
(B) delicate
(C) vigorous
(D) cautious

Country-Link Limited사는 깨지기 쉬운 물품들이 배송 중에 부서지는 것을 방지하기 위해 특수 포장지를 사용한다.

■ 형용사 어휘 　　　　　　　　　　　　　　　　정답 (B)

'깨지기 쉬운 물품들이 배송 중에 부서지는 것을 방지하기 위해 특수 포장지를 사용한다'라는 문맥이므로 형용사 (B) delicate(깨지기 쉬운, 연약한)가 정답이다. (A) subtle은 '미묘한, 교묘한', (C) vigorous는 '활발한, 건강한', (D) cautious는 '조심스러운, 신중한'이라는 의미이다.

어휘　utilize v. 사용하다, 활용하다　special adj. 특수한, 특별한　wrapping paper phr. 포장지　prevent v. 방지하다, 보호하다

119
○○○●● 상

The scheduled meetings for Augustus Manufacturing's staff were spaced far enough ------- to allow employees to complete their usual tasks.

(A) alongside
(B) beyond
(C) apart
(D) besides

Augustus 제조 회사의 직원들을 위해 예정된 회의들은 직원들이 그들의 평상시 업무들을 마칠 수 있도록 충분히 멀리 떨어지게 간격이 두어졌다.

■ 부사 선택 　　　　　　　　　　　　　　　　정답 (C)

'예정된 회의들은 충분히 멀리 떨어지게 간격이 두어졌다'라는 의미가 되어야 하므로 부사 (C) apart(떨어져)가 정답이다. (A) alongside는 '옆에, 나란히', (B) beyond은 '그 너머에, 그 이후에', (D) besides는 '게다가, 또한'이라는 의미이다.

어휘　space v. (사이에) 간격을 두다; n. 공간, 간격　usual adj. 평상시의, 보통의　task n. 업무, 과제

120
○●●●● 최상

Bug-Fix Software ------- users of its antivirus program to download regular updates and scan their computers on a weekly basis.

(A) advises
(B) suggests
(C) attracts
(D) persists

Bug-Fix Software사는 자사의 바이러스 방어 프로그램 사용자들에게 정기적인 업데이트를 다운로드하고 주 단위로 그들의 컴퓨터를 정밀 검사하라고 권고한다.

■ 동사 어휘 　　　　　　　　　　　　　　　　정답 (A)

'자사의 바이러스 방어 프로그램 사용자들에게 정기적인 업데이트를 다운로드하고 주 단위로 컴퓨터를 정밀 검사하라고 권고한다'라는 문맥이므로 동사 advise(권고하다, 조언하다)의 3인칭 단수형 (A) advises가 정답이다. (B)의 suggest(제안하다)도 해석상 그럴듯해 보이지만, suggest는 to 부정사(to download)를 목적격 보어로 취할 수 없고, 목적어로는 제안을 받는 사람(users)이 아닌 제안의 내용이 와야 하므로 답이 될 수 없다. (C)의 attract(끌다, 유인하다)의 목적어를 users of its antivirus program으로 본다 해도, attract는 to 부정사를 목적격 보어로 취할 수 없기 때문에 'Bug-Fix Software사가 정기적인 업데이트를 다운로드하고 주 단위로 그들의 컴퓨터를 정밀 검사하기 위해 자사의 바이러스 방어 프로그램 사용자들을 이끈다'라는 어색한 문맥을 만든다. (D)의 persist는 '계속하다'라는 의미의 자동사이고, '고집하다'라는 의미일 때는 전치사 in이나 with와 함께 쓰인다. 참고로, to 부정사구를 목적격 보어로 취하는 5형식 동사에는 ask(요청하다), expect(기대하다), require(요구하다) 등이 있음을 알아둔다.

어휘　regular adj. 정기적인, 보통의　scan v. 정밀 검사하다, 조사하다　on a weekly basis phr. 주 단위로, 매주

121
○○○○
중

Passengers are asked to store any carry-on luggage ------- in the overhead bins and fasten their seat belts prior to takeoff.

(A) securely
(B) secure
(C) security
(D) securing

승객들은 이륙에 앞서 모든 수하물을 머리 위의 칸에 안전하게 보관하고 안전벨트를 매도록 요청받는다.

■ 부사 자리
정답 (A)

'수하물을 안전하게 보관하다'라는 의미가 되어야 하고, 빈칸 앞에 있는 동사(store)를 꾸밀 수 있는 것은 부사이므로 부사 (A) securely(안전하게)가 정답이다. 형용사 또는 동사 (B), 명사 (C), 동명사 또는 분사 (D)는 동사를 꾸밀 수 없다.

어휘 carry-on luggage phr. 수하물 overhead adj. 머리 위의; adv. 높이 bin n. 칸, 통 fasten v. 매다, 채우다 takeoff n. 이륙, 출발

122
○○○○
중

Included in the lease is a strict ------- requiring tenants to pay for any damages caused to the property.

(A) prediction
(B) condition
(C) negotiation
(D) expense

임대차 계약에는 세입자들이 건물에 가해진 어떠한 손상도 배상해야 한다고 요구하는 엄격한 조건이 포함되어 있다.

■ 명사 어휘
정답 (B)

'세입자들이 건물에 가해진 어떠한 손상도 배상해야 한다고 요구하는 엄격한 조건'이라는 문맥이므로 명사 (B) condition(조건, 상태)이 정답이다. (A) prediction은 '예언, 예측', (C) negotiation은 '협상, 절충', (D) expense는 '비용'이라는 의미이다. 참고로, 이 문장은 보어(Included in the lease)가 강조되어 문장 맨 앞에 오고, 주어(a strict ____ ~ the property)와 동사(is)가 도치된 구조임을 알아둔다.

어휘 lease n. 임대차 계약; v. 임대하다 strict adj. 엄격한, 세밀한 require v. 요구하다, 필요로 하다 tenant n. 세입자, 거주자
property n. 건물, 소유지, 부동산

123
○○○○
상

Manuel Torres, ------- previously published books have all been best sellers, has released his newest work on the topic of the national election system.

(A) whose
(B) who
(C) whom
(D) what

이전에 출간했던 책이 모두 베스트셀러였던 Manuel Torres가 국가 선거 제도에 관한 주제의 최신 작품을 발간했다.

■ [수식어 거품을 이끄는 것] 관계대명사의 선택과 격
정답 (A)

이 문장은 주어(Manuel Torres), 동사(has released), 목적어(his newest work)를 갖춘 완전한 절이므로, ____ ~ best sellers는 수식어 거품으로 보아야 한다. 이 수식어 거품은 빈칸 앞의 명사(Manuel Torres)를 선행사로 갖는 관계절이므로 관계절을 이끄는 관계대명사 (A), (B), (C)가 정답의 후보이다. 이때 관계절(____ ~ best sellers) 내에 주어(previously published books)가 있으므로, 빈칸 뒤의 명사구(previously published books)를 꾸며서 함께 관계절 내의 주어가 될 수 있는 소유격 관계대명사 (A) whose(~의)가 정답이다. 주격 관계대명사 (B) who는 관계절 내에서 주어 역할을 하기 때문에 다음에 주어가 없는 불완전한 절이 와야 한다. 목적격 관계대명사 (C) whom은 동사의 목적어나 전치사의 목적어가 없는 관계절에서 목적어 역할을 한다. (D) what은 그 자체로 주어 또는 목적어 역할을 하는 명사절 접속사로, what이 이끄는 절은 문장 내에서 주어나 목적어로 쓰인다.

어휘 best seller phr. 베스트셀러 work n. 작품; v. 일하다 election n. 선거, 당선

124
○○○○
중

Mr. Norris will ------- take Friday afternoons off if he has to travel a long distance during weekends.

(A) accidentally
(B) once
(C) occasionally
(D) lately

Mr. Norris는 주말 동안에 장거리 출장을 가야 할 경우 종종 금요일 오후에 쉴 것이다.

■ 부사 어휘
정답 (C)

'주말 동안에 장거리 출장을 가야 할 경우 종종 금요일 오후에 쉴 것이다'라는 문맥이므로 부사 (C) occasionally(종종, 때때로)가 정답이다. (A) accidentally는 '우연히, 뜻하지 않게', (B) once는 '한 번, 언젠가', (D) lately는 '최근에, 얼마전에'라는 의미이다.

어휘 take off phr. 쉬다, 휴가를 내다

125
상

The assistant curator ensures that all artifacts -------
according to museum guidelines to avoid deterioration.

(A) were being stored   (B) stored
(C) are stored   (D) will be storing

그 보조 큐레이터는 변질을 막기 위해 모든 공예품들이 확실히 박물관 지침에 따라 보관되도록 한다.

■ 동사는 수, 태, 시제가 맞아야 한다.   정답 (C)

'공예품들이 보관되다'라는 수동의 의미이고, 빈칸 뒤에 목적어가 없으므로 수동태 (A)와 (C)가 정답의 후보이다. 이미 보관되어 있는 공예품들이 확실히 박물관 지침에 따라 보관되도록 한다는 문맥이므로, 반복되는 행동이나 습관, 일반적인 규칙 등을 나타낼 때 사용되는 현재 시제 (C) are stored가 정답이다. 과거 진행 시제 (A)는 특정한 과거 시점에 진행되고 있던 일을 나타낸다. 능동태 과거 시제 (B)와 능동태 미래 진행 시제 (D)는 각각 '공예품들이 보관했다/보관하고 있을 것이다'라는 어색한 문맥을 만들어 답이 될 수 없다.

어휘 assistant adj. 보조의, 조력하는; n. 조수 artifact n. 공예품, 가공품 guideline n. 지침, 안내 avoid v. 막다, 피하다 deterioration n. 변질, 악화
store v. 보관하다, 저장하다

126
상

The captain of the cruise ship instructed the passengers to
stay off the outdoor decks ------- winds become severe.

(A) in the event that   (B) in keeping with
(C) unless   (D) instead of

그 유람선의 선장은 승객들에게 바람이 극심해질 경우 야외 갑판에서 떨어져 있으라고 알려주었다.

■ [수식어 거품을 이끄는 것] 부사절 접속사 조건   정답 (A)

이 문장은 주어(The captain of the cruise ship), 동사(instructed), 목적어(the passengers)를 모두 갖춘 완전한 절이므로, ____ winds become severe는 수식어 거품으로 보아야 한다. 이 수식어 거품은 동사(become)가 있는 거품절이므로, 거품절을 이끌 수 있는 부사절 접속사 (A)와 (C)가 정답의 후보이다. '바람이 극심해질 경우 야외 갑판에서 떨어져 있으라고 알려주었다'라는 의미가 되어야 하므로 조건을 나타내는 부사절 접속사 (A) in the event that(~한 경우에)이 정답이다. (C) unless(~하지 않으면)를 쓰면 '바람이 극심해지지 않으면 야외 갑판에서 떨어져 있으라고 알려주었다'라는 어색한 문맥이 된다. (B) in keeping with(~과 일치하여)와 (D) instead of(~ 대신에)는 전치사로 거품절이 아닌 거품구를 이끈다.

어휘 captain n. 선장; v. 통솔하다 cruise ship phr. 유람선 instruct v. (정보를) 알려주다, 가르치다 stay off phr. ~에서 떨어져 있다 deck n. (배의) 갑판
severe adj. 극심한, 혹독한

127
중

Clifton Oil and Gas's annual sales are showing great -------
compared to last year, when profits were disappointing.

(A) denial   (B) consideration
(C) potential   (D) oversight

Clifton 석유 및 가스 회사의 연간 매출은 이윤이 실망스러웠던 작년에 비해서 많은 가능성을 보여주고 있다.

■ 명사 어휘   정답 (C)

'연간 매출은 이윤이 실망스러웠던 작년에 비해서 많은 가능성을 보여주고 있다'라는 문맥이므로 명사 (C) potential(가능성, 잠재력)이 정답이다. (A) denial은 '부정, 거부', (B) consideration은 '고려, 이해', (D) oversight는 '간과, 태만'이라는 의미이다.

어휘 profit n. 이윤, 수익 disappointing adj. 실망스러운, 기대에 못 미치는

128

○○○○
중

Most participants have found Bucksmith Capital's internship program ------- because it provides them with relevant banking experience.

(A) satisfaction
(B) satisfactory
(C) satisfyingly
(D) satisfied

대부분의 참가자들은 Bucksmith Capital사의 인턴십 프로그램이 그들에게 관련된 은행 업무 경험을 제공하기 때문에 이를 만족스럽게 여겼다.

■ 보어 자리에 올 수 있는 것: 명사 또는 형용사   정답 (B)

5형식 동사 find는 목적어와 목적격 보어를 가지는 동사인데, 동사(have found) 뒤에 목적어(Bucksmith Capital's internship program)가 있으므로 빈칸은 목적격 보어 자리이다. 따라서 보어 자리에 올 수 있는 명사 (A), 형용사 (B)와 (D)가 정답의 후보이다. '대부분의 참가자들이 Bucksmith Capital사의 인턴십 프로그램을 만족스럽게 여겼다'라는 의미가 되어야 하므로 형용사 (B) satisfactory(만족스러운)가 정답이다. 명사 (A) satisfaction(만족)을 쓰면 목적어와 동격이 되어 '인턴십 프로그램이 만족이다'라는 어색한 문맥을 만들고, 형용사 (D) satisfied(만족하는)를 쓰면 '인턴십 프로그램이 만족한다'라는 어색한 문맥이 된다. 부사 (C)는 보어 자리에 올 수 없다.

어휘   find v. 여기다, ~라고 생각하다   relevant adj. 관련된, 적절한   banking n. 은행 업무

129

○○○○
상

Researchers conducting experiments in the laboratory are kindly asked to return equipment to ------- it is stored.

(A) where
(B) whether
(C) when
(D) elsewhere

실험실에서 실험을 하는 연구원들은 장비가 보관되는 곳으로 장비를 반납하기를 정중히 요청받는다.

■ [목적어 자리] 명사절 접속사 의문사 where   정답 (A)

빈칸 이하(____ ~ stored)는 전치사 to의 목적어이므로, 목적어 자리에 올 수 있는 명사절을 이끄는 명사절 접속사 (A), (B), (C)가 정답의 후보이다. '장비가 보관되는 곳으로 반납하다'라는 의미가 되어야 하므로 (A) where(~한 곳)가 정답이다. (B) whether(~인지 아닌지), (C) when (~한 때)을 쓰면 각각 '장비가 보관되는지 아닌지로 반납하다/보관되는 때로 반납하다'라는 어색한 문맥이 된다. 부사 (D) elsewhere(다른 곳에서, 다른 곳으로)는 목적어 자리에 올 수 없다.

어휘   conduct v. 하다, 지휘하다; n. 행동   experiment n. 실험; v. 실험하다, 시도하다   laboratory n. 실험실; adj. 실험실의, 실습의

130

○○○○
상

For ------- coverage of top stories from around the world, more viewers tune in to Global Syndicated than any other news channel.

(A) renewable
(B) dependable
(C) reachable
(D) adjustable

전 세계의 주요 기사들에 대한 신뢰할 만한 보도를 얻기 위해, 더 많은 시청자들이 다른 어떤 뉴스 채널보다 Global Syndicated를 시청한다.

■ 형용사 어휘   정답 (B)

'신뢰할 만한 보도를 얻기 위해 다른 어떤 뉴스 채널보다 Global Syndicated를 시청한다'라는 문맥이므로 형용사 (B) dependable(신뢰할 만한, 의존할 수 있는)이 정답이다. (A) renewable은 '(계약·티켓 등이) 갱신 가능한, (에너지·자원 등이) 재생 가능한', (C) reachable은 '닿을 수 있는, 도달 가능한', (D) adjustable은 '조절 가능한'이라는 의미이다.

어휘   coverage n. 보도, 방송, 범위   viewer n. 시청자, 감독관   tune in phr. 채널을 맞추다, 청취하다

PART 6

Questions 131-134 refer to the following e-mail.

131-134는 다음 이메일에 관한 문제입니다.

To: Christine Lata <clata2@consumermail.com>
From: Dr. Miles Hamilton <mhamilton@hamiltonmedical.com>
Date: March 15
Subject: Retirement

Dear Ms. Lata,

My 40-year career as a physician is coming to an end as I plan to ------- from my position on June 1. Although I look
131
forward to enjoying my golden years, I will miss my work helping patients.

As your doctor, I believe I should suggest an appropriate replacement. -------, I'd like to recommend Dr. Jennifer Jana.
132
She is an excellent physician whose clinic is ------- to my
133
current office. With your consent, your medical records will be transferred to her on June 2. -------. I wish you good
134
health and a happy future.

Best regards,

Dr. Miles Hamilton
Hamilton Medical Clinic

수신: Christine Lata <clata2@consumermail.com>
발신: Dr. Miles Hamilton
　　　<mhamilton@hamiltonmedical.com>
날짜: 3월 15일
제목: 은퇴

Ms. Lata께,

131 제가 6월 1일에 제 직무에서 퇴직하려고 계획함에 따라 의사로서 제 40년간의 경력이 끝나가고 있습니다. 노후를 즐길 것을 기대하긴 하지만, 환자들을 돕는 저의 일을 그리워할 것입니다.

당신의 주치의로서, 당신께 적절한 대리인을 제안해드려야 한다고 생각합니다. **132** 그러므로 저는 Dr. Jennifer Jana를 추천하고 싶습니다. **133** 그녀는 현재 제 진료실과 가까운 곳에 병원을 가지고 있는 훌륭한 의사입니다. 당신의 동의가 있으면, 당신의 의료 기록들은 6월 2일에 그녀에게 전달될 것입니다. **134** 그렇지 않으면, 그 날짜 전에 저희 직원들로부터 그것들을 회수하실 수 있습니다. 당신의 건강과 행복한 미래를 기원합니다.

Dr. Miles Hamilton 드림
Hamilton 병원

---

131 (A) step down
(B) move out
(C) take over
(D) hold off

132 (A) Therefore
(B) Likewise
(C) Afterward
(D) Conversely

133 (A) addressable
(B) straight
(C) divided
(D) close

134 (A) Your chart shows a marked improvement since her last visit.
(B) Of course, I am glad that you have decided to remain with me.
(C) Otherwise, you may retrieve them from my staff before that date.
(D) There are many forms of treatment for your condition.

어휘 **career** n. 경력, 직장 생활, 직업 **physician** n. 의사 **come to an end** phr. 끝나다, 내리다 **golden years** phr. 노후 **appropriate** adj. 적절한, 적당한 **replacement** n. 대리인, 후임자, 교체 **clinic** n. 병원, 진료 **office** n. 진료실, 사무실 **consent** n. 동의, 허락; v. 동의하다, 허락하다

131 ■ 동사 관련 어구
정답 (A)

'6월 1일에 직무에서 퇴직하려고 계획함에 따라 의사로서 40년간의 경력이 끝나가고 있다'라는 문맥이므로 동사 어구 (A) step down(퇴직하다, 물러나다)이 정답이다. (B) move out은 '이사를 나가다', (C) take over는 '인수하다, 인계받다', (D) hold off는 '연기하다, 미루다'라는 의미이다.

132 ■ 접속부사　주변 문맥 파악
정답 (A)

빈칸이 콤마와 함께 문장의 맨 앞에 온 접속부사 자리이므로, 앞 문장과 빈칸이 있는 문장의 의미 관계를 파악하여 정답을 선택한다. 앞 문장에서 자신이 주치의로서 적절한 대리인을 제안해주어야 한다고 생각한다고 했고, 빈칸이 있는 문장에서는 Dr. Jennifer Jana를 추천하고 싶다고 했으므로 앞 문장과 이어지는 내용을 나타낼 때 사용되는 접속부사 (A) Therefore(그러므로)가 정답이다. (B) Likewise는 '마찬가지로', (C) Afterward는 '그 후에', (D) Conversely는 '정반대로, 역으로'라는 의미이다.

133 ■ 형용사 어휘
정답 (D)

'현재 자신의 진료실과 가까운 곳에 병원을 가지고 있는 훌륭한 의사'라는 문맥이므로 형용사 (D) close(가까운)가 정답이다. 참고로, close는 전치사 to와 함께 close to(~에 가까운)의 형태로 자주 쓰임을 알아둔다. (A) addressable은 '다룰 수 있는', (B) straight는 '똑바른, 일직선의', (C) divided는 '분열된'이라는 의미이다.

134 ■ 알맞은 문장 고르기
정답 (C)

빈칸에 들어갈 알맞은 문장을 고르는 문제이므로 주변 문맥 또는 전체 문맥을 파악한다. 앞 문장 'With your consent, your medical records will be transferred to her on June 2.'에서 당신의 동의가 있으면 의료 기록들이 6월 2일에 Dr. Jennifer Jana에게 전달될 것이라고 했으므로 빈칸에는 의료 기록들이 전달되는 것에 동의하지 않을 경우에 할 수 있는 선택에 대해 설명하는 내용이 들어가야 함을 알 수 있다. 따라서 (C) Otherwise, you may retrieve them from my staff before that date가 정답이다.

보기 해석
(A) 당신의 진료 기록부는 그녀의 마지막 방문 이후 눈에 띄는 호전을 보여 줍니다.
(B) 물론, 저는 당신이 계속 저와 함께 하시기로 결정하셔서 기쁩니다.
(C) 그렇지 않으면, 그 날짜 전에 저희 직원들로부터 그것들을 회수하실 수 있습니다.
(D) 당신의 질환을 위한 많은 종류의 치료법이 있습니다.

어휘　chart n. 진료 기록부, 표　show v. 보여 주다, 제시하다　marked adj. 눈에 띄는, 현저한　improvement n. 호전, 향상　remain v. 계속 ~이다, 남다　otherwise adv. 그렇지 않으면, 그 외에는　retrieve v. 회수하다, (정보를) 검색하다　treatment n. 치료법, 대우　condition n. 질환, 상태

April 7

William Randell
118 West Ocean Boulevard
Oceanside, California 92049

Dear Mr. Randell,

Your application has been -------. We are pleased to
          135
welcome you to West Coast State University. In the coming
weeks, we will be sending more information about how you
should prepare for your first semester. ------- you meet the
          136
enrollment deadline, you will be allowed to sign up for a full
course load and pay your tuition in the last week of July. We
will also issue you a student ID card then. -------. Should you
          137
wish to have a dormitory room at that point, we will assign
you one a week prior to the start of classes. You will be
authorized to move in shortly -------.
          138

Once again, congratulations on your successful application,
and we hope to see you this fall.

Sincerely,

Admissions and Financial Aid
West Coast State University

4월 7일

William Randell
118번지 West Ocean 대로
오션사이드, 캘리포니아 주 92049

Mr. Randell께,

135 귀하의 지원이 받아들여졌습니다. 저희는 귀하를 West Coast 주립 대학에 맞이하게 되어 기쁩니다. 다가오는 몇 주 안에, 저희는 귀하께서 첫 학기를 어떻게 준비하셔야 하는지에 대한 더 많은 정보를 보내드릴 것입니다. **136** 귀하께서 등록 기한을 지키시는 경우에만, 7월 마지막 주에 전체 강의를 신청하고 등록금을 내실 수 있을 것입니다. 그 다음에 저희는 귀하께 학생증 또한 발급해드릴 것입니다. **137** 그것을 받으시자마자, 귀하께서는 교내의 모든 시설들을 이용하실 수 있습니다. 그 시점에 귀하께서 기숙사 방을 원하시면, 저희는 귀하께 수업 시작 일주일 전에 방 하나를 배정해드릴 것입니다. **138** 귀하께서는 그 후에 곧 이사올 수 있도록 허가될 것입니다.

다시 한번 귀하의 성공적인 지원을 축하드리며, 이번 가을에 뵙기를 희망합니다.

입학 및 재정 지원 부서
West Coast 주립 대학 드림

---

135 (A) rejected
(B) deferred
(C) replaced
(D) accepted

136 (A) Up until
(B) On condition that
(C) Though
(D) Rather than

137 (A) Now that you have sent the amount, please wait for
confirmation.
(B) We hope that you found your classes to be both fun
and informative.
(C) Once you receive it, you may access all of the
facilities on campus.
(D) The additional charge to your account is for the
card you lost.

138 (A) before
(B) soon
(C) thereafter
(D) now

여휘 **application** n. 지원, 지원서 **semester** n. 학기 **meet** v. 지키다, 충족시키다, 만나다; n. 모임 **enrollment** n. 등록, 입학, 등록자 수
    deadline n. 기한, 마감 일자 **sign up for** phr. 신청하다, 가입하다 **tuition** n. 등록금, 수업료 **issue** v. 발급하다, 발표하다; n. 안건, 문제
    dormitory n. 기숙사 **assign** v. 배정하다, 임명하다 **authorize** v. 허가하다, 권한을 부여하다 **shortly** adv. 곧, 간단히

135 ■ 동사 어휘 주변 문맥 파악

정답 (D)

'지원이 ___되었다'라는 문맥이므로 (A), (B), (D)가 정답의 후보이다. 빈칸이 있는 문장만으로 정답을 고를 수 없으므로 주변 문맥이나 전체 문맥을 파악한다. 뒤 문장에서 Mr. Randell을 West Coast 주립 대학에 맞이하게 되어 기쁘다고 했으므로 Mr. Randell의 지원이 받아들여졌음을 알 수 있다. 따라서 동사 accept(받아들이다)의 p.p.형 (D) accepted가 정답이다. (A)의 reject는 '거절하다', (B)의 defer는 '연기하다, 미루다', (C)의 replace는 '교체하다'라는 의미이다.

136 ■ [수식어 거품을 이끄는 것] 부사절 접속사 조건

정답 (B)

이 문장은 주어(you)와 동사(will be allowed)를 갖춘 완전한 절이므로, ___ ~ deadline은 수식어 거품으로 보아야 한다. 이 수식어 거품은 동사(meet)가 있는 거품절이므로, 거품절을 이끌 수 있는 부사절 접속사 (B)와 (C)가 정답의 후보이다. '등록 기한을 지키는 경우에만 7월 마지막 주에 전체 강의를 신청하고 등록금을 낼 수 있을 것이다'라는 의미가 되어야 하므로 조건을 나타내는 부사절 접속사 (B) On condition that(~하는 경우에만, ~이라는 조건으로)이 정답이다. (C) Though는 '비록 ~이지만'이라는 의미로 양보를 나타낸다. 전치사 (A) Up until(~까지)과 (D) Rather than(~보다는)은 거품절이 아닌 거품구를 이끈다.

137 ■ 알맞은 문장 고르기

정답 (C)

빈칸에 들어갈 알맞은 문장을 고르는 문제이므로 주변 문맥 또는 전체 문맥을 파악한다. 앞 문장 'We will also issue you a student ID card then.'에서 그 다음에 학생증 또한 발급해줄 것이라고 했으므로 빈칸에는 학생증 발급과 관련된 내용이 들어가야 함을 알 수 있다. 따라서 (C) Once you receive it, you may access all of the facilities on campus가 정답이다.

보기 해석
(A) 귀하께서 그 금액을 보내셨으므로, 승인을 기다려주시기 바랍니다.
(B) 저희는 귀하께서 강의들이 재미있고 유익하기도 하다고 생각하셨기를 바랍니다.
(C) 그것을 받으시자마자, 귀하께서는 교내의 모든 시설들을 이용하실 수 있습니다.
(D) 귀하의 계좌에 청구된 추가 요금은 귀하께서 잃어버리신 카드에 대한 것입니다.

어휘 confirmation n. 승인, 확인 find v. ~이라고 생각하다, 알게 되다 informative adj. 유익한, 정보를 제공하는
access v. 이용하다, 접근하다; n. 이용, 접근 on campus phr. 교내에서, 대학에서 charge n. 요금; v. 청구하다, 부과하다

138 ■ 부사 선택 주변 문맥 파악

정답 (C)

빈칸이 있는 문장만으로 정답을 고를 수 없으므로 주변 문맥이나 전체 문맥을 파악한다. 앞 문장에서 그 시점에 기숙사 방을 원하면 수업 시작 일주일 전에 방을 배정해줄 것이라고 했고, 빈칸이 있는 문장에서는 곧 이사올 수 있도록 허가될 것이라고 했으므로 기숙사 방이 배정된 이후에 곧 이사를 올 수 있을 것임을 알 수 있다. 따라서 부사 (C) thereafter(그 후에)가 정답이다. (A) before(~ 전에)는 빈칸 앞의 shortly와 함께 쓰여 '~ 직전에'라는 의미가 되는데, 비교 대상이 되는 시점(기숙사 방이 배정되는 시점) 이전에 이사올 수 있도록 허가된다는 어색한 문맥을 만들기 때문에 답이 될 수 없다. (B) soon(곧)은 빈칸 앞의 shortly(곧)와 의미가 중복되기 때문에 함께 쓰일 수 없다. (D) now(이제, 지금)는 '이제 곧 이사올 수 있도록 허가될 것이다'라는 문맥을 만드는데, 수업 시작 일주일 전에 기숙사 방을 배정해줄 것이라고 했으므로 문맥상 어울리지 않는다.

Questions 139-142 refer to the following article.

139-142는 다음 기사에 관한 문제입니다.

New Transit Options Coming!

City Council yesterday ------- to approve the proposed
139
subway extension into the Glostrup zone of Copenhagen.
-------. This has encouraged developers to build more
140
apartments there. Moreover, the creation of the nearby
Albertslund Technology Park has added thousands of new
jobs. These ------- opportunities have been the key to
141
attracting more people to the district. Since development
began, however, it ------- the area's transit capacity to its
142
limits, causing local residents and businesses to campaign
for a subway extension. A few council members opposed
the proposal, pointing out the high expense of underground
transit. Nevertheless, the building of the subway extension
will proceed at an estimated cost of €650 million and should
be operational within five years.

139 시의회는 제안된 코펜하겐의 Glostrup 지역으로의 지하철 연장을 승인하기로 어제 가결했다. **140** 이 지역의 인구는 낮은 부동산 비용 때문에 늘어왔다. 이는 개발업체들이 그곳에 더 많은 아파트를 짓도록 조장했다. 게다가, 인근 Albertslund 기술 단지의 설립은 수천 개의 새로운 일자리를 더했다. **141** 이러한 고용 기회들은 그 지역에 더 많은 사람들을 끌어들이는 비결이 되어 왔다. **142** 그러나 발전이 시작된 이래로 그것은 그 지역의 교통 수용력을 한계까지 늘려왔고, 지역 주민들과 사업체들이 지하철 연장을 위한 캠페인 운동을 벌이게 했다. 몇몇 시의원들은 지하 교통의 높은 비용을 지적하며 그 제안에 반대했다. 그럼에도 불구하고, 지하철 연장 부분의 건설은 6억 5천만 유로의 추정 비용으로 진행될 것이며 5년 이내에 운행 가능할 것이다.

139 (A) failed
(B) reacted
(C) voted
(D) hesitated

140 (A) Tourism to the area has grown in recent years thanks to a popular campaign.
(B) The population in this area has been increasing because of low property costs.
(C) The district's transportation costs are increasing at an unprecedented rate.
(D) The closure of the Glostrup line was announced just two months earlier.

141 (A) education
(B) employment
(C) volunteer
(D) sponsorship

142 (A) will stretch
(B) stretches
(C) will be stretched
(D) has stretched

어휘 **transit** n. 교통, 수송 **option** n. 선택권 **approve** v. 승인하다, 찬성하다 **extension** n. 연장 (부분), 확장 **encourage** v. 조장하다, 격려하다 **developer** n. 개발 회사, 개발자 **creation** n. 설립, 창조 **opportunity** n. 기회 **key** n. 비결, 열쇠; adj. 중요한 **district** n. 지역, 구역 **capacity** n. 수용력, 재능 **campaign** v. 캠페인 운동을 벌이다; n. 캠페인 **oppose** v. 반대하다, 대항하다 **proposal** n. 제안, 계획 **point out** phr. 지적하다, 가리키다 **underground** adj. 지하의, 비밀의; adv. 지하에 **proceed** v. 진행되다, 계속하다; n. 수익 **estimated** adj. 추정된, 예상의 **operational** adj. 운행 가능한, 가동할 준비가 된

139 ■ **동사 어휘** 전체 문맥 파악 　　　　　　　　　　　　　　　　　　　　　　　　　　　　　　　　정답 (C)

'시의회는 제안된 코펜하겐의 Glostrup 지역으로의 지하철 연장을 승인하기로 어제 ＿＿ 했다'라는 문맥이므로 모든 보기가 정답의 후보이다. 빈칸이 있는 문장만으로 정답을 고를 수 없으므로 주변 문맥이나 전체 문맥을 파악한다. 뒷부분에서 Glostrup 지역이 발전함에 따라 그 지역의 교통 수용력이 한계에 달했고, 그로 인해 새로운 지하철 연장 부분이 건설될 것이며 5년 이내에 운행 가능할 것이라고 했으므로 시의회에서 지하철 연장을 승인하기로 가결했음을 알 수 있다. 따라서 동사 vote(가결하다)의 과거형 (C) voted가 정답이다. (A)의 fail은 '실패하다', (B)의 react는 '대응하다, 반대하다', (D)의 hesitate는 '주저하다'라는 의미이다.

140 ■ **알맞은 문장 고르기** 　　　　　　　　　　　　　　　　　　　　　　　　　　　　　　　　　　　정답 (B)

빈칸에 들어갈 알맞은 문장을 고르는 문제이므로 주변 문맥 또는 전체 문맥을 파악한다. 뒤 문장 'This has encouraged developers to build more apartments there.'에서 이는 개발업체들이 그곳에 더 많은 아파트를 짓도록 조장했다고 했으므로 빈칸에는 지역에 더 많은 아파트를 짓도록 만든 원인과 관련된 내용이 들어가야 함을 알 수 있다. 따라서 (B) The population in this area has been increasing because of low property costs가 정답이다.

보기 해석
(A) 그 지역으로의 관광은 인기 있는 캠페인 덕분에 최근 몇 년간 늘었다.
(B) 이 지역의 인구는 낮은 부동산 비용 때문에 늘어왔다.
(C) 그 지역의 교통비가 엄청난 속도로 인상되고 있다.
(D) Glostrup 지역 노선의 폐쇄는 단지 두 달 일찍 발표되었다.

어휘　**tourism** n. 관광, 관광 사업　**thanks to** phr. ~ 덕분에　**population** n. 인구, 주민　**property** n. 부동산, 재산, 건물　**transportation** n. 교통, 운송료　**unprecedented** adj. 엄청난, 전례 없는　**rate** n. 속도, 요금; v. 평가하다　**closure** n. 폐쇄, 종료　**announce** v. 발표하다, 알리다

141 ■ **명사 어휘** 주변 문맥 파악 　　　　　　　　　　　　　　　　　　　　　　　　　　　　　　　　정답 (B)

'이러한 ＿＿ 기회들은 그 지역에 더 많은 사람들을 끌어들이는 비결이 되어 왔다'라는 문맥이므로 모든 보기가 정답의 후보이다. 빈칸이 있는 문장만으로 정답을 고를 수 없으므로 주변 문맥이나 전체 문맥을 파악한다. 앞 문장에서 인근 Albertslund 기술 단지의 설립이 수천 개의 새로운 일자리를 더했다고 했으므로 늘어난 고용 기회들이 그 지역으로 사람들을 끌어들였음을 알 수 있다. 따라서 명사 (B) employment(고용)가 정답이다. (A) education은 '교육', (C) volunteer는 '자원 봉사(자)', (D) sponsorship은 '후원'이라는 의미이다.

142 ■ **현재 완료 시제** 　　　　　　　　　　　　　　　　　　　　　　　　　　　　　　　　　　　　정답 (D)

문장 안에 현재 완료 시제와 함께 쓰이는 표현(Since)이 있으므로, 과거에 발생한 일이 현재까지 계속될 때 사용되는 현재 완료 시제 (D) has stretched가 정답이다. 미래 시제 (A)와 (C)는 미래의 상황에 대한 추측이나 의지를 나타내고, 현재 시제 (B)는 주로 반복적인 행동이나 습관을 나타낼 때 사용된다.

어휘　**stretch** v. 늘리다, 늘이다

Questions 143-146 refer to the following memo.

143-146은 다음 회람에 관한 문제입니다.

To: All staff
From: Louise Nixon, Director of operations
Subject: VIP event
Date: September 6

We have confirmed a booking for over 200 guests from September 27 to 30. Many of ------- are important people
143
from respected organizations who anticipate a high level of service from us.

They will be our only guests over the entire four-day period. For privacy reasons, you are expected to cooperate with requests from their security personnel and ------- from
144
discussing the event outside the hotel.

-------. We've also agreed that guests will be allowed
145
complimentary use of the spa, gym, and business center. -------, they should be billed if they order room service or
146
make long-distance calls.

수신: 전 직원
발신: Louise Nixon, 운영 책임자
제목: VIP 행사
날짜: 9월 6일

우리는 9월 27일부터 30일까지 200명 이상의 손님들을 위한 예약을 확정했습니다. **143** 그들 중 많은 사람들은 높이 평가되는 기관들의 중요한 분들이며 우리로부터 높은 수준의 서비스를 기대합니다.

그들은 4일 전체의 기간 동안 우리의 유일한 손님이 될 것입니다. **144** 개인 사생활 보호상의 이유로, 여러분은 그들의 보안 요원들로부터의 요청에 협조하고 호텔 외부에서 행사에 대해 논의하는 것을 삼가도록 요구됩니다.

145 계약서는 그들의 식사가 무료로 제공될 것이라고 명시합니다. 우리는 또한 손님들이 스파, 헬스장, 비즈니스 센터의 무료 이용을 할 수 있도록 합의했습니다. **146** 반면, 그들이 방으로 식사를 주문하거나 장거리 전화를 걸 경우에는 비용이 청구될 것입니다.

143 (A) whom
(B) them
(C) their
(D) which

144 (A) to refrain
(B) refraining
(C) refrained
(D) refrains

145 (A) The guests were very pleased with the service we provided.
(B) Another group needs to use our small meeting room on the 28th.
(C) The contract states that their meals should be provided free of charge.
(D) Event participants will be entitled to a discount upon booking.

146 (A) Specifically
(B) Sometimes
(C) Otherwise
(D) On the other hand

어휘 operation n. 운영, (대규모) 기업 respected adj. 높이 평가되는, 훌륭한 entire adj. 전체의, 완전한 privacy n. 사생활, 개인 정보 expect v. 요구하다, 기대하다 cooperate v. 협조하다, 협력하다 security personnel phr. 보안 요원 agree v. 합의하다, 동의하다 bill v. 계산서로 청구하다; n. 계산서 long-distance adj. 장거리의

143 ▪ [목적어 자리] 인칭대명사의 격

전치사(of)의 목적어 자리에 올 수 있는 목적격 관계대명사 (A)와 (D), 목적격 인칭대명사 (B)가 정답의 후보이다. 앞 문장의 명사(guests)를 대신하고 '그들 중 많은 사람들'이라는 의미가 되어야 하므로 목적격 인칭대명사 (B) them이 정답이다. 목적격 관계대명사 (A) whom과 (D) which는 관계절 내에서 목적어 역할을 하는데, 각각 선행사가 사람/사물일 때 사용된다. 소유격 인칭대명사 (C) their는 전치사의 목적어 자리에 올 수 없다.

144 ▪ 병치 구문

빈칸은 to 부정사구를 목적격 보어로 갖는 동사(expect)의 두 번째 보어로서, 첫 번째 보어(to cooperate)와 등위접속사 and로 연결되어 있는 형태이다. 따라서 빈칸도 같은 형태인 to 부정사 (A) to refrain이 정답이다. 참고로, 이 문장은 목적어와 목적격 보어를 취하는 5형식 동사 expect(요구하다, 기대하다)가 수동태로 쓰이면서 목적어(you)가 주어 자리에 오고 목적격 보어(to cooperate, to refrain)가 동사 뒤에 남은 형태임을 알아둔다. 동명사 또는 분사 (B)는 expect의 목적격 보어 자리에 올 수 없다. 동사 (C)와 (D)를 동사(are expected)와 등위접속사 and로 연결되어 있는 형태로 본다 해도, (C)는 동사 refrain이 from과 함께 쓰이는 자동사이므로 수동태로 쓰일 수 없고, 단수 동사 (D)는 복수 주어(you)와 수가 맞지 않아 답이 될 수 없다.

어휘 refrain v. 삼가다, 자제하다; n. 후렴

145 ▪ 알맞은 문장 고르기

빈칸에 들어갈 알맞은 문장을 고르는 문제이므로 주변 문맥 또는 전체 문맥을 파악한다. 뒤 문장 'We've also agreed that guests will be allowed complimentary use of the spa, gym, and business center.'에서 우리는 또한 손님들이 스파, 헬스장, 비즈니스 센터의 무료 이용을 할 수 있도록 합의했다고 했으므로 빈칸에는 손님들에게 무료 제공되는 것에 관련된 내용이 들어가야 함을 알 수 있다. 따라서 (C) The contract states that their meals should be provided free of charge가 정답이다.

보기 해석

(A) 손님들은 우리가 제공했던 서비스에 매우 만족했습니다.
(B) 또 다른 단체는 28일에 우리의 소회의실을 사용해야 합니다.
(C) 계약서는 그들의 식사가 무료로 제공될 것이라고 명시합니다.
(D) 행사 참가자들은 예약 시에 할인을 받을 자격이 생길 것입니다.

어휘 free of charge phr. 무료로 be entitled to phr. ~할 자격이 있다

146 ▪ 접속부사 주변 문맥 파악

빈칸이 콤마와 함께 문장의 맨 앞에 온 접속부사 자리이므로, 앞 문장과 빈칸이 있는 문장의 의미 관계를 파악하여 정답을 선택한다. 앞 문장에서 손님들이 스파, 헬스장, 비즈니스 센터의 무료 이용을 할 수 있도록 합의했다고 했고, 빈칸이 있는 문장에서는 손님들이 방으로 식사를 주문하거나 장거리 전화를 걸 경우에는 비용이 청구될 것이라고 했으므로 앞 문장과 대조되는 내용을 나타낼 때 사용되는 접속부사 (D) On the other hand(반면)가 정답이다. (A) Specifically는 '구체적으로', (C) Otherwise는 '그렇지 않으면'이라는 의미이다. (B) Sometimes(때때로)도 해석상 그럴듯해 보이지만, 자연스러운 정답이 되기 위해서는 비용이 청구되는 경우들에 대한 추가 단서가 필요하다.

PART 7

Questions 147-148 refer to the following letter.

147-148은 다음 편지에 관한 문제입니다.

Martin Bailey
[148-D]Tallahassee Bike Works
1105 Old Bainbridge Road
Tallahassee, FL 32308

Dear Mr. Bailey,

About one month ago, you contacted our company inquiring about our latest bicycle parts brochure. At the time, we were revising our catalog, and I indicated that I would send you our brochure and order form for this year when the changes were completed. [147/148-A]I am pleased to inform you that the product booklet was printed this week, and a copy is enclosed with this letter.

[148-D]We appreciate your interest in our merchandise and the previous purchases you made for your shop, and look forward to continuing our partnership during the coming year. I encourage you to contact me if you have any concerns or questions about any of our parts. We are also happy to discuss prices for bulk orders or long-term arrangements.

Best Wishes,
Catherine Jenkins
[148-A]Shipson Bicycle Parts

Martin Bailey
[148-D]Tallahassee Bike Works사
1105번지 Old Bainbridge로
탤러해시, 플로리다 주 32308

Mr. Bailey께,

약 한 달 전, 귀하께서는 저희의 최신 자전거 부품 브로슈어에 대해 문의하기 위해 저희 회사에 연락하셨습니다. 그 당시, 저희는 카탈로그를 수정하고 있었고, 그래서 저는 변경이 완료되면 올해의 브로슈어 및 주문서를 보내드리겠다고 했었습니다. [147/148-A]저는 제품 책자가 이번 주에 발간되었다는 것을 알려드리게 되어 기쁘고, 한 권이 이 편지에 동봉되어 있습니다.

[148-D]저희의 상품에 대한 귀하의 관심과 귀하의 상점을 위하셨던 이전 구매들에 감사드리며, 내년에도 우리의 제휴를 이어나가기를 기대합니다. 저희의 어떤 부품에 대해서라도 문제나 질문이 있으시다면 저에게 연락해 주시기를 귀하께 권장합니다. 저희는 또한 대량 주문이나 장기간 협정의 가격에 대해 기꺼이 논의할 것입니다.

Catherine Jenkins 드림
[148-A]Shipson Bicycle Parts사

어휘   □ **latest** adj. 최신의, 최근의   □ **revise** v. 수정하다, 개정하다   □ **booklet** n. (소)책자
         □ **enclose** v. 동봉하다, 둘러싸다   □ **bulk** n. 대량, 대부분   □ **arrangement** n. 협정, 합의

147

What did Ms. Jenkins send to Mr. Bailey?

(A) A revised contract
(B) A list of products
(C) A discount coupon
(D) A sales invoice

Ms. Jenkins는 Mr. Bailey에게 무엇을 보냈는가?

(A) 수정된 계약서
(B) 제품의 목록
(C) 할인 쿠폰
(D) 매출 송장

■ **육하원칙** What 정답 (B)

Ms. Jenkins가 Mr. Bailey에게 무엇(What)을 보냈는지를 묻는 육하원칙 문제이다. 질문의 핵심 어구인 Ms. Jenkins send to Mr. Bailey 와 관련하여, 'I am pleased to inform you that the product booklet was printed this week, and a copy is enclosed with this letter.'에서 자신, 즉 Ms. Jenkins가 제품 책자가 이번 주에 발간되었다는 것을 알려주게 되어 기쁘고, 한 권이 이 편지에 동봉되어 있다고 했으므로 (B)가 정답이다.

바꾸어 표현하기
the product booklet 제품 책자 → A list of products 제품의 목록

어휘 contract n. 계약서, 계약; v. 계약하다, 수축시키다, 단축하다 invoice n. 송장, 청구서; v. 송장을 보내다, 송장을 작성하다

148

What is suggested about Tallahassee Bike Works?

(A) It recently published a promotional product brochure.
(B) It sent Ms. Jenkins a complete purchase order form.
(C) It inquired about placing a bulk order of parts.
(D) It has done business with Shipson Bicycle Parts before.

Tallahassee Bike Works사에 대해 암시되는 것은?

(A) 최근 홍보용 제품 브로슈어를 발간했다.
(B) Ms. Jenkins에게 완성된 구매 주문서를 보냈다.
(C) 부품을 대량 주문하는 것에 대해 문의했다.
(D) 이전에 Shipson Bicycle Parts사와 거래를 했었다.

■ **추론** 세부 정보 정답 (D)

질문의 핵심 어구인 Tallahassee Bike Works에 대해 추론하는 문제이다. 'Tallahassee Bike Works', 'We appreciate your interest in our merchandise and the previous purchases you made for your shop'에서 저희, 즉 Shipson Bicycle Parts사의 상품에 대한 Tallahassee Bike Works사의 관심과 이전 구매들에 고맙다고 했으므로 Tallahassee Bike Works사가 이전에 Shipson Bicycle Parts 사와 거래를 했었다는 사실을 추론할 수 있다. 따라서 (D)가 정답이다. (A)는 'I am pleased to inform you that the product booklet was printed this week'와 'Shipson Bicycle Parts'에서 제품 책자를 발간한 곳이 Tallahassee Bike Works사가 아닌 Shipson Bicycle Parts사인 것을 알 수 있으므로 답이 될 수 없다.

바꾸어 표현하기
previous purchases 이전 구매들 → done business with ~ before 이전에 거래를 했다

Town of Shakersfield

In an effort to provide rapid service to the Shakersfield area, [149]roadwork will be taking place next week around Shakersfield Station. The work will begin on Sunday, May 12 at 7 A.M. and finish in the late morning of Monday, May 20. The Public Works Office apologizes in advance for any noise generated while work is being performed. The main section of town that will be affected is the area between Mayfield and Morton Roads. The following local areas may also be impacted:

- Oakwood Street up through Morton Road
- [150]Pedestrian access to Granderry Plaza
- Route 39 South to New Hammersworth

If any questions or concerns should arise with regard to this notice, please contact Mary Newton, Public Works Senior Official at 555-3344 or m_newton@shakersfield.gov.

Shakersfield시

Shakersfield시 지역에 빠른 서비스를 제공하기 위한 노력으로, 다음 주에 Shakersfield역 주변에서 [149]도로 공사가 시행될 것입니다. 공사는 5월 12일 일요일 오전 7시에 시작해서 5월 20일 월요일 늦은 아침에 끝날 것입니다. 공공 공사 부서는 공사가 수행되는 동안에 발생되는 모든 소음에 대해 미리 사과드립니다. 영향을 받을 마을의 주요 구역은 Mayfield로와 Morton로 사이의 구역입니다. 다음 지역들 또한 영향을 받을 수 있습니다:

- Oakwood가에서부터 Morton로까지
- [150]Granderry 쇼핑센터로의 보행자 진입로
- New Hammersworth로 가는 39번 남쪽 도로

만약 이 공고와 관련하여 어떤 질문이나 문제가 발생할 경우, 공공 공사의 고위 공무원인 Mary Newton에게 555-3344나 m_newton@shakersfield.gov로 연락하시기 바랍니다.

어휘
□ **in an effort to** phr. ~하기 위한 노력으로
□ **section** n. 구역, 지구
□ **access** n. 진입로, 접근, 입장
□ **rapid** adj. 빠른, 신속한
□ **impact** v. 영향을 주다; n. 영향, 충격
□ **arise** v. 발생하다, 생기다
□ **in advance** phr. 미리, 사전에
□ **pedestrian** adj. 보행자의; n. 보행자

149
○○○○● 하

What is the purpose of the notice?

(A) To explain the role of a public office
(B) To inform commuters of a station closure
(C) To state new transit regulations
(D) To announce a construction project

공고의 목적은 무엇인가?

(A) 관공서의 역할을 설명하기 위해
(B) 통근자들에게 역 폐쇄에 대해 알리기 위해
(C) 새로운 교통 규정을 명시하기 위해
(D) 공사 프로젝트를 알리기 위해

■ **주제/목적 찾기** 글의 목적 　　　　　　　　　　　　　　　　　　　　　　　정답 (D)

공고의 목적을 묻는 목적 찾기 문제이므로 지문의 앞부분을 주의 깊게 확인한다. 'roadwork will be taking place'에서 도로 공사가 시행될 것이라고 한 후 공사와 관련된 세부 사항을 설명하고 있으므로 (D)가 정답이다.

바꾸어 표현하기
roadwork 도로 공사 → construction project 공사 프로젝트

어휘　**public office** phr. 관공서, 관청　**commuter** n. 통근자　**transit** n. 교통 체계, 환승　**regulation** n. 규정, 규제

150
○○○●● 중

What is indicated about the Town of Shakersfield?

(A) Its subway will be affected by construction work.
(B) It will post signs for detours during roadwork.
(C) It has a plaza that people can walk to.
(D) It is inaccessible to other towns by highway.

Shakersfield시에 대해 암시되는 것은?

(A) 지하철이 공사 작업에 영향을 받을 것이다.
(B) 도로 공사 동안 우회로를 위한 표지판을 세울 것이다.
(C) 사람들이 걸어서 갈 수 있는 쇼핑센터가 있다.
(D) 고속도로로 다른 도시들에 갈 수 없다.

■ **추론** 세부 정보 　　　　　　　　　　　　　　　　　　　　　　　　　　정답 (C)

질문의 핵심 어구인 the Town of Shakersfield에 대해 추론하는 문제이다. 'Pedestrian access to Granderry Plaza'에서 Granderry 쇼핑센터로의 보행자 진입로가 공사의 영향을 받을 것이라고 했으므로 Granderry 쇼핑센터로 걸어서 갈 수 있다는 사실을 추론할 수 있다. 따라서 (C)가 정답이다.

바꾸어 표현하기
Pedestrian access 보행자 진입로 → people can walk to 사람들이 걸어서 갈 수 있다

어휘　**detour** n. 우회로　**inaccessible** adj. 갈 수 없는, 접근이 불가능한　**highway** n. 고속도로

FROM: Pierre Grenier <gren@grenierfashions.com>
TO: Elizabeth Monaco <lismon@freedommail.com>
SUBJECT: 152-ACustom order
DATE: July 12

Dear Ms. Monaco,

151I just wanted to inform you that we have completed your gown. Specifically, the hemline has now been shortened by four centimeters, as you indicated you would not be wearing high heels.

We are open until 6 P.M. on Fridays and closed on weekends, 151so please pick up your gown sometime this week. 152-BWe also encourage you to try on the dress one last time just to make sure everything is as it should be.

152-DI kindly request that you submit the full payment the next time you visit my shop. The details are as follows:

7 meters of red brocade silk	$580
152-ACustom gown design	$200
Labor (sewing, fittings, alterations)	$400
Subtotal	$1,180
+10 percent sales tax	(Total Amount Due) $1,298

Thank you so much again for your patronage, and 152-CI am sure you'll look great in the gown at your law firm's awards presentation this Saturday night.

Sincerely,

Pierre Grenier
Grenier Custom Fashions

발신: Pierre Grenier <gren@grenierfashions.com>
수신: Elizabeth Monaco <lismon@freedommail.com>
제목: 152-A맞춤 주문
날짜: 7월 12일

Ms. Monaco께,

151저희가 귀하의 드레스를 완성했다는 것을 귀하께 알려드리고 싶었습니다. 구체적으로 말씀드리면, 귀하께서 하이힐을 신지 않을 것이라고 언급하셨기 때문에, 드레스의 단 끝은 이제 4센티미터 더 짧아졌습니다.

저희가 금요일에는 오후 6시까지 열고 주말에는 문을 닫으니, 151이번 주 중에 들르셔서 드레스를 찾아가 주십시오. 또한 모든 것이 제대로 되었는지를 확인하기 위해 152-B귀하께서 마지막으로 한 번 드레스를 입어보시기를 권해드립니다.

152-D귀하께서 다음번에 제 가게에 방문하실 때 전액을 지불해주시기를 정중히 요청드립니다. 세부 사항은 다음과 같습니다:

빨간색 양단 비단 7미터	580달러
152-A맞춤 드레스 디자인	200달러
인건비 (바느질, 가봉, 수선)	400달러
소계	1,180달러
+10퍼센트 부가세	(총액) 1,298달러

귀하의 애용에 다시 한번 매우 감사드리며, 152-C이번 주 토요일 밤 귀하의 법률 사무소 시상식에서 드레스가 잘 어울리실 거라고 확신합니다.

Pierre Grenier 드림
Grenier Custom Fashions사

여휘 □ **gown** n. 드레스, 가운
   □ **pick up** phr. (맡겨놓은 물건 등을) 찾아가다
   □ **silk** n. 비단, 실크
   □ **patronage** n. 애용, 후원

□ **hemline** n. (드레스나 치마의) 단 끝, 길이
□ **try on** phr. (옷이나 신발 등을) 입어(신어) 보다
□ **sewing** n. 바느질, 재봉

□ **shorten** v. 짧게 하다, 단축하다
□ **brocade** n. 양단
□ **subtotal** n. 소계

○○○
●●●
중

Why did Mr. Grenier send the e-mail?

(A) To confirm that it is possible to modify a gown
(B) To notify a client that a garment is ready for pickup
(C) To clarify errors in a shop's billing statement
(D) To inform a customer of some scheduling alterations

Mr. Grenier는 왜 이메일을 보냈는가?

(A) 드레스 수선이 가능하다는 것을 확인시키기 위해
(B) 고객에게 의복이 찾아갈 준비가 되었다는 것을 알리기 위해
(C) 가게의 대금 청구서의 오류를 명확하게 하기 위해
(D) 고객에게 몇몇 일정 변경을 알리기 위해

■ 주제/목적 찾기 글을 쓴 이유 　　　　　　　　　　　　　　　　　　　　　　　　　　　　　정답 (B)

이메일을 보낸 이유를 묻는 목적 찾기 문제이므로 지문의 앞부분을 주의 깊게 확인한다. 'I just wanted to inform you that we have completed your gown.'에서 드레스를 완성했다는 것을 알려주고 싶었다고 했고, '~ please pick up your gown sometime this week'에서 이번 주 중에 들러서 드레스를 찾아가 달라고 했으므로 (B)가 정답이다.

바꾸어 표현하기
gown 드레스 → garment 의복

어휘　clarify v. 명확히 하다, 분명히 말하다　billing statement phr. 대금 청구서　alteration n. 변경, 개조

○○○
●●●
상

What is indicated about Ms. Monaco?

(A) She will wear a gown made to order.
(B) She has not tried on her gown yet.
(C) She will win an award on Saturday night.
(D) She has already submitted a partial payment.

Ms. Monaco에 대해 언급된 것은?

(A) 주문 제작된 드레스를 입을 것이다.
(B) 아직 드레스를 입어보지 않았다.
(C) 토요일 밤에 상을 수상할 것이다.
(D) 이미 일부 비용을 지불했다.

■ Not/True True 문제 　　　　　　　　　　　　　　　　　　　　　　　　　　　　　　　정답 (A)

질문의 핵심 어구인 Ms. Monaco와 관련된 내용을 지문에서 찾아 각 보기와 대조하는 Not/True 문제이다. (A)는 'Custom order'와 'Custom gown design'에서 Ms. Monaco가 맞춤 디자인된 드레스를 주문했음을 알 수 있으므로 지문의 내용과 일치한다. 따라서 (A)가 정답이다. (B)는 'We also encourage you to try on the dress one last time'에서 마지막으로 한 번 드레스를 입어보기를 권한다고 했으므로 지문의 내용과 일치하지 않는다. (C)는 'I am sure you'll look great in the gown at your law firm's awards presentation this Saturday night'에서 이번 주 토요일 밤 귀하, 즉 Ms. Monaco의 법률 사무소 시상식에서 드레스가 잘 어울릴 거라고 확신한다고 했으나 Ms. Monaco가 시상식에서 상을 수상할 것인지는 알 수 없으므로 지문의 내용과 일치하지 않는다. (D)는 'I kindly request that you submit the full payment the next time you visit my shop.'에서 다음번에 자신, 즉 Mr. Grenier의 가게에 방문할 때 전액을 지불해주기를 정중히 요청한다고 했으므로 지문의 내용과 일치하지 않는다.

바꾸어 표현하기
Custom gown 맞춤 드레스 → gown made to order 주문 제작된 드레스

어휘　made to order phr. 주문 제작된, 맞춤의　partial adj. 일부의, 부분적인

Questions 153-154 refer to the following text-message chain.

153-154는 다음 메시지 대화문에 관한 문제입니다.

Annie Wysocki   2:47 P.M.

Hi, Ivan. [153]Just following up on your offer.

Annie Wysocki   2:48 P.M.

There's been some interest from other buyers, so [153]I need to know whether you're pushing through.

Ivan Messines   2:50 P.M.

Hey, Annie! Yes, I'm still very much interested. Thanks for asking!

Annie Wysocki   2:51 P.M.

OK, good. [153/154]Did you have any more concerns about the car? [153]I'd like to close the sale as soon as possible.

Ivan Messines   2:52 P.M.

Not really. I've just been working on gathering up the cash to pay for it. How much more time can you give me?

Annie Wysocki   2:53 P.M.

Well, I was hoping to be rid of the car by this weekend. My new one arrives next week.

Annie Wysocki   오후 2시 47분

안녕하세요, Ivan. [153]당신의 제안에 대해 더 이야기해보려고요.

Annie Wysocki   오후 2시 48분

다른 구매자들이 관심을 가져서, [153]당신이 추진할 것인지 알아야 해요.

Ivan Messines   오후 2시 50분

안녕하세요, Annie! 네, 저는 여전히 매우 관심 있어요. 물어봐 줘서 고마워요!

Annie Wysocki   오후 2시 51분

좋아요. [153/154]차에 대해 다른 우려 사항이 있으신가요? [153]가능한 한 빨리 판매를 마무리하고 싶어요.

Ivan Messines   오후 2시 52분

그렇지는 않아요. 그저 가격을 지불하기 위해 현금을 모으는 데 노력하고 있었어요. 저에게 시간을 얼마나 더 주실 수 있나요?

Annie Wysocki   오후 2시 53분

글쎄요, 이번 주말까지는 차를 처분하고 싶었어요. 제 새 차가 다음 주에 도착하거든요.

어휘 □ **follow up on** phr. ~에 대해 더 이야기하다, ~을 끝까지 하다
      □ **close the sale** phr. 판매를 마무리하다, 성사시키다

□ **push through** phr. 추진하다, 밀고 나가다
□ **be rid of** phr. ~을 처분하다, ~에서 벗어나다

---

153 ○○○● 중

Why did Ms. Wysocki contact Mr. Messines?

(A) To make plans for the coming weekend
(B) To arrange to meet at a location
(C) To discuss the sale of a vehicle
(D) To inquire about money that is owed

Ms. Wysocki는 왜 Mr. Messines에게 연락했는가?

(A) 다가오는 주말에 대한 계획을 세우기 위해
(B) 장소에서 만나기로 정하기 위해
(C) 차량 판매에 대해 논의하기 위해
(D) 채무 금액에 대해 질문하기 위해

■ **주제/목적 찾기** 글을 쓴 이유   정답 (C)

Ms. Wysocki가 Mr. Messines에게 연락한 이유를 묻는 목적 찾기 문제이다. 특별히 이 문제는 전체 지문을 요약하여 목적을 찾아야 한다. 'Just following up on your offer.'에서 Ms. Wysocki가 당신, 즉 Mr. Messines의 제안에 대해 더 이야기해보려고 한다고 했고, 'I need to know whether you're pushing through'에서 Mr. Messines가 추진할 것인지 알아야 한다고 했으며, 'Did you have any more concerns about the car? I'd like to close the sale as soon as possible.'에서 차에 대해 다른 우려 사항이 있는지 묻고 가능한 한 빨리 판매를 마무리하고 싶다고 하며 차량 판매에 대해 논의하고 있으므로 (C)가 정답이다.

어휘 **coming** adj. 다가오는 **inquire** v. 질문하다, 묻다 **owed** adj. 채무의, 빚진

154

⋮

최상

At 2:52 P.M., what does Mr. Messines mean when he writes, "Not really"?

(A) He is certain of his ability to pay a desired amount.
(B) He is disappointed with the terms of a deal.
(C) He is not in a rush to complete a transaction.
(D) He is satisfied with the information he already has.

오후 2시 52분에, Mr. Messines가 "Not really"라고 썼을 때 그가 의도한 것은?

(A) 자신이 요구된 금액을 지불할 능력이 있다고 확신한다.
(B) 거래 조건에 실망했다.
(C) 거래를 성사시키는 것이 급하지 않다.
(D) 자신이 이미 가지고 있는 정보에 만족한다.

■ 의도 파악

정답 (D)

Mr. Messines가 의도한 것을 묻는 문제이므로, 질문의 인용어구(Not really)가 언급된 주변 문맥을 파악한다. 'Did you have any more concerns about the car?'에서 Ms. Wysocki가 차에 대해 다른 우려 사항이 있는지 묻자 Mr. Messines가 'Not really.'(그렇지는 않아요) 라고 한 것을 통해, Mr. Messines가 이미 가지고 있는 정보에 만족한다는 것을 알 수 있다. 따라서 (D)가 정답이다.

어휘 terms n. 조건, 약관 in a rush phr. 급한, 서두르는 transaction n. 거래

PENDLETON ICE RINK

[155]The staff at the Pendleton Ice Rink want everyone to have a safe, enjoyable experience. Accordingly, we ask that visitors please observe the following guidelines:

- No playing with hockey sticks or pucks except on the ice
- [156-B]No food or drinks are allowed on the ice or in the changing rooms
- No one is permitted on the ice without skates
- No animals are permitted on the rink or in the arena's facilities
- Everyone must keep in motion while on the ice
- [156-C]Visitors may rent ice skates or bring their own
- Everyone must listen to rink attendants and follow their instructions

[156-A]Trained attendants will be skating on the rink at all times. They are easily identifiable as they wear blue jackets with "Pendleton Ice Rink" printed on them. If you have any questions or concerns, please speak to them.

[156-A]The Pendleton Ice Rink is open every day from November 10 to March 1, except national holidays. [156-D]Our hours of operation are 10 A.M. to 8 P.M. Monday through Friday, and 10 A.M. to 9 P.M. Saturday and Sunday. [157]If you wish to sign up for one of our weekly ice skating classes taught by an expert coach, please inquire with a staff member at the information desk or ticket office.

PENDLETON 스케이트장

[155]Pendleton 스케이트장의 직원들은 모든 사람들이 안전하고 즐거운 경험을 하기를 원합니다. 그에 따라, 저희는 방문객들이 다음의 지침들을 준수하기를 요청드립니다:

- 얼음 위를 제외하고는 하키용 스틱이나 퍽을 가지고 놀지 마십시오.
- [156-B]얼음 위 또는 탈의실 안에서는 음식이나 음료가 허용되지 않습니다.
- 스케이트화 없이 얼음 위에 있는 것은 허락되지 않습니다.
- 스케이트장 위 또는 스케이트장의 시설 내에서 동물은 허용되지 않습니다.
- 모든 사람들은 얼음 위에 있는 동안 계속 움직여야 합니다.
- [156-C]방문객들은 스케이트화를 빌리거나 자신의 것을 가져올 수 있습니다.
- 모든 사람들은 스케이트장 안내원들에게 귀를 기울이고 그들의 지시를 따라야만 합니다.

[156-A]훈련받은 안내원들이 항상 스케이트장 위에서 스케이트를 타고 있을 것입니다. 그들이 "Pendleton 스케이트장"이라고 인쇄된 파란색 재킷을 입고 있기 때문에 그들은 쉽게 알아볼 수 있습니다. 만약 당신이 질문이나 문제가 있다면, 그들에게 말씀하십시오.

[156-A]Pendleton 스케이트장은 11월 10일부터 3월 1일까지, 공휴일을 제외하고 매일 문을 엽니다. [156-D]저희의 운영 시간은 월요일부터 금요일까지는 오전 10시부터 오후 8시까지, 토요일과 일요일에는 오전 10시부터 오후 9시까지입니다. [157]만약 전문 코치에게 배우는 저희의 주간 아이스 스케이트 수업 중 하나에 등록하고 싶으시다면, 안내소나 매표소에 있는 직원에게 문의하십시오.

어휘
- ice rink phr. 스케이트장, 아이스 링크
- observe v. (법률·규칙 등을) 준수하다
- changing room phr. 탈의실
- rent v. 빌리다, 임대하다
- trained adj. 훈련받은, 정규 교육을 받은
- except prep. ~을 제외하고
- inquire v. 문의하다
- enjoyable adj. 즐거운, 재미있는
- guideline n. 지침, 가이드라인
- permit v. 허락하다, 허용하다
- attendant n. 안내원, 종업원
- at all times phr. 항상, 언제나
- operation n. 운영, 수술
- information desk phr. 안내소
- accordingly adv. 그에 따라, 부응해서
- puck n. 퍽(아이스 하키에서 공처럼 치는 고무 원반)
- in motion phr. 움직이고 있는, 운전 중인
- instruction n. 지시, 설명, 명령
- identifiable adj. 알아볼 수 있는, 인식 가능한
- sign up for phr. ~에 등록하다
- ticket office phr. 매표소

What is the main purpose of the information?

(A) To announce the opening of an ice rink
(B) To describe revised operation policies to staff
(C) To notify visiting skaters of a facility's rules
(D) To promote classes on an ice rink

안내문의 주 목적은 무엇인가?

(A) 스케이트장의 개장을 알리기 위해
(B) 전 직원에게 변경된 운영 방침을 설명하기 위해
(C) 스케이트를 타는 방문객들에게 시설의 규정을 알리기 위해
(D) 스케이트장에서의 수업들을 홍보하기 위해

■ **주제/목적 찾기** 글의 목적
정답 (C)

안내문의 목적을 묻는 목적 찾기 문제이므로 지문의 앞부분을 주의 깊게 확인한다. 'The staff at the Pendleton Ice Rink ~ ask that visitors please observe the following guidelines:'에서 Pendleton 스케이트장의 직원들은 방문객들이 다음의 지침들을 준수하기를 요청한다고 하며, 스케이트장 시설의 규정을 안내하고 있으므로 (C)가 정답이다.

어휘 **revised** adj. 변경된, 수정된 **promote** v. 홍보하다, 승진시키다

What is NOT indicated about Pendleton Ice Rink?

(A) It has uniformed staff that are always available.
(B) It offers patrons the use of dressing rooms.
(C) It allows visitors to bring their own equipment.
(D) It is open to the public 24 hours a day.

Pendleton 스케이트장에 대해 언급되지 않은 것은?

(A) 항상 찾을 수 있는 유니폼을 입은 직원들이 있다.
(B) 고객들에게 탈의실 사용을 제공한다.
(C) 방문객들이 자신의 장비를 가지고 오는 것을 허용한다.
(D) 하루 24시간 동안 대중들에게 개방된다.

■ **Not/True** Not 문제
정답 (D)

질문의 핵심 어구인 Pendleton Ice Rink와 관련된 내용을 지문에서 찾아 각 보기와 대조하는 Not/True 문제이다. (A)는 'Trained attendants will be skating on the rink at all times. They are easily identifiable as they wear blue jackets with "Pendleton Ice Rink" printed on them.'에서 훈련받은 안내원들이 항상 스케이트장 위에서 스케이트를 타고 있을 것이고 "Pendleton 스케이트장"이라고 인쇄된 파란색 재킷을 입고 있다고 했으므로 지문의 내용과 일치한다. (B)는 'No food or drinks are allowed on the ice or in the changing rooms'에서 탈의실에서의 주의사항을 언급했으므로 지문의 내용과 일치한다. (C)는 'Visitors may rent ice skates or bring their own'에서 방문객들이 스케이트화를 빌리거나 자신의 것을 가져올 수 있다고 했으므로 지문의 내용과 일치한다. (D)는 'Our hours of operation are 10 A.M. to 8 P.M. Monday through Friday, and 10 A.M. to 9 P.M. Saturday and Sunday.'에서 운영 시간이 월요일부터 금요일까지는 오전 10시부터 오후 8시까지, 토요일과 일요일에는 오전 10시부터 오후 9시까지라고 했으므로 지문의 내용과 일치하지 않는다. 따라서 (D)가 정답이다.

어휘 **uniformed** adj. 유니폼을 입은 **patron** n. 고객, 후원자 **dressing room** phr. 탈의실, 분장실 **equipment** n. 장비, 용품

How can visitors register for a class?

(A) By calling the ice rink's main office
(B) By visiting an employee at a counter
(C) By finding an attendant on a rink
(D) By signing up directly with the coaches

방문객들은 어떻게 수업에 등록할 수 있는가?

(A) 스케이트장의 본사에 전화함으로써
(B) 카운터에 있는 직원을 방문함으로써
(C) 스케이트장 위에 있는 직원들을 찾아감으로써
(D) 코치에게 직접 등록함으로써

■ **육하원칙** How
정답 (B)

방문객들이 어떻게(How) 수업에 등록할 수 있는지를 묻는 육하원칙 문제이다. 질문의 핵심 어구인 visitors register for a class와 관련하여, 'If you wish to sign up for ~ classes ~, please inquire with a staff member at the information desk or ticket office.'에서 수업에 등록하고 싶다면 안내소나 매표소에 있는 직원에게 문의하라고 했으므로 (B)가 정답이다.

바꾸어 표현하기
inquire with a staff member at the information desk or ticket office 안내소나 매표소에 있는 직원에게 문의하다
→ visiting an employee at a counter 카운터에 있는 직원을 방문하는 것

어휘 **main office** phr. 본사 **directly** adv. 직접, 곧장, 똑바로

Get Cash for Your TRASH!

Bargain Bin Secondhand Goods pays you for your junk! With two branches in Beauville at 6254 Leonardo Crescent and 137 Mount Theresa Avenue, our friendly staff will immediately let you know if your items have any value to us and give you cash or store credit. It's just as easy as that!

Not only do you get cash for your items, but you can find amazing deals on used goods in both our stores. We carry a vast selection of clothing, household goods, antiques and collectibles, and home or office furnishings. Moreover, everything in our stores costs only a fraction of what similar items would cost in brand-new condition. [159]With different stock arriving every day, you never know what sort of treasures you'll find in our stores.

Most importantly, our customers feel great knowing that [160]20 percent of all our profits go to local youth groups committed to the growth and education of Beauville's young people. So drop by a Bargain Bin store today, earn cash, and discover incredible savings. For further details, call us at 555-3009!

당신의 잡동사니로 돈을 벌어보세요!

Bargain Bin 중고 물품 상점에서 당신의 쓸모없는 물건에 대해 돈을 드립니다! Beauville의 Leonardo Crescent가 6254번지와 Mount Theresa가 137번지에 있는 두 개의 지점에서, 저희의 친절한 직원들이 당신의 물품들이 저희에게 가치가 있는지를 즉시 알려드리고 현금이나 상점 포인트를 드릴 것입니다. 이렇게 쉽습니다!

당신의 물품들로 현금을 받을 뿐만 아니라, 저희의 두 상점에서 중고 물품에 대한 놀라운 거래들을 발견하실 수 있습니다. 저희는 방대한 종류의 옷, 가정용품, 골동품과 수집할 가치가 있는 물건, 그리고 가정 혹은 사무용 비품을 취급합니다. 게다가, 저희 상점에 있는 모든 것들은 비슷한 물품들이 새것인 상태일 때 드는 비용의 일부밖에 들지 않습니다. [159]매일 들어오는 다른 매입품들로 인해, 당신은 저희 상점에서 어떤 종류의 보물을 찾게 될지 절대 알 수 없습니다.

가장 중요한 것은, 저희의 고객들은 [160]저희 전체 수익의 20퍼센트가 Beauville 젊은이들의 성장과 교육에 기여하는 지역 청소년 단체에 간다는 것을 알고 기뻐한다는 것입니다. 그러니 오늘 Bargain Bin 상점에 들르셔서, 현금을 받으시고, 엄청난 절약 금액을 발견하세요. 추가 세부 사항에 대해서는, 555-3009로 전화하세요!

어휘
□ **trash** n. 잡동사니, 쓰레기
□ **junk** n. 쓸모없는 물건
□ **used** adj. 중고의
□ **household goods** phr. 가정용품
□ **furnishing** n. 비품, 가구
□ **condition** n. 상태, 조건
□ **treasure** n. 보물, 귀중한 것
□ **discover** v. 발견하다, 알아내다

□ **secondhand** adj. 중고의, 간접의
□ **friendly** adj. 친절한, 우호적인
□ **carry** v. 취급하다, 다루다
□ **antique** n. 골동품
□ **fraction** n. 일부, 부분
□ **stock** n. 매입품, 재고
□ **youth group** phr. 청소년 단체
□ **incredible** adj. 엄청난, 놀라운

□ **goods** n. 물품, 물건
□ **value** n. 가치; v. 가치있게 여기다
□ **vast** adj. 방대한, 막대한
□ **collectible** n. 수집할 가치가 있는 것
□ **brand-new** adj. 완전히 새것인
□ **sort** n. 종류, 유형
□ **committed** adj. 기여하는, 헌신하는
□ **savings** n. 절약 금액

158

The word "selection" in paragraph 2, line 2, is closest in meaning to

(A) expanse
(B) array
(C) territory
(D) proportion

2문단 두 번째 줄의 단어 "selection"은 의미상 −와 가장 가깝다.

(A) 확장
(B) 모음
(C) 영토
(D) 비율

■ 동의어　　　　　　　　　　　　　　　　　　　　　　　　　　　　　　정답 (B)

selection을 포함하는 구절 'We carry a vast selection of clothing, household goods, antiques and collectibles, and home or office furnishings.'에서 selection이 '종류'라는 의미로 사용되었다. 따라서 '모음, 집합체'라는 뜻을 가진 (B)가 정답이다.

159

What is suggested about Bargain Bin?

(A) Its range of products is constantly changing.
(B) Its drop-off bin allows people to make donations.
(C) It allows payment by cash or store credit only.
(D) It rewards frequent shoppers with special deals.

Bargain Bin사에 대해 암시되는 것은?

(A) 제품들의 종류가 끊임없이 달라진다.
(B) 그것의 수거함은 사람들이 기부할 수 있도록 한다.
(C) 현금이나 상점 포인트로만 지불을 허용한다.
(D) 단골 쇼핑객들에게 특별 할인으로 보상한다.

■ 추론 세부 정보　　　　　　　　　　　　　　　　　　　　　　　　　　정답 (A)

질문의 핵심 어구인 Bargain Bin사에 대해 추론하는 문제이다. 'With different stock arriving every day, you never know what sort of treasures you'll find in our stores.'에서 매일 들어오는 다른 매입품들로 인해 상점에서 어떤 종류의 보물을 찾게 될지 절대 알 수 없다고 했으므로 매일 제품들의 종류가 달라진다는 사실을 추론할 수 있다. 따라서 (A)가 정답이다.

어휘　constantly adv. 끊임없이, 거듭　drop-off bin phr. 수거함　frequent adj. 단골의, 빈번한; v. 자주 방문하다

160

What does Bargain Bin do with a portion of its profits?

(A) Invest it in independent local businesses
(B) Distribute it to Bargain Bin investors
(C) Donate it to youth organizations
(D) Use it to build educational facilities

Bargain Bin사는 수익의 일부로 무엇을 하는가?

(A) 지역의 독립 사업체에 투자한다
(B) Bargain Bin사의 투자자들에게 분배한다
(C) 청소년 단체에 기부한다
(D) 교육 시설을 짓는 데 사용한다

■ 육하원칙 What　　　　　　　　　　　　　　　　　　　　　　　　　　정답 (C)

Bargain Bin사는 수익의 일부로 무엇(What)을 하는지를 묻는 육하원칙 문제이다. 질문의 핵심 어구인 Bargain Bin do with a portion of its profits와 관련하여, '20 percent of all our profits go to local youth groups'에서 우리, 즉 Bargain Bin사 전체 수익의 20퍼센트가 지역 청소년 단체에 간다고 했으므로 (C)가 정답이다.

바꾸어 표현하기
a portion of its profits 수익의 일부 → 20 percent of all our profits 전체 수익의 20퍼센트
youth groups 청소년 단체 → youth organizations 청소년 단체

어휘　independent adj. 독립의, 독립적인　distribute v. 분배하다, 나누어 주다　donate v. 기부하다, 기증하다　facility n. 시설, 설비

Local Chorus Tryouts

[161]The Winfield Community Chorus will hold open tryouts for new members on January 17 from 6 P.M. to 9 P.M. at Centennial Hall, located at 660 Plum Street in downtown Winfield. We have openings for women and men and for all types of voices including bass, tenor, alto, and soprano. — [1] —.

[161]Those who audition must be at least 18 years of age, live in Winfield, and be capable of reading music or willing to learn. Previous choral experience is certainly appreciated but not necessary. — [2] —. We will judge your ability to sing the correct notes to the tempo and melody of the audition songs.

Also, we prefer performers that present themselves with professionalism and who can show the proper facial expressions to communicate the emotions they perform. For concerts, you will also have to learn lyrics in various languages, including Italian, German, and French.

Everyone auditioning will receive notification on January 19 about whether or not they have been accepted. [162/163]New members must keep in mind that the chorus is a community organization made up of volunteers and that they will receive no payment. — [3] —.

Join us for some fun with your fellow music-lovers, and take part in loads of exciting performances! — [4] —.

지역 합창단 입단 테스트

[161]Winfield 지역 합창단이 1월 17일 오후 6시부터 오후 9시까지 Winfield 시내의 660번지 Plum가에 위치한 Centennial 홀에서 새로운 단원들을 위한 공개 입단 테스트를 실시할 것입니다. 저희는 여성과 남성 그리고 베이스, 테너, 알토, 소프라노를 포함한 모든 음역에 공석이 있습니다. — [1] —.

[161]오디션을 보는 사람들은 최소 18세여야 하고, Winfield에 살고 있으며, 악보를 읽을 줄 알거나 배울 의지가 있어야 합니다. 이전의 합창 경력은 확실히 인정되지만 필수적이지는 않습니다. — [2] —. 저희는 오디션 곡들의 박자와 멜로디에 맞추어 정확한 음을 노래하는 여러분의 능력을 평가할 것입니다.

또한, 저희는 자기 자신을 전문성 있게 나타내고 그들이 나타내는 감정을 전하기 위해 적절한 표정을 지을 수 있는 공연자들을 선호합니다. 콘서트를 위해 여러분은 또한 이탈리아어, 독일어, 프랑스어를 포함한 여러 가지 언어로 된 가사를 외워야 할 것입니다.

오디션을 보는 모든 사람들은 1월 19일에 그들이 받아들여졌는지의 여부에 대한 공지를 받을 것입니다. [162/163]새로운 단원들은 합창단이 자원 봉사자들로 이루어진 지역 단체이며 보수를 받지 않을 것이라는 점을 유념해야 합니다. — [3] —.

여러분의 동료 음악 애호가들과 함께 즐거움에 동참하고, 수많은 재미있는 공연들에 참여하십시오! — [4] —.

어휘
□ **chorus** n. 합창단, 합창곡
□ **audition** v. 오디션을 보다; n. 오디션
□ **choral** adj. 합창의
□ **note** n. 음, 음표
□ **proper** adj. 적절한, 제대로 된
□ **emotion** n. 감정, 정서
□ **volunteer** n. 자원 봉사자; v. 자원하다
□ **take part in** phr. 참여하다, 참가하다

□ **tryout** n. 선발 테스트
□ **music** n. 악보, 음악
□ **appreciate** v. 인정하다, 감상하다
□ **tempo** n. 박자, 속도
□ **facial expression** phr. (얼굴) 표정
□ **lyrics** n. 가사; adj. 노래의
□ **payment** n. 보수, 지불
□ **load of** phr. 수많은, 다수의

□ **opening** n. 공석, 빈자리
□ **learn** v. 배우다, 외우다
□ **judge** v. 평가하다, 판단하다
□ **professionalism** n. 전문성, 뛰어난 기량
□ **communicate** v. 전하다, 소통하다
□ **notification** n. 공지, 알림
□ **fellow** n. 동료, 친구

161
○ ○ ○ ○
중

For whom was the notice most likely written?

(A) Current members of a music club
(B) Registered participants in a competition
(C) Residents interested in performing
(D) Students enrolled in a singing class

공고는 누구를 대상으로 쓰인 것 같은가?

(A) 음악 동호회의 현재 회원들
(B) 대회에 등록된 참가자들
(C) 공연하는 것에 관심이 있는 주민들
(D) 노래 수업에 등록한 학생들

■ 추론 전체 정보   정답 (C)

지문 곳곳에 퍼져 있는 여러 단서를 종합하여 공고의 대상을 추론하는 문제이다. 'The Winfield Community Chorus will hold open tryouts for new members'에서 Winfield 지역 합창단이 새로운 단원들을 위한 공개 입단 테스트를 실시할 것이라고 했고, 'Those who audition must ~ live in Winfield'에서 오디션을 보는 사람들은 Winfield에 살고 있어야 한다고 했으므로 지역 합창단에 입단하는데 관심이 있는 Winfield 주민들을 대상으로 하는 공고임을 추론할 수 있다. 따라서 (C)가 정답이다.

바꾸어 표현하기
Those who ~ live in ~에 사는 사람들 → Residents 주민들

어휘 **participant** n. 참가자 **enroll** v. 등록하다, 입학시키다

162

What is required of those wishing to try out for the chorus?

(A) Prior participation in a chorus
(B) Previous foreign language study
(C) Possession of a music degree
(D) Willingness to be a volunteer

합창단에 지원하고자 하는 사람들에게 무엇이 요구되는가?

(A) 과거의 합창단 참여
(B) 이전의 외국어 공부
(C) 음악 학위 보유
(D) 자원 봉사자가 되고자 하는 마음

■ 육하원칙 What
정답 (D)

합창단에 지원하고자 하는 사람들에게 무엇(What)이 요구되는지를 묻는 육하원칙 문제이다. 질문의 핵심 어구인 required of those wishing to try out for the chorus와 관련하여, 'New members must keep in mind that the chorus is a community organization made up of volunteers and that they will receive no payment.'에서 새로운 단원들은 합창단이 자원 봉사자들로 이루어진 지역 단체이며 보수를 받지 않을 것이라는 점을 유념해야 한다고 했으므로 (D)가 정답이다.

어휘 try out for phr. 지원하다 prior adj. 이전의, 과거의, 사전의 foreign adj. 외국의, 이질적인 possession n. 보유, 소지품 degree n. 학위, 정도 willingness n. 기꺼이 하는 마음, 의지

163

In which of the positions marked [1], [2], [3], and [4] does the following sentence best belong?

"They are also responsible for purchasing their own uniforms, the details of which will be provided at a later time."

(A) [1]
(B) [2]
(C) [3]
(D) [4]

[1], [2], [3], [4]로 표시된 위치 중, 다음 문장이 들어갈 곳으로 가장 적절한 것은?

"그들은 또한 자신의 단복을 구매할 책임이 있는데, 이에 대한 세부 사항은 추후 제공될 것입니다."

(A) [1]
(B) [2]
(C) [3]
(D) [4]

■ 문장 위치 찾기
정답 (C)

지문의 흐름상 주어진 문장이 들어가기에 가장 적절한 곳을 고르는 문제이다. 주어진 문장에서 그들, 즉 단원들은 또한 자신의 단복을 구매할 책임이 있는데 이에 대한 세부 사항은 추후 제공될 것이라고 했으므로, 이 문장이 단원들이 알아두어야 할 사항을 언급하는 부분에 들어가야 함을 알 수 있다. [3]의 앞 문장인 'New members must keep in mind that the chorus is a community organization made up of volunteers and that they will receive no payment.'에서 새로운 단원들은 합창단이 자원 봉사자들로 이루어진 지역 단체이며 보수를 받지 않을 것이라는 점을 유념해야 한다고 했으므로, [3]에 제시된 문장이 들어가면 단원들은 보수를 받지 않는다는 것 외에도 자신의 단복을 구매해야 할 책임이 있음을 알려주는 자연스러운 문맥이 된다는 것을 알 수 있다. 따라서 (C)가 정답이다.

Questions 164-167 refer to the following online chat discussion.

164-167은 다음 온라인 채팅 대화문에 관한 문제입니다.

Gloria Arden [8:20 A.M.]	

¹⁶⁴I've been looking over everyone's progress reports on the software project. Based on what I've seen, I don't think we'll be able to meet our scheduled release date.

Isabel Cabrera [8:22 A.M.]

¹⁶⁴You may be right about that. Since Bob and Carol moved over to the new hardware project, we've had some trouble meeting the initial deadlines.

Gordon Brickyard [8:26 A.M.]

¹⁶⁵Couldn't we just reschedule the release? Pushing it back a month ought to give us enough time to finish up.

Joe Freemont [8:28 A.M.]

But remember that ¹⁶⁵the product is supposed to be available for the holiday season, which is our peak sales period. If we miss that deadline, we could lose many potential customers.

Gordon Brickyard [8:31 A.M.]

^{166/167}My team has a lot of urgent responsibilities, ¹⁶⁷so I think it would be a good idea to hire some independent contractors to help out.

Gloria Arden [8:32 A.M.]

What are you thinking?

Gordon Brickyard [8:33 A.M.]

^{166/167}Well, they could help my team finish writing the user manual, for one thing. ¹⁶⁷And they could probably handle product testing as well.

Gloria Arden [8:35 A.M.]

I see. What's your opinion, Isabel?

Isabel Cabrera [8:37 A.M.]

It could end up being expensive, but I like the idea. Our graphic designers could certainly use some outside help, too.

Gloria Arden [8:40 A.M.]

Well, it sounds like we should go with Gordon's idea. I'll also bring it up during the board meeting on Friday to see what they say.

Gloria Arden [오전 8시 20분]

¹⁶⁴저는 소프트웨어 프로젝트에 대한 모두의 진행 보고서를 살펴보고 있었어요. 제가 본 것에 의하면, 우리의 예정된 출시 일자를 맞출 수 없을 것 같아요.

Isabel Cabrera [오전 8시 22분]

¹⁶⁴당신 말이 맞을 거예요. Bob과 Carol이 새로운 하드웨어 프로젝트로 이동한 이후로, 우리는 처음의 마감일을 맞추는 데에 다소 어려움을 겪어 왔어요.

Gordon Brickyard [오전 8시 26분]

¹⁶⁵그냥 출시 일정을 변경할 순 없나요? 출시를 한 달 후로 미루는 것은 우리에게 마무리할 충분한 시간을 줄 거예요.

Joe Freemont [오전 8시 28분]

하지만 ¹⁶⁵그 제품이 우리의 최대 판매 기간인 연휴 기간에 이용 가능해야 한다는 점을 명심하세요. 그 마감일을 맞추지 못하면, 우리는 많은 잠재 고객들을 잃을 수도 있어요.

Gordon Brickyard [오전 8시 31분]

^{166/167}우리 팀은 긴급한 책무들이 많아서, ¹⁶⁷도와줄 몇몇 독립 계약자들을 고용하는 것이 좋은 생각일 것 같아요.

Gloria Arden [오전 8시 32분]

무엇을 생각하고 계세요?

Gordon Brickyard [오전 8시 33분]

^{166/167}음, 한 가지 들자면 그들은 우리 팀이 사용자 설명서 작성을 마무리하는 것을 도와줄 수 있어요. ¹⁶⁷그리고 아마 제품 시험을 처리할 수도 있을 거예요.

Gloria Arden [오전 8시 35분]

알겠어요. 당신 의견은 어때요, Isabel?

Isabel Cabrera [오전 8시 37분]

결국 비용이 많이 들 수도 있겠지만, 그 방안이 마음에 들어요. 우리 그래픽 디자이너들도 분명 얼마간의 외부 지원을 이용할 수 있을 거예요.

Gloria Arden [오전 8시 40분]

음, Gordon의 생각대로 가야 할 것 같네요. 제가 이것을 금요일에 있는 이사회에서도 언급해서 그들이 뭐라고 하는지 보도록 할게요.

어휘 □ **look over** phr. 살펴보다, 훑어보다
□ **initial** adj. 처음의; n. 머리글자
□ **ought to** phr. ~일 것이다, ~해야 하다
□ **independent** adj. 독립의, 독자적인
□ **urgent** adj. 긴급한, 절박한
□ **testing** n. 시험, 실험; adj. 아주 힘든

□ **progress** n. 진행, 진전; v. 진행하다
□ **reschedule** v. 일정을 변경하다, 연기하다
□ **remember** v. 명심하다, 기억하다
□ **contractor** n. 계약자, 도급업자
□ **responsibility** n. 책무, 책임
□ **outside** adj. 외부의; adv. 바깥에

□ **release** n. 출시, 발표; v. 공개하다
□ **push back** phr. 미루다
□ **peak** adj. 최대의, 최고의
□ **help out** phr. 도와주다
□ **manual** n. 설명서; adj. 수동의
□ **board meeting** phr. 이사회

164

What caused a project to fall behind schedule?

(A) The cancellation of product testing
(B) The alteration of some deadlines
(C) The modification of a work policy
(D) The reassignment of some employees

무엇이 프로젝트가 일정보다 늦어지도록 했는가?

(A) 제품 시험의 취소
(B) 일부 마감일의 변경
(C) 업무 방침의 변경
(D) 몇몇 직원들의 재배치

■ 육하원칙 What ·· 정답 (D)

무엇(What)이 프로젝트가 일정보다 늦어지도록 했는지를 묻는 육하원칙 문제이다. 질문의 핵심 어구인 caused a project to fall behind schedule과 관련하여, 'I've been looking over everyone's progress reports on the software project. Based on what I've seen, I don't think we'll be able to meet our scheduled release date.'에서 Gloria Arden이 소프트웨어 프로젝트에 대한 모두의 진행 보고서를 살펴보고 있었는데 자신이 본 것에 의하면 예정된 출시 일자를 맞출 수 없을 것 같다고 하자, 'You may be right about that. Since Bob and Carol moved over to the new hardware project, we've had some trouble meeting the initial deadlines.'에서 Isabel Cabrera가 Gloria Arden의 말이 맞을 것이라고 하면서 Bob과 Carol이 새로운 하드웨어 프로젝트로 이동한 이후로 처음의 마감일을 맞추는 데에 어려움을 겪어 왔다고 했으므로 (D)가 정답이다.

바꾸어 표현하기
moved over to ~로 이동하다 → reassignment 재배치

어휘 fall behind phr. ~보다 늦어지다, 뒤처지다 alteration n. 변경, 변화 modification n. 변경, 수정 reassignment n. 재배치, 전환

165

Why most likely is changing the release date unacceptable?

(A) It will increase production costs.
(B) It may be rejected by the board.
(C) It might violate a contract.
(D) It could affect sales of a product.

출시 일자를 변경하는 것이 왜 받아들여지지 않는 것 같은가?

(A) 생산 비용을 증가시킬 것이다.
(B) 이사회에 의해 거부될 수도 있다.
(C) 계약을 위반할 것이다.
(D) 제품의 매출에 영향을 줄 수도 있다.

■ 추론 세부 정보 ·· 정답 (D)

질문의 핵심 어구인 changing the release date unacceptable에 대해 추론하는 문제이다. 'Couldn't we just reschedule the release?'에서 Gordon Brickyard가 출시 일정을 변경할 수는 없는지 묻자, 'the product is supposed to be available for the holiday season, which is our peak sales period. If we miss that deadline, we could lose many potential customers.'에서 Joe Freemont가 제품이 회사의 최대 판매 기간인 연휴 기간에 이용 가능해야 하며 그 마감일을 맞추지 못하면 많은 잠재 고객들을 잃을 수도 있다고 했으므로 제품의 출시 일자를 변경하는 것이 제품의 매출에 영향을 줄 수 있다는 사실을 추론할 수 있다. 따라서 (D)가 정답이다.

바꾸어 표현하기
changing the release date 출시 일자를 변경하다 → reschedule the release 출시 일정을 변경하다
lose many potential customers 많은 잠재 고객들을 잃다 → affect sales 매출에 영향을 주다

어휘 unacceptable adj. 받아들일 수 없는, 인정할 수 없는 increase v. 증가시키다, 인상하다 reject v. 거부하다, 거절하다 violate v. 위반하다, 침해하다 affect v. 영향을 주다

What is suggested about Mr. Brickyard's team?

(A) It includes independent contractors.
(B) It was given one month to complete all of its tasks.
(C) It is responsible for drafting user instructions.
(D) It is part of the hardware division.

Mr. Brickyard의 팀에 대해 암시되는 것은?

(A) 독립 계약자들을 포함한다.
(B) 모든 업무를 완료하는 데 한 달이 주어졌다.
(C) 사용자 설명서의 원고를 작성하는 데 책임이 있다.
(D) 하드웨어 부서의 일부이다.

■ **추론** 세부 정보 　　　　　　　　　　　　　　　　　　　　　　　　　　　　　　　　정답 (C)

질문의 핵심 어구인 Mr. Brickyard's team에 대해 추론하는 문제이다. 'My team has a lot of urgent responsibilities'와 'Well, they could help my team finish writing the user manual, for one thing.'에서 Mr. Brickyard가 자신의 팀에 긴급한 책무들이 많은데, 한 가지 예를 들자면 그들, 즉 독립 계약자들이 자신의 팀이 사용자 설명서 작성을 마무리하는 것을 도와줄 수 있다고 했으므로 Mr. Brickyard의 팀이 사용자 설명서의 원고를 작성하는 업무를 맡고 있다는 사실을 추론할 수 있다. 따라서 (C)가 정답이다.

바꾸어 표현하기
responsibilities 책무들 → is responsible for 책임이 있다
writing the user manual 사용자 설명서를 작성하는 것 → drafting user instructions 사용자 설명서의 원고를 작성하는 것

어휘　draft v. 원고를 작성하다, 초안을 작성하다; n. 초안　instruction n. 설명서, 교육　division n. 부, 구분

At 8:32 A.M., what does Ms. Arden mean when she writes, "What are you thinking"?

(A) She strongly disagrees with a proposal.
(B) She wants more details concerning a plan.
(C) She does not understand the purpose of a project.
(D) She prefers to discuss an idea at a later time.

오전 8시 32분에, Ms. Arden이 "What are you thinking"이라고 썼을 때 그녀가 의도한 것은?

(A) 제안에 강력히 반대한다.
(B) 계획에 관한 더 많은 세부 사항을 원한다.
(C) 프로젝트의 목적을 이해하지 못한다.
(D) 방안에 대해 나중에 논의하기를 선호한다.

■ **의도 파악** 　　　　　　　　　　　　　　　　　　　　　　　　　　　　　　　　　　정답 (B)

Ms. Arden이 의도한 것을 묻는 문제이므로, 질문의 인용어구(What are you thinking)가 언급된 주변 문맥을 확인한다. 'My team has a lot of urgent responsibilities, so I think it would be a good idea to hire some independent contractors to help out.'에서 Mr. Brickyard가 자신의 팀에 긴급한 책무들이 많아서 도와줄 몇몇 독립 계약자들을 고용하는 것이 좋은 생각일 것 같다고 했고, Ms. Arden이 'What are you thinking?'(무엇을 생각하고 계세요)이라고 하자, 'Well, they could help my team finish writing the user manual, for one thing. And they could probably handle product testing as well.'에서 Mr. Brickyard가 독립 계약자들이 사용자 설명서 작성을 마무리하는 것을 도와줄 수 있고 제품 시험을 처리할 수도 있을 것이라고 한 것을 통해, Ms. Arden이 Mr. Brickyard의 계획에 따라 독립 계약자들을 고용할 경우에 그들이 할 수 있는 업무들에 관한 더 많은 세부 사항을 알고 싶어 한다는 것을 알 수 있다. 따라서 (B)가 정답이다.

어휘　disagree v. 반대하다, 이의를 제기하다　concerning prep. ~에 관한

Questions 168-171 refer to the following article.

168-171은 다음 기사에 관한 문제입니다.

Barriston City Unveils New Development Project
By Wendy Ogilvy

[168]The Barriston City Planning Commission announced plans last Thursday to begin work on a revitalization of the art district on Chestnut Avenue. Long considered the hub of Barriston's art scene, [169-C]the area has fallen into disrepair. [168/169-C]The project will involve widening the sidewalks, repaving the street, [168]and building a park in the area. In addition, [169-B]two information billboards showing maps of the district will be installed on the thoroughfare for visitors.

But [169-A]the highlight of the project is a new outdoor staging area which will be located at the corner of Chestnut Avenue. Designed by local architect Theresa Vergara, [169-A]the stage will be used to host musical concerts and theatrical productions, with outdoor seating for up to 500 people.

Also, [171]a portion of the city government's budget has been allocated to the restoration of buildings along Chestnut Avenue. Inspectors will evaluate the structures to determine what work needs to be carried out. Proprietors will not be charged, but according to city tax assessor Peter Jones, property tax levels will increase in the district by 1 percent, starting next year.

[169-D]With many proprietors of local businesses in the district reporting dropping sales figures and a decline in visitors, the commission hopes the project will help draw people back to the area. Evan Sweeten, chair of the planning committee, said, "We believe that this work will help revitalize the area and bring it back to its former glory."

Barriston시가 새로운 개발 프로젝트를 발표하다
Wendy Ogilvy 작성

[168]Barriston시 계획 위원회는 지난 목요일에 Chestnut가에 있는 예술 지구의 재활성화 작업을 시작하겠다는 계획을 발표했다. Barriston시의 예술계의 중심지로 오랫동안 여겨졌던 [169-C]그 지역은 황폐한 상태가 되었다. [168/169-C]그 프로젝트는 보도 확장, 거리 재포장, [168]그리고 그 지역에 공원을 짓는 것을 포함할 것이다. 추가로, [169-B]그 지구의 지도를 보여주는 두 개의 안내 게시판이 방문자들을 위해 주요 거리에 설치될 것이다.

그러나 [169-A]프로젝트의 가장 주목할 만한 점은 Chestnut가의 모퉁이에 위치할 새로운 야외 무대 공간이다. 지역 건축가인 Theresa Vergara에 의해 설계된 [169-A]이 무대는 음악 콘서트와 연극 작품들을 주최하는 데 사용될 것이며 최대 500명을 위한 야외 좌석이 있을 것이다.

또한, [171]시 정부의 예산 일부가 Chestnut가를 따라 있는 건물들의 복원 작업에 할당되었다. 조사관들은 어떤 작업이 수행되어야 하는지를 결정하기 위해 건물들을 평가할 것이다. 소유주들에게는 요금이 청구되지 않을 것이지만, 조세 사정인 Peter Jones에 따르면, 지구 내 재산세 수준이 내년부터 1퍼센트 정도 상승할 것이다.

[169-D]줄어드는 매출액과 방문객들의 감소를 알리는 지구 내 많은 지역 사업체의 소유주들과 함께, 위원회는 그 프로젝트가 사람들을 다시 그 지역으로 끌어들이는 데 도움이 되기를 바란다. 계획 위원회의 의장인 Evan Sweeten은 "저희는 이 작업이 지역을 재활성화시키고 예전의 영광을 되찾아줄 것이라 믿습니다."라고 말했다.

어휘
□ unveil v. 발표하다, 덮개를 벗기다
□ hub n. 중심지, 중추
□ repave v. 재포장하다
□ theatrical adj. 연극의, 공연의
□ restoration n. 복원, 부활
□ proprietor n. 소유주
□ commission n. 위원회, 수수료
□ scene n. ~계, 분야
□ billboard n. 게시판, 광고판
□ seating n. 좌석, 자리
□ inspector n. 조사관, 경위
□ tax assessor phr. 조세 사정인
□ revitalization n. 재활성화
□ fall into disrepair phr. 황폐해지다
□ thoroughfare n. 주요 거리, 도로
□ fund v. 자금을 조달하다; n. 자금
□ carry out phr. 수행하다, 완수하다
□ property tax phr. 재산세

168

Why was the article written?

(A) To publicize the opening of an art foundation
(B) To announce a tax increase for all local residents
(C) To provide details about an urban renewal project
(D) To report on plans for a transit expansion

기사는 왜 쓰였는가?

(A) 미술 재단의 개장을 홍보하기 위해
(B) 지역의 모든 주민들의 세금 인상을 공고하기 위해
(C) 도시 재개발 프로젝트에 관한 세부 사항을 제공하기 위해
(D) 운송로 확장 계획에 대해 보고하기 위해

■ 주제/목적 찾기 글을 쓴 이유   정답 (C)

기사가 쓰인 이유를 묻는 목적 찾기 문제이므로 지문의 앞부분을 주의 깊게 확인한다. 'The Barriston City Planning Commission announced plans ~ to begin work on a revitalization of the art district on Chestnut Avenue.'에서 Barriston시 계획 위원회가 Chestnut가에 있는 예술 지구의 재활성화 작업을 시작하겠다는 계획을 발표했다고 했고, 'The project will involve widening the sidewalks, repaving the street, and building a park in the area.'에서 그 프로젝트, 즉 예술 지구의 재활성화 작업은 보도 확장, 거리 재포장, 그리고 그 지역에 공원을 짓는 것을 포함할 것이라고 한 후, 프로젝트 관련 사항을 자세히 설명하고 있으므로 (C)가 정답이다.

어휘 publicize v. 홍보하다, 광고하다 foundation n. 재단, 기초 urban renewal phr. 도시 재개발 transit n. 운송로, 수송

169

What does the article NOT indicate about the art district?

(A) It will be the site of a public performance venue.
(B) It will update the current maps of the city.
(C) It is currently in need of some roadwork.
(D) It has experienced a decline in business.

기사가 예술 지구에 대해 언급하지 않은 것은?

(A) 개방된 공연 장소의 부지가 될 것이다.
(B) 도시의 현재 지도를 갱신할 것이다.
(C) 현재 일부 도로 공사가 필요하다.
(D) 사업의 쇠퇴를 겪어 왔다.

■ **Not/True** Not 문제　　　　　　　　　　　　　　　　　　　　　　　　　　　　　　정답 (B)

질문의 핵심 어구인 art district와 관련된 내용을 지문에서 찾아 각 보기와 대조하는 Not/True 문제이다. (A)는 'the highlight of the project is a new outdoor staging area which will be located at the corner of Chestnut Avenue'와 'the stage will be used to host musical concerts and theatrical productions'에서 프로젝트의 가장 주목할 만한 점이 Chestnut가의 모퉁이에 위치할 새로운 야외 무대 공간이고, 이 무대는 음악 콘서트와 연극 작품들을 주최하는 데 사용될 것이라고 했으므로 지문의 내용과 일치한다. (B)는 'two information billboards showing maps of the district will be installed'에서 예술 지구의 지도를 보여주는 두 개의 안내 게시판이 설치될 것이라고 했지 도시의 현재 지도를 갱신할 것이라고 하지 않았으므로 지문의 내용과 일치하지 않는다. 따라서 (B)가 정답이다. (C)는 'the area has fallen into disrepair'와 'The project will involve widening the sidewalks, repaving the street'에서 그 지역, 즉 예술 지구가 황폐한 상태가 되었으며, 개발 프로젝트는 보도 확장, 거리 재포장을 포함할 것이라고 했으므로 지문의 내용과 일치한다. (D)는 'With many proprietors of local businesses in the district reporting dropping sales figures'에서 지구 내 많은 지역 사업체의 소유주들이 매출액이 줄어든다고 알렸다고 했으므로 지문의 내용과 일치한다.

바꾸어 표현하기
widening the sidewalks, repaving the street 보도 확장, 거리 재포장 → some roadwork 일부 도로 공사
dropping sales figures 줄어드는 매출액 → a decline in business 사업의 쇠퇴

어휘 **site** n. 부지, 장소, 현장　**be in need of** phr. ~이 필요하다　**roadwork** n. 도로 공사

170

The word "draw" in paragraph 4, line 2, is closest in meaning to

(A) outline
(B) attract
(C) fill
(D) represent

4문단 두 번째 줄의 단어 "draw"는 의미상 –와 가장 가깝다.

(A) 개요를 서술하다
(B) 끌어들이다
(C) 채우다
(D) 나타내다

■ **동의어**　　　　　　　　　　　　　　　　　　　　　　　　　　　　　　　　　　　　정답 (B)

draw를 포함하는 구절 'the project will help draw people back to the area'에서 draw가 '끌어들이다'라는 뜻으로 사용되었다. 따라서 '끌어들이다'라는 뜻을 가진 (B)가 정답이다.

171

What will most likely be used to pay for the renovation of some buildings?

(A) A municipal government fund
(B) Property sale proceeds
(C) Donations from business owners
(D) Money from corporate sponsors

몇몇 건물의 수리를 위한 비용을 지불하는 데 무엇이 사용될 것 같은가?

(A) 시 정부 자금
(B) 부동산 판매 수익금
(C) 사업체 소유주들로부터의 기부금
(D) 기업 후원자들로부터의 돈

■ **추론** 세부 정보　　　　　　　　　　　　　　　　　　　　　　　　　　　　　　　　정답 (A)

질문의 핵심 어구인 be used to pay for the renovation에 대해 추론하는 문제이다. 'a portion of the city government's budget has been allocated to the restoration of buildings along Chestnut Avenue'에서 시 정부의 예산 일부가 Chestnut가를 따라 있는 건물들의 복원 작업에 할당되었다고 했으므로 수리를 위해 시 정부의 자금이 사용될 것이라는 사실을 추론할 수 있다. 따라서 (A)가 정답이다.

바꾸어 표현하기
renovation 수리 → restoration of buildings 건물들의 복원 작업

어휘 **municipal** adj. 시의, 지방 자치제의　**proceeds** n. 수익금, 수입　**donation** n. 기부금, 기부　**sponsor** n. 후원자; v. 후원하다

EZ-Printing Services: Get exactly what you want!

If your small business requires pamphlets, flyers, business cards, catalogs, or any other type of promotional material, you can produce precisely what you need with EZ-Printing Services! [172-C]Our easy-to-use design system allows you to select the fonts and graphics you like and position them on the page. You can even choose the type of paper to use.

— [1] —. Once you're completely satisfied with your document, select the number of prints you'd like and submit payment by credit card, direct transfer from your financial institution, or the Paybuddy online transaction service. — [2] —. Fill out a shipping form, and your items will be delivered anywhere in the US within five business days. Shipping and handling charges are included in the total cost, so there are no hidden fees.

— [3] —. [175]For a one-time payment starting at as low as $180, one of our skilled professionals will create an attractive publication. They can work with you on any printed promotional material until you are satisfied!

In addition, for the month of May only, [173]anyone placing an order of $75 or more will receive $25 worth of business cards for free. — [4] —.

Check out hundreds of sample publications on our site and [174]take a tour of our design system to see how easy and affordable it is to use our services at www.ezprintingservices.com.

EZ-Printing Services사: 정확히 당신이 원하는 것을 얻으십시오!

만약 당신의 소규모 사업체가 팸플릿, 전단지, 명함, 카탈로그, 혹은 다른 종류의 홍보 자료를 필요로 한다면, EZ-Printing Services사와 함께 정확히 당신이 필요로 하는 것을 만드실 수 있습니다! [172-C]저희의 사용하기 쉬운 디자인 시스템은 당신이 원하는 서체와 그래픽을 선택하고 용지에 그것들을 배치하게 해줍니다. 당신은 사용할 용지의 종류까지 고를 수 있습니다.

— [1] —. 당신이 문서에 완전히 만족하고 나면, 원하는 인쇄 장수를 선택한 뒤 신용카드, 당신의 금융 기관으로부터의 직접 송금, 혹은 Paybuddy 온라인 거래 서비스를 통해 비용을 지불하십시오. — [2] —. 배송 양식을 작성하면, 미국 내 어디든 5일의 영업일 내에 당신의 물품이 배달될 것입니다. 배송 및 취급 비용은 총액에 포함되어 있으므로, 숨겨진 수수료는 없습니다.

— [3] —. [175]180달러라는 낮은 비용에서 시작하는 1회 지불로, 저희의 숙련된 전문가들 중 한 명이 매력적인 출판물을 만들어낼 것입니다. 그들은 당신이 만족할 때까지 당신과 함께 어떤 인쇄 홍보 자료든 작업할 수 있습니다!

게다가, 5월 한 달 동안만, [173]75달러 이상의 주문을 하시는 모든 분들은 25달러 상당의 명함을 무료로 받을 것입니다. — [4] —.

저희의 사이트에서 수백 개의 견본 출판물들을 확인하시고 [174]저희의 디자인 시스템을 둘러보셔서 저희 서비스를 이용하기가 얼마나 쉽고 가격이 적당한지 www.ezprintingservices.com에서 살펴보십시오.

어휘 □ flyer n. 전단지 □ business card phr. 명함 □ promotional adj. 홍보의, 판촉의
□ material n. 자료, 재료 □ precisely adv. 정확히, 바로 □ easy-to-use adj. 사용하기 쉬운
□ font n. 서체 □ position v. 배치하다; n. 위치, 입장 □ satisfied adj. 만족한, 납득하는
□ transfer n. 전송, 환승, 이동 □ financial institution phr. 금융 기관 □ transaction n. 거래, 처리
□ hidden adj. 숨겨진, 신비한 □ fee n. 수수료, 요금 □ skilled adj. 숙련된, 능숙한
□ check out phr. 확인하다, 계산하다 □ publication n. 출판물, 출판 □ affordable adj. 가격이 적당한, 입수 가능한

172

○○●○ 중

What does the advertisement mention about EZ-Printing Services?

(A) It provides the services of expert photographers.
(B) It offers free shipping for bulk orders.
(C) It allows clients to design their own documents.
(D) It supplies a wider variety of printing paper than competitors.

광고가 EZ-Printing Services사에 대해 언급하는 것은?

(A) 전문 사진가의 서비스를 제공한다.
(B) 대량 주문에 대해 무료 배송을 제공한다.
(C) 고객들이 자신의 문서를 디자인하게 해준다.
(D) 경쟁사들보다 더 다양한 종류의 인쇄용지를 공급한다.

■ Not/True True 문제　　　정답 (C)

질문의 핵심 어구인 EZ-Printing Services와 관련된 내용을 지문에서 찾아 각 보기와 대조하는 Not/True 문제이다. (A), (B), (D)는 지문에 언급되지 않은 내용이다. (C)는 'Our easy-to-use design system allows you to select the fonts and graphics you like and position them on the page.'에서 저희, 즉 EZ-Printing Services사의 사용하기 쉬운 디자인 시스템은 고객이 원하는 서체와 그래픽을 선택하고 용지에 그것들을 배치하게 해준다고 했으므로 지문의 내용과 일치한다. 따라서 (C)가 정답이다.

어휘 bulk order phr. 대량 주문 competitor n. 경쟁사, 경쟁자

173
○○○○○
하

What will be given to those customers who spend a certain amount?

(A) Gift certificates worth $75
(B) Consultations on layout and design
(C) Free delivery services
(D) Complimentary business cards

특정 금액을 지불하는 고객들에게 무엇이 주어질 것인가?

(A) 75달러 상당의 상품권
(B) 배치와 디자인에 관한 상담
(C) 무료 배달 서비스
(D) 무료 명함

■ **육하원칙** What   정답 (D)

특정 금액을 지불하는 고객들에게 무엇(What)이 주어질 것인지를 묻는 육하원칙 문제이다. 'anyone placing an order of $75 or more will receive $25 worth of business cards for free'에서 75달러 이상의 주문을 하는 모든 사람들은 25달러 상당의 명함을 무료로 받을 것이라고 했으므로 (D)가 정답이다.

바꾸어 표현하기
for free 무료로 → Complimentary 무료의

어휘 gift certificate phr. 상품권 consultation n. 상담, 상의 layout n. 배치, 설계, 레이아웃

174
○○○●
중

What can visitors to EZ-Printing Services' Web site do?

(A) Check out prices
(B) Settle invoices
(C) Print out documents
(D) Find branch listings

EZ-Printing Services사의 웹사이트 방문객들은 무엇을 할 수 있는가?

(A) 가격을 확인한다
(B) 송장을 정산한다
(C) 문서를 인쇄한다
(D) 지점 목록을 확인한다

■ **육하원칙** What   정답 (A)

EZ-Printing Services사의 웹사이트 방문객들이 무엇(What)을 할 수 있는지를 묻는 육하원칙 문제이다. 'take a tour of our design system to see how easy and affordable it is to use our services at www.ezprintingservices.com.'에서 우리, 즉 EZ-Printing Services사의 디자인 시스템을 둘러보고 서비스를 이용하기가 얼마나 쉽고 가격이 적당한지 웹사이트 www.ezprintingservices.com에서 살펴보라고 했으므로 (A)가 정답이다.

어휘 settle v. 정산하다, 정착하다 branch n. 지점, 부문 listing n. 목록, 명단

175
○○○●
중

In which of the positions marked [1], [2], [3], and [4] does the following sentence best belong?

"If you're uncertain about your layout and design skills, you don't have to do it at all."

(A) [1]
(B) [2]
(C) [3]
(D) [4]

[1], [2], [3], [4]로 표시된 위치 중, 다음 문장이 들어갈 곳으로 가장 적절한 것은?

"만약 당신이 배치와 디자인 기술에 대해 잘 모른다면, 당신은 그것을 전혀 하지 않아도 됩니다."

(A) [1]
(B) [2]
(C) [3]
(D) [4]

■ **문장 위치 찾기**   정답 (C)

지문의 흐름상 주어진 문장이 들어가기에 가장 적절한 곳을 고르는 문제이다. 주어진 문장에서 만약 당신이 배치와 디자인 기술에 대해 잘 모른다면 당신은 그것을 전혀 하지 않아도 된다고 했으므로, 이 문장이 배치와 디자인 기술을 잘 모르는 고객들을 위해 제공되는 서비스를 언급하는 부분에 들어가야 함을 알 수 있다. [3]의 뒤 문장인 'For a one-time payment starting at as low as $180, one of our skilled professionals will create an attractive publication. They can work with you on any printed promotional material until you are satisfied!'에서 낮은 비용에서 시작하는 1회 지불로 숙련된 전문가들 중 한 명이 매력적인 출판물을 만들어낼 것이고, 그들은 고객이 만족할 때까지 고객과 함께 어떤 인쇄 홍보 자료든 작업할 수 있다고 했으므로, [3]에 제시된 문장이 들어가면 만약 고객이 배치와 디자인 기술에 대해 잘 모른다면 숙련된 전문가들 중 한 명이 고객과 함께 작업하며 출판물을 만들어 준다는 자연스러운 문맥이 된다는 것을 알 수 있다. 따라서 (C)가 정답이다.

어휘 uncertain adj. 잘 모르는, 불확실한 at all phr. 전혀, 조금도

Questions 176-180 refer to the following notice and e-mail.

176-180은 다음 공고와 이메일에 관한 문제입니다.

지문 1

Recruitment Fairs

[176]It will soon be that time of year again when Cofton College sends staff to university recruitment fairs around the country to attract new students. Ms. Malkovich will, of course, be in charge of this as our marketing manager and will be attending all of the events. [177]Unlike other major private colleges in the UK, we like to emphasize the amount of personal attention that students receive from their teachers. Thus, not only do we keep class sizes to manageable proportions, but we also promote healthy social interactions between students and faculty. For this reason, [178-A]we try to have at least one member of the teaching staff attend each recruitment event. The four events we will be attending in the next month are listed below:

- Thursday, February 10, Mercia Hotel, Birmingham
- Wednesday, February 16, Hartford College, London
- Saturday, [179-C]February 19, Leeds Metropolitan Convention Centre, Leeds
- Wednesday, February 23, Brighton and Hove Conference Centre, Brighton

Please get in touch with me at lsullivan@coftoncollege.co.uk if you have the time to attend any of these events. [178-B]Anyone willing to work the weekend event will be paid at the usual hourly rate for overtime.

I look forward to hearing from you all.

Lisa Sullivan
Administration assistant

모집 박람회

[176]곧 Cofton 대학이 새로운 학생들을 유치하기 위해 전국의 대학 모집 박람회로 직원들을 보낼 시기가 다시 올 것입니다. 물론 Ms. Malkovich가 저희의 마케팅 책임자로서 이를 담당할 것이고 모든 행사들에 참석할 것입니다. [177]영국의 다른 주요 사립 대학들과는 달리, 저희는 학생들이 그들의 선생님들로부터 받는 개인적인 관심의 양을 강조하고자 합니다. 따라서 저희는 관리할 수 있는 비율로 학급의 규모를 유지할 뿐만 아니라, 학생들과 교수진 간의 건전한 사회적 사회작용 또한 장려합니다. 이러한 이유로, [178-A]저희는 교수진 중 최소한 한 명을 각각의 모집 행사에 참석하게 하려고 합니다. 다음 달에 저희가 참석하게 될 네 개의 행사가 아래에 나열되어 있습니다:

- 2월 10일 목요일, Mercia 호텔, 버밍엄
- 2월 16일 수요일, Hartford 대학, 런던
- [179-C]2월 19일 토요일, Leeds Metropolitan 컨벤션 센터, 리즈
- 2월 23일 수요일, Brighton and Hove 컨퍼런스 센터, 브라이튼

만약 당신이 이 행사들 중 어떤 것에라도 참석할 시간이 있으시다면 lsullivan@coftoncollege.co.uk로 저에게 연락해주십시오. [178-B]주말 행사에 참석하고자 하는 모든 분들은 평상시의 초과 근무 시급을 받을 것입니다.

여러분 모두로부터 답변을 받기를 기대합니다.

Lisa Sullivan 드림
관리부 보조원

지문 2

From: Andrew Jansen <ajansen@coftoncollege.co.uk>
To: Lisa Sullivan <lsullivan@coftoncollege.co.uk>
Date: January 25
Subject: Recruitment fairs

Hello Lisa,

I was glad to see your notice on the departmental bulletin board today, as I always enjoy attending one or two events each year to meet potential new students. Of the events you listed, [179-C/180]I'd be happy to go to the one on February 19. [179-C]My family lives in the same area the event is taking place, and I'll be visiting them that weekend. Accordingly, it would be no trouble for me to take a few hours to attend the event.

Unfortunately, [180]that's all I can offer to do for now, as I teach all day on Tuesdays, Wednesdays, and Thursdays. Please send me all the details of the event as soon as you can.

Best Wishes,

Professor Andrew Jansen

발신: Andrew Jansen <ajansen@coftoncollege.co.uk>
수신: Lisa Sullivan <lsullivan@coftoncollege.co.uk>
날짜: 1월 25일
제목: 모집 박람회

안녕하세요 Lisa,

저는 잠재적인 신입생들을 만나기 위해 매년 한두 개의 행사에 참석하는 것을 항상 즐기기 때문에, 오늘 부서 게시판에서 당신의 공고를 보게 되어 기뻤습니다. 당신이 나열한 행사들 중, [179-C/180]저는 기꺼이 2월 19일의 행사에 가겠습니다. [179-C]제 가족이 그 행사가 열리는 곳과 같은 지역에 살고, 저는 그 주말에 그들을 방문할 것입니다. 따라서 제가 몇 시간 동안 그 행사에 참석하는 것은 제게 문제가 되지 않을 것입니다.

안타깝게도, [180]저는 화요일, 수요일, 그리고 목요일에는 하루 종일 학생들을 가르치기 때문에 우선은 이것이 제가 할 수 있는 전부입니다. 가능한 한 빨리 행사의 세부 사항들을 저에게 보내주시기 바랍니다.

교수 Andrew Jansen 드림

지문 1 □ recruitment n. 모집, 채용
　　　　□ private adj. 사립의, 사유의
　　　　□ proportion n. 규모, 비율
　　　　□ hourly rate phr. 시급

□ fair n. 박람회; adj. 타당한, 공정한
□ emphasize v. 강조하다, 역설하다
□ get in touch with phr. ~와 연락하다, 접촉하다
□ overtime n. 초과 근무

□ be in charge of phr. ~을 담당하다, 책임지다
□ manageable adj. 관리할 수 있는, 다루기 쉬운
□ administration n. 관리부, 행정직

지문 2 □ departmental adj. 부서의
　　　　□ take place phr. 열리다, 개최되다

□ bulletin board phr. 게시판

□ potential adj. 잠재적인, 가능성이 있는

176

What has Ms. Malkovich most likely been assigned to do?

(A) Participate in events to recruit students
(B) Make travel arrangements for a group
(C) Make a list of the fair participants
(D) Find appropriate venues for some fairs

Ms. Malkovich는 무엇을 하도록 임명되었을 것 같은가?

(A) 학생들을 모집하기 위한 행사들에 참가한다
(B) 단체를 위한 여행 준비를 한다
(C) 박람회 참가자들의 명단을 작성한다
(D) 박람회들을 위한 적절한 장소들을 찾는다

■ 추론 세부 정보　　　　　　　　　　　　　　　　　　　　　　　　　　　　　　　　　　　　　　　정답 (A)

질문의 핵심 어구인 Ms. Malkovich ~ been assigned to do에 대해 추론하는 문제이므로 첫 번째 지문인 Ms. Malkovich가 언급된 공고에서 관련 내용을 확인한다. 공고의 'It will soon be that time ~ when Cofton College sends staff to university recruitment fairs ~ to attract new students. Ms. Malkovich will, of course, be in charge of this as our marketing manager and will be attending all of the events.'에서 곧 Cofton 대학이 새로운 학생들을 유치하기 위해 대학 모집 박람회로 직원들을 보낼 시기가 올 것이고, Ms. Malkovich가 마케팅 책임자로서 이를 담당할 것이며 모든 행사들에 참석할 것이라고 했으므로 Ms. Malkovich가 학생들을 모집하기 위한 행사들에 참가하도록 임명되었다는 사실을 추론할 수 있다. 따라서 (A)가 정답이다.

바꾸어 표현하기
be attending 참석하다 → Participate in 참가하다
attract new students 새로운 학생들을 유치하다 → recruit students 학생들을 모집하다

어휘 arrangement n. 준비, 마련　participant n. 참가자　appropriate adj. 적절한, 알맞은　venue n. 장소

177

What is implied about Cofton College?

(A) It is holding a recruitment fair on its campus.
(B) It offers subsidized tuition for some courses.
(C) Its course enrollment numbers are typically low.
(D) Its ratio of teachers to students is high.

Cofton 대학에 대해 암시되는 것은?

(A) 캠퍼스에서 모집 박람회를 개최한다.
(B) 몇몇 수업들의 수업료에 보조금이 지급된다.
(C) 수업 등록 수가 일반적으로 낮다.
(D) 학생들에 대한 선생님들의 비율이 높다.

■ 추론 세부 정보　　　　　　　　　　　　　　　　　　　　　　　　　　　　　　　　　　　　　　　정답 (D)

질문의 핵심 어구인 Cofton College에 대해 추론하는 문제이므로 첫 번째 지문인 Cofton College의 모집 박람회에 대한 공고에서 관련 내용을 확인한다. 공고의 'Unlike other major private colleges in the UK, we like to emphasize the amount of personal attention that students receive from their teachers. Thus, not only do we keep class sizes to manageable proportions'에서 영국의 다른 주요 사립 대학들과는 달리, 저희, 즉 Cofton 대학은 학생들이 그들의 선생님들로부터 받는 개인적인 관심의 양을 강조하고자 하며 관리할 수 있는 비율로 학급의 규모를 유지한다고 했으므로 Cofton 대학은 학생들에 대한 선생님들의 비율이 높다는 사실을 추론할 수 있다. 따라서 (D)가 정답이다.

어휘 subsidize v. 보조금을 지급하다　tuition n. 수업료, 등록금　enrollment n. 등록, 입학　typically adv. 일반적으로, 보통　ratio n. 비율

178

What is stated about the weekend event?

(A) Teaching staff are not needed for it.
(B) Staff will be paid overtime for attending it.
(C) It will host the greatest number of attendees.
(D) It will have a modest admission fee.

주말 행사에 대해 언급된 것은?

(A) 교수진은 필요하지 않다.
(B) 직원들은 참석하는 데에 초과 근무 수당을 받을 것이다.
(C) 가장 많은 수의 참석자들을 접대할 것이다.
(D) 비싸지 않은 입장료가 있을 것이다.

■ Not/True True 문제 　　　　　　　　　　　　　　　　　　　　　　　　　　　　　　정답 (B)

질문의 핵심 어구인 the weekend event와 관련된 내용을 지문에서 찾아 각 보기와 대조하는 Not/True 문제이므로, 첫 번째 지문인 모집 행사 관련 공고에서 관련 내용을 확인한다. (A)는 'we try to have at least one member of the teaching staff attend each recruitment event'에서 교수진 중 최소한 한 명을 각각의 모집 행사에 참석하게 하려고 한다고 했으므로 지문의 내용과 일치하지 않는다. (B)는 'Anyone willing to work the weekend event will be paid at the usual hourly rate for overtime.'에서 주말 행사에 참석하고자 하는 모든 사람들은 평상시의 초과 근무 시급을 받을 것이라고 했으므로 지문의 내용과 일치한다. 따라서 (B)가 정답이다. (C)와 (D)는 지문에 언급되지 않은 내용이다.

어휘 teaching staff phr. 교수진 modest adj. 비싸지 않은, 약간의, 적당한 admission fee phr. 입장료

179

What is indicated about Professor Jansen's family?

(A) They will travel with him to London.
(B) They are away on vacation in Brighton.
(C) They are residents of Leeds.
(D) They recently moved to Birmingham.

Jansen 교수의 가족에 대해 언급된 것은?

(A) 그와 함께 런던으로 여행 갈 것이다.
(B) 브라이튼으로 휴가를 가 있다.
(C) 리즈의 거주민이다.
(D) 최근 버밍엄으로 이사를 했다.

■ Not/True 연계 문제 　　　　　　　　　　　　　　　　　　　　　　　　　　　　　정답 (C)

두 지문의 내용을 종합해서 풀어야 하는 연계 문제이다. 질문의 핵심 어구인 Professor Jansen's family와 관련된 내용을 지문에서 찾아 각 보기와 대조하는 Not/True 문제이므로 Jansen 교수가 보낸 이메일을 먼저 확인한다.

[단서 1] 두 번째 지문(이메일)의 'I'd be happy to go to the one on February 19. My family lives in the same area the event is taking place'에서 자신, 즉 Jansen 교수가 2월 19일의 행사에 갈 것이며 자신의 가족이 그 행사가 열리는 지역에 살고 있다고 했다. 그런데 2월 19일의 행사가 어디에서 열리는지가 제시되지 않았으므로 공고에서 관련 내용을 확인한다.

[단서 2] 첫 번째 지문(공고)의 'February 19 ~ Leeds'에서 2월 19일의 행사가 리즈에서 개최된다는 것을 확인할 수 있다.

두 단서를 종합했을 때, Jansen 교수의 가족이 리즈에 살고 있다는 사실을 알 수 있다. 따라서 (C)가 정답이다. (A), (B), (D)는 지문에 언급되지 않은 내용이다.

바꾸어 표현하기

lives in ~에 살다 → residents 거주민

180

Why is Professor Jansen unable to attend the other events?

(A) He will be busy with work during the week.
(B) He will be visiting family out of town.
(C) He will be attending a literary event.
(D) He will be traveling in another country.

Jansen 교수는 왜 다른 행사들에는 참석할 수 없는가?

(A) 주중에는 일을 하느라 바쁘다.
(B) 도시를 떠나서 가족을 방문하러 갈 것이다.
(C) 문학 행사에 참석할 것이다.
(D) 다른 나라로 여행 갈 것이다.

■ 육하원칙 Why 　　　　　　　　　　　　　　　　　　　　　　　　　　　　　　　　정답 (A)

Jansen 교수는 왜(Why) 다른 행사들에는 참석할 수 없는지를 묻는 육하원칙 문제이므로, 두 번째 지문인 Jansen 교수가 작성한 이메일을 확인한다. 이메일의 'I'd be happy to go to the one on February 19'에서 Jansen 교수가 기꺼이 2월 19일의 행사에 가겠다고 했고, 'that's all I can offer to do for now, as I teach all day on Tuesdays, Wednesdays, and Thursdays'에서 화요일, 수요일, 그리고 목요일에는 하루 종일 학생들을 가르치기 때문에 이것, 즉 2월 19일의 행사에 참석하는 것이 할 수 있는 전부라고 했으므로 (A)가 정답이다.

어휘 literary adj. 문학의, 문학적인

Questions 181-185 refer to the following form and e-mail.

181-185는 다음 양식과 이메일에 관한 문제입니다.

지문 1

[181]Fit Prime Gym
Membership Application
Today's Date: March 2

[181]**Full Name:**	Cindy Norenski	**Home Phone:**	555-2237
Gender:	Female	**Mobile:**	555-6923
[182-C]**Birth Date:**	March 27	**E-mail Address:**	cinnoren5@gladmail.net
[182-A]**Street Address:**	46 North Ranch Drive		
City:	Kansas City		
State:	MO		
Zip Code:	64110		

[182-D]Family Members:

Name	**Gender**	**Birth Date**	**Age**	[182-D]**Relationship**
Gerald Norenski	Male	August 13	45	[182-D]Husband
[185]Jennifer Norenski	Female	October 7	[185]19	[182-D/185]Daughter
[185]Melissa Norenski	Female	May 6	[185]12	[182-D/185]Daughter

Membership Type	**How did you hear about us?**
☐ Individual	☐ Member Referral
[181]☑ Family Plan	☐ Advertisement
☐ Senior Plan	☐ Search Engine
☐ Group Plan	☑ Staff Referral
☐ Student Plan	☐ Promotional E-mail
☐ Other: _____	

지문 2

To: Cindy Norenski <cinnoren5@gladmail.net>
From: Jerry Hanover <j_hanover@fitprimegym.com>
Date: March 12
Subject: Welcome!

Dear Ms. Norenski,

Thanks for your recent application to Fit Prime Gym. [183]I'm so glad that you decided to follow my advice and sign up with us. As I've mentioned before, I am certain that your husband and your children will enjoy all the facilities and activities Fit Prime has to offer.

When we spoke, you said that you were interested in using the pool to swim laps. Well, I just want to let you know that the scheduled times for that activity have changed. The indoor swimming pool still opens at 8:00 A.M. every day.

[181]Fit Prime 헬스장
회원권 신청서
오늘 날짜: 3월 2일

[181]성명:	Cindy Norenski	집 전화:	555-2237
성별:	여	휴대 전화:	555-6923
[182-C]생일:	3월 27일	이메일 주소:	cinnoren5@gladmail.net
[182-A]거리 주소:	46번지 North Ranch로		
도시:	캔자스시티		
주:	미주리주		
우편 번호:	64110		

[182-D]가족 구성원:

이름	성별	생일	나이	[182-D]관계
Gerald Norenski	남	8월 13일	45	[182-D]남편
[185]Jennifer Norenski	여	10월 7일	[185]19	[182-D/185]딸
[185]Melissa Norenski	여	5월 6일	[185]12	[182-D/185]딸

회원권 종류	저희를 어떻게 알게 되셨습니까?
☐ 개인	☐ 회원 소개
[181]☑ 가족 회원권	☐ 광고
☐ 노인 회원권	☐ 검색 엔진
☐ 단체 회원권	☑ 직원 소개
☐ 학생 회원권	☐ 홍보 이메일
☐ 기타: _____	

수신: Cindy Norenski <cinnoren5@gladmail.net>
발신: Jerry Hanover <j_hanover@fitprimegym.com>
날짜: 3월 12일
제목: 환영합니다!

Ms. Norenski께,

최근의 Fit Prime 헬스장 신청에 감사드립니다. [183]당신이 제 조언에 따라 저희 헬스장에 등록하기로 결정해주셔서 정말 기쁩니다. 제가 이전에 말씀드린 것처럼, 저는 당신의 남편과 자녀분들이 Fit Prime이 제공할 모든 시설과 활동들을 즐기실 것이라고 확신합니다.

우리가 대화했을 때, 당신은 왕복 수영을 하기 위해 수영장을 이용하는 데 관심이 있다고 말했습니다. 음, 저는 단지 그 활동의 예정된 시간이 변경되었다는 것을 알려 드리고 싶습니다. 실내 수영장은 여전히 매일 오전 8시에 엽니다.

However, [184-D]it now closes at 10:00 P.M. from Monday to Friday. On weekends, it closes at 9:15 P.M. And please remember to use only the pool's first two lanes for lap swimming.

I should mention that [185]your daughter, Jennifer, qualifies to take part in our Student Plan. She can join this program for free while also remaining under your Family Plan program. The Student Plan comes with two introductory months of personal training sessions for new members. Please ask her if she is interested so I can register her, if necessary.

Thanks again, and I hope to see you at the gym soon!

Best,

Jerry Hanover
Fit Prime Gym Management

하지만, [184-D]이제 수영장은 월요일부터 금요일은 오후 10시에 닫습니다. 주말에는 오후 9시 15분에 닫습니다. 그리고 수영장의 처음 2개의 레인만 왕복 수영을 위해 사용하는 것을 기억해 주십시오.

저는 [185]당신의 딸인 Jennifer가 학생 회원권에 가입할 자격이 된다는 것을 말씀드려야겠습니다. 그녀는 당신의 가족 회원권 프로그램에도 남아있는 동안 이 프로그램에 무료로 참여할 수 있습니다. 학생 회원권에는 새로운 회원들을 위해 두 달간의 입문 개인 교육이 딸려있습니다. 만약 필요하다면 제가 그녀를 등록할 수 있도록 그녀가 관심이 있는지 물어봐 주시기 바랍니다.

다시 한번 감사드리며, 헬스장에서 곧 뵙기를 바랍니다!

Jerry Hanover 드림
Fit Prime 헬스장 관리진

지문 1	□ female n. 여성; adj. 여성의	□ senior n. 노인, 고령자	□ referral n. 소개, 위탁
지문 2	□ sign up phr. 등록하다, 계약하다	□ activity n. 활동, 움직임	□ qualify v. 자격이 되다, 취득하다
	□ take part in phr. 가입하다, 참여하다	□ remain v. 남다, 유지되다	□ introductory adj. 입문의, 서문의
	□ register v. 등록하다, 신고하다	□ management n. 관리진, 경영진, 경영	

181

Why did Ms. Norenski fill out the form?

(A) To enroll her family at a fitness center
(B) To begin teaching classes at a gym
(C) To arrange a tour of a gym
(D) To sign up for weekly swimming lessons

Ms. Norenski는 왜 양식을 작성했는가?

(A) 그녀의 가족을 헬스장에 등록하기 위해
(B) 헬스장에서 수업을 가르치는 것을 시작하기 위해
(C) 헬스장 방문을 마련하기 위해
(D) 주간 수영 수업에 등록하기 위해

■ 주제/목적 찾기 글을 쓴 이유   정답 (A)

Ms. Norenski가 양식을 작성한 이유를 묻는 목적 찾기 문제이므로 첫 번째 지문인 양식의 내용을 확인한다. 양식의 'Fit Prime Gym Membership Application'에서 양식이 Fit Prime 헬스장의 회원권 신청서라는 것을 알 수 있고, 'Full Name: Cindy Norenski', '☑ Family Plan'에서 Ms. Norenski가 가족 회원권을 선택했으므로 그녀의 가족을 헬스장에 등록하기 위해 양식을 작성한 것임을 알 수 있다. 따라서 (A)가 정답이다.

바꾸어 표현하기
Gym 헬스장 → a fitness center 헬스장

182

What has NOT been provided on the form?

(A) Ms. Norenski's residential details
(B) The applicant's occupation
(C) Ms. Norenski's date of birth
(D) The applicant's familial relationships

양식에서 제공되지 않은 것은?

(A) Ms. Norenski의 거주 세부 사항
(B) 신청자의 직업
(C) Ms. Norenski의 생일
(D) 신청자의 가족 관계

■ Not/True Not 문제   정답 (B)

양식에 포함되지 않은 내용을 지문에서 찾아 각 보기와 대조하는 Not/True 문제이다. 이 문제는 질문에 핵심 어구가 없으므로 각 보기의 핵심 어구와 관련된 내용을 첫 번째 지문인 양식에서 확인한다. (A)는 'Street Address: 46 North Ranch Drive, City: Kansas City, State: MO, Zip Code: 64110'에서 Ms. Norenski의 거주 세부 사항을 확인할 수 있으므로 지문의 내용과 일치한다. (B)는 지문에 언급되지 않은 내용이다. 따라서 (B)가 정답이다. (C)는 'Birth Date: March 27'에서 Ms. Norenski의 생일을 확인할 수 있으므로 지문의 내용과 일치한다. (D)는 'Family Members,' 'Relationship', 'Husband, Daughter, Daughter'에서 Ms. Norenski의 가족 구성원을 확인할 수 있으므로 지문의 내용과 일치한다.

183
상

What is most likely true about Mr. Hanover?

(A) He just started working as a manager at the gym.
(B) He recommended that Ms. Norenski try the gym.
(C) He is certified to provide personal training to members.
(D) He works a later shift now because of the new pool hours.

Mr. Hanover에 대해 사실일 것 같은 것은?

(A) 이제 막 헬스장에서 관리자로서 일을 시작했다.
(B) Ms. Norenski에게 헬스장을 다녀보라고 추천했다.
(C) 회원들에게 개인 지도를 제공할 자격을 가지고 있다.
(D) 새로운 수영장 운영 시간으로 인해 현재 더 늦은 교대 근무 시간에 일한다.

■ 추론 세부 정보   정답 (B)

질문의 핵심 어구인 Mr. Hanover에 대해 추론하는 문제이므로 두 번째 지문인 Mr. Hanover가 Ms. Norenski에게 작성한 이메일에서 관련 내용을 확인한다. 이메일의 'I'm so glad that you decided to follow my advice and sign up with us.'에서 Mr. Hanover가 당신, 즉 Ms. Norenski가 자신의 조언에 따라 헬스장에 등록하기로 결정해주어서 기쁘다고 했으므로 Mr. Hanover가 Ms. Norenski에게 헬스장을 다 녀보라고 추천했다는 사실을 추론할 수 있다. 따라서 (B)가 정답이다.

어휘   certify v. 자격을 주다, 증명하다   shift n. 교대 근무 시간

184
중

What is indicated about Fit Prime Gym's pool?

(A) It only allows lap swimming on weekdays.
(B) It temporarily shuts down for cleaning on Fridays.
(C) It is unavailable during the winter months.
(D) It closes at an earlier time on Sundays.

Fit Prime 헬스장의 수영장에 대해 언급된 것은?

(A) 주중에는 왕복 수영만 허용한다.
(B) 금요일에는 청소를 위해 일시적으로 문을 닫는다.
(C) 겨울 동안에는 이용할 수 없다.
(D) 일요일에는 일찍 문을 닫는다.

■ Not/True True 문제   정답 (D)

질문의 핵심 어구인 Fit Prime Gym's pool과 관련된 내용을 지문에서 찾아 각 보기와 대조하는 Not/True 문제이므로, Fit Prime 헬스장의 수영장이 언급된 두 번째 지문인 이메일에서 관련 내용을 확인한다. (A), (B), (C)는 지문에 언급되지 않은 내용이다. (D)는 'it now closes at 10:00 P.M. from Monday to Friday. On weekends, it closes at 9:15 P.M.'에서 이제 수영장이 월요일부터 금요일은 오후 10시에 닫고, 주말에는 오후 9시 15분에 닫는다고 했으므로 지문의 내용과 일치한다. 따라서 (D)가 정답이다.

어휘   temporarily adv. 일시적으로, 임시로   shut down phr. (가게 등의) 문을 닫다

185
상

What is suggested about Ms. Norenski's membership?

(A) She received an extra discount for renewing a previous membership.
(B) Her husband intends to take part in lap swimming.
(C) She plans to switch gym programs to a different one.
(D) Her older daughter is entitled to additional benefits.

Ms. Norenski의 회원권에 대해 암시되는 것은?

(A) 이전 회원권을 갱신하여 추가 할인을 받았다.
(B) 그녀의 남편은 왕복 수영에 참여할 생각이다.
(C) 그녀는 헬스장 프로그램을 다른 것으로 바꿀 계획이다.
(D) 그녀의 큰딸은 추가 혜택을 받을 자격이 있다.

■ 추론 연계 문제   정답 (D)

두 지문의 내용을 종합적으로 확인한 후 추론해서 풀어야 하는 연계 문제이다. 질문의 핵심 어구인 Ms. Norenski's membership의 신청서인 양식을 먼저 확인한다.

단서 1 첫 번째 지문(양식)의 'Jennifer Norenski, 19, Daughter'와 'Melissa Norenski, 12, Daughter'에서 Jennifer가 Ms. Norenski 의 큰딸이라는 사실을 확인할 수 있다. 그런데 Ms. Norenski의 큰딸이 회원권과 관련해 어떤 자격이 있는지 제시되지 않았으므로 이메일을 확인한다.

단서 2 두 번째 지문(이메일)의 'your daughter, Jennifer, qualifies to take part in our Student Plan. She can join this program for free while also remaining under your Family Plan program. The Student Plan comes with two introductory months of personal training sessions for new members.'에서 당신, 즉 Ms. Norenski의 딸 Jennifer가 학생 회원권에 가입할 자격이 되고, 가족 회원권 프로그램에도 남아있는 동안 이 프로그램에 무료로 참여할 수 있으며 학생 회원권에는 새로운 회원들을 위해 두 달간의 입문 개인 교육이 딸려있다고 했다.

두 단서를 종합할 때, Ms. Norenski의 큰딸 Jennifer가 학생 회원권에 추가로 가입할 수 있고, 새로운 회원들을 위한 두 달간의 입문 개인 교육 도 들을 수 있다는 사실을 추론할 수 있다. 따라서 (D)가 정답이다.

지문 1

FRANCHISE MASTER
4110 North Boulevard, Tampa, FL 33603

July 11

Daniel Ainge
665 Terrace Drive
Brandon, FL 33511

Dear Mr. Ainge,

Congratulations! You are one step closer to realizing your dream of owning a business. Over the past two decades, Franchise Master has helped thousands of aspiring entrepreneurs like you find success through the franchising model.

186-A/C/DAs a franchisee, you will benefit from proven business practices, receive administrative support, and be able to predict sales and expenses. You do not need prior experience since 186-Ball franchisees receive extensive training. You will fully enjoy the advantages of joining an established company!

In addition, you now have the perfect chance to learn more about our partners by coming to the 24th Annual Franchise Expo in Fort Myers, Florida. 187Companies like AirCare Repair and Missy's Ice, which require the initial investment capital you are willing to pay, will be participating.

If you have any questions, call us at 555-8965 or stop by our office at the address above.

Sincerely,

Hilary Archer
Consultant

FRANCHISE MASTER사
4110번지 North 대로, 탬파, 플로리다주 33603

7월 11일

Daniel Ainge
665번지 Terrace로
브랜던, 플로리다주 33511

Mr. Ainge께,

축하드립니다! 귀하께서는 사업체를 소유하는 귀하의 꿈을 실현시키는 데에 한 걸음 더 가까워지셨습니다. 지난 20년 동안, Franchise Master사는 귀하와 같이 장차 사업가가 되고자 하는 수천 명의 사람들이 체인점 방식을 통해 성공하는 것을 도와왔습니다.

186-A/C/D체인점 가맹점주로서 귀하께서는 입증된 사업 관행들로부터 혜택을 받고, 관리상의 지원을 받으며, 매출과 비용을 예측할 수 있으실 것입니다. 186-B모든 체인점 가맹점주들은 폭넓은 교육을 받기 때문에 귀하께서는 사전 경험이 필요하지 않습니다. 귀하께서는 안정된 회사와 함께하는 이 점들을 충분히 누리실 것입니다!

게다가, 지금 귀하께는 플로리다주의 포트마이어스에서 열리는 제24회 연례 체인점 박람회에 오셔서 저희 제휴 업체들에 대해 더 알아볼 수 있는 완벽한 기회가 있습니다. 187귀하께서 지불할 용의가 있으신 만큼의 초기 투자금을 요구하는 AirCare Repair사와 Missy's Ice사와 같은 회사들이 참가할 것입니다.

질문이 있으시면 저희에게 555-8965로 전화하시거나 위의 주소에 있는 저희 사무실에 들러 주십시오.

Hilary Archer 드림
컨설턴트

지문 2

24th Annual Franchise Expo
September 6-9, Fort Myers, Florida

Request Info | **Exhibitors & Sponsors** | Join | Press Releases | Contact

Previous | Next

188Section	Booth	187Company Name	188Industry	187Initial investment
2	52	187AirCare Repair	Repair services	187$20,000
2	54	ShoeSaver	Repair services	$31,500
4	79	Barb's Chicken	Food retail	$32,000

제24회 연례 체인점 박람회
9월 6일-9일, 포트마이어스, 플로리다주

신청 정보 | 참가 회사 & 후원사 | 참여 | 보도 자료 | 연락처

이전 | 다음

188구역	부스	187회사 이름	188산업 분야	187초기 투자금
2	52	187AirCare Repair사	수리 서비스	18720,000달러
2	54	ShoeSaver사	수리 서비스	31,500달러
4	79	Barb's Chicken사	식품 소매	32,000달러

4	81	[187]Missy's Ice	Food retail	[187]$20,000
5	94	Muscle Bound	Fitness services	$38,000
5	113	Space Cycle	Fitness services	$25,000
10	205	[190]Clean Sweep	[190]Home services	$26,500

To view a map of the facility with booth locations for participating franchises, click here. Booths are limited to one per participant.

4	81	[187]Missy's Ice사	식품 소매	[187]20,000달러
5	94	Muscle Bound사	건강 관리 서비스	38,000달러
5	113	Space Cycle사	건강 관리 서비스	25,000달러
10	205	[190]Clean Sweep사	[190]홈 서비스	26,500달러

참가하는 체인점들의 부스 위치를 포함한 시설 지도를 보시려면 여기를 클릭하세요. 부스는 참가 회사당 하나로 제한됩니다.

지문 3

Tampa Weekly

Franchise Expo Kicks Off in Fort Myers (continued from page 1)

As I learned when I spoke to experts at the recently held Franchise Expo in Fort Myers, [189]franchising is not for everyone. Franchise Friendly's Sam Romanek told me, "[189]Franchises may pose fewer risks than start-ups, but they may not be a good fit if you value total independence and control."

As for choosing the right franchise, FBA's [190]Barbara Allred advises doing your research. "Don't just look at a company's recent performance," she said. [190]"Find out how the overall industry is doing." For instance, she cited the promising outlook for home services and a diminishing one for personal fitness. "Fitness clubs have boomed in recent years," she added, "but the market is now saturated."

Tampa 주간지

포트마이어스에서 체인점 박람회 시작 (1페이지에서부터 계속)

최근에 포트마이어스에서 열렸던 체인점 박람회에서 전문가들과 얘기할 때 알게 된 것처럼, [189]체인점이 모든 사람에게 맞는 것은 아니다. Franchise Friendly사의 Sam Romanek는 "[189]체인점이 신규 업체들보다 더 적은 위험들을 야기할 수는 있지만, 완전한 자립과 감독권을 가치 있게 여긴다면 체인점이 잘 맞지 않을 수도 있습니다."라고 말했다.

적합한 체인점을 선택하는 것에 대해 말하자면, FBA사의 [190]Barbara Allred는 스스로 조사를 하라고 조언한다. "단지 회사의 최근 실적만을 보지 마십시오."라고 그녀는 말했다. [190]"전반적인 산업이 어떻게 되어가고 있는지를 확인하십시오." 예를 들어, 그녀는 홈 서비스의 유망한 전망과 개인 건강 관리 서비스의 약해지는 전망을 언급했다. "헬스클럽들은 최근 몇 년 동안 호황이었지만, 그 시장은 이제 포화 상태가 되었습니다."라고 그녀는 덧붙였다.

지문 1
- □ aspiring adj. 장차 ~이 되려는, 출세지향적인
- □ franchisee n. (체인점) 가맹점주
- □ predict v. 예측하다, 예견하다
- □ established adj. 안정된, 확실히 자리를 잡은
- □ entrepreneur n. 사업가, 기업가
- □ proven adj. 입증된, 검증을 거친
- □ expense n. 비용, 경비
- □ capital n. 자금, 수도
- □ franchising n. 체인점
- □ practice n. 관행, 실행
- □ extensive adj. 폭넓은, 대규모의

지문 2
- □ press release phr. 보도 자료
- □ industry n. 산업, 업계

지문 3
- □ kick off phr. 시작하다
- □ total adj. 완전한, 전면적인; n. 합계
- □ promising adj. 유망한, 기대되는
- □ boom v. 호황을 맞다, 성공하다; n. 호황
- □ pose v. 야기하다, 제기하다
- □ independence n. 자립, 독립
- □ outlook n. 전망, 관점
- □ saturate v. 포화시키다, 흠뻑 적시다
- □ start-up n. 신규 업체
- □ performance n. 실적, 공연
- □ diminishing adj. 약해지는, 절감하는

186

According to the letter, what is NOT a benefit of owning a franchise?

(A) Foreseeable costs
(B) Thorough instruction
(C) Established work procedures
(D) Financial support

상

편지에 따르면, 체인점을 소유하는 것의 이점이 아닌 것은?

(A) 예측 가능한 비용
(B) 면밀한 교육
(C) 확립된 사업 절차
(D) 재정적 지원

■ **Not/True** Not 문제 · 정답 (D)

질문의 핵심 어구인 a benefit of owning a franchise와 관련된 내용을 찾아 각 보기와 대조하는 Not/True 문제이므로, 첫 번째 지문인 편지에서 관련 내용을 확인한다. (A)와 (C)는 'As a franchisee, you will benefit from proven business practices ~ and be able to predict sales and expenses.'에서 체인점 가맹점주로서 입증된 사업 관행들로부터 혜택을 받고 매출과 비용을 예측할 수 있을 것이라고 했으므로 지문의 내용과 일치한다. (B)는 'all franchisees receive extensive training'에서 모든 체인점 가맹점주들이 폭넓은 교육을 받는다고 했으므로 지문의 내용과 일치한다. (D)는 'As a franchisee, you will ~ receive administrative support'에서 체인점 가맹점주로서 관리상의 지원을 받을 수 있을 것이라고 했지 재정적으로 지원을 해주는 것인지는 알 수 없으므로 지문의 내용과 일치하지 않는다. 따라서 (D)가 정답이다.

바꾸어 표현하기
owning a franchise 체인점을 소유하다 → franchisee 체인점 가맹점주
be able to predict sales and expenses 매출과 비용을 예측할 수 있다 → Foreseeable costs 예측 가능한 비용
extensive training 폭넓은 교육 → Thorough instruction 면밀한 교육
proven business practices 입증된 사업 관행들 → Established work procedures 확립된 사업 절차

어휘 **foreseeable** adj. 예측할 수 있는, 미리 알 수 있는 **thorough** adj. 면밀한, 빈틈없는 **procedure** n. 절차, 방법

187

What can be inferred about Mr. Ainge?

(A) He has decided to locate his business in Fort Myers.
(B) He budgeted $20,000 to invest in a company.
(C) He wants to attend an upcoming franchising event.
(D) He has a preference for a certain type of industry.

최상

Mr. Ainge에 대해 추론될 수 있는 것은?

(A) 포트마이어스에 그의 사업체를 두기로 결정했다.
(B) 회사에 투자하는 데 2만 달러의 예산을 세웠다.
(C) 곧 있을 체인점 행사에 참석하기를 원한다.
(D) 특정 종류의 산업을 선호한다.

■ **추론** 연계 문제 · 정답 (B)

세 지문 중 두 지문의 내용을 종합적으로 확인한 후 추론해서 풀어야 하는 연계 문제이다. 질문의 핵심 어구인 Mr. Ainge에게 보내진 편지를 먼저 확인한다.

단서 1 첫 번째 지문(편지)의 'Companies like AirCare Repair and Missy's Ice, which require the initial investment capital you are willing to pay, will be participating.'에서 귀하, 즉 Mr. Ainge가 지불할 용의가 있는 만큼의 초기 투자자금을 요구하는 AirCare Repair사와 Missy's Ice사와 같은 회사들이 박람회에 참가할 것이라고 했다. 그런데 Mr. Ainge가 지불할 용의가 있는 초기 투자자금이 얼마인지 제시되지 않았으므로 목록에서 관련 내용을 확인한다.

단서 2 두 번째 지문(웹페이지)의 'Company Name', 'Initial investment'와 'AirCare Repair, $20,000', 'Missy's Ice, $20,000'에서 AirCare Repair사와 Missy's Ice사의 초기 투자금이 모두 2만 달러임을 확인할 수 있다.

두 단서를 종합할 때, Mr. Ainge가 지불할 용의가 있는 초기 투자금이 2만 달러라는 사실을 추론할 수 있다. 따라서 (B)가 정답이다.

바꾸어 표현하기
willing to pay 지불할 용의가 있다 → budgeted 예산을 세웠다

어휘 **have a preference for** phr. ~을 선호하다

188

What is suggested about the 24th Annual Franchise Expo?

(A) It is held in a different city every year.
(B) It grouped industries together into sections.
(C) It is being sponsored by a charity organization.
(D) It featured fewer than 200 franchise owners.

제24회 연례 체인점 박람회에 대해 암시되는 것은?

(A) 매년 다른 도시에서 열린다.
(B) 산업들을 구역별로 분류했다.
(C) 자선 단체의 후원을 받고 있다.
(D) 200명보다 적은 체인점 소유주들을 포함했다.

■ **추론** 세부 정보 정답 (B)

질문의 핵심 어구인 the 24th Annual Franchise Expo에 대해 추론하는 문제이므로 제24회 연례 체인점 박람회의 참가 회사 목록이 언급된 두 번째 지문인 웹페이지에서 관련 내용을 확인한다. 웹페이지의 'Section', 'Industry'와 '2, Repair services', '4, Food retail', '5, Fitness services'에서 2번 구역에 수리 서비스, 4번 구역에 식품 소매, 5번 구역에 건강 관리 서비스 분야의 업체들이 있는 것을 알 수 있으므로 박람회가 동일한 산업 분야의 참가 회사들을 구역별로 분류하여 배치했다는 사실을 추론할 수 있다. 따라서 (B)가 정답이다.

어휘 group v. 분류하다, 불러 모으다 feature v. 포함하다, 특징으로 하다

189

What is the purpose of the article?

(A) To suggest that an investment method is highly profitable
(B) To highlight the reasons for a market downturn
(C) To explain why franchises are riskier than start-ups
(D) To describe the disadvantages of a business model

기사의 목적은 무엇인가?

(A) 투자 전략이 매우 수익성이 있음을 제안하기 위해
(B) 시장 침체의 원인을 강조하기 위해
(C) 체인점이 왜 신규 업체보다 더 위험한지 설명하기 위해
(D) 사업 모델의 약점을 설명하기 위해

■ **주제/목적 찾기** 글의 목적 정답 (D)

기사의 목적을 묻는 목적 찾기 문제이므로 세 번째 지문인 기사의 내용을 확인한다. 기사의 'franchising is not for everyone'과 'Franchises ~ may not be a good fit if you value total independence and control'에서 체인점이 모든 사람에게 맞는 것은 아니며, 완전한 자립과 감독권을 가치 있게 여긴다면 체인점이 잘 맞지 않을 수도 있다고 했으므로 (D)가 정답이다.

어휘 profitable adj. 수익성 있는 downturn n. 침체 risky adj. 위험한

190

Which business might Ms. Allred recommend?

(A) Barb's Chicken
(B) Missy's Ice
(C) Space Cycle
(D) Clean Sweep

Ms. Allred는 어떤 사업체를 추천할 것 같은가?

(A) Barb's Chicken사
(B) Missy's Ice사
(C) Space Cycle사
(D) Clean Sweep사

■ **추론** 연계 문제 정답 (D)

세 지문 중 두 지문의 내용을 종합적으로 확인한 후 추론해서 풀어야 하는 연계 문제이다. 질문의 핵심 어구인 business ~ Ms. Allred recommend에서 Ms. Allred가 어떤 사업체를 추천할 것 같은지를 묻고 있으므로 Ms. Allred가 언급된 기사를 먼저 확인한다.

단서 1 세 번째 지문(기사)의 'Barbara Allred', '"Find out how the overall industry is doing." For instance, she cited the promising outlook for home services and a diminishing one for personal fitness.'에서 Ms. Allred가 전반적인 산업이 어떻게 되어 가고 있는지를 확인하라고 하면서 홈 서비스의 유망한 전망과 개인 건강 관리 서비스의 약해지는 전망을 언급했다고 했다. 그런데 Ms. Allred가 전망이 유망하다고 한 홈 서비스 분야에 어떤 사업체가 있는지 제시되지 않았으므로 웹페이지에서 관련 내용을 확인한다.

단서 2 두 번째 지문(웹페이지)의 'Clean Sweep'과 'Home services'에서 Clean Sweep사가 홈 서비스 분야의 사업체임을 확인할 수 있다.

두 단서를 종합할 때, Ms. Allred가 전망이 유망하다고 평가한 홈 서비스 분야의 사업체인 Clean Sweep사를 추천할 것이라는 사실을 추론할 수 있다. 따라서 (D)가 정답이다.

지문 1

[191-B/195]Majestic Porcelain
312 Franklin St, Georgetown, DE 19947
Tel. 555-6973 l www.majestic.com

Order No. 209154-68　　　　　　　　　Date: April 24
[191]Deliver to: Lorraine Plummer
[191-B]Customer type: ☑ New　☐ Existing
Address: 31 Longhurst Road, Crawley, UK RH11 9SW
Telephone: 5555-7521
E-mail: l.plummer@britmail.com

Item	Description	Quantity	Unit price	[193]Total price
LV-36291	"Seated Lady with Peacock" figurine	1	$62.98	$62.98
OD-58792	"Angelic Cherubs" figurine	4	$35.00	$140.00
[193]LV-98201	"Young Lady with Fan" figurine	1	$42.99	[193]$42.99
			Subtotal	$245.97
			[191-C]Shipping	$110.00
			TOTAL	$355.97

Note: [191-D]You will receive a tracking number from our shipping provider once your order has left the warehouse. [195]Expect delivery 5 to 7 days after the shipping date.

지문 2

To: Lorraine Plummer <l.plummer@britmail.com>
From: Joel Nesbitt <j.nesbitt@majestic.com>
Subject: Re: [195]Order no. 209154-68
Date: May 5
Attachment: Prepaid return shipping label

Dear Ms. Plummer,

I apologize for your recent experience. [192-B]We always do our best to ensure that every item we ship is received in good condition by wrapping each piece separately in impact-resistant packaging. However, damage can still sometimes occur, particularly when items are sent overseas.

[195]The problem is, as indicated on our Web site, that our shipping provider does not offer insurance, so they don't cover the cost of items damaged during delivery. However, we will compensate you at our expense. [193]Just mail the damaged item (item number LV-98201) back to us, and we will issue you a full refund. We have attached a prepaid return shipping label for your convenience. Thank you, and we hope that you will continue to do business with us in the future.

Sincerely,

Joel Nesbitt
Majestic Porcelain

[191-B/195]Majestic Porcelain사
312번지 Franklin가, 조지타운, 델라웨어 주 19947
전화 555-6973 | www.majestic.com

주문 번호 209154-68　　　　　　　날짜: 4월 24일
[191]배송: Lorraine Plummer
[191-B]고객 유형: ☑ 신규　☐ 기존
주소: 31번지 Longhurst로, 크롤리, 영국 RH11 9SW
전화: 5555-7521
이메일: l.plummer@britmail.com

상품	설명	수량	개당 가격	[193]전체 가격
LV-36291	"공작과 앉아 있는 여인" 작은 조각상	1	62.98달러	62.98달러
OD-58792	"성스러운 천사들" 작은 조각상	4	35.00달러	140.00달러
[193]LV-98201	"부채를 든 젊은 여인" 작은 조각상	1	42.99달러	[193]42.99달러
			소계	245.97달러
			[191-C]배송	110.00달러
			총액	355.97달러

알림: [191-D]귀하의 주문품이 창고에서 출발하면 저희 배송업체로부터 추적 번호를 받으실 것입니다. [195]발송일로부터 5일에서 7일 후에 배송되는 것으로 예상하십시오.

수신: Lorraine Plummer <l.plummer@britmail.com>
발신: Joel Nesbitt <j.nesbitt@majestic.com>
제목: 회신: [195]주문 번호 209154-68
날짜: 5월 5일
첨부: 선납 반품 배송 라벨

Ms. Plummer께,

최근에 겪으신 일에 대해 사과드립니다. [192-B]저희는 충격 방지 포장재로 각 상품을 따로따로 포장함으로써 저희가 배송하는 모든 상품이 좋은 상태로 수령되는 것을 보장하기 위해 항상 최선을 다합니다. 하지만, 손상은 여전히 가끔 발생할 수 있으며, 특히 상품들이 해외로 보내질 때에 그렇습니다.

[195]문제는, 저희 웹사이트에 명시된 것처럼 저희 배송업체가 보험을 제공하지 않아서, 그들이 배송 중에 파손된 상품들의 비용을 보상해주지 않는다는 것입니다. 하지만, 저희가 귀하께 저희의 비용으로 보상해드릴 것입니다. [193]파손된 상품(상품 번호 LV-98201)을 저희에게 다시 보내만 주시면, 저희가 귀하께 전액 환불을 해드릴 것입니다. 귀하의 편의를 위해 선납된 반품 배송 라벨을 첨부했습니다. 감사드리며, 앞으로도 저희와 거래를 계속하시기를 희망합니다.

Joel Nesbitt 드림
Majestic Porcelain사

To: Joel Nesbitt <j.nesbitt@majestic.com>
From: Randall Howe <r.howe@majestic.com>
Subject: Shipping providers
Date: May 25

Dear Mr. Nesbitt,

[195]You asked me to look up alternatives to our current shipping provider, PK Logistics. Below is a table I've put together of different providers. [195]We want to avoid experiencing the sort of loss we had with Order no. 209154-68, so I think we should go with one that can ensure us that won't happen. It would also be good if the new provider can promise the same delivery time. Please check the table below, and let me know when you are free to discuss it.

[195]Shipper	[195]Insurance	Tracking	[195]Fastest delivery	[194]Pros
Super Mail Carriers	Yes	Yes	5 days	Low-cost, delivers year-round
Corporate Parcel Service	No	Yes	5 days	Strong overseas presence
[194]Global Delivery	No	No	7 days	Discounts for bulk shipments
Overseas Transport Specialists	Yes	No	8 days	Largest branch network in US

Thank you.

Randall Howe

수신: Joel Nesbitt <j.nesbitt@majestic.com>
발신: Randall Howe <r.howe@majestic.com>
제목: 배송업체들
날짜: 5월 25일

Mr. Nesbitt께,

[195]당신은 제게 현재 우리의 배송업체인 PK Logistics사의 대안을 찾아봐 달라고 요청했습니다. 아래는 제가 다른 업체들을 모아둔 표입니다. [195]우리는 주문 번호 209154-68에서 있었던 손실과 같은 일을 겪는 것을 방지하길 원하므로, 우리에게 그러한 손실이 발생하지 않을 것을 보장할 수 있는 업체와 함께 해야 한다고 생각합니다. 또한 새로운 업체가 동일한 배송 시간을 약속할 수 있으면 좋을 것입니다. 아래의 표를 확인해 주시고, 그에 대해 논의할 수 있는 시간이 언제 되는지 제게 알려주세요.

[195]배송업체	[195]보험	추적	[195]가장 빠른 배송	[194]장점
Super Mail Carriers사	가능	가능	5일	저렴한 비용, 일 년 내내 배송
Corporate Parcel Service사	불가능	가능	5일	확고한 해외 영향력
[194]Global Delivery사	불가능	불가능	7일	대량 배송에 할인
Overseas Transport Specialists사	가능	불가능	8일	미국 내의 가장 큰 지점망

감사합니다.

Randall Howe 드림

지문 1 □ peacock n. 공작
□ cherub n. 천사
□ warehouse n. 창고
□ figurine n. 작은 조각상
□ fan n. 부채, 팬
□ angelic adj. 성스러운, 천사의
□ tracking number phr. 추적 번호

지문 2 □ prepaid adj. 선납된, 선불된
□ wrap v. 포장하다, 싸다; n. 포장지
□ packaging n. 포장재, 포장
□ ensure v. 보장하다, 보증하다
□ separately adv. 따로따로, 별도로
□ insurance n. 보험, 보험료
□ condition n. 상태, 조건
□ impact n. 충격, 영향; v. 충격(영향)을 주다
□ cover v. 보상하다, 포함하다

지문 3 □ look up phr. (정보를) 찾아보다
□ loss n. 손실, 분실
□ alternative n. 대안; adj. 대체의
□ presence n. 영향력, 존재, 참석
□ put together phr. 한데 모으다, 준비하다

○○●●● 상

What is indicated about Ms. Plummer?

(A) She owns a retail establishment.
(B) She has never transacted with Majestic before.
(C) She did not have to pay a shipping charge.
(D) She will be unable to track the delivery of her order.

Ms. Plummer에 대해 언급된 것은?

(A) 소매 시설을 소유하고 있다.
(B) 이전에 Majestic사와 거래를 해본 적이 없다.
(C) 배송비를 내지 않아도 되었다.
(D) 주문의 배송을 추적할 수 없을 것이다.

■ Not/True True 문제   정답 (B)

질문의 핵심 어구인 Ms. Plummer와 관련된 내용을 지문에서 찾아 각 보기와 대조하는 Not/True 문제이므로, 첫 번째 지문인 Ms. Plummer의 주문 양식에서 관련 내용을 확인한다. (A)는 지문에 언급되지 않은 내용이다. (B)는 'Majestic Porcelain', 'Deliver to: Lorraine Plummer', 'Customer type: ☑ New'에서 Majestic Porcelain사에서 Lorraine Plummer의 고객 유형이 신규라고 했으므로 지문의 내용과 일치한다. 따라서 (B)가 정답이다. (C)는 'Shipping, $110.00'에서 Lorraine Plummer가 배송비로 110달러를 지불했으므로 지문의 내용과 일치하지 않는다. (D)는 'You will receive a tracking number from our shipping provider once your order has left the warehouse.'에서 주문품이 창고에서 출발하면 배송업체로부터 추적 번호를 받을 것이라고 했으므로 지문의 내용과 일치하지 않는다.

어휘 transact v. 거래하다, 매매하다

○○●●● 중

In the first e-mail, what is stated about Majestic Porcelain?

(A) It will not process a request without a receipt.
(B) It packs items individually for protection.
(C) It recently modified its return policies.
(D) It charges a flat fee to ship internationally.

첫 번째 이메일에서, Majestic Porcelain사에 대해 언급된 것은?

(A) 영수증 없이 요청을 처리해주지 않을 것이다.
(B) 보호를 위해 상품들을 개별적으로 포장한다.
(C) 최근에 환불 규정을 변경했다.
(D) 국제적으로 배송하는 데에 고정 수수료를 부과한다.

■ Not/True True 문제   정답 (B)

질문의 핵심 어구인 Majestic Porcelain과 관련된 내용을 지문에서 찾아 각 보기와 대조하는 Not/True 문제이므로, 첫 번째 이메일에서 관련 내용을 확인한다. (A), (C), (D)는 지문에 언급되지 않은 내용이다. (B)는 'We always do our best to ensure that every item we ship is received in good condition by wrapping each piece separately in impact-resistant packaging.'에서 저희, 즉 Majestic Porcelain사는 충격 방지 포장재로 각 상품을 따로따로 포장함으로써 배송하는 모든 상품이 좋은 상태로 수령되는 것을 보장하기 위해 항상 최선을 다한다고 했으므로 지문의 내용과 일치한다. 따라서 (B)가 정답이다.

바꾸어 표현하기
wrapping each piece separately in impact-resistant packaging 충격 방지 포장재로 각 상품을 따로따로 포장하다
→ packs items individually for protection 보호를 위해 상품들을 개별적으로 포장하다

어휘 process v. 처리하다; n. 과정 pack v. 포장하다, 싸다 modify v. 변경하다, 조정하다 flat fee phr. 고정 수수료

○○○●● 중

How much is being offered to Ms. Plummer as a refund?

(A) $35.00
(B) $42.99
(C) $62.98
(D) $355.97

환불액으로 얼마가 Ms. Plummer에게 제공되는가?

(A) 35.00달러
(B) 42.99달러
(C) 62.98달러
(D) 355.97달러

■ 육하원칙 연계 문제   정답 (B)

세 지문 중 두 지문의 내용을 종합해서 풀어야 하는 연계 문제이다. 질문의 핵심 어구인 being offered to Ms. Plummer as a refund에서 환불액으로 얼마(How much)가 Ms. Plummer에게 제공되는지를 묻고 있으므로 Ms. Plummer에게 보내진 첫 번째 이메일을 먼저 확인한다.
[단서 1] 두 번째 지문(이메일)의 'Just mail the damaged item (item number LV-98201) back to us, and we will issue you a full refund.'에서 Ms. Plummer가 파손된 상품(상품 번호 LV-98201)을 저희, 즉 Majestic Porcelain사에 다시 보내주면 회사에서 전액 환불을 해줄 것이라고 했다. 그런데 파손된 상품인 상품 번호 LV-98201의 가격이 얼마인지 제시되지 않았으므로 주문 양식에서 관련 내용을 확인한다.
[단서 2] 첫 번째 지문(주문 양식)의 'LV-98201', 'Total price', '$42.99'에서 상품 번호 LV-98201의 가격이 42.99달러임을 확인할 수 있다.
두 단서를 종합할 때, Ms. Plummer가 파손된 LV-98201 상품의 환불액으로 42.99달러를 받을 수 있음을 알 수 있다. 따라서 (B)가 정답이다.

194

○○○●○
하

According to the second e-mail, what advantage does Global Delivery have over other shipping providers?

(A) Low-cost damage insurance
(B) State-of-the-art tracking technology
(C) A large number of branches
(D) Reduced pricing on large shipments

두 번째 이메일에 따르면, Global Delivery사는 다른 배송 업체들에 비해 어떤 장점을 가지는가?

(A) 저렴한 파손 보험
(B) 최신의 추적 기술
(C) 많은 지점의 수
(D) 대량 배송에 대한 할인 가격

■ **육하원칙** What　　　　　　　　　　　　　　　　　　　　　　　　　　　　　　　　　　　　　정답 (D)

두 번째 이메일에 따르면 Global Delivery사가 다른 배송업체들에 비해 어떤(what) 장점을 가지는지를 묻는 육하원칙 문제이므로 Global Delivery사가 언급된 두 번째 이메일에서 관련 내용을 확인한다. 두 번째 이메일의 'Global Delivery', 'Pros, Discounts for bulk shipments'에서 Global Delivery사의 장점이 대량 배송에 할인을 해주는 것이라고 했으므로 (D)가 정답이다.

바꾸어 표현하기
advantage 장점 → Pros 장점
Discounts for bulk shipments 대량 배송에 할인 → Reduced pricing on large shipments 대량 배송에 대한 할인 가격

어휘　state-of-the-art adj. 최신의, 최근의

195

●●●●○
최상

Which shipping provider will Majestic Porcelain most likely choose?

(A) Super Mail Carriers
(B) Corporate Parcel Service
(C) Global Delivery
(D) Overseas Transport Specialists

Majestic Porcelain사는 어떤 배송업체를 선택할 것 같은가?

(A) Super Mail Carriers사
(B) Corporate Parcel Service사
(C) Global Delivery사
(D) Overseas Transport Specialists사

■ **추론** 연계 문제　　　　　　　　　　　　　　　　　　　　　　　　　　　　　　　　　　　　정답 (A)

세 지문의 내용을 종합적으로 확인한 후 추론해서 풀어야 하는 연계 문제이다. 질문의 핵심 어구인 shipping provider ~ Majestic Porcelain ~ choose에서 Majestic Porcelain사가 어떤 배송업체를 선택할 것 같은지를 묻고 있으므로 Majestic Porcelain사의 직원 간의 이메일인 두 번째 이메일을 먼저 확인한다.

단서 1 세 번째 지문(이메일)의 'You asked me to look up alternatives to our current shipping provider', 'We want to avoid experiencing the sort of loss we had with Order no. 209154-68, so I think we should go with one that can ensure us that won't happen. It would also be good if the new provider can promise the same delivery time.'에서 현재 배송업체의 대안을 찾아봐 달라는 요청이 있었는데 주문 번호 209154-68에서 있었던 손실이 발생하지 않을 것을 보장할 수 있는 업체와 함께 해야 하며, 또한 동일한 배송 시간을 약속할 수 있으면 좋을 것이라고 했다. 그런데 209154-68 주문에서 있었던 손실과 현재의 배송 시간에 관련된 세부 정보가 제시되지 않았으므로 첫 번째 이메일과 주문 양식을 확인한다.

단서 2 두 번째 지문(이메일)의 'Order no. 209154-68', 'The problem is ~ that our shipping provider does not offer insurance, so they don't cover the cost of items damaged during delivery. However, we will compensate you at our expense.'에서 주문 번호 209154-68과 관련된 문제가 배송업체가 보험을 제공하지 않아서 배송 중에 파손된 상품들의 비용을 Majestic Porcelain사가 자사의 비용으로 보상하는 손실을 입었다는 사실을 확인할 수 있다.

단서 3 첫 번째 지문(주문 양식)의 'Majestic Porcelain', 'Expect delivery 5 to 7 days after the shipping date.'에서 Majestic Porcelain사의 주문이 발송일로부터 5일에서 7일 후에 배송된다고 했다.

세 단서를 모두 종합할 때, Majestic Porcelain사는 두 번째 이메일의 'Shipper, Super Mail Carriers', 'Insurance, Yes', 'Fastest delivery, 5 days'에서 주문 번호 209154-68에서의 문제였던 보험 제공이 가능하고 기존과 동일하게 가장 빠른 배송이 5일인 Super Mail Carriers사를 선택할 것이라는 사실을 추론할 수 있다. 따라서 (A)가 정답이다.

Brandon Gallery is pleased to announce plans to hold a series of one-day exhibits featuring painters from the Pacific Northwest. Each will run from 4 to 8 P.M.

Date	Artist	Exhibit Name	Description
May 6	Cora Wyle	*Unexpected Scenery*	Landscape paintings in watercolor
May 13	Leroy Pasteur	*Geometrics*	Bold, colorful abstract art
[196]May 20	Sandra Davies	[196]*People You See*	Portraits of media personalities
May 27	Melvin Dalton	*Frozen in Time*	Still life works in oil

For information about the individual works of art that will be displayed or to inquire about prices, please contact [199]gallery manager Fiona Paisley at 555-0393 or f.paisley@brandon.com.

Brandon 갤러리는 태평양 북서부 출신의 화가들을 주인공으로 하는 일련의 일일 전시를 개최할 계획을 발표하게 되어 기쁩니다. 각 전시는 오후 4시부터 8시까지 진행될 것입니다.

날짜	화가	전시명	설명
5월 6일	Cora Wyle	*뜻밖의 경치*	풍경 수채화
5월 13일	Leroy Pasteur	*기하학*	대담하고 다채로운 추상화
[196]5월 20일	Sandra Davies	[196]*당신이 보는 사람들*	유명인들의 초상화
5월 27일	Melvin Dalton	*시간 속에 얼어붙다*	정물 유화

전시될 개별 예술작품에 대한 정보나 가격에 대한 문의는 555-0393 또는 f.paisley@brandon.com으로 [199]갤러리 관리자 Fiona Paisley에게 연락하십시오.

To: Debbie Fields <d.fields@lovquel.com>
From: Chloe Lee <c.lee@beson.com>
[196]Date: May 4
Subject: Exhibit
Attachment: brochure.pdf

Hi, Debbie.

[196/197-B]I'm going to check out an exhibit at Brandon Gallery after my shift on Saturday, the 20th. I'll most likely go for an hour or two sometime in the early evening, when it should be less crowded, and I was wondering if you would like to join me. [197-C]I've seen some of the artist's work before at other galleries, and I think you'll enjoy it as much as I do. [197-D]I'm even thinking about buying a piece if I get the chance. I have attached a brochure with information about the exhibit to this e-mail. Look it over, and let me know if you are interested. If you decide to come, [198]I can stop by your place and pick you up. I'll drive you back home later as well. If you don't need a lift, the address of the gallery is on the back of the brochure. We can meet there, or if you want to get a bite to eat first, we can do that, too. Talk to you soon.

Chloe

수신: Debbie Fields <d.fields@lovquel.com>
발신: Chloe Lee <c.lee@beson.com>
[196]날짜: 5월 4일
제목: 전시
첨부: 브로슈어.pdf

안녕하세요, Debbie.

[196/197-B]저는 20일 토요일 근무가 끝나면 Brandon 갤러리에서 전시를 볼 거예요. 아마 덜 붐빌 때, 초저녁쯤에 한 두 시간 정도 갈 것 같은데, 같이 가실 생각이 있는지 궁금해서요. [197-C]전에 다른 갤러리에서 이 화가의 작품을 본 적이 있는데, 당신도 저만큼 좋아할 거라고 생각해요. [197-D]기회가 되면 한 점 구입할지도 생각 중이에요. 이 이메일에 전시회에 대한 정보를 담은 브로슈어를 첨부했어요. 살펴보시고, 관심 있으시면 알려주세요. 당신이 오기로 결정하면, [198]제가 당신 집에 들러서 당신을 데리러 갈 수 있어요. 나중에 집까지도 태워 드릴게요. 태워드릴 필요가 없다면, 브로슈어 뒷면에 갤러리 주소가 있어요. 거기서 만나도 되고, 당신이 먼저 뭘 좀 먹고 싶으면, 그렇게 해도 돼요. 곧 얘기해요.

Chloe

Brandon Gallery to Hold Hartford Foundation Fundraiser

June 15—Brandon Gallery in downtown Olympia will be holding a fundraiser for the [200-C]Hartford Foundation, an organization that provides financial support to after-school art programs at elementary schools. [200-B]The fundraiser will take the form of an art auction, with [200-A]10 percent of the

---

Brandon 갤러리에서 Hartford 재단 모금 행사 개최 예정

6월 15일—올림피아 시내에 있는 Brandon 갤러리가 [200-C]초등학교 방과 후 미술 프로그램에 재정적 지원을 제공하는 단체인 Hartford 재단을 위한 모금 행사를 개최할 예정이다. [200-B]이 모금 행사는 미술품 경매 형식으로 진행될 것이

proceeds from the evening's sales being donated. **It will be held on August 25 from 8:00 P.M. to 11:00 P.M.** [200-D]This will be the third such event held for the Hartford Foundation at the Brandon Gallery over the past two years. **The two organizations have strong ties as** [199]the manager of the gallery is the former director of the foundation. Brandon Gallery will provide more information about the artwork that will be available for purchase in a press release later this month.

며, [200-A]이날 저녁 판매 수익금의 10퍼센트가 기부된다. 그 것은 8월 25일 오후 8시부터 11시까지 열릴 것이다. [200-D]이는 지난 2년 동안 Brandon 갤러리에서 Hartford 재단 을 위해 개최된 세 번째의 이러한 행사가 될 것이다. 두 기 관은 [199]갤러리 관리자가 과거 재단의 이사였던 만큼 강한 유대를 가진다. Brandon 갤러리는 이달 말 보도 자료에서 구입할 수 있는 예술 작품에 대한 더 많은 정보를 제공할 것 이다.

지문 1	□ exhibit n. 전시; v. 전시하다	□ feature v. ~를 주인공으로 하다, ~을 특징으로 하다	
	□ Pacific n. 태평양	□ scenery n. 경치, 풍경	□ landscape painting phr. 풍경화
	□ watercolor n. 수채화	□ geometrics n. 기하학	□ bold adj. 대담한
	□ abstract art phr. 추상화	□ portrait n. 초상화	□ personality n. 유명인, 성격
	□ still life phr. 정물화	□ in oil phr. 유화 물감으로 그린	
지문 2	□ check out phr. 보다, 확인하다	□ shift n. 근무; v. 바꾸다	□ crowded adj. 붐비는
	□ lift n. 태워 주는 것, 얻어 타는 것		
지문 3	□ fundraiser n. 모금 행사	□ after-school adj. 방과 후의	□ auction n. 경매
	□ proceeds n. 수익금	□ donate v. 기부하다	□ tie n. 유대, 인연; v. 묶다
	□ director n. 이사, 감독	□ press release phr. 보도 자료	

196

Which exhibit does Ms. Lee plan to attend?

(A) *Unexpected Scenery*
(B) *Geometrics*
(C) *People You See*
(D) *Frozen in Time*

Ms. Lee는 어떤 전시를 관람할 예정인가?

(A) 뜻밖의 경치
(B) 기하학
(C) 당신이 보는 사람들
(D) 시간 속에 얼어붙다

■ **육하원칙** 연계 문제   정답 (C)

세 지문 중 두 지문의 내용을 종합해서 풀어야 하는 연계 문제이다. 질문의 핵심 어구인 exhibit ~ Ms. Lee plan to attend에서 Ms. Lee가 어 떤(Which) 전시를 관람할 예정인지를 묻고 있으므로 Ms. Lee가 작성한 이메일을 먼저 확인한다.

단서 1 두 번째 지문(이메일)의 'Date: May 4'에서 5월 4일에 이메일을 작성한 것을 확인할 수 있고, 'I'm going to check out an exhibit ~ on Saturday, the 20th.'에서 20일 토요일에 전시를 볼 것이라고 했다. 그런데 5월 20일에 어떤 전시가 개최되는지 제시되지 않았으므로 공고 에서 관련 내용을 확인한다.

단서 2 첫 번째 지문(공고)의 'May 20', 'People You See'에서 5월 20일에 *당신이 보는 사람들* 전시가 개최된다는 것을 확인할 수 있다.

두 단서를 종합할 때, Ms. Lee는 5월 20일에 개최되는 *당신이 보는 사람들* 전시를 관람할 것임을 알 수 있다. 따라서 (C)가 정답이다.

What is NOT true about Ms. Lee?

(A) She will make a donation at an art auction.
(B) She will work on the day of the exhibit.
(C) She is familiar with an artist's work.
(D) She is considering purchasing some art.

Ms. Lee에 대해 사실이 아닌 것은?

(A) 미술품 경매에서 기부할 것이다.
(B) 전시가 열리는 날에 일을 할 것이다.
(C) 화가의 작품에 익숙하다.
(D) 미술품을 사는 것을 고려하고 있다.

■ **Not/True** Not 문제

정답 (A)

질문의 핵심 어구인 Ms. Lee와 관련된 내용을 지문에서 찾아 각 보기와 대조하는 Not/True 문제이므로 Ms. Lee가 작성한 두 번째 지문인 이메일에서 관련 내용을 확인한다. (A)는 지문에 언급되지 않은 내용이다. 따라서 (A)가 정답이다. (B)는 'I'm going to check out an exhibit ~ after my shift'에서 근무가 끝나면 전시를 볼 것이라고 했으므로 지문의 내용과 일치한다. (C)는 'I've seen some of the artist's work before'에서 전에 이 화가의 작품을 본 적 있다고 했으므로 지문의 내용과 일치한다. (D)는 'I'm even thinking about buying a piece if I get the chance.'에서 기회가 된다면 한 점 구입할지도 생각 중이라고 했으므로 지문의 내용과 일치한다.

바꾸어 표현하기
seen some of the artist's work before 전에 이 화가의 작품을 본 적 있다 → familiar with an artist's work 화가의 작품에 익숙하다
buying a piece 한 점을 구입하다 → purchasing some art 미술품을 사다

What does Ms. Lee offer to do?

(A) Give directions
(B) Pay for a meal
(C) Provide transportation
(D) Pick up a brochure

Ms. Lee는 무엇을 해주겠다고 제안하는가?

(A) 길을 안내한다
(B) 식사 비용을 지불한다
(C) 교통수단을 제공한다
(D) 브로슈어를 수령한다

■ **육하원칙** What

정답 (C)

Ms. Lee가 무엇(What)을 해주겠다고 제안하는지를 묻는 육하원칙 문제이므로 질문의 핵심 어구인 Ms. Lee가 작성한 두 번째 지문인 이메일에서 관련 내용을 확인한다. 이메일의 'I can stop by your place and pick you up. I'll drive you back home later as well.'에서 자신이 당신, 즉 Debbie의 집에 들러서 데리러 갈 수 있고 나중에 집까지도 태워다 주겠다고 했으므로 (C)가 정답이다.

What is indicated about Ms. Paisley?

(A) She has been the gallery manager for less than two years.
(B) She held a series of fundraising events in May.
(C) She is a former employee of the Hartford Foundation.
(D) She used to be an instructor in an after-school art program.

Ms. Paisley에 대해 암시되는 것은?

(A) 2년보다 적게 갤러리 매니저로 일해왔다.
(B) 5월에 일련의 모금 행사를 열었다.
(C) Hartford 재단의 전 직원이다.
(D) 방과 후 미술 프로그램에서 강사로 일했었다.

■ **추론** 연계 문제

정답 (C)

세 지문 중 두 지문의 내용을 종합적으로 확인한 후 추론해서 풀어야 하는 연계 문제이다. 질문의 핵심 어구인 Ms. Paisley가 언급된 공고를 먼저 확인한다.

단서 1 첫 번째 지문(공고)의 'gallery manager Fiona Paisley'에서 Ms. Paisley가 갤러리 관리자라고 했다. 그런데 이에 대한 세부 사항이 제시되지 않았으므로 기사에서 관련 내용을 확인한다.

단서 2 세 번째 지문(기사)의 'the manager of the gallery is the former director of the[Hartford] foundation'에서 갤러리 관리자가 과거 Hartford 재단의 이사였다는 사실을 확인할 수 있다.

두 단서를 종합할 때, 갤러리 관리자인 Ms. Paisley가 Hartford 재단의 전 직원이라는 사실을 추론할 수 있다. 따라서 (C)가 정답이다.

바꾸어 표현하기
former director 과거의 이사 → former employee 전 직원

What does the article mention about the Hartford Foundation?

(A) It will donate 10 percent of the fundraiser proceeds to elementary schools.
(B) It has offered the artwork of some local students for an auction.
(C) It works closely with artists who provide youth with art classes.
(D) It has been the beneficiary of several events at the Brandon Gallery.

기사가 Hartford 재단에 대해 언급하는 것은?

(A) 모금 행사 수익금의 10퍼센트를 초등학교에 기부할 것이다.
(B) 몇몇 지역 학생들의 작품을 경매에 내놓았다.
(C) 청소년들에게 미술 수업을 제공하는 예술가들과 긴밀히 협력한다.
(D) Brandon 갤러리에서 열린 몇몇 행사의 수혜자였다.

■ Not/True True 문제   정답 (D)

질문의 핵심 어구인 Hartford Foundation과 관련된 내용을 기사에서 찾아 각 보기와 대조하는 Not/True 문제이므로 세 번째 지문인 기사에서 관련 내용을 확인한다. (A)는 '10 percent of the proceeds from the evening's sales being donated'에서 이날 저녁 판매 수익금의 10퍼센트가 기부될 것이라고 했으나, 초등학교에 기부할 것인지는 언급되지 않았으므로 지문의 내용과 일치하지 않는다. (B)는 'The fundraiser will take the form of an art auction'에서 모금 행사가 미술품 경매 형식으로 진행될 것이라고 했으나, 지역 학생들의 작품을 경매에 내놓았는지는 언급되지 않았으므로 지문의 내용과 일치하지 않는다. (C)는 'Hartford Foundation ~ provides financial support to after-school art programs at elementary schools'에서 Hartford 재단이 초등학교 방과 후 미술 프로그램에 재정적 지원을 제공한다고 했으나, 청소년들에게 미술 수업을 제공하는 예술가들과 긴밀히 협력하는지는 언급되지 않았으므로 지문의 내용과 일치하지 않는다. (D)는 'This will be the third such event held for the Hartford Foundation at the Brandon Gallery over the past two years.'에서 이는 지난 2년 동안 Brandon 갤러리에서 Hartford 재단을 위해 개최된 세 번째의 이러한 행사가 될 것이라고 했으므로 지문의 내용과 일치한다. 따라서 (D)가 정답이다.

어휘   beneficiary n. 수혜자, 수익자

TEST 04

PART 5

101
○○○●○
하

The meteorologist reviews the daily weather patterns and makes ------- for temperatures and conditions.

(A) predicts
(B) predictions
(C) predicted
(D) predictably

그 기상학자는 매일의 기상 패턴을 관찰하고 온도와 날씨를 예측한다.

■ 명사 자리
정답 (B)

타동사(makes)의 목적어 자리에 올 수 있는 것은 명사이므로 명사 (B) predictions(예측)가 정답이다. 동사 (A), 동사 또는 분사 (C), 부사 (D)는 명사 자리에 올 수 없다. 참고로, make a prediction(예측하다)을 관용구로 알아둔다.

어휘 meteorologist n. 기상학자 review v. 관찰하다, 검토하다 temperature n. 온도, 기온 condition n. 날씨, 상태 predictably adv. 예상대로

102
○○○●○
하

Sommerland Shopping Mall is situated ------- ten minutes away from the downtown area.

(A) approximating
(B) approximated
(C) approximately
(D) approximate

Sommerland 쇼핑몰은 시내에서 대략 10분 떨어진 곳에 위치해 있다.

■ 부사 자리
정답 (C)

빈칸 뒤의 형용사(ten)를 꾸밀 수 있는 것은 부사이므로 부사 (C) approximately(대략, 거의)가 정답이다. 동명사 또는 분사 (A), 동사 또는 분사 (B), 동사 또는 형용사 (D)는 형용사를 꾸밀 수 없다.

어휘 approximate v. 비슷하다; adj. 거의 정확한

103
○○○●○
중

All airlines are required by law to keep inflatable life jackets located ------- passenger seats in case there is an emergency.

(A) following
(B) next
(C) except
(D) underneath

모든 항공사들은 비상 사태가 있을 경우를 대비하여 공기주입식 구명조끼를 승객 좌석 밑에 두도록 법으로 요구된다.

■ 전치사 선택 _위치_
정답 (D)

'구명조끼를 승객 좌석 밑에 두다'라는 의미가 되어야 하므로 위치를 나타내는 전치사 (D) underneath(~의 밑에)가 정답이다. (A) following은 '~ 후에'라는 의미로 시점을, (B) next(옆에는)는 주로 to와 함께 '~ 옆에'를 의미하는 next to의 형태로 쓰인다. (C) except는 '~을 제외하고'라는 의미로 except for의 형태로 자주 쓰인다.

어휘 inflatable adj. 공기주입식의, (공기나 가스로) 부풀리게 되어 있는 life jacket phr. 구명조끼 in case phr. ~할 경우에 대비하여
      emergency n. 비상 사태, 비상시

104
○○○●○
중

Mr. Katz was confident that ------- could do a better job with database maintenance than his highly skilled team.

(A) less
(B) few
(C) those
(D) whatever

Mr. Katz는 데이터베이스 유지에 있어서 그의 매우 숙련된 팀보다 일을 더 잘하는 사람은 소수라고 자부했다.

■ 부정대명사
정답 (B)

빈칸이 '일반적인 사람들'을 가리켜서 '그의 숙련된 팀보다 일을 더 잘하는 사람은 소수라고 자부했다'라는 문맥이 되는 것이 자연스러우므로 부정대명사 (B) few(소수)가 정답이다. 부정대명사 (A) less(더 적은 것)는 불가산 명사를 대신한다. 지시대명사 (C) those는 '그것들'이라는 의미로 앞에 언급된 복수 명사를 대신할 때 쓰거나 'those + 수식어(관계절, 분사, 전치사구)'의 형태로 '~한 사람들'이라는 의미로 쓰이는데, 앞서 언급된 복수의 대상이 없고 those를 꾸며주는 수식어도 없으므로 답이 될 수 없다. 복합관계대명사 (D) whatever(무엇이든 간에)는 사물을 가리킨다.

어휘 maintenance n. 유지, 보수 skilled adj. 숙련된, 노련한

105
○○○○
●
상

After Benton Enterprises adopted the ------- of allowing its staff to work flexible hours, productivity began to rise.

(A) practice   (B) practically
(C) practiced   (D) practitioner

Benton사가 직원들이 탄력적 근무 시간제로 일하는 것을 허용하는 제도를 채택한 이후, 생산성이 증가하기 시작했다.

■ [명사 자리] 사람명사 vs. 추상명사   정답 (A)

관사(the)와 전치사(of) 사이에 올 수 있는 명사 (A)와 (D)가 정답의 후보이다. '탄력적 근무 시간제로 일하는 것을 허용하는 제도를 채택하다'라는 의미가 되어야 하므로 추상명사 (A) practice(제도, 관행)가 정답이다. 사람명사 (D) practitioner(의사)를 쓸 경우 '탄력적 근무 시간제로 일하는 것을 허용하는 의사를 채택하다'라는 어색한 문맥이 된다. 부사 (B)와 동사 또는 분사 (C)는 명사 자리에 올 수 없다.

어휘   adopt v. 채택하다, 입양하다   flexible hours phr. 탄력적 근무 시간제   productivity n. 생산성

106
○○○○
●
상

Evergreen Hotel was built at a time when Baldwin City ------- strong growth, but it may close if the recession continues.

(A) undergoes   (B) is undergoing
(C) will undergo   (D) was undergoing

Evergreen 호텔은 볼드윈 시가 큰 성장을 겪고 있었을 때 지어졌으나, 불경기가 계속된다면 문을 닫을 수도 있다.

■ 과거 진행 시제   정답 (D)

when으로 시작하는 관계부사절(when ~ growth)에서 나타내는 사건, 즉 도시가 큰 성장을 겪은 사건은 주절(Evergreen Hotel was built)에서 나타내는 사건, 즉 과거에 호텔이 지어진 시점에 계속해서 진행되고 있던 일이다. 따라서 주절에 과거 시제(was built)가 쓰였으므로 관계부사절의 빈칸에 올 자연스러운 시제인 과거 진행 시제 (D) was undergoing이 정답이다. 현재 시제 (A), 현재 진행 시제 (B), 미래 시제 (C)는 과거에 진행된 일을 나타낼 수 없다.

어휘   strong adj. 큰, 강렬한, 강한   recession n. 불경기, 후퇴   undergo v. 겪다, 받다

107
○○○○
●
하

The display coordinator's role is to ensure that everything sold in the store is ------- arranged to look appealing to customers.

(A) barely   (B) namely
(C) formerly   (D) carefully

진열 담당자의 역할은 상점에서 판매되는 모든 것이 고객들에게 매력적으로 보이도록 세심하게 배열되는 것을 책임지는 일이다.

■ 부사 어휘   정답 (D)

'상점에서 판매되는 모든 것이 고객들에게 매력적으로 보이도록 세심하게 배열되다'라는 문맥이므로 부사 (D) carefully(세심하게)가 정답이다. (A) barely는 '간신히, 거의 ~않다', (B) namely는 '즉, 다시 말해', (C) formerly는 '이전에'라는 의미이다.

어휘   display n. 진열; v. 진열하다   coordinator n. 담당자, 조정자   arrange v. 배열하다, 정리하다   appealing adj. 매력적인, 호소하는

108
○○○○
●
상

Many consumers agreed that Edgewood Limited's greatest strength was its ------- in maintaining high levels of quality.

(A) comparison   (B) component
(C) consistency   (D) conclusion

많은 소비자들은 Edgewood Limited사의 최대 장점이 높은 수준의 품질을 유지하는 데에서의 일관성이라는 점에 동의했다.

■ 명사 어휘   정답 (C)

'회사의 최대 장점이 품질을 유지하는 데에서의 일관성이다'라는 문맥이므로 명사 (C) consistency(일관성, 한결같음)가 정답이다. (A) comparison은 '비교, 대조', (B) component는 '구성 요소', (D) conclusion은 '결론, 결말'이라는 의미이다.

어휘   strength n. 장점, 강점   maintain v. 유지하다, 지속하다

109
○○○○●
상

The human resources manager called a meeting on Monday ------- everyone about his plan to hire new employees in the coming months.

(A) informs
(B) informed
(C) be informed
(D) to inform

인사부장은 모든 사람들에게 다음 몇 달 뒤에 새로운 직원들을 고용하려는 그의 계획에 대해 알리기 위해서 월요일에 회의를 소집했다.

■ [수식어 거품을 이끄는 것] to 부정사의 역할
정답 (D)

이 문장은 주어(The human resources manager), 동사(called), 목적어(a meeting)를 갖춘 완전한 절이므로, ___ everyone ~ months는 수식어 거품으로 보아야 한다. 이 수식어 거품은 동사가 없는 거품구이므로, 거품구를 이끌 수 있는 분사 (B)와 to 부정사 (D)가 정답의 후보이다. '그의 계획에 대해 알리기 위해서 회의를 소집했다'라는 목적의 의미를 전달하고 있으므로 목적을 나타내는 to 부정사 (D) to inform이 정답이다. 과거분사 (B)는 빈칸 뒤에 목적어(everyone)를 취할 수 없다. 동사 (A)와 (C)는 수식어 거품을 이끌 수 없다.

어휘   call a meeting phr. 회의를 소집하다

110
○○○○●
중

Mary Rose was asked to join the information access team because she ------- to similar projects previously.

(A) was contributed
(B) had contributed
(C) contributes
(D) will contribute

Mary Rose는 그녀가 이전에 비슷한 프로젝트에 기여한 적이 있기 때문에 정보 접근 팀에 합류하도록 요청받았다.

■ 동사는 수, 태, 시제가 맞아야 한다
정답 (B)

주절(Mary Rose ~ team)의 내용, 즉 Mary Rose가 팀에 합류하도록 요청받은 것은 종속절(because ~ previously)에서 그녀가 이전(previously)에 비슷한 프로젝트를 한 경험이 있기 때문이라고 했으므로 종속절의 시제는 주절의 과거 시점(was asked)보다 더 이전에 일어난 일임을 알 수 있다. 따라서 과거 시점보다 더 과거에 일어난 일을 나타낼 때 사용되는 과거 완료 시제 (B) had contributed가 정답이다. 수동태 (A)는 '그녀가 기여되다'라는 어색한 문맥을 만들기 때문에 답이 될 수 없고, 현재 시제 (C)와 미래 시제 (D)는 과거보다 더 과거에 일어난 일을 나타낼 수 없다.

어휘   similar adj. 비슷한, 유사한 previously adv. 이전에, 미리 contribute v. 기여하다, 원인이 되다

111
○○○○●
상

The accounting department's current software program is not ------- for the tasks that need to be performed.

(A) adequate
(B) competent
(C) comforting
(D) proficient

회계부서의 현재의 소프트웨어 프로그램은 수행되어야 하는 일들에 적합하지 않다.

■ 형용사 어휘
정답 (A)

'소프트웨어 프로그램이 수행되어야 하는 일들에 적합하지 않다'라는 문맥이므로 형용사 (A) adequate(적합한)가 정답이다. (B) competent는 '유능한', (C) comforting은 '격려하는, 위안이 되는', (D) proficient는 '능숙한'이라는 의미이다. (B) competent(유능한)와 (D) proficient(능숙한)도 해석상 그럴듯해 보이지만 주로 사람 명사와 함께 사용되어 사람의 특성을 나타내므로 답이 될 수 없다.

어휘   task n. 일, 과업

112
○○○○●
상

Chef Alan Peralta's ------- of classic French dishes is considered both unique and daring in the culinary world.

(A) obligation
(B) calculation
(C) subtraction
(D) interpretation

요리사 Alan Peralta의 전통 프랑스 요리에 대한 해석은 요리 업계에서 독특하고도 대담하다고 여겨진다.

■ 명사 어휘
정답 (D)

'요리에 대한 해석이 독특하고도 대담하다고 여겨진다'라는 문맥이므로 (D) interpretation(해석, 이해)이 정답이다. (A) obligation은 '의무', (B) calculation은 '계산, 산출', (C) subtraction은 '삭감, 공제'라는 의미이다.

어휘   classic adj. 전통의, 고전적인 dish n. 요리, 접시 unique adj. 독특한, 유일무이한 daring adj. 대담한, 위험한 culinary adj. 요리의, 음식의

113

Work from artist Leah Mills' newest collection was displayed ------- at the Beech Gallery in Atlanta.

(A) exclusion
(B) exclusively
(C) excludes
(D) exclude

예술가 Leah Mills의 새로운 컬렉션의 작품은 애틀랜타의 Beech 갤러리에서 독점적으로 전시되었다.

■ 부사 자리　　　　　　　　　　　　　　　　　　　　　　　　　　　정답 (B)

동사(was displayed)를 꾸밀 수 있는 것은 부사이므로 부사 (B) exclusively(독점적으로)가 정답이다. 명사 (A), 동사 (C)와 (D)는 동사를 꾸밀 수 없다.

어휘　artist n. 예술가, 화가　exclusion n. 제외, 차단　exclude v. 제외하다, 추방하다

114

------- wishing to work overtime this month is reminded to advise the supervisor before the end of the week.

(A) Whoever
(B) All
(C) Those
(D) Anyone

이번 달에 시간 외 근무를 하고자 하는 사람은 누구든지 주말 전에 관리자에게 알리도록 상기된다.

■ 부정대명사 anyone　　　　　　　　　　　　　　　　　　　　　　　정답 (D)

빈칸이 이 문장의 주어 자리이고, 단수 동사(is reminded)가 쓰였으므로 단수 동사의 주어 자리에 올 수 있는 부정대명사 (D) Anyone(누구든지)이 정답이다. 복합관계대명사 (A) Whoever(누구나)는 명사절을 이끌어야 하는데, ___ ~ month가 절이 되기 위해서는 분사(wishing)가 아닌 동사(wishes)가 와야 하므로 답이 될 수 없다. 부정대명사 (B) All이 '모든 사람들'이라는 의미로 쓰일 경우에는 복수 동사와 함께 쓰이고, 지시대명사 (C) Those(~한 사람들) 또한 복수 동사와 함께 쓰이므로 답이 될 수 없다.

어휘　work overtime phr. 시간 외 근무를 하다, 잔업하다　remind v. 상기시키다, 다시 알려주다　advise v. 알리다, 통지하다　supervisor n. 관리자, 감독관

115

Customers with packages exceeding 250 centimeters in length are ------- additional shipping fees by Bowden Couriers.

(A) charging
(B) charged
(C) chargers
(D) charges

길이가 250센티미터를 넘는 상자를 가지고 있는 고객들에게는 Bowden 택배 회사에 의해 추가적인 배송 비용이 청구된다.

■ [동사 자리] 능동태와 수동태의 구별　　　　　　　　　　　　　　　　정답 (B)

빈칸 앞의 be동사(are)와 함께 쓰여 문장의 동사를 만드는 -ing형 (A)와 p.p.형 (B)가 정답의 후보이다. '고객들에게 Bowden 택배 회사에 의해 배송 비용이 청구되다'라는 수동의 의미이므로 수동태를 만드는 p.p.형 (B) charged가 정답이다. -ing형 (A)를 사용할 경우 능동태가 되어 '고객들이 Bowden 택배 회사에 의해 배송 비용을 청구하다'라는 어색한 문맥이 된다. 명사 (C)와 (D)는 특별한 연결어 없이 빈칸 뒤의 명사구(additional shipping fees)와 나란히 올 수 없고 (D)를 3인칭 단수 동사로 본다 해도 빈칸 앞의 be동사와 함께 쓸 수 없으므로 답이 될 수 없다.

어휘　exceed v. 넘다, 초과하다　shipping fee phr. 배송 비용　courier n. 택배 회사, 배달원　charger n. 충전기

116

Participants will be given ample time after the presentation to ------- any concerns they may have about the marketing plan.

(A) raise
(B) discharge
(C) screen
(D) invest

참석자들에게는 발표 후에 그들이 마케팅 계획에 대해 가질 만한 어떠한 우려라도 제기할 수 있는 충분한 시간이 주어질 것이다.

■ 동사 어휘　　　　　　　　　　　　　　　　　　　　　　　　　　정답 (A)

'그들이 가질 만한 어떠한 우려라도 제기할 수 있는 충분한 시간'이라는 문맥이므로 동사 (A) raise(문제·질문 등을 제기하다)가 정답이다. (B) discharge는 '해고하다, 면제하다', (C) screen은 '심사하다, 가려내다', (D) invest는 '투자하다'라는 의미이다.

어휘　ample adj. 충분한, 넉넉한

117
○○○○
중

The new road from Batik Enterprise's warehouse to the post office has been a great ------- for employees in the shipping department.

(A) registration   (B) increment
(C) movement   (D) advantage

Batik사의 창고에서부터 우체국까지의 새로운 도로는 운송 부서의 직원들에게 큰 이점이 되어왔다.

■ 명사 어휘   정답 (D)

'창고에서부터 우체국까지의 도로가 운송 부서의 직원들에게 큰 이점이 되어왔다'라는 문맥이므로 명사 (D) advantage(이점, 유리한 점)가 정답이다. (A) registration은 '등록, 신고', (B) increment는 '증가, 증대', (C) movement는 '움직임'이라는 의미이다.

어휘   warehouse n. 창고   shipping n. 운송, 배송, 선박

118
○○○○
상

The launch of Blanca Restaurant was successful -------, but the proprietor wished the event had attracted greater attention from local media.

(A) rather   (B) enough
(C) soon   (D) yet

Blanca 식당의 개업 행사는 충분히 성공적이었으나, 소유주는 그 행사가 지역 언론으로부터 더 큰 관심을 끌어모으길 바랐다.

■ 부사 선택   정답 (B)

'행사가 충분히 성공적이었으나, 소유주는 더 큰 관심을 끌어모으길 바랐다'라는 의미가 되어야 하므로 부사 (B) enough(충분히)가 정답이다. (A) rather(조금, 약간)는 빈칸 앞의 형용사(successful)를 뒤가 아닌 앞에서 꾸며주어야 한다. (C) soon은 '곧', (D) yet은 '아직'이라는 의미이다.

어휘   launch n. 개업 행사, 개업   proprietor n. 소유주   attention n. 관심, 주목

119
○○○○
상

Edmonton Supply is ------- to extend a discount when customers place a minimum order for 1,000 units of the camping accessories.

(A) capable   (B) respective
(C) compatible   (D) willing

Edmonton 공급사는 고객들이 최소한 1,000개의 캠핑 부대용품을 주문하면 기꺼이 할인을 제공한다.

■ 형용사 관련 어구   정답 (D)

'최소한 1,000개의 캠핑 부대용품을 주문하면 기꺼이 할인을 제공한다'라는 문맥이므로 빈칸 앞의 be동사(is)와 뒤의 to 부정사(to)가 함께 쓰여 '기꺼이 ~하다'라는 의미의 어구인 be willing to를 만드는 형용사 (D) willing이 정답이다. (A) capable은 '~을 할 수 있는, 유능한'이라는 의미로 해석상 그럴듯해 보이지만 주로 be capable of의 형태로 쓰인다. (B) respective는 '각각의', (C) compatible은 '호환되는, 양립할 수 있는'이라는 의미이다.

어휘   extend v. 제공하다, 베풀다, 확장하다   place an order phr. 주문하다   minimum adj. 최소한   unit n. (제품 등의) 개수, 단위
      accessory n. 부대용품

120
○○○○
상

Renovations can begin on Bounty Bank's main offices ------- the board authorizes the project.

(A) also   (B) pending
(C) unless   (D) once

일단 이사회가 그 프로젝트를 승인하면, Bounty 은행 본사의 수리 공사가 시작될 수 있다.

■ [수식어 거품을 이끄는 것] 부사절 접속사 _시간_   정답 (D)

이 문장은 주어(Renovations)와 동사(can begin)를 갖춘 완전한 절이므로, ___ the board ~ project는 수식어 거품으로 보아야 한다. 이 수식어 거품은 동사(authorizes)가 있는 거품절이므로, 거품절을 이끌 수 있는 부사절 접속사 (C)와 (D)가 정답의 후보이다. '일단 이사회가 그 프로젝트를 승인하면, 공사가 시작될 수 있다'라는 문맥이 되어야 하므로 부사절 접속사 (D) once(일단 ~하면)가 정답이다. (C) unless(~하지 않는 한)를 쓸 경우 '이사회가 그 프로젝트를 승인하지 않는 한 수리 공사가 시작될 수 있다'라는 어색한 문맥이 된다. 부사 (A) also(또한)는 수식어 거품을 이끌 수 없고, 전치사 (B) pending(~까지, ~하는 동안)은 동사가 없는 거품구를 이끈다.

어휘   main office phr. 본사   authorize v. 승인하다, 허가하다

121
○●●●●
상

Ms. Wilson left behind a career in law to ------- her dream of running a bed-and-breakfast in Tuscany.

(A) aspire
(B) pursue
(C) withdraw
(D) contend

Ms. Wilson은 토스카나에서 조식 제공 숙박을 운영하려는 그녀의 꿈을 좇기 위해 법조계에서의 경력을 뒤로 했다.

■ 동사 어휘   정답 (B)

'꿈을 좇기 위해 법조계에서의 경력을 뒤로 했다'라는 문맥이므로 동사 (B) pursue(좇다, 추구하다)가 정답이다. (A) aspire는 '열망하다, 동경하다'라는 뜻으로 해석상 그럴듯해 보이지만, aspire가 자동사인데 빈칸 뒤에 목적어(her dream)가 있으므로 답이 될 수 없다. (C) withdraw는 '(예금을) 인출하다', (D) contend는 '싸우다, 주장하다'라는 의미이다.

어휘 leave behind phr. 뒤로 하다, 남겨 두다 run v. 운영하다, 경영하다 bed-and-breakfast n. 조식 제공 숙박

122
○●●●●
중

The staff in charge of writing press releases should get all facts ------- thoroughly before sending an announcement to the media.

(A) checked
(B) checking
(C) check
(D) checks

서면 보도를 담당하는 직원은 소식을 매체에 보내기 전에 모든 사실이 철저히 확인되도록 해야 한다.

■ [목적격 보어 자리] 현재분사 vs. 과거분사   정답 (A)

빈칸은 5형식 동사 get의 목적격 보어 자리이므로 보어 자리에 올 수 있는 과거분사 (A)와 현재분사 (B)가 정답의 후보이다. 목적어(all facts)와 목적격 보어인 빈칸이 '모든 사실이 확인되다'라는 수동의 의미이므로 과거분사 (A) checked가 정답이다. 현재분사 (B)는 능동의 의미를 나타내므로 답이 될 수 없다. 명사 또는 동사 (C)와 (D)는 5형식 동사로 쓰인 get의 목적격 보어로 쓰일 수 없다. 참고로, get은 'get + 목적어 + 목적격 보어(~이 …하게 하다)'의 5형식으로 쓰일 수 있음을 알아둔다.

어휘 in charge of phr. ~을 담당하는 press release phr. 보도 announcement n. 소식, 발표 media n. 매체

123
○○●●●
중

Ms. Reyes considered the amount of luggage she was taking on her beach excursion before deciding on ------- car to rent.

(A) these
(B) where
(C) other
(D) which

Ms. Reyes는 어떤 차를 빌릴지 결정하기 전에 그녀의 해변 여행에 가져갈 짐의 양을 고려했다.

■ 의문형용사 Which   정답 (D)

빈칸 뒤의 명사(car)를 꾸밀 수 있는 지시형용사 (A), 부정형용사 (C), 의문형용사 (D)가 정답의 후보이다. '어떤 차를 빌릴지 결정하기 전에 짐의 양을 고려하다'라는 의미가 되어야 하므로 의문형용사 (D) which(어떤)가 정답이다. 지시형용사 (A)는 복수 명사와 함께 쓰여야 하고, 부정형용사 (C)는 복수 가산 명사 또는 불가산 명사와 함께 쓴다. 부사 또는 접속사 (B) where는 명사를 꾸밀 수 없다.

124
○●●●●
최상

A top competitor withdrew from the international tennis tournament due to a ------- injury.

(A) captivating
(B) prescribing
(C) towering
(D) lingering

최고의 시합 참가자가 좀처럼 낫지 않는 부상으로 인해 국제 테니스 토너먼트에서 기권했다.

■ 형용사 어휘   정답 (D)

'시합 참가자가 좀처럼 낫지 않는 부상으로 인해 토너먼트에서 기권했다'라는 문맥이므로 형용사 (D) lingering(좀처럼 낫지 않는, 오래 끄는)이 정답이다. (A) captivating은 '매혹적인', (B) prescribing은 '처방하는', (C) towering은 '우뚝 솟은'이라는 의미이다.

어휘 withdraw v. 기권하다, 철수시키다 injury n. 부상, 상처

125

최상

------ a few members opposing the plan, the executive board has decided to go through with the investment in Diehl Electronics.

(A) Notwithstanding (B) Consequently
(C) Between (D) Throughout

그 계획에 반대하는 몇 명의 구성원들에도 불구하고, 이사회는 Diehl 전자회사에 투자를 감행하기로 결정했다.

■ [수식어 거품을 이끄는 것] 전치사 선택 양보 　　　　　　　　　　정답 (A)

이 문장은 주어(the executive board), 동사(has decided), 목적어(to go through with the investment)를 갖춘 완전한 절이므로, ___ a few ~ plan은 수식어 거품으로 보아야 한다. 이 수식어 거품은 동사가 없는 거품구이므로, 거품구를 이끌 수 있는 전치사 (A), (C), (D)가 정답의 후보이다. '반대하는 몇 명의 구성원들에도 불구하고 투자를 감행하기로 결정했다'라는 의미가 되어야 하므로 전치사 (A) Notwithstanding (~에도 불구하고)이 정답이다. (C) Between은 '~ 사이에'라는 의미로 둘 사이의 관계나 위치를 나타내고, (D) Throughout은 '~도처에, ~동안'이라는 의미로 위치나 기간을 나타낸다. 부사 (B) Consequently(그 결과)는 수식어 거품을 이끌 수 없다.

어휘　oppose v. 반대하다, 겨루다　executive board phr. 이사회　go through with phr. ~을 감행하다

126

상

An international body has ------ the formation of a protected area covering large sections of the Amazon rainforest.

(A) notified (B) approved
(C) deducted (D) signified

국제 단체는 아마존 열대 우림 구역의 많은 부분을 포함하는 보호 구역의 조성을 승인했다.

■ 동사 어휘 　　　　　　　　　　정답 (B)

'국제 단체는 보호 구역의 조성을 승인했다'라는 문맥이므로 동사 approve(승인하다)의 p.p.형 (B) approved가 정답이다. (A)의 notify는 '알리다'라는 의미로 'notify + 알림을 받는 대상 + of + 알리는 내용'의 형태로 쓰인다. (C)의 deduct는 '빼다, 공제하다', (D)의 signify는 '의미하다, 알리다'라는 의미로, '알리다'의 의미일 때에는 몸짓, 언어 등으로 감정이나 의도를 알리는 것을 나타낸다.

어휘　international body phr. 국제 단체　formation n. 조성, 형성, 구성　protected area phr. 보호 구역　rainforest n. (열대) 우림

127

상

Steeltop's machinery is solidly built and will operate ------ for years without the need for costly maintenance and repairs.

(A) explicitly (B) regretfully
(C) reliably (D) attentively

Steeltop사의 기계는 튼튼하게 만들어져서 값비싼 보수와 수리를 할 필요 없이 수년간 확실하게 작동할 것이다.

■ 부사 어휘 　　　　　　　　　　정답 (C)

'기계가 튼튼하게 만들어져서 보수와 수리를 할 필요 없이 수년간 확실하게 작동할 것이다'라는 문맥이므로 부사 (C) reliably(확실하게, 믿을 수 있게)가 정답이다. (A) explicitly는 '명쾌하게, 솔직하게', (B) regretfully는 '유감스럽게도', (D) attentively는 '주의하여, 정중하게'라는 의미이다.

어휘　machinery n. 기계　solidly adv. 튼튼하게, 단단하게　operate v. 작동하다, 움직이다　costly adj. 값비싼　maintenance n. 보수, 유지

128

상

The spokesperson for Beaumont Industries made an official apology ------ the company for the way it dealt with a delivery delay.

(A) as soon as (B) according to
(C) in spite of (D) on behalf of

Beaumont사의 대변인은 회사를 대표하여 배송 지연을 처리한 방식에 대해 공식적인 사과를 했다.

■ [수식어 거품을 이끄는 것] 전치사 선택 기타 　　　　　　　　　　정답 (D)

이 문장은 주어(The spokesperson), 동사(made), 목적어(an official apology)를 갖춘 완전한 절이므로, ___ the company ~ delay는 수식어 거품으로 보아야 한다. 이 수식어 거품은 동사가 없는 거품구이므로, 거품구를 이끌 수 있는 전치사 (B), (C), (D)가 정답의 후보이다. '회사를 대표하여 배송 지연을 처리한 방식에 대해 사과했다'라는 의미가 되어야 하므로 전치사 (D) on behalf of(~을 대표하여)가 정답이다. (B) according to는 '~에 따라', (C) in spite of는 '~에도 불구하고'라는 의미이다. 부사절 접속사 (A) as soon as(~하자마자)는 거품구가 아닌 거품절을 이끈다.

어휘　make an apology phr. 사과하다　deal with phr. 처리하다, 다루다

129

Copyright ------- have the exclusive right to use, modify, and distribute the images they upload to Westforth Corporation's Web site.

(A) held   (B) holds
(C) holding   (D) holders

저작권 보유자들은 그들이 Westforth사의 웹사이트에 업로드 하는 이미지를 사용하고, 수정하고, 배포할 수 있는 독점권을 가진다.

■ [명사 자리] 사람명사 vs. 추상명사   정답 (D)

빈칸 앞의 명사(Copyright)와 함께 복합 명사를 이루어 주어 자리에 사용될 수 있는 것은 명사이므로 추상명사 (B)와 (C), 사람명사 (D)가 정답의 후보이다. '저작권 보유자들이 독점권을 가진다'라는 의미가 되어야 하므로 사람명사 (D) holders(보유자)가 정답이다. 추상명사 (B) holds (영향력)와 (C) holding(보유)은 '저작권 영향력/보유는 독점권을 가진다'라는 어색한 문맥이 되며, 단수 명사 (C)는 복수 동사(have)와 함께 쓸 수 없다. 동사 또는 분사 (A)는 명사 자리에 올 수 없다.

어휘   copyright n. 저작권   exclusive right phr. 독점권   modify v. 수정하다, 변경하다   distribute v. 배포하다, 배분하다

130

------- the weather is pleasant, the company's social gathering will occur at Foster Park this weekend.

(A) Rather than   (B) Assuming that
(C) Owing to   (D) Hence

만약 날씨가 쾌적하다면, 그 회사의 교류회는 이번 주말에 Foster 공원에서 있을 것이다.

■ [수식어 거품을 이끄는 것] 부사절 접속사 조건   정답 (B)

이 문장은 주어(the company's social gathering)와 동사(will occur)를 갖춘 완전한 절이므로, ____ the weather is pleasant는 수식어 거품으로 보아야 한다. 이 수식어 거품은 동사(is)가 있는 거품절이므로, 거품절을 이끌 수 있는 부사절 접속사 (A)와 (B)가 정답의 후보이다. '만약 날씨가 쾌적하다면 교류회는 공원에서 있을 것이다'라는 의미가 되어야 하므로 (B) Assuming that(만약 ~라면)이 정답이다. (A) Rather than(~보다는)을 쓰면 '날씨가 쾌적한 것보다는 교류회는 공원에서 있을 것이다'라는 어색한 문맥을 만든다. 전치사 (C) Owing to(~때문에)는 동사가 없는 거품구를 이끌고, 부사 (D) Hence(그러므로)는 수식어 거품을 이끌 수 없다.

어휘   pleasant adj. 쾌적한, 즐거운   social gathering phr. 교류회, 친목회

PART 6

Questions 131-134 refer to the following article.

131-134는 다음 기사에 관한 문제입니다.

Royal Exchange Building Reborn as Hotel

Nationwide hotel operator Verdant Group ------- millions of
pounds over three years converting the Royal Exchange
Building on Quay Street, a historical landmark, into a hotel.

131

"We wanted to preserve the building's key architectural
elements," says Verdant's CEO Gaile McCain. "That's why
we hired a group of historical experts to work with our team."
-------. The building retains much of its original charm as the
132
18th century structure and stonework remain intact.
However, the building's interior has all the ------- found at
133
any other five-star accommodations, such as a pool and
spa.

The combination of the hotel's modern facilities with its
historic appearance makes the venue a major ------- for
134
tourists. Already, suites are fully booked for its opening
weekend, which is scheduled for late next month.

Royal 거래소 건물이 호텔로 다시 태어나다

131 전국적인 호텔 운영사 Verdant 그룹은 Quay가에 있는 역사적 건축물인 Royal 거래소 건물을 호텔로 개조하는 데에 3년에 걸쳐 수백만 파운드를 썼다.

"저희는 건물의 주요 건축 요소들을 유지하기를 원했습니다"라고 Verdant사의 최고 경영자 Gaile McCain은 말한다. "그것이 바로 저희 팀과 함께 일할 역사 전문가 집단을 고용한 이유입니다." **132** 결과로 미루어 보아, 그들은 성공한 것으로 보인다. 그 건물은 18세기 구조물과 석조 건축물이 손상되지 않은 채 남게 되면서 본래 매력의 대부분을 유지한다. **133** 하지만, 건물의 내부는 수영장과 온천과 같이 다른 최고급 숙박 시설에서 발견할 수 있는 모든 편의시설을 갖추고 있다.

134 호텔의 역사적 외관과 현대적인 시설의 조합은 그 장소를 관광객들에게 주요한 명소로 만든다. 이미, 스위트룸들은 개장 주말에 모두 예약이 되었는데, 개장은 다음 달 말로 예정되어 있다.

---

131 (A) spends
(B) spent
(C) will spend
(D) spending

132 (A) His signature architectural style is seen throughout
the city.
(B) The Verdant Group has been forced to delay the
renovation work.
(C) Judging from the results, it seems that they were
successful.
(D) Consequently, the construction firm's initial
proposal was rejected.

133 (A) activities
(B) priorities
(C) opportunities
(D) amenities

134 (A) issue
(B) accomplishment
(C) attraction
(D) commitment

어휘   **reborn** v. 다시 태어나다, 다시 활발해지다 **nationwide** adj. 전국적인 **convert** v. 개조하다, 전환시키다
landmark n. 주요 건축물, 획기적인 사건 **preserve** v. 유지하다, 보존하다 **architectural** adj. 건축의, 건축적인 **expert** n. 전문가; adj. 전문적인
retain v. 유지하다, 보유하다 **charm** n. 매력, 아름다움, 작은 장식물 **stonework** n. 석조 건축물 **intact** adj. 손상되지 않은, 변하지 않은
interior n. 내부; adj. 내부의 **accommodation** n. 숙박 시설, 숙소 **appearance** n. 외관, 외형 **venue** n. 장소, 개최지

131 ■ **[동사 자리] 과거 시제** 전체 문맥 파악 　　　　　　　　　　　　　　　　　　　　　　　　　정답 (B)

문장에 동사가 없으므로 동사 (A), (B), (C)가 정답의 후보이다. 이 경우 빈칸이 있는 문장만으로는 올바른 시제의 동사를 고를 수 없으므로 주변 문맥이나 전체 문맥을 파악한다. 기사 전체적으로 개조가 완료되어 호텔로 바뀐 Royal 거래소 건물에 대해 이야기하고 있고, 호텔 개장이 다음 달 말로 예정되어 있다고 했으므로 개조를 하기 위한 비용 또한 이미 쓰였음을 알 수 있다. 따라서 과거 시제 (B) spent가 정답이다. 현재 시제 (A)와 미래 시제 (C)는 이미 일어난 과거의 일을 나타낼 수 없다. 동명사 또는 분사 (D)는 동사 자리에 올 수 없다.

132 ■ **알맞은 문장 고르기** 　　　　　　　　　　　　　　　　　　　　　　　　　　　　　　　　　　　　정답 (C)

빈칸에 들어갈 알맞은 문장을 고르는 문제이므로 주변 문맥 또는 전체 문맥을 파악한다. 앞부분에서 Verdant사는 건물의 주요 건축 요소들을 유지하기를 원했다고 한 후, 앞 문장 '"That's why we hired a group of historical experts to work with our team."'에서 그것이 바로 팀과 함께 일할 역사 전문가 집단을 고용한 이유라고 했고, 뒤 문장 'The building retains much of its original charm as the 18th century structure and stonework remain intact.'에서 그 건물은 18세기 구조물과 석조 건축물이 손상되지 않은 채 남게 되면서 본래 매력의 대부분을 유지한다고 했으므로 빈칸에는 건물의 주요 건축 요소들을 유지하려는 전문가들의 시도가 성공적이었다는 내용이 들어가야 함을 알 수 있다. 따라서 (C) Judging from the results, it seems that they were successful이 정답이다.

보기 해석
(A) 그의 독특한 건축 양식은 도시 전역에서 보인다.
(B) Verdant 그룹은 수리 작업을 연기할 수밖에 없었다.
(C) 결과로 미루어 보아, 그들은 성공한 것으로 보인다.
(D) 결과적으로, 그 건설사의 초기의 계획은 거절되었다.

어휘　**signature** adj. 독특한, 대표의　**judging from** phr. ~으로 미루어 보아, ~에 의해 판단하건대　**initial** adj. 초기의, 처음의　**reject** v. 거절하다, 거부하다

133 ■ **명사 어휘** 　　정답 (D)

'건물의 내부는 수영장과 온천과 같이 다른 최고급 숙박 시설에서 발견할 수 있는 편의시설을 갖추고 있다'라는 문맥이므로 (D) amenities(편의시설)가 정답이다. (A)의 activity는 '활동', (B)의 priority는 '우선 사항, 우선권', (C)의 opportunity는 '기회'라는 의미이다. (C)의 opportunity(기회)도 해석상 그럴듯해 보이지만 건물의 내부가 기회를 가질 수는 없으므로 답이 될 수 없다.

134 ■ **명사 어휘** 주변 문맥 파악 　　　　　　　　　　　　　　　　　　　　　　　　　　　　　　　정답 (C)

'호텔의 역사적 외관과 현대적인 시설의 조합은 그 장소를 관광객들에게 주요한 ____로 만든다'라는 문맥이므로 모든 보기가 정답의 후보이다. 빈칸이 있는 문장만으로 정답을 고를 수 없으므로 주변 문맥이나 전체 문맥을 파악한다. 뒤 문장에서 이미 스위트룸들은 개장 주말에 모두 예약이 되었다고 했으므로 호텔의 역사적 외관과 현대적인 시설의 조합은 그 장소를 관광객들에게 주요한 명소로 만든다는 것을 알 수 있다. 따라서 (C) attraction(명소, 명물)이 정답이다. (A) issue는 '문제, 사안', (B) accomplishment는 '업적, 성취', (D) commitment는 '헌신'이라는 의미이다.

July 15
Allison Morita
Vestige Insurance
4186 Maryland Avenue
Pinellas, FL 34624

Dear Ms. Morita,

I am writing to you in the hope that you can ------- my
135
insurance claim. I spoke with general claims agent Gary
Fink on July 6, -------, at the time, explained the process and
136
recommended that I write this letter.

Last month, on June 20, I suffered an injury when I slipped
and fell in my kitchen. The impact caused me to break my
wrist, which forced me to undergo surgery. Does my policy
cover injuries of this nature? -------, I expect to be
137
reimbursed. Currently, my medical expenses amount to
about $900. -------.
138

Please respond as soon as you review my documentation.

Thank you.

Sincerely,

June Miller

7월 15일
Allison Morita
Vestige 보험사
4186번지 Maryland가
피넬러스, 플로리다 주 34624

Ms. Morita께,

135 저는 당신이 제 보험금 청구를 처리할 수 있을 것을 기대하며 편지를 씁니다. **136** 저는 7월 6일에 일반 청구 담당자 Gary Fink와 이야기를 나누었고, 그때 그는 제게 절차를 설명해 주었고 제가 이 편지를 쓰도록 권했습니다.

지난달, 6월 20일에, 저는 부엌에서 미끄러져서 넘어졌을 때 부상을 당했습니다. 그 충격으로 제 손목이 부러졌고, 수술을 받을 수밖에 없었습니다. 제 보험 증권이 이러한 종류의 부상들을 보장하나요? **137** 만일 그렇다면, 저는 배상을 받고 싶습니다. 현재, 제 의료비는 대략 900달러에 이릅니다. **138** 저는 이 청구를 입증하기 위해 영수증을 동봉하였습니다.

제 서류를 검토하는 즉시 답해 주시기 바랍니다.

감사합니다.

June Miller 드림

---

135 (A) cancel
(B) handle
(C) change
(D) summarize

136 (A) when
(B) who
(C) how
(D) why

137 (A) If so
(B) Until then
(C) After that
(D) On condition of

138 (A) I have enclosed receipts to support this claim.
(B) Only half of the amount has been paid by your company.
(C) It is difficult to determine who was at fault for the accident.
(D) Let me know when my insurance contract has been authorized.

어휘 insurance n. 보험, 보험금 claim n. 청구; v. 청구하다 general adj. 일반의, 보편적인 process n. 절차, 과정
suffer v. (부상·패배·상실 등을) 당하다, 겪다 injury n. 부상, 상처 impact n. 충격, 충돌 undergo v. (수술을) 받다, (변화 등을) 경험하다
surgery n. 수술 policy n. 보험 증권, 정책 cover v. 보장하다, 덮다 nature n. 종류, 유형, 본질 reimburse v. 배상하다, 변제하다
expense n. 비용, 지출 amount to phr. ~에 이르다 documentation n. 서류, 기록

135 ■ **동사 어휘** 전체 문맥 파악 정답 (B)

'당신이 내 보험금 청구를 ____할 수 있을 것을 기대하며 편지를 쓴다'라는 문맥이므로 모든 보기가 정답의 후보이다. 빈칸이 있는 문장만으로 정답을 고를 수 없으므로 주변 문맥이나 전체 문맥을 파악한다. 뒷부분에서 자신의 보험 증권이 이러한 종류의 부상들을 보장하는지 물으면서 서류를 검토하는 즉시 답해 달라고 했으므로 보험사에 자신의 보험 청구를 처리해줄 것을 요청하고 있음을 알 수 있다. 따라서 (B) handle(처리하다, 다루다)이 정답이다. (A) cancel은 '취소하다', (C) change는 '변경하다', (D) summarize는 '요약하다'라는 의미이다.

136 ■ **관계대명사의 선택과 격** 정답 (B)

이 문장은 주어(I)와 동사(spoke)를 갖춘 완전한 절이므로, ____ ~ letter는 수식어 거품으로 보아야 한다. 이 수식어 거품은 동사(explained, recommended)는 있으나 주어가 없는 불완전한 절이고, 빈칸 이하가 앞에 나온 사람 명사(Gary Fink)에 대해 부가 설명을 해주는 계속적 용법으로 쓰였으므로 주격 사람 관계대명사 (B) who가 정답이다. 관계부사 (A) when, (C) how, (D) why는 각각 시간/방법/이유를 나타내는 선행사와 함께 쓰이고, 뒤에 완전한 절이 와야 한다.

137 ■ **접속부사** 주변 문맥 파악 정답 (A)

빈칸이 콤마와 함께 문장의 맨 앞에 온 접속부사 자리이므로, 앞 문장과 빈칸이 있는 문장의 의미 관계를 파악하여 정답을 선택한다. 앞 문장에서 자신의 보험 증권이 이러한 종류의 부상들을 보장하는지 물었고, 빈칸이 있는 문장에서 배상을 받고 싶다고 했으므로 앞 문장에서 언급된 상황이 사실이라고 가정할 때 사용되는 (A) If so(만일 그렇다면)가 정답이다. (B) Until then은 '그때까지', (C) After that은 '그 이후로'라는 의미로 빈칸에 쓸 경우 어색한 문맥이 된다. (D) On condition of는 '~라는 조건 아래'라는 의미의 전치사이다.

138 ■ **알맞은 문장 고르기** 정답 (A)

빈칸에 들어갈 알맞은 문장을 고르는 문제이므로 주변 문맥 또는 전체 문맥을 파악한다. 앞 문장 'Currently, my medical expenses amount to about $900.'에서 현재 자신의 의료비가 대략 900달러에 이른다고 했고, 뒤 문장 'Please respond as soon as you review my documentation.'에서 서류를 검토하는 즉시 답해 달라고 했으므로 빈칸에는 의료비와 관련된 서류를 동봉하였다는 내용이 들어가야 함을 알 수 있다. 따라서 (A) I have enclosed receipts to support this claim이 정답이다.

보기 해석
(A) 저는 이 청구를 입증하기 위해 영수증을 동봉하였습니다.
(B) 금액의 절반만이 귀사에 의해 지불되었습니다.
(C) 누가 이 사고에 대해 책임이 있는지 알아내기 어렵습니다.
(D) 저의 보험 계약이 언제 승인되는지 알려주십시오.

어휘 **enclose** v. 동봉하다, 둘러싸다 **support** v. (사실임을) 입증하다, 뒷받침하다 **determine** v. 알아내다, 밝히다 **at fault** phr. 책임이 있어, 잘못해서 **contract** n. 계약, 약정 **authorize** v. 승인하다, 허가하다, 권한을 주다

Welcome to Redstone National Park

For the protection of the park, all visitors are asked to observe some basic -------.
139

Redstone National Park officially closes at 8 P.M. However, there are a number of campsites ------- throughout the park
140
for those who wish to stay overnight. It is important to note that this option is only available to those with permits. -------.
141

We also ask that all visitors be thoughtful about maintaining the premises. Please make sure that rubbish and anything brought into wildlife areas is taken out upon leaving or disposed of in the appropriate receptacles.

Following these rules will help to ensure the ------- of the park's beauty for future visitors.
142

For any questions or concerns, please call 555-9092.

Redstone 국립공원에 오신 것을 환영합니다

139 공원의 보호를 위하여, 모든 방문객들은 몇 가지 기본 규정들을 준수할 것이 요구됩니다.

Redstone 국립공원은 공식적으로 오후 8시에 문을 닫습니다. 140 그러나, 일박을 하기를 원하는 분들을 위하여 많은 캠핑장들이 공원 도처에 위치해 있습니다. 이 옵션은 허가증이 있는 사람들에게만 가능하다는 점에 유의하십시오. 141 이것은 매일 정오까지 관광 안내소에서 구할 수 있습니다.

저희는 또한 모든 방문객들이 부지를 보존하는 데 주의해 주시기를 요청드립니다. 쓰레기, 그리고 야생생물 구역으로 가지고 온 것은 무엇이든 떠날 때 가지고 나가거나 적절한 용기 안에 버릴 것을 반드시 명심해 주십시오.

142 이러한 규칙들을 따르는 것이 미래의 방문객들을 위해 공원의 아름다움을 보존하도록 도울 것입니다.

질문이나 우려 사항이 있다면, 555-9092로 연락바랍니다.

139 (A) preventions
(B) demonstrations
(C) policies
(D) corrections

140 (A) situate
(B) situated
(C) will be situated
(D) to situate

141 (A) We project that these campsites will be completed by the end of the year.
(B) It must be closely monitored by park rangers at all times.
(C) The easiest way to get to the park is by taking a shuttle bus.
(D) These can be obtained at the visitor center every day until noon.

142 (A) preserves
(B) preservation
(C) preservative
(D) preserved

어휘　national park phr. 국립공원　protection n. 보호, 옹호　observe v. 준수하다, 관찰하다　campsite n. 캠핑장, 야영지
stay overnight phr. 일박하다　permit n. 허가증; v. 허락하다　thoughtful adj. 주의하는, 사려 깊은　premises n. 부지, 구내
rubbish n. 쓰레기, 폐기물　dispose of phr. ~을 버리다, 처리하다　appropriate adj. 적절한, 알맞은　receptacle n. 용기, 그릇

139 ■ 명사 어휘 전체 문맥 파악 정답 (C)

'모든 방문객들은 몇 가지 기본 ____을 준수할 것이 요구된다'라는 문맥이므로 (A)와 (C)가 정답의 후보이다. 빈칸이 있는 문장만으로 정답을 고를 수 없으므로 주변 문맥이나 전체 문맥을 파악한다. 지문 전체적으로 공원 캠핑장을 이용하는 방법과 쓰레기를 처리하는 방법 등을 안내하고 있으므로 공원 이용 규정을 준수할 것을 요구하고 있다는 것을 알 수 있다. 따라서 명사 (C) policies(규정, 방침)가 정답이다. (A)의 prevention은 '예방, 예방법', (B)의 demonstration은 '논증, 실연', (D)의 correction은 '수정, 교정'이라는 의미이다.

140 ■ [수식어 거품을 이끄는 것] 분사의 역할 정답 (B)

이 문장은 가짜 주어(there), 동사(are), 진짜 주어(a number of campsites)를 갖춘 완전한 절이므로, ____ ~ park는 수식어 거품으로 보아야 한다. 따라서 수식어 거품을 이끌 수 있는 과거분사 (B)와 to 부정사 (D)가 정답의 후보이다. '많은 캠핑장들이 공원 도처에 위치해 있다'라는 의미가 되어야 하므로 과거분사 (B) situated가 정답이다. to 부정사 (D)를 쓸 경우 '공원 도처에 위치시키기 위한 많은 캠핑장들이 있다'라는 어색한 문맥을 만든다. 동사 (A)와 동사의 미래 시제 수동태 (C)는 수식어 거품을 이끌 수 없다.

141 ■ 알맞은 문장 고르기 정답 (D)

빈칸에 들어갈 알맞은 문장을 고르는 문제이므로 주변 문맥 또는 전체 문맥을 파악한다. 앞 문장 'It is important to note that this option is only available to those with permits.'에서 이 옵션, 즉 캠핑장에서 일박을 하는 것은 허가증이 있는 사람들에게만 가능하다고 했으므로, 빈칸에는 허가증을 언제 어디에서 얻을 수 있는지에 대한 내용이 들어가야 함을 알 수 있다. 따라서 (D) These can be obtained at the visitor center every day until noon이 정답이다.

보기 해석
(A) 우리는 이 캠핑장이 연말까지 완공될 것으로 예상합니다.
(B) 그것은 항상 공원 관리인들에 의해 면밀히 관찰되어야 합니다.
(C) 공원으로 가는 가장 쉬운 방법은 셔틀 버스를 타는 것입니다.
(D) 이것은 매일 정오까지 관광 안내소에서 구할 수 있습니다.

어휘 project v. 예상하다, 기획하다 monitor v. 관찰하다, 감시하다 ranger n. 관리인, 감시원 at all times phr. 항상, 언제나 obtain v. 구하다, 얻다

142 ■ [명사 자리] 혼동하기 쉬운 명사 정답 (B)

관사(the)와 전치사(of) 사이에 올 수 있는 것은 명사이므로 명사 (A), (B), (C)가 정답의 후보이다. '규칙을 따르는 것이 공원의 아름다움을 보존하도록 도울 것이다'라는 의미가 되어야 하므로 (B) preservation(보존)이 정답이다. (A) preserves(저장 식품)와 (C) preservative(방부제)를 쓸 경우 '규칙을 따르는 것이 공원의 아름다움의 저장 식품/방부제를 도울 것이다'라는 어색한 문맥이 된다. 동사 또는 분사 (D)는 명사 자리에 올 수 없다.

어휘 preserve v. 보존하다, 지키다

To: Janet Boyle <jboyle55@overmail.net>
From: Customer Service <service@lagoonair.com>
Subject: Your inquiry
Date: July 29
Attachment: Baggage claim form

Dear Ms. Boyle,

This is in reply to your inquiry about ------- baggage.
143
Problems involving luggage on domestic flights must be reported to airline personnel at an airport within 48 hours of flight arrival.

However, if you have flown in from outside the country, you may report any destruction to your luggage to claims@lagoonair.com using the attached form. Claims can also be ------- in person at an airline office. -------. The airline will
144　　　　　　　　　　　　　　　145
not grant any claim made more than 14 days following your flight.

Lagoon Airlines is not liable for any harm to luggage that is of poor quality or possesses an inherent defect. -------,
146
reimbursement for repairs is not offered for minor wear and tear.

Sincerely,

Lagoon Airlines Customer Service

수신: Janet Boyle <jboyle55@overmail.net>
발신: 고객 서비스 <service@lagoonair.com>
제목: 귀하의 문의
날짜: 7월 29일
첨부: 수하물 배상 요구 양식

Ms. Boyle께,

143 이것은 파손된 수하물에 관한 귀하의 문의에 대한 답변입니다. 국내선 수하물과 관련된 문제는 비행기 도착 48시간 이내에 공항에서 항공사 직원에게 신고되어야만 합니다.

그러나, 만약 귀하께서 국외에서 들어오셨다면, 귀하는 첨부된 양식을 이용하여 claims@lagoonair.com으로 수하물에 대한 어떠한 훼손이라도 신고하실 수 있습니다. **144** 청구서는 또한 항공사 사무소에 직접 제출될 수도 있습니다. **145** 배상을 신청하는 데에 기한이 있다는 점에 유의하십시오. 항공사는 비행 14일 이후에 이뤄진 신청은 승인하지 않을 것입니다.

Lagoon 항공사는 품질이 좋지 않거나 자체의 결함을 지닌 수하물의 손상에는 책임이 없습니다. **146** 추가적으로, 사소한 손상에 대해서는 수리를 위한 배상이 제공되지 않습니다.

Lagoon 항공사 고객 서비스 드림

---

143 (A) delayed
　　(B) damaged
　　(C) unattended
　　(D) allowable

144 (A) submitted
　　(B) retrieved
　　(C) denied
　　(D) waived

145 (A) You will receive confirmation of your flight reservation by e-mail.
　　(B) Refer to your ticket to view the baggage allowance for this flight.
　　(C) We will deliver the bag to your address after it has been recovered.
　　(D) Please note that there is a deadline to apply for reimbursement.

146 (A) Thereafter
　　(B) Nonetheless
　　(C) Additionally
　　(D) Otherwise

어휘　claim n. 배상 요구, 청구(서); v. 주장하다　luggage n. 수하물, 여행 가방　domestic adj. 국내의　arrival n. 도착, 도착한 사람
destruction n. 훼손, 파괴　attached adj. 첨부된, 부착된　in person phr. 직접, 몸소　grant v. 승인하다, 허락하다
liable adj. (법률상) 책임이 있는, ~하기 쉬운　possess v. 지니다, 소유하다　inherent adj. 자체의, 내재적인　defect n. 결함, 결점
reimbursement n. 배상, 상환　wear and tear phr. (일상적인 사용에 의한) 손상, 마모

143 ■ 형용사 어휘 전체 문맥 파악   정답 (B)

'이것은 ____된 수하물에 관한 문의에 대한 답변이다'라는 문맥이므로 모든 보기가 정답의 후보이다. 빈칸이 있는 문장만으로 정답을 고를 수 없으므로 주변 문맥이나 전체 문맥을 파악한다. 뒷부분에서 만약 국외에서 들어왔다면 첨부된 양식을 이용하여 이메일을 통해 수하물의 훼손을 신고할 수 있다고 했으므로 훼손된 수하물에 관한 문의에 대한 답변임을 알 수 있다. 따라서 형용사 (B) damaged(파손된, 훼손된)가 정답이다. (A) delayed는 '지연된', (C) unattended는 '방치된, 내버려둔', (D) allowable은 '허용되는'이라는 의미이다.

144 ■ 동사 어휘 주변 문맥 파악   정답 (A)

'청구서는 항공사 사무소에 직접 ____될 수도 있다'라는 문맥이므로 (A), (B), (D)가 정답의 후보이다. 이 경우 빈칸이 있는 문장만으로 정답을 고를 수 없으므로 주변 문맥이나 전체 문맥을 파악한다. 앞 문장에서 이메일로 수하물에 대한 어떠한 훼손이라도 신고할 수 있다고 했으므로 수하물 훼손에 대한 청구서를 제출하는 상황임을 알 수 있다. 따라서 동사 submit(제출하다)의 p.p.형 (A) submitted가 정답이다. (B)의 retrieve는 '되찾아오다, 회수하다', (C)의 deny는 '부정하다', (D)의 waive는 '포기하다'라는 의미이다.

145 ■ 알맞은 문장 고르기   정답 (D)

빈칸에 들어갈 알맞은 문장을 고르는 문제이므로 주변 문맥 또는 전체 문맥을 파악한다. 뒤 문장 'The airline will not grant any claim made more than 14 days following your flight.'에서 항공사는 비행 14일 이후에 이뤄진 신청은 승인하지 않을 것이라고 했으므로 빈칸에는 신청 기한에 대한 내용이 들어가야 함을 알 수 있다. 따라서 (D) Please note that there is a deadline to apply for reimbursement가 정답이다.

보기 해석
(A) 귀하께서는 이메일로 항공편 예약 확인을 받으실 것입니다.
(B) 이 항공편의 수하물 허용량을 보기 위해서는 티켓을 참고하십시오.
(C) 저희는 가방을 되찾은 다음에 귀하의 주소로 보내드릴 것입니다.
(D) 배상을 신청하는 데에 기한이 있다는 점에 유의하십시오.

어휘   **confirmation** n. 확인, 확정 **refer** v. 참고하다, 지시하다 **allowance** n. 허용량, 허가 **recover** v. (분실물·도난물 등을) 되찾다, (건강·의식 등을) 회복하다

146 ■ 접속부사 주변 문맥 파악   정답 (C)

빈칸이 콤마와 함께 문장의 맨 앞에 온 접속부사 자리이므로, 앞 문장과 빈칸이 있는 문장의 의미 관계를 파악하여 정답을 선택한다. 앞 문장에서 품질이 좋지 않거나 자체의 결함을 지닌 수하물의 손상에는 책임이 없다고 했고, 빈칸이 있는 문장에서 사소한 손상에 대해서도 수리를 위한 배상이 제공되지 않는다고 했으므로 항공사가 배상할 책임이 없는 경우에 대해 추가로 제시하고 있음을 알 수 있다. 따라서 앞 문장에 덧붙이는 내용을 제시할 때 사용되는 접속부사 (C) Additionally(추가적으로)가 정답이다. (A) Thereafter는 '그 후에', (B) Nonetheless는 '그렇더라도', (D) Otherwise는 '그렇지 않으면'이라는 의미로 빈칸에 쓸 경우 어색한 문맥이 된다.

PART 7

Questions 147-148 refer to the following memo.

147-148은 다음 회람에 관한 문제입니다.

ARGENTA SCIENCE LABORATORIES Date: August 27 To: All personnel From: Thomas Sutton, facility manager Subject: Water crisis As you know, [147]the state is in the middle of a water crisis, and has asked that all residents and businesses adopt immediate conservation measures. Therefore, [147]we are asking everyone to manage their individual consumption responsibly and avoid unnecessary use, particularly in the kitchenette and in the restrooms. For the time being, [148]I have also had the drinking fountains in the hallways shut off, but bottled water for consumption will be made available in staff lounges. Thank you for your cooperation, and feel free to notify me of any concerns or questions.	ARGENTA 과학 연구소 날짜: 8월 27일 수신: 전 직원 발신: Thomas Sutton, 시설 관리자 제목: 수자원 위기 여러분도 아시다시피, [147]우리 주는 수자원 위기에 처해있으며, 모든 거주민과 사업체가 즉각적인 절약 조치를 취할 것을 요청했습니다. 따라서 [147]우리는 모든 사람들이 그들의 개인 소비를 책임감 있게 관리하고 특히 간이 부엌과 화장실에서의 불필요한 사용을 피할 것을 요청하는 바입니다. 당분간, [148]저는 복도의 식수대를 잠갔지만, 병에 든 식수를 직원 휴게실에서 구할 수 있도록 할 것입니다. 여러분의 협조에 감사드리며, 어떠한 문제나 질문이 있으면 주저하지 말고 저에게 알려주십시오.

어휘 □ **laboratory** n. 연구소, 실험실 □ **personnel** n. 직원, (회사의) 인사과 □ **in the middle of** phr. ~의 도중에, 중간 무렵에
□ **crisis** n. 위기, 고비 □ **resident** n. 거주민 □ **adopt** v. 취하다, 채택하다
□ **immediate** adj. 즉각적인, 직접의 □ **conservation** n. 절약, 보호, 보존 □ **measure** n. 조치, 대책
□ **consumption** n. 소비, 소모 □ **kitchenette** n. 간이 부엌, 작은 주방 □ **for the time being** phr. 당분간, 우선은
□ **drinking fountain** phr. (분수식) 식수대, 음수대

147

What is the purpose of the memo?

(A) To announce the results of a scientific study
(B) To report the findings of a water system inspection
(C) To request that staff limit their water consumption
(D) To explain a measure to treat water contamination

회람의 목적은 무엇인가?

(A) 과학연구 결과를 공지하기 위해
(B) 수도 시스템 검사 결과들을 보고하기 위해
(C) 직원들에게 물 소비를 제한하도록 요청하기 위해
(D) 수질 오염을 처리하는 방법을 설명하기 위해

■ **주제/목적 찾기** 글의 목적

정답 (C)

회람의 목적을 묻는 목적 찾기 문제이므로 지문의 앞부분을 주의 깊게 확인한다. 'the state is in the middle of a water crisis'와 'we are asking everyone to manage their individual consumption responsibly'에서 주가 수자원 위기에 처해 있으므로 모든 사람들이 개인 소비를 책임감 있게 관리할 것을 요청한다고 했으므로 (C)가 정답이다.

바꾸어 표현하기
manage their ~ consumption responsibly 소비를 책임감 있게 관리하다 → limit their ~ consumption 소비를 제한하다

어휘 **finding** n. (조사·연구 등의) 결과 **inspection** n. 검사, 점검 **measure** n. 방법, 대책 **contamination** n. 오염, 더러움

148

What did Mr. Sutton recently do?

(A) Met with a government official
(B) Renovated some laboratory facilities
(C) Purchased new equipment
(D) Restricted access to an amenity

Mr. Sutton은 최근에 무엇을 했는가?

(A) 국가 공무원과 만났다
(B) 실험실 시설을 개조했다
(C) 새로운 장비를 구입했다
(D) 편의시설 이용을 제한했다

■ **육하원칙** What

정답 (D)

Mr. Sutton이 최근에 무엇(What)을 했는지를 묻는 육하원칙 문제이다. 질문의 핵심 어구인 Mr. Sutton recently do와 관련하여, 'I have also had the drinking fountains in the hallways shut off'에서 자신, 즉 Mr. Sutton이 복도의 식수대를 잠갔다고 했으므로 (D)가 정답이다.

바꾸어 표현하기
drinking fountains 식수대 → an amenity 편의시설

Questions 149-150 refer to the following certificate.

149-150은 다음 수료증에 관한 문제입니다.

Iowa Department of Emergency Services **Certificate of Achievement** This certifies that [149]**Ms. Nadia Sherman** has completed training in Basic First Aid for Adults, Children, and Infants This individual has successfully completed the above named course and has demonstrated proficiency in the subject by passing the required examination in accordance with conditions set by the Iowa Department of Emergency Services. [150]This certificate is valid for two years and qualifies the holder to undertake advanced safety training during the stated period of validity. Issued on: October 26 *Avery Johnston* Certificate No.: IFAC1190116 Course facilitator	아이오와주 긴급 구조 부서 **활동 수료증** 이는 다음을 증명합니다. [149]Ms. Nadia Sherman이 다음 교육을 수료했음 성인, 아동, 유아를 위한 기본 응급처치 이 사람은 위에 명명된 교육을 성공적으로 이수했으며 아이오와주 긴급 구조 부서에 의해 정해진 기준에 따라 요구되는 시험을 통과함으로써 해당 과목에 대한 숙련도를 입증했습니다. [150]이 수료증은 2년 동안 유효하며 명시된 유효 기간 동안 보유자가 고급 안전 교육에 착수할 수 있는 자격을 부여합니다. 발급일: 10월 26일 *Avery Johnston* 수료증 번호: IFAC1190116 교육 담당자

어휘 □ **certificate** n. 수료증, 증명서   □ **certify** v. 증명하다, 보증하다   □ **first aid** phr. 응급처치
     □ **infant** n. 유아   □ **demonstrate** v. 입증하다   □ **proficiency** n. 숙련도, 능통함
     □ **in accordance with** phr. ~에 따라   □ **valid** adj. 유효한   □ **holder** n. 보유자
     □ **undertake** v. 착수하다, 맡다   □ **facilitator** n. 담당자, 조력자

149 ○○○●○ 하

What course did Ms. Sherman complete?

(A) A course on medical services
(B) A course on real estate
(C) A course on disaster preparation
(D) A course on language learning

Ms. Sherman은 어떤 교육을 이수했는가?

(A) 의료 서비스에 대한 교육
(B) 부동산에 대한 교육
(C) 재난 준비에 대한 교육
(D) 언어 학습에 대한 교육

■ **육하원칙** What   정답 (A)

Ms. Sherman이 어떤(What) 교육을 이수했는지를 묻는 육하원칙 문제이다. 질문의 핵심 어구인 course ~ Ms. Sherman complete과 관련하여, 'Ms. Nadia Sherman has completed training in Basic First Aid for Adults, Children, and Infants'에서 Ms. Nadia Sherman이 성인, 아동, 유아를 위한 기본 응급처치 교육을 수료했다고 했으므로 (A)가 정답이다.

어휘 **real estate** phr. 부동산 **disaster** n. 재난, 재해

What is indicated about Ms. Sherman?

(A) She recently accepted a position with an organization.
(B) She is eligible to receive higher-level training.
(C) She is qualified to teach first aid to children.
(D) She had to pass several rounds of examinations.

Ms. Sherman에 대해 암시되는 것은?

(A) 최근 한 기관 내의 직책을 수락했다.
(B) 상급 교육을 받을 자격이 있다.
(C) 어린이들에게 응급처치를 가르칠 자격이 있다.
(D) 여러 단계의 시험을 통과해야 했다.

■ **추론** 세부 정보   정답 (B)

질문의 핵심 어구인 Ms. Sherman에 대해 추론하는 문제이다. 'This certificate ~ qualifies the holder to undertake advanced safety training'에서 이 수료증은 보유자가 고급 안전 교육에 착수할 수 있는 자격을 부여한다고 했으므로, 수료증을 취득한 Ms. Sherman은 상급 교육을 받을 자격이 있다는 사실을 추론할 수 있다. 따라서 (B)가 정답이다.

바꾸어 표현하기
qualifies ~ to undertake advanced ~ training 고급 교육에 착수할 수 있는 자격을 부여한다
→ eligible to receive higher-level training 상급 교육을 받을 자격이 있다

어휘 **round** n. 단계, 일련

Questions 151-152 refer to the following text messages.

Sandra Fuller	[2:23]

Thank you again for planning such a good client visit with the representatives from IPD Toy Incorporated. I'm quite impressed.

Oswald Wolfe [2:25]

I'm glad to hear that. [151]They seemed interested in placing an order for some of the toy lines that I described during my presentation.

Sandra Fuller [2:27]

Oh, didn't you know? [151]They contacted us this morning to say [151/152]they have decided to carry our Happy Abbey Doll line in all their stores globally.

Sandra Fuller [2:28]

They think that there may be a market for the dolls and have agreed to order 500 units to start.

Oswald Wolfe [2:29]

That's great! This could really help us establish our brand internationally.

Sandra Fuller [2시 23분]
IPD 장난감 회사 대표들과의 그렇게 만족스러운 고객 방문을 계획해 주셔서 다시 한번 감사드립니다. 저는 꽤 깊은 인상을 받았습니다.

Oswald Wolfe [2시 25분]
그 말을 들으니 기쁘네요. [151]그들은 제가 발표 중에 설명했던 몇몇 장난감 라인을 주문하는 데에 관심이 있어 보였어요.

Sandra Fuller [2시 27분]
오, 모르셨어요? [151]그들이 오늘 아침에 연락해서 [151/152]전 세계적으로 그들의 모든 매장에 우리 Happy Abbey 인형 라인을 취급하기로 결정했다고 말했어요.

Sandra Fuller [2시 28분]
그들은 그곳에 그 인형에 대한 수요가 있을 것이라고 생각하고, 우선 500개를 주문하는 데 동의했어요.

Oswald Wolfe [2시 29분]
잘 됐네요! 우리 브랜드를 국제적으로 자리 잡게 하는 데에 정말로 도움이 될 거예요.

어휘 □ **representative** n. 대표, 대리인   □ **place an order** phr. 주문하다   □ **describe** v. 설명하다, 묘사하다
□ **carry** v. (가게에서 품목을) 취급하다, 옮기다   □ **globally** adv. 전 세계적으로   □ **market** n. 수요, 시장
□ **establish** v. 자리 잡게 하다, 설립하다   □ **internationally** adv. 국제적으로, 국제간에

151
상

At 2:27, what does Ms. Fuller mean when she writes, "Oh, didn't you know"?

(A) She thinks Mr. Wolfe should have contacted a client.
(B) A customer's transaction was canceled at the last minute.
(C) She expected Mr. Wolfe to be aware of a decision.
(D) A message was sent to the wrong person by mistake.

2시 27분에, Ms. Fuller가 "Oh, didn't you know"라고 썼을 때 그녀가 의도한 것은?

(A) Mr. Wolfe가 고객에게 연락을 했어야 한다고 생각한다.
(B) 고객의 거래가 마지막 순간에 취소되었다.
(C) Mr. Wolfe가 결정 사항에 대해 알고 있을 것이라고 예상했다.
(D) 메시지가 실수로 다른 사람에게 보내졌다.

■ 의도 파악

정답 (C)

Ms. Fuller가 의도한 것을 묻는 문제이므로, 질문의 인용어구(Oh, didn't you know)가 언급된 주변 문맥을 확인한다. 'They seemed interested in placing an order for some of the toy lines that I described during my presentation.'에서 Mr. Wolfe가 그들, 즉 IPD 장난감 회사 대표들이 자신이 발표 중에 설명했던 몇몇 장난감 라인을 주문하는 데에 관심이 있어 보였다고 하자, Ms. Fuller가 'Oh, didn't you know?'(오, 모르셨어요?)라고 한 후 'They contacted us this morning to say they have decided to carry our Happy Abbey Doll line in all their stores globally.'에서 그들, 즉 IPD 장난감 회사가 오늘 아침에 연락해서 전 세계적으로 그들의 모든 매장에 Happy Abbey 인형 라인을 취급하기로 결정했다고 말했다고 했으므로 Ms. Fuller는 Mr. Wolfe가 IPD 장난감 회사의 주문이 결정되었다는 소식을 알고 있을 것이라고 예상했음을 알 수 있다. 따라서 (C)가 정답이다.

어휘 **transaction** n. 거래, 매매, 처리 **at the last minute** phr. 마지막 순간에, 임박해서 **decision** n. 결정 사항, 결정 **by mistake** phr. 실수로, 잘못하여

What can be inferred about IPD Toy Incorporated?

(A) It will request some changes to a product's appearance.
(B) It operates retail outlets in different countries.
(C) It specializes in educational toys and games.
(D) It manufactures most of the items it sells.

IPD 장난감 회사에 대해 추론될 수 있는 것은?

(A) 제품의 외관에 몇 가지 수정을 요청할 것이다.
(B) 여러 나라에서 소매판매점을 운영한다.
(C) 교육용 장난감과 게임을 전문으로 한다.
(D) 판매하는 제품의 대부분을 제조한다.

■ **추론** 세부 정보
정답 (B)

질문의 핵심 어구인 IPD Toy Incorporated에 대해 추론하는 문제이다. 'they have decided to carry our Happy Abbey Doll line in all their stores globally'에서 그들, 즉 IPD 장난감 회사가 전 세계적으로 그들의 모든 매장에 Happy Abbey 인형 라인을 취급하기로 결정했다고 했으므로 IPD 장난감 회사가 여러 나라에서 매장을 운영한다는 사실을 추론할 수 있다. 따라서 (B)가 정답이다.

바꾸어 표현하기
stores 매장 → retail outlets 소매판매점
globally 전 세계적으로 → in different countries 여러 나라에서

어휘 **appearance** n. 외관, 출현 **operate** v. 운영하다, 경영하다, 가동시키다 **retail outlet** phr. 소매판매점 **specialize in** phr. ~을 전문으로 하다
educational adj. 교육의, 교육적인 **manufacture** v. 제조하다, 생산하다

153-154는 다음 이메일에 관한 문제입니다.

To: Kay Fine <kay.fine@beebonnethall.com>
From: Joe Warner <joe.warner@sammonsproductions.com>
Date: November 17
Subjects: Sammons Productions booking change

Dear Ms. Fine,

Last month, I booked your facility to host our company's upcoming employee meeting and luncheon on January 30. Unfortunately, [153]I have just learned that our president will be out of the country on that date. So, I would like to reschedule for the following week, if possible. My first choice of date is February 5 at the same time as before, 12 P.M. Please notify me as soon as possible if you have the space available. If not, let me know what dates are free.

Also, you provided a selection of menu options for the luncheon, and I have had some time to look through them. I would like to choose the grilled chicken along with spring pasta and tossed salad for the main course. For dessert, I will go ahead and select your cherry cheesecake. Also, [154]I forgot to ask you about what types of beverages are offered, and I don't see them on the list of menu options. Could you send me information regarding the options as well?

Feel free to reply to this e-mail or, if you prefer, you may call me at 555-6758. I look forward to hearing from you shortly.

Sincerely,

Joe Warner

수신: Kay Fine <kay.fine@beebonnethall.com>
발신: Joe Warner
　　　<joe.warner@sammonsproductions.com>
날짜: 11월 17일
제목: Sammons Productions사 예약 변경

Ms. Fine께,

지난달에 저는 1월 30일에 있을 저희 회사의 다가오는 직원 회의와 오찬을 주최하기 위해 귀하의 시설을 예약했습니다. 안타깝게도, [153]저희 회장님이 그 날 국내에 계시지 않을 것임을 방금 알게 되었습니다. 그래서 가능하다면 그 다음 주로 일정을 변경하고 싶습니다. 제가 첫 번째로 선택한 날짜는 2월 5일의 전과 같은 시간인 오후 12시입니다. 만약 이용 가능한 공간이 있다면 가능한 한 빨리 저에게 알려주십시오. 그렇지 않다면, 어떤 날짜가 가능한지 알려주십시오.

또한, 귀하께서 여러 가지의 오찬 메뉴 항목들을 제시해 주셔서 저는 그것을 훑어볼 시간이 있었습니다. 저는 봄에 나는 재료로 만든 파스타 및 드레싱에 버무려진 샐러드와 함께 구운 닭고기를 주 메뉴로 선택하고 싶습니다. 후식으로는 체리 치즈케이크를 선택하겠습니다. 또한, [154]어떤 종류의 음료가 제공되는지 귀하께 문의하는 것을 잊었는데, 메뉴 항목에 그것들이 보이지가 않습니다. 이 옵션에 관련된 정보도 저에게 보내주실 수 있습니까?

이 이메일로 답변을 주셔도 괜찮으며, 혹은 원하시면 555-6758로 제게 전화하셔도 됩니다. 곧 귀하께 연락 받기를 기다리겠습니다.

Joe Warner 드림

어휘
□ host v. (행사를) 주최하다, 열다
□ reschedule v. 일정을 변경하다
□ grilled adj. 구운
□ regarding prep. ~에 관하여
□ shortly adv. 곧, 얼마 안되어
□ upcoming adj. 다가오는, 곧 있을
□ a selection of phr. 다양한
□ toss v. (드레싱에) 버무리다, 섞다, 던지다
□ look forward to phr. ~하기를 기대하다, 고대하다
□ luncheon n. 오찬
□ look through phr. 훑어보다, 살펴보다
□ beverage n. 음료

153

Why does Mr. Warner want to change his company's reservation?

(A) An occasion's date has not yet been confirmed.
(B) An initially booked space will not be available.
(C) Another meeting was scheduled for the same day.
(D) An executive will not be available to come.

Mr. Warner는 왜 그의 회사의 예약을 변경하고 싶어 하는가?

(A) 행사의 날짜가 아직 확정되지 않았다.
(B) 처음에 예약된 공간이 이용 불가능할 것이다.
(C) 같은 날에 다른 회의가 예정되었다.
(D) 임원이 올 수 없을 것이다.

■ 육하원칙 Why   정답 (D)

Mr. Warner가 왜(Why) 그의 회사의 예약을 변경하고 싶어 하는지를 묻는 육하원칙 문제이다. 질문의 핵심 어구인 Mr. Warner want to change his company's reservation과 관련하여, 'I have just learned that our president will be out of the country on that date. So, I would like to reschedule for the following week, if possible.'에서 회장이 그 날 국내에 있지 않을 것이라서 가능하다면 그 다음 주로 일정을 변경하고 싶다고 했으므로 (D)가 정답이다.

바꾸어 표현하기
change ~ reservation 예약을 변경하다 → reschedule 일정을 변경하다
president 회장 → executive 임원

어휘 occasion n. 행사, 경우 confirm v. 확정하다, 확인하다 initially adv. 처음에

154

What does Mr. Warner ask Ms. Fine to do?

(A) Suggest a good restaurant
(B) Provide a list of drinks
(C) Arrange a large room
(D) Send a revised invoice

Mr. Warner는 Ms. Fine에게 무엇을 해달라고 요청하는가?

(A) 좋은 식당을 추천한다
(B) 음료의 목록을 제공한다
(C) 넓은 공간을 마련한다
(D) 변경된 송장을 보낸다

■ 육하원칙 What   정답 (B)

Mr. Warner가 Ms. Fine에게 무엇(What)을 해달라고 요청하는지를 묻는 육하원칙 문제이다. 질문의 핵심 어구인 Mr. Warner ask Ms. Fine to do와 관련하여, 'I forgot to ask you about what types of beverages are offered, and I don't see them on the list of menu options. Could you send me information regarding the options as well?'에서 Mr. Warner가 어떤 종류의 음료가 제공되는지 Ms. Fine에게 문의하는 것을 잊었고 메뉴 항목에서도 그것들이 보이지 않으므로 이 옵션에 관련된 정보를 자신에게 보내달라고 요청했으므로 (B)가 정답이다.

바꾸어 표현하기
types of beverages 음료의 종류 → a list of drinks 음료의 목록

Important Information Regarding the Flextone 900

Please read the enclosed user's manual before assembling the product. Moreover, retain these instructions for future reference. Do not use the product if any parts are missing. 156-AContact us at the number provided to have any missing parts shipped to you.

157-BBefore each use, check that all pieces are securely fastened. You risk serious injury if the machine has not been attached correctly. 156-CComponents may come loose after an extended period of use, so it is vital that you regularly check that everything is in order and make repairs as necessary.

Caution:

1. 155Always consult a qualified doctor before undertaking any exercise program. Excessive or incorrect training on this apparatus may cause injury.
2. 155Make sure the equipment rests on a flat surface and that all bolts, pins, and fasteners are secure before beginning your workout.
3. 157-DWear suitable clothing when using the product. 155Avoid loose attire and jewelry of any kind, as such items may catch when exercising with this equipment.
4. 157-CEnsure there is enough clearance around the machine to permit unrestricted use.
5. 157-AAt no time should young children be allowed access to the machine, even when it is not in use.

156-CFor general care and maintenance, wipe upholstered surfaces with a warm, damp cloth. Do not use the Flextone 900 if signs of damage are present.

Flextone 900에 관한 중요 정보

제품을 조립하기 전에 동봉된 사용 설명서를 읽어주십시오. 더욱이, 추후 참고하기 위하여 이 설명서를 계속 간직하십시오. 어떠한 부품이라도 없는 경우에는 제품을 사용하지 마십시오. 156-A빠진 부품을 배송받기 위해 제공된 번호로 저희에게 연락하십시오.

157-B매번 사용하기 전에, 모든 부품들이 단단히 조여져 있는지 확인하십시오. 만약 기계가 바르게 연결되어 있지 않다면 심각한 부상을 입을 위험이 있습니다. 156-C장기간 사용 후에는 부품이 느슨해질 수 있으므로 주기적으로 모든 것이 제대로 되어 있는지 확인하고 필요한 경우 수리를 하는 것이 중요합니다.

주의:

1. 155어떠한 운동 프로그램이라도 시작하기 전에 면허를 보유한 의사와 항상 상의하십시오. 이 기구에서의 과도하거나 부정확한 운동은 부상을 유발할 수 있습니다.
2. 155운동을 시작하기 전에 기구가 평평한 표면에 놓여 있는지, 그리고 모든 볼트와 핀, 잠금장치들이 단단히 잠겼는지를 확인하십시오.
3. 157-D제품 사용 시 적합한 옷을 입으십시오. 155헐렁한 의상과 액세서리는 이 기구로 운동할 때 끼일 수 있으므로 피하십시오.
4. 157-C제한 없는 사용이 가능하도록 기계 주변에 충분한 여유 공간이 있는지 확인하십시오.
5. 157-A어린아이들은 기계가 사용 중이지 않을 때조차도 절대 기계에 접근이 허락되지 않아야 합니다.

156-C일반적인 관리와 보수 관리를 위해서, 겉천을 댄 표면을 따뜻하고 축축한 천으로 닦으십시오. 만약 파손될 조짐이 있다면 Flextone 900을 사용하지 마십시오.

어휘 □ **enclosed** adj. 동봉된, 에워싸인
□ **retain** v. 계속 간직하다, 보유하다
□ **missing** adj. 없어진, 빠진, 실종된
□ **risk** v. ~의 위험이 있다, 모험하다
□ **correctly** adv. 바르게, 정확하게
□ **qualified** adj. 면허가 있는, 자격이 있는
□ **apparatus** n. 기구, 장치
□ **fastener** n. 잠금장치
□ **catch** v. 끼이다, 걸리다
□ **unrestricted** adj. 제한이 없는, 자유로운
□ **upholstered** adj. 겉천을 댄

□ **user's manual** phr. 사용 설명서
□ **reference** n. 참고, 참조
□ **securely** adv. 단단히, 안전하게
□ **injury** n. 부상, 상처
□ **component** n. 부품, 요소
□ **undertake** v. 시작하다, 착수하다
□ **flat** adj. 평평한, 납작한
□ **workout** n. 운동
□ **clearance** n. 여유 (공간), 간격
□ **at no time** phr. 절대 ~하지 않다
□ **damp** adj. 축축한, 눅눅한

□ **assemble** v. 조립하다, 소집하다
□ **part** n. 부품, 부분
□ **fasten** v. 조이다, 묶다, 매다
□ **attach** v. 연결하다, 붙이다
□ **loose** adj. 느슨한, 헐렁한
□ **excessive** adj. 과도한, 초과적인
□ **surface** n. 표면, 겉
□ **attire** n. 의상
□ **permit** v. 가능하게 하다, 허용하다
□ **access** n. 접근; v. 이용하다
□ **present** adj. 있는, 존재하는

155

What type of product most likely is the Flextone 900?

(A) A workout machine
(B) A kitchen appliance
(C) Factory equipment
(D) A health supplement

Flextone 900는 어떤 종류의 제품인 것 같은가?

(A) 운동 기구
(B) 주방용품
(C) 공장 설비
(D) 건강 보조식품

■ 추론 세부 정보   정답 (A)

질문의 핵심 어구인 type of product ~ is the Flextone 900에 대해 추론하는 문제이다. 'Always consult a qualified doctor before undertaking any exercise program.', 'Make sure the equipment rests on a flat surface ~ before beginning your workout.'과 'Avoid loose attire ~ when exercising with this equipment.'에서 운동 프로그램을 시작하기 전에 의사와 상의하고, 운동 전에 기구가 평평한 표면에 놓여 있는지 확인하고, 운동 중에 헐렁한 의상을 입지 말라고 했으므로 Flextone 900이 운동 기구임을 추론할 수 있다. 따라서 (A)가 정답이다.

어휘 kitchen appliance phr. 주방용품 supplement n. 보조식품, 보충(물)

156

What is stated about the Flextone 900?

(A) Some of its pieces are sold separately.
(B) It is not for use in the home.
(C) It requires some maintenance.
(D) It must be attached to a charger.

Flextone 900에 대해 언급된 것은?

(A) 일부 부품은 별도로 판매된다.
(B) 가정에서 쓰는 용도가 아니다.
(C) 약간의 보수 관리를 필요로 한다.
(D) 충전기에 연결되어야 한다.

■ Not/True True 문제   정답 (C)

질문의 핵심 어구인 the Flextone 900와 관련된 내용을 지문에서 찾아 각 보기와 대조하는 Not/True 문제이다. (A)는 'Contact us at the number provided to have any missing parts shipped to you.'에서 빠진 부품을 배송받으려면 제공된 번호로 연락해 달라고 했으나 부품이 별도로 판매되는지는 알 수 없으므로 지문의 내용과 일치하지 않는다. (B)는 지문에 언급되지 않은 내용이다. (C)는 'Components may come loose after an extended period of use, so it is vital that you regularly check that everything is in order and make repairs as necessary.'에서 장기간 사용 후에는 부품이 느슨해질 수 있으므로 주기적으로 모든 것이 제대로 되어 있는지 확인하고 필요한 경우 수리를 하는 것이 중요하다고 했고, 'For general care and maintenance, wipe upholstered surfaces with a warm, damp cloth.'에서 일반적인 관리와 보수 관리를 위해 겉천을 댄 표면을 따뜻하고 축축한 천으로 닦으라고 했으므로 지문의 내용과 일치한다. 따라서 (C)가 정답이다. (D)는 지문에 언급되지 않은 내용이다.

어휘 separately adv. 별도로, 따로 charger n. 충전기

157

What is NOT a recommendation for users?

(A) Adjusting the settings for children
(B) Checking that components are secure
(C) Keeping sufficient space around the machine
(D) Wearing appropriate types of clothing

사용자에게 권고되는 사항이 아닌 것은?

(A) 아이들을 위해 설정을 조정하는 것
(B) 부품들이 조여져 있는지 확인하는 것
(C) 기계 주변에 충분한 공간을 남겨두는 것
(D) 적절한 종류의 옷을 입는 것

■ Not/True Not 문제   정답 (A)

질문의 핵심 어구인 a recommendation for users와 관련된 내용을 지문에서 찾아 각 보기와 대조하는 Not/True 문제이다. (A)는 'At no time should young children be allowed access to the machine, even when it is not in use.'에서 어린아이들은 기계가 사용 중이지 않을 때조차도 절대 기계에 접근이 허락되지 않아야 한다고 했으므로 지문의 내용과 일치하지 않는다. 따라서 (A)가 정답이다. (B)는 'Before each use, check that all pieces are securely fastened.'에서 매번 사용하기 전에 모든 부품들이 단단히 조여져 있는지 확인하라고 했으므로 지문의 내용과 일치한다. (C)는 'Ensure there is enough clearance around the machine to permit unrestricted use.'에서 제한 없는 사용이 가능하도록 기계 주변에 충분한 여유 공간이 있는지 확인하라고 했으므로 지문의 내용과 일치한다. (D)는 'Wear suitable clothing when using the product.'에서 제품 사용 시 적합한 옷을 입으라고 했으므로 지문의 내용과 일치한다.

바꾸어 표현하기
pieces are securely fastened 부품이 단단히 조여져 있다 → components are secure 부품들이 조여져 있다
enough clearance 충분한 여유 공간 → sufficient space 충분한 공간
Wear suitable clothing 적합한 옷을 입다 → Wearing appropriate types of clothing 적절한 종류의 옷을 입는 것

어휘 adjust v. 조정하다, 조절하다

158-161은 다음 온라인 채팅 대화문에 관한 문제입니다.

Blake Dunlap 10:28 A.M.	Blake Dunlap 오전 10시 28분

Blake Dunlap   10:28 A.M.

Hi, everyone. I'm happy to announce that ¹⁵⁸Alstrop's board of directors has decided to open a sixth branch in Cleveland. Consequently, they'd like to transfer existing employees so that the branch is launched as quickly as possible. In fact, I need each of you to submit some staffing recommendations.

Cathy Schultz   10:30 A.M.

¹⁵⁹⁻ᴮWould the transfers be temporary? Many of our staff members have lived here in Inglewood their entire lives. They won't be happy about this.

Blake Dunlap   10:31 A.M.

That will depend on the preference of each employee. Naturally, performance is also a factor.

Roy Reese   10:31 A.M.

When's our target opening date?

Blake Dunlap   10:32 A.M.

¹⁵⁸The branch must be fully operational by November 15 to take advantage of our year-end tire sale.

George Kesterson   10:32 A.M.

If you're looking for an office administrator, I think Tammy Roselli would do a great job. She does have a family here though, so I'm unsure if she'd want to move.

Roy Reese   10:34 A.M.

And for sales director, Charles Kang would be a good choice.

Blake Dunlap   10:36 A.M.

Great suggestions! ¹⁶⁰Any ideas for a purchasing clerk? We will need someone to start ordering merchandise right away.

Cathy Schultz   10:38 A.M.

¹⁶⁰What about Carson Drake? He's been working in the same position for years and he needs a challenge.

Blake Dunlap   10:40 A.M.

That is a good idea. Anyway, ¹⁶¹there are a number of other roles to fill, and I'll forward you all a list later today. Message me or drop by human resources if you have any other ideas.

Blake Dunlap   오전 10시 28분

안녕하세요, 여러분. ¹⁵⁸Alstrop사의 이사회가 클리블랜드에 6번째 지점을 내기로 결정했다는 것을 알려드리게 되어 기쁩니다. 그 결과로서, 그들은 지점이 가능한 한 빨리 개시될 수 있도록 기존 직원들을 전근시키기를 원합니다. 사실, 저는 여러분들 각자가 직원 배치 제안을 해주셨으면 합니다.

Cathy Schultz   오전 10시 30분

¹⁵⁹⁻ᴮ전근이 임시적인가요? 우리 직원들 중 많은 사람들이 여기 잉글우드에서 평생을 살았어요. 그들은 이것에 기뻐하지 않을 거예요.

Blake Dunlap   오전 10시 31분

그건 각각의 직원이 희망하는 것에 달려 있어요. 물론, 성과도 하나의 요인이에요.

Roy Reese   오전 10시 31분

우리의 개점 목표일이 언제인가요?

Blake Dunlap   오전 10시 32분

¹⁵⁸연말 타이어 세일을 기회로 활용하려면 그 지점은 11월 15일까지 완전히 운영될 준비가 되어야 해요.

George Kesterson   오전 10시 32분

만약 사무 관리자를 찾고 있는 거라면 Tammy Roselli가 잘할 것 같습니다. 그런데 그녀는 가족이 여기에 있어서 가고 싶어 할지 잘 모르겠네요.

Roy Reese   오전 10시 34분

그리고 판매 관리자에 대해서는 Charles Kang이 좋은 선택이 될 것 같아요.

Blake Dunlap   오전 10시 36분

좋은 제안들이네요! ¹⁶⁰구매 직원에 대해서는 의견 있나요? 우리는 바로 제품 주문을 시작하기 위해 누군가가 필요할 거예요.

Cathy Schultz   오전 10시 38분

¹⁶⁰Carson Drake는 어때요? 그는 수년 동안 같은 직책에서 일해왔고 그는 도전을 필요로 해요.

Blake Dunlap   오전 10시 40분

좋은 의견이네요. 어쨌든, ¹⁶¹채워야 할 다른 직무들이 많이 있으니, 제가 여러분들 모두에게 오늘 이따가 목록을 보내드릴게요. 다른 의견이 있으시면 제게 메시지를 보내거나 인사부에 들러주시면 됩니다.

어휘   □ **board of directors** phr. 이사회, 임원회   □ **branch** n. 지점, 지사   □ **consequently** adv. 그 결과로서, 따라서
□ **transfer** v. 전근시키다, 이동시키다; n. 전근, 이동   □ **launch** v. 개시하다, 시작하다, 착수하다   □ **submit** v. 제안하다, 제출하다
□ **temporary** adj. 임시의, 일시적인   □ **depend on** phr. ~에 달려있다, ~에 의해 결정되다
□ **preference** n. 희망하는 것, 선호   □ **naturally** adv. 물론, 당연히   □ **performance** n. 성과, 실적
□ **target** adj. 목표의; n. 목표, 대상   □ **operational** adj. 사용(가동)할 준비가 갖춰진
□ **take advantage of** phr. ~을 기회로 활용하다, 이용하다   □ **look for** phr. ~을 찾다, 구하다
□ **challenge** n. 도전, 난제; v. 도전하다   □ **forward** v. 보내다, 전달하다   □ **drop by** phr. ~에 들르다

What kind of business most likely is Alstrop?

(A) A retailer of tires
(B) A home builder
(C) A staffing firm
(D) A moving company

Alstrop사는 어떤 종류의 사업체인 것 같은가?

(A) 타이어 소매업체
(B) 주택 건축업체
(C) 인재 파견 회사
(D) 이사업체

■ **추론** 세부 정보 　　　　　　　　　　　　　　　　　　　　　　　　　　　정답 (A)

질문의 핵심 어구인 Alstrop에 대해 추론하는 문제이다. 'Alstrop's board of directors has decided to open a sixth branch in Cleveland', 'The branch must be fully operational by November 15 to take advantage of our year-end tire sale.'에서 Blake Dunlap이 Alstrop사의 이사회가 클리블랜드에 6번째 지점을 내기로 결정했고 연말 타이어 세일을 기회로 활용하려면 그 지점이 11월 15일까지 완전히 운영될 준비가 되어야 한다고 했으므로 Alstrop사가 타이어를 판매하는 업체라는 사실을 추론할 수 있다. 따라서 (A)가 정답이다.

What is mentioned as a concern about staff transfers?

(A) The cost of relocating a workforce is high.
(B) Staff may not want to move away from their current homes.
(C) There is insufficient time to carry out a move.
(D) New administrative employees have limited experience.

직원 전근에 대한 우려로 언급된 것은?

(A) 직원 이동 비용이 많이 든다.
(B) 직원들이 지금의 거주지를 떠나기를 원하지 않을 수도 있다.
(C) 이동을 할 시간이 충분하지 않다.
(D) 새로운 관리 직원들이 경력이 부족하다.

■ **Not/True** True 문제 　　　　　　　　　　　　　　　　　　　　　　　정답 (B)

질문의 핵심 어구인 a concern about staff transfers와 관련된 내용을 지문에서 찾아 각 보기와 대조하는 Not/True 문제이다. (A), (C), (D)는 지문에 언급되지 않은 내용이다. (B)는 'Would the transfers be temporary? Many of our staff members have lived here in Inglewood their entire lives. They won't be happy about this.'에서 Cathy Schultz가 전근이 임시적인지 물으며 직원들 중 많은 사람들이 잉글우드에서 평생을 살았고 이것, 즉 전근에 기뻐하지 않을 것이라고 했으므로 직원들이 지금의 거주지를 떠나기를 원하지 않을 수도 있다는 점을 우려하고 있음을 알 수 있다. 따라서 (B)가 정답이다.

바꾸어 표현하기

won't be happy 기뻐하지 않을 것이다 → may not want 원하지 않을 수도 있다

어휘　relocate v. 이동하다, 재배치하다　workforce n. 직원, 노동력　move away phr. 떠나다　current adj. 지금의, 현재의
　　　　insufficient adj. 불충분한, 부족한　limited adj. 부족한, 제한된

At 10:38 A.M., what does Ms. Schultz mean when she writes, "he needs a challenge"?

(A) She believes finding the right employee will be a challenge.
(B) Mr. Drake wishes to be assigned a recruitment task.
(C) She thinks a staff member should take on a new responsibility.
(D) A purchasing clerk is deserving of a promotion.

오전 10시 38분에, Ms. Schultz가 "he needs a challenge"라고 썼을 때 그녀가 의도한 것은?

(A) 적당한 직원을 찾는 것이 어려운 일이라고 생각한다.
(B) Mr. Drake가 채용 업무를 맡고 싶어 한다.
(C) 직원이 새로운 책무를 맡아야 한다고 생각한다.
(D) 구매 직원은 승진을 할 만하다.

■ **의도 파악** 　　　　　　　　　　　　　　　　　　　　　　　　　　　　정답 (C)

Ms. Schultz가 의도한 것을 묻는 문제이므로, 질문의 인용어구(he needs a challenge)가 언급된 주변 문맥을 확인한다. 'Any ideas for a purchasing clerk?'에서 Blake Dunlap이 구매 직원에 대해서 의견이 있는지 묻자 Ms. Schultz가 'What about Carson Drake? He's been working in the same position for years'에서 Carson Drake가 수년 동안 같은 직책에서 일해왔다고 한 후, 'he needs a challenge'(그는 도전을 필요로 해요)라고 한 것을 통해 Ms. Schultz는 직원인 Carson Drake가 새로운 업무에 관심이 있을 것이라고 생각한다는 것을 알 수 있다. 따라서 (C)가 정답이다.

바꾸어 표현하기

challenge 도전 → new responsibility 새로운 책무

어휘　assign v. 맡기다, 배정하다　recruitment n. 채용, 신규 모집　deserve v. ~할 만하다, ~할 가치가 있다

What will Mr. Dunlap do later in the day?

(A) Go through some phone messages
(B) Supply a list of open positions
(C) Meet with human resources staff
(D) Forward some suggestions to a superior

Mr. Dunlap은 그날 중에 무엇을 할 것인가?

(A) 몇 개의 전화 메시지를 확인한다
(B) 공석 목록을 제공한다
(C) 인사부 직원을 만난다
(D) 상사에게 몇몇 제안을 전달한다

■ **육하원칙** What 　　　　　　　　　　　　　　　　　　　　　　　　　　　　　　　　　　　　　정답 (B)

Mr. Dunlap이 그날 나중에 무엇(What)을 할 것인지를 묻는 육하원칙 문제이다. 질문의 핵심 어구인 Mr. Dunlap do later in the day와 관련하여, 'there are a number of other roles to fill, and I'll forward you all a list later today'에서 Mr. Dunlap이 채워야 할 다른 직무들이 많이 있으니 자신이 모두에게 오늘 이따가 목록을 보내주겠다고 했으므로 (B)가 정답이다.

바꾸어 표현하기
forward 보내다 → Supply 제공하다
roles to fill 채워야 할 직무들 → open positions 공석

어휘 go through phr. ~을 살펴보다, 통과하다　supply v. 제공하다, 공급하다　superior n. 상사, 상관; adj. 뛰어난, 상급의

INVOICE

Clean Genie
3102 Hamilton Boulevard
Allentown, PA 18103
555-7681
www.cleangenie.com

Date of invoice: August 8
Job # C6512-2

[164]**Bill to:**

Vasco's Bistro
501 Broad Street, Emmaus, PA 18049
555-0219

Description of Services	Price
Fully inspected premises and [162-D]issued a report dated July 24	$9.00
Disinfected all surfaces with [162-B]Clean Genie Surface Wash	$24.25
Vacuumed carpeting in main dining area and applied [162-B]Clean Genie Protect	$23.50
Sanitized air in main dining area with [162-B]Clean Genie Fresh Burst	$18.75
Removed items marked for disposal	$14.00
Performed follow-up inspection and cleaning on [162-D]August 1	$12.00
[162-D]Issued laboratory-certified cleanliness report dated August 5	$25.00
Provided Lehigh County Association of Food Retailers membership discount	($15.00)

Comments		
[163]Client requested service as part of obligation to meet permit requirements of the Emmaus Borough Department of Food Sanitation. Additional discounts applied for [162-B]using Clean Genie patented formulations.	Sub-total	$111.50
	Additional discounts	($15.00)
	Tax	$9.00
	TOTAL	$105.50

Payment information
Payment method:
☐ Cash
☒ Check no.: 201-98942-2
☐ Credit card no.:
_____

Customer Signature
Signing your name below indicates your acceptance of the job as performed and agreement with all charges.

Evelyn Moore
[164]Evelyn Moore, supervisor

송장

Clean Genie사
3102번지 Hamilton대로
알렌타운, 펜실베이니아 주 18103
555-7681
www.cleangenie.com

송장 날짜: 8월 8일
작업 번호 C6512-2

[164]청구서 수신:

Vasco's 식당
501번지 Broad가, 엠마우스, 펜실베이니아 주 18049
555-0219

서비스 설명	가격
건물 전체 점검 및 [162-D]7월 24일 자의 보고서 발행	9.00달러
[162-B]Clean Genie Surface Wash로 전체 바닥 소독	24.25달러
주요 식사 공간의 카펫 진공 청소 및 [162-B]Clean Genie Protect 도포	23.50달러
[162-B]Clean Genie Fresh Burst로 주요 식사 공간의 공기 살균	18.75달러
처분 표시된 물품들 수거	14.00달러
[162-D]8월 1일에 후속 점검 및 청소 실행	12.00달러
[162-D]실험실 인증된 8월 5일 자 청결 보고서 발행	25.00달러
Lehigh 자치군 식품 소매업체 연합 회원 할인 제공	(15.00달러)

설명		
[163]고객께서는 엠마우스 식품 위생 자치 부서의 허가 필요 조건을 충족하기 위한 의무의 일환으로 서비스를 요청하셨습니다. [162-B]Clean Genie사의 특허받은 생산법을 이용해주신 것에 대하여 추가 할인이 적용되었습니다.	소계	111.50달러
	추가 할인	(15.00달러)
	세금	9.00달러
	총액	105.50달러

결제 정보
지불 방식:
☐ 현금
☒ 수표 번호: 201-98942-2
☐ 신용카드 번호:
_____

고객 서명
아래에 귀하의 성함을 서명하시는 것은 이행된 작업에 대한 수락과 모든 비용에 대한 동의를 나타냅니다.

Evelyn Moore
[164]Evelyn Moore, 지배인

어휘 □ invoice n. 송장, 청구서
     □ premises n. 건물, 부지
     □ vacuum v. 진공청소기로 청소하다
     □ disposal n. 처분, 처리
     □ obligation n. 의무, 책무
     □ indicate v. 나타내다, 보여주다

     □ bistro n. 작은 식당
     □ issue v. 발행하다; n. 쟁점
     □ apply v. (페인트 등을) 바르다, 적용하다
     □ follow-up adj. 후속의, 추가의
     □ patent v. 특허를 받다; n. 특허
     □ acceptance n. 수락, 용인

     □ inspect v. 점검하다, 검사하다
     □ disinfect v. 소독하다, 살균하다
     □ sanitize v. 살균하다, 위생 처리하다
     □ laboratory n. 실험실, 연구소
     □ formulation n. 생산(법), 공식화
     □ agreement n. 동의, 승낙

162

What is indicated about Clean Genie?

(A) It did not charge for some services.
(B) It makes some of its own cleaning products.
(C) It holds membership in a food industry association.
(D) It has visited Vasco's Bistro three times.

Clean Genie사에 대해 암시되는 것은?

(A) 몇몇의 서비스에 대한 비용을 청구하지 않았다.
(B) 자사의 청소 제품 일부를 제조한다.
(C) 식품 산업 협회의 회원이다.
(D) Vasco's 식당을 세 번 방문했다.

■ **추론** 세부 정보 　　　　　　　　　　　　　　　　　　　　　　　　　　　　　　　　　　정답 (B)

질문의 핵심 어구인 Clean Genie에 대해 추론하는 문제이다. (B)는 'Clean Genie Surface Wash', 'Clean Genie Protect', 'Clean Genie Fresh Burst'와 'using Clean Genie patented formulations'에서 Clean Genie사의 이름으로 된 청소 제품들이 언급되고 그 회사만의 특허받은 생산법이 있다고 했으므로 Clean Genie사는 청소 제품 일부를 제조한다는 사실을 추론할 수 있다. 따라서 (B)가 정답이다. (D)는 'issued a report dated July 24', 'August 1', 'Issued ~ report dated August 5'에서 3개의 날짜가 언급되어 있으나, 7월 24일과 8월 5일 자에는 보고서를 발행했다고 했지 실제로 Vasco's 식당을 방문한 날짜인지는 언급되지 않았으므로 답이 될 수 없다.

어휘　hold membership　phr. 회원이다

163

Why did the client request cleaning services?

(A) It received some customer complaints.
(B) It is preparing its venue for an important event.
(C) It received a discount coupon in the mail.
(D) It has to comply with cleanliness standards.

고객은 왜 청소 서비스를 요청하였는가?

(A) 몇몇 고객의 항의를 받았다.
(B) 중요한 행사를 위해 장소를 준비하고 있다.
(C) 우편으로 할인 쿠폰을 받았다.
(D) 청결 기준을 준수해야 한다.

■ **육하원칙** Why 　　　　　　　　　　　　　　　　　　　　　　　　　　　　　　　　　　정답 (D)

고객이 왜(Why) 청소 서비스를 요청했는지를 묻는 육하원칙 문제이다. 질문의 핵심 어구인 the client request cleaning services와 관련하여, 'Client requested service as part of obligation to meet permit requirements of the Emmaus Borough Department of Food Sanitation.'에서 고객이 엠마우스 식품 위생 자치 부서의 허가 필요 조건을 충족하기 위한 의무의 일환으로 서비스를 요청했다고 했으므로 (D)가 정답이다.

바꾸어 표현하기
obligation to meet ~ requirements 필요 조건을 충족할 의무 → has to comply with ~ standards 기준을 준수해야 하다
Sanitation 위생 → cleanliness 청결

어휘　complaint　n. 항의, 불만, 불평　venue　n. 장소

164

Who most likely is Evelyn Moore?

(A) A city sanitation official
(B) A dining facility manager
(C) A professional cleaner
(D) An event organizer

Evelyn Moore는 누구일 것 같은가?

(A) 시 위생 공무원
(B) 식당 관리자
(C) 전문 청소부
(D) 행사 주최자

■ **추론** 세부 정보 　　　　　　　　　　　　　　　　　　　　　　　　　　　　　　　　　　정답 (B)

질문의 핵심 어구인 Evelyn Moore에 대해 추론하는 문제이다. 'Bill to: Vasco's Bistro'에서 청구서를 받는 시설이 식당임을 알 수 있고, 'Evelyn Moore, supervisor'에서 청구서를 받는 Evelyn Moore가 시설의 지배인이라고 했으므로 Evelyn Moore는 식당 관리자임을 추론할 수 있다. 따라서 (B)가 정답이다.

바꾸어 표현하기
supervisor 지배인 → manager 관리자

어휘　official　n. 공무원, 임원

Questions 165-167 refer to the following e-mail.

To: Edward Morton <e.morton@repost.com>
From: Antonio Parrish <a.parrish@alivemag.com>
Subject: Your entry
Date: July 26

Dear Mr. Morton,

Greetings from *Alive* magazine. I am very pleased to inform you that [166/167]your entry for our Readers Travel Writing Competition, *A Three-Day Weekend in Mexico City*, [167]has been selected to appear in print in next month's issue. — [1] —.

As you may know, [165]Ms. Josephine Tan, who writes for the travel guide *Pathways to the World*, was invited to judge all the entries. As the author of the winning entry, your name will be announced in our September issue. You will also receive a $500 voucher from www.bookingpros.com, redeemable at one of over 2,000 hotels and resorts around the world. — [2] —. Two runners-up will also be chosen by Ms. Tan, with winners receiving a $150 voucher from Goliath Luggage.

[166]Our editor, Mr. Jason Carter, has also instructed me to ask if you have any photographs of your trip. — [3] —. If so, please e-mail them to me as we may choose to print a few of them as well. — [4] —. Visuals would really help bring your story to life.

Congratulations once again, and we hope you continue to be a loyal subscriber to *Alive* magazine for years to come.

Yours truly,

Antonio Parrish
Marketing associate
Alive magazine

165-167은 다음 이메일에 관한 문제입니다.

수신: Edward Morton <e.morton@repost.com>
발신: Antonio Parrish <a.parrish@alivemag.com>
제목: 귀하의 출품작
날짜: 7월 26일

Mr. Morton께,

*Alive*지에서 인사드립니다. 저는 [166/167]저희의 독자 여행 글쓰기 대회를 위한 귀하의 출품작, *멕시코시티에서의 3일간의 주말*이 [167]다음 달 호에 인쇄되어 발행되기로 선정되었음을 알려드리게 되어 매우 기쁩니다. — [1] —.

알고 있으시겠지만, [165]여행 가이드책 *세계로의 통로*에 기고하는 Ms. Josephine Tan이 모든 출품작들을 심사하도록 부탁을 받았습니다. 수상작의 저자로서, 귀하의 이름은 저희의 9월호에서 발표될 것입니다. 귀하는 또한 전 세계의 2,000개가 넘는 호텔과 리조트 중 하나에서 교환할 수 있는 500달러의 상품권을 www.bookingpros.com에서 받을 것입니다. — [2] —. 두 명의 2위 수상자들도 Ms. Tan에 의해 선정될 것이고, 수상자들은 Goliath Luggage사로부터 150달러의 상품권을 받게 됩니다.

[166]저희의 편집장인 Mr. Jason Carter가 또한 귀하께서 여행 사진을 가지고 있으신지 물어봐 줄 것을 저에게 지시했습니다. — [3] —. 만약 그렇다면, 저희가 그중 몇 개를 골라서 인쇄할 수도 있으므로 부디 제게 그것들을 이메일로 보내주시기 바랍니다. — [4] —. 시각 자료는 귀하의 이야기에 생기를 불어넣는 데 매우 도움이 될 것입니다.

다시 한번 축하드리며, 귀하께서 앞으로도 오랫동안 계속해서 *Alive*지의 충실한 구독자가 되어주시기를 바랍니다.

Antonio Parrish 드림
마케팅부 직원
*Alive*지

어휘 □ **entry** n. 출품작, 입장
       □ **issue** n. 호, 간행물, 주제
       □ **judge** v. 심사하다, 판단하다
       □ **redeemable** adj. (현금, 상품과) 교환할 수 있는, 사용할 수 있는
       □ **visual** n. 시각 자료; adj. 시각의

       □ **select** v. 선정하다, 선발하다
       □ **write for** phr. ~에 기고하다
       □ **voucher** n. 상품권, 할인권

       □ **loyal** adj. 충실한, 충성스러운

       □ **appear** v. 발행되다, 나타나다
       □ **pathway** n. 통로, 길

       □ **runner-up** n. 2위, (1위 외의) 입상자
       □ **subscriber** n. 구독자, 가입자

165
○ ○ ○ ● 중

Who is Ms. Josephine Tan?

(A) A magazine publisher
(B) A public speaker
(C) A professional writer
(D) A literary critic

Ms. Josephine Tan은 누구인가?

(A) 잡지 발행인
(B) 대중 연설가
(C) 전문 작가
(D) 문학 평론가

■ **육하원칙** Who 　　　　　　　　　　　　　　　　　　　　　　정답 (C)

Ms. Josephine Tan이 누구인지(Who)를 묻는 육하원칙 문제이다. 질문의 핵심 어구인 Ms. Josephine Tan과 관련하여, 'Ms. Josephine Tan, who writes for the travel guide *Pathways to the World*'에서 Ms. Josephine Tan이 여행 가이드북 *세계로의 통로*에 기고한다고 했으므로 (C)가 정답이다.

여휘 literary adj. 문학의, 문학적인 critic n. 평론가, 비평가

166
○ ○ ○ ● 상

What can be inferred about Mr. Morton?

(A) His photographs will be featured on a cover.
(B) He will meet Ms. Tan at an awards celebration.
(C) He has traveled to Mexico City before.
(D) He will have to submit a revised draft.

Mr. Morton에 대해 추론될 수 있는 것은?

(A) 그의 사진이 표지에 실릴 것이다.
(B) 시상식에서 Ms. Tan을 만날 것이다.
(C) 전에 멕시코시티를 여행한 적 있다.
(D) 수정된 원고를 제출해야 할 것이다.

■ **추론** 세부 정보 　　　　　　　　　　　　　　　　　　　　　정답 (C)

질문의 핵심 어구인 Mr. Morton에 대해 추론하는 문제이다. 'your entry for our Readers Travel Writing Competition, *A Three-Day Weekend in Mexico City*'에서 독자 여행 글쓰기 대회를 위한 상대방, 즉 Mr. Morton의 출품작이 *멕시코시티에서의 3일간의 주말*이라고 했고, 'Our editor ~ has also instructed me to ask if you have any photographs of your trip.'에서 편집장이 자신에게 Mr. Morton이 여행 사진을 가지고 있는지 물어봐 줄 것을 지시했다고 했으므로 Mr. Morton이 멕시코시티를 여행하고 그와 관련하여 독자 여행 글쓰기 대회에 작품을 출품했다는 사실을 추론할 수 있다. 따라서 (C)가 정답이다.

여휘 cover n. 표지; v. 덮다 draft n. 원고, 초안

167
○ ○ ○ ● 상

In which of the positions marked [1], [2], [3], and [4] does the following sentence best belong?

"You will find it alongside other selected entries in our regular section on travel."

(A) [1]
(B) [2]
(C) [3]
(D) [4]

[1], [2], [3], [4]로 표시된 위치 중, 다음 문장이 들어갈 곳으로 가장 적절한 것은?

"선정된 다른 출품작들과 함께 여행 관련 정기 코너에서 그것을 보시게 될 것입니다."

(A) [1]
(B) [2]
(C) [3]
(D) [4]

■ **문장 위치 찾기** 　　　　　　　　　　　　　　　　　　　　　정답 (A)

지문의 흐름상 주어진 문장이 들어가기에 가장 적절한 곳을 고르는 문제이다. 주어진 문장에서 선정된 다른 출품작들과 함께 여행 관련 정기 코너에서 그것, 즉 Mr. Morton의 글을 보게 될 것이라고 했으므로, 이 문장이 Mr. Morton의 출품작이 선정되어 잡지에 발행될 것이라는 내용이 나오는 부분에 들어가야 함을 알 수 있다. [1]의 앞 문장인 'your entry for our Readers Travel Writing Competition ~ has been selected to appear in print in next month's issue'에서 독자 여행 글쓰기 대회를 위한 Mr. Morton의 출품작이 다음 달 호에 발행되도록 선정되었다고 했으므로, [1]에 제시된 문장이 들어가면 Mr. Morton의 출품작이 선정된 다른 출품작들과 함께 잡지의 여행 관련 코너에 실리게 될 것이라는 자연스러운 문맥이 된다는 것을 알 수 있다. 따라서 (A)가 정답이다.

Questions 168-171 refer to the following article.

168-171은 다음 기사에 관한 문제입니다.

Sonorum Brings Vixo Mob One Step Closer to Reality
By Albert Lepke, music correspondent

Music giant Sonorum, which holds the rights for over 80 record labels, has struck a global licensing deal with online streaming provider Vixo, paving the way for the launch of Vixo Mob, a paid music subscription service. Vixo already has the rights to stream content from several major record labels. — [1] —. But until now, it lacked access to Sonorum's vast catalog of contemporary music.

[168/171]The agreement with Sonorum will significantly increase the amount of content Vixo will be able to offer, making Vixo Mob's long-awaited introduction more likely to occur. [168]The premium service has been in development for two years. — [2] —. "We're clearly excited about the prospect of seeing our artists' work distributed through Vixo's Internet and mobile platforms," said Sonorum CEO Sandra Scheine. "While we appreciate our existing partnerships with some of Vixo's competitors, none of them have the reach that Vixo has."

[169]Vixo has more than 180 million regular users, whereas the next largest streaming service, SoundStorm, has only 20 million. — [3] —. The way the sites are used explains the disparity. Most people visit Vixo to watch free videos rather than to stream music. Meanwhile, [170-B]over 48 percent of Soundstorm's users subscribe to the site for a monthly fee so they can listen to music. — [4] —. It is unknown whether Vixo Mob's users would be willing to do the same.

Sonorum사가 Vixo Mob을 현실로 한 단계 더 가까이 가져오다
음악 전문 기자 Albert Lepke 작성

80개가 넘는 음반 회사의 판권을 보유하고 있는 음악 거대 기업 Sonorum사가 온라인 스트리밍 제공업체 Vixo사와 전 세계적인 라이센싱 협약을 타결했고, 이는 유료 음원 구독 서비스인 Vixo Mob의 출시를 위한 길을 닦을 것이다. Vixo사는 이미 몇몇 주요한 음반 회사의 콘텐츠를 스트리밍하는 권한을 가지고 있다. — [1] —. 하지만 지금까지 Sonorum사의 방대한 목록의 현대 음악에는 접근권이 없었다.

[168/171]Sonorum사와의 계약은 Vixo사가 제공할 수 있는 콘텐츠의 양을 상당히 증가시킬 것이고, 이는 오랫동안 기다려온 Vixo Mob의 도입을 실현시킬 가능성을 높일 것이다. [168]이 프리미엄 서비스는 2년간 개발되어 왔다. — [2] —. "저희는 Vixo사의 인터넷과 모바일 플랫폼을 통해 저희 예술가들의 작업물이 유통되는 것을 보는 것의 가능성에 대해 확실히 들떠 있습니다."라고 Sonorum사의 최고 경영자인 Sandra Scheine이 말했다. "저희는 Vixo사의 몇몇 경쟁사들과의 기존 제휴의 진가를 인정하지만, 그들 중 아무도 Vixo사가 이르는 범위를 갖고 있지 않습니다."

[169]Vixo사는 1억 8천만 명이 넘는 정규 이용자를 보유한 반면, 그 다음으로 가장 큰 스트리밍 서비스업체인 SoundStorm사는 단지 2천만 명만을 보유하고 있다. — [3] —. 이 사이트들이 이용되는 방식은 차이를 보여준다. 대부분의 사람들은 음악을 스트리밍하기보다는 무료 비디오를 시청하기 위해 Vixo사를 방문한다. 반면에, [170-B]SoundStorm사의 48 퍼센트가 넘는 이용자들은 음악을 듣기 위해 매월 이용료를 내고 사이트에 가입한다. — [4] —. Vixo Mob의 이용자들이 기꺼이 똑같이 할지는 알 수 없다.

□ **reality** n. 현실, 진실
□ **record label** phr. 음반 회사
□ **launch** n. 출시, 착수; v. 착수하다
□ **vast** adj. 방대한, 막대한
□ **long-awaited** adj. 오랫동안 기다렸던
□ **appreciate** v. 진가를 인정하다, 감사해하다
□ **reach** n. 범위, 구역; v. ~에 도달하다

□ **correspondent** n. 기자, 특파원
□ **strike a deal** phr. 협약을 타결하다
□ **subscription** n. 구독, 가입
□ **contemporary** adj. 현대의, 동시대의
□ **prospect** n. 가능성, 전망, 예상
□ **existing** adj. 기존의, 현재의
□ **disparity** n. 차이, 불일치

□ **right** n. 판권, 권한
□ **pave the way** phr. 길을 닦다, 준비하다
□ **access** n. 접근권, 입장; v. 접근하다
□ **agreement** n. 계약, 협정, 합의
□ **distribute** v. 유통하다, 배부하다
□ **partnership** n. 제휴, 연합
□ **be willing to** phr. 기꺼이 ~하다

168

What is indicated about Vixo Mob?

(A) It will be offered for free for a limited time.
(B) It focuses on a particular genre of music.
(C) It has yet to be released to the public.
(D) It is largely dependent on advertising.

Vixo Mob에 대해 암시되는 것은?

(A) 한정된 기간 동안 무료로 제공될 것이다.
(B) 특정 장르의 음악에 주력한다.
(C) 아직 대중에게 출시되지 않았다.
(D) 광고에 상당히 의존적이다.

■ 추론 세부 정보 　　　　　　　　　　　　　　　　　정답 (C)

질문의 핵심 어구인 Vixo Mob에 대해 추론하는 문제이다. 'The agreement with Sonorum will significantly increase the amount of content Vixo will be able to offer, making Vixo Mob's long-awaited introduction more likely to occur. The premium service has been in development for two years.'에서 Sonorum사와의 계약은 Vixo사가 제공할 수 있는 콘텐츠의 양을 상당히 증가시키고 이는 오랫동안 기다려온 Vixo Mob의 도입을 실현시킬 가능성을 높일 것인데, 이 프리미엄 서비스는 2년간 개발되어 왔다고 했으므로 Vixo Mob이 아직 출시되지 않았다는 사실을 추론할 수 있다. 따라서 (C)가 정답이다.

바꾸어 표현하기
introduction 도입 → be released 출시되다

어휘 focus on phr. ~에 주력하다, 초점을 맞추다 　particular adj. 특정한, 특별한 　genre n. 장르, 유형 　largely adv. 상당히, 크게

169

According to the article, what competitive advantage does Vixo have?

(A) It has a substantial user base.
(B) It offers a flexible payment scheme.
(C) It is available in several languages.
(D) It provides excellent customer service.

기사에 따르면, Vixo사는 어떤 경쟁우위를 갖는가?

(A) 상당한 사용자 기반을 가지고 있다.
(B) 융통성 있는 지불 제도를 갖추고 있다.
(C) 여러 언어로 이용될 수 있다.
(D) 훌륭한 고객 서비스를 제공한다.

■ 육하원칙 What 　　　　　　　　　　　　　　　　　정답 (A)

Vixo사가 어떤(what) 경쟁우위를 갖는지를 묻는 육하원칙 문제이다. 질문의 핵심 어구인 competitive advantage does Vixo have와 관련하여, 'Vixo has more than 180 million regular users, whereas the next largest streaming service, SoundStorm, has only 20 million.'에서 Vixo사가 1억 8천만 명이 넘는 정규 이용자를 보유한 반면, 그 다음으로 가장 큰 스트리밍 서비스 업체인 SoundStorm사는 단지 2천만 명만이 있다고 했으므로 (A)가 정답이다.

어휘 competitive advantage phr. 경쟁우위 　flexible adj. 융통성 있는, 유연한 　scheme n. 제도, 계획

170

What does the article mention about SoundStorm?

(A) It is fast approaching the same level of popularity as Vixo.
(B) Almost half its users have signed up for a service.
(C) It achieved profitability in a short amount of time.
(D) Some of its former executives now work for Vixo.

기사가 SoundStorm사에 대해 언급한 것은?

(A) Vixo사와 동등한 수준의 인기에 빠르게 가까워지고 있다.
(B) 고객들의 거의 절반이 서비스에 가입했다.
(C) 짧은 기간 내에 수익성을 거두었다.
(D) 이전 경영진들의 일부가 현재 Vixo사에서 일한다.

■ Not/True True 문제 　　　　　　　　　　　　　　정답 (B)

질문의 핵심 어구인 SoundStorm과 관련된 내용을 지문에서 찾아 각 보기와 대조하는 Not/True 문제이다. (A), (C), (D)는 지문에 언급되지 않은 내용이다. (B)는 'over 48 percent of Soundstorm's users subscribe to the site for a monthly fee so they can listen to music'에서 SoundStorm사의 48퍼센트가 넘는 이용자들이 음악을 듣기 위해 매월 이용료를 내고 사이트에 가입한다고 했으므로 지문의 내용과 일치한다. 따라서 (B)가 정답이다.

바꾸어 표현하기
48 percent 48퍼센트 → Almost half 거의 절반
subscribe to the site 사이트에 가입하다 → have signed up for a service 서비스에 가입했다

어휘 popularity n. 인기, 대중성 　profitability n. 수익성

171

In which of the positions marked [1], [2], [3], and [4] does the following sentence best belong?

"Once it is launched, users will be able to stream a wider range of both music and videos in a high-quality digital format."

(A) [1]
(B) [2]
(C) [3]
(D) [4]

[1], [2], [3], [4]로 표시된 위치 중, 다음 문장이 들어갈 곳으로 가장 적절한 것은?

"이것이 출시되면, 이용자들은 보다 다양한 음원과 영상을 고품질의 디지털 형식으로 스트리밍할 수 있을 것이다."

(A) [1]
(B) [2]
(C) [3]
(D) [4]

■ 문장 위치 찾기   정답 (B)

지문의 흐름상 주어진 문장이 들어가기에 가장 적절한 곳을 고르는 문제이다. 주어진 문장에서 이것이 출시되면 이용자들이 보다 다양한 음원과 영상을 고품질의 디지털 형식으로 스트리밍할 수 있을 것이라고 했으므로, 이 문장이 이용자들에게 더 많은 스트리밍 기회를 제공하는 것의 출시에 대한 내용이 나오는 부분에 들어가야 함을 알 수 있다. [2]의 앞부분인 'The agreement with Sonorum will significantly increase the amount of content Vixo will be able to offer, making Vixo Mob's long-awaited introduction more likely to occur.'에서 Sonorum사와의 계약은 Vixo사가 제공할 수 있는 콘텐츠의 양을 상당히 증가시킬 것이고 이는 오랫동안 기다려온 Vixo Mob의 도입을 실현시킬 가능성을 높일 것이라고 했으므로, [2]에 제시된 문장이 들어가면 Sonorum사와 Vixo사의 계약 후 Vixo Mob이 출시되면 이용자들이 보다 다양한 콘텐츠를 제공받을 수 있게 될 것이라는 자연스러운 문맥이 된다는 것을 알 수 있다. 따라서 (B)가 정답이다.

Questions 172-175 refer to the following letter.

172-175는 다음 편지에 관한 문제입니다.

Quick 'n' Hot Corporation

February 22

Nancy Lewis
General Manager, Pikesville Plaza
1838 Greene Tree Road
Pikesville, MD 21208

Dear Ms. Lewis,

Quick 'n' Hot is a small but growing chain of fast food restaurants with 16 branches in five states. [172]We are in the midst of a major expansion effort and are interested in renting a space at 1838 Greene Tree Road.

Our company was established 10 years ago in Virginia and now serves customers in North Carolina, South Carolina, and New Jersey. In addition, [173]we began operations in Delaware just last month. The Greene Tree location would be our first in Maryland and will predominantly target lunch crowds, although we also plan to serve dinner. [174-C]Pikesville Plaza would be an ideal location because of its proximity to offices and the new construction developments that have been drawing so many new residents to the city lately.

Please call me at 555-2350 at your earliest convenience so that we can set up a meeting. I anticipate that we will be able to work out mutually agreeable terms and cut a deal quickly.

Sincerely,

Edgar Scoville
CEO and Founder
Quick 'n' Hot Corporation

Quick 'n' Hot 기업

2월 22일

Nancy Lewis
Pikesville Plaza 총지배인
Greene Tree가 1838번지
Pikesville, 메릴랜드주 21208

Ms. Lewis께,

Quick 'n' Hot은 작지만 성장하고 있는 패스트푸드 식당 체인점으로 5개 주에 16개의 지점이 있습니다. [172]저희는 대대적인 확장 시도 중에 있으며 Greene Tree가 1838번지에 공간을 임대하는 것에 관심이 있습니다.

저희 회사는 10년 전 버지니아주에서 설립되었으며 현재 노스캐롤라이나주, 사우스캐롤라이나주, 그리고 뉴저지주의 고객들에게 서비스를 제공하고 있습니다. 추가적으로, [173]저희는 바로 지난달 델라웨어주에서 운영을 시작했습니다. Greene Tree가의 장소는 저희의 첫 메릴랜드주 지점일 것이며 주로 점심 인파를 대상으로 하지만, 저녁 식사도 제공할 계획입니다. [174-C]Pikesville Plaza는 사무실들과의 인접성과 최근 이 도시로 많은 새로운 거주자들을 유치해온 새로운 건설 개발로 인해 이상적인 장소가 될 것입니다.

회의를 잡을 수 있도록 가능한 한 빨리 555-2350으로 전화 주세요. 저는 우리가 서로에게 이로운 조건을 이끌어내고 신속하게 거래를 성사할 수 있을 것으로 기대합니다.

Edgar Scoville 드림
최고경영자이자 창립자
Quick 'n' Hot 기업

어휘 □ **in the midst of** phr. ~(하는) 중에, 가운데
□ **predominantly** adv. 주로
□ **proximity** n. 인접성
□ **resident** n. 거주자, 주민
□ **work out** phr. ~을 이끌어내다, 고안하다, 산출하다
□ **agreeable** adj. 이로운, 받아들일 수 있는

□ **expansion** n. 확장, 확대
□ **lunch crowd** phr. 점심 인파
□ **construction** n. 건설, 공사
□ **anticipate** v. 기대하다, 예상하다

□ **cut a deal** phr. 거래를 성사하다

□ **rent** v. 임대하다
□ **ideal** adj. 이상적인
□ **draw** v. 유치하다, 이끌다

□ **mutually** adv. 서로, 상호간에

172

What is the purpose of the letter?

(A) To report on a company's revenues
(B) To offer to lease a property
(C) To respond to a request for information
(D) To invite an executive to a store opening

편지의 목적은 무엇인가?

(A) 회사의 수익을 보고하기 위해
(B) 부동산을 임대하겠다고 제안하기 위해
(C) 정보를 위한 요청에 응답하기 위해
(D) 상점 개업에 임원을 초대하기 위해

■ **주제/목적 찾기** 글의 목적 　　　　　　　　　　　　　　　　　　　　　　　　　정답 (B)

편지의 목적을 묻는 목적 찾기 문제이므로 지문의 앞부분을 주의 깊게 확인한다. 'We are ~ interested in renting a space'에서 공간을 임대하는 것에 관심 있다고 했으므로 (B)가 정답이다.

바꾸어 표현하기
renting a space 공간을 임대하다 → lease a property 부동산을 임대하다

어휘　revenue n. 수익, 수입　lease v. 임대하다　executive n. 임원

173

Where did Quick 'n' Hot most recently open a restaurant?

(A) Virginia
(B) New Jersey
(C) Delaware
(D) Maryland

Quick 'n' Hot은 가장 최근에 어디에 식당을 개업했는가?

(A) 버지니아주
(B) 뉴저지주
(C) 델라웨어주
(D) 메릴랜드주

■ **육하원칙** Where 　　　　　　　　　　　　　　　　　　　　　　　　　　　정답 (C)

Quick 'n' Hot이 가장 최근에 어디(Where)에 식당을 개업했는지를 묻는 육하원칙 문제이다. 질문의 핵심 어구인 Quick 'n' Hot most recently open a restaurant과 관련하여, 'we began operations in Delaware just last month'에서 바로 지난달 델라웨어주에서 운영을 시작했다고 했으므로 (C)가 정답이다.

174

What is stated about Pikesville?

(A) It has a trendy culinary scene.
(B) It has few places to order lunch.
(C) It has a growing population.
(D) It has more than one shopping center.

Pikesville에 대해 언급된 것은?

(A) 최신 유행하는 요리 문화가 있다.
(B) 점심을 주문할 곳이 적다.
(C) 인구가 증가하고 있다.
(D) 하나 이상의 쇼핑센터가 있다.

■ **Not/True** True 문제 　　　　　　　　　　　　　　　　　　　　　　　　　정답 (C)

질문의 핵심 어구인 Pikesville과 관련된 내용을 지문에서 찾아 각 보기와 대조하는 Not/True 문제이다. (A), (B), (D)는 지문에 언급되지 않은 내용이다. (C)는 'Pikesville Plaza would be an ideal location because of ~ the new construction developments that have been drawing so many new residents to the city lately.'에서 Pikesville Plaza는 최근 이 도시, 즉 Pikesville로 많은 새로운 거주자들을 유치해온 새로운 건설 개발로 인해 이상적인 장소가 될 것이라고 했으므로 지문의 내용과 일치한다. 따라서 (C)가 정답이다.

바꾸어 표현하기
drawing so many new residents 많은 새로운 거주자들을 유치하다 → has a growing population 인구가 증가하고 있다

어휘　trendy adj. 최신 유행하는　culinary adj. 요리의, 음식의　scene n. 문화, 장면

The expression "work out" in paragraph 3, line 2, is closest in meaning to

(A) solve
(B) arrange
(C) repair
(D) improve

3문단 두 번째 줄의 표현 "work out"은 의미상 ~와 가장 가깝다.

(A) 해결하다
(B) 조정하다
(C) 수리하다
(D) 개선하다

■ 동의어

정답 (B)

work out을 포함하는 구절 'I anticipate that we will be able to work out mutually agreeable terms and cut a deal quickly.'에서 work out이 '이끌어내다'라는 뜻으로 사용되었다. 따라서 '조정하다'라는 뜻을 가진 (B)가 정답이다.

지문 1

Press Release – For Immediate Distribution
Cutler & Morgan Pharmacy to Celebrate 75 Years

EARLSWOOD, February 25— [179]March 2nd will mark the 75th anniversary of the founding of Cutler & Morgan Pharmacy. Although it now comprises 16 branches throughout the County of Surrey, [177]Cutler & Morgan Pharmacy started off with a single shop located at 14 Hindhead Road in Earlswood. Partners Lewis Cutler and James Morgan ran the business jointly for nearly 45 years, after which ownership was passed on to James Morgan's nephew Carl Gerard. Today, Mr. Gerard oversees the business's operations with the help of a board of directors.

To celebrate the milestone, a plaque in commemoration of Lewis Cutler and James Morgan will be unveiled at [177]the original location at 11:30 A.M. on March 2. Immediately thereafter, the store, which has been closed for the last six months to undergo extensive remodeling, will be reopened. The public is welcome to attend the ceremony.

[179]For the entire day of the anniversary, all Cutler & Morgan Pharmacy locations will be giving away a gift to customers who make purchases of $10 or more, excluding prescription items. Later that evening, a private gala dinner and awards ceremony will be held at the O'Connor Center for Cutler & Morgan Pharmacy staff and invited guests.

보도 자료 – 즉시 배포용
Cutler & Morgan 약국 75주년 기념 예정

EARLSWOOD, 2월 25일— [179]3월 2일은 Cutler & Morgan 약국의 창립 75주년을 나타낼 것이다. 지금은 Surrey 자치주 전역에 16개의 지점으로 구성되어 있지만, [177]Cutler & Morgan 약국은 Earlswood의 Hindhead가 14번지에 위치한 한 상점으로 시작했다. 동업자인 Lewis Cutler와 James Morgan은 거의 45년 동안 공동으로 사업을 운영했고, 그 후 James Morgan의 조카 Carl Gerard에게 소유권이 넘어갔다. 오늘날, Mr. Gerard는 이사회의 도움을 받아 사업의 운영을 총괄하고 있다.

이 중요한 시점을 축하하기 위해, Lewis Cutler와 James Morgan을 기리는 명판이 [177]3월 2일 오전 11시 30분에 최초의 지점에서 공개될 것이다. 그 직후, 최근 6개월간 대대적인 개조를 거치기 위해 문을 닫았던 그 매장이 곧바로 재개장할 것이다. 일반 대중도 자유롭게 행사에 참석할 수 있다.

[179]기념일 하루 내내, 모든 Cutler & Morgan 약국 지점들은 처방된 품목을 제외하고 10달러 이상 구매하는 고객들에게 선물을 증정할 것이다. 이날 저녁 늦게, O'Connor 센터에서는 Cutler & Morgan 약국 직원들과 초청 손님들을 위한 비공개 경축 만찬과 시상식이 열릴 예정이다.

지문 2

[179]**Cutler & Morgan Pharmacy**
14 Hindhead Road
Earlswood, Redhill RH1 6HR

555-8822
Saturday, [179]March 2, 2:31 P.M.

[179]**Prescription Item(s)**	$42.50

223434, Lureomine, 25 mg, 30 capsules
[179]Customer: Janet Parkdale
[178-D]Take one a day with food until gone. No refills.
*Prescription drugs are tax-exempt.

Over-the-Counter Item(s)
[178-B]With this receipt, non-perishable, non-prescription items may be returned within 30 days if unopened.

	Quantity	
1. Happy Day greeting card 01212324	(1)	$1.99
2. RVR elastic bandage with clips 4354566567	(1)	$5.99
[179]**Over-the-Counter Total** (With 5.3% Sales Tax)		$8.40
		+
Prescription Total		$42.50

[179]Cutler & Morgan 약국
Hindhead가 14번지
Earlswood, Redhill RH1 6HR

555-8822
[179]3월 2일 토요일 오후 2시 31분

[179]처방 품목	42.50달러

223434, Lureomine, 25밀리그램, 30정
[179]고객: Janet Parkdale
[178-D]소진될 때까지 하루에 한 번 식사와 함께 복용하세요.
보충은 없습니다.
*처방약은 면세입니다.

일반의약품
[178-B]이 영수증이 있으면, 비부패성, 비처방 품목은 개봉하지 않은 경우 30일 이내에 반품될 수 있습니다.

	수량	
1. Happy Day 인사 카드 01212324	(1)	1.99달러
2. RVR 탄성 붕대와 클립 4354566567	(1)	5.99달러
[179]일반의약품 총액 (판매세 5.3% 포함)		8.40달러
		+
처방 품목 총액		42.50달러

Amount Owed	$50.90
[178-A]Cash Paid	$60.00
Change	$9.10

Thank you for keeping Cutler & Morgan Pharmacy in business for 75 years. [180]Visit our Web site at www.cutlermorganpharmacy.com to take our customer survey. You'll receive a coupon for 5% off your next purchase upon completion!

총계	50.90달러
[178-A]현금 지불액	60.00달러
거스름돈	9.10달러

Cutler & Morgan 약국을 75년 동안 이용해 주셔서 감사합니다. [180]저희 웹사이트 www.cutlermorganpharmacy.com을 방문해서 고객 설문조사에 참여하세요. 완료하시면 다음 구매 시 5퍼센트 할인 쿠폰을 드립니다!

지문 1
- □ founding n. 창립, 설립
- □ county n. 자치주, 군
- □ board of directors phr. 이사회
- □ unveil v. 공개하다
- □ extensive adj. 대대적인, 광범위한
- □ prescription n. 처방
- □ pharmacy n. 약국
- □ jointly adv. 공동으로
- □ milestone n. 중요한 시점, 단계
- □ thereafter adv. 그 후에
- □ be welcome to phr. ~을 자유롭게 할 수 있다, 환영받다
- □ gala n. 경축 행사
- □ comprise v. ~으로 구성되다, 이뤄지다
- □ oversee v. 총괄하다, 감독하다
- □ plaque n. 명판, 상패
- □ undergo v. ~을 거치다, 겪다

지문 2
- □ tax-exempt adj. 면세의
- □ perishable adj. 부패성의, 잘 상하는
- □ over-the-counter adj. 일반의약품의, 처방전 없이 살 수 있는
- □ elastic adj. 탄성 있는; n. 고무 밴드

176

In the press release, the word "mark" in paragraph 1, line 1, is closest in meaning to

(A) register
(B) represent
(C) inscribe
(D) select

보도 자료에서, 1문단 첫 번째 줄의 단어 "mark"는 의미상 ~와 가장 가깝다.

(A) 등록하다
(B) 나타내다
(C) 새기다
(D) 선정하다

■ 동의어   정답 (B)

첫 번째 지문인 보도 자료의 mark를 포함하는 구절 'March 2nd will mark the 75th anniversary of the founding of Cutler & Morgan Pharmacy.'에서 mark가 '나타내다'라는 뜻으로 사용되었다. 따라서 '나타내다, 대표하다'라는 뜻을 가진 (B)가 정답이다.

177

What is most likely true about the Cutler & Morgan Pharmacy located on Hindhead Road?

(A) It was Mr. Gerard's former workplace.
(B) It is a recent addition to a chain.
(C) It will not maintain its original look.
(D) It will be the venue for a gala event.

Hindhead가에 위치한 Cutler & Morgan 약국에 대해 사실인 것 같은 것은?

(A) Mr. Gerard의 전 일터였다.
(B) 체인에 최근 추가된 매장이다.
(C) 기존의 모습을 유지하지 않을 것이다.
(D) 경축 행사의 장소가 될 것이다.

■ 추론 세부 정보   정답 (C)

질문의 핵심 어구인 the Cutler & Morgan Pharmacy located on Hindhead Road에 대해 추론하는 문제이므로 Hindhead가에 위치한 Cutler & Morgan 약국이 언급된 첫 번째 지문인 보도 자료에서 관련 내용을 확인한다. 보도 자료의 'Cutler & Morgan Pharmacy started off with a single shop located at 14 Hindhead Road'에서 Cutler & Morgan 약국은 Hindhead가 14번지에 위치한 한 상점으로 시작했다고 했고, 'the original location ~ which has been closed ~ to undergo extensive remodeling, will be reopened'에서 대대적인 개조를 거치기 위해 문을 닫았던 최초의 지점, 즉 Hindhead가에 위치한 약국이 재개장할 것이라고 했으므로 그것이 기존의 모습을 유지하지 않을 것임을 추론할 수 있다. 따라서 (C)가 정답이다.

바꾸어 표현하기
undergo extensive remodeling 대대적인 개조를 거치다 → not maintain its original look 기존의 모습을 유지하지 않다

어휘 maintain v. 유지하다 venue n. 장소

<table>
<tr><td>**178**
○○○○●
상</td><td>What information is NOT included on the receipt?

(A) The customer's payment method
(B) The pharmacy's return policy
(C) The store's operating hours
(D) The medicine's usage instructions</td><td>영수증에 포함되지 않은 정보는?

(A) 고객의 지불 방법
(B) 약국의 반품 규정
(C) 매장의 운영 시간
(D) 약품의 사용 지침</td></tr>
</table>

■ **Not/True** Not 문제　　　　　　　　　　　　　　　　　　　　　　　　　　　　　정답 (C)

영수증에 포함된 정보를 지문에서 찾아 각 보기와 대조하는 Not/True 문제이다. 이 문제는 질문에 핵심 어구가 없으므로 각 보기의 핵심 어구와 관련된 내용을 두 번째 지문인 영수증에서 찾아 대조한다. (A)는 'Cash Paid'에서 현금 지불액을 언급했으므로 지문에 포함된 내용이다. (B)는 'With this receipt, non-perishable, non-prescription items may be returned within 30 days if unopened.'에서 이 영수증이 있으면 비부패성, 비처방 품목은 개봉하지 않은 경우 30일 이내에 반품될 수 있다고 했으므로 지문에 포함된 내용이다. (C)는 지문에 언급되지 않은 내용이다. 따라서 (C)가 정답이다. (D)는 'Take one a day with food until gone.'에서 소진될 때까지 하루에 한 번 식사와 함께 복용하라고 했으므로 지문에 포함된 내용이다.

<table>
<tr><td>**179**
○○○○●
상</td><td>What can be inferred about Ms. Parkdale?

(A) She has an ongoing prescription.
(B) She attended an anniversary celebration.
(C) She was recently injured in an accident.
(D) She did not receive a complimentary item.</td><td>Ms. Parkdale에 대해 추론될 수 있는 것은?

(A) 계속 진행 중인 처방전이 있다.
(B) 기념일 행사에 참석했다.
(C) 최근 사고로 다쳤다.
(D) 무료 상품을 받지 못했다.</td></tr>
</table>

■ **추론** 연계 문제　　　　　　　　　　　　　　　　　　　　　　　　　　　　　정답 (D)

두 지문의 내용을 종합적으로 확인한 후 추론해서 풀어야 하는 연계 문제이다. 질문의 핵심 어구인 Ms. Parkdale이 언급된 영수증을 먼저 확인한다.

단서 1 두 번째 지문(영수증)의 'Cutler & Morgan Pharmacy', 'March 2', 'Customer: Janet Parkdale'에서 Ms. Parkdale이 3월 2일에 Cutler & Morgan 약국을 방문했으며, 'Over-the-Counter Total: $8.40'에서 일반의약품 총액이 8.40달러인 것을 확인할 수 있다. 그런데 3월 2일 Cutler & Morgan 약국에서의 구매에 대한 세부 사항이 제시되지 않았으므로 보도 자료에서 관련 내용을 확인한다.

단서 2 첫 번째 지문(보도 자료)의 'March 2nd will mark the 75th anniversary of the founding of Cutler & Morgan Pharmacy.'에서 3월 2일은 Cutler & Morgan 약국의 창립 75주년을 나타낼 것이라고 했고, 'For the entire day of the anniversary, all Cutler & Morgan Pharmacy locations will be giving away a gift to customers who make purchases of $10 or more, excluding prescription items.'에서 기념일 하루 내내, 즉 3월 2일 내내 모든 Cutler & Morgan 약국 지점들은 처방된 품목을 제외하고 10달러 이상 구매하는 고객들에게 선물을 증정할 것이라고 했다.

두 단서를 종합할 때, Ms. Parkdale은 창립 기념일인 3월 2일에 Cutler & Morgan 약국을 방문했지만, 처방된 품목을 제외한 일반의약품 구매 금액이 10달러 미만이므로 무료 상품을 받지 못했다는 사실을 추론할 수 있다. 따라서 (D)가 정답이다.

바꾸어 표현하기

gift 선물 → complimentary item 무료 상품

<table>
<tr><td>**180**
○○○○●
상</td><td>According to the receipt, why should customers visit a Web site?

(A) To get a voucher for a future discount
(B) To take part in a promotional competition
(C) To share their thoughts about a new branch
(D) To read about a company's 75-year history</td><td>영수증에 따르면, 고객들은 왜 웹사이트를 방문해야 하는가?

(A) 향후 할인을 위한 상품권을 얻기 위해
(B) 홍보용 대회에 참가하기 위해
(C) 새로운 지점에 대한 그들의 생각을 공유하기 위해
(D) 한 회사의 75년 역사에 대해 읽기 위해</td></tr>
</table>

■ **육하원칙** Why　　　　　　　　　　　　　　　　　　　　　　　　　　　　　정답 (A)

영수증에 따르면 고객들은 왜(why) 웹사이트를 방문해야 하는지를 묻는 육하원칙 문제이므로 두 번째 지문인 영수증에서 관련 내용을 확인한다. 영수증의 'Visit our Web site ~ to take our customer survey. You'll receive a coupon for 5% off your next purchase upon completion!'에서 웹사이트를 방문해서 고객 설문조사를 완료하면 다음 구매 시 5퍼센트 할인 쿠폰을 준다고 했으므로 (A)가 정답이다.

바꾸어 표현하기

receive a coupon for 5% off your next purchase 다음 구매 시 5퍼센트 할인 쿠폰을 받다
→ get a voucher for a future discount 향후 할인을 위한 상품권을 얻다

지문 1

Give the Gift of Good Food This Holiday Season

If you are struggling to come up with a thoughtful gift idea for a group, you may be in luck. Uptown Dining Group (UDG) is offering a special promotional deal on bulk gift card purchases—[183]for every 10 $25 cards you buy, you'll receive [181-A]a free $25 gift card to use at any UDG-operated dining establishment.

This offer is available from November 1 to December 12. [181-D]To purchase, call 555-9992, go to www. uptowndininggroup.com, or visit a participating restaurant. Please note that [185]orders made by telephone after 3 P.M. will be mailed out the following business day and that online purchases may take up to 72 hours to process.

이번 휴가철에 맛있는 음식을 선물하세요

만약 여러분이 단체를 위한 사려 깊은 선물 아이디어를 생각해내기 위해 고군분투하고 있다면, 여러분은 운이 좋을지도 모릅니다. Uptown Dining Group(UDG)사에서 대량 상품권 구매에 대한 특별 판촉 행사를 제공하고 있습니다. [183]당신이 25달러짜리 상품권을 10장 구매할 때마다, [181-A]UDG사가 운영하는 모든 식당에서 사용할 수 있는 25달러짜리 상품권 한 장을 무료로 받을 것입니다.

이 제안은 11월 1일부터 12월 12일까지 이용 가능합니다. [181-D]구매하려면, 555-9992로 전화하거나, 참여 레스토랑을 방문하세요. [185]오후 3시 이후에 전화로 주문하는 경우 다음 영업일에 우편으로 발송되며 온라인 구매는 처리하는 데 최대 72시간이 소요될 수 있는 점 참고 바랍니다.

지문 2

To: Marsha Tanner
From: Joseph Kowalewski
Subject: Holiday gifts
[185]Date: Wednesday, December 7

Hi, Ms. Tanner.

I was thinking about what to get my team this holiday and have decided that the best option is to buy everyone gift cards. I saw an advertisement for Uptown Dining Group, and it seems to be offering a reasonable deal. Plus, I did some research and found that [182]UDG operates multiple dining chains statewide, including Miller's Steak House and Vegan Garden. So, I'm sure there will be options available for everyone, regardless of any dietary restrictions or preferences.

Anyway, I've got 15 people on my team. [183]I'm planning to get 30 $25 cards and give my staff two each. [184]I just thought I'd let you know in case you opt to do the same for your team. My team and the production team work together pretty closely, so I think it would be best if everyone got the same number of cards.

[185]I plan to call UDG to place my order at about 4:30 this afternoon. If you think giving everyone gift cards is a good idea, let me know how many you need so that I can place a second order in your name.

Joseph Kowalewski

수신: Marsha Tanner
발신: Joseph Kowalewski
제목: 명절 선물
[185]날짜: 12월 7일 수요일

안녕하세요, Ms. Tanner.

저는 이번 명절에 저희 팀에게 무엇을 선물할지 생각하다가 모두에게 상품권을 사주는 것이 가장 좋은 방법이라고 결정했어요. Uptown Dining Group사의 광고를 봤는데, 합리적인 거래를 제시하는 것 같아요. 게다가, 저는 약간의 조사를 했고 [182]UDG사가 주 전역에 Miller's Steak House와 Vegan Garden을 포함한 여러 식당 체인점을 운영한다는 것을 발견했어요. 그래서, 저는 어떤 식단 제한이나 선호에 상관없이 모두가 이용할 수 있는 선택지가 있을 것이라고 확신해요.

어쨌든, 저희 팀에는 15명이 있어요. [183]30장의 25달러짜리 상품권을 사서 직원들에게 각각 두 장씩 줄 계획이에요. [184]당신 팀을 위해서도 같은 선택을 할 경우를 대비해서 알려 드려야겠다고 생각했어요. 저희 팀과 생산팀은 꽤 긴밀히 협력하니, 모두 같은 양의 상품권을 받는 것이 가장 좋을 것 같아요.

[185]저는 오늘 오후 4시 30분쯤에 UDG사에 전화해서 주문하려고 해요. 모두에게 상품권을 주는 것이 좋은 생각이라고 생각하신다면, 제가 당신의 이름으로 두 번째 주문을 할 수 있도록 몇 장이 필요한지 알려주세요.

Joseph Kowalewski 드림

지문 1　□ **thoughtful** adj. 사려 깊은, 배려심 있는　□ **be in luck** phr. 운이 좋은　□ **promotional** adj. 판촉의, 홍보용
　　　□ **bulk** n. 대량, 대규모　□ **mail out** phr. (우편물을) 발송하다　□ **business day** phr. 영업일
　　　□ **process** v. 처리하다; n. 절차

지문 2　□ **reasonable** adj. 합리적인, 적정한　□ **statewide** adv. 주 전역에, 주 전체의　□ **dietary** adj. 식단의, 식이 요법의
　　　□ **opt** v. 선택하다

What is mentioned about the gift cards?

(A) They are only valid at one restaurant.
(B) They can be exchanged for cash.
(C) They must be redeemed by a deadline.
(D) They are available for purchase online.

상품권에 대해 언급된 것은?

(A) 한 군데의 식당에서만 유효하다.
(B) 현금으로 교환될 수 있다.
(C) 기한일까지 교환되어야 한다.
(D) 온라인으로 구매할 수 있다.

■ **Not/True** True 문제   정답 (D)

질문의 핵심 어구인 gift cards와 관련된 내용을 지문에서 찾아 각 보기와 대조하는 Not/True 문제이므로 상품권이 언급된 첫 번째 지문인 광고에서 관련 내용을 확인한다. (A)는 'a free ~ gift card to use at any UDG-operated dining establishment'에서 UDG사가 운영하는 모든 식당에서 사용할 수 있는 무료 상품권이라고 했으므로 지문의 내용과 일치하지 않는다. (B)와 (C)는 지문에 언급되지 않은 내용이다. (D)는 'To purchase, ~ go to www.uptowndininggroup.com'에서 구매하려면 웹사이트에 접속하라고 했으므로 지문의 내용과 일치한다. 따라서 (D)가 정답이다.

어휘   **valid** adj. 유효한   **redeem** v. 교환하다, 상환하다, 만회하다

Why did Mr. Kowalewski choose UDG's gift cards as a gift?

(A) It recently acquired a vegan eatery.
(B) It was the only option available on a Web site.
(C) It runs various types of restaurants.
(D) It has locations next to an office building.

Mr. Kowalewski는 왜 선물로 UDG사의 상품권을 선택했는가?

(A) 최근에 채식 음식점을 인수했다.
(B) 웹사이트에서 이용 가능한 유일한 선택지였다.
(C) 다양한 종류의 식당을 운영한다.
(D) 사무실 건물 옆에 지점이 있다.

■ **육하원칙** Why   정답 (C)

Mr. Kowalewski가 왜(Why) 선물로 UDG사의 상품권을 선택했는지를 묻는 육하원칙 문제이므로 질문의 핵심 어구인 Mr. Kowalewski choose UDG's gift cards와 관련된 내용이 언급된 두 번째 지문인 회람을 확인한다. 회람의 'UDG operates multiple dining chains ~ including Miller's Steak House and Vegan Garden. So, I'm sure there will be options available for everyone, regardless of any dietary restrictions or preferences.'에서 UDG사가 Miller's Steak House와 Vegan Garden을 포함한 여러 식당 체인점을 운영하기 때문에 어떤 식단 제한이나 선호에 상관없이 모두가 이용할 수 있는 선택지가 있을 것이라고 확신한다고 했으므로 (C)가 정답이다.

어휘   **acquire** v. 인수하다, 습득하다   **vegan** adj. 채식의; n. 채식주의자   **eatery** n. 음식점, 식당

How many free gift cards does Mr. Kowalewski's current order qualify for?

(A) 1
(B) 2
(C) 3
(D) 4

Mr. Kowalewski의 현재 주문은 몇 장의 무료 상품권을 받을 자격이 있는가?

(A) 1장
(B) 2장
(C) 3장
(D) 4장

■ **육하원칙** 연계 문제   정답 (C)

두 지문의 내용을 종합해서 풀어야 하는 연계 문제이다. 질문의 핵심 어구인 free gift cards ~ Mr. Kowalewski's current order qualify for에서 Mr. Kowalewski의 현재 주문이 몇 장(How many)의 무료 상품권을 받을 자격이 있는지를 묻고 있으므로 Mr. Kowalewski가 작성한 회람을 먼저 확인한다.

단서 1 두 번째 지문(회람)의 'I'm planning to get 30 $25 cards'에서 자신, 즉 Mr. Kowalewski는 30장의 25달러짜리 상품권을 살 계획이라고 했다. 그런데 Mr. Kowalewski의 주문이 몇 장의 무료 상품권을 받을 자격이 있는지는 제시되지 않았으므로 광고에서 관련 내용을 확인한다.

단서 2 첫 번째 지문(광고)의 'for every 10 $25 cards you buy, you'll receive a free $25 gift card'에서 25달러짜리 상품권을 10장 구매할 때마다 25달러짜리 상품권 한 장을 무료로 받을 것이라고 했다.

두 단서를 종합할 때, Mr. Kowalewski의 현재 주문은 25달러짜리 상품권 30장이므로 무료 상품권 3장을 받을 자격이 있다는 사실을 알 수 있다. 따라서 (C)가 정답이다.

What is indicated about Ms. Tanner?

(A) She has seen an advertisement for UDG.
(B) She has fewer than 15 members of staff.
(C) She spoke with Mr. Kowalewski about holiday gifts.
(D) She belongs to the production team.

Ms. Tanner에 대해 암시된 것은?

(A) UDG사의 광고를 봤다.
(B) 15명보다 적은 직원이 있다.
(C) 명절 선물에 대해 Mr. Kowalewski와 이야기했다.
(D) 생산팀 소속이다.

■ 추론 세부 정보 　　　　　　　　　　　　　　　　　　　　　　　　　　　　　　　정답 (D)

질문의 핵심 어구인 Ms. Tanner에 대해 추론하는 문제이므로 Ms. Tanner에게 보내진 두 번째 지문인 회람에서 관련 내용을 확인한다. 'I just thought I'd let you[Ms. Tanner] know in case you opt to do the same for your team. My team and the production team work together pretty closely'에서 당신, 즉 Ms. Tanner의 팀을 위해서도 같은 선택을 할 경우를 대비해서 알려줘야겠다고 생각했다며, 자신의 팀과 생산팀은 꽤 긴밀히 협력한다고 했으므로 Ms. Tanner가 생산팀 소속임을 추론할 수 있다. 따라서 (D)가 정답이다.

What can be inferred about Mr. Kowalewski's order?

(A) It will be mailed on a Thursday.
(B) It will include Ms. Tanner's items.
(C) It will be paid for with a check.
(D) It will take up to three days to process.

Mr. Kowalewski의 주문에 대해 추론될 수 있는 것은?

(A) 목요일에 발송될 것이다.
(B) Ms. Tanner의 품목들을 포함할 것이다.
(C) 수표로 비용이 지불될 것이다.
(D) 처리하는 데 최대 3일이 소요될 것이다.

■ 추론 연계 문제 　　　　　　　　　　　　　　　　　　　　　　　　　　　　　　　정답 (A)

두 지문의 내용을 종합적으로 확인한 후 추론해서 풀어야 하는 연계 문제이다. 질문의 핵심 어구인 Mr. Kowalewski's order와 관련된 내용이 언급된 회람을 먼저 확인한다.

단서 1 두 번째 지문(회람)의 'Date: Wednesday, December 7'에서 회람이 12월 7일 수요일에 작성되었다고 했고, 'I plan to call UDG to place my order at about 4:30 this afternoon.'에서 오늘 오후 4시 30분쯤에 UDG사에 전화해서 주문할 것이라고 했다. 그런데 전화 주문에 대한 세부 사항이 제시되지 않았으므로 광고에서 관련 내용을 확인한다.

단서 2 첫 번째 지문(광고)의 'orders made by telephone after 3 P.M. will be mailed out the following business day'에서 오후 3시 이후에 전화로 주문하는 경우 다음 영업일에 우편으로 발송된다고 했다.

두 단서를 종합할 때, Mr. Kowalewski는 수요일 오후 4시 30분쯤에 전화로 주문할 것이므로 Mr. Kowalewski의 주문이 다음 영업일인 목요일에 발송될 것이라는 사실을 추론할 수 있다. 따라서 (A)가 정답이다.

어휘　check n. 수표

Questions 186-190 refer to the following information, e-mail, and advertisement.

186-190은 다음 안내문, 이메일, 광고에 관한 문제입니다.

지문 1

Bluth Holdings Employee Handbook

Leaves of Absence

[186-A]Employees must submit a formal leave request for planned absences lasting for half a day or longer. Use the paper form available in the human resources department.

[187]The requesting staff member's supervisor must record approval on the form before leave is taken.

Complete the form as early as possible. [186-D]For a leave of more than two weeks, submit requests four weeks in advance. This allows arrangements to be made in a staff member's absence. [186-B]Staff are strongly advised against committing to financial expenditures for flights, holidays, and similar activities until a leave request has been approved.

Staff are permitted to take leave whenever they desire, unless there is a business reason that renders the taking of leave inappropriate at a particular time. [187]If a request is refused, the employee has the right to request that their supervisor provide a written account detailing any reasons for the refusal.

Bluth Holdings사 직원 안내서

휴가

186-A직원들은 반일 또는 그 이상 지속하는 계획된 결근에 대해 정식 휴가 신청서를 제출해야 합니다. 인사부에서 구할 수 있는 서류 양식을 사용하십시오.

187신청한 직원의 관리자는 휴가 이전 양식에 승인을 기록해야 합니다.

가능한 한 빨리 양식을 작성하십시오. 186-D2주 이상의 휴가를 위해서는, 4주 전에 신청서를 제출하십시오. 이는 직원이 부재 중일 때 조치가 취해질 수 있게 합니다. 186-B직원들은 휴가 신청이 승인될 때까지 항공편, 휴가, 그리고 이와 유사한 활동에 대한 금전적 지출을 진행하지 않도록 강력히 권고됩니다.

직원들은 특정한 시기에 휴가를 부적절하게 만드는 업무상의 이유가 없는 한, 원하는 언제든지 휴가를 사용할 수 있습니다. 187신청이 반려될 경우, 직원은 관리자에게 반려 사유를 상세히 기술한 서면 설명을 제공하도록 요청할 권리가 있습니다.

지문 2

To: Lilian Douglas <l.douglas@bluth.com>
From: Farah Weismann <f.weismann@bluth.com>
Date: February 11
Subject: Your request

Hi Lilian,

This e-mail pertains to [188]your application for leave from 8 A.M. to 12 P.M. on February 15, to attend ACLC's seminar. Unfortunately, [187]I could not approve the leave, as I indicated on your request form. While the request was valid and submitted at a reasonable time, [187]your presence is needed on the same day at an important meeting called by one of our major clients. We apologize for the late notice, but the scheduling of the meeting was only recently announced. Please expect more details about this shortly. Thank you for understanding.

Regards,

Farah Weismann

수신: Lilian Douglas <l.douglas@bluth.com>
발신: Farah Weismann <f.weismann@bluth.com>
날짜: 2월 11일
제목: 당신의 신청

안녕하세요 Lilian,

이 이메일은 188ACLC의 세미나에 참석하기 위한, 당신의 2월 15일 오전 8시부터 오후 12시까지 휴가 신청과 관련된 것입니다. 유감스럽게도, 187저는 당신의 신청서에 표시한 바와 같이, 이 휴가를 승인할 수 없었습니다. 신청은 유효했고 적절한 시간에 제출되었으나, 187같은 날 우리의 주요 고객 중 한 명이 소집한 중요한 회의에 당신의 출석이 필요합니다. 늦은 통지에 대해 사과드립니다만, 회의 일정이 최근에야 발표되었습니다. 이에 대한 더 자세한 사항은 곧 알려드리겠습니다. 이해해 주셔서 감사합니다.

Farah Weismann 드림

지문 3

ACLC
Anderson Corporate Law Center
2236 10th St., Indianapolis, IN 46201

Winter Seminar Series

[189]ACLC is back to resume its winter seminar series. Once again, two seminars will be held per month in January and February, with each one divided into morning and afternoon

ACLC
Anderson 기업 법률 센터
10번가 2236번지, 인디애나폴리스, 인디애나주 46201

겨울 세미나 시리즈
189ACLC에서 다시 겨울 세미나 시리즈를 재개합니다. 다시 한번, 월 두 차례의 세미나가 1월과 2월에 개최되며, 각각 오전과 오후 세션으로 나뉩니다. 비용은 단일 세션은 85달

sessions. Costs are $85 for single sessions and $150 for two or more. Group bookings are welcome. To register, call 555-9534.

Dates: January 18, February 8

MORNING

Contract Law with Mr. James Shepard

A practical guide to contract law
• Drafting a legally binding contract
• Consequences of a breach of contract
• Ending a contract

AFTERNOON

[190]Buying a Business with Ms. Elizabeth Lee

An overview of the relevant legal issues
• Performing due diligence
• Bargaining strategies
• Structuring payments

Dates: January 25, [188]February 15

MORNING

Joint Ventures with Ms. Tammy Nguyen

Establishing and working with joint ventures
• Shareholder agreements
• Limited partnerships
• Shareholder disputes

AFTERNOON

Raising Capital with Mr. Jorge Colon

Legal implications of capital raising
• Private placement and equity
• Venture capital
• Public share offers

러리고 두 개 이상의 세션은 150달러입니다. 단체 예약 환영합니다. 등록하려면 555-9534로 전화하세요.

날짜: 1월 18일, 2월 8일

오전

Mr. James Shepard의 계약법

계약법에 대한 실용적인 가이드
• 법적 구속력이 있는 계약서 작성
• 계약 위반의 결과
• 계약 해지

오후

[190]Ms. Elizabeth Lee의 사업 인수

관련 법률 사안의 개요
• 기업실사 수행
• 협상 전략
• 지불 구조화

날짜: 1월 25일, [188]2월 15일

오전

Ms. Tammy Nguyen의 합작 투자 회사

합작 투자 회사 설립 및 협력
• 주주 계약
• 유한책임회사
• 주주 분쟁

오후

Mr. Jorge Colon의 자금 조달

자금 조달의 법적 영향
• 사모투자 및 펀드
• 벤처 자본
• 공모주 발행

지문 1   □ last v. 지속하다; adj. 마지막   □ human resources phr. 인사   □ approval n. 승인
        □ expenditure n. 지출   □ render v. 만들다, 제공하다   □ account n. 설명, 기록
        □ detail v. 상세히 기술하다; n. 세부 사항

지문 2   □ pertain to phr. ~과 관련되다   □ valid adj. 유효한   □ reasonable adj. 적절한, 합리적인
        □ notice n. 통지, 통보

지문 3   □ resume v. 재개하다   □ contract n. 계약, 계약서   □ draft v. 작성하다; n. 원고, 초안
        □ legally binding phr. 법적 구속력이 있는   □ consequence n. 결과   □ breach n. 위반
        □ overview n. 개요   □ relevant adj. 관련 있는, 적절한   □ due diligence phr. 기업실사
        □ structure v. 구조화하다; n. 구조   □ joint venture phr. 합작 투자 회사   □ shareholder n. 주주
        □ limited partnership phr. 유한책임회사, 합자 회사   □ dispute n. 분쟁; v. 항의하다
        □ private placement phr. 사모투자   □ private equity phr. 사모펀드   □ public share phr. 공모주

186

What are Bluth Holdings employees NOT asked to do?

(A) Use an official document to make leave requests
(B) Forego reservations for unapproved trips
(C) Arrange for a coworker to cover their duties
(D) Allow ample time for some requests

Bluth Holdings사 직원들이 하도록 요구되지 않는 것은?

(A) 공식 문서를 사용하여 휴가를 요청한다
(B) 승인되지 않은 여행을 위한 예약을 포기한다
(C) 동료가 업무를 대신하도록 준비한다
(D) 일부 신청에 대해 충분한 시간을 둔다

■ **Not/True** Not 문제

정답 (C)

질문의 핵심 어구인 Bluth Holdings employees와 관련된 내용을 지문에서 찾아 각 보기와 대조하는 Not/True 문제이므로 Bluth Holdings사 직원들과 관련된 내용이 언급된 첫 번째 지문인 안내문을 확인한다. (A)는 'Employees must submit a formal leave request ~. Use the paper form available in the human resources department.'에서 직원들은 정식 휴가 신청서를 제출해야 하며 인사부에서 구할 수 있는 서류 양식을 사용하라고 했으므로 지문의 내용과 일치한다. (B)는 'Staff are strongly advised against committing to financial expenditures for flights, holidays, and similar activities until a leave request has been approved.'에서 직원들은 휴가 신청이 승인될 때까지 항공편, 휴가, 그리고 이와 유사한 활동에 대한 금전적 지출을 진행하지 않도록 강력히 권고된다고 했으므로 지문의 내용과 일치한다. (C)는 지문에 언급되지 않은 내용이다. 따라서 (C)가 정답이다. (D)는 'For a leave of more than two weeks, submit requests four weeks in advance.'에서 2주 이상의 휴가를 위해서는 4주 전에 신청서를 제출하라고 했으므로 지문의 내용과 일치한다.

어휘 **forego** v. 포기하다, 앞서 가다 **cover** v. 대신하다 **ample** adj. 충분한

187

Who most likely is Ms. Weismann?

(A) A major client
(B) An employee supervisor
(C) A corporate trainer
(D) A head of accounting

Ms. Weismann은 누구인 것 같은가?

(A) 주요 고객
(B) 직원 관리자
(C) 기업 교육자
(D) 회계부장

■ **추론** 연계 문제

정답 (B)

세 지문 중 두 지문의 내용을 종합적으로 확인한 후 추론해서 풀어야 하는 연계 문제이다. 질문의 핵심 어구인 Ms. Weismann이 작성한 이메일을 먼저 확인한다.

단서 1 두 번째 지문(이메일)의 'I could not approve the leave, as I indicated on your request form'에서 Ms. Weismann이 당신, 즉 Ms. Douglas의 신청서에 표시한 바와 같이 휴가를 승인할 수 없었다고 했고, 'your presence is needed on the same day at an important meeting'에서 같은 날 중요한 회의에 Ms. Douglas의 출석이 필요하다며 휴가를 승인할 수 없었던 이유를 설명했다. 그런데 Ms. Weismann이 누구인지는 제시되지 않았으므로 안내문에서 관련 내용을 확인한다.

단서 2 첫 번째 지문(안내문)의 'The requesting staff member's supervisor must record approval on the form'에서 신청한 직원의 관리자가 양식에 승인을 기록해야 한다고 했고, 'If a request is refused, the employee has the right to request that their supervisor provide a written account detailing any reasons for the refusal.'에서 신청이 반려될 경우 직원은 관리자에게 반려 사유를 상세히 기술한 서면 설명을 제공하도록 요청할 권리가 있다는 사실을 확인할 수 있다.

두 단서를 종합할 때, Ms. Weismann이 Ms. Douglas의 휴가 신청서를 승인하지 않았고 반려한 사유에 대한 서면 설명을 제공했으므로 Ms. Douglas의 관리자라는 사실을 추론할 수 있다. 따라서 (B)가 정답이다.

188

Which seminar was Ms. Douglas most likely planning to attend?

(A) Contract Law
(B) Buying a Business
(C) Joint Ventures
(D) Raising Capital

Ms. Douglas는 어떤 세미나에 참석할 계획이었던 것 같은가?

(A) 계약법
(B) 사업 인수
(C) 합작 투자
(D) 자금 조달

■ 추론 연계 문제   정답 (C)

세 지문 중 두 지문의 내용을 종합적으로 확인한 후 추론해서 풀어야 하는 연계 문제이다. 질문의 핵심 어구인 Ms. Douglas에게 보내진 이메일을 먼저 확인한다.

[단서 1] 두 번째 지문(이메일)의 'your application for leave from 8 A.M. to 12 P.M. on February 15, to attend ACLC's seminar'에서 당신, 즉 Ms. Douglas가 ACLC의 세미나에 참석하기 위해 2월 15일 오전 8시부터 오후 12시까지 휴가를 신청했다는 것을 확인할 수 있다. 그런데 2월 15일 오전 8시부터 오후 12시까지 열리는 세미나가 어떤 것인지 제시되지 않았으므로 광고에서 관련 내용을 확인한다.

[단서 2] 세 번째 지문(광고)의 'February 15, MORNING, Joint Ventures'에서 2월 15일 오전에 합작 투자 세미나가 열린다는 사실을 확인할 수 있다.

두 단서를 종합할 때, Ms. Douglas는 2월 15일 오전에 열리는 합작 투자 세미나에 참석할 계획이었다는 사실을 추론할 수 있다. 따라서 (C)가 정답이다.

189

What is indicated about ACLC?

(A) It plans to hold four seminars a week.
(B) It regularly provides training for Bluth Holdings.
(C) It can send instructors to a company's location.
(D) It has held a series of seminars previously.

ACLC에 대해 암시되는 것은?

(A) 일주일에 4회의 세미나를 개최할 예정이다.
(B) Bluth Holdings사를 위해 정기적으로 교육을 제공한다.
(C) 회사의 위치로 강사들을 보낼 수 있다.
(D) 이전에 세미나 시리즈를 개최했었다.

■ 추론 세부 정보   정답 (D)

질문의 핵심 어구인 ACLC에 대해 추론하는 문제이므로 ACLC가 언급된 세 번째 지문인 광고에서 관련 내용을 확인한다. 광고의 'ACLC is back to resume its winter seminar series. Once again, two seminars will be held'에서 ACLC에서 다시 겨울 세미나 시리즈를 재개한다며 다시 한번 월 두 차례의 세미나가 개최된다고 하였으므로 ACLC가 이전에 세미나 시리즈를 개최한 적이 있다는 사실을 추론할 수 있다. 따라서 (D)가 정답이다.

190

What will participants in Ms. Lee's course learn about?

(A) Acquiring the rights to a business
(B) Settling disputes between partners
(C) Writing employment contracts
(D) Finding money for projects

Ms. Lee의 수업 참가자들은 무엇에 대해 배울 것인가?

(A) 사업에 대한 권리를 획득하는 것
(B) 파트너들 간 분쟁을 중재하는 것
(C) 고용 계약서를 작성하는 것
(D) 프로젝트를 위한 돈을 구하는 것

■ 육하원칙 What   정답 (A)

질문의 핵심 어구인 participants in Ms. Lee's course learn about에서 Ms. Lee의 수업 참가자들이 무엇(What)에 대해 배울지를 묻고 있으므로 Ms. Lee가 언급된 세 번째 지문인 광고를 확인한다. 광고의 'Buying a Business with Ms. Elizabeth Lee'에서 Ms. Lee가 사업 인수 세미나를 열 것이라고 했으므로 (A)가 정답이다.

바꾸어 표현하기
Buying a Business 사업 인수 → Acquiring the rights to a business 사업에 대한 권리를 획득하는 것

Questions 191-195 refer to the following memo, schedule, and e-mail.   191-195는 다음 회람, 일정표, 이메일에 관한 문제입니다.

Vera Advertising

MEMO

To: All staff
From: Joseph Tran, Human resources director
Subject: Staff retreat
Date: August 1

I'd like to remind everyone that our annual staff retreat is coming up. [191]This will take place from August 20 to 22 at the River Ranch Resort in Holbrook, which is a three-hour drive away. The company has rented a bus that leaves Phoenix at 8 A.M. on the 20th. [191]For those of you who cannot make it at that time, Michelle Salazar will pick you up at around 2 P.M. Please contact her to make arrangements.

We've planned several activities for this outing, and copies of the agenda have been circulated among the departments. We will be giving everyone the day off on the Monday right after the retreat. If you have any questions, feel free to call me at extension 39.

Vera 광고대행사

회람

수신: 전 직원
발신: Joseph Tran, 인사부장
제목: 직원 야유회
날짜: 8월 1일

여러분 모두에게 우리의 연례 직원 야유회가 다가오고 있다는 것을 다시 한번 알리고자 합니다. [191]이것은 홀브룩의 River Ranch 리조트에서 8월 20일부터 22일까지 열릴 것이며, 이곳은 차로 세 시간 떨어진 거리에 있습니다. 회사는 20일 오전 8시에 피닉스에서 출발하는 버스를 빌렸습니다. [191]그 시간에 맞춰 갈 수 없는 사람들을 위해, Michelle Salazar가 오후 2시쯤에 여러분을 태우러 갈 것입니다. 일정을 잡으려면 그녀에게 연락을 해주십시오.

저희는 이 야유회를 위해 몇 가지 활동을 계획했고, 부서 간에 예정표 사본이 배부되었습니다. 저희는 모두에게 야유회 바로 다음 날인 월요일에 휴가를 드릴 것입니다. 만약 질문이 있으시다면, 주저 말고 제게 내선 39번으로 전화해 주십시오.

Vera Advertising Annual Staff Retreat
River Ranch, Holbrook, AZ

Friday, [191]August 20
11:00 A.M.	Arrive at River Ranch
12:00 P.M.	Lunch
[191]2:00 P.M.	[191/193]Leisure activity: Horseback riding with a guide
5:00 P.M.	Team building: Improving communication skills
6:00 P.M.	Team building: Creative problem solving
7:00 P.M.	Dinner

Saturday, August 21
8:00 A.M.	Breakfast
10:00 A.M.	Seminar: Embracing innovation
12:00 P.M.	Lunch
2:00 P.M.	[193]Leisure activity: Guided whitewater rafting
7:00 P.M.	Dinner
8:30 P.M.	Staff meeting: Outlook for the next quarter

Sunday, [195]August 22
8:00 A.M.	[195]Breakfast
9:00 A.M.	Closing remarks from CEO Kent Vera
10:00 A.M.	Group photo
10:30 A.M.	Depart for Phoenix

Note:
[195]All meals will be served in the lunch room located in the main building. All outdoor leisure activities are subject to change depending on the weather.

Vera 광고대행사 연례 직원 야유회
River Ranch, 홀브룩, 애리조나 주

[191]8월 20일 금요일
오전 11시	River Ranch 도착
오후 12시	점심 식사
[191]오후 2시	[191/193]여가 활동: 가이드와 함께 하는 승마
오후 5시	팀워크 활동: 커뮤니케이션 기술 향상시키기
오후 6시	팀워크 활동: 창의적으로 문제 해결하기
오후 7시	저녁 식사

8월 21일 토요일
오전 8시	아침 식사
오전 10시	세미나: 혁신을 수용하기
오후 12시	점심 식사
오후 2시	[193]여가 활동: 가이드가 인솔하는 급류 래프팅
오후 7시	저녁 식사
오후 8시 30분	직원 회의: 다음 분기 전망

[195]8월 22일 일요일
오전 8시	[195]아침 식사
오전 9시	최고 경영자 Kent Vera의 폐회사
오전 10시	단체 사진 촬영
오전 10시 30분	피닉스로 출발

알림:
[195]모든 식사는 본관에 위치한 구내식당에서 제공될 것입니다. 모든 야외 여가 활동은 날씨에 따라 변경될 수 있습니다.

To: Joseph Tran <j.tran@veraadvertising.com>
From: Steven Oliver <s.oliver@holbrookriverranch.com>
Subject: Re: requests
Date: August 12

Hi Joseph,

I'm writing this e-mail to let you know that I carried out all of the requests in your last message. [194-B]As you asked, we booked three double rooms for Vera's top management, and nine other standard rooms for the staff. [194-A]We have also made sure that vegetarian and gluten-free menu options are available in addition to our regular ones. Finally, [194-D]I asked the kitchen staff to keep the lunch room stocked with hot and cold beverages, as well as light refreshments, throughout each day of the retreat. There is one issue you should be aware of, though. [195]The main building will be closed for repainting on Sunday, August 22. So, I recommend that you use the annex for your activities on that day instead. If there is anything more I can do at this time, please let me know. Thank you!

Steven Oliver

수신: Joseph Tran <j.tran@veraadvertising.com>
발신: Steven Oliver
　　　<s.oliver@holbrookriverranch.com>
제목: 회신: 요청
날짜: 8월 12일

안녕하세요 Joseph,

저는 귀하의 지난 메시지에 있는 모든 요청을 완료했다는 것을 알려드리기 위해 이 이메일을 씁니다. [194-B]요청하신 대로, 저희는 Vera사의 최고 경영진들을 위한 세 개의 2인실과 직원들을 위한 아홉 개의 나머지 일반실을 예약했습니다. [194-A]저희는 또한 기본 메뉴에 더하여 채식과 글루텐을 함유하지 않은 메뉴 옵션이 가능함을 확인했습니다. 마지막으로, [194-D]저는 주방 직원들에게 야유회 동안 매일 하루 종일 구내식당에 가벼운 다과뿐만 아니라 따뜻한 음료와 찬 음료를 갖추어 놓도록 요청했습니다. 그런데 귀하께서 아셔야 할 문제가 하나 있습니다. [195]본관은 8월 22일 일요일에 페인트칠을 다시 하기 위해 문을 닫을 것입니다. 그러므로, 그날 귀하의 활동들을 위해 대신 별관을 이용하시기를 제안합니다. 만약 제가 지금 더 할 수 있는 것이 있다면, 제게 알려주시기 바랍니다. 감사합니다!

Steven Oliver 드림

지문 1
☐ **retreat** n. 야유회; v. 후퇴하다
☐ **pick up** phr. ~를 태우러 가다, ~을 가지러 가다
☐ **day off** phr. 휴가, 휴일

☐ **take place** phr. 열리다, 일어나다
☐ **outing** n. 야유회, 여행
☐ **extension** n. 내선, 확대

☐ **make it** phr. 시간 맞춰 가다, 참석하다
☐ **agenda** n. 예정표, 의제

지문 2
☐ **leisure** n. 여가, 한가한 시간
☐ **innovation** n. 혁신, 쇄신
☐ **remark** n. 발언, 언급; v. 언급하다

☐ **horseback riding** phr. 승마
☐ **whitewater rafting** phr. 급류 래프팅
☐ **serve** v. 제공하다, 접대하다

☐ **embrace** v. 수용하다, 기꺼이 받아들이다
☐ **outlook** n. 전망, 관점
☐ **be subject to** phr. ~될 수 있다, 영향을 받다

지문 3
☐ **carry out** phr. 완료하다, 수행하다
☐ **make sure** phr. 확인하다, 확실히 하다
☐ **stock** v. 갖추다, 들여놓다; n. 재고품

☐ **management** n. 경영진, 경영
☐ **vegetarian** adj. 채식의; n. 채식주의자
☐ **refreshment** n. 다과, 가벼운 식사

☐ **standard** adj. 일반적인, 보통의
☐ **gluten-free** adj. 글루텐을 함유하지 않은
☐ **annex** n. 별관, 부속 건물

What can be inferred about Ms. Salazar?

(A) She volunteered to bring her own vehicle.
(B) She will not participate in horseback riding.
(C) She will be reimbursed for the cost of her accommodations.
(D) She is in charge of arranging a staff meeting.

Ms. Salazar에 대해 추론될 수 있는 것은?

(A) 자신의 차량을 가져오겠다고 자원했다.
(B) 승마에 참여하지 못할 것이다.
(C) 그녀의 숙박비를 상환받을 것이다.
(D) 직원 회의 준비를 담당한다.

■ **추론** 연계 문제　　　　　　　　　　　　　　　　　　　　　　　　　　　　　　　　　　　　　정답 (B)

세 지문 중 두 지문의 내용을 종합적으로 확인한 후 추론해서 풀어야 하는 연계 문제이다. 질문의 핵심 어구인 Ms. Salazar가 언급된 회람을 먼저 확인한다.

[단서 1] 첫 번째 지문(회람)의 'This will take place ~ at the River Ranch Resort in Holbrook, which is a three-hour drive away.', 'For those of you who cannot make it at that time, Michelle Salazar will pick you up at around 2 p.m.'에서 이것, 즉 야유회는 차로 세 시간 떨어진 거리에 있는 홀브룩의 River Ranch 리조트에서 열릴 것이며 그 시간, 즉 20일 오전 8시에 맞춰 갈 수 없는 사람들을 위해 Ms. Salazar가 오후 2시쯤에 직원들을 태우러 갈 것이라고 했다. 그런데 Ms. Salazar가 오후 2시쯤에 야유회 장소로 출발할 경우 야유회 참석에 어떤 영향을 받을지 제시되지 않았으므로 일정표에서 관련 내용을 확인한다.

[단서 2] 두 번째 지문(일정표)의 'August 20', '2:00 p.m.', 'Leisure activity: Horseback riding with a guide'에서 8월 20일 오후 2시에 여가 활동으로 가이드와 함께 하는 승마가 있을 것임을 확인할 수 있다.

두 단서를 종합할 때, Ms. Salazar는 20일 오후 2시에 있을 승마에 참여하지 못할 것이라는 사실을 추론할 수 있다. 따라서 (B)가 정답이다. (A)는 Ms. Salazar가 직원들을 태우러 갈 것이라고는 했지만 그녀의 차량으로 태우러 가겠다고 자원했는지는 알 수 없으므로 답이 될 수 없다.

어휘　volunteer v. 자원하다, 자진하다　reimburse v. 상환하다, 갚다　accommodation n. 숙박 시설, 숙소　in charge of phr. 담당해서, ~을 맡아서

192

In the memo, the word "circulated" in paragraph 2, line 1, is closest in meaning to

(A) distributed
(B) revolved
(C) transferred
(D) exhibited

회람에서, 2문단 첫 번째 줄의 단어 "circulated"는 의미상 ~와 가장 가깝다.

(A) 배부되다
(B) 회전되다
(C) 옮겨지다
(D) 전시되다

■ **동의어**　　　　　　　　　　　　　　　　　　　　　　　　　　　　　　　　　　　　　　　정답 (A)

첫 번째 지문인 회람의 circulated를 포함하고 있는 구절 'We've planned several activities for this outing, and copies of the agenda have been circulated among the departments.'에서 circulated가 '배부되다'라는 뜻으로 사용되었다. 따라서 '배부되다'라는 뜻을 가진 (A)가 정답이다.

193

What will occur twice during the staff retreat?

(A) A photo shoot
(B) A speech by an executive
(C) A communication skills workshop
(D) A guided leisure activity

직원 야유회에서 무슨 일이 두 번 일어날 것인가?

(A) 사진 촬영
(B) 임원의 연설
(C) 커뮤니케이션 기술 워크숍
(D) 가이드가 인솔하는 여가 활동

■ **육하원칙 What**　　　　　　　　　　　　　　　　　　　　　　　　　　　　　　　　　　　정답 (D)

직원 야유회에서 무슨(What) 일이 두 번 일어날 것인지를 묻는 육하원칙 문제이므로 야유회의 행사 일정이 나열된 두 번째 지문인 일정표를 확인한다. 일정표의 'Leisure activity: Horseback riding with a guide', 'Leisure activity: Guided whitewater rafting'에서 여가 활동으로 가이드와 함께 하는 승마와 가이드가 인솔하는 급류 래프팅이 있다고 했으므로 (D)가 정답이다.

어휘　photo shoot phr. 사진 촬영　executive n. 임원, 경영진

194

According to the e-mail, what has NOT been requested by Mr. Tran?

(A) Preparing meals to satisfy different preferences
(B) Arranging specific rooms for staff members
(C) Furnishing an annex with tables and chairs
(D) Stocking refreshments throughout the day

이메일에 따르면, Mr. Tran에 의해 요청되지 않은 것은?

(A) 여러 가지 선호 사항을 만족시키는 식사를 준비하는 것
(B) 직원들을 위한 특정한 방을 마련하는 것
(C) 별관에 테이블과 의자를 비치하는 것
(D) 하루 온종일 다과를 갖추어 놓는 것

■ **Not/True** Not 문제　　　　　　　　　　　　　　　　　　　　　　　　　　정답 (C)

질문의 핵심 어구인 requested by Mr. Tran과 관련된 내용을 지문에서 찾아 각 보기와 대조하는 Not/True 문제이므로 Mr. Tran에게 보내진 세 번째 지문인 이메일에서 관련 내용을 확인한다. (A)는 'We have also made sure that vegetarian and gluten-free menu options are available in addition to our regular ones.'에서 채식과 글루텐을 함유하지 않은 메뉴 옵션이 기본 메뉴에 더하여 가능하다는 것을 확인했다고 했으므로 지문의 내용과 일치한다. (B)는 'As you asked, we booked three double rooms for Vera's top management, and nine other standard rooms for the staff.'에서 Mr. Tran이 요청한 대로 Vera사의 최고 경영진들을 위한 세 개의 2인실과 직원들을 위한 아홉 개의 일반실을 예약했다고 했으므로 지문의 내용과 일치한다. (C)는 지문에 언급되지 않은 내용이다. 따라서 (C)가 정답이다. (D)는 'I asked the kitchen staff to keep the lunch room stocked with hot and cold beverages, as well as light refreshments, throughout each day of the retreat'에서 주방 직원들에게 야유회 동안 매일 하루 종일 구내식당에 가벼운 다과뿐만 아니라 따뜻한 음료와 찬 음료를 갖추어 놓도록 요청했다고 했으므로 지문의 내용과 일치한다.

바꾸어 표현하기

vegetarian and gluten-free options 채식과 글루텐을 함유하지 않은 옵션 → different preferences 여러 가지 선호 사항
booked 예약했다 → Arranging 마련하는 것

어휘　satisfy v. 만족시키다, 충족시키다　specific adj. 특정한, 구체적인　furnish v. 비치하다, 갖추다

195

What does Mr. Oliver suggest that Mr. Tran do?

(A) Finish a corporate event earlier than scheduled
(B) Confirm reservations for a particular activity
(C) Have breakfast at another location
(D) Make arrangements for additional transportation

Mr. Oliver는 Mr. Tran이 무엇을 하는 것을 제안하는가?

(A) 회사 행사를 예정보다 일찍 끝낸다
(B) 특정 활동을 위한 예약을 확정한다
(C) 다른 장소에서 아침을 먹는다
(D) 추가적인 교통수단을 준비한다

■ **육하원칙** 연계 문제　　　　　　　　　　　　　　　　　　　　　　　　　정답 (C)

세 지문 중 두 지문의 내용을 종합해서 풀어야 하는 연계 문제이다. 질문의 핵심 어구인 Mr. Oliver suggest that Mr. Tran do에서 Mr. Oliver가 Mr. Tran이 무엇(What)을 하는 것을 제안하는지를 묻고 있으므로 Mr. Oliver가 Mr. Tran에게 작성한 이메일을 먼저 확인한다. 단서 1 세 번째 지문(이메일)의 'The main building will be closed for repainting on Sunday, August 22. So, I recommend that you use the annex for your activities on that day instead.'에서 본관이 8월 22일 일요일에 문을 닫을 것이므로 그날의 활동들을 위해 대신 별관을 이용하는 것을 제안한다고 했다. 그런데 Mr. Tran이 있는 회사인 Vera 광고대행사가 8월 22일에 본관에서 무슨 행사를 하기로 되어 있는지 제시되지 않았으므로 일정표에서 관련 내용을 확인한다. 단서 2 두 번째 지문(일정표)의 'August 22', 'Breakfast', 'All meals will be served in the lunch room located in the main building.'에서 8월 22일에 아침 식사가 예정되어 있고, 모든 식사는 본관에 위치한 구내식당에서 제공될 것임을 확인할 수 있다.

두 단서를 종합할 때, Mr. Oliver는 Mr. Tran에게 8월 22일에 아침 식사를 본관 대신 별관에서 할 것을 제안하고 있음을 알 수 있다. 따라서 (C)가 정답이다.

어휘　confirm v. 확정하다, 확인하다

지문 1

http://www.botwellstore.com/news/dutyfree

HOME I CONTACT I MEMBERSHIP I PROMOTIONS I
HOURS/LOCATION I **NEWS**

Coming Soon … Duty-Free Shopping at Botwell Department
Store

196-ABotwell Department Store, situated in the heart of Cape
Town, is pleased to announce that on April 12 it will be
opening a new duty-free store designed for all international
travelers. 196-ALocated on Botwell's fifth floor, the
establishment will feature luxury goods such as cosmetics,
perfumes, liquors, jewelry, and more. In celebration of the
opening, 198all items by Moreno Luggage and Lydia
Cosmetics will be marked down by 20 percent until May 15.
196-BTo buy any product being sold in the duty-free store,
customers will need to provide a passport and a ticket that
will be used for an international departure within 28 days.
196-CThose who are members of the Botwell Frequent
Shopper program can receive an additional 10 percent off all
duty-free products.

http://www.botwellstore.com/news/dutyfree

홈 I 연락 I 멤버십 I 프로모션 I 영업 시간/위치 I 뉴스
Botwell 백화점에서의 면세품 쇼핑이 곧 가능합니다 …
케이프타운 중심부에 위치해 있는 196-ABotwell 백화점이
모든 국제 여행객들을 위해 만들어진 새로운 면세점을 4월
12일에 열게 될 것임을 알리게 되어 기쁩니다. 196-ABotwell
의 5층에 위치하여, 시설은 화장품, 향수, 주류, 보석류 등과
같은 고급 물품들을 포함할 것입니다. 개점을 축하하여,
198Moreno Luggage사와 Lydia Cosmetics사의 모든
제품들은 5월 15일까지 가격이 20퍼센트가 인하될 것입니
다. 196-B면세점에서 판매되는 어떠한 제품이라도 구입하려
면 고객들은 여권과 28일 이내에 국제선 출발에 사용될 티
켓을 제시해야 할 것입니다. 196-CBotwell 단골 쇼핑객 프로
그램의 회원이신 분들은 모든 면세품에 추가 10퍼센트 할
인을 받으실 수 있습니다.

지문 2

BOTWELL DEPARTMENT STORE

I'm very grateful to everyone for helping to make the first
week of our duty-free store a success. Overall, I am pleased
with your efforts and with how well the store ran. However,
197there are a few important things to take note of.

First, I received a number of complaints about our voucher
program. Please recall that 199-Cit is our policy to give
vouchers to customers who make purchases totaling $500
or more. These vouchers allow them to take advantage of
discounts on our partner establishments' Web sites. Please
remember to give one to every eligible customer.

Second, if a member of our frequent shopper program has
lost his or her card, we cannot offer the reduced price.
However, shoppers may keep their receipts and get
reimbursed for the difference once the card has been
located or replaced.

Thank you for your attention to these matters, and keep up
the good work.

BOTWELL 백화점

우리 면세점의 첫 번째 주를 성공적인 것으로 만드는 데 도
움을 주신 것에 대해 모두에게 감사드립니다. 전반적으로,
저는 여러분들의 노고와 백화점이 얼마나 잘 운영되었는지
에 대해 만족합니다. 하지만, 197주목해야 할 몇 가지 중요한
사항들이 있습니다.

첫 번째로, 저는 우리 할인권 프로그램에 대해 많은 불평을
받았습니다. 199-C총 500달러 이상의 구매를 한 고객들에게
할인권을 제공하는 것이 우리의 정책임을 기억해 주십시오.
이 할인권은 그들이 우리 협력 시설들의 웹사이트에서 할인
을 이용할 수 있도록 합니다. 모든 자격 있는 고객에게 그것
을 드리는 것을 기억하십시오.

두 번째로, 만약 우리 단골 쇼핑객 프로그램의 회원이 카드
를 분실했다면, 우리는 할인 금액을 제공할 수 없습니다. 하
지만, 쇼핑객은 영수증을 가지고 있다가, 카드를 찾거나 재
발급 받으면 차액을 돌려받을 수 있습니다.

이 사안에 대한 여러분의 관심에 감사드리며, 계속 열심히
해주시기 바랍니다.

지문 3

Botwell Department Store Receipt

198Issued: April 19
198/199-CTo: Emilia Fortich   Citizenship: Spanish
Passport number: XCV81324
Flight: Vela Airways VI342
Date of departure: April 21   Destination: Madrid, Spain

Botwell 백화점 영수증

198발행: 4월 19일
198/199-C수신: Emilia Fortich   시민권: 스페인
여권번호: XCV81324
항공편: Vela 항공 VI342
출발 일자: 4월 21일   목적지: 마드리드, 스페인

[198]Item	Quantity	Price
Riley leather handbag (plum)	1	$160.00
Lydia Cosmetics lipstick	1	$46.00
Leganz digital camera	1	$258.00
Daphne Boutique scarf	1	$62.00
[199-C]TOTAL		$526.00

[198]제품	수량	가격
Riley사 가죽 핸드백(진자주색)	1	160.00달러
Lydia Cosmetics사 립스틱	1	46.00달러
Leganz사 디지털 카메라	1	258.00달러
Daphne Boutique사 스카프	1	62.00달러
[199-C]총		526.00달러

Please note:
Cape Town Airport Authority (CTAA) regulations prohibit the transport of more than 100 milliliters of liquids and gels onboard unless the products have been purchased at a duty-free store and secured in a plastic bag bearing the official CTAA seal. Furthermore, note that such items must be removed from luggage when passing through a security checkpoint.

유의하십시오:
케이프타운 공항 당국(CTAA) 규정은 제품이 면세점에서 구매되었거나 CTAA 공식 직인이 있는 비닐봉지에 단단히 보관되지 않는 한 100밀리리터가 넘는 액체와 젤은 기내에 수송을 금지합니다. 뿐만 아니라, 그러한 물품들은 보안 검사대를 지나갈 때 수하물에서 제거되어야 한다는 점을 유의하십시오.

지문 1
☐ duty-free adj. 면세의
☐ feature v. 특별히 포함하다, 특징을 이루다; n. 특징, 특색
☐ liquor n. 주류, 술
☐ heart n. 중심부, 핵심
☐ in celebration of phr. ~을 축하하여
☐ establishment n. 시설, 기관
☐ luxury goods phr. 고급품
☐ mark down phr. 가격을 인하하다

지문 2
☐ overall adv. 전반적으로, 전체로; adj. 전부의, 종합적인
☐ recall v. 기억하다, 상기하다
☐ take advantage of phr. ~을 이용하다, ~을 기회로 활용하다
☐ reimburse v. 갚다, 배상하다
☐ total v. 총 ~이 되다; n. 총액, 합계
☐ difference n. 차액, 차이
☐ voucher n. 할인권, 상품권
☐ eligible adj. 자격이 있는, 적격의
☐ locate v. 찾아내다, ~에 두다

지문 3
☐ issue v. 발행하다, 발부하다; n. 발행
☐ authority n. 당국, 권한, 권위
☐ bear v. (눈에 보이게) 있다, 지니다
☐ pass through phr. 지나가다
☐ citizenship n. 시민권, 시민 신분
☐ transport n. 수송, 이동; v. 수송하다, 운송하다
☐ seal n. 직인, 도장; v. 봉인하다
☐ security n. 보안, 안전
☐ plum n. 진자주색, 자두
☐ plastic bag phr. 비닐봉지
☐ remove v. 제거하다, 옮기다

196

○○●●
상

What is NOT mentioned about Botwell's new establishment?

(A) It is situated on the fifth floor of a department store.
(B) It requires the presentation of travel documents.
(C) It provides extra discounts to members of a program.
(D) It is opening a branch at an airport terminal.

Botwell의 새로운 시설에 대해 언급되지 않은 것은?

(A) 백화점의 5층에 위치해 있다.
(B) 여행 서류 제시를 요구한다.
(C) 프로그램의 회원들에게 추가 할인을 제공한다.
(D) 공항 터미널에 지점을 열 것이다.

■ Not/True Not 문제

정답 (D)

질문의 핵심 어구인 Botwell's new establishment와 관련된 내용을 지문에서 찾아 각 보기와 대조하는 Not/True 문제이므로 첫 번째 지문인 Botwell 백화점의 웹페이지에서 관련 내용을 확인한다. (A)는 'Botwell Department Store'에서 Botwell이 백화점이라고 했고, 'Located on Botwell's fifth floor, the establishment will feature luxury goods'에서 새로운 시설이 Botwell의 5층에 위치해 있다고 했으므로 지문의 내용과 일치한다. (B)는 'To buy any product being sold in the duty-free store, customers will need to provide a passport and a ticket'에서 면세점에서 판매되는 어떠한 제품이라도 구입하려면 고객들이 여권과 티켓을 제시해야 할 것이라고 했으므로 지문의 내용과 일치한다. (C)는 'Those who are members of the Botwell Frequent Shopper program can receive an additional 10 percent off all duty-free products.'에서 Botwell 단골 쇼핑객 프로그램의 회원인 사람들은 모든 면세품에 추가 10퍼센트 할인을 받을 수 있다고 했으므로 지문의 내용과 일치한다. (D)는 지문에 언급되지 않은 내용이다. 따라서 (D)가 정답이다.

바꾸어 표현하기
Located 위치해 있다 → is situated 위치해 있다
a passport and a ticket 여권과 티켓 → travel documents 여행 서류
an additional 10 percent off 추가 10퍼센트 할인 → extra discounts 추가 할인

어휘 presentation n. 제시, 제출

What is the purpose of the notice?

(A) To announce future regulation changes
(B) To provide information about current policies
(C) To remind security workers about a procedure
(D) To suggest some solutions for a system error

공고의 목적은 무엇인가?

(A) 추후의 규정 변경을 알리기 위해
(B) 현재의 정책에 대한 정보를 제공하기 위해
(C) 보안 직원들에게 절차를 상기시키기 위해
(D) 시스템 오류에 대한 해결책을 제시하기 위해

■ **주제/목적 찾기** 글의 목적　　　　　　　　　　　　　　　　　　　　　　　　　　　　　　정답 (B)

공고의 목적을 묻는 목적 찾기 문제이므로 두 번째 지문인 공고의 내용을 확인한다. 공고의 'there are a few important things to take note of'에서 주목해야 할 몇 가지 중요한 사항이 있다고 한 후, 현재의 회사 정책과 관련된 세부 사항을 설명하고 있으므로 (B)가 정답이다.

어휘　regulation n. 규정, 규제　procedure n. 절차, 경과　solution n. 해결책, 해법

Which product did Ms. Fortich probably buy at a discount?

(A) A camera
(B) A lipstick
(C) A handbag
(D) A scarf

Ms. Fortich는 어떤 물품을 할인하여 샀을 것 같은가?

(A) 카메라
(B) 립스틱
(C) 핸드백
(D) 스카프

■ **추론** 연계 문제　　　　　　　　　　　　　　　　　　　　　　　　　　　　　　　　　정답 (B)

세 지문 중 두 지문의 내용을 종합적으로 확인한 후 추론해서 풀어야 하는 연계 문제이다. 질문의 핵심 어구인 product ~ Ms. Fortich ~ buy at a discount와 관련된 내용이 언급된 영수증을 먼저 확인한다.

단서 1　세 번째 지문(영수증)의 'Issued: April 19', 'To: Emilia Fortich', 'Item, Riley leather handbag, Lydia Cosmetics lipstick', 'Leganz digital camera, Daphne Boutique scarf'에서 Emilia Fortich가 4월 19일에 구매한 제품들이 Riley사 가죽 핸드백, Lydia Cosmetics사 립스틱, Leganz사 디지털 카메라, Daphne Boutique사 스카프임을 확인할 수 있다. 그런데 Ms. Fortich가 어떤 제품에 할인을 받았는지 제시되지 않았으므로 웹페이지에서 관련 내용을 확인한다.

단서 2　첫 번째 지문(웹페이지)의 'all items by Moreno Luggage and Lydia Cosmetics will be marked down by 20 percent until May 15'에서 Moreno Luggage사와 Lydia Cosmetics사의 모든 제품들이 5월 15일까지 가격이 20퍼센트가 인하될 것이라고 했다.
두 단서를 종합할 때, Ms. Fortich가 립스틱을 할인된 가격에 샀다는 사실을 추론할 수 있다. 따라서 (B)가 정답이다.

바꾸어 표현하기
at a discount 할인하여 → be marked down 가격이 인하되다

What is true about Ms. Fortich?

(A) She misplaced her frequent shopper card.
(B) She signed up to be a member of a program in April.
(C) She is eligible to receive a voucher for a purchase.
(D) She must return to Botwell's store to retrieve her items.

Ms. Fortich에 대해 사실인 것은?

(A) 그녀의 단골 쇼핑객 카드를 잃어버렸다.
(B) 4월에 프로그램의 회원으로 등록했다.
(C) 구매에 대해 할인권을 받을 자격이 있다.
(D) 그녀의 물품을 되찾기 위해 Botwell 백화점에 돌아가야 한다.

■ **Not/True** 연계 분세　　　　　　　　　　　　　　　　　　　　　　　　　　　　　　정답 (C)

세 지문 중 두 지문의 내용을 종합해서 풀어야 하는 연계 문제이다. 질문의 핵심 어구인 Ms. Fortich와 관련된 내용을 지문에서 찾아 각 보기와 대조하는 Not/True 문제이므로 Ms. Fortich와 관련된 내용이 언급된 세 번째 지문인 영수증과 두 번째 지문인 공고를 확인한다. (A)와 (B)는 지문에 언급되지 않은 내용이다. (C)는 영수증의 'To: Emilia Fortich', 'TOTAL $526.00'에서 Emilia Fortich가 구매에 대해 총 526달러를 지불했다고 했고, 공고의 'it is our policy to give vouchers to customers who make purchases totaling $500 or more'에서 총 500 달러 이상의 구매를 한 고객들에게 할인권을 제공하는 것이 정책이라고 한 것을 통해 Ms. Fortich가 500달러 이상 구매했으므로 할인권을 제공받을 자격이 있다는 것을 알 수 있다. 따라서 (C)가 정답이다. (D)는 지문에 언급되지 않은 내용이다.

어휘　misplace v. 둔 곳을 잊다, 잘못 두다　be eligible to phr. ~할 자격이 있다　retrieve v. 되찾다, 회수하다, 정정하다

200 In the receipt, the word "secured" in paragraph 1, line 3, is closest in meaning to

(A) obtained
(B) attached
(C) enclosed
(D) guaranteed

영수증에서, 1문단 세 번째 줄의 단어 "secured"는 의미상 ~와 가장 가깝다.

(A) 얻어지다
(B) 첨부되다
(C) 봉해지다, 넣어지다
(D) 보장되다

■ 동의어

정답 (C)

세 번째 지문인 영수증의 secured를 포함하는 구절 'the products have been purchased at a duty-free store and secured in a plastic bag'에서 secured가 '단단히 보관되다, 잘 간수되다'라는 뜻으로 사용되었다. 따라서 '봉해지다, 넣어지다'라는 뜻을 가진 (C)가 정답이다.

TEST 05

PART 5

101
○○○○● 하

Holden Advertising Agency won ------- all the major marketing awards this year.

(A) practical
(B) practicality
(C) practically
(D) practicalities

Holden 광고 대행사는 올해 거의 모든 주요 마케팅 상들을 받았다.

■ 부사 자리 　　　　　　　　　　　　　　　　　　　　　　　　　　　정답 (C)

빈칸 뒤의 형용사(all)를 꾸밀 수 있는 것은 부사이므로 부사 (C) practically(거의)가 정답이다. 형용사 (A), 명사 (B)와 (D)는 형용사를 꾸밀 수 없다.

어휘 major adj. 주요한, 중대한; n. 전공 practical adj. 현실적인, 실용적인 practicality n. 현실성, 실용성

102
○○○○● 하

Mr. Harris neglected ------- his name at the bottom of his employment application.

(A) sign
(B) signs
(C) to sign
(D) was signed

Mr. Harris는 입사 지원서의 맨 아래에 그의 이름을 서명하는 것을 잊어버렸다.

■ [목적어 자리] to 부정사를 취하는 동사 　　　　　　　　　　　　　정답 (C)

동사 neglect(잊어버리다, 방치하다)의 목적어 자리에 올 수 있는 명사 (A)와 (B), to 부정사 (C)가 정답의 후보이다. '그의 이름을 서명하는 것을 잊어버렸다'라는 의미가 되어야 하므로 to 부정사 (C) to sign이 정답이다. 명사 (A)와 (B)는 특별한 연결어 없이 빈칸 뒤에 있는 명사구(his name)와 나란히 올 수 없으므로 답이 될 수 없다. (A)와 (B)를 동사로 본다 해도, 동사 (A), (B), (D)는 목적어 자리에 올 수 없다. 참고로, neglect와 같이 to 부정사를 목적어로 취할 수 있는 동사에는 expect(기대하다, 예상하다), ask(부탁하다), refuse(거절하다) 등이 있음을 알아둔다.

어휘 bottom n. 맨 아래, 바닥 application n. 지원서, 신청, 적용

103
○○○○● 중

Eugene Rivera, who negotiated an agreement between the two firms, reported that the details would be settled ------- the next several days.

(A) within
(B) close to
(C) afterward
(D) nearby

두 회사 간의 협정을 교섭했던 Eugene Rivera는 세부 사항들이 다음 며칠 이내에 결정될 것이라고 보고했다.

■ [수식어 거품을 이끄는 것] 전치사 선택 기간 　　　　　　　　　　정답 (A)

that절(that the details ~ days)이 주어(the details)와 동사(would be settled)를 갖춘 완전한 절이므로, ____ the next several days는 수식어 거품으로 보아야 한다. 이 수식어 거품은 동사가 없는 거품구이므로, 거품구를 이끌 수 있는 전치사 (A)와 (B)가 정답의 후보이다. '세부 사항들이 다음 며칠 이내에 결정될 것이다'라는 의미가 되어야 하므로 기간을 나타내는 전치사 (A) within(~ 이내에)이 정답이다. (B) close to 는 '~과 가까이'라는 의미로 '다음 며칠과 가까이 결정될 것이다'라는 어색한 문맥을 만든다. 부사 (C) afterward(그 후에)와 형용사 또는 부사 (D) nearby(인근의; 가까운 곳에)는 수식어 거품을 이끌 수 없다.

어휘 negotiate v. 교섭하다, 협상하다 agreement n. 협정, 합의 settle v. 결정하다, 해결하다

104
○○○○● 중

Earlier this morning, Mr. Yang ------- that everyone in his department would receive a bonus.

(A) announcing
(B) announces
(C) announced
(D) has announced

오늘 아침 일찍, Mr. Yang은 그의 부서에 있는 모든 사람들이 보너스를 받을 것이라고 알렸다.

■ [동사 자리] 과거 시제 　　　　　　　　　　　　　　　　　　　　　정답 (C)

문장에 동사가 없으므로 동사 (B), (C), (D)가 정답의 후보이다. 과거를 나타내는 시간 표현(Earlier this morning)이 있으므로 과거 시제 (C) announced가 정답이다. 현재 시제 (B)와 현재 완료 시제 (D)는 과거를 나타내는 표현과 함께 쓰일 수 없다. 동명사 또는 분사 (A)는 동사 자리에 올 수 없다. 만약 이 문장을 주어(Mr. Yang), 동사(would receive), 목적어(a bonus)로 보아 현재분사 (A) announcing이 주어(Mr. Yang)를 수식하는 구조로 본다 해도, 접속사 that 다음에는 주어와 동사가 있는 완전한 절이 와야 하는데 that절에 동사가 없게 되므로 답이 될 수 없다.

105

Audio-One is so ------- about the quality of its products that it offers a money-back guarantee for all items.

(A) beneficial
(B) probable
(C) confident
(D) productive

Audio-One사는 자사 제품의 품질에 너무나 자신이 있어서 모든 물품들에 대해 환불 보장을 해준다.

■ 형용사 어휘 　　정답 (C)

'자사 제품의 품질에 너무나 자신이 있어서 모든 물품들에 대해 환불 보장을 해준다'라는 문맥이므로 형용사 (C) confident(자신이 있는, 확신하는)가 정답이다. (A) beneficial은 '유익한, 이로운', (B) probable은 '있을 것 같은, 개연성 있는'이라는 의미이다. (D) productive(생산적인, 풍부한)도 해석상 그럴듯해 보이지만 전치사 about과 함께 쓰일 수 없다. 참고로, 빈칸 앞의 so가 that과 함께 'so ~ that …(너무 ~해서 …하다)' 구문으로 쓰였음을 알아둔다.

어휘 money-back guarantee phr. 환불 보장

106

After carefully analyzing the budget report, Mr. Green could ------- approve funding for the expansion of Jewett Resorts.

(A) finalist
(B) finally
(C) finalize
(D) finality

예산 보고서를 신중히 검토한 끝에, Mr. Green은 마침내 Jewett 리조트의 확장을 위한 재정 지원을 승인할 수 있었다.

■ 부사 자리 　　정답 (B)

조동사(could)와 동사원형(approve) 사이에 와서 동사를 꾸며줄 수 있는 부사 (B) finally(마침내)가 정답이다. 명사 (A)와 (D), 동사 (C)는 동사를 꾸밀 수 없다.

어휘 budget n. 예산; v. 예산을 세우다 funding n. 재정 지원, 자금 finalist n. 결승전 출전자 finalize v. 마무리 짓다, 완결하다 finality n. 최후, 최종성

107

Ms. Warren is in charge of making sure that the ------- clients receive everything they need during their stay.

(A) to visit
(B) visit
(C) visited
(D) visiting

Ms. Warren은 방문하는 고객들이 그들이 머무는 동안 필요로 하는 모든 것을 확실히 받도록 하는 일을 담당한다.

■ [형용사 자리] 현재분사 vs. 과거분사 　　정답 (D)

빈칸 뒤의 명사(clients)를 꾸며줄 수 있는 것은 형용사이므로 형용사 역할을 하는 분사 (C)와 (D)가 정답의 후보이다. 꾸밈을 받는 명사(clients)와 분사가 '방문하는 고객들'이라는 의미의 능동 관계이므로 현재분사 (D) visiting(방문하는)이 정답이다. 과거분사 (C) visited(방문되는)를 쓰면 '방문되는 고객들'이라는 어색한 문맥이 된다. to 부정사 (A)는 명사를 뒤에서 꾸미고, 동사 또는 명사 (B)는 명사를 꾸밀 수 없다.

어휘 be in charge of phr. ~을 담당하다 make sure phr. 확실히 하다, 확인하다

108

There is an experienced ------- at Bayside Automotive Service Center who is certified to repair most models of electric vehicles.

(A) mechanical
(B) mechanic
(C) mechanically
(D) mechanism

대부분의 전기차 모델을 수리할 자격이 있는 숙련된 정비공이 Bayside 자동차 서비스 센터에 있다.

■ 명사 자리 　　정답 (B)

빈칸 앞의 형용사(experienced)의 꾸밈을 받을 수 있는 것은 명사이므로 명사 (B)와 (D)가 정답의 후보이다. '숙련된 정비공이 있다'라는 문맥이므로 명사 (B) mechanic(정비공)이 정답이다. (D) mechanism(기계 장치, 방법)을 쓸 경우 '숙련된 기계 장치가 있다'는 어색한 문맥을 만든다. 형용사 (A)와 부사 (C)는 명사 자리에 올 수 없다.

어휘 experienced adj. 숙련된, 경험이 있는 automotive adj. 자동차의 certified adj. 자격이 있는, 공인된 repair v. 수리하다

109

Building of the Beverly Office Complex can begin as soon as the firm ------- all the necessary permits from City Hall.

(A) searches
(B) entrusts
(C) figures
(D) acquires

Beverly 사무실 단지의 건설은 회사가 시청으로부터 모든 필요한 허가들을 얻으면 바로 시작될 수 있다.

■ 동사 어휘   정답 (D)

'사무실 단지의 건설은 회사가 시청으로부터 모든 필요한 허가들을 얻으면 바로 시작될 수 있다'라는 문맥이므로 동사 acquire(얻다, 획득하다)의 3인칭 단수형 (D) acquires가 정답이다. (A)의 search는 '찾아보다, 검색하다', (B)의 entrust는 '맡기다, 위임하다', (C)의 figure는 '계산하다, 판단하다'라는 의미이다.

어휘   as soon as phr. ~하자 곧, ~하자마자 permit n. 허가, 허가증; v. 허가하다

110

A factor especially ------- to the agricultural industry is whether there are reliable supplies of water and electricity.

(A) knowledgeable
(B) convenient
(C) pertinent
(D) simultaneous

농업에 특히 관련 있는 요소는 물과 전기의 확실한 공급이 있는지의 여부이다.

■ 형용사 어휘   정답 (C)

'농업에 특히 관련 있는 요소는 물과 전기의 확실한 공급이 있는지의 여부이다'라는 문맥이므로 형용사 (C) pertinent(관련 있는, 적절한)가 정답이다. 참고로, pertinent는 pertinent to(~과 관련된, ~에 적절한)의 형태로 자주 쓰임을 알아둔다. (A) knowledgeable은 '아는 것이 많은', (D) simultaneous는 '동시의'라는 의미이다. (B) convenient(편리한)도 해석상 그럴듯해 보이지만, 이 문장에서는 물과 전기의 확실한 공급이 아닌 공급 여부에 대해 말하고 있으므로 '농업에 특히 편리한 요소는 물과 전기의 확실한 공급이 있는지의 여부이다'라는 어색한 문맥을 만든다.

어휘   factor n. 요소, 요인 agricultural industry phr. 농업 reliable adj. 확실한, 믿을만한 supply n. 공급; v. 공급하다

111

------- the most cutting-edge cellular phones may not satisfy the specific needs of every user.

(A) Notwithstanding
(B) Once
(C) Nearly
(D) Even

가장 최첨단의 휴대전화조차도 모든 사용자의 특정한 요구들을 충족시킬 수 없을 것이다.

■ 부사 선택 강조 부사   정답 (D)

'가장 최첨단의 휴대전화조차도 모든 사용자의 특정한 요구들을 충족시킬 수 없을 것이다'라는 의미가 되어야 하므로 단어나 구를 앞에서 강조하는 강조 부사 (D) Even(~조차도, 심지어)이 정답이다. (A) Notwithstanding은 '~에도 불구하고', (B) Once는 '한 번, 언젠가'라는 의미이다. (C) Nearly는 '거의, 하마터면'이라는 의미이다. 참고로, nearly는 최상급이 아닌 원급을 강조한다.

어휘   cutting-edge adj. 최첨단의 specific adj. 특정한, 구체적인 need n. 요구, 필요(성)

112

As it has been ------- 60 business days since the purchase date, Branson Outlet will not allow an exchange or refund.

(A) so much
(B) more than
(C) much too
(D) as few as

구매 일자로부터 60일 이상의 영업일이 되었기 때문에, Branson 아울렛은 교환이나 환불을 허용하지 않을 것이다.

■ 기타 비교급 표현   정답 (B)

'구매 일자로부터 60일 이상의 영업일이 되었기 때문에 교환이나 환불을 허용하지 않을 것이다'라는 의미가 되어야 하므로 비교급 표현 (B) more than(~ 이상의)이 정답이다. (A)는 '그만큼의'라는 의미의 형용사로 볼 경우 much가 불가산 명사 앞에 쓰여야 하므로 답이 될 수 없고, '너무나, 매우'라는 의미의 부사로 본다 해도 '구매 일자로부터 너무나 60일의 영업일이 되었다'라는 어색한 문맥을 만든다. (C) much too(너무)는 보통 형용사나 부사를 앞에서 강조한다. (D) as few as(겨우)를 쓸 경우 '구매 일자로부터 겨우 60일의 영업일이 되었기 때문에 교환이나 환불을 허용하지 않을 것이다'라는 어색한 문맥이 된다.

어휘   exchange n. 교환, 환전; v. 교환하다 refund n. 환불, 상환; v. 환불하다

113

Ms. Mitchell is looking for an apartment ------ a train station so that she will not need to commute by car.

(A) near
(B) through
(C) adjacent
(D) between

Ms. Mitchell은 자동차로 통근할 필요가 없도록 기차역 가까이에 있는 아파트를 찾고 있다.

■ [수식어 거품을 이끄는 것] 전치사 선택 위치　　　　정답 (A)

so that 앞의 절(Ms. Mitchell ~ a train station)이 주어(Ms. Mitchell), 동사(is looking for), 목적어(an apartment)를 갖춘 완전한 절이므로, ___ a train station은 수식어 거품으로 보아야 한다. 이 수식어 거품은 동사가 없는 거품구이므로, 거품구를 이끌 수 있는 전치사 (A), (B), (D)가 정답의 후보이다. '자동차로 통근할 필요가 없도록 기차역 가까이에 있는 아파트를 찾고 있다'라는 의미가 되어야 하므로 거리상 가까운 위치를 나타내는 전치사 (A) near(~ 가까이에)가 정답이다. (B) through는 '~을 통과하여'라는 의미를, (D) between은 '~ 사이에'라는 의미로 두 개의 대상 사이의 관계나 위치, 또는 시간을 나타낸다. 형용사 (C) adjacent는 수식어 거품을 이끌 수 없고, 전치사로 쓰이기 위해서는 adjacent to(~에 인접한)의 형태가 되어야 함을 알아둔다.

어휘　look for phr. 찾다, 기대하다　commute v. 통근하다

114

Immediately after ordering a new office desk online, Mr. Dominguez was issued ------ of the transaction.

(A) confirm
(B) confirmation
(C) confirms
(D) confirmed

새로운 사무실 책상을 온라인으로 주문한 직후에, Mr. Dominguez는 거래 확인서를 발급받았다.

■ [목적어 자리] 4형식 동사의 수동태　　　　정답 (B)

빈칸 앞에 목적어를 두 개 가지는 4형식 동사 issue(~에게 -을 발급하다)가 수동태로 쓰여 간접 목적어(Mr. Dominguez)가 주어 자리에 왔으므로, 빈칸은 직접 목적어 자리이다. 따라서 목적어 자리에 올 수 있는 명사 (B) confirmation(확인서, 확인)이 정답이다. 동사 (A)와 (C), 동사 또는 과거분사 (D)는 목적어 자리에 올 수 없다.

어휘　transaction n. 거래, 매매

115

Ventera Inc. was able to build strong relationships with its most valuable customers by ------ communicating with them.

(A) marginally
(B) comparably
(C) consistently
(D) indefinitely

Ventera사는 가장 귀중한 고객들과 끊임없이 소통함으로써 그들과 견고한 관계를 맺을 수 있었다.

■ 부사 어휘　　　　정답 (C)

'고객들과 끊임없이 소통함으로써 그들과 견고한 관계를 맺을 수 있었다'라는 문맥이므로 부사 (C) consistently(끊임없이)가 정답이다. (A) marginally는 '미미하게, 아주 조금', (B) comparably는 '비교할 수 있게', (D) indefinitely는 '막연히, 무기한으로'라는 의미이다.

어휘　build a relationship phr. 관계를 맺다　valuable adj. 귀중한, 소중한

116

In order to ------ satisfactory levels of productivity in the factory, the floor manager regularly consults with workers about mechanical problems.

(A) persuade
(B) limit
(C) maintain
(D) remain

공장에서의 만족스러운 수준의 생산성을 유지하기 위해, 작업장 감독자는 직원들과 정기적으로 기계와 관련된 문제들에 대해 의논한다.

■ 동사 어휘　　　　정답 (C)

'공장에서의 만족스러운 수준의 생산성을 유지하기 위해 직원들과 정기적으로 기계와 관련된 문제들에 대해 의논한다'라는 문맥이므로 동사 (C) maintain(유지하다)이 정답이다. (A) persuade는 '설득하다', (B) limit는 '(허용치를 넘어서지 못하도록) 제한하다', (D) remain은 '여전히 ~이다, 남다'라는 의미이다. 참고로, remain은 자동사로서 목적어를 가질 수 없음을 알아둔다.

어휘　satisfactory adj. 만족스러운　productivity n. 생산성　floor n. 작업장, 층　regularly adv. 정기적으로, 규칙적으로
　　　mechanical adj. 기계와 관련된, 기계의

117
○○○●○ 하

The candidates for the job opening have ------- experiences and career objectives despite all having worked in the same field.

(A) difference
(B) differently
(C) different
(D) differ

그 일자리의 지원자들은 모두 같은 분야에서 일해왔음에도 불구하고 각각 다른 경력과 직업 목표를 가지고 있다.

■ **형용사 자리**   정답 (C)

빈칸 뒤에 명사(experiences and career objectives)가 있으므로 명사를 꾸밀 수 있는 형용사 (C) different(각각 다른)가 정답이다. 명사 (A), 부사 (B), 동사 (D)는 명사를 꾸밀 수 없다.

어휘 candidate n. 지원자, 후보자 job opening phr. 일자리, (직장의) 빈 자리 career adj. 직업적인; n. 직업, 사회 생활 field n. 분야, 현장

118
○○○○● 상

Koester Company records all incoming customer calls with the ------- of ensuring inquiries are handled appropriately.

(A) status
(B) reservation
(C) association
(D) intent

Koester사는 문의들이 적절하게 처리되는 것을 확실히 하기 위한 의도로 걸려오는 모든 고객 전화들을 녹음한다.

■ **명사 어휘**   정답 (D)

'문의들이 적절하게 처리되는 것을 확실히 하기 위한 의도로 걸려오는 모든 고객 전화들을 녹음한다'라는 문맥이므로 명사 (D) intent(의도)가 정답이다. (A) status는 '신분, 상태', (B) reservation은 '예약, 지정', (C) association은 '연합, 제휴'라는 의미이다.

119
○○○●○ 중

Coalport's management is not certain that an advertising campaign will successfully boost sales because it has ------- launched one before.

(A) never
(B) also
(C) always
(D) still

Coalport사의 경영진은 이전에 광고 캠페인을 개시해 본 적이 한 번도 없기 때문에 그것이 성공적으로 매출을 올릴지에 대해 확신하지 못한다.

■ **부사 선택** 빈도 부사   정답 (A)

'이전에 광고 캠페인을 개시해 본 적이 한 번도 없기 때문에 그것이 성공적으로 매출을 올릴지에 대해 확신하지 못한다'라는 의미가 되어야 하므로 빈도 부사 (A) never(한 번도 ~ 않다)가 정답이다. (B) also(또한), (C) always(항상), (D) still(여전히)을 쓰면 각각 '이전에 또한/항상/여전히 광고 캠페인을 개시해 보았기 때문에 그것이 성공적으로 매출을 올릴지에 대해 확신하지 못한다'라는 어색한 문맥을 만든다.

120
○○○○● 상

MediaCore's customers will have digital ------- to dozens of publications by the end of the month.

(A) access
(B) accessing
(C) accessed
(D) accesses

MediaCore사의 고객들은 월말까지 수십 개의 출판물에 대한 디지털 이용권을 가질 것이다.

■ **명사 자리**   정답 (A)

빈칸 앞의 형용사(digital)의 꾸밈을 받을 수 있는 것은 명사이므로 명사 (A) access(이용할 권리, 접근)가 정답이다. 동명사 (B)는 형용사가 아닌 부사의 꾸밈을 받는다. 동사 또는 분사 (C)와 동사 (D)는 형용사의 꾸밈을 받을 수 없다. 참고로, 명사 access는 불가산 명사이기 때문에 (D)를 명사의 복수형으로 볼 수 없음을 알아둔다.

어휘 dozens of phr. 수십의, 많은 publication n. 출판물, 발표, 발간

121

○○○○●
중

------ fashion design jobs appear glamorous in popular media, most positions in the industry are demanding in reality.

(A) Although
(B) Despite
(C) Regarding
(D) Assuming

비록 패션 디자인 직업들이 대중 매체에서 화려한 것처럼 보이지만, 실제로 그 산업 내 대부분의 직무들은 힘들다.

■ **[수식어 거품을 이끄는 것] 부사절 접속사** 양보   정답 (A)

이 문장은 주어(most positions), 동사(are), 보어(demanding)를 갖춘 완전한 절이므로, ___ fashion design jobs ~ media는 수식어 거품으로 보아야 한다. 이 수식어 거품은 동사(appear)가 있는 거품절이므로, 거품절을 이끌 수 있는 부사절 접속사 (A)와 (D)가 정답의 후보이다. '비록 패션 디자인 직업들이 대중 매체에서 화려한 것처럼 보이지만 실제로 힘들다'라는 의미가 되어야 하므로 양보를 나타내는 부사절 접속사 (A) Although(비록 ~이지만)가 정답이다. (D) Assuming(~이라고 가정하고)을 쓰면 '패션 디자인 직업들이 대중 매체에서 화려한 것처럼 보인다고 가정하고 실제로 힘들다'라는 어색한 문맥을 만든다. 전치사 (B) Despite(~에도 불구하고)와 (C) Regarding(~에 관하여)은 거품절이 아닌 거품구를 이끈다.

어휘 appear v. ~처럼 보이다, 나타나다 **glamorous** adj. 화려한, 멋진 **popular media** phr. 대중 매체 **demanding** adj. 힘든, 부담이 큰

122

○○○○●
중

Ryder Capital Bank now trains its advisors more ------ to make certain that they are thoroughly familiar with the investment process.

(A) comprehensively
(B) temporarily
(C) wastefully
(D) optionally

Ryder Capital 은행은 자사의 고문들이 투자 절차에 대해 속속들이 잘 알도록 하는 것을 확실히 하기 위해 이제 그들을 더욱 철저하게 교육시킨다.

■ **부사 어휘**   정답 (A)

'고문들이 투자 절차에 대해 속속들이 잘 알도록 하는 것을 확실히 하기 위해 그들을 더욱 철저하게 교육시킨다'라는 문맥이므로 부사 (A) comprehensively(철저하게, 포괄적으로)가 정답이다. (B) temporarily는 '일시적으로', (C) wastefully는 '헛되게, 낭비되게', (D) optionally는 '마음대로, 선택적으로'라는 의미이다.

어휘 advisor n. 고문, 조언가 **make certain** phr. 확실히 하다 **thoroughly familiar** phr. 속속들이 잘 알고 있는

123

○○○○●
상

Once the project ends next year, employee evaluations ------ to assess performance and decide on pay increases.

(A) will conduct
(B) were conducted
(C) have conducted
(D) will be conducted

내년에 프로젝트가 끝나면, 업무 수행을 평가하고 급여 인상을 결정하기 위해 직원 평가가 실시될 것이다.

■ **동사는 수, 태, 시제가 맞아야 한다.**   정답 (D)

'직원 평가가 실시되다'라는 수동의 의미가 되어야 하고, 보기의 동사 conduct(실시하다)가 타동사인데 빈칸 뒤에 목적어가 없으므로 수동태 (B)와 (D)가 정답의 후보이다. 종속절(Once ~ next year)에 미래 시간 표현(next year)이 있고 '내년에 프로젝트가 끝나면 직원 평가가 실시될 것이다'라는 문맥이므로 미래 시제 수동태 (D) will be conducted가 정답이다. 과거 시제 (B)는 미래를 나타내는 시간의 종속절과 함께 쓰인 주절에 쓰일 수 없다. 참고로, 시간이나 조건을 나타내는 종속절에서는 미래를 나타내기 위해 미래 시제 대신에 현재 시제를 써야 함을 알아둔다. 능동태 (A)와 (C)는 빈칸 다음에 목적어가 없으므로 답이 될 수 없다.

어휘 evaluation n. 평가, 사정 **assess** v. 평가하다, 가늠하다

124

Wheelpoint's new line of tires performs ------- under the most hazardous road conditions.

(A) habitually
(B) capably
(C) sizably
(D) generously

Wheelpoint사의 새로운 타이어 제품은 가장 위험한 도로 여건에서 훌륭하게 작동한다.

■ 부사 어휘

정답 (B)

'가장 위험한 도로 여건에서 훌륭하게 작동한다'라는 문맥이므로 부사 (B) capably(훌륭하게, 유능하게)가 정답이다. (A) habitually는 '습관적으로', (C) sizably는 '상당히 크게', (D) generously는 '후하게'라는 의미이다.

어휘 line n. 제품, 종류 perform v. 작동하다, 수행하다 hazardous adj. 위험한

125

Langford Beach is closed ------- further notice due to strong tides caused by Hurricane Thurston.

(A) from
(B) onto
(C) until
(D) during

Langford 해변은 Thurston 허리케인에 의해 발생한 강한 조류로 인해 추후 통지가 있을 때까지 폐쇄된다.

■ 전치사 선택 시점

정답 (C)

'해변은 추후 통지가 있을 때까지 폐쇄된다'라는 의미가 되어야 하므로 시점을 나타내는 전치사 (C) until(~까지)이 정답이다. (A) from은 '~으로부터'라는 의미로 시점이나 방향을, (B) onto는 '~ 위에'라는 의미로 위치를, (D) during은 '~ 동안'이라는 의미로 기간을 나타낸다. 참고로, until further notice(추후 통지가 있을 때까지)를 관용구로 외워둔다.

어휘 tide n. 조류, 흐름

126

Immigration gave Mr. Kim an ------- on his stay, allowing him to remain another six months for work.

(A) attendance
(B) expertise
(C) operation
(D) extension

출입국 관리국은 Mr. Kim이 업무를 위해 6개월 더 남을 수 있도록 그의 체류 기간을 연장해주었다.

■ 명사 어휘

정답 (D)

'출입국 관리국은 Mr. Kim이 6개월 더 남을 수 있도록 그의 체류 기간을 연장해주었다'라는 문맥이므로 명사 (D) extension(연장)이 정답이다. (A) attendance는 '참석, 출석', (B) expertise는 '전문 지식', (C) operation은 '작동, 실시'라는 의미이다.

어휘 immigration n. 출입국 관리국, 이민 stay n. 체류 (기간), 유예; v. 체류하다

127

The ------- reason a new security gate was installed is that the old one had been damaged by the storm.

(A) thick
(B) quick
(C) high
(D) main

새로운 보안 출입구가 설치되었던 주된 이유는 예전 출입구가 폭풍으로 손상되었었기 때문이다.

■ 형용사 어휘

정답 (D)

'새로운 보안 출입구가 설치되었던 주된 이유는 예전 출입구가 폭풍으로 손상되었었기 때문이다'라는 문맥이므로 형용사 (D) main(주된)이 정답이다. (A) thick는 '두꺼운, 빽빽한', (B) quick은 '신속한, 재빠른', (C) high는 '높은'이라는 의미이다.

어휘 security n. 보안, 보장 gate n. 출입구 damage v. 손상을 주다; n. 손상 storm n. 폭풍

128
○●●●●
상

Submissions ------- meet *Literati Magazine*'s standard will be considered for publication in our next issue.

(A) these
(B) those
(C) that
(D) they

*Literati*지의 기준을 충족시키는 제출품들은 저희의 다음 호에 간행되는 것이 고려될 것입니다.

■ **[수식어 거품을 이끄는 것] 관계절의 자리와 쓰임**   정답 (C)

이 문장은 주어(Submissions)와 동사(will be considered)를 갖춘 완전한 절이므로, ____ ~ standard는 수식어 거품으로 보아야 한다. 이 수식어 거품은 동사(meet)를 갖추었으나 주어가 없는 불완전한 절이고, Submissions를 선행사로 갖는 관계절이므로 관계절을 이끌면서 관계절 내에서 주어 역할을 할 수 있는 주격 관계대명사 (C) that이 정답이다. 지시대명사 또는 지시형용사 (A)와 (B), 주격 인칭대명사 (D)는 수식어 거품을 이끌 수 없다.

어휘   submission n. 제출(물), 복종   standard n. 기준, 표준

129
○●●●●
중

Investor Link was able to ------- the financial crisis because Mr. Macintyre had the foresight to develop a contingency plan.

(A) advocate
(B) engage
(C) persist
(D) withstand

Investor Link사는 Mr. Macintyre가 사전대책을 세우는 선견지명이 있었기 때문에 재정 위기를 견뎌낼 수 있었다.

■ **동사 어휘**   정답 (D)

'사전대책을 세우는 선견지명이 있었기 때문에 재정 위기를 견뎌낼 수 있었다'라는 문맥이므로 동사 (D) withstand(견뎌내다)가 정답이다. (A) advocate는 '지지하다, 옹호하다', (B) engage는 '관여하다, 사로잡다'라는 의미이다. (C) persist는 '집요하게 계속하다, 살아남다'라는 의미의 자동사로 목적어를 가질 수 없다.

어휘   financial crisis phr. 재정 위기   foresight n. 선견지명, 예지력   contingency plan phr. 사전대책, 비상시 대책

130
○●●●●
상

Ms. Kenner and Mr. Stone were both invited to the meeting, but ------- of them has confirmed yet.

(A) most
(B) few
(C) neither
(D) whatever

Ms. Kenner와 Mr. Stone은 둘 다 회의에 초청받았지만, 그들 중 누구도 아직 참석을 확정하지 않았다.

■ **부정대명사**   정답 (C)

'Ms. Kenner와 Mr. Stone 중 누구도 아직 참석을 확정하지 않았다'라는 의미가 되어야 하므로 부정대명사 (C) neither(둘 중 어느 것도 ~ 아니다)가 정답이다. 수량 표현 (A) most(대부분)와 (B) few(소수)는 각각 '여러 가지 것들 중에서의 대부분/소수'를 의미하는데, 여기에서는 두 명의 사람(Ms. Kenner and Mr. Stone)만이 언급되었으므로 '두 명 중 대부분/소수'라는 어색한 문맥을 만든다. 복합관계대명사 (D) whatever (무엇이든)는 가리키는 대상의 범위가 특정하지 않을 때 쓰이는데, 이 문장에서는 두 명의 대상이 명확히 언급되었으므로 답이 될 수 없다.

PART 6

Questions 131-134 refer to the following e-mail.

131-134는 다음 이메일에 관한 문제입니다.

To: Jennifer Mendez <jmendez@imshampoo.com>
From: Rick Holloway <rholloway@imshampoo.com>
Subject: Marketing
Date: March 13

Dear Jennifer,

I just met with the new head of PPJ Marketing, Robert Pierson, and he is ------- to helping update the look of our
                                                            131
product. Like me, he believes that our shampoos are overdue for rebranding and thinks that marketing them to young, free-spirited people is an excellent idea. -------.
                                                            132
In this regard, he feels that researching the needs of consumers between the ages of 18 and 24 would be helpful for developing television advertisements. This will provide us with information to effectively ------- this group. Over the next
                                                 133
few weeks, he and his team will create concepts for 30-second commercials, which they will ------- to us for
                                                       134
consideration.

Rick

수신: Jennifer Mendez <jmendez@imshampoo.com>
발신: Rick Holloway <rholloway@imshampoo.com>
제목: 마케팅
날짜: 3월 13일

Jennifer께,

131 저는 방금 PPJ 마케팅 회사의 새로운 대표인 Robert Pierson과 회의를 했고, 그는 우리 제품의 스타일을 새롭게 하는 것을 돕는 데 전념하고 있습니다. 저와 마찬가지로, 그는 우리 샴푸가 브랜드 이미지를 새롭게 하는 것이 벌써 행해졌어야 한다고 여기며 샴푸를 젊고 자유분방한 사람들에게 마케팅하는 것이 훌륭한 아이디어라고 생각합니다. **132** 우리의 샴푸 광고들 중 어떤 것도 현재 그 집단을 겨냥하고 있지 않습니다. 이 점과 관련하여, 그는 18세에서 24세 사이의 소비자들의 요구를 조사하는 것이 텔레비전 광고를 만드는 데 도움이 될 것이라 생각합니다. **133** 이는 우리에게 이 집단을 효과적으로 목표 삼을 수 있는 정보를 제공할 것입니다. **134** 다음 몇 주 동안, 그와 그의 팀은 30초짜리 광고들을 위한 컨셉들을 만들어 낼 것이고, 그들은 우리가 고려할 수 있도록 그것들을 우리에게 전달할 것입니다.

Rick 드림

131 (A) accustomed
(B) committed
(C) indifferent
(D) confused

132 (A) None of our shampoo advertisements are presently directed to that group.
(B) The new product line would significantly expand our merchandise selection.
(C) This has helped them make a better decision about what to buy.
(D) Our biggest concern is increasing our share in the international market.

133 (A) convey
(B) authorize
(C) gather
(D) target

134 (A) be delivered
(B) are delivering
(C) deliver
(D) have been delivering

여휘 **update** v. 새롭게 하다; n. 갱신, 최신 정보 **look** n. 스타일, 외관, 모양 **overdue** adj. 벌써 행해졌어야 할, 기한이 지난
rebrand v. 브랜드 이미지를 새롭게 하다 **consumer** n. 소비자 **create** v. 만들어 내다, 창작하다 **commercial** n. 광고 (방송); adj. 상업적인

131 ■ 형용사 어휘 전체 문맥 파악
정답 (B)

'마케팅 회사의 새로운 대표와 회의를 했고 그는 제품의 스타일을 새롭게 하는 것을 돕는 데 ___하고 있다'라는 문맥이므로 모든 보기가 정답의 후보이다. 이 경우 빈칸이 있는 문장만으로 정답을 고를 수 없으므로 주변 문맥이나 전체 문맥을 파악한다. 뒤 문장에서 그가 샴푸를 젊고 자유분방한 사람들에게 마케팅하는 것이 훌륭한 아이디어라고 생각한다고 했고, 지문 전체에 걸쳐 이에 대한 그의 계획을 설명하고 있으므로, 마케팅 회사의 대표가 제품의 스타일을 새롭게 하는 것을 돕는 데 전념하고 있음을 알 수 있다. 따라서 형용사 (B) committed(전념하는)가 정답이다. (A) accustomed는 '익숙한', (C) indifferent는 '무관심한', (D) confused는 '혼란스러워하는'이라는 의미이다.

132 ■ 알맞은 문장 고르기
정답 (A)

빈칸에 들어갈 알맞은 문장을 고르는 문제이므로 주변 문맥 또는 전체 문맥을 파악한다. 앞 문장 'he believes that our shampoos are overdue for rebranding and thinks that marketing them to young, free-spirited people is an excellent idea'에서 Robert Pierson이 샴푸의 브랜드 이미지를 새롭게 하는 것이 벌써 행해졌어야 한다고 여기고 샴푸를 젊고 자유분방한 사람들에게 마케팅하는 것이 훌륭한 아이디어라고 생각한다고 했고, 뒤 문장 'In this regard, he feels that researching the needs of consumers between the ages of 18 and 24 would be helpful for developing television advertisements.'에서 이 점과 관련하여 그는 18세에서 24세 사이의 소비자들의 요구를 조사하는 것이 텔레비전 광고를 만드는 데 도움이 될 것이라 생각한다고 했으므로, 빈칸에는 샴푸를 마케팅하는 데 있어서 젊은 사람들을 대상으로 삼는 것과 관련된 내용이 들어가야 함을 알 수 있다. 따라서 (A) None of our shampoo advertisements are presently directed to that group이 정답이다.

보기 해석
(A) 우리의 샴푸 광고들 중 어떤 것도 현재 그 집단을 겨냥하고 있지 않습니다.
(B) 그 새 제품 라인은 우리의 제품 선택권을 상당히 확장시킬 것입니다.
(C) 이는 그들이 무엇을 사야 할지에 대해 더 나은 결정을 하는 데 도움이 되어 왔습니다.
(D) 우리의 가장 큰 관심사는 국제 시장에서 우리의 지분을 늘리는 것입니다.

어휘 presently adv. 현재, 지금 direct v. 겨냥하다, 향하다 significantly adv. 상당히, 현저히 merchandise n. 제품, 물품; v. 매매하다 concern n. 관심사, 우려 share n. 지분, 몫; v. 공유하다

133 ■ 동사 어휘 주변 문맥 파악
정답 (D)

'이는 이 집단을 효과적으로 ___할 수 있는 정보를 제공할 것이다'라는 문맥이므로 모든 보기가 정답의 후보이다. 빈칸이 있는 문장만으로 정답을 고를 수 없으므로 주변 문맥이나 전체 문맥을 파악한다. 앞 문장에서 18세에서 24세 사이의 소비자들의 요구를 조사하는 것이 텔레비전 광고를 만드는 데 도움이 될 것이라 생각한다고 했으므로, 해당 사람들의 요구를 조사하는 것이 광고에서 이 집단을 효과적으로 목표 삼을 수 있는 정보를 제공할 것임을 알 수 있다. 따라서 동사 (D) target(목표로 삼다, 겨냥하다)이 정답이다. (A) convey는 '운반하다, 전달하다', (B) authorize는 '권한을 부여하다', (C) gather는 '모으다, 모이다'라는 의미이다. 참고로, gather는 여러 곳에 퍼져있는 물건들을 한 곳에 모으거나 a crowd gathered at the gate와 같이 사람들이 특정한 장소에 모이는 것을 나타낼 때 쓰인다.

134 ■ 동사 자리에 올 수 있는 것 동사의 수, 태, 시제 일치
정답 (C)

관계절(which they will ~ consideration)에서 조동사(will) 다음에 동사원형이 와야 하므로 be동사의 원형을 포함하는 (A), 동사원형 (C), 동사 have의 원형을 포함하는 (D)가 정답의 후보이다. '그들은 우리가 고려할 수 있도록 그것(컨셉)들을 우리에게 전달할 것이다'라는 미래 및 능동의 의미가 되어야 하므로 빈칸 앞 조동사(will)와 함께 미래 시제 능동태를 만드는 동사원형 (C) deliver가 정답이다. 수동태 (A)는 관계절의 선행사(concepts)가 동사(deliver)의 목적어 역할을 하고 있으므로 답이 될 수 없다. 참고로, 관계대명사 which가 보기의 동사 deliver의 목적어인 concepts를 지칭하는 목적격 관계대명사이기 때문에, 관계절(which ~ consideration)의 주어 they를 concepts로 볼 수 없음을 알아둔다. (D)는 will과 함께 미래 완료 진행 시제를 만들어 미래 특정 시점 이전에 발생한 동작이 미래의 그 시점까지 진행될 것임을 나타내므로 문맥에 맞지 않는다. 현재 진행형 (B)는 빈칸 앞의 조동사(will)와 함께 쓸 수 없다.

To: Customer Service <cs.interair@interair.com>
From: Alex Hogan <ahogan@dallasmail.com>
Subject: Reservation #JHK2105
Date: June 21

To Whom It May Concern,

-------. I apologize for the inconvenience, but a personal
      135
matter has come up, ------- me from flying to Budapest as
                          136
planned. I would like to get my money back. If this is
possible, can you please ------- my request? I am hoping to
                              137
book a different flight to Sydney in less than five days.
I understand that I will have to pay a ------- for this change.
                                          138
You may deduct this from the amount that will be returned to
me.

Please let me know if you need any other information.

Sincerely,

Alex Hogan

수신: 고객 서비스 부서 <cs.interair@interair.com>
발신: Alex Hogan <ahogan@dallasmail.com>
제목: 예약 번호 JHK2105
날짜: 6월 21일

관계자분께,

135 제 항공편을 취소하고 그에 대한 환불을 받고 싶습니다.
136 불편에 대해 사과드리지만, 개인 사정이 생겨서 제가 계
획대로 부다페스트로 갈 수 없게 되었습니다. 저는 제 돈을
돌려받고 싶습니다. 137 만약 이것이 가능하다면, 제 요청을
신속히 처리해주실 수 있나요? 저는 5일 이내에 시드니로
가는 다른 항공편을 예약하길 바랍니다. 138 이 변경 사항에
대한 비용을 지불해야 할 것을 알고 있습니다. 제게 반환될
금액에서 이를 공제하셔도 됩니다.

귀사에서 다른 정보가 필요하다면 알려주시기 바랍니다.

Alex Hogan 드림

---

135 (A) I am writing to inquire about having my seat
         upgraded.
    (B) My frequent flier points have not been applied to my
         account.
    (C) My luggage was lost on a recent flight with your
         airline.
    (D) I would like to cancel my flight and obtain a refund
         for it.

136 (A) prevents
    (B) prevention
    (C) preventing
    (D) preventive

137 (A) renew
    (B) generate
    (C) expedite
    (D) prove

138 (A) ticket
    (B) charge
    (C) royalty
    (D) reward

어휘 inconvenience n. 불편; v. 불편하게 하다 personal adj. 개인적인, 사적인 come up phr. 생기다, 발생하다 deduct v. 공제하다, 빼다

135 ■ 알맞은 문장 고르기
정답 (D)

빈칸에 들어갈 알맞은 문장을 고르는 문제이므로 주변 문맥 또는 전체 문맥을 파악한다. 뒷부분에서 돈을 돌려받고 싶으며 5일 이내에 시드니로 가는 다른 항공편을 예약하길 바란다고 했으므로 빈칸에는 항공편을 취소하는 것과 관련된 내용이 들어가야 함을 알 수 있다. 따라서 (D) I would like to cancel my flight and obtain a refund for it이 정답이다.

보기 해석
(A) 제 좌석을 업그레이드하는 것에 대해 문의하기 위해 글을 씁니다.
(B) 저의 상용 고객 포인트가 제 계정에 적용되지 않았습니다.
(C) 제 수하물이 귀하 항공사의 최근 항공편에서 분실되었습니다.
(D) 제 항공편을 취소하고 그에 대한 환불을 받고 싶습니다.

어휘 inquire v. 문의하다, 묻다 frequent flier phr. 상용 고객 account n. 계정, 계좌

136 ■ [수식어 거품을 이끄는 것] 분사구문
정답 (C)

접속사 but 다음의 절(a personal matter ~ as planned)은 주어(a personal matter)와 동사(has come up)를 갖춘 완전한 절이므로, ___ me ~ as planned는 수식어 거품으로 보아야 한다. 이 수식어 거품은 동사가 없는 거품이므로, 거품구를 이끌 수 있는 현재분사 (C) preventing이 정답이다. 동사 (A), 명사 (B), 형용사 (D)는 수식어 거품을 이끌 수 없다.

137 ■ 동사 어휘 주변 문맥 파악
정답 (C)

'요청을 ___ 해주길 바란다'라는 문맥이므로 (A), (C), (D)가 정답의 후보이다. 빈칸이 있는 문장만으로 정답을 고를 수 없으므로 주변 문맥이나 전체 문맥을 파악한다. 앞 문장에서 자신의 돈을 돌려받고 싶다고 했고 뒤 문장에서 5일 이내에 시드니로 가는 다른 항공편을 예약하길 바란다고 했으므로, 환불 요청이 신속히 처리되기를 바란다는 것을 알 수 있다. 따라서 동사 (C) expedite(신속히 처리하다)가 정답이다. (A) renew는 '갱신하다, 재개하다', (D) prove는 '증명하다'라는 의미이다. (B) generate(만들어내다, 발생시키다)는 어떤 것을 실제로 만들어내거나 감정이나 상태를 일으킨다는 의미이기 때문에 답이 될 수 없다.

138 ■ 명사 어휘 주변 문맥 파악
정답 (B)

'이 변경 사항에 대한 ___ 을 지불해야 할 것을 알고 있다'라는 문맥이므로 모든 보기가 정답의 후보이다. 빈칸이 있는 문장만으로는 정답을 고를 수 없으므로 주변 문맥이나 전체 문맥을 파악한다. 앞 문장에서 시드니로 가는 다른 항공편을 예약하길 바란다고 했고, 뒤 문장에서 자신에게 반환될 금액에서 이를 공제해도 된다고 했으므로, 항공편 변경에 따른 비용을 지불해야 한다는 것을 알 수 있다. 따라서 명사 (B) charge(비용)가 정답이다. 참고로, charge는 상품 및 서비스의 제공에 대한 대가로서의 요금 혹은 위약금을 의미한다. (A) ticket(표)을 쓰면 '교통 위반금을 내다'라는 의미의 pay a ticket이 되어 문맥상 어울리지 않는다. (C) royalty는 '특허권 사용료, 저작권 사용료', (D) reward는 '보상금, 보상'이라는 의미이다.

139-142는 다음 광고에 관한 문제입니다.

If you own a small or medium-sized business and are looking for professional accounting services, Johnson and Eversham Accounting can help!

We ------- our expertise to a wide variety of businesses.
139
Established three decades ago, Johnson and Eversham Accounting began by assisting small firms in Manchester, New Hampshire, and we have been expanding our reach ever since. -------.
140

All of our accountants are ------- by the Organization of
141
Chartered Accountants, which allows us to guarantee that our clients always receive top-notch services. Each of our employees ------- in distinct business accounting fields, so
142
we can handle any financial matter you might have.

To find out more, contact us today at 555-6277 or go to www.jeaccounting.com.

여러분이 만약 소규모 또는 중간 규모의 사업체를 소유하고 있고 전문 회계 서비스를 찾고 계신다면, Johnson and Eversham 회계 사무소가 도와드릴 수 있습니다!

139 저희는 저희의 전문 지식을 매우 다양한 사업체들에 제공합니다. 30년 전에 설립된 Johnson and Eversham 회계 사무소는 뉴햄프셔 주의 맨체스터에 있는 소규모 회사들을 돕는 것으로 시작했으며, 그 이후로 계속 범위를 확장시켜 왔습니다. **140** 저희는 이제 전국의 도시들에 60개의 사무소를 보유하고 있습니다.

141 저희의 모든 회계사들은 공인 회계사 협회에 의해 인증되었는데, 이는 저희가 고객들이 항상 최고의 서비스를 받는 것을 보장할 수 있도록 합니다. **142** 저희의 각 직원들은 별개의 사업 회계 분야들을 전문적으로 다루므로, 여러분이 가질 수 있는 어떠한 금융 문제도 처리할 수 있습니다.

더 많은 사항을 알고 싶으시면, 오늘 555-6277로 저희에게 연락하시거나 www.jeaccounting.com을 방문하십시오.

---

139 (A) provided
(B) provide
(C) will be providing
(D) had provided

140 (A) Our expansion was completed several years ago.
(B) These firms have announced that they will form an association.
(C) We now have 60 offices in cities across the nation.
(D) This prevented us from launching our first office in the region.

141 (A) careful
(B) eligible
(C) suspended
(D) certified

142 (A) specializes
(B) specialize
(C) specialist
(D) special

어휘 professional adj. 전문적인, 직업의; n. 전문가 expertise n. 전문 지식, 전문 기술 a wide variety of phr. 매우 다양한
expand v. 확장시키다, 팽창되다 reach n. (세력·영향력 등의) 범위; v. 도달하다 accountant n. 회계사 chartered adj. 공인된, 인가 받은
guarantee v. 보장하다, 약속하다; n. 담보 top-notch adj. 최고의, 아주 뛰어난 distinct adj. 별개의, 분명한 field n. 분야, 영역
financial adj. 금융의, 돈이 있는

139 ■ 현재 시제 전체 문맥 파악 정답 (B)

'우리는 전문 지식을 매우 다양한 사업체들에 제공한다'라는 문맥인데, 이 경우 빈칸이 있는 문장만으로는 올바른 시제의 동사를 고를 수 없으므로 주변 문맥이나 전체 문맥을 파악한다. 뒤 문장에서 30년 전에 설립된 Johnson and Eversham 회계 사무소는 소규모 회사들을 돕는 것으로 시작하여 그 이후로 계속 범위를 확장시켜 왔다고 했고, 뒷부분에서 직원들이 어떠한 금융 문제도 처리할 수 있으니 오늘 연락하거나 웹사이트를 방문하라고 했으므로 회계 사무소가 현재에도 서비스, 즉 회계에 대한 전문 지식을 제공하고 있음을 알 수 있다. 따라서 현재 시제 (B) provide가 정답이다. 과거 시제 (A)는 이미 끝난 과거의 동작이나 상태를 나타내고, 미래 진행 시제 (C)는 특정 미래 시점에 진행되고 있을 일을 표현할 때 쓰인다. 과거 완료 시제 (D)는 과거의 특정 시점 이전에 발생한 일을 나타내므로 답이 될 수 없다.

140 ■ 알맞은 문장 고르기 정답 (C)

빈칸에 들어갈 알맞은 문장을 고르는 문제이므로 주변 문맥 또는 전체 문맥을 파악한다. 앞 문장 'Johnson and Eversham Accounting began by assisting small firms in Manchester, New Hampshire, and we have been expanding our reach ever since'에서 Johnson and Eversham 회계 사무소는 뉴햄프셔 주의 맨체스터에 있는 소규모 회사들을 돕는 것으로 시작했으며 그 이후로 계속 범위를 확장시켜 왔다고 했으므로 빈칸에는 사무소의 범위가 확장된 현재 상태에 대해 언급하는 내용이 들어가야 함을 알 수 있다. 따라서 (C) We now have 60 offices in cities across the nation이 정답이다. (A)도 사무소의 확장에 관한 내용이지만, 사무소를 시작한 이후로 계속 그 범위를 확장시켜 왔다고 했으므로 답이 될 수 없다.

보기 해석
(A) 저희 확장은 몇 년 전에 완료되었습니다.
(B) 이 회사들은 그들이 협회를 만들 것이라고 발표했습니다.
(C) 저희는 이제 전국의 도시들에 60개의 사무소를 보유하고 있습니다.
(D) 이는 저희가 첫 사무소를 이 지역에 열지 못하게 했습니다.

어휘 form v. 만들다, 형성하다; n. 종류, 형태 association n. 협회, 제휴, 연관성 prevent v. ~하지 못하게 하다, 방지하다

141 ■ 형용사 어휘 정답 (D)

'우리의 모든 회계사들은 공인 회계사 협회에 의해 인증되었는데 이는 고객들이 항상 최고의 서비스를 받는 것을 보장할 수 있도록 한다'라는 문맥이므로 형용사 (D) certified(인증된, 보증된)가 정답이다. (A) careful은 '조심하는, 소중히 하는'이라는 의미이다. (B) eligible(~할 자격이 있는)은 주로 be eligible for/to(~할 자격이 있다)의 형태로 쓰인다. (C) suspended는 '정직이 된, 집행 유예의'라는 의미이다.

142 ■ [동사 자리] 주어로 쓰인 수량 표현 정답 (A)

첫 번째 절(Each of our employees ~ fields)에 동사가 없으므로 동사 (A)와 (B)가 정답의 후보이다. 주어(Each of our employees)가 단수로 취급되는 수량 표현 each를 포함하므로 동사 specialize(전문적으로 다루다)의 3인칭 단수형 (A) specializes가 정답이다. 복수 동사 (B)는 단수로 취급되는 수량 표현과 함께 쓰일 수 없다. 명사 (C)와 형용사 (D)는 동사 자리에 올 수 없다.

Notice of Homeowner's Association Dues Increase

At its last meeting, the board was asked to consider increasing the dues slightly. Following deliberations on this request, they proposed a monthly increase of $25, ------- July 1. To the board, this action is justified for several reasons. First, the additional funds will contribute to important -------, such as the installation of a new security system in the parking garage next year. Second, they will cover the rising cost of natural gas. -------.
The timing of the dues increase seems reasonable ------- there has not been one in four years. Tenants are invited to vote on the proposal at the Homeowner's Association meeting in June.

Jordan Roper
Accounting Manager
Homeowner's Association

입주자 협회 회비 인상에 관한 공고

지난 회의에서, 이사회는 회비를 약간 인상하는 것을 고려하도록 요청받았습니다. **143** 이 요청에 대한 심사숙고 후에, 이사회는 7월 1일부터 시행되는 월 25달러의 회비 인상을 제안했습니다. 이사회에게 이 조치는 몇 가지 이유로 정당합니다. **144** 첫째로, 추가적인 자금은 내년에 주차장에 새로운 보안 시스템을 설치하는 것과 같은 중요한 지출에 기여할 것입니다. 둘째로, 추가적인 자금은 상승하고 있는 천연가스 비용을 충당할 것입니다. **145** 저희는 가스 가격의 급격한 인상 때문에 지난 겨울에 평소보다 더 지불해야 했습니다. **146** 지난 4년간 인상이 없었다는 점을 고려했을 때 회비 인상의 시기는 합리적인 것으로 보입니다. 세입자들은 6월의 입주자 협회 회의에서 이 제안에 대해 투표하도록 요청됩니다.

Jordan Roper 드림
회계 담당자
입주자 협회

143 (A) effect
(B) in effect
(C) effectively
(D) effective

144 (A) evaluations
(B) experiences
(C) eliminations
(D) expenditures

145 (A) The homeowner's association management made some repairs over the winter.
(B) Tenants were satisfied with the estimate provided to them by the contractor.
(C) We had to pay more than usual last winter due to a steep hike in gas prices.
(D) We hope the building's improved security system will attract more businesses.

146 (A) in case
(B) given that
(C) even as
(D) whether

어휘 homeowner's association phr. 입주자 협회 dues n. 회비 deliberation n. 심사숙고, 신중함 justified adj. 정당한, 당연한 contribute v. 기여하다, 이바지하다 installation n. 설치, 시설 parking garage phr. 주차장 cover v. 충당하다, 비용을 대다 natural gas phr. 천연가스 timing n. 시기, 타이밍 reasonable adj. 합리적인, (가격이) 적정한 invite v. 요청하다, 초대하다 vote v. 투표하다, 동의하다; n. 투표 proposal n. 제안, 제의

143 ■ 형용사 자리 정답 (D)

이 문장은 주어(they), 동사(proposed), 목적어(a monthly ~ $25)를 갖춘 완전한 절이므로, ___ July 1은 수식어 거품으로 보아야 한다. '7월 1일부터 시행되는 회비 인상'이라는 문맥이므로, a monthly increase를 수식하는 '주격 관계대명사 + be동사'가 생략된 관계절(a monthly increase of $25, which is ~)의 보어 자리에 올 수 있는 형용사 (D) effective(시행되는)가 정답이다. 참고로, 형용사 effective는 날짜와 함께 쓰여 'effective + 날짜'(~부터 시행되는)라는 관용구로 자주 쓰임을 알아둔다. 명사 (A)와 전치사를 포함한 (B)는 다른 명사(July 1)와 함께 쓰일 수 없다. 부사 (C)는 관계절의 보어 자리에 올 수 없다.

144 ■ 명사 어휘 정답 (D)

'추가적인 자금은 내년에 주차장에 새로운 보안 시스템을 설치하는 것과 같은 중요한 지출에 기여할 것이다'라는 문맥이므로 명사 (D) expenditures(지출, 비용)가 정답이다. (A)의 evaluation은 '평가', (B)의 experience는 '경험, 경력', (C)의 elimination은 '제거, 삭제'라는 의미이다.

145 ■ 알맞은 문장 고르기 정답 (C)

빈칸에 들어갈 알맞은 문장을 고르는 문제이므로 주변 문맥 또는 전체 문맥을 파악한다. 앞 문장 'Second, they will cover the rising cost of natural gas.'에서 추가적인 자금은 상승하고 있는 천연가스 비용을 충당할 것이라고 했으므로 빈칸에는 높아지는 천연가스 비용과 관련된 내용이 들어가야 함을 알 수 있다. 따라서 (C) We had to pay more than usual last winter due to a steep hike in gas prices가 정답이다.

보기 해석
(A) 입주자 협회의 경영진은 겨울 동안 일부 수리를 했습니다.
(B) 세입자들은 도급업체로부터 그들에게 제공된 견적서에 만족했습니다.
(C) 저희는 가스 가격의 급격한 인상 때문에 지난 겨울에 평소보다 더 지불해야 했습니다.
(D) 저희는 건물의 향상된 보안 시스템이 더 많은 사업체들을 유치하기를 바랍니다.

어휘 estimate n. 견적서, 평가; v. 추정하다, 평가하다   contractor n. 도급업체, 계약인   steep adj. 급격한, 너무 높은   hike n. (물가·봉급 등의) 인상, 급등

146 ■ [수식어 거품을 이끄는 것] 부사절 접속사 조건 정답 (B)

이 문장은 주어(The timing of the dues increase), 동사(seems), 보어(reasonable)를 갖춘 완전한 절이므로, ___ ~ in four years는 수식어 거품으로 보아야 한다. 이 수식어 거품은 동사(has not been)가 있는 거품절이므로, 거품절을 이끌 수 있는 부사절 접속사인 모든 보기가 정답의 후보이다. '지난 4년간 인상이 없었다는 점을 고려했을 때 회비 인상의 시기는 합리적인 것으로 보인다'라는 의미가 되어야 하므로 조건을 나타내는 부사절 접속사 (B) given that(~을 고려했을 때)이 정답이다. (A) in case는 '~할 경우에 대비해서'라는 의미이다. (C) even as는 '~하는 바로 그 순간에'라는 의미로 시간을 나타내고, (D) whether는 '~이든 아니든'이라는 의미로 양보를 나타낸다.

PART 7

Questions 147-148 refer to the following flyer.

147-148은 다음 광고지에 관한 문제입니다.

Green Wave Consulting Services
Saving the planet while saving you money!

We all know that we need to reduce the amount of greenhouse gases being released into the atmosphere. But few of us realize that [147-B]our own residences are often to blame. Homes are the third largest source of emissions in the entire country! Luckily, there's now a whole host of easy solutions to reduce your environmental impact. And the best thing of all is that doing so can save you money as well.

Our money-saving green changes include:
• Installing wall insulation
• Fitting homes with new, efficient water heaters
• Switching to energy-saving lightbulbs
• Putting in window coverings that keep heat in

[148]Call 555-9974 today to arrange for one of our technicians to visit you at home for a consultation. It's completely free, and we'll get back to you within three business days with a detailed personal plan for making your home more energy efficient.

For any other inquiries, visit our offices on 593 Rayburn Street in downtown Portland, Monday through Saturday from 10 A.M. to 7 P.M.

Green Wave 상담 서비스
돈을 절약하면서 지구를 구합니다!

우리는 모두 대기 중으로 방출되는 온실가스의 양을 줄일 필요가 있다는 것을 알고 있습니다. 그러나 [147-B]보통 우리의 거주지에 책임이 있다는 사실을 아는 사람은 별로 없습니다. 가정집은 전국에서 세 번째로 큰 배출원입니다! 다행히도, 당신의 환경에 미치는 영향을 줄일 쉬운 해결책들이 이제 많이 있습니다. 그리고 그중 가장 좋은 것은 그렇게 하는 것이 당신이 돈도 절약할 수 있도록 할 수 있다는 것입니다.

우리의 돈을 아낄 수 있는 친환경적인 변화들은 다음을 포함합니다:
· 벽 절연재 설치하기
· 집에 새롭고 효율적인 온수기 설치하기
· 에너지 절약 전구로 교체하기
· 열을 실내에 보존하는 창문 덮개 설치하기

[148]555-9974로 오늘 전화하셔서 저희의 기술자 중 한 명이 상담을 위해 당신의 집으로 방문할 수 있도록 예약하십시오. 이것은 완전히 무료이며, 저희는 당신의 집을 더 에너지 효율적으로 만들기 위한 상세하고 개별적인 계획을 가지고 3일의 영업일 이내에 당신에게 다시 연락할 것입니다.

다른 문의를 위해서는, 포틀랜드 시내의 593번지 Rayburn 가에 있는 저희의 사무실을 월요일부터 토요일 오전 10시에서 오후 7시 사이에 방문하십시오.

어휘 □ **planet** n. 지구, 행성
□ **realize** v. 알다, 인지하다
□ **source** n. 근원, 원인
□ **a host of** phr. 많은
□ **insulation** n. 절연재, 단열재
□ **water heater** phr. 온수기
□ **put in** phr. 설치하다, (가구 등을) 들여놓다
□ **personal** adj. 개별적인, 개인적인

□ **greenhouse gas** phr. 온실가스
□ **residence** n. 거주지, 주택
□ **emission** n. 배출, 방출
□ **impact** n. 영향, 충격
□ **fit** v. 설치하다, 알맞다
□ **switch** v. 교체하다, 전환하다
□ **technician** n. 기술자
□ **inquiry** n. 문의

□ **atmosphere** n. 대기, 공기
□ **be to blame** phr. (~에 대한) 책임이 있다
□ **luckily** adv. 다행히도
□ **install** v. 설치하다
□ **efficient** adj. 효율적인
□ **lightbulb** n. 전구
□ **consultation** n. 상담

147

What is mentioned about greenhouse gas emissions?

(A) They recently went up by a large amount.
(B) Residences are one source of them.
(C) They are limited by the government.
(D) Meters can be installed to measure them.

온실가스 배출에 대해 언급된 것은?

(A) 최근 엄청난 양으로 증가했다.
(B) 거주지가 하나의 근원이다.
(C) 정부에 의해 제한된다.
(D) 배출을 측정하기 위해 계량기가 설치될 수 있다.

■ **Not/True** True 문제
정답 (B)

질문의 핵심 어구인 greenhouse gas emissions와 관련된 내용을 지문에서 찾아 각 보기와 대조하는 Not/True 문제이다. (A), (C), (D)는 지문에 언급되지 않은 내용이다. (B)는 'our own residences are often to blame. Homes are the third largest source of emissions in the entire country!'에서 보통 거주지에 온실가스에 대한 책임이 있고, 가정집이 전국에서 세 번째로 큰 배출원이라고 했으므로 지문의 내용과 일치한다. 따라서 (B)가 정답이다.

바꾸어 표현하기
residences are often to blame 보통 거주지에 책임이 있다 → Residences are one source 거주지가 하나의 근원이다

어휘 go up phr. 증가하다, 오르다 **meter** n. 계량기 **measure** v. 측정하다, 재다

148

How can customers receive a customized energy saving plan?

(A) By arranging a meeting with a consultant
(B) By inputting their details on a Web site
(C) By visiting the Green Wave headquarters
(D) By sending an e-mail to a specialist

고객들은 어떻게 개개인의 요구에 맞춘 에너지 절약 계획을 받을 수 있는가?

(A) 상담가와의 만남을 마련함으로써
(B) 그들의 세부 사항을 웹사이트에 입력함으로써
(C) Green Wave 본사를 방문함으로써
(D) 전문가에게 이메일을 보냄으로써

■ **육하원칙** How
정답 (A)

고객들이 어떻게(How) 개개인의 요구에 맞춘 에너지 절약 계획을 받을 수 있는지를 묻는 육하원칙 문제이다. 질문의 핵심 어구인 customers receive a customized energy saving plan과 관련하여, 'Call 555-9974 today to arrange for one of our technicians to visit you at home for a consultation. ~ we'll get back to you ~ with a detailed personal plan for making your home more energy efficient.'에서 555-9974로 전화해서 기술자가 상담을 위해 집으로 방문할 수 있도록 예약하라고 한 후, 집을 더 에너지 효율적으로 만들기 위한 상세하고 개별적인 계획을 가지고 다시 연락할 것이라고 했으므로 (A)가 정답이다.

바꾸어 표현하기
a customized energy saving plan 개개인의 요구에 맞춘 에너지 절약 계획
→ personal plan for making your home more energy efficient 당신의 집을 더 에너지 효율적으로 만들기 위한 개별적인 계획

어휘 input v. 입력하다; n. 입력 **headquarters** n. 본사 **specialist** n. 전문가

Questions 149-150 refer to the following text-message chain.

Marge Bledsoe   11:05 A.M.

[149]I just remembered I have a client who'd like to see the house that we've listed on 78 Crescent Lane. Unfortunately, I'm fully booked today. Is anyone free this afternoon?

Evan Clark   11:08 A.M.

I can bring the client to the house at 2:30. I have another showing nearby and can go there afterward.

Julia Anderson   11:14 A.M.

Marge, are you referring to Eva Teal? She called a short while ago and said she was looking for a two-bedroom place downtown.

Marge Bledsoe   11:15 A.M.

Yes, that's her. I think Evan can handle it. [149]I need your help with another client, Julia.

Julia Anderson   11:15 A.M.

Sure, just let me know later.

Evan Clark   11:17 A.M.

OK. [150]Why don't I show her the other home nearby as well? It's just a few blocks away from there and also has two bedrooms.

Marge Bledsoe   11:18 A.M.

Good call. [150]Will find out if she's interested in seeing it. I'll give her your mobile number in case there's a problem. She can probably meet you there first before seeing the Crescent Lane house.

149-150은 다음 메시지 대화문에 관한 문제입니다.

Marge Bledsoe   오전 11시 05분

[149]우리가 내놓았던 78번지 Crescent로에 있는 집을 보고 싶어 하는 고객이 있다는 것이 방금 기억났어요. 유감스럽게도, 저는 오늘 일정이 꽉 차 있어요. 오늘 오후에 시간 되시는 분 있으신가요?

Evan Clark   오전 11시 08분

제가 2시 30분에 고객을 그 집으로 데려갈 수 있어요. 그 근처에서 다른 집을 보여줘야 할 일이 있어서 그 후에 거기에 갈 수 있거든요.

Julia Anderson   오전 11시 14분

Marge, Eva Teal을 말하는 거예요? 그녀가 아까 전화해서 시내에 침실이 두 개인 곳을 찾고 있다고 말했어요.

Marge Bledsoe   오전 11시 15분

네, 그녀예요. 제 생각에 이건 Evan이 처리할 수 있을 것 같아요. [149]다른 고객과 관련해서 당신의 도움이 필요해요, Julia.

Julia Anderson   오전 11시 15분

얼마든지요, 나중에 알려만 주세요.

Evan Clark   오전 11시 17분

알겠어요. [150]그녀에게 근처의 다른 집도 보여주는 게 어떨까요? 그곳은 거기서 단지 몇 블록 떨어져 있고 역시 침실 두 개가 있어요.

Marge Bledsoe   오전 11시 18분

좋은 생각이에요. [150]그녀가 그 집을 보는 데 관심이 있는지 알아볼게요. 문제가 있을 경우를 대비해서 그녀에게 당신의 휴대전화 번호를 줄게요. 그녀는 Crescent로에 있는 집을 보기 전에 거기서 당신을 먼저 만날 수도 있을 거예요.

어휘 ☐ **list** v. (팔 물건으로) 내놓다, 열거하다; n. 목록   ☐ **unfortunately** adv. 유감스럽게도, 불행하게도   ☐ **afterward** adv. 그 후에, 나중에
       ☐ **refer to** phr. ~에 대해 말하다, 참고하다   ☐ **a short while ago** phr. 아까   ☐ **downtown** adv. 시내에; n. 도심에
       ☐ **handle** v. 처리하다, 다루다   ☐ **in case** phr. ~할 경우를 대비해서

149 ○○○●○ 중

Who most likely is Ms. Anderson?

(A) A building administrator
(B) A real estate agent
(C) A housing inspector
(D) An office receptionist

Ms. Anderson은 누구일 것 같은가?

(A) 건물 관리자
(B) 부동산 중개인
(C) 주택 조사관
(D) 사무실 접수 담당자

■ **추론** 세부 정보   정답 (B)

질문의 핵심 어구인 Ms. Anderson에 대해 추론하는 문제이다. 'I just remembered I have a client who'd like to see the house that we've listed on 78 Crescent Lane.'에서 Ms. Bledsoe가 자신들이 내놓았던 78번지 Crescent로에 있는 집을 보고 싶어 하는 고객이 있다고 했고 'I need your help with another client, Julia.'에서 Ms. Anderson에게 다른 고객과 관련해서 그녀의 도움이 필요하다고 했으므로, Ms. Bledsoe와 Ms. Anderson이 내놓은 집을 고객에게 보여주고 매매를 중개하는 부동산 중개인이라는 사실을 추론할 수 있다. 따라서 (B)가 정답이다.

어휘 administrator n. 관리자, 행정관 housing n. 주택, 주택 공급 inspector n. 조사관, 감독관 receptionist n. 접수 담당자, 응접원

150 ○○○●○ 중

At 11:18 A.M., what does Ms. Bledsoe mean when she writes, "Good call"?

(A) She can confirm that Mr. Clark has the right information.
(B) She is relieved to find out that someone can replace her.
(C) She is pleased with the results of a phone conversation.
(D) She likes the proposal that Mr. Clark has made.

오전 11시 18분에, Ms. Bledsoe가 "Good call"이라고 썼을 때 그녀가 의도한 것은?

(A) Mr. Clark가 정확한 정보를 가지고 있음을 확인할 수 있다.
(B) 누군가가 그녀를 대신할 수 있음을 알게 되어 다행이라고 생각한다.
(C) 전화 통화의 결과에 만족해한다.
(D) Mr. Clark가 한 제안을 마음에 들어 한다.

■ **의도 파악**   정답 (D)

Ms. Bledsoe가 의도한 것을 묻는 문제이므로, 질문의 인용어구(Good call)가 언급된 주변 문맥을 확인한다. 'Why don't I show her the other home nearby as well?'에서 Mr. Clark가 그녀, 즉 고객에게 근처의 다른 집도 보여주는 게 어떨지 묻자 Ms. Bledsoe가 'Good call.'(좋은 생각이에요)이라고 한 후, 'Will find out if she's interested in seeing it.'에서 고객이 그 집을 보는 데 관심이 있는지 알아보겠다고 한 것을 통해, Ms. Bledsoe가 Mr. Clark가 한 제안을 마음에 들어 함을 알 수 있다. 따라서 (D)가 정답이다.

어휘 confirm v. 확인하다, 확정하다, 승인하다 relieved adj. 다행으로 여기는, 안도하는 replace v. 대신하다, 교체하다

Veritas Bank International
Security Information

Due to recent increases in online hacking activity, Veritas Bank has implemented new policies in regard to online banking and usage of debit cards. [151]Starting on January 1 of next year, all Veritas Bank clients will be required to change the code to access their accounts on a quarterly basis. You may do this on our Web site, through our mobile banking application, or by calling our client services department at 1-800-555-6006. In all cases, you may be asked to answer some routine security questions. Should you forget your code, a link can be sent to your e-mail allowing you to set a new one. All PINs for debit cards must be four numeric digits, and a combination of eight letters or numeric digits must be used to access online banking. [152]To find out more about keeping your assets and information safe, visit: www.veritasbank.com/safety.

Veritas 국제 은행
보안 정보

최근 온라인 해킹 활동의 증가로 인해, Veritas 은행은 온라인 뱅킹과 직불카드 사용에 관한 새로운 방침을 시행했습니다. [151]내년 1월 1일부터, Veritas 은행의 모든 고객들은 계좌에 접속하기 위한 암호를 분기별로 변경하도록 요청될 것입니다. 귀하는 이것을 저희 웹사이트에서, 저희 모바일 뱅킹 애플리케이션을 통해, 또는 1-800-555-6006으로 저희 고객 서비스 부서에 전화를 걸어 하실 수 있습니다. 모든 경우에 있어서, 관례적인 보안 질문에 답하도록 요청되실 수 있습니다. 암호를 잊어버리시는 경우, 새 암호를 설정할 수 있게 하는 링크가 귀하의 이메일로 전송될 수 있습니다. 직불카드의 모든 개인 식별 번호는 4자리 숫자여야 하며, 온라인 뱅킹에 접속하려면 8자리의 문자 또는 숫자의 조합이 사용되어야 합니다. [152]귀하의 자산과 정보를 안전하게 유지하는 방법에 대해 더 자세히 알아보려면, www.veritasbank.com/safety를 방문하십시오.

어휘
□ security n. 보안
□ in regard to phr. ~에 관한
□ quarterly adv. 분기별로
□ PIN n. 개인 식별 번호, 비밀번호
□ combination n. 조합
□ implement v. 시행하다
□ client n. 고객
□ department n. 부서
□ numeric n. 수
□ asset n. 자산
□ policy n. 방침, 정책
□ access v. 접속하다, 접근하다
□ routine adj. 관례적인, 일상적인
□ digit n. 자리, 수

151

What will Veritas Bank clients need to do next year?

(A) Annually update their personal information
(B) Fill out an online policy agreement
(C) Download a new online banking application
(D) Regularly use different passwords

Veritas 은행 고객들은 내년에 무엇을 해야 할 것인가?

(A) 매년 개인 정보를 갱신한다
(B) 온라인 방침 동의서를 작성한다
(C) 새로운 온라인 뱅킹 애플리케이션을 다운로드한다
(D) 정기적으로 다른 암호를 사용한다

■ 육하원칙 What　　정답 (D)

Veritas 은행 고객들이 내년에 무엇(What)을 해야 할 것인지를 묻는 육하원칙 문제이다. 'Starting ~ next year, all Veritas Bank clients will be required to change the code to access their accounts on a quarterly basis.'에서 내년부터 Veritas 은행의 모든 고객들은 계좌에 접속하기 위한 암호를 분기별로 변경하도록 요청될 것이라고 했으므로 (D)가 정답이다.

바꾸어 표현하기

change the code 암호를 변경하다 → use different passwords 다른 암호를 사용하다

어휘　annually adv. 매년　regularly adv. 정기적으로

○○●○
8

According to the information, what can clients do on the bank's Web site?

(A) Open a new account
(B) Change security questions
(C) Read about account security
(D) Report online hacking activity

안내문에 따르면, 고객들은 은행 웹사이트에서 무엇을 할 수 있는가?

(A) 새 계좌를 개설한다
(B) 보안 질문을 변경한다
(C) 계정 보안에 대해 읽는다
(D) 온라인 해킹 활동을 신고한다

■ **육하원칙** What   정답 (C)

고객들이 은행 웹사이트에서 무엇(what)을 할 수 있는지를 묻는 육하원칙 문제이다. 'To find out more about keeping your assets and information safe, visit: www.veritasbank.com/safety.'에서 귀하, 즉 고객의 자산과 정보를 안전하게 유지하는 방법에 대해 더 자세히 알아보려면 웹사이트를 방문하라고 했으므로 (C)가 정답이다.

바꾸어 표현하기

find out more about keeping ~ assets and information safe 자산과 정보를 안전하게 유지하는 방법에 대해 더 자세히 알아보다
→ Read about account security 계정 보안에 대해 읽다

어휘 report v. 신고하다, 보고하다

SAFETY INSTRUCTIONS	안전 수칙
[153]This product was prepared from meat that was inspected and passed by the National Food Safety Board. Nevertheless, [153]some food products may become contaminated with illness-causing bacteria if mishandled or cooked improperly. For your protection, follow the steps below: • Store meat in a chilled environment as soon as possible after purchase. The recommended minimum temperature settings are -18 degrees Celsius for freezers and 4 degrees Celsius for refrigerators. [154]Avoid thawing meat in an environment of greater than 20 degrees Celsius. • Keep raw meat separate from other types of food. • Wash all surfaces that come into contact with meat, as well as your hands and cooking utensils. • Cook meat thoroughly and keep warm before serving.	[153]이 제품은 국가 식품 안전 위원회에 의해 검사받고 통과된 고기로 만들어진 것입니다. 그럼에도 불구하고, [153]일부 식료품들은 잘못 관리되거나 적절하지 않게 조리될 경우 질병을 유발하는 세균에 오염될 수 있습니다. 당신의 안전을 위해, 아래의 단계들을 따라주십시오: • 구입 후 고기를 최대한 빨리 냉장 환경에 보관하십시오. 권장되는 최저 온도 설정은 냉동실은 섭씨 영하 18도이고 냉장실은 섭씨 4도입니다. [154]섭씨 20도 이상의 환경에서 고기를 해동하는 것을 삼가십시오. • 생고기를 다른 종류의 음식과 따로 두십시오. • 손과 조리 기구들뿐만 아니라 고기와 접촉하는 모든 표면을 세척하십시오. • 고기를 완전히 익히고 음식을 내놓기 전 따뜻하게 유지하십시오.

어휘	□ inspect v. 검사하다	□ contaminated adj. 오염된	□ illness-causing adj. 질병을 유발하는
	□ bacteria n. 세균, 박테리아	□ mishandle v. 잘못 관리하다	□ improperly adv. 적절하지 않게
	□ chilled adj. 냉장의, 냉각된	□ freezer n. 냉동실	□ thaw v. 해동하다
	□ keep separate from phr. ~과 따로 두다, 떼어 놓다		□ raw adj. 생의, 익히지 않은, 날것의
	□ cooking utensil phr. 조리 기구	□ thoroughly adv. 완전히	□ refrigerate v. 냉장 보관하다

---

153 ○○●○ 중

Where would the information most likely appear?	안내문은 어디에서 볼 수 있을 것 같은가?
(A) On a food product package (B) In a kitchen appliance manual (C) In a recipe book for meat dishes (D) On a display in a dairy section	(A) 식료품 포장지에서 (B) 주방 용품 설명서에서 (C) 고기 요리를 위한 요리책에서 (D) 유제품 코너의 진열대에서

■ 추론 전체 정보   정답 (A)

지문 곳곳에 퍼져 있는 여러 단서를 종합하여 안내문을 볼 수 있을 것 같은 곳을 추론하는 문제이다. 'This product was prepared from meat'에서 이 제품은 고기로 만들어진 것이라고 했고 'some food products may become contaminated with illness-causing bacteria if mishandled or cooked improperly. For your protection, follow the steps below'에서 일부 식료품들은 잘못 관리되거나 적절하지 않게 조리될 경우 질병을 유발하는 세균에 오염될 수 있다고 했고, 안전을 위해 아래의 단계들을 따르라고 한 후 안전 수칙을 나열하고 있으므로 식료품의 포장지에 있는 식품 안전 안내서임을 알 수 있다. 따라서 (A)가 정답이다.

---

154 ○○○●○ 중

What are cooks advised against doing?	요리를 하는 사람들은 무엇을 하지 말라고 주언되는가?
(A) Cooking at low temperatures (B) Storing leftovers for too long (C) Touching food items with bare hands (D) Defrosting meat in certain temperatures	(A) 낮은 온도에서 요리하는 것 (B) 남은 음식을 너무 오랫동안 보관하는 것 (C) 맨손으로 음식물을 만지는 것 (D) 특정 온도에서 고기를 해동하는 것

■ 육하원칙 What   정답 (D)

요리를 하는 사람들이 무엇(What)을 하지 말라고 조언되는지를 묻는 육하원칙 문제이다. 질문의 핵심 어구인 cooks advised against doing과 관련하여, 'Avoid thawing meat in an environment of greater than 20 degrees Celsius.'에서 섭씨 20도 이상의 환경에서 고기를 해동하는 것을 삼가라고 했으므로 (D)가 정답이다.

바꾸어 표현하기
thawing meat in an environment of greater than 20 degrees Celsius 섭씨 20도 이상의 환경에서 고기를 해동하는 것
→ Defrosting meat in certain temperatures 특정 온도에서 고기를 해동하는 것

Stretch Makes Plans to Expand

[155]Stretch Corporation announced yesterday that it plans to expand in a much larger location on the outskirts of the city. The athletic wear company's headquarters will remain at its current location at the corner of Dupont and Beverly Street, but production facilities will be moved to Haverford, around 15 kilometers from the city center. CEO Alex Cruz said, [156]"For the past few years, the number of people who enjoy exercising has grown significantly. — [1] —. [156]Our move will allow us to keep up with this increase so that we can continue providing our target customers with quality athletic wear and equipment." [157]Moreover, Stretch's move is also good news for the local economy. — [2] —. "Even though domestically manufactured products cost more than those manufactured overseas, our customers are happy to pay a little extra," said Cruz. — [3] —. "For this reason, we intend to keep production nearby and have no reason to outsource to anywhere else." — [4] —.

Stretch사가 확장할 계획을 세우다

[155]Stretch사가 도시 교외의 훨씬 더 큰 장소로 확장할 계획이라고 어제 발표했다. 이 운동복 회사의 본사는 Dupont가와 Beverly가 모퉁이의 현재 위치에 계속 남아있을 것이지만, 생산 시설들은 도심으로부터 약 15킬로미터 떨어진 Haverford로 이전될 것이다. 최고 경영자 Alex Cruz는 [156]"지난 몇 년 동안, 운동하는 것을 즐기는 사람들의 수가 상당히 증가해왔습니다. — [1] —. [156]저희의 이전은 저희가 대상 고객들에게 계속 우수한 운동복과 장비를 제공할 수 있도록 이러한 증가를 따라갈 수 있게 할 것입니다."라고 말했다. [157]또한, Stretch사의 이전은 지역 경제에도 좋은 소식이다. — [2] —. "국내에서 생산된 제품들이 해외에서 생산된 제품들보다 더 비싸더라도, 저희 고객들은 기꺼이 약간 더 많은 돈을 지불합니다."라고 Cruz가 말했다. — [3] —. "이러한 이유로, 저희는 근방에서 생산을 계속하려 하며 다른 어떤 곳에도 위탁할 이유가 없습니다." — [4] —.

어휘
- **expand** v. 확장하다, 연장하다
- **headquarters** n. 본사
- **target** adj. 대상이 되는, 목표하는; n. 목표
- **overseas** adv. 해외에서, 해외로
- **outskirt** n. 교외, 변두리
- **keep up** phr. (~의 진도·증가 속도 등을) 따라가다
- **domestically** adv. 국내에서, 가정적으로
- **outsource** v. 외부에 위탁하다, 외부에서 조달하다
- **athletic wear** phr. 운동복
- **manufacture** v. 생산하다, 제조하다

155
○○○●
하

What is the purpose of the article?

(A) To discuss a company's plans for growth
(B) To encourage fitness among youth
(C) To describe a new line of products
(D) To report on the opening of a store

기사의 목적은 무엇인가?

(A) 회사의 확장 계획을 논하기 위해
(B) 젊은이들 사이에 운동을 장려하기 위해
(C) 새로운 제품 라인을 설명하기 위해
(D) 상점의 개장에 대해 보도하기 위해

■ **주제/목적 찾기** 글의 목적

정답 (A)

기사의 목적을 묻는 목적 찾기 문제이므로 지문의 앞부분을 주의 깊게 확인한다. 'Stretch Corporation announced yesterday that it plans to expand in a much larger location on the outskirts of the city.'에서 Stretch사가 도시 교외의 훨씬 더 큰 장소로 확장할 계획이라고 어제 발표했다고 한 후, 확장 계획의 세부 사항을 전달하고 있으므로 (A)가 정답이다.

바꾸어 표현하기
plans to expand 확장할 계획이다 → plans for growth 확장 계획

156

For whom most likely are Stretch Corporation's products made?

(A) International businesspeople
(B) Fans of sports teams
(C) Working parents
(D) Fitness enthusiasts

Stretch사의 제품들은 누구를 위해 만들어지는 것 같은가?

(A) 국제 사업가들
(B) 스포츠 팀의 팬들
(C) 맞벌이 부모들
(D) 운동 애호가들

■ **추론** 세부 정보   정답 (D)

질문의 핵심 어구인 For whom ~ are Stretch Corporation's products made에 대해 추론하는 문제이다. '"For the past few years, the number of people who enjoy exercising has grown significantly.'와 'Our move will allow us to keep up with this increase so that we can continue providing our target customers with quality athletic wear and equipment.'"에서 지난 몇 년 동안 운동하는 것을 즐기는 사람들의 수가 증가해 왔는데, Stretch사의 이전은 당사의 대상 고객들에게 계속 우수한 운동복과 장비를 제공할 수 있도록 이러한 증가를 따라갈 수 있게 할 것이라고 했으므로 Stretch사의 제품들의 대상 고객이 운동을 즐겨 하는 사람들이라는 사실을 추론할 수 있다. 따라서 (D)가 정답이다.

바꾸어 표현하기
people who enjoy exercising 운동하는 것을 즐기는 사람들 → Fitness enthusiasts 운동 애호가들

157

In which of the positions marked [1], [2], [3], and [4] does the following sentence best belong?

"This is because the relocation is expected to create 150 additional jobs for the residents of Haverford."

(A) [1]
(B) [2]
(C) [3]
(D) [4]

[1], [2], [3], [4]로 표시된 위치 중, 다음 문장이 들어갈 곳으로 가장 적절한 것은?

"이는 이전이 Haverford의 주민들을 위한 150개의 추가적인 일자리를 창출할 것으로 예상되기 때문이다."

(A) [1]
(B) [2]
(C) [3]
(D) [4]

■ **문장 위치 찾기**   정답 (B)

지문의 흐름상 주어진 문장이 들어가기에 적절한 곳을 고르는 문제이다. 주어진 문장에서 이는 이전이 Haverford의 주민들을 위한 150개의 추가적인 일자리를 창출할 것으로 예상되기 때문이라고 했으므로, 이 문장이 Stretch사의 이전으로 인해 Haverford 주민들을 위한 추가적인 일자리가 창출되는 것이 지역에 끼칠 영향에 대해 언급하는 부분에 들어가야 함을 알 수 있다. [2]의 앞 문장인 'Moreover, Stretch's move is also good news for the local economy.'에서 Stretch사의 이전은 지역 경제에도 좋은 소식이라고 했으므로, [2]에 제시된 문장이 들어가면 Stretch사의 이전은 지역 경제에도 좋은 소식인데, 이는 이전이 Haverford 지역의 주민들을 위한 150개의 추가적인 일자리를 창출할 것으로 예상되기 때문이라는 자연스러운 문맥이 된다는 것을 알 수 있다. 따라서 (B)가 정답이다.

Questions 158-160 refer to the following notice.

158-160은 다음 공고에 관한 문제입니다.

NOTICE: Fashion-It Employment Opportunities

[158-C]Fashion-It is now accepting applications for positions at our new headquarters. We manage one of the most popular clothing chains in the country. Applicants will find that our wages and benefits are comparable to or even better than our competitors'. [158-A]Our work environment is second-to-none, with quality facilities and a caring, supportive staff. Our thousands of employees can testify that Fashion-It is one of the best companies to work for.

Currently, we are seeking:
5 Building Maintenance Technicians
1 Inventory Analyst
6 Receiving, Shipping, and Warehouse Associates
1 Product Manager
2 Security Officers

[158-D]Applicants should log in to our Web site at www.fashionit.com/jobs. Choose one or more jobs of interest and fill out the application(s). After you submit the form, you will receive a confirmation via e-mail. [160]If we are interested in interviewing you, we will contact you within 14 days. [158-B]All applications will be kept on file for 12 months.

공고: Fashion-It사 취업 기회

[158-C]Fashion-It사는 현재 저희의 새로운 본사의 일자리를 위한 지원서를 받고 있습니다. 저희는 국내에서 가장 인기 있는 의류 체인점들 중 하나를 운영하고 있습니다. 지원자들은 저희의 급여와 혜택이 저희의 경쟁사들과 비슷하거나 오히려 더 좋다는 것을 알게 될 것입니다. [158-A]저희의 근무 환경은 최고이며, 훌륭한 시설들과 배려하고 도와주는 직원들이 있습니다. 수천 명의 저희 직원들이 Fashion-It사가 일하기 가장 좋은 회사들 중 하나라는 것을 증명할 수 있습니다.

현재, 저희가 구하는 것은:
건물 유지 관리 기술자들 5명
재고 분석가 1명
수취, 배송, 그리고 창고 직원들 6명
제품 관리자 1명
보안 담당자들 2명

[158-D]지원자들은 저희의 웹사이트인 www.fashionit.com/jobs에 로그인하셔야 합니다. 관심이 있는 한 개나 그 이상의 일자리를 선택하셔서 지원서(들)를 작성하십시오. 양식을 제출하고 나면, 이메일로 확인서를 받을 것입니다. [160]만약에 저희가 여러분을 면접 보는 것에 관심이 있다면, 14일 이내에 여러분께 연락드릴 것입니다. [158-B]모든 지원서는 12개월간 파일로 보관될 것입니다.

어휘 □ **application** n. 지원서, 신청서
□ **second-to-none** adj. 최고인, 제일의
□ **testify** v. 증명하다, 증언하다
□ **specialist** n. 전문가, 전공자
□ **security** n. 보안, 정비
□ **on file** phr. 파일로 만들어, 정리 보관되어

□ **position** n. 일자리, 위치
□ **quality** adj. 훌륭한, 고급의; n. 질
□ **seek** v. 구하다, 찾다
□ **inventory** n. 재고, 물품
□ **confirmation** n. 확인서, 확인

□ **wage** n. 급여, 임금
□ **caring** adj. 배려하는, 보살피는
□ **technician** n. 기술자, 기능공
□ **analyst** n. 분석가
□ **via** prep. ~을 통해, 경유하여

158

What is NOT indicated about Fashion-It?

(A) It offers its employees excellent working conditions.
(B) It stores job applications for one year.
(C) It is recruiting employees for several branches.
(D) It operates an online recruitment page.

Fashion-It사에 대해 언급되지 않은 것은?

(A) 직원들에게 훌륭한 근무 환경을 제공한다.
(B) 일 년 동안 입사 지원서를 보관한다.
(C) 몇 개의 지점의 직원을 채용하고 있다.
(D) 온라인 채용 페이지를 운영한다.

■ Not/True Not 문제

정답 (C)

질문의 핵심 어구인 Fashion-It과 관련된 내용을 지문에서 찾아 각 보기와 대조하는 Not/True 문제이다. (A)는 'Our work environment is second-to-none, with quality facilities and a caring, supportive staff.'에서 Fashion-It사의 근무 환경은 최고이며 훌륭한 시설들과 배려하고 도와주는 직원들이 있다고 했으므로 지문의 내용과 일치한다. (B)는 'All applications will be kept on file for 12 months.'에서 모든 지원서는 12개월간 파일로 보관될 것이라고 했으므로 지문의 내용과 일치한다. (C)는 'Fashion-It is now accepting applications for positions at our new headquarters.'에서 Fashion-It사는 현재 새로운 본사의 일자리를 위한 지원서를 받고 있다고 했으므로 지문의 내용과 일치하지 않는다. 따라서 (C)가 정답이다. (D)는 'Applicants should log in to our Web site at www.fashionit.com/jobs. Choose one or more jobs of interest and fill out the application(s).'에서 지원자들은 Fashion-It사의 웹사이트에 로그인해서 관심이 있는 일자리를 선택하여 지원서를 작성하라고 했으므로 지문의 내용과 일치한다.

바꾸어 표현하기

work environment is second-to-none 근무 환경이 최고이다 → excellent working conditions 훌륭한 근무 환경

어휘 **job application** phr. 입사 지원(서) **operate** v. 운영하다, 경영하다

<table>
<tr>
<td>

159

○○○●●
중

The word "chains" in paragraph 1, line 2, is closest in meaning to

(A) lines
(B) enterprises
(C) associations
(D) series

</td>
<td>

1문단 두 번째 줄의 단어 "chains"는 의미상 -와 가장 가깝다.

(A) 상품 종류
(B) 기업
(C) 협회
(D) 시리즈

</td>
</tr>
</table>

■ **동의어**   정답 (B)

chains를 포함하는 구절 'We manage one of the most popular clothing chains in the country.'에서 chains가 '체인점들'이라는 뜻으로 사용되었다. 따라서 '기업'이라는 뜻을 가진 (B)가 정답이다.

<table>
<tr>
<td>

160

○○○●●
중

According to the notice, what will happen within two weeks of an application being submitted?

(A) More job openings will be posted.
(B) Fashion-It will begin training new members of staff.
(C) The new store will officially open to the public.
(D) Applicants who have been selected will be notified.

</td>
<td>

공고에 따르면, 지원서가 제출된 후 2주 이내에 무슨 일이 일어날 것인가?

(A) 더 많은 구인 공고가 게시될 것이다.
(B) Fashion-It사가 새로운 직원들을 교육하기 시작할 것이다.
(C) 새로운 상점이 대중에게 공식적으로 공개될 것이다.
(D) 선발된 지원자들이 통지를 받을 것이다.

</td>
</tr>
</table>

■ **육하원칙** What   정답 (D)

지원서가 제출된 후 2주 이내에 무슨(what) 일이 일어날 것인지를 묻는 육하원칙 문제이다. 질문의 핵심 어구인 two weeks of an application being submitted와 관련하여, 'If we are interested in interviewing you, we will contact you within 14 days.'에서 저희, 즉 Fashion-It사에서 만약에 지원자들의 면접을 보는 것에 관심이 있다면 14일 이내에 연락할 것이라고 했으므로 (D)가 정답이다.

어휘   **officially** adv. 공식적으로

To: Jason Minkovski <admin@hepfordrealestate.com>
From: Angela Johnstone <president@hepfordrealestate.com>
Date: April 23
Subject: Conference arrangements

Hello Jason,

[162]I've been invited to speak at the Great Lakes Real Estate Convention between June 18 and 21. It's taking place in Milwaukee, so [161]could you book a flight for me that departs the day before the conference begins? An economy class ticket is fine as Milwaukee is just a short flight from here in Chicago.

Also, while I'm in the Midwest, [163]I should stop by the Minneapolis branch and see how the new regional manager, Beryl Twispe, is getting along in her new position. Could you contact her and find out if this would be a good time for me to visit? If so, I would prefer traveling to Minneapolis by train, but I am not sure if it is a reasonable option. However, if a train trip will take too long, go ahead and make reservations for a flight out of Milwaukee.

[161/162]I'd like to depart the day after the conference ends, [161]and I'll also require accommodation in Minneapolis. You don't have to take care of the arrangements for my stay in Milwaukee as I was informed by the organizer of the convention, Brenda Orson, that she will deal with my hotel, local transport, and meals. If you need to coordinate with her, you can call (612) 555-3991.

Thank you, and let me know the details when you have them.

Best wishes,

Angela Johnstone

수신: Jason Minkovski
　　　<admin@hepfordrealestate.com>
발신: Angela Johnstone
　　　<president@hepfordrealestate.com>
날짜: 4월 23일
제목: 회의 준비

안녕하세요 Jason,

[162]저는 6월 18일부터 21일까지 열리는 Great Lakes 부동산 회의에서 연설을 하기로 초대받았습니다. 회의는 밀워키에서 열리니, 저를 위해 [161]회의가 시작되기 하루 전에 출발하는 항공편을 예약해주실 수 있나요? 이곳 시카고에서 밀워키로의 비행은 얼마 걸리지 않으니 이코노미석 표도 괜찮습니다.

또한, 제가 중서부에 있는 동안 [163]저는 미니애폴리스 지점에 들러서 새로운 지점장인 Beryl Twispe가 그녀의 새로운 자리에서 어떻게 지내고 있는지 확인해야 합니다. 그녀에게 연락해서 이때가 제가 방문하기에 좋은 시기인지 알아봐 주시겠습니까? 만약 그렇다면, 저는 미니애폴리스까지 기차를 타고 가는 것을 선호합니다만, 그것이 합리적인 선택인지는 잘 모르겠습니다. 그러나 만약 기차로 이동하는 것이 너무 오래 걸린다면, 밀워키에서 출발하는 항공편을 예약해주십시오.

[161/162]저는 회의가 끝난 다음 날에 출발하고 싶으며, [161]미니애폴리스에서의 숙소 또한 필요할 것입니다. 회의의 주최자인 Brenda Orson에게 그녀가 제 호텔, 지역 교통, 그리고 식사를 처리하겠다고 들었으니 밀워키에서 제가 지내는 것에 대한 준비는 신경 쓰지 않아도 됩니다. 만약 그녀와 조정해야 한다면, (612) 555-3991로 전화하시면 됩니다.

감사드리며, 세부 사항이 정해지면 제게 알려주십시오.

Angela Johnstone 드림

어휘　□ conference n. 회의, 회담
　　　□ depart v. 출발하다, 떠나다
　　　□ stop by phr. 들르다
　　　□ reasonable adj. 합리적인, 타당한
　　　□ deal with phr. 처리하다

□ arrangement n. 준비, 마련
□ economy class phr. (비행기의) 이코노미석, 일반석
□ get along phr. 지내다, 해나가다
□ organizer n. 주최자
□ transport n. 교통, 수송

□ real estate phr. 부동산, 부동산 중개업

□ prefer v. 선호하다
□ convention n. 회의, 집회
□ coordinate v. 조정하다

Why did Ms. Johnstone write to Mr. Minkovski?

(A) To invite him to be a guest speaker at an event
(B) To request that he make arrangements for a trip
(C) To suggest he register for a convention
(D) To ask for a progress report from the Minneapolis branch

Ms. Johnstone은 왜 Mr. Minkovski에게 이메일을 썼는가?

(A) 행사의 초청 연사로 초대하기 위해
(B) 출장 준비를 하도록 요청하기 위해
(C) 회의에 등록하는 것을 제안하기 위해
(D) 미니애폴리스 지점으로부터의 경과 보고서를 요청하기 위해

■ **주제/목적 찾기** 글을 쓴 이유　　　　　　　　　　　　　　　　　　　　　　　　　　　　　　　　　　정답 (B)

Ms. Johnstone이 Mr. Minkovski에게 이메일을 쓴 이유를 묻는 목적 찾기 문제이다. 특별히 이 문제는 전체 지문을 요약하여 주제를 찾아야 한다. 'could you book a flight for me that departs the day before the conference begins'에서 Ms. Johnstone이 Mr. Minkovski에게 회의가 시작하기 하루 전에 출발하는 항공편을 예약해줄 수 있는지를 물었고, 'I'd like to depart the day after the conference ends, and I'll also require accommodation in Minneapolis.'에서는 회의가 끝난 다음 날에 출발하고 싶으며 미니애폴리스에서의 숙소 또한 필요할 것이라고 했으므로 (B)가 정답이다.

어휘　guest speaker　phr. 초청 연사　progress report　phr. 경과 보고서

When will Ms. Johnstone leave Milwaukee?

(A) On June 17
(B) On June 18
(C) On June 21
(D) On June 22

Ms. Johnstone은 언제 밀워키를 떠날 것인가?

(A) 6월 17일에
(B) 6월 18일에
(C) 6월 21일에
(D) 6월 22일에

■ **육하원칙** When　　정답 (D)

Ms. Johnstone이 언제(When) 밀워키를 떠날 것인지를 묻는 육하원칙 문제이다. 질문의 핵심 어구인 Ms. Johnstone leave Milwaukee와 관련하여, 'I've been invited to speak at the Great Lakes Real Estate Convention between June 18 and 21. It's taking place in Milwaukee'에서 6월 18일부터 21일까지 밀워키에서 열리는 Great Lakes 부동산 회의에서 연설을 하기로 초대받았다고 했고, 'I'd like to depart the day after the conference ends'에서 회의가 끝난 다음 날에 출발하고 싶다고 했으므로 Ms. Johnstone은 회의가 끝나는 21일의 다음 날인 22일에 밀워키를 떠날 것임을 알 수 있다. 따라서 (D)가 정답이다.

What has Mr. Minkovski been asked to find out?

(A) The duration of a trip to the Midwest
(B) The cost of hotel accommodation in Milwaukee
(C) The availability of a regional manager for a visit
(D) The location of the upcoming convention

Mr. Minkovski는 무엇을 알아보도록 요청받았는가?

(A) 중서부로의 출장 기간
(B) 밀워키에서의 호텔 숙박 비용
(C) 지점장을 방문하는 것의 가능 여부
(D) 곧 있을 회의의 장소

■ **육하원칙** What　　정답 (C)

Mr. Minkovski가 무엇(What)을 알아보도록 요청받았는지를 묻는 육하원칙 문제이다. 질문의 핵심 어구인 Mr. Minkovski been asked to find out과 관련하여, 'I should stop by the Minneapolis branch and see how the new regional manager, Beryl Twispe, is getting along in her new position. Could you contact her and find out if this would be a good time for me to visit?'에서 저, 즉 Ms. Johnstone이 미니애폴리스 지점에 들러서 새로운 지점장인 Beryl Twispe가 그녀의 새로운 자리에서 어떻게 지내고 있는지 확인해야 한다고 한 후, 그녀에게 연락해서 이때가 방문하기에 좋은 시기인지 알아봐 달라고 했으므로 (C)가 정답이다.

어휘　duration　n. 기간, 지속

Tom Estrada	18:42

Good afternoon from Apex Cable TV. How may I help you today?

Alyssa Munro	18:43

Hi. [164]I need help accessing movies using Movies On Demand.

Tom Estrada	18:44

OK. Please give me a moment to open your account details on my computer.

Tom Estrada	18:45

Thank you for waiting. It appears that you are not subscribed to our Movies On Demand service.

Alyssa Munro	18:45

Oh, really? I thought it was part of my subscription.

Tom Estrada	18:46

Well, our records show that [165-D]you have the standard plan. This doesn't give you full access to our movie channels.

Alyssa Munro	18:47

Will I need to change my plan if I want Movies On Demand?

Tom Estrada	18:47

[166]You can add the service to your present plan. It costs an extra $8.99 a month. Would you like me to add it now?

Alyssa Munro	18:48

[167]Do you need my credit card number? I don't have it with me now.

Tom Estrada	18:49

That's all right. [166/167]We can add the charges to your bill, beginning next month.

Alyssa Munro	18:50

[166]OK. Let's go ahead and do that then.

Tom Estrada 18시 42분
안녕하세요, Apex 케이블 TV입니다. 오늘 제가 어떻게 도와드릴까요?

Alyssa Munro 18시 43분
안녕하세요. [164]Movies On Demand를 사용해서 영화를 이용하는 데 도움이 필요합니다.

Tom Estrada 18시 44분
알겠습니다. 제 컴퓨터에서 귀하의 계정 세부 사항을 열어볼 테니 잠시만 기다려주세요.

Tom Estrada 18시 45분
기다려주셔서 감사합니다. 귀하께서는 저희의 Movies On Demand 서비스에 가입되어 있지 않으신 것 같습니다.

Alyssa Munro 18시 45분
아, 정말요? 저는 그게 제 가입 내역에 포함되어 있다고 생각했는데요.

Tom Estrada 18시 46분
음, 저희 기록은 [165-D]귀하께서 일반 요금제를 이용하신다고 보여줍니다. 이 요금제는 귀하께 저희 영화 채널에 대한 전체 이용 권한을 드리지 않습니다.

Alyssa Munro 18시 47분
제가 만약 Movies On Demand를 원하면 제 요금제를 변경해야 할까요?

Tom Estrada 18시 47분
[166]귀하의 현재 요금제에 그 서비스를 추가하실 수 있습니다. 한 달에 8.99달러가 추가로 듭니다. 지금 제가 추가해드리길 원하시나요?

Alyssa Munro 18시 48분
[167]제 신용카드 번호가 필요하신가요? 지금 제가 카드를 갖고 있지 않아요.

Tom Estrada 18시 49분
괜찮습니다. [166/167]저희가 귀하의 청구서에 다음 달부터 그 요금을 추가할 수 있습니다.

Alyssa Munro 18시 50분
[166]알겠습니다. 그럼 그렇게 해주세요.

어휘 □ **access** v. 이용하다, 접속하다; n. 이용 권한　　□ **movies on demand** phr. 주문형 영화(사용자의 요청에 따라 즉각적으로 제공되는 영화 서비스)
　　□ **account** n. 계정, 계좌　　□ **appear** v. ~인 것 같다, 나타나다　　□ **subscribe** v. 가입하다, 신청하다
　　□ **present** adj. 현재의, 참석한

164

What does Ms. Munro need assistance with?

(A) Setting a favorite channel
(B) Renewing a subscription
(C) Gaining access to a service
(D) Repairing a faulty connection

Ms. Munro는 무엇에 대해 도움이 필요한가?

(A) 좋아하는 채널을 설정하는 것
(B) 가입을 갱신하는 것
(C) 서비스에 대한 이용 권한을 얻는 것
(D) 불완전한 연결을 수리하는 것

■ **육하원칙** What 　　　　　　　　　　　　　　　　　　　　　　　　　　　　　　　　정답 (C)

Ms. Munro가 무엇(What)에 대해 도움이 필요한지를 묻는 육하원칙 문제이다. 질문의 핵심 어구인 Ms. Munro need assistance with와 관련하여, 'I need help accessing movies using Movies On Demand.'에서 Ms. Munro가 Movies On Demand라는 서비스를 사용해서 영화를 이용하는 데 도움이 필요하다고 했으므로 (C)가 정답이다.

어휘 **renew** v. 갱신하다, 연장하다　**faulty** adj. 불완전한, 결함이 있는, 잘못된

What is indicated about the standard plan?

(A) It is valid for a period of one year.
(B) It costs less than competitors' packages.
(C) It is being offered at a promotional rate.
(D) It provides limited access to movie channels.

일반 요금제에 대해 언급된 것은?

(A) 일 년의 기간 동안 유효하다.
(B) 경쟁사의 패키지보다 가격이 낮다.
(C) 판촉 요금으로 제공되고 있다.
(D) 영화 채널에 제한된 이용 권한을 제공한다.

■ **Not/True** True 문제

정답 (D)

질문의 핵심 어구인 the standard plan과 관련된 내용을 지문에서 찾아 각 보기와 대조하는 Not/True 문제이다. (A), (B), (C)는 지문에 언급되지 않은 내용이다. (D)는 'you have the standard plan. This doesn't give you full access to our movie channels.'에서 Tom Estrada가 Ms. Munro는 일반 요금제를 이용하는데 이 요금제는 영화 채널에 대한 전체 이용 권한을 주지 않는다고 했으므로 지문의 내용과 일치한다. 따라서 (D)가 정답이다.

바꾸어 표현하기

doesn't give you full access to our movie channels 영화 채널에 대한 전체 이용 권한을 주지 않는다
→ provides limited access to movie channels 영화 채널에 제한된 이용 권한을 제공하다

어휘 **valid** adj. 유효한, 정당한 **competitor** n. 경쟁사, 경쟁자 **promotional** adj. 판촉의, 승진의 **rate** n. 요금, 비율; v. 평가하다

What can be inferred about Ms. Munro?

(A) She will pay a higher monthly fee.
(B) She will cancel a membership.
(C) She cannot get a good cable signal.
(D) She was not approved for a credit card.

Ms. Munro에 대해 추론될 수 있는 것은?

(A) 더 높은 월별 요금을 낼 것이다.
(B) 회원권을 취소할 것이다.
(C) 만족스러운 케이블 신호를 받지 못하고 있다.
(D) 신용카드가 승인되지 않았다.

■ **추론** 세부 정보

정답 (A)

질문의 핵심 어구인 Ms. Munro에 대해 추론하는 문제이다. 'You can add the service to your present plan. It costs an extra $8.99 a month.'와 'We can add the charges to your bill, beginning next month.'에서 Mr. Estrada가 Ms. Munro의 현재 요금제에 그 서비스, 즉 Movies On Demand 서비스를 추가할 수 있으며 한 달에 8.99달러가 추가로 드는데 이를 다음 달부터 청구서에 추가해 줄 수 있다고 하자, 'OK. Let's go ahead and do that then.'에서 Ms. Munro가 알겠다며 그렇게 해달라고 했으므로 Ms. Munro가 앞으로 더 높은 월별 요금을 낼 것이라는 사실을 추론할 수 있다. 따라서 (A)가 정답이다.

바꾸어 표현하기

costs an extra $8.99 a month 한 달에 8.99달러가 추가로 든다 → pay a higher monthly fee 더 높은 월별 요금을 내다

At 18:49, what does Mr. Estrada mean when he writes, "That's all right"?

(A) He will ask about the credit card number later.
(B) He thinks a charge will be canceled.
(C) He has received payment for a bill.
(D) He does not require some information.

18시 49분에, Mr. Estrada가 "That's all right"이라고 썼을 때 그가 의도한 것은?

(A) 신용카드 번호를 나중에 물어볼 것이다.
(B) 요금이 취소될 것이라 생각한다.
(C) 청구서에 대한 지불을 받았다.
(D) 어떤 정보를 필요로 하지 않는다.

■ **의도 파악**

정답 (D)

Mr. Estrada가 의도한 것을 묻는 문제이므로, 질문의 인용어구(That's all right)가 언급된 주변 문맥을 확인한다. 'Do you need my credit card number? I don't have it with me now.'에서 Alyssa Munro가 자신의 신용카드 번호가 필요한지 물으면서 지금 카드를 갖고 있지 않다고 하자, Mr. Estrada가 'That's all right.'(괜찮습니다)라고 한 후, 'We can add the charges to your bill, beginning next month.'에서 Ms. Munro의 청구서에 다음 달부터 요금을 추가할 수 있다고 한 것을 통해 Mr. Estrada가 Ms. Munro의 신용카드 번호를 필요로 하지 않는다는 것을 알 수 있다. 따라서 (D)가 정답이다.

바꾸어 표현하기

need my credit card number 신용카드 번호가 필요하다 → require some information 어떤 정보를 필요로 하다

Satisfy your Craving for Sweets at Katie's Cupcakes!

For the most delicious cupcakes you'll ever taste, head to Katie's Cupcakes at 637 Elm Street in downtown Lavington! — [1] —. We can make over 50 flavor combinations of cake, filling, and frosting. Whether you like more traditional cupcake flavors or more exotic kinds, like mint and pumpkin, Katie's Cupcakes can fulfill your craving without ruining your diet. 168-BNearly half of our items are low in both sugar and fat, making them great for those limiting their caloric intake. — [2] —. 168-D/171We promise that, upon your request, any of our delicious treats can be baked free of sugar, gluten, lactose, or nuts or can be made specially for diabetics.

These days, many people use cupcake arrangements instead of traditional cakes for weddings, birthdays, and other celebrations. — [3] —. 168-CKatie's Cupcakes can customize an arrangement in any color and flavor, for any occasion. Stop by any time to check out examples of our work. 170Those placing an order for a cupcake arrangement in June will receive a 10 percent discount!

Katie's Cupcakes is open Monday through Saturday from 8 A.M. to 4 P.M. 169Samples are always available, so drop by soon and satisfy your taste buds. — [4] —.

Katie's Cupcakes에서 당신의 디저트에 대한 열망을 만족시키세요!

당신이 맛볼 가장 맛있는 컵케이크를 위해 Lavington 시내의 637번지 Elm가에 있는 Katie's Cupcakes로 향하세요! — [1] —. 저희는 케이크, 속 재료, 프로스팅의 50가지 이상의 맛 조합들을 만들 수 있습니다. 당신이 보다 전통적인 컵케이크 맛을 좋아하든 민트나 호박과 같이 보다 이국적인 종류를 좋아하든, Katie's Cupcakes는 당신의 열망을 당신의 식습관을 망가뜨리지 않고 만족시킬 수 있습니다. 168-B저희 제품의 거의 절반은 설탕과 지방 함량이 낮아서, 칼로리 섭취를 제한하시는 분들께 좋습니다. — [2] —. 168-D/171저희는 당신의 요구에 따라 저희의 모든 맛있는 컵케이크들이 설탕, 글루텐, 젖당, 혹은 견과류 없이 구워지거나 당뇨병 환자들을 위해 특별히 만들어질 수 있다는 것을 약속드립니다.

요즘에는 많은 사람들이 결혼식, 생일, 그리고 다른 축하 행사를 위해 전통적인 케이크 대신에 컵케이크 장식을 사용합니다. — [3] —. 168-CKatie's Cupcakes는 어떠한 행사를 위해서든 어떤 색깔이나 맛으로도 장식을 주문 제작해드릴 수 있습니다. 저희의 작품 견본들을 확인하기 위해 언제든지 들르세요. 1706월에 컵케이크 장식을 주문하시는 분들은 10퍼센트 할인을 받을 것입니다!

Katie's Cupcakes는 월요일부터 토요일 오전 8시부터 오후 4시까지 영업합니다. 169시식은 언제든지 가능하니, 빨리 들르셔서 당신의 미각 기관을 만족시키세요. — [4] —.

어휘		
□ craving n. 열망, 갈망	□ taste v. 맛보다; n. 맛	□ combination n. 조합, 결합
□ filling n. 속 재료, (음식의) 소	□ frosting n. 프로스팅(케이크 겉에 입히는 설탕)	□ traditional adj. 전통적인
□ exotic adj. 이국적인, 외국의	□ fulfill v. 성취하다, 실현하다	□ ruin v. 망치다, 파산시키다
□ limit v. 제한하다; n. 제한	□ caloric intake phr. 칼로리 섭취, 섭취열량	□ lactose n. 젖당
□ diabetic n. 당뇨병 환자; adj. 당뇨병의	□ sample n. 시식, 표본; v. 시식하다	□ drop by phr. 들르다
□ taste bud phr. 미각 기관, 미뢰		

168

What is NOT indicated about Katie's Cupcakes' products?

(A) They were promoted in a magazine article.
(B) Some of them come in low calorie varieties.
(C) They can be tailored to customers' preferences.
(D) Some of them are appropriate for diabetics.

Katie's Cupcakes의 제품들에 대해 언급되지 않은 것은?

(A) 잡지 기사에서 홍보되었다.
(B) 일부는 저칼로리 종류로 나온다.
(C) 고객들의 선호에 따라 맞춤 제작될 수 있다.
(D) 일부는 당뇨병 환자들에게 적합하다.

■ Not/True Not 문제   정답 (A)

질문의 핵심 어구인 Katie's Cupcakes' products와 관련된 내용을 지문에서 찾아 각 보기와 대조하는 Not/True 문제이다. (A)는 지문에 언급되지 않은 내용이다. 따라서 (A)가 정답이다. (B)는 'Nearly half of our items are low in both sugar and fat, making them great for those limiting their caloric intake.'에서 제품의 거의 절반이 설탕과 지방 함량이 낮아서 칼로리 섭취를 제한하는 사람들에게 좋다고 했으므로 지문의 내용과 일치한다. (C)는 'Katie's Cupcakes can customize an arrangement in any color and flavor, for any occasion.'에서 Katie's Cupcakes가 어떠한 행사를 위해서든 어떤 색깔이나 맛으로도 컵케이크 장식을 주문 제작해줄 수 있다고 했으므로 지문의 내용과 일치한다. (D)는 'We promise that ~ any of our delicious treats ~ can be made specially for diabetics.'에서 당뇨병 환자들을 위해 컵케이크들이 특별히 만들어질 수 있다고 했으므로 지문의 내용과 일치한다.

바꾸어 표현하기
can customize 주문 제작할 수 있다 → can be tailored 맞춤 제작될 수 있다

어휘   promote v. 홍보하다, 촉진하다   come v. (상품 등이) 나오다, 일어나다, 오다   variety n. 종류, 다양성   tailor v. (요구·조건 등에) 맞추어 만들다
     preference n. 선호, 애호

According to the advertisement, what does Katie's Cupcakes do for its customers?

(A) Provides delivery to them for a small fee
(B) Allows them to taste products for free
(C) Prints ingredients on packaging materials
(D) Transports special arrangements to event venues

광고에 따르면, Katie's Cupcakes는 고객들을 위해 무엇을 하는가?

(A) 소정의 비용으로 배달을 제공한다
(B) 무료로 제품들을 맛볼 수 있게 한다
(C) 포장지에 성분들을 인쇄한다
(D) 특별 장식을 행사 장소에 운송한다

■ 육하원칙 What　　　　　　　　　　　　　　　　　　　　　정답 (B)

Katie's Cupcakes가 고객들을 위해 무엇(what)을 하는지를 묻는 육하원칙 문제이다. 질문의 핵심 어구인 Katie's Cupcakes do for its customers와 관련하여, 'Samples are always available'에서 시식이 언제든지 가능하다고 했으므로 (B)가 정답이다.

바꾸어 표현하기
Samples 시식 → taste products for free 무료로 제품들을 맛보다

How can customers get a discount on cupcake arrangements?

(A) By attending a sampling session
(B) By ordering during a specific period
(C) By submitting a coupon at an establishment
(D) By answering a customer questionnaire

고객들은 어떻게 컵케이크 장식에 대한 할인을 받을 수 있는가?

(A) 시식 시간에 참석함으로써
(B) 특정 기간 중에 주문함으로써
(C) 상점에서 쿠폰을 제시함으로써
(D) 고객 설문 조사에 답함으로써

■ 육하원칙 How　　　　　　　　　　　　　　　　　　　　　정답 (B)

고객들이 어떻게(How) 컵케이크 장식에 대한 할인을 받을 수 있는지를 묻는 육하원칙 문제이다. 질문의 핵심 어구인 customers get a discount on cupcake arrangements와 관련하여, 'Those placing an order for a cupcake arrangement in June will receive a 10 percent discount!'에서 6월에 컵케이크 장식을 주문하는 사람들은 10퍼센트 할인을 받을 것이라고 했으므로 (B)가 정답이다.

바꾸어 표현하기
placing an order 주문하는 것 → ordering 주문하는 것

어휘　session n. 시간, 기간　specific adj. 특정한, 구체적인　establishment n. 상점, 시설　questionnaire n. 설문 조사

In which of the positions marked [1], [2], [3], and [4] does the following sentence best belong?

"And for those with dietary restrictions, we offer an array of options."

(A) [1]
(B) [2]
(C) [3]
(D) [4]

[1], [2], [3], [4]로 표시된 위치 중, 다음 문장이 들어갈 곳으로 가장 적절한 것은?

"또한 식단 제한이 있는 분들을 위해, 저희는 여러 선택권들을 제공합니다."

(A) [1]
(B) [2]
(C) [3]
(D) [4]

■ 문장 위치 찾기　　　　　　　　　　　　　　　　　　　　　정답 (B)

지문의 흐름상 주어진 문장이 들어가기에 가장 적절한 곳을 고르는 문제이다. 주어진 문장에서 또한 식단 제한이 있는 사람들을 위해 여러 선택권들을 제공한다고 했으므로 이 문장이 식단 제한이 있는 사람들을 위한 선택권들에 대해 언급하는 부분에 들어가야 함을 알 수 있다. [2]의 뒤 문장인 'We promise that, upon your request, any of our delicious treats can be baked free of sugar, gluten, lactose, or nuts or can be made specially for diabetics.'에서 Katie's Cupcakes는 고객의 요구에 따라 상점의 컵케이크들이 설탕, 글루텐, 젖당 혹은 견과류 없이 구워지거나 당뇨병 환자들을 위해 특별히 만들어질 수 있다고 했으므로, [2]에 제시된 문장이 들어가면 Katie's Cupcakes는 식단 제한이 있는 사람들을 위해 여러 선택권들을 제공하는데, 그 예로 상점의 컵케이크들이 설탕, 글루텐, 젖당 혹은 견과류 없이 구워지거나 당뇨병 환자들을 위해 특별히 만들어질 수 있다는 자연스러운 문맥이 된다는 것을 알 수 있다. 따라서 (B)가 정답이다.

어휘　dietary adj. 식단의, 식사의; n. 식단　restriction n. 제한, 규제, 구속　an array of phr. 다수의

Everything Video Opens Store
By Kelly Warren

[172]Everything Video, a pioneer in the used electronics marketplace, recently opened its fourth store, this time in San Diego. With popular branches in Anaheim, Los Angeles, and San Bernardino, the chain's new store, located in the Seaside Mall, is its largest location yet. [173-C]The space boasts an incredible variety of thousands of games for multiple platforms that date back to the 1980s. [173-D]There is also a smaller section of game consoles, handheld players, and an assortment of other vintage video game devices. [173-A]Used movies on videotape or DVD are also available.

Kendra Brown, founder of Everything Video, says, "A lot of people miss owning physical objects." She explained that the shift in recent years to playing games and watching movies online has indirectly created a demand for physical products. "Often, our customers buy these items for sentimental reasons."

[174-B]Not only can customers do some shopping, but Everything Video buys stock as well. [174-D]If you have games, movies, or devices they're interested in, staff offer cash payments or store credit to use at any of their locations in exchange for them.

According to branch manager Dane Cruz, as an introductory special, [174-C]shoppers who buy three games or more will receive a 20 percent discount off their total purchase amount. The offer is valid until August 1 and is only available at the San Diego branch.

Everything Video사가 상점을 열다
Kelly Warren 작성

[172]중고 전자 기기 시장의 개척자인 Everything Video사가 최근 네 번째 상점을 열었는데, 이번에는 샌디에이고 내에서다. 애너하임, 로스앤젤레스, 그리고 샌 버너디노에 있는 인기 있는 지점들과 함께, Seaside 쇼핑몰에 위치한 이 체인의 새로운 상점은 지금까지 중 자사의 가장 큰 상점이다. [173-C]그 공간은 1980년대로 거슬러 올라가는 놀라울 정도로 다양한 수천 개의 다중 플랫폼용 게임들을 자랑한다. [173-D]또한 게임기, 휴대용 게임기, 그리고 다른 다양한 고전 비디오 게임 기기를 위한 더 작은 구역도 있다. [173-A]비디오 테이프 혹은 DVD로 된 중고 영화들도 역시 구매 가능하다.

Everything Video사의 설립자인 Kendra Brown은 "많은 사람들이 물리적인 물건들을 소유하는 것을 그리워합니다."라고 말한다. 그녀는 온라인에서 게임을 하고 영화를 보는 최근 몇 년간의 변화가 물리적인 제품들에 대한 수요를 간접적으로 생성했다고 설명했다. "종종, 저희 고객들은 감성적인 이유로 이러한 제품들을 구매합니다."

[174-B]고객들이 쇼핑을 할 수 있을 뿐만 아니라, Everything Video사가 소장품을 사기도 한다. [174-D]만약 당신이 그들이 관심 있어 하는 게임, 영화, 혹은 기기들을 갖고 있다면, 그것들과 교환으로 직원들이 현금을 지급하거나 어느 지점에서도 쓸 수 있는 상점 적립금을 제공한다.

지점장 Dane Cruz에 따르면, 개점 기념으로 [174-C]3개 이상의 게임을 사는 쇼핑객들은 총 구매액에서 20퍼센트의 할인을 받을 것이다. 이 할인은 8월 1일까지 유효하며 샌디에이고 지점에서만 가능하다.

어휘 □ pioneer n. 개척자, 선구자
□ marketplace n. 시장
□ date back to phr. ~로 거슬러 올라가다
□ vintage adj. 고전적인, 전통 있는
□ physical adj. 물리적인, 물질의
□ demand n. 수요, 요구
□ introductory adj. 출시 기념을 위한, 입문의

□ used adj. 중고의
□ boast v. 자랑하다, 뽐내다
□ game console phr. 게임기
□ device n. 기기, 장치
□ object n. 물건, 목표
□ sentimental adj. 감성적인, 정서적인

□ electronics n. 전자 기기, 전자 장치
□ incredible adj. 놀라운, 믿기 어려운
□ handheld adj. 휴대용의
□ founder n. 설립자
□ indirectly adv. 간접적으로
□ stock n. 소장품, 재고

172

What is the article mainly about?

(A) The launch of a software development firm
(B) A sale on new video games
(C) An expansion of a retail chain
(D) The release of a gaming device

기사는 주로 무엇에 관한 것인가?

(A) 소프트웨어 개발 회사의 사업 착수
(B) 새로운 비디오 게임의 할인 판매
(C) 소매 체인의 확장
(D) 게임기의 출시

■ 주제/목적 찾기 글의 주제

정답 (C)

기사가 주로 무엇에 관한 것인지를 묻는 주제 찾기 문제이므로 지문의 앞부분을 주의 깊게 확인한다. 'Everything Video ~ recently opened its fourth store ~ the chain's new store ~ is its largest location yet.'에서 Everything Video사가 최근 네 번째 상점을 열었으며 이 체인의 새로운 상점이 지금까지 중 자사의 가장 큰 상점이라고 했으므로 (C)가 정답이다.

어휘 expansion n. 확장 retail adj. 소매의; n. 소매업체, 소매업자

173

What is NOT mentioned as a product type that will be sold at the new store?

(A) Secondhand movie DVDs
(B) Videotaped television series
(C) Classic video games
(D) Handheld game consoles

새로운 상점에서 팔릴 제품 종류로 언급되지 않은 것은?

(A) 중고 영화 DVD
(B) 비디오테이프로 녹화된 TV 시리즈
(C) 고전 비디오 게임
(D) 휴대용 게임기

■ Not/True Not 문제

정답 (B)

질문의 핵심 어구인 a product type that will be sold at the new store와 관련된 내용을 지문에서 찾아 각 보기와 대조하는 Not/True 문제이다. (A)는 'Used movies on ~ DVD are also available.'에서 Everything Video사의 새로운 상점에서 DVD로 된 중고 영화들을 구매할 수 있다고 했으므로 지문의 내용과 일치한다. (B)는 지문에 언급되지 않은 내용이다. 따라서 (B)가 정답이다. (C)는 'The space boasts ~ games for multiple platforms that date back to the 1980s.'에서 새로운 상점의 공간은 1980년대로 거슬러 올라가는 다중 플랫폼용 게임들을 자랑한다고 했으므로 지문의 내용과 일치한다. (D)는 'There is also a smaller section of ~ handheld players'에서 상점에 휴대용 게임기를 위한 구역도 있다고 했으므로 지문의 내용과 일치한다.

바꾸어 표현하기
Used 중고의 → Secondhand 중고의
games for multiple platforms that date back to the 1980s 1980년대로 거슬러 올라가는 다중 플랫폼용 게임들
→ Classic video games 고전 비디오 게임

174

What is NOT indicated about Everything Video?

(A) It has a Web site where customers can rent games and videos.
(B) It purchases some items from its customers.
(C) It is offering a special promotion at its San Diego store.
(D) It provides store credit for use at various branches.

Everything Video사에 대해 언급되지 않은 것은?

(A) 고객들이 게임과 비디오를 빌릴 수 있는 웹사이트가 있다.
(B) 고객들로부터 몇몇 물품들을 구매한다.
(C) 샌디에이고 지점에서 특별 판촉 활동을 제공한다.
(D) 다양한 지점에서 사용 가능한 상점 적립금을 제공한다.

■ Not/True Not 문제

정답 (A)

질문의 핵심 어구인 Everything Video와 관련된 내용을 지문에서 찾아 각 보기와 대조하는 Not/True 문제이다. (A)는 지문에 언급되지 않은 내용이다. 따라서 (A)가 정답이다. (B)는 'Not only can customers do some shopping, but Everything Video buys stock as well.'에서 고객들이 쇼핑을 할 수 있을 뿐만 아니라 Everything Video사가 소장품을 사기도 한다고 했으므로 지문의 내용과 일치한다. (C)는 'shoppers who buy three games or more will receive a 20 percent discount off their total purchase amount. The offer ~ is only available at the San Diego branch.'에서 3개 이상의 게임을 사는 쇼핑객들은 총 구매액에서 20퍼센트의 할인을 받을 것이며, 이 할인은 샌디에이고 지점에서만 가능하다고 했으므로 지문의 내용과 일치한다. (D)는 'If you have games, movies, or devices they're interested in, staff offer ~ store credit to use at any of their locations in exchange for them.'에서 만약 고객이 그들, 즉 상점 직원들이 관심 있어 하는 게임, 영화, 혹은 기기들을 갖고 있다면 그것들과 교환으로 직원들이 어느 지점에서도 쓸 수 있는 상점 적립금을 제공한다고 했으므로 지문의 내용과 일치한다.

바꾸어 표현하기
stock 소장품 → some items 몇몇 물품들
at any of their locations 어느 지점에서도 → at various branches 다양한 지점에서

175

The word "shift" in paragraph 2, line 3, is closest in meaning to

(A) period
(B) relocation
(C) swipe
(D) change

2문단 세 번째 줄의 단어 "shift"는 의미상 ~와 가장 가깝다.

(A) 기간
(B) 재배치
(C) 비판
(D) 변화

■ 동의어

정답 (D)

shift를 포함하고 있는 구절 'the shift in recent years to playing games and watching movies online has indirectly created a demand for physical products'에서 shift가 '변화'라는 뜻으로 사용되었다. 따라서 '변화'라는 뜻을 가진 (D)가 정답이다.

Questions 176-180 refer to the following online contact form and e-mail.

176-180은 다음 온라인 연락 양식과 이메일에 관한 문제입니다.

지문 1

Cyprus Software

177-BIf you experience any difficulty with our products, let us know! Simply fill in your contact details below, write us a short message, and then click "send." **One of our staff members will send you an answer as soon as possible.** 177-A/DYou may also go to www.cyprussoftware.com/help to have a live online chat with a customer support agent or to check out our troubleshooting forum to find answers for your questions from our staff or other users.

NAME	Amos Polson
E-MAIL	ampol@digimail.com
PHONE	(509)555-3984

I recently purchased and downloaded a photo-editing program from your site called Picto-Master. 179I have tried installing the software, but at the end of the process, a window popped up informing me of an error. I was not notified this might happen when I purchased the software, so 176I am unsure how to proceed with the installation.

I checked the online forum to find a possible solution, but I was unable to find any post in regard to this specific issue.

176Please contact me about this issue as soon as possible, as I need the program for a photography project I'm working on.

Thank you.

SEND

지문 2

TO: Amos Polson <ampol@digimail.com>
FROM : Client services <clientserv@cyprussoftware.com>
179SUBJECT: Your inquiry
DATE: September 17

Dear Mr. Polson,

Thank you for your message and for purchasing one of Cyprus Software's products. First, I would like to apologize for any inconvenience.

179Generally, the problem you described only occurs when the user's operating system is incompatible with our software. Please check the list of supported operating systems on our Web site. If your operating system isn't listed, you will need to run 178-Aa separate repair program in order to install Picto-Master. After you have run the program, 180-Ayou may try downloading Picto-Master again. 178-AThe repair program may be downloaded from our Web site as well.

If you experience the same problem, 180-Cmake sure that you ⟳

Cyprus Software사

177-B만약 귀하께서 저희 제품과 관련해 어떤 어려움을 겪으신다면, 저희에게 알려주십시오! 아래 귀하의 연락 세부 사항을 작성하시고, 저희에게 짧은 메시지를 써 주신 다음, "전송"을 클릭하시기만 하면 됩니다. 저희의 직원 중 한 명이 귀하께 최대한 빨리 답변을 드릴 것입니다. 177-A/D귀하께서는 또한 고객 지원 직원과 실시간 온라인 채팅을 하거나 저희의 직원 또는 다른 사용자들로부터 귀하의 질문에 대한 답변을 얻기 위해 저희의 문제 해결 포럼을 확인하시려면 www.cyprus software.com/help를 방문하시면 됩니다.

이름	Amos Polson
이메일	ampol@digimail.com
전화	(509)555-3984

저는 최근에 귀하의 사이트에서 Picto-Master라고 불리는 사진 편집 프로그램을 구입하여 다운로드했습니다. 179그 소프트웨어를 설치하려고 시도했지만, 그 과정의 마지막에 저에게 오류를 알리는 창이 나타났습니다. 제가 이 소프트웨어를 구입했을 때 이러한 일이 일어날 수도 있다고 통지받지 않았어서, 176저는 이 설치를 어떻게 진행해야 하는지 잘 모르겠습니다.

저는 가능한 해결책을 찾기 위해 온라인 포럼을 확인하였지만, 이 특정한 문제에 대한 어떠한 게시글도 찾을 수 없었습니다.

제가 지금 작업하는 중인 사진 촬영 프로젝트를 위해 이 프로그램이 필요하기 때문에, 176되도록 빨리 이 문제에 대하여 저에게 연락 주시기 바랍니다.

감사합니다.

전송

수신: Amos Polson <ampol@digimail.com>
발신: 고객 서비스 <clientserv@cyprussoftware.com>
179주제: 귀하의 문의
날짜: 9월 17일

Mr. Polson께,

귀하의 메시지와 Cyprus Software사의 제품 중 하나를 구입해 주신 것에 감사드립니다. 우선, 저는 모든 불편에 대해 사과드리고 싶습니다.

179일반적으로, 귀하께서 설명하신 그 문제는 사용자의 운영 체제가 저희 소프트웨어와 호환되지 않을 때만 발생합니다. 저희의 웹사이트에서 지원되는 운영 체제들의 목록을 확인해주시기 바랍니다. 만약 귀하의 운영 체제가 목록에 언급되어있지 않다면, 178-APicto-Master를 설치하기 위해 별도의 복구 프로그램을 작동시키셔야 할 것입니다. 그 프로그램을 작동시키고 난 뒤에, 180-APicto-Master를 다시 다운로드해 보실 수 있습니다. 178-A이 복구 프로그램 역시 저희 웹사이트에서 다운로드 될 수 있습니다.

만약 귀하께서 같은 문제를 겪으신다면, 180-C반드시 저희

have downloaded the correct file from our site, and not the business or trial versions of the photo-editing software.

사이트에서 그 사진 편집 소프트웨어의 기업용 또는 시험 버전이 아닌 올바른 파일을 다운로드했는지를 확인하십시오.

180-DShould you require further assistance, please don't hesitate to respond to this e-mail or call our 24-hour hotline at 1-800-555-3300.

180-D만약 추가적인 도움이 필요하시면, 이 이메일에 답장을 보내시거나, 저희의 24시간 상담 전화인 1-800-555-3300으로 전화하는 것을 주저하지 마십시오.

지문 1
- □ fill in phr. 작성하다, ~을 채우다
- □ window n. (컴퓨터의) 창, 창구
- □ post n. 게시글, 우편물
- □ troubleshooting n. 문제 해결, 분쟁 조정
- □ pop up phr. 나타나다
- □ specific adj. 특정한, 구체적인
- □ install v. 설치하다, 설비하다
- □ proceed with phr. ~을 진행하다
- □ photography n. 사진 촬영, 사진술

지문 2
- □ inquiry n. 문의, 질문, 연구
- □ occur v. 발생하다, 일어나다
- □ trial adj. 시험의; n. 시험, 실험
- □ apologize v. 사과하다
- □ operating system phr. (컴퓨터) 운영 체제
- □ hesitate v. 주저하다, 망설이다
- □ inconvenience n. 불편, 애로
- □ incompatible adj. 호환성이 없는, 양립할 수 없는
- □ hotline n. 상담 전화, 직통 전화

176

Why did Mr. Polson fill in the online contact form?

(A) To purchase a computer program
(B) To request installation assistance
(C) To put in a work order for photography
(D) To ask about a home security system

Mr. Polson은 왜 온라인 연락 양식을 작성했는가?

(A) 컴퓨터 프로그램을 구입하기 위해
(B) 설치 도움을 요청하기 위해
(C) 사진 촬영의 작업 지도서를 요청하기 위해
(D) 가정 보안 시스템에 대해 문의하기 위해

■ **주제/목적 찾기** 글을 쓴 이유   정답 (B)

Mr. Polson이 온라인 연락 양식을 작성한 이유를 묻는 목적 찾기 문제이므로 Mr. Polson이 작성한 첫 번째 지문인 온라인 연락 양식을 확인한다. 특별히 이 문제는 지문의 중반 이후에 목적 관련 내용이 언급되었음에 주의한다. 온라인 연락 양식의 'I am unsure how to proceed with the installation'에서 설치를 어떻게 진행해야 하는지 잘 모르겠다고 한 후, 'Please contact me about this issue as soon as possible'에서 되도록 빨리 이 문제에 대하여 연락을 달라고 했으므로 (B)가 정답이다.

어휘 **put in** phr. (정식으로) 요청하다 **work order** phr. 작업 지도서

177

What is NOT mentioned as a way clients can get assistance from Cyprus Software?

(A) Browsing an online forum
(B) Submitting an online form
(C) Visiting a branch office
(D) Sending messages in real time

고객들이 Cyprus Software사로부터 도움을 받을 수 있는 방법으로 언급되지 않은 것은?

(A) 온라인 포럼을 둘러보는 것
(B) 온라인 양식을 제출하는 것
(C) 지점을 방문하는 것
(D) 실시간으로 메시지를 보내는 것

■ **Not/True** Not 문제   정답 (C)

질문의 핵심 어구인 a way clients can get assistance from Cyprus Software와 관련된 내용을 지문에서 찾아 각 보기와 대조하는 Not/True 문제이므로 Cyprus Software사로부터 도움을 받을 수 있는 방법이 언급된 첫 번째 지문인 온라인 연락 양식을 확인한다. (A)와 (D)는 'You may also go to www.cyprussoftware.com/help to have a live online chat with a customer support agent or to check out our troubleshooting forum to find answers for your questions from our staff or other users.'에서 고객 지원 식원과 실시간 온라인 채팅을 하거나 식원 또는 다른 사용자들로부터 질문에 대한 답변을 얻기 위해 문제 해결 포럼을 확인하려면 웹사이트를 방문하라고 했으므로 지문의 내용과 일치한다. (B)는 'If you experience any difficulty with our products, ~ write us a short message, and then click "send."'에서 자사 제품과 관련해 어떤 어려움을 겪으면 짧은 메시지를 쓴 후 "전송"을 클릭하라고 했으므로 지문의 내용과 일치한다. (C)는 지문에 언급되지 않은 내용이다. 따라서 (C)가 정답이다.

바꾸어 표현하기

have a live online chat 실시간 온라인 채팅을 하다 → Sending messages in real time 실시간으로 메시지를 보내는 것

어휘 **client** n. 고객, 의뢰인 **browse** v. 둘러보다, 검색하다 **branch office** phr. 지점 **real time** phr. 실시간

178

What is mentioned about Cyprus Software's Web site?

(A) It provides access to a repair program that assists with installation.
(B) It includes instructional manuals for its products.
(C) It promotes a number of items currently being offered at a discount.
(D) It features copies of Cyprus Software's older products.

Cyprus Software사의 웹사이트에 대해 언급된 것은?

(A) 설치를 지원하는 복구 프로그램에 접근을 제공한다.
(B) 자사 제품들을 위한 교육용 안내서들을 포함한다.
(C) 현재 할인가에 제공되고 있는 많은 제품들을 홍보한다.
(D) Cyprus Software사의 이전 제품들의 복사본들을 포함한다.

■ Not/True True 문제   정답 (A)

질문의 핵심 어구인 Cyprus Software's Web site와 관련된 내용을 지문에서 찾아 각 보기와 대조하는 Not/True 문제이므로 Cyprus Software사의 웹사이트와 관련된 내용이 언급된 두 번째 지문인 이메일을 확인한다. (A)는 'a separate repair program in order to install Picto-Master'와 'The repair program may be downloaded from our Web site as well.'에서 Picto-Master를 설치하기 위해 필요한 별도의 복구 프로그램이 Cyprus Software사의 웹사이트에서 다운로드 될 수 있다고 했으므로 지문의 내용과 일치한다. 따라서 (A)가 정답이다. (B), (C), (D)는 지문에 언급되지 않은 내용이다.

179

Why did the pop-up window probably appear on Mr. Polson's computer?

(A) His payment was not accepted by the vendor.
(B) His operating system is not compatible with the software.
(C) He typed in a required access code incorrectly.
(D) He is using an unauthorized version of a program.

Mr. Polson의 컴퓨터에 왜 팝업 창이 나타났던 것 같은가?

(A) 지불이 판매사에 의해 승인되지 않았다.
(B) 운영 체제가 소프트웨어와 호환되지 않는다.
(C) 요구되는 접속 코드를 틀리게 입력했다.
(D) 프로그램의 승인되지 않은 버전을 사용하고 있다.

■ 추론 연계 문제   정답 (B)

두 지문의 내용을 종합적으로 확인한 후 추론해서 풀어야 하는 연계 문제이다. 질문의 핵심 어구인 pop-up window ~ appear on Mr. Polson's computer와 관련된 내용이 언급된 온라인 연락 양식을 먼저 확인한다.

단서 1 첫 번째 지문(온라인 연락 양식)의 'I have tried installing the software, but ~ a window popped up informing me of an error.'에서 자신, 즉 Mr. Polson이 소프트웨어를 설치하려고 시도했지만 오류를 알리는 창이 나타났다고 했다. 그런데 Mr. Polson의 컴퓨터에 오류를 알리는 창이 나타난 이유가 제시되지 않았으므로 이메일에서 관련 내용을 확인한다.

단서 2 두 번째 지문(이메일)의 'SUBJECT: Your inquiry', 'Generally, the problem you described only occurs when the user's operating system is incompatible with our software.'에서 Mr. Polson의 문의와 관련하여 그가 설명한 문제, 즉 설치 시 오류를 알리는 창이 나타나는 문제는 일반적으로 사용자의 운영 체제가 Cyprus Software사의 소프트웨어와 호환되지 않을 때만 발생한다는 것을 확인할 수 있다.

두 단서를 종합할 때, Mr. Polson이 사용하는 운영 체제가 소프트웨어와 호환되지 않기 때문에 컴퓨터에 팝업 창이 나타났을 것이라는 사실을 추론할 수 있다. 따라서 (B)가 정답이다.

180

What is NOT indicated about Cyprus Software?

(A) Its programs can be downloaded multiple times.
(B) It offers on-site service visits via online request.
(C) Its photo-editing program comes in different versions.
(D) It can be contacted for assistance 24 hours a day.

Cyprus Software사에 대해 언급되지 않은 것은?

(A) 프로그램이 여러 번 다운로드될 수 있다.
(B) 온라인 요청을 통해 출장 수리 방문 서비스를 제공한다.
(C) 사진 편집 프로그램이 여러 버전들로 나온다.
(D) 하루 24시간 동안 도움을 받기 위해 연락하는 것이 가능하다.

■ Not/True Not 문제   정답 (B)

질문의 핵심 어구인 Cyprus Software와 관련된 내용을 지문에서 찾아 각 보기와 대조하는 Not/True 문제이므로 Cyprus Software사 고객 서비스에서 보낸 두 번째 지문인 이메일에서 관련 내용을 확인한다. (A)는 'you may try downloading Picto-Master again'에서 Picto-Master 프로그램을 다시 다운로드해볼 수 있다고 했으므로 지문의 내용과 일치한다. (B)는 지문에 언급되지 않은 내용이다. 따라서 (B)가 정답이다. (C)는 'make sure that you have downloaded the correct file from our site, and not the business or trial versions of the photo-editing software'에서 반드시 사이트에서 사진 편집 소프트웨어의 기업용 또는 시험 버전이 아닌 올바른 파일을 다운로드했는지를 확인하라고 한 것에서 사진 편집 프로그램에 여러 버전들이 있음을 알 수 있으므로 지문의 내용과 일치한다. (D)는 'Should you require further assistance, ~ call our 24-hour hotline at 1-800-555-3300.'에서 만약 추가적인 도움이 필요하면 24시간 상담 전화로 전화하라고 했으므로 지문의 내용과 일치한다.

Questions 181-185 refer to the following schedule and e-mail.

181-185는 다음 일정표와 이메일에 관한 문제입니다.

지문 1

Swimming lesson schedule

181/182-BBeginning on July 16, the Cornwood Condominium Homeowners Association, in partnership with the Irwindale Athletics Club (IAC), is hosting a series of swimming lessons for the summer, the details of which are below.

Age and Skill Level	Instructor	Schedule	182-C*Course fee (10 sessions)
Beginners 6-12 years	Coach Eric Moss	Mondays and Thursdays 2 to 6 P.M.	$100
184Advanced 6-12 years	Coach Ty Warren	Wednesdays and Fridays 8 to 10 A.M.	$150
Beginners 12-17 years	Coach Eric Moss	Wednesdays and Fridays 2 to 6 P.M.	$150
Advanced 12-17 years	Coach Kay Sanders	Saturdays 2 to 6 P.M.	$200
Adult 18 years and older	Coach Liza Simmons	Saturdays 9 to 11 A.M.	$250

182-C*A $20 monthly fee for using the pool is included in the fees.

Notes: To join a class, please complete a registration form at the administration office and pay the corresponding fees. 182-DIAC members or groups of four or more are eligible for a course fee discount of 15 percent. For inquiries about the 181swimming lessons or other activities for residents this season, contact Stan Macaulay at s.macaulay@cornwoodhoa.org.

수영 강습 일정표

181/182-B7월 16일부터 Cornwood Condominium 입주자 협회는 어윈데일 운동 클럽(IAC)과 제휴하여 일련의 여름 수영 강습을 개최하며, 세부 사항은 아래에 있습니다.

나이 및 숙련도	강사	일정	182-C*강습 요금 (10회 수업)
초급 6세-12세	Eric Moss 코치	월요일과 목요일 오후 2시부터 6시	100달러
184상급 6세-12세	Ty Warren 코치	수요일과 금요일 오전 8시부터 10시	150달러
초급 12세-17세	Eric Moss 코치	수요일과 금요일 오후 2시부터 6시	150달러
상급 12세-17세	Kay Sanders 코치	토요일 오후 2시부터 6시	200달러
성인 18세 이상	Liza Simmons 코치	토요일 오전 9시부터 11시	250달러

182-C*20달러의 수영장 한 달 이용료가 요금에 포함되어 있습니다.

참고: 수업에 참가하시려면, 관리 사무소에서 등록 양식을 작성하시고 해당하는 요금을 지불하십시오. 182-DIAC 회원들 또는 4명 이상의 단체는 15퍼센트의 강습 요금 할인을 받을 수 있습니다. 181수영 강습이나 이번 시즌의 주민들을 위한 다른 활동들에 관한 문의가 있으시다면, s.macaulay@cornwoodhoa.org로 Stan Macaulay에게 연락하십시오.

지문 2

To: Stan Macaulay <s.macaulay@cornwoodhoa.org>
From: Allan Carpenter <alcarp@diamondmail.com>
Subject: Swimming classes
Date: July 9

Dear Mr. Macaulay,

My name is Allan Carpenter, and I just recently moved into the Cornwood Condominium. 183-C/184I have two teenage daughters, Tamara and Kristin, 184who are interested in signing up for the swim lessons being offered this summer. 183-C/184Tamara is 13 and is already quite an accomplished swimmer, having been a varsity member at her previous school for two years. The younger one, who is 11, 184has had less experience as a swimmer, but she is certainly not a beginner.

I am planning to visit the administration office this week with my daughters to sign them up, but 185I wanted to find out

수신: Stan Macaulay <s.macaulay@cornwoodhoa.org>
발신: Allan Carpenter <alcarp@diamondmail.com>
제목: 수영 수업
날짜: 7월 9일

Mr. Macaulay께,

제 이름은 Allan Carpenter이고, 저는 최근에서야 Cornwood Condominium으로 이사 왔습니다. 183-C/184저에게는 두 명의 십대 딸들인 Tamara와 Kristin이 있는데, 184그들은 이번 여름에 제공되고 있는 수영 강습에 등록하는 데 관심이 있습니다. 183-C/184Tamara는 13살이고 이미 수영을 꽤 잘하는데, 그녀의 이전 학교에서 2년 동안 대표팀 팀원이었습니다. 작은딸은 11살이고, 184수영에 대해서는 경험이 더 적지만, 확실히 초보자는 아닙니다.

저는 제 딸들을 등록시키기 위해 이번 주에 관리 사무소를 방문할 예정인데, 185당신이 지불 방식으로 신용카드를 받으

whether you accept credit cards as a method of payment. Please let me know as soon as it is convenient. Thank you!

Allan Carpenter

시는지 알고 싶습니다. 편하신 대로 알려주십시오. 감사합니다!

Allan Carpenter 드림

181

What is suggested about the Cornwood Condominium Homeowners Association?

(A) Its members do not have to pay course fees.
(B) It is raising funds to build a new pool.
(C) Its office is located in another building.
(D) It has arranged several summer activities.

Cornwood Condominium 입주자 협회에 대해 암시되는 것은?

(A) 회원들은 강습 요금을 내지 않아도 된다.
(B) 새로운 수영장을 건설할 자금을 모으고 있다.
(C) 사무소가 다른 건물에 위치해 있다.
(D) 몇 가지의 여름 활동들을 마련해 놓았다.

■ 추론 세부 정보　　　　　　　　정답 (D)

질문의 핵심 어구인 Cornwood Condominium Homeowners Association에 대해 추론하는 문제이므로 첫 번째 지문인 Cornwood Condominium 입주자 협회가 언급된 일정표에서 관련 내용을 확인한다. 일정표의 'Beginning on July 16, the Cornwood Condominium Homeowners Association ~ is hosting a series of swimming lessons for the summer'에서 7월 16일부터 Cornwood Condominium 입주자 협회가 일련의 여름 수영 강습을 개최한다고 했고, 'swimming lessons or other activities for residents this season'에서 수영 강습 외에도 이번 시즌에 주민들을 위한 다른 활동들이 있다고 했으므로 Cornwood Condominium 입주자 협회가 주민들을 위한 몇 가지의 여름 활동들을 마련해 놓았음을 알 수 있다. 따라서 (D)가 정답이다.

182

What is NOT indicated about the swimming lessons?

(A) They may sometimes take place at an outdoor pool.
(B) They are a joint effort of two organizations.
(C) They include a fee for using the pool.
(D) They are discounted for members of an athletics club.

수영 강습에 대해 언급되지 않은 것은?

(A) 때때로 야외 수영장에서 열릴 수도 있다.
(B) 두 단체의 합동된 노력의 성과이다.
(C) 수영장 이용 요금을 포함한다.
(D) 운동 클럽의 회원들에게는 할인된다.

■ Not/True Not 문제　　　　　　　　정답 (A)

질문의 핵심 어구인 the swimming lessons와 관련된 내용을 지문에서 찾아 각 보기와 대조하는 Not/True 문제이므로, 첫 번째 지문인 수영 강습 일정표에서 관련 내용을 확인한다. (A)는 지문에 언급되지 않은 내용이다. 따라서 (A)가 정답이다. (B)는 'Beginning on July 16, the Cornwood Condominium Homeowners Association, in partnership with the Irwindale Athletics Club (IAC), is hosting a series of swimming lessons for the summer'에서 Cornwood Condominium 입주자 협회가 어윈데일 운동 클럽(IAC)과 제휴하여 일련의 여름 수영 강습을 개최한다고 했으므로 지문의 내용과 일치한다. (C)는 '*Course fee'와 '*A $20 monthly fee for using the pool is included in the fees.'에서 20달러의 수영장 한 달 이용료가 수영 강습 요금에 포함되어 있다고 했으므로 지문의 내용과 일치한다. (D)는 'IAC members ~ are eligible for a course fee discount of 15 percent.'에서 IAC 회원들은 15퍼센트의 강습 요금 할인을 받을 수 있다고 했으므로 지문의 내용과 일치한다.

바꾸어 표현하기
in partnership with ~와 제휴하여 → joint 합동의

What does Mr. Carpenter mention about his eldest daughter?

(A) She already signed up for class.
(B) She recently graduated from school.
(C) She joined a swim team in the past.
(D) She plans to become an IAC member.

Mr. Carpenter가 그의 큰딸에 대해 언급하는 것은?

(A) 이미 수업에 등록했다.
(B) 최근에 학교를 졸업했다.
(C) 과거에 수영팀에 참여했었다.
(D) IAC의 회원이 될 계획이다.

■ Not/True True 문제

정답 (C)

질문의 핵심 어구인 Mr. Carpenter mention about his eldest daughter와 관련된 내용을 지문에서 찾아 각 보기와 대조하는 Not/True 문제이므로, 두 번째 지문인 Mr. Carpenter의 딸과 관련된 내용이 언급된 이메일에서 관련 내용을 확인한다. (A), (B), (D)는 지문에 언급되지 않은 내용이다. (C)는 'I have two teenage daughters, Tamara and Kristin'에서 저, 즉 Mr. Carpenter에게는 십대인 Tamara와 Kristin이라는 두 딸이 있다고 했고, 'Tamara is 13 and is already quite an accomplished swimmer, having been a varsity member at her previous school for two years. The younger one, who is 11'에서 13살인 Tamara는 이미 수영을 꽤 잘 하는데 이전 학교에서 2년 동안 대표팀 팀원이었으며, 작은딸은 11살이라고 했으므로 지문의 내용과 일치한다. 따라서 (C)가 정답이다.

바꾸어 표현하기
having been a varsity member 대표팀 팀원이었다 → joined a swim team in the past 과거에 수영팀에 참여했었다

Which coach will most likely teach Kristin Carpenter's class?

(A) Eric Moss
(B) Ty Warren
(C) Kay Sanders
(D) Liza Simmons

어떤 코치가 Kristin Carpenter의 수업을 가르칠 것 같은가?

(A) Eric Moss
(B) Ty Warren
(C) Kay Sanders
(D) Liza Simmons

■ 추론 연계 문제

정답 (B)

두 지문의 내용을 종합적으로 확인한 후 추론해서 풀어야 하는 연계 문제이다. 질문의 핵심 어구인 coach ~ teach Kristin Carpenter's class와 관련된 내용이 언급된 이메일을 먼저 확인한다.

단서 1 두 번째 지문(이메일)의 'I have two teenage daughters, Tamara and Kristin, who are interested in signing up for the swim lessons'에서 Mr. Carpenter에게는 십대인 Tamara와 Kristin이라는 두 딸이 있는데 그들이 수영 강습에 등록하는 데 관심이 있다고 했고, 'Tamara is 13 ~. The younger one, who is 11, has had less experience as a swimmer, but she is certainly not a beginner.'에서 Tamara는 13살이고 작은딸, 즉 Kristin은 11살이고 수영에 대해서는 경험이 더 적지만 확실히 초보자는 아니라고 했다. 그런데 11살이 초급 수준 이상의 사람이 들을 수 있는 수영 강습을 어떤 코치가 가르치는지 제시되지 않았으므로 일정표에서 관련 내용을 확인한다.

단서 2 첫 번째 지문(일정표)의 'Advanced 6-12 years, Coach Ty Warren'에서 Ty Warren 코치가 6세-12세 대상의 상급반을 가르친다는 것을 확인할 수 있다.

두 단서를 종합했을 때, Ty Warren 코치가 Kristin Carpenter의 수업을 가르칠 것이라는 사실을 추론할 수 있다. 따라서 (B)가 정답이다.

What has Mr. Macaulay been asked to provide?

(A) A complete schedule of activities
(B) Information about a payment method
(C) The contact details of an instructor
(D) Directions to a registration desk

Mr. Macaulay는 무엇을 제공하도록 요청받았는가?

(A) 활동들의 완전한 일정표
(B) 지불 방식에 대한 정보
(C) 강사의 연락처 세부 사항
(D) 등록처로 가는 길 안내

■ 육하원칙 What

정답 (B)

Mr. Macaulay가 무엇(What)을 제공하도록 요청받았는지를 묻는 육하원칙 문제이므로 질문의 핵심 어구인 Mr. Macaulay been asked to provide와 관련된 내용이 언급된 두 번째 지문인 이메일을 확인한다. 이메일의 'I wanted to find out whether you accept credit cards as a method of payment'에서 당신, 즉 Mr. Macaulay가 지불 방식으로 신용 카드를 받는지 알고 싶다고 했으므로 (B)가 정답이다.

Questions 186-190 refer to the following invitation, e-mail, and information.

186-190은 다음 초대장, 이메일, 안내문에 관한 문제입니다.

You are cordially invited to the opening night of
Dance of the Daffodils
An original ballet written by Michelle Adams
Choreographed by Lucas Pasdar, Music by Amy Lin
Performed by the Fraulein Danza Company, New York City

186-A*Dance of the Daffodils* will be performed for the first time at the Gladstone Theater on Friday, May 9. 186-A/DIt will commence at 7:30 P.M. with the choreographer saying a few words about the performance before the curtains rise at 8 o'clock. 186-D/188-BFollowing the performance, lead female dancer Sofia Pinsky and lead male dancer Igor Petrovich will greet guests and sign autographs at a special reception with cocktails and appetizers. 186-BFormal clothing is recommended and confirmation of attendance is required (e-mail events@frauleindanza.com). 186-CThis invitation is for the holder and a guest and must be presented upon entering the theater.

---

*Dance of the Daffodils*의
개막일 밤에 당신을 진심 어린 마음으로 초대합니다
Michelle Adams의 창작 발레
안무 구성 Lucas Pasdar, 음악 Amy Lin
뉴욕시의 Fraulein Danza사 공연

186-A*Dance of the Daffodils*가 5월 9일 금요일 Gladstone 극장에서 처음으로 공연될 것입니다. 186-A/D그것은 8시 정각에 개막하기 전 오후 7시 30분에 안무가가 공연에 대해 간단히 이야기하며 시작할 것입니다. 186-D/188-B공연 이후에는, 칵테일과 전채 요리가 나오는 특별 축하 연회에서 여자 주연 무용수 Sofia Pinsky와 남자 주연 무용수 Igor Petrovich가 손님들에게 인사하고 사인을 해줄 것입니다. 186-B격식 있는 복장이 권고되며 참석 확정이 요구됩니다(events@frauleindanza.com으로 이메일을 보내 주십시오). 186-C이 초대장은 소지자와 한 명의 동반 손님을 위한 것이고 극장 입장 시 제시되어야 합니다.

188-BTO   Lena Reid <lenareid@genericamail.com>
189FROM   Shonda Dixon <shodi@minepost.com>
SUBJECT   Re: Ballet
188-BDATE   May 2

Hi Lena,

189Thanks so much for the invitation! 188-A/189I would love to go with you to the ballet premiere. Fraulein Danza Company has done amazing work at the shows I've seen before, so I'm sure this performance will be fantastic as well. Besides, I'm a really big fan of Sofia Pinsky. 188-BYou must have had a lot of fun interviewing her and Igor Petrovich at their studio yesterday.

188-AI can meet you at the theater at 7:30 on May 9 if you want, or maybe we can get together earlier for dinner. 187-BThere is a nice place right next to the Gladstone Theater called Carlotta's Bistro. Let me know if you'd like to do that.

Thanks again. I am really looking forward to it!

Shonda

188-B수신 Lena Reid <lenareid@genericamail.com>
189발신 Shonda Dixon <shodi@minepost.com>
제목   회신: 발레
188-B날짜 5월 2일

안녕하세요 Lena,

189초대해줘서 정말 고마워요! 188-A/189그 발레 초연에 당신과 함께 가고 싶어요. Fraulein Danza사는 제가 이전에 봤었던 쇼들에서 굉장한 공연을 했어서, 이번 공연도 환상적일 것이라고 확신해요. 게다가, 저는 Sofia Pinsky의 열렬한 팬이에요. 188-B당신은 어제 그녀와 Igor Petrovich를 그들의 연습실에서 인터뷰하면서 매우 즐거웠겠어요.

당신이 원하면 188-A극장에서 5월 9일 7시 30분에 만날 수 있고, 아니면 아마도 저녁을 먹기 위해 더 일찍 만날 수도 있어요. 187-BGladstone 극장 바로 옆에 Carlotta's Bistro라는 훌륭한 곳이 있어요. 그렇게 하고 싶은지 저에게 알려주세요.

다시 한번 고마워요. 정말로 기대되네요!

Shonda 드림

Prima Ballerina: Sofia Pinsky

189The main dancer of this evening's premiere performance, *Dance of the Daffodils*, is prima ballerina Sofia Pinsky from Poland. Ms. Pinsky plays the title character Princess Daffodil, leading a troupe of 30 professional dancers. She trained at the prestigious Warsaw Ballet School and went on to study under famed dancer Alexi Petrov in Moscow. Under his instruction, 190she entered the European National Ballet Competition in St. Petersburg and won second place, which was the first trophy of her career. She has been the lead

---

프리마 발레리나: Sofia Pinsky

189오늘 저녁의 *Dance of the Daffodils* 초연 공연의 주연 무용수는 폴란드 출신의 프리마 발레리나 Sofia Pinsky이다. Ms. Pinsky는 주제인 Daffodil 공주 역할을 맡아, 30명의 전문 무용수 극단을 이끈다. 그녀는 명성 있는 바르샤바 발레 학교에서 수련했고, 이어서 모스크바에서 저명한 무용인 Alexi Petrov 아래에서 교육을 받았다. 그의 지도 하에, 190그녀는 상트페테르부르크에서 유럽 국립 발레 대회에 참가하여 2등을 했고, 이는 그녀의 경력에서의 첫 트로피였다. 그녀는 런던, 뉴욕, 도쿄를 포함하는 전 세계의 도시들의 공연들에서 주연 무용수를 해왔다. Ms. Pinsky는

dancer in performances in cities around the world, including London, New York, and Tokyo. Ms. Pinsky joined the Fraulein Danza Company two years ago and has been performing with them ever since.

2년 전에 Fraulein Danza사에 합류하여 그때부터 그들과 함께 공연해오고 있다.

지문 1 □ **choreograph** v. 안무를 구성하다, 안무를 하다 □ **performance** n. 공연, 연기, 수행 □ **reception** n. 축하 연회, 접수처
□ **greet** v. 인사하다, 환영하다 □ **holder** n. 소지자, 보유자

지문 2 □ **premiere** n. 초연, 개봉; v. 초연하다 □ **studio** n. 연습실, 스튜디오

지문 3 □ **Prima Ballerina** phr. 프리마 발레리나(발레단의 여자 주연 무용수)
□ **title character** phr. 주제역(연극이나 영화의 제목에서 일컬어지는 이름의 역할), 주연 배역 □ **troupe** n. 극단, 공연단
□ **prestigious** adj. 명성 있는, 일류의 □ **famed** adj. 저명한, 명성이 있는 □ **instruction** n. 지도, 지시, 설명
□ **win second place** phr. 2등을 하다

186
○●●●
상

What is NOT indicated about the event on May 9?

(A) It will start 30 minutes before a performance begins.
(B) It has a suggested dress code for guests.
(C) It requires attendees to present invitations.
(D) It includes a reception with dancers at 8:00 P.M.

5월 9일의 행사에 대해 언급되지 않은 것은?

(A) 공연이 시작하기 30분 전에 시작될 것이다.
(B) 손님들에게 권해지는 복장 규정이 있다.
(C) 참석자들이 초대장을 제시할 것을 요구한다.
(D) 오후 8시에 있는 무용수들과의 축하 연회를 포함한다.

■ **Not/True** Not 문제 　　정답 (D)

질문의 핵심 어구인 the event on May 9과 관련된 내용을 지문에서 찾아 각 보기와 대조하는 Not/True 문제이므로 첫 번째 지문인 5월 9일 행사의 초대장에서 관련 내용을 확인한다. (A)는 'Dance of the Daffodils will be performed ~ on Friday, May 9. It will commence at 7:30 P.M. with the choreographer saying a few words ~ before the curtains rise at 8 o'clock.'에서 Dance of the Daffodils가 5월 9일 금요일에 공연될 것이며 8시 정각에 개막하기 전 오후 7시 30분에 안무가가 간단히 이야기하며 시작할 것이라고 했으므로 지문의 내용과 일치한다. (B)는 'Formal clothing is recommended'에서 격식 있는 복장이 권고된다고 했으므로 지문의 내용과 일치한다. (C)는 'This invitation ~ must be presented upon entering the theater.'에서 초대장이 극장 입장 시 제시되어야 한다고 했으므로 지문의 내용과 일치한다. (D)는 '~ curtains rise at 8 o'clock'과 'Following the performance, lead female dancer ~ and lead male dancer ~ will greet guests ~ at a special reception'에서 8시 정각에 개막하는 공연 이후의 특별 축하 연회에서 여자 주연 무용수와 남자 주연 무용수가 손님들에게 인사할 것이라고 했으므로 지문의 내용과 일치하지 않는다. 따라서 (D)가 정답이다.

187
○○○●
하

What is true about Carlotta's Bistro?

(A) It stays open 24 hours a day.
(B) It is situated near a performance venue.
(C) It will be catering a reception.
(D) It provides discounts to theater patrons.

Carlotta's Bistro에 대해 사실인 것은?

(A) 하루 24시간 내내 열려 있다.
(B) 공연 장소 근처에 위치해 있다.
(C) 축하 연회에 음식을 공급할 것이다.
(D) 극장 고객들에게 할인을 제공한다.

■ **Not/True** True 문제 　　　정답 (B)

질문의 핵심 어구인 Carlotta's Bistro와 관련된 내용을 지문에서 찾아 각 보기와 대조하는 Not/True 문제이므로 Carlotta's Bistro가 언급된 두 번째 지문인 이메일에서 관련 내용을 확인한다. (A), (C), (D)는 지문에 언급되지 않은 내용이다. (B)는 'There is a nice place right next to the Gladstone Theater called Carlotta's Bistro.'에서 Gladstone 극장 바로 옆에 Carlotta's Bistro가 있다고 했으므로 지문의 내용과 일치한다. 따라서 (B)가 정답이다.

어휘 **cater** v. 음식을 공급하다 **patron** n. 고객, 후원자

188

What did Ms. Reid do on May 1?

(A) Attended a premier performance
(B) Met with two lead dancers from a show
(C) Wrote a review of *Dance of the Daffodils*
(D) Confirmed her attendance for an event

Ms. Reid는 5월 1일에 무엇을 했는가?

(A) 초연 공연에 참석했다
(B) 공연의 주연 무용수 두 명을 만났다
(C) *Dance of the Daffodils*의 평론을 썼다
(D) 행사 참석을 확정했다

■ **육하원칙** 연계 문제   정답 (B)

세 지문 중 두 지문의 내용을 종합해서 풀어야 하는 연계 문제이다. 질문의 핵심 어구인 Ms. Reid do on May 1에서 Ms. Reid가 5월 1일에 무엇(What)을 했는지를 묻고 있으므로 Ms. Reid에게 보내진 이메일을 먼저 확인한다.

[단서 1] 두 번째 지문(이메일)의 'TO, Lena Reid', 'DATE, May 2', 'You must have had a lot of fun interviewing her and Igor Petrovich at their studio yesterday.'에서 Ms. Reid에게 이메일이 보내진 날짜가 5월 2일이고 이메일 발신자가 Ms. Reid가 어제 그녀, 즉 Sofia Pinsky 와 Igor Petrovich를 그들의 연습실에서 인터뷰하면서 매우 즐거웠겠다고 했다. 그런데 Sofia Pinsky와 Igor Petrovich가 누구인지 제시되지 않았으므로 초대장에서 관련 내용을 확인한다.

[단서 2] 첫 번째 지문(초대장)의 'Following the performance, lead female dancer Sofia Pinsky and lead male dancer Igor Petrovich' 에서 Sofia Pinsky가 공연의 여자 주연 무용수이고 Igor Petrovich가 남자 주연 무용수임을 확인할 수 있다.

두 단서를 종합할 때, Ms. Reid가 5월 1일에 공연의 주연 무용수들인 Sofia Pinsky와 Igor Petrovich를 만났다는 것을 알 수 있다. 따라서 (B)가 정답이다. (A)는 'I would love to go with you to the ballet premiere.'와 'I can meet you at the theater ~ on May 9'에서 발레 초연에 가는 날짜가 5월 9일인 것을 알 수 있으므로 답이 될 수 없다.

189

What is suggested about Ms. Dixon?

(A) She will see a Polish dancer perform the role of Princess Daffodil.
(B) She will contact Fraulein Danza Company about a ticket.
(C) She does not plan on attending a reception.
(D) She read a positive review of *Dance of the Daffodils*.

Ms. Dixon에 대해 암시되는 것은?

(A) 폴란드 출신 무용수가 Daffodil 공주 역할을 연기하는 것을 볼 것이다.
(B) 티켓과 관련하여 Fraulein Danza사에 연락할 것이다.
(C) 축하 연회에 참석하지 않을 계획이다.
(D) *Dance of the Daffodils*에 대한 긍정적인 후기를 읽었다.

■ **추론** 연계 문제   정답 (A)

세 지문 중 두 지문의 내용을 종합적으로 확인한 후 추론해서 풀어야 하는 연계 문제이다. 질문의 핵심 어구인 Ms. Dixon이 작성한 이메일을 먼저 확인한다.

[단서 1] 두 번째 지문(이메일)의 'FROM, Shonda Dixon'과 'Thanks so much for the invitation! I would love to go with you to the ballet premiere.'에서 Ms. Dixon이 초대해줘서 정말 고맙다고 하면서 발레 초연에 가고 싶다고 했다는 것을 확인할 수 있다. 그런데 발레 초연에 관한 추가 정보가 제시되지 않았으므로 안내문에서 관련 내용을 확인한다.

[단서 2] 세 번째 지문(안내문)의 'The main dancer of ~ premiere performance ~ is ~ Sofia Pinsky from Poland. Ms. Pinsky plays the title character Princess Daffodil'에서 초연 공연의 주연 무용수가 폴란드 출신의 Ms. Pinsky이고 주제역인 Daffodil 공주 역할을 맡았다고 했다.

두 단서를 종합할 때, Ms. Dixon이 발레 초연에 가서 폴란드 출신 무용수인 Ms. Pinsky가 Daffodil 공주 역할을 연기하는 것을 볼 것이라는 사실을 추론할 수 있다. 따라서 (A)가 정답이다.

190

Where did Ms. Pinsky win her first dance award?

(A) In Warsaw
(B) In St. Petersburg
(C) In Moscow
(D) In London

Ms. Pinsky는 어디에서 그녀의 첫 무용상을 받았는가?

(A) 바르샤바에서
(B) 상트페테르부르크에서
(C) 모스크바에서
(D) 런던에서

■ **육하원칙** Where   정답 (B)

Ms. Pinsky가 어디(Where)에서 그녀의 첫 무용상을 받았는지를 묻는 육하원칙 문제이므로 질문의 핵심 어구인 Ms. Pinsky win her first dance award와 관련된 내용이 언급된 세 번째 지문인 안내문을 확인한다. 안내문의 'she entered the European National Ballet Competition in St. Petersburg and won second place, which was the first trophy of her career'에서 Ms. Pinsky가 상트페테르부르크에서 유럽 국립 발레 대회에 참가하여 2등을 했고 그것이 그녀의 경력에서의 첫 트로피였다고 했으므로 (B)가 정답이다.

지문 1

[193]Dynamic Performance

Improve your acting skills at the region's top acting school by enrolling in one of our spring or summer courses! [191]We have programs for both our regular acting students and for anyone with an interest in learning the craft.

Spring Intensive
A comprehensive course designed to teach the fundamentals of acting. Learn to read scripts, use vocal techniques, and move dynamically. Runs from May 1 to July 1. Available at all campuses.
Tuition: $2,250

[193]**Summer Intensive**
Similar to the Spring Intensive, [193]with the addition of classes in improvisational techniques. Students will learn to respond to other actors without a script. Runs from July 5 to August 13. Available at all campuses.
[193]Tuition: $3,495

Summer Youth Ensemble
Explore the world of dramatic acting through a fun approach. Open only to students aged 15 to 18. Runs from June 10 to June 30. Stamford and Brookline campuses only.
Tuition: $2,500

[195]**Summer Bridge Program**
Designed exclusively for advanced students enrolled in our full-time acting program, this three-week course will deepen your understanding of acting. [195]Available at Charleston campus only. Runs from July 10 to July 31.
Tuition: $1,800.

[192-C]To apply, e-mail your registration form to admissions director Floyd Mink at f.mink@dynamicperform.com.

---

[193]Dynamic Performance

저희의 봄 또는 여름 강좌들 중 하나에 등록하셔서 지역 최고의 연기 학교에서 당신의 연기력을 향상시켜보세요! [191]저희는 연기 지망의 저희 학교 정규 학생들과 기술을 배우는 데에 관심이 있는 누구나를 위한 프로그램들이 있습니다.

봄 집중 강좌
연기의 기본들을 가르치기 위해 계획된 종합적인 강좌입니다. 대본을 읽고, 발성 기술을 사용하고, 역동적으로 움직이는 법을 배워보세요. 5월 1일부터 7월 1일까지 운영됩니다. 모든 캠퍼스에서 들을 수 있습니다.
수업료: 2,250달러

[193]**여름 집중 강좌**
봄 집중 강좌와 비슷하고, [193]즉흥 연기 기술 수업들이 추가됩니다. 학생들은 대본 없이 다른 연기자들에 응답하는 법을 배울 것입니다. 7월 5일부터 8월 13일까지 운영됩니다. 모든 캠퍼스에서 들을 수 있습니다.
[193]수업료: 3,495달러

여름 청소년 극단
재미있는 학습법을 통해 희곡 연기의 세계를 탐험해보세요. 15세에서 18세 학생들만 참여할 수 있습니다. 6월 10일부터 6월 30일까지 운영됩니다. 스탬포드와 브루클린 캠퍼스에서만 들을 수 있습니다.
수업료: 2,500달러

[195]**여름 중개 프로그램**
저희의 풀타임 연기 프로그램에 등록된 상급반 학생들만을 위해서 계획된 이 3주짜리 강좌는 당신의 연기에 대한 이해를 심화시켜줄 것입니다. [195]찰스턴 캠퍼스에서만 들을 수 있습니다. 7월 10일부터 7월 31일까지 운영됩니다.
수업료: 1,800달러

[192-C]신청하시려면, f.mink@dynamicperform.com으로 입학처장 Floyd Mink에게 등록 양식을 이메일로 보내주세요.

지문 2

www.uspeak.com

HOME I ABOUT I **REVIEWS** I REGISTER I FAQ

Category: Short Programs > Acting > [193/194-A]Dynamic Performance

[194-A]Awesome program! ★★★★★
by Cody Norris
I had the best June ever with this 3-week program! Got the classes as a birthday present and couldn't have been happier. Learned a lot about acting and [194-B]made a ton of new friends. Looking forward to enrolling full-time... More

Not a bad experience ★★★☆☆
by Liz Hershowitz
My expectations were high for the Spring Intensive given the overwhelming number of positive comments about it on this

---

www.uspeak.com

홈 I 소개 I 후기 I 등록 I 자주 묻는 질문

카테고리: 단기 프로그램 > 연기 > [193/194-A]Dynamic Performance

[194-A]아주 훌륭한 프로그램! ★★★★★
Cody Norris 작성
이 3주 프로그램으로 인해 정말 최고의 6월을 보냈습니다! 생일 선물로 수업을 듣게 되었는데 더 이상 행복할 수가 없었습니다. 연기에 대해 많이 배웠고 [194-B]많은 새로운 친구들을 만들었습니다. 풀타임에 등록하는 것이 기대됩니다...
더 보기

나쁘지 않은 경험이었음 ★★★☆☆
Liz Hershowitz 작성
이 사이트에서의 수업에 대한 압도적인 수의 긍정적인 의견들을 고려하여 봄 집중 강좌에 대한 제 기대가 컸습니다. 전반적으로, 좋은 경험이었으나 강사에 완전히 만족하지는 못했습니다... 더 보기

site. Overall, it was a good experience, but I wasn't fully satisfied with the instructor... More

Mostly good ★★★★☆
[193]by Mandy Berger

I generally enjoyed myself quite a bit and am glad I enrolled. I think I benefited from some of the course work and liked everyone in the class, but I felt that [193]the improvisation classes were a little outdated... More

대부분 좋았음 ★★★★☆
[193]Mandy Berger 작성
전체적으로 상당히 즐거운 시간을 보냈고 등록한 것에 만족했습니다. 수업 활동의 일부에서 도움을 얻었다고 생각하며 수업의 모든 사람들이 좋았는데, 제가 느끼기에 [193]즉흥 연기 수업들이 약간 구식이었습니다... 더 보기

지문 3

Dynamic Performance
Registration Form

Date: July 4

[195]Name: Hannah Boyle
Telephone: 555-2092
Address: 410 Fayette St, Savannah, GA 31405
E-mail: hannabee@mailhaul.com

[195]Which program are you interested in?
☐ Spring Intensive   ☐ Summer Intensive
☐ Summer Youth Ensemble   [195]☒ Summer Bridge Program

How did you first hear about us?
☐ Online   ☐ Print   ☒ Mail   ☐ Referral

What do you hope to achieve by participating in a program?
I want to receive professional acting advice.

Dynamic Performance
등록 양식

날짜: 7월 4일

[195]이름: Hannah Boyle
전화: 555-2092
주소: 410번지 Fayette가, 사바나, 조지아 주 31405
이메일: hannabee@mailhaul.com

[195]어떤 프로그램에 관심이 있습니까?
☐ 봄 집중 강좌   ☐ 여름 집중 강좌
☐ 여름 청소년 극단   [195]☒ 여름 중개 프로그램

처음에 어떻게 저희에 대해 듣게 되었습니까?
☐ 온라인   ☐ 인쇄물   ☒ 우편물   ☐ 소개

프로그램에 참여해서 무엇을 성취하기를 희망하십니까?
전문적인 연기 조언을 받고 싶습니다.

TEST | 01 | 02 | 03 | 04 | 05 | 06 | 07 | 08 | 09 | 10 | 해커스 토익 실전 1000제 3 Reading

지문 1
- ☐ **acting skills** phr. 연기력
- ☐ **comprehensive** adj. 종합적인, 포괄적인
- ☐ **dynamically** adv. 역동적으로, 활동적으로
- ☐ **dramatic** adj. 희곡의, 극적인
- ☐ **exclusively** adv. 오로지 ~만, 독점적으로
- ☐ **regular** adj. 정규의, 정기적인
- ☐ **fundamental** n. 기본, 원칙; adj. 기본적인
- ☐ **improvisational** adj. 즉흥의, 즉흥에 의한
- ☐ **approach** n. 학습법, 접근; v. 접근하다
- ☐ **deepen** v. 심화시키다, 깊게 하다
- ☐ **craft** n. 기술, 공예; v. 공들여 만들다
- ☐ **script** n. 대본, 원고
- ☐ **ensemble** n. 극단, 합주단
- ☐ **bridge** n. 중개, 다리; v. 중개 역할을 하다

지문 2
- ☐ **awesome** adj. 아주 훌륭한, 굉장한
- ☐ **overwhelming** adj. 압도적인, 너무나도 강력한
- ☐ **generally** adv. 전체적으로, 일반적으로
- ☐ **a ton of** phr. 많은
- ☐ **outdated** adj. 구식인, 진부한
- ☐ **expectation** n. 기대, 예상
- ☐ **overall** adv. 전반적으로; adj. 전반적인

지문 3
- ☐ **referral** n. 소개, 추천, 위탁
- ☐ **achieve** v. 성취하다, 이루다

191

○○○●○
하

For whom is the announcement most likely intended?

(A) Parents of young children
(B) Fans of a theater production
(C) New and experienced actors
(D) Staff at a production studio

공고는 누구를 대상으로 하는 것 같은가?

(A) 어린 자녀가 있는 부모들
(B) 연극 작품의 팬들
(C) 입문 및 경험이 있는 배우들
(D) 제작 스튜디오의 직원들

■ 추론 전체 정보   정답 (C)

지문 곳곳에 퍼져 있는 여러 단서를 종합하여 공고의 대상을 추론하는 문제이므로 첫 번째 지문인 공고를 확인한다. 공고의 'We have programs for both our regular acting students and for anyone with an interest in learning the craft.'에서 연기 지망의 학교 정규 학생들과 기술을 배우는 데에 관심이 있는 누구나를 위한 프로그램들이 있다고 한 후, 연기 초급자 및 상급자들을 위한 강좌들에 대해 소개하고 있으므로 다양한 수준에서 연기를 배우고 싶어 하는 사람들을 대상으로 하는 공고임을 추론할 수 있다. 따라서 (C)가 정답이다.

어휘 experienced adj. 경험이 있는, 능숙한

192

192

What is mentioned about classes at Dynamic Performance?

(A) They were designed by a well-known acting coach.
(B) Only those who pass an audition can take part in them.
(C) Floyd Mink receives the applications to register for them.
(D) They are being offered in the summer for the first time.

Dynamic Performance의 수업들에 대해 언급된 것은?

(A) 잘 알려진 연기 강사에 의해 계획되었다.
(B) 오디션에 통과하는 사람들만이 참가할 수 있다.
(C) Floyd Mink가 등록을 위한 신청서를 받는다.
(D) 처음으로 여름에 제공되고 있다.

■ **Not/True** True 문제　　　　　　　　　　　　　　　　　　　　　　　　　정답 (C)

질문의 핵심 어구인 classes at Dynamic Performance와 관련된 내용을 지문에서 찾아 각 보기와 대조하는 Not/True 문제이므로, Dynamic Performance의 수업들에 관한 내용이 언급된 첫 번째 지문인 공고에서 관련 내용을 확인한다. (A), (B), (D)는 지문에 언급되지 않은 내용이다. (C)는 'To apply, e-mail your registration form to admissions director Floyd Mink at f.mink@dynamicperform. com.'에서 수업들을 신청하려면 입학처장 Floyd Mink에게 등록 양식을 이메일로 보내달라고 했으므로 지문의 내용과 일치한다. 따라서 (C)가 정답이다.

바꾸어 표현하기

registration form 등록 양식 → applications to register 등록을 위한 신청서

어휘　take part in phr. 참가하다, 참여하다

193

How much was the class Ms. Berger took?

(A) $1,800
(B) $2,250
(C) $2,500
(D) $3,495

Ms. Berger가 들었던 수업은 얼마였는가?

(A) 1,800달러
(B) 2,250달러
(C) 2,500달러
(D) 3,495달러

■ **육하원칙** 연계 문제　　　　　　　　　　　　　　　　　　　　　　　　　정답 (D)

세 지문 중 두 지문의 내용을 종합적으로 확인한 후 추론해서 풀어야 하는 연계 문제이다. 질문의 핵심 어구인 How much ~ the class Ms. Berger took에서 Ms. Berger가 들었던 수업이 얼마(How much)였는지를 묻고 있으므로 Ms. Berger가 작성한 글이 포함된 후기를 먼저 확인한다.

단서 1 두 번째 지문(후기)의 'Dynamic Performance', 'by Mandy Berger', 'the improvisation classes were a little outdated'에서 Ms. Berger가 Dynamic Performance의 즉흥 연기 수업들이 약간 구식이라고 한 것을 확인할 수 있다. 그런데 즉흥 연기 수업이 포함된 Dynamic Performance 강좌가 무엇이고 그 수업료가 얼마인지 제시되지 않았으므로 공고에서 관련 내용을 확인한다.

단서 2 첫 번째 지문(공고)의 'Dynamic Performance', 'Summer Intensive', 'with the addition of classes in improvisational techniques', 'Tuition: $3,495'에서 Dynamic Performance의 여름 집중 강좌에 즉흥 연기 기술 수업들이 포함되며 수업료가 3,495달러라고 했다.

두 단서를 종합할 때, Ms. Berger가 들었던 즉흥 연기 수업들이 포함된 여름 집중 강좌의 수업료가 3,495달러였음을 알 수 있다. 따라서 (D)가 정답이다.

194

What is indicated about Mr. Norris?

(A) He gave Dynamic Performance the highest possible rating.
(B) He joined a program with a group of his friends.
(C) He took the Spring Intensive class a second time.
(D) He selected a program based on its positive reviews.

Mr. Norris에 대해 언급된 것은?

(A) Dynamic Performance에 가능한 최고의 평점을 주었다.
(B) 그의 친구들 무리와 함께 프로그램에 참가했다.
(C) 봄 집중 강좌를 다시 수강했다.
(D) 긍정적인 후기들에 근거하여 프로그램을 선택했다.

■ **Not/True** True 문제   정답 (A)

질문의 핵심 어구인 Mr. Norris와 관련된 내용을 지문에서 찾아 각 보기와 대조하는 Not/True 문제이므로 Mr. Norris가 작성한 글이 포함된 두 번째 지문인 후기에서 관련 내용을 확인한다. (A)는 'Dynamic Performance', 'Awesome program! ★★★★★, by Cody Norris'에서 Mr. Norris가 Dynamic Performance의 수업이 아주 훌륭한 프로그램이라고 하면서 별 5개 만점에 5개를 주었으므로 지문의 내용과 일치한다. 따라서 (A)가 정답이다. (B)는 'made a ton of new friends'에서 Mr. Norris가 프로그램에서 많은 새로운 친구들을 만들었다고 했지 자신의 친구들과 함께 프로그램에 참가했다는 것은 아니므로 지문의 내용과 일치하지 않는다. (C)와 (D)는 지문에 언급되지 않은 내용이다.

어휘 rating n. 평점, 등급, 순위 a second time phr. 다시, 재차 select v. 선택하다, 선정하다; adj. 엄선된

195

What is suggested about Ms. Boyle?

(A) She has been in several theatrical productions.
(B) She paid her tuition fee for a class online.
(C) She will be taking a course in Charleston.
(D) She is ineligible for Summer Youth Ensemble.

Ms. Boyle에 대해 추론되는 것은?

(A) 몇몇 연극 작품에 출연하였다.
(B) 온라인으로 강좌의 수업료를 지불했다.
(C) 찰스턴에서 강좌를 들을 것이다.
(D) 여름 청소년 극단에 참여할 자격이 없다.

■ **추론** 연계 문제   정답 (C)

세 지문 중 두 지문의 내용을 종합적으로 확인한 후 추론해서 풀어야 하는 연계 문제이다. 질문의 핵심 어구인 Ms. Boyle이 작성한 등록 양식을 먼저 확인한다.

단서 1 세 번째 지문(등록 양식)의 'Name: Hannah Boyle', 'Which program are you interested in?, ☒ Summer Bridge Program'에서 Ms. Boyle이 여름 중개 프로그램에 관심이 있다고 했다. 그런데 여름 중개 프로그램에 대한 추가 정보가 제시되지 않았으므로 공고를 확인한다.

단서 2 첫 번째 지문(공고)의 'Summer Bridge Program', 'Available at Charleston campus only.'에서 여름 중개 프로그램은 찰스턴 캠퍼스에서만 들을 수 있다고 했다.

두 단서를 종합할 때, Ms. Boyle이 찰스턴에서 강좌를 들을 것이라는 사실을 추론할 수 있다. 따라서 (C)가 정답이다.

어휘 theatrical adj. 연극의, 공연의 tuition fee phr. 수업료

Questions 196-200 refer to the following advertisement and e-mails.

196-200은 다음 광고와 두 이메일에 관한 문제입니다.

FOR SALE: Kitchen Appliances!

I am moving into an apartment unit that already has kitchen appliances, so I am looking to sell the following items:

Cucina Stove/Oven (model #CS4095834). This stainless steel appliance was purchased three years ago but is still in good condition. It has a 4-burner range and a full-size oven. [196]Asking $300 (but willing to negotiate).

Lava-Sud Dishwasher (model #4095837485D). This dishwasher was purchased two years ago but is in good condition. It has two racks for dishes in addition to cutlery slots. [196]Asking $250 (but willing to negotiate).

[197]Preserve-Mate Refrigerator (model #R-2343209). It was purchased a year and a half ago but is in excellent condition. It is still under warranty for another six months and has no damage. It is stainless steel and has a freezer, fridge, and a dispenser for water and ice. [196]Asking $1,500 (but willing to negotiate).

The items must be removed from my current apartment by July 1. Send an e-mail to Laurie Henner at lauriehen@mostmail.com for details.

주방용품 판매 중!

이미 주방용품들이 갖춰진 아파트로 이사를 할 예정이라, 다음의 제품들을 팔려고 합니다:

Cucina 스토브/오븐(모델 번호 CS4095834). 이 스테인리스 기기는 3년 전에 구매되었지만 아직 상태가 좋습니다. 버너가 4개짜리인 레인지와 표준 크기의 오븐을 포함합니다. [196]300달러를 제시합니다(그러나 협상할 용의가 있음).

Lava-Sud 식기세척기(모델 번호 4095837485D). 이 식기세척기는 2년 전에 구매되었지만 상태가 좋습니다. 식기 도구 자리에 더하여 그릇을 위한 두 개의 선반이 있습니다. [196]250달러를 제시합니다(그러나 협상할 용의가 있음).

[197]Preserve-Mate 냉장고(모델 번호 R-2343209). 1년 반 전에 구매되었지만 상태가 매우 좋습니다. 아직 6개월 더 보증 기간 중에 있고 손상된 부분이 없습니다. 스테인리스이고 냉동실, 냉장실, 물과 얼음이 나오는 기계가 있습니다. [196]1,500달러를 제시합니다(그러나 협상할 용의가 있음).

이 제품들은 7월 1일까지 현재의 제 아파트에서 치워져야 합니다. 세부 사항을 원하시면 lauriehen@mostmail.com으로 Laurie Henner에게 이메일을 보내 주십시오.

TO	Lance Volstead <lancev@postaway.com>
FROM	Laurie Henner <lauriehen@mostmail.com>
SUBJECT	Re: Query about advertisement
[200]DATE	May 29

Mr. Volstead,

[197]Thank you for responding to my advertisement. The refrigerator is still available. As for the measurements you asked about, [198]you can check out the precise size of the model on the Preserve-Mate Web site. But from the way you described your kitchen, I think there will be plenty of space for the refrigerator.

Finally, [200]I will accept your offer of $1,300 under one condition; that you pick up the item from my apartment within the next two days as I'm moving out quite soon. Please let me know if you want to proceed.

Regards,

Laurie Henner

수신	Lance Volstead <lancev@postaway.com>
발신	Laurie Henner <lauriehen@mostmail.com>
제목	회신: 광고에 대한 문의
[200]날짜	5월 29일

Mr. Volstead께,

[197]제 광고에 답을 주셔서 감사합니다. 냉장고는 아직 구매 가능합니다. 문의하셨던 크기에 대하여 말씀드리자면, [198]Preserve-Mate사의 웹사이트에서 그 모델의 정확한 크기를 확인하실 수 있습니다. 하지만 당신이 당신의 주방을 설명하셨던 바에 따르면, 그 냉장고를 위한 충분한 공간이 있을 것 같습니다.

마지막으로, 제가 꽤 금방 이사를 갈 것이기 때문에 [200]앞으로 2일 이내에 제 아파트로부터 그 물건을 가져간다는 한 가지 조건 하에 당신의 제시가인 1,300달러를 받아들일 것입니다. 진행하기를 원하시는지 제게 알려주세요.

Laurie Henner 드림

TO	Laurie Henner <lauriehen@mostmail.com>
FROM	Lance Volstead <lancev@postaway.com>
SUBJECT	Re: Re: Query about advertisement
[200]DATE	May 29

Ms. Henner,

수신	Laurie Henner <lauriehen@mostmail.com>
발신	Lance Volstead <lancev@postaway.com>
제목	회신: 회신: 광고에 대한 문의
[200]날짜	5월 29일

Ms. Henner께,

Thank you for getting back to me so quickly. The measurements will work perfectly for me. [200]I'm fully booked tomorrow, but I can come by the day after. [199-A]I could be at your building by 4 P.M. If that time doesn't work, let me know when you are available.

Also, [199-B]could you possibly send me your phone number? That way, I can call you if I'm delayed or something comes up. My number is (402)555-3049. Please let me know your apartment number, too. [200]I will bring a cart to move the refrigerator, and [199-D]my friend will accompany me to give me a hand. [199-C]If there is any particular place I should park my truck, you can notify me of that as well.

[200]I will bring cash and pay you right away. I hope to hear from you soon.

Lance Volstead

이렇게 빨리 제게 답장을 주셔서 감사합니다. 크기는 제게 완벽히 맞을 것입니다. [200]저는 내일 일정이 꽉 차 있지만, 그 다음 날에 들를 수 있습니다. [199-A]당신의 건물에 오후 4시쯤에 가 있을 수 있습니다. 만약 그 시간이 안되시면 언제 시간이 되시는지 제게 알려주세요.

또한, [199-B]혹시 당신의 전화번호를 제게 보내주실 수 있으신가요? 그러면 만약 제가 늦어지거나 무슨 일이 생길 경우에 당신에게 전화할 수 있을 것입니다. 제 번호는 (402)555-3049입니다. 당신의 아파트 호수도 제게 알려 주세요. [200]냉장고를 옮길 카트를 가져갈 것이고 [199-D]제 친구가 저를 도우러 함께 갈 것입니다. [199-C]제가 트럭을 주차해야 할 특정 장소가 있으면 그것에 대해서도 알려주시면 됩니다.

[200]현금을 가지고 가서 당신에게 바로 지불하겠습니다. 곧 답을 듣기를 바랍니다.

Lance Volstead 드림

지문 1		
□ kitchen appliance phr. 주방용품	□ full-size adj. 표준 크기의, 일반 치수의	□ negotiate v. 협상하다, 교섭하다
□ dishwasher n. 식기세척기	□ rack n. 선반, 받침대	□ cutlery n. 식기, (식탁용) 날붙이
□ slot n. 자리, 구멍; v. 넣다, 끼우다	□ refrigerator n. 냉장고	□ under warranty phr. 보증 기간 중인
□ freezer n. 냉동실, 냉동고	□ fridge n. 냉장실, 냉장고	□ dispenser n. 기계, 용기

지문 2		
□ as for phr. ~에 대해서 말하자면	□ measurement n. 크기, 치수, 측정	□ precise adj. 정확한, 정밀한
□ describe v. 설명하다, 묘사하다	□ plenty of phr. 충분한, 많은	□ proceed v. 진행하다, 나아가다

지문 3		
□ get back to phr. (특히 회답을 하기 위해) 다시 연락하다, 돌아가다		□ delay v. 지연시키다, 연기하다
□ come up phr. 생기다, 언급되다, 다가오다	□ accompany v. 함께 가다, 수반하다	□ particular adj. 특정한, 특별한

TEST | 01 | 02 | 03 | 04 | 05 | 06 | 07 | 08 | 09 | 10 | 해커스 토익 실전 1000제 3 Reading

196

What is suggested about Ms. Henner?

(A) She is willing to consider lower prices than listed.
(B) She is preparing to remodel her kitchen.
(C) She purchased all her appliances online.
(D) She has owned her home for three years.

Ms. Henner에 대해 암시되는 것은?

(A) 목록에 제시된 것보다 더 낮은 가격을 고려할 용의가 있다.
(B) 주방을 개조할 준비를 하고 있다.
(C) 모든 기기들을 온라인으로 구매했다.
(D) 3년간 그녀의 집을 소유해 왔다.

■ 추론 세부 정보

정답 (A)

질문의 핵심 어구인 Ms. Henner에 대해 추론하는 문제이므로 Ms. Henner가 작성한 첫 번째 지문인 광고에서 관련 내용을 확인한다. 광고의 'Asking $300 (but willing to negotiate).', 'Asking $250 (but willing to negotiate).', 'Asking $1,500 (but willing to negotiate).'에서 Ms. Henner가 제품들의 가격으로 각각 300달러, 250달러, 1,500달러를 제시하였으나, 모두 협상할 용의가 있다고 했으므로 목록에서 제시된 가격인 300달러, 250달러, 1,500달러보다 낮은 가격에 제품들을 판매하는 것도 고려할 용의가 있다는 사실을 추론할 수 있다. 따라서 (A)가 정답이다.

어휘 remodel v. 개조하다, 리모델링하다

○○○○
중

When did Ms. Henner buy the appliance Mr. Volstead is interested in?

(A) Less than a year ago
(B) One and a half years ago
(C) Two years ago
(D) Three years ago

Ms. Henner는 Mr. Volstead가 관심 있어 하는 기기를 언제 구매했는가?

(A) 1년 이내에
(B) 1년 반 전에
(C) 2년 전에
(D) 3년 전에

■ **육하원칙** 연계 문제   정답 (B)

세 지문 중 두 지문의 내용을 종합해서 풀어야 하는 연계 문제이다. 질문의 핵심 어구인 Ms. Henner buy the appliance Mr. Volstead is interested in에서 Ms. Henner가 Mr. Volstead가 관심 있어 하는 기기를 언제(When) 구매했는지를 묻고 있으므로 Mr. Volstead에게 보내진 첫 번째 이메일을 먼저 확인한다.

[단서 1] 두 번째 지문(이메일)의 'Thank you for responding to my advertisement. The refrigerator is still available.'에서 Ms. Henner가 Mr. Volstead에게 자신의 광고에 답을 주어 고맙고 냉장고가 아직 구매 가능하다고 했으므로 Mr. Volstead가 Ms. Henner의 냉장고를 구매하고 싶어 한다는 것을 확인할 수 있다. 그런데 Ms. Henner가 냉장고를 구매한 시점이 언제인지 제시되지 않았으므로 광고에서 관련 내용을 확인한다.

[단서 2] 첫 번째 지문(광고)의 'Preserve-Mate Refrigerator ~. It was purchased a year and a half ago'에서 Ms. Henner의 Preserve-Mate 냉장고가 1년 반 전에 구매되었다고 했다.

두 단서를 종합할 때, Ms. Henner는 Mr. Volstead가 관심 있어 하는 냉장고를 1년 반 전에 구매했다는 사실을 알 수 있다. 따라서 (B)가 정답이다.

바꾸어 표현하기
a year and a half ago 1년 반 전에 → One and a half years ago 1년 반 전에

○○○○
하

According to Ms. Henner, what information can be found on the Preserve-Mate Web site?

(A) A product's exact size
(B) The price of some merchandise
(C) A product warranty's conditions
(D) The availability of a specific model

Ms. Henner에 따르면, Preserve-Mate 웹사이트에서 어떤 정보를 찾을 수 있는가?

(A) 제품의 정확한 크기
(B) 어떤 상품의 가격
(C) 제품 보증의 조건
(D) 특정 모델의 구매 가능 여부

■ **육하원칙** What   정답 (A)

Ms. Henner에 따르면 Preserve-Mate 웹사이트에서 어떤(what) 정보를 찾을 수 있는지를 묻는 육하원칙 문제이므로 Ms. Henner가 작성한 첫 번째 이메일에서 관련 내용을 확인한다. 첫 번째 이메일의 'you can check out the precise size of the model on the Preserve-Mate Web site'에서 Preserve-Mate사의 웹사이트에서 그 모델, 즉 냉장고의 정확한 크기를 확인할 수 있다고 했으므로 (A)가 정답이다.

바꾸어 표현하기
can be found 찾을 수 있다 → can check out 확인할 수 있다
precise size of the model 모델의 정확한 크기 → A product's exact size 제품의 정확한 크기

어휘   merchandise n. 상품, 제품 specific adj. 특정한, 구체적인

According to the second e-mail, what has Ms. Henner NOT been asked to do?

(A) Indicate when she is free
(B) Supply her contact information
(C) Provide parking instructions if necessary
(D) Get a friend to help move an appliance

두 번째 이메일에 따르면, Ms. Henner에게 해달라고 요청되지 않은 것은 무엇인가?

(A) 언제 시간이 되는지 알려준다
(B) 연락 정보를 준다
(C) 필요 시 주차 안내 사항을 제공한다
(D) 기기를 옮기는 것을 도울 친구를 구한다

■ **Not/True** Not 문제 　　　　　　　　　　　　　　　　　　　　　　　정답 (D)

질문의 핵심 어구인 Ms. Henner ~ been asked to do와 관련된 내용을 두 번째 이메일에서 찾아 각 보기와 대조하는 Not/True 문제이므로 Ms. Henner에게 보내진 두 번째 이메일에서 관련 내용을 확인한다. (A)는 'I could be at your building by 4 P.M. If that time doesn't work, let me know when you are available.'에서 Mr. Volstead가 Ms. Henner의 건물에 오후 4시쯤 갈 수 있으니 만약 그 시간이 안되면 언제 시간이 되는지 알려달라고 했으므로 지문의 내용과 일치한다. (B)는 'could you possibly send me your phone number'에서 전화번호를 보내줄 수 있냐고 했으므로 지문의 내용과 일치한다. (C)는 'If there is any particular place I should park my truck, you can notify me of that'에서 트럭을 주차해야 할 특정 장소가 있으면 알려달라고 했으므로 지문의 내용과 일치한다. (D)는 'my friend will accompany me to give me a hand'에서 Mr. Volstead가 자신의 친구가 자신을 도우러 함께 갈 것이라고 했지 Ms. Henner에게 기기를 옮기는 것을 도울 친구를 구해달라고 요청한 것은 아니므로 지문의 내용과 일치하지 않는다. 따라서 (D)가 정답이다.

바꾸어 표현하기

let me know when you are available 언제 시간이 되는지 알려주다 → Indicate when she is free 언제 시간이 되는지 알려주다
send me your phone number 전화번호를 보내다 → Supply her contact information 연락 정보를 주다

What is indicated about Mr. Volstead?

(A) He will visit Ms. Henner's home during his vacation.
(B) He will be moving into an apartment on May 31.
(C) He will hire someone to transport his purchase.
(D) He will give Ms. Henner $1,300 in cash.

Mr. Volstead에 대해 암시되는 것은?

(A) 휴가 동안에 Ms. Henner의 집을 방문할 것이다.
(B) 5월 31일에 아파트로 이사를 갈 것이다.
(C) 그의 구매품을 옮길 누군가를 고용할 것이다.
(D) Ms. Henner에게 1,300달러를 현금으로 줄 것이다.

■ **추론** 연계 문제 　　　　　　　　　　　　　　　　　　　　　　　정답 (D)

세 지문 중 두 지문의 내용을 종합적으로 확인한 후 추론해서 풀어야 하는 연계 문제이다. 질문의 핵심 어구인 Mr. Volstead에게 보내진 첫 번째 이메일을 먼저 확인한다.

단서 1 두 번째(이메일)의 'DATE, May 29', 'I will accept your offer of $1,300 under one condition; that you pick up the item from my apartment within the next two days'에서 이메일이 작성된 5월 29일로부터 앞으로 2일 이내에 Mr. Volstead가 Ms. Henner의 아파트로부터 그 물건, 즉 냉장고를 가져간다는 한 가지 조건 하에 Ms. Henner가 Mr. Volstead의 제시가인 1,300달러를 받아들일 것이라고 했다. 그런데 Mr. Volstead가 Ms. Henner가 제시한 조건을 만족시켰는지 제시되지 않았으므로 Mr. Volstead가 작성한 두 번째 이메일에서 관련 내용을 확인한다.

단서 2 세 번째(이메일)의 'DATE, May 29', 'I'm fully booked tomorrow, but I can come by the day after.', 'I will bring a cart to move the refrigerator'와 'I will bring cash and pay you right away.'에서 Mr. Volstead가 이메일이 작성된 5월 29일로부터 이틀 후에 Ms. Henner의 아파트에 들를 수 있어서 냉장고를 옮길 카트를 가져갈 것이고, 현금을 가지고 가서 Ms. Henner에게 바로 지불할 것이라고 했다.

두 단서를 종합할 때, Mr. Volstead가 Ms. Henner가 제시한 조건을 만족시켰으므로 Mr. Volstead가 Ms. Henner에게 1,300달러를 현금으로 지불하고 냉장고를 가져갈 것이라는 사실을 추론할 수 있다. 따라서 (D)가 정답이다.

어휘　transport v. 나르다, 운송하다; n. 운송

TEST 06

PART 5

101

Maps have been ------- placed throughout each subway station for commuters to consult.

(A) conveniences
(B) convenience
(C) conveniently
(D) convenient

통근자들이 찾아볼 수 있도록 지도들이 각 지하철역의 도처에 편리하게 설치되었다.

■ 부사 자리 정답 (C)

동사(have been placed)를 꾸밀 수 있는 것은 부사이므로 부사 (C) conveniently(편리하게)가 정답이다. 명사 (A)와 (B), 형용사 (D)는 동사를 꾸밀 수 없다. 참고로, 완료형(be + p.p.)을 꾸미는 부사는 동사 be와 p.p.형 사이 또는 그 뒤에 옴을 알아둔다.

어휘   commuter n. 통근자   consult v. 찾아보다, 상의하다

102

The trainees were expected to ------- themselves with the equipment they would soon be using during the orientation session.

(A) familiarity
(B) familiarize
(C) familiarizing
(D) familiar

실습생들은 교육 시간 동안 그들이 곧 사용할 장비에 익숙해질 것으로 기대되었다.

■ to 부정사를 취하는 동사 정답 (B)

목적어와 목적격 보어를 취하는 5형식 동사 expect(기대하다, 예상하다)가 수동태(were expected)로 쓰이면서 목적어(The trainees)가 주어 자리에 왔으므로 동사 뒤의 빈칸은 목적격 보어 자리이다. expect는 목적격 보어로 to 부정사를 취하므로 빈칸 앞의 to와 함께 사용되어 to 부정사를 만드는 동사원형 (B) familiarize(익숙하게 하다)가 정답이다. 명사 (A), 동명사 또는 현재분사 (C), 형용사 (D)는 expect의 목적격 보어 자리, 즉 to 부정사 자리에 올 수 없다. to를 전치사로 생각해 (A)와 (C)를 전치사의 목적어 자리에 온 명사로 본다 해도, '교육생들은 장비에 익숙함/익숙하게 하는 것으로 기대되었다'라는 어색한 문맥을 만든다. 참고로, expect처럼 목적어와 to 부정사 목적격 보어를 취하는 동사에는 ask(요청하다), convince(확신시키다), require(요구하다, 요청하다), remind(상기시키다) 등이 있음을 알아둔다.

어휘   trainee n. 실습생, 견습생   equipment n. 장비   orientation n. 교육, 방향   session n. (특정한 활동을 위한) 시간, 기간   familiarity n. 익숙함, 낯익음

103

------- actress Ariyah Kelama's film *Covet* is out now, she is free to discuss it during interviews.

(A) As soon as
(B) By the time
(C) Rather than
(D) Since

여배우 Ariyah Kelama의 영화 *Covet*이 이제 개봉했기 때문에, 그녀는 인터뷰 중 그것에 대해 자유롭게 이야기힐 수 있다.

■ [수식어 거품을 이끄는 것] 부사절 접속사 이유 정답 (D)

이 문장은 주어(she), 동사(is), 보어(free)를 갖춘 완전한 절이므로, ___ ~ now는 수식어 거품으로 보아야 한다. 이 수식어 거품은 동사(is)가 있는 거품절이므로, 거품절을 이끌 수 있는 부사절 접속사 (A), (B), (D)가 정답의 후보이다. '영화가 이제 개봉했기 때문에 그것에 대해 자유롭게 이야기할 수 있다'라는 의미가 되어야 하므로 '~이기 때문에'라는 의미로 이유를 나타내는 부사절 접속사 (D) Since(~이기 때문에)가 정답이다. (A) As soon as는 '~하자마자', (B) By the time은 '~할 때쯤'이라는 의미이다. (C) Rather than은 '~보다는'이라는 의미로 절이 아닌 구 앞에 온다. 참고로, rather than이 A rather than B(B보다는 A)의 형태로 쓰이는 경우 등위접속사처럼 같은 품사나 구조를 연결하는 역할을 한다는 것을 함께 알아둔다.

104

To promote the new bistro, the chef will demonstrate how to prepare his signature dish while an associate of ------- films the process.

(A) he
(B) him
(C) his
(D) himself

새로운 식당을 홍보하기 위해, 그의 동료가 그 과정을 촬영하는 동안 요리사가 그의 대표 요리를 준비하는 방법을 시연할 것이다.

■ [주어 자리] 인칭대명사의 격 　　　　　　　　　　　　　　　　　　　정답 (C)

빈칸이 부사절 접속사 while이 이끄는 부사절(while ~ process)의 동사(films) 앞에 왔으므로 부사절의 주어를 완성하며 전치사(of)의 목적어 자리에 올 수 있는 인칭대명사 (B), (C)와 재귀대명사 (D)가 정답의 후보이다. 명사(associate)가 관사(an)와 함께 쓰여 '그의 동료'라는 소유의 의미를 나타낼 때는 '관사 + 명사 + of + 소유대명사'의 형태로 쓰이므로 소유대명사 (C) his가 정답이다. 목적격 인칭대명사 (B) him과 재귀대명사 (D) himself는 소유대명사 자리에 올 수 없다. 주격 인칭대명사 (A) he는 전치사의 목적어 자리에 올 수 없다.

어휘 　promote v. 홍보하다, 촉진하다 　bistro n. 작은 식당 　demonstrate v. 시연하다, 보여주다 　signature adj. 대표의; n. 서명 　associate n. 동료
　　　film v. 촬영하다

105

Ms. Edwards researched points of interest around Barcelona before she went ------- vacation there.

(A) in
(B) at
(C) on
(D) with

Ms. Edwards는 그곳으로 휴가를 가기 전에 바르셀로나 주변의 흥밋거리들을 조사했다.

■ 전치사 표현 　　　　　　　　　　　　　　　　　　　　　　　　　　정답 (C)

'그곳으로 휴가를 가기 전에 바르셀로나 주변의 흥밋거리들을 조사했다'라는 문맥이므로 빈칸 앞의 동사 went와 빈칸 뒤의 vacation(휴가)과 함께 '휴가를 가다'라는 의미의 어구 go on vacation을 만드는 전치사 (C) on이 정답이다. (A) in은 '~ 안에'라는 의미로 위치를, (B) at은 '~에, ~에서'라는 의미로 시간이나 장소를, (D) with는 '~을 가지고'라는 의미로 수단을 나타낸다.

어휘 　point of interest phr. 흥밋거리, 관심거리

106

Hoping to reach a ------- audience, Pasquale Corp. hired a social media manager to increase its online presence.

(A) wideness
(B) widen
(C) width
(D) wider

더 폭넓은 청중에게 다가가기를 희망하여, Pasquale사는 그것의 온라인상 존재감을 높이기 위해 소셜 미디어 관리자를 고용했다.

■ 형용사 자리 　　　　　　　　　　　　　　　　　　　　　　　　　　정답 (D)

빈칸 뒤의 명사(audience)를 꾸밀 수 있는 것은 형용사이므로 형용사의 비교급 (D) wider(더 폭넓은)가 정답이다. 명사 (A)와 (C), 동사 (B)는 명사를 꾸밀 수 없다.

어휘 　hire v. 고용하다 　presence n. 존재감, 존재 　widen v. 넓히다

107

The company has little ------- for those who discriminate against their coworkers based on gender, race, or religion.

(A) tolerated
(B) tolerant
(C) tolerantly
(D) tolerance

그 회사는 성별, 인종, 또는 종교에 따라 동료들을 차별하는 사람들에 대해 거의 관용을 베풀지 않는다.

■ 명사 자리 　　　　　　　　　　　　　　　　　　　　　　　　　　　정답 (D)

타동사(has)의 목적어 역할을 할 수 있는 것은 명사이므로 명사 (D) tolerance(관용)가 정답이다. 참고로, have tolerance for(관용을 베풀다)를 관용구로 알아둔다. 동사 또는 과거분사 (A), 형용사 (B), 부사 (C)는 명사 자리에 올 수 없다.

어휘 　discriminate v. 차별하다, 구별하다 　coworker n. 동료 　gender n. 성별 　race n. 인종 　religion n. 종교

108
○○○●●
중

Two conference rooms are available today, but unfortunately, ------- of them has enough space to accommodate 50 people as requested.

(A) all
(B) both
(C) any
(D) neither

오늘 두 개의 회의실이 이용 가능하지만, 유감스럽게도, 둘 다 요청된 대로 50명을 수용할 만큼 충분한 공간이 없다.

■ 부정대명사 　　　　　　　　　　　　　　　　　　　　　　　　　　　　　　　　　　　정답 (D)

빈칸 뒤의 동사(has)가 단수 동사이고 '유감스럽게도 둘 다 50명을 수용할 만큼 충분한 공간이 없다'라는 의미가 되어야 하므로 부정대명사 (D) neither(둘 다 ~ 아니다)가 정답이다. (A) all(모든)과 (B) both(둘 다)는 of 뒤에 복수 명사(them)가 있으므로 복수 동사와 쓰여야 한다. (C) any(어떤 것, 어느 것)는 '유감스럽게도 그중 어떤 것은 50명을 수용할 만큼 충분한 공간이 있다'라는 어색한 문맥을 만든다.

어휘　unfortunately adv. 유감스럽게도, 안타깝게도　accommodate v. 수용하다

109
○○○●●
상

The purpose of the survey is to collect recommendations for actions we can take to correct and minimize any -------.

(A) effects
(B) profits
(C) concepts
(D) faults

설문조사의 목적은 어떤 결함이라도 시정하고 최소화하기 위해 저희가 취할 수 있는 조치에 대한 권장 사항을 수집하는 것입니다.

■ 명사 어휘 　　　　　　　　　　　　　　　　　　　　　　　　　　　　　　　　　　　정답 (D)

'결함을 시정하고 최소화하기 위해 취할 수 있는 조치'라는 문맥이므로 명사 (D) faults(결함, 흠)가 정답이다. (A)의 effect는 '영향', (B)의 profit는 '수익, 이익', (C)의 concept는 '개념, 관념'이라는 의미이다.

110
○○○●●
중

Out-of-state students made up ------- half of Westvanier University's freshman population last year.

(A) quite
(B) about
(C) too
(D) onward

다른 주의 학생들이 지난해 Westvanier 대학의 신입생 인구 중 대략 절반을 차지했다.

■ 부사 선택 　　　　　　　　　　　　　　　　　　　　　　　　　　　　　　　　　　　정답 (B)

'다른 주의 학생들이 신입생 인구 중 대략 절반을 차지했다'라는 문맥이므로 부사 (B) about(대략)이 정답이다. (A) quite는 '꽤, 많이', (C) too는 '너무', (D) onward는 '(특정 시간부터) 계속, 앞으로'라는 의미이다.

어휘　out-of-state adj. 다른 주의　make up phr. 차지하다, 구성하다　freshman n. 신입생

111
○○○●●
중

A bill intended to modernize the nation's mineral extraction regulations ------- by the legislature earlier this year.

(A) is being passed
(B) was passed
(C) to pass
(D) will pass

그 국가의 광물 추출 규정을 근대화하기 위한 법안이 올해 초 입법부에 의해 통과되었다.

■ [동사 자리] 과거 시제 　　　　　　　　　　　　　　　　　　　　　　　　　　　　　정답 (B)

주절(A bill ~ legislature)에 동사가 없으므로 동사 (A), (B), (D)가 정답의 후보이다. 수동의 의미가 되어야 하고, 과거 시간 표현(earlier this year)이 있으므로 과거 시제 수동태 (B) was passed가 정답이다. 현재 진행 시제 (A)와 미래 시제 (D)는 과거 시간 표현과 함께 쓸 수 없다. to 부정사 (C)는 동사 자리에 올 수 없다.

어휘　bill n. 법안, 청구서　modernize v. 근대화하다　mineral n. 광물　extraction n. 추출　legislature n. 입법부

112

Service representatives at big box store Fenmart are on hand to help customers find ------- they are looking for.

(A) such
(B) what
(C) whichever
(D) that

대형 상점 Fenmart의 서비스 담당자들은 고객들이 원하는 것을 찾을 수 있도록 도움을 주기 위해 준비되어 있다.

■ **명사절 접속사** 의문사 what
정답 (B)

빈칸이 포함된 절(___ ~ for)이 동사(find)의 목적어 역할을 하고 있으므로 문장 내에서 목적어로 쓰일 수 있는 명사절을 이끄는 명사절 접속사 (B), (C), (D)가 정답의 후보이다. 명사절의 동사구(are looking for)에 목적어가 없으므로, 그 자체가 목적어 역할을 하며 뒤에 불완전한 절이 오는 의문대명사 (B) what(~한 것)이 정답이다. 복합관계대명사 (C) whichever도 해석상 그럴듯해 보이지만, '셀 수 있는 몇 가지 중에서 어느 것이든 간에'를 의미하므로 답이 될 수 없다. 명사절 접속사 (D) that은 뒤에 완전한 절이 와야 한다. 형용사 (A) such는 명사절을 이끌 수 없다.

어휘 big box store phr. 대형 상점 on hand phr. 준비된, 도움을 구할 수 있는

113

The Modwell Society for the Arts has ------- its $50 million fundraising goal thanks to the generosity of its sponsors.

(A) impressed
(B) contributed
(C) surpassed
(D) appropriated

Modwell 예술 협회는 그 후원자들의 관대함 덕분에 5천만 달러의 모금 목표를 넘었다.

■ **동사 어휘**
정답 (C)

'후원자들의 관대함 덕분에 모금 목표를 넘었다'라는 문맥이므로 동사 surpass(넘다, 능가하다)의 p.p.형 (C) surpassed가 정답이다. (A)의 impress는 '감명시키다', (B)의 contribute는 '기여하다', (D)의 appropriate는 '도용하다, 전용하다'라는 의미이다.

어휘 society n. 협회, 사회 fundraising n. 모금 generosity n. 관대함, 너그러움

114

Delano Retail has a high rate of retention because it recognizes its workers' devotion and ------- high-performing employees.

(A) has been rewarded
(B) rewards
(C) rewarding
(D) reward

Delano 소매점은 그 직원들의 헌신을 인정하고 높은 성과를 내는 직원들에게 보상을 하기 때문에 직원 유지율이 높다.

■ **병치 구문**
정답 (B)

'직원들의 헌신을 인정하고 높은 성과를 내는 직원들에게 보상을 한다'라는 의미가 되어야 하므로, 등위접속사(and)가 동사(recognizes)와 또 다른 동사인 빈칸을 연결하고 있음을 알 수 있다. 병치 구문으로 연결되는 동사(recognizes)가 3인칭 단수 동사이므로 그와 같은 형태인 3인칭 단수 동사 (B) rewards(보상하다)가 정답이다. 현재완료 수동태 (A), 동명사 또는 현재분사 (C), 동사 또는 명사 (D)는 3인칭 단수 동사와 병치를 이룰 수 없다.

어휘 retail n. 소매점, 소매업 rate n. 비율 retention n. 직원 유지, 보유 devotion n. 헌신 high-performing adj. 높은 성과를 내는

115

Strict water usage limits have been implemented throughout the region ------- another drought.

(A) past
(B) besides
(C) amid
(D) despite

또 한 차례의 가뭄 가운데 지역 곳곳에서 엄격한 물 사용 제한이 시행되었다.

■ **전치사 선택** 기타
정답 (C)

'가뭄 가운데 엄격한 물 사용 제한이 시행되었다'라는 의미가 되어야 하므로 전치사 (C) amid(~한가운데, ~ 속에서)가 정답이다. (A) past는 '~이 지나서', (B) besides는 '~에 더해서, ~ 외에', (D) despite는 '~에도 불구하고'라는 의미이다.

어휘 implement v. 시행하다 drought n. 가뭄

116

After several unsuccessful attempts to reach Mr. Peterson, Ms. Andrews ------- ran into him while waiting in line at the bank.

(A) customarily
(B) particularly
(C) coincidentally
(D) punctually

Mr. Peterson에게 연락하기 위한 몇 번의 실패한 시도 후에, Ms. Andrews는 은행에서 줄을 서서 기다리던 도중 우연히 그와 마주쳤다.

■ 부사 어휘   정답 (C)

'몇 번의 실패한 시도 후에 우연히 그와 마주쳤다'라는 문맥이므로 부사 (C) coincidentally(우연히)가 정답이다. (A) customarily는 '습관적으로, 관례상', (B) particularly는 '특히, 특별히', (D) punctually는 '시간에 맞추어서'라는 의미이다.

어휘   run into phr. ~와 마주치다, 충돌하다   in line phr. 줄을 서서, 일렬로

117

CEP School is an online learning platform with a ------- team of educators offering one-on-one tutoring in all subjects.

(A) dedication
(B) dedicated
(C) dedicate
(D) dedicating

CEP School은 모든 과목에서 일대일 교습을 제공하는 헌신적인 교육자 팀이 있는 온라인 학습 플랫폼이다.

■ [형용사 자리] 현재분사 vs. 과거분사   정답 (B)

빈칸 뒤의 명사구(team of educators)를 꾸밀 수 있는 것은 형용사이므로 형용사 역할을 할 수 있는 과거분사 (B)와 현재분사 (D)가 정답의 후보이다. '헌신적인 교육자 팀'이라는 의미가 되어야 하므로 '헌신적인'이라는 의미를 가진 과거분사 (B) dedicated가 정답이다. 현재분사 (D) dedicating을 쓸 경우 타동사 dedicate(헌신하다, 전념하다)의 목적어가 없으므로 '~을 헌신하는 교육자 팀'이라는 어색한 문맥을 만든다. 명사 (A)와 동사 (C)는 명사구를 꾸밀 수 없다.

118

Some of the lamps Mr. Liu ordered from Pierson Department Store need to be returned as they ------- damaged.

(A) will arrive
(B) were arriving
(C) have arrived
(D) would arrive

그것들이 파손된 채로 도착했으므로 Mr. Liu가 Pierson 백화점에서 주문했던 조명 중 몇 개는 반품되어야 한다.

■ 현재 완료 시제   정답 (C)

'그것들이 파손된 채로 도착했으므로 반품되어야 한다'라는 문맥이므로 현재 완료 시제 (C) have arrived가 정답이다. 미래 시제 (A)와 과거 진행 시제 (B)를 쓸 경우, '그것들이 파손된 채로 도착할 것이므로/그것들이 파손된 채로 도착하고 있었으므로 반품되어야 한다'는 어색한 문맥이 된다. 조동사 would를 포함한 (D) would arrive는 미래에 대한 추측을 나타낸다.

어휘   damaged adj. 파손된, 손상된

119

Make sure you include only ------- information in your résumé, like your work experience and education.

(A) compliant
(B) comprehensive
(C) essential
(D) superficial

여러분의 이력서에 반드시 업무 경험과 학력 같은 필수적인 정보만을 포함하도록 하십시오.

■ 형용사 어휘   정답 (C)

'이력서에 필수적인 정보만을 포함하도록 하다'라는 문맥이므로 형용사 (C) essential(필수적인)이 정답이다. (A) compliant는 '순응하는, 준수하는', (B) comprehensive는 '포괄적인', (D) superficial은 '피상적인'이라는 의미이다.

어휘   résumé n. 이력서

120

The researchers received funding to further their work after they proposed a novel ------- to the treatment.

(A) approachably
(B) approaching
(C) approachable
(D) approach

연구원들은 그 치료법에 대한 참신한 접근을 제안한 후 그들의 연구를 진전시키기 위한 기금을 받았다.

■ [명사 자리] 동명사 vs. 명사   정답 (D)

타동사(proposed)의 목적어 자리에 와서 형용사(novel)의 꾸밈을 받을 수 있는 것은 명사이고, '치료법에 대한 참신한 접근을 제안한 후 연구 기금을 받았다'라는 의미가 되어야 하므로 명사 (D) approach(접근)가 정답이다. 동명사 (B)는 부정관사(a) 뒤에 올 수 없다. 부사 (A)와 형용사 (C)는 명사 자리에 올 수 없다.

어휘   funding n. 기금, 자금   further v. 진전시키다, 나아가다: adv. 더 멀리   novel adj. 참신한, 새로운   approachably adv. 접근하기 쉽게
       approachable adj. 말을 붙이기 쉬운, 이해하기 쉬운

121

At Barstow Media, we believe that a positive work environment is one of the top ------- in job satisfaction.

(A) initiatives
(B) factors
(C) positions
(D) attitudes

Barstow 언론사에서, 저희는 긍정적인 근무 환경이 직업 만족의 가장 큰 요인 중 하나라고 믿습니다.

■ 명사 어휘   정답 (B)

'긍정적인 근무 환경이 직업 만족의 가장 큰 요인 중 하나'라는 문맥이므로 명사 (B) factors(요인)가 정답이다. (A)의 initiative는 '계획, 진취성', (C)의 position은 '입장, 위치', (D)의 attitude는 '태도'라는 의미이다. 참고로, factor in(~의 요인)을 관용구로 외워둔다.

122

Ms. Ponti hopes to convince investors that her product is worth supporting ------- showing them how useful it is.

(A) of
(B) by
(C) among
(D) from

Ms. Ponti는 그것이 얼마나 유용한지 보여줌으로써 투자자들에게 그녀의 상품이 지원할 가치가 있다는 것을 확신시키길 바란다.

■ 전치사 선택 기타   정답 (B)

'그것이 얼마나 유용한지 보여줌으로써 상품이 지원할 가치가 있다는 것을 확신시키다'라는 의미가 되어야 하므로 수단을 나타내는 전치사 (B) by(~함으로써, ~에 의해)가 정답이다. (A) of는 '~의'라는 의미로 동격이나 소속을, (C) among은 '~ 사이에'라는 의미로 위치를, (D) from은 '~로부터'라는 의미로 방향을 나타낸다.

어휘   convince v. 확신시키다, 설득하다   investor n. 투자자   worth adj. ~의 가치가 있는; n. 가치

123

------- alphabetically, the guidebook provides readers with information on more than 5,000 restaurants in the city.

(A) Organizing
(B) Organized
(C) Organization
(D) To organize

알파벳순으로 정리되어, 그 여행안내서는 독자들에게 도시 내 5,000군데 이상의 음식점에 대한 정보를 제공한다.

■ [수식어 거품을 이끄는 것] 현재분사 vs. 과거분사   정답 (B)

이 문장은 주어(the guidebook), 동사(provides), 목적어(readers)를 갖춘 완전한 절이므로, ___ alphabetically는 수식어 거품으로 보아야 한다. 따라서 수식어 거품을 이끌 수 있는 현재분사 (A), 과거분사 (B), to 부정사 (D)가 정답의 후보이다. 빈칸 다음에 목적어가 없고, 주절의 주어(the guidebook)와 분사구문이 '여행안내서가 정리되다'라는 의미의 수동 관계이므로 동사 organize(정리하다, 조직하다)의 과거분사 (B) Organized가 정답이다. 현재분사 (A) Organizing과 to 부정사 (D) To organize는 능동의 의미를 나타내며, 뒤에 목적어 없이 쓰일 수 없으므로 답이 될 수 없다. 명사 (C)는 수식어 거품을 이끌 수 없다.

124
：상

------ events can occur at any time, which is why it is vital that companies purchase insurance coverage from FirmSure.

(A) Charitable (B) Observable
(C) Subsequent (D) Unforeseen

뜻밖의 사건이 언제든 발생할 수 있는데, 이는 기업들이 FirmSure사로부터 보험을 구매하는 것이 필수인 이유입니다.

■ 형용사 어휘 　　　　　　　　　　　　　　　　　　　　　　　　　　　　　　　　　정답 (D)

'뜻밖의 사건이 언제든 발생할 수 있기 때문에 보험을 구매하는 것이 필수이다'라는 문맥이므로 형용사 (D) Unforeseen(뜻밖의, 예상치 못한)이 정답이다. (A) Charitable은 '자선의, 너그러운', (B) Observable은 '식별할 수 있는', (C) Subsequent는 '그다음의, 차후의'라는 의미이다.

어휘　vital adj. 필수적인　insurance coverage phr. 보험, 보험 보장

125
：상

Mr. Edgars has visited several available residences that meet his criteria for a new home, but ------ are within his price range.

(A) some (B) none
(C) a few (D) most

Mr. Edgars는 새 집을 위한 그의 기준을 충족하는 몇 채의 구할 수 있는 집들을 방문했지만, 그의 가격 범위 안에 있는 곳은 하나도 없다.

■ 부정대명사 　　　　　　　　　　　　　　　　　　　　　　　　　　　　　　　　　정답 (B)

'기준을 충족하는 몇 채의 집들을 방문했지만 가격 범위 안에 있는 곳은 하나도 없다'라는 의미가 되어야 하므로 부정대명사 (B) none(아무것도 ~ 없다)이 정답이다. 부정대명사 (A) some(몇몇, 약간), 수량 표현 (C) a few(몇 개의)와 (D) most(대부분의)는 각각 '기준을 충족하는 몇 채의 집을 방문했지만 가격 범위 안에 있는 곳은 몇 채/대부분이다'라는 어색한 문맥을 만든다.

어휘　residence n. 집　criteria n. 기준　price range phr. 가격 범위

126
：중

Security ------ have been tightened at airports nationwide, resulting in long delays.

(A) engagements (B) personnel
(C) exchanges (D) procedures

전국 공항의 보안 절차가 강화되어, 오랜 지연이 빚어지고 있다.

■ 명사 어휘 　　　　　　　　　　　　　　　　　　　　　　　　　　　　　　　　　정답 (D)

'공항의 보안 절차가 강화되어 지연이 빚어지고 있다'라는 문맥이므로 명사 (D) procedures(절차)가 정답이다. (A)의 engagement는 '업무 약속, 참여', (B)의 personnel은 '직원', (C)의 exchange는 '교환'이라는 의미이다.

127
：중

Joshua's financial advisor said he would have to pay off his debt first, ------ he would have to pay a large amount of interest.

(A) unless (B) thus
(C) ever (D) or

Joshua의 재정 고문은 그가 먼저 빚을 갚아야 할 것이고, 그렇지 않으면 많은 양의 이자를 지불해야 할 것이라고 말했다.

■ 등위접속사 　　　　　　　　　　　　　　　　　　　　　　　　　　　　　　　　　정답 (D)

절(Joshua's financial advisor ~ first)과 절(he ~ interest)을 연결할 수 있는 부사절 접속사 (A)와 등위접속사 (D)가 정답의 후보이다. '먼저 빚을 갚아야 할 것이고, 그렇지 않으면 많은 양의 이자를 지불해야 할 것이다'라는 의미가 되어야 하므로 등위접속사 (D) or(그렇지 않으면, 또는)가 정답이다. 부사절 접속사 (A) unless(만약 ~이 아니라면)는 '만약 많은 양의 이자를 지불해야 할 것이 아니라면 먼저 빚을 갚아야 할 것이다'라는 어색한 문맥을 만든다. 부사 (B) thus(따라서)와 (C) ever(언제든, 항상)는 절과 절을 연결할 수 없다.

어휘　advisor n. 고문, 조언자　pay off phr. (빚을) 갚다　debt n. 빚　interest n. 이자, 흥미

128

Some of Javelink's employees have a hard time being ------- about their coworkers' performance, leading management to question the value of peer reviews.

(A) objectively
(B) objection
(C) objective
(D) objectives

Javelink사의 몇몇 직원들은 동료들의 성과에 대해 객관적이길 어려워하는데, 이는 경영진이 동료 평가의 가치에 대해 의문을 제기하게 만든다.

■ [보어 자리] 명사 보어 vs. 형용사 보어   정답 (C)

빈칸은 be동사(being)의 보어 자리이므로 보어가 될 수 있는 명사 (B)와 (D), 명사 또는 형용사 (C)가 정답의 후보이다. '직원들은 객관적이길 어려워한다'라는 의미로, 보어가 주어(employees)의 상태를 설명하고 있으므로 형용사 (C) objective(객관적인)가 정답이다. 명사 (B) objection(이의, 반대)과 (D) objectives(목적들)를 쓸 경우 주어(employees)와 동격이 되어 '직원들은 이의/목적들이길 어려워한다'라는 어색한 문맥이 된다. 부사 (A)는 보어 자리에 올 수 없다.

어휘   management n. 경영진, 경영, 관리   question v. 의문을 제기하다, 질문하다; n. 질문   peer review phr. 동료 평가

129

The upgrades to transportation infrastructure and the construction of new roads will ------- the country's domestic trade.

(A) facilitate
(B) arise
(C) operate
(D) expose

교통 기반 시설의 개선과 새로운 도로의 건설은 그 나라의 국내 무역을 촉진시킬 것이다.

■ 동사 어휘   정답 (A)

'교통 기반 시설의 개선과 새로운 도로의 건설은 국내 무역을 촉진시킬 것이다'라는 문맥이므로 동사 (A) facilitate(촉진시키다)가 정답이다. (B) arise는 '생기다, 발생하다', (C) operate는 '운용하다, 작동되다', (D) expose는 '드러내다, 폭로하다'라는 의미이다.

어휘   transportation n. 교통   infrastructure n. 사회 기반 시설   domestic adj. 국내의

130

The manual for the GD4 Block tablet computer recommends reducing the screen's brightness level ------- double how long the battery lasts.

(A) which
(B) in case
(C) in order to
(D) so that

GD4 Block 태블릿 컴퓨터의 설명서는 배터리가 지속되는 시간을 두 배로 늘리기 위해 화면의 밝기 수준을 줄이는 것을 권장한다.

■ to 부정사의 역할   정답 (C)

빈칸 다음에 동사원형(double)이 왔고, '배터리가 지속되는 시간을 두 배로 늘리기 위해 화면의 밝기 수준을 줄인다'라는 의미가 되어야 하므로 목적을 나타내는 to 부정사 대신 쓰일 수 있는 (C) in order to(~하기 위해서)가 정답이다. 관계대명사 (A) which를 쓸 경우, 선행사(the screen's brightness level)와 수일치하여 뒤에 3인칭 단수 동사가 와야 한다. 부사절 접속사 (B) in case(~에 대비하여, ~의 경우)와 (D) so that(~해서 -하다)은 뒤에 주어와 동사를 갖춘 완전한 절이 와야 한다. 참고로, to 부정사가 목적을 나타낼 때는 to 대신 in order to나 so as to를 쓸 수 있음을 함께 알아둔다.

어휘   manual n. 설명서; adj. 수동의   double v. 두 배로 늘리다; adj. 두 배의   last v. 지속되다

PART 6

Questions 131-134 refer to the following information.

131~134는 다음 안내문에 관한 문제입니다.

Time Off Procedures	휴가 절차
Burt Gorman Advertising provides 10 days of paid time off (PTO) and six days of sick leave. Please note that ------- **131** completing the mandatory three-month probationary period at the start of their employment may employees make use of these days. In order to request PTO, please fill out the online form provided below.	Burt Gorman 광고사는 10일의 유급휴가(PTO)와 6일의 병가를 제공합니다. **131** 직원들은 채용 시작 시 의무적인 3개월간 수습 기간을 마친 후에야만 이 휴가를 사용할 수 있는 점 참고 바랍니다. PTO를 신청하려면, 아래 제공된 온라인 양식을 작성하십시오.
All official time off must be approved by HR and your direct supervisor. There may be some lag on our end, so please allow at least 48 hours. To ------- the status of your request, **132** access the "My Profile" section of our Web site. Then, simply click on the request to see whether it has been denied, approved, or is still pending. -------. **133**	모든 공식 휴가는 인사팀과 직속 상사에 의해 승인되어야 합니다. 저희 측에서 약간의 지연이 있을 수 있으므로, 최소 48시간의 여유를 두십시오. **132** 신청 상태를 조회하기 위해서는, 회사 웹사이트의 "내 계정" 칸에 접근하십시오. 그리고, 그것이 반려되었는지, 승인되었는지, 또는 아직 미확정인지 보기 위해서 신청을 클릭하기만 하면 됩니다. **133** 이틀 내에 응답을 받지 못하면 자유롭게 상기시키는 메시지를 보낼 수 있습니다.
For unexpected sick days, contact your direct supervisor. Note that for any ------- of longer than a day, HR will expect **134** to see official medical documentation.	예상치 못한 병가를 위해서는, 직속 상사에게 연락하십시오. **134** 모든 하루 이상의 결근에 대해서는, 인사팀이 공식 진단서를 요구할 것임을 참고 바랍니다.

131 (A) only after
(B) unless
(C) while
(D) along with

132 (A) view
(B) enter
(C) change
(D) upgrade

133 (A) This will allow you to address any concerns you might have directly.
(B) It is important to keep your personal information updated accordingly.
(C) Instructions on how to set up an account are posted on the company Web site.
(D) Feel free to send a reminder if you don't get a response within two days.

134 (A) projects
(B) holidays
(C) absences
(D) delays

어휘 **time off** phr. 휴가, 휴무 **procedure** n. 절차, 체계 **sick leave** phr. 병가 **mandatory** adj. 의무적인, 법에 정해진
probationary adj. 수습의, 시험의 **employment** n. 채용, 고용 **request** v. 신청하다, 요청하다 **fill out** phr. 작성하다 **form** n. 양식
approve v. 승인하다, 허용하다 **HR** n. 인사팀 **supervisor** n. 상사, 상관 **lag** n. 지연; v. 뒤떨어지다 **status** n. 상태, 지위 **access** v. 접근하다
deny v. 반려하다, 부인하다 **pending** adj. 미확정인, 미결인

131 ■ 도치 구문

that절의 주어(employees)와 조동사(may)가 도치되어 '조동사(may) + 주어(employees) + 동사(make use)' 순으로 왔으므로 제한을 나타내며 도치 구문을 이끌 수 있는 부사 only를 포함하는 (A) only after(오직 ~한 후에만)가 정답이다. 접속사 (B), (C), (D)는 도치 구문을 이끌지 못한다.

132 ■ 동사 어휘 주변 문맥 파악

'신청 상태를 ___ 하기 위해서는'이라는 문맥이므로 모든 보기가 정답의 후보이다. 빈칸이 있는 문장만으로는 정답을 고를 수 없으므로 주변 문맥이나 전체 문맥을 파악한다. 뒤 문장에서 신청이 반려되었는지 승인되었는지 미확정인지 보기 위해 클릭하라고 했으므로 신청 상태를 조회하는 내용임을 알 수 있다. 따라서 동사 (A) view(조회하다)가 정답이다. (B) enter(기입하다, 등록하다)도 해석상 그럴듯해 보이지만, '신청'이 아니라 '이미 제출한 신청의 상태'를 직원이 기입하거나 등록할 수는 없으므로 답이 될 수 없다. (C) change는 '바꾸다', (D) upgrade는 '개선하다'라는 의미이다.

133 ■ 알맞은 문장 고르기

빈칸에 들어갈 알맞은 문장을 고르는 문제이므로 주변 문맥 또는 전체 문맥을 파악한다. 앞부분 'please allow at least 48 hours'에서 최소 48시간의 여유를 두라고 했고, 앞 문장에서는 신청을 클릭하여 신청 상태를 조회하라고 했으므로 빈칸에는 48시간 내에 신청이 처리되지 않았을 경우에 대한 내용이 들어가야 함을 알 수 있다. 따라서 (D) Feel free to send a reminder if you don't get a response within two days가 정답이다.

보기 해석
(A) 이것은 당신이 가질 수 있는 우려를 직접 해결하도록 허용할 것입니다.
(B) 당신의 개인 정보를 그에 맞추어 갱신된 상태로 유지하는 것이 중요합니다.
(C) 계정을 개설하는 방법에 대한 안내는 회사 웹사이트에 게시되어 있습니다.
(D) 이틀 내에 응답을 받지 못하면 자유롭게 상기시키는 메시지를 보낼 수 있습니다.

여휘 address v. 해결하다, 다루다   concern n. 우려, 관심   updated adj. 갱신된   accordingly adv. 그에 맞추어, 부응해서
set up phr. 개설하다, 수립하다   post v. 게시하다   reminder n. 상기시키는 것, 암시

134 ■ 명사 어휘

'모든 하루 이상의 ___ 에 대해서는, 인사팀이 공식 진단서를 요구할 것이다'라는 문맥이므로 명사 (C) absences(결근, 부재)가 정답이다. (B)의 holiday(휴가, 방학)도 해석상 그럴듯해 보이지만, holiday는 공휴일이나 방학 등 여가 목적의 휴가를 의미하기 때문에 진단서가 요구될 만한 병가를 설명하기 위해 쓰일 수 없다. (A)의 project는 '프로젝트, 활동', (D)의 delay는 '지연, 연기'라는 의미이다.

MUNICH (April 9) — Zusammen Agriculture, Inc. announced today that it is ------- a new method of sustainable farming. It will no longer rely on vast tracts of arable land. Instead, it will move its operations indoors to a warehouse setting. The company says that it is doing so to create less of an impact on the environment. Starting next month, Zusammen Agriculture, Inc. will grow crops using a revolutionary method through which plants are layered in ------- stacks. This technique, pioneered by microbiologist Dickson Despommier, uses one-tenth the space of conventional farms, as plants are arranged one above another. -------.
Crops produced in this new type of farm also require no soil and consume 90 percent less water than ------- on traditional farms.

뮌헨 (4월 9일) — **135** Zusammen 농업회사가 지속 가능한 새로운 농경 방식으로 전환한다고 오늘 발표했다. 그것은 더 이상 광활한 지대의 경작지에 의존하지 않을 것이다. 대신, 그것은 사업체를 실내 창고 환경으로 옮길 것이다. 그 회사는 환경에 영향을 덜 미치기 위해 그렇게 할 것이라고 말한다. **136** 다음 달부터, Zusammen 농업회사는 식물이 수직의 더미로 겹겹이 쌓이는 혁신적인 방법을 사용하여 농작물을 재배할 것이다. 미생물학자 Dickson Despommier에 의해 개척된 이 기술은, 식물들이 중첩되어 배치되기 때문에, 기존 농장의 10분의 1만큼의 공간을 사용한다. **137** 이 덕분에, 농장들이 심지어 도시 내에 위치할 수도 있다. **138** 게다가, 이 새로운 형태의 농장에서 생산되는 농작물은 토양이 필요하지 않고 기존 농장의 그것들보다 90퍼센트만큼 적은 물을 소비한다.

135 (A) turning from
(B) calling for
(C) switching to
(D) depending on

136 (A) wide
(B) deep
(C) dense
(D) vertical

137 (A) Therefore, it hopes to draw new investors to the company.
(B) Because of this, farms can even be located within cities.
(C) After all, farming doesn't need to be such hard work.
(D) However, this method is unlikely to alter agriculture's environmental footprint.

138 (A) that
(B) those
(C) another
(D) them

어휘 agriculture n. 농업 sustainable adj. 지속 가능한 vast adj. 광활한, 방대한 tract n. (넓은) 지대, 지역 arable land phr. 경작지, 경지 operation n. 사업체, 운영 indoors adv. 실내로 warehouse n. 창고 crops n. 농작물 revolutionary adj. 혁신적인, 혁명적인 layer v. 쌓다, 겹겹이 놓다; n. 층, 겹 stack n. 더미; v. 쌓다 pioneer v. 개척하다; n. 개척자, 선구자 microbiologist n. 미생물학자 conventional adj. 기존의, 관습적인 soil n. 토양, 흙

135 ■ 동사 어구 전체 문맥 파악 정답 (C)

'농업회사가 지속 가능한 새로운 농경 방식을 ___한다'라는 문맥이므로 모든 보기가 정답의 후보이다. 빈칸이 있는 문장만으로는 정답을 고를 수 없으므로 주변 문맥이나 전체 문맥을 파악한다. 뒷부분에서 더 이상 경작지에 의존하지 않고 사업체를 실내로 옮길 것이라고 했으므로 농경 방식을 전환할 예정임을 알 수 있다. 따라서 동사 어구 (C) switching to(~으로 전환하다, 바꾸다)가 정답이다. (A)의 turn from은 '~을 그만두다, 버리다', (B)의 call for는 '~을 요구하다, 필요로 하다', (D)의 depend on은 '~에 의지하다'라는 의미이다.

136 ■ 형용사 어휘 주변 문맥 파악 정답 (D)

'식물이 ___한 더미로 겹겹이 쌓이는 혁신적인 방법'이라는 문맥이므로 모든 보기가 정답의 후보이다. 빈칸이 있는 문장만으로는 정답을 고를 수 없으므로 주변 문맥이나 전체 문맥을 파악한다. 뒤 문장에서 이 기술은 식물들이 중첩되어 배치되기 때문에 기존 농장의 10분의 1만큼의 공간을 사용한다고 했으므로 식물이 수직으로 쌓일 것임을 알 수 있다. 따라서 형용사 (D) vertical(수직의, 세로의)이 정답이다. (A) wide는 '넓은', (B) deep은 '깊은', (C) dense는 '빽빽한, 밀집한'이라는 의미이다.

137 ■ 알맞은 문장 고르기 정답 (B)

빈칸에 들어갈 알맞은 문장을 고르는 문제이므로 주변 문맥 또는 전체 문맥을 파악한다. 앞 문장 'This technique ~ uses one-tenth the space of conventional farms, as plants are arranged one above another.'에서 이 기술은 식물들이 중첩되어 배치되기 때문에 기존 농장의 10분의 1만큼의 공간을 사용한다고 했으므로 빈칸에는 농장이 공간을 덜 사용하는 것의 이점과 관련된 내용이 들어가야 함을 알 수 있다. 따라서 (B) Because of this, farms can even be located within cities가 정답이다.

보기 해석
(A) 따라서, 그것은 회사에 새로운 투자자들을 유치하기를 희망한다.
(B) 이 덕분에, 농장들이 심지어 도시 내에 위치할 수도 있다.
(C) 결국, 농사가 그렇게 힘든 일일 필요는 없다.
(D) 그러나, 이 방법이 농업의 환경 발자국을 바꿀 것 같지는 않다.

어휘   draw v. 유치하다, 이끌다   alter v. 바꾸다   environmental footprint phr. 환경 발자국

138 ■ 지시대명사 정답 (B)

'이 새로운 형태의 농장에서 생산되는 농작물은 기존 농장의 그것들보다 90퍼센트만큼 적은 물을 소비한다'라는 의미가 되어야 하므로 앞에 나온 복수 명사(Crops)를 대신하는 지시대명사 (B) those(그것들)가 정답이다. 지시대명사 (A) that(그것)은 단수 명사를 대신한다. 부정대명사 (C) another는 '이미 언급한 것 이외의 또 다른 하나'를 의미한다. 목적격 인칭대명사 (D) them(그들)은 뒤에 수식어구(on traditional farms)와 함께 쓰일 수 없으므로 답이 될 수 없다.

Questions 139-142 refer to the following Web page.

139-142는 다음 웹페이지에 관한 문제입니다.

Finding the right bank account for your small business can be hard. Major financial institutions ------- to meet the individual needs of their clients. However, they frequently fail to keep this promise. This is because, for big banks, customer service is simply not a top priority. -------.

DNDI Bank has all the technology and resources ------- your financial needs, and we make it our mission to be accessible to every client. We offer up-to-date mobile services and great rates, but most importantly, we're also members of your community. -------, when you bank with DNDI, you're banking with your neighbors.

Click here to see which service is best for you.

당신의 소기업을 위해 알맞은 은행 계좌를 찾는 것은 어려울 수 있습니다. **139** 주요한 금융 기관들은 그 고객들의 개별적 필요를 충족하겠다고 공언합니다. 그러나, 그들은 이 약속을 지키는 데에 종종 실패합니다. 이는, 큰 은행들에 있어서는, 단순히 고객 서비스가 최우선순위가 아니기 때문입니다. **140** 저희 DNDI 은행에서는, 다른 방법을 사용합니다.

141 DNDI 은행은 당신의 경제적 필요를 관리하기 위한 모든 기술과 자원을 가지고 있으며, 저희는 모든 고객에게 접근이 쉬워지는 것을 사명으로 합니다. 저희는 최신 모바일 서비스와 훌륭한 가격을 제공하지만, 가장 중요하게는, 저희는 또한 여러분의 공동체 구성원이기도 합니다. **142** 다시 말해서, 당신이 DNDI와 거래할 때, 당신은 이웃들과 거래하는 것입니다.

당신에게 어떤 서비스가 가장 좋을지 보기 위해서는 여기를 클릭하세요.

139 (A) vow
(B) demand
(C) tend
(D) neglect

140 (A) At DNDI Bank, we take a different approach.
(B) Getting a line of credit at DNDI Bank can help your business grow.
(C) A deposit of $10,000 is required in order to open this account.
(D) For this service, you will be charged an additional monthly fee.

141 (A) to manage
(B) management
(C) managed
(D) manage

142 (A) At least
(B) In other words
(C) In the meantime
(D) At the same time

어휘 **bank account** phr. 은행 계좌 **meet** v. 충족하다, 만나다 **priority** n. 우선순위 **resource** n. 자원 **mission** n. 사명, 임무
accessible adj. 접근이 쉬운, 다가가기 편한 **up-to-date** adj. 최신의 **rate** n. 가격 **community** n. 공동체 **bank** v. (특정 은행과) 거래하다

139 ■ **동사 어휘** 주변 문맥 파악
정답 (A)

'주요한 금융 기관들은 그 고객들의 개인적 필요를 충족하겠다고 ___한다'라는 문맥이므로 모든 보기가 정답의 후보이다. 빈칸이 있는 문장만으로는 정답을 고를 수 없으므로 주변 문맥이나 전체 문맥을 파악한다. 뒤 문장에서 그러나 그들(주요한 금융 기관들)은 이 약속을 지키는 데에 종종 실패한다고 했으므로 주요한 금융 기관들이 고객들의 개인적 필요를 충족하겠다고 약속한다는 것을 알 수 있다. 따라서 동사 (A) vow(공언하다, 맹세하다)가 정답이다. (B) demand는 '요구하다, 필요로 하다', (C) tend는 '~하는 경향이 있다', (D) neglect는 '방치하다, ~하지 않다'라는 의미이다.

140 ■ **알맞은 문장 고르기**
정답 (A)

빈칸에 들어갈 알맞은 문장을 고르는 문제이므로 주변 문맥 또는 전체 문맥을 파악한다. 앞 문장 'This is because, for big banks, customer service is simply not a top priority.'에서 큰 은행들에게 있어서는 단순히 고객 서비스가 최우선순위가 아니라고 했으므로 빈칸에는 큰 은행들과 다른 DNDI 은행의 방침에 관해 설명하는 내용이 들어가야 함을 알 수 있다. 따라서 (A) At DNDI Bank, we take a different approach가 정답이다.

보기 해석
(A) 저희 DNDI 은행에서는, 다른 방법을 사용합니다.
(B) DNDI 은행에서 신용 거래를 하는 것은 당신의 사업이 성장하도록 도울 수 있습니다.
(C) 이 계좌를 개설하기 위해서는 10,000달러의 예치금이 필요합니다.
(D) 이 서비스를 위해서, 당신은 매달 추가적인 요금을 청구받을 것입니다.

어휘 line of credit phr. 신용 거래 deposit n. 예치금, 보증금

141 ■ **[수식어 거품을 이끄는 것] to 부정사의 역할**
정답 (A)

이 문장은 주어(DNDI Bank), 동사(has), 목적어(all ~ resources)를 갖춘 완전한 절이므로, ___ ~ needs는 수식어 거품으로 보아야 한다. 이 수식어 거품은 동사가 없는 거품구이므로, 거품구를 이끌 수 있는 to 부정사 (A)와 과거분사 (C)가 정답의 후보이다. '당신의 경제적 필요를 관리하기 위한 모든 기술과 자원'이라는 목적의 의미를 전달하고 있으므로 목적을 나타내는 to 부정사 (A) to manage가 정답이다. 과거분사 (C)를 쓸 경우 '관리된 당신의 경제적 필요'라는 어색한 문맥을 만든다. 명사 (B)와 동사 (D)는 수식어 거품을 이끌 수 없다.

142 ■ **접속부사** 주변 문맥 파악
정답 (B)

빈칸이 콤마와 함께 문장의 맨 앞에 온 접속부사 자리이므로, 앞 문장과 빈칸이 있는 문장의 의미 관계를 파악하여 정답을 선택한다. 앞 문장에서 DNDI 은행은 여러분, 즉 고객들의 공동체 구성원이라고 했고, 빈칸이 있는 문장에서는 당신이 DNDI와 거래할 때 당신은 이웃들과 거래하는 것이라고 했으므로, 내용상 앞 문장을 다르게 표현할 때 사용되는 (B) In other words(다시 말해서, 즉)가 정답이다. (A) At least는 '적어도, 최소한', (C) In the meantime은 '그동안에, 한편', (D) At the same time은 '동시에'라는 의미로 빈칸에 쓸 경우 어색한 문맥이 된다.

Now Hiring	채용 중

H&L Incorporated is seeking a graphic designer to join our team. If you're an enthusiastic candidate who ------- in the field for at least the last three years, this may be the position for you. -------. This is vital as you will be asked to develop brand logos, catalogues, and brochures for a variety of clients.

143
144

H&L Incorporated offers a ------- salary. Our average pay is above industry standards. We also provide comprehensive health insurance and allow employees to telecommute once a week.

145

In order for your application to be considered, please send your résumé to recruiting@hlinc.com by October 15. You are also encouraged to send a portfolio with samples of your work. After reviewing everything, our hiring manager will contact you if you possess the necessary -------.

146

H&L사에서 저희 팀에 합류할 그래픽 디자이너를 찾고 있습니다. **143** 만약 당신이 적어도 지난 3년 동안 이 분야에서 일해온 열정적인 지원자라면, 이것이 당신을 위한 자리일 수 있습니다. **144** 당신은 최신 자격증과 디자인 소프트웨어에 대한 지식을 보유해야 합니다. 다양한 고객을 위해 브랜드 로고, 카탈로그, 그리고 브로슈어를 개발하도록 요청될 것이기 때문에 이것은 매우 중요합니다.

145 H&L사는 경쟁력 있는 급여를 제공합니다. 저희의 평균 보수는 업계 기준 이상입니다. 저희는 또한 종합건강보험을 제공하며 직원들이 일주일에 한 번 재택근무를 하도록 허용합니다.

당신의 지원서가 고려되기 위해서는, 10월 15일까지 recruitinghlinc.com로 이력서를 보내주시기 바랍니다. 또한 작업 샘플이 포함된 포트폴리오를 보내는 것을 권장합니다. **146** 모든 것을 검토한 후, 당신이 필요한 자격을 가지고 있다면 저희 채용 담당자가 당신에게 연락할 것입니다.

143 (A) should work
(B) works
(C) has worked
(D) worked

144 (A) More than five years of training is needed to become a proficient designer.
(B) You need to have the latest certifications and knowledge of design software.
(C) Our company will provide detailed instructions for all your design assignments.
(D) Make sure you understand the client's request before you change the design you submitted.

145 (A) monthly
(B) base
(C) modest
(D) competitive

146 (A) qualifying
(B) qualifies
(C) qualifications
(D) qualifiable

어휘　**seek** v. 찾다, 추구하다　**enthusiastic** adj. 열정적인　**client** n. 고객, 의뢰인　**industry** n. 업계, 산업　**comprehensive** adj. 종합적인, 포괄적인
telecommute v. 재택근무하다　**possess** v. 가지다, 소유하다

143 ■ 현재 완료 시제

'만약 당신이 적어도 지난 3년 동안 이 분야에서 ___한 지원자라면'이라는 문맥인데, 현재 완료 시제와 자주 함께 쓰이는 시간 표현(for ~ the last three years)이 있으므로 현재 완료 시제 (C) has worked가 정답이다. (A) should work는 의무를, 현재 시제 (B)는 주로 반복적인 행동이나 습관을, 과거 시제 (D)는 과거의 일을 나타낼 때 사용되며 현재 완료 시간 표현과 함께 쓰일 수 없다.

144 ■ 알맞은 문장 고르기

빈칸에 들어갈 알맞은 문장을 고르는 문제이므로 주변 문맥 또는 전체 문맥을 파악한다. 뒤 문장 'This is vital as you will be asked to develop brand logos, catalogues, and brochures for a variety of clients.'에서 당신, 즉 지원자는 다양한 고객을 위해 브랜드 로고, 카탈로그, 그리고 브로슈어를 개발하도록 요청될 것이기 때문에 이것이 매우 중요하다고 했으므로 빈칸에는 디자인 업무를 위해 지원자가 갖추어야 할 자격이 들어가야 함을 알 수 있다. 따라서 (B) You need to have the latest certifications and knowledge of design software가 정답이다.

보기 해석
(A) 숙련된 디자이너가 되기 위해서는 5년 이상의 훈련이 필요합니다.
(B) 당신은 최신 자격증과 디자인 소프트웨어에 대한 지식을 보유해야 합니다.
(C) 저희 회사가 당신의 모든 디자인 업무에 대한 자세한 지침을 제공할 것입니다.
(D) 당신이 제출한 디자인을 변경하기 전에 고객의 요청을 반드시 이해하도록 하십시오.

어휘 proficient adj. 숙련된, 능숙한 latest adj. 최신의 certification n. 자격증, 인증 instruction n. 지침, 설명

145 ■ 형용사 어휘 주변 문맥 파악

'H&L사는 ___한 급여를 제공한다'라는 문맥이므로 모든 보기가 정답의 후보이다. 빈칸이 있는 문장만으로는 정답을 고를 수 없으므로 주변 문맥이나 전체 문맥을 파악한다. 뒤 문장에서 평균 보수가 업계 기준 이상이라고 했으므로 H&L사에서 경쟁력 있는 급여를 제공한다는 내용이 들어가야 함을 알 수 있다. 따라서 형용사 (D) competitive(경쟁력 있는)가 정답이다. (A) monthly는 '월별의', (B) base는 '기본의', (C) modest는 '보통의, 크지 않은'이라는 의미이다.

146 ■ 명사 자리

빈칸 앞의 형용사(necessary)의 꾸밈을 받을 수 있는 것은 명사이고, '필요한 자격을 가지고 있다면 채용 담당자가 당신에게 연락할 것이다'라는 의미가 되어야 하므로 명사 (C) qualifications(자격)가 정답이다. 동명사 (A) qualifying(자격을 주는)은 형용사의 꾸밈을 받을 수 없으며, '필요한 자격을 주는 것을 가지고 있다면'이라는 어색한 문맥이 된다. 동사 (B)와 형용사 (D)는 명사 자리에 올 수 없다.

어휘 qualifiable adj. 자격이 주어지는, 적격이라고 할 수 있는

PART 7

Questions 147-148 refer to the following notice.

147-148은 다음 공고에 관한 문제입니다.

Join us for
Professionally Fit

A personal development seminar with Callie Ponce

From 3 P.M. to 5 P.M. on [148]July 16
In the Russell Offices Conference Room

[147-B]Ms. Ponce is a certified fitness trainer and the owner of Rapid Gym, which is right around the corner from our building. She will discuss healthy lunch recipes and ways to stay physically fit while working at a sedentary job. The event will consist of a brief talk and then a one-hour interactive demonstration. Ms. Ponce will teach us some simple exercises from her popular fitness videos. It is not necessary to wear gym clothing. Fruit and vegetable trays will be set out after the demonstration. [148]Ms. Ponce will also give out some signed copies of her book *Working Out at Work*.

우리와 함께해요
Professionally Fit

Callie Ponce와 함께하는 개인 개발 세미나

[148]7월 16일 오후 3시부터 5시까지
Russell 사무소 회의실에서

[147-B]Ms. Ponce는 공인 운동 트레이너이자 우리 건물 바로 옆에 있는 Rapid 체육관의 소유자입니다. 그녀는 건강한 점심 조리법들과 앉아서 일하는 동안 신체적 건강을 유지하는 방법에 관해 이야기할 것입니다. 행사는 짧은 강연과 그 후 1시간짜리 체험형 시연으로 구성될 것입니다. Ms. Ponce는 우리에게 그녀의 인기 있는 운동 동영상에 있는 몇 가지 간단한 운동을 가르쳐 줄 것입니다. 체육복을 입을 필요는 없습니다. 시연 후에는 과일과 야채 요리들이 준비될 것입니다. [148]Ms. Ponce는 또한 그녀의 책 *Working Out at Work*의 사인본 몇 권을 나누어 줄 것입니다.

어휘 □ fit adj. 건강한 □ consist of phr. ~로 구성되다 □ demonstration n. 시연, 설명 □ certified adj. 공인된 □ brief adj. 짧은, 간단한 □ sedentary adj. 주로 앉아서 하는 □ interactive adj. 체험형의, 상호적인

147

What is mentioned about Ms. Ponce?

(A) She is a licensed nutritionist.
(B) She owns a local business.
(C) She used to have an office job.
(D) She runs a vegetarian restaurant.

Ms. Ponce에 대해 언급된 것은?

(A) 자격증을 소지한 영양사이다.
(B) 지역 사업체를 소유한다.
(C) 사무직 직업을 가졌었다.
(D) 채식 식당을 운영한다.

■ Not/True True 문제

정답 (B)

질문의 핵심 어구인 Ms. Ponce와 관련된 내용을 지문에서 찾아 각 보기와 대조하는 Not/True 문제이다. (A), (C), (D)는 지문에 언급되지 않은 내용이다. (B)는 'Ms. Ponce is ~ the owner of Rapid Gym, which is right around the corner'에서 Ms. Ponce는 바로 옆에 있는 Rapid 체육관의 소유자라고 했으므로 지문의 내용과 일치한다. 따라서 (B)가 정답이다.

바꾸어 표현하기
the owner of ~ Gym ~ right around the corner 바로 옆에 있는 체육관의 소유자 → owns a local business 지역 사업체를 소유한다

어휘 licensed adj. 자격증을 소지한 nutritionist n. 영양사 office job phr. 사무직 직업

148

According to the notice, what will happen on July 16?

(A) Some food recipes will be demonstrated.
(B) Some exercise apparel will be given away.
(C) Some fitness videos will be shown.
(D) Some reading material will be handed out.

공고에 따르면, 7월 16일에는 무슨 일이 일어날 것인가?

(A) 음식 조리법이 시연될 것이다.
(B) 운동복이 증정될 것이다.
(C) 운동 동영상이 상영될 것이다.
(D) 읽을거리가 배포될 것이다.

■ **육하원칙** What　　　　　　　　　　　　　　　　　정답 (D)

공고에 따르면 7월 16일에 무슨(what) 일이 일어날 것인지를 묻는 육하원칙 문제이다. 질문의 핵심 어구인 happen on July 16과 관련하여, 'Ms. Ponce will ~ give out some signed copies of her book'에서 Ms. Ponce가 그녀의 책의 사인본 몇 권을 나누어 줄 것이라고 했으므로 읽을거리가 배포될 것임을 알 수 있다. 따라서 (D)가 정답이다.

바꾸어 표현하기
give out some signed copies of her book 그녀의 책의 사인본 몇 권을 나누어 주다
→ Some reading material will be handed out 읽을거리가 배포될 것이다

어휘　apparel n. 의복, 의류　give away phr. 증정하다, 선물로 주다　reading material phr. 읽을거리, 읽을 자료　hand out phr. 배포하다

Woodbrook Furniture

To: All sales team members
From: Mark Fraser, Inventory Manager
Subject: Pulaski Décor
Date: March 25

I'd like to remind you about the quick meeting we will have at the end of the day today. It should only take about 10 minutes. More importantly, [149]I just got off the phone with Eva Spencer, a representative for Pulaski Décor. [149/150-D]She has informed me that they will be going out of business next month. Since we will not be getting any new inventory from this supplier, we would like to sell the remaining Pulaski Décor tables, chairs, and sofas as quickly as possible. Please let customers know that on top of [150-A]our current storewide discounts, all Pulaski Décor furniture will be sold for an additional 25 percent off.

Woodbrook 가구사

수신: 영업팀 전 직원
발신: 재고 관리자 Mark Fraser
제목: Pulaski Décor사
날짜: 3월 25일

오늘 하루 일과의 마지막에 있을 짧은 회의에 대해 다시 한 번 알려 드리고 싶습니다. 이는 10분 정도밖에 걸리지 않을 것입니다. 더 중요하게는, [149]저는 Pulaski Décor사의 대변인 Eva Spencer와 방금 통화를 마쳤습니다. [149/150-D]그녀는 그들이 다음 달에 폐업할 것이라고 저에게 알렸습니다. 우리가 이 공급업체로부터 새로운 재고를 받을 수 없을 것이므로, 남은 Pulaski Décor사의 탁자와 의자, 그리고 소파를 최대한 빨리 판매하고자 합니다. [150-A]현재 매장 전체의 할인에 더해서, 모든 Pulaski Décor사 가구가 25퍼센트 추가 할인된 가격에 판매될 예정임을 고객들에게 알려 주시기 바랍니다.

어휘　□ **inventory** n. 재고, 물품 목록　　□ **remind** v. (다시 한번) 알려주다, 상기시키다　　□ **representative** n. 대변인, 대리인
　　　□ **go out of business** phr. 폐업하다　　□ **remaining** adj. 남은　　□ **supplier** n. 공급업체, 공급자
　　　□ **storewide** adj. 매장 전체의

149

What is the main purpose of the memo?

(A) To confirm a change to a meeting time
(B) To announce a change in inventory procedures
(C) To remind cashiers of an employee discount
(D) To inform staff about a brand discontinuation

회람의 주 목적은 무엇인가?

(A) 회의 시간 변경을 확정하기 위해
(B) 재고 절차의 변경을 알리기 위해
(C) 계산대 점원들에게 직원 할인을 상기시키기 위해
(D) 직원들에게 브랜드 단종에 대해 알리기 위해

■ **주제/목적 찾기** 글의 목적　　　　　　　　　　　　　　　　　　　　　　　　　　　정답 (D)

회람의 목적을 묻는 목적 찾기 문제이므로 지문의 앞부분을 주의 깊게 확인한다. 지문의 'I just got off the phone with Eva Spencer, a representative for Pulaski Décor'에서 Pulaski Décor사의 대변인 Eva Spencer와 방금 통화를 마쳤다고 한 후, 'She has informed me that they will be going out of business next month.'에서 그녀가 그들, 즉 Pulaski Décor사가 다음 달에 폐업할 것이라고 알렸다고 했으므로, 회람이 직원들에게 브랜드 단종에 대해 알리기 위함임을 알 수 있다. 따라서 (D)가 정답이다.

150

What is mentioned about Woodbrook Furniture?

(A) It is currently having a sale on all items.
(B) It will receive a new shipment of furniture.
(C) It works exclusively with one supplier.
(D) It will be going out of business soon.

Woodbrook 가구사에 대해 언급된 것은?

(A) 현재 전 품목을 할인 중이다.
(B) 새로운 가구 배송을 받을 것이다.
(C) 한 공급업체와 독점적으로 거래한다.
(D) 곧 폐업할 것이다.

■ **Not/True** True 문제　　　　　　　　　　　　　　　　　　　　　　　　　　　　　정답 (A)

질문의 핵심 어구인 Woodbrook Furniture와 관련된 내용을 지문에서 찾아 각 보기와 대조하는 Not/True 문제이다. (A)는 'our current storewide discounts'에서 현재 매장 전체의 할인을 언급했으므로 지문의 내용과 일치한다. 따라서 (A)가 정답이다. (B)와 (C)는 지문에 언급되지 않은 내용이다. (D)는 '~ they[Pulaski Décor] will be going out of business next month'에서 그들, 즉 Pulaski Décor사가 다음 달에 폐업할 것이라고 했지만, Woodbrook 가구사가 폐업하는 것은 아니므로 지문의 내용과 일치하지 않는다.

바꾸어 표현하기
current storewide discounts 현재 매장 전체의 할인 → currently having a sale on all items 현재 전 품목을 할인 중이다

어휘　**exclusively** adv. 독점적으로, 배타적으로

Questions 151-153 refer to the following article.

151-153은 다음 기사에 관한 문제입니다.

Asher Exhibit at the New England Art Museum

August 19 — Abstract art enthusiasts will be overjoyed with the new Geneva Asher exhibit at the New England Art Museum (NEAM). [151]The exhibit will be held from September 13 to October 13. [152-D]The bold colors and harsh brush strokes in Ms. Asher's work evoke images of New England scenery in fall and winter, making her paintings immediately recognizable. [152-B]Her works have been displayed in galleries and museums all over the world.

[152-A]NEAM is preparing for an increase in the number of visitors. "We expect the exhibit to be quite popular," said Sam Grossman, the museum's curator. [153]Some of Ms. Asher's most famous paintings, *Snowy Evening*, *Leaves of Fire*, and *Golden Pond*, will be hung in NEAM's Kelly Gallery, in its east wing, which was reopened six months ago following a year of extensive renovations. According to Mr. Grossman, [153]the gallery was selected because it can accommodate the largest number of people. The rest of the exhibit will be distributed throughout the galleries in the museum's adjacent wings. Tickets for this exhibit will cost $10 and go on sale a week from today.

뉴잉글랜드 미술관에서 Asher 전시회

8월 19일 — 추상 미술 애호가들은 뉴잉글랜드 미술관 (NEAM)에서 열리는 새로운 Geneva Asher 전시회에 매우 기뻐할 것이다. [151]전시회는 9월 13일부터 10월 13일까지 열릴 것이다. [152-D]Ms. Asher의 작업의 대담한 색상과 거친 붓놀림은 가을과 겨울의 뉴잉글랜드 풍경에 대한 심상을 불러일으키며, 그녀의 그림을 즉시 알아볼 수 있도록 한다. [152-B]그녀의 작품들은 전 세계의 갤러리와 미술관에 전시되었다.

[152-A]NEAM은 관람객 증원을 위해 대비하고 있다. 박물관 전시 책임자인 Sam Grossman은 [152-A]"저희는 그 전시회가 큰 인기를 끌 것으로 기대합니다."라고 말했다. [153]Ms. Asher의 가장 유명한 그림들 중 일부인 *Snowy Evening*, *Leaves of Fire*, 그리고 *Golden Pond*는 1년 간의 대대적인 보수 끝에 6개월 전 재개관한, 그것의 동쪽 건물에 있는 NEAM의 Kelly 갤러리에 전시될 예정이다. Mr. Grossman에 따르면, [153]그 갤러리가 가장 많은 사람들을 수용할 수 있기 때문에 선정되었다. 전시회의 나머지는 박물관에 인접한 부속 건물들에 있는 갤러리들 도처에 분배될 것이다. 이 전시회의 입장권 가격은 10달러이며 오늘부터 일주일 후에 판매가 시작될 것이다.

어휘
□ **abstract** adj. 추상적인
□ **exhibit** n. 전시
□ **evoke** v. 불러일으키다
□ **extensive** adj. 대대적인
□ **distribute** v. 분배하다, 배포하다
□ **enthusiast** n. 애호가, 지지자
□ **harsh** adj. 거친
□ **recognizable** adj. 알아볼 수 있는, 눈에 띄는
□ **renovation** n. 보수, 개조
□ **adjacent** adj. 인접한
□ **overjoyed** adj. 매우 기뻐하는
□ **brush stroke** phr. 붓놀림, 필법
□ **curator** n. 전시 책임자, 큐레이터
□ **accommodate** v. 수용하다, 제공하다
□ **wing** n. 부속 건물

151
○●○○○
하

How long will the exhibit last?

(A) A week
(B) A month
(C) Six months
(D) A year

전시회는 얼마나 오래 지속될 것인가?

(A) 일주일
(B) 한 달
(C) 6개월
(D) 1년

■ **육하원칙** How   정답 (B)

전시회가 얼마나 오래(How long) 지속될지를 묻는 육하원칙 문제이다. 질문의 핵심 어구인 exhibit last와 관련하여 'The exhibit will be held from September 13 to October 13.'에서 전시회가 9월 13일부터 10월 13일까지 열릴 것이라고 했으므로, 전시가 한 달간 열릴 것임을 알 수 있다. 따라서 (B)가 정답이다.

152

What is NOT indicated about Ms. Asher's work?

(A) It is expected to draw large crowds to a museum.
(B) It has been exhibited in various countries.
(C) It has been sold to individual collectors.
(D) It features a distinct style.

Ms. Asher의 작업에 대해 언급되지 않은 것은?

(A) 미술관에 많은 인파를 유치할 것으로 예상된다.
(B) 여러 나라에서 전시되었다.
(C) 개인 수집가들에게 판매되었다.
(D) 뚜렷한 스타일을 특징으로 한다.

■ **Not/True** Not 문제
정답 (C)

질문의 핵심 어구인 Ms. Asher's work와 관련된 내용을 지문에서 찾아 각 보기와 대조하는 Not/True 문제이다. (A)는 'NEAM is preparing for an increase in the number of visitors. "We expect the exhibit to be quite popular"'에서 NEAM은 관람객 증원을 위해 대비하고 있으며 그 전시회가 큰 인기를 끌 것으로 기대한다고 했으므로 지문의 내용과 일치한다. (B)는 'Her works have been displayed ~ all over the world.'에서 그녀, 즉 Ms. Asher의 작품들이 전 세계에 전시되었다고 했으므로 지문의 내용과 일치한다. (C)는 지문에 언급되지 않은 내용이다. 따라서 (C)가 정답이다. (D)는 'The bold colors and harsh brush strokes in Ms. Asher's work evoke images of New England scenery ~ making her paintings immediately recognizable.'에서 Ms. Asher의 작업의 대담한 색상과 거친 붓놀림이 뉴잉글랜드 풍경에 대한 심상을 불러일으키며 그녀의 그림을 즉시 알아볼 수 있도록 한다고 했으므로 지문의 내용과 일치한다.

어휘 draw v. 유치하다, 이끌다 feature v. ~을 특징으로 하다 distinct adj. 뚜렷한, 분명한

153

Why are Ms. Asher's best-known works being shown in the Kelly Gallery?

(A) It is the newest exhibit space in the museum.
(B) It can fit more people than the other galleries.
(C) It is adjacent to the other galleries.
(D) It has been renovated exclusively for Ms. Asher.

Ms. Asher의 가장 유명한 작품들은 왜 Kelly 갤러리에 전시되는가?

(A) 박물관에서 가장 새로운 전시 공간이다.
(B) 다른 갤러리들보다 더 많은 사람을 수용할 수 있다.
(C) 다른 갤러리들과 인접해 있다.
(D) Ms. Asher 전용으로 개조되었다.

■ **육하원칙** Why
정답 (B)

Ms. Asher의 가장 유명한 작품들이 왜(Why) Kelly 갤러리에 전시되는지를 묻는 육하원칙 문제이다. 질문의 핵심 어구인 Ms. Asher's best-known works ~ shown in the Kelly Gallery와 관련하여, 'Some of Ms. Asher's most famous paintings ~ will be hung in NEAM's Kelly Gallery', 'the gallery was selected because it can accommodate the largest number of people'에서 Ms. Asher의 가장 유명한 그림들 중 일부는 NEAM의 Kelly 갤러리에 전시될 예정인데, 그 갤러리가 가장 많은 사람들을 수용할 수 있기 때문에 선정되었다고 했으므로 (B)가 정답이다.

바꾸어 표현하기
accommodate the largest number of people 가장 많은 사람들을 수용하다
→ fit more people than the other galleries 다른 갤러리들보다 더 많은 사람을 수용하다

어휘 fit v. 수용하다, 맞다 exclusively adv. 전용으로, 배타적으로

154-155는 다음 메시지 대화문에 관한 문제입니다.

Rebecca Bertrand   [9:41 A.M.]
Miguel, the 10:00 A.M. meeting with Broward Capital has been pushed to 10:30 A.M. 154Please let the rest of the creative team know, and have them go over the presentation for the new marketing campaign one last time.

Miguel Green   [9:43 A.M.]
OK, will do. What happened?

Rebecca Bertrand   [9:44 A.M.]
Nothing serious. Apparently, 155the clients are stuck in heavy traffic on the freeway.

Miguel Green   [9:45 A.M.]
Oh, no doubt. 155I only just got in 20 minutes ago for the same reason. There was an accident that slowed everything down.

Rebecca Bertrand   [9:47 A.M.]
Anyway, are you all good to go? I just went by the conference room, and it looks like the projector has been set up.

Miguel Green   [9:48 A.M.]
I'm ready. 154I feel positive the client will like the ideas we've come up with, particularly for the television commercial.

Rebecca Bertrand   [오전 9시 41분]
Miguel, 오전 10시 Broward Capital사와의 회의가 오전 10시 30분으로 연기되었어요. 154창작팀 나머지 인원에게 알리고, 그들이 새로운 마케팅 캠페인에 대한 발표를 마지막으로 한번 검토하도록 해 주세요.

Miguel Green   [오전 9시 43분]
네, 알겠어요. 무슨 일인가요?

Rebecca Bertrand   [오전 9시 44분]
심각한 건 아니에요. 보아하니, 155고객들이 고속도로에서 교통 체증에 갇혀 있는 것 같아요.

Miguel Green   [오전 9시 45분]
오, 의심의 여지가 없네요. 155저도 같은 이유로 20분 전에 겨우 도착했어요. 모든 것을 늦춘 사고가 있었거든요.

Rebecca Bertrand   [오전 9시 47분]
어쨌든, 다 준비되셨나요? 방금 회의실을 지났는데, 프로젝터가 설치된 것 같아요.

Miguel Green   [오전 9시 48분]
준비됐어요. 154저는 고객이 우리가 생각해낸 아이디어를 좋아할 거라고 확신해요, 특히 텔레비전 광고에 대해서요.

어휘   □ **apparently** adv. 보아하니, 듣자 하니   □ **stuck** adj. 갇힌, 움직일 수 없는   □ **heavy traffic** phr. 교통 체증
     □ **freeway** n. 고속도로   □ **doubt** n. 의심   □ **good to go** phr. 준비되다
     □ **positive** adj. 확신하는, 긍정적인   □ **come up with** phr. 생각해내다, 떠올리다   □ **commercial** n. 광고

154

In what industry do Ms. Bertrand and Mr. Green most likely work?

(A) Banking
(B) Transportation
(C) Publishing
(D) Advertising

Ms. Bertrand와 Mr. Green은 어떤 업종에 종사하는 것 같은가?

(A) 은행업
(B) 운송업
(C) 출판업
(D) 광고업

■ 추론 세부 정보   정답 (D)

질문의 핵심 어구인 industry ~ Ms. Bertrand and Mr. Green ~ work에 대해 추론하는 문제이다. 'Please let the ~ creative team ~ go over the presentation for the new marketing campaign ~.'에서 Ms. Bertrand가 창작팀이 새로운 마케팅 캠페인에 대한 발표를 검토하도록 해 달라고 했고, 'I feel positive the client will like the ideas we've come up with ~ for the television commercial.'에서 Mr. Green이 텔레비전 광고에 대해서 자신들이 생각해낸 아이디어를 고객이 좋아할 거라고 확신한다고 했으므로, Ms. Bertrand와 Mr. Green이 광고업에 종사한다는 사실을 추론할 수 있다. 따라서 (D)가 정답이다.

TEST | 01 | 02 | 03 | 04 | 05 | **06** | 07 | 08 | 09 | 10 | 해커스 토익 실전 1000제 3 Reading

155 ○○●○ 상

At 9:45 A.M., what does Mr. Green mean when he writes, "Oh, no doubt"?

(A) He agrees that having more time to prepare will be helpful.
(B) He believes an accident was serious.
(C) He can understand why a client is late.
(D) He is sure that he finished an assigned task.

오전 9시 45분에, Mr. Green이 "Oh, no doubt"이라고 썼을 때 그가 의도한 것은?

(A) 준비할 시간을 더 많이 가지는 것이 도움이 될 것이라는 데 동의한다.
(B) 사고가 심각했다고 믿는다.
(C) 고객이 왜 늦는지 이해할 수 있다.
(D) 그가 배정된 업무를 완료했다고 확신한다.

■ 의도 파악 정답 (C)

Mr. Green이 의도한 것을 묻는 문제이므로, 질문의 인용어구(Oh, no doubt)가 언급된 주변 문맥을 확인한다. 'the clients are stuck in heavy traffic on the freeway'에서 Ms. Bertrand가 고객들이 고속도로에서 교통 체증에 갇혀 있다고 하자, Mr. Green이 'Oh, no doubt.'(오, 의심의 여지가 없네요)라고 한 후, 'I only just got in 20 minutes ago for the same reason.'에서 자신도 같은 이유로 20분 전에 겨우 도착했다고 했으므로 고객이 왜 늦는지 이해한다는 것을 알 수 있다. 따라서 (C)가 정답이다.

어휘 **assign** v. 배정하다, 할당하다

Questions 156-157 refer to the following e-mail.

156-157은 다음 이메일에 관한 문제입니다.

To: All staff
From: Carolyn Fry <cfry@mortimerbooks.com>
Subject: Lecture Series
Date: October 5

This is a reminder about our upcoming lecture series. All sales associates are expected to work during at least one of these events. Here is the list of the authors and their lecture topics:

October 10: Joan Williams, "Fictional Villains"
October 11: Diego Villegas, "Symbolism in Classical Poetry"
[156]October 12: Tiana Zain, [156]"Contemporary Stories from Southeast Asia"
October 13: Bill McLaren, "Expressive Writing"

[157]Each lecture will begin at 7 P.M., which is after our store closes for the day, and last for two hours. If you are especially interested in one of these events or dates, please let me know as soon as possible.

Carolyn Fry
Manager

수신: 전 직원
발신: Carolyn Fry <cfry@mortimerbooks.com>
제목: 강연 시리즈
날짜: 10월 5일

이것은 곧 있을 우리의 강연 시리즈에 대한 알림입니다. 모든 영업 사원들이 이 행사들 중 적어도 한 행사 동안 일할 것으로 예상됩니다. 다음은 저자들과 그들의 강연 주제 목록입니다:

10월 10일: Joan Williams, "소설 속 악당들"
10월 11일: Diego Villegas, "고전 시의 상징주의"
[156]10월 12일: Tiana Zain, [156]"동남아시아의 현대 소설"
10월 13일: Bill McLaren, "표현적 글쓰기"

[157]각 강연은 그날 매장이 문을 닫은 후인 오후 7시에 시작하여, 2시간 동안 지속됩니다. 이 행사나 날짜 중 하나에 특히 관심이 있는 경우, 가능한 한 빨리 저에게 알려주시기 바랍니다.

Carolyn Fry 드림
관리자

어휘 □ **lecture** n. 강연, 강의　　□ **reminder** n. 알림　　□ **upcoming** adj. 곧 있을, 다가오는
　　□ **sales associate** phr. 영업 사원　　□ **fictional** adj. 소설의, 가상의　　□ **symbolism** n. 상징주의
　　□ **classical** adj. 고전적인　　□ **contemporary** adj. 현대의, 동시대의　　□ **expressive** adj. 표현적, 표현력 있는

156

When will a lecture on modern literature take place?

(A) On October 10
(B) On October 11
(C) On October 12
(D) On October 13

현대 문학에 대한 강연은 언제 열릴 것인가?

(A) 10월 10일에
(B) 10월 11일에
(C) 10월 12일에
(D) 10월 13일에

■ **육하원칙** When　　　　　　　　　　　　　　　　　　　　　　　　　　정답 (C)

현대 문학에 대한 강연이 언제(When) 열릴 것인지를 묻는 육하원칙 문제이다. 질문의 핵심 어구인 lecture on modern literature와 관련하여, 'October 12:', '"Contemporary Stories from Southeast Asia"'에서 10월 12일에 동남아시아의 현대 소설에 대한 강연이 열릴 것이라고 했으므로 (C)가 정답이다.

바꾸어 표현하기
modern literature 현대 문학 → Contemporary Stories 현대 소설

157

○
●
●
●
상

What is indicated about the upcoming events?

(A) They have a limited number of seats available.
(B) They will be assigned to specific sales associates.
(C) They may interfere with some employees' work schedules.
(D) They will all begin and end at the same time.

다가오는 행사들에 대해 암시되는 것은?

(A) 한정된 수의 이용 가능한 좌석이 있다.
(B) 특정 영업 사원들에게 배정될 것이다.
(C) 몇몇 직원들의 근무 일정에 지장을 줄 수도 있다.
(D) 모두 같은 시각에 시작하고 끝날 것이다.

■ **추론** 세부 정보

정답 (D)

질문의 핵심 어구인 upcoming events에 대해 추론하는 문제이다. 'Each lecture will begin at 7 P.M. ~ and last for two hours.'에서 각 강연은 오후 7시에 시작하여 2시간 동안 지속된다고 했으므로 강연들이 모두 같은 시각에 시작하고 끝날 것이라는 사실을 추론할 수 있다. 따라서 (D)가 정답이다.

어휘 **limited** adj. 한정된, 제한된 **specific** adj. 특정한, 구체적인 **interfere** v. 지장을 주다, 방해하다

Questions 158-160 refer to the following advertisement.

158-160은 다음 광고에 관한 문제입니다.

---

[158]**Two-Bedroom Apartment for Rent in Jennings Square**

[158]Check out this lovely two-bedroom apartment for rent in a booming district. Available from November 20, the apartment is located near public transportation and is within easy walking distance of restaurants, shops, and a major supermarket. — [1] —. The apartment building itself has a laundromat on the ground floor. — [2] —. [160]Features include a refurbished kitchen with an electric stove and a two-door refrigerator, as well as air conditioners in each bedroom. — [3] —. [159]The unit does not have assigned parking. — [4] —. However, [159]spaces in the building may be rented for an additional cost.

---

[158]Jennings Square의 침실 2개짜리 아파트 임대

[158]발전하고 있는 지역에 위치한 이 근사한 침실 2개짜리 아파트 임대를 확인해 보십시오. 11월 20일부터 거주 가능하며, 이 아파트는 대중교통과 가까이 위치해 있고 레스토랑, 상점, 그리고 주요 슈퍼마켓까지 도보로 가까운 거리에 있습니다. — [1] —. 아파트 건물 자체는 1층에 세탁실이 있습니다. — [2] —. [160]특징으로는 각 침실마다 에어컨이 있을 뿐만 아니라, 전기 스토브 및 양문형 냉장고가 있는 새단장한 주방을 포함합니다. — [3] —. [159]호실에 지정된 주차 공간은 없습니다. — [4] —. 그러나, [159]추가 비용을 지불하고 건물 내 공간을 대여할 수 있습니다.

어휘 ☐ **booming** adj. 발전하는, 호황인   ☐ **district** n. 지역, 지구   ☐ **laundromat** n. 세탁실
☐ **feature** n. 특징   ☐ **refurbished** adj. 새단장한, 혁신된   ☐ **unit** n. 호(실), 구성 단위

158

What is indicated about Jennings Square?

(A) It has few transit stops.
(B) It is a growing neighborhood.
(C) It has a number of wealthy residents.
(D) It is situated near a public park.

Jennings Square에 대해 암시되는 것은?

(A) 교통 정류장이 거의 없다.
(B) 성장하고 있는 동네이다.
(C) 부유한 주민들이 많다.
(D) 공립 공원 근처에 위치해 있다.

■ **추론** 세부 정보
정답 (B)

질문의 핵심 어구인 Jennings Square에 대해 추론하는 문제이다. 'Two-Bedroom Apartment for Rent in Jennings Square'에서 Jennings Square의 침실 2개짜리 아파트 임대라고 했고, 'Check out this ~ apartment ~ in a booming district.'에서 발전하고 있는 지역에 위치한 이 아파트를 확인해 보라고 했으므로, 아파트가 위치한 Jennings Square가 성장하고 있는 동네라는 사실을 추론할 수 있다. 따라서 (B)가 정답이다.

바꾸어 표현하기
booming district 발전하고 있는 지역 → growing neighborhood 성장하고 있는 동네

어휘 **transit** n. 교통 체계, 통과   **resident** n. 주민, 거주자   **situate** v. 위치시키다

159

Why might potential tenants have to pay an extra expense?

(A) They want an air conditioner.
(B) They wish to have a top story apartment.
(C) They have a vehicle.
(D) They need to use a laundry service.

예비 세입자들은 왜 추가 비용을 지불해야 할 수도 있는가?

(A) 에어컨을 원한다.
(B) 최상층 아파트를 원한다.
(C) 차를 가지고 있다.
(D) 세탁 서비스를 사용해야 한다.

■ **육하원칙** Why
정답 (C)

예비 세입자들이 왜(Why) 추가 비용을 지불해야 할 수도 있는지를 묻는 육하원칙 문제이다. 질문의 핵심 어구인 potential tenants ~ pay an extra expense와 관련하여, 'The unit does not have assigned parking.'에서 호실에 지정된 주차 공간은 없다고 했고, 'spaces in the building may be rented for an additional cost'에서 추가 비용을 지불하고 건물 내 공간을 대여할 수 있다고 했으므로, 차를 가지고 있는 예비 세입자들이 주차 공간을 대여하기 위해 추가 비용을 지불해야 할 수도 있다는 사실을 알 수 있다. 따라서 (C)가 정답이다.

어휘 **tenant** n. 세입자   **top story** phr. 최상층, 맨 위층   **vehicle** n. 차, 탈것

In which of the positions marked [1], [2], [3], and [4] does the following sentence best belong?

"All other furnishings and appliances must be provided by the tenant."

(A) [1]
(B) [2]
(C) [3]
(D) [4]

[1], [2], [3], [4]로 표시된 위치 중, 다음 문장이 들어갈 곳으로 가장 적절한 것은?

"다른 모든 가구와 가전제품은 세입자에 의해 공급되어야 합니다."

(A) [1]
(B) [2]
(C) [3]
(D) [4]

■ 문장 위치 찾기   정답 (C)

지문의 흐름상 주어진 문장이 들어가기에 가장 적절한 곳을 고르는 문제이다. 주어진 문장에서 다른 모든 가구와 가전제품은 세입자에 의해 공급되어야 한다고 했으므로, 이 문장이 아파트의 가구 및 가전제품과 관련된 내용이 나오는 부분에 들어가야 함을 알 수 있다. [3]의 앞 문장인 'Features include a refurbished kitchen with an electric stove and a two-door refrigerator, as well as air conditioners in each bedroom.'에서 특징으로는 각 침실마다 에어컨이 있을 뿐만 아니라 전기 스토브 및 양문형 냉장고가 있는 새단장한 주방을 포함한다고 했으므로, [3]에 제시된 문장이 들어가면 아파트가 에어컨과 전기 스토브, 양문형 냉장고를 포함하고 있지만 그 외의 가구나 가전제품은 세입자에 의해 공급되어야 한다는 자연스러운 문맥이 된다는 것을 알 수 있다. 따라서 (C)가 정답이다.

어휘   furnishing   n. 가구, 비품

161-163은 다음 공고에 관한 문제입니다.

NOTICE: East Coast Film Festival

Thank you for attending the East Coast Film Festival! With [161]screenings of award-winning films in a wide range of genres taking place in three different venues at the same time, you're sure to find a movie to enjoy at any time during the event. To help make this event go smoothly, please keep the following festival policies in mind:

• Pick up your tickets or festival passes from the ticketing desk. Present your ticket or pass upon entry.

• [162-C]Half your ticket will be taken by a staff member, but you will need to keep the other half with you so that you are permitted reentry into the venues.

• All audience members are kindly requested to switch their phones off or to silent mode. We also ask that you refrain from using your devices during screenings so as to avoid disturbing other audience members.

• Snacks and beverages are for sale at all three venues, but outside food and drinks are not permitted. [162-B]Money raised through the sale of snack bar items goes to fund the festival.

• [163]Recording and photography are not permitted during screenings. Those caught using a device for such purposes will be asked to leave.

If you have any questions, speak with any of our representatives at the ticket counters.

공고: 동해안 영화제

동해안 영화제에 참석해 주셔서 감사합니다! [161]다양한 장르의 수상작들이 세 군데의 다른 장소에서 동시에 상영되는 가운데, 여러분은 행사 기간 동안 언제든지 즐길 만한 영화를 찾을 수 있을 것입니다. 본 행사가 원활하게 운영되는 것을 도울 수 있도록, 다음 영화제 규정들을 염두에 두어 주십시오.

• 매표대에서 입장권이나 영화제 통행권을 수령하십시오. 입장 시 입장권 또는 통행권을 제시하십시오.

• [162-C]입장권의 절반은 직원이 가져갈 것이지만, 나머지 절반은 행사장에 재입장이 허용되실 수 있도록 가지고 계셔야 할 것입니다.

• 모든 청중들은 휴대폰을 끄거나 무음 모드로 전환해 주시기를 정중히 요청됩니다. 또한 다른 관객들을 방해하지 않도록 상영 중 기기 사용을 삼가시길 부탁드립니다.

• 간식과 음료는 세 군데의 행사장에서 모두 판매되지만, 외부 음식 및 음료는 허용되지 않습니다. [162-B]매점 상품 판매를 통해 모금된 돈은 축제 자금을 대는 데 사용됩니다.

• [163]상영 중에는 녹화 및 사진 촬영이 허용되지 않습니다. 그러한 목적으로 장치를 사용하다가 적발된 사람들은 퇴장 요구를 받게 될 것입니다.

문의 사항이 있으시면, 매표소에서 저희 담당자들과 상담해 주십시오.

어휘 □ screening n. 상영 □ award-winning adj. 수상한, 상을 받은 □ smoothly adv. 원활하게, 부드럽게
□ policy n. 규정, 정책 □ permit v. 허용하다, 허락하다 □ refrain v. 삼가다, 자제하다
□ avoid v. 피하다 □ disturb v. 방해하다 □ fund v. 자금을 대다

161
중

Why most likely does the festival have multiple venues?

(A) The premises cover a vast area.
(B) Films are screened simultaneously.
(C) Movies are organized according to genre.
(D) The venues will feature different types of events.

영화제에는 왜 여러 장소가 있는 것 같은가?

(A) 부지가 넓은 영역을 포괄한다.
(B) 영화들이 동시에 상영된다.
(C) 영화들이 장르별로 편성되어 있다.
(D) 장소들이 다른 종류의 행사들을 포함할 것이다.

■ 추론 세부 정보 정답 (B)

질문의 핵심 어구인 festival have multiple venues에 대해 추론하는 내용이다. 'screenings of award-winning films ~ taking place in three different venues at the same time'에서 수상작들이 세 군데의 다른 장소에서 동시에 상영된다고 했으므로, 영화들이 동시에 상영되기 위해서 영화제에 여러 장소가 있다는 사실을 추론할 수 있다. 따라서 (B)가 정답이다.

어휘 premises n. 부지, 구역 cover v. 포괄하다, 덮다 vast adj. 넓은, 광대한 simultaneously adv. 동시에

162

What is indicated about tickets?

(A) They can be purchased on a mobile application.
(B) A part of their cost is used for festival funding.
(C) A part of them will be given back to attendees.
(D) They are available at a discount for students.

입장권에 대해 언급된 것은?

(A) 모바일 애플리케이션에서 구입할 수 있다.
(B) 비용의 일부는 축제 자금으로 사용된다.
(C) 일부가 참가자들에게 다시 주어질 것이다.
(D) 학생들에게는 할인된 가격으로 제공된다.

■ Not/True True 문제   정답 (C)

질문의 핵심 어구인 tickets와 관련된 내용을 지문에서 찾아 각 보기와 대조하는 Not/True 문제이다. (A)는 지문에 언급되지 않은 내용이다. (B)는 'Money raised through the sale of snack bar items goes to fund the festival.'에서 매점 상품 판매를 통해 모금된 돈이 축제 자금을 대는 데 사용된다고 했으므로 지문의 내용과 일치하지 않는다. (C)는 'Half your ticket will be taken by a staff member, but you will need to keep the other half with you'에서 입장권의 절반은 직원이 가져갈 것이지만, 나머지 절반은 가지고 있어야 한다고 했으므로 지문의 내용과 일치한다. 따라서 (C)가 정답이다. (D)는 지문에 언급되지 않은 내용이다.

163

What are attendees prohibited from doing in the festival venues?

(A) Using any mobile devices
(B) Filming festival footage
(C) Consuming any food or drinks
(D) Reentering the festival after leaving

참가자들은 영화제 장소에서 무엇을 하는 것이 금지되는가?

(A) 어떠한 모바일 장치이든 사용하는 것
(B) 영화제 영상물을 촬영하는 것
(C) 어떤 음식이나 음료든 섭취하는 것
(D) 나간 후 축제에 재입장하는 것

■ 육하원칙 What   정답 (B)

참가자들은 영화제 장소에서 무엇(What)을 하는 것이 금지되는지를 묻는 육하원칙 문제이다. 질문의 핵심 어구인 attendees prohibited from doing과 관련하여, 'Recording and photography are not permitted during screenings.'에서 상영 중에는 녹화 및 사진 촬영이 허용되지 않는다고 했으므로 (B)가 정답이다.

바꾸어 표현하기

prohibited 금지되는 → not permitted 허용되지 않는
Recording and photography ~ during screenings 상영 중 녹화 및 사진 촬영 → Filming festival footage 영화제 영상물을 촬영하는 것

어휘   prohibit v. 금지하다   footage n. 영상물, 장면

164-167은 다음 편지에 관한 문제입니다.

Emily Mills
Knossos Internet Research
600 Harington Road
Rockville, MD 20852

September 15

Dear Ms. Mills,

[167]It was a pleasure meeting you during last weekend's Allied Cybersec Conference in Tulsa. — [1] —. I look forward to reading the articles that you recommended. [164]The main reason I am writing is to thank you for introducing me to Dr. Hayden from the Corwood Medical Center (CMC). [164/166]We spoke at length and determined that CMC could benefit greatly from using our cybersecurity solutions. — [2] —. My team and I will be holding a demonstration for [165]Dr. Hayden and the rest of the CMC board in two weeks. — [3] —. Should you ever foresee a need for our services, or should another business opportunity arise, I hope that you will keep Fortifi Intersec in mind. — [4] —. I have enclosed a copy of our latest brochure and one of my business cards for your convenience.

Sincerely,

Wayne Gonzalez
Fortifi Intersec

Emily Mills
Knossos 인터넷 연구소
600 Harington로
Rockville, 메릴랜드주 20852

9월 15일

Ms. Mills께,

[167]지난 주말 털사에서 열린 Allied Cybersec 컨퍼런스에서 뵙게 되어 기뻤습니다. — [1] —. 귀하가 추천해주신 기사를 읽는 것을 기대하고 있습니다. [164]제가 편지를 쓰는 주요한 이유는 저를 Corwood 의료 센터(CMC)의 Dr. Hayden께 소개해주신 데에 감사를 표하기 위함입니다. [164/166]저희는 길게 이야기를 나눴고 CMC가 저희의 사이버 보안 솔루션을 사용함으로써 대단히 득을 볼 수 있을 것임을 확인했습니다. — [2] —. 제 팀과 저는 2주 후 [165]Dr. Hayden과 나머지 CMC 이사회를 위해 시연을 할 것입니다. — [3] —. 언제라도 당사 서비스를 위한 필요가 예상되시거나, 다른 사업상 기회가 발생하는 경우, Fortifi Intersec사를 기억해 주시길 바랍니다. — [4] —. 귀하의 편의를 위해 저희의 최신 브로슈어 사본과 제 명함 한 장을 동봉했습니다.

Wayne Gonzalez 드림
Fortifi Intersec사

어휘 □ pleasure n. 기쁨 □ look forward to phr. ~을 기대하다 □ at length phr. 길게
□ determine v. 확인하다, 결정하다 □ cybersecurity n. 사이버 보안 □ demonstration n. 시연, 설명
□ board n. 이사회, 평의회 □ foresee v. 예상하다, 예견하다 □ arise v. 발생하다, 나타나다
□ enclose v. 동봉하다

164 Why does Mr. Gonzalez thank Ms. Mills?

(A) She mentioned his company in an article.
(B) She referred a potential client to him.
(C) She gave him some medical advice.
(D) She introduced his talk at a conference.

Mr. Gonzalez는 왜 Ms. Mills에게 감사를 표하는가?

(A) 기사에서 그의 회사를 언급했다.
(B) 잠재적인 고객에게 그를 추천해 주었다.
(C) 그에게 의학적 조언을 해 주었다.
(D) 회담에서 그의 강연을 소개했다.

■ 육하원칙 Why 정답 (B)

Mr. Gonzalez가 왜(Why) Ms. Mills에게 감사를 표하는지를 묻는 육하원칙 문제이다. 'The main reason I am writing is to thank you for introducing me to Dr. Hayden from the Corwood Medical Center (CMC). We ~ determined that CMC could benefit greatly from using our cybersecurity solutions.'에서 Mr. Gonzalez가 자신이 편지를 쓰는 주요한 이유는 Corwood 의료 센터(CMC)의 Dr. Hayden에게 소개해준 데에 감사를 표하기 위함이라고 하며, CMC가 자신들의 사이버 보안 솔루션을 사용함으로써 대단히 득을 볼 수 있을 것임을 확인했다고 했으므로 (B)가 정답이다.

어휘 refer v. 추천하다, 참고하게 하다 potential adj. 잠재적인

165
What is suggested about Dr. Hayden?

(A) He gave a talk at a conference.
(B) He is Ms. Mills' personal physician.
(C) He is on the board of a hospital.
(D) He has a health condition.

Dr. Hayden에 대해 암시된 것은?

(A) 회담에서 강연을 했다.
(B) Ms. Mills의 개인 주치의이다.
(C) 병원의 이사회에 소속되어 있다.
(D) 건강 질환이 있다.

■ **추론** 세부 정보 　　　　　　　　　　　　　　　　　　　　　　　　　정답 (C)

질문의 핵심 어구인 Dr. Hayden에 대해 추론하는 문제이다. 'Dr. Hayden and the rest of the CMC board'에서 Dr. Hayden과 나머지 CMC 이사회를 언급했으므로, Dr. Hayden이 Corwood 의료 센터의 이사회에 소속되어 있다는 사실을 추론할 수 있다. 따라서 (C)가 정답이다.

어휘　physician n. 주치의, (내과) 의사

166
What can be inferred about the Corwood Medical Center?

(A) It invited Ms. Mills to join an upcoming meeting.
(B) It is in need of technology to protect electronic information.
(C) Its office is in the same building as Knossos Internet Research.
(D) Its chief physician will demonstrate a product in two weeks.

Corwood 의료 센터에 대해 추론할 수 있는 것은?

(A) Ms. Mills에게 다가오는 회의에 참여하도록 초대했다.
(B) 전자 정보를 보호하기 위한 기술이 필요하다.
(C) 사무실이 Knossos 인터넷 연구소와 같은 건물에 있다.
(D) 내과 과장이 2주 후에 제품을 시연할 것이다.

■ **추론** 세부 정보 　　　　　　　　　　　　　　　　　　　　　　　　　정답 (B)

질문의 핵심 어구인 Corwood Medical Center에 대해 추론하는 문제이다. '~ CMC could benefit greatly from using ~ cybersecurity solutions'에서 CMC가 사이버 보안 솔루션을 사용함으로써 대단히 득을 볼 수 있을 것이라고 했으므로, Corwood 의료 센터가 전자 정보를 보호하기 위한 기술이 필요하다는 사실을 추론할 수 있다. 따라서 (B)가 정답이다.

어휘　in need of phr. ~을 필요로 하는　chief physician phr. 내과 과장

167
In which of the positions marked [1], [2], [3], and [4] does the following sentence best belong?

"Your talk on emerging trends in data security was highly enlightening."

(A) [1]
(B) [2]
(C) [3]
(D) [4]

[1], [2], [3], [4]로 표시된 위치 중, 다음 문장이 들어갈 곳으로 가장 적절한 것은?

"데이터 보안의 새로운 추세에 대한 귀하의 강연은 매우 유익했습니다."

(A) [1]
(B) [2]
(C) [3]
(D) [4]

■ **문장 위치 찾기** 　　　　　　　　　　　　　　　　　　　　　　　　　정답 (A)

지문의 흐름상 주어진 문장이 들어가기에 가장 적절한 곳을 고르는 문제이다. 주어진 문장에서 데이터 보안의 새로운 추세에 대한 귀하, 즉 Ms. Mills의 강연이 매우 유익했다고 했으므로, 이 문장이 강연과 관련된 내용이 나오는 부분에 들어가야 함을 알 수 있다. [1]의 앞 문장인 'It was a pleasure meeting you during last weekend's ~ Conference ~.'에서 지난 주말 컨퍼런스에서 귀하, 즉 Ms. Mills를 만나게 되어 기뻤다고 했으므로, [1]에 제시된 문장이 들어가면 컨퍼런스에서 만나서 기뻤다고 말한 후, Ms. Mills가 컨퍼런스에서 진행한 강연이 매우 유익했다고 칭찬하는 자연스러운 문맥이 된다는 것을 알 수 있다. 따라서 (A)가 정답이다.

어휘　emerging adj. 새로운, 부상하는　trend n. 추세, 경향　enlightening adj. 유익한, 깨달음을 주는

Susan Klein	[4:35 P.M.]
Hey, does anybody know where Arthur is? He doesn't seem to be at his desk.

Mason Smothers	[4:37 P.M.]
He's at a training seminar for the day, Susan. Is there something I can help you with?

Susan Klein	[4:39 P.M.]
Thanks, Mason. 168/169I need help with my computer. I deleted a file by accident, and I was hoping Arthur could retrieve it.

Mason Smothers	[4:41 P.M.]
169Let me talk to the new guy, Eric. He helped me out with something similar earlier this week.

Eric Grandin	[4:43 P.M.]
Hi, Susan. Mason told me about your problem. 170How urgent is this? I was hoping to finish up a report.

Susan Klein	[4:45 P.M.]
Don't let me stop you. 170Actually, I was planning to leave in a little while. Perhaps we could pick this up again tomorrow morning?

Eric Grandin	[4:48 P.M.]
Absolutely. 171See you tomorrow.

Susan Klein	[4:49 P.M.]
Thanks! 171If you're too busy, Arthur will be back by then.

Eric Grandin	[4:52 P.M.]
OK, but it's really no trouble and shouldn't take more than a few minutes.

Susan Klein	[4:52 P.M.]
Great! Thank you.

Susan Klein	[오후 4시 35분]
저, Arthur가 어디 있는지 아는 사람 있나요? 그의 자리에 없는 것 같아요.

Mason Smothers	[오후 4시 37분]
그는 오늘 연수 세미나에 갔어요, Susan. 제가 도와드릴 일이 있나요?

Susan Klein	[오후 4시 39분]
고마워요, Mason. 168/169저는 제 컴퓨터에 도움이 필요해요. 실수로 파일을 삭제했는데, Arthur가 복구할 수 있길 바라고 있었어요.

Mason Smothers	[오후 4시 41분]
169새로 온 Eric과 얘기해 볼게요. 그가 이번 주 초에 비슷한 일로 저를 도와주었거든요.

Eric Grandin	[오후 4시 43분]
안녕하세요, Susan. Mason이 저에게 당신의 문제에 대해 알려주었어요. 170이게 얼마나 급한가요? 보고서를 마무리하고 싶어서요.

Susan Klein	[오후 4시 45분]
저 때문에 멈추지 마세요. 170사실, 저는 조금 후에 퇴근할 계획이었어요. 혹시 내일 아침에 다시 얘기할 수 있을까요?

Eric Grandin	[오후 4시 48분]
물론이죠. 171내일 봐요.

Susan Klein	[오후 4시 49분]
고마워요! 171너무 바쁘시면, 그때쯤엔 Arthur가 돌아올 거예요.

Eric Grandin	[오후 4시 52분]
알겠어요. 하지만 정말 어렵지 않고 몇 분 이상은 걸리지 않을 거예요.

Susan Klein	[오후 4시 52분]
좋아요! 고마워요.

어휘 □ retrieve v. 복구하다, 회수하다 □ urgent adj. 급한, 긴급한 □ pick up phr. 다시 시작하다, 다시 찾아오다

168

What does Ms. Klein need assistance with?

(A) Locating a colleague's workspace
(B) Recovering some data
(C) Obtaining a report
(D) Repairing a computer

Ms. Klein은 무엇에 대해 도움이 필요한가?

(A) 동료의 작업 공간을 찾는 것
(B) 일부 데이터를 되찾는 것
(C) 보고서를 구하는 것
(D) 컴퓨터를 수리하는 것

■ 육하원칙 What 정답 (B)

Ms. Klein이 무엇(What)에 대해 도움이 필요한지를 묻는 육하원칙 문제이다. 'I need help with my computer. I deleted a file by accident, and I was hoping Arthur could retrieve it.'에서 Ms. Klein이 컴퓨터에 도움이 필요하다며 실수로 파일을 삭제했는데 Arthur가 복구할 수 있길 바라고 있었다고 말했으므로 (B)가 정답이다.

바꾸어 표현하기
retrieve 복구하다 → Recovering 되찾는 것

169

Why does Mr. Smothers mention a new employee?

(A) To offer an alternative
(B) To explain a problem
(C) To fulfill a requirement
(D) To defend a solution

Mr. Smothers는 왜 신입 사원을 언급하는가?

(A) 대안을 제공하기 위해
(B) 문제를 설명하기 위해
(C) 요구 사항을 충족하기 위해
(D) 해결책을 방어하기 위해

■ 육하원칙 Why   정답 (A)

Mr. Smothers가 왜(Why) 신입 사원을 언급하는지를 묻는 육하원칙 문제이다. 질문의 핵심 어구인 Mr. Smothers mention a new employee와 관련하여, 'I need help with my computer. I deleted a file ~, and I was hoping Arthur could retrieve it.'에서 Ms. Klein이 자신의 컴퓨터에 도움이 필요하다며 파일을 삭제했는데 Arthur가 복구할 수 있길 바라고 있었다고 하자, 'Let me talk to the new guy, Eric. He helped me out with something similar earlier this week.'에서 Mr. Smothers가 새로 온 Eric과 얘기해 보겠다며 그가 이번 주 초에 비슷한 일로 자신을 도와주었다고 했으므로, Mr. Smothers가 Ms. Klein의 문제에 대한 대안을 제시하기 위해 신입 사원인 Eric을 언급했다는 것을 알 수 있다. 따라서 (A)가 정답이다.

어휘   alternative n. 대안   fulfill v. 충족시키다

170

At 4:45 P.M., what does Ms. Klein most likely mean when she writes, "Don't let me stop you"?

(A) She wishes to get Arthur's feedback first.
(B) A coworker's assistance is needed somewhere else.
(C) She wants to hear a full explanation before deciding.
(D) An issue does not require immediate attention.

오후 4시 45분에, Ms. Klein이 "Don't let me stop you"라고 썼을 때 그녀가 의도한 것 같은 것은?

(A) Arthur의 피드백을 먼저 받고 싶어 한다.
(B) 동료의 도움이 다른 곳에 필요하다.
(C) 결정하기 전에 자세한 설명을 듣고 싶어 한다.
(D) 문제가 즉각적인 주의를 필요로 하지 않는다.

■ 의도 파악   정답 (D)

Ms. Klein이 의도한 것을 묻는 문제이므로 질문의 인용어구(Don't let me stop you)가 언급된 주변 문맥을 확인한다. 'How urgent is this? I was hoping to finish up a report.'에서 Mr. Grandin이 문제가 얼마나 급한지 물으며 보고서를 마무리하고 싶었다고 하자, Ms. Klein이 'Don't let me stop you.'(저 때문에 멈추지 마세요)라고 한 후, 'Actually, I was planning to leave in a little while. Perhaps we could pick this up again tomorrow morning?'에서 사실 자신은 조금 후에 퇴근할 계획이었으니 내일 아침에 다시 얘기할 수 있을지 물은 것을 통해, Ms. Klein이 문제가 즉각적인 주의를 필요로 하지 않는다고 생각한다는 것을 알 수 있다. 따라서 (D)가 정답이다.

어휘   coworker n. 동료   immediate adj. 즉각적인

171

According to the discussion, what will happen tomorrow?

(A) A training seminar will end.
(B) A staff member will return to the office.
(C) A computer will be replaced.
(D) A file will be finished up.

대화문에 따르면, 내일 어떤 일이 일어날 것인가?

(A) 연수 세미나가 끝날 것이다.
(B) 직원이 사무실에 복귀할 것이다.
(C) 컴퓨터가 교체될 것이다.
(D) 파일이 마무리될 것이다.

■ 육하원칙 What   정답 (B)

대화문에 따르면 내일 어떤(what) 일이 일어날 것인지를 묻는 육하원칙 문제이다. 질문의 핵심 어구인 happen tomorrow와 관련하여, 'See you tomorrow.'에서 Mr. Grandin이 Ms. Klein에게 내일 보자고 하자, Ms. Klein이 'If you're too busy, Arthur will be back by then.'에서 만약 당신, 즉 Mr. Grandin이 너무 바쁘면 그때쯤, 즉 내일은 Arthur가 돌아올 거라고 말한 것을 통해 내일 직원이 사무실에 복귀할 것임을 알 수 있다. 따라서 (B)가 정답이다.

172-175는 다음 기사에 관한 문제입니다.

Paul Bernard to Star in *The Admiral's Journal*

[172]As part of the final preparations before filming begins, director Jennifer Wolfe confirmed that British actor Paul Bernard will be playing the lead role of Gerald Brown in her new movie, *The Admiral's Journal*.

[173]Originally, Ernest Mann had been given the role. However, he had to drop out due to a scheduling conflict. "I'm so excited to have Mr. Bernard as part of the cast," said Ms. Wolfe. "I think he will do a fantastic job of portraying this complex character on screen," she continued. Mr. Bernard is known for his roles in historical films such as *Knights of the Streets* and *In Rome*. The success of these films is often credited to Mr. Bernard's stellar acting abilities.

[172]Now that the entire cast has been set, the film is ready to move on to the next stage. [175-A]*The Admiral's Journal*, which is based on Georgia Meyer's novel with the same title, takes place in a small town in South Africa. [175-C]Filming will begin at the end of April off the coast of Cape Town. Ms. Wolfe said she hopes that the film will be in theaters sometime early next year.

Paul Bernard, *The Admiral's Journal* 주연 예정

[172]촬영이 시작되기 전 마지막 준비의 일환으로, Jennifer Wolfe 감독은 영국 배우 Paul Bernard가 그녀의 새 영화 *The Admiral's Journal*에서 주인공인 Gerald Brown 역을 맡을 것이라고 확정했다.

[173]원래, Ernest Mann에게 그 배역이 주어졌었다. 하지만, 그는 일정 충돌로 인해 중도 하차해야 했다. "저는 Mr. Bernard가 출연진의 일원이 되셔서 매우 흥분됩니다."라고 Ms. Wolfe가 말했다. 그녀는 또 "저는 그가 이 복잡한 캐릭터를 화면에서 멋지게 연기하실 거라고 생각합니다."라고 계속했다. Mr. Bernard는 *Knights of the Streets*와 *In Rome* 등 역사 영화에서의 역할들로 알려져 있다. 이 영화들의 성공은 종종 Mr. Bernard의 뛰어난 연기력 덕분으로 여겨진다.

[172]이제 전체 출연진이 정해졌으므로, 영화는 다음 단계로 넘어갈 준비가 되었다. 같은 제목을 가진 [175-A]Georgia Meyer의 소설에 기반한 *The Admiral's Journal*은 남아프리카의 한 작은 마을에서 일어난다. [175-C]촬영은 케이프타운 해안가에서 4월 말에 시작될 것이다. Ms. Wolfe는 이 영화가 내년 초 언젠가에 극장에서 개봉하기를 바란다고 말했다.

어휘 □ **director** n. 감독 □ **drop out** phr. 중도 하차하다, 빠지다 □ **cast** n. 출연진
□ **portray** v. 연기하다, 묘사하다, 나타내다 □ **be credited to** phr. ~의 덕분이라고 여겨지다 □ **stellar** adj. 뛰어난, 눈부신

172
상

What is the purpose of the article?

(A) To inform readers of a private premiere
(B) To provide a revised filming schedule
(C) To describe a celebrity's career
(D) To discuss a film's preliminary stages

기사의 목적은 무엇인가?

(A) 독자들에게 비공개 시사회를 알리기 위해
(B) 수정된 촬영 일정을 제공하기 위해
(C) 유명인의 경력을 설명하기 위해
(D) 영화의 준비 단계에 대해 논하기 위해

■ **주제/목적 찾기** 글의 목적
정답 (D)

기사의 목적을 묻는 목적 찾기 문제이다. 특별히 이 문제는 전체 지문을 요약하여 주제를 찾아야 한다. 'As part of the final preparations before filming begins, director Jennifer Wolfe confirmed that ~ Paul Bernard will be playing the lead role ~.'에서 촬영이 시작되기 전 마지막 준비의 일환으로 Jennifer Wolfe 감독이 Paul Bernard가 주인공 역을 맡을 것이라고 확정했다고 했고, 'Now that the entire cast has been set, the film is ready to move on to the next stage.'에서 이제 전체 출연진이 정해졌으므로 영화가 다음 단계로 넘어갈 준비가 되었다며 영화의 준비 단계에 대한 세부 사항을 설명하고 있으므로 (D)가 정답이다.

바꾸어 표현하기
preparations before filming begins 촬영이 시작되기 전 준비 → a film's preliminary stages 영화의 준비 단계

어휘 **premiere** n. 시사회, 초연 **revised** adj. 수정된 **celebrity** n. 유명인 **preliminary** adj. 준비의, 예비의

173

Why was Mr. Bernard given a role?

(A) He had to fulfill the terms of a contract.
(B) He was recommended by another crew member.
(C) A different actor backed out of a project.
(D) A producer saw him in an earlier movie.

Mr. Bernard는 왜 배역을 맡게 되었는가?

(A) 계약의 조건을 이행해야 했다.
(B) 다른 제작진에 의해 추천되었다.
(C) 다른 배우가 프로젝트에서 빠졌다.
(D) 제작자가 그를 이전 영화에서 보았다.

■ 육하원칙 Why
정답 (C)

Mr. Bernard가 왜(Why) 배역을 맡게 되었는지를 묻는 육하원칙 문제이다. 질문의 핵심 어구인 Mr. Bernard given a role과 관련하여, 'Originally, Ernest Mann had been given the role. However, he had to drop out due to a scheduling conflict.'에서 원래 Ernest Mann에게 그 배역이 주어졌지만 그가 일정 충돌로 인해 중도 하차해야 했다고 했다. 따라서 다른 배우인 Ernest Mann이 프로젝트에서 빠지게 되어 Mr. Bernard가 그 배역을 맡게 되었다는 사실을 알 수 있다. 따라서 (C)가 정답이다.

어휘 terms n. 조건 back out of phr. ~에서 빠지다, 약속을 저버리다

174

The word "set" in paragraph 3, line 1, is closest in meaning to

(A) established
(B) repaired
(C) collected
(D) adjusted

3문단 첫 번째 줄의 단어 "set"는 의미상 ~와 가장 가깝다.

(A) 확정된
(B) 수리된
(C) 수집된
(D) 조정된

■ 동의어
정답 (A)

set를 포함하는 구절 'Now that the entire cast has been set, the film is ready to move on to the next stage.'에서 set이 '정해진'이라는 뜻으로 사용되었다. 따라서 '확정된'이라는 뜻을 가진 (A)가 정답이다.

175

What is stated about *The Admiral's Journal*?

(A) It has been adapted from a book.
(B) It will be shot in Mr. Bernard's home country.
(C) It will be released in April.
(D) It is a historical movie.

*The Admiral's Journal*에 대해 언급된 것은?

(A) 책으로부터 각색되었다.
(B) Mr. Bernard의 고국에서 촬영될 것이다.
(C) 4월에 개봉할 것이다.
(D) 역사 영화이다.

■ Not/True True 문제
정답 (A)

질문의 핵심 어구인 *The Admiral's Journal*과 관련된 내용을 지문에서 찾아 각 보기와 대조하는 Not/True 문제이다. (A)는 '*The Admiral's Journal* ~ is based on Georgia Meyer's novel'에서 *The Admiral's Journal*이 Georgia Meyer의 소설에 기반한다고 했으므로 지문의 내용과 일치한다. 따라서 (A)가 정답이다. (B)와 (D)는 지문에 언급되지 않은 내용이다. (C)는 'Filming will begin at the end of April'에서 촬영이 4월 말에 시작될 것이라고 했으므로 지문의 내용과 일치하지 않는다.

바꾸어 표현하기
based on ~ novel 소설에 기반하다 → adapted from a book 책으로부터 각색되다

어휘 adapt v. 각색하다, 적응하다 shoot v. 촬영하다; n. 촬영

176-180은 다음 이메일과 웹페이지에 관한 문제입니다.

To: Leah Grassy <l.grassy@alpineresort.com>
From: Jake Crosby <j.crosby@hdv.com>
Subject: Request
176Date: January 7

Dear Ms. Grassy,

My family and I will be visiting your resort from Thursday, January 15, until Sunday, January 18. We are really looking forward to this vacation. However, when 176I booked our room through your Web site last night, I mistakenly indicated that three people would be staying in the suite instead of four. Could you fix my booking and let me know if this will have any effect on the total cost of our accommodations? In addition, I was wondering if it would be possible to arrange ski lessons. 178I have never skied before and will definitely need someone to show me the basics before I hit the slopes. I'd prefer a morning class if possible. Thank you.

Sincerely,
Jake Crosby

수신: Leah Grassy <l.grassy@alpineresort.com>
발신: Jake Crosby <j.crosby@hdv.com>
제목: 요청사항
176날짜: 1월 7일

Ms. Grassy께,

저와 저의 가족은 1월 15일 목요일부터 1월 18일 일요일까지 귀하의 리조트를 방문할 것입니다. 저희는 이 휴가를 매우 기대하고 있습니다. 하지만, 176제가 어젯밤에 귀사의 웹사이트를 통해 저희 방을 예약했을 때, 실수로 4명이 아니라 3명이 스위트룸에 묵을 것이라고 표시했습니다. 제 예약을 수정하고 이것이 저희 숙소의 총비용에 영향을 줄 것인지 알려주실 수 있나요? 추가적으로, 스키 수업을 계획할 수 있을지 궁금합니다. 178저는 한 번도 스키를 타본 적이 없어서 슬로프를 타기 전에 기본적인 것을 가르쳐 줄 사람이 분명히 필요할 것입니다. 가능하다면 오전 수업을 선호합니다. 감사합니다.

Jake Crosby 드림

Alpine Resort

| About | Rooms | **Ski Lessons** | Contact Us |

179-B/DWe offer group classes for all levels. 179-DWhether you are an experienced skier or a first-timer, our certified instructors will help you develop the skills you need to enjoy your time on the mountain. 179-CEach class costs $150 for a three-hour session. Our instructors can also help you select appropriate equipment from our rental shop.

GROUP CLASSES		
Name	**Level**	**Schedule**
Mountain Morning *with Annie Marshall*	Intermediate	Daily 6:00 A.M. – 9:00 A.M.
178Easy Powder *with Carlos Ortiz*	Beginner	Daily 8:00 A.M. – 11:00 A.M.
Backcountry Adventure *with Annie Marshall*	Advanced	Daily 1:00 P.M. – 4:00 P.M.
Super Slopes *with Carlos Ortiz*	Beginner	Daily 2:00 P.M. – 5:00 P.M.

Note that lift passes are not included in the class fee, but 180those who register for a class prior to their stay are eligible for a price reduction. Click here for more information.

Alpine 리조트

| 정보 | 객실 | 스키 수업 | 문의 |

179-B/D저희는 모든 수준의 단체 수업을 제공합니다. 179-D숙련된 스키어든 초보자이든, 자격증을 갖춘 저희 강사들이 여러분이 산에서의 시간을 즐기는 데 필요한 기술을 익힐 수 있도록 도울 것입니다. 179-C각 수업은 3시간짜리 강습에 150달러입니다. 저희 강사들은 또한 저희 대여점에서 적절한 장비를 선택하시도록 도와드릴 수 있습니다.

단체 수업		
강좌명	수준	일정
Mountain Morning *Annie Marshall과 함께*	중급	매일 오전 6:00 – 오전 9:00
178Easy Powder *Carlos Ortiz와 함께*	초급	매일 오전 8:00 – 오전 11:00
Backcountry Adventure *Annie Marshall과 함께*	고급	매일 오후 1:00 – 오후 4:00
Super Slopes *Carlos Ortiz와 함께*	초급	매일 오후 2:00 – 오후 5:00

리프트 이용권은 수강료에 포함되어 있지 않지만, 180숙박 전에 미리 수업에 등록하신 분들은 할인 혜택을 받으실 수 있는 점 참고 부탁드립니다. 더 많은 정보를 위해서는 여기를 클릭하십시오.

지문 1 □ mistakenly adv. 실수로 □ indicate v. 표시하다, 나타내다 □ suite n. 스위트룸, 세트
□ accommodations n. 숙소, 숙박 시설

지문 2 □ experienced adj. 숙련된, 경험 있는 □ first-timer n. 초보자 □ certified adj. 자격증을 갖춘, 보증된
□ rental shop phr. 대여점 □ intermediate adj. 중급의, 중간의 □ advanced adj. 고급의, 상급의
□ pass n. 이용권, 탑승권 □ prior to phr. ~ 전에, 앞서 □ eligible adj. ~을 받을 수 있는, 자격이 있는

176

When did Mr. Crosby make a reservation?	Mr. Crosby는 언제 예약을 했는가?
(A) On January 6	(A) 1월 6일에
(B) On January 7	(B) 1월 7일에
(C) On January 15	(C) 1월 15일에
(D) On January 18	(D) 1월 18일에

■ 육하원칙 When 정답 (A)

Mr. Crosby가 언제(When) 예약을 했는지를 묻는 육하원칙 문제이므로 질문의 핵심 어구인 Mr. Crosby가 작성한 첫 번째 지문인 이메일을 확인한다. 이메일의 'Date: January 7'에서 1월 7일에 이메일을 보낸 것을 확인할 수 있고, 'I booked our room through your Web site last night'에서 어젯밤에 웹사이트를 통해 방을 예약했다고 했으므로, Mr. Crosby는 1월 6일에 예약을 한 것을 알 수 있다. 따라서 (A)가 정답이다.

바꾸어 표현하기
booked ~ room 방을 예약했다 → make a reservation 예약을 하다

177

In the e-mail, the word "fix" in paragraph 1, line 3, is closest in meaning to	이메일에서, 1문단 세 번째 줄의 단어 "fix"는 의미상 -와 가장 가깝다.
(A) secure	(A) 확보하다
(B) develop	(B) 개발하다
(C) correct	(C) 바로잡다
(D) restore	(D) 복구하다

■ 동의어 정답 (C)

첫 번째 지문인 이메일의 fix를 포함하는 구절 'Could you fix my booking and let me know if this will have any effect on the total cost of our accommodations?'에서 fix가 '수정하다'라는 뜻으로 사용되었다. 따라서 '바로잡다'라는 뜻을 가진 (C)가 정답이다.

178

Which class will Mr. Crosby most likely take?

(A) Mountain Morning
(B) Easy Powder
(C) Backcountry Adventure
(D) Super Slopes

Mr. Crosby는 어떤 수업을 들을 것 같은가?

(A) Mountain Morning
(B) Easy Powder
(C) Backcountry Adventure
(D) Super Slopes

■ 추론 연계 문제   정답 (B)

두 지문의 내용을 종합적으로 확인한 후 추론해서 풀어야 하는 연계 문제이다. 질문의 핵심 어구인 class ~ Mr. Crosby ~ take와 관련된 내용이 언급된 이메일을 먼저 확인한다.

단서 1 첫 번째 지문(이메일)의 'I have never skied before and will definitely need someone to show me the basics ~. I'd prefer a morning class if possible.'에서 Mr. Crosby가 한 번도 스키를 타본 적이 없어서 기본적인 것을 가르쳐 줄 사람이 분명히 필요할 것이며, 가능하다면 오전 수업을 선호한다고 했다. 그런데 기초 수준의 오전 수업이 어떤 수업인지 제시되지 않았으므로 웹페이지에서 관련 내용을 확인한다.

단서 2 두 번째 지문(웹페이지)의 'Easy Powder ~, Beginner, Daily 8:00 A.M. – 11:00 A.M.'에서 Easy Powder 수업이 초급 수준이며 매일 오전 8시부터 11시까지라는 사실을 확인할 수 있다.

두 단서를 종합할 때, Mr. Crosby는 기초 수준의 오전 수업을 원하므로 Easy Powder 수업을 들을 것이라는 사실을 추론할 수 있다. 따라서 (B)가 정답이다.

179

What is true about the ski lessons?

(A) Ski equipment is included in the cost of each class.
(B) Participants are taught one-on-one in lessons.
(C) The same amount of time is allotted to each one.
(D) They are meant primarily for high-level skiers.

스키 수업에 대해 사실인 것은?

(A) 스키 장비가 각 수업의 비용에 포함되어 있다.
(B) 참가자들은 수업에서 일대일로 가르침을 받는다.
(C) 각 수업에 동일한 시간이 할당된다.
(D) 주로 고급 스키어들을 위한 것이다.

■ Not/True True 문제   정답 (C)

질문의 핵심 어구인 ski lessons와 관련된 내용을 지문에서 찾아 각 보기와 대조하는 Not/True 문제이므로 스키 수업이 언급된 두 번째 지문인 웹페이지에서 관련 내용을 확인한다. (A)는 지문에 언급되지 않은 내용이다. (B)는 'We offer group classes ~.'에서 단체 수업을 제공한다고 했으므로 지문의 내용과 일치하지 않는다. (C)는 'Each class costs $150 for a three-hour session.'에서 각 수업은 3시간짜리 강습에 150달러라고 했으므로 지문의 내용과 일치한다. 따라서 (C)가 정답이다. (D)는 'We offer group classes for all levels. Whether you are an experienced skier or a first-timer, our ~ instructors will help you develop the skills you need'에서 모든 수준의 단체 수업을 제공하며 숙련된 스키어든 초보자이든 강사들이 필요한 기술을 익힐 수 있도록 도울 것이라고 했으므로 지문의 내용과 일치하지 않는다.

어휘 allot v. 할당하다, 배당하다 primarily adv. 주로

180

According to the Web site, what must visitors do for a discount?

(A) Provide feedback on a Web site
(B) Book multiple group sessions
(C) Visit a rental shop
(D) Sign up before arrival

웹사이트에 따르면, 방문객들은 할인을 위해 무엇을 해야 하는가?

(A) 웹사이트에 피드백을 제공한다
(B) 여러 개의 단체 수업을 예약한다
(C) 대여점을 방문한다
(D) 도착 전에 등록한다

■ 육하원칙 What   정답 (D)

웹사이트에 따르면 방문객들이 할인을 위해 무엇(what)을 해야 하는지 묻는 육하원칙 문제이므로 두 번째 지문인 웹페이지에서 관련 내용을 확인한다. 웹사이트의 'those who register for a class prior to their stay are eligible for a price reduction'에서 숙박 전에 미리 수업에 등록한 이들은 할인 혜택을 받을 수 있다고 했으므로 (D)가 정답이다.

바꾸어 표현하기
register for a class prior to ~ stay 숙박 전에 미리 수업에 등록하다 → Sign up before arrival 도착 전에 등록하다

지문 1

Corporate Order Form
Brighton Electronics
1452 Kings Street, Seattle, WA 98105

Customer Information

[181]Contact Name: Gayle Hong
[182]Company: Eastwood Publishing
E-mail: g.hong@eastwood.com
Phone Number: 555-5888

Product	Manufacturer	Quantity	Cost
Tablet PC	Effertza Inc.	4	$1,080.00
Scanner	Coretek	2	$500.00
[184]Computer Monitor	Digital Express	4	$620.00
Digital Camera	Wiza Group	8	$960.00
		Total	$3,160.00

Shipping Details

[182]Address: 10416 Aurora Ave. N, Seattle, WA 98133
[181]Delivery Date: April 10

[181]*The signature of the customer named above is required on the delivery confirmation form.* [182]*There is no charge for shipping to addresses within Seattle.* For all other destinations, see the reverse side of this form for rates. Any applicable shipping charges will be applied to the final invoice.

기업용 주문 양식
Brighton 전자 회사
1452 Kings가, 시애틀, 워싱턴주 98105

고객 정보

[181]연락처명: Gayle Hong
[182]회사: Eastwood 출판사
이메일: g.hong@eastwood.com
전화번호: 555-5888

제품	제조업체	수량	가격
태블릿 PC	Effertza사	4	1,080.00달러
스캐너	Coretek사	2	500.00달러
[184]컴퓨터 모니터	Digital Express사	4	620.00달러
디지털 카메라	Wiza 그룹	8	960.00달러
		총	3,160.00달러

배송 정보

[182]주소: 10416 북 Aurora가, 시애틀, 워싱턴주 98133
[181]배송일: 4월 10일

[181]배송 확인서에는 위에 명시된 고객의 서명이 필요합니다. [182]시애틀 내 주소로는 배송에 대한 비용이 청구되지 않습니다. 다른 모든 목적지의 경우, 요금 정보를 위해 이 양식의 뒷면을 참조하십시오. 해당되는 모든 배송비는 최종 송장에 적용될 것입니다.

지문 2

April 14—Two major technology firms have announced product recalls this month. [183/184]Digital Express, a company that has long dominated the television market, released its first computer monitor in February as part of its efforts to diversify. However, a problem with the power supply unit has forced a recall of this product, the Delta 400X. In the official recall notice, consumers are advised to carefully turn off and unplug the monitor, as it poses a risk of electric shock. There is also the possibility of electrical damage to any computer to which the unit is attached.

In a similar case, Coretek announced at a press conference last week that [185]it will be recalling one of its home office printers, the Inkspot XD, due to a defective control panel. It has been found that the wiring installed in this component during the manufacturing process was poorly insulated and may result in overheating. Three fires have been reported so far.

[184]Anyone who purchased either of these products will receive a full refund. Information about the recall process is available on the companies' Web sites.

4월 14일—두 군데의 주요 기술 회사가 이번 달 상품 회수를 발표했다. [183/184]오랫동안 텔레비전 시장을 지배해 온 회사인 Digital Express사는 다양화를 위한 노력의 일환으로 2월에 첫 번째 컴퓨터 모니터를 출시했다. 그러나, 전원 공급 장치의 문제가 이 제품, Delta 400X를 회수하도록 만들었다. 공식 회수 공지에서, 소비자들은 감전의 위험이 있으므로, 조심스럽게 모니터 전원을 끄고 플러그를 뽑도록 권장된다. 또한 장치가 연결된 컴퓨터에 있어 전기적 손상의 가능성도 있다.

비슷한 경우로, Coretek사는 지난주 기자 회견에서 [185]불량 제어판으로 인해 자사의 홈 오피스 프린터 중 하나인 Inkspot XD를 회수할 예정이라고 발표했다. 제조 공정 중 이 부품에 설치된 배선이 미흡하게 절연 처리되었고 과열로 이끌 수 있다고 밝혀졌다. 지금까지 세 건의 화재가 보고되었다.

[184]이 제품들 중 하나를 구입한 이들은 누구나 전액 환불을 받을 것이다. 회수 절차에 대한 정보는 해당 기업들의 웹사이트에서 확인할 수 있다.

181

What will Ms. Hong be required to do on April 10?

(A) Sign a document
(B) Make a payment
(C) Call a delivery person
(D) Confirm an address

Ms. Hong은 4월 10일에 무엇을 해야 할 것인가?

(A) 문서에 서명한다
(B) 비용을 지불한다
(C) 배달원에게 전화한다
(D) 주소를 확인한다

■ 육하원칙 What　　　　　　　　　　　　　　　　　　　　　　　　　　　　　　　　　　　정답 (A)

Ms. Hong이 4월 10일에 무엇(What)을 해야 할 것인지를 묻는 육하원칙 문제이므로 질문의 핵심 어구인 Ms. Hong ~ do on April 10과 관련된 내용이 언급된 첫 번째 지문인 주문 양식을 확인한다. 주문 양식의 'Contact Name: Gayle Hong'과 'Delivery Date: April 10'에서 Ms. Hong이 4월 10일에 배송을 받을 것이라고 했고, 'The signature of the customer named above is required on the delivery confirmation form.'에서 배송 확인서에 위에 명시된 고객, 즉 Ms. Hong의 서명이 필요하다고 했으므로 Ms. Hong이 4월 10일에 배송 확인서에 서명해야 할 것임을 알 수 있다. 따라서 (A)가 정답이다.

182

What is indicated about Eastwood Publishing?

(A) It placed a corporate order through a Web site.
(B) It has ordered from Brighton Electronics before.
(C) It has recently hired new employees.
(D) It will not pay a delivery fee.

Eastwood 출판사에 대해 암시되는 것은?

(A) 웹사이트를 통해 기업용 주문을 했다.
(B) 전에 Brighton 전자 회사에서 주문한 적이 있다.
(C) 최근 신입 사원을 채용했다.
(D) 배송 요금을 지불하지 않을 것이다.

■ 추론 세부 정보　　　　　　　　　　　　　　　　　　　　　　　　　　　　　　　　　　정답 (D)

질문의 핵심 어구인 Eastwood Publishing에 대해 추론하는 문제이므로 Eastwood 출판사가 언급된 첫 번째 지문인 주문 양식에서 관련 내용을 확인한다. 주문 양식의 'Company: Eastwood Publishing', 'Address: 10416 Aurora Ave. N, Seattle'에서 Eastwood 출판사의 주소가 시애틀임을 알 수 있고, 'There is no charge for shipping to addresses within Seattle.'에서 시애틀 내 주소로는 배송에 대한 비용이 청구되지 않는다고 했으므로, 시애틀에 위치한 Eastwood 출판사는 배송 요금을 지불하지 않을 것이라는 사실을 추론할 수 있다. 따라서 (D)가 정답이다.

바꾸어 표현하기
no charge for shipping 배송에 대한 비용이 청구되지 않다 → will not pay a delivery fee 배송 요금을 지불하지 않을 것이다

183

Why did Digital Express launch the Delta 400X?

(A) It is currently facing serious competition.
(B) It received a lot of complaints about an earlier model.
(C) It plans to move away from its old line of business.
(D) It is trying to expand its product offerings.

Digital Express사는 왜 Delta 400X를 출시했는가?

(A) 현재 심각한 경쟁을 직면하고 있다.
(B) 이전 모델에 대해 많은 항의를 받았다.
(C) 기존의 사업 종목에서 벗어날 계획이다.
(D) 취급 제품을 확대하려고 노력하고 있다.

■ 육하원칙 Why   정답 (D)

Digital Express사가 왜(Why) Delta 400X를 출시했는지를 묻는 육하원칙 문제이므로 질문의 핵심 어구인 Digital Express launch the Delta 400X와 관련된 내용이 언급된 두 번째 지문인 기사를 확인한다. 기사의 'Digital Express ~ released its first computer monitor ~ as part of its efforts to diversify.'에서 Digital Express사가 다양화를 위한 노력의 일환으로 첫 번째 컴퓨터 모니터를 출시했다고 했고, 'However, a problem ~ has forced a recall of this product, the Delta 400X.'에서 그러나 문제가 이 제품 Delta 400X를 회수하도록 만들었다고 했으므로 Digital Express사가 취급 제품을 확대하기 위한 노력으로 첫 번째 컴퓨터 모니터인 Delta 400X를 출시했다는 것을 알 수 있다. 따라서 (D)가 정답이다.

바꾸어 표현하기

efforts to diversify 다양화를 위한 노력 → trying to expand its product offerings 취급 제품을 확대하려고 노력하다

어휘   competition n. 경쟁 line of business phr. 사업 종목

184

How much of a refund will Eastwood Publishing receive?

(A) $1,080.00
(B) $500.00
(C) $620.00
(D) $960.00

Eastwood 출판사는 얼마의 환불을 받을 것인가?

(A) 1,080.00달러
(B) 500.00달러
(C) 620.00달러
(D) 960.00달러

■ 육하원칙 연계 문제   정답 (C)

두 지문의 내용을 종합해서 풀어야 하는 연계 문제이다. 질문의 핵심 어구인 refund ~ Eastwood Publishing receive에서 Eastwood 출판사가 얼마의(How much)의 환불을 받을 것인지를 묻고 있으므로 환불과 관련된 내용이 언급된 기사를 먼저 확인한다.

단서 1 두 번째 지문(기사)의 'Digital Express ~ released its first computer monitor ~. However, a problem with the power supply unit has forced a recall of this product ~.'에서 Digital Express사가 첫 번째 컴퓨터 모니터를 출시했으나 전원 공급 장치의 문제가 이 제품을 회수하도록 만들었다고 한 후, 'Anyone who purchased ~ these products will receive a full refund.'에서 이 제품을 구입한 이들은 누구나 전액 환불을 받을 것이라고 했다. 그런데 Eastwood 출판사가 이 회수 조치로 환불받을 비용이 얼마인지는 제시되지 않았으므로 주문 양식에서 관련 내용을 확인한다.

단서 2 첫 번째 지문(주문 양식)의 'Computer Monitor, Digital Express, 4, $620.00'에서 Eastwood 출판사가 Digital Express사의 컴퓨터 모니터를 4대 구입하고 620.00달러를 지불했다는 사실을 확인할 수 있다.

두 단서를 종합할 때, Eastwood 출판사가 Digital Express사의 모니터 4대에 대한 620.00달러를 환불받을 것임을 알 수 있다. 따라서 (C)가 정답이다.

185

Why is the Inkspot XD being recalled?

(A) It poses the risk of damaging another device.
(B) It was assembled in a faulty manner.
(C) It does not transmit enough electricity.
(D) It has a control panel that does not open.

Inkspot XD는 왜 회수되는가?

(A) 다른 장치를 손상시킬 위험이 있다.
(B) 잘못된 방식으로 조립되었다.
(C) 충분한 전기를 전도하지 못한다.
(D) 제어판이 열리지 않는다.

■ 육하원칙 Why   정답 (B)

Inkspot XD가 왜(Why) 회수되는지를 묻는 육하원칙 문제이므로 질문의 핵심 어구인 Inkspot XD ~ recalled와 관련된 내용이 언급된 두 번째 지문인 기사를 확인한다. 기사의 'it will be recalling ~ the Inkspot XD, due to a defective control panel. It has been found that the wiring installed in this component during the manufacturing process was poorly insulated ~.'에서 불량 제어판으로 인해 Inkspot XD를 회수할 예정이며, 제조 공정 중 이 부품에 설치된 배선이 미흡하게 절연 처리되었다고 밝혀졌다고 했으므로 (B)가 정답이다.

어휘   assemble v. 조립하다, 집합하다 faulty adj. 잘못된, 결함이 있는 transmit v. (전기를) 전도하다, 전송하다

186–190은 다음 여행 일정표, 이메일, 후기에 관한 문제입니다.

지문 1

Charleston Tour

Founded over 20 years ago, Total Tours takes great pride in making the history of our state come alive for visitors. [186-B]Our one-day tour of Charleston is the perfect way to get to know this beautiful city.

Tour Itinerary

Time	Site	Notes
9:00 A.M. – 10:00 A.M.	Rainbow Row	This historic residential neighborhood is popular with photographers.
10:30 A.M. – 12:00 P.M.	Charleston City Market	First opened in 1841, this outdoor market is the perfect place to buy souvenirs, so be sure to bring some spending money.
12:30 P.M. – 1:30 P.M.	Market Street Deli	We will eat at this well-known restaurant. [186-D]The cost of lunch is included in the tour price.
[187]2:00 P.M. – 3:00 P.M.	St. Philip's Church	This National Historic Landmark is famous for its beautiful tower.
[186-A]3:30 P.M. – 6:30 P.M.	Fort Sumter	This fort played an important role in the American Civil War.

[189]The total cost of the tour is $175 per person. A 30-minute private carriage trip around Charleston in the evening costs an extra $25. [186-C]Gratuities for your guide are not necessary. For more information, visit www.totaltours.com.

찰스턴 관광

20년 이상 전에 설립되어, Total 여행사는 방문객들에게 우리 주의 역사를 생생히 보여주는 것에 큰 자부심을 가지고 있습니다. [186-B]저희의 일일 찰스턴 관광은 이 아름다운 도시를 알아가는 완벽한 방법입니다.

관광 일정

시간	장소	참고 사항
오전 9시 – 오전 10시	Rainbow로	이 역사적인 주택가는 사진작가들에게 인기 있습니다.
오전 10시 30분 – 오후 12시	찰스턴시 공설시장	1841년에 처음 문을 연 이 야외 시장은 기념품을 사기에 완벽한 장소이니, 사용할 현금을 꼭 가져오세요.
오후 12시 30분 – 오후 1시 30분	Market가 식당	우리는 이 유명한 레스토랑에서 식사를 할 것입니다. [186-D]점심값은 관광 가격에 포함되어 있습니다.
[187]오후 2시 – 오후 3시	성 필립의 교회	이 국가 역사기념물은 그것의 아름다운 탑으로 유명합니다.
[186-A]오후 3시 30분 – 오후 6시 30분	섬터 요새	이 요새는 미국 남북전쟁에서 중요한 역할을 맡았습니다.

[189]관광의 총비용은 1인당 175달러입니다. 저녁에 찰스턴을 도는 30분 개인 마차 탑승은 25달러의 비용이 추가로 발생합니다. [186-C]가이드를 위한 봉사료는 불필요합니다. 더 많은 정보를 원하시면, www.totaltours.com을 방문하세요.

지문 2

To: Dave Mars <d.mars@cvc.com>
From: Diane Polanski <d.polanski@totaltours.com>
Subject: Tour on Saturday, May 18
Date: May 14

Dear Mr. Mars,

Thank you for booking the one-day tour of Charleston with Total Tours. In answer to the question in your last e-mail, the group will be meeting at the entrance to Green Street Park at 8:30 A.M. on Saturday. If that is inconvenient for you, let me know so [188]I can have one of our employees fetch you from your hotel. I also want to inform you that there has been a change to the tour itinerary. [187]St. Philip's Church will be closed to the public that day for a special event, so you will visit the Charleston Art Museum during that time period instead. Of course, the cost of the entrance fee will be included in the tour price. Please let me know if you

수신: Dave Mars <d.mars@cvc.com>
발신: Diane Polanski <d.polanski@totaltours.com>
제목: 5월 18일 토요일 관광
날짜: 5월 14일

Mr. Mars께,

Total 여행사와 함께 일일 찰스턴 관광을 예약해 주셔서 감사합니다. 귀하의 마지막 이메일의 질문에 대한 답변을 드리자면, 단체는 토요일 오전 8시 30분에 Green가 공원 입구에서 만날 예정입니다. 이것이 곤란하시다면, [188]저희 직원 중 한 명이 귀하의 호텔로 모시러 가도록 할 수 있게 제게 알려주십시오. 또한 여행 일정에 변경이 있음을 알려드리고자 합니다. [187]성 필립의 교회는 그날 특별 행사를 위해 대중에 개방되지 않을 예정이어서, 그 시간 동안 대신 찰스턴 미술관을 방문하실 것입니다. 물론, 입장료는 관광 가격에 포함될 것입니다. 추가 문의 사항이 있으면 알려주시기 바랍니다.

have any additional questions.

Sincerely,
Diane Polanski

Diane Polanski 드림

지문 3

Tour Review

Tour Name: Charleston Tour
Tour Company: Total Tours
Reviewer: Dave Mars
Score: 3.5/5

I participated in the Charleston Tour on Saturday, May 18. [189]I paid Total Tours $200 overall, which may sound like a lot, but it was worth it, as we visited quite a few locations. I've always wanted to visit Charleston, and I learned a lot about the city's history. The tour guide knew a lot about the sites we visited and answered everyone's questions. [190]My only complaint is that he arrived at the meeting site approximately 20 minutes late, which I found rather unprofessional.

관광 후기

관광명: 찰스턴 관광
여행사: Total 여행사
후기 작성자: Dave Mars
점수: 3.5/5

저는 5월 18일 토요일에 찰스턴 관광에 참가했습니다. [189]저는 Total 여행사에 총 200달러를 지불했고, 이는 많은 것처럼 들릴 수 있지만, 우리가 꽤 많은 곳을 방문했기 때문에 그만한 가치가 있었습니다. 저는 항상 찰스턴을 방문하고 싶었으며, 그 도시의 역사에 대해 많은 것을 배웠습니다. 여행 가이드는 우리가 방문한 장소들에 대해 잘 알고 있었고 모든 사람들의 질문에 대답했습니다. [190]제 유일한 불만은 그가 모임 장소에 대략 20분 늦게 도착했다는 것인데, 저는 이 점이 다소 전문적이지 못하다고 생각했습니다.

지문 1 □ found v. 설립하다
□ get to know phr. 알아가다
□ souvenir n. 기념품
□ fort n. 요새
□ gratuity n. 봉사료, 팁

□ take pride in phr. ~에 대해 자부심을 가지다, 자랑스럽게 여기다
□ site n. 장소
□ deli n. 식당, 식료품점
□ American Civil War phr. 미국 남북전쟁

□ residential adj. 주택의, 주거용의
□ landmark n. 기념물, 역사적인 장소
□ carriage n. 마차

지문 2 □ inconvenient adj. 곤란한, 불편한
□ fetch v. (어디를 가서) 데리고 오다

지문 3 □ overall adv. 총, 전부

186

○
●
●
●
상

According to the itinerary, what is NOT indicated about the Charleston Tour?

(A) It spends the most amount of time at a war site.
(B) It explores a single city.
(C) It requires participants to tip the tour guide.
(D) It includes a meal with the price of the tour.

여행 일정표에 따르면, 찰스턴 관광에 대해 언급되지 않은 것은?

(A) 전쟁 유적에서 가장 많은 양의 시간을 보낸다.
(B) 한 곳의 도시를 답사한다.
(C) 참가자들이 관광 가이드에게 팁을 주도록 요구한다.
(D) 관광 가격에 식사를 포함한다.

■ Not/True Not 문제

정답 (C)

질문의 핵심 어구인 Charleston Tour와 관련된 내용을 여행 일정표에서 찾아 각 보기와 대조하는 Not/True 문제이므로 첫 번째 지문인 여행 일정표에서 관련 내용을 확인한다. (A)는 '3:30 P.M. – 6:30 P.M., Fort Sumter'에서 오후 3시 30분부터 오후 6시 30분까지 3시간을 섬터 요새에서 보낸다고 했으므로 지문의 내용과 일치한다. (B)는 'Our ~ tour of Charleston is the perfect way to get to know this ~ city.'에서 찰스턴 관광은 이 도시, 즉 찰스턴을 알아가는 완벽한 방법이라고 했으므로 지문의 내용과 일치한다. (C)는 'Gratuities for your guide are not necessary.'에서 가이드를 위한 봉사료는 불필요하다고 했으므로 지문의 내용과 일치하지 않는다. 따라서 (C)가 정답이다. (D)는 'The cost of lunch is included in the tour price.'에서 점심값은 관광 가격에 포함되어 있다고 했으므로 지문의 내용과 일치한다.

바꾸어 표현하기
Gratuities 봉사료 → tip 팁을 주다

187

What time did Mr. Mars probably visit a gallery?

(A) At 9:00 A.M.
(B) At 10:30 A.M.
(C) At 2:00 P.M.
(D) At 3:30 P.M.

Mr. Mars는 몇 시에 갤러리를 방문한 것 같은가?

(A) 오전 9시에
(B) 오전 10시 30분에
(C) 오후 2시에
(D) 오후 3시 30분에

■ **추론** 연계 문제
정답 (C)

세 지문 중 두 지문의 내용을 종합적으로 확인한 후 추론해서 풀어야 하는 연계 문제이다. 질문의 핵심 어구인 Mr. Mars ~ visit a gallery와 관련된 내용이 언급된 이메일을 먼저 확인한다.

단서 1 두 번째 지문(이메일)의 'St. Philip's Church will be closed to the public that day ~, so you will visit the Charleston Art Museum during that time period instead.'에서 성 필립의 교회가 그날 대중에 개방되지 않을 예정이어서 그 시간 동안 대신 찰스턴 미술관을 방문할 것이라고 했다. 그런데 성 필립의 교회를 몇 시에 방문할 예정이었는지가 제시되지 않았으므로 여행 일정표에서 관련 내용을 확인한다.

단서 2 첫 번째 지문(여행 일정표)의 '2:00 P.M. – 3:00 P.M., St. Philip's Church'에서 오후 2시부터 3시에 성 필립의 교회를 방문할 예정이었음을 확인할 수 있다.

두 단서를 종합할 때, Mr. Mars는 성 필립의 교회를 방문할 예정이었던 오후 2시에 갤러리인 찰스턴 미술관을 방문했다는 사실을 추론할 수 있다. 따라서 (C)가 정답이다.

바꾸어 표현하기
a gallery 갤러리 → Art Museum 미술관

188

According to the e-mail, what does Ms. Polanski offer to do?

(A) Change a meeting site
(B) Arrange a pickup
(C) Update an itinerary
(D) Call a tour member

이메일에 따르면, Ms. Polanski는 무엇을 해주겠다고 제안하는가?

(A) 모임 장소를 변경한다
(B) 데리러 가도록 준비한다
(C) 여행 일정표를 갱신한다
(D) 관광 구성원에게 전화한다

■ **육하원칙** What
정답 (B)

이메일에 따르면 Ms. Polanski가 무엇(what)을 해주겠다고 제안하는지를 묻는 육하원칙 문제이므로 Ms. Polanski가 작성한 두 번째 지문인 이메일을 확인한다. 이메일의 'I can have one of our employees fetch you from your hotel'에서 Ms. Polanski가 직원 중 한 명이 호텔로 데리러 가도록 할 수 있다고 했으므로 (B)가 정답이다.

189

What is suggested about Mr. Mars?

(A) He took part in an extra sightseeing activity.
(B) He purchased souvenirs on Market Street.
(C) He was picked up at his hotel.
(D) He paid an entrance fee at a museum.

Mr. Mars에 대해 암시되는 것은?

(A) 추가 관광 활동에 참여했다.
(B) Market가에서 기념품을 샀다.
(C) 그의 호텔에서 데려갔다.
(D) 박물관에서 입장료를 지불했다.

■ **추론** 연계 문제
정답 (A)

세 지문 중 두 지문의 내용을 종합적으로 확인한 후 추론해서 풀어야 하는 연계 문제이다. 질문의 핵심 어구인 Mr. Mars가 작성한 후기를 먼저 확인한다.

단서 1 세 번째 지문(후기)의 'I paid Total Tours $200 overall'에서 Mr. Mars가 Total 여행사에 총 200달러를 지불했다고 했다. 그런데 왜 200달러를 지불했는지 제시되지 않았으므로 여행 일정표에서 관련 내용을 확인한다.

단서 2 첫 번째 지문(여행 일정표)의 'The total cost of the tour is $175 per person. A 30-minute private carriage trip around Charleston in the evening costs an extra $25.'에서 관광의 총비용은 1인당 175달러이고, 저녁에 찰스턴을 도는 30분 개인 마차 탑승은 25달러의 비용이 추가로 발생한다고 한 것을 알 수 있다.

두 단서를 종합할 때, Mr. Mars가 Total 여행사에 총 200달러를 지불하고 저녁에 30분 동안 개인 마차에 탑승하여 찰스턴을 관광했다는 사실을 추론할 수 있다. 따라서 (A)가 정답이다.

어휘 sightseeing n. 관광

190

○○●●
8

Why was Mr. Mars dissatisfied with the tour guide?

(A) He did not meet the participants on time.
(B) He was unwilling to respond to questions.
(C) He skipped an advertised stop on the tour.
(D) He was not knowledgeable about the sites.

Mr. Mars는 왜 여행 가이드에 불만족했는가?

(A) 참가자들을 제시간에 만나지 않았다.
(B) 질문에 대답하기를 꺼렸다.
(C) 관광 중에 광고되었던 지점을 빠뜨렸다.
(D) 방문 장소들에 대해 잘 알지 못했다.

■ **육하원칙** Why

정답 (A)

Mr. Mars가 왜(Why) 여행 가이드에 불만족했는지를 묻는 육하원칙 문제이므로 질문의 핵심 어구인 Mr. Mars가 작성한 세 번째 지문인 후기를 확인한다. 후기의 'My only complaint is that he[tour guide] arrived at the meeting site ~ 20 minutes late'에서 자신의 유일한 불만은 그, 즉 여행 가이드가 모임 장소에 20분 늦게 도착했다는 것이라고 했으므로 (A)가 정답이다.

어휘   dissatisfied adj. 불만족한 on time phr. 제시간에, 정각에 unwilling adj. 꺼리는, 싫어하는 knowledgeable adj. 잘 알고 있는, 총명한

Questions 191-195 refer to the following Web page, bill, and e-mail.

191-195는 다음 웹페이지, 청구서, 그리고 이메일에 관한 문제입니다.

지문 1

www.terralibroadband.com/packages

Log in?

Packages I Online Security I Products/Services I News I Support

Terrali Broadband Packages

191-AProviding service from coast to coast, 191-C/DTerrali Broadband is one of the largest telecommunications companies in the United States and the fastest Internet service provider in the country. 191-BTerrali Broadband encourages customers to take advantage of our bundle plans, which include Internet, television, and phone service, as they can help you save money. However, we also offer a number of popular stand-alone Internet packages:

Essentials	Essentials Plus
Speed: 30 megabytes per second	Speed: 50 megabytes per second
Cost: $50 per month	Cost: $75 per month
192Supreme	Supreme Plus
Speed: 500 megabytes per second	Speed: 1 gigabyte per second
192Cost: $100 per month	Cost: $125 per month

194*All the packages listed above require a one-year minimum contract. A penalty charge will be applied if your contract is canceled before this period ends.

*Click here for more details about our policies and to apply for service.

---

www.terralibroadband.com/packages

로그인하시나요?

요금제 I 온라인 보안 I 상품/서비스 I 소식 I 도움

Terrali 통신사 요금제

191-A전국적으로 서비스를 제공하는 191-C/DTerrali 통신사는, 미국에서 가장 큰 통신 회사 중 하나이며 전국에서 가장 빠른 인터넷 서비스 제공업체입니다. 191-BTerrali 통신사는 고객들에게 인터넷, 텔레비전 및 전화 서비스를 포함한 당사의 일괄 요금제를 이용하도록 권장하는데, 이는 그것들이 여러분이 비용을 절감하도록 도울 수 있기 때문입니다. 그러나, 저희는 여러 인기 있는 독립형 인터넷 요금제도 제공합니다.

Essentials	Essentials Plus
속도: 초당 30메가바이트	속도: 초당 50메가바이트
가격: 월 50달러	가격: 월 75달러
192Supreme	Supreme Plus
속도: 초당 500메가바이트	속도: 초당 1기가바이트
192가격: 월 100달러	가격: 월 125달러

194*위 나열된 모든 요금제는 최소 1년 계약이 필요합니다. 이 기간이 끝나기 전에 계약이 해지되면 위약금이 부과될 것입니다.

*당사의 정책에 대한 자세한 내용과 서비스를 신청하려면 여기를 클릭하십시오.

지문 2

Terrali Broadband

Billing Information	Customer Information
Amount Due: $125.00	192Name: Barry Stevens
Billing Period: July 1 – July 31	Account Number: 928374
Billing Date: August 10	E-mail: b.stevens@dmail.com
Due Date: August 25	Phone Number: 555-4522

Charges		
192Internet Package		$100.00
Router Rental		$6.00
	Tax	$19.00
	Total	$125.00

193Payment must be made in full by the due date specified above. A 20% penalty will be applied to an overdue balance. Failure to make a payment for three consecutive months will result in your Internet service being suspended. Please direct all billing inquiries to customerservice@terrali.com.

Terrali 통신사

청구 정보	고객 정보
청구 금액: 125.00달러	192이름: Barry Stevens
청구 기간: 7월 1일 – 7월 31일	계좌번호: 928374
청구일: 8월 10일	이메일: b.stevens@dmail.com
납기일: 8월 25일	전화번호: 555-4522

청구 내역		
192인터넷 요금제		100.00달러
공유기 대여		6.00달러
	부가세	19.00달러
	총액	125.00달러

193지불금은 위 명시된 납기일까지 전액 지불되어야 합니다. 연체된 잔액에 대해서는 20퍼센트의 벌금이 부과될 것입니다. 3개월 연속 결제를 하지 않으면 인터넷 서비스가 정지되는 것으로 이어질 것입니다. 모든 청구 문의는 customerservice@terrali.com으로 보내 주십시오.

To: Terrali Broadband Customer Service <customerservice@terrali.com>
From: Barry Stevens <b.stevens@dmail.com>
Subject: Account #928374
Date: September 15

To Whom It May Concern,

[194]Although I have been very satisfied with the Internet package I signed up for five months ago, I must cancel it. The reason is that I will be transferring to an overseas branch of my company next month. [195]Please organize for a technician to visit my apartment to retrieve the router. The final bill should be sent to this e-mail address. Thank you.

Sincerely,
Barry Stevens

수신: Terrali 통신사 고객 서비스 <customerservice@terrali.com>
발신: Barry Stevens <b.stevens@dmail.com>
제목: 928374번 계정
날짜: 9월 15일

담당자분께,

[194]저는 5개월 전에 가입한 인터넷 요금제에 대해 매우 만족하고 있었지만, 그것을 해지해야 합니다. 이유는 제가 다음 달에 회사의 해외 지사로 전근을 갈 것이기 때문입니다. [195]기술자가 제 아파트를 방문하여 공유기를 회수하도록 준비해 주시기 바랍니다. 마지막 청구서는 이 이메일 주소로 보내져야 합니다. 감사합니다.

Barry Stevens 드림

지문 1	□ broadband n. 통신망, 광역대	□ coast to coast phr. 전국적으로, 미대륙 횡단의	
	□ take advantage of phr. ~을 이용하다, 편승하다		□ bundle plan phr. 일괄 요금제, 묶음 상품
	□ stand-alone adj. 독립형의	□ contract n. 계약, 계약서	□ penalty charge phr. 위약금, 벌금
지문 2	□ router n. 공유기, 라우터	□ in full phr. 전액을, 전부	□ specify v. 명시하다
	□ overdue adj. 연체된, 기한이 지난	□ balance n. 잔액, 균형	□ consecutive adj. 연속적인
	□ suspend v. 정지시키다, 중단하다	□ direct v. ~로 보내다, 겨냥하다; adj. 직접적인	
지문 3	□ transfer v. 전근 가다, 옮기다, 이동하다	□ overseas adj. 해외의	□ branch n. 지사, 지점, 지부
	□ technician n. 기술자	□ retrieve v. 회수하다, 되찾다	

191
○○○●
∞

According to the Web page, what is NOT stated about Terrali Broadband?

(A) It serves all regions of the United States.
(B) It recommends combining two or more services.
(C) It is a leading company within its industry.
(D) It offers the fastest Internet speed at the lowest cost.

웹페이지에 따르면, Terrali 통신사에 대해 언급되지 않은 것은?

(A) 미국의 모든 지역에 서비스를 제공한다.
(B) 둘 이상의 서비스를 결합하도록 권고한다.
(C) 업계 내에서 선두 기업이다.
(D) 가장 빠른 인터넷 속도를 가장 낮은 비용으로 제공한다.

■ Not/True Not 문제   정답 (D)

질문의 핵심 어구인 Terrali Broadband와 관련된 내용을 웹페이지에서 찾아 각 보기와 대조하는 Not/True 문제이므로 첫 번째 지문인 웹페이지에서 관련 내용을 확인한다. (A)는 'Providing service from coast to coast'에서 전국적으로 서비스를 제공한다고 했으므로 지문의 내용과 일치한다. (B)는 'Terrali Broadband encourages customers to take advantage of our bundle plans, which include Internet, television, and phone service'에서 Terrali 통신사는 고객들에게 인터넷, 텔레비전 및 전화 서비스를 포함한 당사의 일괄 요금제를 이용하도록 권장한다고 했으므로 지문의 내용과 일치한다. (C)는 'Terrali Broadband is one of the largest telecommunications companies in the United States ~.'에서 Terrali 통신사는 미국에서 가장 큰 통신 회사 중 하나라고 했으므로 지문의 내용과 일치한다. (D)는 'Terrali Broadband is ~ the fastest Internet service provider in the country.'에서 Terrali 통신사가 전국에서 가장 빠른 인터넷 서비스 제공업체라고는 했지만, 가장 낮은 비용으로 제공하는지는 언급되지 않았으므로 지문의 내용과 일치하지 않는다. 따라서 (D)가 정답이다.

192

Which package did Mr. Stevens sign up for?

(A) Essentials
(B) Essentials Plus
(C) Supreme
(D) Supreme Plus

Mr. Stevens는 어떤 요금제를 신청했는가?

(A) Essentials
(B) Essentials Plus
(C) Supreme
(D) Supreme Plus

■ **육하원칙** 연계 문제 　　　　　　　　　　　　　　　　　　　　　　　　　　　　　　　　　　　　　정답 (C)

세 지문 중 두 지문의 내용을 종합해서 풀어야 하는 연계 문제이다. 질문의 핵심 어구인 package ~ Mr. Stevens sign up for에서 Mr. Stevens가 어떤(Which) 요금제를 신청했는지를 묻고 있으므로 Mr. Stevens에게 보내진 청구서를 먼저 확인한다.

단서 1 두 번째 지문(청구서)의 'Name: Barry Stevens'와 'Internet Package, $100.00'에서 Mr. Stevens가 인터넷 요금제를 위해 100.00달러를 지불해야 한다고 했다. 그런데 100달러짜리 요금제가 어떤 요금제인지 제시되지 않았으므로 웹페이지에서 관련 내용을 확인한다.

단서 2 첫 번째 지문(웹페이지)의 'Supreme', 'Cost: $100 per month'에서 Supreme 요금제가 월 100달러라는 사실을 확인할 수 있다.

두 단서를 종합할 때, Mr. Stevens는 월 100달러짜리인 Supreme 요금제를 신청했다는 것을 알 수 있다. 따라서 (C)가 정답이다.

193

According to the bill, what will happen if customers fail to pay by the due date?

(A) Their Internet connection will slow down.
(B) They will be charged an additional fee.
(C) They will not be eligible for loyalty program points.
(D) Their monthly rate will increase by 20 percent.

청구서에 따르면, 고객들이 납기일까지 지불하지 않으면 어떤 일이 일어날 것인가?

(A) 인터넷 연결이 느려질 것이다.
(B) 추가 요금이 청구될 것이다.
(C) 고객 보상 프로그램 포인트를 위한 자격이 없어질 것이다.
(D) 월별 요금이 20퍼센트 인상될 것이다.

■ **육하원칙** What 　　　　　　　　　　　　　　　　　　　　　　　　　　　　　　　　　　　　　　　정답 (B)

청구서에 따르면 고객들이 납기일까지 지불하지 않으면 어떤(what) 일이 일어날 것인지를 묻는 육하원칙 문제이므로 두 번째 지문인 청구서에서 관련 내용을 확인한다. 청구서의 'Payment must be made in full by the due date ~. A 20% penalty will be applied to an overdue balance.'에서 지불금은 납기일까지 전액 지불되어야 하며 연체된 잔액에 대해서는 20퍼센트의 벌금이 부과될 것이라고 했으므로 (B)가 정답이다.

어휘 **loyalty program** phr. 고객 보상 프로그램

194

What will Mr. Stevens be required to do?

(A) Fill out a cancellation form
(B) Purchase a replacement device
(C) Pay an early termination fee
(D) E-mail a technician

Mr. Stevens는 무엇을 하도록 요구될 것인가?

(A) 취소 양식을 작성한다
(B) 대체 기기를 구입한다
(C) 중도 해지 수수료를 납부한다
(D) 기술자에게 이메일을 보낸다

■ **육하원칙** 연계 문제 　　　　　　　　　　　　　　　　　　　　　　　　　　　　　　　　　　　　　정답 (C)

세 지문 중 두 지문의 내용을 종합해서 풀어야 하는 연계 문제이다. 질문의 핵심 어구인 Mr. Stevens ~ required to do에서 Mr. Stevens가 무엇(What)을 하도록 요구될 것인지를 묻고 있으므로 Mr. Stevens가 작성한 이메일을 먼저 확인한다.

단서 1 세 번째 지문(이메일)의 'Although I have been very satisfied with the Internet package I signed up for five months ago, I must cancel it.'에서 Mr. Stevens가 5개월 전에 가입한 인터넷 요금제에 대해 매우 만족하고 있었지만 요금제를 해지해야 한다고 했다. 그런데 요금제를 해지하면 무엇을 하도록 요구되는지는 제시되지 않았으므로 웹페이지에서 관련 내용을 확인한다.

단서 2 첫 번째 지문(웹페이지)의 '*All the packages ~ require a one-year minimum contract. A penalty charge will be applied if your contract is cancelled before this period ends.'에서 모든 요금제는 최소 1년 계약이 필요하며 이 기간이 끝나기 전에 계약이 해지되면 위약금이 부과된다는 사실을 확인할 수 있다.

두 단서를 종합할 때, Mr. Stevens는 1년이 끝나기 전인 5개월 만에 요금제 계약을 해지하려고 하므로 중도 해지 수수료를 납부하도록 요구될 것을 알 수 있다. 따라서 (C)가 정답이다.

어휘 **early termination** phr. 중도 해지, 조기 종료

195
○○○
●
중

What does Mr. Stevens request?

(A) The confirmation of a payment
(B) A solution to a technical problem
(C) The scheduling of an appointment
(D) A correction to a billing mistake

Mr. Stevens는 무엇을 요청하는가?

(A) 납입 확인
(B) 기술적 문제에 대한 해결책
(C) 약속 일정을 잡는 것
(D) 청구 오류에 대한 수정

■ **육하원칙** What

정답 (C)

Mr. Stevens가 무엇(What)을 요청하는지를 묻는 육하원칙 문제이므로 질문의 핵심 어구인 Mr. Stevens가 작성한 세 번째 지문인 이메일에서 관련 내용을 확인한다. 이메일의 'Please organize for a technician to visit my apartment to retrieve the router.'에서 기술자가 자신의 아파트를 방문하여 공유기를 회수하도록 준비해 달라고 했으므로 (C)가 정답이다.

지문 1

Loadstone, Inc.
MEMO

To: All Loadstone, Inc. Employees
From: Melanie Sykes, Administrative Manager
Subject: Year-end Party
Date: November 15

[196]Loadstone, Inc. will be holding its annual year-end party on December 10 to honor your outstanding achievements. This year, it will be held in the main ballroom of the Rostom Hotel and will last from 7:30 P.M. to 11:30 P.M. [197-A]The event will begin with a few words from our CEO Lawrence Westgate. Then, [197-B]there will be a buffet dinner, followed by music and dancing. [197-C]The popular cover band Weekend Wonder has been booked to perform. As usual, all employees are permitted to bring one guest to the party. Please note that [199]you must send an e-mail to Sandra Forester in human resources by December 2 if you plan to bring someone. Thank you.

Loadstone사
회람

수신: Loadstone사 전 직원
발신: 행정부장 Melanie Sykes
제목: 송년회
날짜: 11월 15일

[196]Loadstone사는 여러분의 뛰어난 성과를 기리기 위해 12월 10일에 연례 송년회를 개최할 예정입니다. 올해, 그것은 Rostom 호텔의 주 연회장에서 열릴 것이며 오후 7시 30분부터 11시 30분까지 지속될 것입니다. [197-A]행사는 당사의 최고 경영자인 Lawrence Westgate의 간단한 연설로 시작할 것입니다. 그리고 나서, [197-B]뷔페식 만찬이 있을 것이고, 음악과 춤이 뒤따를 것입니다. [197-C]인기 있는 커버 밴드 Weekend Wonder가 공연하기로 예약되었습니다. 여느 때처럼, 모든 직원들은 파티에 한 명의 손님을 데려오도록 허용됩니다. [199]누군가를 데려올 계획이라면 12월 2일까지 인사과의 Sandra Forester에게 이메일을 보내셔야 하는 점 참고 바랍니다. 감사합니다.

지문 2

To: Brett Porter <b.porter@seawardhotel.com>
From: Melanie Sykes <m.sykes@loadstone.com>
Subject: Reservation
Date: November 25

Dear Mr. Porter,

Thank you for the prompt response. [196]I am glad to hear that the Seaward Hotel has an event hall available, and I would definitely like to reserve it for my company's year-end party on December 10. Given that it has a 200-person capacity, the space will be more than adequate. One thing I forgot to mention is that [198]we will require a projector. Could you let me know if you can provide this? If not, we will make our own arrangements. We can discuss this when I stop by your office to sign the contract and pay the deposit next week.

Sincerely,

Melanie Sykes

수신: Brett Porter <b.porter@seawardhotel.com>
발신: Melanie Sykes <m.sykes@loadstone.com>
제목: 예약
날짜: 11월 25일

Mr. Porter께,

빠른 답변 감사합니다. [196]Seaward 호텔에 이용 가능한 행사장이 있다니 기쁘고, 12월 10일 저희 회사 송년회를 위해 그것을 꼭 예약하고 싶습니다. 200명의 수용인원을 가지고 있는 것을 고려하면, 그 공간은 충분하고도 남을 것입니다. 제가 말씀드리기를 깜빡한 것은 [198]저희는 영사기가 필요할 것이란 점입니다. 귀하께서 이것을 제공하실 수 있는지 알려주실 수 있나요? 만약 그렇지 않다면, 저희가 따로 준비하겠습니다. 제가 계약서에 서명하고 보증금을 지불하기 위해 다음 주 귀하의 사무실에 들를 때 이것에 대해 논의하면 됩니다.

Melanie Sykes 드림

지문 3

To: Mike Adams <m.adams@pepmail.com>
From: Anita Firenze <a.firenze@loadstone.com>
Subject: Party
[199]Date: December 3
Attachment: Announcement

Mike,

[199]I just wanted to follow up with you on our chat about my company's year-end party. I think you will really enjoy it. The food should be great, and there will be a performance by a

수신: Mike Adams <m.adams@pepmail.com>
발신: Anita Firenze <a.firenze@loadstone.com>
제목: 파티
[199]날짜: 12월 3일
첨부: 공지문

Mike에게,

[199]우리 회사 송년회 관련해서 대화했던 것에 대해 덧붙이고 싶어서요. 당신이 정말 재미있어 할 것 같아요. 음식도 훌륭할 테고, 밴드 공연도 있을 거예요. [200]전 직원에게 전달된 공지문을 첨부했어요. 여기에는 어떤 옷을 입어야 할지 등,

band. [200]I have attached the announcement that was sent to all employees. It includes some additional details about the event, such as what to wear. You have a tuxedo, right? There's supposed to be free parking for Loadstone, Inc. employees at the venue, so I'd prefer to drive to the event. However, if you want to meet in front of my apartment building and then take a taxi from there instead, that would be OK, too. Let me know what you want to do.

Anita

행사에 대한 몇 가지 추가 세부 사항이 포함되어 있어요. 턱시도도 가지고 있으시죠, 맞나요? 행사장에 Loadstone사 직원들을 위해 무료 주차가 제공될 것이어서, 저는 행사까지 운전해서 가고 싶어요. 하지만, 만약 당신이 대신 제 아파트 앞에서 만나고 거기서 택시를 타고 싶다면, 그것도 괜찮아요. 당신이 무엇을 하고 싶은지 알려주세요.

Anita

지문 1	□ year-end party phr. 송년회	□ annual adj. 연례의	□ honor v. 기리다; n. 영광
	□ outstanding adj. 뛰어난	□ achievement n. 성과, 업적	□ ballroom n. 연회장, 무도회장
	□ last v. 지속되다	□ a few words phr. 간단한 연설, 인사말	□ human resources phr. 인사과
지문 2	□ prompt adj. 빠른, 신속한	□ capacity n. 수용인원, 수용력	□ adequate adj. 충분한
	□ stop by phr. 들르다	□ deposit n. 보증금, 예치금; v. (특정한 곳에) 두다, 놓다	
지문 3	□ follow up phr. 덧붙이다, 후속 조치를 취하다		

196

What can be inferred about the year-end party?

(A) It has been postponed to a later date.
(B) It will be attended by over 200 guests.
(C) It will be held in the day.
(D) It has been moved to another venue.

송년회에 대해 추론될 수 있는 것은?

(A) 이후의 날짜로 연기되었다.
(B) 200명이 넘는 손님들이 참석할 것이다.
(C) 낮에 열릴 것이다.
(D) 다른 장소로 옮겨졌다.

■ **추론** 연계 문제 　　　　　　　　　　　　　　　　　　　　　　　　　　　　　　　　　　　　　　　정답 (D)

세 지문 중 두 지문의 내용을 종합적으로 확인한 후 추론해서 풀어야 하는 연계 문제이다. 질문의 핵심 어구인 year-end party가 언급된 회람을 먼저 확인한다.

단서 1 첫 번째 지문(회람)의 'Loadstone, Inc. will be holding its ~ year-end party ~ in the ~ Rostom Hotel'에서 Loadstone사가 송년회를 Rostom 호텔에서 개최할 것이라고 했다. 그런데 송년회에 관한 세부 정보가 제시되지 않았으므로 첫 번째 이메일에서 관련 내용을 확인한다.

단서 2 두 번째 지문(이메일)의 'I am glad to hear that the Seaward Hotel has an event hall available, and I would ~ like to reserve it for my company's year-end party'에서 Seaward 호텔에 이용 가능한 행사장이 있다니 기쁘며, 그것을 자신의 회사, 즉 Loadstone사의 송년회를 위해 예약하고 싶다고 한 것을 확인할 수 있다.

두 단서를 종합할 때, Loadstone사의 송년회 장소가 Rostom 호텔에서 Seaward 호텔의 행사장으로 옮겨졌다는 사실을 추론할 수 있다. 따라서 (D)가 정답이다.

어휘 postpone v. 연기하다, 미루다

197

According to the memo, what will NOT happen on December 10?

(A) A speech will be made.
(B) A meal will be served.
(C) A performance will be held.
(D) An award will be given.

회람에 따르면, 무엇이 12월 10일에 일어나지 않을 것인가?

(A) 연설이 있을 것이다.
(B) 식사가 제공될 것이다.
(C) 공연이 열릴 것이다.
(D) 상이 주어질 것이다.

■ Not/True Not 문제 　　　　　　　　　　　　　　　　　　　　　　　　　　　　　　　　　　　　　　정답 (D)

질문의 핵심 어구인 December 10과 관련된 내용을 회람에서 찾아 각 보기와 대조하는 Not/True 문제이므로 12월 10일이 언급된 첫 번째 지문인 회람에서 관련 내용을 확인한다. (A)는 'The event will begin with a few words from our CEO ~.'에서 행사가 당사 최고 경영자의 간단한 연설로 시작할 것이라고 했으므로 지문의 내용과 일치한다. (B)는 'there will be a buffet dinner'에서 뷔페식 만찬이 있을 것이라고 했으므로 지문의 내용과 일치한다. (C)는 'The popular cover band ~ has been booked to perform.'에서 인기 있는 커버 밴드가 공연하기로 예약되었다고 했으므로 지문의 내용과 일치한다. (D)는 지문에 언급되지 않은 내용이다. 따라서 (D)가 정답이다.

198

What does Ms. Sykes ask about?

(A) The availability of a device
(B) The size of a deposit
(C) The capacity of a room
(D) The date of an event

Ms. Sykes는 무엇에 대해 질문하는가?

(A) 장치의 이용 가능 여부
(B) 보증금의 가격
(C) 방의 수용인원
(D) 행사의 날짜

■ **육하원칙** What 　　정답 (A)

Ms. Sykes가 무엇(What)에 대해 질문하는지를 묻는 육하원칙 문제이므로 질문의 핵심 어구인 Ms. Sykes가 작성한 첫 번째 이메일을 확인한다. 첫 번째 이메일의 'we will require a projector. Could you let me know if you can provide this?'에서 Ms. Sykes가 영사기가 필요할 것이며 이것을 제공할 수 있는지 알려달라고 했으므로 (A)가 정답이다.

199

What most likely did Ms. Firenze do before writing to Mr. Adams?

(A) She posted an announcement at work.
(B) She arranged transportation for a party.
(C) She compiled a guest list.
(D) She contacted a coworker.

Ms. Firenze는 Mr. Adams에게 이메일을 보내기 전에 무엇을 했을 것 같은가?

(A) 회사에서 공지문을 게시했다.
(B) 파티를 위한 교통수단을 준비했다.
(C) 손님 명단을 작성했다.
(D) 동료에게 연락했다.

■ **추론** 연계 문제 　　　　　　　　　　　　　　　　　　　　　　　　　　　　　　　　　　　　　　　정답 (D)

세 지문 중 두 지문의 내용을 종합적으로 확인한 후 추론해서 풀어야 하는 연계 문제이다. 질문의 핵심 어구인 Ms. Firenze do before writing to Mr. Adams와 관련하여 Ms. Firenze가 Mr. Adams에게 보낸 두 번째 이메일을 먼저 확인한다.

단서 1 세 번째 지문(이메일)의 'Date: December 3'에서 Ms. Firenze가 12월 3일에 Mr. Adams에게 이메일을 보냈다고 했고, 'I just wanted to follow up with you ~ about my company's year-end party. I think you will really enjoy it.'에서 회사 송년회 관련해서 덧붙이고 싶으며 당신, 즉 Mr. Adams가 정말 재미있어 할 것 같다고 한 것에서 Ms. Firenze가 송년회에 Mr. Adams를 데려갈 것임을 확인할 수 있다. 그런데 송년회에 Mr. Adams를 데려가기 위해 Ms. Firenze가 무엇을 했는지 제시되지 않았으므로 회람에서 관련 내용을 확인한다.

단서 2 첫 번째 지문(회람)의 'you must send an e-mail to Sandra Forester in human resources by December 2 if you plan to bring someone'에서 누군가를 데려올 계획이라면 12월 2일까지 인사과의 Sandra Forester에게 이메일을 보내야 한다는 사실을 확인할 수 있다.

두 단서를 종합할 때, Ms. Firenze가 12월 3일 Mr. Adams에게 이메일을 보내기 전에 그를 송년회에 데려가기 위해 동료인 Sandra Forester에게 연락했을 것이라는 사실을 추론할 수 있다. 따라서 (D)가 정답이다.

어휘 **compile** v. 작성하다, 편찬하다

200

What did Mr. Adams receive?

(A) Directions to the event venue
(B) Information about the dress code
(C) Guidance on paying for tickets
(D) Details about the dishes that will be served

Mr. Adams는 무엇을 받았는가?

(A) 행사장으로 찾아가는 길 안내
(B) 복장 규정에 대한 정보
(C) 입장권 결제에 대한 지도
(D) 제공될 요리에 대한 세부 사항

■ **육하원칙** What 　　　　　　　　　　　　　　　　　　　　　　　　　　　　　　　　　　　　　　　정답 (B)

Mr. Adams가 무엇(What)을 받았는지를 묻는 육하원칙 문제이므로 질문의 핵심 어구인 Mr. Adams에게 보내진 두 번째 이메일을 확인한다. 두 번째 이메일의 'I have attached the announcement ~. It includes some additional details ~ such as what to wear.'에서 공지문을 첨부했다며 여기에는 어떤 옷을 입어야 할지 등 몇 가지 추가 세부 사항이 포함되어 있다고 했으므로 (B)가 정답이다.

어휘 **directions** n. ~로 찾아가는 길 안내 **dress code** phr. 복장 규정

TEST 07

PART 5

101
○○○○●
하

Mr. Finney paused ------- during his speech to change the slide projected on the screen.

(A) moment
(B) momentarily
(C) momentous
(D) momentary

Mr. Finney는 스크린에 비춰진 슬라이드를 바꾸기 위해 연설 중에 잠깐 멈췄다.

■ 부사 자리   정답 (B)

빈칸 앞의 동사(paused)를 꾸밀 수 있는 것은 부사이므로 부사 (B) momentarily(잠깐, 잠시)가 정답이다. 명사 (A), 형용사 (C)와 (D)는 동사를 꾸밀 수 없다. 참고로, (A) moment(잠깐)는 가산명사이므로 pause a moment(잠깐 멈추다)의 형태로 쓰임을 알아둔다.

어휘 pause v. 잠시 멈추다, 정지시키다; n. 멈춤, 휴지 project v. (빛·영상 등을) 비추다; n. 계획, 프로젝트 momentous adj. 중대한, 중요한
      momentary adj. 순간적인, 잠깐의

102
○○○○●
하

All of the presenters at the social media marketing seminar introduced ------- to the audience before beginning to speak.

(A) they
(B) theirs
(C) them
(D) themselves

소셜 미디어 마케팅 세미나의 모든 발표자들은 발표를 시작하기 전에 청중에게 자신을 소개했다.

■ [목적어 자리] 재귀대명사   정답 (D)

동사(introduced)의 목적어 자리에 올 수 있는 소유대명사 (B), 목적격 인칭대명사 (C), 재귀대명사 (D)가 정답의 후보이다. '모든 발표자들이 그들 자신을 소개했다'라는 의미가 되어야 하므로 주어(All of the presenters)와 목적어가 동일할 때 목적어 자리에 올 수 있는 재귀대명사 (D) themselves가 정답이다. 소유대명사 (B) theirs와 목적격 인칭대명사 (C) them을 쓰면 각각 '모든 발표자들이 그들의 것들을/그들(발표자들이 아닌 다른 사람들)을 소개했다'라는 어색한 문맥이 된다. 주격 인칭대명사 (A) they는 목적어 자리에 올 수 없다. 참고로, introduce oneself(자기 소개를 하다)를 관용구로 알아둔다.

어휘 presenter n. 발표자, 진행자 audience n. 청중, 관중

103
○○○●○
중

Rattan Furniture House's new production plant is expected to be fully ------- by early April.

(A) operate
(B) operator
(C) operation
(D) operational

Rattan Furniture House사의 새로운 생산 공장은 4월 초까지 완전히 가동될 준비가 갖춰질 것으로 예상된다.

■ [보어 자리] 명사 보어 vs. 형용사 보어   정답 (D)

빈칸은 be동사(be)의 보어 자리이므로 보어가 될 수 있는 명사 (B)와 (C), 형용사 (D)가 정답의 후보이다. '새로운 생산 공장이 완전히 가동될 준비가 갖춰지다'라는 의미로, 보어가 주어(Rattan Furniture House's new production plant)의 상태를 설명하고 있으므로 형용사 (D) operational(가동할 준비가 갖춰진)이 정답이다. 명사 (B) operator(조작자, 경영자)와 (C) operation(조작, 운영)을 쓸 경우 주어(Rattan Furniture House's new production plant)와 동격이 되어 각각 '새로운 생산 공장은 조작자/조작이다'라는 어색한 문맥이 된다. 동사 (A)는 보어 자리에 올 수 없다.

어휘 production n. 생산, 생산량 expect v. 예상하다, 기대하다 fully adv. 완전히, 전적으로 operate v. 가동되다, 작동하다

104
○○○●○
중

The employees will be familiar with all aspects of the new accounting software ------- completion of the training course.

(A) beyond
(B) between
(C) despite
(D) upon

직원들은 교육 코스가 끝나는 즉시 새로운 회계 소프트웨어의 모든 요소에 익숙해질 것이다.

■ 전치사 선택   정답 (D)

'교육 코스가 끝나는 즉시 소프트웨어에 익숙해질 것이다'라는 의미가 되어야 하므로 전치사 (D) upon(~하는 즉시, ~하자마자)이 정답이다. (A) beyond는 '~ 너머, ~ 이후', (B) between은 '~ 사이에', (C) despite는 '~에도 불구하고'라는 의미이다.

105
○○○●
하

------ gas containers in a cool environment to prevent them from exploding.

(A) To store
(B) Store
(C) Stored
(D) Storing

폭발하는 것을 막기 위해 가스 용기를 서늘한 곳에 보관하십시오.

■ 명령문은 주어 없이 동사원형으로 시작된다.　　　　　　정답 (B)

이 문장은 주어가 없는 명령문이므로, 명령문의 동사로 사용되는 동사원형 (B) Store(보관하다, 저장하다)가 정답이다. to 부정사 (A), 과거 동사 또는 분사 (C), 동명사 또는 분사 (D)는 명령문의 동사로 사용될 수 없다.

어휘　prevent v. 막다, 예방하다　explode v. 폭발하다, 터지다

106
○○○●
중

Ms. Brendon received a ------ to see a skilled accountant specializing in tax preparation from her coworker.

(A) refer
(B) referral
(C) refers
(D) referable

Ms. Brendon은 그녀의 동료로부터 세금 준비를 전문으로 하는 숙련된 회계사를 만나도록 소개받았다.

■ 명사 자리　　　　　　정답 (B)

타동사(received)의 목적어 역할을 하면서 부정관사(a) 다음에 올 수 있는 것은 명사이므로 명사 (B) referral(소개, 위탁)이 정답이다. 동사 (A)와 (C), 형용사 (D)는 명사 자리에 올 수 없다.

어휘　skilled adj. 숙련된, 노련한　specialize in phr. ~을 전문으로 하다　refer v. 참조하다, 조회하다　referable adj. ~과 관련이 있을 수 있는

107
○○●●
상

If the animation convention had not been canceled, the Richelieu Hotel ------ a considerable amount of business.

(A) has had
(B) has
(C) is being had
(D) would have had

만약 애니메이션 협의회가 취소되지 않았다면 Richelieu 호텔은 상당한 영업 실적을 얻었을 것이다.

■ 가정법 과거 완료　　　　　　정답 (D)

If절(If the animation convention had not been canceled)의 동사가 과거 완료 시제(had not been canceled)이고 '만약 애니메이션 협의회가 취소되지 않았다면 상당한 영업 실적을 얻었을 것이다'라는 의미로 과거 사실의 반대를 가정하고 있으므로 가정법 과거 완료 문장임을 알 수 있다. 따라서 가정법 과거 완료의 주절의 동사 자리에 올 수 있는 'would/could/might/should have p.p.'인 (D) would have had가 정답이다. 현재 완료 시제 (A), 현재 시제 (B), 현재 진행 시제 (C)는 가정법 과거 완료의 주절의 동사 자리에 올 수 없다.

어휘　convention n. 협의회, 대회　considerable adj. 상당한, 많은

108
○○●●
상

The Society for Ecological Excellence is currently accepting ------ of environmentally friendly organizations for its upcoming awards ceremony.

(A) reputations
(B) nominations
(C) concentrations
(D) assumptions

Society for Ecological Excellence는 현재 곧 있을 시상식을 위해 환경친화적인 기관들에 대해 추천을 받고 있다.

■ 명사 어휘　　　　　　정답 (B)

'곧 있을 시상식을 위해 환경친화적인 기관들에 대해 추천을 받고 있다'라는 문맥이므로 명사 (B) nominations(추천, 지명)가 정답이다. (A)의 reputation은 '평판, 명성', (C)의 concentration은 '집중, 집결', (D)의 assumption은 '가정, 추정'이라는 의미이다. 참고로, (A)의 reputation이 '(누군가로부터) 평판을 얻고 있다'라는 문맥이 되려면 earn, gain, establish 등의 동사와 함께 쓰여야 한다.

어휘　environmentally friendly phr. 환경친화적인　upcoming adj. 곧 있을, 다가오는

109
○○○○●● 하

Ms. Crawford accepted the most ------- job offer she received after considering all her options.

(A) prefer
(B) preference
(C) preferable
(D) preferably

Ms. Crawford는 모든 선택권을 고려한 후에 그녀가 받았던 가장 나은 일자리 제안을 받아들였다.

■ 형용사 자리   정답 (C)

빈칸 뒤의 명사(job offer)를 꾸밀 수 있는 것은 형용사이므로 형용사 (C) preferable(더 나은, 선호되는)이 정답이다. 동사 (A), 명사 (B), 부사 (D)는 명사를 꾸밀 수 없다. 참고로, she received는 앞에 목적격 관계대명사 which 또는 that이 생략된 관계절로, 선행사(job offer)를 수식해주고 있음을 알아둔다.

어휘   preference n. 선호, 선호되는 것   preferably adv. 더 좋아하여, 오히려

110
○○○○●● 하

Southbound traffic ------- Highway 14A will be slow for the next two weeks while road repairs take place.

(A) among
(B) all
(C) along
(D) aboard

14A 고속도로를 따르는 남쪽 방향의 통행은 도로 수리가 있는 다음 2주 동안 지체될 것이다.

■ [수식어 거품을 이끄는 것] 전치사 선택 방향   정답 (C)

이 문장은 주어(Southbound traffic), 동사(will be), 보어(slow)를 갖춘 완전한 절이므로, ___ Highway 14A는 수식어 거품으로 보아야 한다. 이 수식어 거품은 동사가 없는 거품구이므로, 거품구를 이끌 수 있는 전치사 (A), (C), (D)가 정답의 후보이다. '14A 고속도로를 따르는 남쪽 방향의 통행이 지체될 것이다'라는 의미가 되어야 하므로 방향을 나타내는 전치사 (C) along(~을 따라서)이 정답이다. (A) among은 '(셋 이상의 그룹 내의 사람/사물) ~ 사이에, 중에', (D) aboard는 '(배·열차·비행기)를 타고'라는 의미로 위치를 나타낸다. 부사 (B) all(완전히)은 수식어 거품을 이끌 수 없다.

어휘   southbound adj. 남쪽으로 향한, 남행의   highway n. 고속도로   repair n. 수리, 보수; v. 수리하다, 보수하다   take place phr. 일어나다, 개최하다

111
○○○○●● 상

Greil Manufacturing began a partnership with FRN Inc. that ------- benefited both companies.

(A) mutually
(B) delicately
(C) densely
(D) preventively

Greil 제조사는 FRN사와 양쪽 모두에 상호 간 이익이 되는 제휴를 시작했다.

■ 부사 어휘   정답 (A)

'양쪽 모두에 상호 간 이익이 되는 제휴를 시작했다'라는 문맥이므로 부사 (A) mutually(상호 간에, 서로)가 정답이다. (B) delicately는 '우아하게, 정교하게', (C) densely는 '빽빽이, 밀집하여', (D) preventively는 '예방용으로, 방지하여'라는 의미이다.

어휘   partnership n. 제휴, 연합   benefit v. ~의 이익이 되다; n. 이익

112
○○○○●● 하

The expense for fixing the vehicle was higher than the ------- cost given by the auto mechanic.

(A) estimating
(B) estimated
(C) estimation
(D) estimates

차량을 수리하는 비용은 자동차 정비사에 의해 견적을 받은 비용보다 높았다.

■ [형용사 자리] 현재분사 vs. 과거분사   정답 (B)

빈칸 뒤의 명사(cost)를 꾸밀 수 있는 것은 형용사이므로 형용사 역할을 하는 분사 (A)와 (B)가 정답의 후보이다. 꾸밈을 받는 명사(cost)와 분사가 '견적을 받은 비용'이라는 수동 관계이므로 동사 estimate(견적을 내다, 어림하다)의 과거분사 (B) estimated가 정답이다. 현재분사 (A)를 쓰면 능동의 의미가 되어 '견적하는 비용'이라는 어색한 문맥이 된다. 명사 (C)는 명사를 꾸밀 수 없고, 명사 cost(비용, 값)와 복합 명사를 이룰 수도 없다. 동사 또는 명사 (D)는 명사를 꾸밀 수 없고, '견적서'라는 의미의 복합 명사를 만들 때는 cost estimate와 같이 쓰인다.

어휘   expense n. 비용, 돈   estimation n. 견적, 추정, 평가   estimate v. 견적하다, 평가하다; n. 견적, 평가

113

------ Logan Home Appliances' annual promotion is now underway, the store is far busier than usual.

(A) But that
(B) Due to
(C) Notwithstanding
(D) Since

Logan 가전제품사의 연례 판촉 행사가 지금 진행 중이기 때문에 상점이 평소보다 훨씬 더 바쁘다.

■ **[수식어 거품을 이끄는 것] 부사절 접속사** 이유
정답 (D)

이 문장은 주어(the store), 동사(is), 보어(busier)를 갖춘 완전한 절이므로, ___ ~ underway는 수식어 거품으로 보아야 한다. 이 수식어 거품은 동사(is)가 있는 거품절이므로, 거품절을 이끌 수 있는 부사절 접속사 (A)와 (D)가 정답의 후보이다. '판촉 행사가 진행 중이기 때문에 상점이 평소보다 더 바쁘다'라는 의미가 되어야 하므로 이유를 나타내는 부사절 접속사 (D) Since(~이기 때문에)가 정답이다. (A) But that은 '~하지 않으면'이라는 의미로 조건을 나타낸다. 전치사 (B) Due to(~ 때문에)와 (C) Notwithstanding(~에도 불구하고)은 거품절이 아닌 거품구를 이끈다.

어휘 annual adj. 연례의, 매년의 promotion n. 판촉 활동, 판촉 상품 underway adj. 진행중인

114

Experts say that a rise in property values in the Bedford area will be the ------ outcome of the increase in local population.

(A) susceptible
(B) transferable
(C) probable
(D) questionable

전문가들은 베드퍼드 지역에서의 부동산 가치 상승이 지역 인구의 증가로 인한 있음직한 결과일 것이라고 말한다.

■ **형용사 어휘**
정답 (C)

'부동산 가치 상승이 지역 인구의 증가로 인한 있음직한 결과이다'라는 문맥이므로 형용사 (C) probable(있음직한, 충분히 가능한)이 정답이다. (A) susceptible은 '민감한, 예민한', (B) transferable은 '이전할 수 있는, 양도할 수 있는', (D) questionable은 '의심스러운, 미심쩍은'이라는 의미이다. (A)도 해석상 그럴듯해 보이지만 '영향을 받기 쉬운'이라는 의미일 때는 be susceptible to의 형태로 쓰여야 한다.

어휘 property n. 부동산, 재산 outcome n. 결과 population n. 인구, 주민수

115

The campus parking lot is used by so many students that even those with parking passes are not ------ guaranteed a spot.

(A) insistently
(B) measurably
(C) necessarily
(D) markedly

캠퍼스 주차장은 매우 많은 학생들이 이용해서 주차권이 있는 사람들도 반드시 자리가 보장되는 것은 아니다.

■ **부사 어휘**
정답 (C)

'캠퍼스 주차장은 많은 학생들이 이용해서 주차권이 있는 사람들도 반드시 자리가 보장되는 것은 아니다'라는 문맥이므로 빈칸 앞의 not과 함께 '반드시 ~은 아닌'이라는 의미의 관용구 not necessarily를 만드는 부사 (C) necessarily(반드시, 필연적으로)가 정답이다. (A) insistently는 '고집 세게, 끈질기게', (B) measurably는 '측정할 수 있게, 적당하게', (D) markedly는 '현저하게, 두드러지게'라는 의미이다.

어휘 guarantee v. 보장하다, 약속하다; n. 품질 보증서 spot n. 자리, 장소

116

Ram Builders' supervisor ------ the client that the supplies needed for construction would arrive on time.

(A) bargained
(B) concerned
(C) predicted
(D) assured

Ram 건설회사의 관리자는 공사에 필요한 물자들이 제때에 도착할 것이라고 고객을 안심시켰다.

■ **동사 어휘**
정답 (D)

'물자들이 제때에 도착할 것이라고 고객을 안심시켰다'라는 문맥이므로 동사 assure(안심시키다, 보장하다)의 과거형 (D) assured가 정답이다. 참고로, assure는 'assure + A + that ~'(A에게 ~을 안심시키다, 보장하다)의 형태로 자주 쓰임을 알아둔다. (A)의 bargain은 '흥정하다, 보장하다'라는 의미로, 해석상 그럴듯해 보이지만 '흥정하다'라는 의미일 때에는 자동사이므로 다음에 목적어(the client)가 바로 올 수 없고, '보장하다'라는 의미의 타동사일 때에는 바로 다음에 보장하는 내용을 언급하는 that절이 와야 한다. (B)의 concern은 '관계가 있다, 걱정시키다'라는 의미이다. (C)의 predict는 '예측하다, 예언하다'라는 의미로, 해석상 그럴듯해 보이지만 바로 다음에 예측하는 내용을 언급하는 that절이 와야 한다.

어휘 supervisor n. 관리자, 감독관 supply n. 물자, 보급품; v. 공급하다 on time phr. 제때에, 정각에

117
○○○●●
중

Schilling Investors Group has not ------- found a suitable candidate to replace Mr. Macmillan, who resigned two weeks ago.

(A) almost
(B) yet
(C) far
(D) only

Schilling 투자사는 2주 전에 퇴직한 Mr. Macmillan을 대신할만한 적합한 후보를 아직 찾지 못했다.

■ **부사 선택** 시간 부사 　　　　　　　　　　　　　　　　　　　　　　　　　　　　　　정답 (B)

'적합한 후보를 아직 찾지 못했다'라는 의미가 되어야 하므로 시간 부사 (B) yet(아직, 이미)이 정답이다. (A) almost는 '거의', (C) far는 '멀리, 훨씬', (D) only는 '오직, 단지'라는 의미이다. 참고로, only는 not only A but (also) B(A뿐만 아니라 B도)의 상관접속사 형태로 자주 쓰임을 알아둔다.

어휘　replace v. 대신하다, 대체하다　resign v. 퇴직하다, 사임하다

118
○○○●●
중

An athlete recently beat the world record for the marathon ------- less than a minute.

(A) beneath
(B) above
(C) over
(D) by

한 운동 선수가 최근에 마라톤에서 1분보다 적은 차이로 세계 기록을 깼다.

■ **전치사 선택** 기타 　　　　　　　　　　　　　　　　　　　　　　　　　　　　　　정답 (D)

'1분보다 적은 차이로 세계 기록을 깼다'라는 의미가 되어야 하므로 차이, 정도를 나타내는 전치사 (D) by(~으로, ~ 정도로)가 정답이다. (A) beneath와 (B) above는 각각 '~의 밑에', '~ 위에'라는 의미로 위치를 나타낸다. (C) over는 '~ 동안, ~ 위에'라는 의미로 기간이나 위치를 나타낸다.

어휘　beat the record phr. 기록을 깨뜨리다

119
○○○●●
중

First Canadian National Bank charges a commission when cash ------- from its machines by non-customers.

(A) to withdraw
(B) is withdrawn
(C) withdraws
(D) is withdrawing

First Canadian National 은행은 기계에서 비고객들에 의해 현금이 인출될 때 수수료를 부과한다.

■ **[동사 자리] 능동태와 수동태의 구별** 　　　　　　　　　　　　　　　　　　　　　정답 (B)

when으로 시작하는 종속절(when cash ~ non-customers)에 주어(cash)만 있고 동사가 없으므로 동사 (B), (C), (D)가 정답의 후보이다. 동사 withdraw가 '(예금을) 인출하다'라는 뜻일 때에는 타동사인데, 빈칸 뒤에 목적어가 없고 '현금이 인출되다'라는 수동의 의미가 되어야 하므로 수동태 (B) is withdrawn이 정답이다. (C)와 (D)는 능동태이므로 답이 될 수 없다. to 부정사 (A)는 동사 자리에 올 수 없다.

어휘　commission n. 수수료, 위원회

120
●●●●●
최상

The city of Myerstown plans to turn an 80-acre ------- of land near Weller River into a public park next year.

(A) period
(B) stretch
(C) degree
(D) collection

마이어스타운 시는 Weller 강 주변의 80에이커의 길게 뻗은 지역을 내년에 공립 공원으로 바꿀 계획이다.

■ **명사 어휘** 　　　　　　　　　　　　　　　　　　　　　　　　　　　　　　　　　정답 (B)

'Weller 강 주변의 80에이커의 길게 뻗은 지역'이라는 문맥이므로 명사 (B) stretch(길게 뻗은 지역, 구간)가 정답이다. (A) period는 '기간, 시기', (C) degree는 '정도, 등급', (D) collection은 '더미, 수집'이라는 의미이다.

어휘　turn A into B phr. A를 B로 바꾸다

121

최상

The woman sitting ------- Mr. Heath at the meeting was kind enough to lend him a pen at his request.

(A) apart
(B) opposite
(C) from
(D) closely

회의에서 Mr. Heath의 맞은편에 앉은 여자는 친절하게도 그의 요청에 펜을 빌려주었다.

■ 전치사 선택 위치　정답 (B)

빈칸 뒤에 명사(Mr. Heath)를 목적어로 취할 수 있는 전치사 (B)와 (C)가 정답의 후보이다. 'Mr. Heath의 맞은편에 앉은 여자'라는 의미이므로 위치를 나타내는 전치사 (B) opposite(~의 맞은편에)이 정답이다. (C) from은 '~에서, ~로부터'라는 의미로 방향을 나타낸다. 부사 (A) apart(떨어져, 뿔뿔이)와 (D) closely(가까이, 밀접하게)는 명사를 목적어로 취할 수 없다. 참고로, apart는 apart from의 형태로 쓰이면 뒤에 나온 명사를 목적어로 취해 '~에서 떨어져'라는 의미를 나타낼 수 있음을 알아둔다.

어휘　request n. 요청, 신청, 요구; v. 요청하다

122

상

Once the vendor ------- his payment, Smith & Cooper Wholesalers will ship his order out.

(A) substitutes
(B) leases
(C) transfers
(D) enforces

일단 그 판매업자가 지불금을 보내면, Smith & Cooper 도매업체가 그의 주문품을 보낼 것이다.

■ 동사 어휘　정답 (C)

'일단 지불금을 보내면 Smith & Cooper 도매업체가 그의 주문품을 보낼 것이다'라는 문맥이므로 동사 transfer(보내다, 옮기다)의 3인칭 단수형 (C) transfers가 정답이다. (A)의 substitute는 '대신하다, 대치되다', (B)의 lease는 '(토지·가옥을) 임대하다, 대여하다', (D)의 enforce는 '실시하다, 강요하다'라는 의미이다.

어휘　vendor n. 판매업자, 판매 회사　payment n. 지불금, 지불　ship out phr. (배로) ~을 보내다

123

상

The board of directors ------- agreed to change Two-Tone Media's logo as all the members considered it outdated.

(A) inseparably
(B) unanimously
(C) elaborately
(D) intimately

모든 회원들이 로고가 구식이라고 생각했기 때문에 이사회는 Two-Tone 미디어사의 로고를 바꾸는 것에 만장일치로 동의했다.

■ 부사 어휘　정답 (B)

'이사회가 만장일치로 동의했다'라는 문맥이므로 부사 (B) unanimously(만장일치로, 이의 없이)가 정답이다. (A) inseparably는 '밀접하게, 불가분하게', (C) elaborately는 '정교하게, 공들여', (D) intimately는 '친밀하게, 상세하게'라는 의미이다.

어휘　outdated adj. 구식인, 시대에 뒤진

124

최상

Airport officials have announced that more ------- security checks will be adopted to eliminate any potential threats.

(A) reluctant
(B) mundane
(C) obtainable
(D) rigorous

공항 당국자들은 어떠한 잠재적인 위험도 없애기 위해 더 철저한 보안 검사가 취해질 것이라고 발표했다.

■ 형용사 어휘　정답 (D)

'더 철저한 보안 검사가 취해질 것이다'라는 문맥이므로 형용사 (D) rigorous(철저한, 엄격한)가 정답이다. (A) reluctant는 '주저하는, 꺼리는', (B) mundane은 '평범한, 재미없는', (C) obtainable은 '얻을 수 있는, 입수 가능한'이라는 의미이다.

어휘　adopt v. 취하다, 선택하다　eliminate v. 없애다, 제거하다　potential adj. 잠재적인, 가능성이 있는　threat n. 위험, 위협

125

The organizers of the Brock County Fair have decided to ------- the event due to the poor weather conditions.

(A) back down
(B) give away
(C) keep out
(D) put off

최상

브록 자치주 축제의 주최자들은 좋지 않은 날씨 조건으로 인해 행사를 연기하기로 결정했다.

■ 동사 관련 어구 　　　　　　　　　　　　　　　　　　　　　　　　　　　　정답 (D)

'좋지 않은 날씨 조건으로 인해 행사를 연기하다'라는 문맥이므로 동사 어구 (D) put off(연기하다, 미루다)가 정답이다. (A) back down은 '(주장 등을) 굽히다, 양보하다', (B) give away는 '~을 선물로 주다, 거저주다', (C) keep out은 '~에 들어가지 않다, 배척하다'라는 의미이다.

126

Customers who subscribe to Travelog's online magazine will receive discounts ------- their subscriptions are for six months or a year.

(A) rather
(B) either
(C) even
(D) whether

중

Travelog사의 온라인 잡지를 구독하는 고객들은 그들의 구독 기간이 6개월 동안이든 1년 동안이든 할인을 받을 것입니다.

■ [수식어 거품을 이끄는 것] 부사절 접속사 _조건_ 　　　　　　　　　　　　정답 (D)

이 문장은 주어(Customers), 동사(will receive), 목적어(discounts)를 갖춘 완전한 절이므로, ___ their subscriptions ~ year는 수식어 거품으로 보아야 한다. 이 수식어 거품은 동사(are)가 있는 거품절이므로, 거품절을 이끌 수 있는 부사절 접속사 (D) whether(~이든 -이든)가 정답이다. 부사 (A) rather(오히려, 약간), 형용사 또는 대명사 (B) either(어느 한쪽의; 어느 한쪽), 형용사 또는 부사 (C) even(평평한; ~조차, 심지어)은 거품절을 이끌 수 없다. 참고로, whether는 '~인지 아닌지'라는 의미의 명사절 접속사로도 쓰일 수 있으며, 이때 whether가 이끄는 명사절은 문장에서 주어, 보어, 목적어로 쓰일 수 있음을 알아둔다.

어휘　subscribe v. 구독하다, 가입하다　subscription n. (서적·잡지 등의) 예약, 예약 구독 기간

127

Barton Electronics will have to boost production to meet the ------- demand for its newest dishwasher model.

(A) bulky
(B) proficient
(C) sizable
(D) wealthy

상

Barton 전자회사는 회사의 최신 식기세척기 모델에 대한 큰 수요를 맞추기 위해 생산을 늘려야 할 것이다.

■ 형용사 어휘 　　　　　　　　　　　　　　　　　　　　　　　　　　　　정답 (C)

'식기세척기 모델에 대한 큰 수요를 맞추기 위해 생산을 늘려야 한다'라는 문맥이므로 형용사 (C) sizable(큰, 상당한 크기의)이 정답이다. (A) bulky는 '부피가 큰'이라는 의미로 주로 물건의 부피가 커서 다루기 힘든 것을 나타낼 때 쓰인다. (B) proficient는 '능숙한, 익숙한', (D) wealthy는 '부유한, 재산이 많은'이라는 의미이다.

어휘　boost v. 늘리다, 증가하다　demand n. 수요

128

Mr. Sampson must renew his gym membership by December 31, ------- he will be unable to access the facility.

(A) but
(B) or
(C) so
(D) not

상

Mr. Sampson은 12월 31일까지 그의 체육관 회원권을 연장해야 하고, 그렇지 않으면 시설을 이용할 수 없을 것이다.

■ 등위접속사 　　　　　　　　　　　　　　　　　　　　　　　　　　　　정답 (B)

절(Mr. Sampson ~ December 31)과 절(he ~ facility)을 동등하게 연결해주는 등위접속사가 필요하고, 'Mr. Sampson은 체육관 회원권을 연장해야 하고, 그렇지 않으면 시설을 이용할 수 없을 것이다'라는 의미가 되어야 하므로 등위접속사 (B) or(그렇지 않으면)가 정답이다. (A) but은 '그러나', (C) so는 '그래서'라는 의미로, 모두 등위접속사이지만 어색한 문맥을 만든다. 부사 (D) not(~이 아니다)은 절과 절을 연결할 수 없다.

어휘　renew v. 연장하다, 갱신하다　access v. 이용하다; n. 이용, 접근

129

ReliaCorp's sale of some surplus property is ------- with saving the company from bankruptcy.

(A) agreed
(B) motivated
(C) reminded
(D) credited

ReliaCorp사의 몇몇 잉여 부동산의 매각은 회사를 파산으로부터 구하는 것에 공이 있는 것으로 여겨진다.

■ 동사 어휘　　　　　　　　　　　　　　　　　　　　　　　　　　　정답 (D)

'부동산의 매각이 회사를 파산으로부터 구하는 것에 공이 있는 것으로 여겨진다'라는 문맥이므로 빈칸 뒤의 전치사 with와 함께 'A에 공이 있는 것으로 여겨진다'라는 의미의 어구 be credited with A를 만드는 동사 credit의 p.p.형 (D) credited가 정답이다. (A)의 agree는 '동의하다', (B)의 motivate는 '동기를 부여하다, 자극하다'라는 의미이다. (C)의 remind는 '상기시키다, 일깨우다'라는 의미로, remind A of B(A에게 B를 상기시키다)나 remind A to B(A에게 B할 것을 상기시키다)의 형태로 쓰인다.

어휘　sale n. 매각, 판매　surplus property phr. 잉여 부동산　bankruptcy n. 파산, 파탄

130

------- otherwise stated, all course materials will be available at the campus bookstore two weeks before the first day of class.

(A) While
(B) Still
(C) Unless
(D) Whereas

달리 명시되지 않으면, 모든 강의 자료들은 수업 첫날 2주 전에 교내 서점에서 구할 수 있을 것이다.

■ [수식어 거품을 이끄는 것] 부사절 접속사 조건　　　　　　　　　　　정답 (C)

이 문장은 주어(all course materials), 동사(will be), 보어(available)를 갖춘 완전한 절이므로, ___ otherwise stated는 수식어 거품으로 보아야 한다. 이 수식어 거품은 Unless (it is) otherwise stated에서 주어와 be동사가 생략된 분사구문으로 동사(stated)가 있는 거품절이므로, 거품절을 이끌 수 있는 부사절 접속사 (A), (C), (D)가 정답의 후보이다. '달리 명시되지 않으면 모든 강의 자료들은 교내 서점에서 구할 수 있을 것이다'라는 의미가 되어야 하므로 조건을 나타내는 부사절 접속사 (C) Unless(~이 아니라면)가 정답이다. 참고로, unless는 otherwise와 함께 'unless otherwise p.p.'(달리 ~하지 않으면)의 형태로 쓰여 unless otherwise stated(달리 명시되지 않으면), unless otherwise noted(달리 언급되지 않으면)의 관용구로 자주 쓰임을 알아둔다. (A) While은 '~하는 동안, ~한 반면에'라는 의미로 시간이나 양보를 나타내고, (D) Whereas는 '~한 반면에'라는 의미로 양보를 나타낸다. 부사 (B) Still(여전히, 아직)은 수식어 거품을 이끌 수 없다.

어휘　otherwise adv. 달리, 그렇지 않으면　state v. 명시하다, 진술하다

PART 6

Questions 131-134 refer to the following e-mail.

131-134는 다음 이메일에 관한 문제입니다.

To: Mimi O'Hare <mohare_1@mymail.ca>
From: Super Wash Center
        <customersupport@superwashcenter.ca>
Subject: Your inquiry
Date: June 2

Dear Ms. O'Hare,

We received the message stating that you ------- your
131
pre-paid rechargeable card. You mentioned that the missing
card had a $50 balance and that you hoped to get it back.
Unfortunately, we cannot fulfill this request because our
records show that you failed ------- for balance protection,
132
which allows us to track card balances.

-------. It is a service we offer to recover ------- money left on
133   134
your card in the event that it is misplaced or stolen. If you
get it, we'll be able to secure your balance in the future and
send you a replacement card immediately.

We are sorry that we cannot be of more help.

Mac Benson, Super Wash Center

수신: Mimi O'Hare <mohare_1@mymail.ca>
발신: Super Wash 센터
        <customersupport@superwashcenter.ca>
제목: 귀하의 문의
날짜: 6월 2일

Ms. O'Hare께,

131 저희는 귀하께서 선불 재충전 카드를 분실했다고 쓰신 메시지를 받았습니다. 귀하께서는 분실한 카드에 50달러의 잔액이 있었고, 그것을 돌려받기를 원한다고 하셨습니다. **132** 유감스럽게도, 저희 기록에는 귀하께서 카드 잔액을 추적하도록 해주는 잔액 보호를 신청하지 않으신 것으로 나타나므로 저희는 그 요청을 들어드릴 수가 없습니다.

133 이러한 문제를 방지하기 위해 다음 번에는 그것을 신청하는 것을 권해 드립니다. **134** 이는 카드가 분실되거나 도난되었을 경우 귀하의 카드에 남아 있는 어떠한 돈이든 되돌려드리기 위해 저희가 제공하는 서비스입니다. 만약 그것을 신청하시면 저희가 추후에 귀하의 잔액을 보호해 드리고 바로 대체 카드를 보내드릴 수 있을 것입니다.

저희가 더 많은 도움이 되지 못해 유감입니다.

Super Wash 센터 Mac Benson 드림

131 (A) damaged
    (B) returned
    (C) lost
    (D) sold

132 (A) registers
    (B) to register
    (C) registered
    (D) be registering

133 (A) You can also collect and spend points with the card.
    (B) We will begin distributing it in the coming weeks.
    (C) We recommend signing up for it next time to prevent this problem.
    (D) You did not have enough money on your card to cover the cost.

134 (A) what
    (B) every
    (C) some of
    (D) any

어휘 pre-paid adj. 선불된, 선납된 rechargeable adj. 재충전되는 balance n. 잔액, 잔고 request n. 요청, 신청; v. 요청하다 record n. 기록, 음반; v. 기록하다 protection n. 보호, 방어 track v. 추적하다, 뒤쫓다; n. 길, 자국 in the event that phr. ~할 경우에 steal v. 훔치다, 도용하다 secure v. 보호하다, 획득하다 replacement n. 대체, 교체

131 ■ 동사 어휘 주변 문맥 파악 정답 (C)

'선불 재충전 카드를 ___했다'라는 문맥이므로 모든 보기가 정답의 후보이다. 빈칸이 있는 문장만으로 정답을 고를 수 없으므로 주변 문맥이나 전체 문맥을 파악한다. 뒤 문장에서 이메일의 수신자가 분실한 카드에 50달러의 잔액이 있었고 그것을 돌려받기를 원한다고 했다고 했으므로 카드가 분실되었다는 것을 알 수 있다. 따라서 동사 lose(분실하다, 잃다)의 과거형 (C) lost가 정답이다. (A)의 damage는 '손상시키다, 피해를 입히다', (B)의 return은 '반납하다, 돌려주다', (D)의 sell은 '팔다'라는 의미이다.

132 ■ to 부정사를 취하는 동사 정답 (B)

빈칸 앞의 동사 fail(~하지 못하다, 실패하다)은 to 부정사를 목적어로 취하는 동사이므로 to 부정사 (B) to register가 정답이다. 동사 (A), 동사 또는 분사 (C), 진행형 'be + -ing'인 (D)는 동사의 목적어 자리에 올 수 없다.

133 ■ 알맞은 문장 고르기 정답 (C)

빈칸에 들어갈 알맞은 문장을 고르는 문제이므로 주변 문맥 또는 전체 문맥을 파악한다. 앞 문장 'our records show that you failed (to register) for balance protection, which allows us to track card balances'에서 이메일의 수신자가 카드 잔액을 추적하도록 해주는 잔액 보호를 신청하지 않았다고 했고, 뒤 문장 'It is a service we offer to recover (any) money left on your card in the event that it is misplaced or stolen.'에서 이는 카드가 분실되거나 도난되었을 경우 카드에 남아 있는 어떠한 돈이든 되돌려주기 위해 제공하는 서비스라고 했으므로 빈칸에는 잔액을 보호해주는 서비스를 신청하라고 권하는 내용이 들어가야 함을 알 수 있다. 따라서 (C) We recommend signing up for it next time to prevent this problem이 정답이다.

보기 해석
(A) 귀하께서는 또한 카드로 포인트를 쌓고 사용하실 수 있습니다.
(B) 저희는 다음 몇 주 동안 그것을 나눠드리기 시작할 것입니다.
(C) 이러한 문제를 방지하기 위해 다음 번에는 그것을 신청하는 것을 권해 드립니다.
(D) 귀하의 카드에는 그 금액을 치를 충분한 돈이 없었습니다.

어휘 **collect** v. 쌓다, 모으다 **distribute** v. 나누어주다, 분배하다 **sign up** phr. 신청하다, 등록하다 **prevent** v. 방지하다, 막다

134 ■ 수량 표현 정답 (D)

빈칸 뒤의 명사(money)를 꾸밀 수 있는 수량 표현 (B), (C), (D)가 정답의 후보이다. 명사 money(돈, 금전)가 불가산 명사이고 '카드에 남아 있는 어떠한 돈이든 되돌려준다'라는 의미가 되어야 하므로 불가산 명사 앞에 오는 수량 표현 (D) any(어떠한, 어느 ~이라도)가 정답이다. (B) every(어느 ~이나, 모든)는 단수 가산 명사를 수식하고, (C) some of(~의 일부)는 'some of the + 명사'의 형태로 사용된다. 명사절 접속사 (A) what은 뒤에 주어나 목적어가 없는 불완전한 절이 와야 한다. 뒤에 나온 money를 주어, left를 동사로 본다 해도 '돈이 카드에 남긴 것'이라는 어색한 문맥이 되므로 답이 될 수 없다.

KYR Commonwealth Trust Application Period to Open August 1

Organizations ------- funding may be in luck. The KYR
Commonwealth Trust has announced that grant applications
for local businesses will soon be available. According to
spokesperson Meryl Pond, proposals will be accepted from
August 1 to September 30. -------. Applicants should note
that one aspect of the initiative has changed. Businesses
have traditionally used the funding to supplement their
existing programs. -------, they will now be expected to use
the money to develop new services for the community.

"We're willing to give grant recipients more ------- than
before. But we expect more in return for this additional
money. We want to inspire the design of better, more
productive programs that can make a bigger difference for
more people," she said.

KYR Commonwealth 신탁사의 지원서 접수 기간이 8월 1일에 시작되다

135 재정 지원을 찾고 있는 기관들은 운이 좋을 수도 있다. KYR Commonwealth 신탁사가 지역 사업체들을 위한 보조금 신청이 곧 가능할 것이라고 발표했다. 대변인인 Meryl Pond에 따르면, 제안서는 8월 1일부터 9월 30일까지 받아들여질 것이다. 136 그것들은 재단의 웹사이트를 통해 제출될 수 있다. 지원자들은 계획의 한 가지 측면이 달라졌음을 유의해야 한다. 사업체들은 전통적으로 기존의 프로그램을 보완하기 위해 그 자금을 사용했다. 137 하지만 그들은 이제 그 자금을 지역사회를 위해 새로운 서비스를 개발하는 데 사용하도록 요구될 것이다.

138 "저희는 보조금 수여자들에게 이전보다 더 많은 지원을 제공해 드리려고 합니다. 그러나 저희는 대신에 이 추가적인 자금에 대해 더 많은 것을 기대합니다. 저희는 더 많은 사람들을 위해 더 큰 차이를 만들 수 있는, 보다 좋고 생산적인 프로그램의 고안을 고무하기를 원합니다."라고 그녀가 말했다.

---

135 (A) in charge of
(B) in opposition to
(C) in search of
(D) in lieu of

136 (A) They have already begun fundraising for the event.
(B) They can be submitted through the foundation's Web site.
(C) The application process was revised after this point.
(D) The funding organization is in need of capital itself.

137 (A) Consequently
(B) Otherwise
(C) However
(D) Therefore

138 (A) support
(B) training
(C) information
(D) concern

어휘 application n. 지원서, 신청서 grant n. 보조금; v. 주다, 수여하다 spokesperson n. 대변인 aspect n. 측면, 양상
initiative n. 계획, 진취성, 자주성 supplement v. 보완하다, 보충하다 community n. 지역사회 recipient n. 수령인, 수취인
in return phr. 대신에, 답례로 inspire v. 고무하다, 영감을 주다 design n. 고안, 기획, 설계 productive adj. 생산적인, 생산하는

135 ■ 명사와 함께 쓰인 전치사 표현 주변 문맥 파악 정답 (C)

'재정 지원을 ____하고 있는 기관들이 운이 좋을 수도 있다'라는 문맥이므로 모든 보기가 정답의 후보이다. 뒤 문장에서 KYR Commonwealth 신탁사가 지역 사업체들을 위한 보조금 신청이 곧 가능할 것이라고 발표했다고 했으므로 재정 지원을 찾고 있는 기관들이 그 기회를 이용할 수 있음을 알 수 있다. 따라서 전치사 표현 (C) in search of(~을 찾아서)가 정답이다. (A) in charge of는 '~을 담당해서, 맡아서', (B) in opposition to는 '~에 반대하여, 대항하여', (D) in lieu of는 '~ 대신에'라는 의미이다.

136 ■ 알맞은 문장 고르기 정답 (B)

빈칸에 들어갈 알맞은 문장을 고르는 문제이므로 주변 문맥 또는 전체 문맥을 파악한다. 앞 문장 'According to spokesperson Meryl Pond, proposals will be accepted from August 1 to September 30.'에서 대변인인 Meryl Pond에 따르면 제안서가 8월 1일부터 9월 30일까지 받아들여질 것이라고 했으므로 빈칸에는 제안서를 제출하는 것에 대한 세부적인 내용이 들어가야 함을 알 수 있다. 따라서 (B) They can be submitted through the foundation's Web site가 정답이다.

보기 해석
(A) 그들은 이미 행사를 위한 모금을 시작했다.
(B) 그것들은 재단의 웹사이트를 통해 제출될 수 있다.
(C) 지원 과정이 그 이후에 수정되었다.
(D) 자금 제공 기관이 자금을 필요로 하고 있다.

어휘 fundraising n. 모금 submit v. 제출하다, 제시하다 foundation n. 재단, 토대, 기초 in need of phr. ~을 필요로 하다 capital n. 자금, 자본금

137 ■ 접속부사 주변 문맥 파악 정답 (C)

빈칸이 콤마와 함께 문장의 맨 앞에 온 접속부사 자리이므로, 앞 문장과 빈칸이 있는 문장의 의미 관계를 파악하여 정답을 선택한다. 앞 문장에서 사업체들이 전통적으로 기존의 프로그램을 보완하기 위해 그 자금을 사용했다고 했고, 빈칸이 있는 문장에서는 이제 그 자금을 지역사회를 위해 새로운 서비스를 개발하는 데 사용하도록 요구될 것이라고 했으므로 앞 문장과 반대되는 내용을 나타낼 때 사용되는 (C) However(하지만)가 정답이다. (A) Consequently는 '그 결과', (B) Otherwise는 '그렇지 않으면', (D) Therefore는 '그러므로'라는 의미로 빈칸에 쓸 경우 어색한 문맥이 된다.

138 ■ 명사 어휘 주변 문맥 파악 정답 (A)

'이전보다 더 많은 ____을 제공해 주려고 한다'라는 문맥이므로 모든 보기가 정답의 후보이다. 빈칸이 있는 문장만으로 정답을 고를 수 없으므로 주변 문맥이나 전체 문맥을 파악한다. 뒤 문장에서 대신에 이 추가적인 자금에 대해 더 많은 것을 기대한다고 했으므로 예전보다 더 많은 자금 지원을 제공할 것임을 알 수 있다. 따라서 명사 (A) support(지원, 지지)가 정답이다. (B) training은 '교육, 훈련', (C) information은 '정보, 소식', (D) concern은 '염려, 걱정'이라는 의미이다.

The city's Waste Management Division has been cleaning Brentridge's streets twice a month. However, in response to the rapid accumulation of trash in several districts, we have decided to increase the frequency of this service to once a week starting May 1. -------, we hope to improve the
139
appearance of public areas while removing substances that could contaminate the environment.

There are a few things that you need to be aware of. First, each neighborhood has been assigned a day of the week for its streets to be cleaned. -------. Additionally, residents
140
must make sure to keep their curbs ------- at these times.
141
This is vital as our cleaning vehicles will be unable to reach them otherwise. We would truly appreciate your ------- with
142
these changes.

시의 폐기물 관리 부서는 한 달에 두 번씩 Brentridge의 거리를 청소해오고 있습니다. 하지만, 여러 지역에서 쓰레기가 빨리 쌓이는 것에 대응하여, 저희는 5월 1일부터 이 서비스의 빈도를 일주일에 한 번으로 늘리기로 결정했습니다. **139** 이렇게 해서, 저희는 환경을 오염시킬 수 있는 물질들을 제거하는 동시에 공공 구역의 외관도 개선하기를 기대합니다.

여러분들이 아셔야 할 몇 가지 사항이 있습니다. 먼저, 각 지역은 거리가 청소되는 데에 일주일 중 하루가 지정되었습니다. **140** 이것이 언제 여러분의 지역에서 있을지를 알아보시려면 저희 웹사이트를 방문해 주십시오. **141** 게다가, 주민들은 반드시 이때 연석이 접근 가능하도록 해야 합니다. 그렇지 않으면 저희 청소 차량이 그것들에 접근할 수 없을 것이기 때문에 이것은 중요합니다. **142** 이러한 변경 사항에 대해 협조해주시면 대단히 감사하겠습니다.

---

139 (A) For instance
(B) Until now
(C) On the other hand
(D) In this way

140 (A) Refrain from disposing of toxic materials outside of these designated areas.
(B) Please visit our Web site to see when this will occur in your area.
(C) The mayor will address citizens' concerns at the next town hall meeting.
(D) The city plans to implement a new recycling program to reduce waste.

141 (A) occupied
(B) separate
(C) accessible
(D) flexible

142 (A) association
(B) qualification
(C) cooperation
(D) sequence

어휘 **in response to** phr. ~에 대응하여, ~에 대한 반응으로 **rapid** adj. (속도가) 빠른, 급한 **accumulation** n. 축적, 누적 **district** n. 지역, 지구, 구역
frequency n. 빈도, 자주 일어남 **appearance** n. 외관, (겉)모습 **substance** n. 물질, 재료 **contaminate** v. 오염시키다, 더럽히다
assign v. 지정하다, 할당하다 **resident** n. 주민, 거주자 **curb** n. (인도와 차도 사이의) 연석; v. 억제하다 **vital** adj. 중요한, 필수적인
otherwise adv. 그렇지 않으면

139 ■ 접속부사 주변 문맥 파악 정답 (D)

○
○
○
●
상

빈칸이 콤마와 함께 문장의 맨 앞에 온 접속부사 자리이므로, 앞 문장과 빈칸이 있는 문장의 의미 관계를 파악하여 정답을 선택한다. 앞 문장에서 여러 지역에서 쓰레기가 빨리 쌓이는 것에 대응하여 이 서비스, 즉 청소의 빈도를 일주일에 한 번으로 늘리기로 결정했다고 했고, 빈칸이 있는 문장에서 환경을 오염시킬 수 있는 물질들을 제거하는 동시에 공공 구역의 외관도 개선하기를 기대한다고 했으므로 앞에서 말한 내용에 따른 결과를 언급할 때 사용되는 (D) In this way(이렇게 해서)가 정답이다. (A) For instance는 '예를 들어', (B) Until now는 '지금까지', (C) On the other hand는 '다른 한편으로는, 반면에'라는 의미로 빈칸에 쓸 경우 어색한 문맥이 된다.

140 ■ 알맞은 문장 고르기 정답 (B)

○
○
○
●
최상

빈칸에 들어갈 알맞은 문장을 고르는 문제이므로 주변 문맥 또는 전체 문맥을 파악한다. 앞 문장 'each neighborhood has been assigned a day of the week for its streets to be cleaned'에서 각 지역이 거리가 청소되는 데에 일주일 중 하루가 지정되었다고 했으므로 빈칸에는 이 지역별 청소 일정에 대한 내용이 들어가야 함을 알 수 있다. 따라서 (B) Please visit our Web site to see when this will occur in your area가 정답이다.

보기 해석
(A) 유독성 물질들을 이 지정된 구역 밖에 처분하는 것을 삼가 주십시오.
(B) 이것이 언제 여러분의 지역에서 있을지를 알아보시려면 저희 웹사이트를 방문해 주십시오.
(C) 시장은 다음 시청 회의에서 시민들의 우려에 대해 다룰 것입니다.
(D) 시는 쓰레기를 줄이기 위해 새로운 재활용 프로그램을 시행할 계획입니다.

어휘 **refrain from** phr. ~을 삼가다 **dispose of** phr. (쓰레기를) 처분하다, 처리하다 **toxic** adj. 유독성의 **designated** adj. 지정된
　　　concern n. 우려, 걱정 **implement** v. 시행하다, 이행하다

141 ■ 형용사 어휘 주변 문맥 파악 정답 (C)

○
○
○
●
상

'주민들은 반드시 이때 연석이 ＿＿＿ 하도록 해야 한다'라는 문맥이므로 (A), (B), (C)가 정답의 후보이다. 빈칸이 있는 문장만으로 정답을 고를 수 없으므로 주변 문맥이나 전체 문맥을 파악한다. 뒤 문장에서 그렇지 않으면 청소 차량이 그것들, 즉 연석에 접근할 수 없을 것이기 때문에 이것이 중요하다고 했으므로 거리 청소가 지정된 날은 청소 차량이 가까이 갈 수 있도록 연석이 접근 가능하도록 해야 함을 알 수 있다. 따라서 형용사 (C) accessible(접근 가능한, 이용 가능한)이 정답이다. (A) occupied는 '사용 중인, 바쁜', (B) separate은 '분리된, 떨어진', (D) flexible은 '융통성 있는, 유연한'이라는 의미이다.

142 ■ 명사 어휘 정답 (C)

○
○
○
●
중

'변경 사항에 대해 협조해주면 대단히 감사하겠다'라는 문맥이므로 명사 (C) cooperation(협조, 협력)이 정답이다. (A) association은 '협회, 연합', (B) qualification은 '자격, 능력', (D) sequence는 '순서, 차례'라는 의미이다.

Questions 143-146 refer to the following article.

143-146은 다음 기사에 관한 문제입니다.

Balter Food Reaches Agreement with Lexi's

July 21—National grocery chain Balter Food ------- organic
produce company Lexi's. Negotiations began in October of
last year, and the transaction came to a close last Monday.

Lexi's was founded nearly six decades ago but struggled to
recover from losses for quite a while. Its attempt to enter the
California market with the opening of new locations proved
-------. This caused Lexi's to fall behind its competition.

Balter Food representatives say that 15 of the 29 Lexi's
stores are now in the process of being renamed "Balter."
-------. The performance of these stores will be monitored
closely to determine whether they should undergo additional
modifications. According to consultants, this is the best
strategy as loyal Lexi's customers may need to ------- during
the transition.

Balter 식품사가 Lexi's사와 합의에 도달하다

7월 21일—**143** 국내 식료품점 체인인 Balter 식품사가 유
기농 농산물 회사인 Lexi's사를 인수했다. 협상은 작년 10
월에 시작했고, 매매는 지난 월요일에 마무리되었다.

Lexi's사는 약 60년 전에 설립되었지만 꽤 오랫동안 손실에
서 회복하기 위해 고군분투했다. **144** 새로운 지점의 개점을
통해 캘리포니아 시장에 진입하려는 그들의 시도는 실패한
것으로 드러났다. 이는 Lexi's사가 경쟁에서 뒤처지게 만들
었다.

Balter 식품사의 직원들은 29개의 Lexi's사 지점 중 15개
가 현재 "Balter"로 이름이 바뀌는 과정에 있다고 말한다.
145 다른 모든 지점의 이름은 1년 동안 점차적으로 변경될
것이다. 추가적인 변화를 겪어야 하는지 결정하기 위해 이
지점들의 실적이 면밀하게 관찰될 것이다. **146** 컨설턴트들
에 따르면, 충성적인 Lexi's사 고객들이 변화 동안 적응을
해야 할 수도 있으므로 이것이 최선의 전략이다.

---

143 (A) will have acquired
(B) has acquired
(C) will acquire
(D) to acquire

144 (A) unsuccessful
(B) incomparable
(C) unintentional
(D) inaccurate

145 (A) Some suggest that the renovations were an
excessive expenditure.
(B) The new brand will represent Balter's most recent
innovation.
(C) All other branch names will be changed gradually
over the course of a year.
(D) The market for grocery stores has become flooded
in recent years.

146 (A) gauge
(B) adjust
(C) regulate
(D) finalize

어휘 agreement n. 합의, 협정 produce n. 농산물; v. 생산하다 transaction n. 매매, 거래 come to a close phr. 끝나다, 종료되다
struggle v. 고군분투하다, 발버둥치다 recover v. 회복되다, 되찾다 attempt n. 시도; v. 시도하다 fall behind phr. 뒤처지다, 뒤떨어지다
rename v. 이름을 바꾸다, 개명하다 monitor v. 관찰하다, 감시하다 undergo v. 겪다, 경험하다 modification n. 변경, 수정
strategy n. 전략, 계획 loyal adj. 충성스러운, 충실한 transition n. 변화, 이행, 변천

143 ■ [동사 자리] 현재 완료 시제 주변 문맥 파악 정답 (B)

문장에 동사가 없으므로 동사 (A), (B), (C)가 정답의 후보이다. 'Balter 식품사가 Lexi's사를 인수하다'라는 문맥인데, 이 경우 빈칸이 있는 문장만으로 올바른 시제의 동사를 고를 수 없으므로 주변 문맥이나 전체 문맥을 파악한다. 뒤 문장에서 협상이 작년 10월에 시작했고 매매가 지난 월요일에 마무리되었다고 했으므로 인수가 과거에 발생하여 완료된 일이라는 것을 알 수 있다. 따라서 과거에 시작되어 방금 완료되었거나 과거에 발생한 일이 현재까지 영향을 미칠 때 사용되는 현재 완료 시제 (B) has acquired가 정답이다. 미래 완료 시제 (A)는 미래의 특정 시점 이전에 발생한 동작이 미래의 그 지점에 완료될 것임을 표현하고, 미래 시제 (C)는 과거의 일을 나타낼 수 없다. to 부정사 (D)는 동사 자리에 올 수 없다.

144 ■ 형용사 어휘 주변 문맥 파악 정답 (A)

'캘리포니아 시장에 진입하려는 그들의 시도는 ____한 것으로 드러났다'라는 문맥이므로 모든 보기가 정답의 후보이다. 빈칸이 있는 문장만으로 정답을 고를 수 없으므로 주변 문맥이나 전체 문맥을 파악한다. 뒤 문장에서 이는, 즉 새로운 시장에 진입하려는 시도는 Lexi's사가 경쟁에서 뒤처지게 만들었다고 했으므로 그 시도가 성공적이지 않았다는 것을 알 수 있다. 따라서 형용사 (A) unsuccessful(실패한, 성공하지 못한)이 정답이다. (B) incomparable은 '비교할 수 없는, 비길 데 없는', (C) unintentional은 '고의가 아닌'이라는 의미이다. (D) inaccurate는 '부정확한, 오류가 있는'이라는 의미로 해석상 그럴듯해 보이지만, 정보 등이 옳지 않거나 측정이 맞지 않는다는 것을 나타낸다.

145 ■ 알맞은 문장 고르기 정답 (C)

빈칸에 들어갈 알맞은 문장을 고르는 문제이므로 주변 문맥 또는 전체 문맥을 파악한다. 앞 문장 'Balter Food representatives say that 15 of the 29 Lexi's stores are now in the process of being renamed "Balter."'에서 Balter 식품사의 직원들이 29개의 Lexi's사 지점 중 15개가 현재 "Balter"로 이름이 바뀌는 과정에 있다고 했으므로 빈칸에는 29개의 지점 중 15개를 제외한 다른 지점들에 대한 내용이 들어가야 함을 알 수 있다. 따라서 (C) All other branch names will be changed gradually over the course of a year가 정답이다.

보기 해석
(A) 일부는 수리가 과도한 지출이었다고 말한다.
(B) 새로운 브랜드는 Balter사의 가장 최신 혁신을 나타낼 것이다.
(C) 다른 모든 지점의 이름은 1년 동안 점차적으로 변경될 것이다.
(D) 식료품점 시장은 최근 몇 해 동안 포화 상태가 되어 왔다.

어휘 excessive adj. 과도한, 지나친 expenditure n. 지출, 비용, 경비 innovation n. 혁신, 획기적인 것 gradually adv. 점차적으로, 서서히
flood v. 가득차다, 쇄도하다, 범람시키다

146 ■ 동사 어휘 정답 (B)

'고객들이 변화 동안 적응을 해야 할 수도 있다'라는 문맥이므로 동사 (B) adjust(적응하다, 조정하다)가 정답이다. (A) gauge(평가하다, 측정하다)도 해석상 그럴듯해 보이지만, 타동사이므로 뒤에 목적어가 와야 한다. (C) regulate는 '규제하다, 통제하다', (D) finalize는 '마무리 짓다, 완결하다'라는 의미이다.

PART 7

Questions 147-148 refer to the following notice.

147-148은 다음 공고에 관한 문제입니다.

WALTERS MEMORIAL AIRPORT
March 12

The Walters Memorial Airport's [147-A/D]parking garage B is closed for structural repairs that are expected to take six months. Travelers may park in garage A or in one of the facilities outside the airport. [148]The airport management has doubled the number of shuttle buses from each of the outer parking lots, including Well's Parking Lot and Aviation Road Parking Lot. Our shuttles will pick up passengers near each lot's customer service booth. [148]The drop-off and pickup point for the airport terminal is located in front of Terminal A's main doors. All shuttles are free to ride and will run continuously throughout the day. We apologize for any inconvenience this situation may cause our visitors.

WALTERS MEMORIAL 공항
3월 12일

Walters Memorial 공항의 [147-A/D]B주차장이 6개월이 걸릴 것으로 예상되는 건물 수리로 인해 폐쇄됩니다. 여행객들은 A주차장이나 공항 밖의 시설들 중 하나에 주차할 수 있습니다. [148]공항 경영진은 Well's 주차장과 Aviation로 주차장을 포함한 각각의 외부 주차장에서 출발하는 셔틀버스의 운행 수를 두 배로 늘렸습니다. 셔틀버스는 각 주차장의 고객 서비스 부스 근처에서 승객들을 태울 것입니다. [148]공항 터미널의 하차와 승차 지점은 터미널A의 중앙 출입구 앞에 위치해 있습니다. 모든 셔틀버스는 탑승이 무료이며, 하루 종일 계속해서 운행될 것입니다. 이 상황이 방문객들에게 야기할 수 있는 불편에 대해 사과드립니다.

어휘 □ **management** n. 경영진, 경영, 관리 □ **double** v. 두 배로 하다 □ **run** v. (버스·기차 등이) 운행하다, 다니다
□ **apologize** v. 사과하다 □ **inconvenience** n. 불편

---

147 What is mentioned about parking garage B?

(A) It has recently been repaired.
(B) Its service booth was relocated.
(C) It will be enlarged to hold more vehicles.
(D) It may not be used for a period of time.

B주차장에 대해 언급된 것은?

(A) 최근에 수리되었다.
(B) 서비스 부스가 이전되었다.
(C) 더 많은 차량을 수용하기 위해 확장될 것이다.
(D) 일정 기간 동안 이용될 수 없을 것이다.

■ **Not/True** True 문제 정답 (D)

질문의 핵심 어구인 parking garage B와 관련된 내용을 지문에서 찾아 각 보기와 대조하는 Not/True 문제이다. (A)는 'parking garage B is closed for structural repairs'에서 B주차장이 건물 수리로 인해 폐쇄된다고 했으므로 지문의 내용과 일치하지 않는다. (B)와 (C)는 지문에 언급되지 않은 내용이다. (D)는 'parking garage B is closed for structural repairs that are expected to take six months'에서 B주차장이 6개월이 걸릴 것으로 예상되는 건물 수리로 인해 폐쇄된다고 했으므로 지문의 내용과 일치한다. 따라서 (D)가 정답이다.

바꾸어 표현하기
is closed 폐쇄되다 → may not be used 이용될 수 없다
six months 6개월 → a period of time 일정 기간

어휘 **relocate** v. 이전하다, 이동하다 **enlarge** v. 확장하다, 확대하다

---

148 What is offered to airport visitors using Well's Parking Lot?

(A) Free parking passes
(B) A ride to a terminal entrance
(C) Additional pickup points
(D) A schedule for local buses

Well's 주차장을 이용하는 공항 방문객들에게 무엇이 제공되는가?

(A) 무료 주차권
(B) 터미널 출입구까지의 탑승
(C) 추가적인 승차 지점
(D) 지역 버스 시간표

■ **육하원칙** What 정답 (B)

Well's 주차장을 이용하는 공항 방문객들에게 무엇(What)이 제공되는지를 묻는 육하원칙 문제이다. 질문의 핵심 어구인 offered to airport visitors using Well's Parking Lot과 관련하여, 'The airport management has doubled the number of shuttle buses from ~ Well's Parking Lot', 'The drop-off and pickup point for the airport terminal is located in front of Terminal A's main doors.'에서 공항 경영진이 Well's 주차장에서 출발하는 셔틀버스 운행 수를 두 배로 늘렸고, 공항 터미널의 하차와 승차 지점이 터미널A의 중앙 출입구 앞에 위치해 있다고 했으므로 Well's 주차장을 이용하는 사람들은 셔틀버스를 타고 공항 터미널 출입구까지 갈 수 있다는 것을 알 수 있다. 따라서 (B)가 정답이다.

Questions 149-150 refer to the following text-message chain.

149~150은 다음 메시지 대화문에 관한 문제입니다.

Riya Shankar	[9:10 A.M.]

[149]I received a customer complaint about our Web site yesterday. I was wondering if you have time to look into it now.

Noel Mitchell	[9:13 A.M.]

[149]Was the complaint about our Frequently Asked Questions page? We finally finished fixing it last night. **Everything should be okay.**

Riya Shankar	[9:14 A.M.]

That's good to hear, but the problem actually concerns the store content page. [150]The customer mentioned that several images of our latest products aren't loading.

Noel Mitchell	[9:18 A.M.]

If it was yesterday evening, it was probably because we were updating the pictures. But I'll double-check the page and get back to you right away.

Riya Shankar	[9:20 A.M.]

Fantastic. Thanks for your help!

Riya Shankar [오전 9시 10분]
[149]어제 우리 웹사이트에 대한 고객의 항의를 받았어요. 당신이 지금 그것에 대해 살펴볼 시간이 있는지 궁금해요.

Noel Mitchell [오전 9시 13분]
[149]그 항의가 자주 묻는 질문 페이지에 대한 것이었나요? 우리는 드디어 어젯밤에 그것을 고치는 일을 끝냈어요. 아마 모든 게 괜찮을 거예요.

Riya Shankar [오전 9시 14분]
다행이네요, 하지만 사실 문제는 상점의 제품 목록 페이지에 관한 것이에요. [150]그 고객은 우리 최신 제품들의 사진 몇 개가 로딩되지 않는다고 했어요.

Noel Mitchell [오전 9시 18분]
그게 어젯밤이라면, 아마 우리가 사진을 업데이트하고 있었기 때문일 거예요. 하지만 제가 그 페이지를 다시 확인하고 당신에게 바로 다시 연락할게요.

Riya Shankar [오전 9시 20분]
좋아요. 도와줘서 고마워요!

어휘 □ **complaint** n. 항의, 불평　　□ **concern** v. ~에 관한 것이다, 영향을 미치다　　□ **latest** adj. 최신의, 최근의
□ **load** v. (데이터나 프로그램이) 로딩되다, 올리다　　□ **double-check** v. 다시 확인하다, 재확인하다　　□ **get back to** phr. ~에게 나중에 연락하다

149 ○○●●
상

At 9:13 A.M., what does Mr. Mitchell most likely mean when he writes, "Everything should be okay"?

(A) He remembers loading an updated map to the site.
(B) He believes a customer will write a positive review.
(C) He is sure that a Web page is functioning properly.
(D) He has a suggestion for addressing a complaint.

오전 9시 13분에, Mr. Mitchell이 "Everything should be okay"라고 썼을 때 그가 의도한 것 같은 것은?

(A) 업데이트된 지도를 사이트에 올린 것을 기억한다.
(B) 고객이 긍정적인 후기를 쓸 것이라고 생각한다.
(C) 웹페이지가 제대로 작동하고 있다고 확신한다.
(D) 항의를 처리하기 위한 제안사항이 있다.

■ 의도 파악

정답 (C)

Mr. Mitchell이 의도한 것을 묻는 문제이므로 질문의 인용어구(Everything should be okay)가 언급된 주변 문맥을 확인한다. 'I received a customer complaint about our Web site yesterday. I was wondering if you have time to look into it now.'에서 Riya Shankar가 어제 웹사이트에 대한 고객의 항의를 받았는데 당신, 즉 Mr. Mitchell이 지금 그것에 대해 살펴볼 시간이 있는지 궁금하다고 하자, Mr. Mitchell이 'Was the complaint about our Frequently Asked Questions page? We finally finished fixing it last night.'에서 그 항의가 자주 묻는 질문 페이지에 대한 것인지를 물으며 어젯밤에 그것을 고치는 일을 끝냈다고 한 후 'Everything should be okay.'(아마 모든 게 괜찮을 거예요)라고 한 것을 통해, Mr. Mitchell이 웹페이지가 지금 제대로 작동하고 있다고 확신한다는 것을 알 수 있다. 따라서 (C)가 정답이다.

어휘 positive adj. 긍정적인　function v. 작동하다, 기능하다; n. 기능　address v. 처리하다, 다루다

150 ○○○●●○ 8

What problem did a customer have with a Web site?

(A) Locating a customer inquiry menu
(B) Understanding a return policy
(C) Reading user feedback
(D) Viewing pictures of some goods

고객은 웹사이트와 관련한 어떤 문제가 있었는가?

(A) 고객 문의 메뉴를 찾는 것
(B) 환불 규정을 이해하는 것
(C) 이용자 의견을 읽는 것
(D) 몇몇 제품들의 사진을 보는 것

■ **육하원칙** What 　　　　　　　　　　　　　　　　　　　　　　　　　　　정답 (D)

고객이 웹사이트와 관련한 어떤(What) 문제가 있었는지를 묻는 육하원칙 문제이다. 질문의 핵심 어구인 problem ~ a customer have with a Web site와 관련하여, 'The customer mentioned that several images of our latest products aren't loading.'에서 Riya Shankar가 고객이 최신 제품들의 사진 몇 개가 로딩되지 않는다고 했다고 했으므로 (D)가 정답이다.

바꾸어 표현하기
several images of ~ products 제품들의 사진 몇 개 → pictures of some goods 몇몇 제품들의 사진

어휘 locate v. 찾아내다, 두다, 발견하다　inquiry n. 문의, 질문, 조회　policy n. 규정, 정책, 제도　goods n. 제품, 상품

151-152는 다음 광고지에 관한 문제입니다.

Tidy Up Time!

The snow is melting and that can mean only one thing—it's spring! It's time to clear away all the dirt that's built up over the winter and throw away all the old things you don't need. These can be challenging tasks, so why not get Tidy Up Time cleaners to do the work for you?

We charge hourly or daily (7 hours) rates for a one-time cleaning and [151-D]provide a 10 percent discount to customers who pay for regular (weekly or monthly) cleanings. Our standard package includes sanitizing your entire home, which involves dusting every surface and wiping down all the windows. In addition, at no extra charge, we can help you gather up unwanted items and put them into bags or boxes. [152]For an extra fee, we can also perform other services, such as deep cleaning carpets, mattresses, and upholstery, as well as washing and ironing clothes, towels, and linens.

For more information on prices and services, head over to our Web site at www.tidyuptime.com.

Tidy Up Time!

눈이 녹고 있고, 그것은 이제 봄이라는 것을 의미할 수 있습니다! 이제 겨울 동안 쌓인 모든 먼지를 치우고 필요하지 않은 모든 오래된 물건들을 버릴 때입니다. 이것들은 힘든 일이 될 수 있으니, Tidy Up Time 인부들이 당신을 위해 그 일을 하도록 하는 게 어떤가요?

저희는 1회 청소에 대해 시간별 또는 일별(7시간) 요금을 부과하고, [151-D]정기(매주 또는 매월) 청소에 지불하는 고객들에게 10퍼센트 할인을 제공합니다. 저희의 기본 패키지는 집 전체를 소독하는 것을 포함하고, 이는 모든 표면의 먼지를 터는 것과 모든 창문을 닦는 것을 포함합니다. 게다가, 저희는 불필요한 물건들을 모아서 가방이나 상자에 담는 것을 추가 비용 없이 도와드릴 수 있습니다. [152]추가 비용으로, 저희는 옷, 수건, 리넨 제품을 빨고 다림질하는 것뿐만 아니라, 카펫, 매트리스, 소파 커버를 정밀 청소하는 것과 같은 다른 서비스들도 할 수 있습니다.

가격과 서비스에 대한 더 많은 정보를 원하시면, www.tidyuptime.com으로 저희 웹사이트에 가보십시오.

여휘 □ **dirt** n. 먼지, 티끌
□ **sanitize** v. 소독하다, 살균하다
□ **unwanted** adj. 필요 없는, 원치 않는
□ **challenging** adj. 힘든, 도전적인
□ **wipe down** phr. ~을 닦다, 닦아 내다
□ **upholstery** n. (소파 등의) 커버, 덮개
□ **rate** n. 요금
□ **gather up** phr. 모으다
□ **iron** v. 다림질을 하다; n. 다리미, 철

151 What is stated about Tidy Up Time?

(A) Its employees do not clean bathrooms.
(B) It only services certain types of houses.
(C) It does not offer services on weekends.
(D) It provides discounts for regular services.

Tidy Up Time에 대해 언급된 것은?

(A) 직원들이 화장실을 청소하지 않는다.
(B) 특정 종류의 주택에만 서비스를 제공한다.
(C) 주말에는 서비스를 제공하지 않는다.
(D) 정기 서비스에 대해 할인을 제공한다.

■ **Not/True** True 문제

정답 (D)

질문의 핵심 어구인 Tidy Up Time과 관련된 내용을 지문에서 찾아 각 보기와 대조하는 Not/True 문제이다. (A), (B), (C)는 지문에 언급되지 않은 내용이다. (D)는 'provide a 10 percent discount to customers who pay for regular (weekly or monthly) cleanings'에서 정기(매주 또는 매월) 청소에 지불하는 고객들에게 10퍼센트 할인을 제공한다고 했으므로 지문의 내용과 일치한다. 따라서 (D)가 정답이다.

152 What service is provided for an additional charge?

(A) Cleaning garments
(B) Disinfecting rooms
(C) Collecting unwanted items
(D) Wiping down windows

추가 비용으로 어떤 서비스가 제공되는가?

(A) 옷 세탁하기
(B) 방 소독하기
(C) 불필요한 물건 수거하기
(D) 창문 닦기

■ **육하원칙** What

정답 (A)

추가 비용으로 어떤(What) 서비스가 제공되는지를 묻는 육하원칙 문제이다. 질문의 핵심 어구인 provided for an additional charge와 관련하여, 'For an extra fee, we can also perform other services, such as ~ washing and ironing clothes'에서 추가 비용으로 옷을 빨고 다림질하는 것과 같은 서비스들을 할 수 있다고 했으므로 (A)가 정답이다.

바꾸어 표현하기
for an additional charge 추가 비용으로 → For an extra fee 추가 비용으로
washing and ironing clothes 옷을 빨고 다림질하는 것 → Cleaning garments 옷 세탁하기

여휘 **garment** n. 옷, 의복 **disinfect** v. 소독하다, 살균하다

Questions 153-155 refer to the following information from a manual.

153-155는 다음 설명서의 정보에 관한 문제입니다.

Using the RoadRunner Sedan 12's dashboard has never been easier. As with last year's model, [153]the car features an innovative touch screen interface that allows you to control various operations. — [1] —. These include playing music, finding your way with a Global Positioning System (GPS), talking on a speaker-phone, controlling the temperature, and much more. The first time you put the keys in the ignition, the interface will appear and prompt you to select a language. Once you have done this, you are free to use the system.

Each feature of the interface is represented by an icon. For example, to access the GPS, simply press the map icon. This will bring up a digital map with several buttons. [155]Simply type in your destination or say it out loud, and several routes will be suggested. — [2] —. To access other functions, press "MENU" or hit the back arrow to return to the main page.

[154-D]To connect your mobile phone or any other device to the dashboard, plug one end of a USB cable to the device and the other to the car's USB port. — [3] —. Once it is inserted, a message reading "DEVICE FOUND" should appear. If you want to play music, simply select the song on your device and hit "PLAY."

Please note that the dashboard and all functions switch off automatically when the vehicle's ignition has been turned off. — [4] —. This is done to prevent the car's battery from losing power.

RoadRunner 세단 12의 계기판을 사용하는 것이 이보다 더 쉬운 적은 없었습니다. 작년 모델처럼, [153]이 차량은 다양한 작동을 제어하게 해주는 혁신적인 터치스크린 인터페이스를 특징으로 합니다. — [1] —. 이는 음악을 재생하는 것, 위성 위치 확인 시스템(GPS)으로 길을 찾는 것, 스피커폰으로 이야기하는 것, 온도를 조절하는 것, 그리고 훨씬 더 많은 것을 포함합니다. 열쇠를 점화 장치에 처음 꽂을 때, 인터페이스가 나타나 언어를 선택하게 할 것입니다. 이것을 하고 나면, 자유롭게 시스템을 사용할 수 있습니다.

인터페이스의 각 기능은 아이콘으로 나타납니다. 예를 들어, GPS를 이용하려면 지도 아이콘을 누르기만 하십시오. 이는 몇 개의 버튼이 있는 디지털 지도를 띄울 것입니다. [155]목적지를 입력하거나 크게 말하기만 하면 몇 가지 경로가 추천될 것입니다. — [2] —. 다른 기능을 이용하려면 "메뉴"를 누르거나 뒤로가기 화살표를 눌러서 메인 페이지로 돌아가십시오.

[154-D]계기판에 휴대전화나 다른 기기를 연결하려면, USB 케이블의 한쪽 끝을 그 기기에, 그리고 다른 한쪽을 차량의 USB 포트에 꽂으십시오. — [3] —. 삽입이 되면, "기기가 발견됨"이라고 쓰인 메시지가 나타날 것입니다. 음악을 재생하기를 원한다면 기기에 있는 노래를 선택해서 "재생"을 누르기만 하면 됩니다.

계기판과 모든 기능은 차량의 점화 장치가 꺼지면 자동으로 꺼진다는 점에 유의하십시오. — [4] —. 이는 차량의 배터리 전력이 낭비되는 것을 방지하기 위함입니다.

어휘 □ **dashboard** n. (승용차의) 계기판 □ **feature** v. 특징으로 삼다, 특별히 포함하다; n. 특징, 특색
□ **innovative** adj. 혁신적인, 획기적인 □ **interface** n. 인터페이스(사용자와 컴퓨터를 연결하여 주는 장치)
□ **operation** n. 작동, 작업 □ **control** v. 조절하다, 조정하다 □ **ignition** n. (차량의) 점화 장치, 스위치
□ **prompt** v. (어떤 일이 일어나도록) 하다, 유도하다 □ **bring up** phr. (컴퓨터 화면에) 띄우다 □ **arrow** n. 화살표, 화살
□ **insert** v. 삽입하다, 끼우다, 넣다 □ **switch off** phr. 꺼지다, 끄다 □ **automatically** adv. 자동으로, 기계적으로
□ **turn off** phr. (전기·가스·수도 등을) 끄다

153

According to the manual, what can the dashboard interface do?

(A) Display fuel consumption
(B) Give driving directions
(C) Read the outside temperature
(D) Provide parking assistance

설명서에 따르면, 계기판 인터페이스는 무엇을 할 수 있는 가?

(A) 연료 소비량을 보여준다
(B) 주행 안내를 제공한다
(C) 외부 온도를 나타낸다
(D) 주차 관련 도움을 제공한다

■ 육하원칙 What   정답 (B)

계기판 인터페이스가 할 수 있는 것이 무엇인지(what)를 묻는 육하원칙 문제이다. 질문의 핵심 어구인 the dashboard interface do와 관련하여, 'the car features an innovative touch screen interface that allows you to control various operations. These include ~ finding your way with a Global Positioning System (GPS)'에서 차량이 다양한 작동을 제어하게 해주는 혁신적인 터치스크린 인터페이스를 특징으로 하는데, 이는 위성 위치 확인 시스템(GPS)으로 길을 찾는 것을 포함한다고 했으므로 (B)가 정답이다.

바꾸어 표현하기
finding ~ way 길을 찾는 것 → driving directions 주행 안내

어휘 consumption n. 소비(량), 소모 read v. (온도계·시계 등이) 나타내다 assistance n. 도움, 지원

154

What does the manual say about connecting a cell phone?

(A) It may take a few minutes to set up.
(B) It may be incompatible with some models.
(C) It is a feature that costs extra.
(D) It requires the use of a cable.

설명서에서 휴대전화를 연결하는 것에 대해 말하는 것은?

(A) 설치하는 데에 몇 분이 걸릴 수도 있다.
(B) 몇몇 모델과 호환되지 않을 수도 있다.
(C) 추가 비용이 드는 기능이다.
(D) 케이블 사용을 필요로 한다.

■ Not/True True 문제   정답 (D)

질문의 핵심 어구인 connecting a cell phone과 관련된 내용을 지문에서 찾아 각 보기와 대조하는 Not/True 문제이다. (A), (B), (C)는 지문에 언급되지 않은 내용이다. (D)는 'To connect your mobile phone ~ to the dashboard, plug one end of a USB cable to the device and the other to the car's USB port.'에서 계기판에 휴대전화를 연결하려면 USB 케이블의 한쪽 끝을 그 기기에, 그리고 다른 한쪽을 차량의 USB 포트에 꽂으라고 했으므로 지문의 내용과 일치한다. 따라서 (D)가 정답이다.

바꾸어 표현하기
a cell phone 휴대전화 → mobile phone 휴대전화

어휘 set up phr. (기계·장비를) 설치하다, 세우다 incompatible adj. 호환성이 없는, 양립할 수 없는

155

In which of the positions marked [1], [2], [3], and [4] does the following sentence best belong?

"Select your preferred path from the choices provided."

(A) [1]
(B) [2]
(C) [3]
(D) [4]

[1], [2], [3], [4]로 표시된 위치 중, 다음 문장이 들어갈 곳으로 가장 적절한 것은?

"제시된 선택 사항들 중에서 선호하는 길을 선택하십시오."

(A) [1]
(B) [2]
(C) [3]
(D) [4]

■ 문장 위치 찾기   정답 (B)

지문의 흐름상 주어진 문장이 들어가기에 가장 적절한 곳을 고르는 문제이다. 주어진 문장에서 제시된 선택 사항들 중에서 선호하는 길을 선택하라고 했으므로, 이 문장이 길 안내와 관련한 선택 사항이 제시된 부분에 들어가야 함을 알 수 있다. [2]의 앞 문장인 'Simply type in your destination or say it out loud, and several routes will be suggested.'에서 목적지를 입력하거나 크게 말하기만 하면 몇 가지 경로가 추천될 것이라고 했으므로, [2]에 제시된 문장이 들어가면 목적지로 가는 몇 가지 경로가 추천되면 그중에서 선호하는 길을 선택하라는 자연스러운 문맥이 된다는 것을 알 수 있다. 따라서 (B)가 정답이다.

International Interpreter Network

[156]Find the best interpreter for your needs.
Discover resources for document and Web site translation as well.
We offer translation services in over 30 languages.

| Search by language (Type in box) |
| General site search (Type in box) |

Home | Services Offered | Languages Covered | Request an Interpreter

We have compiled a vast network of [157-A]trained experts who speak English and one or more additional languages. [157-C]All of our experts can translate oral communications to and from English. — [1] —. A select few can also translate written materials such as books, manuals, and Web sites. Each interpreter in our network has passed thorough language testing and completed interpretation skills training. [158]After each concluded project, we collect evaluations from our customers. — [2] —. This is to facilitate quality assurance and ensure that we continue to offer the best services available.

[159]The whole process for securing our services can be carried out on our Web page, making it easy for clients to locate the translator or interpreter best suited for the job. — [3] —. [159]Fill out the online form and tell us about your project or event needs. We'll obtain the best interpreters in our network for you. Prices may vary depending on the interpreter available and the job requirements.

Do you want to become an interpreter-translator in our network? — [4] —. Click here.

국제 통역사 네트워크

[156]당신의 필요에 맞는 최고의 통역사를 찾으십시오.
문서와 웹사이트 번역을 위한 자원도 찾아보십시오.
저희는 30개가 넘는 언어의 번역 서비스를 제공합니다.

| 언어로 검색 (상자 안에 입력하십시오) |
| 사이트 통합 검색 (상자 안에 입력하십시오) |

홈 | 제공되는 서비스 | 다뤄지는 언어 | 통역사 요청

저희는 [157-A]영어와 한 개 또는 그 이상의 추가적인 언어를 구사하는 숙련된 전문가들의 광대한 네트워크를 구축해왔습니다. [157-C]저희의 모든 전문가들은 영어로 또는 영어에서 구두 의사소통을 번역할 수 있습니다. — [1] —. 최고의 몇 명은 또한 책, 설명서, 웹사이트와 같은 서면 자료도 번역할 수 있습니다. 저희 네트워크 내의 각 통역사들은 철저한 언어 테스트를 통과했고, 통역 기술 교육을 완료했습니다. [158]완료된 각 프로젝트 이후에, 저희는 고객들로부터 평가서를 받습니다. — [2] —. 이는 품질 보장을 용이하게 하고 이용 가능한 최고의 서비스를 계속해서 제공하는 것을 보장하기 위함입니다.

[159]저희 서비스를 받기 위한 전 과정은 저희 웹사이트에서 수행될 수 있고, 이는 고객들이 업무에 가장 적합한 번역가나 통역사를 찾는 일을 쉽게 만듭니다. — [3] —. [159]온라인 양식을 작성해서 저희에게 당신의 프로젝트나 행사의 요구 사항에 대해 알려 주십시오. 저희는 당신을 위해 네트워크에 있는 최고의 통역사를 구해드릴 것입니다. 요금은 이용 가능한 통역사와 작업 요건에 따라 다를 수 있습니다.

저희 네트워크 내의 통역사, 번역가가 되기 원하십니까? — [4] —. 여기를 클릭하십시오.

어휘 □ **interpreter** n. 통역사
□ **compile** v. (자료를) 모으다, 수집하다
□ **thorough** adj. 철저한, 빈틈 없는
□ **facilitate** v. 용이하게 하다
□ **locate** v. 찾아내다, ~에 두다
□ **requirement** n. 요건, 요구 조건

□ **translation** n. 번역, 통역, 번역본
□ **vast** adj. 광대한, 방대한
□ **conclude** v. 완료하다, 끝마치다
□ **assurance** n. 보장, 보증
□ **suited** adj. 적합한, 적당한

□ **general** adj. 종합적인, 일반적인
□ **oral** adj. 구두의
□ **evaluation** n. 평가한 것, 감정
□ **carry out** phr. 수행하다, 이행하다
□ **obtain** v. 구하다, 얻다

156

What is the main purpose of the Web page?

(A) To promote a language course
(B) To announce a job vacancy
(C) To explain pricing for a service
(D) To provide a description of a business

웹페이지의 주 목적은 무엇인가?

(A) 언어 수업을 홍보하기 위해
(B) 일자리 공석을 공지하기 위해
(C) 서비스 가격 책정에 대해 설명하기 위해
(D) 사업체에 대한 설명을 제공하기 위해

■ 주제/목적 찾기 글의 목적　　　　　　　　　　　　　　　　　　　　　　　　　　　　　　정답 (D)

웹페이지의 목적을 묻는 목적 찾기 문제이므로 지문의 앞부분을 주의 깊게 확인한다. 'Find the best interpreter for your needs.'에서 필요에 맞는 최고의 통역사를 찾으라고 한 후, 회사의 통역사 제공 서비스에 대해 상세하게 설명하고 있으므로 (D)가 정답이다.

어휘　vacancy　n. 공석, 결원

157

What is true about translators at International Interpreter Network?

(A) All of them are fluent in at least three languages.
(B) They majored in language instruction in college.
(C) Some of them can translate spoken and written communications.
(D) They have published their own textbooks more than once.

국제 통역사 네트워크의 번역가들에 대해 사실인 것은?

(A) 모두가 최소 세 개의 언어에 유창하다.
(B) 대학에서 언어 교육을 전공했다.
(C) 일부는 구두와 서면 의사소통을 번역할 수 있다.
(D) 그들 자신의 교재를 한 번 넘게 출간했다.

■ Not/True　True 문제　　　　　　　　　　　　　　　　　　　　　　　　　　　　　　　정답 (C)

질문의 핵심 어구인 translators at International Interpreter Network와 관련된 내용을 지문에서 찾아 각 보기와 대조하는 Not/True 문제이다. (A)는 'trained experts who speak English and one or more additional languages'에서 국제 통역사 네트워크의 전문가들이 영어와 한 개 또는 그 이상의 추가적인 언어를 구사하는 숙련된 전문가들이라고 했으나 모두가 최소 세 개의 언어에 유창하다고 한 것은 아니므로 지문의 내용과 일치하지 않는다. (B)는 지문에 언급되지 않은 내용이다. (C)는 'All of our experts can translate oral communications ~. A select few can also translate written materials such as books, manuals, and Web sites.'에서 모든 전문가들이 구두 의사소통을 번역할 수 있고 최고의 몇 명은 책, 설명서, 웹사이트와 같은 서면 자료도 번역할 수 있다고 했으므로 지문의 내용과 일치한다. 따라서 (C)가 정답이다. (D)는 지문에 언급되지 않은 내용이다.

바꾸어 표현하기
oral communications 구두 의사소통 → spoken ~ communications 구두 의사소통
written materials 서면 자료 → written communications 서면 의사소통

어휘　fluent　adj. 유창한, 능숙한　major in　phr. ~을 전공하다　publish　v. 출간하다, 출판하다

158

How does the organization maintain the quality of its services?

(A) By hiring workers with teaching certificates
(B) By holding monthly training sessions
(C) By gathering assessments from clients
(D) By implementing a peer evaluation system

기관은 어떻게 서비스의 품질을 유지하는가?

(A) 교사 자격증이 있는 직원들을 고용함으로써
(B) 매달 교육 시간을 가짐으로써
(C) 고객으로부터 평가 의견을 모음으로써
(D) 동료 평가 시스템을 시행함으로써

■ 육하원칙 How   정답 (C)

기관이 어떻게(How) 서비스의 품질을 유지하는지를 묻는 육하원칙 문제이다. 질문의 핵심 어구인 the organization maintain the quality of its services와 관련하여, 'After each concluded project, we collect evaluations from our customers. This is to facilitate quality assurance and ensure that we continue to offer the best services available.'에서 완료된 각 프로젝트 이후에 고객들로부터 평가서를 받는다고 했고 이는 품질 보장을 용이하게 하고 이용 가능한 최고의 서비스를 계속해서 제공하는 것을 보장하기 위함이라고 했으므로 (C)가 정답이다.

바꾸어 표현하기
maintain the quality of its services 서비스의 품질을 유지하다
→ ensure that we ~ offer the best services available 이용 가능한 최고의 서비스를 제공하는 것을 보장하다
collect evaluations from ~ customers 고객들로부터 평가서를 받다 → gathering assessments from clients 고객으로부터 평가 의견을 모으는 것

어휘 certificate n. 자격증, 증명서 assessment n. 평가(한 의견) implement v. 시행하다, 실시하다 peer n. 동료, 동등한 사람

159

In which of the positions marked [1], [2], [3], and [4] does the following sentence best belong?

"To begin, click on the "Request an Interpreter" button."

(A) [1]
(B) [2]
(C) [3]
(D) [4]

[1], [2], [3], [4]로 표시된 위치 중, 다음 문장이 들어갈 곳으로 가장 적절한 것은?

"시작하려면, "통역사 요청" 버튼을 누르십시오."

(A) [1]
(B) [2]
(C) [3]
(D) [4]

■ 문장 위치 찾기   정답 (C)

지문의 흐름상 주어진 문장이 들어가기에 가장 적절한 곳을 고르는 문제이다. 주어진 문장에서 시작하려면 "통역사 요청" 버튼을 누르라고 했으므로, 이 문장이 통역사를 요청하는 과정이 언급된 부분에 들어가야 함을 알 수 있다. [3]의 앞 문장인 'The whole process for securing our services can be carried out on our Web page, making it easy for clients to locate the translator or interpreter best suited for the job.'에서 서비스를 받기 위한 전 과정이 웹사이트에서 수행될 수 있는데 이는 고객들이 업무에 가장 적합한 번역가나 통역사를 찾는 일을 쉽게 만든다고 했고, [3]의 뒤 문장인 'Fill out the online form and tell us about your project or event needs.'에서 온라인 양식을 작성해서 프로젝트나 행사의 요구 사항에 대해 알려 달라고 했으므로 [3]에 제시된 문장이 들어가면 적합한 번역가나 통역사를 찾으려면 "통역사 요청" 버튼을 눌러서 온라인 양식을 작성하면 된다는 것을 설명하는 자연스러운 문맥이 된다는 것을 알 수 있다. 따라서 (C)가 정답이다.

Restructuring in Preparation for Farnsworth Capital Bank

The government has approved the merger between Capital Status Bank and Farnsworth Regional Bank. Both banks have exhibited average profitability when compared to other financial institutions, and each bank has strengths that the other does not. [160]The combined board of directors of the new institution, Farnsworth Capital Bank, expects profitability to start improving in about five years.

Bob Altman from Capital Status Bank has been selected to be the chief executive officer of the new organization, and Emily Carter from Farnsworth Regional Bank will serve as the chief financial officer. The board of directors has not yet appointed a chairperson, but spokesperson Ryan Salazar has stated that someone from outside both organizations will be hired.

Mr. Altman said that because of the region's rapid growth, employee layoffs will be kept to a minimum. Instead, [162-B/C]some employees may be asked to move to a new location or accept a different position. [162-A]No changes are expected in regard to the number of bank branches serving customers. As for where the new headquarters will be located, details have yet to be announced.

Farnsworth Capital 은행의 준비를 위한 구조 개혁

정부가 Capital Status 은행과 Farnsworth 지역 은행의 합병을 승인했다. 다른 금융 기관들과 비교할 때 두 은행은 평균적인 수익성을 보여주었으며, 각 은행은 서로에게 없는 강점을 가지고 있다. [160]새로운 기관인 Farnsworth Capital 은행의 연합 이사회는 약 5년 후 수익성이 증가하기 시작할 것으로 예상한다.

Capital Status 은행의 Bob Altman이 새 기관의 최고 경영자로 지명되었고, Farnsworth 지역 은행의 Emily Carter가 최고 재무 책임자로 근무할 것이다. 이사회는 아직 의장을 임명하지 않았지만, 대변인인 Ryan Salazar는 두 기관의 외부 사람이 고용될 것이라고 언급했다.

Mr. Altman은 그 지역의 빠른 성장 덕에 직원 해고가 최소한으로 유지될 것이라고 말했다. 대신에, [162-B/C]일부 직원들은 새로운 지점으로 이동하거나 다른 직책을 받아들이도록 요구될 수 있다. 고객들에게 서비스를 제공하는 [162-A]은행 지점의 수와 관련해서는 변경 사항이 없을 것으로 예상된다. 새 본사가 어디에 위치할지에 대해서는 아직 세부 사항이 발표되지 않았다.

어휘　□ restructuring n. 구조 개혁, 재편성, 구조 조정　□ merger n. (조직체·사업체의) 합병　□ exhibit v. 보이다, 드러내다
　　　□ profitability n. 수익성, 이윤율　□ compared to phr. ~과 비교하여　□ strength n. 강점, 장점, 힘
　　　□ combined adj. 연합의, 결합된　□ chief executive officer phr. 최고 경영자　□ appoint v. 임명하다, 지명하다
　　　□ chairperson n. 의장, 회장　□ spokesperson n. 대변인　□ layoff n. 해고, 임시직
　　　□ in regard to phr. ~과 관련하여, ~에 대하여　□ headquarters n. 본사, 본부

160
최상

What is indicated about Farnsworth Capital Bank?

(A) It plans to move its headquarters to a new city.
(B) It will keep wages at current levels.
(C) It is not expected to increase its earnings right away.
(D) It will seek an internal candidate to preside over the board of directors.

Farnsworth Capital 은행에 대해 암시되는 것은?

(A) 본사를 새로운 도시로 옮길 계획이다.
(B) 임금을 현재 수준으로 유지할 것이다.
(C) 당장은 수입을 증가시키지 못할 것으로 예상된다.
(D) 이사회를 주재할 내부 후보를 물색할 것이다.

■ 추론 세부 정보　　　　　　　　　　　　　　　　　　　　　　　　　　　　　　　　　　　　정답 (C)

질문의 핵심 어구인 Farnsworth Capital Bank에 대해 추론하는 문제이다. 'The combined board of directors of ~ Farnsworth Capital Bank, expects profitability to start improving in about five years.'에서 Farnsworth Capital 은행의 연합 이사회가 약 5년 후 수익성이 증가하기 시작할 것으로 예상한다고 했으므로 Farnsworth Capital 은행이 당장은 수입을 증가시키지 못할 것이라는 사실을 추론할 수 있다. 따라서 (C)가 정답이다.

바꾸어 표현하기
profitability to start improving 증가하기 시작하는 수익성 → increase its earnings 수입을 증가시키다

어휘　wage n. 임금, 급료　right away phr. 당장, 즉시　seek v. 물색하다, 찾다　preside v. 주재하다, 주도하다

161

The word "organization" in paragraph 2, line 2, is closest in meaning to (A) arrangement (B) business (C) administration (D) program	2문단 두 번째 줄의 단어 "organization"은 의미상 ~와 가장 가깝다. (A) 협의 (B) 기업 (C) 관리 (D) 프로그램

■ 동의어   정답 (B)

organization을 포함하는 구절 'Bob Altman from Capital Status Bank has been selected to be the chief executive officer of the new organization'에서 organization이 '기관'이라는 뜻으로 사용되었다. 따라서 '기업'이라는 뜻을 가진 (B)가 정답이다.

162

What is NOT mentioned about the merger? (A) The number of bank branches will not change. (B) Staff may be requested to fill different roles. (C) Some employees will transfer to other offices. (D) It will have been completed before the new year.	합병에 대해 언급되지 않은 것은? (A) 은행 지점의 수는 변하지 않을 것이다. (B) 직원들이 다른 직무를 맡도록 요청될 수도 있다. (C) 일부 직원들이 다른 사무실로 옮겨갈 것이다. (D) 새해 전에 완료되어 있을 것이다.

■ Not/True Not 문제   정답 (D)

질문의 핵심 어구인 the merger와 관련된 내용을 지문에서 찾아 각 보기와 대조하는 Not/True 문제이다. (A)는 'No changes are expected in regard to the number of bank branches'에서 은행 지점의 수와 관련해서는 변경 사항이 없을 것으로 예상된다고 했으므로 지문의 내용과 일치한다. (B)와 (C)는 'some employees may be asked to move to a new location or accept a different position'에서 일부 직원들이 새로운 지점으로 이동하거나 다른 직책을 받아들이도록 요구될 수 있다고 했으므로 지문의 내용과 일치한다. (D)는 지문에 언급되지 않은 내용이다. 따라서 (D)가 정답이다.

바꾸어 표현하기

No changes are expected 변경 사항이 없을 것으로 예상된다 → will not change 변하지 않을 것이다
accept a different position 다른 직책을 받아들이다 → fill different roles 다른 직무를 맡다
move to a new location 새로운 지점으로 이동하다 → transfer to other offices 다른 사무실로 옮겨가다

163-164는 다음 웹페이지에 관한 문제입니다.

http://www.doorstepdelectable.com/home

HOME I MENU I FEEDBACK I REGISTER I CONTACT

Doorstep Delectable…*The perfect way to order food packaged just for you!*

[163]Doorstep Delectable delivers customized meals to your home once each week with easy preparation instructions. [164-C]Our meals are healthy and delicious, containing no artificial ingredients. In addition to providing the foods you enjoy, [164-B]our meals are tailored to meet your special dietary needs, whether you're diabetic, vegetarian, or on a gluten-free or low-carbohydrate diet.

[164-A]Our ordering process is simple! First, click on "REGISTER" above and provide your contact information. You'll also be asked about your specific dietary needs and preferences. [163/164-A]You can then browse through our meal menus and select the ones you prefer and how many you would like each week. [164-D]We will ask you for payment, and once it has been processed, a confirmation e-mail will be sent to you including an estimated delivery date.

It really is that easy, so what are you waiting for? Place your first order today! If you are pleased with our company's product, let us know by posting a comment in our feedback forum.

---

http://www.doorstepdelectable.com/home

홈 | 메뉴 | 의견 | 신청 | 연락

Doorstep Delectable…당신만을 위해 포장된 음식을 주문하는 완벽한 방법!

[163]Doorstep Delectable사는 쉬운 준비 설명서가 포함된 맞춤형 식사를 당신의 집으로 매주 한 번 배달합니다. [164-C]저희의 식사는 건강하고 맛있으며, 인공 재료를 포함하지 않습니다. 당신이 좋아하는 음식을 제공할 뿐만 아니라, [164-B]저희의 식사는 당신이 당뇨병이 있는 채식주의이든 또는 글루텐을 먹지 않거나 저탄수화물 식이요법 중이든, 특별한 식이 요법의 요구 사항을 충족시키도록 맞춰집니다.

[164-A]주문 과정은 간단합니다! 먼저, 위에서 "신청"을 클릭하고 당신의 연락처 정보를 제공해 주십시오. 당신은 또한 구체적인 식이 요법 요구 사항과 선호 사항에 대해 질문을 받을 것입니다. [163/164-A]그러고 나서 저희의 식사 메뉴를 훑어보고 당신이 선호하는 것과 매주 몇 개를 받고 싶은지 선택할 수 있습니다. [164-D]저희는 결제를 요청할 것이고, 일단 처리되면, 예상 배송일을 포함한 확인 이메일이 당신에게 보내질 것입니다.

이렇게나 쉬운데 무엇을 기다리시나요? 오늘 첫 주문을 해보십시오! 저희 회사의 제품에 만족하신다면, 저희 의견 포럼에 의견을 게시해서 저희에게 알려주십시오.

어휘 □ customized adj. 주문 제작의, 개개인의 요구에 맞춘
□ artificial adj. 인공의, 인위적인　　□ ingredient n. 재료, 성분, 구성 요소　　□ preparation n. 준비, 대비
□ dietary adj. 식이 요법의, 음식물의　　□ diabetic adj. 당뇨병이 있는, 당뇨병의　　□ tailor v. 맞추다, 조정하다
□ preference n. 선호되는 것, 선호　　□ browse through phr. 훑어보다, ~을 여기저기 읽다　　□ vegetarian adj. 채식주의자의
□ confirmation n. 확인, 확정　　□ estimated adj. 예상되는, 추측의

163
○○●○
중

According to the Web page, how often can customers receive deliveries?

(A) Every day
(B) Twice weekly
(C) Every week
(D) Twice monthly

웹페이지에 따르면, 고객들은 얼마나 자주 배달을 받을 수 있는가?

(A) 매일
(B) 일주일에 두 번
(C) 매주
(D) 한 달에 두 번

■ 육하원칙 How　　　　　　　　　　　　　　　　　　　　　　　　　　　　　　　　　　　　　　정답 (C)

고객들이 얼마나 자주(how often) 배달을 받을 수 있는지를 묻는 육하원칙 문제이다. 질문의 핵심 어구인 customers receive deliveries와 관련하여, 'Doorstep Delectable delivers customized meals to your home once each week', 'You can ~ select the ones you prefer and how many you would like each week.'에서 Doorstep Delectable사가 맞춤형 식사를 매주 한 번 배달한다고 했고, 매주 몇 개를 받고 싶은지 선택할 수 있다고 했으므로 (C)가 정답이다.

바꾸어 표현하기
once each week 매주 한 번 → Every week 매주

What is NOT indicated about the company's products?

(A) They can be ordered through a Web site.
(B) They are available in meatless varieties.
(C) They contain only natural ingredients.
(D) They can be paid for after delivery.

회사의 제품에 대해 언급되지 않은 것은?

(A) 웹사이트를 통해 주문될 수 있다.
(B) 고기가 없는 종류도 이용 가능하다.
(C) 천연 재료만 포함한다.
(D) 배달 후에 지불될 수 있다.

■ Not/True Not 문제　　　　　　　　　　　　　　　　　　　　　　　　　　　　　　　　　정답 (D)

질문의 핵심 어구인 the company's products와 관련된 내용을 지문에서 찾아 각 보기와 대조하는 Not/True 문제이다. (A)는 'Our ordering process is simple! First, click on "REGISTER" above', 'You can then browse through our meal menus and select the ones you prefer and how many you would like each week.'에서 주문 과정이 간단하다고 하면서 웹사이트에서 "신청"을 클릭하고 선호하는 식사 메뉴와 받고 싶은 수량을 선택할 수 있다고 했으므로 지문의 내용과 일치한다. (B)는 'our meals are tailored to meet your special dietary needs, whether you're ~ vegetarian'에서 식사가 채식주의와 같은 특별한 식이 요법의 요구 사항을 충족시키도록 맞춰진다고 했으므로 지문의 내용과 일치한다. (C)는 'Our meals are ~ containing no artificial ingredients.'에서 음식이 인공 재료를 포함하지 않는다고 했으므로 지문의 내용과 일치한다. (D)는 'We will ask you for payment, and once it has been processed, a confirmation e-mail will be sent to you including an estimated delivery date.'에서 회사가 결제를 요청할 것이고 일단 처리되면 예상 배송일을 포함한 확인 이메일이 보내질 것이라고 했으나 배달 후에 지불될 수 있다고 한 것은 아니므로 지문의 내용과 일치하지 않는다. 따라서 (D)가 정답이다.

바꾸어 표현하기
vegetarian 채식주의의 → meatless 고기가 없는
containing no artificial ingredients 인공 재료를 포함하지 않는 것 → contain only natural ingredients 천연 재료만 포함하다

어휘　variety n. 종류, 다양성

Questions 165-168 refer to the following online chat discussion.

165-168은 다음 온라인 채팅 대화문에 관한 문제입니다.

John Mallet	[3:45 P.M.]

Hi, everyone. You'll be happy to know that
165-A/166management gave me approval to send some of our people to the career fair at Duluth University next month.

Janet Chan	[3:48 P.M.]

That's excellent news. A lot of students have probably heard of our company, since 165-AGo-C Tech is such a short distance from the campus.

John Mallet	[3:52 P.M.]

Exactly, however, 166our budget is limited, so we need to decide which departments should be represented. We can't send everyone.

Melissa Kovac	[3:55 P.M.]

166My marketing team recruited quite a few new people just last month. You can leave me out.

John Mallet	[4:00 P.M.]

I'll keep that in mind. And I think the accounting department should participate. 167Management feels that they will need more help when our purchase of Stanfield Incorporated moves forward. I'll speak to Susan Edwards about it.

Peter Mercer	[4:01 P.M.]

I need to supervise product testing in the research and development department for the next few months. 168Can I send someone in my place?

John Mallet	[4:03 P.M.]

Of course. Who do you choose, Peter?

Peter Mercer	[4:05 P.M.]

168Amy Lintan. She doesn't have a lot of experience, but she's quite knowledgeable about our department's needs.

John Mallet	[4:08 P.M.]

That's fine. Perhaps someone who has been employed for a shorter time can provide a valuable perspective on what it is like to join our company.

John Mallet [오후 3시 45분]
안녕하세요, 여러분. 165-A/166경영진이 다음 달에 Duluth 대학교에서 있을 취업 박람회에 우리 쪽 사람들 중 일부를 보내는 것에 대해 제게 승인을 해줬다는 것을 알면 기쁠 겁니다.

Janet Chan [오후 3시 48분]
정말 좋은 소식이네요. 165-AGo-C Tech사가 캠퍼스에서 매우 가까운 거리에 있기 때문에 많은 학생들이 아마 우리 회사에 대해 들어봤을 거예요.

John Mallet [오후 3시 52분]
정확해요. 그런데, 166예산이 제한되어 있어서 우리는 어떤 부서가 대표로 가야 하는지 결정해야 합니다. 우리는 모두를 보낼 수가 없어요.

Melissa Kovac [오후 3시 55분]
166제 마케팅팀은 바로 지난달에 꽤 여러 명의 새로운 인원들을 뽑았습니다. 저를 배제하셔도 됩니다.

John Mallet [오후 4시 00분]
기억해둘게요. 그리고, 회계부서가 참석해야 할 것 같습니다. 167경영진은 우리의 Stanfield사 인수가 진행되면 그들이 추가 지원이 필요할 것이라고 생각해요. 그것에 대해 제가 Susan Edwards에게 이야기해 둘게요.

Peter Mercer [오후 4시 01분]
저는 다음 몇 달 동안 연구개발부서에서 제품 테스트를 감독해야 합니다. 168저 대신에 누군가를 보내도 될까요?

John Mallet [오후 4시 03분]
물론입니다. 누구를 선택할 건가요, Peter?

Peter Mercer [오후 4시 05분]
168Amy Lintan이요. 그녀는 많은 경험이 있는 것은 아니지만, 우리 부서의 필요 사항에 대해 꽤 잘 알고 있어요.

John Mallet [오후 4시 08분]
좋습니다. 아마도 더 짧은 기간 동안 고용되어온 사람이 우리 회사에 입사하는 것이 어떠한지에 대해 유용한 관점을 제시할 수 있을 겁니다.

어휘 □ **approval** n. 승인, 인정, 찬성　　□ **career fair** phr. 취업 박람회　　□ **budget** n. 예산, 비용
　　□ **represent** v. ~의 대표가 되다, 대신하다　　□ **recruit** v. 뽑다, 모집하다　　□ **keep in mind** phr. 명심하다
　　□ **purchase** n. 매입, 구매; v. 인수하다　　□ **supervise** v. 감독하다, 지휘하다　　□ **in one's place** phr. ~ 대신에
　　□ **knowledgeable** adj. 많이 아는, 아는 것이 많은　□ **valuable** adj. 유용한, 귀중한　　□ **perspective** n. 관점, 시각

165

What is indicated about Duluth University?

(A) It is located near Go-C Tech.
(B) It offered Go-C Tech a sponsorship deal.
(C) It is well-known for its scientific research.
(D) It holds a career fair annually.

Duluth 대학교에 대해 언급된 것은?

(A) Go-C Tech사 근처에 위치해 있다.
(B) Go-C Tech사에 후원 계약을 제안했다.
(C) 과학 연구로 유명하다.
(D) 매년 취업 박람회를 개최한다.

■ Not/True True 문제 　　　　　　　　　　　　　　　　　　　　　　　　　　정답 (A)

질문의 핵심 어구인 Duluth University와 관련된 내용을 지문에서 찾아 각 보기와 대조하는 Not/True 문제이다. (A)는 'management gave me approval to send some of our people to the career fair at Duluth University'에서 John Mallet이 Duluth 대학교에서 있을 취업 박람회에 회사 사람들 중 일부를 보내는 것에 대해 경영진이 승인을 해줬다고 하자, 'Go-C Tech is such a short distance from the campus'에서 Janet Chan이 Go-C Tech사가 캠퍼스에서 매우 가까운 거리에 있다고 했으므로 지문의 내용과 일치한다. 따라서 (A)가 정답이다. (B), (C), (D)는 지문에 언급되지 않은 내용이다.

바꾸어 표현하기
such a short distance from ~에서 매우 가까운 거리 → located near ~ 근처에 위치해 있다

어휘 sponsorship n. 후원 deal n. 계약, 거래; v. 다루다, 취급하다

166

At 3:55 P.M., what does Ms. Kovac mean when she writes, "You can leave me out"?

(A) She needs time to train some staff.
(B) She does not want to attend an event.
(C) She has already participated in a career fair.
(D) She is not familiar with a recruitment process.

오후 3시 55분에, Ms. Kovac이 "You can leave me out"이라고 썼을 때 그녀가 의도한 것은?

(A) 몇몇 직원들을 교육시킬 시간이 필요하다.
(B) 행사에 참석하기를 원하지 않는다.
(C) 이미 취업 박람회에 참석했다.
(D) 채용 과정에 대해 잘 알지 못한다.

■ 의도 파악 　　　　　　　　　　　　　　　　　　　　　　　　　　　　　　정답 (B)

Ms. Kovac이 의도한 것을 묻는 문제이므로 질문의 인용어구(You can leave me out)가 언급된 주변 문맥을 확인한다. 'management gave me approval to send some of our people to the career fair'에서 John Mallet이 경영진이 취업 박람회에 회사 사람들 중 일부를 보내는 것에 대해 승인해줬다고 한 후, 'our budget is limited, so we need to decide which departments should be represented'에서 예산이 제한되어 있어서 어떤 부서가 대표로 가야 하는지 결정해야 한다고 하자 Ms. Kovac이 'My marketing team recruited quite a few new people just last month.'에서 자신의 마케팅팀이 바로 지난달에 새로운 인원들을 뽑았다고 하면서 'You can leave me out.'(저를 배제하셔도 됩니다)이라고 한 것을 통해, Ms. Kovac은 취업 박람회에 가는 것을 원하지 않는다는 것을 알 수 있다. 따라서 (B)가 정답이다.

어휘 recruitment n. 채용, 신규 모집 process n. 과정, 절차

What is implied about Go-C Tech?

(A) It lost several employees in the past month.
(B) It recently released a new product.
(C) It will be closing down a research facility soon.
(D) It is preparing for an expansion.

Go-C Tech사에 대해 암시되는 것은?

(A) 지난달에 직원이 몇 명 줄었다.
(B) 최근에 신제품을 출시했다.
(C) 연구 시설을 곧 닫을 것이다.
(D) 확장을 준비하고 있다.

■ 추론 세부 정보 　　　　　　　　　　　　　　　　　　　　　　　　　　　정답 (D)

질문의 핵심 어구인 Go-C Tech에 대해 추론하는 문제이다. 'Management feels that they will need more help when our purchase of Stanfield Incorporated moves forward.'에서 John Mallet이 경영진이 Stanfield사 인수가 진행되면 그들, 즉 회계부서가 추가 지원을 필요로 할 것이라고 생각한다고 했으므로 Go-C Tech사가 다른 회사의 인수, 즉 회사의 확장을 준비하고 있다는 사실을 추론할 수 있다. 따라서 (D)가 정답이다.

어휘 expansion n. 확장

Who will delegate a representative to the career fair?

(A) Amy Lintan
(B) Peter Mercer
(C) Janet Chan
(D) Melissa Kovac

취업 박람회에 누가 대리인을 보낼 것인가?

(A) Amy Lintan
(B) Peter Mercer
(C) Janet Chan
(D) Melissa Kovac

■ 육하원칙 Who   정답 (B)

취업 박람회에 누가(Who) 대리인을 보낼 것인지를 묻는 육하원칙 문제이다. 질문의 핵심 어구인 delegate a representative to the career fair와 관련하여, 'Can I send someone in my place?', 'Amy Lintan.'에서 Peter Mercer가 자신 대신에 누군가를 보내도 되는지 물으며 Amy Lintan을 보낼 것을 선택하겠다고 했으므로 (B)가 정답이다.

바꾸어 표현하기
delegate 보내다 → send 보내다
representative 대리인 → someone in my place 자신 대신에 누군가

어휘   delegate   v. (대리자로) 보내다, 파견하다; n. 대리인, 대표

Questions 169-171 refer to the following schedule.

169-171은 다음 일정표에 관한 문제입니다.

The Lake Point Small Business Association (LPSBA)
Small Business Grant Proposal Workshop
Wednesday, August 11
8:00 A.M. — 5:30 P.M.
Lake Point Center

Schedule of Events:

8:00 – 8:30 A.M.	Sign-in and continental breakfast
8:30 – 9:00 A.M.	Welcome and introductory comments by [170-B]Carol Summers, LPSBA President, [170-B]Owner of Smartphone Repair Shop
9:00 – 10:00 A.M.	[169]"Researching and Selecting Applicable Grants for your Business," followed by a 15-minute break Presented by Dr. Brian Simon, Professor of Business Development, University of Jefferson
10:15 A.M. – 12:00 P.M.	"Grant Proposal Writing Fundamentals: Writing a Winning Proposal" Presented by Lucy Haggerty, Administrator, Government Business Development Office
12:00 – 1:00 P.M.	Lunch in the Edward Gray Lounge
1:00 – 2:30 P.M.	[170-A]A review of business grant proposals. Sessions will be conducted in large groups divided by type of business, followed by a 15-minute break [170-A]Facilitated by Carol Summers, Oliver Headley, Frances Connors
2:45 – 5:00 P.M.	Optional grant proposal review by all presenters during one-on-one sessions
5:00 – 5:30 P.M.	[170-D]Closing remarks by Carol Summers

[171]The Lake Point Small Business Association wants all participants to get as much out of the workshop as possible without distractions. During the workshop, please switch off mobile phones and other devices that make sounds. Breaks will be provided for attendees. If you need to take a call or respond to a message outside of these breaks, please exit the room quietly and conduct your business in the lobby. Thank you.

Lake Point 소기업 협회 (LPSBA)
소기업 보조금 신청 워크숍
8월 11일 수요일
오전 8시 – 오후 5시 30분
Lake Point 센터

행사 시간표:

오전 8시 – 8시 30분	도착 서명 및 유럽식 아침 식사
오전 8시 30분 – 9시	LPSBA 회장이자 [170-B]Smartphone 수리점의 소유주 Carol Summers의 환영사와 소개의 말
오전 9시 – 10시	[169]"당신의 사업체에 해당되는 보조금 찾고 선택하기", 이후 15분간의 휴식이 이어짐 Jefferson 대학교의 사업 개발학과 교수 [169]Dr. Brian Simon 발표
오전 10시 15분 – 오후 12시	"보조금 제안서 작성 기초: 성공적인 신청서 작성하기" 정부 사업개발실 행정관 Lucy Haggerty 발표
오후 12시 – 1시	Edward Gray 라운지에서의 점심
오후 1시 – 2시 30분	[170-A]사업 보조금 신청서 검토. 사업 유형에 따라 나뉘어진 대규모의 그룹으로 세션이 진행될 것이고, 이후 15분간의 휴식이 이어짐 [170-A]Carol Summers, Oliver Headley, Frances Connors 진행
오후 2시 45분 – 5시	1대 1시간 동안 모든 진행자들의 선택적인 보조금 제안서 검토
오후 5시 – 5시 30분	[170-D]Carol Summers의 폐회사

[171]Lake Point 소기업 협회는 모든 참석자들이 방해 없이 워크숍에서 가능한 한 많은 것을 얻기를 바랍니다. 워크숍 동안에는 휴대전화와 소리를 내는 다른 기기들의 전원을 꺼 주십시오. 참가자들에게 휴식 시간이 제공됩니다. 만약 이 휴식 시간 외에 전화를 받거나 메시지에 답을 해야 하면, 조용히 방을 나가서 로비에서 업무를 진행해 주십시오. 감사합니다.

어휘
- □ association n. 협회, 제휴
- □ continental adj. 유럽식의, 대륙의
- □ fundamental n. 기초, 기본; adj. 기본적인, 기초의
- □ facilitate v. 조성하다, 촉진하다
- □ distraction n. 집중을 방해하는 것, 주의 산만
- □ grant n. 보조금; v. 인정하다, 승인하다
- □ applicable adj. 해당되는, 적용되는
- □ optional adj. 선택적인, 선택 가능한
- □ attendee n. 참석자
- □ proposal n. 신청, 제안
- □ administrator n. 행정관, 관리자
- □ one-on-one adj. 1대 1의

169

What is scheduled immediately after Dr. Simon's talk?

(A) A video presentation
(B) A brief intermission
(C) A talk on government projects
(D) A one-hour lunch service

Dr. Simon의 강연 직후에 무엇이 예정되어 있는가?

(A) 영상 발표
(B) 짧은 휴식 시간
(C) 정부 사업에 대한 강연
(D) 한 시간 동안의 점심 제공

■ 육하원칙 What · 정답 (B)

Dr. Simon의 강연 직후에 무엇(What)이 예정되어 있는지를 묻는 육하원칙 문제이다. 질문의 핵심 어구인 scheduled immediately after Dr. Simon's talk와 관련하여, '"Researching and Selecting Applicable Grants for your Business," followed by a 15-minute break, Presented by Dr. Brian Simon'에서 Dr. Brian Simon의 "당신의 사업체에 해당되는 보조금 찾고 선택하기" 발표 이후에 15분간의 휴식이 이어진다고 했으므로 (B)가 정답이다.

바꾸어 표현하기
a 15-minute break 15분간의 휴식 → A brief intermission 짧은 휴식 시간

어휘 brief adj. 짧은, 잠깐의 intermission n. 휴식 시간

170

What is NOT indicated about Ms. Summers?

(A) She will be involved in reviewing proposals.
(B) She is the proprietor of a business.
(C) She teaches courses at a university.
(D) She is the final speaker of the event.

Ms. Summers에 대해 언급되지 않은 것은?

(A) 제안서를 검토하는 것에 참여할 것이다.
(B) 사업체의 소유주이다.
(C) 대학교에서 수업을 가르친다.
(D) 행사의 마지막 연사이다.

■ Not/True Not 문제 · 정답 (C)

질문의 핵심 어구인 Ms. Summers와 관련된 내용을 지문에서 찾아 각 보기와 대조하는 Not/True 문제이다. (A)는 'A review of business grant proposals.', 'Facilitated by Carol Summers'에서 사업 보조금 신청서 검토 시간의 진행자에 Carol Summers가 있으므로 지문의 내용과 일치한다. (B)는 'Carol Summers', 'Owner of Smartphone Repair Shop'에서 Carol Summers가 Smartphone 수리점의 소유주라고 했으므로 지문의 내용과 일치한다. (C)는 지문에 언급되지 않은 내용이다. 따라서 (C)가 정답이다. (D)는 'Closing remarks by Carol Summers'에서 Carol Summers가 폐회사를 할 것이라고 했으므로 지문의 내용과 일치한다.

바꾸어 표현하기
Owner 소유주 → proprietor 소유주

어휘 proprietor n. 소유주, 경영자

171

What does the LPSBA ask attendees to do?

(A) Share experiences starting a business
(B) Register for a follow-up workshop
(C) Avoid causing noise disturbances
(D) Use meeting rooms for private discussions

LPSBA는 참석자들에게 무엇을 해달라고 요청하는가?

(A) 사업을 시작한 경험을 공유한다
(B) 후속 워크숍에 등록한다
(C) 소음 방해를 일으키는 것을 피한다
(D) 개인적인 논의는 회의실을 이용한다

■ 육하원칙 What · 정답 (C)

LPSBA가 참석자들에게 무엇(What)을 해달라고 요청하는지를 묻는 육하원칙 문제이다. 질문의 핵심 어구인 the LPSBA ask attendees to do와 관련하여, 'The Lake Point Small Business Association wants all participants to get as much out of the workshop as possible without distractions. During the workshop, please switch off mobile phones and other devices that make sounds.'에서 Lake Point 소기업 협회는 모든 참석자들이 방해 없이 워크숍에서 가능한 한 많은 것을 얻기를 바라기 때문에 워크숍 동안에는 휴대전화와 소리를 내는 다른 기기들의 전원을 꺼달라고 했으므로 (C)가 정답이다.

바꾸어 표현하기
distractions 방해 → disturbances 방해

어휘 follow-up adj. 후속의, 뒤따르는, 추가의 disturbance n. 방해, 소란 private adj. 개인적인, 사적인

Questions 172-175 refer to the following memo.

172-175는 다음 회람에 관한 문제입니다.

MEMO

To: All Keenan Company Production Workers
From: Karen Pollack, Director of Manufacturing
Date: May 27
Subject: Overtime work opportunity

[172]We are very excited to announce that we have received a large order from the Saturn Moon Corporation. Saturn Moon has sold a lot of our products and foresees a continued growth in demand, which is why [172]they have requested that we fulfill a much bigger order for them than we normally do. The order is due for shipment at the end of September.

We are unable to complete the order without making some changes. In this regard, [173]we have two options. We can stay open longer from July 1 through September 30 and assign employees to work extra weekly shifts. Our second option would be to hire temporary employees, train them for some of the less complex tasks, and dismiss them when the job is done. [173]We need input from each employee, so please think about what you'd prefer. You will be meeting with your managers individually sometime this week to let them know your preference.

[175]If we have enough workers willing to work overtime, we will adjust your schedules. Otherwise, we will resort to hiring temporary workers. Thank you for your participation in this process.

회람

수신: Keenan사 생산직 전 직원
발신: Karen Pollack, 생산 관리자
날짜: 5월 27일
제목: 초과 근무 기회

[172]우리가 Saturn Moon사로부터 대량 주문을 받았다는 것을 알리게 되어 매우 기쁩니다. Saturn Moon사는 우리의 많은 제품들을 판매해왔으며 지속적인 수요 증가를 예상하고 있는데, 이것이 [172]그들이 우리가 그들을 위해 평소 하던 것보다 더 많은 주문을 조달하기를 요청한 이유입니다. 이 주문은 9월 말에 선적될 예정입니다.

우리는 약간의 변경 없이는 그 주문을 맞출 수 없습니다. 이와 관련하여, [173]우리에게는 두 가지의 옵션이 있습니다. 우리는 7월 1일에서 9월 30일까지 더 오래 운영해서 직원들이 추가적인 주간 교대 근무를 하도록 배정할 수 있습니다. 우리의 두 번째 옵션은 임시 직원들을 고용해서 덜 복잡한 작업 몇 가지를 위해 그들을 교육시키고 작업이 완료되면 그들을 내보내는 것입니다. [173]우리는 각 직원들의 의견이 필요하므로, 여러분이 어느 것을 선호하는지 생각해 보시기 바랍니다. 여러분은 관리자에게 여러분이 선호하는 것을 알리도록 이번 주 중으로 그들과 개인적으로 만나게 될 것입니다.

[175]만약 초과 근무를 기꺼이 하고자 하는 충분한 직원들이 있다면, 우리는 여러분의 일정을 조정할 것입니다. 그렇지 않으면, 우리는 임시 직원을 고용하는 것에 의지할 것입니다. 이 과정에 참여해 주셔서 감사합니다.

어휘 □ **overtime work** phr. 초과 근무 □ **foresee** v. 예상하다, 예견하다 □ **demand** n. 수요, 요구; v. 요구하다
□ **fulfill an order** phr. 주문을 조달하다 □ **due for** phr. ~할 예정인 □ **shipment** n. 선적, 수송
□ **in this regard** phr. 이것과 관련하여 □ **assign** v. 배정하다, 부과하다, 할당하다 □ **shift** n. 교대 근무 (시간); v. 옮기다, 이동하다
□ **temporary** adj. 임시의, 일시적인 □ **input** n. (의견·정보의) 제공, 조언 □ **individually** adv. 개인적으로, 개별적으로
□ **adjust** v. 조정하다, 조절하다 □ **resort to** phr. ~에 의지하다, 의존하다 □ **participation** n. 참여, 참가

172

What is being announced in the memo?

(A) A plan to take on new permanent employees
(B) A new company incentive program
(C) A need to produce more goods than usual
(D) A revised monthly staff pay scale

회람에서 무엇이 공지되고 있는가?

(A) 새로운 정규직 직원들을 고용하려는 계획
(B) 회사의 새로운 장려금 프로그램
(C) 평소보다 더 많은 제품을 생산해야 할 필요성
(D) 변경된 월간 직원 급여 체계

■ **주제/목적 찾기** 글의 주제 정답 (C)

회람에서 공지되고 있는 것을 묻는 주제 찾기 문제이므로 지문의 앞부분을 주의 깊게 확인한다. 'We are very excited to announce that we have received a large order from the Saturn Moon Corporation.'에서 Saturn Moon사로부터 대량 주문을 받았다는 것을 알리게 되어 매우 기쁘다고 한 후, 'they have requested that we fulfill a much bigger order for them than we normally do'에서 평소보다 더 많은 주문을 조달하기를 요청받았다고 하며 대량 주문 생산을 맞추기 위한 방안에 대해 설명하고 있으므로 (C)가 정답이다.

어휘 **take on** phr. ~를 고용(채용)하다 **permanent** adj. 정규직의, 영구적인 **incentive** n. 장려금, 인센티브 **revise** v. 변경하다, 수정하다
pay scale phr. 급여 체계

173

What does Ms. Pollack request that workers do?

(A) Take two options into consideration
(B) Train the short-term helpers
(C) Recommend training topics they would prefer
(D) Check their pay statements

Ms. Pollack은 직원들에게 무엇을 해달라고 요청하는가?

(A) 두 가지 옵션을 고려한다
(B) 단기 지원자들을 교육시킨다
(C) 선호하는 교육 주제를 추천한다
(D) 급여명세서를 확인한다

■ **육하원칙** What   정답 (A)

Ms. Pollack이 직원들에게 무엇(What)을 해달라고 요청하는지를 묻는 육하원칙 문제이다. 질문의 핵심 어구인 Ms. Pollack request that workers do와 관련하여, 'we have two options', 'We need input from each employee, so please think about what you'd prefer.'에서 회람의 작성자인 Ms. Pollack이 두 가지 옵션이 있다고 하면서 각 직원들의 의견이 필요하므로 어느 것을 선호하는지 생각해보기 바란다고 했으므로 (A)가 정답이다.

바꾸어 표현하기
think about what ~ prefer 어느 것을 선호하는지 생각해보다 → Take ~ options into consideration 옵션을 고려하다

어휘 take into consideration phr. ~을 고려하다 short-term adj. 단기의 pay statement phr. 급여명세서

174

The word "dismiss" in paragraph 2, line 6, is closest in meaning to

(A) disregard
(B) surrender
(C) eradicate
(D) discharge

2문단 여섯 번째 줄의 단어 "dismiss"는 의미상 –와 가장 가깝다.

(A) 무시하다
(B) 넘겨 주다
(C) 근절하다
(D) 해고하다

■ **동의어**   정답 (D)

dismiss를 포함하는 구절 'Our second option would be to hire temporary employees, train them for some of the less complex tasks, and dismiss them when the job is done.'에서 dismiss가 '내보내다, 해고하다'라는 뜻으로 사용되었다. 따라서 '해고하다'라는 뜻을 가진 (D)가 정답이다.

175

What will take place if not enough staff are willing to work overtime?

(A) Employees' salaries will be altered.
(B) An order request will have to be denied.
(C) Managers will fill in as provisional workers.
(D) Short-term staff will be taken on.

충분한 직원들이 초과 근무를 기꺼이 하지 않으면 무슨 일이 일어날 것인가?

(A) 직원들의 임금이 변경될 것이다.
(B) 주문 요청이 거절되어야 할 것이다.
(C) 관리자들이 임시 직원으로서 자리를 채울 것이다.
(D) 단기 직원들이 고용될 것이다.

■ **육하원칙** What   정답 (D)

충분한 직원들이 기꺼이 초과 근무를 하지 않으면 무슨(What) 일이 일어날 것인지를 묻는 육하원칙 문제이다. 질문의 핵심 어구인 take place if not enough staff are willing to work overtime과 관련하여, 'If we have enough workers willing to work overtime, we will adjust your schedules. Otherwise, we will resort to hiring temporary workers.'에서 만약 초과 근무를 기꺼이 하고자 하는 충분한 직원들이 있다면 직원들의 일정을 조정할 것이고, 그렇지 않으면 임시 직원을 고용하는 것에 의지할 것이라고 했으므로 (D)가 정답이다.

바꾸어 표현하기
temporary workers 임시 직원들 → Short-term staff 단기 직원들

어휘 alter v. 변경하다, 바꾸다 fill in phr. ~을 채우다, ~을 대신하다 provisional adj. 임시의, 일시적인 short-term adj. 단기의, 단기적인

지문 1

To: Teresa Panicucci <t.panicucci@cresca.com>
From: Armand Bazinet <a.bazinet@cresca.com>
Subject: Urgent press release
Date: July 24

Teresa,

[176]Ms. Schmid asked me to prepare a press release describing Cresca's research partnership with India's Rajasthan University. I have some basic facts about the project, but I need more details about the people in India. Unfortunately, I forgot that Ms. Schmid is in Paris attending a conference for communications professionals. Do you have any more information about our partner? Ms. Schmid said you were in close contact with the university's research coordinator, Mr. Arnav Gupta. [176]I would appreciate receiving any information you can share, especially quotes from project principals. I plan to finish my first draft by Thursday. [177]The article is set to be published the day after our planned opening ceremony in Jaipur, India. Thank you!

Armand

수신: Teresa Panicucci <t.panicucci@cresca.com>
발신: Armand Bazinet <a.bazinet@cresca.com>
제목: 긴급 보도 자료
날짜: 7월 24일

Teresa에게,

[176]Ms. Schmid가 저에게 Cresca사와 인도의 Rajasthan 대학교의 연구 협력을 설명하는 보도 자료를 준비해 달라고 요청했어요. 프로젝트에 대한 몇 가지 기본적인 사실들은 가지고 있지만, 저는 인도에 있는 사람들에 대한 세부 사항이 더 필요해요. 유감스럽게도, 저는 Ms. Schmid가 파리에서 커뮤니케이션 전문가들을 위한 컨퍼런스에 참석 중이라는 것을 잊어버렸어요. 우리의 협력사에 관해 더 많은 정보가 있으신가요? Ms. Schmid가 당신이 대학의 연구 담당자인 Mr. Arnav Gupta와 가깝게 연락했다고 알려주었어요. [176]당신이 공유할 수 있는 어떤 정보든, 특히 프로젝트의 주요 인사들로부터의 인용문을 받을 수 있다면 고맙겠어요. 저는 제 초안을 목요일까지 완료할 계획이에요. [177]이 기사는 인도 자이푸르에서 열리기로 계획된 우리의 개관식 다음 날에 발행될 예정이에요. 감사해요!

Armand

지문 2

South Asia Newswire
www.southasianewswire.com

CORPORATE ANNOUNCEMENTS

Cresca announces partnership with India's Rajasthan University

[177]August 3 (Jaipur, India) — [177]Cresca, a global agriculture company specializing in seed and crop development, has opened a new state-of-the-art biotechnology facility in Rajasthan University, India. The company agreed to move its operations there after closing research and development centers in Kenya and Greece.

The decisions were based on recommendations by Mr. David Klepper, who is Cresca's director of global research and development. "We've long maintained that [178-A]partnering with universities on research and development is critical to sustained growth," said Mr. Klepper. "[178-A/D]These partnerships are cost-effective and lead to greater product innovation. [178-B]They also benefit our partners through needed funding." According to project leader Dr. Myrthi Agarwal, "We are pleased to form this partnership and look forward to discovering new methods for dealing with the challenges to global food security caused by climate change and expanding populations."

[179]The facility currently employs a staff of 16 researchers, but according to Mr. Klepper, this number will likely rise significantly over the coming years. Initially, research

South Asia Newswire
www.southasianewswire.com

기업 소식

Cresca사가 인도 Rajasthan 대학교와의 협력 발표

[177]8월 3일 (인도 자이푸르) — [177]종자와 작물 개발을 전문으로 하는 세계적인 농업 회사인 Cresca사가 인도 Rajasthan 대학에 새로운 최첨단 생명공학 시설을 열었다. 그 회사는 케냐와 그리스에 있는 연구 개발 센터를 폐쇄한 후에 그것의 사업장을 그곳으로 옮기는 것에 동의했다.

이 결정은 Cresca사의 국제 연구 개발 책임자인 Mr. David Klepper의 권고에 기초했다. "우리는 [178-A]연구 개발에 있어 대학들과 협력하는 것이 지속적인 성장에 매우 중요하다고 오랫동안 주장해 왔습니다."라고 Mr. Klepper가 말했다. "[178-A/D]이러한 협력은 비용 효율이 높고 더 큰 제품 혁신으로 이끕니다. [178-B]또한 필요한 자금을 통해 우리의 파트너들에게도 이득입니다." 프로젝트 리더인 Mirthi Agarwal 박사에 따르면, "우리는 이 협력을 형성하게 되어 기쁘고 기후 변화와 인구 증가로 인한 세계 식량 안보에 대한 어려움에 대처하기 위한 새로운 방법을 발견하기를 기대합니다."

[179]이 시설에는 현재 16명의 연구원들이 근무하고 있지만, Mr. Klepper에 따르면, 이 숫자는 앞으로 몇 년 동안 크게 증가할 것 같다고 한다. 초기에, 연구는 불리한 환경 조건에

will be focused on the development of a new crop strain that thrives in adverse environmental conditions. | 서 번성하는 새로운 작물 품종의 개발에 초점을 맞출 것이다.

지문 1 □ urgent adj. 긴급한, 다급한 □ partnership n. 협력 □ quote n. 인용문, 인용구; v. 인용하다
　　　 □ draft n. 초안, 원고

지문 2 □ agriculture n. 농업 □ crop n. 작물 □ state-of-the-art adj. 최첨단의, 최신식의
　　　 □ biotechnology n. 생명공학 □ maintain v. 주장하다, 유지하다 □ sustained adj. 지속적인
　　　 □ cost-effective adj. 비용 효율이 높은 □ security n. 안보, 안전 □ climate n. 기후
　　　 □ administrative adj. 행정의 □ strain n. 품종; v. 혹사하다 □ thrive v. 번성하다
　　　 □ adverse adj. 불리한, 부정적인

176
○○○○● 하

Why did Mr. Bazinet write to Ms. Panicucci?

(A) To notify her about a company transfer
(B) To invite her to an upcoming meeting
(C) To ask for an introduction to a colleague
(D) To request additional details about a project

| Mr. Bazinet은 왜 Ms. Panicucci에게 이메일을 보냈는가?

(A) 그녀에게 회사 이전에 대해 알리기 위해
(B) 다가오는 회의에 그녀를 초대하기 위해
(C) 동료에게 소개를 부탁하기 위해
(D) 프로젝트에 대한 추가적인 정보를 요청하기 위해

■ **주제/목적 찾기** 글을 쓴 이유 　　　　　　　　　　　　　　　　　　　　　　　　　　　　　　　　　정답 (D)

Mr. Bazinet이 Ms. Panicucci에게 이메일을 보낸 이유를 묻는 목적 찾기 문제이므로 Mr. Bazinet이 작성한 첫 번째 지문인 이메일을 확인한다. 이메일의 'Ms. Schmid asked me to prepare a press release ~. I have some basic facts about the project, but I need more details about the people in India.'에서 Ms. Schmid가 자신, 즉 Mr. Bazinet에게 보도 자료를 준비해 달라고 요청했으며, 프로젝트에 대한 몇 가지 기본적인 사실들은 가지고 있지만 인도에 있는 사람들에 대한 세부 사항이 더 필요하다고 한 후, 'I would appreciate receiving any information you can share ~.'에서 당신, 즉 Ms. Panicucci가 공유할 수 있는 어떤 정보든 받을 수 있다면 고맙겠다고 하였으므로 (D)가 정답이다.

어휘　notify v. 알리다　transfer n. 이전, 이동, 전근

177
○○○●○ 중

What can be inferred about the facility's opening ceremony in Rajasthan University?

(A) It coincided with a conference.
(B) It was organized by Mr. Gupta.
(C) It took place on August 2.
(D) It was announced by Cresca in July.

| Rajasthan 대학에서의 시설 개관식에 대해 추론될 수 있는 것은?

(A) 컨퍼런스와 동시에 일어났다.
(B) Mr. Gupta에 의해 준비되었다.
(C) 8월 2일에 열렸다.
(D) Cresca사에 의해 7월에 발표되었다.

■ **추론** 연계 문제 　　　　　　　　　　　　　　　　　　　　　　　　　　　　　　　　　　　　　정답 (C)

두 지문의 내용을 종합적으로 확인한 후 추론해서 풀어야 하는 연계 문제이다. 질문의 핵심 어구인 facility's opening ceremony in Rajasthan University와 관련된 내용이 언급된 이메일을 먼저 확인한다.

[단서 1] 첫 번째 지문(이메일)의 'The article is set to be published the day after our planned opening ceremony'에서 기사는 계획된 개관식 다음 날에 발행될 예정이라고 했다. 그런데 기사가 언제 발행되었는지 제시되지 않았으므로 기사에서 관련 내용을 확인한다.

[단서 2] 두 번째 지문(기사)의 'August 3 ~ Cresca ~ has opened a new ~ facility in Rajasthan University'에서 Cresca사가 Rajasthan 대학에 새로운 시설을 연 것에 대한 기사가 8월 3일에 발행되었음을 확인할 수 있다.

두 단서를 종합할 때, 기사가 개관식 다음 날인 8월 3일에 발행되었으므로 개관식은 8월 2일에 열렸다는 사실을 추론할 수 있다. 따라서 (C)가 정답이다.

어휘　coincide v. 동시에 일어나다, 일치하다

178
○○○○●중

What is NOT stated as a benefit of Cresca's partnership with Rajasthan University?

(A) Savings on research
(B) Access to financial backing
(C) Lower food prices
(D) Improvements to offerings

Cresca사와 Rajasthan 대학 간 협력의 이익으로 언급되지 않은 것은?

(A) 연구비 절감
(B) 경제적 지원에 대한 접근
(C) 더 낮은 식품 가격
(D) 상품 개선

■ **Not/True** Not 문제　　　　　　　　　　　　　　　　　　　　　　　　　　　　　　정답 (C)

질문의 핵심 어구인 benefit of Cresca's partnership with Rajasthan University와 관련된 내용을 지문에서 찾아 각 보기와 대조하는 Not/True 문제이므로 Cresca사와 Rajasthan 대학이 언급된 두 번째 지문인 기사에서 관련 내용을 확인한다. (A)는 'partnering with universities ~ is critical to sustained growth', 'These partnerships are cost-effective'에서 대학들과 협력하는 것이 지속적인 성장에 매우 중요하며, 이러한 협력은 비용 효율이 높다고 했으므로 지문의 내용과 일치한다. (B)는 'They[These partnerships] also benefit our partners through needed funding.'에서 이러한 협력은 필요한 자금을 통해 파트너들에게도 이득이라고 했으므로 지문의 내용과 일치한다. (C)는 지문에 언급되지 않은 내용이다. 따라서 (C)가 정답이다. (D)는 'These partnerships ~ lead to greater product innovation.'에서 이러한 협력이 더 큰 제품 혁신으로 이끈다고 했으므로 지문의 내용과 일치한다.

바꾸어 표현하기
cost-effective 비용 효율이 높다 → Savings on research 연구비 절감
benefit our partners through needed funding 필요한 자금을 통해 우리의 파트너들에게도 이득이다
→ Access to financial backing 경제적 지원에 대한 접근

어휘　backing n. 지원, 후원　offering n. 상품, 공물

179
○○○○●상

What could the new facility do in the future?

(A) It will recruit additional personnel.
(B) It will provide affordable food options.
(C) It will publish a report in a scientific journal.
(D) It will partner with other university facilities.

새로운 시설은 미래에 무슨 일을 할 수 있는가?

(A) 추가적인 직원들을 모집할 것이다.
(B) 저렴한 식품 선택지를 제공할 것이다.
(C) 과학 학술지에 보고서를 출판할 것이다.
(D) 다른 대학 시설들과 협력할 것이다.

■ **육하원칙** What　　　　　　　　　　　　　　　　　　　　　　　　　　　　　　정답 (A)

새로운 시설이 미래에 무슨(What) 일을 할 수 있는지를 묻는 육하원칙 문제이므로 질문의 핵심 어구인 new facility do in the future와 관련된 내용이 언급된 두 번째 지문인 기사를 확인한다. 기사의 'The facility currently employs a staff of 16 researchers, but ~ this number will likely rise significantly over the coming years.'에서 이 시설에는 현재 16명의 연구원들이 근무하고 있지만, 이 숫자는 앞으로 몇 년 동안 크게 증가할 것 같다고 했으므로 (A)가 정답이다.

어휘　personnel n. 직원들, 인원　affordable adj. 저렴한

180
○○○○●중

In the article, the word "strain" in paragraph 3, line 3, is closest in meaning to

(A) pressure
(B) breed
(C) streak
(D) struggle

기사에서, 3문단 세 번째 줄의 단어 "strain"은 의미상 –와 가장 가깝다.

(A) 압박
(B) 종자
(C) 줄기, 구석
(D) 고난

■ **동의어**　　　　　　　　　　　　　　　　　　　　　　　　　　　　　　정답 (B)

두 번째 지문인 기사의 strain을 포함하는 구절 'research will be focused on the development of a new crop strain'에서 strain이 '품종'이라는 뜻으로 사용되었다. 따라서 '종자'라는 뜻을 가진 (B)가 정답이다.

지문 1

www.BizzPro.com/BizzSec/update

About | **Update** | Download | Customer Reviews

[181]Our best-selling software BizzSpec has now been updated to version 4.0! Just like with BizzSpec 3.9, you can create comprehensive business reports and presentations. At the same time, the new version imports data, text, and images from various sources, which can be inserted into a format that you design. In addition, [182-D]the upgrade improves the functionality, look, and features of the program, allowing it to start up and import files faster than ever before while completing tasks more effectively. Now, users can customize the home page and main menus to reflect the functions that are used most.

[185]The updated version is now available to download for existing users of BizzSpec 3.0-3.9 at no cost. Updating is easy. Simply click here to go directly to our download page, where we'll ask you a few questions to ensure that the upgrade is compatible with your computer's operating system. [184-B]Download and installation time is about 30 minutes. Please e-mail upgradehelp@bizzservices.com if you have any questions.

*[182-C]BizzSpec 4.0 is also available for new customers. Please check the Web site for special rates that are available for a limited time.

www.BizzPro.com/BizzSec/update

소개 | 업데이트 | 다운로드 | 고객 후기

[181]저희의 베스트셀러 소프트웨어인 BizzSpec이 이제 4.0 버전으로 업데이트되었습니다! BizzSpec 3.9와 같이, 여러분은 종합적인 비즈니스 보고서와 발표물을 만드실 수 있습니다. 동시에, 새로운 버전은 다양한 출처에서 데이터, 텍스트, 이미지를 불러오며, 이것들은 여러분이 디자인하는 구성에 삽입될 수 있습니다. 게다가, [182-D]그 업그레이드는 프로그램의 기능성, 디자인, 특징들을 개선시켜서, 그건 어느 때보다도 더 빠르게 파일을 열고 불러오며 동시에 작업을 더 효과적으로 완료하도록 해줍니다. 이제, 사용자들은 가장 많이 사용되는 기능을 반영하여 초기 페이지와 주요 메뉴들을 원하는 대로 바꿀 수 있습니다.

[185]업데이트된 버전은 기존의 BizzSpec 3.0에서 3.9 사용자들에게 현재 무료로 다운로드될 수 있습니다. 업데이트하는 것은 간단합니다. 여기를 클릭해서 저희의 다운로드 페이지로 바로 가시기만 하면, 그곳에서 업그레이드가 여러분의 컴퓨터 운영 체제와 호환되는지를 확실히 하기 위해 저희가 몇 가지 질문을 할 것입니다. [184-B]다운로드와 설치 시간은 약 30분입니다. 문의가 있으시면 upgradehelp@bizzservices.com으로 이메일을 보내 주십시오.

*[182-C]BizzSpec 4.0은 새로운 고객들에게도 이용 가능합니다. 한정된 기간에만 이용 가능한 특별 가격에 대해 웹사이트를 확인해 보십시오.

지문 2

Reviewer: Johnny Nestor

[185]I recently installed BizzSpec 4.0 and have worked with it for two weeks. [185]I liked the features in the 3.0 version I had before but used it only occasionally as it was slow and difficult to navigate. The new version addresses both of these problems. The ability to customize the menu means that [182-B]you can remove functions that you don't use and arrange the icons in a way that works for you. [182-B]The functions aren't deleted from the program, so if one is needed at a later date, you can retrieve it. Whether you customize the main menu or not, the program starts quickly and moves seamlessly between tasks.

However, I have two minor complaints. First, [184-B]the length of the setup time stated in the company's Web page was inaccurate as the process took much longer than that. Secondly, there are a few older file types that the updated version is unable to read.

Overall, it's a great tool that is now easier to use. If you create a lot of reports and presentations, I recommend the update.

후기 작성자: Johnny Nestor

[185]저는 최근에 BizzSpec 4.0을 설치했고 2주간 그것을 사용해 작업을 했습니다. [185]저는 이전에 가지고 있던 3.0 버전의 특징들을 좋아했지만 그것은 느리고 다루기 어려워서 가끔씩만 사용했습니다. 새로운 버전은 이 두 가지 문제 모두를 처리합니다. 메뉴를 사용자가 원하는 대로 바꿀 수 있다는 것은 [182-B]사용하지 않는 기능들을 제거할 수 있고 당신에게 맞는 방식으로 아이콘을 배치할 수 있다는 것을 의미합니다. [182-B]그 기능들은 프로그램에서 삭제되는 것은 아니므로 나중에 필요한 경우 다시 복구할 수 있습니다. 주요 메뉴를 원하는 대로 바꾸든 바꾸지 않든, 프로그램은 빠르게 시작하고 작업 간에 매끄럽게 이동합니다.

하지만, 저는 두 가지의 작은 불만이 있습니다. 첫 번째로, [184-B]회사의 웹페이지에 언급된 설치 시간이 정확하지 않았다는 점인데, 이는 설치 과정이 그보다 훨씬 오래 걸렸기 때문입니다. 두 번째로, 업데이트된 버전이 읽을 수 없는 오래된 파일 종류가 몇 개 있습니다.

전반적으로, 이것은 이제 사용하기에 더 쉬운 좋은 도구입니다. 당신이 많은 보고서와 발표물을 만든다면 업데이트를 추천합니다.

지문 1   □ comprehensive   adj. 종합적인, 포괄적인   □ import   v. (다른 프로그램에서 데이터를) 불러오다, 수입하다

     □ insert   v. 삽입하다, 넣다   □ format   n. 형식, 구성   □ functionality   n. 기능성, 상관관계

     □ feature   n. 특징, 특색   □ customize   v. 사용자가 원하는 대로 바꾸다, 주문 제작하다

     □ reflect   v. 반영하다, 반사하다   □ at no cost   phr. 무료로   □ be compatible with   phr. ~과 호환되다

     □ operating system   phr. 운영 체제   □ installation   n. 설치, 설비   □ rate   n. 가격, 요금, 비율; v. 평가하다

지문 2   □ install   v. (컴퓨터에 새 프로그램을) 설치하다   □ ability   n. 할 수 있음, 능력   □ arrange   v. 배치하다, 배열하다

     □ retrieve   v. 복구하다, 되찾다   □ seamlessly   adv. 매끄럽게, 균일하게   □ setup   n. 설치, 기구, 조직

     □ inaccurate   adj. 부정확한, 오류가 있는   □ process   n. 과정, 절차; v. 처리하다

181

What is the main purpose of the Web page?

(A) To invite customers to rate a product
(B) To give instructions for removing a computer virus
(C) To notify customers of a product improvement
(D) To provide information about a presentation

웹페이지의 주 목적은 무엇인가?

(A) 고객들에게 제품을 평가해달라고 요청하기 위해
(B) 컴퓨터 바이러스를 제거하는 것에 대한 설명을 제공하기 위해
(C) 고객들에게 제품 개선에 대해 알리기 위해
(D) 발표에 대한 정보를 제공하기 위해

■ **주제/목적 찾기** 글의 목적   정답 (C)

웹페이지의 목적을 묻는 목적 찾기 문제이므로 첫 번째 지문인 웹페이지를 확인한다. 'Our best-selling software BizzSpec has now been updated to version 4.0!'에서 베스트셀러 소프트웨어인 BizzSpec이 이제 4.0 버전으로 업데이트되었다고 한 후, 업데이트된 버전의 장점 및 설치 방법 등에 대해 설명하고 있으므로 (C)가 정답이다.

바꾸어 표현하기
software ~ has now been updated 소프트웨어가 업데이트되었다 → product improvement 제품 개선

어휘   notify   v. 알리다, 통지하다   improvement   n. 개선, 향상

182

What is indicated about BizzSpec 4.0?

(A) It can convert one file type to another.
(B) Unused functions are automatically deleted.
(C) The version is only available for existing customers.
(D) Tasks are processed faster than in earlier versions.

BizzSpec 4.0에 대해 언급된 것은?

(A) 파일을 한 가지 형태에서 다른 형태로 변환할 수 있다.
(B) 사용되지 않는 기능들이 자동으로 삭제된다.
(C) 기존 고객들에게만 이용 가능하다.
(D) 이전 버전에서보다 작업이 더 빨리 처리된다.

■ **Not/True** True 문제   정답 (D)

질문의 핵심 어구인 BizzSpec 4.0과 관련된 내용을 지문에서 찾아 각 보기와 대조하는 Not/True 문제이므로 BizzSpec 4.0과 관련된 내용이 언급된 첫 번째 지문인 웹페이지와 두 번째 지문인 후기를 모두 확인한다. (A)는 지문에 언급되지 않은 내용이다. (B)는 두 번째 지문인 후기의 'you can remove functions that you don't use', 'The functions aren't deleted from the program, so if one is needed at a later date, you can retrieve it.'에서 사용하지 않는 기능들을 제거할 수 있는데 그 기능들은 프로그램에서 삭제되지 않으므로 나중에 필요한 경우 다시 복구할 수 있다고 했지 자동으로 삭제된다고 하지 않았으므로 지문의 내용과 일치하지 않는다. (C)는 첫 번째 지문인 웹페이지의 'BizzSpec 4.0 is also available for new customers.'에서 BizzSpec 4.0이 새로운 고객들에게도 이용 가능하다고 했으므로 지문의 내용과 일치하지 않는다. (D)는 첫 번째 지문인 웹페이지의 'the upgrade improves the functionality ~ of the program, allowing it to start up and import files faster than ever before while completing tasks more effectively'에서 업그레이드가 프로그램의 기능성을 개선시켜서 그전 어느 때보다도 더 빠르게 파일을 열고 불러오며 동시에 작업을 더 효과적으로 완료하도록 해준다고 했으므로 지문의 내용과 일치한다. 따라서 (D)가 정답이다.

바꾸어 표현하기
start up and import files faster than ever before 그전 어느 때보다도 더 빠르게 파일을 열고 불러오다
→ Tasks are processed faster 작업이 더 빨리 처리되다

어휘   convert   v. 변환하다, 전환시키다   automatically   adv. 자동으로

183

In the review, the word "navigate" in paragraph 1, line 3, is closest in meaning to

(A) examine
(B) guide
(C) operate
(D) plan

후기에서, 1문단 세 번째 줄의 단어 "navigate"는 의미상 ~와 가장 가깝다.

(A) 검토하다
(B) 안내하다
(C) (기계 등을) 작동하다
(D) 계획하다

■ 동의어
정답 (C)

두 번째 지문인 후기의 navigate를 포함하는 구절 'I liked the features in the 3.0 version ~ but used it only occasionally as it was slow and difficult to navigate.'에서 navigate가 '다루다, 처리하다'라는 뜻으로 사용되었다. 따라서 '(기계 등을) 작동하다'라는 뜻을 가진 (C)가 정답이다.

184

What does Mr. Nestor mention about the setup process?

(A) It has too many complicated steps.
(B) It took more than half an hour.
(C) It did not require the import of files.
(D) It tends to pause intermittently.

Mr. Nestor가 설치 과정에 대해 언급하는 것은?

(A) 너무 많은 복잡한 단계들이 있다.
(B) 30분보다 더 걸렸다.
(C) 파일을 불러오는 것을 필요로 하지 않았다.
(D) 간헐적으로 멈추는 경향이 있다.

■ Not/True 연계 문제
정답 (B)

두 지문의 내용을 종합해서 풀어야 하는 연계 문제이다. 질문의 핵심 어구인 the setup process에 대해 Mr. Nestor가 언급한 내용을 지문에서 찾아 각 보기와 대조하는 Not/True 문제이므로 설치와 관련된 내용이 언급된 두 지문 모두를 확인한다. (A)는 지문에 언급되지 않은 내용이다. (B)는 후기의 'the length of the setup time stated in the company's Web page was inaccurate as the process took much longer than that'에서 회사의 웹페이지에 언급된 설치 시간이 정확하지 않았고 설치 과정이 그보다 훨씬 오래 걸렸다고 했고, 웹페이지의 'Download and installation time is about 30 minutes.'에서 회사 웹페이지에 다운로드와 설치 시간이 약 30분이라고 되어 있다고 한 것을 통해 설치 과정이 웹페이지에 제시된 30분보다 더 오래 걸렸다는 것을 알 수 있다. 따라서 (B)가 정답이다. (C)와 (D)는 지문에 언급되지 않은 내용이다.

바꾸어 표현하기
setup 설치 → Download and installation 다운로드와 설치
30 minutes 30분 → half an hour 30분

어휘 complicated adj. 복잡한 step n. 단계, 걸음 intermittently adv. 간헐적으로

What is suggested about Mr. Nestor?

(A) He prefers the appearance of the 3.0 product version more.
(B) He got a new program version free of charge.
(C) He uses the software program mostly at home.
(D) He recommended the software to his colleagues.

Mr. Nestor에 대해 암시되는 것은?

(A) 3.0 제품 버전의 외관을 더 선호한다.
(B) 새로운 프로그램 버전을 무료로 받았다.
(C) 소프트웨어 프로그램을 주로 집에서 사용한다.
(D) 그의 동료에게 소프트웨어를 추천했다.

■ **추론** 연계 문제   정답 (B)

두 지문의 내용을 종합적으로 확인한 후 추론해서 풀어야 하는 연계 문제이다. 질문의 핵심 어구인 **Mr. Nestor**가 작성한 후기를 먼저 확인한다.

단서 1 두 번째 지문(후기)의 'I recently installed BizzSpec 4.0', 'I liked the features in the 3.0 version I had before'에서 Mr. Nestor가 기존에 3.0 버전을 사용하다가 최근에 4.0 버전을 설치했다고 했다. 그런데 4.0 버전의 설치 비용이 제시되지 않았으므로 웹페이지에서 관련 내용을 확인한다.

단서 2 첫 번째 지문(웹페이지)의 'The updated version is now available to download for existing users of BizzSpec 3.0-3.9 at no cost.'에서 업데이트된 버전, 즉 4.0 버전이 기존의 BizzSpec 3.0에서 3.9 사용자들에게 현재 무료로 다운로드될 수 있다고 했다.

두 단서를 종합할 때, Mr. Nestor가 업데이트된 4.0 버전을 무료로 받았다는 사실을 추론할 수 있다. 따라서 (B)가 정답이다.

바꾸어 표현하기
The updated version 업데이트된 버전 → a new program version 새로운 프로그램 버전
at no cost 무료로 → free of charge 무료로

어휘   appearance n. 외관, 겉모습   free of charge phr. 무료로

Questions 186-190 refer to the following flyer, e-mail, and brochure.

186-190은 다음 광고지, 이메일, 브로슈어에 관한 문제입니다.

지문 1

Blaine Remodeling Co.

186-C Serving Salt Lake City for over 25 years

We provide expert construction, competitive pricing, and quality workmanship! 186-B Our services include roofing, siding, and gutter installation and repair. We also handle entire room makeovers and more.

$250 off new roofing or siding 150 sq. m. or more	187 $100 off seamless gutters 30 m. or more	$40 off masonry repair of $400 or more	$20 off gutter cleaning or power washing
Expires 10/31	Expires 10/31	Expires 10/31	Expires 10/31

*Offers cannot be combined.

For inquiries, call 555-7815. We provide free site inspections and estimates.

186-D From September 4 to 6, we will be at the Temple Convention Center for the 16th Valley Home Renovation Fair. Come see us at booth 946!

Blaine Remodeling사

186-C 25년 이상 솔트레이크시티를 위해 일하고 있습니다

저희는 전문적인 공사, 경쟁력 있는 가격, 그리고 고품질의 기술을 제공합니다! 186-B 당사의 서비스는 지붕, 외벽, 그리고 홈통 설치 및 수리를 포함합니다. 저희는 방 전체 개조와 더 많은 일 또한 다룹니다.

150제곱미터 이상의 새 지붕 또는 외벽 250달러 할인	187 30미터 이상의 이음매 없는 홈통 100달러 할인	400달러 이상의 석조 수리 40퍼센트 할인	홈통 청소 또는 강력 세척 20달러 할인
10/31 만료	10/31 만료	10/31 만료	10/31 만료

*할인은 결합될 수 없습니다.

문의하시려면, 555-7815로 전화 주십시오. 저희는 무료 현장 점검 및 견적을 제공합니다.

186-D 9월 4일부터 6일까지, 저희는 제16회 Valley 주택 개조 박람회를 위해 Temple 컨벤션 센터에 있을 예정입니다. 946번 부스로 저희를 만나러 오세요!

지문 2

To: Susan Ritchie <s.ritchie@mailbee.com>
From: Ike Portillo <i.portillo@blaineremodel.com>
Subject: Home remodel
Date: September 8
Attachment: rain_gutters.pdf

Hi Susan,

It was nice meeting you at last weekend's fair. Attached is the brochure I promised that describes the different types of gutters we carry.

My first recommendation would be to upgrade your gutters. 189-B You don't want them to deteriorate in severe cold like your old ones. Since 188 your roof is staying intact, I would also suggest ones we can easily paint in a matching color. Lastly, although they are pricier, 187/189-B I would go for seamless gutters since they last for a long time. 189-D You don't need the most expensive kind.

187 You mentioned that you will require over 60 meters of new gutters installed. I can give you an exact quote after we've visited your home. We can discuss cleaning your chimney, painting your home's exterior, and resurfacing your driveway at the same time. Let me know when we can drop by.

I look forward to hearing from you.

Kind regards,

수신: Susan Ritchie <s.ritchie@mailbee.com>
발신: Ike Portillo <i.portillo@blaineremodel.com>
제목: 주택 리모델링
날짜: 9월 8일
첨부 파일: 홈통.pdf

안녕하세요 Susan,

지난 주말 박람회에서 만나서 반가웠습니다. 제가 드리기로 약속했던 저희가 취급하는 여러 종류의 홈통을 설명하는 브로슈어를 첨부했습니다.

제 첫 번째 추천은 당신의 홈통을 개선하는 것입니다. 189-B 당신은 이전의 것들처럼 그것들이 극심한 추위에 악화되는 걸 원치 않으실 겁니다. 188 당신의 지붕은 온전하게 유지되고 있으므로, 어울리는 색으로 쉽게 칠할 수 있는 것들을 또한 제안 드립니다. 마지막으로, 가격이 더 비싸긴 하지만, 187/189-B 오랫동안 지속되기 때문에 이음매가 없는 홈통으로 하는 것이 좋겠습니다. 189-D 가장 비싼 것은 필요하지 않으십니다.

187 당신은 새로운 홈통이 60미터 이상 설치되어야 할 것이라고 언급하셨습니다. 저희가 당신의 집을 방문한 후에 정확한 견적을 내드릴 수 있습니다. 저희는 또한 굴뚝 청소, 집 외관 페인트칠, 그리고 진입로 재포장도 동시에 논의할 수 있습니다. 저희가 언제 들르면 좋을지 알려주시기 바랍니다.

답변 기다리겠습니다.

Ike Portillo
Client sales
Blaine Remodeling Co.

Ike Portillo 드림
고객 영업부
Blaine Remodeling사

지문 3

CHOOSE THE RIGHT GUTTER FOR YOU

Rain gutters divert water away from your home, protecting its sides and foundation. Select the right one based on your needs.

Material	PROS	CONS
Vinyl	Low cost, lightweight, easy to install, does not rust or corrode	Can crack over time in extreme cold, available only in sections
[189-B]Aluminum*	Lightweight, rust-proof, [189-B]weather-resistant even in cold climates, holds paint well	Structurally weak in comparison to other materials, easily dented or misshapen
Galvanized Steel	Cost-competitive and sturdier than aluminum	Prone to rust, requires frequent maintenance
[189-D]Stainless Steel*	[189-D]Virtually indestructible, retains shine for many years, and will not rust	[189-D]Costs two to four times as much as other materials

[189-B/D]*Available in seamless varieties. [190]Unlike sectional gutters, seamless gutters have fewer joints and are thus less prone to leakage.

귀하에게 맞는 홈통을 선택하십시오

빗물용 홈통은 귀하의 집으로부터 물을 전환시켜서, 그것의 옆면과 토대를 보호합니다. 필요에 따라 적합한 항목을 선택하십시오.

재료	장점	단점
비닐	저비용, 가벼움, 설치하기 용이, 녹슬거나 부식되지 않음	극한의 추위에서는 시간이 지남에 따라 균열이 발생할 수 있으며, 오직 부분별로만 사용 가능
[189-B]알루미늄*	가벼움, 녹 방지, [189-B]추운 기후에서도 잘 견디며, 페인트가 잘 유지됨	다른 재료에 비해 구조적으로 약함, 쉽게 찌그러지거나 모양이 흐트러짐
아연 도금 강	가격 경쟁력이 있고 알루미늄보다 견고함	녹슬기 쉬우며, 잦은 유지보수 필요
[189-D]스테인리스 강*	[189-D]사실상 파괴가 불가능, 수년 동안 광택을 유지하며, 녹슬지 않음	[189-D]다른 재료보다 2~4배 더 많은 비용이 듦

[189-B/D]*이음매 없는 종류로 제공 가능합니다. [190]조립식 홈통과는 달리, 이음매 없는 홈통은 더 적은 연결 부위를 가지고 따라서 누수의 가능성이 더 낮습니다.

지문 1
- □ quality adj. 고품질의
- □ siding n. 외벽, 외장재
- □ makeover n. 개조
- □ inquiry n. 문의, 문의사항
- □ workmanship n. 기술, 솜씨
- □ gutter n. 홈통, 배수로
- □ seamless adj. 이음매 없는, 매끄러운
- □ inspection n. 점검
- □ roofing n. 지붕 공사, 지붕 재료
- □ installation n. 설치
- □ masonry n. 석조, 벽돌
- □ estimate n. 견적, 추정

지문 2
- □ deteriorate v. 악화되다, 상태가 더 나빠지다
- □ exterior n. 외관
- □ drop by phr. ~에 들르다
- □ intact adj. 온전한, 전혀 다치지 않은
- □ resurface v. 재포장하다, 다시 떠오르다
- □ quote n. 견적
- □ driveway n. 진입로

지문 3
- □ divert v. 전환시키다, 방향을 바꾸게 하다
- □ rust v. 녹슬다
- □ dented adj. 찌그러진
- □ sturdy adj. 견고한
- □ frequent adj. 잦은, 빈번한
- □ indestructible adj. 파괴할 수 없는, 불멸의
- □ joint n. 연결 부위, 관절
- □ foundation n. 토대
- □ corrode v. 부식되다
- □ misshapen adj. 모양이 흐트러진, 기형의
- □ prone to phr. ~을 하기 쉬운, ~의 가능성이 있는
- □ maintenance n. 유지보수
- □ retain v. 유지하다, 보유하다
- □ leakage n. 누수
- □ lightweight adj. 가벼운, 경량의
- □ weather-resistant adj. 날씨에 잘 견디는
- □ galvanized adj. 아연 도금을 한
- □ virtually adv. 사실상, 거의
- □ shine n. 광택, 윤기

186

What is mentioned about Blaine Remodeling Co.?

(A) It changes offers every month.
(B) It only works on building interiors.
(C) It is celebrating its 25th anniversary.
(D) It is participating in a three-day event.

Blaine Remodeling사에 대해 언급된 것은?

(A) 매달 할인을 변경한다.
(B) 건물 내부에만 작업한다.
(C) 25주년을 기념하고 있다.
(D) 3일간의 행사에 참가할 것이다.

■ Not/True True 문제   정답 (D)

질문의 핵심 어구인 Blaine Remodeling Co.와 관련된 내용을 지문에서 찾아 각 보기와 대조하는 Not/True 문제이므로, Blaine Remodeling사가 언급된 첫 번째 지문인 광고지에서 관련 내용을 확인한다. (A)는 지문에 언급되지 않은 내용이다. (B)는 'Our services include roofing, siding, and gutter installation and repair.'에서 당사, 즉 Blaine Remodeling사의 서비스는 지붕, 외벽, 그리고 홈통 설치 및 수리를 포함한다고 했으므로 지문의 내용과 일치하지 않는다. (C)는 'Serving ~ for over 25 years'에서 25년 이상 일하고 있다고 했으므로 지문의 내용과 일치하지 않는다. (D)는 'From September 4 to 6, we will be at the ~ 16th Valley Home Renovation Fair.'에서 9월 4일부터 6일까지 제16회 Valley 주택 개조 박람회에 있을 예정이라고 했으므로 지문의 내용과 일치한다. 따라서 (D)가 정답이다.

187

How much of a discount might Ms. Ritchie be entitled to?

(A) $20
(B) $40
(C) $100
(D) $250

Ms. Ritchie는 얼마의 할인을 받을 수도 있는가?

(A) 20달러
(B) 40달러
(C) 100달러
(D) 250달러

■ 육하원칙 연계 문제   정답 (C)

세 지문 중 두 지문의 내용을 종합해서 풀어야 하는 연계 문제이다. 질문의 핵심 어구인 Ms. Ritchie에게 보내진 이메일을 먼저 확인한다.

단서 1 두 번째 지문(이메일)의 'I would go for seamless gutters since they last for a long time'에서 오랫동안 지속되기 때문에 이음매가 없는 홈통을 추천했고, 'You mentioned that you will require over 60 meters of new gutters installed.'에서 당신, 즉 Ms. Ritchie가 새로운 홈통이 60미터 이상 설치되어야 할 것이라고 언급했다고 했다. 그런데 이음매가 없는 60미터 이상의 홈통이 얼마나 할인되는지 제시되지 않았으므로 광고지에서 관련 내용을 확인한다.

단서 2 첫 번째 지문(광고지)의 '$100 off seamless gutters 30 m. or more'에서 30미터 이상의 이음매 없는 홈통은 100달러 할인된다는 것을 확인할 수 있다.

두 단서를 종합할 때, Ms. Ritchie는 60미터 이상의 이음매 없는 홈통이 필요하므로 100달러를 할인받을 수도 있다는 사실을 알 수 있다. 따라서 (C)가 정답이다.

188

What can be inferred about Ms. Ritchie?

(A) She does not need to replace her roof.
(B) She has hired Blaine Remodeling Co. before.
(C) She has lived in her home for a long period.
(D) She is preparing to sell her home.

Ms. Ritchie에 대해 추론될 수 있는 것은?

(A) 지붕을 교체할 필요가 없다.
(B) 이전에 Blaine Remodeling사를 고용했다.
(C) 그녀의 집에서 오랜 기간 동안 살았다.
(D) 집을 판매하려고 준비 중이다.

■ **추론** 세부 정보 　　　　　　　　　　　　　　　　　　　　　　　　　　　　정답 (A)

질문의 핵심 어구인 Ms. Ritchie에 대해 추론하는 문제이므로 Ms. Ritchie에게 보내진 두 번째 지문인 이메일에서 관련 내용을 확인한다. 'your roof is staying intact'에서 당신, 즉 Ms. Ritchie의 지붕이 온전하게 유지되고 있다고 했으므로 그녀가 지붕을 교체할 필요가 없다는 사실을 추론할 수 있다. 따라서 (A)가 정답이다.

189

Which type of gutter would Mr. Portillo recommend for Ms. Ritchie?

(A) Vinyl
(B) Aluminum
(C) Galvanized Steel
(D) Stainless Steel

Mr. Portillo는 Ms. Ritchie에게 어떤 종류의 홈통을 추천하겠는가?

(A) 비닐
(B) 알루미늄
(C) 아연 도금 강
(D) 스테인리스 강

■ **육하원칙** 연계 문제 　　　　　　　　　　　　　　　　　　　　　　　　　　정답 (B)

세 지문 중 두 지문의 내용을 종합해서 풀어야 하는 연계 문제이다. 질문의 핵심 어구인 type of gutter ~ Mr. Portillo recommend for Ms. Ritchie에서 Mr. Portillo가 Ms. Ritchie에게 어떤(Which) 종류의 홈통을 추천할지를 묻고 있으므로 Mr. Portillo가 작성한 이메일을 먼저 확인한다.

단서 1 두 번째 지문(이메일)의 'You don't want them[gutters] to deteriorate in severe cold like your old ones.'에서 Mr. Portillo가 이전의 것들처럼 그것들, 즉 홈통이 극심한 추위에 악화되는 걸 원치 않을 것이라고 한 후, 'I would go for seamless gutters since they last for a long time'에서 오랫동안 지속되기 때문에 이음매가 없는 홈통으로 하는 것이 좋겠다고 했다. 그런데 추위에 악화되지 않고 이음매가 없는 홈통은 어떤 종류인지 제시되지 않았으므로 브로슈어에서 관련 내용을 확인한다.

단서 2 세 번째 지문(브로슈어)의 'Aluminum*, ~ weather-resistant even in cold climates'에서 알루미늄이 추운 기후에서도 잘 견딘다고 했고, '*Available in seamless varieties.'에서 알루미늄이 이음매 없는 종류로 세공 가능하다는 것을 확인할 수 있다.

두 단서를 종합할 때, Mr. Portillo가 Ms. Ritchie에게 추위에 잘 견디고 이음매가 없는 종류로 제공 가능한 알루미늄 홈통을 추천할 것이라는 사실을 알 수 있다. 따라서 (B)가 정답이다. (D)는 브로슈어의 'Stainless Steel*', '*Available in seamless varieties.'에서 스테인리스 강도 이음매 없는 종류로 제공 가능하다고 했고, 'Virtually indestructible'에서 사실상 파괴가 불가능하다고 했다. 그러나 'Costs two to four times as much as other materials'에서 다른 재료보다 2-4배 더 많은 비용이 든다고 했는데, 이메일의 'You don't need the most expensive kind.'에서 Mr. Portillo가 가장 비싼 것은 필요하지 않다고 했으므로 답이 될 수 없다.

190

According to the brochure, what is a disadvantage of sectional gutters?

(A) They are more likely to have leaks.
(B) They take a longer time to install.
(C) They are less resistant to rust.
(D) They are only available in vinyl.

브로슈어에 따르면, 조립식 홈통의 단점은 무엇인가?

(A) 누수가 있을 가능성이 더 높다.
(B) 설치 시간이 더 오래 걸린다.
(C) 녹에 덜 강하다.
(D) 비닐로만 이용 가능하다.

■ **육하원칙** What 　　　　　　　　　　　　　　　　　　　　　　　　　　　　정답 (A)

브로슈어에 따르면 조립식 홈통의 단점이 무엇(what)인지를 묻는 육하원칙 문제이므로 세 번째 지문인 브로슈어에서 관련 내용을 확인한다. 'Unlike sectional gutters, seamless gutters ~ are ~ less prone to leakage.'에서 조립식 홈통과는 달리 이음매 없는 홈통은 누수의 가능성이 더 낮다고 했으므로, 조립식 홈통은 누수가 있을 가능성이 더 높다는 사실을 알 수 있다. 따라서 (A)가 정답이다.

어휘 **leak** n. 누수; v. (물이) 새다 **resistant to** phr. ~에 강한

지문1

Subscribe to *News Incorporated*!

Who says people don't read newspapers anymore? They still do, only they've found a more convenient medium—the Internet. And when it comes to online news, smart readers turn to *News Incorporated*. Why? For one thing, [191-C]they get news that is updated continuously and is easily accessible on computers, mobile phones, and tablets. Another reason is that [191-B]we post dozens of pictures online related to current events. What's more, you'll have full access to our archive of news articles dating back more than five years. And, of course, [191-D]you'll be able to post your opinions and read those of others.

News Incorporated provides hundreds of news stories each day, [191-A]all of which are researched and written by some of the best journalists in the field. We make sure that all of our news is accurate and timely. When you subscribe to *News Incorporated*, you'll get complete coverage of a wide range of topics, including politics, sports and entertainment. [192]Readers can also gain access to bonus materials such as videos by subscribing to our monthly Web magazine.

Visit www.newsinc.com and [194]sign up for a month-long subscription to our online newspaper before July 10 to get another month of access for free.

*News Incorporated*지를 구독하세요!

누가 사람들이 더 이상 신문을 읽지 않는다고 말하나요? 그들은 여전히 신문을 읽고 있습니다, 다만 더 편리한 매체인 인터넷을 알게 되었을 뿐이죠. 그리고 온라인 뉴스에 관해서라면, 똑똑한 독자들은 *News Incorporated*지를 참조합니다. 왜냐고요? 우선 한 가지 이유는, [191-C]그들은 지속적으로 업데이트되고 컴퓨터, 휴대전화, 태블릿에서 쉽게 이용 가능한 뉴스를 받아 볼 수 있습니다. 다른 이유는 [191-B]저희가 시사와 관련된 많은 사진들을 온라인에 게시한다는 것입니다. 게다가, 당신은 5년도 넘게 거슬러 올라가는 뉴스 기사 기록에 대한 완전한 이용권을 갖게 될 것입니다. 그리고, 물론 [191-D]당신은 당신의 의견을 게시하고 다른 사람들의 의견을 읽을 수 있을 것입니다.

*News Incorporated*지는 매일 수백 개의 보도 기사들을 제공하고, [191-A]모든 기사는 분야에서 최고인 기자들에 의해 조사되고 작성됩니다. 저희는 반드시 모든 뉴스가 정확하고 시기적절하도록 합니다. 당신이 *News Incorporated*지를 구독한다면 정치, 스포츠와 연예를 포함한 다양한 주제에 대해 전적인 보도를 보게 될 것입니다. [192]독자들은 또한 저희의 월간 웹매거진을 구독함으로써 영상과 같은 보너스 자료를 이용할 수 있습니다.

www.newsinc.com을 방문하시고 [194]7월 10일 전에 저희 온라인 신문의 한 달 구독을 신청하셔서 무료로 또 다른 한 달간의 이용권을 받으세요.

지문2

News Incorporated
www.newsinc.com

Home	**Digital Subscription Services**
News	Please choose the service you want to subscribe to, read and agree to the terms and conditions, then click "NEXT." For more details, click on the package or service.
World	
Local	
Politics	**Regular Packages**
Sports	Web Only
Entertainment	☐ $2.75/week
Technology	☐ $11/month
Culture/Lifestyle	☐ $110/year
Videos	[195]Web/Mobile Application
	☐ $3.85/week
My Account	☐ [195]$15/month
	☐ $150/year
Subscription	**Web magazine** $8.00/month ☐
	Terms and conditions (Read)
Contact Us	I have read the terms and conditions and agree to them. ☐
	NEXT

*News Incorporated*지
www.newsinc.com

홈	디지털 구독 서비스
뉴스	구독하기를 원하는 서비스를 선택하고, 약관을 읽고 동의해주십시오, 그리고 "다음"을 클릭하십시오. 더 많은 세부 사항을 원하면 패키지나 서비스를 클릭하십시오.
세계	
지역	
정치	
스포츠	**일반 패키지**
연예	웹만
기술	☐ 2.75달러/주
문화/생활양식	☐ 11달러/월
	☐ 110달러/년
영상	[195]웹/모바일 애플리케이션
	☐ 3.85달러/주
내 계정	☐ [195]15달러/월
	☐ 150달러/년
구독	웹매거진 8.00달러/월 ☐
연락하기	약관 (읽기)
	나는 약관을 읽었으며 이에 동의합니다. ☐
	다음

To: News Incorporated <customerservice@newsinc.com>
From: Katherine Andres <kandres@smail.com>
Subject: Subscription
[194]Date: July 3

Dear Customer Service,

[193]/[194]/[195]I purchased a month-long subscription package on your Web site yesterday, [195]and although I got access to your content on my computer immediately, I am unable to view it on my mobile phone. [193]I downloaded the application as instructed, but whenever I log in, my access is restricted. If you check my account details, you will see that [195]I have paid to have access on my mobile phone as well. Could you please correct this error or send me instructions on what to do?

Sincerely,

Katherine Andres

수신: News Incorporated지
　　　<customerservice@newsinc.com>
발신: Katherine Andres <kandres@smail.com>
제목: 구독
[194]날짜: 7월 3일

고객 서비스 담당자께,

[193]/[194]/[195]저는 어제 귀사의 웹사이트에서 한 달간의 구독 패키지를 구매했고, [195]제 컴퓨터에서의 콘텐츠 이용 권한은 바로 얻었지만 제 휴대전화에서는 볼 수가 없습니다. [193]저는 설명된 대로 애플리케이션을 다운로드했지만 제가 로그인할 때마다 접근이 제한됩니다. 제 계정 세부 사항을 확인하시면 [195]제가 휴대전화에서도 이용할 수 있도록 지불했다는 것을 알게 되실 것입니다. 이 오류를 정정해 주시거나 제가 무엇을 해야 하는지에 대한 설명을 보내주시겠습니까?

Katherine Andres 드림

지문 1	□ subscribe v. 구독하다, 가입하다	□ medium n. 매체, 수단	□ continuously adv. 지속적으로, 계속해서
	□ related to phr. ~과 관련있는	□ current events phr. 시사	□ archive n. 기록, 기록 보관소
	□ date back phr. ~까지 거슬러 올라가다	□ journalist n. 기자, 저널리스트	□ timely adj. 시기적절한, 때맞춘
	□ coverage n. 보도, 범위, 보급	□ sign up phr. 신청하다, 등록하다	□ month-long adj. 한 달간의, 한 달 동안의
지문 2	□ terms and conditions phr. 약관, 조건		
지문 3	□ restrict v. 제한하다, 한정하다	□ account n. 계정, 계좌	□ correct v. 정정하다, 바로잡다

191
○○○●
88

What is NOT mentioned as a feature of *News Incorporated*?

(A) Award-winning writers
(B) Access to images
(C) Continuous updates
(D) A user comments section

*News Incorporated*지의 특징으로 언급된 것이 아닌 것은?

(A) 상을 받은 기자들
(B) 사진에 대한 접근
(C) 지속적인 업데이트
(D) 이용자 의견 공간

■ Not/True Not 문제　　　　　　　　　　　　　　　　　　　　　　　정답 (A)

질문의 핵심 어구인 a feature of *News Incorporated*와 관련된 내용을 지문에서 찾아 각 보기와 대조하는 Not/True 문제이므로 첫 번째 지문인 *News Incorporated*지의 광고에서 관련 내용을 확인한다. (A)는 'all of which are researched and written by some of the best journalists in the field'에서 모든 기사가 분야에서 최고인 기자들에 의해 조사되고 작성된다고 했지만 기자들이 상을 받았는지는 알 수 없으므로 지문의 내용과 일치하지 않는다. 따라서 (A)가 정답이다. (B)는 'we post dozens of pictures online related to current events'에서 시사와 관련된 많은 사진들을 온라인에 게시한다고 했으므로 지문의 내용과 일치한다. (C)는 'they get news that is updated continuously'에서 지속적으로 업데이트되는 뉴스를 받아 볼 수 있다고 했으므로 지문의 내용과 일치한다. (D)는 'you'll be able to post your opinions and read those of others'에서 의견을 게시하고 다른 사람들의 의견도 읽을 수 있다고 했으므로 지문의 내용과 일치한다.

192
○○○●
88

How can subscribers access video footage?

(A) By entering a promotional code
(B) By upgrading a monthly subscription
(C) By signing up for an online magazine
(D) By logging in to a user account

구독자들은 어떻게 비디오 영상을 이용할 수 있는가?

(A) 프로모션 코드를 입력함으로써
(B) 월별 구독을 업그레이드함으로써
(C) 온라인 잡지를 신청함으로써
(D) 사용자 계정에 로그인함으로써

■ 육하원칙 How　　　　　　　　　　　　　　　　　　　　　　　　　정답 (C)

구독자들이 어떻게(How) 비디오 영상을 이용할 수 있는지를 묻는 육하원칙 문제이므로 질문의 핵심 어구인 subscribers access video footage와 관련된 내용이 언급된 첫 번째 지문인 광고를 확인한다. 광고의 'Readers can also gain access to bonus materials such as videos by subscribing to our monthly Web magazine.'에서 독자들이 월간 웹매거진을 구독함으로써 영상과 같은 보너스 자료를 이용할 수 있다고 했으므로 (C)가 정답이다.

193

Why did Ms. Andres write the e-mail?

(A) To express appreciation for a Web service
(B) To alter her original subscription package
(C) To inquire how to download the application
(D) To report her inability to access content

Ms. Andres는 왜 이메일을 썼는가?

(A) 웹서비스에 대한 감사를 표하기 위해
(B) 그녀의 원래 구독 패키지를 변경하기 위해
(C) 애플리케이션을 다운로드하는 방법을 문의하기 위해
(D) 콘텐츠를 이용할 수 없음을 알리기 위해

■ 주제/목적 찾기 글을 쓴 이유   정답 (D)

Ms. Andres가 이메일을 쓴 이유를 묻는 목적 찾기 문제이므로 세 번째 지문인 이메일을 확인한다. 이메일의 'I purchased a month-long subscription package ~ yesterday', 'I downloaded the application as instructed, but whenever I log in, my access is restricted.'에서 어제 한 달간의 구독 패키지를 구매했고 설명된 대로 애플리케이션을 다운로드했지만 로그인할 때마다 콘텐츠에 대한 접근이 제한된다고 하면서 문제 해결을 요청하고 있으므로 (D)가 정답이다.

어휘 appreciation n. 감사, 감상, 진가   inability n. ~할 수 없음, 무능

194

What is suggested about Ms. Andres?

(A) She is unfamiliar with the features of her phone.
(B) She will receive online news content for two months.
(C) She spoke to a technician over the phone.
(D) She used to subscribe to the publication's print edition.

Ms. Andres에 대해 암시되는 것은?

(A) 그녀의 전화기의 특징들에 대해 잘 알지 못한다.
(B) 두 달 동안 온라인 뉴스 콘텐츠를 받아볼 것이다.
(C) 기술자와 전화로 이야기했다.
(D) 발행물의 인쇄판을 구독했었다.

■ 추론 연계 문제   정답 (B)

세 지문 중 두 지문의 내용을 종합적으로 확인한 후 추론해서 풀어야 하는 연계 문제이다. 질문의 핵심 어구인 Ms. Andres가 작성한 이메일을 먼저 확인한다.

단서 1 세 번째 지문(이메일)의 'Date: July 3', 'I purchased a month-long subscription package ~ yesterday'에서 Ms. Andres가 어제, 즉 7월 2일에 한 달간의 구독 패키지를 구매했다는 것을 알 수 있다. 그런데 7월 2일에 구독 패키지를 구매할 경우에 받게 되는 혜택이 제시되지 않았으므로 광고에서 관련 내용을 확인한다.

단서 2 첫 번째 지문(광고)의 'sign up for a month-long subscription to our online newspaper before July 10 to get another month of access for free'에서 7월 10일 전에 온라인 신문의 한 달 구독을 신청하면 무료로 또 다른 한 달간의 이용권을 받을 수 있다고 했다. 두 단서를 종합할 때, Ms. Andres가 총 두 달간 온라인 뉴스 콘텐츠를 받아볼 것이라는 사실을 추론할 수 있다. 따라서 (B)가 정답이다.

어휘 unfamiliar adj. 잘 모르는, 익숙지 못한

195

How much did Ms. Andres pay for her subscription?

(A) $2.75
(B) $3.85
(C) $15
(D) $110

Ms. Andres는 구독을 위해 얼마를 지불했는가?

(A) 2.75달러
(B) 3.85달러
(C) 15달러
(D) 110달러

■ 육하원칙 연계 문제   정답 (C)

세 지문 중 두 지문의 내용을 종합해서 풀어야 하는 연계 문제이다. 질문의 핵심 어구인 Ms. Andres pay for her subscription에서 Ms. Andres가 구독을 위해 얼마(How much)를 지불했는지를 묻고 있으므로 Ms. Andres가 작성한 이메일을 먼저 확인한다.

단서 1 세 번째 지문(이메일)의 'I purchased a month-long subscription package ~, and although I got access to your content on my computer immediately, I am unable to view it on my mobile phone.'에서 Ms. Andres가 한 달간의 구독 패키지를 구매했는데 컴퓨터에서의 콘텐츠 이용 권한은 바로 얻었지만 휴대전화에서는 볼 수가 없다고 한 후, 'I have paid to have access on my mobile phone as well'에서 휴대전화에서도 이용할 수 있도록 지불했다고 했다. 그런데 컴퓨터와 휴대전화에서 한 달 이용하는 가격이 제시되지 않았으므로 양식에서 관련 내용을 확인한다.

단서 2 두 번째 지문(양식)의 'Web/Mobile Application', '$15/month'에서 한 달 웹과 모바일 애플리케이션에서 이용할 수 있는 가격이 15달러라고 했다.

두 단서를 종합할 때, Ms. Andres가 구독을 위해 15달러를 지불했다는 것을 알 수 있다. 따라서 (C)가 정답이다.

지문 1

www.townofmontclair.com/services/utilities

Residential Utilities Information

[196]Water-related utility bills for households in Montclair are processed quarterly and due 10 days into the next billing period. Water services/facilities are as follows:

- Water Infrastructure
- Sewer Infrastructure
- Storm Drain Management
- General Water Use

[198]General water use entitles every household to 6,000 gallons of water per quarter. Should usage exceed this amount, an additional consumption charge of $0.60 for every 100 gallons will be applied.

Next Page: Commercial Utilities Information ➡

www.townofmontclair.com/services/utilities

주거 시설 정보

[196]Montclair 내 가구들의 수도 관련 공과금은 분기별로 처리되며 다음 청구 기간 10일째까지 지불되어야 합니다. 수도 서비스/시설은 다음과 같습니다.

· 수도 시설
· 하수도 시설
· 빗물 배출 관리
· 일반 수도 사용

[198]일반 수도 사용은 모든 가구에 분기당 6,000갤런의 물에 대한 자격을 줍니다. 사용이 이 양을 초과할 경우, 100갤런당 0.60달러의 추가 소비세가 적용될 것입니다.

다음 페이지: 상업 시설 정보 ➡

지문 2

Travis Coleman
2377 St. Paul Street,
Montclair, ME 04043

June 1

Dear Mr. Coleman,

I'm afraid that [197/199]the only way to avoid paying the largest water-related fee is to have your service deactivated prior to the start of the period. [197]In your letter, you said that you will be away from home during the third quarter, so this may be a reasonable thing to do; you can always have your water turned back on for a $50 fee upon your return. However, please note that if you return home before the end of the third quarter and have your water turned back on, you will have to pay both the reactivation charge and the flat fee for the period.

If you have any further inquiries, do not hesitate to call 555-7732.

Marcie Smythe
Montclair Town Hall Treasurer

Travis Coleman
St. Paul가, 2377번지
Montclair, 메인주 04043

6월 1일

Mr. Coleman께,

유감스럽게도 [197/199]가장 큰 수도 관련 요금을 지불하지 않는 유일한 방법은 해당 기간 시작 전에 귀하의 서비스를 비활성화시키는 것입니다. [197]귀하의 편지에서, 귀하는 3분기 동안 집을 비우실 예정이라고 하셨으니, 이렇게 하는 것이 합리적일 수 있습니다. 돌아오실 때 50달러의 요금으로 언제든지 수도를 다시 트실 수 있습니다. 그러나, 3분기가 끝나기 전에 귀가하여 수도를 다시 트신다면, 재활성화 요금과 그 기간의 고정 요금을 모두 지불하셔야 한다는 점에 유의하시기 바랍니다.

더 문의 사항이 있으시면, 주저하지 마시고 555-7732로 전화 주십시오.

Marcie Smythe 드림
Montclair 시청 재무관

Town of Montclair Residential Utility Invoice

[198]Customer/Account No.	Address
[198]Travis Coleman / A5453231	2377 St. Paul Street, Montclair, ME 04043
Service/Facility	[198]Charges for Current Billing Period—October 1 to December 31 (4th quarter)
Water Infrastructure	$25.00
Sewer Infrastructure	$45.00
Storm Drain Management	$10.00
[199]General Water Use	$115.00
[198]Additional Consumption	$6.00
Reactivation Fee	$50.00
Total	$251.00 (Due by January 10)

The Town of Montclair offers a variety of payment options for residents. [200-A]You can pay in person at Montclair Town Hall during our regular office hours (8:00 A.M. to 7:00 P.M., Monday to Friday). [200-B]You may also mail a check to Montclair Town Hall Collections Office at 346 Main Street, Montclair, ME 04043. Finally, [200-C]you have the option of directly transferring your payment to the town's account at Central One Bank (account number: 112-004-545-312).

Montclair시 주거 시설 송장

[198]고객/계정 번호	주소
[198]Travis Coleman / A5453231	St. Paul가 2377번지, Montclair, 메인주 04043
서비스/시설	[198]현 청구 기간 내역—10월 1일부터 12월 31일까지 (4분기)
수도 시설	25.00달러
하수도 시설	45.00달러
빗물 배출 관리	10.00달러
[199]일반 수도 사용	115.00달러
[198]추가 소비	6.00달러
재활성화 요금	50.00달러
총합	251.00달러 (1월 10일까지 지불)

Montclair시는 주민들에게 다양한 지불 선택지를 제공합니다. [200-A]Montclair 시청에서 저희 일반 업무 시간(월요일부터 금요일, 오전 8시부터 오후 7시) 동안 직접 지불하실 수 있습니다. 메인주 04043 Montclair Main가 346번지의 [200-B]Montclair 시청 세금 징수 사무소로 수표를 우편으로 보내셔도 됩니다. 마지막으로, [200-C]귀하의 지불액을 Central One 은행의 시 계좌로 직접 이체하는 선택지가 있습니다. (계좌번호: 112-004-545-312)

지문 1
- □ residential adj. 주거의
- □ process v. 처리하다
- □ infrastructure n. 시설
- □ commercial adj. 상업의
- □ utility bill phr. 공과금
- □ quarterly adv. 분기별로
- □ storm drain phr. 빗물 배출, 우수 배출
- □ household n. 가구, 가정
- □ billing period phr. 청구 기간
- □ exceed v. 초과하다

지문 2
- □ deactivate v. 비활성화하다
- □ reactivation n. 재활성화
- □ treasurer n. 재무관, 회계 담당자
- □ prior to phr. ~ 전에
- □ flat fee phr. 고정 요금, 정액 요금
- □ reasonable adj. 합리적인
- □ hesitate v. 주저하다, 망설이다

지문 3
- □ invoice n. 송장, 청구서
- □ transfer v. 이체하다, 이송하다, 이전하다
- □ in person phr. 직접, 대면으로
- □ check n. 수표

196

○○○●
장

What is suggested about the residents of Montclair?

(A) They risk having services deactivated for paying late.
(B) They receive a water utility bill every three months.
(C) They can request a payment deferment for a two-month period.
(D) They have 10 days to dispute a water charge.

Montclair의 주민들에 대해 암시되는 것은?

(A) 요금을 늦게 지불하면 서비스가 비활성화될 위험을 감수한다.
(B) 3개월마다 수도 공과금 청구서를 받는다.
(C) 2개월 기간 동안의 지불 유예를 신청할 수 있다.
(D) 10일 동안 수도 요금에 대해 이의를 제기할 수 있다.

■ **추론** 세부 정보 　　　　　　　　　　　　　　　　　　　　　　　　　　　　　　　　　　　　　　정답 (B)

질문의 핵심 어구인 residents of Montclair에 대해 추론하는 문제이므로 Montclair의 주민들과 관련된 내용이 언급된 첫 번째 지문인 웹페이지에서 관련 내용을 확인한다. 웹페이지의 'Water-related utility bills for households in Montclair are processed quarterly'에서 Montclair 내 가구들의 수도 관련 공과금은 분기별로 처리된다고 했으므로, Montclair의 주민들은 3개월마다 수도 공과금 청구서를 받는다는 사실을 추론할 수 있다. 따라서 (B)가 정답이다.

바꾸어 표현하기
quarterly 분기별로 → every three months 3개월마다

어휘　deferment n. 유예, 연기　dispute v. 이의를 제기하다, 반박하다

197

○○○●
중

What is the purpose of the letter?

(A) To request the refund of a payment
(B) To address a customer's inquiry
(C) To explain why a service was disconnected
(D) To correct some inaccurate information

편지의 목적은 무엇인가?

(A) 지불액의 환불을 요청하기 위해
(B) 고객의 문의를 다루기 위해
(C) 서비스가 끊긴 이유를 설명하기 위해
(D) 일부 부정확한 정보를 바로잡기 위해

■ **주제/목적 찾기** 글의 목적 　　　　　　　　　　　　　　　　　　　　　　　　　　　　　　　　　정답 (B)

편지의 목적을 묻는 목적 찾기 문제이므로 두 번째 지문인 편지의 내용을 확인한다. 편지의 'the only way to avoid paying the largest water-related fee is to have your service deactivated ~. In your letter, you said that you will be away from home during the third quarter'에서 가장 큰 수도 관련 요금을 지불하지 않는 유일한 방법은 서비스를 비활성화시키는 것이라며 귀하, 즉 Mr. Coleman의 편지에서 3분기 동안 집을 비울 예정이라고 말했다고 했으므로, 편지가 Mr. Coleman의 수도 관련 요금에 대한 문의를 다루기 위해 쓰였다는 사실을 알 수 있다. 따라서 (B)가 정답이다.

어휘　disconnected adj. 끊긴　inaccurate adj. 부정확한

198

○○○●
상

What is suggested about Mr. Coleman?

(A) He used over 6,000 gallons of water in the fourth quarter.
(B) He will receive a partial refund for a fee of $50.
(C) He returned home before the third quarter ended.
(D) He provided an incorrect address to the collections office.

Mr. Coleman에 대해 암시되는 것은?

(A) 4분기에 6,000갤런 이상의 물을 사용했다.
(B) 50달러의 요금의 부분 환불을 받을 것이다.
(C) 3분기가 끝나기 전에 집으로 돌아왔다.
(D) 징수 사무소에 잘못된 주소를 제공했다.

■ **추론** 연계 문제 　　　　　　　　　　　　　　　　　　　　　　　　　　　　　　　　　　　　　　정답 (A)

세 지문 중 두 지문의 내용을 종합적으로 확인한 후 추론해서 풀어야 하는 연계 문제이다. 질문의 핵심 어구인 Mr. Coleman이 언급된 송장을 먼저 확인한다.

[단서 1] 세 번째 지문(송장)의 'Customer, Travis Coleman', 'Charges for ~ (4th quarter)', 'Additional Consumption, $6.00'에서 Mr. Coleman이 4분기에 추가 소비 요금 6.00달러를 청구받은 것을 확인할 수 있다. 그런데 추가 소비 관련 세부 정보가 제시되지 않았으므로 웹페이지에서 관련 내용을 확인한다.

[단서 2] 첫 번째 지문(웹페이지)의 'General water use entitles every household to 6,000 gallons of water per quarter. Should usage exceed this amount, an additional consumption charge ~ will be applied.'에서 일반 수도 사용은 모든 가구에 분기당 6,000갤런의 물에 대한 자격을 주며, 사용이 이 양, 즉 6,000갤런을 초과할 경우 추가 소비세가 적용될 것이라고 했다.

두 단서를 종합할 때, Mr. Coleman은 4분기에 6,000갤런 이상의 물을 사용하여 추가 소비 요금 6달러를 청구받았다는 사실을 추론할 수 있다. 따라서 (A)가 정답이다.

어휘　partial adj. 부분적인, 일부의

199

What charge did Mr. Coleman want to avoid paying?

(A) Water Infrastructure
(B) Sewer Infrastructure
(C) Storm Drain Management
(D) General Water Use

상

Mr. Coleman은 어떤 비용을 지불하는 것을 피하고 싶어 했는가?

(A) 수도 시설
(B) 하수도 시설
(C) 빗물 배출 관리
(D) 일반 수도 사용

■ 육하원칙 연계 문제   정답 (D)

세 지문 중 두 지문의 내용을 종합해서 풀어야 하는 연계 문제이다. 질문의 핵심 어구인 charge ~ Mr. Coleman want to avoid paying에서 Mr. Coleman이 어떤(What) 비용을 지불하는 것을 피하고 싶어 했는지를 묻고 있으므로 Mr. Coleman에게 보내진 편지를 먼저 확인한다.

단서 1 두 번째 지문(편지)의 'the only way to avoid paying the largest water-related fee is to have your service deactivated'에서 가장 큰 수도 관련 요금을 지불하지 않는 유일한 방법은 서비스를 비활성화시키는 것이라고 했다. 그런데 가장 큰 수도 관련 요금이 무엇인지는 제시되지 않았으므로 송장에서 관련 내용을 확인한다.

단서 2 세 번째 지문(송장)의 'General Water Use, $115.00'에서 일반 수도 사용 요금이 115.00달러로 가장 큰 수도 관련 요금인 것을 알 수 있다.

두 단서를 종합할 때, Mr. Coleman이 가장 큰 수도 관련 요금인 일반 수도 사용에 대한 비용을 지불하는 것을 피하고 싶어 했다는 것을 알 수 있다. 따라서 (D)가 정답이다.

200

What is NOT mentioned as a way to pay bills?

(A) Visiting a local administrative building
(B) Mailing a check to an office
(C) Making an electronic transfer of funds
(D) Sending money through a mobile app

상

청구 비용을 지불하는 방법으로 언급되지 않은 것은?

(A) 지역 행정 건물을 방문하는 것
(B) 사무실에 수표를 우편으로 발송하는 것
(C) 자금을 전자 이체하는 것
(D) 모바일 앱을 통해 돈을 보내는 것

■ Not/True Not 문제   정답 (D)

질문의 핵심 어구인 a way to pay bills와 관련된 내용을 지문에서 찾아 각 보기와 대조하는 Not/True 문제이므로, 청구 비용을 지불하는 방법이 언급된 세 번째 지문인 송장에서 관련 내용을 확인한다. (A)는 'You can pay in person at Montclair Town Hall'에서 Montclair 시청에서 직접 지불할 수 있다고 했으므로 지문의 내용과 일치한다. (B)는 'You may ~ mail a check to Montclair Town Hall Collections Office'에서 Montclair 시청 세금 징수 사무소로 수표를 우편으로 보내도 된다고 했으므로 지문의 내용과 일치한다. (C)는 'you have the option of directly transferring your payment to the town's account at Central One Bank'에서 지불액을 Central One 은행의 시 계좌로 직접 이체하는 선택지가 있다고 했으므로 지문의 내용과 일치한다. (D)는 지문에 언급되지 않은 내용이다. 따라서 (D)가 정답이다.

바꾸어 표현하기

pay in person at ~ Town Hall 시청에서 직접 지불하다 → Visiting a local administrative building 지역 행정 건물을 방문하는 것
transferring ~ payment to ~ account 계좌로 지불액을 이체 → Making an electronic transfer of funds 자금을 전자 이체하는 것

어휘 administrative adj. 행정의

TEST 08

PART 5

101
Food manufacturers are responsible for ------- the safety requirements set by the government.

(A) fulfillment (B) fulfilling
(C) fulfilled (D) fulfill

식품 제조업체들은 정부에 의해 정해진 안전 요구 사항들을 충족시키는 것에 책임이 있다.

■ [목적어 자리] 동명사 vs. 명사   정답 (B)

전치사(for)의 목적어 자리에 올 수 있는 명사 (A)와 동명사 (B)가 정답의 후보이다. 이 중, 빈칸 다음에 온 목적어(the safety requirements)를 가질 수 있는 것은 동명사이므로 동사 fulfill(충족시키다, 달성하다)의 동명사 (B) fulfilling이 정답이다. 명사 (A)는 명사를 목적어로 가질 수 없다. 동사 또는 분사 (C)와 동사 (D)는 전치사의 목적어 자리에 올 수 없다.

어휘   be responsible for phr. ~에 책임이 있다   requirement n. 요구, 필요조건

102
A number of people are lining up in the Sherwood Hotel lobby ------- in the two-day technology symposium.

(A) enroll (B) enrolls
(C) enrollment (D) to enroll

이틀간의 기술 학술 토론회에 등록하기 위해 많은 사람들이 Sherwood 호텔 로비에 줄을 서 있다.

■ [수식어 거품을 이끄는 것] to 부정사의 역할   정답 (D)

이 문장은 주어(A number of people)와 동사(are lining up)를 갖춘 완전한 절이므로, ___ in the two-day technology symposium은 수식어 거품으로 보아야 한다. 이 수식어 거품은 동사가 없는 거품구이므로, 거품구를 이끌며 '기술 학술 토론회에 등록하기 위해'라는 의미의 목적을 나타내는 to 부정사 (D) to enroll이 정답이다. 동사 (A)와 (B), 명사 (C)는 수식어 거품을 이끌 수 없다.

어휘   line up phr. 줄을 서다   symposium n. 학술 토론회, 심포지엄   enroll v. 등록하다   enrollment n. 등록, 기재

103
Tel-Com Corp.'s merger with Voice Messenger Inc. ------- at a press conference on Monday last week.

(A) was announcing (B) to announce
(C) was announced (D) announced

Tel-Com사와 Voice Messenger사의 합병은 지난주 월요일에 기자회견에서 발표되었다.

■ [동사 자리] 능동태와 수동태의 구별   정답 (C)

문장에 주어(Tel-Com Corp.'s merger with voice Messenger Inc.)만 있고 동사가 없으므로 동사 (A), (C), (D)가 정답의 후보이다. 동사 announce가 '발표하다, 알리다'라는 의미일 때에는 타동사인데 빈칸 뒤에 목적어가 없고, 'Tel-Com사와 Voice Messenger사의 합병이 발표되다'라는 수동의 의미이므로 수동태 (C) was announced가 정답이다. 능동태 (A)와 (D)는 목적어와 함께 쓰여야 한다. to 부정사 (B)는 동사 자리에 올 수 없다.

어휘   merger n. 합병   press conference phr. 기자회견

104
Mr. Kim went to Beijing by ------- for a digital media conference and met several potential clients there.

(A) he (B) him
(C) his (D) himself

Mr. Kim은 디지털 미디어 학회를 위해 혼자 베이징에 갔고 거기서 몇 명의 잠재적인 고객을 만났다.

■ [목적어 자리] 재귀대명사   정답 (D)

전치사(by)의 목적어 자리에 올 수 있는 목적격 인칭대명사 (B), 소유대명사 (C), 재귀대명사 (D)가 정답의 후보이다. 'Mr. Kim이 혼자 베이징에 갔다'라는 의미가 되어야 하므로 전치사 by와 함께 쓰여 '혼자, 혼자 힘으로'라는 의미의 어구 by oneself를 만드는 재귀대명사 (D) himself가 정답이다. 목적격 인칭대명사 (B)와 소유대명사 (C)를 쓰면 각각 '그(Mr. Kim이 아닌 다른 남성)에 의해 베이징에 갔다', '그의 것에 의해 베이징에 갔다'라는 어색한 문맥이 된다. 주격 인칭대명사 (A)는 전치사의 목적어 자리에 올 수 없다.

어휘   potential adj. 잠재적인, 가능성이 있는   client n. 고객, 의뢰인

105
○○○○●
하

People who donate more than $50 to the Children's Cancer Group will receive a ------- T-shirt.

(A) compliment   (B) compliments
(C) complimented   (D) complimentary

아동 암 단체에 50달러 이상을 기부하는 사람들은 무료 티셔츠를 받을 것이다.

■ 형용사 자리   정답 (D)

빈칸 뒤의 명사(T-shirt)를 꾸밀 수 있는 것은 형용사이므로 형용사 역할을 하는 분사 (C)와 형용사 (D)가 정답의 후보이다. '기부하는 사람들은 무료 티셔츠를 받을 것이다'라는 의미가 되어야 하므로 형용사 (D) complimentary(무료의)가 정답이다. 분사 (C)는 '칭찬되는 티셔츠를 받을 것이다'라는 어색한 문맥을 만든다. 동사 또는 명사 (A)와 (B)는 명사를 꾸밀 수 없다.

어휘   donate   v. 기부하다   compliment   v. 칭찬하다; n. 칭찬

106
○○○●●
중

To move items that are fragile and breakable, the manager has rented specialized ------- from Relocation Shippers.

(A) equipment   (B) condition
(C) background   (D) quality

부서지기 쉽고 깨지기 쉬운 물품들을 옮기기 위해, 그 관리자는 Relocation 운송회사로부터 특수 장비를 빌렸다.

■ 명사 어휘   정답 (A)

'부서지기 쉬운 물품들을 옮기기 위해 특수 장비를 빌렸다'라는 문맥이므로 명사 (A) equipment(장비, 용품)가 정답이다. (B) condition은 '조건, 상태', (C) background는 '배경, 원인', (D) quality는 '질, 우수함'이라는 의미이다.

어휘   fragile   adj. 부서지기 쉬운   breakable   adj. 깨지기 쉬운   rent   v. 빌리다, 임대하다   specialized   adj. 특수화된

107
○○○●●
상

The Grenville Heritage Museum ------- visitors from taking any photos or videos of the exhibition pieces.

(A) differentiates   (B) presents
(C) prohibits   (D) releases

Grenville 문화유산 박물관은 관람객들이 전시품들의 사진이나 비디오를 찍는 것을 금지한다.

■ 동사 어휘   정답 (C)

'관람객들이 전시품들의 사진이나 비디오를 찍는 것을 금지하다'라는 문맥이므로 동사 prohibit(금지하다, 제지하다)의 3인칭 단수형 (C) prohibits가 정답이다. 참고로, prohibit은 prohibit A from B(A가 B하는 것을 금지하다)의 형태로 자주 쓰임을 알아둔다. (A)의 differentiate는 '구별하다, 구분 짓다', (B)의 present는 '주다, 제시하다', (D)의 release는 '놓아주다, 공개하다'라는 의미이다. (D)의 release도 해석상 그럴듯해 보이지만 갇혀 있는 상태나 의무, 책임 등에서 해방시켜주는 것을 나타낸다.

어휘   exhibition   n. 전시, 전시회   piece   n. 작품, 일부분

108
○○○○●
하

If you lose your room key, please ------- it to reception staff to get a replacement.

(A) reports   (B) report
(C) reported   (D) reporting

만약 방 열쇠를 분실하시면, 대체 열쇠를 받을 수 있도록 프런트 직원에게 알리십시오.

■ 명령문은 주어 없이 동사원형으로 시작된다.   정답 (B)

please로 시작하는 절(please ~ replacement)은 주어 없이 시작되는 명령문이므로 명령문의 동사로 사용되는 동사원형 (B) report(알리다, 보고하다)가 정답이다. 3인칭 단수형 동사 (A), 과거형 동사 또는 분사 (C), 동명사 또는 분사 (D)는 명령문의 동사로 사용될 수 없다.

어휘   reception   n. 프런트, 접수처   replacement   n. 대체품, 교체물

109

Reyman Steel is building a new warehouse ------- the street from its main manufacturing plant.

(A) without
(B) between
(C) across
(D) inside

Reyman 철강회사는 생산 공장 본관의 길 건너에 새로운 창고를 짓고 있다.

■ **전치사 선택** 위치

정답 (C)

'생산 공장 본관의 길 건너에 새로운 창고를 짓고 있다'라는 의미가 되어야 하므로 위치를 나타내는 전치사 (C) across(~의 건너에, ~ 맞은편에) 가 정답이다. 참고로, across는 across from(~의 바로 맞은편에)의 형태로도 자주 쓰임을 알아둔다. (A) without은 '~ 없이'라는 의미로 제외를 나타낸다. (B) between은 '~ 사이에'라는 의미로 위치나 시간을 나타내며 between A and B(A와 B 사이에)의 형태로 자주 쓰인다. (D) inside는 '~ 안에'라는 의미로 위치를 나타낸다.

어휘   warehouse n. 창고 manufacturing plant phr. 생산 공장

110

Dr. Germain ------- dozens of research papers on electronic commerce before she retired a few years ago.

(A) will write
(B) writing
(C) writes
(D) had written

Dr. Germain은 몇 년 전 은퇴하기 전에 전자 상거래에 관한 수십 개의 연구 논문을 썼다.

■ **[동사 자리] 과거 완료 시제**

정답 (D)

주절(Dr. Germain ~ commerce)에 동사가 없으므로 동사 (A), (C), (D)가 정답의 후보이다. 종속절(before ~ years ago)의 동사가 과거 시제(retired)이고 부사절 접속사 before(~하기 전에)가 사용되었으므로, 주절이 종속절보다 먼저 일어난 일을 나타내고 있음을 알 수 있다. 과거의 특정 시점(Dr. Germain이 은퇴한 일) 이전에 발생한 일(수십 개의 연구 논문을 쓴 일)을 표현하기 위해서는 과거 완료 시제를 써야 하므 로 과거 완료 시제 (D) had written이 정답이다. 미래 시제 (A)와 현재 시제 (C)는 과거의 특정 시점 이전에 발생한 일을 나타낼 수 없다. 동명사 또는 분사 (B)는 동사 자리에 올 수 없다.

어휘   dozens of phr. 수십의, 많은 electronic commerce phr. 전자 상거래

111

The CEO is ------- in the office but communicates with his staff through frequent e-mails.

(A) immediately
(B) similarly
(C) rarely
(D) concisely

최고 경영자는 사무실에 거의 있지 않지만 잦은 이메일을 통해 그의 직원들과 소통한다.

■ **부사 어휘**

정답 (C)

'최고 경영자가 사무실에 거의 있지 않지만 잦은 이메일을 통해 직원들과 소통한다'라는 문맥이므로 부사 (C) rarely(거의 ~않는, 드물게)가 정답 이다. (A) immediately는 '즉시, 즉각', (B) similarly는 '비슷하게, 유사하게', (D) concisely는 '간결하게'라는 의미이다.

어휘   frequent adj. 잦은, 빈번한

112

The federal government abandoned a plan to build a pipeline through Alton City due to overwhelming public -------.

(A) opposition
(B) oppose
(C) opposes
(D) opposing

연방 정부는 너무도 강력한 대중들의 반대 때문에 Alton시 를 통과하는 수송 관로를 설치하려는 계획을 포기했다.

■ **명사 자리**

정답 (A)

빈칸 앞의 형용사(public)의 꾸밈을 받을 수 있는 것은 명사이므로 명사 (A) opposition(반대, 이의)이 정답이다. 동사 (B)와 (C)는 명사 자리에 올 수 없다. 동명사 (D)는 형용사가 아닌 부사의 꾸밈을 받는다.

어휘   federal government phr. 연방 정부 abandon v. 포기하다, 그만두다 overwhelming adj. 너무도 강력한, 압도적인 public adj. 대중의, 공공의
         oppose v. 반대하다, 이의를 제기하다

113
○○●●●
상

The Ergonicore office chair is -------, so it can comfortably seat individuals of varying heights.

(A) occupied
(B) productive
(C) adjustable
(D) committed

Ergonicore 사무용 의자는 조절 가능해서 다양한 신장의 개개인이 편안하게 앉을 수 있도록 한다.

■ 형용사 어휘　　　　　　　　　　　　　　　　　　　　　　　　　　　　　　　정답 (C)

'의자가 조절 가능해서 다양한 신장의 개개인이 편안하게 앉을 수 있도록 한다'라는 문맥이므로 형용사 (C) adjustable(조절 가능한, 조정 가능한)이 정답이다. (A) occupied는 '사용 중인, 바쁜', (B) productive는 '생산적인, 풍부한', (D) committed는 '전념하는, 헌신적인'이라는 의미이다.

어휘　varying adj. 다양한, 가지각색의　height n. (사람의) 신장(키), (사물의) 높이

114
○○○●●
중

The presentation will commence ------- all the audience members have taken their seats.

(A) even if
(B) as soon as
(C) prior to
(D) by means of

모든 청중이 자리에 앉자마자 발표가 시작될 것이다.

■ [수식어 거품을 이끄는 것] 부사절 접속사　시간　　　　　　　　　　　　　정답 (B)

이 문장은 주어(The presentation)와 동사(will commence)를 갖춘 완전한 절이므로, ___ ~ seats는 수식어 거품으로 보아야 한다. 이 수식어 거품은 동사(have taken)가 있는 거품절이므로, 거품절을 이끌 수 있는 부사절 접속사 (A)와 (B)가 정답의 후보이다. '모든 청중이 자리에 앉자마자 발표가 시작될 것이다'라는 의미가 되어야 하므로 시간을 나타내는 부사절 접속사 (B) as soon as(~하자마자)가 정답이다. (A) even if(비록 ~하더라도)를 쓰면 '비록 모든 청중이 자리에 앉더라도 발표가 시작될 것이다'라는 어색한 문맥을 만든다. 전치사 (C) prior to (~ 이전에)와 (D) by means of(~에 의하여, ~의 도움으로)는 거품절이 아닌 거품구를 이끈다.

어휘　commence v. 시작되다　audience n. 청중, 관중

115
○○●●●
상

The Russian tennis player is confident that she can ------- defeat her opponent by a wide margin.

(A) slightly
(B) effortlessly
(C) cautiously
(D) diversely

그 러시아 테니스 선수는 자신이 큰 차이로 상대를 쉽게 이길 수 있다고 확신한다.

■ 부사 어휘　　　　　　　　　　　　　　　　　　　　　　　　　　　　　　　정답 (B)

'큰 차이로 상대를 쉽게 이길 수 있다고 확신한다'라는 문맥이므로 부사 (B) effortlessly(쉽게, 노력하지 않고)가 정답이다. (A) slightly는 '약간, 조금', (C) cautiously는 '조심스럽게, 신중하게', (D) diversely는 '다양하게'라는 의미이다.

어휘　confident adj. 확신하는, 자신 있는　defeat v. 이기다, 패배시키다　opponent n. 상대, 경쟁자　by a wide margin phr. 큰 차이로, 여유 있게

116
○○●●●
상

The Magic Attic, a newly released movie by director Ron Speilman, is a family film that is ------- for all ages.

(A) generous
(B) appropriate
(C) simultaneous
(D) equivalent

감독 Ron Speilman의 새로 개봉된 영화 *Magic Attic*은 모든 연령대에 적합한 가족 영화이다.

■ 형용사 어휘　　　　　　　　　　　　　　　　　　　　　　　　　　　　　　정답 (B)

'영화가 모든 연령대에 적합하다'라는 문맥이므로 형용사 (B) appropriate(적합한, 적절한)가 정답이다. (A) generous는 '후한, 너그러운', (C) simultaneous는 '동시의, 동시에 일어나는', (D) equivalent는 '동등한, 상응하는'이라는 의미이다.

어휘　release v. 개봉하다, 발매하다

117

Excursion Travel Agency has numerous listings for ------- priced accommodations within city limits.

(A) reasonable
(B) reasonably
(C) reasonability
(D) reasoned

Excursion 여행사는 시 경계 내에 있는 합리적으로 가격이 매겨진 숙박 시설에 대한 수많은 목록을 가지고 있다.

■ 부사 자리

정답 (B)

빈칸 뒤의 형용사(priced)를 꾸미기 위해서는 부사가 와야 하므로 부사 (B) reasonably(합리적으로, 알맞게)가 정답이다. 형용사 (A), 명사 (C), 동사 또는 과거분사 (D)는 형용사를 꾸밀 수 없다.

어휘 **numerous** adj. 수많은, 다수의 **priced** adj. 값이 매겨진 **accommodation** n. 숙박 시설, 숙소 **reasonable** adj. 적당한, 합당한
reasonability n. 합리성, 타당성 **reason** v. 논리적으로 생각하다; n. 이유, 까닭

118

Reports that Shadco will be acquiring Durbania remain ------- at best as neither company has confirmed any such plans.

(A) tentative
(B) perpetual
(C) formal
(D) consistent

두 회사 어느 쪽도 그러한 계획을 확정하지 않았기 때문에 Shadco사가 Durbania사를 인수할 것이라는 보도는 기껏해야 잠정적인 것으로 남아 있다.

■ 형용사 어휘

정답 (A)

'계획을 확정하지 않았기 때문에 Shadco사가 Durbania사를 인수할 것이라는 보도는 잠정적인 것으로 남아 있다'라는 문맥이므로 형용사 (A) tentative(잠정적인, 임시의)가 정답이다. (B) perpetual은 '영속적인, 끊임없는', (C) formal은 '공식적인, 정식의', (D) consistent는 '일관된, 모순이 없는'이라는 의미이다.

어휘 **report** n. 보도; v. 보도하다, 알리다 **acquire** v. 인수하다, 얻다 **at best** phr. 기껏해야, 잘 해야

119

All goods ------- by ship must be thoroughly inspected by customs officials before entering the country.

(A) arrive
(B) arrives
(C) arriving
(D) arrived

배편으로 도착하는 모든 상품들은 국내로 들어오기 전에 세관원들에 의해 철저하게 검사되어야 한다.

■ [수식어 거품을 이끄는 것] 현재분사 vs. 과거분사

정답 (C)

이 문장은 주어(All goods)와 동사(must be inspected)를 갖춘 완전한 절이므로, ____ by ship은 수식어 거품으로 보아야 한다. 따라서 수식어 거품을 이끌 수 있는 현재분사 (C)와 과거분사 (D)가 정답의 후보이다. 주어(All goods)와 분사가 '모든 상품들이 도착하다'라는 능동의 의미이므로 현재분사 (C) arriving이 정답이다. 과거분사 (D) arrived를 쓸 경우 수식받는 명사(All goods)와 분사가 수동의 의미가 되어야 하는데, 이때 arrive(도착하다)는 자동사이므로 수식하는 명사와 수동 관계로 쓰일 수 없다. 동사 (A)와 (B)는 수식어 거품을 이끌 수 없다.

어휘 **thoroughly** adv. 철저히, 완전히 **inspect** v. 검사하다 **customs official** phr. 세관원

120

Brilla Boutique staff may refund a customer's clothing purchase ------- after a customer has presented a receipt.

(A) when
(B) only
(C) yet
(D) still

Brilla 부티크 직원들은 고객이 영수증을 제시한 후에만 고객의 옷 구매품을 환불해줄 수 있다.

■ [부사 자리] 부사 선택 강조 부사

정답 (B)

빈칸 뒤의 절(after ~ receipt)을 꾸며줄 수 있는 부사 (B), (C), (D)가 정답의 후보이다. '고객이 영수증을 제시한 후에만 구매품을 환불해주다'라는 의미가 되어야 하므로 강조를 나타내는 부사 (B) only(오직 ~만)가 정답이다. (C) yet은 '아직', (D) still은 '아직도, 여전히'라는 의미로 시간을 나타낸다. 부사절 접속사 (A) when(~할 때)은 부사절을 이끄는데, 빈칸 뒤에 이미 부사절 접속사(after)가 있으므로 답이 될 수 없다.

어휘 **present** v. 제시하다, 제출하다

121
○●●●
상

Attending the shareholders' meeting takes ------- for the president of Goodman Company despite his hectic work schedule.

(A) outlook   (B) effect
(C) priority   (D) direction

정신없이 바쁜 업무 일정에도 불구하고 Goodman사 회장에게는 주주 회의에 참석하는 것이 우선 사항이다.

■ 명사 어휘   정답 (C)

'주주 회의에 참석하는 것이 우선 사항이다'라는 문맥이므로 명사 (C) priority(우선 사항, 우선)가 정답이다. (A) outlook은 '전망, 견해', (B) effect는 '영향, 결과', (D) direction은 '방향, 지도'라는 의미이다.

어휘   shareholder n. 주주   hectic adj. 정신없이 바쁜, 빡빡한

122
○●●●
상

Quest Airlines allows registered members to accumulate mileage points ------- they buy a plane ticket.

(A) whatever   (B) instead
(C) whenever   (D) that

Quest 항공사는 등록된 회원들이 비행기 티켓을 구입할 때마다 마일리지 포인트를 적립하도록 한다.

■ [수식어 거품을 이끄는 것] 부사절 접속사 복합관계부사   정답 (C)

이 문장은 주어(Quest Airlines), 동사(allows), 목적어(registered members), 목적격 보어(to accumulate mileage points)를 갖춘 완전한 절이므로, ___ they buy a plane ticket은 수식어 거품으로 보아야 한다. 이 수식어 거품은 동사(buy)가 있는 거품절이므로, 거품절을 이끌 수 있는 복합관계대명사 (A), 복합관계부사 (C), 관계대명사 (D)가 정답의 후보이다. '티켓을 구입할 때마다 마일리지 포인트를 적립하도록 한다'라는 의미가 되어야 하므로 복합관계부사 (C) whenever(~할 때마다, 언제 ~하더라도)가 정답이다. 복합관계대명사 (A) whatever(무엇이/무엇을 ~하더라도)도 부사절을 이끌 수 있지만 그 자체가 절 내에서 주어나 목적어 역할을 하므로 그 뒤에 주어나 목적어가 없는 불완전한 절이 와야 하는데 빈칸 이하는 주어(they), 동사(buy), 목적어(a plane ticket)를 갖춘 완전한 절이므로 답이 될 수 없다. 또한, whatever를 '어떤 ~이라도'라는 의미의 복합관계형용사로 보더라도 뒤에 명사가 와야 하는데 대명사 they가 왔으므로 답이 될 수 없다. 관계대명사 (D) that은 관계절 안에서 주어나 목적격 역할을 하므로 뒤에 주어나 목적어가 없는 불완전한 절이 와야 한다. 부사 (B) instead(그 대신에, 그보다도)는 수식어 거품절을 이끌 수 없다.

어휘   accumulate v. 모으다, 축적하다

123
○●●●
상

Offering rooms that can ------- about 40 persons, Bean's Playpen is ideal for small parties and events.

(A) convey   (B) accommodate
(C) furnish   (D) familiarize

약 40명을 수용할 수 있는 방을 제공하는 Bean's Playpen은 소규모 파티와 행사에 가장 알맞다.

■ 동사 어휘   정답 (B)

'40명을 수용할 수 있는 방'이라는 문맥이므로 동사 (B) accommodate(수용하다, 공간을 제공하다)가 정답이다. (A) convey는 '나르다, 전달하다', (C) furnish는 '공급하다, 갖추다', (D) familiarize는 '익숙하게 하다, 친하게 하다'라는 의미이다.

어휘   ideal adj. 가장 알맞은, 완벽한, 이상적인

124
○○○
○●
상

------- the unfavorable feedback Borebrooke University received in the past, this year's survey results show that students are generally satisfied.

(A) As far as
(B) Compared to
(C) Given that
(D) Rather

Borebrooke 대학교가 과거에 받았던 부정적인 의견과 비교하여, 올해의 설문조사 결과는 학생들이 대체로 만족해한다는 것을 보여준다.

■ [수식어 거품을 이끄는 것] 전치사 선택 기타 　　　　　　　　　　　　　　　　　　　　　정답 (B)

이 문장은 주어(this year's survey results), 동사(show), 목적어(that ~ satisfied)를 갖춘 완전한 절이므로, ___ ~ past는 수식어 거품으로 보아야 한다. 이 수식어 거품은 동사가 없는 거품구이므로, 거품구를 이끌 수 있는 전치사 (A)와 (B)가 정답의 후보이다. '과거에 받았던 부정적인 의견과 비교하여 올해의 설문조사 결과는 학생들이 만족해한다는 것을 보여준다'라는 의미가 되어야 하므로 전치사 (B) Compared to (~과 비교하여)가 정답이다. (A) As far as는 '(거리, 범위, 정도가) ~까지'라는 의미이다. 참고로, as far as는 '~하는 한'이라는 의미의 부사절 접속사로도 쓰임을 알아둔다. 부사절 접속사 (C) Given that(~을 고려했을 때)은 거품구가 아닌 거품절을 이끌고, 부사 (D) Rather(오히려, 약간)는 수식어 거품을 이끌 수 없다. 참고로, 수식어 거품구(___ ~ past) 안의 Borebrooke University received in the past는 앞에 관계대명사 that이 생략된 관계절로 바로 앞의 명사(feedback)를 꾸며주고 있다.

어휘　unfavorable adj. 부정적인, 호의적이 아닌　generally adv. 대체로, 일반적으로

125
○○○○
●●
중

Because the Web site for Workmates Consulting was not ------- updated, it listed several job vacancies that had already been filled.

(A) regularly
(B) respectively
(C) numerically
(D) casually

Workmates 컨설팅사의 웹사이트는 정기적으로 업데이트되지 않았기 때문에, 이미 자리가 채워진 일자리 공석 몇 개를 목록에 포함하고 있었다.

■ 부사 어휘 　　　　　　　　　　　　　　　　　　　　　　　　　　　　　　　　　　　　정답 (A)

'웹사이트가 정기적으로 업데이트되지 않았기 때문에 자리가 채워진 일자리 공석들을 목록에 포함하고 있었다'라는 문맥이므로 부사 (A) regularly(정기적으로, 자주)가 정답이다. (B) respectively는 '각각, 각자', (C) numerically는 '숫자상으로, 숫자에 의하여', (D) casually는 '우연히, 무심코'라는 의미이다.

어휘　vacancy n. 공석, 결원, 빈방

126
○○○
●●
중

All Swift-Dent electronic toothbrushes are ------- warranty for a year from the time they are purchased.

(A) after
(B) among
(C) under
(D) behind

모든 Swift-Dent사 전동 칫솔은 구매된 시점으로부터 1년 동안 보증된다.

■ 전치사 선택 기타 　　　　　　　　　　　　　　　　　　　　　　　　　　　　　　　　정답 (C)

'구매된 시점으로부터 1년 동안 보증된다'라는 의미가 되어야 하므로, 빈칸 뒤의 warranty(보증, 보증서)와 함께 '보증 기간 중인'이라는 의미의 관용구 under warranty를 만드는 전치사 (C) under(~ 하에, ~ 아래에)가 정답이다. (A) after는 '~ 후에'라는 의미로 시점을 나타낸다. (B) among은 '~ 사이에', (D) behind는 '~ 뒤에'라는 의미로 위치를 나타낸다.

127
○○○
○●
상

Production has been ------- on Grant Auto's new line of cars while engineers resolve a problem with the brake system.

(A) attracted
(B) subtracted
(C) confronted
(D) suspended

기술자들이 브레이크 시스템에 대한 문제를 해결하는 동안 Grant 자동차사의 새로운 자동차 라인의 생산은 중단되었다.

■ 동사 어휘 　　　　　　　　　　　　　　　　　　　　　　　　　　　　　　　　　　　　정답 (D)

'문제를 해결하는 동안 생산이 중단되었다'라는 문맥이므로 동사 suspend(중단하다, 유예하다)의 p.p.형 (D) suspended가 정답이다. (A)의 attract는 '끌어당기다, 마음을 끌다', (B)의 subtract는 '빼다, 공제하다', (C)의 confront는 '맞서다, 직면하다'라는 의미이다.

어휘　production n. 생산　resolve v. (문제 등을) 해결하다, 결심시키다

128

최상

Tai Shing Electronics usually outsources manufacturing to foreign partners ------- its domestic facilities are unable to keep up with demand.

(A) but for　　　　　　(B) in case
(C) so that　　　　　　(D) up to

Tai Shing 전자회사는 국내 시설이 수요를 따라가지 못하는 경우에 대비하여 대개 외국의 협력사들에게 생산을 위탁한다.

■ [수식어 거품을 이끄는 것] 부사절 접속사　조건　　　　　　　　　　　　　　　　　　정답 (B)

이 문장은 주어(Tai Shing Electronics), 동사(outsources), 목적어(manufacturing)를 갖춘 완전한 절이므로, ___ ~ demand는 수식어 거품으로 보아야 한다. 이 수식어 거품은 동사(are)가 있는 거품절이므로, 거품절을 이끌 수 있는 부사절 접속사 (B)와 (C)가 정답의 후보이다. '국내 시설이 수요를 따라가지 못하는 경우에 대비하여 외국의 협력사들에게 생산을 위탁한다'라는 의미가 되어야 하므로 조건을 나타내는 부사절 접속사 (B) in case(~한 경우에 대비하여)가 정답이다. (C) so that(~할 수 있도록)을 쓰면 '국내 시설이 수요를 따라가지 못할 수 있도록 외국의 협력사들에게 생산을 위탁한다'라는 어색한 문맥이 된다. 전치사 (A) but for(~을 제외하고)와 (D) up to(~까지)는 거품절이 아닌 거품구를 이끈다.

어휘　outsource v. 외부에 위탁하다, 외주 제작하다　domestic adj. 국내의, 자국의　keep up with phr. ~을 따라가다　demand n. 수요, 요구

129

상

Patrick Jolson will be interviewed ------- three other promising candidates for the position of research and development head.

(A) even though　　　　(B) up until
(C) in honor of　　　　　(D) along with

Patrick Jolson은 연구 개발 부장 직책을 위해 다른 세 명의 유망한 후보자들과 함께 면접을 볼 것이다.

■ [수식어 거품을 이끄는 것] 전치사 선택　기타　　　　　　　　　　　　　　　　　　정답 (D)

이 문장은 주어(Patrick Jolson)와 동사(will be interviewed)를 갖춘 완전한 절이므로, ___ ~ head는 수식어 거품으로 보아야 한다. 이 수식어 거품은 동사가 없는 거품구이므로, 거품구를 이끌 수 있는 전치사 (B), (C), (D)가 정답의 후보이다. '다른 세 명의 유망한 후보자들과 함께 면접을 볼 것이다'라는 의미가 되어야 하므로 전치사 (D) along with(~와 함께)가 정답이다. (B) up until은 '~에 이르기까지'라는 의미로 시점을 나타내고, (C) in honor of는 '~에게 경의를 표하여, ~을 기념하여'라는 의미이다. 부사절 접속사 (A) even though(비록 ~이지만)는 거품구가 아닌 거품절을 이끈다.

어휘　promising adj. 유망한, 장래성 있는　candidate n. 후보자, 지원자

130

상

Adderley Beverages was warned by a ------- of industry experts that its newest advertisement violates a federal law.

(A) sequence　　　　　(B) panel
(C) provision　　　　　(D) discretion

Adderley 음료회사는 업계 전문가 위원회에 의해 그것의 최신 광고가 연방 법을 위반한다는 경고를 받았다.

■ 명사 관련 어구　　　　　　　　　　　　　　　　　　　　　　　　　　　　　　　정답 (B)

'업계 전문가 위원회에 의해 경고를 받았다'라는 문맥이므로 빈칸 앞의 관사(a)와 뒤의 전치사(of)와 함께 '~의 위원회'라는 의미의 어구인 a panel of를 만드는 명사 (B) panel(위원회, 합의체)이 정답이다. (A) sequence는 '연속적인 사건들, 순서'라는 의미로 주로 a sequence of (~의 연속)이나 전치사 in과 함께 in sequence(순서대로)의 형태로 쓰인다. (C) provision은 '대비, 공급'이라는 의미로 주로 동사 make와 전치사 for와 함께 make provision for(~에 대한 대비를 하다)의 형태로 쓰인다. (D) discretion은 '재량, 자유'라는 의미로 주로 전치사 at과 소유격과 함께 at one's discretion(~의 재량으로)의 형태로 쓰인다.

어휘　violate v. 위반하다　federal adj. 연방의

PART 6

Questions 131-134 refer to the following letter.

131-134는 다음 편지에 관한 문제입니다.

March 15

Dear Mr. Weber,

I would like to thank you for your comprehensive -------. Your
                                                    131
talk on creative problem-solving was informative and very
enjoyable, not only for me but for all my ------- students. I
                                            132
especially appreciated that you incorporated problem-solving
examples applicable to several different fields of learning
into your session. My students, ------- major in various
                                   133
disciplines, all rated the session highly as they were able to
gain something from your insights. -------. Accordingly, I
                                      134
would like to invite you back next month. If you're available,
please let me know so we can discuss the details.

Thank you again.

Mila Hyatt, Ph.D.
Rappleton University Professor

3월 15일

Mr. Weber께,

131 귀하의 종합적인 강연에 감사드리고 싶습니다. **132** 창의적인 문제 해결에 관한 귀하의 강의는 저뿐만 아니라 참석한 저의 모든 학생들에게도 유익하고 매우 즐거웠습니다. 저는 귀하께서 강연 시간에 여러 가지 다른 학습 분야에 적용할 수 있는 문제 해결 예시를 포함하신 점을 특히 높이 평가했습니다. **133** 다양한 학과를 전공하는 제 학생들이 귀하의 통찰력으로부터 무언가를 얻을 수 있었기 때문에 모두가 강연 시간을 높이 평가했습니다. **134** 저는 정말로 귀하께서 지금까지 중에 저의 가장 성공적인 초청 연사라고 생각합니다. 따라서, 저는 다음 달에 귀하를 다시 초청하고 싶습니다. 만약 귀하께서 시간이 되신다면, 저희가 세부 사항을 논의할 수 있도록 제게 알려 주십시오.

다시 한번 감사드립니다.

Mila Hyatt 박사 드림
Rappleton 대학 교수

---

131 (A) discovery
(B) examination
(C) submission
(D) lecture

132 (A) attend
(B) attended
(C) attending
(D) attendance

133 (A) who
(B) their
(C) whose
(D) they

134 (A) Our online rating system is of vital importance to the university.
(B) I honestly believe you are my most successful guest speaker to date.
(C) My sessions lasted longer than the last ones.
(D) There were some points that I took issue with.

어휘 comprehensive adj. 종합적인, 포괄적인 talk n. 강의, 강연 informative adj. 유익한, 교육적인 appreciate v. 높이 평가하다, 감사하다 incorporate v. 포함하다, 집어넣다 applicable adj. 적용할 수 있는, 적절한 field n. 분야 major v. 전공하다; n. 전공 discipline n. 학과, 학문 rate v. 평가하다 highly adv. 높이 insight n. 통찰력 accordingly adv. 따라서, 그러므로

131 ■ 명사 어휘 주변 문맥 파악

'종합적인 ___에 감사하고 싶다'라는 문맥이므로 (A), (B), (D)가 정답의 후보이다. 빈칸이 있는 문장만으로 정답을 고를 수 없으므로 주변 문맥이나 전체 문맥을 파악한다. 뒤 문장에서 창의적인 문제 해결에 관한 상대방의 강의가 유익하고 즐거웠다고 했으므로 강연에 대해 감사해 하고 있다는 것을 알 수 있다. 따라서 명사 (D) lecture(강연, 강의)가 정답이다. (A) discovery는 '발견', (B) examination은 '조사, 검토', (C) submission은 '제출, 복종'이라는 의미이다.

132 ■ [형용사 자리] 현재분사 vs. 과거분사

빈칸 뒤의 명사(students)를 꾸밀 수 있는 것은 형용사이므로 형용사 역할을 하는 분사 (B)와 (C)가 정답의 후보이다. 꾸밈을 받는 명사 (students)와 분사가 '참석한 학생들'이라는 의미의 능동 관계이므로 동사 attend(참석하다, 출석하다)의 현재분사 (C) attending이 정답이다. 과거분사 (B)를 쓰면 수동의 의미가 되어 '참석되는 학생들'이라는 어색한 문맥이 된다. 동사 (A)와 명사 (D)는 명사를 꾸밀 수 없다.

어휘 attendance n. 출석, 참석

133 ■ [수식어 거품을 이끄는 것] 관계대명사의 선택과 격

이 문장은 주어(My students), 동사(rated), 목적어(the session)를 갖춘 완전한 절이므로, ___ major in various disciplines는 수식어 거품으로 보아야 한다. 이 수식어 거품은 동사(major)가 있는 거품절이므로, 거품절을 이끌 수 있는 관계대명사 (A)와 (C)가 정답의 후보이다. 빈칸에 들어갈 관계대명사가 거품절 내에서 주어 역할을 하므로 주격 관계대명사 (A) who가 정답이다. 소유격 관계대명사 (C) whose는 관계절 내에서 '~의'를 의미하며 명사를 꾸며주는 소유격 역할을 하므로, 뒤에 꾸밈을 받는 명사가 와야 한다. major(전공)를 명사로 보고 소유격 관계대명사 (C) whose(~의)가 명사를 꾸며주는 소유격 역할을 한다고 하더라도 그럴 경우 관계절(___ major in various disciplines) 내에 동사가 없으므로 답이 될 수 없다. 소유격 인칭대명사 (B) their와 주격 인칭대명사 (D) they는 수식어 거품을 이끌 수 없다.

134 ■ 알맞은 문장 고르기

빈칸에 들어갈 알맞은 문장을 고르는 문제이므로 주변 문맥 또는 전체 문맥을 파악한다. 앞부분에서 상대방의 강연이 유익했으며, 자신과 참석한 학생들 모두가 강연을 높이 평가했다고 한 후, 뒤 문장 'Accordingly, I would like to invite you back next month.'에서 따라서 다음 달에 상대방을 다시 초청하고 싶다고 했으므로 빈칸에는 강연에 대한 긍정적인 반응에 대한 내용이 들어가야 함을 알 수 있다. 따라서 (B) I honestly believe you are my most successful guest speaker to date가 정답이다.

보기 해석
(A) 저희 온라인 평가 시스템은 대학교에 매우 중요합니다.
(B) 저는 정말로 귀하께서 지금까지 중에 저의 가장 성공적인 초청 연사라고 생각합니다.
(C) 제 강의는 지난번 것보다 더 오래 지속되었습니다.
(D) 이의를 제기하고 싶은 부분이 몇 가지 있었습니다.

어휘 rating n. 평가, 순위 be of importance phr. 중요하다 vital adj. 매우 중대한 to date phr. 지금까지 last v. 지속되다, 계속되다
take issue with phr. ~에 이의를 제기하다

Questions 135-138 refer to the following memo.

135-138은 다음 회람에 관한 문제입니다.

To: All deans of Mount Westerly University
From: Patricia Griffin, Chief academic officer
Date: April 29
Subject: Promotions for next semester

The time has come for us to determine which faculty members will be promoted. -------. Therefore, please
_____135_____
consider the potential candidates carefully. We advise you to keep in mind their ------- teaching performance and
_____136_____
academic accomplishments before writing letters of recommendation for the board to take into account. You will also need to submit some evaluative documents. Please answer all of the questions as ------- as possible. I will
_____137_____
forward the requisite paperwork to you later today with some instructions. These should ------- the decision-making
_____138_____
process.

수신: 모든 Mount Westerly 대학교 학장들
발신: Patricia Griffin, 총 학장
날짜: 4월 29일
제목: 다음 학기 승진

어떤 교수진이 승진할 것인지 결정할 시간이 되었습니다. **135** 우리가 하는 선택은 대학교에 상당한 영향을 미칠 것입니다. 따라서, 잠재적인 후보들을 신중히 고려해 주십시오. **136** 이사회가 고려할 추천서를 작성하기 전에 여러분이 그들의 이전 교수 성과와 학문적 성취를 염두에 두기를 권해 드립니다. 여러분들은 또한 몇 가지 평가 서류를 제출해야 할 것입니다. **137** 가능한 한 모든 질문에 구체적으로 답해주십시오. 저는 오늘 이따가 여러분들께 몇 가지 설명과 함께 필요한 서류를 보내드릴 것입니다. **138** 이것들이 의사 결정 과정을 이끌어줄 것입니다.

135 (A) The criteria for recruitment will be modified by the manager.
(B) We have received your applications and will let you know the results soon.
(C) The choices we make will have a significant impact on the university.
(D) Some of you failed to fully complete the recommendation form.

136 (A) courteous
(B) infamous
(C) descriptive
(D) previous

137 (A) specific
(B) specifically
(C) specify
(D) specification

138 (A) impede
(B) negotiate
(C) prolong
(D) guide

어휘 **dean** n. 학장 **academic** adj. 학문의, 학업의 **promotion** n. 승진, 진급, 판촉 **determine** v. 결정하다, 결심시키다
faculty member phr. 교수진, 교직원 **keep in mind** phr. 염두에 두다, 명심하다 **accomplishment** n. 성취, 성과
letter of recommendation phr. 추천서 **take into account** phr. ~을 고려하다, 참작하다 **evaluative** adj. 평가하는
forward v. 보내다, 전달하다 **requisite** adj. 필요한

135 ■ 알맞은 문장 고르기

정답 (C)

빈칸에 들어갈 알맞은 문장을 고르는 문제이므로 주변 문맥 또는 전체 문맥을 파악한다. 앞 문장 'The time has come for us to determine which faculty members will be promoted.'에서 어떤 교수진이 승진할 것인지 결정할 시간이 되었다고 했고, 뒤 문장 'Therefore, please consider the potential candidates carefully.'에서 따라서 잠재적인 후보들을 신중히 고려해 달라고 했으므로 빈칸에는 승진할 사람을 고르는 일의 중요성에 대해 이야기하는 내용이 들어가야 함을 알 수 있다. 따라서 (C) The choices we make will have a significant impact on the university가 정답이다.

보기 해석
(A) 채용 기준은 관리자에 의해 변경될 것입니다.
(B) 저희는 여러분의 신청서를 받았고 여러분께 곧 결과를 알려드릴 것입니다.
(C) 우리가 하는 선택은 대학교에 상당한 영향을 미칠 것입니다.
(D) 여러분 중 몇 명은 추천서를 완전히 작성하지 않았습니다.

어휘 criteria n. 기준, 표준 recruitment n. 채용 modify v. 변경하다, 수정하다 significant adj. 상당한, 아주 큰 impact n. 영향, 충격

136 ■ 형용사 어휘

정답 (D)

'추천서를 작성하기 전에 그들의 이전 교수 성과와 학문적 성취를 염두에 두기를 권한다'라는 문맥이므로 형용사 (D) previous(이전의)가 정답이다. (A) courteous는 '공손한, 정중한', (B) infamous는 '악명 높은, 오명이 난', (C) descriptive는 '설명적인, 서술하는'이라는 의미이다.

137 ■ [원급] 부사 자리

정답 (B)

빈칸 앞뒤에 as가 왔으므로 원급 표현(as + 형용사/부사 + as)을 만드는 형용사 (A)와 부사 (B)가 정답의 후보이다. 빈칸 앞의 동사(answer)를 꾸밀 수 있는 것은 부사이므로 부사 (B) specifically(구체적으로, 특별히)가 정답이다. 형용사 (A)는 동사를 꾸밀 수 없다. 동사 (C)는 원급 표현을 만들 수 없고, 명사 (D)는 as ~ as 사이에 오려면 'as + many/much/few/little + 명사 + as'의 형태가 되어야 한다. 참고로, as ~ as 사이의 형용사/부사 자리는 앞뒤의 as를 모두 지운 후 무엇이 들어가야 할 자리인지 결정한다.

어휘 specific adj. 구체적인, 특정한 specify v. 명시하다 specification n. 설명서

138 ■ 동사 어휘 주변 문맥 파악

정답 (D)

'이것들이 의사 결정 과정을 ____ 할 것이다'라는 문맥이므로 모든 보기가 정답의 후보이다. 빈칸이 있는 문장만으로 정답을 고를 수 없으므로 주변 문맥이나 전체 문맥을 파악한다. 앞 문장에서 오늘 이따가 몇 가지 설명과 함께 필요한 서류, 즉 어떤 교수진이 승진할지 고려하는 데에 필요한 서류를 보내줄 것이라고 했으므로 회람의 수신자들이 받을 설명과 서류가 의사 결정 과정에 도움이 될 것임을 알 수 있다. 따라서 동사 (D) guide(이끌다, 안내하다)가 정답이다. (A) impede는 '방해하다, 지연시키다', (B) negotiate는 '협상하다, 교섭하다', (C) prolong은 '연장하다'라는 의미이다.

Questions 139-142 refer to the following information.

139-142는 다음 안내문에 관한 문제입니다.

Farmer's Market Rules of Operation for All Vendors

The market opens to the public at 8:30 A.M. but will be accessible to vendors at 6:00 A.M. Vendors should arrive ------- than 30 minutes before opening time in order to set up
  139
their stalls.

Also, please be reminded that vendors must adhere to the state regulations on food safety and customer protection listed on our Web site. It is the vendor's responsibility to stay informed about these guidelines. -------.
                                                   140

Furthermore, any applicable fees should be paid on time. The amount will depend on your stall's -------. Those closer
                                              141
to the entrance will be charged more.

Finally, it is illegal to leave any litter in your sales area. -------, all vendors should have a receptacle on hand to
  142
dispose of any refuse.

모든 판매자들을 위한 Farmer's 시장 운영 규칙

시장은 오전 8시 30분에 대중들에게 개방되지만 판매자들에게는 오전 6시에 입장이 가능할 것입니다. **139** 판매자들은 가판대를 설치하기 위해 늦어도 개점 시간 30분 전까지 도착해야 합니다.

또한, 판매자들은 저희 웹사이트에 나열된 식품 안전과 고객 보호에 대한 주의 규정들을 지켜야 한다는 점을 기억해 주십시오. 이 지침들에 대해 알고 있어야 하는 것이 판매자의 의무입니다. **140** 그것들을 따르지 않는 사람들은 노점 허가를 박탈당할 수도 있습니다.

게다가, 해당되는 모든 비용이 제때에 지불되어야 합니다. **141** 액수는 가판대의 위치에 따라 결정될 것입니다. 입구에 가까운 사람들일수록 더 많이 청구될 것입니다.

마지막으로, 판매 구역에 쓰레기를 두고 가는 것은 불법입니다. **142** 그러므로, 모든 판매자들은 쓰레기를 버릴 용기를 가지고 있어야 합니다.

---

139 (A) shortly
    (B) no more
    (C) already
    (D) no later

140 (A) Those who do not comply with them may lose their vending license.
    (B) You may request an application form if you are interested.
    (C) Some of the food items have been identified as top sellers.
    (D) We believe the status of our regular vendors has changed.

141 (A) design
    (B) location
    (C) merchandise
    (D) dimension

142 (A) Meanwhile
    (B) Fortunately
    (C) Therefore
    (D) Regardless

어휘   **vendor** n. 판매자, 판매 회사   **accessible** adj. 입장(이용) 가능한   **opening time** phr. 개점(영업 시작) 시간   **set up** phr. 설치하다
    stall n. 가판대, 좌판   **adhere to** phr. ~을 지키다   **regulation** n. 규정, 규제   **responsibility** n. 의무, 책임   **applicable** adj. 해당되는, 적용되는
    on time phr. 제때에, 정각에   **depend on** phr. ~에 따라 결정되다, ~에게 의존하다   **entrance** n. 입구, 입장   **illegal** adj. 불법의   **litter** n. 쓰레기
    receptacle n. 용기, 그릇   **on hand** phr. 소유하고 있는, 가까이에   **dispose of** phr. ~을 버리다, 처리하다   **refuse** n. 쓰레기; v. 거절하다, 거부하다

139 ■ 비교급 표현
정답 (D)

'판매자들은 늦어도 개점 시간 30분 전까지 도착해야 한다'라는 의미로, 빈칸 뒤의 than과 함께 '늦어도 ~까지'라는 뜻의 비교급 표현 no later than을 만드는 (D) no later가 정답이다. (B) no more는 빈칸 뒤의 than과 함께 '단지 ~에 지나지 않다, ~일 뿐'이라는 의미의 비교급 표현 no more than을 만든다. 부사 (A) shortly(곧, 간단히)와 (C) already(이미, 벌써)는 than과 함께 비교급 표현을 만들 수 없다.

140 ■ 알맞은 문장 고르기
정답 (A)

빈칸에 들어갈 알맞은 문장을 고르는 문제이므로 주변 문맥 또는 전체 문맥을 파악한다. 앞 문장 'It is the vendor's responsibility to stay informed about these guidelines.'에서 지침들에 대해 알고 있어야 하는 것이 판매자의 의무라고 했으므로 빈칸에는 이 지침들을 따르지 않을 경우에 발생할 수 있는 일에 대한 내용이 들어가야 함을 알 수 있다. 따라서 (A) Those who do not comply with them may lose their vending license가 정답이다.

보기 해석
(A) 그것들을 따르지 않는 사람들은 노점 허가를 박탈당할 수도 있습니다.
(B) 귀하께서 관심이 있으시다면 신청서를 요청하실 수 있습니다.
(C) 몇몇 식품들이 가장 잘 팔리는 것으로 확인되었습니다.
(D) 저희 단골 판매자들의 상황이 바뀌었다고 생각합니다.

어휘 **comply with** phr. ~을 따르다, 준수하다 **license** n. 허가, 면허 **status** n. 상황, 사정, 상태

141 ■ 명사 어휘 주변 문맥 파악
정답 (B)

'액수는 가판대의 _____ 에 따라 결정될 것이다'라는 문맥이므로 모든 보기가 정답의 후보이다. 빈칸이 있는 문장만으로 정답을 고를 수 없으므로 주변 문맥이나 전체 문맥을 파악한다. 뒤 문장에서 입구에 가까운 사람들일수록 더 많이 청구될 것이라고 했으므로 가판대의 위치에 따라 청구되는 액수가 달라진다는 것을 알 수 있다. 따라서 명사 (B) location(위치, 장소)이 정답이다. (A) design은 '디자인, 설계', (C) merchandise는 '물품', (D) dimension은 '크기, 치수'라는 의미이다.

142 ■ 접속부사 주변 문맥 파악
정답 (C)

빈칸이 콤마와 함께 문장의 맨 앞에 온 접속부사 자리이므로, 앞 문장과 빈칸이 있는 문장의 의미 관계를 파악하여 정답을 선택한다. 앞 문장에서 판매 구역에 쓰레기를 두고 가는 것이 불법이라고 했고, 빈칸이 있는 문장에서 모든 판매자들이 쓰레기를 버릴 용기를 가지고 있어야 한다고 했으므로 앞 문장과 이어지는 결과 등의 내용을 나타낼 때 사용되는 (C) Therefore(그러므로)가 정답이다. (A) Meanwhile은 '한편, 그동안에', (B) Fortunately는 '다행스럽게도, 운 좋게도', (D) Regardless는 '그럼에도 불구하고, 상관하지 않고'라는 의미로 빈칸에 쓸 경우 어색한 문맥이 된다.

Questions 143-146 refer to the following article.

143-146은 다음 기사에 관한 문제입니다.

Sports Complex Put to a Vote

Gainesburg, June 3—Gainesburg residents ------- on
143
whether a sports complex should be built in town. It was
concluded that 82 percent are ------- of the project. In
144
consideration of the results, the city approved its construction,
and development plans are expected to commence in the
coming months.

Gainesburg's one existing fitness club was ------- last year
145
after 30 years of use. This left the area without any
functional leisure facilities at all, and residents had been
pushing for a sports complex ever since.

-------. "Having a fitness center will make athletic resources
146
readily accessible to a wider range of people. It will also help
unite the community in a fun and healthy way," said council
member Claire Faukes.

스포츠 복합 단지가 투표에 부쳐지다

Gainesburg, 6월 3일—143 Gainesburg 주민들이 스포츠 복합 단지가 도시에 건설되어야 하는지에 대해 투표를 했다. 144 82퍼센트가 그 사업을 지지하는 것으로 결론이 내려졌다. 그 결과를 고려하여, 시는 건설을 승인했고, 개발 계획은 다음 몇 달 후에 시작될 것으로 예상된다.

145 Gainesburg의 유일한 기존 운동 시설이 이용된 지 30년이 된 지난해에 폐쇄되었다. 이는 그 지역에 운영되는 여가 시설이 전혀 없도록 만들었고, 주민들은 그 이후로 계속 스포츠 복합 단지를 요구했다.

146 대부분의 사람들은 그러한 시설이 Gainesburg에 매우 도움이 될 것이라고 생각한다. "운동 시설을 보유하는 것은 더 넓은 범위의 사람들이 체육 자산에 쉽게 접근할 수 있도록 해줄 것입니다. 그것은 또한 지역사회를 즐겁고 건강한 방식으로 결속시키는 데에 도움이 될 것입니다."라고 시의원인 Claire Faukes가 말했다.

---

143 (A) will vote
(B) are voting
(C) have been voting
(D) voted

144 (A) supportive
(B) support
(C) supportable
(D) supports

145 (A) looked over
(B) paid for
(C) fixed up
(D) shut down

146 (A) Opposition to the plan remains prevalent at this
point in time.
(B) Most believe such facilities will be highly beneficial
for Gainesburg.
(C) The mayor delivered an inspiring opening speech.
(D) Some modifications were required before the
decision was made.

어휘 complex n. 복합 단지; adj. 복잡한 vote n. 투표; v. 투표하다 resident n. 주민 conclude v. 결론을 내리다
in consideration of phr. ~을 고려하여, ~에 대한 보답으로 approve v. 승인하다, 찬성하다 commence v. 시작하다, 착수하다
coming adj. 다음의, 다가오는 existing adj. 기존의, 현재 있는 functional adj. 가동되는, 작동하는 at all phr. 전혀, 조금도
push for phr. ~을 요구하다 athletic adj. 체육의, 경기의 unite v. 결속시키다, 통합하다

143 ■ 과거 시제 주변 문맥 파악

정답 (D)

'주민들이 스포츠 복합 단지가 건설되어야 하는지에 대해 투표를 하다'라는 문맥인데, 이 경우 빈칸이 있는 문장만으로 올바른 시제의 동사를 고를 수 없으므로 주변 문맥이나 전체 문맥을 파악한다. 뒤 문장에서 82퍼센트가 그 사업을 지지하는 것으로 결론이 내려졌다고 했으므로 투표가 이미 완료된 것임을 알 수 있다. 따라서 과거 시제 (D) voted가 정답이다. 미래 시제 (A), 현재 진행 시제 (B), 현재 완료 진행 시제 (C)는 이미 완료된 과거의 일을 나타낼 수 없다.

144 ■ 보어 자리에 올 수 있는 것: 명사 또는 형용사

정답 (A)

빈칸이 be동사(are) 다음의 보어 자리이므로 보어 자리에 올 수 있는 형용사 (A)와 (C), 명사 (B)와 (D) 모두가 정답의 후보이다. '82퍼센트가 그 사업을 지지하다'라는 의미가 되어야 하므로 형용사 (A) supportive(지지하는, 보완적인)가 정답이다. 명사 (B)와 (D)는 주어와 동격 관계가 되어 '82퍼센트(의 사람들)가 지지이다'라는 어색한 문맥을 만든다. 형용사 (C) supportable(지지할 수 있는, 지탱할 수 있는)은 빈칸 뒤의 of와 함께 쓰일 수 없고, '(투표에서) 82퍼센트가 지지할 수 있었다'라는 어색한 문맥을 만든다.

어휘 support n. 지지, 지원; v. 지지하다

145 ■ 동사 관련 어구 주변 문맥 파악

정답 (D)

'Gainesburg의 유일한 운동 시설이 지난해에 ____되었다'라는 문맥이므로 모든 보기가 정답의 후보이다. 빈칸이 있는 문장만으로 정답을 고를 수 없으므로 주변 문맥이나 전체 문맥을 파악한다. 뒤 문장에서 이는 그 지역에 운영되는 여가 시설이 전혀 없도록 만들었다고 했으므로 기존에 있던 유일한 운동 시설이 문을 닫았다는 것을 알 수 있다. 따라서 동사 어구 shut down(폐쇄하다, 문을 닫다)의 p.p.형 (D) shut down이 정답이다. (A)의 look over는 '살펴보다, 점검하다', (B)의 pay for는 '대금을 지불하다', (C)의 fix up은 '수리하다, 단장하다'라는 의미이다.

146 ■ 알맞은 문장 고르기

정답 (B)

빈칸에 들어갈 알맞은 문장을 고르는 문제이므로 주변 문맥 또는 전체 문맥을 파악한다. 앞 문장 'residents had been pushing for a sports complex ever since'에서 주민들이 계속 스포츠 복합 단지를 요구했다고 했고, 뒤 문장 '"Having a fitness center will make athletic resources readily accessible to a wider range of people. It will also help unite the community in a fun and healthy way," said council member Claire Faukes.'에서 시 의원인 Claire Faukes가 운동 시설을 보유하는 것은 더 넓은 범위의 사람들이 체육 자산에 쉽게 접근할 수 있도록 해주고 지역사회를 즐겁고 건강한 방식으로 결속시키는 데에 도움이 될 것이라고 했다고 했으므로 빈칸에는 스포츠 복합 단지가 지역에 긍정적인 영향을 미칠 것으로 예상된다는 내용이 들어가야 함을 알 수 있다. 따라서 (B) Most believe such facilities will be highly beneficial for Gainesburg가 정답이다.

보기 해석
(A) 그 계획에 대한 반대는 지금도 여전히 널리 퍼져있다.
(B) 대부분의 사람들은 그러한 시설이 Gainesburg에 매우 도움이 될 것이라고 생각한다.
(C) 시장은 감동적인 개회사를 했다.
(D) 결정이 내려지기 전에 몇 가지의 변경이 요구되었다.

어휘 opposition n. 반대, 항의 prevalent adj. 널리 퍼져 있는, 일반적인 deliver a speech phr. 연설하다 inspiring adj. 감동시키는, 격려하는 modification n. 변경, 수정

PART 7

Questions 147-148 refer to the following invitation.

147-148은 다음 초대장에 관한 문제입니다.

147/148-B**You are Invited
to the Launch of Ricardo's Corner!**

at 335 West Laughlin Drive
148-Bon Sunday, March 18
between 10 A.M. and 6 P.M.

147After four months of construction, we are finally ready to welcome customers. Ricardo's Corner is the first store in the neighborhood to specialize in ingredients for Latin American cuisine. 148-COur products are imported from throughout Mexico, the Caribbean, and Central and South America. Now you can cook your favorite dishes from these areas the authentic and traditional way!

In celebration of this occasion, 148-Bour first 50 customers will get a $50 discount on any purchases totaling over $200. Stop by on Sunday to meet owner Ricardo Fuentes, and sample a variety of foods, including homemade tortillas and salsa.

147/148-B당신은
Ricardo's Corner의 개업식에 초대받았습니다!

West Laughlin로 335번지에서
3월 18일 148-B일요일에
오전 10시부터 오후 6시까지

1474개월 간의 공사 후에, 저희는 마침내 손님들을 맞이할 준비가 되었습니다. Ricardo's Corner는 인근에서 라틴 아메리카 요리를 위한 재료를 전문으로 하는 최초의 상점입니다. 148-C저희 상품은 멕시코, 카리브 해 지역, 중앙 및 남아메리카 전역에서 수입됩니다. 이제 당신이 가장 좋아하는 이 지역들의 음식을 진짜 그대로의 전통 방식으로 요리할 수 있습니다!

이 행사를 축하하여, 148-B첫 50명의 손님들은 총 200달러 이상의 모든 구매에 대해 50달러 할인을 받을 것입니다. 일요일에 잠시 들러서 주인인 Ricardo Fuentes와 만나고, 집에서 직접 만든 토르티아와 살사를 포함한 다양한 음식을 시식해 보십시오.

어휘 □ construction n. 공사, 건설 □ specialize in phr. ~을 전문으로 하다 □ cuisine n. 요리, 요리법
□ import v. 수입하다; n. 수입, 수입품 □ authentic adj. 진짜의, 진정한 □ in celebration of phr. ~을 축하하여
□ occasion n. 행사, 경우 □ total v. 총계가 ~이 되다 □ sample v. 시식하다, 맛보다

147

What type of event is the invitation for?

(A) A community food fair
(B) An annual banquet
(C) A grand opening
(D) A cooking competition

초대장은 어떤 종류의 행사를 위한 것인가?

(A) 지역 음식 박람회
(B) 연례 연회
(C) 개업식
(D) 요리 대회

■ 육하원칙 What 정답 (C)

초대장이 어떤(What) 종류의 행사를 위한 것인지를 묻는 육하원칙 문제이다. 질문의 핵심 어구인 type of event와 관련하여, 'You are Invited to the Launch of Ricardo's Corner!', 'After four months of construction, we are finally ready to welcome customers.' 에서 행사의 종류가 개업식임을 알 수 있으므로 (C)가 정답이다.

바꾸어 표현하기
the Launch 개업식 → A grand opening 개업식

어휘 community n. 지역사회, 공동체 fair n. 박람회 banquet n. 연회

148

What is true about Ricardo's Corner?

(A) It operates multiple stores.
(B) It will not sell goods on weekends.
(C) It sells ingredients from different regions.
(D) It will offer coupons to all visiting customers.

Ricardo's Corner에 대해 사실인 것은?

(A) 여러 상점을 운영한다.
(B) 주말에는 물건을 판매하지 않을 것이다.
(C) 여러 지역들에서 온 재료들을 판매한다.
(D) 방문하는 모든 고객들에게 쿠폰을 제공할 것이다.

■ Not/True True 문제 정답 (C)

질문의 핵심 어구인 Ricardo's Corner와 관련된 내용을 지문에서 찾아 각 보기와 대조하는 Not/True 문제이다. (A)는 지문에 언급되지 않은 내용이다. (B)는 'You are Invited to the Launch of Ricardo's Corner!', 'on Sunday'에서 일요일에 있을 Ricardo's Corner의 개업식에 초대한다고 했고 'our first 50 customers will get a $50 discount ~. Stop by on Sunday'에서 첫 50명의 손님들은 50달러 할인을 받을 것이므로 일요일에 들르라고 했으므로 지문의 내용과 일치하지 않는다. (C)는 'Our products are imported from throughout Mexico, the Caribbean, and Central and South America.'에서 상품이 멕시코, 카리브 해 지역, 중앙 및 남아메리카 전역에서 수입된다고 했으므로 지문의 내용과 일치한다. 따라서 (C)가 정답이다. (D)는 지문에 언급되지 않은 내용이다.

149-151은 다음 공고에 관한 문제입니다.

Renfrew Gymnasium: For all Members

At Renfrew Gymnasium, we always do our best to ensure that you have a pleasant and safe visit. To that end, [149]we would like to remind all members about our policies regarding personal items. — [1] —.

The gym provides lockers in the changing rooms to store your possessions while you work out. However, please do not leave highly valuable items in your lockers for security reasons. Renfrew Gymnasium is not responsible for the loss of any items left in lockers. — [2] —. [151]You may leave valuables with our front desk staff, who will put them in a safety deposit box. — [3] —.

[150]Should you lose any belongings during your visit, please notify a staff member at the front desk. You may also ask them to see if anyone has turned your item in to the lost-and-found.

— [4] —. Thank you for your cooperation in these matters, and speak to one of our helpful employees should you have any questions or concerns.

Management

Renfrew 체육관: 모든 회원분들께

Renfrew 체육관에서, 저희는 여러분들이 즐겁고 안전한 방문을 하시는 것을 보장하기 위해 항상 최선을 다합니다. 그 목표를 달성하기 위해, [149]저희는 모든 회원분들에게 개인 물품에 관한 저희의 규정에 대해 상기시켜 드리고자 합니다. — [1] —.

체육관은 여러분이 운동을 하는 동안 소지품을 보관할 수 있도록 탈의실에 개인 물품 보관함을 제공합니다. 하지만, 보안상의 이유로 개인 물품 보관함에 아주 귀중한 물건들은 두지 마십시오. Renfrew 체육관은 개인 물품 보관함 안에 둔 어떠한 물건 분실에 대해서도 책임을 지지 않습니다. — [2] —. [151]여러분은 안내 데스크 직원에게 귀중품을 맡기실 수 있고, 그들은 귀중품 보관함에 그것들을 넣을 것입니다. — [3] —.

[150]만약 방문하는 동안 어떠한 소지품이라도 분실했다면, 안내 데스크에 있는 직원에게 알려 주십시오. 여러분은 또한 그들에게 누군가가 물건을 분실물 보관소에 돌려주었는지 확인해달라고 요청하실 수도 있습니다.

— [4] —. 이 사안들에 대해 협조해 주셔서 감사드리며, 질문이나 우려 사항이 있으시면 도움을 제공해드리는 저희 직원 중 한 명에게 이야기해 주십시오.

경영진 드림

어휘 □ ensure v. ~을 보장하다, 반드시 ~이게 하다 □ to that end phr. 그 목적을 달성하기 위해서 □ changing room phr. 탈의실
□ store v. 보관하다, 저장하다 □ possession n. 소지품, 소유 □ work out phr. 운동하다
□ highly adv. 아주, 매우 □ valuable adj. 귀중한; n. 귀중품 □ security n. 보안, 경비
□ loss n. 분실, 손실 □ belonging n. 소지품, 물건 □ lost-and-found n. 분실물 보관소
□ cooperation n. 협조, 협력

149

What is the purpose of the notice?

(A) To describe a gymnasium's added service facilities
(B) To announce changes to a staff member work policy
(C) To provide details on emergency safety procedures
(D) To inform members of guidelines concerning belongings

공고의 목적은 무엇인가?

(A) 체육관의 추가된 서비스 시설을 설명하기 위해
(B) 직원 근무 규정의 변경 사항을 공지하기 위해
(C) 비상시 안전 수칙에 대한 세부 사항을 제공하기 위해
(D) 회원들에게 소지품과 관련된 지침을 알리기 위해

■ 주제/목적 찾기 글의 목적 정답 (D)

공고의 목적을 묻는 목적 찾기 문제이므로 지문의 앞부분을 주의 깊게 확인한다. 'we would like to remind all members about our policies regarding personal items'에서 모든 회원들에게 개인 물품에 관한 규정에 대해 상기시켜 주고 싶다고 한 후, 물품 보관에 관한 세부적인 규정 및 주의 사항에 대해 설명하고 있으므로 (D)가 정답이다.

바꾸어 표현하기

policies regarding personal items 개인 물품에 관한 규정 → guidelines concerning belongings 소지품과 관련된 지침

어휘 added adj. 추가된, 부가된 facility n. 시설 emergency n. 비상시, 비상 사태

○ ○ ○
● ○
하
According to the notice, what should gym users do when reporting a loss?

(A) Visit the facility's front desk
(B) Fill out a complaint form
(C) Write to a head office
(D) Post a note on a bulletin board

공고에 따르면, 체육관 이용자들은 분실을 신고할 때 무엇을 해야 하는가?

(A) 시설의 안내 데스크를 방문한다
(B) 불만 제기 양식을 작성한다
(C) 본사에 편지를 쓴다
(D) 게시판에 메모를 게시한다

■ 육하원칙 What   정답 (A)

체육관 이용자들이 분실을 신고할 때 무엇(what)을 해야 하는지를 묻는 육하원칙 문제이다. 질문의 핵심 어구인 gym users do when reporting a loss와 관련하여, 'Should you lose any belongings ~, please notify a staff member at the front desk.'에서 만약 어떠한 소지품이라도 분실했다면 안내 데스크에 있는 직원에게 알려 달라고 했으므로 (A)가 정답이다.

어휘   complaint n. 불만, 불평   head office phr. 본사, 본점   bulletin board phr. 게시판

○ ○ ○
○ ○
상
In which of the positions marked [1], [2], [3], and [4] does the following sentence best belong?

"They will provide you with a ticket which must be presented to retrieve your stored items."

(A) [1]
(B) [2]
(C) [3]
(D) [4]

[1], [2], [3], [4]로 표시된 위치 중, 다음 문장이 들어갈 곳으로 가장 적절한 것은?

"그들은 보관된 물건을 되찾기 위해 제시되어야 하는 표를 여러분에게 줄 것입니다."

(A) [1]
(B) [2]
(C) [3]
(D) [4]

■ 문장 위치 찾기   정답 (C)

지문의 흐름상 주어진 문장이 들어가기에 가장 적절한 곳을 고르는 문제이다. 주어진 문장에서 그들이 보관된 물건을 되찾기 위해 제시되어야 하는 표를 줄 것이라고 했으므로, 이 문장이 물건을 맡기는 것과 관련된 부분에 들어가야 함을 알 수 있다. [3]의 앞 문장인 'You may leave valuables with our front desk staff, who will put them in a safety deposit box.'에서 안내 데스크 직원에게 귀중품을 맡길 수 있고, 그들이 귀중품 보관함에 그것들을 넣을 것이라고 했으므로, [3]에 제시된 문장이 들어가면 안내 데스크 직원에게 귀중품을 맡기면 그들이 보관된 물건을 찾기 위해 제시되어야 하는 표를 줄 것이라는 자연스러운 문맥이 된다는 것을 알 수 있다. 따라서 (C)가 정답이다.

어휘   present v. 제시하다   retrieve v. 되찾다, 회수하다

Questions 152-153 refer to the following text-message chain.

152-153은 다음 메시지 대화문에 관한 문제입니다.

Colin McKay	[8:45 A.M.]

Hey Brenda, what time are you supposed to have your yearly health checkup tomorrow?

Brenda Chan	[8:51 A.M.]

At 3:30 in the afternoon. Why do you ask?

Colin McKay	[8:52 A.M.]

[152]Mine is at 1:00, and I was wondering if you could possibly switch with me. I've got a lunch meeting, and time might be a bit tight.

Brenda Chan	[8:53 A.M.]

I wish I could. [152]But I have to go to the plant at noon to get some information from the supervisor about the increased output. [153]Couldn't you reschedule the meeting for an hour earlier?

Colin McKay	[8:54 A.M.]

[153]I guess I will have to do that. In fact, I'd better phone the client now.

Brenda Chan	[8:56 A.M.]

Good luck!

Colin McKay	[오전 8시 45분]

Brenda, 내일 몇 시에 연간 건강 검진을 하기로 되어 있나요?

Brenda Chan	[오전 8시 51분]

오후 3시 30분에요. 왜 물으시는 거예요?

Colin McKay	[오전 8시 52분]

[152]제 검진이 1시인데 혹시 저랑 바꿔주실 수 있는지 궁금해서요. 제가 점심 회의가 있어서 시간이 좀 빠듯할 것 같아요.

Brenda Chan	[오전 8시 53분]

그럴 수 있으면 좋겠네요. [152]그런데 제가 증가된 생산량에 대해 관리자로부터 정보를 얻기 위해 정오에 공장에 가야 해요. [153]회의를 1시간 일찍으로 변경할 수는 없나요?

Colin McKay	[오전 8시 54분]

[153]그렇게 해야 할 것 같아요. 사실, 지금 고객에게 전화하는 게 좋겠어요.

Brenda Chan	[오전 8시 56분]

잘 되길 빌어요!

어휘 □ be supposed to phr. ~하기로 되어 있다   □ yearly adj. 연간의, 매년의   □ checkup n. 건강 검진, 신체 검사
　　□ switch v. 바꾸다, 전환하다   □ tight adj. 빠듯한, 빡빡한   □ output n. 생산량, 산출

152

At 8:53 A.M., what does Ms. Chan most likely mean when she writes, "I wish I could"?

(A) She hopes to attend a meeting.
(B) She is unable to switch times.
(C) She does not want to accept a proposal.
(D) She wants to leave the office early.

오전 8시 53분에, Ms. Chan이 "I wish I could"라고 썼을 때 그녀가 의도한 것 같은 것은?

(A) 회의에 참석하기를 원한다.
(B) 시간을 바꿔줄 수 없다.
(C) 제안을 받아들이기를 원하지 않는다.
(D) 사무실에서 일찍 나가길 원한다.

■ 의도 파악

정답 (B)

Ms. Chan이 의도한 것을 묻는 문제이므로 질문의 인용어구(I wish I could)가 언급된 주변 문맥을 확인한다. 'Mine is at 1:00, and I was wondering if you could possibly switch with me.'에서 Colin McKay가 자신의 검진이 1시인데 혹시 자신과 시간을 바꿔줄 수 있는지 궁금하다고 하자, Ms. Chan이 'I wish I could.'(그럴 수 있으면 좋겠네요)라고 한 후 'But I have to go to the plant at noon'에서 그런데 정오에 공장에 가야 한다고 했으므로 Ms. Chan이 검진 시간을 바꿔주고 싶지만 일정이 있어 바꿔줄 수 없음을 알 수 있다. 따라서 (B)가 정답이다.

TEST | 01 | 02 | 03 | 04 | 05 | 06 | 07 | 08 | 09 | 10 | 해커스 토익 실전 1000제 3 Reading

153

What will Mr. McKay most likely do next?

(A) Meet with a factory manager
(B) Cancel a plant visit
(C) Check some sales figures
(D) Rearrange an appointment

Mr. McKay는 다음에 무엇을 할 것 같은가?

(A) 공장 관리자와 만난다
(B) 공장 방문을 취소한다
(C) 매출액을 확인한다
(D) 약속을 조정한다

■ **추론** 세부 정보

정답 (D)

질문의 핵심 어구인 Mr. McKay ~ do next에 대해 추론하는 문제이다. 'Couldn't you reschedule the meeting for an hour earlier?'에서 Brenda Chan이 회의를 1시간 일찍으로 변경할 수 없었는지 묻자 'I guess I will have to do that. In fact, I'd better phone the client now.'에서 Mr. McKay가 그렇게 해야 할 것 같고, 지금 고객에게 전화하는 게 좋겠다고 했으므로 Mr. McKay가 회의 시간을 조정할 것이라는 사실을 추론할 수 있다. 따라서 (D)가 정답이다.

154-155는 다음 이메일에 관한 문제입니다.

To: Meredith Patton <meredithpatton@sqmail.com>
From: Arthur Compton
            <artcompton@cherrylanepottery.com>
Date: October 13
Subject: Order Number P76559

Dear Ms. Patton,

Thank you for your order. We have three of the four pieces you ordered available for immediate shipment. Unfortunately, [154]the cookie jar you selected is out of stock due to its popularity. You have three options on how to proceed. [155-C]You can cancel the cookie jar and get a refund for it. Alternatively, [155-B]you can choose another item that is in stock instead, or [155-A]wait until the item is available to ship in approximately three weeks. Please reply to this e-mail to let me know which option you prefer. I can go ahead and ship the other items now. But [155-A]should you decide to wait for the out-of-stock item, I can hold off and send everything together. That way you will avoid an extra delivery charge.

Sincerely,

Arthur Compton
Customer Service Manager

수신: Meredith Patton
        <meredithpatton@sqmail.com>
발신: Arthur Compton
        <artcompton@cherrylanepottery.com>
날짜: 10월 13일
제목: 주문 번호 P76559

Ms. Patton께,

주문해주셔서 감사합니다. 저희는 귀하께서 주문하신 4개의 물건 중 3개를 바로 발송해 드릴 수 있습니다. 안타깝게도, [154]귀하께서 고르신 쿠키 항아리는 인기가 많아 품절되었습니다. 귀하께서는 어떻게 진행하실지에 대해 3가지 선택 사항이 있습니다. [155-C]귀하께서는 쿠키 항아리를 취소하시고 그것에 대해 환불을 받으실 수 있습니다. 그렇지 않으면 [155-B]재고가 있는 다른 상품을 대신 선택하시거나, 또는 [155-A]그 물건이 약 3주 후에 발송될 수 있을 때까지 기다리실 수 있습니다. 이 이메일에 답을 주셔서 어떤 선택 사항을 선호하시는지 제게 알려주십시오. 저는 지금 진행해서 다른 상품들을 보내드릴 수 있습니다. 하지만 [155-A]품절된 상품을 기다리기로 결정하신다면, 저는 보류했다가 모든 것을 같이 보내드릴 수 있습니다. 그럴 경우 귀하께서는 추가 배송 비용을 내지 않으실 것입니다.

Arthur Compton 드림
고객 서비스 관리자

어휘 □ shipment n. 발송, 수송품, 출하   □ out of stock phr. 품절되어   □ popularity n. 인기, 유행
     □ proceed v. 진행하다   □ approximately adv. 약, 대략, 거의   □ go ahead phr. 진행되다, 앞서 가다
     □ hold off phr. 보류하다, 미루다

154

What is the problem with Ms. Patton's order?

(A) An item was damaged during transit.
(B) A selection is unavailable now.
(C) A price has been changed.
(D) A shipment has been lost.

Ms. Patton의 주문과 관련한 문제는 무엇인가?

(A) 상품이 수송 중에 파손되었다.
(B) 선택한 물품을 현재 구할 수 없다.
(C) 가격이 변경되었다.
(D) 수송된 물건이 분실되었다.

■ 육하원칙 What   정답 (B)

Ms. Patton의 주문과 관련한 문제가 무엇인지(What)를 묻는 육하원칙 문제이다. 질문의 핵심 어구인 the problem with Ms. Patton's order와 관련하여, 'the cookie jar you selected is out of stock due to its popularity'에서 상대방, 즉 Ms. Patton이 고른 쿠키 항아리가 인기가 많아 품절되었다고 했으므로 (B)가 정답이다.

바꾸어 표현하기
out of stock 품절인 → unavailable 구할 수 없는

어휘 transit n. 수송, 운송 selection n. 선택된 것들, 선정

155

○
●
●
●
상

What is NOT an option suggested by Mr. Compton?

(A) Delaying a shipment
(B) Replacing a selection
(C) Canceling a single item
(D) Returning a defective product

Mr. Compton에 의해 제안된 선택 사항이 아닌 것은?

(A) 발송 늦추기
(B) 선택한 물품 바꾸기
(C) 상품 하나를 취소하기
(D) 결함이 있는 제품을 반납하기

■ **Not/True** Not 문제 　　　　　　　　　　　　　　　　　　　　　　　　　　　　　　　　　　　　　　　정답 (D)

질문의 핵심 어구인 an option suggested by Mr. Compton과 관련된 내용을 지문에서 찾아 각 보기와 대조하는 Not/True 문제이다. (A)는 'wait until the item is available to ship in approximately three weeks'와 'should you decide to wait for the out-of-stock item, I can hold off and send everything together'에서 이메일 발신자인 Mr. Compton이 물건이 약 3주 후에 발송될 수 있을 때까지 기다릴 수 있고 품절된 상품을 기다리기로 결정한다면 발송을 보류했다가 모든 것을 같이 보내줄 수 있다고 했으므로 지문의 내용과 일치한다. (B)는 'you can choose another item that is in stock instead'에서 재고가 있는 다른 상품을 대신 선택할 수 있다고 했으므로 지문의 내용과 일치한다. (C)는 'You can cancel the cookie jar'에서 쿠키 항아리를 취소할 수 있다고 했으므로 지문의 내용과 일치한다. (D)는 지문에 언급되지 않은 내용이다. 따라서 (D)가 정답이다.

바꾸어 표현하기
hold off 보류하다 → Delaying 늦추기
choose another item ~ instead 대신 다른 상품을 선택하다 → Replacing a selection 선택한 물품 바꾸기

어휘　delay v. 늦추다, 연기하다　replace v. 바꾸다, 대체하다　defective adj. 결함이 있는

Questions 156-157 refer to the following schedule.

156-157은 다음 일정표에 관한 문제입니다.

Production: *Fire Across the Sand*
Produced by: Cinemavent Studios
Directed by: Karen Greene

KAREN GREENE'S SCHEDULE
October 1 to 12

Monday	Tuesday	Wednesday	Thursday	Friday
1	2 2 P.M. 156-B Production meeting to address budget matters	3 3:30 P.M. 156-AConsult with scriptwriter Joel Mabe about changes to ending scene	4 1:30 P.M. Meet with production designer to approve wardrobe changes	1575 1:30 P.M. Attend first rehearsal with actors
8 2:30 P.M. 156-DDiscuss opening sequence with director of photography	9 9 A.M. 156-AReview final draft of screenplay with principal cast	15710 2 P.M. Attend rehearsal with actors	11	12 7 A.M. Begin shooting film

작품: *Fire Across the Sand*
제작: Cinemavent 스튜디오
감독: Karen Greene

KAREN GREENE의 일정
10월 1일에서 12일

월요일	화요일	수요일	목요일	금요일
1	2 오후 2시 156-B예산 문제를 처리하기 위한 제작 회의	3 오후 3시 30분 156-A마지막 장면의 변경에 대해 시나리오 작가 Joel Mabe와 상의	4 오후 1시 30분 의상 변경을 승인하기 위해 미술 디자이너와 만남	1575 오후 1시 30분 배우들과의 첫 번째 리허설 참석
8 오후 2시 30분 156-D촬영 감독과 오프닝 장면 논의	9 오전 9시 주요 출연진들과 156-A시나리오의 최종본 검토	15710 오후 2시 배우들과의 리허설 참석	11	12 오전 7시 영화 촬영 시작

어휘
- □ **production** n. 작품, 제작, 제조
- □ **consult** v. 상의하다, 참고하다
- □ **production designer** phr. 미술 디자이너(세트·의상 등의 책임자)
- □ **sequence** n. 장면, 순서, 차례
- □ **cast** n. 출연진, 배역
- □ **address** v. 처리하다, 다루다
- □ **scriptwriter** n. 시나리오 작가
- □ **screenplay** n. 시나리오, 영화 대본
- □ **shoot** v. 촬영하다, 찍다
- □ **budget** n. 예산
- □ **wardrobe** n. 의상, 옷
- □ **principal** adj. 주요한

156

What is NOT a task arranged for Ms. Greene?

(A) Reviewing alterations to a script
(B) Discussing a film's production costs
(C) Auditioning main actors
(D) Talking about a shot sequence

Ms. Greene에게 예정된 업무가 아닌 것은?

(A) 대본 수정 검토하기
(B) 영화 제작 비용에 대해 논의하기
(C) 주연 배우들 오디션 보기
(D) 촬영 장면에 대해 논의하기

■ Not/True Not 문제   정답 (C)

질문의 핵심 어구인 a task arranged for Ms. Greene과 관련된 내용을 지문에서 찾아 각 보기와 대조하는 Not/True 문제이다. (A)는 'Consult with scriptwriter ~ about changes to ending scene', 'Review final draft of screenplay'에서 마지막 장면의 변경에 대해 시나리오 작가와 상의하고 시나리오의 최종본을 검토할 것이라고 했으므로 지문의 내용과 일치한다. (B)는 'Production meeting to address budget matters'에서 예산 문제를 처리하기 위한 제작 회의를 가질 것이라고 했으므로 지문의 내용과 일치한다. (C)는 지문에 언급되지 않은 내용이다. 따라서 (C)가 정답이다. (D)는 'Discuss opening sequence with director of photography'에서 촬영 감독과 오프닝 장면을 논의할 것이라고 했으므로 지문의 내용과 일치한다.

바꾸어 표현하기
changes 변경 → alterations 수정
budget matters 예산 문제 → costs 비용

어휘 **alteration** n. 수정, 변경 **audition** v. 오디션을 보다; n. 오디션 **shot** n. 촬영, 사진

157

What time will the second rehearsal commence?

(A) At 1:30 P.M.
(B) At 2:00 P.M.
(C) At 2:30 P.M.
(D) At 3:30 P.M.

두 번째 리허설은 몇 시에 시작할 것인가?

(A) 오후 1시 30분에
(B) 오후 2시에
(C) 오후 2시 30분에
(D) 오후 3시 30분에

■ 육하원칙 What   정답 (B)

두 번째 리허설이 몇 시(What time)에 시작할 것인지를 묻는 육하원칙 문제이다. 질문의 핵심 어구인 the second rehearsal commence와 관련하여, '5, ~ Attend first rehearsal with actors'에서 5일에 배우들과의 첫 번째 리허설이 있다고 했고, '10, 2 P.M., Attend rehearsal with actors'에서 10일 오후 2시에 배우들과의 리허설이 있다고 했으므로 두 번째 리허설은 10일 오후 2시에 시작할 것임을 알 수 있다. 따라서 (B)가 정답이다.

어휘 **commence** v. 시작하다

158-161은 다음 기사에 관한 문제입니다.

Gordon Institute Publishes Study on Americans' Eating and Exercise Habits

In [158]its last survey conducted a decade ago, the Gordon Institute found that many Americans were not as active as they should be and often ate excessively. [158]Now, the Atlanta-based nonprofit organization has released the comprehensive results of a new survey on the same topic.

[160/161]According to the survey, 45 percent of Americans exercise once a week for 30 minutes a day or more. An additional 25 percent exercise three times a week for 30 minutes a day or more, and a further 10 percent exercise at least 30 minutes every day of the week. — [1] —.

[159]Of the Americans who do exercise, 65 percent say they jog slowly, 25 percent say they lift weights, and the remaining 10 percent say they walk long distances or perform other activities. — [2] —. About 40 percent of this group say they don't make any effort to regulate their food intake, while about 60 percent say they strive to eat healthily at least some of the time. — [3] —.

These results make for an interesting comparison to [158]a similar survey the Gordon Institute published 20 years ago. [160]In that survey, only 23 percent of Americans said they exercised at least once a week. Furthermore, [160]the percentage of those monitoring their food intake and endeavoring to make smart food choices has risen 11 percent. — [4] —.

Gordon 협회가 미국인들의 식사와 운동 습관에 대한 조사를 발표하다

[158]10년 전에 실시된 지난 조사에서, Gordon 협회는 많은 미국인들이 그래야 하는 만큼 활동적이지 않고 종종 지나치게 머는다는 것을 알게 되었다. [158]이제, 애틀랜타에 본거지를 둔 이 비영리 단체는 같은 주제에 관한 새로운 조사의 종합적인 결과를 발표했다.

[160/161]그 조사에 따르면, 미국인들의 45퍼센트는 일주일에 한 번 하루에 30분 또는 그 이상을 운동한다. 추가적인 25퍼센트는 일주일에 세 번 하루에 30분 또는 그 이상을 운동하고, 추가적인 10퍼센트는 일주일에 매일 적어도 30분을 운동한다. — [1] —.

[159]운동을 하는 미국인들 중 65퍼센트는 천천히 조깅을 하고, 25퍼센트는 역기를 드는 운동을 하고, 남은 10퍼센트는 먼 거리를 걷거나 다른 활동을 한다고 말한다. — [2] —. 이 그룹의 약 60퍼센트가 적어도 가끔씩 건강하게 먹으려고 노력한다고 말한 반면, 약 40퍼센트는 음식 섭취를 조절하기 위한 어떠한 노력도 하지 않는다고 말한다. — [3] —.

이 결과들은 [158]Gordon 협회가 20년 전에 발표했던 유사한 조사와 흥미로운 비교를 하는 데 기여한다. [160]그 조사에서, 단 23퍼센트의 미국인들만이 적어도 일주일에 한 번 운동한다고 말했다. 게다가, [160]음식 섭취를 관찰하고 현명한 음식 선택을 하려고 노력하는 사람들의 비율이 11퍼센트 증가했다. — [4] —.

어휘
□ **excessively** adv. 지나치게, 매우
□ **comprehensive** adj. 종합적인, 포괄적인
□ **intake** n. 섭취, 섭취량
□ **comparison** n. 비교, 대조
□ **nonprofit** adj. 비영리적인
□ **remaining** adj. 남은, 남아 있는
□ **strive** v. 노력하다, 힘쓰다
□ **monitor** v. 관찰하다, 관리하다
□ **release** v. 발표하다
□ **regulate** v. 조절하다, 규제하다
□ **make for** phr. ~에 기여하다, 도움이 되다
□ **endeavor** v. 노력하다, 시도하다; n. 노력

158
상

What can be inferred about the Gordon Institute?

(A) It releases survey results every five years.
(B) It has produced at least three studies.
(C) It advises the government on medical concerns.
(D) It holds seminars on maintaining a healthy diet.

Gordon 협회에 대해 추론될 수 있는 것은?

(A) 5년마다 조사 결과를 발표한다.
(B) 최소 세 번의 조사 결과를 냈다.
(C) 의학 문제에 대해 정부에 자문을 제공한다.
(D) 건강한 식습관을 유지하는 것에 대한 세미나를 개최한다.

■ **추론** 세부 정보

정답 (B)

질문의 핵심 어구인 Gordon Institute에 대해 추론하는 문제이다. 'its last survey conducted a decade ago', 'Now, the ~ organization has released the ~ results of a new survey on the same topic.'에서 Gordon 협회가 10년 전에 조사를 했고 이제 그 단체가 같은 주제에 관한 새로운 조사 결과를 발표했다고 했고, 'a similar survey the Gordon Institute published 20 years ago'에서 Gordon 협회가 20년 전에 비슷한 조사를 발표했다고 한 것을 통해 Gordon 협회가 최소 세 번의 조사 결과를 냈다는 것을 추론할 수 있다. 따라서 (B)가 정답이다.

바꾸어 표현하기
has released the ~ results of a ~ survey 조사 결과를 발표했다 → produced ~ studies 조사 결과를 냈다

159

What type of exercise did most survey participants prefer?

(A) Taking lengthy walks
(B) Participating in weight training
(C) Running at a slow pace
(D) Engaging in competitive sport

대부분의 조사 참여자들이 어떤 종류의 운동을 선호했는가?

(A) 오랜 산책을 하는 것
(B) 근력 운동에 참여하는 것
(C) 느린 속도로 뛰는 것
(D) 경쟁적인 스포츠에 참여하는 것

■ **육하원칙** What
정답 (C)

대부분의 조사 참여자들이 어떤(What) 종류의 운동을 선호했는지를 묻는 육하원칙 문제이다. 질문의 핵심 어구인 exercise ~ most survey participants prefer와 관련하여, 'Of the Americans who do exercise, 65 percent say they jog slowly, 25 percent say they lift weights, and the remaining 10 percent say they walk long distances or perform other activities.'에서 조사 결과에 따르면 운동을 하는 미국인들 중 65퍼센트는 천천히 조깅을 하고, 25퍼센트는 역기를 드는 운동을 하고, 남은 10퍼센트는 먼 거리를 걷거나 다른 활동을 한다고 했으므로 (C)가 정답이다.

바꾸어 표현하기
jog slowly 천천히 조깅하다 → Running at a slow pace 느린 속도로 뛰는 것

어휘 lengthy adj. 오랜, 긴 pace n. 속도 engage in phr. ~에 참여하다 competitive adj. 경쟁적인

160

What does the most recent survey indicate about Americans?

(A) They have the tendency to overeat.
(B) They are making better choices about their health.
(C) They got more exercise a decade ago.
(D) They spend most of their spare time exercising.

가장 최근의 조사가 미국인들에 대해 암시하는 것은?

(A) 과식하는 경향이 있다.
(B) 건강에 대해 더 나은 선택을 하고 있다.
(C) 10년 전에 운동을 더 많이 했다.
(D) 대부분의 여가 시간을 운동하는 데 보낸다.

■ **추론** 세부 정보
정답 (B)

가장 최근의 조사가 미국인들에 대해 암시하는 것을 추론하는 문제이다. 'According to the survey, 45 percent of Americans exercise once a week', 'In that survey, only 23 percent of Americans said they exercised at least once a week.'에서 최근 조사에 따르면 미국인들의 45퍼센트가 일주일에 한 번 운동하고 20년 전 조사에서는 단 23퍼센트의 미국인들만이 적어도 일주일에 한 번 운동한다고 했고, 'the percentage of those monitoring their food intake and endeavoring to make smart food choices has risen 11 percent'에서 음식 섭취를 관찰하고 현명한 음식 선택을 하려고 노력하는 사람들의 비율이 11퍼센트 증가했다고 했으므로 최근 조사 결과에서 미국인들이 20년 전보다 더 많이 운동하고 더 건강하게 먹으려고 한다는 사실을 추론할 수 있다. 따라서 (B)가 정답이다.

어휘 tendency n. 경향, 성향 overeat v. 과식하다 decade n. 10년 spare time phr. 여가 시간

161

In which of the positions marked [1], [2], [3], and [4] does the following sentence best belong?

"The rest of them say they do not work out at all."

(A) [1]
(B) [2]
(C) [3]
(D) [4]

[1], [2], [3], [4]로 표시된 위치 중, 다음 문장이 들어갈 곳으로 가장 적절한 것은?

"그들 중 나머지는 운동을 전혀 하지 않는다고 말한다."

(A) [1]
(B) [2]
(C) [3]
(D) [4]

■ **문장 위치 찾기**
정답 (A)

지문의 흐름상 주어진 문장이 들어가기에 가장 적절한 곳을 고르는 문제이다. 주어진 문장에서 그들 중 나머지는 운동을 전혀 하지 않는다고 말한다고 했으므로, 이 문장이 조사 결과 중 운동 빈도 및 운동량과 관련된 내용이 나오는 부분에 들어가야 함을 알 수 있다. [1]의 앞 문장인 'According to the survey, 45 percent of Americans exercise once a week ~. An additional 25 percent exercise three times a week ~, and a further 10 percent exercise ~ every day of the week.'에서 조사에 따르면 미국인들의 45퍼센트는 일주일에 한 번, 추가적인 25퍼센트는 일주일에 세 번, 추가적인 10퍼센트는 일주일에 매일 운동한다고 했으므로 [1]에 제시된 문장이 들어가면 미국인들의 45퍼센트, 25퍼센트, 10퍼센트를 제외한 나머지는 운동을 전혀 하지 않는다는 자연스러운 문맥이 된다는 것을 알 수 있다. 따라서 (A)가 정답이다.

162-164는 다음 웹페이지에 관한 문제입니다.

Super Ticket Exchange
www.supertix.com

Not a member?
Sign in to receive updates on your favorite types of events.

HOME | **SEARCH TICKETS** | SELL TICKETS | HELP | CONTACT US

Super Ticket Exchange is the best place to buy and sell tickets online. [162-D]We have the widest selection on offer with tickets listed at prices well below original cost.

Search by City:	Event Type:	Date Range:
Philadelphia	Concert	October 1–30

Your Results:
Click on an event name for more details.

> [163]University Symphony Orchestra
   October 3, Finkle University

> Stars of Country Music featuring
   Stacy Bellows and the Howling Coyote Band
   October 12, Anchor Arena

> Guest Soloist: Haley Hammond
   October 15, Windwell Auditorium, Windwell College Campus

> The Wandering Noisemakers
   October 26, Cougar Stadium

[162-B]If you have any problems with your transaction or tickets and would like your money back, it is necessary to contact us within 30 days of purchase. Our e-mail address is customerservice@supertix.com.

[164]Selling tickets instead? Click here to go to our sellers' page and enter the requested information.

Super 티켓 거래소
www.supertix.com

회원이 아닌가요?
좋아하는 종류의 행사에 대한 최신 소식을 받으려면 가입하세요.

홈 | 티켓 검색 | 티켓 판매 | 도움 | 연락

Super 티켓 거래소는 온라인에서 티켓을 사고 파는 최석의 장소입니다. [162-D]저희는 원래 가격보다 훨씬 낮은 가격에 나와 있는 티켓들에 대해 가장 폭넓은 선택 사항들을 제공합니다.

도시로 검색:	행사 종류:	기간:
필라델피아	콘서트	10월 1~30일

귀하의 결과:
더 많은 세부 사항을 원하시면 행사 제목을 클릭하십시오.

> [163]대학교 교향악단
   10월 3일, Finkle 대학교

> Stacy Bellows와 Howling Coyote 밴드가 출연하는
   Stars of Country Music
   10월 12일, Anchor 경기장

> 게스트 독주자: Haley Hammond
   10월 15일, Windwell 강당, Windwell 대학 캠퍼스

> The Wandering Noisemakers
   10월 26일, Cougar 경기장

[162-B]거래나 티켓과 관련하여 문제가 있거나 환불을 원하신다면, 구매 후 30일 이내에 저희에게 연락하셔야 합니다. 저희 이메일 주소는 customerservice@supertix.com입니다.

[164]대신 티켓을 판매하시겠습니까? 여기를 클릭해서 저희의 판매자 페이지로 가서 요청되는 정보를 입력하십시오.

어휘 □ exchange n. 거래소, 교환; v. 교환하다   □ selection n. 선택 가능한 것들, 선택   □ on offer phr. 제공되는, 이용할 수 있는
      □ original cost phr. 원가   □ feature v. 출연하다, 특색으로 하다   □ soloist n. 독주자, 단독 공연자
      □ transaction n. 거래, 매매   □ enter v. 입력하다, 기입하다

162

What is true about Super Ticket Exchange?

(A) It operates a Philadelphia office.
(B) It offers refunds for a limited amount of time.
(C) It charges a small commission on every transaction.
(D) It sells tickets at the lowest prices on the market.

Super 티켓 거래소에 대해 사실인 것은?

(A) 필라델피아 사무실을 운영한다.
(B) 제한된 기간 동안 환불을 제공한다.
(C) 모든 거래에 소액의 수수료를 청구한다.
(D) 시중에서 가장 낮은 가격에 티켓을 판매한다.

■ **Not/True** True 문제   정답 (B)

질문의 핵심 어구인 Super Ticket Exchange와 관련된 내용을 지문에서 찾아 각 보기와 대조하는 Not/True 문제이다. (A)는 지문에 언급되지 않은 내용이다. (B)는 'If you ~ would like your money back, it is necessary to contact us within 30 days of purchase.'에서 환불을 원하면 구매 후 30일 이내에 연락해야 한다고 했으므로 지문의 내용과 일치한다. 따라서 (B)가 정답이다. (C)는 지문에 언급되지 않은 내용이다. (D)는 'We have the widest selection on offer with tickets listed at prices well below original cost.'에서 원래 가격보다 훨씬 낮은 가격에 나와 있는 티켓들에 대해 가장 폭넓은 선택 사항을 제공한다고 했지만 시중에서 가장 낮은 가격에 티켓을 판매하는지는 알 수 없으므로 지문의 내용과 일치하지 않는다.

바꾸어 표현하기
within 30 days of purchase 구매 후 30일 이내에 → for a limited amount of time 제한된 기간 동안

어휘 limited adj. 제한된, 한정된 commission n. 수수료, 위원회

163

On what date will a school group give a performance?

(A) October 3
(B) October 12
(C) October 15
(D) October 26

어떤 날짜에 학교 단체가 공연을 할 것인가?

(A) 10월 3일
(B) 10월 12일
(C) 10월 15일
(D) 10월 26일

■ **육하원칙** What   정답 (A)

어떤(what) 날짜에 학교 단체가 공연을 할 것인지를 묻는 육하원칙 문제이다. 질문의 핵심 어구인 date ~ a school group give a performance와 관련하여, 'University Symphony Orchestra, October 3'에서 10월 3일에 대학교 교향악단의 공연이 있다고 했으므로 (A)가 정답이다.

바꾸어 표현하기
a school group 학교 단체 → University Symphony Orchestra 대학교 교향악단

164

What are ticket sellers required to do?

(A) Send an e-mail to confirm an address
(B) Make a phone call to provide payment details
(C) Fill in an online form with some details
(D) Create an advertisement to post on the site

티켓 판매자들은 무엇을 할 것이 요구되는가?

(A) 주소를 확인하기 위해 이메일을 보낸다
(B) 지불에 대한 세부 사항을 제공하기 위해 전화를 한다
(C) 온라인 양식에 세부 사항을 기입한다
(D) 사이트에 게시할 광고를 만든다

■ **육하원칙** What   정답 (C)

티켓 판매자들이 무엇을(What)을 할 것이 요구되는지를 묻는 육하원칙 문제이다. 질문의 핵심 어구인 ticket sellers required to do와 관련하여, 'Selling tickets instead? Click here to go to our sellers' page and enter the requested information.'에서 티켓을 판매하려면 버튼을 클릭해서 판매자 페이지로 가서 요청되는 정보를 입력하라고 했으므로 (C)가 정답이다.

바꾸어 표현하기
enter the requested information 요청되는 정보를 입력하다 → Fill in ~ some details 세부 사항을 기입하다

어휘 fill in phr. 기입하다

Questions 165-167 refer to the following questionnaire.

165-167은 다음 설문지에 관한 문제입니다.

Wembley Hotel, Chicago

Thank you for visiting our business center here at Wembley Hotel, Chicago. We hope you found our services and facilities satisfactory and that our staff assisted you with all your needs. To help us improve the quality of our services, we kindly ask all guests to take a few moments to fill out this short questionnaire. Once it is completed, simply hand it to a business center employee. [165]Those doing so will be entitled to take advantage, free of charge, of the business center facilities at any Wembley Hotel upon their next visit.

- [167-A]**What was the purpose of your visit to Chicago?**
  Business meeting with some clients

- [167-C]**What did you use the business center for?**
  I printed out a few contracts, made a conference call, and used the Wi-Fi.

- **How could we improve our facilities?**
  [166]The printer you have now doesn't work very well. It printed slowly and sometimes stopped altogether. I think purchasing a new one might be helpful.

- **How was the service you received?**
  [166/167-B]Your staff member Erin Minors was friendly and assisted me with the printer. [167-B]Service was excellent.

Name: James Gould
Phone: 555-3049
E-mail: jamesgould@pgfinvest.com

Wembley 호텔, 시카고

여기 시카고의 Wembley 호텔에 있는 비즈니스 센터를 방문해 주셔서 감사합니다. 귀하께서 저희 서비스와 시설에 만족하시고 저희 직원들이 귀하의 모든 요구 사항에 도움을 드렸기를 바랍니다. 저희가 서비스의 질을 향상시키는 데에 도움이 되도록 모든 손님들이 부디 잠시 시간을 내서 이 짧은 설문지를 작성해 주실 것을 요청드립니다. 작성이 완료되면, 비즈니스 센터 직원에게 제출해 주시기만 하면 됩니다. [165]그렇게 해주시는 분들은 다음 방문 시 모든 Wembley 호텔에 있는 비즈니스 센터 시설을 무료로 이용하실 자격이 주어질 것입니다.

- [167-A]시카고 방문의 목적이 무엇이었습니까?
  고객과의 사업상 회의

- [167-C]무엇을 위해 비즈니스 센터를 이용하셨습니까?
  몇 가지 계약서를 출력하고 전화 회담을 했으며 와이파이를 이용했습니다.

- 저희가 어떻게 시설을 개선할 수 있을까요?
  [166]지금 있는 프린터가 잘 작동하지 않습니다. 출력이 느렸고 가끔씩 완전히 멈췄습니다. 새 것을 구입하는 게 도움이 될 것 같습니다.

- 받으신 서비스는 어땠습니까?
  [166/167-B]직원인 Erin Minors가 친절했고 프린터와 관련하여 저를 도와주었습니다. [167-B]서비스가 훌륭했습니다.

이름: James Gould
전화: 555-3049
이메일: jamesgould@pgfinvest.com

어휘 □ satisfactory adj. 만족스러운, 충분한 □ fill out phr. 작성하다, 기재하다 □ questionnaire n. 설문지
□ hand v. 제출하다, 건네주다 □ entitle v. 자격을 주다 □ take advantage of phr. ~을 이용하다
□ free of charge phr. 무료로 □ contract n. 계약(서), 약정 □ altogether adv. 완전히, 전적으로

165
○
●
●
●
상

What is indicated about Wembley Hotel?

(A) It charges a fee to use the business center.
(B) It has branches located in many different countries.
(C) It recently updated many of its facilities.
(D) It is considering introducing a new service.

Wembley 호텔에 대해 암시되는 것은?

(A) 비즈니스 센터를 이용하는 데 요금을 부과한다.
(B) 많은 여러 나라에 지점이 있다.
(C) 최근에 많은 시설들을 새롭게 했다.
(D) 새로운 서비스를 도입하는 것을 고려하고 있다.

■ **추론** 세부 정보

정답 (A)

질문의 핵심 어구인 Wembley Hotel에 대해 추론하는 문제이다. 'Those doing so will be entitled to take advantage, free of charge, of the business center facilities at any Wembley Hotel'에서 그렇게 해주는 사람들, 즉 설문지를 작성하는 사람들에게는 모든 Wembley 호텔에 있는 비즈니스 센터 시설을 무료로 이용할 자격이 주어질 것이라고 했으므로 호텔의 비즈니스 센터 시설을 이용하려면 원래는 요금을 내야 한다는 사실을 추론할 수 있다. 따라서 (A)가 정답이다.

바꾸어 표현하기
take advantage ~ of ~을 이용하다 → use 이용하다

어휘 update v. 새롭게 하다, 갱신하다 introduce v. 도입하다

166

What did Mr. Gould have difficulty with?

(A) An inoperable phone system
(B) A malfunctioning device
(C) An occupied meeting venue
(D) A poor Internet connection

| Mr. Gould는 무엇에 어려움이 있었는가?
|
| (A) 작동되지 않는 전화 시스템
| (B) 오작동하는 기기
| (C) 이미 사용 중인 회의 장소
| (D) 좋지 않은 인터넷 연결

■ **육하원칙** What   정답 (B)

Mr. Gould가 무엇(What)에 어려움이 있었는지를 묻는 육하원칙 문제이다. 질문의 핵심 어구인 Mr. Gould have difficulty with과 관련하여, 'The printer ~ doesn't work very well. It printed slowly and sometimes stopped altogether.', 'Your staff member Erin Minors ~ assisted me with the printer.'에서 프린터기가 잘 작동하지 않아 출력이 느렸고 가끔씩 완전히 멈춰서 직원인 Erin Minors가 프린터기와 관련하여 자신을 도와주었다고 했으므로 Mr. Gould가 잘 작동되지 않는 프린터기와 관련하여 문제가 있었음을 알 수 있다. 따라서 (B)가 정답이다.

바꾸어 표현하기
The printer ~ doesn't work very well 프린터기가 잘 작동하지 않다 → A malfunctioning device 오작동하는 기기

어휘   inoperable adj. 작동되지 않는   malfunction v. 오작동하다, 제대로 작동하지 않다; n. 고장   occupied adj. 사용 중인   venue n. 장소
       connection n. 연결, 접속

167

What is NOT mentioned about Mr. Gould?

(A) He traveled to Chicago on business.
(B) He was pleased with a member of staff.
(C) He printed out some documents.
(D) He recommended the hotel to a coworker.

| Mr. Gould에 대해 언급되지 않은 것은?
|
| (A) 업무로 인해 시카고에 갔다.
| (B) 직원에 만족했다.
| (C) 몇몇 문서를 출력했다.
| (D) 동료에게 호텔을 추천했다.

■ **Not/True** Not 문제   정답 (D)

질문의 핵심 어구인 Mr. Gould와 관련된 내용을 지문에서 찾아 각 보기와 대조하는 Not/True 문제이다. (A)는 'What was the purpose of your visit to Chicago? Business meeting with some clients'에서 시카고 방문의 목적이 무엇이었는지 묻는 질문에 고객과의 사업상 회의라고 답했으므로 지문의 내용과 일치한다. (B)는 'Your staff member Erin Minors was friendly and assisted me ~. Service was excellent.'에서 직원인 Erin Minors가 친절했고 자신을 도와주었으며 서비스가 훌륭했다고 했으므로 지문의 내용과 일치한다. (C)는 'What did you use the business center for? I printed out a few contracts'에서 무엇을 위해 비즈니스 센터를 이용했는지 묻는 질문에 몇 가지 계약서를 출력했다고 답했으므로 지문의 내용과 일치한다. (D)는 지문에 언급되지 않은 내용이다. 따라서 (D)가 정답이다.

바꾸어 표현하기
a few contracts 몇 가지 계약서 → some documents 몇몇 문서

Questions 168-171 refer to the following newspaper article.

168-171은 다음 신문 기사에 관한 문제입니다.

After a Long Absence, Thierry Martin is Back!

Thierry Martin used to be among the best-known and most admired guitarists in the world. His last album, [168-B]*La Defense* (named after the Parisian business district), had sold more than 1 million copies and was still listed at the top of music charts after being there for six weeks. In addition, he was scheduled to contribute to the albums of several award-winning vocalists.

Then [169]three years ago, while skiing during a holiday in Colorado, he broke his left arm. He canceled all scheduled interviews and appearances and had to postpone his impending world tour. Fans followed his progress anxiously as he slowly recovered, and [169]it seemed like he had given up playing altogether for a time.

[169]But now he is back making new recordings. [170]According to an announcement on Martin's Web site, his next album, [168-C/170]*Normandy*, will be released this November by BBS Records. [168-C]Featuring 20 new songs and contributions by several famous vocalists including British pop star Carly Fey and American singer James Norwell, it's almost certain to be a best-seller this holiday season.

[171]To build excitement for *Normandy*, Martin released the first single from that album. Entitled "Summer Squall," it's a six-minute instrumental piece, incorporating hard rock influences. The popular music blog *MP3Stream* called the new single "one of his all-time greatest tracks."

긴 공백 후에, Thierry Martin이 다시 돌아오다!

Thierry Martin은 세계에서 가장 유명하고 가장 존경받는 기타리스트들 중에 한 명이었다. 그의 마지막 앨범인 [168-B]*La Defense*(파리의 상업 구역의 이름을 따서 지어짐)는 백만 장 이상이 팔렸고 음악 차트의 정상에 오른 지 6주 후에도 여전히 정상에 올라있었다. 또한, 그는 몇몇 수상 경력이 있는 가수들의 앨범에 도움을 주기로 예정되어 있었다.

그러고 나서 [169]3년 전, 그는 휴일에 콜로라도에서 스키를 타다가 왼쪽 팔을 부러뜨렸다. 그는 예정된 모든 인터뷰와 출연을 취소했고 임박한 세계 투어를 연기해야만 했다. 그가 천천히 회복하는 동안 팬들은 그의 경과를 걱정스럽게 지켜보았고, [169]그가 당분간 연주를 완전히 그만둔 것처럼 보였다.

[169]하지만 이제 그가 다시 새로운 음반을 만들고 있다. [170]Martin의 웹사이트에서의 발표에 따르면, 그의 다음 앨범인 [168-C/170]*Normandy*가 BBS 음반사에 의해 이번 11월에 발매될 것이다. [168-C]20개의 새로운 곡과 영국의 팝스타 Carly Fey와 미국 가수 James Norwell을 포함한 여러 유명 가수들의 조력을 특징으로 하므로, 앨범은 이번 연휴 시즌에 베스트셀러가 될 것이 거의 확실하다.

[171]*Normandy*에 대한 흥미를 조성하기 위해, Martin은 그 앨범에서 첫 번째 싱글을 발표했다. "Summer Squall"이라는 제목의 그 곡은 6분짜리 악기 연주곡이고 하드록에서 받은 영향을 포함한다. 유명한 음악 블로그인 *MP3Stream*은 그 새로운 싱글을 "그의 사상 최고의 곡들 중 하나"라고 일컬었다.

어휘
☐ admire v. 존경하다, 칭찬하다
☐ contribute v. 도움이 되다, 기여하다
☐ impending adj. 임박한
☐ release v. 발매하다, 발표하다
☐ entitled adj. ~라는 제목의
☐ influence n. 영향

☐ name after phr. ~의 이름을 따서 짓다
☐ vocalist n. 가수, 보컬리스트
☐ anxiously adv. 걱정스럽게, 근심하여
☐ feature v. 특징으로 삼다; n. 특징
☐ instrumental adj. 악기의, 악기로 연주되는
☐ track n. (음반·테이프에 녹음된 음악) 한 곡; v. 추적하다

☐ list v. 목록에 올리다, 기록하다
☐ appearance n. 출연, 등장
☐ altogether adv. 완전히, 전적으로
☐ contribution n. 조력, 기여
☐ incorporate v. ~을 포함하다

TEST | 01 | 02 | 03 | 04 | 05 | 06 | 07 | **08** | 09 | 10 | 해커스 토익 실전 1000제 3 Reading

168

What is stated about *La Defense*?

(A) It had lower sales than Mr. Martin's previous albums.
(B) It ranked highly on some charts for a period of time.
(C) It consists of recordings with other artists.
(D) It was produced at a recording studio in Paris.

La Defense에 대해 언급된 것은?

(A) Mr. Martin의 이전 앨범들보다 적게 판매되었다.
(B) 일정 기간 동안 몇몇 차트에서 상위권을 차지했다.
(C) 다른 예술가들과 녹음한 것으로 구성되어 있다.
(D) 파리에 있는 녹음 스튜디오에서 제작되었다.

■ **Not/True** True 문제   정답 (B)

질문의 핵심 어구인 *La Defense*와 관련된 내용을 지문에서 찾아 각 보기와 대조하는 Not/True 문제이다. (A)는 지문에 언급되지 않은 내용이다. (B)는 'La Defense ~ was still listed at the top of music charts after being there for six weeks'에서 *La Defense*가 음악 차트의 정상에 오른 지 6주 후에도 여전히 정상에 올라있었다고 했으므로 지문의 내용과 일치한다. 따라서 (B)가 정답이다. (C)는 'Normandy, will be released ~. Featuring ~ contributions by several famous vocalists'에서 여러 유명 가수들의 조력을 특징으로 하는 것이 *Normandy*라고 했으므로 지문의 내용과 일치하지 않는다. (D)는 지문에 언급되지 않은 내용이다.

바꾸어 표현하기
listed at the top of music charts 음악 차트의 정상에 올랐다 → ranked highly on some charts 몇몇 차트에서 상위권을 차지했다

어휘 rank v. 차지하다

169

What is implied about Mr. Martin?

(A) He hosted his own televised talk show for a time.
(B) He built a recording studio near his home in Colorado.
(C) He has not performed in public for three years.
(D) He produced a best-selling album for James Norwell.

Mr. Martin에 대해 추론되는 것은?

(A) TV로 방송되는 자신의 토크쇼를 잠시 진행했다.
(B) 콜로라도에 있는 집 근처에 녹음 스튜디오를 지었다.
(C) 3년 동안 대중 앞에서 공연하지 않았다.
(D) James Norwell을 위해 베스트셀러 앨범을 제작했다.

■ **추론** 세부 정보   정답 (C)

질문의 핵심 어구인 Mr. Martin에 대해 추론하는 문제이다. 'three years ago, ~ he broke his left arm. He canceled all scheduled interviews and appearances and had to postpone his impending world tour.'에서 Mr. Martin이 3년 전에 팔을 부러뜨려서 예정된 모든 인터뷰와 출연을 취소하고 세계 투어를 연기해야만 했다고 했고, 'it seemed like he had given up playing altogether for a time'과 'But now he is back making new recordings.'에서 그가 당분간 연주를 완전히 그만둔 것처럼 보였지만 이제 다시 새로운 음반을 만들고 있다고 했으므로 Mr. Martin이 3년 동안 대중 앞에서 공연을 하지 않았다는 것을 추론할 수 있다. 따라서 (C)가 정답이다.

어휘 televised adj. TV로 방송되는

170

What is posted on Mr. Martin's Web site?

(A) Tour schedules
(B) A song by Carly Fey
(C) Ways to contact his agent
(D) Album release information

Mr. Martin의 웹사이트에 무엇이 게시되어 있는가?

(A) 투어 일정
(B) Carly Fey의 노래
(C) 그의 대리인에게 연락하는 방법
(D) 앨범 발매 정보

■ **육하원칙** What   정답 (D)

Mr. Martin의 웹사이트에 무엇(What)이 게시되어 있는지를 묻는 육하원칙 문제이다. 질문의 핵심 어구인 posted on Mr. Martin's Web site와 관련하여, 'According to an announcement on Martin's Web site, his next album, *Normandy*, will be released this November by BBS Records.'에서 Martin의 웹사이트에서의 발표에 따르면 그의 다음 앨범인 *Normandy*가 BBS 음반사에 의해 이번 11월에 발매될 것이라고 했으므로 Mr. Martin의 웹사이트에 앨범 발매와 관련된 정보가 게시되어 있음을 알 수 있다. 따라서 (D)가 정답이다.

How has Mr. Martin promoted his upcoming album?	Mr. Martin은 어떻게 그의 이번 앨범을 홍보했는가?
(A) By putting out a song in advance	(A) 미리 곡을 발표함으로써
(B) By performing free concerts	(B) 무료 콘서트를 함으로써
(C) By being interviewed by journalists	(C) 기자들과 인터뷰를 함으로써
(D) By writing about it on his music blog	(D) 그의 음악 블로그에 그것에 대한 글을 씀으로써

■ **육하원칙** How

정답 (A)

Mr. Martin이 어떻게(How) 그의 이번 앨범을 홍보했는지를 묻는 육하원칙 문제이다. 질문의 핵심 어구인 Mr. Martin promoted his upcoming album과 관련하여, 'To build excitement for *Normandy*, Martin released the first single from that album.'에서 *Normandy*, 즉 곧 발매될 앨범에 대한 흥미를 조성하기 위해 Martin이 그 앨범에서 첫 번째 싱글을 발표했다고 했으므로 (A)가 정답이다.

바꾸어 표현하기

released the ~ single 싱글을 발표했다 → putting out a song 곡을 발표하는 것

어휘 upcoming adj. 이번의, 곧 나올 put out phr. 발표하다, 출간하다 in advance phr. 미리, 앞서

Questions 172-175 refer to the following online chat discussion.

172–175는 다음 온라인 채팅 대화문에 관한 문제입니다.

Albert Solnitz [10:43 A.M.]	Albert Solnitz [오전 10시 43분]
OK, so [172]I've secured the permission we need for next Saturday's event at Parker Beach. How are the other preparations coming along?	자, [172]제가 다음 주 토요일 Parker 해변에서의 행사에 필요한 허가를 확보했어요. 다른 준비는 어떻게 되어 가고 있나요?
Paula Yee [10:44 A.M.]	Paula Yee [오전 10시 44분]
Good. [173]I received 24 more confirmations this week, which brings our total to 56.	좋아요. [173]이번 주에 24명의 확약을 더 받아서, 총 56명이 되었어요.
Albert Solnitz [10:47 A.M.]	Albert Solnitz [오전 10시 47분]
That's a decent number. And [172]a lot more will show up on the day of the cleanup itself.	적당한 숫자네요. 그리고 [172]대청소 당일에는 더 많은 사람들이 나타날 거예요.
Greg Farb [10:47 A.M.]	Greg Farb [오전 10시 47분]
You're right. [172]Attendance is usually higher during our spring activity, so [172/173]we should plan for at least 50 more volunteers from the local community to show up unannounced.	맞아요. [172]우리의 봄 활동에는 대개 참석률이 더 높으니, [172/173]지역사회에서 최소한 50명의 자원봉사자들이 더 예고 없이 나타날 것을 대비해 계획을 세워야 해요.
Carol Jimenez [10:48 A.M.]	Carol Jimenez [오전 10시 48분]
[173]So just over 100 in total. We can handle it. We have enough trash bags and rubber gloves for twice that, plus the equipment we used at our last beach cleanup.	[173]그러니까 총 100명이 조금 넘네요. 그건 우리가 다룰 수 있어요. 그 두 배의 인원에도 충분할 만큼의 쓰레기 봉투와 고무 장갑이 있고, 지난번 해변 청소 때 사용했던 장비도 있어요.
Albert Solnitz [10:51 A.M.]	Albert Solnitz [오전 10시 51분]
Great! What about sunscreen or first aid kits? [175]If there's nothing else, I'd like to make a post on the Web site.	좋아요! 자외선 차단제나 구급상자는요? [175]다른 게 없다면, 웹사이트에 글을 올리고 싶어요.
Greg Farb [10:53 A.M.]	Greg Farb [오전 10시 53분]
We should have enough, but [174]we might need more drinks.	아마 충분할 것 같은데, [174]음료는 더 필요할지도 몰라요.
Paula Yee [10:53 A.M.]	Paula Yee [오전 10시 53분]
[174]I could pick up a few cases of juice and soda if we're short.	[174]부족하다면 제가 주스와 탄산음료 몇 상자를 사올 수 있어요.
Greg Farb [10:54 A.M.]	Greg Farb [오전 10시 54분]
Actually, I think I'll double-check the first aid kits. We haven't used them in a while.	사실, 구급상자는 다시 한번 확인해 봐야겠어요. 그것들을 오랫동안 사용하지 않아서요.
Carol Jimenez [10:54 A.M.]	Carol Jimenez [오전 10시 54분]
There's no need, Paula. [174]I've got plenty left over in my garage from the last event. We could also remind participants to bring their own.	그럴 필요 없어요, Paula. [174]지난 행사로부터 남은 것들이 제 차고에 충분해요. 또 참가자들에게 자신들의 것을 가져오라고 상기시켜도 돼요.
Albert Solnitz [10:55 A.M.]	Albert Solnitz [오전 10시 55분]
[175]I'll include that in my post now, Carol. Thanks, everyone!	[175]그 내용을 지금 제 글에 포함할게요, Carol. 다들 고마워요!

어휘 ☐ **confirmation** n. 확약, 확신　　☐ **decent** adj. 적당한, 건전한　　☐ **show up** phr. 나타나다
　　☐ **attendance** n. 참석률, 참석　　☐ **unannounced** adj. 예고 없이, 미리 알리지 않은
　　☐ **rubber** n. 고무　　☐ **first aid kit** phr. 구급상자, 비상약품 상자

172

What event is being planned for next Saturday?

(A) A charity auction
(B) A recycling center visit
(C) A community service activity
(D) A leisure trip to the beach

다음 주 토요일에 어떤 행사가 계획되고 있는가?

(A) 자선 경매
(B) 재활용 센터 방문
(C) 지역사회 봉사활동
(D) 해변으로의 여가 여행

■ 육하원칙 What

정답 (C)

다음 주 토요일에 어떤(What) 행사가 계획되고 있는지를 묻는 육하원칙 문제이다. 질문의 핵심 어구인 event ~ planned for next Saturday 와 관련하여, 'I've secured the permission we need for next Saturday's event at Parker Beach'에서 Mr. Solnitz가 다음 주 토요일 Parker 해변에서의 행사에 필요한 허가를 확보했다고 한 후, 'a lot more will show up on the day of the cleanup itself'에서 대청소 당일 에는 더 많은 사람들이 나타날 거라고 했고, 'Attendance is usually higher during our spring activity, so we should plan for at least 50 more volunteers from the local community to show up unannounced.'에서 Mr. Farb가 봄 활동에는 대개 참석률이 더 높으니 지 역사회에서 최소한 50명의 자원봉사자들이 더 예고 없이 나타날 것을 대비해 계획을 세워야 한다고 했으므로, 지역사회 봉사활동이 계획되어 있 음을 알 수 있다. 따라서 (C)가 정답이다.

바꾸어 표현하기

cleanup 대청소 → community service activity 지역사회 봉사활동

어휘 charity n. 자선, 자선 단체 auction n. 경매 leisure n. 여가

173

Around how many event participants is the group expecting?

(A) 25
(B) 50
(C) 100
(D) 150

모임은 대략 몇 명의 행사 참가자들을 예상하는가?

(A) 25명
(B) 50명
(C) 100명
(D) 150명

■ 육하원칙 How

정답 (C)

모임이 대략 몇 명(how many)의 행사 참가자들을 예상하는지를 묻는 육하원칙 문제이다. 질문의 핵심 어구인 event participants ~ group expecting과 관련하여, 'I received 24 more confirmations this week, which brings our total to 56.'에서 Ms. Yee가 이번 주에 24명 의 확약을 더 받아서 총 56명이 되었다고 했고, 'we should plan for at least 50 more volunteers ~ to show up unannounced'에서 Mr. Farb가 최소한 50명의 자원봉사자들이 더 예고 없이 나타날 것을 대비해 계획을 세워야 한다고 했다. 또한, 'So just over 100 in total.' 에서 Ms. Jimenez가 그러니까 총 100명이 조금 넘는다고 했으므로 모임은 대략 100명의 행사 참가자들을 예상한다는 것을 알 수 있다. 따라 서 (C)가 정답이다.

174

At 10:54 A.M., what does Ms. Jimenez mean when she writes, "There's no need, Paula"?

(A) She has already replaced some first aid kits.
(B) She has an ample supply of beverages.
(C) She has already placed an order for more food.
(D) She has reminded participants to bring drinks.

오전 10시 54분에, Ms. Jimenez가 "There's no need, Paula"라고 썼을 때 그녀가 의도한 것은?

(A) 이미 구급상자 몇 개를 교체했다.
(B) 충분한 양의 음료수를 가지고 있다.
(C) 이미 더 많은 음식을 주문했다.
(D) 참가자들에게 음료수를 가져오라고 상기시켰다.

■ 의도 파악

정답 (B)

Ms. Jimenez가 의도한 것을 묻는 문제이므로, 질문의 인용어구(There's no need, Paula)가 언급된 주변 문맥을 확인한다. 'we might need more drinks'에서 Mr. Farb가 음료가 더 필요할지도 모른다고 한 후, 'I could pick up a few cases of juice and soda if we're short.'에서 Ms. Yee가 부족하다면 자신이 주스와 탄산음료 몇 상자를 사올 수 있다고 하자, Ms. Jimenez가 'There's no need, Paula.'(그 럴 필요 없어요, Paula)라며 'I've got plenty left over in my garage from the last event.'에서 지난 행사로부터 남은 것들이 자신의 차고 에 충분하다고 한 것을 통해, Ms. Jimenez가 충분한 양의 음료수를 가지고 있다는 것을 알 수 있다. 따라서 (B)가 정답이다.

175

What is Mr. Solnitz going to do next?

(A) Visit a location
(B) Contact a sponsor
(C) Publish information online
(D) Purchase items at a store

Mr. Solnitz는 다음에 무엇을 할 것인가?

(A) 장소를 방문한다
(B) 후원자에게 연락한다
(C) 온라인으로 정보를 게시한다
(D) 상점에서 물건을 구매한다

■ **육하원칙** What   정답 (C)

Mr. Solnitz가 다음에 무엇(What)을 할 것인지를 묻는 육하원칙 문제이다. 질문의 핵심 어구인 Mr. Solnitz ~ do next와 관련하여, 'If there's nothing else, I'd like to make a post on the Web site.'에서 Mr. Solnitz가 다른 게 없다면 웹사이트에 글을 올리고 싶다고 했고, 'I'll include that in my post now, Carol.'에서 Mr. Solnitz가 그 내용을 지금 자신의 글에 포함하겠다고 했으므로 다음에 온라인으로 정보를 게시할 것임을 알 수 있다. 따라서 (C)가 정답이다.

바꾸어 표현하기

make a post on the Web site 웹사이트에 글을 올린다 → Publish information online 온라인으로 정보를 게시한다

지문 1

[176]New Developments in Ancient History
[178-A/D]Royal Harrington Hotel, Melbourne, July 25

TIME	EVENT	LOCATION
9-10 A.M.	Registration	Lobby
10-11 A.M.	[176]Panel discussion of the latest research in ancient history	Main Conference Hall
11 A.M.-12 P.M.	[176]Smaller sessions: • Jonathan Taylor, "How the Pyramids Were Built" • Grace Li, "Temples in Ancient Korea" • Zoe Harris, "Public Space in Classical Greece"	• Tufnell Salon • Hardwell Room • Mandala Room
12-1 P.M.	[180]Lunch: [178-D]The main dining hall is occupied for another event on this day. However, participants may find seats and tables in either the Main Conference Hall or the Hampton Conference Room. [180]Options for those with special dietary needs will be available, but only in the Hampton Conference room. Please inform us ahead of time of such requirements.	Main Conference Hall/ Hampton Conference Room
1-2 P.M.	Smaller sessions: • [177]Michael Jones, "Popular Attire in the Roman Empire" • Andrew Ware, "Agriculture in Mesopotamia" • Angela Cartwright, "The Druids and Stonehenge"	• Tufnell Salon • Hardwell Room • Mandala Room
2-2:30 P.M.	Refreshments	Lobby
2:30-4 P.M.	Panel reconvenes to discuss what has been learned and where future research should be directed	Main Conference Hall

[176]고대 역사의 새로운 전개
[178-A/D]Royal Harrington 호텔, 멜버른, 7월 25일

시간	행사	장소
오전 9시-10시	등록	로비
오전 10시-11시	[176]최근의 고대 역사 연구에 대한 패널 논의	중앙 회의실
오전 11시-오후 12시	[176]더 소규모의 세션: • Jonathan Taylor, "피라미드는 어떻게 지어졌는가" • Grace Li, "고대 한국의 사찰들" • Zoe Harris, "그리스 고전기에서의 공공장소"	• Tufnell 응접실 • Hardwell실 • Mandala실
오후12시-1시	[180]점심: [178-D]중앙 식당은 이날에 다른 행사를 위해 사용됩니다. 하지만, 참석자들은 중앙 회의실이나 Hampton 회의실에서 좌석과 테이블을 찾으실 수 있습니다. [180]특별한 식이 요법 요구 사항이 있는 분들을 위한 옵션이 가능할 것이지만, Hampton 회의실에서만 가능합니다. 그러한 요구 사항에 대해 미리 저희에게 알려 주십시오.	중앙 회의실/ Hampton 회의실
오후 1시-2시	더 소규모의 세션: • [177]Michael Jones, "로마 제국의 대중적인 의복" • Andrew Ware, "메소포타미아의 농업" • Angela Cartwright, "드루이드와 스톤헨지"	• Tufnell 응접실 • Hardwell실 • Mandala실
오후 2시-2시 30분	다과	로비
오후 2시 30분-4시	무엇을 배웠는지와 향후 연구가 어디로 향해야 하는지를 논의하기 위해 패널 재소집	중앙 회의실

지문 2

To: Organizational Team <org@ancienthistory.edu.au>
From: Jane Christie <jane.c@southaustraliacollege.edu.au>
Subject: Conference issues
Date: July 20

Dear madam or sir,

I am scheduled to attend your conference at the Royal

수신: 준비팀 <org@ancienthistory.edu.au>
발신: Jane Christie
　　　<jane.c@southaustraliacollege.edu.au>
제목: 회의 관련 사항
날짜: 7월 20일

관계자분께,

저는 다음 주 Royal Harrington 호텔에서의 회의에 참석

Harrington Hotel next week. However, [179]due to the timing of my bus from Adelaide, I will be unable to arrive at the venue until around 10:15 A.M., after the registration period has officially closed. Could you let me know if there is any way I can still register when I arrive?

I would also like to mention that [180]I am a vegetarian and will need that to be taken into account at the lunch.

Thanks for your assistance in these matters.

Best wishes,

Jane Christie

하기로 예정되어 있습니다. 그런데, [179]애들레이드에서 출발하는 제 버스 시간 때문에, 등록 시간이 공식적으로 종료된 후인 오전 10시 15분쯤이 되어서야 행사 장소에 도착할 것입니다. 제가 도착했을 때 아직 등록을 할 수 있는 방법이 있는지 알려 주시겠습니까?

저는 또한 [180]제가 채식주의자이고 점심 식사에 그 점이 고려되어야 할 것임을 언급하고 싶습니다.

이 문제들에 대해 도움을 주셔서 감사합니다.

Jane Christie 드림

지문 1 □ latest adj. 최근의, 최신의
□ dietary adj. 식이 요법의
□ popular adj. 대중적인, 인기 있는
□ refreshment n. 다과

□ classical adj. 고전적인, 고전주의의
□ ahead of time phr. 미리, 예정보다 빨리
□ attire n. 의복, 복장
□ reconvene v. 재소집하다, 다시 모이다

□ occupied adj. 사용 중인
□ requirement n. 요구 사항, 필요조건
□ agriculture n. 농업
□ direct v. 향하다, 지시하다

지문 2 □ schedule v. 예정하다
□ vegetarian n. 채식주의자

□ timing n. 시간, 시기
□ take into account phr. ~을 고려하다, 참작하다

□ officially adv. 공식적으로

176

What is the schedule mainly about?

(A) An event to promote enrollment at a university
(B) A tour of some historical buildings
(C) An academic gathering regarding history
(D) A series of presentations from graduate students

일정표는 주로 무엇에 대한 것인가?

(A) 대학 등록을 장려하기 위한 행사
(B) 몇몇 역사적인 건물의 방문
(C) 역사와 관련된 학술 모임
(D) 대학원생들의 일련의 발표

■ 주제/목적 찾기 글의 주제   정답 (C)

일정표가 주로 무엇에 대한 것인지를 묻는 주제 찾기 문제이므로 첫 번째 지문인 일정표의 내용을 확인한다. 일정표의 'New Developments in Ancient History', 'Panel discussion of the latest research in ancient history', 'Smaller sessions'에서 행사가 고대 역사의 새로운 전개에 대한 것이고 이와 관련하여 패널 논의와 더 소규모의 세션이 진행된다고 했으므로 일정표가 고대 역사와 관련된 학술 모임에 대한 것임을 알 수 있다. 따라서 (C)가 정답이다.

어휘 promote v. 장려하다, 촉진하다 enrollment n. 등록, 기재 gathering n. 모임

177

Which speaker will talk about the clothing of an ancient culture?

(A) Jonathan Taylor
(B) Grace Li
(C) Zoe Harris
(D) Michael Jones

어떤 강연자가 고대 문화의 의복에 대한 강연을 할 것인가?

(A) Jonathan Taylor
(B) Grace Li
(C) Zoe Harris
(D) Michael Jones

■ 육하원칙 Which   정답 (D)

어떤(Which) 강연자가 고대 문화의 의복에 대한 강연을 할 것인지를 묻는 육하원칙 문제이므로 질문의 핵심 어구인 speaker will talk about the clothing of an ancient culture와 관련된 내용이 언급된 첫 번째 지문인 일정표를 확인한다. 일정표의 'Michael Jones, "Popular Attire in the Roman Empire"'에서 Michael Jones가 "로마 제국의 대중적인 의복"에 관한 강연을 할 것이라고 했으므로 (D)가 정답이다.

바꾸어 표현하기
clothing 의복 → Attire 의복

178

What is mentioned about the Royal Harrington Hotel?

(A) It is located in the suburbs of Melbourne.
(B) It is offering complimentary accommodations to guests.
(C) It is one of the largest hotels in the city.
(D) It is hosting more than one event on July 25.

Royal Harrington 호텔에 대해 언급된 것은?

(A) 멜버른의 교외에 위치해 있다.
(B) 손님들에게 무료 숙박을 제공할 것이다.
(C) 도시에서 가장 큰 호텔 중 하나이다.
(D) 7월 25일에 하나보다 많은 행사를 주최할 것이다.

■ Not/True True 문제 　　　　　　　　　　　　　　　　　　　　　　　　　　　　　　　정답 (D)

질문의 핵심 어구인 the Royal Harrington Hotel과 관련된 내용을 지문에서 찾아 각 보기와 대조하는 Not/True 문제이므로 첫 번째 지문인 Royal Harrington 호텔에서 열리는 행사의 일정표에서 관련 내용을 확인한다. (A)는 'Royal Harrington Hotel, Melbourne'에서 Royal Harrington 호텔이 멜버른에 있다고 했지만 교외에 위치해 있는지는 알 수 없으므로 지문의 내용과 일치하지 않는다. (B)와 (C)는 지문에 언급되지 않은 내용이다. (D)는 'Royal Harrington Hotel, ~ July 25', 'The main dining hall is occupied for another event on this day.'에서 7월 25일에 Royal Harrington 호텔의 중앙 식당이 다른 행사를 위해 사용될 것이라고 했으므로 7월 25일에 호텔에서 일정표에 포함된 행사 외에도 다른 행사가 예정되어 있다는 것을 알 수 있다. 따라서 (D)가 정답이다.

어휘 suburb n. 교외 complimentary adj. 무료의 host v. 주최하다

179

Why will Ms. Christie arrive after the registration period?

(A) She is taking transit that arrives at a later time.
(B) She has another event to attend first.
(C) She needs to check in to her hotel room.
(D) She has a work assignment to complete.

Ms. Christie는 왜 등록 시간 이후에 도착할 것인가?

(A) 나중에 도착하는 대중교통을 이용할 것이다.
(B) 먼저 참석해야 할 다른 행사가 있다.
(C) 그녀의 호텔 객실에 체크인을 해야 한다.
(D) 완료해야 할 업무가 있다.

■ 육하원칙 Why 　　　　　　　　　　　　　　　　　　　　　　　　　　　　　　　　　정답 (A)

Ms. Christie가 왜(Why) 등록 시간 이후에 도착할 것인지를 묻는 육하원칙 문제이므로 질문의 핵심 어구인 Ms. Christie arrive after the registration period와 관련된 내용이 언급된 두 번째 지문인 이메일을 확인한다. 이메일의 'due to the timing of my bus from Adelaide, I will be unable to arrive at the venue until around 10:15 A.M., after the registration period has officially closed'에서 애들레이드 에서 출발하는 자신의 버스 시간 때문에 등록 시간이 공식적으로 종료된 후인 오전 10시 15분쯤이 되어서야 행사 장소에 도착할 것이라고 했으므로 (A)가 정답이다.

바꾸어 표현하기
after the registration period 등록 시간 이후에 → after the registration period has ~ closed 등록 시간이 종료된 후에
bus 버스 → transit 대중교통

어휘 transit n. (대중)교통 체계, 수송 기관, 수송 체계

180

Where will Ms. Christie most likely eat lunch?

(A) In the main dining hall
(B) In the Hampton Conference Room
(C) In the Main Conference Hall
(D) In the lobby

Ms. Christie는 어디에서 점심을 먹을 것 같은가?

(A) 중앙 식당에서
(B) Hampton 회의실에서
(C) 중앙 회의실에서
(D) 로비에서

■ 추론 연계 문제 　　　　　　　　　　　　　　　　　　　　　　　　　　　　　　　　　정답 (B)

두 지문의 내용을 종합적으로 확인한 후 추론해서 풀어야 하는 연계 문제이다. 질문의 핵심 어구인 Ms. Christie ~ eat lunch에서 Ms. Christie가 어디에서 점심을 먹을 것 같은지를 묻고 있으므로 Ms. Christie가 작성한 이메일을 먼저 확인한다.

단서 1 두 번째 지문(이메일)의 'I am a vegetarian and will need that to be taken into account at the lunch'에서 Ms. Christie가 채식주의자이므로 점심 식사에 그 점이 고려되어야 할 것이라고 했다. 그런데 채식주의자들과 같이 특별한 식이 요법 요구 사항이 있는 사람들이 어디에서 점심을 먹는지 제시되지 않았으므로 일정표에서 관련 내용을 확인한다.

단서 2 첫 번째 지문(일정표)의 'Lunch', 'Options for those with special dietary needs will be available, but only in the Hampton Conference room.'에서 점심 식사에 대해 특별한 식이 요법 요구 사항이 있는 사람들을 위한 옵션이 Hampton 회의실에서만 가능하다는 것을 확인할 수 있다.

두 단서를 종합할 때, 채식주의자인 Ms. Christie가 특별한 식이 요법 옵션이 제공되는 Hampton 회의실에서 점심을 먹을 것이라는 사실을 추론할 수 있다. 따라서 (B)가 정답이다.

Questions 181-185 refer to the following article and e-mail.

181-185는 다음 기사와 이메일에 관한 문제입니다.

지문 1

Showing the Way Forward for Cyclists

Since it was first developed, Global Positioning System technology, or GPS as it is more commonly known, has been focused on finding more efficient and accurate ways to direct drivers to their destinations. The average GPS available is able to tell anyone in a vehicle the quickest and most efficient route from point A to point B, but it is unable to provide cyclists or pedestrians the same information.

[181]A new mobile application called Ped-Routes, funded by [181/182]the cycling association Two Wheels, aims to change all that. Developers from FGG Software have used GPS technology to create maps that display less congested routes for a safer and more pleasant riding experience. In a move designed to make Ped-Routes appealing to more people, Two Wheels has also provided routes accessible to pedestrians.

Adam Jorgeson, the director of Two Wheels, said "We're very pleased with the new project and expect the first version to be launched before the end of the month. We are working with FGG on future versions that will provide cyclists with the option of taking the most scenic routes." [184]Ped-Routes is downloadable for a cost of $4.99, which gives users access for a period of one year.

사이클리스트들에게 갈 길을 보여주는 것

처음 개발되었을 때부터, 세계 위치 파악 위성 기술, 또는 더 흔하게 알려진 대로 GPS는 운전자들을 목적지로 안내하기 위해 더 효율적이고 정확한 길을 찾는 데에 집중되어 왔다. 이용 가능한 일반적인 GPS는 차량 내에 있는 누구나에게 A지점으로부터 B지점으로의 가장 빠르고 효율적인 경로를 알려줄 수 있지만, 사이클리스트나 보행자에게는 동일한 정보를 제공하지 못한다.

[181/182]사이클링 협회인 Two Wheels에 의해 자금이 제공된 Ped-Routes라고 불리는 새로운 모바일 애플리케이션은 이 모든 것을 바꾸는 것을 목표로 한다. FGG 소프트웨어사의 개발자들은 더 안전하고 즐거운 사이클링 경험을 위해 덜 혼잡한 경로를 표시하는 지도를 만드는 데에 GPS 기술을 이용했다. Ped-Routes를 더 많은 사람들에게 매력적으로 만들기 위해 고안된 수단으로 Two Wheels는 보행자들이 이용할 수 있는 경로도 제공한다.

Two Wheels의 이사인 Adam Jorgeson은 "저희는 새로운 프로젝트에 대해 매우 만족하고 있으며 첫 번째 버전이 이달 말 전에 출시될 것으로 예상합니다. 저희는 사이클리스트들에게 가장 경치가 좋은 경로를 택할 수 있는 옵션을 제공할 향후 버전에 대해 FGG사와 작업하고 있습니다."라고 말했다. [184]Ped-Routes는 4.99달러의 비용으로 다운로드될 수 있고, 이는 이용자들에게 1년간의 이용권을 제공한다.

지문 2

To: Melissa Hawk <techsupport@twowheels.com>
From: Georgina McGrath <gjmcgrath@zoommail.com>
Subject: Problems with Ped-Routes Mobile App
Date: April 30

Dear Ms. Hawk,

[184]I recently downloaded your group's mobile application and wanted to mention an issue I encountered. I tried to use it to find my way around Providence. [183]I just moved here last month for a job, so I'm still unfamiliar with the area. While I found that the app successfully guided me down some quiet, pleasant streets, it also once suggested that I take a much longer route than necessary. I followed the suggested route, and I later calculated that it took me over 40 minutes longer than the most direct route would have.

I appreciate that the application is primarily designed for bicyclists, but I still feel that this flaw needs to be addressed to make the software more useful. With that said, [185-B]I would like to commend your organization for the general quality of the interface and the impressive speed at which the app works.

Best wishes,

Georgina McGrath

수신: Melissa Hawk
       <techsupport@twowheels.com>
발신: Georgina McGrath
       <gjmcgrath@zoommail.com>
제목: Ped-Routes 모바일 애플리케이션과 관련된 문제
날짜: 4월 30일

Ms. Hawk께,

[184]저는 최근에 귀하 단체의 모바일 애플리케이션을 다운로드했고 제가 맞닥뜨린 문제를 언급하고 싶었습니다. 저는 프로비던스 주변에서 길을 찾기 위해 그것을 이용하려고 했습니다. [183]저는 직장 때문에 지난달에 여기로 막 이사해서, 이 지역에 대해 아직 잘 모릅니다. 저는 애플리케이션이 저를 조용하고 쾌적한 길로 잘 안내하고 있다고 생각했지만, 한 번은 필요 이상으로 훨씬 더 긴 경로로 가라고 제안하기도 했습니다. 저는 제안된 경로를 따랐고, 나중에 계산해보니 가장 직통인 경로보다 40분이 더 오래 걸렸습니다.

그 애플리케이션이 주로 자전거 이용자들을 위해 고안된 것임을 알고 있지만, 소프트웨어를 더 유용하게 만들기 위해서는 여전히 이 결점이 처리되어야 한다고 생각합니다. 그렇긴 하지만, [185-B]저는 그 인터페이스의 전반적인 품질과 애플리케이션이 작동하는 놀라운 속도에 대해 귀하의 단체를 칭찬하고 싶습니다.

Georgina McGrath 드림

지문 1
- □ accurate adj. 정확한
- □ average adj. 일반적인, 보통의
- □ display v. 표시하다, 내보이다
- □ appealing adj. 매력적인, 흥미로운
- □ scenic adj. 경치가 좋은

- □ direct v. (길을) 안내하다, 지도하다; adj. 직통의
- □ pedestrian n. 보행자
- □ congested adj. 혼잡한, 붐비는
- □ accessible adj. 이용할 수 있는, 접근 가능한

- □ destination n. 목적지
- □ fund v. 자금을 제공하다; n. 자금, 기금
- □ move n. 수단, 조치
- □ launch v. 출시하다, 시작하다

지문 2
- □ issue n. 문제, 사안
- □ guide v. 안내하다, 인도하다
- □ flaw n. 결점, 흠
- □ impressive adj. 놀라운, 인상적인

- □ encounter v. 맞닥뜨리다, 부딪히다
- □ calculate v. 계산하다
- □ address v. (문제를) 처리하다, 다루다

- □ unfamiliar adj. 잘 모르는, 익숙지 못한
- □ primarily adv. 주로
- □ commend v. 칭찬하다

181

What is the main topic of the article?

(A) A bicycle parking facility
(B) An upgraded fitness tracking device
(C) A new navigation program
(D) A searchable city map

기사의 주요 주제는 무엇인가?

(A) 자전거 주차 시설
(B) 업그레이드된 운동 추적 장치
(C) 새로운 내비게이션 프로그램
(D) 검색 가능한 도시 지도

■ 주제/목적 찾기 글의 주제
정답 (C)

기사의 주제를 묻는 주제 찾기 문제이므로 첫 번째 지문인 기사의 내용을 확인한다. 기사의 'A new mobile application called Ped-Routes ~ aims to change all that.'에서 Ped-Routes라고 불리는 새로운 모바일 애플리케이션이 이 모든 것을 바꾸는 것을 목표로 한다고 한 후, 주로 차량 운전자들을 대상으로 했던 기존의 GPS와는 달리 사이클리스트들이 효율적인 경로를 찾도록 고안된 모바일 애플리케이션인 Ped-Routes에 대해 설명하고 있으므로 (C)가 정답이다.

바꾸어 표현하기
mobile application 모바일 애플리케이션 → program 프로그램

어휘 track v. 추적하다, 뒤쫓다 navigation n. 내비게이션, 길도우미 searchable adj. 검색이 가능한

182

What is Two Wheels?

(A) A bicycling group
(B) A motorbike manufacturer
(C) A government agency
(D) A software developer

Two Wheels는 무엇인가?

(A) 자전거 단체
(B) 모터바이크 제조업체
(C) 정부 기관
(D) 소프트웨어 개발업체

■ 육하원칙 What
정답 (A)

Two Wheels가 무엇인지(What)를 묻는 육하원칙 문제이므로 질문의 핵심 어구인 Two Wheels가 언급된 첫 번째 지문인 기사를 확인한다. 기사의 'the cycling association Two Wheels'에서 Two Wheels가 사이클링 협회라고 했으므로 (A)가 정답이다.

바꾸어 표현하기
the cycling association 사이클링 협회 → A bicycling group 자전거 단체

183
○○●●
상

What has Ms. McGrath recently done?	Ms. McGrath는 최근에 무엇을 했는가?
(A) Deleted a mobile application	(A) 모바일 애플리케이션을 삭제했다
(B) Relocated for work	(B) 직장을 위해 이사했다
(C) Hiked in the mountains	(C) 산에서 하이킹을 했다
(D) Rented a car	(D) 차를 빌렸다

■ **육하원칙** What   정답 (B)

Ms. McGrath가 최근에 무엇(What)을 했는지를 묻는 육하원칙 문제이므로 Ms. McGrath가 작성한 두 번째 지문인 이메일에서 관련 내용을 확인한다. 이메일의 'I just moved here last month for a job'에서 Ms. McGrath가 직장 때문에 지난달에 막 이사했다고 했으므로 (B)가 정답이다.

바꾸어 표현하기
recently 최근에 → last month 지난달에
moved ~ for a job 직장 때문에 이사했다 → Relocated for work 직장을 위해 이사했다

어휘 delete v. 삭제하다, 지우다 relocate v. 이사하다, 이동하다

184
○○●●
상

What can be implied about Ms. McGrath?	Ms. McGrath에 대해 추론될 수 있는 것은?
(A) She uses the software mostly for bicycling to work.	(A) 직장에 자전거를 타고 가는 데에 소프트웨어를 주로 사용한다.
(B) She received a discount for renewing her membership.	(B) 멤버십을 갱신하는 데에 할인을 받았다.
(C) She paid for a one-year subscription to the application.	(C) 애플리케이션의 1년 사용을 위해 돈을 지불했다.
(D) She will be charged an extra fee to see walking routes.	(D) 도보 경로를 보는 데에 추가 비용이 청구될 것이다.

■ **추론** 연계 문제   정답 (C)

두 지문의 내용을 종합적으로 확인한 후 추론해서 풀어야 하는 연계 문제이다. 질문의 핵심 어구인 Ms. McGrath가 작성한 이메일을 먼저 확인한다.

[단서 1] 두 번째 지문(이메일)의 'I recently downloaded your group's mobile application'에서 Ms. McGrath가 최근에 상대방 단체의 모바일 애플리케이션, 즉 Two Wheels의 Ped-Routes를 다운로드했다고 했다. 그런데 Ped-Routes의 다운로드 조건이 제시되지 않았으므로 기사에서 관련 내용을 확인한다.

[단서 2] 첫 번째 지문(기사)의 'Ped-Routes is downloadable for a cost of $4.99, which gives users access for a period of one year.'에서 Ped-Routes가 4.99달러의 비용으로 다운로드될 수 있고 이는 이용자들에게 1년간의 이용권을 제공한다고 했다.

두 단서를 종합할 때, Ms. McGrath가 Ped-Routes의 1년 이용권에 대한 비용을 지불했다는 사실을 추론할 수 있다. 따라서 (C)가 정답이다.

어휘 renew v. 갱신하다, 연장하다 subscription n. 사용, 가입, 구독

185
○○●●
상

What is indicated about Ped-Routes?	Ped-Routes에 대해 언급된 것은?
(A) It has an interface that is hard to use.	(A) 인터페이스가 이용하기에 어렵다.
(B) It operates at a fast speed.	(B) 빠른 속도로 작동한다.
(C) It is a trial program for cyclists.	(C) 자전거를 타는 사람들을 위한 시험 프로그램이다.
(D) It costs less than similar software.	(D) 비슷한 소프트웨어보다 비용이 적게 든다.

■ **Not/True** True 문제   정답 (B)

질문의 핵심 어구인 Ped-Routes와 관련된 내용을 지문에서 찾아 각 보기와 대조하는 Not/True 문제이므로 Ped-Routes와 관련된 내용이 언급된 두 번째 지문인 이메일에서 관련 내용을 확인한다. (A)는 지문에 언급되지 않은 내용이다. (B)는 'I would like to commend your organization for ~ the impressive speed at which the app works'에서 Ms. McGrath가 상대방 단체의 애플리케이션, 즉 Ped-Routes가 작동하는 놀라운 속도에 대해 칭찬하고 싶다고 했으므로 지문의 내용과 일치한다. 따라서 (B)가 정답이다. (C)와 (D)는 지문에 언급되지 않은 내용이다.

바꾸어 표현하기
the impressive speed at which the app works 애플리케이션이 작동하는 놀라운 속도 → It operates at a fast speed 빠른 속도로 작동하다

어휘 trial adj. 시험의, 시험적인

Questions 186-190 refer to the following notice, e-mail, and credit card statement. 186-190은 다음 공고, 이메일, 신용카드 명세서에 관한 문제입니다.

지문 1

Attention Residents of Field Tower

Next month, [186]we will be installing new light fixtures in all areas of the building's underground parking facility. This is in response to the many complaints we've received from residents regarding the increased risk of accidents due to poor lighting. Each level of the parking facility will be closed while the work is in progress.

Please note the following work schedule:

November 5	2:00 – 5:00 P.M.	Level 1
November 6	3:00 – 6:00 P.M.	Level 2
[187]November 7	1:00 – 4:00 P.M.	Level 3
November 8	12:00 – 3:00 P.M.	Level 4

We appreciate your patience while the work is ongoing. If you have any questions or concerns, please contact the building manager, Gerald Connor, at g.connor@fieldtower.com. Thank you.

Field Tower 주민들에게 안내

다음 달, [186]우리는 건물 지하 주차 시설의 모든 구역에 새로운 조명 기구를 설치할 것입니다. 이것은 주민들로부터 미흡한 조명으로 인해 높아진 사고 위험에 관해 받은 많은 민원에 대한 대응입니다. 공사가 진행되는 동안 주차 시설의 각 층은 폐쇄될 것입니다.

다음 작업 일정을 참고하십시오.

11월 5일	오후 2시 – 오후 5시	1층
11월 6일	오후 3시 – 오후 6시	2층
[187]11월 7일	오후 1시 – 오후 4시	3층
11월 8일	오후 12시 – 오후 3시	4층

작업이 진행되는 동안 인내심을 가져 주셔서 감사합니다. 질문이나 우려사항이 있으시면, 건물 관리자 Gerald Connor에게 g.connor@fieldtower.com으로 연락하시기 바랍니다. 감사합니다.

지문 2

To: Gerald Connor <g.connor@fieldtower.com>
From: Laura Higgins <l.higgins@localmail.com>
Date: November 9
Subject: Accident

Dear Mr. Connor,

I am writing with regard to an incident that occurred last week. [187]I returned to the building at approximately 4:30 P.M. on November 7. When I went to park my car in the underground facility, I struck a stepladder. It must have been left by the workers who replaced the lights that day. This resulted in significant damage to my car—one headlight is broken, and there are several scratches on the fender. [188/189]I feel that the company that performed the work in our parking facility should pay for the repairs to my vehicle. [189]Please provide me with its name and phone number. Thank you.

Sincerely,

Laura Higgins

수신: Gerald Connor <g.connor@fieldtower.com>
발신: Laura Higgins <l.higgins@localmail.com>
날짜: 11월 9일
제목: 사고

Mr. Connor께,

지난주에 일어난 사건과 관련하여 연락 드립니다. [187]저는 11월 7일 오후 4시 30분쯤 건물로 돌아왔습니다. 지하 시설에 차를 주차하러 갔을 때, 저는 발판사다리를 들이받았습니다. 그날 조명을 교체한 인부들이 두고 간 것 같습니다. 이로 인해 제 차가 크게 파손되었습니다. 전조등 하나가 깨졌고, 펜더에 몇 개의 흠집이 났습니다. [188/189]우리 주차 시설에서 작업을 진행한 회사가 제 차량 수리 비용을 부담해야 한다고 생각합니다. [189]그 회사의 이름과 전화번호를 알려주세요. 감사합니다.

Laura Higgins 드림

지문 3

First Bank Credit Card Statement

[188]**Cardholder:** Laura Higgins
Billing Period: November 1 – 30
Account Number: 5864-093-0484
Statement Date: December 5

First 은행 신용카드 명세서

[188]카드 소유자: Laura Higgins
청구 기간: 11월 1일 – 30일
계좌번호: 5864-093-0484
명세서 일자: 12월 5일

Reference Number	Description	Date	Amount
3199830	Blanchard Floral Arrangements	November 14	$129.40
4293254	[188]Cranmore Auto Maintenance	November 16	$345.50
4523268	Langston Lighting and Home Decor	November 23	$450.75
8688212	Waterfront Hotel	November 27	$202.67

Total Charges for November: $1,128.32
[190]**Outstanding Balance:** $2,728.40
[190]**Minimum Payment Due:** $340.00
[190]**Payment Due Date:** December 15

Late Payment Warning:
[190]If the minimum payment is not received by the date indicated above, you will be charged a late fee of $42.00, and your interest rate will be increased to the penalty rate of 24 percent.

조회 번호	내역	날짜	금액
3199830	Blanchard 꽃집	11월 14일	129.40달러
4293254	[188]Cranmore 자동차 정비소	11월 16일	345.50달러
4523268	Langston 조명 및 실내 인테리어	11월 23일	450.75달러
8688212	Waterfront 호텔	11월 27일	202.67달러

11월 총 청구금액: 1,128.32달러
[190]미지불 잔액: 2,728.40달러
[190]최소 지불 금액: 340.00달러
[190]지불 기한: 12월 15일

연체 경고:
[190]위에 명시된 일자까지 최소 지불 금액을 받지 못할 경우, 42달러의 연체료가 부과되며, 이율은 위약 금리인 24퍼센트로 인상될 것입니다.

지문 1 □ light fixture phr. 조명 기구
□ patience n. 인내심
□ complaint n. 민원, 불평
□ poor adj. 미흡한, 빈곤한

지문 2 □ incident n. 사건
□ headlight n. 전조등
□ strike v. 들이받다, 치다
□ scratch n. 흠집; v. 긁다
□ stepladder n. 발판사다리

지문 3 □ statement n. 명세서, 진술서
□ floral adj. 꽃의
□ outstanding adj. 미지불의, 연체된
□ bill v. 청구하다; n. 청구서
□ maintenance n. 정비, 유지 보수
□ interest rate phr. 이율
□ reference number phr. 조회 번호
□ charge n. 청구금액; v. 청구하다
□ penalty rate phr. 위약 금리

186

Why was the work scheduled for Field Tower?

(A) To increase the number of parking spaces
(B) To replace damaged light fixtures
(C) To address tenant dissatisfaction
(D) To meet new safety regulations

Field Tower의 작업은 왜 예정되었는가?

(A) 주차 공간의 수를 늘리기 위해
(B) 손상된 조명 기구를 교체하기 위해
(C) 세입자 불만을 해결하기 위해
(D) 새로운 안전 규정을 충족하기 위해

■ 육하원칙 Why   정답 (C)

Field Tower의 작업이 왜(Why) 예정되었는지를 묻는 육하원칙 문제이므로 질문의 핵심 어구인 work ~ for Field Tower와 관련된 내용이 언급된 첫 번째 지문인 공고를 확인한다. 공고의 'we will be installing new light fixtures ~ in response to the many complaints we've received from residents'에서 주민들로부터 받은 많은 민원에 대한 대응으로 새로운 조명 기구를 설치할 것이라고 했으므로 (C)가 정답이다.

바꾸어 표현하기
in response to ~ complaints ~ from residents 주민들의 민원에 대한 대응 → address tenant dissatisfaction 세입자 불만 해결

어휘 damaged adj. 손상된 tenant n. 세입자, 임차인 regulation n. 규정

187
○○○●○ 중

On which floor did Ms. Higgins park?

(A) On Level 1
(B) On Level 2
(C) On Level 3
(D) On Level 4

Ms. Higgins는 몇 층에 주차했는가?

(A) 1층
(B) 2층
(C) 3층
(D) 4층

■ **육하원칙** 연계 문제 　　정답 (C)

세 지문 중 두 지문의 내용을 종합해서 풀어야 하는 연계 문제이다. 질문의 핵심 어구인 Ms. Higgins park에서 Ms. Higgins가 몇 층(which floor)에 주차했는지를 묻고 있으므로 Ms. Higgins가 작성한 이메일을 먼저 확인한다.

단서 1 두 번째 지문(이메일)의 'I returned to the building ~ on November 7. When I went to park my car ~ I struck a stepladder. It must have been left by the workers who replaced the lights that day.'에서 Ms. Higgins가 11월 7일 건물로 돌아와서 차를 주차하러 갔을 때 그날, 즉 11월 7일에 조명을 교체한 인부들이 두고 간 것 같은 발판사다리를 들이받았다고 했다. 그런데 11월 7일에 어떤 층에서 조명 교체 작업이 진행되었는지 제시되지 않았으므로 공고에서 관련 내용을 확인한다.

단서 2 첫 번째 지문(공고)의 'November 7 ~ Level 3'에서 11월 7일에 3층에서 작업이 예정되었던 것을 확인할 수 있다.

두 단서를 종합할 때, Ms. Higgins가 11월 7일에 조명 교체 작업이 진행된 3층에 주차했다는 사실을 알 수 있다. 따라서 (C)가 정답이다.

188
○○○●○ 중

How much does Ms. Higgins hope to be reimbursed?

(A) $129.40
(B) $345.50
(C) $450.75
(D) $202.67

Ms. Higgins는 얼마를 변상받고 싶어 하는가?

(A) 129.40달러
(B) 345.50달러
(C) 450.75달러
(D) 202.67달러

■ **육하원칙** 연계 문제 　　정답 (B)

세 지문 중 두 지문의 내용을 종합해서 풀어야 하는 연계 문제이다. 질문의 핵심 어구인 Ms. Higgins hope to be reimbursed에서 Ms. Higgins가 얼마(How much)를 변상받고 싶어 하는지를 묻고 있으므로 Ms. Higgins가 작성한 이메일을 먼저 확인한다.

단서 1 두 번째 지문(이메일)의 'I feel that the company that performed the work ~ should pay for the repairs to my vehicle.'에서 작업을 진행한 회사가 자신의 차량 수리 비용을 부담해야 한다고 생각한다고 했다. 그런데 차량 수리 비용이 얼마인지 제시되지 않았으므로 신용카드 명세서에서 관련 내용을 확인한다.

단서 2 세 번째 지문(신용카드 명세서)의 'Cardholder: Laura Higgins', 'Cranmore Auto Maintenance ~ $345.50'에서 Ms. Higgins가 Cranmore 자동차 정비소에서 345.50달러를 지불한 것을 확인할 수 있다.

두 단서를 종합할 때, Ms. Higgins는 차량 수리를 위해 Cranmore 자동차 정비소에 지불한 345.50달러를 변상받고 싶어 한다는 사실을 알 수 있다. 따라서 (B)가 정답이다.

어휘　reimburse v. 변상하다, 배상하다

189
○○○●○ 중

What does Ms. Higgins request from Mr. Connor?

(A) A resident's e-mail address
(B) A new parking location
(C) A worker's name
(D) A company's contact information

Ms. Higgins는 Mr. Connor로부터 무엇을 요청하는가?

(A) 주민의 이메일 주소
(B) 새로운 주차 장소
(C) 인부의 이름
(D) 회사의 연락처

■ **육하원칙** What 　　정답 (D)

Ms. Higgins가 Mr. Connor로부터 무엇(What)을 요청하는지를 묻는 육하원칙 문제이므로 Ms. Higgins가 Mr. Connor에게 보낸 두 번째 지문인 이메일을 확인한다. 이메일의 'I feel that the company that performed the work ~ should pay for the repairs to my vehicle. Please provide me with its name and phone number.'에서 작업을 진행한 회사가 자신의 차량 수리 비용을 부담해야 한다고 생각한다며 그 회사의 이름과 전화번호를 알려달라고 했으므로 (D)가 정답이다.

바꾸어 표현하기
phone number 전화번호 → contact information 연락처

190

○●●●●
상

What can be inferred from the credit card statement?

(A) The penalty rate is capped at 24 percent.
(B) Ms. Higgins does not have to pay $2,728.40 by December 15.
(C) A bill is issued on the fifth day of each month.
(D) Ms. Higgins went on a business trip in November.

신용카드 명세서로부터 추론될 수 있는 것은?

(A) 위약 금리 한도는 24퍼센트로 제한되어 있다.
(B) Ms. Higgins는 12월 15일까지 2,728.40달러를 지불하지 않아도 된다.
(C) 청구서는 매월 5일에 발행된다.
(D) Ms. Higgins는 11월에 출장을 다녀왔다.

■ **추론** 세부 정보   정답 (B)

신용카드 명세서로부터 추론될 수 있는 것을 묻는 추론 문제이다. 이 문제는 질문에 핵심 어구가 없으므로 각 보기와 관련된 내용을 세 번째 지문인 신용카드 명세서에서 확인한다. 'Outstanding Balance: $2,728.40', 'Minimum Payment Due: $340.00', 'Payment Due Date: December 15'에서 미지불 잔액은 2,728.40달러, 최소 지불 금액은 340.00달러, 지불 기한은 12월 15일임을 알 수 있고, 'If the minimum payment is not received by the date indicated above, you will be charged a late fee'에서 위에 명시된 일자, 즉 12월 15일까지 최소 지불 금액, 즉 340.00달러를 받지 못하면 연체료가 부과될 것이라고 했으므로, 12월 15일까지 미지불 잔액인 2,728.40달러를 지불할 필요는 없다는 사실을 추론할 수 있다. 따라서 (B)가 정답이다.

어휘   cap   v. (액수의) 한도를 정하다

지문 1

The Charred Grill

Stop by today for the best barbecue in Cleveland!
All of our menu items are made with the highest quality ingredients.

[191]The Charred Grill is a proud supporter of the Cleveland music scene. Every Saturday night, we feature performances by local musicians.

Check out the schedule for August:

August 5: JL and the Lumberjacks
(A blues band led by talented vocalist Jared Layton)

August 12: Move It
(A rock group playing cover songs from the 1960s and 1970s)

[192]August 19: The High Tones
(A jazz combo featuring Barry Davis on the piano)

August 26: Late Noon
(A country band that has attracted a large following)

Call 555-0938 to make a reservation. [194]For private dinners, we can also provide a separate room for the additional fee of $25.

The Charred Grill

클리블랜드에서 가장 맛있는 바비큐를 드시기 위해 오늘 들러보세요!
저희 모든 메뉴는 최고급 식재료로 만들어집니다.

[191]The Charred Grill은 클리블랜드 음악 문화의 자랑스러운 지지자입니다. 매주 토요일 밤, 저희는 지역 음악가들의 공연을 특별히 포함합니다.

8월의 일정을 확인하세요.

8월 5일: JL and the Lumberjacks
(재능 있는 가수 Jared Layton이 이끄는 블루스 밴드)

8월 12일: Move It
(1960년대와 1970년대의 커버곡을 연주하는 록 그룹)

[192]8월 19일: The High Tones
(Barry Davis의 피아노 연주를 특징으로 하는 재즈 콤보)

8월 26일: Late Noon
(많은 추종자들을 모은 컨트리 밴드)

예약을 하려면 555-0938로 전화하세요. [194]개인적인 저녁 식사를 원하신다면, 추가 요금 25달러에 별도의 방 또한 제공할 수 있습니다.

지문 2

Notice for All Patrons of The Charred Grill
August 3

[192]We will be closed on Saturday, August 19, from 4:00 P.M. onwards. [193-C]The restaurant has been booked by the Youth Athletic Association. This organization provides young people in our community with opportunities to learn about teamwork and sportsmanship, and The Charred Grill is honored to be the venue for its annual awards ceremony.

Management would like to apologize for any inconvenience this might cause our customers. [192]For those of you who were hoping to see the band scheduled to perform that night, we have arranged to have it play on Saturday, September 2 instead. We appreciate your understanding.

The Charred Grill의 모든 고객들을 위한 공고
8월 3일

[192]저희는 8월 19일 토요일 오후 4시부터 쭉 문을 닫을 것입니다. [193-C]식당이 청소년 체육 협회에 의해 예약되었습니다. 이 단체는 우리 지역 젊은이들에게 협동심과 스포츠 정신에 대해 배울 수 있는 기회를 제공하며, The Charred Grill은 그것의 연례 시상식을 위한 장소가 되어 영광입니다.

저희 운영진은 이것이 고객들께 끼칠 수 있는 불편에 대해 사과드리고 싶습니다. [192]그날 밤 공연할 예정이었던 밴드를 보고 싶어하셨던 분들을 위해, 대신 9월 2일 토요일에 연주하도록 준비했습니다. 이해해 주셔서 감사합니다.

지문 3

Restaurant: The Charred Grill
Reviewer: Michael Seward

I had dinner at The Charred Grill on August 22. Overall, I was very impressed. All of the dishes were well prepared. In particular, the grilled fish and chicken we ordered as appetizers were very good, and [195]the lamb my wife selected as her entrée was excellent. In fact, it was much better than the beef the rest of us had. In addition, the quality of service was very high. Our waiter was friendly and professional, and

식당: The Charred Grill
후기 작성자: Michael Seward

저는 8월 22일에 The Charred Grill에서 저녁을 먹었습니다. 전반적으로, 저는 매우 감명받았습니다. 모든 요리가 잘 준비되었습니다. 특히, 저희가 전채요리로 주문한 생선구이와 닭고기가 아주 맛있었고, [195]제 아내가 주요리로 고른 양고기도 훌륭했습니다. 사실, 저희 나머지가 먹은 쇠고기보다 훨씬 나았습니다. 게다가, 서비스 품질이 매우 좋았습니다. 저희의 웨이터는 친절하고 전문적이었으며, 저희가 필요한 것이 있는지 자주 확인했습니다. 제 유일한 불만은

he checked with us frequently to see if we needed anything. My only complaint is that ¹⁹⁴the room we were seated in was uncomfortably warm, and there was no window to open. ¹⁹⁴The restaurant should ensure that the private dining areas are kept at a comfortable temperature.

¹⁹⁴저희가 앉았던 방이 불편할 정도로 더웠고, 열 수 있는 창문이 없었다는 것입니다. ¹⁹⁴식당은 개인 식사 구역이 편안한 온도로 유지되도록 확인해야 합니다.

지문 1	□ feature v. 특별히 포함하다, 특징으로 하다 □ following n. 추종자들, 팬	□ vocalist n. 가수, 보컬리스트	□ attract v. 모으다, 이끌다
지문 2	□ onwards adv. (특정 시간부터) 쭉, 계속 □ venue n. 장소	□ teamwork n. 협동심, 팀워크 □ annual adj. 연례의, 매년의	□ sportsmanship n. 스포츠 정신
지문 3	□ overall adv. 전반적으로	□ appetizer n. 전채요리, 에피타이저	□ entrée n. 주요리, 앙뜨레

191

What can be inferred about The Charred Grill?

(A) It uses local ingredients in all of its food.
(B) It hires musicians from the area.
(C) It is well known for its blues performances.
(D) It has won awards for its barbecues.

The Charred Grill에 대해 추론될 수 있는 것은?

(A) 모든 음식에 현지 재료를 사용한다.
(B) 그 지역 출신 음악가들을 고용한다.
(C) 블루스 공연으로 잘 알려져 있다.
(D) 바비큐로 상을 받았다.

■ 추론 세부 정보 정답 (B)

질문의 핵심 어구인 The Charred Grill에 대해 추론하는 문제이므로 The Charred Grill이 언급된 첫 번째 지문인 광고에서 관련 내용을 확인한다. 광고의 'The Charred Grill is a proud supporter of the Cleveland music scene. ~ we feature performances by local musicians.'에서 The Charred Grill은 클리블랜드 음악 문화의 자랑스러운 지지자이며 지역 음악가들의 공연을 특별히 포함한다고 했으므로 클리블랜드 지역 출신 음악가들을 고용한다는 사실을 추론할 수 있다. 따라서 (B)가 정답이다.

바꾸어 표현하기
local musicians 지역 음악가들 → musicians from the area 그 지역 출신 음악가들

192

Which band's performance was rescheduled?

(A) JL and the Lumberjacks
(B) Move It
(C) The High Tones
(D) Late Noon

어떤 밴드의 공연 일정이 변경되었는가?

(A) JL and the Lumberjacks
(B) Move It
(C) The High Tones
(D) Late Noon

■ 육하원칙 연계 문제 정답 (C)

세 지문 중 두 지문의 내용을 종합해서 풀어야 하는 연계 문제이다. 질문의 핵심 어구인 band's performance ~ rescheduled에서 어떤 (Which) 밴드의 공연 일정이 변경되었는지를 묻고 있으므로 일정 변경 관련 내용이 언급된 공고를 먼저 확인한다.
단서 1 두 번째 지문(공고)의 'We will be closed on ~ August 19'에서 8월 19일에 문을 닫을 것이라고 했고, 'For those of you who were hoping to see the band scheduled to perform that night, we have arranged to have it play on ~ September 2 instead.' 에서 그날 밤 공연할 예정이었던 밴드를 보고 싶어한 사람들을 위해 대신 9월 2일에 연주하도록 준비했다고 했다. 그런데 8월 19일 밤에 공연할 예정이었던 밴드가 어떤 밴드인지 제시되지 않았으므로 광고에서 관련 내용을 확인한다.
단서 2 첫 번째 지문(광고)의 'August 19: The High Tones'에서 8월 19일에 The High Tones가 공연할 예정이었음을 알 수 있다.
두 단서를 종합할 때, 8월 19일에 공연할 예정이었던 The High Tones의 공연 일정이 변경되었다는 것을 알 수 있다. 따라서 (C)가 정답이다.

193

What is true about the Youth Athletic Association?

(A) It has been nominated for an award.
(B) It received a donation from a restaurant.
(C) It holds a ceremony every year.
(D) It was founded by a professional athlete.

청소년 체육 협회에 대해 사실인 것은?

(A) 수상 후보로 지명되었다.
(B) 한 식당으로부터 기부를 받았다.
(C) 매년 행사를 개최한다.
(D) 전문 운동선수에 의해 설립되었다.

■ **Not/True** True 문제   정답 (C)

질문의 핵심 어구인 Youth Athletic Association과 관련된 내용을 지문에서 찾아 각 보기와 대조하는 Not/True 문제이므로 청소년 체육 협회가 언급된 두 번째 지문인 공고에서 관련 내용을 확인한다. (A), (B), (D)는 지문에 언급되지 않은 내용이다. (C)는 'The restaurant has been booked by the Youth Athletic Association ~ to be the venue for its annual awards ceremony.'에서 식당이 청소년 체육 협회에 의해 그것의 연례 시상식을 위한 장소로 예약되었다고 했으므로 지문의 내용과 일치한다. 따라서 (C)가 정답이다.

어휘 nominate v. (후보로) 지명하다, 추천하다

194

What is suggested about Mr. Seward?

(A) He received a discount on his bill.
(B) He enjoyed a band's performance.
(C) He was required to pay a surcharge.
(D) He did not have to make a reservation.

Mr. Seward에 대해 암시되는 것은?

(A) 그의 청구서에 할인을 받았다.
(B) 밴드 공연을 즐겼다.
(C) 추가 요금을 내야 했다.
(D) 예약을 할 필요가 없었다.

■ **추론** 연계 문제   정답 (C)

세 지문 중 두 지문의 내용을 종합해서 확인한 후 추론해서 풀어야 하는 연계 문제이다. 질문의 핵심 어구인 Mr. Seward가 작성한 후기를 먼저 확인한다.

[단서 1] 세 번째 지문(후기)의 'the room we were seated in was uncomfortably warm'에서 우리, 즉 Mr. Seward와 일행이 앉았던 방이 불편할 정도로 더웠다고 한 후, 'The restaurant should ensure that the private dining areas are kept at a comfortable temperature.'에서 식당은 개인 식사 구역이 편안한 온도로 유지되도록 확인해야 한다고 했다. 그런데 개인 식사 구역 관련 세부 사항이 제시되지 않았으므로 광고에서 관련 내용을 확인한다.

[단서 2] 첫 번째 지문(광고)의 'For private dinners, we can also provide a separate room for the additional fee of $25.'에서 개인적인 저녁 식사를 원한다면 추가 요금 25달러에 별도의 방 또한 제공할 수 있다고 했다.

두 단서를 종합할 때, Mr. Seward는 개인 식사 구역을 이용했으므로 추가 요금 25달러를 내야 했다는 사실을 추론할 수 있다. 따라서 (C)가 정답이다.

바꾸어 표현하기
additional fee 추가 요금 → surcharge 추가 요금

195

What did Mr. Seward order as an entrée?

(A) Fish
(B) Chicken
(C) Lamb
(D) Beef

Mr. Seward는 무엇을 주요리로 주문했는가?

(A) 생선
(B) 닭고기
(C) 양고기
(D) 쇠고기

■ **육하원칙** What   정답 (D)

Mr. Seward가 무엇(What)을 주요리로 주문했는지를 묻는 육하원칙 문제이므로 Mr. Seward가 작성한 세 번째 지문인 후기를 확인한다. 후기의 'the lamb my wife selected as her entrée was excellent. ~ it was much better than the beef the rest of us had.'에서 자신, 즉 Mr. Seward의 아내가 주요리로 고른 양고기가 훌륭했는데, 그들 나머지가 먹은 쇠고기보다 훨씬 나았다고 했으므로 Mr. Seward의 아내를 제외한 나머지 일행은 주요리로 쇠고기를 주문했다는 것을 알 수 있다. 따라서 (D)가 정답이다.

Questions 196-200 refer to the following article, letter, and e-mail.

196-200은 다음 기사, 편지, 이메일에 관한 문제입니다.

지문 1

Autumn Leaf to Open Second Location in Buenos Aires
By Leonard Oldman

Autumn Leaf Hotels has announced plans to open a second branch in Buenos Aires' Liniers district. Autumn Leaf public relations director Angelo Suarez said that [196]the new hotel will be more like a temporary apartment building for businesspeople visiting the city. "[196]There is a lot of demand from visitors who need to stay in Buenos Aires for long periods of time but don't wish to spend a fortune on a full-service hotel," he said. He went on to say that the hotel will consist of large units with living areas as well as kitchens so that guests can prepare their own meals. Although [197-B]the new hotel will not house a restaurant or offer room-service like [199]the main branch in Monserrat, there will be a 24-hour café on the ground floor, housekeeping staff, and a concierge desk. [197-C]The hotel will open sometime in August, and prospective guests may make bookings or inquire about rates at www.autumnleafhotels.com.

Autumn Leaf사가 부에노스아이레스에 두 번째 지점을 연다
Leonard Oldman 작성

Autumn Leaf 호텔이 부에노스아이레스의 리니에르스 지역에 두 번째 지점을 열 계획을 발표했다. Autumn Leaf사의 홍보이사 Angelo Suarez는 [196]새 호텔이 도시를 방문하는 사업가들을 위한 임시 아파트에 가까울 것이라고 말했다. "[196]부에노스아이레스에 장기간 머물러야 하지만 포괄적인 서비스를 제공하는 호텔에 거금을 쓰기를 원치 않는 방문객들의 수요가 많습니다."라고 그가 말한다. 그는 호텔이 부엌뿐만 아니라 거실이 있는 큰 규모의 객실들로 구성될 것이므로 투숙객들이 자신들의 식사를 준비할 수 있을 것이라고 이어서 말했다. [197-B]새 호텔이 [199]몬세라트에 있는 본점처럼 [197-B]식당을 갖추거나 룸서비스를 제공하지는 않을 것이지만, 1층에 24시간 카페, 시설 관리 직원, 그리고 안내 데스크가 있을 것이다. [197-C]호텔은 8월 중에 개관할 것이고, 장래의 투숙객들은 www.autumnleafhotels.com에서 예약을 하거나 요금에 대해 문의할 수 있다.

지문 2

April 9

Leonard Oldman
World-Biz Magazine
Unit 542, Nelson Building, 432 W. 24th Street
New York City, NY 10013

Dear Mr. Oldman,

Thank you for writing the article about our hotel chain's expansion. We appreciate the publicity.

However, there were a couple of errors. [198-D]The article mentioned that bookings for the new hotel can already be made on our Web site. We have been receiving inquiries from readers of your article about this, but unfortunately, your information isn't accurate. We will only start accepting reservations several weeks before our opening date, which hasn't been established yet. [197-C]Your article specified the month the hotel would likely open, but we are actually planning for somewhat later than that.

I would be grateful if your publication printed corrections in an upcoming issue.

Sincerely yours,

Angelo Suarez
Public Relations Director, Autumn Leaf Hotels
angsuar@autumnleafhotels.com

4월 9일

Leonard Oldman
World-Biz 잡지사
542호, Nelson 빌딩, 432번지 W. 24번가
뉴욕 시, 뉴욕 주 10013

Mr. Oldman께,

저희 호텔 체인의 확장에 대한 기사를 써주셔서 감사합니다. 저희는 광고 내용에 감사해하고 있습니다.

하지만, 몇 가지 오류가 있었습니다. [198-D]기사는 새 호텔의 예약이 이미 저희 웹사이트에서 될 수 있다고 언급했습니다. 저희는 이에 대해 기사의 독자들로부터 문의를 받고 있습니다만, 유감스럽게도 귀하의 정보는 정확하지 않습니다. 저희는 개관일 몇 주 전이 되어서야 예약을 받기 시작할 것이고, 개관일은 아직 정해지지 않았습니다. [197-C]귀하의 기사는 호텔이 열 것으로 예상되는 달을 명시했지만, 저희는 사실 그보다 약간 이후로 계획하고 있습니다.

귀하의 발행물이 다음 호에서 정정 내용을 인쇄해주신다면 감사하겠습니다.

Angelo Suarez 드림
홍보이사, Autumn Leaf 호텔
angsuar@autumnleafhotels.com

지문 3

TO: Angelo Suarez <angsuar@autumnleafhotels.com>
FROM: Leonard Oldman <l.oldman@worldbizmag.com>

수신: Angelo Suarez
    <angsuar@autumnleafhotels.com>
발신: Leonard Oldman
    <l.oldman@worldbizmag.com>

SUBJECT: Sincere apology
ATTACHMENT: draft
[199]DATE: April 13

Dear Mr. Suarez,

I would like to apologize for the errors in the article I wrote. I must have misunderstood one of the people [199]I interviewed at Autumn Leaf's main branch last month. I have spoken to my supervisor, and we will print a retraction in our next issue. Please review the draft I've attached with the corrected information.

Also, I would appreciate if you could let me know once the hotel's opening date has been settled as the magazine might send me there to review it.

Once again, I am sorry for the mistakes.

Regards,

Leonard Oldman

제목: 진심 어린 사과
첨부 파일: 초안
[199]날짜: 4월 13일

Mr. Suarez께,

제가 작성한 기사의 오류에 대해 사과드리고 싶습니다. [199]제가 지난달에 Autumn Leaf사 본점에서 인터뷰한 분들 중 한 분의 말을 오해했던 것 같습니다. 저는 제 상사와 이야기를 했고, 저희는 다음 호에서 내용 취소에 대해 인쇄할 것입니다. 제가 첨부한 정정된 정보를 포함한 초안을 검토해 주시기 바랍니다.

또한, 호텔을 둘러보기 위해 잡지사에서 저를 그곳으로 보낼 것이므로 호텔의 개관일이 정해지면 제게 알려주시면 감사하겠습니다.

다시 한번, 오류에 대해 사과드립니다.

Leonard Oldman 드림

지문 1
- □ public relations phr. 홍보
- □ demand n. 수요, 요구; v. 요구하다
- □ full-service adj. 포괄적인 서비스를 제공하는, 풀서비스의
- □ house v. 장소를 제공하다, 수용하다
- □ concierge n. 안내원, 관리인
- □ temporary adj. 임시의, 일시적인
- □ fortune n. 거금, 재산
- □ ground floor phr. 1층
- □ prospective adj. 장래의, 미래의
- □ businesspeople n. 사업가
- □ consist of phr. ~로 구성되다
- □ housekeeping n. 시설 관리과, 가사

지문 2
- □ expansion n. 확장, 확대
- □ unfortunately adv. 유감스럽게도
- □ specify v. 명시하다, 구체적으로 말하다
- □ correction n. 정정, 수정
- □ appreciate v. 감사하다, 고맙게 생각하다
- □ accurate adj. 정확한
- □ grateful adj. 감사하는
- □ publicity n. 광고, 홍보
- □ establish v. 정하다, 확립하다
- □ publication n. 발행물, 출판물

지문 3
- □ sincere adj. 진심 어린, 진실된
- □ retraction n. 취소, 철회
- □ draft n. 초안, 원고
- □ correct v. 정정하다, 바로잡다
- □ misunderstand v. 오해하다

196
○○●○ 중

According to the article, why is Autumn Leaf opening a new hotel?

(A) To make up for the closure of its first one
(B) To satisfy a need for extended stays
(C) To accommodate a demand for full-service hotels
(D) To take advantage of a district's growing popularity

기사에 따르면, Autumn Leaf사는 왜 새 호텔을 개관할 것인가?

(A) 첫 번째 호텔의 폐점을 만회하기 위해
(B) 장기간의 숙박에 대한 요구를 충족시키기 위해
(C) 포괄적인 서비스를 제공하는 호텔에 대한 수요를 수용하기 위해
(D) 지역의 증가하는 인기를 활용하기 위해

■ 육하원칙 Why 　　　　　　　　　　　　　　　　　　　　　　　　　　　　　　　　정답 (B)

기사에 따르면 Autumn Leaf사가 왜(why) 새 호텔을 개관할 것인지를 묻는 육하원칙 문제이므로 질문의 핵심 어구인 Autumn Leaf opening a new hotel과 관련된 내용이 언급된 첫 번째 지문인 기사를 확인한다. 기사의 'the new hotel will be more like a temporary apartment building for businesspeople visiting the city', 'There is a lot of demand from visitors who need to stay ~ for long periods of time'에서 새 호텔, 즉 Autumn Leaf사가 개관할 예정인 새 호텔이 도시를 방문하는 사업가들을 위한 임시 아파트에 가까울 것인데 이는 장기간 머물러야 하는 방문객들의 수요가 많기 때문에 이를 충족시키기 위한 것이라고 했으므로 (B)가 정답이다.

바꾸어 표현하기
stay ~ for long periods of time 장기간 머무르다 → extended stays 장기간의 숙박

어휘　make up for phr. ~에 대해 만회하다　extended adj. 장기간의, 연장한　accommodate v. 수용하다, 숙박시키다
　　　take advantage of phr. ~을 기회로 활용하다

○●●●
상

What is indicated about Autumn Leaf's new hotel?

(A) It will rent rooms for events.
(B) It will serve meals in guests' rooms.
(C) It could open later than August.
(D) It may offer a valet parking service.

Autumn Leaf사의 새 호텔에 대해 언급된 것은?

(A) 행사를 위해 객실을 빌려줄 것이다.
(B) 투숙객들의 객실에서 식사를 제공할 것이다.
(C) 8월보다 늦게 열 수도 있다.
(D) 대리 주차 서비스를 제공할 수도 있다.

■ Not/True 연계 문제   정답 (C)

세 지문 중 두 지문의 내용을 종합해서 풀어야 하는 연계 문제이다. 질문의 핵심 어구인 Autumn Leaf's new hotel과 관련된 내용을 지문에서 찾아 각 보기와 대조하는 Not/True 문제이므로, Autumn Leaf사의 새 호텔과 관련된 내용이 언급된 첫 번째 지문인 기사와 두 번째 지문인 편지를 확인한다. (A)는 지문에 언급되지 않은 내용이다. (B)는 기사의 'the new hotel will not ~ offer room-service'에서 새 호텔이 룸서비스를 제공하지 않을 것이라고 했으므로 지문의 내용과 일치하지 않는다. (C)는 기사의 'The hotel will open sometime in August'에서 호텔이 8월 중에 개관할 것이라고 했고, 편지의 'Your article specified the month the hotel would likely open, but we are actually planning for somewhat later than that.'에서 기사가 호텔이 열 것으로 예상되는 달을 명시했지만 사실 그보다 약간 이후로 계획하고 있다고 했으므로 8월 이후에 개관할 예정임을 알 수 있다. 따라서 (C)가 정답이다. (D)는 지문에 언급되지 않은 내용이다.

어휘   valet parking phr. 대리 주차, 발레파킹

○●●●
중

What does Mr. Suarez state about the article?

(A) It could be reprinted in a company newsletter.
(B) It is the second one written about Autumn Leaf.
(C) It failed to mention a special promotion.
(D) It prompted readers to contact Autumn Leaf.

Mr. Suarez가 기사에 대해 언급한 것은?

(A) 사보에서 재인쇄될 수 있다.
(B) Autumn Leaf사에 대해 작성된 두 번째 기사이다.
(C) 특별 홍보 행사에 대해 언급하지 않았다.
(D) 독자들이 Autumn Leaf사에 연락하도록 했다.

■ Not/True True 문제   정답 (D)

질문의 핵심 어구인 the article과 관련하여 Mr. Suarez가 언급한 내용을 지문에서 찾아 각 보기와 대조하는 Not/True 문제이므로, Mr. Suarez가 작성한 두 번째 지문인 편지에서 관련 내용을 확인한다. (A), (B), (C)는 지문에 언급되지 않은 내용이다. (D)는 'The article mentioned that bookings for the new hotel can already be made on our Web site. We have been receiving inquiries from readers of your article about this'에서 기사가 새 호텔의 예약이 이미 웹사이트에서 될 수 있다고 언급했고 이에 대해 기사의 독자들이 Autumn Leaf사로 문의를 하고 있다고 했으므로 지문의 내용과 일치한다. 따라서 (D)가 정답이다.

어휘   company newsletter phr. 사보   prompt v. (어떤 일이 일어나도록) 하다, 촉발하다

○●●●
상

What is suggested about Mr. Oldman?

(A) He interviewed Mr. Suarez in New York.
(B) He took a translator with him to Buenos Aires.
(C) He visited Monserrat sometime in March.
(D) He was hired by Autumn Leaf to write his article.

Mr. Oldman에 대해 암시되는 것은?

(A) Mr. Suarez를 뉴욕에서 인터뷰했다.
(B) 부에노스아이레스에 통역사를 데리고 갔다.
(C) 3월 중에 몬세라트를 방문했다.
(D) 기사를 작성하도록 Autumn Leaf사에 의해 고용되었다.

■ 추론 연계 문제   정답 (C)

세 지문 중 두 지문의 내용을 종합적으로 확인한 후 추론해서 풀어야 하는 연계 문제이다. 질문의 핵심 어구인 Mr. Oldman이 작성한 이메일을 먼저 확인한다.

단서 1 세 번째 지문(이메일)의 'DATE: April 13', 'I interviewed at Autumn Leaf's main branch last month'에서 이메일이 작성된 것이 4월 13일이고 Mr. Oldman이 지난달에 Autumn Leaf사 본점에서 인터뷰를 했음을 확인할 수 있다. 그런데 Autumn Leaf사 본점이 어디에 위치해 있는지 제시되지 않았으므로 기사에서 관련 내용을 확인한다.

단서 2 첫 번째 지문(기사)의 'the main branch in Monserrat'에서 Autumn Leaf사 본점이 몬세라트에 있음을 확인할 수 있다.

두 단서를 종합할 때, Mr. Oldman이 3월에 Autumn Leaf사의 본점이 있는 몬세라트를 방문했다는 사실을 추론할 수 있다. 따라서 (C)가 정답이다.

어휘   translator n. 통역사, 번역가

In the e-mail, the word "settled" in paragraph 2, line 1, is closest in meaning to

(A) paid
(B) finalized
(C) located
(D) relieved

이메일에서, 2문단 첫 번째 줄의 단어 "settled"는 의미상 -와 가장 가깝다.

(A) 지불되다
(B) 마무리되다
(C) 찾아지다
(D) 완화되다

■ 동의어

정답 (B)

세 번째 지문인 이메일의 settled를 포함하는 구절 'I would appreciate if you could let me know once the hotel's opening date has been settled'에서 settled가 '정해지다, 결정되다'라는 뜻으로 사용되었다. 따라서 '마무리되다'라는 뜻을 가진 (B)가 정답이다.

TEST 09

PART 5

101

Delegates attending the international trade convention were provided with overnight ------- at Hotel Boswick.

(A) accommodated
(B) accommodates
(C) accommodating
(D) accommodations

국제 무역 총회에 참석하는 대표들은 Boswick 호텔에서의 하룻밤 숙박을 제공받았다.

■ [명사 자리] 동명사 vs. 명사   정답 (D)

전치사(with)의 목적어 자리에 올 수 있는 것은 명사이므로 명사 역할을 하는 동명사 (C)와 명사 (D)가 정답의 후보이다. 빈칸 앞의 형용사 (overnight)의 꾸밈을 받을 수 있는 것은 명사이므로 명사 (D) accommodations(숙박, 숙소)가 정답이다. 동명사 (C)는 형용사가 아닌 부사의 꾸밈을 받으며, '하룻밤 동안 숙박시키는 것을 제공받았다'라는 어색한 문맥을 만든다. 참고로, accommodating은 '다루기 쉬운, 친절한'이라는 의미의 형용사로도 쓰일 수 있음을 알아둔다. 동사 또는 분사 (A)와 동사 (B)는 명사 자리에 올 수 없다.

어휘 delegate n. 대표; v. 위임하다 attend v. 참석하다, 참여하다 convention n. 총회, 관습 overnight adj. 하룻밤 동안의, 야간의; adv. 하룻밤 동안

102

Charles Wang submitted a résumé that ------- his years of experience in advertising.

(A) emphasized
(B) enclosed
(C) estimated
(D) employed

Charles Wang은 광고업에서의 자신의 수년간의 경력을 강조하는 이력서를 제출했다.

■ 동사 어휘   정답 (A)

'광고업에서의 수년간의 경력을 강조하는 이력서'라는 문맥이므로 동사 emphasize(강조하다, 두드러지게 하다)의 과거형 (A) emphasized가 정답이다. (B)의 enclose는 '동봉하다, 둘러싸다', (C)의 estimate는 '추정하다, 예상하다', (D)의 employ는 '고용하다, 사용하다'라는 의미이다. 참고로, enclose는 편지나 소포 따위에 다른 물건을 실제로 동봉하는 것을 의미함을 알아둔다.

어휘 submit v. 제출하다, 항복하다 advertising n. 광고업, 광고

103

Beginning next week, Zumwalt, Inc.'s new smartphone will be available for purchase at ------- retailers across Korea and Japan.

(A) authorizing
(B) authority
(C) authorization
(D) authorized

다음 주부터 Zumwalt사의 새로운 스마트폰이 한국과 일본 전역의 공인된 소매점들에서 구매 가능할 것이다.

■ [형용사 자리] 현재분사 vs. 과거분사   정답 (D)

빈칸 뒤의 명사(retailers)를 꾸밀 수 있는 것은 형용사이므로 형용사 역할을 할 수 있는 분사 (A)와 (D)가 정답의 후보이다. 꾸밈을 받는 명사 (retailers)와 분사가 '소매점들이 공인되다'라는 의미의 수동 관계이므로 동사 authorize(공인하다, 인가하다)의 과거분사 (D) authorized가 정답이다. 현재분사 (A) authorizing(공인하는)을 쓰면 능동의 의미가 되어 '한국과 일본 전역의 공인하는 소매점들'이라는 어색한 문맥이 된다. 명사 (B)와 (C)는 명사를 꾸밀 수 없다.

어휘 purchase n. 구매, 구입한 것; v. 구매하다 across prep. ~의 전역에 걸쳐, ~을 가로질러; adv. 가로질러 authority n. 권한, 권위
      authorization n. 공인, 위임

104

Highway construction has been postponed indefinitely as Hampshire County residents have ------- to the plan.

(A) preferences
(B) arrangements
(C) considerations
(D) objections

Hampshire 자치주 주민들이 그 계획에 반대를 하기 때문에 고속도로 건설이 무기한으로 연기되었다.

■ 명사 어휘   정답 (D)

'주민들이 그 계획에 반대를 하기 때문에 고속도로 건설이 무기한으로 연기되었다'라는 문맥이므로 명사 (D) objections(반대, 이의)가 정답이다. (A)의 preference는 '선호되는 것, 선호', (B)의 arrangement는 '준비, 합의'라는 의미이다. (C)의 consideration은 '고려, 고려할 사항'이라는 의미로, 만약 '~을 고려하다'라는 의미를 나타내려면 give (something) consideration이나 take (something) into consideration과 같은 형태로 쓰여야 한다.

어휘 postpone v. 연기하다, 미루다 indefinitely adv. 무기한으로, 막연히 resident n. 주민, 거주자

105

The Trescott Chamber of Commerce ------- local businessman Brian Larue at a ceremony next week.

(A) was honoring (B) to honor
(C) will honor (D) honor

Trescott 상공회의소는 다음 주의 행사에서 지역 사업가 Brian Larue에게 영예를 줄 것이다.

■ [동사 자리] 미래 시제 정답 (C)

문장에 주어(The Trescott Chamber of Commerce)만 있고 동사가 없으므로 동사 (A), (C), (D)가 정답의 후보이다. 미래 시간 표현(next week)이 있으므로 미래 시제 (C) will honor가 정답이다. 과거 진행 시제 (A)는 미래 시간 표현과 함께 쓰일 수 없다. 현재 시제 (D)도 미래를 나타낼 수는 있지만, 복수 동사이므로 3인칭 단수 주어(The Trescott Chamber of Commerce)와 수가 맞지 않는다. 참고로, 현재 시제는 기차 시간표처럼 변경될 가능성이 거의 없이 확실히 일어날 일에 대해 언급할 때 미래를 나타낼 수 있음을 알아둔다. to 부정사 (B)는 동사 자리에 올 수 없다.

어휘 chamber of commerce phr. 상공회의소 honor v. 영예를 주다, 존경하다; n. 영예, 존경

106

Please review your contract, and feel free to ask us ------- questions you might have.

(A) few (B) either
(C) any (D) much

계약서를 검토해 주시고 귀하께서 가질 수 있는 어떤 질문도 주저 말고 저희에게 문의해 주십시오.

■ 수량 표현 정답 (C)

빈칸 뒤의 복수 가산 명사(questions)를 꾸밀 수 있는 수량 표현 (A)와 (C)가 정답의 후보이다. '가질 수 있는 어떤 질문도 주저 말고 문의해라'라는 의미가 되어야 하므로 (C) any(어떤 ~이라도, 모든)가 정답이다. (A) few(거의 없는)는 '가질 수 있는 거의 없는 질문도 주저 말고 문의해라'라는 어색한 문맥을 만든다. 참고로, a few는 '몇몇의, 약간의'라는 긍정의 의미를, few는 '거의 없는'이라는 부정의 의미를 나타낸다는 것도 구별하여 알아둔다. 한정사 (B) either(둘 중 하나의)는 두 가지 대상 중 하나를 가리킬 때 사용되어 단수 명사와 쓰여야 하며, or(또는)와 함께 상관접속사 either A or B(A 또는 B 중 하나)의 형태로 쓰이기도 한다. 수량 표현 (D) much(많은)는 불가산 명사 앞에 사용되므로 답이 될 수 없다.

어휘 review v. 검토하다, 논평하다; n. 재검토 contract n. 계약서; v. 계약하다, 수축시키다

107

The manager announced that a few office supply ------- would be delayed because of weather conditions.

(A) shipment (B) shipments
(C) to ship (D) shipping

관리자는 몇몇 사무용품 배송물들이 기상 상태 때문에 지연될 것이라고 알렸다.

■ [명사 자리] 한정사와 명사 정답 (B)

빈칸 앞 한정사(a few)의 꾸밈을 받는 것은 명사이므로 명사 (A), (B), (D)가 정답의 후보이다. '몇몇 사무용품 배송물들이 기상 상태 때문에 지연되다'라는 의미가 되어야 하고, 빈칸 앞에 복수 가산 명사 앞에 오는 수량 형용사 a few(몇 개의)가 있으므로 복수 가산 명사 (B) shipments(배송물, 수송품)가 정답이다. 단수 가산 명사 (A) shipment와 불가산 명사 (D) shipping(선박, 해운)은 a few와 함께 쓸 수 없다. to 부정사 (C)는 명사 자리에 올 수 없고, (C)가 빈칸 앞의 복합 명사(office supply)를 뒤에서 수식하는 구조로 보려면 a few 뒤의 복합 명사가 복수형으로 쓰여야 하므로 답이 될 수 없다. 참고로, 명사 shipment는 '수송'이라는 의미로 쓰일 때는 불가산 명사라는 것을 알아둔다.

108

By adding extra flights between Dubai and Istanbul, Euroblue Airlines will increase its ------- for this route by more than 50 percent.

(A) endurance (B) motivation
(C) location (D) capacity

두바이와 이스탄불 간에 추가 항공편을 증편함으로써, Euroblue 항공사는 이 노선에 대한 수용력을 50퍼센트 이상 정도 늘릴 것이다.

■ 명사 어휘 정답 (D)

'추가 항공편을 증편함으로써 노선에 대한 수용력을 50퍼센트 이상 정도 늘릴 것이다'라는 문맥이므로 명사 (D) capacity(수용력, 용량)가 정답이다. (A) endurance는 '인내, 참을성', (B) motivation은 '동기부여, 자극', (C) location은 '장소, 위치'라는 의미이다.

어휘 route n. 노선, 방법; v. 보내다

109

Hamilton Hospital's purchase of a medical scanning device will permit doctors to diagnose patients more ------- than ever before.

(A) precise
(B) precisely
(C) precision
(D) preciseness

Hamilton 병원의 의료 정밀 검사 기기 구매는 의사들이 이전 그 어느 때보다도 더 정확하게 환자들을 진단하는 것을 가능하게 할 것이다.

■ 부사 자리   정답 (B)

'더 정확하게 환자들을 진단하다'라는 의미가 되어야 하고, 빈칸 앞에 있는 동사(diagnose)를 꾸미기 위해서는 부사가 와야 하므로 부사 (B) precisely(정확하게, 바로)가 정답이다. 형용사 (A), 명사 (C)와 (D)는 동사를 꾸밀 수 없다.

어휘   permit v. 가능하게 하다, 허용하다; n. 허가증 diagnose v. 진단하다, 원인을 밝혀내다 precision n. 정확, 신중함 preciseness n. 정확성, 명확함

110

------- a bank has approved Flynn Co.'s business loan, the company can begin its planned expansion.

(A) Even if
(B) As though
(C) Consequently
(D) Now that

은행이 Flynn사의 사업 대출을 승인했으므로, 그 회사는 계획된 확장에 착수할 수 있다.

■ [수식어 거품을 이끄는 것] 부사절 접속사 이유   정답 (D)

이 문장은 주어(the company), 동사(can begin), 목적어(its planned expansion)를 갖춘 완전한 절이므로 ___ ~ loan은 수식어 거품으로 보아야 한다. 이 수식어 거품은 동사(has approved)가 있는 거품절이므로, 거품절을 이끌 수 있는 부사절 접속사 (A), (B), (D)가 정답의 후보이다. '은행이 사업 대출을 승인했으므로 그 회사는 계획된 확장에 착수할 수 있다'라는 의미가 되어야 하므로 이유를 나타내는 부사절 접속사 (D) Now that(~이므로)이 정답이다. (A) Even if는 '비록 ~하더라도'라는 의미로 양보를, (B) As though는 '마치 ~처럼'이라는 의미로 가정을 나타낸다. 부사 (C) Consequently(그 결과, 따라서)는 수식어 거품을 이끌 수 없다.

어휘   approve v. 승인하다, 찬성하다 loan n. 대출, 대여; v. 빌려주다 begin v. 착수하다, 시작하다 expansion n. 확장, 발전

111

Online reviewers praise Alpha Fashion's ------- deliveries and its generous return policy.

(A) tangible
(B) measured
(C) timely
(D) subsequent

온라인 평가자들은 Alpha Fashion사의 시기적절한 배송과 관대한 환불 정책을 칭찬한다.

■ 형용사 어휘   정답 (C)

'시기적절한 배송과 관대한 환불 정책을 칭찬한다'라는 문맥이므로 형용사 (C) timely(시기적절한, 때맞춘)가 정답이다. (A) tangible은 '유형의, 실재하는', (D) subsequent는 '그 다음의, 차후의'라는 의미이다. (B) measured(정확히 잰, 신중한)도 해석상 그럴듯해 보이지만, 비율이나 크기를 정확히 재거나 생각이 조심스러운 것을 의미하므로 답이 될 수 없다.

어휘   praise v. 칭찬하다; n. 칭찬, 찬양 generous adj. 관대한, 넉넉한 return policy phr. 환불 정책

112

Though Bruce Guthrie's concert is planned ------- August 1, the organizers have said that this is subject to change.

(A) at
(B) for
(C) since
(D) in

Bruce Guthrie의 콘서트가 8월 1일로 계획되어 있지만, 주최자들은 이것이 변경될 수 있다고 말했다.

■ 전치사 선택 시점   정답 (B)

빈칸 다음에 시간을 나타내는 표현(August 1)이 있고, '콘서트가 8월 1일로 계획되어 있다'라는 의미가 되어야 하므로 정해진 날짜나 시간 앞에 와서 '~에'라는 의미로 시점을 나타내는 전치사 (B) for가 정답이다. (A) at은 시각이나 시점(at 8 o'clock, at the beginning of the month) 앞에 와서 시간을, (C) since는 '~ 이래로'라는 의미로 시점을, (D) in은 월이나 계절(in August, in summer) 앞에 와서 시간을 나타낸다.

어휘   organizer n. 주최자, 창설자 subject adj. ~될 수 있는; n. 주제, 문제

113

The public speaking course presents trainees with opportunities ------- themselves in front of a group.

(A) will express
(B) to express
(C) are expressing
(D) expressed

공개연설 강좌는 교육생들에게 한 무리 앞에서 그들 자신이 생각하는 바를 말할 기회를 제공한다.

■ [수식어 거품을 이끄는 것] to 부정사의 역할 ··················· 정답 (B)

이 문장은 주어(The public speaking course), 동사(presents), 목적어(trainees)를 갖춘 완전한 절이므로, ____ ~ group은 수식어 거품으로 보아야 한다. 이 수식어 거품은 동사가 없는 거품구로서 빈칸 앞의 명사(opportunities)를 꾸미고 있으므로, 거품구를 이끌면서 명사를 뒤에서 수식할 수 있는 to 부정사 (B)와 과거분사 (D)가 정답의 후보이다. 빈칸 뒤에 목적어(themselves)가 있고 '자신이 생각하는 바를 말할 기회'라는 의미가 되어야 하므로 to 부정사 (B) to express가 정답이다. 과거분사 (D)는 빈칸 뒤에 목적어(themselves)를 취할 수 없다. 동사 (A)와 (C)는 수식어 거품을 이끌 수 없다.

어휘   public speaking phr. 공개연설, 공식에서 말하기   express oneself phr. 자기가 생각하는 바를 말하다, 자신을 표현하다

114

Inspections are never announced ------- the safety supervisor can assess how well standards are being maintained at any given time.

(A) rather than
(B) besides
(C) so that
(D) still

안전 관리자가 어느 때에든 기준이 얼마나 잘 유지되고 있는지 평가할 수 있도록 점검은 결코 공지되지 않는다.

■ [수식어 거품을 이끄는 것] 부사절 접속사 이유 ··················· 정답 (C)

이 문장은 주어(Inspections), 동사(are), 보어(announced)를 갖춘 완전한 절이므로 ____ ~ time은 수식어 거품으로 보아야 한다. 이 수식어 거품은 동사(can assess)가 있는 거품절이므로, 거품절을 이끌 수 있는 부사절 접속사 (A)와 (C)가 정답의 후보이다. '기준이 잘 유지되고 있는지 평가할 수 있도록 점검은 공지되지 않는다'라는 의미가 되어야 하므로 이유를 나타내는 부사절 접속사 (C) so that(~해서 -하다)이 정답이다. (A) rather than(~보다는)을 쓰면 '기준이 잘 유지되고 있는지 평가하기보다는 점검은 결코 공지되지 않는다'라는 어색한 문맥을 만든다. 부사 (B) besides(게다가)와 (D) still(아직도, 그런데도)은 수식어 거품을 이끌 수 없다.

115

A fee of $100 will be ------- to office rental payments that are more than two weeks late.

(A) applied
(B) applying
(C) apply
(D) application

2주 넘게 연체된 사무실 임대료에는 100달러의 요금이 적용될 것입니다.

■ [be동사 다음에 올 수 있는 것] 수동형(be + p.p.) ··················· 정답 (A)

빈칸이 be동사(be) 다음에 왔으므로 수동태를 만드는 p.p.형 (A), 진행형을 만드는 -ing형 (B), 명사 (D)가 정답의 후보이다. '100달러의 요금이 적용될 것이다'라는 수동의 의미가 되어야 하므로 빈칸 앞의 be동사와 함께 수동태를 만드는 동사 apply(적용하다, 신청하다)의 p.p.형 (A) applied가 정답이다. -ing형 (B)는 미래 진행형을 만들어서 '요금이 적용하고 있는 중일 것이다'라는 어색한 문맥을 만든다. 명사 (D)는 be동사 다음에 올 수는 있지만, 보어로서 주어와 동격 관계가 되어 '요금은 적용이다'라는 어색한 문맥을 만든다. 동사원형 (C)는 be동사 다음에 올 수 없다.

116

Last month's issue of *Wise Finance* ------- an exclusive interview with Chuck Granville, founder of financial firm Granville Investments.

(A) subscribed
(B) admitted
(C) featured
(D) dedicated

*Wise Finance*지의 지난달 호는 금융 회사 Granville Investments사의 창립자인 Chuck Granville과의 독점 인터뷰를 특집으로 다뤘다.

■ 동사 어휘 ··················· 정답 (C)

'*Wise Finance*지의 지난달 호는 Chuck Granville과의 독점 인터뷰를 특집으로 다뤘다'라는 문맥이므로 동사 feature(특집으로 하다, 특징으로 삼다)의 과거형 (C) featured가 정답이다. (A)의 subscribe는 '구독하다, 가입하다'라는 의미이다. (B)의 admit은 '인정하다, 입장을 허가하다'라는 의미로 해석상 그럴듯해 보일 수도 있지만, 무엇이 사실임을 마지못해 인정하거나 변명이나 증거 등을 인정한다는 의미이므로 답이 될 수 없다. (D)의 dedicate는 '헌납하다, (시간·노력을) 바치다, 전념하다'라는 의미로, '바치다, 전념하다'라는 의미일 때에는 dedicate A to B(A를 B에 바치다, 전념하다)의 형태로 쓰인다.

117
○○○○●
중

The windows in Punjab Railway's first-class compartments offer passengers ------- better visibility of the countryside than those in cheaper classes.

(A) so
(B) far
(C) very
(D) just

Punjab 기차의 1등석 객실에 있는 창문들은 승객들에게 더 저렴한 등급 객실의 그것들보다 전원 풍경의 훨씬 나은 시야를 제공한다.

■ **부사 선택** 강조 부사   정답 (B)

형용사의 비교급(better) 앞에 와서 '훨씬 나은 시야'라는 의미를 만들어야 하므로, 형용사의 비교급 앞에 쓰여 강조의 뜻을 나타내는 강조 부사 (B) far(훨씬)가 정답이다. (A) so(너무)는 비교급을 강조하는 표현으로 쓸 수 없다. (C) very(매우)는 비교급이 아닌 원급을 강조하고, (D) just(단지)는 명사와 전치사구를 강조한다.

어휘 first-class adj. 1등석의, 1등급의 compartment n. 객실, 칸 passenger n. 승객 visibility n. 시야, 가시성 countryside n. 전원, 시골

118
○●●●●
최상

The software ------- that New-Tech offers remove security risks and improve the performance of computers.

(A) increments
(B) enhancements
(C) certificates
(D) exceptions

New-Tech사가 제공하는 소프트웨어 기능 향상은 보안상 위험을 제거하고 컴퓨터의 성능을 개선한다.

■ **유사의미 명사**   정답 (B)

'소프트웨어 기능 향상은 보안상 위험을 제거하고 컴퓨터의 성능을 개선한다'라는 문맥이므로 명사 (B) enhancements((기능·가치 등의) 향상, 증대)가 정답이다. (A)의 increment(증대, 증가량)도 해석상 그럴듯해 보이지만, 수나 양적으로 늘어난 것을 나타내므로 답이 될 수 없다. (C)의 certificate는 '증명서, 자격증', (D)의 exception은 '예외, 제외'라는 의미이다.

어휘 remove v. 제거하다, 없애다 performance n. 성능, 성과

119
○○○○●
하

Mr. Evans took a taxi to avoid being late, but the theater show had ------- begun by the time he arrived.

(A) usually
(B) seldom
(C) hourly
(D) already

Mr. Evans는 늦지 않기 위해 택시를 탔지만, 그가 도착했을 무렵에는 연극 공연이 이미 시작해 있었다.

■ **부사 선택** 시간 부사   정답 (D)

'그가 도착했을 무렵에는 연극 공연이 이미 시작해 있었다'라는 의미가 되어야 하므로 시간을 나타내는 부사 (D) already(이미, 벌써)가 정답이다. (A) usually는 '보통, 대개', (B) seldom은 '거의 ~않다'라는 의미로 빈도를 나타낸다. (C) hourly는 '한 시간마다, 매시간'이라는 의미이다.

어휘 avoid v. ~하지 않도록 하다, 피하다 by the time phr. ~할 무렵에, ~할 때까지

120
○○○●●
중

Notices ------- residents of possible power outages were mailed out a week before crews began work on the power lines.

(A) inform
(B) information
(C) informed
(D) informing

일어날 수 있는 정전에 대해 주민들에게 알리는 안내문이 작업팀이 전선 작업을 시작하기 일주일 전에 발송되었다.

■ **[수식어 거품을 이끄는 것] 현재분사 vs. 과거분사**   정답 (D)

이 문장은 주어(Notices)와 동사(were mailed out)를 갖춘 완전한 절이므로, ___ ~ power outages는 수식어 거품으로 보아야 한다. 이 수식어 거품은 빈칸 앞의 명사(Notices)를 꾸미고 있으므로 수식어 거품을 이끌면서 명사를 뒤에서 수식할 수 있는 과거분사 (C)와 현재분사 (D)가 정답의 후보이다. 꾸밈을 받는 명사(Notices)와 분사가 '안내문이 주민들에게 알리다'라는 의미의 능동 관계이므로 동사 inform(알리다, 통지하다)의 현재분사 (D) informing이 정답이다. 과거분사 (C) informed는 수동의 의미를 나타내고, 뒤에 목적어(residents)를 취할 수 없으므로 답이 될 수 없다. 동사 (A)와 명사 (B)는 수식어 거품을 이끌 수 없다.

어휘 power outage phr. 정전 mail out phr. 발송하다 work on phr. 작업하다, 수리하다 power line phr. 전선

121

Mr. Clemons' work was so impressive that he was made a senior manager ------- only six months with the company.

(A) on
(B) after
(C) while
(D) owing to

Mr. Clemons의 성과는 매우 인상적이어서 그는 회사에서의 단 6개월 후에 고위 간부가 되었다.

■ [수식어 거품을 이끄는 것] 전치사 선택 시간　　　　　　　　　　　　　　정답 (B)

that절(that he ~ the company)이 주어(he), 동사(was made), 보어(a senior manager)를 갖춘 완전한 절이므로, ___ ~ the company는 수식어 거품으로 보아야 한다. 이 수식어 거품은 동사가 없는 거품구이므로 거품구를 이끌 수 있는 전치사 (A), (B), (D)가 정답의 후보이다. '성과가 매우 인상적이어서 회사에서의 단 6개월 후에 고위 간부가 되었다'라는 의미가 되어야 하므로 시간을 나타내는 전치사 (B) after(~ 후에)가 정답이다. (A) on은 '~에, ~ 위에'라는 의미로 날짜, 요일 등과 함께 쓰여 특정 시간이나 시점을 나타내거나 표면 위, 일직선 상의 지점과 같은 장소를 나타낸다. (D) owing to는 '~ 때문에'라는 의미로 이유를 나타낸다. (C) while은 '~하는 동안'이라는 의미의 부사절 접속사로, 거품구가 아닌 거품절을 이끈다.

어휘　work n. 성과, 작품; v. 일하다, 작동하다　impressive adj. 인상적인, 감동적인　senior manager phr. 고위 간부

122

In anticipation of an increase in visitors during the summer holiday, the Shoreline Inn decided to ------- hire additional housekeeping staff.

(A) adversely
(B) uncontrollably
(C) temporarily
(D) relatively

여름 휴가 동안의 관광객 증가를 예상하여, Shoreline 호텔은 임시로 추가적인 시설 관리 직원을 고용하기로 결정했다.

■ 부사 어휘　　　　　　　　　　　　　　　　　　　　　　　　　　　　　정답 (C)

'여름 휴가 동안의 관광객 증가를 예상하여 임시로 추가적인 시설 관리 직원을 고용하기로 결정했다'라는 문맥이므로 부사 (C) temporarily(임시로, 일시적으로)가 정답이다. (A) adversely는 '반대로, 불리하게', (B) uncontrollably는 '제어하기 힘들게, 감당하기 어렵게', (D) relatively는 '비교적으로, 상대적으로'라는 의미이다.

어휘　in anticipation of phr. ~을 예상하고, 기대하고　housekeeping n. 시설 관리과, 살림

123

Although a graduate degree is a requirement for the position, none of ------- who responded to the job announcement have one.

(A) they
(B) these
(C) themselves
(D) those

석사 학위가 그 일자리의 필요조건임에도 불구하고, 취업 공고에 응했던 사람들 중 누구도 석사 학위를 가지고 있지 않다.

■ [목적어 자리] 지시대명사　　　　　　　　　　　　　　　　　　　　　정답 (D)

전치사(of)의 목적어 자리에 올 수 있는 지시대명사 (B)와 (D), 재귀대명사 (C)가 정답의 후보이다. 빈칸 뒤의 관계절(who ~ job announcement)의 꾸밈을 받아 '취업 공고에 응했던 사람들 중 누구도 석사 학위를 가지고 있지 않다'라는 의미가 되어야 하므로 '~한 사람들'이라는 뜻의 지시대명사 (D) those가 정답이다. (B) these는 '이들, 이것들'이라는 의미로 이미 앞에서 명시되었거나, 시간, 공간, 심리적으로 가까이 있는 사람이나 사물을 가리킨다. (C) themselves는 '그(것)들 자신'이라는 의미로, 목적어가 주어와 같은 사람이나 사물을 지칭할 때나, 주어나 목적어를 강조할 때 쓰인다. 주격 인칭대명사 (A) they는 목적어 자리에 올 수 없다.

어휘　requirement n. 필요조건, 요구, 자격　respond v. 응하다, 대답하다　job announcement phr. 취업 공고

124

Travel writer Arthur Chaplin will give a short presentation tomorrow ------- the trip described in his new book, *Walking in Peru*.

(A) along
(B) regarding
(C) in exchange for
(D) by means of

여행 작가 Arthur Chaplin은 내일 그의 새로운 책 *Walking in Peru*에 묘사된 여행에 대한 짧은 발표를 할 것이다.

■ **전치사 선택** ~에 관하여
정답 (B)

'여행에 대한 짧은 발표를 할 것이다'라는 의미가 되어야 하므로 전치사 (B) regarding(~에 대한)이 정답이다. (A) along은 '(장소·방향)을 따라'라는 의미로 방향을 나타낸다. (C) in exchange for는 '~의 대신으로', (D) by means of는 '~을 써서, ~의 도움으로'라는 의미이다.

125

Having written multiple books on the effects of global warming, Ms. Black is widely regarded as a ------- expert on environmental issues.

(A) naive
(B) notable
(C) tolerant
(D) mundane

지구온난화의 영향에 관한 많은 책을 써왔기 때문에, Ms. Black은 환경 문제에 있어서 주목할 만한 전문가로 널리 평가된다.

■ **형용사 어휘**
정답 (B)

'지구온난화의 영향에 관한 많은 책을 써왔기 때문에 환경 문제에 있어서 주목할 만한 전문가로 널리 평가된다'라는 문맥이므로 형용사 (B) notable(주목할 만한, 중요한)이 정답이다. (A) naive는 '지식이 없는, 순진한', (C) tolerant는 '관대한, 내성이 있는', (D) mundane은 '일상적인, 재미없는'이라는 의미이다.

어휘 **multiple** adj. 많은, 다양한 **effect** n. 영향, 결과 **environmental** adj. 환경의, 환경 보호의

126

Local water quality is ------- to improve once the sewage treatment center is upgraded.

(A) grown
(B) limited
(C) bound
(D) acquired

하수처리장이 개선되면 틀림없이 지역 수질이 향상될 것이다.

■ **형용사 관련 어구**
정답 (C)

'하수처리장이 개선되면 틀림없이 지역 수질이 향상될 것이다'라는 문맥이므로, 빈칸 앞의 be동사(is), 뒤의 to와 함께 '틀림없이 ~할 것이다'라는 의미의 형용사 어구 be bound to를 만드는 형용사 (C) bound(꼭 ~할 것 같은, ~할 가능성이 큰)가 정답이다. (A) grown은 '성장한, 무성한', (B) limited는 '제한된, 부족한'이라는 의미이다. (D) acquired는 '취득한, 후천적인'이라는 의미로, '하수처리장이 개선되면 향상되기 위해 지역 수질이 취득된다'라는 어색한 문맥을 만든다.

어휘 **sewage** n. 하수 **treatment** n. 처리, 치료, 대우

127

Zain Kapoor was not considered a suitable candidate for a financial analyst position ------- he possessed exceptional investment experience.

(A) accordingly
(B) in spite of
(C) as if
(D) even though

Zain Kapoor는 뛰어난 투자 경험을 가지고 있었음에도 불구하고 재무 분석가 자리에 대한 적합한 후보로 고려되지 않았다.

■ **[수식어 거품을 이끄는 것] 부사절 접속사** 양보
정답 (D)

이 문장은 주어(Zain Kapoor), 동사(was not considered), 보어(a suitable candidate)를 갖춘 완전한 절이므로 ___ ~ experience는 수식어 거품으로 보아야 한다. 이 수식어 거품은 동사(possessed)가 있는 거품절이므로, 거품절을 이끌 수 있는 부사절 접속사 (C)와 (D)가 정답의 후보이다. '뛰어난 투자 경험을 가지고 있었음에도 불구하고 적합한 후보로 고려되지 않았다'라는 의미가 되어야 하므로 양보를 나타내는 부사절 접속사 (D) even though(~에도 불구하고)가 정답이다. (C) as if는 '마치 ~처럼'이라는 의미로, '마치 뛰어난 투자 경험을 가지고 있었던 것처럼 적합한 후보로 고려되지 않았다'라는 어색한 문맥을 만든다. 부사 (A) accordingly(따라서, 그에 따라서)는 수식어 거품을 이끌 수 없고, 전치사 (B) in spite of(~에도 불구하고)는 거품절이 아닌 거품구를 이끈다.

어휘 **suitable** adj. 적합한, 알맞은 **financial analyst** phr. 재무 분석가, 금융 전문가 **possess** v. 가지다, 보유하다 **exceptional** adj. 뛰어난, 예외적인

128

The tour bus did not stop at Sheffield Stadium, so its passengers could only take pictures as they drove ------- it.

(A) until
(B) past
(C) onto
(D) within

관광 버스가 Sheffield 경기장에서 서지 않아서, 승객들은 그들이 차로 경기장을 지나쳐 갈 때 사진만 찍을 수 있었다.

■ **전치사 선택** 기타　　　　　　　　　　　　　　　　　　　　　　　　　　　　　　　　정답 (B)

'차로 경기장을 지나쳐 갈 때 사진만 찍을 수 있었다'라는 의미가 되어야 하므로 전치사 (B) past(~을 지나쳐서, ~의 옆을 지나서)가 정답이다. (A) until은 '~까지'라는 의미로 시점을, (C) onto는 '~ 위에'라는 의미로 위치를, (D) within은 '~ 이내에, ~의 범위 내에서'라는 의미로 기간이나 범위를 나타낸다.

어휘　stadium　n. 경기장

129

Mercer Incorporated carefully goes over ------- its customer surveys and market research before making important decisions.

(A) as well as
(B) both
(C) between
(D) neither

Mercer사는 중요한 결정들을 하기 전에 고객 설문조사와 시장 조사 둘 다를 신중하게 검토한다.

■ **상관접속사**　　　　　　　　　　　　　　　　　　　　　　　　　　　　　　　　　　정답 (B)

빈칸 뒤의 and와 함께 상관접속사 both A and B(A와 B 둘 다)를 만드는 (B) both(둘 다)가 정답이다. 참고로, 이 문장에서 both가 명사(customer surveys)와 명사(market research)를 연결하고 있음을 알아둔다. (A) as well as는 상관접속사 B as well as A(A뿐만 아니라 B도)의 형태로 쓰이며, (D) neither는 nor와 함께 neither A nor B(A도 B도 아닌)의 형태로 쓰인다. (C) between은 '~ 사이에'라는 의미의 전치사로, 보통 between A and B(A와 B 사이에) 형태로 쓰이며 두 사람이나 사물 간의 위치나 관계 등을 나타낸다. (C)도 해석상 그럴듯해 보이지만, go over가 '검토하다, 점검하다'라는 의미일 때에는 목적어가 있어야 하므로 빈칸 다음에 전치사구가 아닌 명사나 명사구가 와야 한다.

어휘　carefully　adv. 신중하게, 조심스럽게　go over　phr. 검토하다, 점검하다　make a decision　phr. 결정하다

130

For the purpose of increasing sales, Mendelbaum Electronics is giving a prize to ------- is the 100th person to buy a refrigerator.

(A) whichever
(B) another
(C) whoever
(D) someone

매출을 늘리려는 목적으로, Mendelbaum 전자 회사는 냉장고를 구매하는 100번째 사람이 누구든지 간에 경품을 줄 것이다.

■ **명사절 접속사** 복합관계대명사 whoever　　　　　　　　　　　　　　　　　　　　정답 (C)

전치사(to)의 목적어 역할을 하는 명사절(____ ~ refrigerator)의 주어 자리가 비어 있으므로, 명사절을 이끌면서 그 자체가 주어 역할을 할 수 있는 복합관계대명사 (A)와 (C)가 정답의 후보이다. '냉장고를 구매하는 100번째 사람이 누구든지 간에'라는 의미가 되어야 하므로 (C) whoever(누구든 간에, 누구나)가 정답이다. 복합관계대명사 (A) whichever는 '(하나의 집단 내의, 또는 이미 언급된 것들 중) 어느 것이든'이라는 의미인데, 이 문장에서는 언급된 집단이나 항목들이 없고, whichever는 사람이 아닌 사물을 지칭할 때 쓰이므로 답이 될 수 없다. 부정대명사 (B) another(또 다른 하나)와 (D) someone(누군가)는 절을 이끌 수 없다.

어휘　sales　n. 매출(량)　prize　n. 경품, 상

PART 6

Questions 131-134 refer to the following e-mail.

131-134는 다음 이메일에 관한 문제입니다.

To: McRay Productions <inquiries@mcrayprod.com>
From: Laura Hahn <lhahn@delrio.com>
Subject: Proposal
Attachment: Product list

To Whom It May Concern,

My retail business, Delrio, currently needs a new ------- for its
131
products. Delrio mostly sells souvenir items, like canvas
bags, pouches, and umbrellas, and I was wondering if you
could produce some goods I've designed for an upcoming
trade fair. This event will provide an opportunity for my
company to attract customers and establish a positive -------
132
with them. It is therefore very important for the merchandise
I sell to appeal to my target market. -------, everything must
133
be convenient to use and made of durable materials. I have
attached a list of products I intend to feature and would like
a sample of each one. -------.
134

Sincerely,

Laura Hahn, Delrio CEO

수신: McRay Productions사
　　　<inquiries@mcrayprod.com>
발신: Laura Hahn <lhahn@delrio.com>
제목: 제안
첨부: 제품 목록

관계자분께,

131 제 소매 사업체인 Delrio사는 현재 제품들을 위한 새로운 제조회사를 필요로 합니다. Delrio사는 캔버스 가방, 파우치, 우산과 같은 기념품들을 주로 판매하는데, 다가오는 무역 박람회를 위해 제가 디자인한 몇 가지 제품들을 귀사에서 생산할 수 있는지 알고 싶습니다. 132 이 행사는 제 회사가 고객들을 유치하고 그들 사이에서 긍정적인 평판을 확립하는 기회를 제공해줄 것입니다. 따라서 제가 판매하는 제품이 표적 시장의 흥미를 끄는 것이 매우 중요합니다. 133 특히, 모든 것은 사용하기에 편리해야 하고 내구성 있는 소재로 만들어져야 합니다. 제가 특징으로 삼으려고 하는 제품들의 목록을 첨부했으며 각 제품의 견본을 원합니다. 134 만약 결과물이 제 마음에 든다면, 저는 기꺼이 귀사와 함께 정기적으로 일할 용의가 있습니다.

Delrio사 최고경영자 Laura Hahn 드림

---

131 (A) manufacture
　　　(B) manufacturer
　　　(C) manufacturing
　　　(D) manufactured

132 (A) nuisance
　　　(B) attitude
　　　(C) reputation
　　　(D) condition

133 (A) In this way
　　　(B) In contrast
　　　(C) In particular
　　　(D) In reality

134 (A) Perhaps we can discuss the issue further at the
　　　　　trade fair.
　　　(B) If I like the results, I'd be willing to work with you on
　　　　　a regular basis.
　　　(C) Once I make the design changes, I will send you
　　　　　the order.
　　　(D) Your quoted prices are higher than I have budgeted
　　　　　for the items.

어휘　souvenir n. 기념품, 선물　upcoming adj. 다가오는, 이번의　attract v. 유치하다, 끌어모으다　establish v. 확립하다, 설립하다
　　　appeal v. 흥미를 끌다, 호소하다　durable adj. 내구성이 있는, 오래가는　feature v. 특징으로 삼다, 특별히 포함하다; n. 특징

131 ■ [명사 자리] 가산 명사와 불가산 명사 정답 (B)

빈칸 앞의 형용사(new)의 꾸밈을 받을 수 있는 것은 명사이므로 명사 (A), (B), (C)가 정답의 후보이다. 빈칸 앞에 부정관사(a)가 있고 '제품들을 위한 새로운 제조회사를 필요로 한다'라는 의미가 되어야 하므로 가산 명사 (B) manufacturer(제조회사, 제조자)가 정답이다. (A)는 '제조'라는 의미일 경우에는 불가산 명사로 부정관사(a)와 함께 쓰일 수 없고, '제품'이라는 의미일 때에는 복수형으로 쓰인다. (C)는 '제조업'이라는 의미일 경우에 불가산 명사로 부정관사(a)와 함께 쓰일 수 없고, (C)를 동명사로 본다 해도 형용사가 아닌 부사의 꾸밈을 받아야 하므로 답이 될 수 없다. (A)를 동사로 보더라도, 동사 (A)와 동사 또는 분사 (D)는 명사 자리에 올 수 없다.

132 ■ 명사 어휘 정답 (C)

'이 행사는 회사가 고객들을 유치하고 그들 사이에서 긍정적인 평판을 확립하는 기회를 제공해줄 것이다'라는 문맥이므로 명사 (C) reputation (평판, 명성)이 정답이다. (A) nuisance는 '성가심, 골칫거리'라는 의미이다. (B) attitude(태도, 자세)도 해석상 그럴듯해 보이지만 이 문맥에서는 '회사가 긍정적인 태도를 확립하는 기회를 행사가 제공하다'라는 어색한 의미를 만들며, 보통 to나 toward와 함께 쓰여 '~에 대한 태도'라는 의미를 나타낸다. (D) condition은 '조건, 환경'이라는 의미로, '환경'이라는 뜻으로 쓰일 때는 living/working conditions와 같이 생활이나 작업 등에서의 전반적인 상황을 나타내며, 복수형으로 쓰인다.

133 ■ 접속부사 주변 문맥 파악 정답 (C)

빈칸이 콤마와 함께 문장의 맨 앞에 온 접속부사 자리이므로, 앞 문장과 빈칸이 있는 문장의 의미 관계를 파악하여 정답을 선택한다. 앞 문장에서 자신이 판매하는 제품이 표적 시장의 흥미를 끄는 것이 매우 중요하다고 했고, 빈칸이 있는 문장에서는 모든 것이 사용하기에 편리해야 하고 내구성 있는 소재들로 만들어져야 한다고 했으므로 앞 문장과 관련하여 구체적인 사항을 추가할 때 사용되는 (C) In particular(특히, 특별히)가 정답이다. (A) In this way는 '이렇게 하여, 이런 방식으로'라는 의미인데, 앞 문장에서 어떤 방식에 대해 언급한 것이 아니므로 답이 될 수 없다. (B) In contrast는 '그에 반해서'라는 의미로 앞 내용과 상반되는 내용을 언급할 때 사용된다. (D) In reality는 '사실은, 실제로는'이라는 의미이다.

134 ■ 알맞은 문장 고르기 정답 (B)

빈칸에 들어갈 알맞은 문장을 고르는 문제이므로 주변 문맥 또는 전체 문맥을 파악한다. 앞 문장 'I have attached a list of products I intend to feature and would like a sample of each one.'에서 자신이 특징으로 삼으려고 하는 제품들의 목록을 첨부했으며 각 제품의 견본을 원한다고 했으므로 빈칸에는 제품의 견본과 관련된 추가적인 내용이 들어가야 함을 알 수 있다. 따라서 (B) If I like the results, I'd be willing to work with you on a regular basis가 정답이다.

보기 해석
(A) 아마 저희는 무역 박람회에서 이 사안에 대해 더 논의할 수 있을 것입니다.
(B) 만약 결과물이 제 마음에 든다면, 저는 기꺼이 귀사와 함께 정기적으로 일할 용의가 있습니다.
(C) 일단 제가 디자인을 수정하면, 귀사에 주문서를 보내드릴 것입니다.
(D) 귀사의 견적가는 제가 제품들의 예산을 세웠던 것보다 높습니다.

어휘 work with phr. 함께 일하다 on a regular basis phr. 정기적으로 quoted adj. 견적된, 제시된 budget v. 예산을 세우다; n. 예산, 비용

135-138은 다음 공고에 관한 문제입니다.

Notice to all Northrup Apartment residents:

As you know, we have done some ------- facility renovations
<u>135</u>
for the first time. A children's playground in the compound
has been added, and the old water pipes have been
changed. Also, new walkways have been put in to replace
the ones that had holes.

Northrup Apartment management ------- you a detailed
<u>136</u>
report of the amount that was spent on materials and labor.
You all should have had a chance to go over it carefully by
now. Costs will be divided as we earlier ------- during the
<u>137</u>
management-resident meeting. The management will pay
60 percent of the costs and residents will pay the remainder.
To offset the share you have claimed responsibility for, your
monthly amenities and maintenance bills will increase by
$25 beginning next month. -------.
<u>138</u>

모든 Northrup 아파트 주민들께 드리는 공고:

135 여러분들도 아시다시피, 저희는 처음으로 광범위한 시설 수리를 했습니다. 구내에 어린이 놀이터가 추가되었고, 오래된 수도관들이 교체되었습니다. 또한, 구멍이 있던 보도들을 대체할 새로운 보도들이 설치되었습니다.

136 Northrup 아파트 관리진은 여러분들께 자재와 인력에 사용된 금액에 대한 상세한 보고서를 보내드렸습니다. 여러분들 모두는 지금쯤이면 이미 보고서를 신중하게 검토할 기회를 가졌을 것입니다. 137 비용은 우리가 이전에 관리진과 주민들이 참석한 회의 중에 합의했던 것처럼 나눠질 것입니다. 관리진은 비용의 60퍼센트를 지불하고 주민들이 나머지를 지불할 것입니다. 여러분들에게 책임이 청구된 몫을 상쇄하기 위해, 여러분들의 월별 편의시설 및 유지 보수 청구 금액이 다음 달부터 25달러씩 인상될 것입니다. 138 추가 요금은 비용이 모두 지불될 때까지 부과될 것입니다.

135 (A) clever
(B) repetitive
(C) conservative
(D) extensive

136 (A) will send
(B) has sent
(C) to be sent
(D) is sending

137 (A) declined
(B) agreed
(C) encompassed
(D) attempted

138 (A) Those who haven't paid the charge yet will receive
a fine.
(B) The additional fee will be charged until the
expenses are all paid for.
(C) Please let us know when you will be using the new
services.
(D) This will be imposed after the facility improvements
have been approved.

어휘 **compound** n. 구내, 합성물; adj. 합성의 **walkway** n. 보도, 통로, 복도 **put in** phr. 설치하다, 포함시키다 **go over** phr. 검토하다, 점검하다
by now phr. 지금쯤은 이미, 이제 **remainder** n. 나머지, 유물 **offset** v. 상쇄하다, 벌충하다 **share** n. 몫, 주식; v. 나누다
claim v. 청구하다, 요청하다; n. 청구 **amenity** n. 편의 시설 **bill** n. 청구 금액, 청구서; v. 청구하다

135 ■ 형용사 어휘 전체 문맥 파악 정답 (D)

'처음으로 ___ 한 시설 수리를 했다'라는 문맥이므로 모든 보기가 정답의 후보이다. 빈칸이 있는 문장만으로 정답을 고를 수 없으므로 주변 문맥이나 전체 문맥을 파악한다. 빈칸의 뒷부분에서 어린이 놀이터 추가, 오래된 수도관 교체, 새로운 보도들의 설치가 있었다고 했으므로 광범위한 시설 수리를 했음을 알 수 있다. 따라서 형용사 (D) extensive(광범위한, 포괄적인)가 정답이다. (A) clever는 '영리한, 독창적인', (B) repetitive는 '반복적인', (C) conservative는 '보수적인, (사람·생각 등이) 신중한'이라는 의미이다.

136 ■ [동사 자리] 현재 완료 시제 주변 문맥 파악 정답 (B)

빈칸이 있는 문장에 동사가 없으므로 동사 (A), (B), (D)가 정답의 후보이다. '금액에 대한 상세한 보고서를 보내다'라는 문맥인데, 이 경우 빈칸이 있는 문장만으로 올바른 시제의 동사를 고를 수 없으므로 주변 문맥이나 전체 문맥을 파악한다. 뒤 문장에서 모두가 지금쯤이면 이미 보고서를 신중하게 검토할 기회를 가졌을 것이라고 했으므로, 보고서를 보낸 것이 과거에 발생한 일이라는 것을 알 수 있다. 따라서 빈칸에는 과거에 발생한 일이 현재까지 영향을 미치거나 방금 완료된 것을 표현할 때 사용되는 현재 완료 시제 (B) has sent가 정답이다. 미래 시제 (A)는 미래에 일어날 일, 미래 상황에 대한 추측이나 의지를 나타낸다. 현재 진행 시제 (D)는 현재 진행되고 있는 일을 나타낸다. to 부정사 (C)는 동사 자리에 올 수 없다.

137 ■ 동사 어휘 정답 (B)

'비용은 이전에 회의 중에 합의했던 것처럼 나눠질 것이다'라는 문맥이므로 동사 agree(합의하다, 찬성하다)의 과거형 (B) agreed가 정답이다. (A)의 decline은 '거절하다, 하락하다', (C)의 encompass는 '포함하다, 둘러싸다', (D)의 attempt는 '시도하다, 기도하다'라는 의미이다.

138 ■ 알맞은 문장 고르기 정답 (B)

빈칸에 들어갈 알맞은 문장을 고르는 문제이므로 주변 문맥 또는 전체 문맥을 파악한다. 앞 문장 'your monthly amenities and maintenance bills will increase by $25 beginning next month'에서 월별 편의시설 및 유지 보수 청구 금액이 다음 달부터 25달러씩 인상될 것이라고 했으므로 빈칸에는 다음 달부터 있을 요금 인상과 관련된 추가 사항을 설명하는 내용이 들어가야 함을 알 수 있다. 따라서 (B) The additional fee will be charged until the expenses are all paid for가 정답이다. (D)도 요금 인상과 관련된 내용이지만 시설 개선이 이미 완료되었기 때문에 답이 될 수 없다.

보기 해석
(A) 아직 요금을 납부하지 않은 사람들은 벌금을 부과 받을 것입니다.
(B) 추가 요금은 비용이 모두 지불될 때까지 부과될 것입니다.
(C) 여러분들이 언제 새로운 서비스들을 이용할 것인지 저희에게 알려주십시오.
(D) 이는 시설 개선이 승인된 이후에 부과될 것입니다.

어휘 **fine** n. 벌금; v. 벌금을 부과하다 **pay for** phr. 대금을 지불하다 **impose** v. 부과하다, 도입하다 **improvement** n. 개선, 향상

Win a free ski lift ticket from Schuler!

Schuler Gas ------- its customers a chance to win free ski lift
                    139
tickets. They are worth $149 each and good for the entire
day at any of the 15 resorts participating in this promotion.

From now until December 26, simply buy over 38 liters of
fuel at any Schuler gas station nationwide. Then leave the
receipt, complete with your contact information on the back,
in the box ------- the exit. Please note that the tickets will be
            140
valid for a limited time. -------. Furthermore, they cannot be
                          141
exchanged for cash. Our raffle on January 1 will determine
the winners, who can ------- the tickets at the station the
                      142
day after we call them. Alternatively, winners can arrange to
have them mailed.

Schuler에서 무료 스키 리프트 티켓을 얻으세요!

139 Schuler Gas는 고객들에게 무료 스키 리프트 티켓을 얻을 기회를 제공하고 있습니다. 티켓은 각각 149달러 상당이고 이 판촉 행사에 참여하는 15개의 리조트들 중 어디에서나 하루 종일 유효합니다.

지금부터 12월 26일까지, 전국 Schuler 주유소 중 어느 곳에서나 38리터 이상의 연료를 구입하기만 하면 됩니다. **140** 그러고 나서 뒷면에 당신의 연락처 정보가 기입된 영수증을 출구 옆의 상자 안에 두십시오. 티켓은 한정된 기간 동안에만 유효할 것임을 유의해 주십시오. **141** 각각의 티켓은 도장이 찍혀 있는 날짜와 시간까지 사용되어야 합니다. 게다가, 그것들은 현금으로 교환될 수 없습니다. **142** 1월 1일에 있을 저희 추첨이 당첨자들을 결정할 것이고, 당첨자들은 저희가 전화 드린 다음 날 주유소에서 티켓을 얻으실 수 있습니다. 그렇지 않으면, 당첨자들은 티켓이 우편으로 보내지도록 하실 수 있습니다.

139 (A) has offered
       (B) was offering
       (C) will have offered
       (D) is offering

140 (A) inside
       (B) beside
       (C) upon
       (D) without

141 (A) Each one must be used by the date and time
           stamped on it.
       (B) You can save more if you buy ski lift tickets for five
           or more days.
       (C) Discounts are not applicable if coupons are past
           their expiration dates.
       (D) The country's ski resorts are among the best the
           world has to offer.

142 (A) claim
       (B) deliver
       (C) redeem
       (D) pursue

어휘   **win** v. 얻다, 이기다; n. 승리   **chance** n. 기회, 우연   **worth** adj. ~의 값어치가 있는, ~할 만한 가치가 있는; n. 가치   **good** adj. 유효한, 좋은
nationwide adv. 전국적으로; adj. 전국적인   **exit** n. 출구, 퇴장; v. 나가다   **exchange** v. 교환하다; n. 교환, 환전   **determine** v. 결정하다, 알아내다
winner n. 당첨자, 우승자   **alternatively** adv. 그렇지 않으면, 그 대신에   **arrange** v. 정하다, 마련하다

139 ■ 현재 진행 시제 전체 문맥 파악 정답 (D)

'고객들에게 무료 스키 리프트 티켓을 얻을 기회를 제공하다'라는 문맥인데, 이 경우 빈칸이 있는 문장만으로 올바른 시제의 동사를 고를 수 없으므로 주변 문맥이나 전체 문맥을 파악한다. 뒷부분에서 지금부터 12월 26일까지 전국 Schuler 주유소 중 어느 곳에서나 38리터 이상의 연료를 구입하라고 한 후, 무료 스키 리프트 티켓 응모 방법에 대해 설명하고 있으므로 무료 스키 리프트 티켓을 얻을 기회가 현재 제공되고 있음을 알 수 있다. 따라서 현재 시점에 진행되고 있는 일을 나타낼 때 사용되는 현재 진행 시제 (D) is offering이 정답이다. 현재 완료 시제 (A)는 과거에 발생한 일이 현재까지 계속되거나 방금 완료된 일을 나타낸다. 과거 진행 시제 (B)는 특정한 과거 시점에 진행되고 있던 일을 나타내고, 미래 완료 시제 (C)는 미래 특정 시점 이전에 발생한 동작이 미래의 그 시점에 완료될 것임을 나타낸다.

140 ■ 전치사 선택 위치 정답 (B)

'출구 옆의 상자 안에 두다'라는 의미가 되어야 하므로 위치를 나타내는 전치사 (B) beside(~ 옆에)가 정답이다. (A) inside도 '~ 안에'라는 의미로 위치를 나타내지만 '출구 안의 상자'라는 어색한 문맥을 만든다. (C) upon은 '~ 위에, ~ 후에'라는 의미로 위치나 시점을, (D) without은 '~ 없이'라는 의미로 제외를 나타낸다.

141 ■ 알맞은 문장 고르기 정답 (A)

빈칸에 들어갈 알맞은 문장을 고르는 문제이므로 주변 문맥 또는 전체 문맥을 파악한다. 앞 문장 'Please note that the tickets will be valid for a limited time.'에서 티켓이 한정된 기간 동안에만 유효할 것임을 유의해 달라고 했으므로, 빈칸에는 티켓 사용 기간과 관련된 내용이 들어가야 함을 알 수 있다. 따라서 (A) Each one must be used by the date and time stamped on it이 정답이다. (C)도 사용 기간과 관련된 내용이지만, 지문에 언급된 것은 할인을 해주는 쿠폰이 아니라 스키 리프트를 무료로 탈 수 있게 해주는 티켓에 관한 내용이므로 답이 될 수 없다.

보기 해석
(A) 각각의 티켓은 도장이 찍혀 있는 날짜와 시간까지 사용되어야 합니다.
(B) 5일 이상의 스키 리프트 티켓을 구매하시면 여러분들은 돈을 더 절약할 수 있습니다.
(C) 쿠폰의 유효 기간이 지나면 할인이 적용되지 않습니다.
(D) 국내의 스키 리조트들은 세계에서 제공하는 최고들 중에 속합니다.

어휘   **stamp** v. (도장, 스탬프 등을) 찍다; n. 도장, 우표   **applicable** adj. 적용되는, 알맞는   **past** prep. 지나서; adj. 지나간, 이전의
expiration date phr. 유효 기간

142 ■ 동사 어휘 주변 문맥 파악 정답 (A)

'당첨자들이 주유소에서 티켓을 ____할 수 있다'라는 문맥이므로 (A), (B), (C)가 정답의 후보이다. 빈칸이 있는 문장만으로 정답을 고를 수 없으므로 주변 문맥이나 전체 문맥을 파악한다. 뒤 문장에서 그렇지 않으면 티켓이 우편으로 보내지도록 할 수도 있다고 했으므로, 당첨자들이 티켓을 주유소에서 받을 수 있음을 알 수 있다. 따라서 동사 (A) claim(얻다, 차지하다)이 정답이다. (B) deliver는 '배달하다, 전하다', (C) redeem은 '보완하다, (상품권 등을) 현금으로 바꾸다', (D) pursue는 '추구하다, 계속하다'라는 의미이다.

Abbotsburg, May 9—After a year of construction, the Abbotsburg Community Center will be unveiled next Friday. -------. Costing nearly $5 million, the center is considered a
143
luxury by some who contend that the money should have been used ------- local roads instead.
144

Most residents, however, believe the center is a -------.
145
Karen Petrowski, ------- has been appointed the center's
146
director, said, "It will provide residents with the vital social, recreational, and educational opportunities they require." She also added, "We believe that, in time, the entire community will consider it a worthwhile place."

Abbotsburg, 5월 9일—1년 간의 공사 후에, Abbotsburg 시민 문화회관이 다음 주 금요일에 공개될 것이다. **143** 하지만 사업이 시작됐을 때에는 그것에 대한 일부 반대가 있었다. **144** 거의 5백만 달러가 들었기 때문에, 그 회관은 그 돈이 대신에 지역 도로를 보수하기 위해 쓰였어야 했다고 주장하는 일부 사람들에게는 사치로 여겨진다.

145 그러나, 대부분의 주민들은 그 회관이 필수라고 생각한다. **146** 회관의 관장으로 임명된 Karen Petrowski는 "시민 문화회관은 그들이 필요로 하는 중요한 사회적, 오락적, 교육적 기회들을 주민들에게 제공할 것입니다."라고 말했다. 그녀는 또한 "저희는 조만간 지역사회 전체가 회관을 가치 있는 공간이라고 여길 것이라고 믿습니다."라고 덧붙였다.

---

143 (A) The profitability of the venture could affect its completion.
(B) It has so far proven quite popular with people of all ages.
(C) But there was some opposition to the project when it started.
(D) The city has become a model for other cities to follow.

144 (A) repairs
(B) be repairing
(C) repair
(D) to repair

145 (A) commitment
(B) necessity
(C) responsibility
(D) coincidence

146 (A) instead
(B) who
(C) later
(D) also

어휘　community center phr. 시민 문화회관　luxury n. 사치(품), 호화로움, 쾌락　contend v. 주장하다, 다투다　appoint v. 임명하다, 정하다
vital adj. 중요한, 생기 있는　recreational adj. 오락의, 기분 전환의　educational adj. 교육의, 교육적인　in time phr. 조만간, 늦지 않게
worthwhile adj. 가치 있는, 훌륭한

143 ■ 알맞은 문장 고르기   정답 (C)

○
○
○
●
상

빈칸에 들어갈 알맞은 문장을 고르는 문제이므로 주변 문맥 또는 전체 문맥을 파악한다. 앞 문장 'After a year of construction, the Abbotsburg Community Center will be unveiled next Friday.'에서 1년 간의 공사 후에 Abbotsburg 시민 문화회관이 다음 주 금요일에 공개될 것이라고 했고, 뒤 문장 'Costing nearly $5 million, the center is considered a luxury by some who contend that the money should have been used to (repair) local roads instead.'에서 회관 공사에 거의 5백만 달러가 들었는데 일부 사람들은 그 돈이 대신에 지역 도로를 보수하는 데에 쓰였어야 했다고 주장한다고 했으므로, 빈칸에는 회관 공사에 대한 일부 사람들의 반대가 있었다는 내용이 들어가야 함을 알 수 있다. 따라서 (C) But there was some opposition to the project when it started가 정답이다.

보기 해석
(A) 그 모험적 사업의 수익성은 회관의 완공에 영향을 줄 수도 있다.
(B) 그것은 지금까지 모든 연령의 사람들 사이에서 꽤 인기 있는 것으로 드러났다.
(C) 하지만 사업이 시작됐을 때에는 그것에 대한 일부 반대가 있었다.
(D) 그 도시는 다른 도시들이 따르는 본보기가 되었다.

어휘 profitability n. 수익성, 이윤율 venture n. 모험적 사업, 투기; v. 모험하다 prove v. 드러나다, 증명하다, 보여주다 quite adv. 꽤, 완전히
      opposition n. 반대, 대립 model n. 본보기, 모범 follow v. 따르다, 모방하다, 이해하다

144 ■ [수식어 거품을 이끄는 것] to 부정사의 역할   정답 (D)

○
○
○
●
중

that절이 주어(the money)와 동사(should have been used)를 갖춘 완전한 절이므로, ___ ~ instead는 수식어 거품으로 보아야 한다. 이 수식어 거품은 동사가 없는 거품구이며, '돈이 지역 도로를 보수하기 위해 쓰이다'라는 목적의 의미를 전달하고 있으므로 목적을 나타내는 to 부정사 (D) to repair가 정답이다. 동사 (A), 동사의 진행형 (B), 동사 또는 명사 (C)는 수식어 거품을 이끌 수 없다.

145 ■ 명사 어휘 주변 문맥 파악   정답 (B)

○
○
○
●
상

'그러나 대부분의 주민들은 그 회관이 ___라고 생각한다'라는 문맥이므로 모든 보기가 정답의 후보이다. 빈칸이 있는 문장만으로 정답을 고를 수 없으므로 주변 문맥이나 전체 문맥을 파악하여 정답을 고른다. 앞 문장에서 일부 사람들은 그 회관이 사치라고 여긴다고 했고, 뒤 문장에서는 시민 문화회관이 주민들이 필요로 하는 중요한 사회적, 오락적, 교육적 기회들을 제공할 것이라고 했으므로, 회관을 사치로 여기는 일부 사람들과 달리 대부분의 주민들은 그 회관이 필수라고 생각함을 알 수 있다. 따라서 (B) necessity(필수, 필수품)가 정답이다. (A) commitment는 '약속, 헌신', (C) responsibility는 '책임, 의무', (D) coincidence는 '(우연의) 일치, 동시 발생'이라는 의미이다.

146 ■ [수식어 거품을 이끄는 것] 관계절의 자리와 쓰임   정답 (B)

○
○
○
●
중

이 문장은 주어(Karen Petrowski), 동사(said), 목적어("It ~ require.")를 갖춘 완전한 절이므로, ___ ~ center's director는 수식어 거품으로 보아야 한다. 이 수식어 거품은 동사(has been appointed)가 있으나 주어가 없는 불완전한 절이고, Karen Petrowski를 선행사로 갖는 관계절이므로 관계절을 이끌 수 있으면서 절 내에서 주어 역할을 할 수 있는 주격 관계대명사 (B) who가 정답이다. 부사 (A) instead(대신에, 그보다도), 형용사 또는 부사의 비교급 (C) later(더 늦은; 나중에), 부사 (D) also(또한, 마찬가지로)는 수식어 거품을 이끌 수 없다.

PART 7

Questions 147-148 refer to the following advertisement.

147-148은 다음 광고에 관한 문제입니다.

Pick of the Week

Are you moving out of your parents' home for the first time to work or study and worried about what you'll eat? Well, don't just rely on expensive takeout food or the boring university cafeteria. Instead, learn how to make healthy and nutritious meals for yourself! [147]Celebrity chef Alexandra Maldini—star of television's *Cooking the Italian Way*—has just released her latest edition of *The Young Person's Guide to Eating Well*. With recipes ranging from simple five-minute snacks to main courses that will impress your friends, everyone will find something to love in Maldini's book. [148]You can grab a copy of it, or her other books, at any Written World Bookstore branch.

이 주의 선정

직장에 다니거나 공부를 하기 위해 처음으로 부모님 집에서 이사 나올 예정이고 무엇을 먹을지 걱정되십니까? 그렇다면, 그저 비싼 포장 음식이나 지겨운 대학교 구내식당에 의존하지 마십시오. 대신에, 자신을 위해 건강하고 영양이 높은 음식을 만드는 법을 배워보세요! [147]텔레비전 프로그램 *Cooking the Italian Way*의 주역이자 유명 요리사인 Alexandra Maldini가 최근에 *Young Person's Guide to Eating Well*의 최신판을 발간했습니다. 간단한 5분 간식에서부터 당신의 친구들을 감동시킬 메인 요리까지 이르는 요리법들과 함께, 모든 사람들이 Maldini의 책에서 좋아할 무언가를 발견할 것입니다. [148]Written World 서점의 모든 지점에서 그 책 또는 그녀의 다른 책들을 구하실 수 있습니다.

어휘 □ **pick** n. 선택, 엄선한 것; v. 따다, 선발하다 □ **move out** phr. 이사를 나가다 □ **nutritious** adj. 영양가가 높은, 건강에 좋은
□ **meal** n. 음식, 식사 □ **release** v. 발간하다, 공개하다, 발표하다 □ **latest** adj. 최신의
□ **recipe** n. 요리법, 방안 □ **impress** v. 감동시키다, 인상을 주다, 특징을 부여하다

---

147 What is the advertisement mainly about?

(A) A cooking class
(B) A television program
(C) A recipe book
(D) A school cafeteria

광고는 주로 무엇에 대한 것인가?

(A) 요리 수업
(B) 텔레비전 프로그램
(C) 요리책
(D) 학교 식당

■ **주제/목적 찾기** 글의 주제 정답 (C)

광고가 주로 무엇에 대한 것인지를 묻는 주제 찾기 문제이다. 특별히 이 문제는 지문의 중반에 주제 관련 내용이 언급되었음에 주의한다. 'Celebrity chef Alexandra Maldini ~ has just released her latest edition of *The Young Person's Guide to Eating Well*.'에서 유명 요리사인 Alexandra Maldini가 최근에 *Young Person's Guide to Eating Well*(젊은 사람들을 위한 잘 먹는 법)의 최신판을 발간했다고 하면서 요리책을 소개하고 있으므로 (C)가 정답이다.

---

148 What is suggested about Alexandra Maldini?

(A) She has released several books.
(B) She gives lectures at a university.
(C) She operates a chain of restaurants.
(D) She has retired from a television show.

Alexandra Maldini에 대해 암시되는 것은?

(A) 몇 권의 책을 발간했다.
(B) 대학교에서 강의를 한다.
(C) 레스토랑 체인을 운영한다.
(D) 텔레비전 쇼에서 하차했다.

■ **추론** 세부 정보 정답 (A)

질문의 핵심 어구인 Alexandra Maldini에 대해 추론하는 문제이다. 'You can grab a copy of it, or her other books, at any Written World Bookstore branch.'에서 Written World 서점의 모든 지점에서 그 책 또는 그녀의 다른 책들, 즉 *Young Person's Guide to Eating Well*의 최신판이나 Alexandra Maldini의 다른 책들을 구할 수 있다고 했으므로 Alexandra Maldini가 *Young Person's Guide to Eating Well* 외에도 몇 권의 책을 발간했다는 사실을 추론할 수 있다. 따라서 (A)가 정답이다.

어휘 **lecture** n. 강의; v. 강의하다 **operate** v. 운영하다, 조종하다, 영향을 미치다

Questions 149-150 refer to the following e-mail.

149~150은 다음 이메일에 관한 문제입니다.

To: All staff <all@bendacorp.com>
From: Marion Jessop <m.jessop@bendacorp.com>
Subject: Quick reminder
Date: February 1

Hello everyone,

[149]Please remember to follow the standard procedure when requesting new office supplies. It allows us to keep track of how much we consume on a regular basis. As a reminder to all employees, be sure to fill in a detailed requisition form before you make a request. Forms must list the items you wish to buy, including their quantities and prices. [150]They must also be signed by a departmental supervisor and by me. Purchases made without an official form will not be reimbursed.

Thank you,

Marion Jessop
Purchasing manager

수신: 전 직원 <all@bendacorp.com>
발신: Marion Jessop <m.jessop@bendacorp.com>
제목: 간단한 상기 알림 사항
날짜: 2월 1일

안녕하세요 여러분,

[149]새로운 사무용품을 신청할 때 표준 절차를 따를 것을 명심해 주시기 바랍니다. 이것은 우리가 정기적으로 얼만큼을 소비하는지 파악할 수 있게 해줍니다. 모든 직원들에게 상기시키는 사항으로, 신청을 하기 전에 반드시 상세한 요청서를 작성해 주십시오. 요청서는 수량과 가격을 포함하여 구매하고자 하는 물품들의 목록을 나열해야 합니다. [150]그것들은 또한 부서 관리자와 저에게 서명을 받아야 합니다. 공식적인 요청서 없이 이루어진 구매는 상환되지 않을 것입니다.

감사합니다,

Marion Jessop 드림
구매부장

어휘 □ **standard** adj. 표준의, 모범적인; n. 표준, 기준 □ **procedure** n. 절차, 진행, 경과 □ **request** v. 신청하다, 요구하다; n. 신청, 요구사항
□ **office supply** phr. 사무용품 □ **keep track of** phr. ~에 대해 계속 파악하다 □ **consume** v. 소비하다, 소모하다
□ **on a regular basis** phr. 정기적으로 □ **fill in** phr. 작성하다, 때우다, 채우다 □ **requisition form** phr. 요청서
□ **list** v. 목록을 작성하다, 열거하다; n. 목록, 명단 □ **departmental** adj. 부서의 □ **reimburse** v. 상환하다, 환불하다

---

149 What is the e-mail mainly about?

(A) Placing requests for leave
(B) Relocating to a new office
(C) Replenishing basic office necessities
(D) Ensuring deliveries are complete

이메일은 주로 무엇에 대한 것인가?

(A) 휴가를 신청하는 것
(B) 새로운 사무실로 이전하는 것
(C) 기본적인 사무 필수품을 보충하는 것
(D) 반드시 배송이 완료되게 하는 것

■ 주제/목적 찾기 글의 주제 정답 (C)

이메일이 주로 무엇에 대한 것인지를 묻는 주제 찾기 문제이므로 지문의 앞부분을 주의 깊게 확인한다. 'Please remember to follow the standard procedure when requesting new office supplies.'에서 새로운 사무용품을 신청할 때 표준 절차를 따를 것을 명심해 달라고 한 후, 사무용품 신청 절차에 대해 설명하고 있으므로 (C)가 정답이다.

바꾸어 표현하기
requesting new office supplies 새로운 사무용품을 신청하다 → Replenishing basic office necessities 기본적인 사무 필수품을 보충하는 것

어휘 **leave** n. 휴가; v. 떠나다 **replenish** v. 보충하다, 공급하다 **necessity** n. 필수품, 필요성 **ensure** v. 반드시 ~하게 하다, 보장하다

---

150 What is indicated about departmental supervisors?

(A) They are authorized to buy materials on their own.
(B) They are responsible for approving employees' purchases.
(C) They may sign requisition forms on Ms. Jessop's behalf.
(D) They must work with a budget determined by Ms. Jessop.

부서 관리자들에 대해 암시되는 것은?

(A) 단독으로 용구를 사도록 권한이 부여된다.
(B) 직원들의 구매를 승인할 책임이 있다.
(C) Ms. Jessop을 대신하여 요청서에 대신 서명할 수 있다.
(D) Ms. Jessop이 정한 예산으로 업무를 해야 한다.

■ 추론 세부 정보 정답 (B)

질문의 핵심 어구인 departmental supervisors에 대해 추론하는 문제이다. 'They must also be signed by a departmental supervisor'에서 그것들, 즉 직원들이 작성한 구매 요청서는 부서 관리자에게 서명을 받아야 한다고 했으므로 부서 관리자들이 직원들의 구매를 승인할 책임이 있다는 사실을 추론할 수 있다. 따라서 (B)가 정답이다.

어휘 **authorize** v. 권한을 부여하다, 승인하다 **on one's own** phr. 단독으로, 혼자 힘으로 **on one's behalf** phr. ~을 대신하여

Calvin Rivers	11:38 A.M.

Hi, Holly. Next Tuesday, I'm supposed to work at the front desk from 11 P.M. to 5 A.M., but [151]Ms. Tate asked me to go to a hospitality conference in Las Vegas the following day. Would you be able to cover for me?

Holly Garcia	11:39 A.M.

That should be fine. I've never done that shift before, though. Is there anything special I'll need to keep in mind to do a good job?

Calvin Rivers	11:39 A.M.

It's usually pretty quiet. I'll only receive about five calls from guests on most nights. [152]Just be sure to check our booking system once you start working to see if any guests will check in after midnight. They'll usually be tired from taking red-eye flights and will require extra attention.

Holly Garcia	11:41 A.M.

Got it. Should I let Ms. Tate know about the schedule change?

Calvin Rivers	11:42 A.M.

I'll take care of it right now, actually. Thanks so much for helping me out.

Calvin Rivers   오전 11시 38분
안녕하세요, Holly. 다음 주 화요일에 제가 오후 11시부터 오전 5시까지 안내 데스크에서 근무하기로 되어 있는데, [151]Ms. Tate가 저에게 그다음 날 라스베이거스에서 열리는 접객 컨퍼런스에 참석해 달라고 요청하셨어요. 저를 대신해서 근무해 주실 수 있나요?

Holly Garcia   오전 11시 39분
괜찮을 거예요. 그런데 저는 한 번도 그 근무를 해본 적이 없어요. 일을 잘 해내기 위해 명심해야 할 특별한 사항이 있나요?

Calvin Rivers   오전 11시 39분
보통은 꽤 조용해요. 대부분의 밤에 저는 투숙객들로부터 5번 정도만 전화를 받아요. [152]업무를 시작할 때 자정 이후에 체크인할 손님들이 있는지 우리 예약 시스템을 확인해 보기만 하면 돼요. 그들은 보통 야간 비행으로 피곤하니 각별한 주의가 필요할 거예요.

Holly Garcia   오전 11시 41분
알겠어요. 일정 변경에 대해 Ms. Tate에게 알려야 할까요?

Calvin Rivers   오전 11시 42분
사실, 그건 제가 지금 처리할게요. 도와주셔서 정말 고마워요.

어휘 □ **front desk** phr. 안내 데스크, 프런트 □ **hospitality** n. 접객, 환대 □ **following** adj. 다음의, 후의
□ **cover for** phr. ~을 대신하다 □ **shift** n. 근무, 교대근무 □ **keep in mind** phr. 명심하다
□ **pretty** adv. 꽤, 어느 정도 □ **red-eye flight** phr. 야간 비행

151
○○●○
하

Why will Mr. Rivers travel to Las Vegas?

(A) To train some hotel employees
(B) To help with a booking system
(C) To attend an industry meeting
(D) To evaluate an airline's services

Mr. Rivers는 왜 라스베이거스로 여행할 것인가?

(A) 몇몇 호텔 직원들을 교육하기 위해
(B) 예약 시스템을 지원하기 위해
(C) 업계 모임에 참석하기 위해
(D) 항공사의 서비스를 평가하기 위해

■ **육하원칙** Why

정답 (C)

Mr. Rivers가 왜(Why) 라스베이거스로 여행할 것인지를 묻는 육하원칙 문제이다. 질문의 핵심 어구인 Mr. Rivers travel to Las Vegas와 관련하여, 'Ms. Tate asked me to go to a hospitality conference in Las Vegas'에서 Ms. Tate가 자신, 즉 Mr. Rivers에게 라스베이거스에서 열리는 접객 컨퍼런스에 참석해 달라고 요청했다고 했으므로 (C)가 정답이다.

바꾸어 표현하기
go to a hospitality conference 접객 컨퍼런스에 참석하다 → attend an industry meeting 업계 모임에 참석하다

어휘 evaluate v. 평가하다

152

At 11:41 A.M., what does Ms. Garcia mean when she writes, "Got it"?

(A) She will find out some information during an upcoming shift.
(B) She is sure of some changes to a work schedule.
(C) She has the booking system up on her computer now.
(D) She knows about the late-night arrival of some guests.

오전 11시 41분에, Ms. Garcia가 "Got it"이라고 썼을 때 그녀가 의도한 것은?

(A) 곧 있을 근무 동안 몇 가지 정보를 찾을 것이다.
(B) 근무 일정에 약간의 변화가 있을 것이라고 확신한다.
(C) 예약 시스템을 지금 그녀의 컴퓨터에 띄워 놓았다.
(D) 몇몇 손님들의 심야 도착에 대해 알고 있다.

■ 의도 파악   정답 (A)

Ms. Garcia가 의도한 것을 묻는 문제이므로, 질문의 인용어구(Got it)가 언급된 주변 문맥을 확인한다. 'Just be sure to check our booking system once you start working to see if any guests will check in after midnight.'에서 Mr. Rivers가 업무를 시작할 때 자정 이후에 체크인할 손님들이 있는지 예약 시스템을 확인해 보기만 하면 된다고 하자, Ms. Garcia가 'Got it.'(알겠어요)이라고 한 것을 통해, Ms. Garcia가 곧 있을 근무 동안 자정 이후 체크인할 손님들에 대한 정보를 찾을 것임을 알 수 있다. 따라서 (A)가 정답이다.

어휘 upcoming adj. 곧 있을, 다가오는 late-night adj. 심야의

Seafoam Park

154-DAdmit one adult (age 18-65)

154-APAID : $34.00

Our park opens at 7 A.M., every day of the week.
153Guests may stay in the park until 9 P.M. on weekdays
and 8 P.M. on weekends.

Parking is free for visitors.

154-BBONUS COUPON
This voucher can be used at Seaview Restaurant

10 percent off any lunch special

154-BThis coupon is valid until July 15.

Seafoam 공원

154-D성인 1명 입장 가능 (18세-65세)

154-A지불됨 : 34.00달러

저희 공원은 일주일 내내 오전 7시에 개장합니다.
153방문객들은 주중에는 오후 9시까지
주말에는 오후 8시까지 공원에 있으실 수 있습니다.

주차는 방문객들에게 무료입니다.

154-B보너스 쿠폰
이 쿠폰은 Seaview 식당에서 사용될 수 있습니다

모든 점심 특선 메뉴 10퍼센트 할인

154-B이 쿠폰은 7월 15일까지 유효합니다.

어휘 □ **admit** v. 입장을 허가하다, 인정하다, 승인하다   □ **lunch special** phr. 점심 특선 메뉴   □ **valid** adj. 유효한, 타당한

153

When does Seafoam Park close on Sundays?

(A) At 7 P.M.
(B) At 8 P.M.
(C) At 9 P.M.
(D) At 10 P.M.

Seafoam 공원은 일요일에 언제 문을 닫는가?

(A) 오후 7시에
(B) 오후 8시에
(C) 오후 9시에
(D) 오후 10시에

■ **육하원칙** When   정답 (B)

Seafoam 공원이 일요일에 언제(When) 문을 닫는지를 묻는 육하원칙 문제이다. 질문의 핵심 어구인 Seafoam Park close on Sundays와 관련하여, 'Guests may stay in the park until ~ 8 P.M. on weekends.'에서 방문객들이 주말에는 오후 8시까지 공원에 있을 수 있다고 했으므로 (B)가 정답이다.

바꾸어 표현하기
on Sundays 일요일에 → on weekends 주말에

154

What information is NOT included on the ticket?

(A) The price of the ticket
(B) The expiration date of a voucher
(C) The location of a parking lot
(D) The age range of ticket holders

티켓에 포함되지 않은 정보는?

(A) 티켓의 가격
(B) 쿠폰의 유효 기간
(C) 주차장의 위치
(D) 티켓 소유자의 연령대

■ **Not/True** Not 문제   정답 (C)

티켓에 포함된 정보를 지문에서 찾아 각 보기와 대조하는 Not/True 문제이다. 이 문제는 질문에 핵심 어구가 없으므로 각 보기의 핵심 어구와 관련된 내용을 지문에서 찾아 대조한다. (A)는 'PAID : $34.00'에서 티켓의 가격으로 34.00달러가 지불됐다고 했으므로 지문에 포함된 내용이다. (B)는 'BONUS COUPON'과 'This coupon is valid until July 15.'에서 보너스 쿠폰이 7월 15일까지 유효하다고 했으므로 지문에 포함된 내용이다. (C)는 지문에 언급되지 않은 내용이다. 따라서 (C)가 정답이다. (D)는 'Admit one adult (age 18-65)'에서 티켓이 18세에서 65세 사이의 성인 1명 입장을 위한 것이라고 했으므로 지문에 포함된 내용이다.

바꾸어 표현하기
This coupon is valid until 이 쿠폰은 ~까지 유효하다 → expiration date of a voucher 쿠폰의 유효 기간

Notice for Aston Towers Residents

This apartment building is nearly 30 years old, and it has been quite some time since it underwent major improvements. Moreover, [156-A]the Residents' Association has been asking management to upgrade the apartments for several months now, and we agree that the time has come to make these changes. However, this may lead to some disturbances for a short time.

[155]The renovations are planned to take place over three stages:

- Stage One, April 18 to May 11: Renovating the exterior of the building
- Stage Two, May 13 to June 24: Improving the interior corridors
- Stage Three, June 30 to September 1: Necessary improvements to individual units

The first two stages will generate a certain amount of construction noise during the day, between the hours of 10 A.M. and 4 P.M. For the repairs to individual units, [157]we will be in touch with you shortly to determine the necessary work and arrange dates for repairpersons to visit your unit.

Thank you for your understanding and cooperation.

Aston Towers Management

Aston Towers 주민들께 드리는 공고

이 아파트 건물은 거의 30년이 되었고, 주요 개선을 한 지 한참이 되었습니다. 게다가, [156-A]주민회는 아파트를 개선해 줄 것을 현재 몇 달 동안 관리진에게 요구해왔고, 저희는 그러한 변화를 줄 때가 왔다는 것에 동의합니다. 하지만, 이는 잠깐 동안 소란을 초래할 수도 있습니다.

[155]보수는 세 단계에 걸쳐 이루어지는 것으로 계획되어 있습니다:

- 1단계, 4월 18일에서 5월 11일: 건물 외관 보수
- 2단계, 5월 13일에서 6월 24일: 내부 복도 개선
- 3단계, 6월 30일에서 9월 1일: 개별 세대에 필요한 개선

처음 두 단계는 오전 10시에서 오후 4시 사이의 낮 동안에 어느 정도의 공사 소음을 발생시킬 것입니다. 개별 세대의 수리를 위해서는, [157]필요한 작업을 정하고 수리공들이 여러분의 세대를 방문할 날짜를 잡기 위해 저희가 곧 여러분들께 연락을 드릴 것입니다.

이해와 협조에 감사드립니다.

Aston Towers 관리진 드림

어휘 □ **undergo** v. 겪다, 받다, 경험하다 □ **major** adj. 주요한, 중대한, 다수의 □ **disturbance** n. 소란, 방해
□ **take place** phr. 이루어지다, 일어나다 □ **exterior** n. 외관, 외부; adj. 외부의, 대외적인 □ **corridor** n. 복도, 통로
□ **individual** adj. 개별적인, 개인적인; n. 개인 □ **unit** n. (아파트 같은 공동 주택 내의) 한 가구; adj. 단위의 □ **repairperson** n. 수리공
□ **generate** v. 발생시키다, 만들어내다 □ **noise** n. 소음, 잡음
□ **cooperation** n. 협조, 협력

155

What is the purpose of the notice?

(A) To announce the times of a community event
(B) To outline requirements for potential renters
(C) To tell about upcoming maintenance work
(D) To provide assignment details to construction workers

공고의 목적은 무엇인가?

(A) 지역사회 행사의 시간을 공지하기 위해
(B) 잠재적인 세입자들에게 요구되는 사항들을 설명하기 위해
(C) 앞으로 있을 보수 작업에 대해 알려주기 위해
(D) 공사 작업자들에게 업무 세부 사항을 제공하기 위해

■ **주제/목적 찾기** 글의 목적

정답 (C)

공고의 목적을 묻는 목적 찾기 문제이다. 특별히 이 문제는 지문의 중반에 목적 관련 내용이 언급되었음에 주의한다. 'The renovations are planned to take place over three stages'에서 보수가 세 단계에 걸쳐 이루어지는 것으로 계획되어 있다고 한 후, 앞으로 있을 보수 작업에 대해 설명하고 있으므로 (C)가 정답이다.

바꾸어 표현하기
renovations 보수 → maintenance work 보수 작업

어휘 **outline** v. 간단하게 설명하다; n. 개요, 윤곽 **potential** adj. 잠재적인, 가능성 있는 **renter** n. 세입자, 임차인 **tell about** phr. ~에 대해 알려주다
maintenance n. 보수, 유지 **assignment** n. 담당 업무, 임무

TEST | 01 | 02 | 03 | 04 | 05 | 06 | 07 | 08 | 09 | 10 해커스 토익 실전 1000제 3 Reading

What is stated about the Residents' Association?

(A) It has been demanding changes.
(B) It has meetings every month.
(C) It is planning further construction.
(D) It is recruiting volunteers for a project.

주민회에 대해 언급된 것은?

(A) 변화를 요구해왔다.
(B) 매달 회의를 한다.
(C) 추가적인 공사를 계획하고 있다.
(D) 사업을 위한 지원자를 모집하고 있다.

■ **Not/True** True 문제 정답 (A)

질문의 핵심 어구인 the Residents' Association과 관련된 내용을 지문에서 찾아 각 보기와 대조하는 Not/True 문제이다. (A)는 'the Residents' Association has been asking management to upgrade the apartments for several months now'에서 주민회가 아파트를 개선해줄 것을 현재 몇 달 동안 관리진에게 요구해왔다고 했으므로 지문의 내용과 일치한다. 따라서 (A)가 정답이다. (B), (C), (D)는 지문에 언급되지 않은 내용이다.

바꾸어 표현하기
asking management to upgrade 개선해줄 것을 관리진에게 요구하다 → demanding changes 변화를 요구하다

어휘 **demand** v. 요구하다, 필요로 하다; n. 요구, 수요 **further** adj. 추가의, 더 이상의 **recruit** v. 모집하다, 채용하다; n. 신입 사원
volunteer n. 지원자, 자원 봉사자

What will the Aston Towers Management do soon?

(A) Add a garden to an apartment building
(B) Repair a road that passes a property
(C) Contact prospective tenants
(D) Schedule visiting times with residents

Aston Towers 관리진은 곧 무엇을 할 것인가?

(A) 아파트 건물에 정원을 추가한다
(B) 건물을 지나는 도로를 수리한다
(C) 예비 입주자들에게 연락한다
(D) 주민들과 방문 시간을 잡는다

■ **육하원칙** What 정답 (D)

Aston Towers 관리진이 곧 무엇(What)을 할 것인지를 묻는 육하원칙 문제이다. 질문의 핵심 어구인 the Aston Towers Management do soon과 관련하여, 'we will be in touch with you shortly to ~ arrange dates for repairpersons to visit your unit'에서 수리공들이 세대를 방문할 날짜를 잡기 위해 저희, 즉 Aston Towers 관리진이 곧 주민들에게 연락을 줄 것이라고 했으므로 (D)가 정답이다.

바꾸어 표현하기
arrange dates for repairpersons to visit your unit 수리공들이 세대를 방문할 날짜를 잡다
→ Schedule visiting times with residents 주민들과 방문 시간을 잡는다

어휘 **property** n. 건물, 재산, 부동산 **prospective** adj. 예비의, 장래의, 유망한

Bluecoats Look to a Brighter Future

Last night [158]the management of the Kansas City Bluecoats finally made the long-expected announcement that the team will be moving into [158/160-D]a new stadium in a suburb just within the city limits of Kansas City. — [1] —.

[159-A]The Bluecoats were one of the top teams in American football two decades ago, winning the national championship once and making it to the final game on another occasion. — [2] —. But recent years have been more difficult, with disappointing placements in the league and a dwindling fan base that has been attracted to other more successful sports teams in the region.

[161]Moving will allow for cheaper ticket prices, more parking spaces, and easier access from other areas. — [3] —. As for the team, it will get to train using state-of-the-art facilities. [160-A/B]Work will begin on the currently unnamed new stadium [160-A]this month and is expected to be finished within two years.

Kansas City mayor Lester Hickman celebrated the team's move, saying, "This is great news for the team, and we look forward to helping the Bluecoats rise back up to their previous levels of success." — [4] —.

Bluecoats가 더 밝은 미래를 기대하다

어젯밤 [158]캔자스시티 Bluecoats 경영진은 팀이 [158/160-D]캔자스시티 시 경계 바로 안의 교외 지역에 있는 새로운 경기장으로 이전할 것이라고 마침내 대망의 발표를 했다. — [1] —.

[159-A]Bluecoats는 20년 전에 미국 미식축구에서 최고의 팀들 중 하나였고, 국내 챔피언십에서 한 번 우승하고 다른 때에는 결승전에 진출했었다. — [2] —. 하지만 리그에서의 실망스러운 위치와 그 지역의 더 성공적인 다른 스포츠팀들에 끌려 점차 줄어드는 팬 층으로 인해 최근 몇 년간은 더 힘겨웠다.

[161]이전은 더 저렴한 티켓 가격, 더 많은 주차 공간, 다른 지역으로부터의 더 쉬운 접근을 가능하게 할 것이다. — [3] —. 팀에 대해 말하자면, 그들은 최신식의 시설들을 이용하여 훈련을 하게 될 것이다. [160-A/B]현재 이름이 없는 새로운 경기장은 [160-A]이번 달에 공사가 시작될 것이고 2년 이내에 완공될 것으로 예상된다.

캔자스시티 시장 Lester Hickman은 "이는 팀에 좋은 소식이고, 저희는 Bluecoats가 예전 수준의 성공에까지 재기하는 것을 도울 수 있기를 기대합니다."라고 하면서 팀의 이전을 축하했다. — [4] —.

어휘 □ **look to** phr. 기대하다, 유의하다, 돌보다 □ **long-expected** adj. 대망의 □ **move into** phr. ~로 이동하다
□ **stadium** n. 경기장, 구장 □ **suburb** n. 교외 지역, 외곽, 부근 □ **limit** n. 경계, 한계, 제한
□ **national** adj. 국내의, 국가의, 국민의 □ **occasion** n. 때, 행사; v. ~을 야기하다 □ **disappointing** adj. 실망스러운, 기대보다 못한
□ **placement** n. 배치, 놓기, 고용 □ **dwindling** adj. (점차) 줄어드는 □ **fan base** phr. 팬 층
□ **attract** v. 끌다, 유인하다, 매혹하다 □ **region** n. 지역, 지방 □ **as for** phr. ~에 대해서 말하자면
□ **state-of-the-art** adj. 최신식의, 최첨단의 □ **unnamed** adj. 이름이 없는, 불특정의 □ **celebrate** v. 축하하다, 기념하다

158
What is the article mainly about?

(A) The start of a football season
(B) The foundation of an athletic association
(C) The building of a new suburb
(D) The relocation of a sports team

기사는 주로 무엇에 대한 것인가?

(A) 미식축구 시즌의 시작
(B) 체육 협회의 설립
(C) 새로운 교외 지역의 건설
(D) 스포츠팀의 이전

■ **주제/목적 찾기** 글의 주제   정답 (D)

기사가 주로 무엇에 대한 것인지를 묻는 주제 찾기 문제이므로 지문의 앞부분을 주의 깊게 확인한다. 'the management of the Kansas City Bluecoats finally made the long-expected announcement that the team will be moving into a new stadium'에서 캔자스시티 Bluecoats 경영진이 팀이 새로운 경기장으로 이전할 것이라는 발표를 했다고 한 후, 미식축구팀인 Bluecoats의 새로운 경기장으로의 이전과 관련된 세부 내용을 전달하고 있으므로 (D)가 정답이다.

바꾸어 표현하기
moving into 이전하다 → relocation 이전

어휘 **foundation** n. 설립, 기초, 재단 **athletic** adj. 체육의, 탄탄한 **relocation** n. 이전, 재배치

What is mentioned about the Kansas City Bluecoats?

(A) It previously won first place in a competition.
(B) It lost one of its corporate sponsors.
(C) Its coach was recruited locally.
(D) Its players are the highest paid in the league.

캔자스시티 Bluecoats에 대해 언급된 것은?

(A) 이전에 경기에서 우승을 했다.
(B) 기업 후원자들 중 하나를 잃었다.
(C) 코치가 현지에서 채용되었다.
(D) 선수들이 리그에서 가장 돈을 많이 받는다.

■ Not/True True 문제 　　　　　　　　　　　　　　　　　　　　　　　　　　　　　　　　정답 (A)

질문의 핵심 어구인 the Kansas City Bluecoats와 관련된 내용을 지문에서 찾아 각 보기와 대조하는 Not/True 문제이다. (A)는 'The Bluecoats ~ winning the national championship once'에서 Bluecoats가 국내 챔피언십에서 한 번 우승했다고 했으므로 지문의 내용과 일치한다. 따라서 (A)가 정답이다. (B), (C), (D)는 지문에 언급되지 않은 내용이다.

바꾸어 표현하기
winning the national championship 국내 챔피언십에서 우승하다 → won first place in a competition 경기에서 우승을 했다

어휘　win first place phr. 우승하다, 일등을 하다　corporate adj. 기업의, 공동의

What is true about the new stadium?

(A) It will formally open after two months.
(B) It has yet to be given a name.
(C) It will be the site of a championship game.
(D) It is located within Kansas City's downtown area.

새로운 경기장에 대해 사실인 것은?

(A) 두 달 후에 공식적으로 개장할 것이다.
(B) 아직 이름이 붙여지지 않았다.
(C) 챔피언십 경기 장소가 될 것이다.
(D) 캔자스시티의 도심 지역 내에 위치해 있다.

■ Not/True True 문제 　　　　　　　　　　　　　　　　　　　　　　　　　　　　　　　　정답 (B)

질문의 핵심 어구인 the new stadium과 관련된 내용을 지문에서 찾아 각 보기와 대조하는 Not/True 문제이다. (A)는 'Work will begin on the ~ new stadium this month and is expected to be finished within two years.'에서 새로운 경기장은 이번 달에 공사가 시작될 것이고 2년 이내에 완공될 것으로 예상된다고 했으므로 지문의 내용과 일치하지 않는다. (B)는 'Work will begin on the currently unnamed new stadium'에서 현재 새로운 경기장의 이름이 없다고 했으므로 지문의 내용과 일치한다. 따라서 (B)가 정답이다. (C)는 지문에 언급되지 않은 내용이다. (D)는 'a new stadium in a suburb just within the city limits of Kansas City'에서 새로운 경기장이 캔자스시티 시 경계 바로 안의 교외 지역에 있다고 했으므로 지문의 내용과 일치하지 않는다.

바꾸어 표현하기
currently unnamed 현재 이름이 없는 → has yet to be given a name 아직 이름이 붙여지지 않았다

어휘　formally adv. 공식적으로, 형식적으로　downtown adj. 도심의; n. 도심, 상업지구

In which of the positions marked [1], [2], [3], and [4] does the following sentence best belong?

"Fans and out-of-town supporters will be better served by these changes."

(A) [1]
(B) [2]
(C) [3]
(D) [4]

[1], [2], [3], [4]로 표시된 위치 중, 다음 문장이 들어갈 곳으로 가장 적절한 것은?

"팬들과 시외의 서포터들은 이 변화들로 인해 더 나은 편의를 제공받을 것이다."

(A) [1]
(B) [2]
(C) [3]
(D) [4]

■ 문장 위치 찾기 　　　　　　　　　　　　　　　　　　　　　　　　　　　　　　　　　　정답 (C)

지문의 흐름상 주어진 문장이 들어가기에 가장 적절한 곳을 고르는 문제이다. 주어진 문장에서 팬들과 시외의 서포터들이 이 변화들로 인해 더 나은 편의를 제공받을 것이라고 했으므로, 이 문장이 더 나은 편의를 제공하는 변화들에 대한 내용이 나오는 부분 다음에 들어가야 함을 알 수 있다. [3]의 앞 문장인 'Moving will allow for cheaper ticket prices, more parking spaces, and easier access from other areas.'에서 이전이 더 저렴한 티켓 가격, 더 많은 주차 공간, 다른 지역으로부터의 더 쉬운 접근을 가능하게 할 것이라고 했으므로, [3]에 제시된 문장이 들어가면 팀의 이전이 여러 이점을 줄 것이고 이러한 변화들이 팬들과 시외의 서포터들에게 더 나은 편의를 제공할 것이라는 자연스러운 문맥이 된다는 것을 알 수 있다. 따라서 (C)가 정답이다.

어휘　out-of-town adj. 시외의, 다른 시에서 하는

Questions 162-165 refer to the following online chat discussion.

162-165는 다음 온라인 채팅 대화문에 관한 문제입니다.

Gina Adenan [10:09 A.M.]	Gina Adenan [오전 10시 9분]
I just got word from the boss. A manufacturing problem discovered at our Maryland factory will lead to an immediate recall of all T-20 and T-21 model toasters our company sold in the past year.	방금 사장님으로부터 통지를 받았어요. 메릴랜드 공장에서 발견된 생산 문제가 우리 회사가 작년에 판매했던 모든 T-20과 T-21 모델 토스터기의 즉각적인 회수로 이어질 거예요.
Hal Anderson [10:12 A.M.]	Hal Anderson [오전 10시 12분]
I heard about that issue earlier this morning. 162-CA recall is going to be a huge undertaking. We'll have to post a notice in some major newspapers.	저도 오늘 아침 일찍 그 문제에 대해 들었어요. 162-C회수는 엄청난 일이 될 거예요. 우리는 몇몇 주요 신문들에 공지를 내야 할 거예요.
Oliver Lee [10:14 A.M.]	Oliver Lee [오전 10시 14분]
That's right. And 162-D/163we'll also have to put the same information on our Web site.	맞아요. 그리고 162-D/163같은 소식을 우리 웹사이트에도 올려야 할 거예요.
Hal Anderson [10:16 A.M.]	Hal Anderson [오전 10시 16분]
163That would be the best way to reach our customers abroad. Katie, can you draft an announcement if I forward you all of the details?	163그게 우리의 해외 고객들에게 알릴 최선의 방법일 거예요. Katie, 제가 모든 세부 사항을 전달해주면 공지의 초안을 작성해줄 수 있나요?
Katie Ford [10:19 A.M.]	Katie Ford [오전 10시 19분]
Of course. I'll put it together as quickly as I can and get a list of press contacts from marketing.	물론이죠. 제가 할 수 있는 한 빨리 그것을 만들고 마케팅팀에서 언론 연락처 목록을 받을게요.
Gina Adenan [10:22 A.M.]	Gina Adenan [오전 10시 22분]
Thanks, Katie. Oliver, as you are running the call center, 162-B/164/165you'll need to train your staff to handle inquiries regarding the recall. 162-BThere will be a lot of calls from the public, I'm sure.	고마워요, Katie. Oliver, 당신이 콜센터를 운영하고 있으니 162-B/164/165직원들이 회수와 관련된 문의들을 처리할 수 있도록 교육을 해야 할 거예요. 162-B대중들로부터 많은 전화가 올 것이라고 확신해요.
Oliver Lee [10:25 A.M.]	Oliver Lee [오전 10시 25분]
I'll get right on it. 164We dealt with a similar issue three years ago, so I know what needs to be done.	그것을 바로 시작할게요. 164우리가 3년 전에 비슷한 문제를 다뤄봤으니, 저는 무엇을 해야 하는지 알아요.
Gina Adenan [10:28 A.M.]	Gina Adenan [오전 10시 28분]
Okay, thanks everyone. It sounds like we should be able to handle everything.	좋아요, 모두들 고마워요. 우리가 모든 것을 처리할 수 있을 것 같네요.

어휘　□ **get word** phr. 통지를 받다　□ **recall** n. 회수, 기억; v. 회수하다, 상기하다　□ **undertaking** n. 일, 약속, 동의
　　　□ **forward** v. 전달하다, 향상시키다　□ **run** v. 운영하다, 개최하다, 작동하다　□ **deal with** phr. 다루다, 처리하다

162

○○●○ 상

What is NOT mentioned as a way to handle the recall?

(A) Broadcasting the news on television
(B) Answering calls from customers
(C) Announcing information in some publications
(D) Posting about the issue online

회수를 처리할 방법으로 언급되지 않은 것은?

(A) 텔레비전에서 뉴스를 방송하는 것
(B) 고객들의 전화에 응답하는 것
(C) 몇몇 출판물에 소식을 공고하는 것
(D) 온라인에 문제에 대해 게시하는 것

■ **Not/True** Not 문제

정답 (A)

질문의 핵심 어구인 a way to handle the recall과 관련된 내용을 지문에서 찾아 각 보기와 대조하는 Not/True 문제이다. (A)는 지문에 언급되지 않은 내용이다. 따라서 (A)가 정답이다. (B)는 'you'll need to train your staff to handle inquiries regarding the recall. There will be a lot of calls from the public'에서 Gina Adenan이 대중들로부터 많은 전화가 올 것이므로 직원들이 회수와 관련된 문의들을 처리할 수 있도록 교육을 해야 할 것이라고 했으므로 지문의 내용과 일치한다. (C)는 'A recall is going to be a huge undertaking. We'll have to post a notice in some major newspapers.'에서 Hal Anderson이 회수가 엄청난 일이 될 것이고 몇몇 주요 신문들에 공지를 내야 할 것이라고 했으므로 지문의 내용과 일치한다. (D)는 'we'll also have to put the same information on our Web site'에서 Oliver Lee가 회수에 대한 소식을 웹사이트에도 올려야 할 것이라고 했으므로 지문의 내용과 일치한다.

163

What is suggested about the company?

(A) It sells products internationally.
(B) It plans to launch a new toaster model.
(C) It conducted a press conference.
(D) It runs advertisements in local papers.

회사에 대해 암시되는 것은?

(A) 제품을 국제적으로 판매한다.
(B) 새로운 토스터기 모델을 출시할 계획이다.
(C) 기자 회견을 했다.
(D) 지역 신문에 광고를 낸다.

■ **추론** 세부 정보
정답 (A)

질문의 핵심 어구인 the company에 대해 추론하는 문제이다. 'we'll also have to put the same information on our Web site'에서 Oliver Lee가 회수에 대한 소식을 회사의 웹사이트에도 올려야 한다고 하자, 'That would be the best way to reach our customers abroad.'에서 Hal Anderson이 그것이 자신들의 해외 고객들에게 알릴 최선의 방법일 것이라고 한 것에서 해외에도 고객이 있다는 것을 알 수 있으므로, 회사가 해외에도 제품을 판매한다는 사실을 추론할 수 있다. 따라서 (A)가 정답이다.

어휘 **internationally** adv. 국제적으로 **launch** v. 출시하다, 시작하다; n. 출시 **press conference** phr. 기자 회견 **local paper** phr. 지역 신문

164

What can be inferred about Mr. Lee?

(A) He has contacts with members of the press.
(B) He will send an announcement to the public.
(C) He has previously worked on a product recall.
(D) He writes promotional material for the company.

Mr. Lee에 대해 추론될 수 있는 것은?

(A) 언론인들과 연줄이 있다.
(B) 대중들에게 공지를 보낼 것이다.
(C) 이전에 제품 회수와 관련된 업무를 한 적이 있다.
(D) 회사를 위해 홍보 자료를 작성한다.

■ **추론** 세부 정보
정답 (C)

질문의 핵심 어구인 Mr. Lee에 대해 추론하는 문제이다. 'you'll need to train your staff to handle inquiries regarding the recall'에서 Gina Adenan이 Mr. Lee에게 직원들이 회수와 관련된 문의들을 처리할 수 있도록 교육을 해야 할 것이라고 하자, 'We dealt with a similar issue three years ago, so I know what needs to be done.'에서 Mr. Lee가 자신들이 3년 전에 비슷한 문제를 다뤄봐서 무엇을 해야 하는지 안다고 했으므로, Mr. Lee가 이전에 제품 회수와 관련된 업무를 해보았다는 사실을 추론할 수 있다. 따라서 (C)가 정답이다.

165

At 10:25 A.M., what does Mr. Lee most likely mean when he writes, "I'll get right on it"?

(A) He will call the marketing department.
(B) He needs to hire more staff.
(C) He intends to consult a former employee.
(D) He will start instructing the employees.

오전 10시 25분에, Mr. Lee가 "I'll get right on it"이라고 썼을 때 그가 의도한 것 같은 것은?

(A) 마케팅 부서에 전화할 것이다.
(B) 더 많은 직원을 고용해야 한다.
(C) 이전 직원과 상의할 계획이다.
(D) 직원들을 교육하기 시작할 것이다.

■ **의도 파악**
정답 (D)

Mr. Lee가 의도한 것을 묻는 문제이므로, 질문의 인용어구(I'll get right on it)가 언급된 주변 문맥을 확인한다. 'you'll need to train your staff to handle inquiries regarding the recall'에서 Gina Adenan이 Mr. Lee에게 직원들이 회수와 관련된 문의들을 처리할 수 있도록 교육을 해야 할 것이라고 하자, Mr. Lee가 'I'll get right on it.'(그것을 바로 시작할게요)이라고 한 것을 통해, Mr. Lee가 직원들이 회수와 관련된 문의들을 처리할 수 있도록 곧바로 교육을 시작할 것이라고 한 것임을 알 수 있다. 따라서 (D)가 정답이다.

바꾸어 표현하기
train your staff 직원들을 교육하다 → instructing the employees 직원들을 교육하다

www.visitindonesia.com

Home | **Tours** | Gallery | Contact Us

[166]At Visit Indonesia, we offer a variety of tours to suit everyone visiting our beautiful country. — [1] —. You can enjoy Indonesia's natural beauty, experience the bustle of cities, or relax on outings to our ancient sites—all at the most reasonable prices around. Some of our most popular tours are described below, and you may click on "more" to view a full listing of tours offered.

Hiking in Sumatra

Sumatra is an amazing place with magnificent volcanoes, exciting wildlife, and beautiful scenery. Our trip will start in the hub city of Medan, and from there we'll trek to an orangutan sanctuary in Bukit Lawang. [167-D]We'll spend a night camping in the jungle before ending the trip with a journey to the top of the Sibayak volcano. — [2] —.

Experience Java

[168]Java is one of the smallest of Indonesia's main islands, but it packs a lot in—and not just in the famous capital of Jakarta. — [3] —. [168]We'll travel through the mountainous landscape of central Java before [167-B/168]making our way to Yogyakarta, a town containing the world's largest complex of temples, dating back hundreds of years.

The Beaches of Bali

Bali is famous for its beaches, and we will pick you up from the city of Denpasar and take you straight to the south of the island. There, [167-A]you can participate in snorkeling and scuba diving! We also run day trips inland to see the rice paddies, lakes, and other attractions of the region. — [4] —.

MORE

www.visitindonesia.com

홈 | 투어 | 갤러리 | 연락처

[166]Visit Indonesia에서는 우리의 아름다운 나라를 방문하는 모든 사람들을 만족시킬 다양한 투어를 제공합니다. — [1] —. 여러분들은 인도네시아 자연의 아름다움을 즐기고, 도시의 북적거림을 경험하거나, 고대 유적들로의 소풍에서 휴식을 취하실 수 있고 이 모든 것들을 가장 합리적인 가격에 누리실 수 있습니다. 저희의 가장 인기 있는 투어들 중 일부가 아래에 설명되어 있고, 제공되는 투어의 전체 목록을 보시려면 "더 보기"를 클릭하시면 됩니다.

수마트라 섬에서의 하이킹
수마트라 섬은 웅장한 화산, 흥미로운 야생동물, 아름다운 경치가 있는 굉장한 곳입니다. 저희 여행은 중심 도시인 메단 시에서 시작할 것이며, 그곳에서부터 Bukit Lawang 지역에 있는 오랑우탄 보호 구역으로 트레킹을 할 것입니다. [167-D]저희는 시바야크 화산 꼭대기로의 여정으로 여행을 마치기 전에 정글에서 캠핑을 하며 하룻밤을 보낼 것입니다. — [2] —.

자바 섬 경험하기
[168]자바 섬은 인도네시아의 주요 섬들 중에서 가장 작은 섬 중 하나이지만, 많은 것들로 채워져 있고, 단지 유명한 수도 자카르타만 그런 것은 아닙니다. — [3] —. [167-B/168]역사가 수백 년이 되는 세계에서 가장 큰 사원 단지가 있는 소도시인 욕야카르타로 가기 전에 저희는 자바 섬 중심부의 산악 풍경을 거쳐 이동할 것입니다.

발리 섬의 해변들
발리 섬은 해변으로 유명하고, 저희는 덴파사르 시에서 여러분들을 태워가서 곧장 섬의 남쪽으로 데려다 드릴 것입니다. 거기서, [167-A]여러분들은 스노클링과 스쿠버 다이빙에 참여하실 수 있습니다! 저희는 또한 그 지역의 논, 호수, 그리고 다른 명소들을 볼 수 있는 내륙에서의 당일 여행도 운영합니다. — [4] —.

더 보기

어휘 □ suit v. 만족시키다, 어울리다; n. 정장
□ ancient adj. 고대의, 아주 오래된
□ wildlife n. 야생 동물
□ trek v. 트레킹을 하다, 걷다; n. 트레킹
□ mountainous adj. 산악의, 엄청나게 많은
□ date back phr. 역사가 ~이나 되다, ~까지 거슬러 올라가다
□ rice paddy phr. 논

□ bustle n. 북적거림; v. 바삐 움직이다, 서두르다
□ listing n. 목록, 명단
□ scenery n. 경치, 풍경, 배경
□ sanctuary n. 보호 구역, 피난처
□ make one's way phr. 가다, 나아가다

□ outing n. 소풍, 여행, 야유회
□ magnificent adj. 웅장한, 훌륭한, 숭고한
□ hub n. 중심, 표적; adj. 중심적인
□ pack v. 채우다, 포장하다
□ complex n. 단지, 복합 건물; adj. 복잡한
□ day trip phr. 당일 여행

166

What is the main purpose of the Web page?

(A) To advertise travel packages
(B) To collect feedback from customers
(C) To provide contact information
(D) To recruit local tour guides

웹페이지의 주 목적은 무엇인가?

(A) 여행 패키지를 광고하기 위해
(B) 고객들로부터 의견을 모으기 위해
(C) 연락 정보를 제공하기 위해
(D) 현지 투어 가이드를 모집하기 위해

■ **주제/목적 찾기** 글의 목적   정답 (A)

웹페이지의 목적을 묻는 목적 찾기 문제이므로 지문의 앞부분을 주의 깊게 확인한다. 'At Visit Indonesia, we offer a variety of tours to suit everyone visiting our beautiful country.'에서 Visit Indonesia에서는 인도네시아를 방문하는 모든 사람들을 만족시킬 다양한 투어를 제공한다고 한 후, 일부 투어 상품들을 소개하고 있으므로 (A)가 정답이다.

여휘   collect   v. 모으다, 수집하다

167

What is NOT stated as an activity visitors can do in Indonesia?

(A) Scuba diving
(B) Visiting temples
(C) Surfing in the sea
(D) Camping in a jungle

관광객들이 인도네시아에서 할 수 있는 활동으로 언급되지 않은 것은?

(A) 스쿠버 다이빙
(B) 사원 방문하기
(C) 바다에서 서핑하기
(D) 정글에서 캠핑하기

■ **Not/True** Not 문제   정답 (C)

질문의 핵심 어구인 an activity visitors can do in Indonesia와 관련된 내용을 지문에서 찾아 각 보기와 대조하는 Not/True 문제이다. (A) 는 'you can participate in ~ scuba diving'에서 스쿠버 다이빙에 참여할 수 있다고 했으므로 지문의 내용과 일치한다. (B)는 'making our way to ~ a town containing ~ complex of temples'에서 사원 단지가 있는 소도시로 간다고 했으므로 지문의 내용과 일치한다. (C)는 지문에 언급되지 않은 내용이다. 따라서 (C)가 정답이다. (D)는 'We'll spend a night camping in the jungle'에서 정글에서 캠핑을 하며 하룻밤을 보낼 것이라고 했으므로 지문의 내용과 일치한다.

168

In which of the positions marked [1], [2], [3], and [4] does the following sentence best belong?

"Outside the city awaits a world of natural and historical wonders."

(A) [1]
(B) [2]
(C) [3]
(D) [4]

[1], [2], [3], [4]로 표시된 위치 중, 다음 문장이 들어갈 곳으로 가장 적절한 것은?

"그 도시 밖에는 자연과 역사적 경이로움의 세계가 기다리고 있습니다."

(A) [1]
(B) [2]
(C) [3]
(D) [4]

■ **문장 위치 찾기**   정답 (C)

지문의 흐름상 주어진 문장이 들어가기에 가장 적절한 곳을 고르는 문제이다. 주어진 문장에서 그 도시 밖에는 자연과 역사적 경이로움의 세계가 기다리고 있다고 했으므로, 이 문장이 특정 도시 밖에도 자연과 역사적 볼거리들이 있다는 내용이 나오는 부분에 들어가야 함을 알 수 있다. [3]의 앞 문장인 'Java ~ packs a lot in—and not just in the famous capital of Jakarta.'에서 자바 섬이 많은 것들로 채워져 있고 단지 유명한 수도 자카르타만 그런 것은 아니라고 했고, 뒤 문장인 'We'll travel through the mountainous landscape of central Java ~ to Yogyakarta, a town containing the world's largest complex of temples, dating back hundreds of years.'에서 역사가 수백 년이 되는 세계에서 가장 큰 사원 단지가 있는 소도시인 욕야카르타로 가기 전에 자바 섬 중심부의 산악 풍경을 거쳐 이동할 것이라고 했으므로, [3]에 제시된 문장이 들어가면 자바 섬의 유명한 수도인 자카르타 밖에서도 산악 풍경과 사원, 즉 자연과 역사적 경이로움을 볼 수 있다는 자연스러운 문맥이 된다는 것을 알 수 있다. 따라서 (C)가 정답이다.

여휘   await   v. 기다리고 있다, 기대하다   historical   adj. 역사의, 역사적인   wonder   n. 경이로운 것, 경탄; v. 궁금하다, 놀라다

MEMORANDUM

To: All maintenance staff
From: Janice Lai, Supervisor
Subject: Daily report submissions
[171]Date: December 16

I realize you all have demanding schedules, and we appreciate your hard work. But [169]you must comply with the policies regarding the completion of your daily reports in a timely manner. Let me remind you that all report information must be fully entered by the end of each work day for the hours that you spent on maintenance tasks. In November, I received several time sheets more than two weeks late, and I still have some that have yet to be provided.

Additionally, for those reports that were submitted on time, I noticed that many were missing important details. Remember that [170-D]these reports are used not only to track the number of maintenance tasks, but also to determine how efficient we were at completing them.

In order to address this issue, [171]a new policy will go into effect next month. [170-C]I will be checking your reports weekly to ensure they are complete and posted on time on the company Web site. If there are any problems, I will follow up on them with you in person.

I appreciate all of your cooperation in this and hope that these issues cease to continue from now on.

회람

수신: 유지 관리부 전 직원
발신: Janice Lai, 관리자
제목: 일일 보고서 제출
[171]날짜: 12월 16일

여러분 모두가 힘든 일정을 가지고 있다는 것을 알고 있으며, 여러분들의 노고에 감사드립니다. 하지만 [169]여러분들은 시간을 지켜서 일일 보고서를 완료하는 것에 대한 규정들을 준수해야 합니다. 여러분이 유지 관리 업무에 쓴 시간과 관련하여 보고서의 모든 정보는 각 업무일 종료 시까지 완벽하게 입력되어야 함을 상기시켜드리고자 합니다. 11월에 저는 몇몇 근무 시간 기록표를 2주 넘게 늦게 받았고, 아직 받지 못한 것들도 여전히 몇 개가 있습니다.

추가적으로, 제시간에 제출된 보고서들과 관련해서 저는 많은 보고서들이 중요한 세부 사항들을 누락하고 있음을 발견했습니다. [170-D]이 보고서들은 유지 관리 업무의 수를 기록하는 것뿐만 아니라 그것들을 완료하는 데에 있어서 우리가 얼마나 효율적이었는지를 측정하는 데에도 사용된다는 것을 기억하십시오.

이 문제를 처리하기 위해, [171]새로운 규정이 다음 달부터 시행될 것입니다. [170-C]반드시 보고서가 완료되어 제시간에 회사 웹사이트에 게시되도록 제가 매주 여러분들의 보고서를 확인할 것입니다. 어떠한 문제라도 있으면, 제가 직접 여러분들과 그것들에 대해 후속 조치를 할 것입니다.

이에 대한 여러분들의 모든 협조에 감사드리며 이러한 문제들이 앞으로는 계속되지 않기를 바랍니다.

어휘 □ submission n. 제출, 항복, 순종
□ completion n. 완료, 성취
□ determine v. 측정하다, 결정하다, 결심하다
□ in person phr. 직접, 몸소

□ demanding adj. 힘든, 요구가 많은
□ timely adj. 적시의, 시기적절한
□ go into effect phr. 시행되다, 발효하다
□ cease v. 그치다, 끝내다; n. 중지

□ comply with phr. 준수하다, 순응하다
□ time sheet phr. 근무 시간 기록표
□ follow up phr. 후속 조치를 하다

169

Why was the memo written?

(A) To explain a new log-in system
(B) To inform workers about regulations
(C) To announce a penalty for absences
(D) To notify staff of scheduled maintenance

회람은 왜 쓰여졌는가?

(A) 새로운 로그인 시스템을 설명하기 위해
(B) 직원들에게 규정들에 관해 알려주기 위해
(C) 결근에 대한 처벌을 공지하기 위해
(D) 직원들에게 예정된 유지 관리 작업을 알리기 위해

■ **주제/목적 찾기** 글을 쓴 이유 　　　　　　　　　　　　　　　　　　　　　　　　　　정답 (B)

회람이 쓰여진 이유를 묻는 목적 찾기 문제이므로 지문의 앞부분을 주의 깊게 확인한다. 'you must comply with the policies regarding the completion of your daily reports in a timely manner'에서 직원들에게 시간을 지켜서 일일 보고서를 완료하는 것에 대한 규정들을 준수해야 한다고 한 후, 규정들에 대해 구체적으로 설명하고 있으므로 (B)가 정답이다.

어휘　regulation n. 규정, 규제, 제한　penalty n. 처벌, 불이익, 벌금　absence n. 결근, 결석, 부재

170

What is indicated about the daily report?

(A) It must be signed by a supervisor.
(B) It should be drawn up as simply as possible.
(C) It needs to be submitted in person.
(D) It can be used to evaluate work efficiency.

일일 보고서에 대해 언급된 것은?

(A) 관리자에 의해 서명되어야 한다.
(B) 가능한 한 간단하게 작성되어야 한다.
(C) 직접 제출되어야 한다.
(D) 업무 효율성을 평가하는 데 쓰일 수 있다.

■ **Not/True** True 문제 　　　　　　　　　　　　　　　　　　　　　　　　　　　정답 (D)

질문의 핵심 어구인 the daily report와 관련된 내용을 지문에서 찾아 각 보기와 대조하는 Not/True 문제이다. (A)와 (B)는 지문에 언급되지 않은 내용이다. (C)는 'I will be checking your reports ~ posted on time on the company Web site'에서 보고서가 제시간에 회사 웹사이트에 게시되도록 확인하겠다고 했으므로 지문의 내용과 일치하지 않는다. (D)는 'these reports are used not only to track the number of maintenance tasks, but also to determine how efficient we were at completing them'에서 이 보고서들, 즉 일일 보고서가 유지 관리 업무의 수를 기록하는 것뿐만 아니라 그것들을 완료하는 데에 있어서 직원들이 얼마나 효율적이었는지를 측정하는 데에도 사용된다고 했으므로 지문의 내용과 일치한다. 따라서 (D)가 정답이다.

바꾸어 표현하기
determine how efficient 얼마나 효율적인지를 측정하다 → evaluate work efficiency 업무 효율성을 평가하다

어휘　draw up phr. 작성하다, 만들다　efficiency n. 효율성, 능률

171

From when will the new measure be implemented?

(A) From November
(B) From December
(C) From January
(D) From February

언제부터 새로운 대책이 시행될 것인가?

(A) 11월부터
(B) 12월부터
(C) 1월부터
(D) 2월부터

■ **육하원칙** When 　　　　　　　　　　　　　　　　　　　　　　　　　　　　정답 (C)

언제(when)부터 새로운 대책이 시행될 것인지를 묻는 육하원칙 문제이다. 질문의 핵심 어구인 the new measure be implemented와 관련하여, 'a new policy will go into effect next month'에서 새로운 규정이 다음 달부터 시행될 것이라고 했고, 'Date: December 16'에서 회람이 작성된 날짜가 12월 16일이므로 새로운 규정이 1월부터 시행될 것임을 알 수 있다. 따라서 (C)가 정답이다.

바꾸어 표현하기
the new measure be implemented 새로운 대책이 시행되다 → a new policy will go into effect 새로운 규정이 시행될 것이다

어휘　measure n. 대책, 조치　implement v. 시행하다, 실시하다

172-175는 다음 웹페이지에 관한 문제입니다.

TekWorking.com

OVERVIEW | **JOBS** | CANDIDATES | LOG OUT

Jobs >> Active Job Applications >> Software Division >> **Programmer** I

About the Company
172-BWingspan Software is the leading producer of customer relationship management programs. We provide businesses with tools for better services.

About the Position
We are seeking a programmer to join our software development team. 173-A/B/C/DThe ideal candidate will have the following qualifications:

- 173-DAt least two years' prior programming experience
- 173-BKnowledge of basic customer relationship management software
- 173-AA bachelor's degree (with a major in computer science preferred but not mandatory)
- 173-CThe programmer hired must also occasionally travel to overseas branches to participate in training sessions.

Hiring Process
174Qualified candidates will speak with our hiring director over the phone, during which time it will be determined whether they will be invited to the office to meet with him in person. Following the interview, a background check will be conducted and then an offer will be made to the most attractive applicant.

175For additional information about the hiring process, please e-mail Oliver Francis at o.francis@wingspansoftware.com.

TekWorking.com

개요 | 일자리 | 지원자 | 로그아웃

일자리 >> 모집 중인 구인 공고 >> 소프트웨어 부문 >> 프로그래머 I

회사 소개
172-BWingspan 소프트웨어 회사는 고객 관계 관리 프로그램의 선두 생산업체입니다. 우리는 기업에 더 나은 서비스를 위한 도구를 제공합니다.

직무 소개
저희 소프트웨어 개발팀에 합류할 프로그래머를 찾고 있습니다. 173-A/B/C/D이상적인 지원자는 다음 자격조건을 갖추고 있을 것입니다:
- 173-D최소 2년의 사전 프로그래밍 경력
- 173-B기본 고객 관계 관리 소프트웨어에 대한 지식
- 173-A학사 학위(컴퓨터 공학 전공이 선호되지만 필수는 아님)
- 173-C고용된 프로그래머는 또한 교육에 참여하기 위해 가끔 해외 지사를 방문해야 합니다.

채용 절차
174자격을 갖춘 지원자들은 당사 채용 담당자와 전화로 대화할 것이며, 그 시간 동안 그들이 사무실로 초대되어 그와 직접 만날지 여부가 결정될 것입니다. 면접 후, 신원조회가 이루어질 것이며 이후 가장 매력적인 지원자에게 제의가 갈 것입니다.

175채용 과정에 대한 추가 정보를 원하시면, Oliver Francis에게 o.francis@wingspansoftware.com으로 이메일을 보내주십시오.

어휘 □ **overview** n. 개요, 개관
□ **ideal** adj. 이상적인
□ **mandatory** adj. 필수의, 의무적인
□ **qualified** adj. 자격을 갖춘
□ **division** n. 부문
□ **prior** adj. 사전의
□ **occasionally** adv. 가끔
□ **in person** phr. 직접
□ **seek** v. 찾다, 추구하다
□ **bachelor's degree** phr. 학사 학위
□ **branch** n. 지사, 지부
□ **background check** phr. 신원조회

TEST | 01 | 02 | 03 | 04 | 05 | 06 | 07 | 08 | 09 | 10 | 해커스 토익 실전 1000제 3 Reading

172

What is stated about Wingspan Software?

(A) It put up the programmer job posting last week.
(B) It helps businesses improve how they interact with clients.
(C) It will relocate its headquarters to an overseas office.
(D) It was recognized in a technology magazine article.

Wingspan 소프트웨어 회사에 대해 언급된 것은?

(A) 지난주에 프로그래머 구인 공고를 게시했다.
(B) 기업들이 고객과 상호작용하는 방식을 개선하도록 돕는다.
(C) 본사를 해외 지사로 이전할 것이다.
(D) 기술 잡지의 기사에서 인정받았다.

■ **Not/True** True 문제 　　　　　　　　　　　　　　　　　　　　　　　　　　　　　　　　　　　　　　정답 (B)

질문의 핵심 어구인 Wingspan Software와 관련된 내용을 지문에서 찾아 각 보기와 대조하는 Not/True 문제이다. (A), (C), (D)는 지문에 언급되지 않은 내용이다. (B)는 'Wingspan Software is the leading producer of customer relationship management programs. We provide businesses with tools for better services.'에서 Wingspan 소프트웨어 회사는 고객 관계 관리 프로그램의 선두 생산업체이며, 기업에 더 나은 서비스를 위한 도구를 제공한다고 했으므로 지문의 내용과 일치한다. 따라서 (B)가 정답이다.

어휘　**put up** phr. 게시하다, 올리다　**interact** v. 상호작용하다　**headquarters** n. 본사　**recognize** v. 인정하다, 알아보다

173

What is NOT a requirement for the position?

(A) A degree in computer science
(B) An understanding of certain tools
(C) Willingness to travel abroad
(D) Previous relevant experience

직무를 위한 필수 조건이 아닌 것은?

(A) 컴퓨터 공학 학위
(B) 특정 도구에 대한 이해
(C) 해외여행에 대한 의향
(D) 이전 관련 경력

■ **Not/True** Not 문제 　　　　　　　　　　　　　　　　　　　　　　　　　　　　　　　　　　　　　　정답 (A)

질문의 핵심 어구인 requirement for the position과 관련된 내용을 지문에서 찾아 각 보기와 대조하는 Not/True 문제이다. (A)는 'The ideal candidate will have the following qualifications: ~ A bachelor's degree (with a major in computer science preferred but not mandatory)'에서 이상적인 지원자가 갖추고 있을 자격조건으로 학사 학위가 요구되는데, 컴퓨터 공학 전공이 선호되지만 필수는 아니라고 했으므로 지문의 내용과 일치하지 않는다. 따라서 (A)가 정답이다. (B)는 '~ Knowledge of basic customer relationship management software'에서 기본 고객 관계 관리 소프트웨어에 대한 지식을 갖추고 있어야 한다고 했으므로 지문의 내용과 일치한다. (C)는 '~ The programmer hired must also occasionally travel to overseas branches'에서 고용된 프로그래머는 가끔 해외 지사를 방문해야 한다고 했으므로 지문의 내용과 일치한다. (D)는 '~ At least two years' prior programming experience'에서 최소 2년의 사전 프로그래밍 경력을 갖추어야 한다고 했으므로 지문의 내용과 일치한다.

어휘　**requirement** n. 필수 조건, 요건　**willingness** n. 의향, 꺼리지 않는 것　**relevant** adj. 관련 있는

174

What must applicants do to be considered for an interview?

(A) Send in samples of some work
(B) Participate in a pre-screening process
(C) Submit to a background check
(D) Complete a written examination

지원자들은 면접에 고려되기 위해 무엇을 해야 하는가?

(A) 작업 샘플을 보낸다
(B) 사전 심사 과정에 참여한다
(C) 신원조회에 응한다
(D) 필기시험을 완료한다

■ **육하원칙** What 　　　　　　　　　　　　　　　　　　　　　　　　　　　　　　　　　　　　　　정답 (B)

지원자들이 면접에 고려되기 위해 무엇(What)을 해야 하는지를 묻는 육하원칙 문제이다. 질문의 핵심 어구인 applicants do to be considered for an interview와 관련하여, 'Qualified candidates will speak with our hiring director ~ during which time it will be determined whether they will ~ meet with him in person.'에서 자격을 갖춘 지원자들은 당사 채용 담당자와 대화할 것이며, 그 시간 동안 지원자들이 그, 즉 채용 담당자와 직접 만날지 여부가 결정될 것이라고 했으므로 사전 심사 과정에 참여해야 면접에 고려될 수 있다는 사실을 알 수 있다. 따라서 (B)가 정답이다.

어휘　**pre-screening** adj. 사전 심사의　**submit** v. 응하다, 제출하다　**written** adj. 필기로 된, 서면으로 된

Why would an applicant contact Mr. Francis?	지원자는 왜 Mr. Francis에게 연락하겠는가?
(A) To request more details about a procedure	(A) 절차에 관한 더 많은 세부 사항을 요청하기 위해
(B) To negotiate the salary of an offered position	(B) 제의된 직책의 급여를 협상하기 위해
(C) To submit documents related to qualifications	(C) 자격과 관련된 서류를 제출하기 위해
(D) To find out about other positions at the company	(D) 회사의 다른 직책에 관해 알아보기 위해

■ **육하원칙** Why

정답 (A)

지원자가 왜(Why) Mr. Francis에게 연락하겠는지를 묻는 육하원칙 문제이다. 질문의 핵심 어구인 applicant contact Mr. Francis와 관련하여, 'For additional information about the hiring process, please e-mail Oliver Francis'에서 채용 과정에 대한 추가 정보를 원한다면 Oliver Francis에게 이메일을 보내라고 했으므로 (A)가 정답이다.

어휘   negotiate   v. 협상하다, 교섭하다

Questions 176-180 refer to the following advertisement and form.

176-180은 다음 광고와 양식에 관한 문제입니다.

Bulk Land Supermarket

Make your weekly grocery shopping much quicker and easier by signing up today with Bulk Land Supermarket! We operate differently from other grocery stores. 176-DUnlike most supermarkets, we have no actual retail outlets. You can simply browse through our online shop from the comfort of your home. After you place your order, we deliver it right to your door.

We also encourage our customers to buy in bulk. 178By purchasing large quantities of products, you can save up to half off each item. To start browsing our wide range of groceries, go to www.bulkland.com. Choose your ideal delivery time, and everything is done!

176-BThis month, we're offering a number of special deals. To begin with, 180-Aif you book a delivery before November 15, we'll give you a voucher for 5 percent off your next purchase. In addition, 180-Cwe offer free shipping on all orders over $100. Finally, all customers who sign up this month and order a 5 kilogram bag of rice will be provided a free storage bin that will keep your grains fresh and dry.

Bulk Land Supermarket Online Order Form

179Name: Alexander Johnson
Address: 2235 West Grovers Avenue, Phoenix, AZ 85007
Customer account number: 054489
179Points accumulated: 2,300
180-AOrder date: November 11

Product Number	Product Name	Price
P889	Whole wheat pasta, 5kg	$18
R426	Rice, 3kg	$22
T114	Canned chick peas, pack of 12	$15
T526	Canned chopped tomatoes, pack of 12	$11.50
B496	Chunky organic peanut butter, pack of 6	$21.50
	180-CTotal	$88

When would you like your order delivered? Please indicate the date and time below. If we cannot deliver on your selected date and time, we will contact you as soon as possible to arrange an alternative time.

Around 10 A.M. on Thursday, November 13

SEND

Bulk Land 슈퍼마켓

오늘 Bulk Land 슈퍼마켓에 가입해서 매주의 식료품 쇼핑을 더 빠르고 쉽게 만들어 보세요! 저희는 다른 식료품 가게들과는 다르게 운영합니다. 176-D대부분의 슈퍼마켓들과는 달리, 저희는 실제의 매장이 없습니다. 간편히 당신의 집에서 편안하게 저희의 온라인 상점을 둘러볼 수 있습니다. 주문을 하고 나면, 저희가 그것을 바로 문까지 배달해 드립니다.

저희는 또한 고객들에게 대량으로 구매하는 것을 권장합니다. 178대량의 제품을 구매함으로써, 당신은 각 제품의 절반 가격까지 절약할 수 있습니다. 저희의 다양한 식료품들을 둘러보는 것을 시작하시려면, www.bulkland.com으로 가세요. 당신에게 가장 알맞은 배달 시간을 선택하고 나면, 모든 것이 다 되었습니다!

176-B이번 달에 저희는 많은 특별한 거래 조건들을 제공하고 있습니다. 우선, 180-A11월 15일 이전에 배달을 예약하시면, 다음 구매의 5퍼센트 할인을 받을 수 있는 쿠폰을 드릴 것입니다. 또한, 180-C100달러 이상의 모든 주문에 무료 배송이 제공됩니다. 마지막으로, 이번 달에 가입해서 5킬로그램짜리 쌀을 주문하는 모든 고객들은 곡물을 신선하고 건조하게 유지시켜줄 무료 보관 용기를 받으실 것입니다.

Bulk Land 슈퍼마켓 온라인 주문서
179이름: Alexander Johnson
주소: 2235번지 West Grovers가, 피닉스, 애리조나 주 85007
고객 계정 번호: 054489
179누적 포인트: 2,300
180-A주문 날짜: 11월 11일

상품 번호	상품 이름	가격
P889	통밀 파스타, 5킬로그램	18달러
R426	쌀, 3킬로그램	22달러
T114	병아리콩 통조림, 12개짜리 팩	15달러
T526	다진 토마토 통조림, 12개짜리 팩	11.50달러
B496	덩어리가 있는 유기농 땅콩버터, 6개짜리 팩	21.50달러
	180-C합계	88달러

언제 주문이 배달되기를 원하십니까? 날짜와 시간을 아래에 명시해 주십시오. 만약 귀하께서 선택하신 날짜와 시간에 배달할 수 없으면, 저희가 다른 시간을 정하기 위해 가능한 한 빨리 귀하께 연락을 드릴 것입니다.

11월 13일 목요일 오전 10시 정도

보내기

지문 1　□ **grocery** n. 식료 잡화류, 식료품 가게　□ **sign up** phr. 가입하다, 참가하다, 등록하다　□ **operate** v. 운영하다, 작동하다
　　　　□ **actual** adj. 실제의, 현실의　□ **browse** v. 둘러보다, 훑어보다　□ **place an order** phr. 주문하다
　　　　□ **ideal** adj. 가장 알맞은, 이상적인　□ **storage** n. 보관, 저장, 창고　□ **grain** n. 곡물, 낟알

지문 2　□ **accumulated** adj. 누적된, 축적된　□ **alternative** adj. 다른, 대체의; n. 대안

176

What is stated about Bulk Land Supermarket?

(A) It has a minimum order requirement.
(B) It introduces new deals every month.
(C) It will not deliver to some residences.
(D) It does not have any physical stores.

Bulk Land 슈퍼마켓에 대해 언급된 것은?

(A) 최소 주문 요구조건이 있다.
(B) 매달 새로운 거래 조건들을 소개한다.
(C) 일부 거주지로는 배달하지 않을 것이다.
(D) 실제의 상점을 갖고 있지 않다.

■ **Not/True** True 문제　　　　　　　　　　　　　　　　　　　　　　　　　　　　　　　　　　　　정답 (D)

질문의 핵심 어구인 Bulk Land Supermarket과 관련된 내용을 지문에서 찾아 각 보기와 대조하는 Not/True 문제이므로 첫 번째 지문인 Bulk Land 슈퍼마켓의 광고에서 관련 내용을 확인한다. (A)는 지문에 언급되지 않은 내용이다. (B)는 'This month, we're offering a number of special deals.'에서 이번 달에 많은 특별한 거래 조건들을 제공하고 있다고 했지만 매달 새로운 거래 조건들을 소개하는지는 알 수 없으므로 지문의 내용과 일치하지 않는다. (C)는 지문에 언급되지 않은 내용이다. (D)는 'Unlike most supermarkets, we have no actual retail outlets. You can simply browse through our online shop'에서 Bulk Land 슈퍼마켓은 대부분의 슈퍼마켓들과는 달리 실제의 매장이 없고 대신 온라인 상점을 둘러볼 수 있다고 했으므로 지문의 내용과 일치한다. 따라서 (D)가 정답이다.

바꾸어 표현하기

have no actual retail outlets 실제의 매장이 없다 → does not have any physical stores 실제의 상점을 갖고 있지 않다

어휘　minimum adj. 최소한의, 최저의; n. 최소한도　residence n. 거주지, 주택

177

In the advertisement, the word "comfort" in paragraph 1, line 4, is closest in meaning to

(A) alleviation
(B) service
(C) consolation
(D) ease

광고에서, 1문단 네 번째 줄의 단어 "comfort"는 의미상 –와 가장 가깝다.

(A) 완화
(B) 서비스
(C) 위로
(D) 편안함

■ **동의어**　　정답 (D)

첫 번째 지문인 광고의 comfort를 포함하는 구절 'You can simply browse through our online shop from the comfort of your home.'에서 comfort가 '편안함, 안락함'이라는 뜻으로 사용되었다. 따라서 '편안함'이라는 뜻을 가진 (D)가 정답이다.

178

According to the advertisement, what is a benefit of buying large amounts at Bulk Land Supermarket?

(A) Wider product options
(B) Lower packaging costs
(C) Cheaper prices on products
(D) Better membership incentives

광고에 따르면, Bulk Land 슈퍼마켓에서 대량으로 구매하는 것의 이점은 무엇인가?

(A) 더 넓은 제품 선택권
(B) 더 낮은 포장 비용
(C) 제품의 더 저렴한 가격
(D) 더 나은 멤버십 우대책

■ **육하원칙** What　　　　　　　　　　　　　　　　　　　　　　　　　　　　　　　　　　　　정답 (C)

Bulk Land 슈퍼마켓에서 대량으로 구매하는 것의 이점이 무엇(what)인지를 묻는 육하원칙 문제이므로 첫 번째 지문인 광고에서 관련 내용을 확인한다. 광고의 'By purchasing large quantities of products, you can save up to half off each item.'에서 대량의 제품을 구매함으로써 각 제품의 절반 가격까지 절약할 수 있다고 했으므로 (C)가 정답이다.

바꾸어 표현하기

buying large amounts 대량으로 구매하는 것 → purchasing large quantities 대량으로 구매하는 것
save up to half off each item 각 제품의 절반 가격까지 절약하다 → Cheaper prices on products 제품의 더 저렴한 가격

어휘　incentive n. 우대책, 자극, 동기

What can be inferred about Mr. Johnson?

(A) He has placed orders with Bulk Land Supermarket before.
(B) He did not get his preferred delivery date.
(C) He will receive his order on Thursday night.
(D) He will call Bulk Land Supermarket to confirm his order.

Mr. Johnson에 대해 추론될 수 있는 것은?

(A) 이전에 Bulk Land 슈퍼마켓에서 주문을 한 적이 있다.
(B) 원하는 배달 날짜를 고를 수 없었다.
(C) 목요일 밤에 주문품을 받을 것이다.
(D) 주문을 확인하기 위해 Bulk Land 슈퍼마켓에 전화할 것이다.

■ **추론** 세부 정보　　　　　　　　　　　　　　　　　　　　　　　　　　　　　　정답 (A)

질문의 핵심 어구인 Mr. Johnson에 대해 추론하는 문제이므로 Mr. Johnson이 작성한 두 번째 지문인 양식에서 관련 내용을 확인한다. 양식의 'Name: Alexander Johnson'과 'Points accumulated: 2,300'에서 Alexander Johnson의 누적 포인트가 2,300점이라고 했으므로 Mr. Johnson이 Bulk Land 슈퍼마켓에서 이전에 주문을 했기 때문에 포인트가 누적되어 있다는 사실을 추론할 수 있다. 따라서 (A)가 정답이다.

What special offer is Mr. Johnson eligible for?

(A) A coupon for a future purchase
(B) A complimentary item of his choice
(C) A free delivery to his location
(D) An immediate discount on his order

Mr. Johnson은 어떤 특별 제공에 대한 자격이 있는가?

(A) 향후 구매에 대한 쿠폰
(B) 그가 선택한 무료 상품
(C) 주거지로의 무료 배송
(D) 주문에 대한 즉시 할인

■ **육하원칙** 연계 문제　　　　　　　　　　　　　　　　　　　　　　　　　　　　정답 (A)

두 지문의 내용을 종합해서 풀어야 하는 연계 문제이다. 질문의 핵심 어구인 special offer ~ Mr. Johnson eligible for에서 Mr. Johnson이 어떤(What) 특별 제공에 대한 자격이 있는지를 묻고 있으므로 특별 제공에 대한 내용이 언급된 광고를 먼저 확인한다.

[단서 1] 첫 번째 지문(광고)의 'if you book a delivery before November 15, we'll give you a voucher for 5 percent off your next purchase'에서 11월 15일 이전에 배달을 예약하면 다음 구매의 5퍼센트 할인을 받을 수 있는 쿠폰을 줄 것이라고 했다. 그런데 Mr. Johnson이 언제 배달을 예약했는지 제시되지 않았으므로 양식에서 관련 내용을 확인한다.

[단서 2] 두 번째 지문(양식)의 'Order date: November 11'에서 Mr. Johnson의 주문 날짜가 11월 11일인 것을 확인할 수 있다.

두 단서를 종합할 때, Mr. Johnson이 11월 15일 이전에 배달을 예약했으므로 다음 구매 시 5퍼센트 할인을 해주는 쿠폰을 받을 것임을 알 수 있다. 따라서 (A)가 정답이다. (C)는 광고의 'we offer free shipping on all orders over $100'에서 100달러 이상의 모든 주문에 무료 배송이 제공된다고 했으나, 양식의 'Total, $88'에서 Mr. Johnson의 주문 합계가 100달러 이상이 되지 않으므로 답이 될 수 없다.

바꾸어 표현하기

a voucher for ~ next purchase 다음 구매에 대한 쿠폰 → A coupon for a future purchase 향후 구매에 대한 쿠폰

어휘　of one's choice phr. (스스로) 선택한, 자기가 좋아하는

지문 1

March 23

Brittany Cosmetics
Carla Danbury
3411 Appleton Way
Portland, OR 97035

Dear Ms. Danbury,

It is time to prepare for the 15th Annual Organic Beauty Product Fair! This year, the event will be held at the Seacrest Convention Center in Seattle from July 8 to 10.

As [184]your company was a vendor during last year's event in Denver, we would like to offer you a 15 percent discount on booth and equipment rentals for this year's fair. For your convenience, [183]I have enclosed a complete schedule of events, and included an application form containing information on pricing.

[182-B]A hotel is attached to the convention center, and all companies with booths at the fair are eligible to reserve rooms at the reduced rate of $120 per night. Please contact us if you want to make a booking. In addition, [182-C]free Wi-Fi is offered throughout the center, so you will have access to the Internet from your booth.

The applications and complete payment are due by May 15. You can remit payment by cash, check, or bank transfer. If you have any questions or require any further information, please send an e-mail to toddbanks@tradevent.com.

Sincerely yours,

Todd Banks
Corporate Event Planner
Tradevent Incorporated

3월 23일

Brittany 화장품 회사
Carla Danbury
3411번지 Appleton로
포틀랜드, 오리건주 97035

Ms. Danbury께,

제15회 연례 유기농 미용제품 박람회를 준비할 때입니다! 올해에는 행사가 7월 8일부터 10일까지 시애틀에 있는 Seacrest 컨벤션 센터에서 열릴 것입니다.

[184]귀사가 작년에 덴버에서 있었던 행사에서 판매 회사였기 때문에, 저희는 귀하께 올해의 박람회를 위한 부스와 장비 대여에 15퍼센트 할인을 제공해 드리고자 합니다. 귀하의 편의를 위해, [183]행사의 전체 일정을 동봉해두었고, 가격에 대한 정보가 있는 신청서를 포함시켰습니다.

[182-B]호텔이 컨벤션 센터에 붙어 있으며, 박람회에 부스가 있는 모든 회사들은 1박당 120달러의 할인가에 객실을 예약할 수 있는 자격이 있습니다. 예약하기를 원하시면 저희에게 연락해 주십시오. 추가로, [182-C]무료 와이파이가 센터 전체에서 제공되므로, 귀사의 부스에서 인터넷에 접속하실 수 있을 것입니다.

신청과 완납은 5월 15일까지입니다. 귀하께서는 현금, 수표, 또는 은행 이체로 지불하실 수 있습니다. 문의 사항이 있거나 추가 정보가 필요하시면 toddbanks@tradevent.com으로 이메일을 보내주십시오.

Todd Banks 드림
기업 행사 플래너
Tradevent사

지문 2

TO   Todd Banks <toddbanks@tradevent.com>
FROM   Carla Danbury <cdan@brittanycos.com>
SUBJECT   Trade Fair
DATE   March 25

Dear Mr. Banks,

Thank you for the letter. We would like to be involved in the trade fair again this year, as [184]we received a lot of product orders during the last event. I mailed you our application this morning along with a check to pay for our fees. Please send me a receipt by e-mail once the check has been deposited.

Also, I am interested in booking some hotel rooms. My staff and I will need three rooms for the duration of the trade fair. [185]Please let me know if there is anything I have to do to secure the rooms. For instance, do I need to pay the

수신 Todd Banks <toddbanks@tradevent.com>
발신 Carla Danbury <cdan@brittanycos.com>
제목 무역 박람회
날짜 3월 25일

Mr. Banks께,

편지를 보내주셔서 감사드립니다. [184]저희는 지난 행사 중에 많은 제품 주문을 받았기 때문에 올해에도 다시 무역 박람회에 참가하고 싶습니다. 제가 오늘 아침에 저희의 요금을 지불하기 위한 수표와 함께 신청서를 귀하께 우편으로 보냈습니다. 수표가 예금되면 제게 이메일로 영수증을 보내주시기 바랍니다.

또한, 저는 몇 개의 호텔 객실을 예약하고 싶습니다. 제 직원들과 저는 무역 박람회 기간 동안 세 개의 객실이 필요할 것입니다. [185]제가 객실들을 확보하기 위해서 해야 할 것이 있다면 알려주시기 바랍니다. 예를 들어, 선불로 전액을 지불해야 하나요, 아니면 보증금을 맡길 수 있습니까?

full amount up front, or can I leave a deposit?

Thanks for your assistance, and we look forward to taking part in another successful event.

Regards,

Carla Danbury
Owner, Brittany Cosmetics

도움에 감사드리며, 또 다른 성공적인 행사에 참가하기를 기대합니다.

Carla Danbury 드림
Brittany 화장품 회사 소유주

지문 1	□ **vendor** n. 판매 회사, 행상인	□ **equipment** n. 장비, 용품	□ **rental** n. 대여, 임대료
	□ **pricing** n. 가격 책정	□ **reduced rate** phr. 할인 요금	□ **have access to** phr. ~에게 접근할 수 있다
	□ **remit** v. 지불하다, 송금하다	□ **bank transfer** phr. 은행 계좌 이체	
지문 2	□ **involve** v. 참가시키다, 연루시키다, 포함하다	□ **along with** phr. ~과 함께, ~에 따라	□ **deposit** v. 예금하다, 맡기다; n. 보증금, 예금
	□ **duration** n. (지속되는) 기간, 지속	□ **up front** phr. 선불로	

181

In the letter, the word "held" in paragraph 1, line 1, is closest in meaning to

(A) regarded
(B) occupied
(C) conducted
(D) controlled

편지에서, 1문단 첫 번째 줄의 단어 "held"는 의미상 ~와 가장 가깝다.

(A) 여겨졌다
(B) 사용되었다
(C) 시행되었다
(D) 통제되었다

■ 동의어   정답 (C)

첫 번째 지문인 편지의 held를 포함하는 구절 'This year, the event will be held at the Seacrest Convention Center'에서 held가 '열리다'라는 뜻으로 사용되었다. 따라서 '시행하다'라는 뜻을 가진 (C)가 정답이다.

182

What is mentioned about the Seacrest Convention Center?

(A) It is fully booked for the upcoming trade event.
(B) It is located far from accommodation facilities.
(C) It provides vendors with complimentary Internet access.
(D) It hosts the beauty product fair every year.

Seacrest 컨벤션 센터에 대해 언급된 것은?

(A) 다가오는 무역 행사로 예약이 꽉 찼다.
(B) 숙박 시설들로부터 멀리 위치해 있다.
(C) 판매 회사들에게 무료 인터넷 이용을 제공한다.
(D) 매년 미용제품 박람회를 주최한다.

■ Not/True True 문제   정답 (C)

질문의 핵심 어구인 Seacrest Convention Center와 관련된 내용을 지문에서 찾아 각 보기와 대조하는 Not/True 문제이므로 Seacrest 컨벤션 센터가 언급된 첫 번째 지문인 편지에서 관련 내용을 확인한다. (A)와 (D)는 지문에 언급되지 않은 내용이다. (B)는 'A hotel is attached to the convention center'에서 호텔이 컨벤션 센터, 즉 Seacrest 컨벤션 센터에 붙어 있다고 했으므로 지문의 내용과 일치하지 않는다. (C)는 'free Wi-Fi is offered throughout the center, so you will have access to the Internet from your booth'에서 무료 와이파이가 센터 전체에서 제공되므로 귀사, 즉 판매 회사들의 부스에서 인터넷에 접속할 수 있다고 했으므로 지문의 내용과 일치한다. 따라서 (C)가 정답이다.

바꾸어 표현하기
free Wi-Fi is offered 무료 와이파이가 제공되다 → provides ~ complimentary Internet access 무료 인터넷 이용을 제공하다

어휘   **complimentary** adj. 무료의, 칭찬하는   **host** v. 주최하다, 진행하다; n. 주최자

183

Where can Ms. Danbury find information on Tradevent Incorporated's prices?

(A) On an application form
(B) In an advertising flyer
(C) On a corporate Web site
(D) In a trade journal

Ms. Danbury는 어디에서 Tradevent사의 가격에 대한 정보를 찾을 수 있는가?

(A) 신청서에서
(B) 광고 전단지에서
(C) 회사 웹사이트에서
(D) 업계 잡지에서

■ 육하원칙 Where   정답 (A)

Ms. Danbury가 어디(Where)에서 Tradevent사의 가격에 대한 정보를 찾을 수 있는지를 묻는 육하원칙 문제이므로 질문의 핵심 어구인 information on Tradevent Incorporated's prices와 관련된 내용이 언급된 첫 번째 지문인 편지를 확인한다. 편지의 'I ~ included an application form containing information on pricing'에서 신청서에 가격에 대한 정보가 있다고 했으므로 (A)가 정답이다.

어휘 trade journal phr. 업계 잡지

184

What is implied about Brittany Cosmetics?

(A) It is ineligible for a rental price reduction.
(B) Its product line is in the process of being expanded.
(C) It had satisfactory results at an event in Denver.
(D) Its event fees were remitted after a specified deadline.

Brittany 화장품 회사에 대해 추론되는 것은?

(A) 대여 가격 할인에 대한 자격이 없다.
(B) 제품 종류가 확대되는 중이다.
(C) 덴버에서의 행사에서 만족스러운 결과를 얻었다.
(D) 행사 요금이 명시된 기한 이후에 송금되었다.

■ 추론 연계 문제   정답 (C)

두 지문의 내용을 종합적으로 확인한 후 추론해서 풀어야 하는 연계 문제이다. 질문의 핵심 어구인 Brittany 화장품 회사의 소유주인 Ms. Danbury가 작성한 이메일을 먼저 확인한다.

단서 1 두 번째 지문(이메일)의 'we received a lot of product orders during the last event'에서 저희, 즉 Brittany 화장품 회사가 지난 행사 중에 많은 제품 주문을 받았다는 사실을 확인할 수 있다. 그런데 지난 행사에 대한 추가 정보가 제시되지 않았으므로 편지에서 관련 내용을 확인한다.

단서 2 첫 번째 지문(편지)의 'your company was a vendor during last year's event in Denver'에서 귀사, 즉 Brittany 화장품 회사가 작년에 덴버에서 있었던 행사에서 판매 회사였다는 사실을 확인할 수 있다.

두 단서를 종합할 때, Brittany 화장품 회사가 덴버에서 있었던 작년 행사에서 제품 주문을 많이 받았다는 사실을 추론할 수 있다. 따라서 (C)가 정답이다.

바꾸어 표현하기
received a lot of product orders 많은 제품 주문을 받았다 → had satisfactory results 만족스러운 결과를 얻었다

어휘 reduction n. 할인, 감소 product line phr. 제품 종류 specified adj. 명시된

185

What does Ms. Danbury inquire about?

(A) Extra tickets
(B) Hotel amenities
(C) A detailed floor plan
(D) A reservation procedure

Ms. Danbury는 무엇에 대해 문의하는가?

(A) 추가 티켓
(B) 호텔 편의 시설
(C) 상세한 층별 안내도
(D) 예약 절차

■ 육하원칙 What   정답 (D)

Ms. Danbury가 무엇(What)에 대해 문의하는지를 묻는 육하원칙 문제이므로 질문의 핵심 어구인 Ms. Danbury가 작성한 두 번째 지문인 이메일에서 관련 내용을 확인한다. 이메일의 'Please let me know if there is anything I have to do to secure the rooms. For instance, do I need to pay the full amount up front, or can I leave a deposit?'에서 선불로 전액을 지불해야 하는지 혹은 보증금을 맡길 수 있는지 등 객실 확보를 위해 자신이 해야 할 것이 있는지 알려달라고 했으므로 (D)가 정답이다.

어휘 amenity n. 편의 시설 floor plan phr. 층별 안내도, 평면도

지문 1

Cruise the Sunny Caribbean!

Is winter starting to get you down? Looking to escape to someplace warm? At Pace Travel, we have a number of Caribbean cruises available at bargain prices next month.

[186]**Bahamas Cruise** (February 2-4)
Board the ship in New Orleans and then travel to scenic Nassau. [186]Includes an afternoon of snorkeling off Cable Beach.
Starting Price: $899

[186/189]**Southern Islands Cruise** (February 5-9)
[189]Departing from Miami, the ship will stop at St. John and Bridgeport. [186]Includes a free "Introduction to SCUBA" class.
Starting Price: $1,499

[186]**Western Caribbean Cruise** (February 11-15)
From Galveston, the ship will visit Key West and Cozumel. [186]Includes a tour of a 3,000-year-old Mayan temple.
Starting Price: $1,190

[186]**Jamaican Cruise** (February 16-18)
Sail from Fort Lauderdale to Montego Bay and then on to Kingston. [186]Includes an opportunity to swim with dolphins.
Starting Price: $990

To make a reservation, please go to www.pacetravel.com or call 555-0938. [187]Members of the Pace Travel Rewards Club will receive a 15% discount on the prices listed above.

화창한 카리브해로 크루즈 여행을 가세요!

겨울이 당신을 우울하게 만들기 시작했나요? 따뜻한 어딘가로 탈출하려고 계획하세요? Pace 여행사에서는, 다음 달에 여러 카리브해 크루즈를 할인 가격으로 구입할 수 있습니다.

[186]바하마 크루즈(2월 2일-4일)
뉴올리언스에서 배에 타고 경치 좋은 나소로 여행하세요. [186]오후에 Cable 해변에서의 스노클링이 포함되어 있습니다.
시작 가격: 899달러

[186/189]남섬 크루즈(2월 5일-9일)
[189]마이애미에서 출발하여, 배가 세인트존과 브리지포트에서 정박할 것입니다. [186]무료 "스쿠버 입문" 수업을 포함합니다.
시작 가격: 1,499달러

[186]서카리브해 크루즈(2월 11일-15일)
갤버스턴으로부터, 배가 키웨스트와 코수멜섬을 방문할 것입니다. [186]3,000년 된 마야 신전 견학을 포함합니다.
시작 가격: 1,190달러

[186]자메이카 크루즈(2월 16일-18일)
포트로더데일에서 몬테고베이까지 그리고 킹스턴까지 항해하세요. [186]돌고래와 함께 수영할 수 있는 기회를 포함합니다.
시작 가격: 990달러

예약을 하려면, www.pacetravel.com으로 가거나 555-0938로 전화하세요. [187]Pace 여행사 보상 클럽 회원은 위에 명시된 가격에 대해 15퍼센트 할인을 받을 것입니다.

지문 2

To: Denise Upton <d.upton@pace.com>
From: Graham Daniels <g.daniels@lyon.com>
Date: January 10
Subject: Reservation #5343

Dear Ms. Upton,

I booked one of the advertised Caribbean cruises through your Web site yesterday. However, when I received the e-mail from you with my receipt and travel itinerary, I noticed that [187/188]the 15% discount I qualified for had not been applied. [188]I would like the amount I was overcharged to be refunded to the same credit card I used to make the payment. Once this is done, please send me a confirmation e-mail. If you need to speak to me directly, my cell phone number is 555-0393. It is best to call me after 6 P.M. Thank you.

Sincerely,
Graham Daniels

수신: Denise Upton <d.upton@pace.com>
발신: Graham Daniels <g.daniels@lyon.com>
날짜: 1월 10일
제목: 5343번 예약

Ms. Upton께,

저는 어제 광고된 카리브해 크루즈 중 하나를 귀사의 웹사이트를 통해 예약했습니다. 하지만, 제가 귀사로부터 제 영수증과 여행 일정이 첨부된 이메일을 받았을 때, [187/188]제가 받을 수 있는 15퍼센트 할인이 적용되지 않았다는 것을 알아차렸습니다. [188]과다 청구된 금액은 제가 결제 시 사용한 것과 동일한 신용카드로 환불받고 싶습니다. 이것이 완료되면, 확인 메일을 보내주시길 바랍니다. 저와 직접 통화하셔야 한다면, 제 휴대폰 번호는 555-0393입니다. 오후 6시 이후에 전화하시는 것이 가장 좋습니다. 감사합니다.

Graham Daniels 드림

Leave Request Form – Belton Industries

[189]**Employee Name:** Graham Daniels

Date: January 14

Department: Marketing

Supervisor: Fred Harris

[189]**Dates Requested:** February 5 to 10 (6 days)

Reason For Leave:

Professional Development ☐ Parental ☐ Vacation ☑ Other ☐

[189]**Describe:** I'm going on a cruise.

Approved By: Fred Harris   **Date:** January 20

[190]*Requests submitted less than 10 days in advance will not be approved.*

휴무 신청 양식 – Belton 기업

[189]직원 이름: Graham Daniels

날짜: 1월 14일

부서: 마케팅

관리자: Fred Harris

[189]요청일: 2월 5일부터 10일 (6일)

휴무 사유:

전문성 개발 ☐   육아 ☐   휴가 ☑   기타 ☐

[189]설명: 크루즈 여행을 갈 것입니다.

승인자: Fred Harris   날짜: 1월 20일

[190]10일 전에 미리 제출되지 않은 신청은 승인되지 않을 것입니다.

지문 1
- ☐ **get down** phr. ~를 우울하게 만들다
- ☐ **board** v. 타다, 탑승하다
- ☐ **temple** n. 신전, 사원
- ☐ **look to** phr. ~을 하려고 계획하다
- ☐ **scenic** adj. 경치 좋은
- ☐ **sail** v. 항해하다
- ☐ **bargain price** phr. 할인 가격
- ☐ **depart** v. 출발하다

지문 2
- ☐ **receipt** n. 영수증
- ☐ **overcharge** v. 과다 청구하다
- ☐ **itinerary** n. 여행 일정
- ☐ **refund** v. 환불하다; n. 환불
- ☐ **apply** v. 적용하다, 응용하다

지문 3
- ☐ **leave** n. 휴무, 휴가
- ☐ **submit** v. 제출하다
- ☐ **supervisor** n. 관리자, 감독관
- ☐ **in advance** phr. 미리
- ☐ **approve** v. 승인하다, 인정하다

186

How does the Western Caribbean Cruise differ from the other cruise lines?

(A) It has the shortest duration.
(B) It is offered at a lower price.
(C) It does not include watersports.
(D) It visits more than one city.

서카리브해 크루즈는 다른 크루즈들과 어떻게 다른가?

(A) 지속 기간이 가장 짧다.
(B) 더 낮은 가격으로 제공된다.
(C) 수상 스포츠를 포함하지 않는다.
(D) 한 개보다 많은 도시를 방문한다.

■ 육하원칙 How   정답 (C)

서카리브해 크루즈가 다른 크루즈들과 어떻게(How) 다른지를 묻는 육하원칙 문제이므로 질문의 핵심 어구인 Western Caribbean Cruise가 언급된 첫 번째 지문인 광고를 확인한다. 광고의 'Bahamas Cruise ~ Includes an afternoon of snorkeling'에서 바하마 크루즈는 오후에 스노클링을 포함한다고 했고, 'Southern Islands Cruise ~ Includes a ~ "Introduction to SCUBA" class.'에서 남섬 크루즈는 "스쿠버 입문" 수업을 포함한다고 했으며, 'Jamaican Cruise ~ Includes an opportunity to swim with dolphins.'에서 자메이카 크루즈는 돌고래 와 함께 수영할 수 있는 기회를 포함한다고 했다. 그러나 'Western Caribbean Cruise ~ Includes a tour of a ~ Mayan temple.'에서 서 카리브해 크루즈는 마야 신전 견학을 포함한다고 했지만 수상 스포츠는 포함하지 않으므로, 서카리브해 크루즈만 수상 스포츠를 포함하지 않는 다는 것을 확인할 수 있다. 따라서 (C)가 정답이다.

어휘 duration n. 지속 기간 watersports n. 수상 스포츠

187

○○○● 상

What is suggested about Mr. Daniels?

(A) He booked a trip by contacting Ms. Upton directly.
(B) He has visited the Caribbean before.
(C) He is a member of a loyalty program.
(D) He prefers to be contacted by phone.

Mr. Daniels에 대해 암시되는 것은?

(A) Ms. Upton에게 직접 연락해서 여행을 예약했다.
(B) 전에 카리브해를 방문한 적이 있다.
(C) 고객 보상 프로그램의 회원이다.
(D) 전화로 연락받는 것을 선호한다.

■ 추론 연계 문제   정답 (C)

세 지문 중 두 지문의 내용을 종합적으로 확인한 후 추론해서 풀어야 하는 연계 문제이다. 질문의 핵심 어구인 Mr. Daniels가 작성한 이메일을 먼저 확인한다.

단서 1 두 번째 지문(이메일)의 'the 15% discount I qualified for had not been applied'에서 자신, 즉 Mr. Daniels가 받을 수 있는 15퍼센트 할인이 적용되지 않았다고 했다. 그런데 15퍼센트 할인을 어떻게 받을 수 있는지 제시되지 않았으므로 광고에서 관련 내용을 확인한다.

단서 2 첫 번째 지문(광고)의 'Members of the Pace Travel Rewards Club will receive a 15% discount'에서 Pace 여행사 보상 클럽 회원들은 15퍼센트 할인을 받을 것이라는 사실을 확인할 수 있다.

두 단서를 종합할 때, Mr. Daniels는 Pace 여행사의 고객 보상 프로그램 회원이므로 15퍼센트 할인을 받을 수 있음을 추론할 수 있다. 따라서 (C)가 정답이다.

어휘 loyalty program phr. 고객 보상 프로그램

188

○○○● 하

What does Mr. Daniels ask Ms. Upton to do?

(A) Confirm a departure date
(B) Verify a credit card number
(C) Change a travel itinerary
(D) Return some money

Mr. Daniels는 Ms. Upton에게 무엇을 해 달라고 요청하는가?

(A) 출발 날짜를 확정한다
(B) 신용 카드 번호를 확인한다
(C) 여행 일정을 변경한다
(D) 돈을 돌려준다

■ 육하원칙 What   정답 (D)

Mr. Daniels가 Ms. Upton에게 무엇(What)을 해 달라고 요청하는지를 묻는 육하원칙 문제이므로 Mr. Daniels가 Ms. Upton에게 보낸 두 번째 지문인 이메일에서 관련 내용을 확인한다. 이메일의 'the 15% discount I qualified for had not been applied. I would like the amount I was overcharged to be refunded ~.'에서 자신, 즉 Mr. Daniels가 받을 수 있는 15퍼센트 할인이 적용되지 않았으며, 과다 청구된 금액을 환불 받고 싶다고 했으므로 (D)가 정답이다.

바꾸어 표현하기
the amount ~ to be refunded 금액 환불 → Return some money 돈을 돌려준다

189

○○○● 중

Where most likely will Mr. Daniels board a cruise ship?

(A) New Orleans
(B) Miami
(C) Galveston
(D) Fort Lauderdale

Mr. Daniels는 어디에서 크루즈 유람선에 탑승할 것 같은가?

(A) 뉴올리언스
(B) 마이애미
(C) 갤버스턴
(D) 포트로더데일

■ 추론 연계 문제   정답 (B)

세 지문 중 두 지문의 내용을 종합적으로 확인한 후 추론해서 풀어야 하는 연계 문제이다. 질문의 핵심 어구인 Mr. Daniels가 작성한 양식을 먼저 확인한다.

단서 1 세 번째 지문(양식)의 'Employee Name: Graham Daniels', 'Dates Requested: February 5 to 10', 'Describe: I'm going on a cruise.'에서 Mr. Daniels가 크루즈 여행을 가기 위해 2월 5일부터 10일까지 휴무를 신청했음을 확인할 수 있다. 그런데 Mr. Daniels가 어디에서 크루즈 유람선에 탑승할 것인지는 제시되지 않았으므로 광고에서 관련 내용을 확인한다.

단서 2 첫 번째 지문(광고)의 'Southern Islands Cruise (February 5-9)', 'Departing from Miami'에서 남섬 크루즈가 2월 5일부터 9일까지이며 마이애미에서 출발한다는 사실을 확인할 수 있다.

두 단서를 종합할 때, Mr. Daniels는 크루즈 여행을 위해 2월 5일부터 10일까지 휴무를 신청했으므로 2월 5일부터 9일까지 지속되는 남섬 크루즈를 갈 것이며 마이애미에서 유람선에 탑승할 것이라는 사실을 추론할 수 있다. 따라서 (B)가 정답이다.

What is true about Belton Industries?	Belton 기업에 대해 사실인 것은?
(A) It takes up to 10 days for a holiday request to be approved.	(A) 휴무 신청이 승인되기까지 최대 10일이 소요된다.
(B) It will charter a cruise for its employees.	(B) 직원들을 위해 유람선을 전세 낼 것이다.
(C) It allows staff to have over six days of paid vacation each year.	(C) 직원들이 매년 6일 이상의 유급 휴가를 가질 수 있게 한다.
(D) It requires employees to take professional development courses.	(D) 직원들에게 전문성 개발 수업을 듣도록 요구한다.

■ **Not/True** True 문제 정답 (A)

질문의 핵심 어구인 Belton Industries와 관련된 내용을 지문에서 찾아 각 보기와 대조하는 Not/True 문제이므로 Belton 기업이 언급된 세 번째 지문인 양식에서 관련 내용을 확인한다. (A)는 'Requests submitted less than 10 days in advance will not be approved.'에서 10일 전에 미리 제출되지 않은 신청은 승인되지 않을 것이라고 했으므로 지문의 내용과 일치한다. 따라서 (A)가 정답이다. (B), (C), (D)는 지문에 언급되지 않은 내용이다.

어휘 **up to** phr. 최대 **charter** v. 전세 내다 **paid** adj. 유급의

Questions 191-195 refer to the following list, Web page, and e-mail.

191-195는 다음 목록, 웹페이지, 이메일에 관한 문제입니다.

지문 1

FILMOGRAPHY: [191/192]Henry Spencer, actor

Run for your Life, [191-B]role of marathoner Dale Warren
Directed by Aaron Marks

[191-C]***Some Prefer the Breeze***, [191-B]role of doctor Richie Dean, [191-C]nominated for SPG Award for best supporting actor
Directed by Larry Loden

[191-A/D]***Therein Lies the Truth***, [191-B]role of lawyer Abner Cole, [191-D]nominated for SPG Award for lead actor and won International Screen Award for lead actor
[191-A]Directed by Greg Steinfeld

[191-A]***Show me the Way***, [191-B]role of scientist Ellis Charleston, won International Screen Award for lead actor
[191-A]Directed by Greg Steinfeld

[191-C/192]***Bandits of Time***, [191-B]role of astronaut Hal Lourdes, [191-C]won Sci-Fi Award for best supporting actor
Directed by Jerry Bradbury

필모그래피: [191/192]Henry Spencer, 배우

Run for your Life, [191-B]마라톤 선수 Dale Warren 역할
Aaron Marks 감독

[191-C]*Some Prefer the Breeze*, [191-B]의사 Richie Dean 역할, [191-C]SPG상 최우수 조연 배우상 후보
Larry Loden 감독

[191-A/D]*Therein Lies the Truth*, [191-B]변호사 Abner Cole 역할, [191-D]SPG상 주연 배우상 후보 및 국제 영화 시상식 주연 배우상 수상
[191-A]Greg Steinfeld 감독

[191-A]*Show me the Way*, [191-B]과학자 Ellis Charleston 역할, 국제 영화 시상식 주연 배우상 수상
[191-A]Greg Steinfeld 감독

[191-C/192]*Bandits of Time*, [191-B]우주 비행사 Hal Lourdes 역할, [191-C]공상 과학 영화 시상식 최우수 조연 배우상 수상
Jerry Bradbury 감독

지문 2

http://www.screenactiontalkshow.com

HOME | **SCHEDULED SHOWS** | SHOW RECORDINGS | CONTACT US

[193]Join Korinna McKay every Wednesday evening at 5 P.M. for *Screen Action*, a radio program featuring news and interviews about the movie industry on Slick Radio 93.9 FM.

This week [194]on June 7, [192/193]Korinna welcomes Cheri Oakland to the studio, [192]who will discuss her most recent work, *Bandits of Time II*. A follow-up to the incredibly successful *Bandits of Time* released two summers ago, it includes all the cast members from the first movie.
Ms. Oakland will tell us about the film and her experience while directing the production. After the interview with Ms. Oakland, [194]actress Cecily Monroe, who returns as the character Sylvia Slade in *Bandits of Time II*, will also join us to discuss the movie. [194]Dial 1-800-555-3944 at the end of the program if you have a question about the movie that you would like to ask our guests. And if you miss this week's show, catch it later by clicking on the "SHOW RECORDINGS" tab after the airdate.

http://www.screenactiontalkshow.com

홈 | 예정된 쇼 | 녹음된 쇼 | 연락처

[193]매주 수요일 저녁 오후 5시에 Slick 라디오 93.9 FM에서 영화 산업의 소식과 인터뷰를 특집으로 하는 라디오 프로그램인 *Screen Action*에 Korinna McKay와 함께하세요.

이번 주 [194]6월 7일에는 [192/193]Korinna가 Cheri Oakland를 스튜디오로 맞이할 것이고, [192]Cheri Oakland는 그녀의 가장 최신작인 *Bandits of Time II*에 대해 논할 것입니다. 2년 전 여름에 개봉되어 대단히 성공적이었던 *Bandits of Time*의 후속편인 그 영화는 1편의 모든 출연자들을 포함합니다. Ms. Oakland가 저희에게 그 영화와 작품을 감독하는 동안의 그녀의 경험에 대해 이야기해 줄 것입니다. Ms. Oakland와의 인터뷰 후에는, [194]*Bandits of Time II*에서 Sylvia Slade 역으로 돌아오는 여배우 Cecily Monroe도 저희와 함께해서 그 영화에 대해 논할 것입니다. [194]만약 영화에 관해 저희 게스트들에게 물어보고 싶은 질문이 있으시면 프로그램 마지막 부분에 1-800-555-3944로 전화를 걸어주세요. 그리고 이번 주 쇼를 놓쳤다면, 방송일 이후에 "녹음된 쇼" 탭을 클릭해서 나중에 들으세요.

지문 3

TO   Bob Voorhies <bobv@genericapost.com>
FROM   Marnie Hefner <mhef@screenaction.com>
SUBJECT   *Screen Action* : June 7 program
ATTACHMENT Release form
DATE   June 8

[194]Dear Mr. Voorhies,

[194]Thank you for calling in to our June 7 program. Your question and comments were very much appreciated by

수신 Bob Voorhies <bobv@genericapost.com>
발신 Marnie Hefner <mhef@screenaction.com>
제목 *Screen Action* : 6월 7일 프로그램
첨부 권리 양도 양식
날짜 6월 8일

[194]Mr. Voorhies께,

[194]저희의 6월 7일 프로그램에 전화를 걸어주셔서 감사합니다. Ms. McKay와 저희 게스트들이 귀하의 질문과 의견을 매우 감사해 했습니다.

Ms. McKay and our guests.

As you may be aware, [195]*Screen Action* records all programs and posts them on our site for the convenience of listeners. Regulations require us to seek the permission of anyone speaking on the program before we do this, so attached you will find a release form that we kindly ask you to sign and return to us.

Once again, we are appreciative of loyal listeners like yourself.

Regards,

Marnie Hefner, producer
Screen Action

귀하께서도 아마 알고 계시다시피, [195]*Screen Action*은 청취자들의 편의를 위해 모든 프로그램을 녹음하여 그것들을 저희 사이트에 게시합니다. 규정이 저희가 이렇게 하기 전에 프로그램에서 말을 한 모든 사람들의 허락을 구할 것을 요구하기 때문에, 귀하께서는 서명해서 저희에게 다시 보내주시기를 정중히 요청드리는 권리 양도 양식이 첨부된 것을 확인하실 수 있을 것입니다.

다시 한번, 귀하와 같은 애청자들께 감사드립니다.

제작자 Marnie Hefner 드림
Screen Action

TEST | 01 | 02 | 03 | 04 | 05 | 06 | 07 | 08 | 09 | 10 | 해커스 토익 실전 1000제 3 Reading

지문 1 □ **filmography** n. 필모그래피(특정 배우가 출연하거나 특정 감독이 만든 영화 목록)
　　　　□ **nominate** v. (후보자로) 지명하다, 임명하다　　□ **supporting actor** phr. 조연 배우
　　　　□ **astronaut** n. 우주 비행사
　　　　□ **direct** v. 감독하다, 안내하다; adj. 직접적인
　　　　□ **lead actor** phr. 주연 배우

지문 2 □ **industry** n. 산업, 공업　　　　□ **work** n. 작품, 작업; v. 작업하다　　□ **follow-up** n. 후속편, 후속 조치
　　　　□ **incredibly** adv. 대단히, 믿을 수 없을 만큼　□ **cast** n. 출연자들; v. 배역하다　□ **production** n. 작품, 제작
　　　　□ **previous** adj. 이전의, 바로 앞의　　□ **airdate** n. 방송(예정)일

지문 3 □ **release** n. (권리 등의) 양도, 공개　□ **call in** phr. 전화를 하다　　□ **convenience** n. 편의, 편의 시설
　　　　□ **regulation** n. 규정, 단속　　　□ **seek** v. 구하다, 찾다　　□ **permission** n. 허가, 승인

191

According to the list, what is NOT true about Henry Spencer?

(A) He participated in two movies by the same director.
(B) He has played roles that are different occupations.
(C) He performed in leading roles in all productions.
(D) He received multiple nominations for *Therein Lies the Truth*.

목록에 따르면, Henry Spencer에 대해 사실이 아닌 것은?

(A) 같은 감독의 두 편의 영화에 참여했다.
(B) 여러 직업의 역할을 연기했다.
(C) 모든 작품에서 주연으로 연기했다.
(D) *Therein Lies the Truth*로 다수의 수상 후보 지명을 받았다.

■ Not/True Not 문제　　　　　　　　　　　　　　　　　　　　　　　　　　　　　　정답 (C)

질문의 핵심 어구인 Henry Spencer와 관련된 내용을 목록에서 찾아 각 보기와 대조하는 Not/True 문제이므로 첫 번째 지문인 목록에서 관련 내용을 확인한다. (A)는 'Henry Spencer', '*Therein Lies the Truth*', 'Directed by Greg Steinfeld'와 '*Show me the Way*', 'Directed by Greg Steinfeld'에서 Henry Spencer가 Greg Steinfeld 감독의 두 편의 영화에 출연한 것을 알 수 있으므로 지문의 내용과 일치한다. (B)는 'role of marathoner', 'role of doctor', 'role of lawyer', 'role of scientist', 'role of astronaut'에서 여러 직업의 역할을 연기한 것을 알 수 있으므로 지문의 내용과 일치한다. (C)는 '*Some Prefer the Breeze*', 'nominated for SPG Award for best supporting actor'와 '*Bandits of Time*', 'won Sci-Fi Award for best supporting actor'에서 *Some Prefer the Breeze*로 SPG상 최우수 조연 배우상 후보에 올랐고 *Bandits of Time*으로 공상 과학 영화 시상식 최우수 조연 배우상을 수상했다고 했으므로 지문의 내용과 일치하지 않는다. 따라서 (C)가 정답이다. (D)는 '*Therein Lies the Truth*', 'nominated for SPG Award for lead actor and won International Screen Award for lead actor'에서 *Therein Lies the Truth*로 SPG상 주연 배우상 후보에 오르고 국제 영화 시상식 주연 배우상을 수상했다고 했으므로 지문의 내용과 일치한다.

어휘 occupation n. 직업, 사용　perform v. 연기하다, 수행하다　nomination n. 수상 후보, 지명

192

What can be inferred about Ms. Oakland?

(A) She worked with Henry Spencer in her latest film.
(B) She received a Sci-Fi Award for one of her films.
(C) She collaborated with Jerry Bradbury on a past project.
(D) She plans to make a sequel to *Bandits of Time II*.

Ms. Oakland에 대해 추론될 수 있는 것은?

(A) 그녀의 가장 최신 영화에서 Henry Spencer와 함께 일했다.
(B) 그녀의 작품들 중 하나에 대해 공상 과학 영화상을 받았다.
(C) 지난 프로젝트에서 Jerry Bradbury와 공동으로 작업했다.
(D) *Bandits of Time II*의 속편을 만들 계획이다.

■ **추론** 연계 문제   정답 (A)

세 지문 중 두 지문의 내용을 종합적으로 확인한 후 추론해서 풀어야 하는 연계 문제이다. 질문의 핵심 어구인 Ms. Oakland가 언급된 웹페이지를 먼저 확인한다.

[단서 1] 두 번째 지문(웹페이지)의 'Korinna welcomes Cheri Oakland ~ who will discuss her most recent work, *Bandits of Time II*. A follow-up to ~ *Bandits of Time* ~, it includes all the cast members from the first movie. Ms. Oakland will tell us about ~ her experience while directing the production.'에서 Ms. Oakland가 라디오 프로그램에서 영화 감독으로서 그녀의 가장 최신작인 *Bandits of Time II*에 대해 논할 것인데, 이 영화는 *Bandits of Time*의 후속편이고 1편의 모든 출연자들을 포함한다고 했으므로 Ms. Oakland의 가장 최신작인 *Bandits of Time II*에 전편인 *Bandits of Time*의 모든 출연자들이 출연한다는 것을 확인할 수 있다. 그런데 *Bandits of Time*의 출연자들이 누구인지 제시되지 않았으므로 목록에서 관련 내용을 확인한다.

[단서 2] 첫 번째 지문(목록)의 'Henry Spencer', '*Bandits of Time*'에서 Henry Spencer가 *Bandits of Time*에 출연했었다는 것을 확인할 수 있다.

두 단서를 종합할 때, Ms. Oakland의 가장 최신작에 Henry Spencer가 출연한다는 사실을 추론할 수 있다. 따라서 (A)가 정답이다.

바꾸어 표현하기
most recent work 가장 최신작 → latest film 가장 최신 영화

어휘 **collaborate** v. 공동으로 작업하다, 제휴하다 **sequel** n. 속편, 결과

193

Who most likely is Korinna McKay?

(A) A television producer
(B) A talk show host
(C) A broadcast network executive
(D) An interview guest

Korinna McKay는 누구일 것 같은가?

(A) 텔레비전 프로그램 제작자
(B) 토크쇼 진행자
(C) 방송사 임원
(D) 인터뷰 게스트

■ **추론** 세부 정보   정답 (B)

질문의 핵심 어구인 Korinna McKay에 대해 추론하는 문제이므로 Korinna McKay와 관련된 내용이 언급된 두 번째 지문인 웹페이지에서 관련 내용을 확인한다. 웹페이지의 'Join Korinna McKay ~ for *Screen Action*, a radio program featuring news and interviews about the movie industry'에서 영화 산업의 소식과 인터뷰를 특징으로 하는 라디오 프로그램인 *Screen Action*에 Korinna McKay와 함께하라고 했고, 'Korinna welcomes Cheri Oakland to the studio'에서 Korinna가 Cheri Oakland를 스튜디오로 맞이한다고 했으므로, Korinna McKay가 게스트를 초대하여 인터뷰를 진행하는 라디오 프로그램의 진행자라는 사실을 추론할 수 있다. 따라서 (B)가 정답이다.

어휘 **host** n. 진행자, 사회자; v. 주최하다 **executive** n. 임원, 경영진

194

What is suggested about Mr. Voorhies?

(A) He was contacted by Korinna McKay previously.
(B) He provided feedback about the June 7 show online.
(C) He had a query about *Bandits of Time II* during a show.
(D) He listened to a rerun of *Screen Action*.

Mr. Voorhies에 대해 암시되는 것은?

(A) 이전에 Korinna McKay에게 연락을 받았다.
(B) 6월 7일 쇼에 대해 온라인으로 의견을 보냈다.
(C) 쇼 중에 *Bandits of Time II*에 대한 질문이 있었다.
(D) *Screen Action*의 재방송을 들었다.

■ **추론** 연계 문제   정답 (C)

세 지문 중 두 지문의 내용을 종합적으로 확인한 후 추론해서 풀어야 하는 연계 문제이다. 질문의 핵심 어구인 Mr. Voorhies에게 보내진 이메일을 먼저 확인한다.

단서1 세 번째 지문(이메일)의 'Dear Mr. Voorhies'와 'Thank you for calling in to our June 7 program. Your question and comments were very much appreciated by Ms. McKay and our guests.'에서 Mr. Voorhies에게 6월 7일 프로그램에 전화를 걸어주어서 고맙고 Ms. McKay와 게스트들이 Mr. Voorhies의 질문과 의견을 매우 고마워했다고 했다. 그런데 Mr. Voorhies가 어떤 질문을 했는지 제시되지 않았으므로 웹페이지에서 관련 내용을 확인한다.

단서2 두 번째 지문(웹페이지)의 'on June 7', 'actress Cecily Monroe, who returns ~ in *Bandits of Time II*, will also join us'와 'Dial ~ at the end of the program if you have a question about the movie that you would like to ask our guests.'에서 6월 7일의 쇼에 *Bandits of Time II*로 돌아오는 여배우 Cecily Monroe도 함께할 것이므로, 만약 영화에 관해 게스트들에게 물어보고 싶은 질문이 있으면 프로그램 마지막 부분에 전화를 걸어달라고 한 것을 확인할 수 있다.

두 단서를 종합할 때, Mr. Voorhies가 6월 7일의 라디오 프로그램에 전화를 걸어서 영화 *Bandits of Time II*에 대한 질문을 했다는 사실을 추론할 수 있다. 따라서 (C)가 정답이다.

어휘 feedback n. 의견, 피드백 query n. 질문, 의문; v. 질문하다 rerun n. 재방송, 반복; v. 재방송하다

195

Why has Ms. Hefner asked Mr. Voorhies to sign a document?

(A) To signify his willingness to be interviewed
(B) To allow a program recording to be publicly released
(C) To give permission to post some written questions
(D) To agree to keep information confidential

Ms. Hefner는 왜 Mr. Voorhies에게 서류에 서명을 해달라고 요청했는가?

(A) 인터뷰를 받겠다는 의향을 나타내기 위해
(B) 프로그램 녹음이 공개될 수 있게 하기 위해
(C) 몇 가지 서면 질문을 게시할 허가를 주기 위해
(D) 정보를 기밀로 유지하겠다고 동의하기 위해

■ **육하원칙** Why   정답 (B)

Ms. Hefner는 왜(Why) Mr. Voorhies에게 서류에 서명을 해달라고 요청했는지를 묻는 육하원칙 문제이므로 질문의 핵심 어구인 Ms. Hefner가 작성한 세 번째 지문인 이메일에서 관련 내용을 확인한다. 이메일의 '*Screen Action* records all programs and posts them on our site ~. Regulations require us to seek the permission of anyone speaking on the program before we do this, so attached you will find a release form that we kindly ask you to sign and return to us.'에서 *Screen Action*은 모든 프로그램을 녹음하여 그것들을 사이트에 게시하는데, 이렇게 하기 전에 규정이 프로그램에서 말을 한 모든 사람들의 허락을 구할 것을 요구하기 때문에 Mr. Voorhies가 첨부된 권리 양도 양식에 서명해서 다시 보내주기를 정중히 요청한다고 했으므로 (B)가 정답이다.

바꾸어 표현하기
records all programs and posts them on our site 모든 프로그램을 녹음하여 그것들을 사이트에 게시하다
→ a program recording to be publicly released 프로그램 녹음이 공개되다

어휘 signify v. 나타내다, 보여주다 willingness n. 의향, 기꺼이 하는 마음 publicly adv. 공개적으로, 여론에 의해 confidential adj. 기밀의, 신뢰를 받는

지문 1

www.reviewschool.com/articles
University-Issued Laptops

In order to ensure that incoming first-year students are well prepared, schools nationwide are increasingly offering optional laptop purchases as part of their overall tuition costs. We here at ReviewSchool.com have searched the Internet to compile a list of universities that have recently started to sell specific laptops to students. Here are the details:

School	Type of Laptop and Price	Special Features	Additional Details
[196]Brighton-Carter Institute	Anadae FlipBook $1,193	Includes a suite of conferencing tools and multi-platform communications applications	[196]Only for students taking at least 50% of their courses over the Internet
Oak Ridge University	Akeno X31 $838	N/A	Option to upgrade for additional cost Free for scholarship recipients
[198-A/D]Walford Business College	CP0 Inspire $2,621	All digital textbooks included	Available to students with no unpaid fees
Baldwin Design Academy	Comquo Pro $2,755	Comes with design industry standard software	Laptop cost is partially reimbursed to the student provided that the student graduates

www.reviewschool.com/articles
대학 지급 노트북

들어오는 신입생들이 잘 준비되어 있도록 보장하기 위해, 전국의 학교들이 점점 더 많이 전체 등록금 비용의 일부로 선택적인 노트북 구입을 제공하고 있습니다. 저희 ReviewSchool.com에서는 인터넷을 검색해 최근 학생들에게 특정 노트북을 판매하기 시작한 대학교 목록을 작성했습니다. 자세한 내용은 다음과 같습니다.

학교	노트북 종류 및 가격	특징	추가 사항
[196] Brighton-Carter 학교	Anadae FlipBook 1,193달러	회의 툴 세트와 다중 플랫폼 커뮤니케이션 애플리케이션 포함	[196]수업의 최소 50퍼센트 이상을 인터넷으로 수강하는 학생들에게만 해당
Oak Ridge 대학	Akeno X31 838달러	해당 없음	추가 비용을 내고 업그레이드할 수 있는 선택권 장학생들에게는 무료
[198-A/D] Walford 경영 대학	CP0 Inspire 2,621 달러	모든 디지털 교과서 포함	미납 비용이 없는 학생들에게 제공 가능
Baldwin 디자인 학교	Comquo Pro 2,755달러	디자인 업계 표준 소프트웨어 포함	학생이 졸업한다는 조건 하에 노트북 비용 일부 환급

지문 2

WALFORD BUSINESS COLLEGE

Zara Panwar
471 Cardinal Lane
Tualatin, OR 97062

August 1

Dear Ms. Panwar,

[197/198-D]We just want to let you know that Walford Business College will be making laptops available to all new students starting this upcoming fall semester. While [198-A]it is not mandatory for students to use a Walford Business College-issued laptop, [197]getting one is highly recommended for the

Walford 경영 대학

Zara Panwar
471 Cardinal로
Tualatin, 오리건주 97062

8월 1일

Ms. Panwar께,

[197/198-D]이번 가을 학기부터 Walford 경영 대학에서 모든 신입생들이 노트북을 구입 가능하도록 할 예정이라는 것을 알려드리고 싶습니다. [198-A]학생들이 Walford 경영 대학에서 지급한 노트북을 사용하는 것이 의무는 아니지만, [197]편의를 위해 노트북을 구입하는 것이 매우 권장됩니다. 저희 노트북은 학생들이 즉시 사용할 수 있도록 준비되어 있을 뿐만 아니라, 저희는 캠퍼스 내에 기술 지원 센터도 갖추고

sake of convenience. Not only are our laptops ready for students' immediate use, but we also have a technical support center on campus. Furthermore, [198-D]the laptop can be paid for over the four years it will take to complete your degree, with a percentage of the cost being added to each tuition payment. [200]We even offer optional insurance for $10 per month to fully cover the cost of any necessary repairs.

[199]If you are interested in receiving a new laptop this semester, please complete the form enclosed with this letter and return it to us by August 12.

Sincerely,
Charles Langley
[200]Walford Business College, Undergraduate Coordinator

있습니다. 또한, [198-D]이 노트북은 귀하의 학위를 마치는 데 걸리는 4년에 걸쳐 비용이 지불될 수 있으며, 각각의 등록금 지불금에 비용의 일부가 추가됩니다. [200]저희는 심지어 매달 10달러에 필요한 수리 비용을 전액 보장하는 선택적 보험도 제공합니다.

[199]만약 귀하께서 이번 학기에 새 노트북을 받는 것에 관심이 있으시다면, 이 편지와 함께 동봉된 양식을 작성하여 8월 12일까지 저희에게 보내주십시오.

Charles Langley 드림
[200]Walford 경영 대학, 학부 담당자

지문 3

To: Technical Support
<technicalsupport@walfordbusinesscollege.com>
From: Zara Panwar
<zara_panwar@walfordbusinesscollege.com>
Subject: My laptop
Date: April 15

To whom it may concern,

[200]I'm writing to report a problem with my laptop. Specifically, the battery barely lasts an hour even when the device is fully charged. I know something is wrong because I was able to use it for at least four hours at a time until about a week ago. [200]Anyway, I plan to bring in my laptop for repairs this morning. For your reference, my insurance policy number is 0BBB11889.

Thank you.

Zara Panwar

수신: 기술 지원 <technicalsupport@walfordbusinesscollege.com>
발신: Zara Panwar <zara_panwar@walfordbusinesscollege.com>
제목: 제 노트북
날짜: 4월 15일

담당자분께,

[200]제 노트북에 대한 문제를 전달하기 위해 연락드립니다. 구체적으로는, 기기가 완전히 충전된 상태에서도 배터리가 겨우 1시간 정도밖에 지속되지 않습니다. 일주일쯤 전까지는 한 번에 적어도 4시간 동안 사용할 수 있었기 때문에 뭔가 잘못되었다는 것을 알고 있습니다. [200]어쨌든, 저는 오늘 아침에 수리를 위해 제 노트북을 가지고 올 계획입니다. 참고로, 제 보험 증서 번호는 0BBB11889입니다.

감사합니다.

Zara Panwar 드림

지문 1	□ issue v. 지급하다, 발급하다	□ incoming adj. 들어오는, 도착하는	□ nationwide adj. 전국의, 전국적인
	□ increasingly adv. 점점 더	□ optional adj. 선택적인	□ overall adj. 전체의, 전반적인
	□ tuition n. 등록금, 학비	□ compile v. 작성하다, 편찬하다	□ suite n. 세트, 모음
	□ course n. 수업, 과정	□ scholarship n. 장학금	□ textbook n. 교과서
	□ partially adv. 일부	□ reimburse v. 환급하다, 배상하다	
지문 2	□ mandatory adj. 의무적인, 필수의	□ convenience n. 편의, 편리함	□ degree n. 학위, 정도
	□ percentage n. 일부, 비율	□ insurance n. 보험	□ enclose v. 동봉하다
	□ undergraduate n. 학부(생)		
지문 3	□ barely adv. 겨우, 간신히	□ last v. 지속되다	□ charge v. 충전하다, 청구하다
	□ at a time phr. 한 번에, 따로따로	□ reference n. 참고, 참조	

196

What is suggested about the Brighton-Carter Institute?

(A) It started issuing laptops to students several years ago.
(B) It is renowned for its four-year communications program.
(C) It sells the top-ranked computer on a Web site.
(D) It offers a combination of online and offline classes.

Brighton-Carter 학교에 대해 암시되는 것은?

(A) 몇 년 전부터 학생들에게 노트북을 지급하기 시작했다.
(B) 4년짜리 커뮤니케이션 프로그램으로 유명하다.
(C) 웹사이트에서의 최상위 컴퓨터를 판매한다.
(D) 온라인과 오프라인 수업을 조합하여 제공한다.

■ **추론** 세부 정보 　　　　　　　　　　　　　　　　　　　　　　　　　　　　　　정답 (D)

질문의 핵심 어구인 Brighton-Carter Institute에 대해 추론하는 문제이므로 Brighton-Carter 학교가 언급된 첫 번째 지문인 웹페이지에서 관련 내용을 확인한다. 웹페이지의 'Brighton-Carter Institute', 'Only for students taking at least 50% of their courses over the Internet'에서 Brighton-Carter 학교의 노트북 지급은 수업의 최소 50퍼센트 이상을 인터넷으로 수강하는 학생들에게만 해당한다고 했으므로 Brighton-Carter 학교가 온라인과 오프라인 수업을 조합하여 제공한다는 사실을 추론할 수 있다. 따라서 (D)가 정답이다.

어휘 renowned adj. 유명한 top-ranked adj. 최상위의 combination n. 조합, 배열

197

Why did Mr. Langley write to Ms. Panwar?

(A) To clarify the reasons for a technical issue
(B) To persuade her of the desirability of an offer
(C) To alleviate her concerns about an additional cost
(D) To remind her to complete some paperwork

Mr. Langley는 왜 Ms. Panwar에게 편지를 썼는가?

(A) 기술적인 문제의 이유를 명확히 하기 위해
(B) 제안의 매력성을 그녀에게 납득시키기 위해
(C) 추가 비용에 대한 그녀의 걱정을 완화하기 위해
(D) 그녀가 몇 가지 서류를 작성하도록 상기시키기 위해

■ **주제/목적 찾기** 글을 쓴 이유 　　　　　　　　　　　　　　　　　　　　　　　　정답 (B)

Mr. Langley가 Ms. Panwar에게 편지를 쓴 이유를 묻는 목적 찾기 문제이므로 두 번째 지문인 편지의 내용을 확인한다. 편지의 'We just want to let you know that Walford Business College will be making laptops available', 'getting one is highly recommended for the sake of convenience'에서 Walford 경영 대학이 노트북을 구입 가능하도록 할 예정이며 편의를 위해 노트북을 구입하는 것이 매우 권장된다고 했으므로 (B)가 정답이다.

어휘 clarify v. 명확히 하다, 분명히 말하다 persuade v. 납득시키다, 설득하다 desirability n. 매력, 바람직함 alleviate v. 완화하다, 달래다

198

What is indicated about the CP0 Inspire?

(A) It is a compulsory purchase for new students.
(B) It must be returned upon graduation.
(C) It is the most expensive laptop on the market.
(D) It may be paid for in installments.

CP0 Inspire에 대해 언급된 것은?

(A) 신입생들에 있어 구매가 필수이다.
(B) 졸업할 때 반납되어야 한다.
(C) 시장에서 가장 비싼 노트북이다.
(D) 비용이 할부로 지불될 수 있다.

■ **Not/True** 연계 문제 　　　　　　　　　　　　　　　　　　　　　　　　　　　정답 (D)

세 지문 중 두 지문의 내용을 종합해서 풀어야 하는 연계 문제이다. 질문의 핵심 어구인 CP0 Inspire와 관련된 내용을 지문에서 찾아 각 보기와 대조하는 Not/True 문제이므로, CP0 Inspire가 언급된 첫 번째 지문인 웹페이지와 두 번째 지문인 편지를 확인한다. (A)는 웹페이지의 'Walford Business College, CP0 Inspire'에서 Walford 경영 대학이 CP0 Inspire 노트북을 판매한다고 했고, 편지의 'it is not mandatory for students to use a Walford Business College-issued laptop'에서 학생들이 Walford 경영 대학에서 지급한 노트북, 즉 CP0 Inspire를 사용하는 것이 의무는 아니라고 했으므로 지문의 내용과 일치하지 않는다. (B)와 (C)는 지문에 언급되지 않은 내용이다. (D)는 웹페이지의 'Walford Business College, CP0 Inspire'에서 Walford 경영 대학이 CP0 Inspire 노트북을 판매한다고 했고, 편지의 '~ Walford Business College will be making laptops available', 'the laptop can be paid for over ~ four years'에서 Walford 경영 대학에서 노트북을 구입 가능하도록 할 예정이며 이 노트북, 즉 CP0 Inspire는 4년에 걸쳐 비용이 지불될 수 있다고 했으므로 지문의 내용과 일치한다. 따라서 (D)가 정답이다.

바꾸어 표현하기

can be paid for over ~ four years 4년에 걸쳐 비용이 지불될 수 있다 → may be paid for in installments 비용이 할부로 지불될 수 있다

어휘 compulsory adj. 필수의, 강제적인 installment n. 할부, 분할 불입

According to the letter, what should Ms. Panwar do in order to receive a laptop?

(A) Attend an orientation
(B) Visit a support center
(C) Submit a document
(D) Earn a scholarship

편지에 따르면, Ms. Panwar는 노트북을 받기 위해 무엇을 해야 하는가?

(A) 예비 교육에 참석한다
(B) 지원 센터에 방문한다
(C) 문서를 제출한다
(D) 장학금을 받는다

■ **육하원칙** What 　　　　　　　　　　　　　　　　　　　　　　　　　　　정답 (C)

편지에 따르면 Ms. Panwar가 노트북을 받기 위해 무엇(what)을 해야 하는지를 묻는 육하원칙 문제이므로 질문의 핵심 어구인 Ms. Panwar do ~ to receive a laptop과 관련된 내용이 언급된 두 번째 지문인 편지를 확인한다. 편지의 'If you are interested in receiving a new laptop ~ please complete the form enclosed with this letter and return it to us ~.'에서 새 노트북을 받는 것에 관심이 있다면 편지와 함께 동봉된 양식을 작성하여 보내 달라고 했으므로 (C)가 정답이다.

어휘　orientation n. 예비 교육

200

What can be inferred about Ms. Panwar?

(A) She will buy a replacement battery at a technical support center.
(B) She will have a device repaired at no extra cost.
(C) She had a four-hour-long class a week ago.
(D) She has had problems with her laptop ever since she received it.

Ms. Panwar에 대해 추론될 수 있는 것은?

(A) 기술 지원 센터에서 교체용 배터리를 구매할 것이다.
(B) 추가 비용 없이 기기를 수리받을 것이다.
(C) 일주일 전에 4시간짜리 수업이 있었다.
(D) 그녀의 노트북을 받은 이후로 줄곧 문제를 겪었다.

■ **추론** 연계 문제 　　　　　　　　　　　　　　　　　　　　　　　　　　정답 (B)

세 지문 중 두 지문의 내용을 종합적으로 확인한 후 추론해서 풀어야 하는 연계 문제이다. 질문의 핵심 어구인 Ms. Panwar가 작성한 이메일을 먼저 확인한다.

단서 1 세 번째 지문(이메일)의 'I'm writing to report a problem with my laptop.'에서 Ms. Panwar가 자신의 노트북에 대한 문제를 전달하기 위해 연락한다고 한 후, 'I plan to bring in my laptop for repairs ~. ~ my insurance policy number is 0BBB11889.'에서 수리를 위해 노트북을 가지고 올 것이며 보험 증서가 있다고 했다. 그런데 보험에 대한 세부 사항이 제시되지 않았으므로 편지에서 관련 내용을 확인한다.

단서 2 두 번째 지문(편지)의 'We[Walford Business College] ~ offer optional insurance ~ to fully cover the cost of any necessary repairs.'에서 Walford 경영 대학이 필요한 수리 비용을 전액 보장하는 선택적 보험을 제공한다는 사실을 확인할 수 있다.

두 단서를 종합할 때, Ms. Panwar는 수리 비용을 전액 보장하는 노트북 보험에 가입했으므로 추가 비용 없이 기기를 수리받을 것임을 추론할 수 있다. 따라서 (B)가 정답이다.

어휘　replacement n. 교체품, 대체품　ever since phr. ~ 이후로 줄곧

▌TEST 10

PART 5

101
○○○○● 하

Meals at Moonlight Grill consist of various dishes ------- for guests of all ages.

(A) enjoys
(B) enjoy
(C) enjoyable
(D) enjoying

Moonlight Grill의 식사는 모든 연령의 손님들이 즐길 수 있는 다양한 요리들로 구성된다.

■ 형용사 자리 정답 (C)

빈칸 앞의 명사(dishes)를 꾸밀 수 있는 것은 형용사이므로 형용사 (C)와 형용사 역할을 하는 분사 (D)가 정답의 후보이다. '모든 연령의 손님들이 즐길 수 있는 요리'라는 의미가 되어야 하므로 형용사 (C) enjoyable(즐길 수 있는)이 정답이다. 현재분사 (D)는 '요리가 (스스로) 즐긴다'라는 어색한 의미를 만든다. 참고로, 주로 -able/-ible로 끝나는 형용사들은 명사를 뒤에서 수식함을 알아둔다. 동사 (A)와 (B)는 명사를 꾸밀 수 없다.

어휘 meal n. 식사, 끼니 consist of phr. ~으로 구성되다 various adj. 다양한, 여러 가지의 dish n. 요리, 접시

102
○○○●○ 중

Mayberry Research Institute offers staff ------- which include dental coverage and a pension plan.

(A) benefitted
(B) beneficially
(C) benefits
(D) beneficial

Mayberry 연구소는 직원들에게 치과 보험과 연금 제도를 포함하는 혜택들을 제공한다.

■ 명사 자리 정답 (C)

타동사(offers)의 목적어로 쓰일 수 있는 것은 명사이므로 명사 (C) benefits(혜택)가 정답이다. 참고로, 동사 offer가 목적어를 두 개 가지는 4형식 동사이므로 동사 뒤에 간접 목적어(staff)와 직접 목적어(benefits)가 온 것임을 알아둔다. 동사 또는 분사 (A), 부사 (B), 형용사 (D)는 명사 자리에 올 수 없다.

어휘 dental coverage phr. 치과 보험 pension plan phr. 연금 제도

103
○○○●○ 중

Arranging an appointment to see Dr. Menard one month in advance is ------- due to her busy schedule.

(A) grateful
(B) conclusive
(C) precise
(D) necessary

Dr. Menard의 바쁜 일정 때문에 그녀를 만나기 위한 예약을 한 달 미리 잡는 것이 필수이다.

■ 형용사 어휘 정답 (D)

'Dr. Menard의 바쁜 일정 때문에 예약을 한 달 미리 잡는 것이 필수이다'라는 문맥이므로 형용사 (D) necessary(필수의, 필요한)가 정답이다. (A) grateful은 '고마워하는', (B) conclusive는 '(사실·증거 등이) 결정적인, 확실한', (C) precise는 '(계산·측정 등이) 정확한, 정밀한'이라는 의미이다.

어휘 appointment n. 예약, 약속 schedule n. 일정; v. 일정을 정하다

104
○○○●○ 중

Patrons who had their vehicles parked waited by the Canton Theater entrance while ------- retrieved their cars.

(A) attending
(B) attends
(C) attendants
(D) attendance

차량을 주차했던 고객들은 그들의 차를 안내원들이 빼 오는 동안 Canton 극장 입구 옆에서 기다렸다.

■ [주어 자리] 사람명사 vs. 추상명사 정답 (C)

while이 이끄는 절(while ~ cars) 내에 주어가 없으므로 주어 자리에 올 수 있는 동명사 (A), 명사 (C)와 (D)가 정답의 후보이다. '고객들은 그들의 차를 안내원들이 빼 오는 동안 기다렸다'라는 의미가 되어야 하므로 사람명사 (C) attendants(안내원)가 정답이다. 동명사 (A) attending(참석하는 것)이나 추상명사 (D) attendance(참석)를 쓰면 각각 '고객들은 그들의 차를 참석하는 것이/참석이 빼 오는 동안 기다렸다'라는 어색한 의미가 된다. 동사 (B)는 주어 자리에 올 수 없다.

어휘 patron n. 고객, 후원자 vehicle n. 차량, 이동수단 entrance n. 입구, 입장 retrieve v. (차를) 빼 오다, 되찾아오다

105

------ all the entrepreneurs in Florida are in favor of the government's plan to cut taxes, though a small minority is opposed.

(A) Solely   (B) Certainly
(C) Unusually   (D) Nearly

비록 소수는 반대하지만 거의 모든 플로리다의 사업가들은 세금을 줄이려는 정부의 계획에 찬성한다.

■ 부사 어휘   정답 (D)

빈칸 뒤의 all을 꾸며 '비록 소수는 반대하지만 거의 모든 사업가들은 세금을 줄이려는 정부의 계획에 찬성한다'라는 문맥을 만드는 부사 (D) Nearly(거의)가 정답이다. (A) Solely는 '오로지, 단지', (C) Unusually는 '평소와 달리, 대단히'라는 의미이다. (B) Certainly(확실히)도 all을 꾸며 '확실히 모든'이라는 의미를 만들 수 있지만, 이 문장에서 소수는 정부의 계획에 반대한다고 했으므로 문맥에 맞지 않는다.

어휘 entrepreneur n. 사업가 in favor of phr. ~에 찬성하여 minority n. 소수, 소수집단 opposed adj. 반대하는, 대조되는

106

AEG Co. is looking for sales associates who demonstrate excellent communication skills and an ability to work in a ------ manner.

(A) cooperative   (B) cooperation
(C) cooperatively   (D) cooperate

AEG사는 뛰어난 의사소통 기술과 협동적인 태도로 일하는 능력을 발휘하는 판매 직원들을 구하고 있다.

■ 형용사 자리   정답 (A)

빈칸 뒤의 명사(manner)를 꾸며줄 수 있는 것은 형용사이므로 형용사 (A) cooperative(협동적인)가 정답이다. 명사 (B), 부사 (C), 동사 (D)는 명사를 꾸밀 수 없다.

어휘 look for phr. 구하다, 찾다 associate n. 직원, 동료 demonstrate v. 발휘하다, (행동으로) 보여주다

107

The unnecessary extra work on Sackler Department Store's new building could have been ------ if the design plans had been followed precisely.

(A) avoided   (B) proposed
(C) cautioned   (D) cultivated

Sackler 백화점의 새로운 건물에 대한 불필요한 추가 작업은 도면이 정확하게 지켜졌더라면 예방될 수 있었다.

■ 동사 어휘   정답 (A)

'불필요한 추가 작업은 도면이 정확하게 지켜졌더라면 예방될 수 있었다'라는 문맥이므로 동사 avoid(예방하다, 피하다)의 p.p.형 (A) avoided가 정답이다. (B)의 propose는 '제안하다, 제시하다', (C)의 caution은 '경고하다, 주의시키다', (D)의 cultivate는 '경작하다, 기르다'라는 의미이다.

어휘 extra adj. 추가의 design plan phr. 도면 follow v. 지키다, 따르다 precisely adv. 정확하게, 정밀하게

108

Ms. Herrera could not sit in an aisle seat during her international flight because there were ------ available.

(A) hardly   (B) any
(C) mainly   (D) none

Ms. Herrera는 가능한 좌석이 아무것도 없었기 때문에 국제 비행 동안 통로 쪽 좌석에 앉을 수 없었다.

■ [명사 자리] 부정대명사 none   정답 (D)

가짜주어(there)에 대하여 진짜주어 자리에 올 수 있는 것은 명사이므로 명사 역할을 하는 부정대명사 (B)와 (D)가 정답의 후보이다. '가능한 좌석이 아무것도 없었기 때문에 앉을 수 없었다'라는 의미가 되어야 하므로 부정대명사 (D) none(아무것도 ~ 없다)이 정답이다. (B) any는 긍정문에서 '아무것, 무엇이든지'라는 의미를 가지므로 '가능한 아무 좌석이 있었기 때문에 앉을 수 없었다'라는 어색한 문장을 만든다. 참고로, any가 '아무것도 없다'라는 의미로 쓰이기 위해서는 not과 함께 쓰여 there were not any available과 같은 형태로 쓰여야 함을 알아둔다. 부사 (A) hardly(거의 ~ 않다), (C) mainly(주로)는 명사 자리에 올 수 없다.

어휘 aisle n. 통로, 복도 international adj. 국제의, 국제적으로 활동하는

109

Mr. Holt's acceptance of the financial executive position is ------- his satisfaction with the salary offer.

(A) responsible for
(B) dependent on
(C) opposed to
(D) provided that

재무 이사직에 대한 Mr. Holt의 수락 여부는 급여 제안에 대한 그의 만족도에 달려 있다.

■ 형용사 관련 어구　　　　　　　　　　　　　　　　　　　　　　　　　　　　　　　　　　　　　　정답 (B)

'재무 이사직에 대한 Mr. Holt의 수락 여부는 급여 제안에 대한 그의 만족도에 달려 있다'라는 문맥이므로, 빈칸 앞의 be동사(is)와 함께 '~에 달려 있다'라는 의미의 형용사 어구 be dependent on을 만드는 (B) dependent on이 정답이다. (A) responsible for는 '~에 책임이 있는', (C) opposed to는 '~에 정반대로'라는 의미이다. (D) provided that(~을 조건으로)도 해석상 그럴듯해 보이지만, 접속사 that 뒤에는 주어와 동사가 있는 완전한 절이 와야 하는데 빈칸 뒤에 동사가 없으므로 답이 될 수 없다.

어휘　acceptance n. 수락, 용인　satisfaction n. 만족, 충족　salary n. 급여, 봉급

110

Transport officials are still unsure of ------- caused Train 580 to break down earlier this morning.

(A) each
(B) those
(C) what
(D) why

교통 당국자들은 무엇이 오늘 아침 일찍 580열차를 고장 나게 했는지에 대해 여전히 불확실하다.

■ 명사절 접속사 의문사 what　　　　　　　　　　　　　　　　　　　　　　　　　　　　　　　정답 (C)

빈칸 이하(___ ~ morning)는 전치사 of의 목적어이고 동사(caused)가 있는 절이므로, 전치사의 목적어 자리에 올 수 있는 명사절을 이끄는 명사절 접속사 (C)와 (D)가 정답의 후보이다. 빈칸이 포함된 절(___ ~ morning)에 주어가 없으므로, 주어가 없는 불완전한 절을 이끌면서 그 자체가 주어 역할을 할 수 있는 의문사 (C) what(무엇)이 정답이다. (D) why(왜)는 의문부사로 명사절을 이끌기 때문에, 뒤에 빠지는 것이 없는 완벽한 절이 와야 한다. 대명사 (A) each(각각)와 (B) those(~한 사람들, 그것들)는 절을 이끌 수 없다.

어휘　unsure adj. 불확실한, 자신이 없는　break down phr. 고장 나다, 무너지다

111

The Project Green report argues ------- that the best way to save endangered species is to place them in protected wildlife areas.

(A) persuasive
(B) persuade
(C) persuasion
(D) persuasively

Green 프로젝트 보고서는 멸종 위기에 처한 종을 구하는 가장 좋은 방법이 동물들을 야생동물 보호구역에 두는 것이라고 설득력 있게 주장한다.

■ 부사 자리　　정답 (D)

빈칸 앞의 동사(argues)를 꾸미기 위해서는 부사가 와야 하므로 부사 (D) persuasively(설득력 있게)가 정답이다. 형용사 (A), 동사 (B), 명사 (C)는 동사를 꾸밀 수 없다. 만약 명사 (C)를 동사 argue의 목적어로 본다 해도, '보고서가 설득을 주장하다'라는 어색한 의미를 만든다.

어휘　argue v. 주장하다, 언쟁하다　endangered adj. 멸종 위기에 처한, 위험에 처한　species n. 종, 종류　wildlife n. 야생동물

112

The guide told visitors touring the High Point Library that the facility ------- by the renowned architect Albert Grand.

(A) designs
(B) was designed
(C) designing
(D) will be designed

안내인은 High Point 도서관을 견학하는 방문객들에게 그 시설이 유명한 건축가 Albert Grand에 의해 설계되었다고 알려주었다.

■ [동사 자리] 시제 일치　　　　　　　　　　　　　　　　　　　　　　　　　　　　　　　　　　정답 (B)

that절(that ~ Albert Grand)에 주어(the facility)만 있고 동사가 없으므로 동사 (A), (B), (D)가 정답의 후보이다. 주절(The guide ~ Library)의 동사(told)의 시제가 과거이므로 종속절에는 과거나 과거 완료가 와야 한다. 따라서 과거 시제 수동태 (B) was designed가 정답이다. 현재 시제 (A)는 주로 반복적인 행동이나 습관을 나타내고 미래 시제 (D)는 아직 일어나지 않은 미래의 일을 나타낼 때 사용되는데, 도서관이 설계된 것은 과거에 일어난 일이므로 답이 될 수 없다. 동명사 또는 분사 (C)는 동사 자리에 올 수 없다.

어휘　tour v. 견학하다, 관광하다; n. 견학　renowned adj. 유명한, 명성 있는　architect n. 건축가

113

Sundersen Technologies ------- 10 percent from Mr. Garrison's bill since he was eligible for a bulk purchase discount.

(A) deducted
(B) substituted
(C) deposited
(D) submitted

Sundersen Technologies사는 Mr. Garrison이 대량 구매 할인을 받을 자격이 있었기 때문에 그의 청구서에서 10퍼센트를 공제해 주었다.

■ 동사 어휘 　　　　　　　　　　　　　　　　　　　　　　　정답 (A)

'대량 구매 할인을 받을 자격이 있었기 때문에 청구서에서 10퍼센트를 공제해 주었다'라는 문맥이므로 동사 deduct(공제하다, 빼다)의 과거형 (A) deducted가 정답이다. (B)의 substitute는 '대신하다, 교체하다', (C)의 deposit은 '예금하다, 두다', (D)의 submit은 '제출하다, 항복하다'라는 의미이다.

어휘　bill n. 청구서, 법안　be eligible for phr. ~을 받을 자격이 있다, 적격이다　bulk purchase phr. 대량 구매　discount n. 할인; v. 할인하다

114

------- the recent economic upturn, unemployment is on the decline as more and more businesses are hiring full-time employees.

(A) In order that
(B) As a result of
(C) Despite
(D) Provided that

최근의 경기 호전의 결과로, 점점 더 많은 기업들이 정규직 직원들을 고용하면서 실업률이 감소하고 있다.

■ [수식어 거품을 이끄는 것] 전치사 선택 이유 　　　　　　　　　　　정답 (B)

이 문장은 주어(unemployment), 동사(is), 보어(on the decline)를 모두 갖춘 완전한 절이므로 ____ ~ upturn은 수식어 거품으로 보아야 한다. 이 수식어 거품은 동사가 없는 거품구이므로 거품구를 이끌 수 있는 전치사 (B)와 (C)가 정답의 후보이다. '경기 호전의 결과로 점점 더 많은 기업들이 정규직 직원들을 고용하면서 실업률이 감소하고 있다'라는 의미가 되어야 하므로 이유를 나타내는 전치사 (B) As a result of(~의 결과로, ~으로 인해)가 정답이다. (C) Despite는 '~에도 불구하고'라는 의미로 양보를 나타낸다. (A) In order that은 '~하기 위한 목적으로', (D) Provided that은 '만일 ~이라면'이라는 의미의 부사절 접속사로 거품구가 아닌 거품절을 이끈다.

어휘　upturn n. 호전, 상승　unemployment n. 실업률, 실업　be on the decline phr. 감소하고 있다　full-time adj. 정규직의

115

Passengers ------- to fill in their arrival forms during the flight for quicker processing at the immigration checkpoint.

(A) remind
(B) have reminded
(C) reminding
(D) are reminded

승객들은 입국 심사대에서의 더 빠른 처리를 위해 비행 중에 입국 신고서를 작성하도록 상기된다.

■ [동사 자리] 5형식 동사의 수동태 　　　　　　　　　　　　　　　정답 (D)

문장에 동사가 없으므로 동사 (A), (B), (D)가 정답의 후보이다. 보기의 동사 remind(상기시키다)가 목적어와 목적격 보어를 갖는 5형식 동사인데, 빈칸 뒤에 목적격 보어(to fill in ~ forms)만 있고, '승객들은 비행 중에 입국 신고서를 작성하도록 상기된다'라는 수동의 의미가 되어야 하므로 수동태 (D) are reminded가 정답이다. 능동태 (A)와 (B)를 쓸 경우 각각 '승객들은 비행 중에 입국 신고서를 작성하도록 상기시킨다/상기시켜왔다'라는 어색한 문맥을 만들고, 동사 다음에 목적어와 목적격 보어가 모두 와야 한다. 동명사 또는 분사 (C)는 동사 자리에 올 수 없다. 참고로, 이 문장은 동사 remind가 수동태로 쓰이면서 목적어(Passengers)가 주어 자리에 오고 목적격 보어(to fill in ~ forms)가 동사 뒤에 남은 형태임을 알아둔다.

어휘　fill in phr. 작성하다, 기입하다　arrival form phr. 입국 신고서　processing n. 처리, 가공　immigration checkpoint phr. 입국 심사대

TEST | 01 | 02 | 03 | 04 | 05 | 06 | 07 | 08 | 09 | 10

해커스 토익 실전 1000제 3 Reading

116

Overdrive is a low-budget action film that has no ------- to actor Sam Horton's autobiography, which has the same title.

(A) relates
(B) related
(C) relate
(D) relation

*Overdrive*는 같은 제목을 가지고 있는 배우 Sam Horton의 자서전과는 관련이 없는 저예산 액션 영화이다.

■ 명사 자리   정답 (D)

that절(that ~ autobiography)의 동사(has)가 타동사인데 다음에 목적어가 없으므로 목적어 자리에 올 수 있는 명사 (D) relation(관련, 관계)이 정답이다. 참고로, have no relation to(~과 관련이 없다)를 관용구로 알아둔다. 동사 (A)와 (C), 동사 또는 분사 (B)는 명사 자리에 올 수 없다.

어휘 low-budget adj. 저예산의 autobiography n. 자서전 title n. 제목, 서적

117

Without exception, ------- employees must undergo on-the-job training to enhance their skills.

(A) every
(B) all
(C) a lot
(D) few

예외 없이, 모든 직원들은 그들의 기술을 향상시키기 위해 직무 교육을 받아야 한다.

■ 수량 표현   정답 (B)

빈칸 뒤의 복수 가산 명사(employees)를 꾸밀 수 있는 (B)와 (D)가 정답의 후보이다. '예외 없이 모든 직원들은 직무 교육을 받아야 한다'라는 문맥이므로 수량 표현 (B) all(모든)이 정답이다. (D) few(거의 없는)를 쓰면 '예외 없이 거의 없는 직원들'이라는 어색한 문맥이 된다. (A) every(모든)는 단수 명사를 꾸미고, (C) a lot은 '많이'라는 의미의 부사이므로 명사를 꾸밀 수 없다. 참고로, a lot of의 경우에는 '많은'이라는 의미로, 가산 명사와 불가산 명사 앞에 모두 쓰일 수 있다는 것도 알아둔다.

어휘 exception n. 예외, 이의 undergo v. 받다, 견디다 on-the-job training phr. 직무 교육, 직장 내 교육 훈련 enhance v. 향상시키다, 높이다

118

The client was never in his office ------- many times Ms. Baxter tried to call him.

(A) otherwise
(B) however
(C) hence
(D) somehow

Ms. Baxter가 아무리 여러 번 그와 통화를 하려고 시도해도 그 고객은 그의 사무실에 있었던 적이 없었다.

■ 부사절 접속사 복합관계부사 however   정답 (B)

이 문장은 주어(The client), 동사(was), 보어(in his office)를 모두 갖춘 완전한 절이므로 빈칸 이하(____ ~ him)는 수식어 거품으로 보아야 한다. 따라서 빈칸 뒤의 절(many times Ms. Baxter tried to call him)을 이끌어 수식어 거품 자리에 올 수 있는 부사절을 만들고, '아무리 여러 번 그와 통화를 하려고 시도해도 그 고객은 그의 사무실에 있었던 적이 없었다'라는 자연스러운 문맥을 만드는 복합관계부사 (B) however (아무리 ~해도)가 정답이다. 참고로, 복합관계부사 however는 'however + 형용사/부사 + 주어 + 동사'의 형태로 자주 쓰임을 알아둔다. 부사 (A) otherwise(그렇지 않으면), (C) hence(이런 이유로), (D) somehow(어떻게든, 왠지)는 절을 이끌 수 없다.

119

LocerTech's primary goal is to be as ------- as possible to customer inquiries.

(A) shortened
(B) accelerated
(C) responsive
(D) intentional

LocerTech사의 주된 목표는 고객 문의에 가능한 한 즉각적으로 대응하는 것이다.

■ 형용사 어휘   정답 (C)

'고객 문의에 가능한 한 즉각적으로 대응하다'라는 문맥이므로 형용사 (C) responsive(즉각적으로 대응하는, 호응하는)가 정답이다. (A) shortened는 '짧아진', (D) intentional은 '의도적인'이라는 의미이다. (B) accelerated(가속된)도 해석상 그럴듯해 보이지만, 이동할 때의 속력을 빠르게 하거나 일의 시기를 빠르게 하는 것을 나타내므로 문맥상 어울리지 않는다.

어휘 primary adj. 주된, 주요한 inquiry n. 문의, 질문

120

Rodgers Industrial celebrated the ------- of its 50th anniversary by hosting a banquet for clients from around the world.

(A) impression
(B) integration
(C) occasion
(D) gratitude

Rodgers Industrial사는 전 세계의 고객들을 위한 연회를 주최하여 50주년 기념일을 축하했다.

■ 명사 어휘
정답 (C)

'전 세계의 고객들을 위한 연회를 주최하여 기념일을 축하했다'라는 문맥이므로 명사 (C) occasion(경우, 때)이 정답이다. (A) impression은 '인상, 감동', (B) integration은 '통합', (D) gratitude는 '감사하는 마음'이라는 의미이다.

어휘 celebrate v. 축하하다, 거행하다 anniversary n. 기념일 host v. 주최하다, 진행하다 banquet n. 연회 from around the world phr. 전 세계의

121

Gilbot Grounds had to work ------- to get the landscaping project finished by the deadline.

(A) intense
(B) intensely
(C) intensive
(D) intensity

Gilbot Grounds사는 조경 프로젝트를 기한까지 끝내기 위해 열심히 작업해야 했다.

■ 부사 자리
정답 (B)

빈칸 앞의 동사(work)를 꾸밀 수 있는 것은 부사이므로 부사 (B) intensely(열심히, 강렬하게)가 정답이다. 형용사 (A)와 (C), 명사 (D)는 동사를 꾸밀 수 없다. 만약 빈칸 앞의 동사(work)를 '사용하다, 운용하다'라는 뜻의 타동사로 보고 명사 (D)를 타동사의 목적어로 본다 해도, '강렬함을 사용/운용해야 했다'라는 어색한 문맥을 만들기 때문에 답이 될 수 없다.

어휘 landscaping n. 조경 intense adj. 극심한, 강렬한 intensive adj. 집중적인, 철두철미한 intensity n. 강렬함, 격렬함

122

Under the finance minister's leadership, corporations recovered quickly from last year's losses and then began making substantial -------.

(A) regulations
(B) earnings
(C) entrants
(D) estimations

재무장관의 지도력 하에, 기업들은 지난해의 손실로부터 빠르게 회복했고 그 후 상당한 수익을 내기 시작했다.

■ 명사 어휘
정답 (B)

'기업들은 지난해의 손실로부터 빠르게 회복했고 그 후 상당한 수익을 내기 시작했다'라는 문맥이므로 명사 (B) earnings(수익, 수입)가 정답이다. 참고로, make earnings(수익을 내다)를 관용구로 외워둔다. (A)의 regulation은 '규정, 규제', (C)의 entrant는 '참가자', (D)의 estimation은 '판단, 평가'라는 의미이다.

어휘 minister n. 장관, 목사 recover v. 회복하다, 되찾다 loss n. 손실, 감소 substantial adj. 상당한

123

The provision of additional government grants for college tuition will make education ------- to more people from around the country.

(A) exclusive
(B) plentiful
(C) confidential
(D) accessible

대학 등록금에 대한 추가적인 정부 보조금의 제공은 전국에 있는 더 많은 사람들이 교육을 이용할 수 있도록 할 것이다.

■ 형용사 어휘
정답 (D)

'대학 등록금에 대한 추가적인 정부 보조금의 제공은 전국에 있는 더 많은 사람들이 교육을 이용할 수 있도록 할 것이다'라는 문맥이므로 형용사 (D) accessible(이용할 수 있는, 접근하기 쉬운)이 정답이다. (A) exclusive는 '독점적인, 배타적인', (C) confidential은 '비밀의, 은밀한'이라는 의미이다. (B) plentiful(풍부한, 충분한)도 해석상 그럴듯해 보이지만 양이 많다는 의미로 쓰이기 때문에 답이 될 수 없다.

어휘 provision n. 제공, 준비 grant n. 보조금, 허가 college tuition phr. 대학 등록금

124
○○○○● 하

The current edition of the employee handbook ------- detailed guidelines for employee performance reviews.

(A) contain
(B) was contained
(C) contains
(D) containing

직원 안내서의 현재 판에는 직원 업무 평가에 대한 상세한 지침들이 들어있다.

■ **[동사 자리] 동사는 수, 태, 시제가 맞아야 한다.**　　　　　　　　정답 (C)

문장에 동사가 없으므로 동사 (A), (B), (C)가 정답의 후보이다. 주어(The current edition of the employee handbook)가 단수이고, 현재의 상태를 나타내는 표현(current)이 있으므로 단수 동사이면서 현재 시제인 (C) contains(~이 들어있다, 포함하다)가 정답이다. 복수 동사 (A)는 복수 주어와 함께 쓰여야 한다. 과거 시제 수동태 (B)는 시제가 맞지 않고, 빈칸 뒤의 목적어(detailed guidelines)를 취할 수 없으므로 답이 될 수 없다. 동명사 또는 분사 (D)는 동사 자리에 올 수 없다.

어휘　current adj. 현재의; n. 흐름, 경향　handbook n. 안내서, 입문서　guideline n. 지침, 지표

125
○○○○● 중

Shoppers looking for high-quality electronics at low prices will find a ------- selection at the new NorvelTech store.

(A) greatest
(B) greatly
(C) greaten
(D) greater

낮은 가격의 고품질 전자 기기를 찾는 쇼핑객들은 새로운 NorvelTech사 상점에서 더 많은 선택권을 발견할 것이다.

■ **[형용사 자리] 비교급**　　　　　　　　정답 (D)

빈칸 뒤의 명사(selection)를 꾸밀 수 있는 것은 형용사이므로 형용사 (A)와 (D)가 정답의 후보이다. '쇼핑객들은 새로운 NorvelTech사 상점에서 더 많은 선택권을 발견할 것이다'라는 의미가 되어야 하므로 형용사 great(많은)의 비교급 (D) greater가 정답이다. 최상급 (A)는 빈칸 앞의 a와 함께 쓰일 수 없고, 명사를 수식할 경우 주로 'the + 최상급'의 형태로 쓰인다. 부사 (B)와 동사 (C)는 명사를 꾸밀 수 없다.

어휘　look for phr. 찾다, 기대하다　high-quality adj. 고품질의　electronics n. 전자 기기, 전자 기술

126
○○○○● 상

Although Southmoore Records has been actively seeking a new CEO for three months, they have ------- to find a suitable candidate.

(A) yet
(B) never
(C) seldom
(D) seemed

Southmoore Records사는 세 달 동안 적극적으로 새로운 최고경영자를 찾아왔지만, 그들은 아직 적합한 후보자를 발견하지 못했다.

■ **부사 선택** 시간 부사　　　　　　　　정답 (A)

'세 달 동안 새로운 최고경영자를 찾아왔지만 아직 적합한 후보자를 발견하지 못했다'라는 의미가 되어야 하므로 '아직 ~하지 못했다'라는 의미의 어구 have yet to를 만드는 부사 (A) yet(아직)이 정답이다. 부사 (B) never는 '결코 ~않다', (C) seldom은 '거의 ~않다'라는 의미로 모두 빈도를 나타낸다. 동사 또는 분사 (D)를 쓰면 'have + p.p.' 형태가 되어 '세 달 동안 새로운 최고경영자를 찾아왔지만 적합한 후보자를 발견한 것 같았다'라는 어색한 문맥을 만든다.

어휘　actively adv. 적극적으로, 활발히　seek v. 찾다, 구하다　suitable adj. 적합한, 타당한　candidate n. 후보자, 지원자

127
○○○○● 상

Many office workers frequent Stan's Bistro because of its ------- to the business district.

(A) proximity
(B) closure
(C) simplicity
(D) scheme

많은 회사원들이 상업 지역과의 근접성 때문에 Stan's Bistro에 자주 간다.

■ **명사 어휘**　　　　　　　　정답 (A)

'많은 회사원들이 상업 지역과의 근접성 때문에 Stan's Bistro에 자주 간다'라는 문맥이므로 명사 (A) proximity(근접성, 가까움)가 정답이다. (B) closure는 '폐쇄, 종료', (C) simplicity는 '간단함, 순박함', (D) scheme은 '계획, 책략'이라는 의미이다.

어휘　office worker phr. 회사원, 사무원　frequent v. 자주 가다; adj. 빈번한　business district phr. 상업 지역

128

The temperature this morning is cool and pleasant, but it is expected to increase steadily ------- the day.

(A) between
(B) above
(C) next to
(D) throughout

오늘 아침 기온은 시원하고 쾌적하지만 온종일에 걸쳐 지속적으로 높아질 것으로 예상된다.

■ **전치사 선택** 기간 　　　　　　　　　　　　　　　　　　　　　　　　　　　　　　　　정답 (D)

'기온이 온종일에 걸쳐 지속적으로 높아질 것으로 예상된다'라는 의미가 되어야 하므로 기간을 나타내는 전치사 (D) throughout(~에 걸쳐, ~ 내내)이 정답이다. 참고로, throughout the day(온종일에 걸쳐)를 관용구로 외워둔다. (A) between은 '~ 사이에'라는 의미로 두 개의 시점 사이의 기간을 나타낼 때 쓰이기 때문에 답이 될 수 없다. (B) above는 '~ 위에', (C) next to는 '~ 옆에'라는 의미로 위치를 나타낸다.

어휘　temperature n. 기온, 온도　pleasant adj. 쾌적한, 즐거운　steadily adv. 지속적으로, 끊임없이

129

Now that the city has hired additional workers, it can ------- with the construction of the new civic center.

(A) enhance
(B) concern
(C) replace
(D) proceed

그 도시가 추가 근로자들을 고용했기 때문에, 시는 새로운 시민회관의 건설을 진행할 수 있다.

■ **동사 어휘** 　　　　　　　　　　　　　　　　　　　　　　　　　　　　　　　　　　　정답 (D)

'추가 근로자들을 고용했기 때문에 새로운 시민회관의 건설을 진행할 수 있다'라는 문맥이므로 동사 (D) proceed(진행하다, 추진하다)가 정답이다. 참고로, 동사 proceed는 자동사이므로 목적어를 가질 때는 보통 전치사 with와 함께 proceed with의 형태로 쓰임을 알아둔다. (A) enhance는 '강화하다, 향상시키다', (B) concern은 '걱정하다, 관련되다', (C) replace는 '바꾸다, 대신하다'라는 의미이다.

어휘　civic center phr. 시민회관

130

------- to be the best in the city, the Melise Restaurant is booked for the next six months.

(A) Reporting
(B) Report
(C) Reported
(D) Reportable

그 도시에서 최고라고 보도되어서, Melise 레스토랑은 다음 여섯 달 동안 예약이 되어있다.

■ **[수식어 거품을 이끄는 것] 현재분사 vs. 과거분사** 　　　　　　　　　　　　　　　　　정답 (C)

이 문장은 주어(the Melise Restaurant)와 동사(is booked)를 갖춘 완전한 절이므로, ___ to be the best in the city는 수식어 거품으로 보아야 한다. 따라서 수식어 거품을 이끌 수 있는 현재분사 (A)와 과거분사 (C)가 정답의 후보이다. 빈칸 다음에 목적어가 없고, 주절의 주어(the Melise Restaurant)와 분사구문이 'Melise 레스토랑이 보도되다'라는 의미의 수동 관계이므로 동사 report(보도하다)의 과거분사 (C) Reported가 정답이다. 현재분사 (A) Reporting은 '레스토랑이 보도하다'라는 어색한 문맥을 만들기 때문에 답이 될 수 없다. 동사 또는 명사 (B)와 형용사 (D)는 수식어 거품을 이끌 수 없다.

PART 6

Questions 131-134 refer to the following memo.

131-134는 다음 회람에 관한 문제입니다.

To: All staff members
From: Greg Birch, CTO
Subject: Server
Date: March 2

As you may know, our company server -------. Although the
disruption was only temporary and the server is now
131
running, I am considering switching to a different system.
------- the server goes down again, it could create a serious
132
problem. Because we want to prevent that from happening,
I've spoken with Jason, the head of our IT team. He can
install a new server that will be less ------- to malfunctions.
133
-------. Thankfully, we will be able to transfer files from the
134
old server to the new one without any difficulty.

I will continue to send you updates as I receive more
information from Jason.

수신: 전 직원
발신: Greg Birch, 최고 기술 책임자
제목: 서버
날짜: 3월 2일

131 여러분이 아시다시피, 우리 회사 서버가 연결이 끊겼었습니다. 이 중단 상태는 일시적일 뿐이었고 지금은 서버가 작동 중이지만, 저는 다른 시스템으로 바꾸는 것을 고려하고 있습니다. 132 만일 서버가 또다시 중단되면, 이는 심각한 문제를 야기할 수 있습니다. 우리는 그러한 일이 일어나는 것을 방지하고 싶기 때문에, 제가 우리 IT 팀의 책임자인 Jason과 논의했습니다. 133 그는 고장에 덜 취약할 새로운 서버를 설치할 수 있습니다. 134 게다가, 그것은 더 큰 메모리 용량과 더 나은 보안성을 가질 것입니다. 다행스럽게도, 우리는 파일들을 이전 서버에서 새로운 서버로 아무런 어려움 없이 옮길 수 있을 것입니다.

Jason으로부터 더 많은 정보를 받게 되면 여러분께 계속해서 최신 소식들을 보내드리겠습니다.

131 (A) disconnecting
(B) was disconnected
(C) has been disconnected
(D) has disconnected

132 (A) Before
(B) But
(C) If
(D) So

133 (A) vulnerable
(B) flexible
(C) dangerous
(D) faulty

134 (A) The breakdown is expected to be repaired over the next few days.
(B) In addition, it will have a greater memory capacity and better security.
(C) However, this solution is impractical as it is much too costly.
(D) Several companies in the affected area reported similar outages.

어휘 disruption n. 중단, 붕괴 temporary adj. 일시적인, 임시의 run v. 작동하다, 운영하다 switch v. 바꾸다, 교환하다 go down phr. 중단되다
prevent v. 방지하다, 방해하다 head n. 책임자, 장관 install v. 설치하다, 임명하다 malfunction n. 고장; v. 제대로 작동하지 않다
transfer v. 옮기다, 이동시키다

131 ■ [동사 자리] 과거 시제 _{주변 문맥 파악}　　　정답 (B)

문장에 주어(our company server)만 있고 동사가 없으므로 동사 (B), (C), (D)가 정답의 후보이다. '우리 회사 서버가 연결이 끊기다'라는 문맥인데, 이 경우 빈칸이 있는 문장만으로는 올바른 시제의 동사를 고를 수 없으므로 주변 문맥이나 전체 문맥을 파악한다. 뒤 문장에서 이 중단 상태가 일시적일 뿐이었고 지금은 서버가 작동 중이라고 했으므로 서버의 연결이 끊긴 중단 상태는 과거에 끝났음을 알 수 있다. 따라서 이미 끝난 과거의 동작이나 상태를 표현할 때 쓰이는 과거 시제 (B) was disconnected가 정답이다. 현재 완료 시제 (C)는 과거에 발생한 일이 현재까지 계속될 때 쓰이는데, 서버 중단 상태가 현재까지 계속되고 있지 않으므로 답이 될 수 없다. 현재 완료 능동태 (D)는 시제가 맞지 않을 뿐만 아니라 disconnect(연결을 끊다)가 타동사인데 빈칸 뒤에 목적어가 없으므로 답이 될 수 없다. 동명사 또는 분사 (A)는 동사 자리에 올 수 없다.

132 ■ 부사절 접속사 _{조건}　　　정답 (C)

절(the server ~ again)과 절(it could ~ problem)을 연결할 수 있는 접속사인 모든 보기가 정답의 후보이다. '만일 서버가 또다시 중단되면 이는 심각한 문제를 야기할 수 있다'라는 의미가 되어야 하므로 부사절 접속사 (C) If(만일 ~하면)가 정답이다. 부사절 접속사 (A) Before(~하기 전에)와 등위접속사 (B) But(그러나)을 쓰면 각각 '서버가 또다시 중단되기 전에/중단되지만 이는 심각한 문제를 야기할 수 있다'라는 어색한 문맥을 만든다. (D) So는 문장 맨 앞에서 콤마 없이 쓰일 경우에는 부사절 접속사 so that(~하도록)에서 that이 생략된 형태이므로, '서버가 또다시 중단되도록 이는 심각한 문제를 야기할 수 있다'라는 어색한 문맥을 만든다.

133 ■ 형용사 어휘　　　정답 (A)

'고장에 덜 취약할 새로운 서버를 설치할 수 있다'라는 문맥이므로 형용사 (A) vulnerable(취약한)이 정답이다. 참고로, vulnerable은 주로 vulnerable to(~에 취약한/연약한)의 형태로 쓰임을 알아둔다. (B) flexible은 '유연한'이라는 의미이다. (D) faulty(결함이 있는, 잘못된)를 쓰면 '고장에 덜 결함이 있을 새로운 서버'라는 어색한 문맥을 만든다. (C) dangerous(위험한)도 해석상 그럴듯해 보이지만, 무엇을 하게 될 위험이 있다는 뜻이 아니라 어떤 대상을 다치게 하거나 해를 끼칠 가능성이 있다는 의미이므로 문맥상 어울리지 않는다.

134 ■ 알맞은 문장 고르기　　　정답 (B)

빈칸에 들어갈 알맞은 문장을 고르는 문제이므로 주변 문맥 또는 전체 문맥을 파악한다. 앞 문장 'He can install a new server'에서 새로운 서버를 설치할 수 있다고 했고 뒤 문장 'Thankfully, we will be able to transfer files from the old server to the new one without any difficulty.'에서 다행스럽게도 파일들을 이전 서버에서 새로운 서버로 아무런 어려움 없이 옮길 수 있을 것이라고 했으므로 빈칸에는 새로 설치되는 서버와 관련된 내용이 들어가야 함을 알 수 있다. 따라서 (B) In addition, it will have a greater memory capacity and better security가 정답이다.

보기 해석
(A) 그 고장은 다음 며칠에 걸쳐 수리될 예정입니다.
(B) 게다가, 그것은 더 큰 메모리 용량과 더 나은 보안성을 가질 것입니다.
(C) 그러나, 이 해결책은 너무나 많은 비용이 들기 때문에 실행할 수 없습니다.
(D) 피해 지역의 몇몇 회사들이 유사한 정전 사태를 알렸습니다.

어휘　breakdown n. 고장, 실패　capacity n. 용량, 능력　security n. 보안, 안정, 경비　solution n. 해결책, 정답
　　　impractical adj. 실행할 수 없는, 비현실적인　costly adj. 많은 비용이 드는, 대가가 큰　affected adj. 피해 입은, 영향 받는　outage n. 정전, 단수

Nicole Freemont
1452 Reservoir Road NW
Washington, D.C. 20057

Dear Ms. Freemont,

I am pleased to confirm your membership to the Georgetown
Food Cooperative. -------, we have enclosed your
　　　　　　　　　　135
membership card. By supporting us, you are helping to
make food more affordable for the community. This is
because we get our products from local businesses with
lower shipping and manufacturing expenses.

However, we can only ------- with the active assistance of all
　　　　　　　　　　　　136
our members. That is why we ask each member to provide
four hours of voluntary work at our store every month. -------.
　　　　　　　　　　　　　　　　　　　　　　　　　　137
Moreover, we encourage you to stop by and familiarize
yourself with issues pertaining to the ------- costs of food and
　　　　　　　　　　　　　　　　　　　　138
to learn about other ways you can help.

Best wishes,

Edwin Krueger
Membership coordinator, Georgetown Food Cooperative

Nicole Freemont
1452번지 Reservoir로 북서부
워싱턴 D.C. 20057

Ms. Freemont께,

당신의 조지타운 식품 협동조합 회원 자격을 승인하게 되어
기쁩니다. 135 그에 따라, 저희는 당신의 회원 카드를 동봉
했습니다. 저희를 지원함으로써, 당신은 지역사회를 위해
식품의 가격을 더욱 알맞게 만드는 데 기여합니다. 이는 저
희가 지역 사업체들로부터 더 저렴한 배송 및 제조 비용으
로 저희 제품들을 구하기 때문입니다.

136 그러나, 저희는 전 회원들의 적극적인 지원이 있어야만
존속할 수 있습니다. 그것이 저희가 각각의 회원분께 저희
상점에서 매달 네 시간의 자원봉사를 제공하도록 요청하는
이유입니다. 137 만약 그렇게 하지 못할 경우에는 매달 20
달러의 추가 요금을 내실 수 있습니다. 138 또한, 저희는 당
신이 잠시 들러 증가하는 식품 비용에 관한 문제에 대해
익히고 당신이 도울 수 있는 다른 방법들에 대해 알아보시
기를 권장합니다.

Edwin Krueger 드림
회원 관리자, 조지타운 식품 협동조합

135 (A) Instead
(B) Accordingly
(C) Ever since
(D) Unfortunately

136 (A) explore
(B) exist
(C) unveil
(D) resume

137 (A) We are forced to increase membership fees for this
reason.
(B) We are delighted that you have contributed so
much of your time.
(C) The cooperative is still accepting bids from local
food suppliers.
(D) You can pay a monthly surcharge of $20 if you are
unable to do so.

138 (A) growingly
(B) grown
(C) growing
(D) grows

어휘　confirm v. 승인하다, 확정하다　membership n. 회원 (자격), 회원 수　cooperative n. 협동조합; adj. 협동하는　enclose v. 동봉하다, 둘러싸다
support v. 지원하다, 후원하다; n. 지원　active adj. 적극적인, 유효한　assistance n. 지원, 도움　stop by phr. 잠시 들르다
familiarize v. 익히다, 정통하다　pertaining to phr. ~에 관한, ~과 관련된

135 ■ 접속부사 주변 문맥 파악   정답 (B)

빈칸이 콤마와 함께 문장의 맨 앞에 온 접속부사 자리이므로, 앞 문장과 빈칸이 있는 문장의 의미 관계를 파악하여 정답을 선택한다. 앞 문장에서 조지타운 식품 협동조합의 회원 자격을 승인했다고 했고, 빈칸이 있는 문장에서는 회원 카드를 동봉했다고 했으므로 앞 문장의 상황에 대한 결과를 나타낼 때 사용되는 (B) Accordingly(그에 따라)가 정답이다. (A) Instead는 '대신에', (C) Ever since는 '그 이후로 계속', (D) Unfortunately는 '유감스럽게도'라는 의미로 빈칸에 쓸 경우 어색한 문맥이 된다.

136 ■ 동사 어휘 주변 문맥 파악   정답 (B)

'우리는 전 회원들의 적극적인 지원이 있어야만 ___할 수 있다'라는 문맥이므로 (A), (B), (D)가 정답의 후보이다. 빈칸이 있는 문장만으로 정답을 고를 수 없으므로 주변 문맥이나 전체 문맥을 파악한다. 뒤 문장에서 우리가 각각의 회원에게 상점에서 매달 네 시간의 자원봉사를 제공하도록 요청하는 이유가 그것(앞 문장)이라고 했으므로, 앞 문장에는 협동조합이 전 회원들의 적극적인 지원이 있어야만 존속할 수 있다는 내용이 나와야 함을 알 수 있다. 따라서 동사 (B) exist(존속하다, 존재하다)가 정답이다. (A) explore는 '탐험하다', (C) unveil은 '밝히다, 베일을 벗기다', (D) resume은 '다시 시작하다, 되찾다'라는 의미이다.

137 ■ 알맞은 문장 고르기   정답 (D)

빈칸에 들어갈 알맞은 문장을 고르는 문제이므로 주변 문맥 또는 전체 문맥을 파악한다. 앞 문장 'That is why we ask each member to provide four hours of voluntary work at our store every month.'에서 각각의 회원에게 상점에서 매달 네 시간의 자원봉사를 제공하도록 요청한다고 했으므로 빈칸에는 자원봉사를 제공하지 못할 경우에 할 수 있는 다른 사항에 대해 설명하는 내용이 들어가야 함을 알 수 있다. 따라서 (D) You can pay a monthly surcharge of $20 if you are unable to do so가 정답이다. (B)도 해석상 답이 될 것 같지만, 이번에 회원 자격을 승인받은 것이기 때문에 과거에 발생한 일이 현재까지 영향을 미칠 때 사용되는 현재 완료 시제를 써서 많은 시간을 할애해 준 것에 대해 기쁘다고 하는 것은 문맥상 어울리지 않는다.

보기 해석
(A) 이러한 이유로 저희는 조합비를 인상할 수밖에 없습니다.
(B) 저희는 당신이 그렇게 많은 시간을 할애해주셔서 기쁩니다.
(C) 협동조합은 아직 지역 식품 공급업체들로부터 입찰을 받고 있습니다.
(D) 만약 그렇게 하지 못할 경우에는 매달 20달러의 추가 요금을 내실 수 있습니다.

어휘   force v. 어쩔 수 없이 ~하게 만들다, 강요하다; n. 힘   delighted adj. 기쁜, 즐거워하는   contribute v. 제공하다, 기여하다
      bid n. 입찰, 가격 제시   surcharge n. 추가 요금; v. 추가 요금을 부과하다

138 ■ [형용사 자리] 현재분사 vs. 과거분사   정답 (C)

빈칸은 전치사(pertaining to)의 목적어인 명사(costs)를 꾸미는 형용사 자리이므로 형용사 역할을 하는 분사 (B)와 (C)가 정답의 후보이다. 꾸밈을 받는 명사(costs)와 분사가 '증가하는 비용'이라는 능동의 의미이므로 현재분사 (C) growing이 정답이다. 과거분사 (B) grown을 쓸 경우, 해석상 그럴듯해 보이지만 grow는 '증가하다'라는 의미일 때 자동사이므로 수동형인 과거분사로 쓸 수 없고, 형용사 grown은 '(사람이) 성장한, 성인이 된'이라는 의미로 쓰인다. 부사 (A)와 동사 (D)는 형용사 자리에 올 수 없다.

Questions 139-142 refer to the following press release.

139-142는 다음 보도 자료에 관한 문제입니다.

New Territory for Aarhus Clothing

The British public is excited about the opening of Aarhus Clothing's first UK-based store. The Danish company has gained a reputation for ------- consistently high rates of
139
customer satisfaction. It quickly became a well-known brand in its home country. -------.
140

Aarhus Clothing launched its first German store two years ago, after which the company quickly moved into Belgium and the Netherlands. With the inauguration of a flagship store on London's Oxford Street next month, the company hopes to stand out in the ------- UK market.
141

Designer Mads Jensen told reporters, "Our products have been sought after in Europe for many years now because they are simple and -------. As they are basic and long-lasting,
142
we expect them to be just as popular in the UK."

Aarhus 의류회사를 위한 새로운 지역

영국 대중들은 Aarhus 의류회사의 첫 영국 지점의 개점 소식에 대해 들떠 있다. **139** 그 덴마크 회사는 지속적으로 높은 수준의 고객 만족을 이루어낸 것으로 명성을 얻어 왔다. Aarhus 의류회사는 자국인 덴마크 내에서 급속히 유명한 브랜드가 되었다. **140** 그 회사의 인기는 그 후에 인근 국가들로 확산되었다.

Aarhus 의류회사는 2년 전에 첫 독일 지점을 냈고, 그 후 그 회사는 빠르게 벨기에와 네덜란드로 나아갔다. **141** 런던 옥스퍼드가에서 다음 달에 예정되어 있는 주력 상점의 개점과 함께, 그 회사는 수익성이 좋은 영국 시장에서 돋보이기를 기대한다.

142 디자이너인 Mads Jensen은 기자들에게, "저희 제품들은 단순하고 내구성이 좋기 때문에 현재 유럽에서 수년 동안 인기가 있습니다. 그것들은 기본적이고 오랫동안 입을 수 있기 때문에, 저희는 제품들이 영국에서도 그만큼 유명해질 것이라고 기대합니다."라고 말했다.

---

139 (A) achieving
(B) achievable
(C) achieve
(D) achievement

140 (A) Its popularity subsequently spread to neighboring nations.
(B) Therefore, the company has only one store left in the country.
(C) Nevertheless, the peak of its fame was reached in Britain last year.
(D) This had a negative effect on the brand in the years that followed.

141 (A) multiple
(B) lucrative
(C) duplicate
(D) diligent

142 (A) disposable
(B) attentive
(C) collective
(D) durable

어휘 opening n. 개점, 시작 Danish adj. 덴마크의 consistently adv. 지속적으로, 일관하여 well-known adj. 유명한, 잘 알려진
home country phr. 자국, 본국 inauguration n. 개점, 개업, 취임 flagship store phr. 주력 상점, 본점 stand out phr. 돋보이다
sought after phr. 인기 있는, 수요가 많은 long-lasting adj. 오래 지속되는, 장기간에 걸친

139 ■ [목적어 자리] 동명사 vs. 명사 정답 (A)

전치사(for)의 목적어 자리에 올 수 있는 동명사 (A)와 명사 (D)가 정답의 후보이다. 이 중, 빈칸 다음에 온 목적어(consistently high rates of customer satisfaction)를 가질 수 있는 것은 동명사이므로 동사 achieve(달성하다)의 동명사 (A) achieving이 정답이다. 명사 (D)는 명사를 목적어로 가질 수 없다. 형용사 (B)와 동사 (C)는 전치사의 목적어 자리에 올 수 없다.

어휘 **achievable** adj. 달성 가능한 **achievement** n. 성과, 성취

140 ■ 알맞은 문장 고르기 정답 (A)

빈칸에 들어갈 알맞은 문장을 고르는 문제이므로 주변 문맥 또는 전체 문맥을 파악한다. 앞부분에서 Aarhus 의류회사가 지속적으로 높은 수준의 고객 만족을 이루어냈다고 했고, 앞 문장 'It quickly became a well-known brand in its home country.'에서 그 회사가 자국인 덴마크 내에서 급속히 유명한 브랜드가 되었다고 했으므로 빈칸에는 Aarhus 의류회사의 인기와 성장과 관련된 내용이 들어가야 함을 알 수 있다. 따라서 (A) Its popularity subsequently spread to neighboring nations가 정답이다.

보기 해석
(A) 그 회사의 인기는 그 후에 인근 국가들로 확산되었다.
(B) 따라서, 그 회사는 국내에 단 하나의 매장만이 남아 있다.
(C) 그럼에도 불구하고, 그 회사의 명성의 절정은 작년 영국에서 이르렀다.
(D) 이는 그 후 여러 해에 걸쳐 그 브랜드에 부정적인 영향을 끼쳤다.

어휘 **popularity** n. 인기, 인지도 **subsequently** adv. 그 후에, 이어서 **spread** v. 확산되다, 퍼지다 **neighboring** adj. 인근의, 근처에 사는
peak n. 절정, 최대량; v. 절정에 이르다 **fame** n. 명성, 유명 **reach** v. 이르다, 도달하다

141 ■ 형용사 어휘 정답 (B)

'주력 상점의 개점과 함께 그 회사는 수익성이 좋은 영국 시장에서 돋보이기를 기대한다'라는 문맥이므로 형용사 (B) lucrative(수익성이 좋은)가 정답이다. (A) multiple은 '다수의', (C) duplicate는 '똑같은, 사본의', (D) diligent는 '근면한, 성실한'이라는 의미이다.

142 ■ 형용사 어휘 주변 문맥 파악 정답 (D)

'제품들이 단순하고 ___ 하기 때문에 수년 동안 인기가 있다'라는 문맥이므로 (A), (C), (D)가 정답의 후보이다. 빈칸이 있는 문장만으로 정답을 고를 수 없으므로 주변 문맥이나 전체 문맥을 파악한다. 뒤 문장에서 제품들이 기본적이고 오랫동안 입을 수 있기 때문에 영국에서도 그만큼 유명해질 것이라고 기대한다고 했으므로 제품이 오래가는 특성이 있다는 것을 알 수 있다. 따라서 형용사 (D) durable(내구성이 좋은)이 정답이다. (A) disposable은 '처분할 수 있는, 일회용의'라는 의미이다. (B) attentive(주의를 기울이는)는 attentive audience(주의를 기울이는 청중들)와 같이 주로 사람명사를 꾸민다. (C) collective는 '집합적인, 공동의'라는 의미이다.

Questions 143-146 refer to the following advertisement.

143-146은 다음 광고에 관한 문제입니다.

Turn Your Scuba Diving Dreams into a Reality!

The Estrella Diving Center's summer certification courses will begin at our Playa Del Carmen facility on June 2. No prior ------- is necessary because our trainers will cover all
143
the basic techniques for beginner students. -------. As
144
always, enrollees must have no existing medical conditions and be at least 13 years old. Those who cannot satisfy -------
145
of these requirements will be unable to sign up.

All equipment will be provided, and training will be delivered in three ------- sessions. Held on the same day, each lesson
146
will last an hour with short breaks in between. Enrollment opens on Monday, May 3.

당신의 스쿠버 다이빙 꿈을 현실로 만드세요!

Estrella 다이빙 센터의 하계 자격증 강의가 저희의 플라야 델 카르멘에 있는 시설에서 6월 2일에 시작할 것입니다. **143** 저희 강사들이 초보 수강자들을 위해 모든 기본 기술들을 다룰 것이기 때문에 아무런 사전 교육도 필요하지 않습니다. **144** 강습을 받기 전에 특정한 기준들을 충족해야만 합니다. 언제나처럼, 등록자들은 현재 의료상의 문제가 없어야 하며 최소 13세가 되어야 합니다. **145** 이러한 요건들 중 한 가지라도 충족하지 못하는 분들은 등록하실 수 없을 것입니다.

146 모든 장비는 제공될 것이며, 교육은 세 개의 연속되는 수업들로 진행될 것입니다. 각 강의는 같은 날에 이루어지며, 강의들 사이에 짧은 휴식시간과 함께 각각 한 시간 동안 진행될 것입니다. 등록은 5월 3일 월요일에 시작됩니다.

---

143 (A) negotiation
(B) compensation
(C) instruction
(D) registration

144 (A) Certain criteria must be met before taking the course.
(B) Divers have stated that they agree with the new rule.
(C) Such challenges are not easily overcome.
(D) Diving instructor applicants will be contacted shortly.

145 (A) either
(B) whatever
(C) extra
(D) couple

146 (A) coincidental
(B) inadequate
(C) remote
(D) consecutive

어휘 certification n. 자격증, 증명서 cover v. 다루다, 포함하다; n. 보장 technique n. 기술, 기법 enrollee n. 등록자, 가입자 existing adj. 현재의, 기존의 medical condition phr. 의료상의 문제, 질병 requirement n. 요건, 필요조건 sign up phr. 등록하다, 신청하다 deliver v. (강연 등을) 하다, 배달하다 in between phr. 사이에 끼어, 중간에 open v. 시작되다, 개방하다; adj. 이용할 수 있는

143 ■ 명사 어휘

정답 (C)

'강사들이 초보 수강자들을 위해 모든 기본 기술들을 다룰 것이기 때문에 아무런 사전 ____도 필요하지 않다'라는 문맥이므로 (C) instruction (교육, 설명)이 정답이다. (A) negotiation은 '협상, 절충', (B) compensation은 '보상, 배상', (D) registration은 '등록, 신고'라는 의미이다.

144 ■ 알맞은 문장 고르기

정답 (A)

빈칸에 들어갈 알맞은 문장을 고르는 문제이므로 주변 문맥 또는 전체 문맥을 파악한다. 뒤 문장 'As always, enrollees must have no existing medical conditions and be at least 13 years old.'에서 언제나처럼 등록자들은 현재 의료상의 문제가 없어야 하며 최소 13세가 되어야 한다고 했으므로 빈칸에는 강습에 등록하기 위해 충족해야 할 기준들이 있음을 언급하는 내용이 들어가야 함을 알 수 있다. 따라서 (A) Certain criteria must be met before taking the course가 정답이다.

보기 해석
(A) 강습을 받기 전에 특정한 기준들을 충족해야만 합니다.
(B) 다이빙하시는 분들은 이 새로운 규칙에 동의한다고 말했습니다.
(C) 이러한 난제들은 쉽게 극복되지 않습니다.
(D) 다이빙 강사 지원자들은 곧 연락을 받을 것입니다.

어휘   criteria n. 기준, 표준   rule n. 규칙, 통치   challenge n. 난제, 도전; v. 도전하다   overcome v. 극복하다, 이기다
      applicant n. 지원자, 후보자   contact v. 연락하다; n. 연락   shortly adv. 곧, 간략하게

145 ■ 대명사   주변 문맥 파악

정답 (A)

빈칸 앞 동사(satisfy)의 목적어로 쓰일 수 있는 모든 보기가 정답의 후보이다. 빈칸이 있는 문장만으로 정답을 고를 수 없으므로 주변 문맥이나 전체 문맥을 파악한다. 앞 문장에서 등록자들에게 현재 의료상의 문제가 없어야 하고 최소 13세가 되어야 한다는 두 가지 조건을 요구했다는 것을 알 수 있다. 따라서 '둘 중 하나'라는 의미의 대명사 (A) either가 정답이다. 복합관계대명사 (B) whatever는 '무엇이든 간에'라는 의미로 세 개 이상의 대상을 지칭할 때 쓰인다. 참고로, 두 가지 중 하나를 지칭하는 경우에는 복합관계대명사 whichever를 사용할 수 있다는 것도 알아둔다. (C) extra는 명사로 쓰일 경우 '추가되는 것'이라는 의미이다. 명사 (D) couple을 (a) couple of(두서너 개의)의 형태로 볼 때 해석상 그럴 듯해 보이지만, 여러 개의 대상 중 두서너 개를 가리킬 때 쓰이므로, 두 개의 조건만 있을 때는 사용할 수 없다.

146 ■ 형용사 어휘   주변 문맥 파악

정답 (D)

'교육은 세 개의 ____하는 수업들로 진행될 것이다'라는 문맥이므로 (A), (C), (D)가 정답의 후보이다. 빈칸이 있는 문장만으로 정답을 고를 수 없으므로 주변 문맥이나 전체 문맥을 파악한다. 뒤 문장에서 각 강의가 같은 날에 이루어지며 강의들 사이에 짧은 휴식시간과 함께 각각 한 시간 동안 진행될 것이라고 했으므로 수업들이 연속적으로 진행될 것임을 알 수 있다. 따라서 (D) consecutive(연속되는, 연속적인)가 정답이다. (A) coincidental은 '우연의 일치인, 우연의', (B) inadequate는 '불충분한, 부적당한', (C) remote는 '멀리 떨어진, 원격의'라는 의미이다.

PART 7

Questions 147-148 refer to the following invitation.

147-148은 다음 초대장에 관한 문제입니다.

The Committee for World Education Development Would like to cordially invite you to The 20th Annual Portland [147]Study Abroad Fair January 10 through 14, from 10 A.M. to 4 P.M. Barring Exhibition Hall, 475 Wharton Drive Portland, Oregon The Committee for World Education Development is proud to host this event in downtown Portland. The fair will involve more than 2,000 representatives from universities, colleges, language schools, and other academic institutions from around the globe. [148]Join us on any day of the fair by showing this card at the registration desk near the front entrance of the exhibition hall. The invitation entitles the recipient to bring one additional guest.	세계 교육 발전 위원회가 진심 어린 마음으로 당신을 초대합니다 제20회 연례 포틀랜드 [147]유학 박람회 1월 10일부터 14일, 오전 10시부터 오후 4시까지 Barring 전시회장, 475번지 Wharton로 포틀랜드, 오리건 주 세계 교육 발전 위원회는 포틀랜드 시내에서 이 행사를 주최하게 되어 자랑스럽습니다. 이 박람회는 전 세계의 대학교, 전문학교, 어학원 그리고 기타 학술 기관에서 온 2천 명 이상의 대표자들을 포함할 것입니다. [148]전시회장 정문 근처의 접수처에서 이 초대장을 제시함으로써 박람회의 어느 날이든 참가하십시오. 이 초대장은 수신자에게 한 명의 추가 손님을 동반할 자격을 부여합니다.

어휘 □ **committee** n. 위원회　□ **cordially** adv. 진심 어린 마음으로, 다정하게　□ **representative** n. 대표자, 대표
□ **front entrance** phr. 정문　□ **entitle** v. 자격을 부여하다　□ **recipient** n. 수신자, 받는 사람

147

What type of event is the invitation for?

(A) A city's tourism promotion fair
(B) A conference on international languages
(C) An organization's student awards ceremony
(D) An exposition for overseas education

초대장은 어떤 종류의 행사를 위한 것인가?

(A) 시의 관광 홍보 박람회
(B) 세계 언어에 대한 회담
(C) 단체의 학생 시상식
(D) 해외 교육 박람회

■ **육하원칙** What　　정답 (D)

초대장이 어떤(What) 종류의 행사를 위한 것인지를 묻는 육하원칙 문제이다. 질문의 핵심 어구인 type of event와 관련하여, 'Study Abroad Fair'에서 행사의 종류가 유학 박람회임을 알 수 있으므로 (D)가 정답이다.

바꾸어 표현하기
Study Abroad Fair 유학 박람회 → An exposition for overseas education 해외 교육 박람회

어휘 **tourism** n. 관광　**international** adj. 세계의, 국제의　**awards ceremony** phr. 시상식　**exposition** n. 박람회, 설명

148

How can the invitation's recipient attend the event?

(A) By presenting the card near a hall entrance
(B) By making a donation to a scholastic institution
(C) By providing the committee with confirmation in advance
(D) By showing an identity card at the registration desk

초대장의 수신자는 어떻게 행사에 참여할 수 있는가?

(A) 초대장을 전시회장 입구 근처에서 제시함으로써
(B) 학술 기관에 기부를 함으로써
(C) 위원회에 미리 확정해 줌으로써
(D) 접수처에서 신분증을 보여줌으로써

■ **육하원칙** How　　정답 (A)

초대장의 수신자가 어떻게(How) 행사에 참여할 수 있는지를 묻는 육하원칙 문제이다. 질문의 핵심 어구인 invitation's recipient attend the event와 관련하여, 'Join us ~ by showing this card at the registration desk near the front entrance of the exhibition hall.'에서 전시회장 정문 근처의 접수처에서 초대장을 제시함으로써 박람회에 참가하라고 했으므로 (A)가 정답이다.

바꾸어 표현하기
showing this card 초대장을 제시하다 → presenting the card 초대장을 제시하다
the front entrance of the exhibition hall 전시회장 정문 → a hall entrance 전시회장 입구

어휘 **make a donation** phr. 기부하다　**scholastic** adj. 학술의, 학업의　**confirmation** n. 확정, 확인　**identity card** phr. 신분증

Questions 149-150 refer to the following notice.

149~150은 다음 공고에 관한 문제입니다.

Space Science Museum

NOTICE TO VISITORS

149/150-APlease note that the main building of the Space Science Museum at 290 Chamomile Street will be closed from June 4 to June 8 for scheduled restoration work.

150-AThe work will improve the foundation and interior design of a number of exhibition halls to better enhance museum experiences for our guests. The museum's planetarium will also be closed, as staff will be installing new equipment and upgrading seats.

However, 150-Cthe museum's auxiliary buildings will remain open during this period. 150-DVisitors with passes to the special exhibition, *The Moons of Saturn*, may still access it at Orbit Hall. Likewise, those wishing to visit our space transport display may do so at Satellite Hall.

All museum facilities will officially reopen on Thursday, June 9. We apologize for the inconvenience.

우주 과학 박물관

방문객들께 드리는 공고

149/150-A290번지 Chamomile가에 있는 우주 과학 박물관의 본관이 예정된 복원 공사를 위해 6월 4일부터 6월 8일까지 문을 닫을 것이라는 점을 유의해 주시기 바랍니다.

150-A이 공사는 저희 방문객들의 박물관 체험을 더욱 좋게 하기 위하여 많은 전시관들의 건물 토대 및 내부 디자인을 개선시킬 것입니다. 직원들이 새로운 장비를 설치하고 좌석을 개선할 것이기 때문에 박물관의 천체 투영관 또한 닫을 것입니다.

그러나 150-C박물관의 보조 건물들은 이 기간 동안 여전히 열려 있을 것입니다. 150-D특별 전시인 *Moons of Saturn*의 입장권이 있는 방문객들은 여전히 Orbit 전시관에서 이 전시를 볼 수 있습니다. 마찬가지로, 저희의 우주 수송 기관 전시에 방문하고 싶은 분들은 Satellite 전시관에서 그렇게 하실 수 있습니다.

모든 박물관 시설들은 6월 9일 목요일에 공식적으로 재개관할 것입니다. 불편함에 사과드립니다.

어휘 □ restoration n. 복원, 복구   □ planetarium n. 천체 투영관   □ auxiliary adj. 보조의

149
○○○○●
하

What is the notice mainly about?

(A) Major exhibitions for the month
(B) Temporary facility closures
(C) Scientific research programs
(D) Museum foundation events

공고는 주로 무엇에 대한 것인가?

(A) 해당 월의 주요 전시
(B) 일시적인 시설 폐쇄
(C) 과학 연구 프로그램
(D) 박물관 설립 행사

■ 주제/목적 찾기 글의 주제   정답 (B)

공고가 주로 무엇에 대한 것인지를 묻는 주제 찾기 문제이므로 지문의 앞부분을 주의 깊게 확인한다. 공고의 'Please note that the main building of the Space Science Museum at 290 Chamomile Street will be closed from June 4 to June 8 for scheduled restoration work.'에서 우주 과학 박물관의 본관이 예정된 복원 공사를 위해 6월 4일부터 6월 8일까지 문을 닫을 것이라는 점을 유의해 달라고 했으므로 (B)가 정답이다.

150
○○○●
중

What is stated about the museum?

(A) Its interior design work will last for a month.
(B) Its entrance locations will be temporarily changed.
(C) Some of its venues will be open to the public during construction.
(D) It postponed *The Moons of Saturn* exhibition.

박물관에 대해 언급된 것은?

(A) 내부 디자인 공사가 한 달간 지속될 것이다.
(B) 입구 위치가 일시적으로 바뀔 것이다.
(C) 몇몇 장소가 공사 동안 대중에게 개방될 것이다.
(D) *Moons of Saturn* 전시를 연기했다.

■ Not/True True 문제   정답 (C)

질문의 핵심 어구인 the museum과 관련된 내용을 지문에서 찾아 각 보기와 대조하는 Not/True 문제이다. (A)는 'Please note that the main building ~ will be closed from June 4 through June 8'과 'The work will improve ~ interior design of a number of exhibition halls'에서 박물관의 본관이 6월 4일부터 6월 8일까지 문을 닫을 것이며 전시관들의 내부 디자인을 개선시킬 것이라고 했으므로 지문의 내용과 일치하지 않는다. (B)는 지문에 언급되지 않은 내용이다. (C)는 'the museum's auxiliary buildings will remain open during this period'에서 박물관의 보조 건물들이 이 기간, 즉 공사 기간 동안 여전히 열려 있을 것이라고 했으므로 지문의 내용과 일치한다. 따라서 (C)가 정답이다. (D)는 'Visitors ~ The Moons of Saturn, may still access it'에서 방문객들은 여전히 Moons of Saturn 전시를 볼 수 있다고 했으므로 지문의 내용과 일치하지 않는다.

To: Joseph Hillier <j.hillier@romanos.com>
From: Marilyn Sharpe <m.sharpe@romanos.com>
Subject: Burton Farms
Date: October 21
Attachment: Product list

Joseph,

As you know, [151]we are in the process of negotiating an agreement with Burton Farms to sell some of their dairy products at all our supermarket locations in the Midwest. Depending on how well the products sell, we may distribute them later on to our other stores across the country.

In connection with this, [152-A]I'd like your team to complete a presentation in time for a meeting we are having with Burton Farms on the 11th of next month. [152-B]You will need to do some research on their brand positioning and target market. Next, [152-D]you'll have to come up with ideas for arranging the products on our shelves and promoting them to our customers. [152-C]I've attached the Burton Farms product list and highlighted the items we plan to sell. I'll be in the office all week if you want to discuss this further.

Thanks!

Marilyn Sharpe
Vice president of marketing
Romano's Groceries

수신: Joseph Hillier <j.hillier@romanos.com>
발신: Marilyn Sharpe <m.sharpe@romanos.com>
제목: Burton Farms사
날짜: 10월 21일
첨부: 제품 목록

Joseph,

아시다시피, [151]우리는 Burton Farms사와 중서부에 있는 우리의 모든 슈퍼마켓 지점에서 그들의 유제품 중 일부를 팔기 위한 계약을 협상하는 과정에 있습니다. 제품들이 얼마나 잘 팔리는지에 따라, 우리는 그것들을 추후 전국의 다른 우리 상점들로 유통할 수도 있습니다.

이와 관련해, [152-A]저는 당신의 팀이 우리가 다음 달 11일에 Burton Farms사와 하게 될 회의를 위해 프레젠테이션을 제때에 완성해 주셨으면 합니다. [152-B]당신들은 그들의 브랜드 포지셔닝과 표적 시장에 관해 조사할 필요가 있을 것입니다. 다음으로, [152-D]그들의 제품을 우리 판매대에 진열하는 것과 그것들을 우리 고객들에게 홍보하는 것에 대한 아이디어를 생각해야 할 것입니다. [152-C]제가 Burton Farms사의 제품 목록을 첨부했으며 우리가 판매할 계획인 제품들에 강조 표시를 해두었습니다. 이것에 대해 당신이 추가 논의를 원한다면, 저는 일주일 내내 사무실에 있을 것입니다.

감사합니다!

Marilyn Sharpe 드림
마케팅 부사장
Romano's Groceries사

어휘　□ **be in the process of** phr. ~하는 과정이다, ~하는 중이다　　　　　　　　□ **negotiate** v. 협상하다, 교섭하다
　　　□ **dairy** adj. 유제품의; n. 유제품, 유제품 회사　　□ **distribute** v. 유통하다, 분배하다　　□ **in connection with** phr. ~에 관하여
　　　□ **brand positioning** phr. 브랜드 포지셔닝(고객이 브랜드의 가치를 인식해 호의적인 인상을 가질 수 있도록 하는 것)
　　　□ **come up with** phr. ~을 생각하다, ~을 떠올리다　　　　　　　　　　　□ **arrange** v. 진열하다, 정리하다, 배열하다
　　　□ **shelf** n. 판매대, 선반　　　　　　　　　□ **highlight** v. (강조) 표시하다, 강조하다

151

○○○○
∞

According to Ms. Sharpe, what does Romano's Groceries plan to do?

(A) Take over the operation of Burton Farms
(B) Open further distribution centers in the Midwest
(C) Hold training sessions for its staff members
(D) Enter into a supply arrangement with a dairy

Ms. Sharpe에 따르면, Romano's Groceries사는 무엇을 할 계획인가?

(A) Burton Farms사의 사업을 인수한다
(B) 중서부 지역에 추가적인 유통센터를 연다
(C) 직원들을 위한 교육 기간을 가진다
(D) 유제품 회사와 공급 계약을 시작한다

■ 육하원칙 What   정답 (D)

Ms. Sharpe에 따르면 Romano's Groceries사가 무엇(what)을 할 계획인지를 묻는 육하원칙 문제이다. 질문의 핵심 어구 Romano's Groceries plan to do와 관련하여, 'we are in the process of negotiating an agreement with Burton Farms to sell some of their dairy products'에서 우리, 즉 Romano's Groceries사가 Burton Farms사와 그들의 유제품 중 일부를 팔기 위한 계약을 협상하는 과정에 있다고 했으므로 (D)가 정답이다.

바꾸어 표현하기

an agreement ~ to sell ~ dairy products 유제품을 팔기 위한 계약 → a supply arrangement with a dairy 유제품 회사와의 공급 계약

어휘 take over phr. 인수하다 operation n. 사업, 작전 enter into phr. ~을 시작하다

152

○○○○
∞

What has Mr. Hillier's team NOT been asked to do?

(A) Finish a presentation for a meeting
(B) Perform some market studies
(C) List dairy items to be sold
(D) Develop concepts for product displays

Mr. Hillier의 팀에게 하도록 요청되지 않은 것은?

(A) 회의를 위한 프레젠테이션을 마무리한다
(B) 몇몇 시장 조사를 한다
(C) 판매될 유제품 목록을 작성한다
(D) 제품 진열 컨셉을 개발한다

■ Not/True Not 문제   정답 (C)

질문의 핵심 어구인 Mr. Hillier's team ~ been asked to do와 관련된 내용을 지문에서 찾아 각 보기와 대조하는 Not/True 문제이다. (A)는 'I'd like your team to complete a presentation in time for a meeting'에서 당신, 즉 Mr. Hillier의 팀이 회의를 위해 프레젠테이션을 제 때에 완성해 주었으면 한다고 했으므로 지문의 내용과 일치한다. (B)는 'You will need to do some research on ~ target market.'에서 표적 시장에 관해 조사할 필요가 있을 것이라 했으므로 지문의 내용과 일치한다. (C)는 'I've attached the Burton Farms product list and highlighted the items we plan to sell.'에서 Burton Farms사의 제품 목록을 첨부했고 판매할 계획인 제품들에 강조 표시를 해 두었다고 했으나 Mr. Hillier의 팀에게 제품 목록을 작성하도록 요청한 것은 아니므로 지문의 내용과 일치하지 않는다. 따라서 (C)가 정답이다. (D)는 'you'll have to come up with ideas for arranging the products on our shelves'에서 제품을 판매대에 진열하는 것에 대한 아이디어를 생각해야 할 것이라고 했으므로 지문의 내용과 일치한다.

바꾸어 표현하기

come up with ideas for arranging the products 제품을 진열하는 것에 대한 아이디어를 생각하다
→ Develop concepts for product displays 제품 진열 컨셉을 개발하다

어휘 list v. 목록을 작성하다; n. 목록 display n. 진열, 전시; v. 진열하다

153The Millsboro Water Department is calling on all area students to participate in its third annual art contest. The theme of this year's competition is Water For All.

The contest is open to Millsboro students in grades 4 through 12. 154-AThe rules call for original artwork to be submitted on 75-centimeter by 110-centimeter poster board or paper, with a 3-centimeter border on all sides. Entrants may use any traditional medium they wish, such as pastel crayons, colored pencils, watercolor paints, cut paper, or fabric. However, 154-Bcomputer-generated artwork and photography will not be accepted. Students may receive guidance from a parent, teacher, or guardian but must do all the work by themselves.

154-DThe grand prize winner of each grade level will receive $300 cash and a $200 gift card from fellow sponsor Millsboro Shopping Center. Furthermore, three additional contestants will be awarded with $100 gift cards, also furnished by the shopping center. Along with other entries, 155the winning pieces will be featured in next year's student artwork calendar, which will be distributed free to clients of the Millsboro Water Department at the beginning of next year.

The deadline for entries is April 30. For more information, visit www.mwd.com/art_contest.

153밀스버로의 수도 부서는 지역의 모든 학생들에게 세 번째 연례 미술 대회에 참여하도록 청하고 있습니다. 이번 해의 대회 주제는 모두를 위한 물입니다.

대회는 4학년부터 12학년까지의 밀스버로의 학생들에게 열려 있습니다. 154-A제출될 원작은 모든 면에 3센티미터의 테두리가 있는 가로 75센티미터에 세로 110센티미터의 포스터 보드나 종이여야 한다는 규칙이 요구됩니다. 참가자들은 크레파스, 색연필, 수채물감, 잘린 종이나 천과 같이 그들이 원하는 어떤 전통적인 재료라도 사용할 수 있습니다. 그러나 154-B컴퓨터로 제작된 작품과 사진은 받아들여지지 않을 것입니다. 학생들은 부모님, 선생님, 또는 보호자로부터 지도를 받을 수 있지만, 모든 작업을 스스로 해야 합니다.

154-D각 학년의 최우수상 수상자는 300달러의 상금과 공동 후원 업체인 밀스버로 쇼핑센터로부터 200달러의 상품권을 받게 됩니다. 뿐만 아니라, 추가적인 세 명의 참가자들이 100달러의 상품권을 받게 될 것이며, 이 또한 쇼핑센터에서 제공됩니다. 다른 출품작들과 함께, 155상을 받은 작품들은 다음 해의 학생 작품 달력에 특별히 포함될 것이며, 이 달력은 내년 초에 밀스버로 수도 부서의 고객들에게 무료로 배포될 것입니다.

출품 마감 기한은 4월 30일입니다. 더 많은 정보를 위해서는 www.mwd.com/art_contest를 방문하십시오.

어휘
□ call on phr. 청하다, 부탁하다
□ border n. 테두리, 경계
□ watercolor paint phr. 수채물감
□ grand prize phr. 최우수상
□ contestant n. (대회·시합 등의) 참가자
□ entry n. 출품작, 입장

□ call for phr. ~을 요구하다, ~을 필요로 하다
□ entrant n. 참가자, 출전자
□ guidance n. 지도, 안내
□ gift card phr. 상품권
□ furnish v. 제공하다, 공급하다
□ feature v. 특별히 포함하다; n. 특징

□ submit v. 제출하다
□ medium n. 제작 재료, 수단, 매개물
□ guardian n. 보호자, 수호자
□ sponsor n. 후원 업체, 후원자; v. 후원하다
□ along with phr. ~과 함께
□ distribute v. 배포하다, 분배하다

153

What is the purpose of the announcement?

(A) To publicize a local event
(B) To introduce a public service
(C) To promote water conservation
(D) To inform residents about a change

공고의 목적은 무엇인가?

(A) 지역 행사를 알리기 위해
(B) 공공 서비스를 소개하기 위해
(C) 수자원 보호를 장려하기 위해
(D) 주민들에게 변경 사항을 알리기 위해

■ 주제/목적 찾기 글의 목적　　　　　　　　　　　　　　　　　　　　　정답 (A)

공고의 목적을 묻는 목적 찾기 문제이므로 지문의 앞부분을 주의 깊게 확인한다. 'The Millsboro Water Department is calling on all area students to participate in its third annual art contest.'에서 밀스버로의 수도 부서에서 지역의 모든 학생들에게 세 번째 연례 미술 대회에 참여하도록 청하고 있다고 한 후, 행사의 세부 사항에 대해 설명하고 있으므로 (A)가 정답이다.

어휘　publicize v. 알리다, 홍보하다　promote v. 장려하다, 홍보하다　conservation n. 보호, 보전

154

What is NOT indicated about the Millsboro Water Department?

(A) It requires entries to have specific measurements.
(B) It will not accept submissions produced on a computer.
(C) It released a series of posters on water usage last year.
(D) It is cosponsoring an event with Millsboro Shopping Center.

밀스버로 수도 부서에 대해 언급되지 않은 것은?

(A) 출품작들에 특정 치수를 요구한다.
(B) 컴퓨터로 만들어진 제출품들은 받지 않을 것이다.
(C) 물 사용에 관한 일련의 포스터를 작년에 배부했다.
(D) 밀스버로 쇼핑센터와 행사를 공동 후원한다.

■ Not/True Not 문제   정답 (C)

질문의 핵심 어구인 the Millsboro Water Department와 관련된 내용을 지문에서 찾아 각 보기와 대조하는 Not/True 문제이다. (A)는 'The rules call for original artwork to be submitted on 75-centimeter by 110-centimeter poster board or paper, with a 3-centimeter border on all sides.'에서 제출될 원작은 모든 면에 3센티미터의 테두리가 있는 가로 75센티미터에 세로 110센티미터여야 한다는 규칙이 요구된다고 했으므로 지문의 내용과 일치한다. (B)는 'computer-generated artwork ~ will not be accepted'에서 컴퓨터로 제작된 작품은 받아들여지지 않을 것이라고 했으므로 지문의 내용과 일치한다. (C)는 지문에 언급되지 않은 내용이다. 따라서 (C)가 정답이다. (D)는 'The grand prize winner of each grade level will receive ~ gift card from fellow sponsor Millsboro Shopping Center.'에서 각 학년의 최우수상 수상자는 공동 후원 업체인 밀스버로 쇼핑센터로부터 상품권을 받게 된다고 했으므로 지문의 내용과 일치한다.

바꾸어 표현하기
original artwork to be submitted 제출될 원작 → entries 출품작
fellow sponsor 공동 후원 업체 → cosponsoring 공동 후원하다

어휘   measurement n. 치수, 측정   submission n. 제출물, 제출   usage n. 사용, 용법

155

What will the Millsboro Water Department do the next year?

(A) Sponsor student art exhibits at area schools
(B) Sell some artworks to raise funds for charity
(C) Expand its services to other locations
(D) Hand out calendars with student art to its clients

밀스버로 수도 부서는 내년에 무엇을 할 것인가?

(A) 지역 학교들에서 학생 예술 전시를 후원한다
(B) 자선 단체의 기금을 모으기 위해 몇몇 미술 작품들을 판매한다
(C) 다른 지역들로 서비스를 확장한다
(D) 고객들에게 학생 작품이 실린 달력을 나누어 준다

■ 육하원칙 What   정답 (D)

밀스버로 수도 부서가 내년에 무엇(What)을 할 것인지를 묻는 육하원칙 문제이다. 질문의 핵심 어구인 Millsboro Water Department do the next year와 관련하여, 'the winning pieces will be featured in next year's student artwork calendar, which will be distributed free to clients of the Millsboro Water Department at the beginning of next year'에서 상을 받은 작품들이 다음 해의 학생 작품 달력에 특별히 포함될 것이며 이 달력은 내년 초에 밀스버로 수도 부서의 고객들에게 무료로 배포될 것이라고 했으므로 (D)가 정답이다.

바꾸어 표현하기
student artwork calendar, which will be distributed 배포될 학생 작품 달력
→ Hand out calendars with student art 학생 작품이 실린 달력을 나누어 주다

어휘   charity n. 자선 단체   expand v. 확장하다, 확대하다   hand out phr. 나누어 주다

Questions 156-157 refer to the following text-message chain.

156-157은 다음 메시지 대화문에 관한 문제입니다.

Dawn Konrad	4:48 P.M.

Yoon-Hee, are you busy tomorrow? Ms. Jackson sent a message saying that [157]we need to rush the Lambert project. [156-C]I'll be working overtime on it tomorrow night and could use your help.

Yoon-Hee Sung	4:51 P.M.

[156-A]I'm heading to the marketing conference tomorrow, remember? I'll be out of town for two days.

Dawn Konrad	4:52 P.M.

Oh, that's right. It completely slipped my mind. [157]Should I ask Mr. Martin?

Yoon-Hee Sung	4:54 P.M.

I'd try Mr. Stewart. [157]He's worked on the project longer and knows Percy Lambert really well.

Dawn Konrad	5:00 P.M.

I'll do that. Thanks, and have a good trip!

Dawn Konrad   오후 4시 48분
Yoon-Hee, 내일 바쁘신가요? Ms. Jackson이 [157]우리가 Lambert 프로젝트를 서둘러 진행해야 한다는 메시지를 보냈어요. [156-C]저는 내일 밤에 그 프로젝트와 관련해서 시간 외 근무를 할 것인데 당신의 도움을 얻을 수 있었으면 해요.

Yoon-Hee Sung   오후 4시 51분
[156-A]저는 내일 마케팅 회의에 가요, 기억하시죠? 이틀간 도시를 떠나있을 거예요.

Dawn Konrad   오후 4시 52분
아, 맞네요. 완전히 잊어버렸어요. [157]Mr. Martin에게 물어봐야 할까요?

Yoon-Hee Sung   오후 4시 54분
저라면 Mr. Stewart에게 물어보겠어요. [157]그는 그 프로젝트를 더 오래 작업해왔고 Percy Lambert에 대해 정말 잘 알거든요.

Dawn Konrad   오후 5시 00분
그렇게 할게요. 고마워요, 잘 다녀오세요!

어휘 □ **rush** v. 서두르다, 재촉하다   □ **work overtime** phr. 시간 외로 일하다   □ **could use** phr. ~을 얻을 수 있으면 좋겠다
     □ **head** v. 가다, ~을 이끌다   □ **slip one's mind** phr. 잊어버리다

156

○○○●○ 하

What is true about Ms. Konrad?

(A) She will attend a marketing conference.
(B) She will be assigned to a new project.
(C) She will be working extra hours tomorrow.
(D) She will ask Ms. Jackson for help.

Ms. Konrad에 대해 사실인 것은?

(A) 마케팅 회의에 참석할 것이다.
(B) 새로운 프로젝트에 배정될 것이다.
(C) 내일 추가 근무를 할 것이다.
(D) Ms. Jackson에게 도움을 요청할 것이다.

■ Not/True True 문제   정답 (C)

질문의 핵심 어구인 Ms. Konrad와 관련된 내용을 지문에서 찾아 각 보기와 대조하는 Not/True 문제이다. (A)는 'I'm heading to the marketing conference tomorrow'에서 Ms. Sung이 내일 마케팅 회의에 간다고 했으므로 지문의 내용과 일치하지 않는다. (B)는 지문에 언급되지 않은 내용이다. (C)는 'I'll be working overtime on it tomorrow night'에서 Ms. Konrad가 내일 밤에 프로젝트와 관련하여 시간 외 근무를 할 것이라고 했으므로 지문의 내용과 일치한다. 따라서 (C)가 정답이다. (D)는 지문에 언급되지 않은 내용이다.

157

○○○●○ 중

At 4:54 P.M., what does Ms. Sung most likely mean when she writes, "I'd try Mr. Stewart"?

(A) She believes he can suggest a replacement.
(B) She has already tried to contact Mr. Martin.
(C) She thinks he is more qualified than Mr. Martin.
(D) She is not well acquainted with Percy Lambert.

오후 4시 54분에, Ms. Sung이 "I'd try Mr. Stewart"라고 썼을 때 그녀가 의도한 것 같은 것은?

(A) 그가 대신할 사람을 제안할 수 있다고 생각한다.
(B) 이미 Mr. Martin에게 연락을 시도해 봤다.
(C) Mr. Martin보다 그가 더 적격이라고 생각한다.
(D) Percy Lambert를 잘 알지 못한다.

■ 의도 파악   정답 (C)

Ms. Sung이 의도한 것을 묻는 문제이므로, 질문의 인용어구(I'd try Mr. Stewart)가 언급된 주변 문맥을 확인한다. 'we need to rush the Lambert project'와 'Should I ask Mr. Martin?'에서 Dawn Konrad가 Lambert 프로젝트를 서둘러 진행하는데 Mr. Martin에게 도움을 청해야 할지 묻자, Ms. Sung이 'I'd try Mr. Stewart.'(저라면 Mr. Stewart에게 물어보겠어요)라고 한 후, 'He's worked on the project longer and knows Percy Lambert really well.'에서 그, 즉 Mr. Stewart가 그 프로젝트를 더 오래 작업해왔고 Percy Lambert에 대해 정말 잘 안다고 한 것을 통해, Ms. Sung이 Lambert 프로젝트를 작업하는 데에 Mr. Martin보다 Mr. Stewart가 더 적격이라고 생각한다는 것을 알 수 있다. 따라서 (C)가 정답이다.

어휘 **replacement** n. 대신할 사람, 대체   **qualified** adj. 적격의, 자격이 있는   **be acquainted with** phr. ~를 알고 있다, ~와 알게 되다

Royal Linens
Shipping and Return Policies

We want you to be satisfied with your purchase from Royal Linens. That is why we have simplified our shipping and return policies.

[158]We now offer free shipping on all orders of $85 or more. For smaller orders, pay only a flat fee of $5. This offer applies only to deliveries within the US and Canada and only when you select National Post as your shipping provider at checkout. [158]It does not apply when using any other provider, ordering bulky or oversized products, or requesting delivery to international locations and some rural areas with poor road access. Orders within the US and Canada are shipped within 1 to 2 business days and delivered within 4 to 7 business days.

Furthermore, [159-B]items purchased online can be returned to any Royal Linens store for free. [159-A]They may also be sent back to our warehouse, at your expense, within 12 days of receipt for a full refund (less original shipping charges). [159-D]Merchandise can be exchanged up to 30 days after delivery, provided it is returned in "as-new" state.

These policies are subject to change and other conditions may apply. Visit www.royallinens.com for more information.

Royal Linens사
배송 및 반품 정책

저희는 귀하께서 Royal Linens사에서의 구매에 만족하시기를 바랍니다. 그것이 저희가 배송 및 반품 정책을 단순화한 이유입니다.

[158]저희는 이제 85달러 이상의 모든 주문에 대해 무료 배송을 제공합니다. 더 소규모 주문의 경우, 5달러의 고정 요금만 지불하십시오. 이 서비스는 미국과 캐나다 내 배송에만 그리고 결제 시 배송업체로 National Post사를 선택한 경우에만 적용됩니다. [158]이것은 다른 배송업체를 이용하거나, 부피가 크거나 특대 제품을 주문하거나, 또는 해외 소재지나 도로 접근성이 좋지 않은 일부 시골 지역으로 배송을 요청하는 경우에는 적용되지 않습니다. 미국과 캐나다 내 주문은 1에서 2영업일 이내에 발송되고 4에서 7영업일 이내에 배송됩니다.

게다가, [159-B]온라인으로 구입된 물품들은 어느 Royal Linens사 매장으로든 무료로 반품될 수 있습니다. [159-A]그것들은 또한 (기존 배송비 제외) 전액 환불을 위해 수령 후 12일 이내, 귀하의 비용 부담으로, 당사 창고로 반품될 수 있습니다. [159-D]"새 상품" 상태로 반환된다면, 상품은 배송 후 최대 30일까지 교환될 수 있습니다.

이러한 정책들은 변경되기 쉬우며 다른 조건들이 적용될 수 있습니다. 더 많은 정보를 원하시면 www.royallinens.com을 방문하십시오.

어휘 □ simplify v. 단순화하다 □ flat fee phr. 고정 요금 □ bulky adj. 부피가 큰
□ oversized adj. 특대의, 너무 큰 □ rural adj. 시골의, 지방의 □ access n. 접근성
□ warehouse n. 창고 □ expense n. 비용 □ receipt n. 수령, 영수증
□ refund n. 환불 □ merchandise n. 상품, 제품 □ condition n. 조건, 상태

158

According to the notice, what makes free shipping unavailable?

(A) Requesting a rush delivery
(B) Buying over $85 worth of goods
(C) Choosing National Post as a shipper
(D) Having an address in a remote location

공고에 따르면, 무엇이 무료 배송을 불가능하게 만드는가?

(A) 빠른 배송을 요청하는 것
(B) 85달러 이상의 상품을 구매하는 것
(C) 운송업체로 National Post사를 선택하는 것
(D) 외딴 지역에 주소가 있는 것

■ 육하원칙 What 정답 (D)

공고에 따르면 무엇(what)이 무료 배송을 불가능하게 만드는지를 묻는 육하원칙 문제이다. 'We now offer free shipping'에서 우리, 즉 Royal Linens사는 이제 무료 배송을 제공한다고 한 후, 'It does not apply when ~ requesting delivery to international locations and some rural areas with poor road access.'에서 이것, 즉 무료 배송은 해외 소재지나 도로 접근성이 좋지 않은 일부 시골 지역으로 배송을 요청하는 경우에는 적용되지 않는다고 했으므로 (D)가 정답이다.

어휘 rush adj. 빠른, 성급한 remote adj. 외딴, 먼

159 What is NOT stated in Royal Linens' shipping and return policies?

(A) Customers must pay return shipping costs.
(B) Returns can be made at multiple branch locations.
(C) Refunds are permitted up to three months after the initial purchase.
(D) Exchanges are contingent on the condition of the product.

Royal Linens사의 배송 및 반품 정책에 언급되지 않은 것은?

(A) 고객들이 반품 배송비를 지불해야 한다.
(B) 반품은 여러 지점에서 가능하다.
(C) 환불은 최초 구매 후 3개월까지 가능하다.
(D) 교환은 제품 상태에 달려 있다.

■ Not/True 문제 Not 문제   정답 (C)

질문의 핵심 어구인 Royal Linens' shipping and return policies와 관련된 내용을 지문에서 찾아 각 보기와 대조하는 Not/True 문제이다. (A)는 'They[items] may also be sent back to our warehouse, at your expense ~ for a full refund'에서 물품들은 또한 전액 환불을 위해 귀하, 즉 고객의 비용 부담으로 당사 창고로 반품될 수 있다고 했으므로 지문의 내용과 일치한다. (B)는 'items purchased online can be returned to any Royal Linens store for free'에서 온라인으로 구입된 물품들은 어느 Royal Linens사 매장으로든 무료로 반품될 수 있다고 했으므로 지문의 내용과 일치한다. (C)는 지문에 언급되지 않은 내용이다. 따라서 (C)가 정답이다. (D)는 'Merchandise can be exchanged ~ provided it is returned in "as-new" state.'에서 "새 상품" 상태로 반환된다면 상품이 교환될 수 있다고 했으므로 지문의 내용과 일치한다.

어휘   multiple adj. 여러 개의 permit v. 가능하게 하다, 허락하다 initial adj. 최초의 be contingent on phr. ~에 달려 있는

160 The phrase "subject to" in paragraph 4, line 1, is closest in meaning to

(A) liable to
(B) eligible for
(C) sensitive to
(D) suitable for

4문단 첫 번째 줄의 표현 "subject to"는 의미상 ~와 가장 가깝다.

(A) ~하기 쉬운
(B) ~의 자격이 있는
(C) ~에 민감한
(D) ~에 적합한

■ 동의어   정답 (A)

subject to를 포함하는 구절 'These policies are subject to change'에서 subject to가 '~하기 쉬운'이라는 뜻으로 사용되었다. 따라서 '~하기 쉬운'이라는 뜻을 가진 (A)가 정답이다.

Questions 161-163 refer to the following letter.

161-163은 다음 편지에 관한 문제입니다.

WINSPEAR HOTEL
3498 Ada Boulevard, Edmonton AB T6A 2C1

November 14

[161]Paul Mansbridge
2405 Cottonwood Lane
Windsor, ON N9B 3P4

Dear Mr. Mansbridge,

[161]Thank you for the letter dated November 12 regarding your stay at the Winspear Hotel in Edmonton. — [1] —. [161]I understand that you and a colleague were our guests from November 8 to 10 but had some issues during your visit.

[163]The manager on duty, Melanie Depuis, has notified me that one of the rooms you had reserved was double-booked. — [2] —. Unfortunately, we could not correct our mistake after your arrival since the hotel was at full occupancy. We are very sorry, and [162-D]enclosed are two vouchers for a complimentary one-night stay at any Winspear Hotel nationwide—one for you and one for your associate, David Solomon.

You also said you thought our buffet breakfasts were complimentary. In regard to this, morning meals are only free for those staying in our premium accommodations. — [3] —. As you and Mr. Solomon stayed in a standard room, we had to charge you for your breakfasts. I apologize for any misunderstanding. — [4] —.

We value the continued patronage of our guests, and we hope the vouchers will make up for any inconvenience.

Sincerely yours,

Kimberley Bell

Kimberley Bell
General manager, Winspear Hotel
Edmonton

WINSPEAR 호텔
3498번지 Ada 대로, 에드먼턴, 앨버타 주 T6A 2C1

11월 14일

[161]Paul Mansbridge
2405번지 Cottonwood로
윈저, 온타리오 주 N9B 3P4

Mr. Mansbridge께,

[161]에드먼턴에 있는 Winspear 호텔에서의 귀하의 숙박과 관련된 11월 12일 자의 편지에 감사드립니다. — [1] —. [161]저는 귀하와 귀하의 동료가 11월 8일부터 10일까지 저희의 손님이었으나 방문하시는 동안 몇몇 문제가 있었다는 것을 이해합니다.

[163]근무 중인 관리자 Melanie Depuis는 귀하가 예약하셨던 객실들 중 하나가 이중 예약되었다는 것을 저에게 알려주었습니다. — [2] —. 유감스럽게도, 저희는 호텔 객실이 전부 찼기 때문에 귀하가 도착하신 후 저희의 실수를 바로잡을 수 없었습니다. 매우 죄송하며, [162-D]전국 Winspear 호텔 어디에서든 하루 무료 숙박할 수 있는 상품권 두 장을 동봉하였는데, 하나는 귀하를 위한 것이며 하나는 귀하의 동료인 David Solomon을 위한 것입니다.

귀하는 또한 저희 조식 뷔페가 무료라고 생각했다고 말씀하셨습니다. 이와 관련하여, 아침 식사는 오직 저희의 프리미엄 숙소에서 묵는 분들께만 무료입니다. — [3] —. 귀하와 Mr. Solomon은 일반 객실에 묵었으므로 저희는 귀하께 아침 식사 비용을 청구해야 했습니다. 오해가 있었다면 사과드립니다. — [4] —.

저희는 고객들의 지속적인 애용을 소중하게 생각하며, 이 상품권이 불편에 대해 보상이 되기를 바랍니다.

Kimberley Bell

Kimberley Bell 드림
총지배인, Winspear 호텔
에드먼턴

어휘 □ **colleague** n. 동료
□ **double-book** v. 이중으로 예약을 받다
□ **complimentary** adj. 무료의
□ **misunderstanding** n. 오해, 불화
□ **make up for** phr. ~에 대해 보상하다

□ **on duty** phr. 근무 중인, 당번인
□ **occupancy** n. (건물·방·토지 등의) 사용, 점유
□ **nationwide** adv. 전국적으로
□ **value** v. 소중하게 생각하다

□ **notify** v. 알리다, 공지하다
□ **voucher** n. 상품권, 할인권
□ **associate** n. 동료, 친구; v. 연관 짓다
□ **patronage** n. 애용, 후원

161

Why did Mr. Mansbridge most likely send a letter on November 12?

(A) To confirm booking details
(B) To inquire about an extra room
(C) To ask about a travel program
(D) To make a complaint about a stay

Mr. Mansbridge는 왜 11월 12일에 편지를 보냈던 것 같은가?

(A) 예약 세부 사항을 확인하기 위해
(B) 추가 객실에 대해 문의하기 위해
(C) 여행 프로그램에 대해 문의하기 위해
(D) 숙박에 대해 항의하기 위해

■ 추론 세부 정보　　　　　　　　　　　　　　　　　　　　　　　　　　　　　　　　　정답 (D)

질문의 핵심 어구인 Mr. Mansbridge ~ send a letter on November 12에 대해 추론하는 문제이다. 'Paul Mansbridge', 'Thank you for the letter dated November 12 regarding your stay at the Winspear Hotel in Edmonton.', 'I understand that you and a colleague ~ had some issues during your visit.'에서 에드먼턴에 있는 Winspear 호텔에서의 숙박과 관련된 Mr. Mansbridge의 11월 12일 자의 편지를 언급하며, Mr. Mansbridge와 그의 동료가 방문하는 동안 몇몇 문제가 있었다는 것을 이해한다고 했으므로 Mr. Mansbridge가 보낸 11월 12일 자 편지가 호텔에서의 숙박과 관련하여 발생한 문제들에 대해 항의하는 편지였다는 사실을 추론할 수 있다. 따라서 (D)가 정답이다.

어휘　confirm　v. 확인하다, 사실임을 보여주다　make a complaint　phr. 항의하다

162

What is true about Mr. Mansbridge?

(A) He was charged extra for requesting an additional bed.
(B) His membership points were not credited correctly.
(C) He will receive a complete refund for his stay.
(D) He was given vouchers for a hotel stay.

Mr. Mansbridge에 대해 사실인 것은?

(A) 추가 침대를 요청한 것에 대해 추가 요금이 부과되었다.
(B) 그의 멤버십 포인트가 올바르게 기입되지 않았다.
(C) 숙박에 대해 전액 환불을 받을 것이다.
(D) 호텔 숙박을 위한 상품권을 받았다.

■ Not/True True 문제　　　　　　　　　　　　　　　　　　　　　　　　　　　　　　정답 (D)

질문의 핵심 어구인 Mr. Mansbridge와 관련된 내용을 지문에서 찾아 각 보기와 대조하는 Not/True 문제이다. (A), (B), (C)는 지문에 언급되지 않은 내용이다. (D)는 'enclosed are two vouchers for a complimentary one-night stay at any Winspear Hotel nationwide—one for you'에서 귀하, 즉 Mr. Mansbridge를 위해 전국 Winspear 호텔 어디에서든 하루 무료 숙박할 수 있는 상품권 두 장을 동봉하였다고 했으므로 지문의 내용과 일치한다. 따라서 (D)가 정답이다.

어휘　extra　n. 추가 요금; adj. 추가의, 특별한　credit　v. 기입하다, 믿다　refund　n. 환불; v. 환불하다

163

In which of the positions marked [1], [2], [3], and [4] does the following sentence best belong?

"As a result, you were forced to share a room with your traveling companion."

(A) [1]
(B) [2]
(C) [3]
(D) [4]

[1], [2], [3], [4]로 표시된 위치 중, 다음 문장이 들어갈 곳으로 가장 적절한 것은?

"그 결과, 귀하는 귀하의 여행 동반자와 방을 함께 쓸 수밖에 없었습니다."

(A) [1]
(B) [2]
(C) [3]
(D) [4]

■ 문장 위치 찾기　　　　　　　　　　　　　　　　　　　　　　　　　　　　　　　　정답 (B)

지문의 흐름상 주어진 문장이 들어가기에 가장 적절한 곳을 고르는 문제이다. 주어진 문장에서 그 결과 고객이 여행 동반자와 방을 함께 쓸 수밖에 없었다고 했으므로, 이 문장이 두 명이 방을 함께 쓸 수밖에 없었던 배경과 관련된 내용이 나오는 부분에 들어가야 함을 알 수 있다. [2]의 앞 문장인 'The manager on duty, Melanie Depuis, has notified me that one of the rooms you had reserved was double-booked.'에서 고객이 예약했던 객실들 중 하나가 이중 예약되었다고 했으므로, [2]에 제시된 문장이 들어가면 고객이 예약한 객실들 중 하나가 이중 예약되어서 그 결과 고객이 여행 동반자와 방을 함께 쓸 수밖에 없었다는 자연스러운 문맥이 된다는 것을 알 수 있다. 따라서 (B)가 정답이다.

어휘　force　v. ~할 수밖에 없게 만들다, 강요하다　companion　n. 동반자, 동료

Pure Mix
PO Box 12525
Oregon City, OR 97045

Paul McCall
898 Manatee Lane
Madison, WI 53716

Dear Mr. McCall,

[164]We have received your inquiry about our natural daily vitamin supplement. You asked if our product contained any chemicals or nonorganic materials. Also, you inquired about some of the ingredients used to make the vitamin powder, as [166]you are allergic to strawberries and cannot ingest grapefruit for medical reasons.

As advertised, [165-C]we are a provider of certified organic products, so there are no chemical or unnatural materials in our products at all. [165-B]Our organic ingredients are of the highest quality available, made only from fruits, plants, and naturally raised animals.

As stated, our products do include fruits. However, [165-A]the daily vitamin supplement does not contain strawberries or grapefruit as ingredients. You can ingest it safely without any worry about an allergic reaction to strawberries or medication interaction with grapefruit. But some of our other products may contain one or the other. For example, [166]Pure Mix energy drinks contain grapefruit seed.

I hope I have provided satisfactory responses to your questions. Enclosed, you'll find an informative brochure on our most popular products. As always, [167]should you plan to start a regular vitamin regimen, we highly recommend that you first consult your physician.

Sincerely,

Linda Mills
Customer relations manager

Pure Mix사
사서함 12525
오리건 시티, 오리건 주 97045

Paul McCall
898번지 Manatee로
매디슨, 위스콘신 주 53716

Mr. McCall께,

[164]저희의 천연 일일 비타민제와 관련된 귀하의 문의를 받았습니다. 귀하께서는 저희 제품이 화학성분이나 유기농이 아닌 재료를 함유했는지 문의하셨습니다. 또한 [166]귀하께서 딸기에 알레르기가 있고 의학적인 이유로 자몽을 섭취할 수 없기 때문에, 비타민 가루를 만드는 데 사용된 몇몇 성분에 대해 문의하셨습니다.

광고된 대로, [165-C]저희는 보증된 유기농 제품의 공급업체이므로, 저희 제품에는 화학성분 혹은 천연이 아닌 재료들이 전혀 없습니다. [165-B]저희의 유기농 성분들은 구할 수 있는 가장 높은 품질이고, 오직 과일, 식물, 그리고 자연 상태에서 자란 동물만으로 만들어졌습니다.

명시된 바와 같이, 저희 제품들은 과일을 포함합니다. 그러나 [165-A]일일 비타민제는 딸기나 자몽을 성분으로 함유하지 않습니다. 귀하는 딸기에 대한 알레르기 반응이나 자몽과 약물의 상호 반응에 대한 어떤 걱정도 없이 비타민제를 안전하게 섭취할 수 있습니다. 그러나 저희의 다른 제품 중 일부는 딸기 또는 자몽을 함유하고 있을 수 있습니다. 예를 들어, [166]Pure Mix 에너지 음료는 자몽 씨앗을 함유하고 있습니다.

제가 귀하의 질문에 만족스러운 답변을 해드렸기 바랍니다. 동봉된 것에서, 귀하께서는 저희의 가장 인기 있는 제품들에 대한 정보를 제공하는 브로슈어를 찾아볼 수 있습니다. 언제나처럼, [167]정기적인 비타민 요법을 시작할 계획이시라면, 먼저 의사와 상의하시는 것을 적극 권장 드립니다.

Linda Mills 드림
고객 관리 부서 관리자

어휘
□ **supplement** n. 보충제, 보충
□ **allergic** adj. 알레르기가 있는
□ **medical** adj. 의학적인
□ **satisfactory** adj. 만족스러운, 충분한
□ **physician** n. 의사, 내과 의사
□ **contain** v. 함유하다, 포함하다
□ **ingest** v. 섭취하다, 삼키다
□ **certified** adj. 보증된, 증명된
□ **informative** adj. 정보를 제공하는, 유익한
□ **chemical** n. 화학성분; adj. 화학적인
□ **grapefruit** n. 자몽
□ **seed** n. 씨앗
□ **regimen** n. (식이) 요법

164

Why was the letter written?

(A) To place a vitamin order
(B) To obtain organic certification
(C) To inquire about an advertisement
(D) To respond to a prior inquiry

편지는 왜 쓰여졌는가?

(A) 비타민을 주문하기 위해
(B) 유기농 인증을 받기 위해
(C) 광고에 대해 문의하기 위해
(D) 이전의 문의에 답변하기 위해

■ **주제/목적 찾기** 글을 쓴 이유 　　　　　　　　　　　　　　　　　　　　　　　　　　　　　　　　　정답 (D)

편지가 쓰여진 이유를 묻는 목적 찾기 문제이므로 지문의 앞부분을 주의 깊게 확인한다. 'We have received your inquiry about our natural daily vitamin supplement.'에서 천연 일일 비타민제와 관련된 문의를 받았다고 한 후, 문의 사항과 관련된 정보를 설명하고 있으므로 (D)가 정답이다.

어휘　place an order　phr. 주문하다　obtain　v. 받다, 얻다　certification　n. 인증, 증명서

165

What does Ms. Mills say about Pure Mix's products?

(A) They all have strawberries as ingredients.
(B) They do not contain any animal materials.
(C) They are all completely organic.
(D) They have yet to be released on the market.

Ms. Mills가 Pure Mix사의 제품들에 대해 말하는 것은?

(A) 모두 딸기를 성분으로 한다.
(B) 어떠한 동물 재료도 포함하지 않는다.
(C) 모두 완전히 유기농이다.
(D) 아직 시장에 출시되지 않았다.

■ **Not/True** True 문제 　　　　　　　　　　　　　　　　　　　　　　　　　　　　　　　　　　　　정답 (C)

질문의 핵심 어구인 Pure Mix's products와 관련된 내용을 지문에서 찾아 각 보기와 대조하는 Not/True 문제이다. (A)는 'the daily vitamin supplement does not contain strawberries ~ as ingredients'에서 일일 비타민제는 딸기를 성분으로 함유하지 않는다고 했으므로 지문의 내용과 일치하지 않는다. (B)는 'Our organic ingredients are ~ made only from ~ naturally raised animals.'에서 저희, 즉 Pure Mix사의 유기농 성분들에 자연 상태에서 자란 동물도 포함된다고 했으므로 지문의 내용과 일치하지 않는다. (C)는 'we are a provider of certified organic products, so there are no chemical or unnatural materials in our products at all'에서 Pure Mix사가 보증된 유기농 제품의 공급업체이므로 자사의 제품에는 화학성분 혹은 천연이 아닌 재료들이 전혀 없다고 했으므로 지문의 내용과 일치한다. 따라서 (C)가 정답이다. (D)는 지문에 언급되지 않은 내용이다.

바꾸어 표현하기
no chemical or unnatural materials ~ at all 화학성분 혹은 천연이 아닌 재료들이 전혀 없다 → completely organic 완전히 유기농인

어휘　have yet to　phr. 아직 ~하지 않았다　release　v. 출시하다, 풀어주다

166

Why should Mr. McCall avoid drinking Pure Mix's energy drinks?

(A) They will cause him to have an allergic reaction.
(B) They have an ingredient he cannot consume.
(C) They are prohibited for diabetics.
(D) They will give him digestion issues.

Mr. McCall은 왜 Pure Mix사의 에너지 음료를 마시는 것을 피해야 하는가?

(A) 그에게 알레르기 반응을 일으킬 것이다.
(B) 그가 섭취할 수 없는 성분을 포함한다.
(C) 당뇨병 환자에게 금지되어 있다.
(D) 그에게 소화 문제를 일으킬 것이다.

■ **육하원칙** Why 　　　　　　　　　　　　　　　　　　　　　　　　　　　　　　　　　　　　　　　정답 (B)

Mr. McCall이 왜(Why) Pure Mix사의 에너지 음료를 마시는 것을 피해야 하는지를 묻는 육하원칙 문제이다. 질문의 핵심 어구인 Mr. McCall avoid drinking Pure Mix's energy drinks와 관련하여, 'you ~ cannot ingest grapefruit for medical reasons'에서 Mr. McCall이 의학적인 이유로 자몽을 섭취할 수 없다고 했고, 'Pure Mix energy drinks contain grapefruit seed'에서 Pure Mix 에너지 음료가 자몽 씨앗을 함유하고 있다고 했으므로 (B)가 정답이다.

바꾸어 표현하기
grapefruit seed 자몽 씨앗 → an ingredient 성분
cannot ingest 섭취할 수 없다 → cannot consume 섭취할 수 없다

어휘　prohibit　v. 금지하다, 방해하다　diabetic　n. 당뇨병 환자; adj. 당뇨병의　digestion　n. 소화

167

What does Ms. Mills suggest Mr. McCall do?

(A) Research the benefits of natural medications
(B) Speak to a doctor before taking dietary supplements
(C) Order vitamins from a manufacturer's Web site
(D) Keep the product's package after opening it

Ms. Mills는 Mr. McCall에게 무엇을 하도록 제안하는가?

(A) 천연 약물의 이점을 조사한다
(B) 건강 보조 식품을 복용하기 전에 의사와 상의한다
(C) 제조업체의 웹사이트에서 비타민을 주문한다
(D) 개봉 후에 제품 포장을 보관한다

■ **육하원칙** What

정답 (B)

Ms. Mills가 Mr. McCall에게 무엇(What)을 하도록 제안하는지를 묻는 육하원칙 문제이다. 질문의 핵심 어구인 Ms. Mills suggest Mr. McCall do와 관련하여, 'should you plan to start a regular vitamin regimen, we highly recommend that you first consult your physician'에서 당신, 즉 Mr. McCall이 정기적인 비타민 요법을 시작할 계획이라면 먼저 의사와 상의하는 것을 권장한다고 했으므로 (B) 가 정답이다.

바꾸어 표현하기
consult your physician 의사와 상의하다 → Speak to a doctor 의사와 상의하다

어휘 benefit n. 이점, 혜택, 이득 dietary supplement phr. 건강 보조 식품

A Very Fruity Idea

Our cities are filled with trees, and the vast majority of [169]those trees produce edible fruits. — [1] —. [169]But with no one to collect and process them, most simply fall to the ground and rot, which is a waste of a potentially excellent source of nutrition.

One new organization wants to change that. — [2] —. [168]Fresh From The Tree is a non-profit group that aims to collect as much fruit as possible from the city's trees and then make it into delicious snacks for local residents to enjoy.

"We have been doing a survey of the locations of all the fruit trees in town," says co-founder Michaela Anderson. "Once we identify a promising tree, [169/171]we contact the homeowners and ask if we can pick the fruit for them. — [3] —. [169/171]They usually don't have time to manage it themselves."

[170]After the volunteers collect the fruit, they give half of it to the owners of the residence, and keep the other half to turn into fruit pies, jams, sorbets, and other tasty but healthy desserts. The group only has a handful of volunteers at the moment but is hoping to recruit more in the coming months. — [4] —. It is also negotiating with the city to collect fruit from trees on government property.

아주 재미있는 아이디어

우리 도시들은 나무들로 가득 차 있고, [169]그 나무들 중 방대한 대다수가 먹을 수 있는 과일들을 생산한다. — [1] —. [169]그러나 그것들을 모으고 처리하는 사람 없이, 대부분은 그저 땅에 떨어져서 상하며, 이는 어쩌면 훌륭한 영양의 공급원일지도 모를 것들의 낭비이다.

한 새로운 단체는 이를 바꾸고 싶어 한다. — [2] —. [168]Fresh From The Tree는 도시의 나무들로부터 최대한 많은 과일을 모은 후 그것을 지역 주민들이 즐길 수 있는 맛있는 간식으로 만드는 것을 목표로 하는 비영리 단체이다.

"저희는 도시의 모든 과일나무가 있는 장소들을 조사해오고 있습니다."라고 공동 창립자 Michaela Anderson은 말한다. "유망한 나무를 발견하면, [169/171]저희는 주택 소유주들에게 연락하여 그들 대신 과일을 따도 되는지 물어봅니다. — [3] —. [169/171]그들은 대개 직접 과일을 처리할 시간이 없습니다."

[170]자원봉사자들이 과일을 모으고 나면, 그들은 주택 소유주들에게 절반을 주고 나머지 절반은 과일 파이, 잼, 소르베, 그리고 다른 맛있지만 건강한 디저트로 만들기 위해 보관한다. 이 단체에는 현재 소수의 자원봉사자들밖에 없지만 다음 몇 달 동안 더 충원하기를 희망하고 있다. — [4] —. 그것은 또한 정부 소유지에 있는 나무들로부터 과일을 얻을 수 있도록 시와 협상하고 있다.

어휘
- □ fruity adj. 재미있는, 과일 향이 강한
- □ edible adj. 먹을 수 있는, 식용의
- □ rot v. 상하다; n. 부패
- □ source n. 원천, 출처
- □ co-founder n. 공동 창립자
- □ usually adv. 대개, 보통
- □ negotiate v. 협상하다, 결정하다
- □ vast adj. 방대한, 거대한
- □ collect v. 모으다, 쌓이다
- □ potentially adv. 어쩌면 ~일지도 모를, 잠재적으로
- □ nutrition n. 영양, 음식물
- □ identify v. 발견하다, 확인하다
- □ manage v. 처리하다, 운영하다
- □ property n. 소유지, 자산
- □ produce v. 생산하다; n. 농산물, 생산물
- □ process v. 처리하다; n. 과정, 절차
- □ non-profit adj. 비영리적인
- □ promising adj. 유망한, 기대되는
- □ a handful of phr. 소수의

168

What is the article mainly about?

(A) The establishment of a firm
(B) The opening of a fruit orchard
(C) The management of public land
(D) The work of an organization

기사는 주로 무엇에 대한 것인가?

(A) 회사의 설립
(B) 과수원의 개장
(C) 공유지의 관리
(D) 단체의 활동

■ 주제/목적 찾기 글의 주제

정답 (D)

기사가 주로 무엇에 대한 것인지를 묻는 주제 찾기 문제이다. 특별히 이 문제는 지문의 중반에 주제 관련 내용이 언급되었음에 주의한다. 'Fresh From The Tree is a non-profit group that aims to collect as much fruit as possible from the city's trees'에서 Fresh From The Tree는 도시의 나무들로부터 최대한 많은 과일을 모으는 것을 목표로 하는 비영리 단체라고 한 후, 단체의 활동에 대한 구체적인 내용을 전달하고 있으므로 (D)가 정답이다.

어휘 orchard n. 과수원 public land phr. 공유지, 국유지

169

○○○●●
상

What can be inferred about the owners of the fruit trees?

(A) They receive food in exchange for their fruit.
(B) They are expected to help the group pick their fruit.
(C) They may negotiate a fair price with the group.
(D) They are often unable to harvest all of the fruit.

과일나무의 소유주들에 대해 추론될 수 있는 것은?

(A) 그들의 과일을 주는 대가로 음식을 받는다.
(B) 단체가 과일을 따는 것을 돕도록 예상된다.
(C) 단체와 공정한 가격을 협상할 수 있다.
(D) 종종 모든 과일을 수확하지 못한다.

■ **추론** 세부 정보

정답 (D)

질문의 핵심 어구인 the owners of the fruit trees에 대해 추론하는 문제이다. 'those trees produce edible fruits. ~ But with no one to collect and process them, most simply fall to the ground and rot'에서 나무들이 먹을 수 있는 과일들을 생산하는데, 그것들, 즉 과일들을 모으고 처리하는 사람 없이 대부분은 그저 땅에 떨어져서 상한다고 했다. 또 'we contact the homeowners and ask if we can pick the fruit for them. ~ They usually don't have time to manage it themselves.'에서 우리, 즉 Fresh From The Tree가 주택 소유주들에게 연락하여 그들 대신 과일을 따도 되는지 물어보는데, 그들, 즉 소유주들은 대개 직접 과일을 처리할 시간이 없다고 했으므로 과일나무의 소유주들이 종종 모든 과일을 수확하지 못한다는 사실을 추론할 수 있다. 따라서 (D)가 정답이다.

어휘 **in exchange of** phr. ~의 대가로 **negotiate** v. 협상하다 **harvest** v. 수확하다, 추수하다

170

○○○●●
중

The word "survey" in paragraph 3, line 1, is closest in meaning to

(A) election
(B) assessment
(C) questionnaire
(D) overture

3문단 첫 번째 줄의 단어 "survey"는 의미상 –와 가장 가깝다.

(A) 선거
(B) 조사, 평가
(C) 설문지
(D) 제안

■ **동의어**

정답 (B)

survey를 포함하는 구절 'We have been doing a survey of the locations of all the fruit trees in town'에서 survey가 '조사'라는 뜻으로 사용되었다. 따라서 '조사, 평가'라는 뜻을 가진 (B)가 정답이다.

171

○○○●●
중

In which of the positions marked [1], [2], [3], and [4] does the following sentence best belong?

"Most of the residents accept the offer with pleasure."

(A) [1]
(B) [2]
(C) [3]
(D) [4]

[1], [2], [3], [4]로 표시된 위치 중, 다음 문장이 들어갈 곳으로 가장 적절한 것은?

"대부분의 주민들이 이 제의를 흔쾌히 받아들입니다."

(A) [1]
(B) [2]
(C) [3]
(D) [4]

■ **문장 위치 찾기**

정답 (C)

지문의 흐름상 주어진 문장이 들어가기에 가장 적절한 곳을 고르는 문제이다. 주어진 문장에서 대부분의 주민들이 이 제의를 흔쾌히 받아들인다고 했으므로, 이 문장이 주민들이 받는 제의에 대한 내용이 나오는 부분에 들어가야 함을 알 수 있다. [3]의 앞 문장인 'we contact the homeowners and ask if we can pick the fruit for them'에서 주택 소유주들에게 연락하여 그들 대신 과일을 따도 되는지 물어본다고 했고, 뒤 문장인 'They usually don't have time to manage it themselves.'에서 그들, 즉 주택 소유주들은 대개 직접 과일을 처리할 시간이 없다고 했으므로, [3]에 제시된 문장이 들어가면 주택 소유주들은 직접 과일을 처리할 시간이 없기 때문에 그들 대신 과일을 따는 것에 대한 제의를 흔쾌히 받아들인다는 자연스러운 문맥이 된다는 것을 알 수 있다. 따라서 (C)가 정답이다.

어휘 **offer** n. 제의, 제공; v. 제공하다

Cheryl Stone [3:48]	**Cheryl Stone** [3시 48분]
174-AI just got a message from Mr. Baker saying that his flight has been delayed until 9 P.M. Weather conditions are terrible there in Chicago.	174-A지금 막 Mr. Baker에게서 그의 항공편이 오후 9시까지 지연되었다는 메시지를 받았어요. 거기 시카고의 기상 상태가 좋지 않대요.
Allan Franklin [3:50]	**Allan Franklin** [3시 50분]
Really? But he's supposed to make a presentation to the executives from Harper Telecom today!	정말요? 하지만 그는 오늘 Harper Telecom사의 임원들에게 프레젠테이션을 하기로 되어 있잖아요!
Maurice Wood [3:51]	**Maurice Wood** [3시 51분]
174-DI've got all the visuals ready. But it would be problematic if we don't have a speaker.	174-D제가 시각 자료들은 모두 준비해두었어요. 하지만 발표자가 없다면 문제가 될 거예요.
Allan Franklin [3:52]	**Allan Franklin** [3시 52분]
That's an understatement. 172We need this contract. Otherwise, we may not meet our sales target for the year.	그 정도는 절제된 표현이네요. 172우리는 이 계약이 필요해요. 그렇지 않으면, 우리는 올해의 매출 목표를 달성할 수 없을 거예요.
Cheryl Stone [3:54]	**Cheryl Stone** [3시 54분]
Can't we do the presentation ourselves?	우리가 직접 프레젠테이션을 할 순 없나요?
Allan Franklin [3:55]	**Allan Franklin** [3시 55분]
I'm not sure. 173There are several firms competing for the contract we are trying to get. 172/173Harper Telecom could decide to give the contract to someone else if they aren't impressed with our presentation.	글쎄요. 173우리가 따내려고 하는 계약을 위해 경쟁하는 몇몇 회사들이 있어요. 172/173Harper Telecom사가 우리의 프레젠테이션에 깊은 인상을 받지 않는다면 그 계약을 다른 회사에 주기로 결정할 수도 있어요.
Cheryl Stone [3:57]	**Cheryl Stone** [3시 57분]
I think I could do the speaking, but 174-Bwithout Mr. Baker's technical background and expertise, our proposal might not sound very convincing. What do you think?	제가 발표할 수는 있을 것 같은데, 174-BMr. Baker의 기술적인 경험과 전문 지식 없이는 우리의 제안이 아주 설득력 있어 보이지는 않을 거예요. 어떻게 생각하세요?
Allan Franklin [3:58]	**Allan Franklin** [3시 58분]
I agree with you. 175I think it would be better to call Harper Telecom and try to convince them to listen to his pitch tomorrow morning. That might be our best option.	저도 동의해요. 175제 생각에는 Harper Telecom사에 전화해서 내일 아침에 그의 홍보를 들어보도록 그들을 설득해보는 것이 더 좋을 것 같아요. 그게 우리에게 최선의 선택일 거예요.
Cheryl Stone [3:59]	**Cheryl Stone** [3시 59분]
I'm on it. 175I'll let you know how it goes.	제가 할게요. 175어떻게 되는지 여러분께 알려드릴게요.

어휘 □ **weather condition** phr. 기상 상태 □ **visual** n. 시각 자료, 영상; adj. 시각의 □ **problematic** adj. 문제가 되는, 다루기 어려운
□ **understatement** n. 절제된 표현, 삼가서 말함 □ **meet** v. 달성하다, 충족시키다 □ **compete** v. 경쟁하다, 참가하다
□ **technical** adj. 기술적인, 전문적인 □ **background** n. 경험, 경력 □ **expertise** n. 전문 지식
□ **convincing** adj. 설득력 있는, 확실한 □ **pitch** n. (물건을 팔거나 사람을 설득하기 위해 하는) 홍보, 주장

172

What is suggested about the presentation?

(A) It targets a company based in Chicago.
(B) It is scheduled for tomorrow morning.
(C) It is going to be uploaded to a Web site.
(D) It is aimed at securing a contract.

프레젠테이션에 대해 암시되는 것은?

(A) 시카고에 기반을 둔 회사를 목표로 삼는다.
(B) 내일 아침으로 예정되어 있다.
(C) 웹사이트에 업로드될 것이다.
(D) 계약을 확보하는 것을 목표로 한다.

■ 추론 세부 정보   정답 (D)

질문의 핵심 어구인 the presentation에 대해 추론하는 문제이다. 'We need this contract.'에서 Allan Franklin이 이 계약, 즉 Harper Telecom사와의 계약이 필요하다고 한 후, 'Harper Telecom could decide to give the contract to someone else if they aren't impressed with our presentation.'에서 Harper Telecom사가 자신들의 프레젠테이션에 깊은 인상을 받지 않는다면 그 계약을 다른 회사에 주기로 결정할 수도 있다고 했으므로, 프레젠테이션이 Harper Telecom사와의 계약을 따내는 것을 목표로 한다는 사실을 추론할 수 있다. 따라서 (D)가 정답이다.

어휘   based in phr. ~에 기반을 둔   aim v. 목표로 하다, 겨냥하다   secure v. 확보하다, 보증하다

173

What can be inferred about Harper Telecom?

(A) They are unsatisfied with a presentation.
(B) They are considering offers from several businesses.
(C) They want Mr. Baker to participate in the presentation.
(D) They will not be available at a different time.

Harper Telecom사에 대해 추론될 수 있는 것은?

(A) 프레젠테이션에 만족하지 않는다.
(B) 여러 사업체들로부터의 제안들을 고려하고 있다.
(C) Mr. Baker가 프레젠테이션에 참여하기를 원한다.
(D) 다른 시간에 만나는 것이 가능하지 않을 것이다.

■ 추론 세부 정보   정답 (B)

질문의 핵심 어구인 Harper Telecom에 대해 추론하는 문제이다. 'There are several firms competing for the contract we are trying to get. Harper Telecom could decide to give the contract to someone else if they aren't impressed with our presentation.'에서 Allan Franklin이 우리, 즉 그의 회사가 따내려고 하는 계약을 위해 경쟁하는 몇몇 회사들이 있어서 Harper Telecom사가 자신들의 프레젠테이션에 깊은 인상을 받지 않는다면 그 계약을 다른 회사에 주기로 결정할 수도 있다고 했으므로, Harper Telecom사가 다른 여러 사업체들의 제안들도 고려하고 있다는 사실을 추론할 수 있다. 따라서 (B)가 정답이다.

어휘   unsatisfied adj. 만족하지 않은, 충족되지 않은

174

What is mentioned about Mr. Baker?

(A) He is preparing to go to Chicago on business.
(B) He is proficient in technical matters.
(C) He previously worked at Harper Telecom.
(D) He produced all of the presentation materials.

Mr. Baker에 대해 언급된 것은?

(A) 시카고로 출장을 갈 준비를 하고 있다.
(B) 기술적인 사안들에 능통하다.
(C) 이전에 Harper Telecom사에서 일했다.
(D) 모든 프레젠테이션 자료들을 만들었다.

■ Not/True True 문제   정답 (B)

질문의 핵심 어구인 Mr. Baker와 관련된 내용을 지문에서 찾아 각 보기와 대조하는 Not/True 문제이다. (A)는 'I just got a message from Mr. Baker saying that his flight has been delayed until 9 P.M. Weather conditions are terrible there in Chicago.'에서 Cheryl Stone이 지금 막 Mr. Baker에게서 그의 항공편이 오후 9시까지 지연되었다는 메시지를 받았고 거기 시카고의 기상 상태가 좋지 않다고 한 것에서 Mr. Baker가 지금 시카고에 있다는 것을 알 수 있으므로 지문의 내용과 일치하지 않는다. (B)는 'without Mr. Baker's technical background and expertise, our proposal might not sound very convincing'에서 Cheryl Stone이 Mr. Baker의 기술적인 경험과 전문 지식 없이는 자신들의 제안이 아주 설득력 있어 보이지는 않을 것이라고 했으므로 지문의 내용과 일치한다. 따라서 (B)가 정답이다. (C)는 지문에 언급되지 않은 내용이다. (D)는 'I've got all the visuals ready.'에서 Maurice Wood가 프레젠테이션 관련 시각 자료들을 준비해두었다고 했으므로 지문의 내용과 일치하지 않는다.

바꾸어 표현하기
technical background and expertise 기술적인 경험과 전문 지식 → proficient in technical matters 기술적인 사안들에 능통한

어휘   on business phr. 출장으로, 업무로   proficient adj. 능통한, 숙달된   matter n. 사안, 문제   produce v. 만들다, 생산하다; n. 생산물

175 ○○●● 중

At 3:59, what does Ms. Stone mean when she writes, "I'm on it"?

(A) She will call Harper Telecom.
(B) She will give a presentation tomorrow.
(C) She will wait for Mr. Baker's flight to arrive.
(D) She will contact her absent colleague.

3시 59분에, Ms. Stone이 "I'm on it"이라고 썼을 때 그녀가 의도한 것은?

(A) Harper Telecom사에 전화할 것이다.
(B) 내일 프레젠테이션을 할 것이다.
(C) Mr. Baker의 항공편이 도착하기를 기다릴 것이다.
(D) 부재중인 동료에게 연락할 것이다.

■ 의도 파악 　　　　　　　　　　　　　　　　　　　　　　　　　　　　　　　　　　　　　정답 (A)

Ms. Stone이 의도한 것을 묻는 문제이므로, 질문의 인용어구(I'm on it)가 언급된 주변 문맥을 확인한다. 'I think it would be better to call Harper Telecom and try to convince them to listen to his pitch tomorrow morning.'에서 Allan Franklin이 Harper Telecom사에 전화해서 내일 아침에 그, 즉 Mr. Baker의 홍보를 들어보도록 그들을 설득해보는 것이 더 좋을 것 같다고 하자, Ms. Stone이 'I'm on it.'(제가 할게요)이라고 한 후, 'I'll let you know how it goes.'에서 어떻게 되는지 알려준다고 한 것을 통해, Ms. Stone이 Harper Telecom사에 전화할 것임을 알 수 있다. 따라서 (A)가 정답이다.

어휘　absent adj. 부재한, 결석한　colleague n. 동료

Questions 176-180 refer to the following article and invitation.

176-180은 다음 기사와 초대장에 관한 문제입니다.

지문 1

April 23 — The Rose Hill Library will be opening its doors on May 5. [176]Jasmine Sutherland, a spokesperson for the new library, confirmed the date during an interview with Gerald Baker published in *The Coast Times* last week. "[177]Over the past three months, our team has done a great deal of work on the building since it was purchased last fall to prepare it for the public," she said. Ms. Sutherland added that she was sure local book lovers would be pleased with the end result, as the library will have an extensive collection and comfortable atmosphere.

[178]On May 4, the night before the official opening, there will be a party to celebrate the launch of the new venture. It will be an invitation-only event and is expected to include many prominent members of the local community.

4월 23일 – Rose Hill 도서관이 5월 5일에 문을 열 예정이다. [176]새 도서관의 대변인인 Jasmine Sutherland가 지난 주 *The Coast Times*지에 게재된 Gerald Baker와의 인터뷰에서 날짜를 확정했다. "[177]지난 3개월 동안, 저희 팀은 작년 가을 건물이 구입된 이후 그것을 대중을 위해 준비하려고 아주 많은 작업을 했습니다."라고 그녀는 말했다. Ms. Sutherland는 도서관이 대규모의 소장 도서와 편안한 분위기를 가질 것이기 때문에, 지역 독서 애호가들이 최종 결과에 만족할 것을 확신한다고 덧붙였다.

[178]5월 4일, 공식 개관 전날 밤에는 새로운 모험의 시작을 축하하는 파티가 열릴 것이다. 그것은 초대받은 사람에 한한 행사일 것이며 지역 사회의 저명한 인사들을 많이 포함할 것으로 예상된다.

지문 2

[178]**The Rose Hill Library**
invites you to attend our opening party
on May 17 at 7:00 P.M.

The event will feature special readings by local writers, including Davis Williams, an internationally bestselling author. [179]There will be a live band, and light refreshments will be served.
[180-C]Formal attire is requested.

For more information about the event, [180-A]please visit www. rosehilllibrary.com. Here, you will find information about the schedule and speakers for the event. [180-B/D]A map showing the library's location and a list of recommended parking options have also been posted.

We hope to see you at the opening party!

[178]Rose Hill 도서관이
귀하를 저희 개관식에 초대합니다
5월 17일 오후 7시

행사에는 세계적인 베스트셀러 작가 Davis Williams를 포함한, 지역 작가들의 특별 낭독회가 마련될 것입니다. [179]라이브 밴드가 있을 것이고, 가벼운 간식이 제공될 것입니다.
[180-C]정장 착용이 요청됩니다.

행사에 대한 더 많은 정보를 원하시면, [180-A]www. rosehilllibrary.com을 방문하세요. 여기서, 행사의 일정과 연사들에 대한 정보를 볼 수 있습니다. [180-B/D]도서관의 위치를 보여주는 지도와 추천드리는 주차 옵션의 목록도 게시되었습니다.

개관식에서 귀하를 만나 뵐 수 있기를 희망합니다!

지문 1
□ **spokesperson** n. 대변인
□ **collection** n. (도서관의) 소장 도서, 수집품
□ **prominent** adj. 저명한

□ **publish** v. 게재하다, 발표하다
□ **atmosphere** n. 분위기

□ **extensive** adj. 대규모의, 광범위한
□ **venture** n. 모험

지문 2
□ **reading** n. 낭독회

□ **refreshment** n. 간식, 다과

□ **formal attire** phr. 정장

Who most likely is Mr. Baker?	Mr. Baker는 누구일 것 같은가?
(A) A business owner	(A) 사업주
(B) A book critic	(B) 책 평론가
(C) A librarian	(C) 사서
(D) A journalist	(D) 기자

■ **추론** 세부 정보
정답 (D)

질문의 핵심 어구인 Mr. Baker에 대해 추론하는 문제이므로 Mr. Baker가 언급된 첫 번째 지문인 기사에서 관련 내용을 확인한다. 기사의 'Jasmine Sutherland ~ confirmed the date during an interview with Gerald Baker published in *The Coast Times* last week.'에서 Jasmine Sutherland가 지난주 *The Coast Times*지에 게재된 Gerald Baker와의 인터뷰에서 날짜를 확정했다고 했으므로 Mr. Baker가 Ms. Sutherland를 인터뷰한 기자라는 사실을 추론할 수 있다. 따라서 (D)가 정답이다.

What happened last year?	작년에 어떤 일이 일어났는가?
(A) A collection of books was purchased.	(A) 책 소장품이 구입되었다.
(B) Some novels were published.	(B) 몇몇 소설들이 출판되었다.
(C) A building was renovated.	(C) 건물이 개조되었다.
(D) Some real estate was acquired.	(D) 부동산이 취득되었다.

■ **육하원칙** What
정답 (D)

작년에 어떤(What) 일이 일어났는지를 묻는 육하원칙 문제이므로 질문의 핵심 어구인 happened last year와 관련된 내용이 언급된 첫 번째 지문인 기사를 확인한다. 기사의 'Over the past three months, our team has done a great deal of work on the building since it was purchased last fall'에서 지난 3개월 동안 자신, 즉 Ms. Sutherland의 팀이 작년 가을 건물이 구입된 이후 아주 많은 작업을 했다고 했으므로 작년에 부동산이 취득된 것을 알 수 있다. 따라서 (D)가 정답이다.

어휘 renovate n. 개조하다 real estate phr. 부동산 acquire v. 취득하다, 획득하다

What can be inferred about the opening party?	개관식에 대해 추론될 수 있는 것은?
(A) It will be attended by publishing editors.	(A) 출판사 편집자들이 참석할 것이다.
(B) It has been opened to the public.	(B) 대중에게 개방되었다.
(C) It has been postponed.	(C) 연기되었다.
(D) It will be hosted by an author.	(D) 작가에 의해 주최될 것이다.

■ **추론** 연계 문제
정답 (C)

두 지문의 내용을 종합적으로 확인한 후 추론해서 풀어야 하는 연계 문제이다. 질문의 핵심 어구인 opening party와 관련된 내용이 언급된 기사를 먼저 확인한다.

단서 1 첫 번째 지문(기사)의 'On May 4 ~ there will be a party to celebrate the launch of the new venture.'에서 5월 4일에 새로운 모험의 시작, 즉 Rose Hill 도서관의 개관을 축하하는 파티가 열릴 것이라고 했다. 그런데 개관식이 실제로 언제 열렸는지 제시되지 않았으므로 초대장에서 관련 내용을 확인한다.

단서 2 두 번째 지문(초대장)의 'The Rose Hill Library invites you to attend our opening party on May 17'에서 Rose Hill 도서관이 5월 17일 개관식에 초대한다고 했다.

두 단서를 종합할 때, Rose Hill 도서관의 개관식이 5월 4일에서 5월 17일로 연기되었다는 사실을 추론할 수 있다. 따라서 (C)가 정답이다.

어휘 postpone v. 연기하다, 미루다 host v. 주최하다

179

What will happen during the party?

(A) Guests will be treated to a fine-dining experience.
(B) A bestselling author will sign his books.
(C) Musicians will deliver a performance for attendees.
(D) A prize will be given to a local writer.

파티 동안 어떤 일이 일어날 것인가?

(A) 손님들이 고급 식사를 대접받을 것이다.
(B) 베스트셀러 작가가 그의 책에 사인할 것이다.
(C) 음악가들이 참석자들을 위해 공연할 것이다.
(D) 지역 작가에게 상이 수여될 것이다.

■ **육하원칙** What 　　　　　　　　　　　　　　　　　　　　　　　　　　　　　　　　　　정답 (C)

파티 동안 어떤(What) 일이 일어날 것인지를 묻는 육하원칙 문제이므로 질문의 핵심 어구인 party가 언급된 두 번째 지문인 초대장을 확인한다. 초대장의 'There will be a live band'에서 개관식에 라이브 밴드가 있을 것이라고 했으므로 (C)가 정답이다.

바꾸어 표현하기

a live band 라이브 밴드 → Musicians will deliver a performance 음악가들이 공연하다

어휘 treat v. 대접하다, 대하다 fine-dining n. 고급 식사

180

According to the invitation, what is NOT available online?

(A) Planned events for the party
(B) A map of where the library is
(C) Requirements for the dress code
(D) Suggestions about where to park

초대장에 따르면, 온라인에서 이용 가능하지 않은 것은?

(A) 파티에 계획된 행사들
(B) 도서관 위치의 지도
(C) 복장 규정에 대한 요건
(D) 어디에 주차할지에 대한 제안

■ **Not/True** Not 문제 　　　　　　　　　　　　　　　　　　　　　　　　　　　　　　　정답 (C)

질문의 핵심 어구인 available online과 관련된 내용을 초대장에서 찾아 각 보기와 대조하는 Not/True 문제이므로 두 번째 지문인 초대장에서 관련 내용을 확인한다. (A)는 'please visit www.rosehilllibrary.com. Here, you will find information about the schedule ~ for the event.'에서 웹사이트를 방문하라고 하며 여기서 행사의 일정에 대한 정보를 볼 수 있다고 했으므로 온라인에서 이용 가능하다. (B)와 (D)는 'A map showing the library's location and a list of recommended parking options have also been posted.'에서 도서관의 위치를 보여주는 지도와 추천하는 주차 옵션의 목록도 게시되었다고 했으므로 온라인에서 이용 가능하다. (C)는 'Formal attire is requested.'에서 정장 착용이 요청된다고 했으나, 온라인에서 복장 규정에 대한 요건을 볼 수 있다고는 하지 않았으므로 온라인에서 이용 가능하지 않다. 따라서 (C)가 정답이다.

Questions 181-185 refer to the following brochure and e-mail.

181-185는 다음 브로슈어와 이메일에 관한 문제입니다.

Are the countertops in your home or workplace worn or outdated? [181-A]Let Carlson Counters give your kitchen, office, bathroom, or reception area a brand-new look!

We offer a vast assortment of styles, colors, and materials to choose from! And our prices are some of the best in town:

Laminate	Starting at $80 per square meter
Tile	Starting at $90 per square meter
Granite	Starting at $130 per square meter
Marble	Starting at $150 per square meter

All countertops listed above are available for customization at increased rates if requested at least 15 days in advance. In such cases, Carlson Counters charges $120 per square meter for laminate and tile customization and [184]$190 per square meter for specialized orders in granite or marble. Carlson Counters does require a 50 percent deposit for any custom order.

[181-B]All you have to do is call us at 555-4933 or send an e-mail to rogcarl@carlsoncounters.com to request an [181-B/183]on-site visit. [183]Owner Roger Carlson will visit your space to get rough measurements and discuss installation options with you. [183-B/C]He will also describe the various materials we sell and provide you with cost estimates for the different countertops you can choose. Once you have made your selection, [183-D]Mr. Carlson will immediately schedule the work and let you know how long it will take.

So, contact Carlson Counters today and find out how we can give your space a new and contemporary look!

TO: Roger Carlson <rogcarl@carlsoncounters.com>
FROM: Blaire Thomson <bomson@gotomail.com>
SUBJECT: Countertops
DATE: May 29, Thursday

Dear Mr. Carlson,

Thank you for coming by my home this afternoon to check out my kitchen. [185]I appreciate the information you provided as it confirmed what your brochure said.

I have discussed the materials you suggested with my husband. Both of the recommendations are attractive, but after talking about it, [184]we have agreed that we should go ahead with the marble option for our countertops. Please send us the total cost estimate for the project when you have time.

You also mentioned during your visit that [184]custom countertops like the one we're requesting need to be

---

당신의 집이나 직장의 조리대가 낡았거나 구식입니까? [181-A]Carlson Counters사가 당신의 부엌, 사무실, 화장실, 또는 응접실을 새롭게 단장하도록 하십시오!

저희는 선택 가능한 광범위한 종류의 스타일, 색상, 자재들을 제공합니다! 그리고 저희의 가격은 시내에서 최고에 속합니다:

합판	평방미터 당 80달러부터 시작
타일	평방미터 당 90달러부터 시작
화강암	평방미터 당 130달러부터 시작
대리석	평방미터 당 150달러부터 시작

위에 나열된 모든 조리대는 최소 15일 전에 미리 요청하시면 추가적인 요금으로 주문 제작이 가능합니다. 그러한 경우에, Carlson Counters사는 합판과 타일 주문 제작에 대해서는 평방미터 당 120달러를, [184]화강암이나 대리석의 특별 주문에 대해서는 평방미터 당 190달러를 부과합니다. Carlson Counters사는 모든 주문 제작에 50퍼센트의 보증금을 요구합니다.

[181-B]당신은 [181-B/183]현장 방문을 요청하기 위해 저희에게 555-4933으로 전화하시거나 rogcarl@carlsoncounters. com으로 이메일을 보내시기만 하면 됩니다. [183]소유주인 Roger Carlson이 당신의 장소를 방문해 대략적인 측정을 하고 설치 옵션에 대해 당신과 상의할 것입니다. [183-B/C]또한 그는 저희가 판매하는 다양한 자재들에 대해 설명하고 당신이 고를 수 있는 여러 조리대들의 가격 견적을 제공할 것입니다. 당신이 선택을 하고 나면, [183-D]Mr. Carlson이 즉시 작업 일정을 잡고 얼마나 오래 걸릴지 알려드릴 것입니다.

그러니, 오늘 Carlson Counters사에 연락하셔서 저희가 당신의 공간을 어떻게 새롭고 현대적으로 단장할지 알아보십시오!

수신: Roger Carlson <rogcarl@carlsoncounters.com>
발신: Blaire Thomson <bomson@gotomail.com>
제목: 조리대
날짜: 5월 29일 목요일

Mr. Carlson께,

오늘 오후 부엌을 확인하기 위해 저희 집을 방문해주셔서 감사합니다. [185]당신이 제공했던 정보가 귀사의 브로슈어에 쓰여 있었던 것이 사실임을 확인시켜 준 것에 감사드립니다.

저는 당신이 제안했던 자재들에 대해 남편과 상의해 보았습니다. 두 가지 추천 모두 매력적이었지만, 그것에 대해 이야기해본 후, [184]저희 조리대를 위해 대리석 옵션으로 진행해야겠다고 합의를 보았습니다. 부디 시간이 있을 때 저희에게 프로젝트의 총 견적을 보내 주십시오.

당신은 또한 방문한 동안 [184]저희가 요구한 것과 같은 주문

---

specially ordered and may require additional time for delivery. So, could you let us know how long it will take to arrive?

I hope to hear from you soon, and thank you for your excellent service.

Regards,

Blaire Thomson

제작 조리대는 특별히 주문되어야 하며 배달을 위해 추가적인 시간이 들 수 있다고 했습니다. 그러니, 저희에게 조리대가 도착하는 데 얼마나 걸릴지 알려주시겠습니까?

곧 답변을 받기를 바라며, 뛰어난 서비스에 감사드립니다.

Blaire Thomson 드림

지문 1
- □ countertop n. (주방용) 조리대
- □ reception area phr. 응접실
- □ granite n. 화강암
- □ specialized adj. 특별한
- □ contemporary adj. 현대적인, 동시대의
- □ worn adj. 낡은, 지친
- □ material n. 자재, 재료
- □ marble n. 대리석
- □ measurement n. 측정
- □ outdated adj. 구식의, 진부한
- □ laminate n. 합판
- □ customization n. 주문 제작
- □ estimate n. 견적, 견적서; v. 추정하다

지문 2
- □ recommendation n. 추천, 권고
- □ go ahead phr. 진행하다, 앞서 가다

181

What is indicated about Carlson Counters?

(A) It provides services for residential spaces only.
(B) It accepts visit requests through multiple channels.
(C) It is situated in a central part of the town.
(D) It is currently offering a service at a discount.

Carlson Counters사에 대해 언급된 것은?

(A) 주거 공간을 위해서만 서비스를 제공한다.
(B) 여러 경로를 통해 방문 요청을 받아들인다.
(C) 시의 중심부에 위치해 있다.
(D) 현재 서비스를 할인가로 제공하고 있다.

■ Not/True True 문제 　　　　　　　　　　　　　　　　　　　　　　　　　　정답 (B)

질문의 핵심 어구인 Carlson Counters와 관련된 내용을 지문에서 찾아 각 보기와 대조하는 Not/True 문제이므로 첫 번째 지문인 Carlson Counters사에 관한 세부 사항이 언급된 브로슈어를 확인한다. (A)는 'Let Carlson Counters give your kitchen, office, bathroom, or reception area a brand-new look!'에서 Carlson Counters사가 부엌, 사무실, 화장실, 또는 응접실을 새롭게 단장하도록 하라고 했으므로 주거 공간 외에 사무 공간을 위해서도 서비스를 제공함을 알 수 있으므로 지문의 내용과 일치하지 않는다. (B)는 'All you have to do is call us at 555-4933 or send an e-mail to rogcarl@carlsoncounters.com to request an on-site visit.'에서 현장 방문을 요청하기 위해 전화를 하거나 이메일을 보내라고 했으므로 지문의 내용과 일치한다. 따라서 (B)가 정답이다. (C)와 (D)는 지문에 언급되지 않은 내용이다.

바꾸어 표현하기
request an on-site visit 현장 방문을 요청하다 → visit requests 방문 요청
call ~ or send an e-mail 전화를 하거나 이메일을 보내다 → multiple channels 여러 경로

여휘　residential adj. 주거의, 거주하기 좋은　channel adj. 경로, 수단, 채널　currently adv. 현재, 지금

182

In the brochure, the word "rough" in paragraph 4, line 2, is closest in meaning to

(A) forceful
(B) general
(C) coarse
(D) uneven

브로슈어에서, 4문단 두 번째 줄의 단어 "rough"는 의미상 -와 가장 가깝다.

(A) 강력한
(B) 대강의
(C) 거친
(D) 평평하지 않은

■ 동의어 　　　　　　　　　　　　　　　　　　　　　　　　　　　　　　　정답 (B)

첫 번째 지문인 브로슈어의 rough를 포함하는 구절 'Owner Roger Carlson will visit your space to get rough measurements'에서 rough가 '대략적인'이라는 뜻으로 사용되었다. 따라서 '대강의'라는 의미를 가진 (B)가 정답이다.

○○○●●
중

According to the brochure, what information will NOT be provided during an on-site visit?

(A) The date of a delivery
(B) Descriptions of materials
(C) Prices of products
(D) The duration of a project

브로슈어에 따르면, 현장 방문 동안 제공되지 않을 정보는 무엇인가?

(A) 배달 날짜
(B) 자재들에 대한 설명
(C) 제품들의 가격
(D) 프로젝트 기간

■ Not/True Not 문제   정답 (A)

질문의 핵심 어구인 information ~ be provided during an on-site visit과 관련된 내용을 브로슈어에서 찾아 각 보기와 대조하는 Not/True 문제이다. (A)는 지문에 언급되지 않은 내용이다. 따라서 (A)가 정답이다. (B)와 (C)는 'on-site visit. Owner Roger Carlson will visit your space'와 'He will also describe the various materials we sell and provide you with cost estimates for the different countertops you can choose.'에서 Roger Carlson이 현장 방문에서 자재들에 대해 설명하고 고객이 고를 수 있는 조리대들의 가격 견적을 제공할 것이라고 했으므로 지문의 내용과 일치한다. (D)는 'Mr. Carlson will immediately schedule the work and let you know how long it will take'에서 Mr. Carlson이 즉시 작업 일정을 잡고 얼마나 오래 걸릴지 알려줄 것이라고 했으므로 지문의 내용과 일치한다.

바꾸어 표현하기

describe the various materials 다양한 자재들에 대해 설명하다 → Descriptions of materials 자재들에 대한 설명
cost estimates for the different countertops 여러 조리대들의 가격 견적 → Prices of products 제품들의 가격
how long it will take 얼마나 오래 걸릴지 → The duration of a project 프로젝트 기간

어휘 duration n. 기간, 지속

○○●●●
상

How much will Ms. Thomson have to pay for the new countertops?

(A) $90 per square meter
(B) $120 per square meter
(C) $150 per square meter
(D) $190 per square meter

Ms. Thomson은 새로운 조리대를 위해 얼마를 내야 할 것인가?

(A) 평방미터 당 90달러
(B) 평방미터 당 120달러
(C) 평방미터 당 150달러
(D) 평방미터 당 190달러

■ 육하원칙 연계 문제   정답 (D)

두 지문의 내용을 종합해서 풀어야 하는 연계 문제이다. 질문의 핵심 어구인 How much ~ Ms. Thomson ~ pay for the new countertops에서 Ms. Thomson이 새로운 조리대를 위해 얼마(How much)를 내야 할 것인지를 묻고 있으므로 Ms. Thomson이 작성한 이메일을 먼저 확인한다.

단서 1 두 번째 지문(이메일)의 'we have agreed that we should go ahead with the marble option for our countertops'와 'custom countertops like the one we're requesting need to be specially ordered'에서 Ms. Thomson이 특별히 주문되어야 하는 대리석 조리대를 주문 제작 요청했음을 확인할 수 있다. 그런데 조리대의 가격이 제시되지 않았으므로 브로슈어에서 관련 내용을 확인한다.

단서 2 첫 번째 지문(브로슈어)의 '$190 per square meter for specialized orders in granite or marble'에서 화강암이나 대리석의 특별 주문에 대해서는 평방미터 당 190달러를 부과한다고 했다.

두 단서를 종합했을 때, Ms. Thomson이 새로운 조리대를 위해 평방미터 당 190달러를 내야 함을 알 수 있다. 따라서 (D)가 정답이다.

What most likely did Ms. Thomson do before Mr. Carlson's visit to her home?	Ms. Thomson은 Mr. Carlson이 그녀의 집에 방문하기 전에 무엇을 했을 것 같은가?
(A) Discarded an old countertop (B) Looked through an informational leaflet (C) E-mailed size specifications for an installation (D) Visited a branch for a free consultation	(A) 예전 조리대를 폐기했다 (B) 정보 안내 전단을 살펴봤다 (C) 설치를 위해 크기 사양을 이메일로 보냈다 (D) 무료 상담을 위해 지점을 방문했다

■ **추론** 세부 정보

정답 (B)

질문의 핵심 어구인 Ms. Thomson do before Mr. Carlson's visit to her home에 대해 추론하는 문제이므로 두 번째 지문인 Ms. Thomson이 작성한 이메일에서 관련 내용을 확인한다. 'I appreciate the information you provided as it confirmed what your brochure said.'에서 당신, 즉 Mr. Carlson이 제공했던 정보가 귀사, 즉 Carlson Counters사의 브로슈어에 쓰여 있었던 것이 사실임을 확인시켜 준 것에 고맙다고 했으므로 Ms. Thomson이 Mr. Carlson이 그녀의 집에 방문하기 전에 Carlson Counters사의 정보 안내 전단을 살펴봤다는 사실을 추론할 수 있다. 따라서 (B)가 정답이다.

바꾸어 표현하기
brochure 브로슈어 → an informational leaflet 정보 안내 전단

어휘 discard v. 폐기하다, 버리다 look through phr. 살펴보다 leaflet n. (광고나 선전용) 전단 specification n. 사양, 설명서

지문 1

The Regency Scotia School of Design Hosts Historic Royal Costume Display

Threads of Royal History, launched on Friday, is the latest exhibit from the Regency Scotia School of Design (RSSD) in Glasgow. It is a treat for period costume enthusiasts. 186-A/BFor the exhibit, the school borrowed 52 outfits belonging to both historical and current monarchs from museums around the world. 189Of particular note are the 4,000-year-old headdress and accessories on loan from the Cairo Museum in Egypt as well as several stunning robes from the Forbidden City Museum in Beijing. In addition, fashion students from the school have created 38 replica outfits. All of the items are beautifully displayed on specially designed mannequins.

186-DThe exhibit will last for a month, concluding on April 30. Regular admission is £6.50, but students and faculty of the RSSD are admitted for free. Senior citizens pay £5.00, and children 10 and under pay £3.50. Inquire about student group rates by calling 555-3400. 186-CThe exhibit space is located in the school's Leighton Hall, which is open from 10 A.M. through 8 P.M., Monday through Thursday.

Regency Scotia 디자인 학교가 역사적인 왕실 의상 전시를 주최하다

금요일에 개장된 *Threads of Royal History*는 글래스고에 있는 Regency Scotia 디자인 학교(RSSD)의 가장 최근 전시이다. 이 전시는 시대 의상의 열광적인 팬들에게 특별한 선물 같은 것이다. 186-A/B전시를 위해, 학교는 역사상의 군주들과 현재의 군주들의 소유인 52벌의 의상들을 전 세계의 박물관들로부터 빌려왔다. 189특별히 주목할 것은 베이징의 자금성 박물관에서 온 굉장히 아름다운 예복 몇 벌뿐만 아니라 이집트의 카이로 박물관으로부터 대여 중인 4천 년이 된 머리 장식과 장신구들이다. 또한, 이 학교의 패션을 공부하는 학생들이 38벌의 복제 의상들을 만들었다. 모든 의상들은 특별히 제작된 마네킹들에 아름답게 전시되어 있다.

186-D전시는 한 달간 계속되어 4월 30일에 끝날 것이다. 일반 입장료는 6.50파운드이지만, RSSD의 학생들과 교수진은 무료입장이 허용된다. 고령자는 5.00파운드, 10세 이하의 어린이는 3.50파운드를 지불한다. 학생 단체 요금에 대해서는 555-3400에 전화하여 문의하면 된다. 186-C전시 장소는 학교의 Leighton 홀에 위치해 있으며, 이는 월요일부터 목요일 오전 10시에서 오후 8시까지 개방된다.

지문 2

TO	Larry Dent <larden@terrington.edu.uk>
FROM	Rhoda Augustine <rhoaug@terrington.edu.uk>
SUBJECT	RSSD Exhibit
DATE	April 20

Hi Larry,

I saw an article in the paper about RSSD's current exhibit and am thinking of taking the students in my morning art classes there for a field trip. 187/188I called to find out about student group rates, and if there are 30 or more students, the admission fee is significantly lowered to £4.00. 187But I only have 24 in total for both my morning classes, so I was wondering if you and your students might be interested in joining us. The community center's bus seats 55 people, so there should be enough room to accommodate everyone. It sounds like a really interesting display, and I think our students would learn a lot from it as well. There is no rush, but let me know whether you're interested by Friday so I can book the visit.

Thanks!

Rhoda

수신 Larry Dent <larden@terrington.edu.uk>
발신 Rhoda Augustine <rhoaug@terrington.edu.uk>
제목 RSSD 전시
날짜 4월 20일

안녕하세요 Larry,

저는 신문 기사에서 지금 열리고 있는 RSSD의 전시에 대해 보았고 제 오전 미술 수업의 학생들을 현장 학습으로 그곳에 데려가는 것을 생각 중입니다. 187/188제가 학생 단체 요금에 대해 알아보기 위해 전화했었는데, 30명 이상의 학생들이 있으면 입장료가 상당히 낮아져 4.00파운드입니다. 187하지만 제 오전 수업 둘 다를 통틀어 24명만이 있어서, 당신과 당신의 학생들이 우리와 함께하는 데에 관심이 있는지 궁금합니다. 지역 문화센터의 버스에 55명의 좌석이 있으니, 모두를 수용할 충분한 공간이 있을 것입니다. 정말 흥미로운 전시인 것 같고, 또한 우리 학생들이 전시에서 많은 것을 배울 것이라 생각합니다. 서두를 필요는 없지만, 제가 견학을 예약할 수 있도록 관심이 있으신지 금요일까지 알려주세요.

감사합니다!

Rhoda 드림

지문 3

PAID IN FULL (cash)　　　　　　전액 지불됨 (현금)

189Group Ticket for: *Threads of Royal History* Exhibition　　189단체 티켓: *Threads of Royal History* 전시

¹⁸⁹Date: April 28 *This ticket can only be used on the indicated date.
¹⁸⁸Name: Terrington Secondary School
¹⁸⁸Rate: Student group rate
Participants: 48
¹⁸⁹Group Leader(s): Rhoda Augustine, Larry Dent

All visitors are required to proceed through the security checkpoint prior to admission. ¹⁹⁰*Photography is strictly forbidden. Please do not touch any item on display.*

¹⁸⁹날짜: 4월 28일 *이 티켓은 명시된 날짜에만 사용될 수 있습니다.
¹⁸⁸이름: Terrington 중등학교
¹⁸⁸요금: 학생 단체 요금
참가자: 48명
¹⁸⁹단체 인솔자: Rhoda Augustine, Larry Dent

모든 방문객들은 입장 전에 보안 검사대를 거치는 것이 요구됩니다. ¹⁹⁰사진 촬영은 절대 금지됩니다. 전시된 어떠한 물품도 만지지 말아 주십시오.

지문 1
- □ **historic** adj. 역사적인, 역사적으로 중요한
- □ **treat** n. 특별한 선물, 대접; v. 대하다
- □ **outfit** n. 의상, 장비
- □ **headdress** n. 머리 장식, 헤어스타일
- □ **robe** n. 예복, 가운; v. 입히다
- □ **faculty** n. 교수진, 학부

- □ **royal** adj. 왕실의, 고귀한
- □ **period** n. 시대, 기간
- □ **historical** adj. 역사상의, 역사적인
- □ **on loan** phr. 대여 중인
- □ **replica** n. 복제품, 모형

- □ **costume** n. 의상, 복식
- □ **enthusiast** n. 열광적인 팬, 열렬한 지지자
- □ **monarch** n. 군주, 주권자
- □ **stunning** adj. 굉장히 아름다운, 깜짝 놀라게 하는
- □ **conclude** v. 끝나다, 결정하다

지문 2
- □ **field trip** phr. 현장 학습, 견학 여행
- □ **seat** v. 좌석이 있다, 앉히다; n. 좌석

- □ **significantly** adv. 상당히, 중요하게
- □ **accommodate** v. 수용하다, 공간을 제공하다

- □ **in total** phr. 통틀어, 전체로서

지문 3
- □ **secondary school** phr. 중등학교
- □ **forbid** v. 금지하다, 불가능하게 하다

- □ **in full** phr. 전액으로, 완전히

- □ **strictly** adv. 절대적으로, 엄격하게

186

What is NOT true about *Threads of Royal History*?

(A) It includes items on loan.
(B) It has pieces from around the world.
(C) It is open to the public on weekends.
(D) It will close at the end of April.

*Threads of Royal History*에 대해 사실이 아닌 것은?

(A) 대여 중인 물품들을 포함한다.
(B) 전 세계에서 온 의상들을 포함한다.
(C) 주말에 대중들에게 개방된다.
(D) 4월 말에 끝날 것이다.

■ Not/True Not 문제   정답 (C)

질문의 핵심 어구인 *Threads of Royal History*와 관련된 내용을 지문에서 찾아 각 보기와 대조하는 Not/True 문제이므로 *Threads of Royal History* 전시를 소개하는 첫 번째 지문인 기사에서 관련 내용을 확인한다. (A)와 (B)는 'For the exhibit, the school borrowed 52 outfits ~ from museums around the world.'에서 전시를 위해 학교가 52벌의 의상들을 전 세계의 박물관들로부터 빌려왔다고 했으므로 지문의 내용과 일치한다. (C)는 'The exhibit space ~ is open ~ Monday through Thursday.'에서 전시 장소가 월요일부터 목요일까지 개방된다고 했으므로 지문의 내용과 일치하지 않는다. 따라서 (C)가 정답이다. (D)는 'The exhibit ~ concluding on April 30.'에서 전시가 4월 30일에 끝날 것이라고 했으므로 지문의 내용과 일치한다.

바꾸어 표현하기
borrowed 52 outfits 52벌의 의상들을 빌려왔다 → items on loan 대여 중인 물품들
concluding on April 30 4월 30일에 끝나다 → close at the end of April 4월 말에 끝나다

어휘 **piece** n. 작품, (작품) 한 점

187

Why did Ms. Augustine want Mr. Dent's students to join her group?

(A) So that her group becomes eligible for a free tour guide
(B) So that she can obtain a discount on admission fees
(C) So that the school can cover the expense of a bus rental
(D) So that her students can enter their designs into a competition

Ms. Augustine은 왜 Mr. Dent의 학생들이 그녀의 그룹에 함께하기를 원했는가?

(A) 그녀의 그룹이 무료 투어 가이드에 대한 자격을 갖도록 하기 위해
(B) 입장료에 대한 할인을 받을 수 있도록 하기 위해
(C) 학교가 버스 대여의 경비를 부담할 수 있도록 하기 위해
(D) 그녀의 학생들이 그들의 디자인을 대회에 출품할 수 있도록 하기 위해

■ 육하원칙 Why
정답 (B)

Ms. Augustine이 왜(Why) Mr. Dent의 학생들이 그녀의 그룹에 함께하기를 원했는지를 묻는 육하원칙 문제이므로 질문의 핵심 어구인 Ms. Augustine want Mr. Dent's students to join her group과 관련된 내용이 언급된 두 번째 지문인 이메일을 확인한다. 이메일의 'I called to find out about student group rates, and if there are 30 or more students, the admission fee is significantly lowered ~. But I only have 24 in total for both my morning classes, so I was wondering if you and your students might be interested in joining us.'에서 Ms. Augustine이 학생 단체 요금에 대해 알아보기 위해 전화를 했고 30명 이상의 학생들이 있으면 입장료가 상당히 낮아지는데, 자신의 오전 수업 둘 다를 통틀어 24명만이 있어서 당신, 즉 Mr. Dent와 그의 학생들이 자신들과 함께하는 데에 관심이 있는지 궁금하다고 했으므로 (B)가 정답이다.

바꾸어 표현하기
admission fee is significantly lowered 입장료가 상당히 낮아지다 → obtain a discount on admission fees 입장료에 대한 할인을 받다

어휘   obtain v. 얻다, 획득하다   cover v. 부담하다, 가리다   expense n. 경비, 비용   rental n. 대여, 임대료

188

How much were the Terrington Secondary School students charged for admission?

(A) £3.50 per person
(B) £4.00 per person
(C) £5.00 per person
(D) £6.50 per person

Terrington 중등학교 학생들은 입장에 얼마가 청구되었는가?

(A) 1인당 3.50파운드
(B) 1인당 4.00파운드
(C) 1인당 5.00파운드
(D) 1인당 6.50파운드

■ 육하원칙 연계 문제
정답 (B)

세 지문 중 두 지문의 내용을 종합해서 풀어야 하는 연계 문제이다. 질문의 핵심 어구인 the Terrington Secondary School students charged for admission에서 Terrington 중등학교 학생들이 입장에 얼마(How much)가 청구되었는지를 묻고 있으므로 Terrington 중등학교 학생들의 티켓을 먼저 확인한다.

단서 1 세 번째 지문(티켓)의 'Name: Terrington Secondary School'과 'Rate: Student group rate'에서 Terrington 중등학교가 학생 단체 요금을 지불했다는 사실을 확인할 수 있다. 그런데 학생 단체 요금이 얼마인지 제시되지 않았으므로 이메일에서 관련 내용을 확인한다.

단서 2 두 번째 지문(이메일)의 'I called to find out about student group rates ~ the admission fee is ~ £4.00.'에서 학생 단체 요금이 적용되는 경우 입장료가 4.00파운드라는 사실을 확인할 수 있다.

두 단서를 종합할 때, Terrington 중등학교 학생들은 학생 단체 요금으로 입장에 1인당 4.00파운드를 지불했음을 알 수 있다. 따라서 (B)가 정답이다.

어휘   charge v. 청구하다, 부담시키다

189

What did Mr. Dent's students most likely do on April 28?

(A) Viewed ancient accessories
(B) Toured some local historic sites
(C) Attended a fashion show
(D) Displayed some outfits they had created

Mr. Dent의 학생들은 4월 28일에 무엇을 했을 것 같은가?

(A) 고대 장신구들을 보았다
(B) 지역 유적지 몇 곳을 관광했다
(C) 패션쇼에 참석했다
(D) 그들이 만들었던 몇몇 의상들을 전시했다

■ 추론 연계 문제 　　　　　　　　　　　　　　　　　　　　　　　　　　　　　　　　　　　　정답 (A)

세 지문 중 두 지문의 내용을 종합적으로 확인한 후 추론해서 풀어야 하는 연계 문제이다. 질문의 핵심 어구인 Mr. Dent's students ~ do on April 28과 관련된 내용이 언급된 티켓을 먼저 확인한다.

단서 1 세 번째 지문(티켓)의 'Group Ticket for: *Threads of Royal History* Exhibition', 'Date: April 28', 'Group Leader(s): ~ Larry Dent'에서 4월 28일에 Mr. Dent의 학생들이 *Threads of Royal History* 전시에 간 것을 확인할 수 있다. 그런데 학생들이 *Threads of Royal History* 전시에서 무엇을 했는지 제시되지 않았으므로 기사에서 관련 내용을 확인한다.

단서 2 첫 번째 지문(기사)의 'Of particular note are the 4,000-year-old headdress and accessories'에서 *Threads of Royal History* 전시에서 특별히 주목할 것은 4천 년이 된 머리 장식과 장신구들이라고 했다.

두 단서를 종합할 때, Mr. Dent의 학생들은 4월 28일에 *Threads of Royal History* 전시에 가서 고대 장신구들을 보았을 것이라는 사실을 추론할 수 있다. 따라서 (A)가 정답이다.

바꾸어 표현하기
4,000-year-old 4천 년이 된 → ancient 고대의

어휘　historic site　phr. 유적지

190

What are visitors to the exhibit asked to do?

(A) Speak in low voices
(B) Leave food and drinks outside
(C) Avoid taking pictures
(D) Reserve a tour guide in advance

전시의 방문객들은 무엇을 하도록 요청되는가?

(A) 작은 소리로 말한다
(B) 음식과 음료를 밖에 둔다
(C) 사진을 찍지 않도록 한다
(D) 투어 가이드를 미리 예약한다

■ 육하원칙 What 　　　　　　　　　　　　　　　　　　　　　　　　　　　　　　　　　　　　정답 (C)

전시회의 방문객들이 무엇(What)을 하도록 요청되는지를 묻는 육하원칙 문제이므로 질문의 핵심 어구인 visitors to the exhibit asked to do와 관련된 내용이 언급된 세 번째 지문인 티켓을 확인한다. 티켓의 '*Photography is strictly forbidden.*'에서 사진 촬영이 절대 금지된다고 했으므로 (C)가 정답이다.

바꾸어 표현하기
Photography is strictly forbidden 사진 촬영이 절대 금지되다 → Avoid taking pictures 사진을 찍지 않도록 하다

어휘　in advance　phr. 미리, 사전에

Questions 191-195 refer to the following flyer, review, and e-mail.

191-195는 다음 광고지, 후기, 이메일에 관한 문제입니다.

지문 1

AUCKLAND RESIDENTS CAN NOW SAVE MONEY WITH WHEEL-PALS!

[191]Wheel-Pals, the world's most popular carpooling program, has arrived in Auckland! Download the application today onto your mobile phone, device, or computer, and find out how easy it is to save money on transportation! The application connects you with other users in your area that are interested in carpooling at specific times. All our members undergo a screening process and can post reviews about other passengers and drivers. With [193]fees starting as low as $6 per month for a basic package, Wheel-Pals is sure to be as popular here in Auckland as it is in Brisbane, Sydney, and Melbourne! Go to www.wheelpals.com for more details.

오클랜드 주민은 이제 WHEEL-PALS로 돈을 절약하실 수 있습니다!

[191]세계의 가장 인기 있는 카풀 프로그램인 Wheel-Pals가 오클랜드에 왔습니다! 오늘 여러분의 휴대전화, 전자기기, 혹은 컴퓨터에 이 애플리케이션을 다운로드하고 교통에 돈을 절약하는 것이 얼마나 쉬운지 알아보세요! 이 애플리케이션은 특정 시간에 여러분의 지역에서 카풀하는 데 관심이 있는 다른 이용자들과 여러분을 연결시켜 줍니다. 저희 모든 회원들은 심사 과정을 거치며 다른 승객들과 운전자들에 관한 후기를 올릴 수 있습니다. [193]기본 패키지의 경우 매달 6달러의 저렴한 가격부터 시작하는 요금으로, Wheel-Pals는 브리즈번, 시드니, 멜버른에서 그렇듯이 이곳 오클랜드에서도 인기 있을 것이라 확신합니다! 더 자세한 사항을 위해서는 www.wheelpals.com을 방문하세요.

지문 2

USER REVIEW: Wheel-Pals Carpooling Application
By Jason Diaz (jdiaz@vastpost.co.au)
★★★★☆

[194]Wheel-Pals recently launched its service in the Auckland area, and having already used the application while living in Brisbane, I was one of the first to sign up. As before, [193]I purchased the basic package because, in the past, it had enough services to help me form carpool groups with other drivers or riders that live nearby. However, I don't think Wheel-Pals has done enough to promote its launch in this area. I sometimes find it difficult to find people to carpool with. In Brisbane, I only drove my car to work once or twice a week, but now I have to do it more often. Also, [192-C]few people that I know locally are even aware of the application.

이용자 후기: Wheel-Pals 카풀 애플리케이션
Jason Diaz 작성 (jdiaz@vastpost.co.au)
★★★★☆

[194]Wheel-Pals가 최근 오클랜드 지역에서 서비스를 개시했는데, 브리즈번에 사는 동안 이미 그 애플리케이션을 사용해보았던 저는 가입하는 최초의 사람들 중 하나였습니다. 이전과 같이, [193]저는 기본 패키지를 구매했는데, 예전에 이것이 제가 근처에 사는 다른 운전자들이나 승객들과 카풀 그룹을 만드는 것을 도와주기에 충분한 서비스를 포함하고 있었기 때문입니다. 그러나, 저는 Wheel-Pals가 이 지역에서 개시를 충분히 홍보하지 않았다고 생각합니다. 저는 가끔 함께 카풀할 사람들을 찾기 어렵다고 느낍니다. 브리즈번에서는 일주일에 한두 번만 제 차를 운전해서 출근했지만, 지금은 더 자주 그래야만 합니다. 또한, [192-C]제가 이 지역에서 아는 사람들 중에는 이 애플리케이션을 알고 있는 사람조차 거의 없습니다.

지문 3

TO   Jason Diaz <jdiaz@vastpost.co.au>
FROM   Adele Simmonds <asimmonds@wheelpals.co.au>
SUBJECT   Thanks for the review!
DATE   May 29

Dear Mr. Diaz,

My name is Adele Simmonds, and I'm a public relations representative for Wheel-Pals. I recently came across an online review you left about our application. On behalf of the company, thank you for taking the time to leave the comment. [194]We appreciate your concerns and have decided to take steps to market the program further in your area.

As a token of thanks for your review, you will receive points that you can use like cash to pay for your subscription or any of our other services. The points will show up in the application the next time you log in.

Thank you again, and we hope you will continue to find Wheel-Pals useful.

수신 Jason Diaz <jdiaz@vastpost.co.au>
발신 Adele Simmonds <asimmonds@wheelpals.co.au>
제목 후기에 감사드립니다!
날짜 5월 29일

Mr. Diaz께,

제 이름은 Adele Simmonds이며, Wheel-Pals사의 홍보 직원입니다. 저는 얼마 전에 귀하께서 저희 애플리케이션에 대해 남겨주신 온라인 후기를 우연히 발견했습니다. 회사를 대표하여, 시간을 내어 의견을 남겨주셔서 감사드립니다. [194]저희는 귀하의 우려를 이해하며 귀하의 지역에 프로그램을 더 홍보하기 위한 조치를 취하기로 결정했습니다.

후기에 대한 감사의 표시로, 귀하께서는 귀하의 사용료 또는 저희의 다른 모든 서비스들을 지불하는 데에 현금처럼 사용하실 수 있는 포인트를 받으실 것입니다. 이 포인트는 귀하께서 다음번에 로그인하실 때 애플리케이션에 나타날 것입니다.

다시 한번 감사드리며, 계속해서 Wheel-Pals가 유용하다고 여기시기를 희망합니다.

Regards,

Adele Simmonds
Regional PR associate, Wheel-Pals Inc.

Adele Simmonds 드림
지역 홍보 직원, Wheel-Pals사

지문 1	□ device n. 기기, 장치	□ transportation n. 교통, 운송	□ undergo v. 받다, 겪다
	□ screening n. 심사, 선발	□ process n. 과정, 처리; v. 처리하다	
지문 2	□ launch v. 개시하다, 시작하다; n. 개시	□ sign up phr. 가입하다, 등록하다	□ rider n. 승객, 타는 사람
	□ nearby adv. 근처에; adj. 근처의	□ promote v. 홍보하다, 촉진하다	□ locally adv. 이 근처에서, 위치상으로
	□ be aware of phr. ~을 알다		
지문 3	□ public relations phr. 홍보, 섭외	□ come across phr. 우연히 발견하다, 이해되다	□ on behalf of phr. ~을 대표하여
	□ comment n. 의견, 비평; v. 비평하다	□ appreciate v. 이해하다, 감사하다	□ concern n. 우려, 관심
	□ take steps phr. 조치를 취하다	□ market v. 광고하다, 시장에 내놓다	□ as a token of thanks phr. 감사의 표시로
	□ subscription n. 사용료, 가입, (서비스) 사용	□ show up phr. 나타나다, 눈에 띄다	

191

What is the purpose of the flyer?

(A) To publicize availability of a software application
(B) To announce price reductions for a specified period
(C) To request reviews from users of a ride-share program
(D) To inform subscribers of special services available

광고지의 목적은 무엇인가?

(A) 소프트웨어 애플리케이션의 이용 가능함을 홍보하기 위해
(B) 지정된 기간 동안의 가격 할인을 알리기 위해
(C) 합승 프로그램의 이용자들에게 후기를 요청하기 위해
(D) 가입자들에게 이용 가능한 특별 서비스들을 알리기 위해

■ 주제/목적 찾기 글의 목적   정답 (A)

광고지의 목적을 묻는 목적 찾기 문제이므로 첫 번째 지문인 광고지의 내용을 확인한다. 광고지의 'Wheel-Pals, the world's most popular carpooling program, has arrived in Auckland! Download the application today onto your mobile phone, device, or computer'에서 세계의 가장 인기 있는 카풀 프로그램인 Wheel-Pals가 오클랜드에 왔으니 휴대전화, 전자기기, 혹은 컴퓨터에 이 애플리케이션을 다운로드하라고 한 후, 애플리케이션의 용도 및 특징을 설명하고 있으므로 (A)가 정답이다.

어휘 publicize v. 홍보하다, 알리다 reduction n. 할인, 감소 specified adj. 지정된, 명시된 subscriber n. 가입자, 사용자

192

What problem does Mr. Diaz mention in the review?

(A) People find a program complicated to use.
(B) Membership fees are too high.
(C) Local residents are unfamiliar with a program.
(D) Drivers take on too many passengers.

Mr. Diaz는 후기에서 무슨 문제를 언급하는가?

(A) 사람들이 프로그램이 사용하기에 복잡하다고 생각한다.
(B) 회비가 너무 비싸다.
(C) 지역 주민들이 프로그램에 대해 잘 알지 못한다.
(D) 운전자들이 너무 많은 승객들을 태운다.

■ Not/True True 문제   정답 (C)

Mr. Diaz가 언급한 문제와 관련된 내용을 후기에서 찾아 각 보기와 대조하는 Not/True 문제이므로 두 번째 지문인 후기에서 관련 내용을 확인한다. (A), (B), (D)는 지문에 언급되지 않은 내용이다. (C)는 'few people that I know locally are even aware of the application'에서 제가, 즉 Mr. Diaz가 자신의 지역에서 아는 사람들 중에는 그 애플리케이션을 알고 있는 사람조차 거의 없다고 했으므로 지문의 내용과 일치한다. 따라서 (C)가 정답이다.

바꾸어 표현하기
few people that I know locally are even aware of the application 지역에서 아는 사람들 중에 애플리케이션을 알고 있는 사람조차 거의 없다
→ Local residents are unfamiliar with a program 지역 주민들이 프로그램에 대해 잘 알지 못한다

어휘 complicated adj. 복잡한, 뒤얽힌 membership fee phr. 회비, 가입비 unfamiliar adj. 잘 알지 못하는, 익숙지 않은 take on phr. 태우다, 떠맡다

193

What is indicated about Mr. Diaz?

(A) He has never used Wheel-Pals before.
(B) He drives his car up to twice a week.
(C) He recently relocated to Brisbane.
(D) He pays six dollars per month for his subscription.

Mr. Diaz에 대해 암시되는 것은?

(A) 이전에 Wheel-Pals를 이용해본 적이 없다.
(B) 일주일에 최대 두 번까지 자신의 차를 운전한다.
(C) 최근에 브리즈번으로 이사했다.
(D) 서비스 사용을 위해 한 달에 6달러를 지불한다.

■ **추론** 연계 문제 　　정답 (D)

세 지문 중 두 지문의 내용을 종합적으로 확인한 후 추론해서 풀어야 하는 연계 문제이다. 질문의 핵심 어구인 **Mr. Diaz**가 작성한 후기를 먼저 확인한다.

[단서 1] 두 번째 지문(후기)의 'I purchased the basic package'에서 Mr. Diaz가 기본 패키지를 구매했다고 했다. 그런데 기본 패키지가 얼마인지 제시되지 않았으므로 광고에서 관련 내용을 확인한다.

[단서 2] 첫 번째 지문(광고)의 'fees starting as low as $6 per month for a basic package'에서 Wheel-Pals의 요금이 기본 패키지의 경우 매달 6달러의 저렴한 가격부터 시작한다는 것을 확인할 수 있다.

두 단서를 종합할 때, Mr. Diaz가 기본 패키지 사용을 위해 매달 6달러를 지불한다는 것을 추론할 수 있다. 따라서 (D)가 정답이다.

어휘　relocate　v. 이사하다, 이주하다

194

Where does Wheel-Pals plan to do additional product promotion?

(A) In Brisbane
(B) In Sydney
(C) In Melbourne
(D) In Auckland

Wheel-Pals사는 어디에서 추가적인 상품 홍보를 할 계획인가?

(A) 브리즈번에서
(B) 시드니에서
(C) 멜버른에서
(D) 오클랜드에서

■ **육하원칙** 연계 문제 　　정답 (D)

세 지문 중 두 지문의 내용을 종합해서 풀어야 하는 연계 문제이다. 질문의 핵심 어구인 Wheel-Pals plan to do additional product promotion에서 Wheel-Pals가 어디(Where)에서 추가적인 상품 홍보를 할 계획인지를 묻고 있으므로 Wheel-Pals사에서 보낸 이메일을 먼저 확인한다.

[단서 1] 세 번째 지문(이메일)의 'We ~ have decided to take steps to market the program further in your area.'에서 Wheel-Pals가 귀하, 즉 Mr. Diaz의 지역에 프로그램을 더 홍보하기 위한 조치를 취하기로 결정했다고 했다. 그런데 Mr. Diaz의 지역이 어디인지 제시되지 않았으므로 후기에서 관련 내용을 확인한다.

[단서 2] 두 번째 지문(후기)의 'Wheel-Pals recently launched its service in the Auckland area, and ~ I was one of the first to sign up.'에서 Wheel-Pals가 최근 오클랜드 지역에서 서비스를 개시했고, 저, 즉 Mr. Diaz는 가입하는 최초의 사람들 중 하나였다고 했으므로 Mr. Diaz가 오클랜드에 산다는 사실을 확인할 수 있다.

두 단서를 종합할 때, Wheel-Pals사가 Mr. Diaz의 지역인 오클랜드에서 프로그램을 더 홍보할 것임을 알 수 있다. 따라서 (D)가 정답이다.

바꾸어 표현하기
do additional product promotion 추가적인 상품 홍보를 하다 → market the program further 프로그램을 더 홍보하다

195

In the e-mail, the word "leave" in paragraph 1, line 3, is closest in meaning to

(A) exit
(B) make
(C) remain
(D) assign

이메일에서, 1문단 세 번째 줄의 단어 "leave"는 의미상 -와 가장 가깝다.

(A) 나가다
(B) 작성하다
(C) 남다
(D) 배정하다

■ **동의어** 　　정답 (B)

세 번째 지문인 이메일의 leave를 포함하는 구절 'thank you for taking the time to leave the comment'에서 leave가 '(메시지나 답을) 남기다'라는 뜻으로 사용되었다. 따라서 '작성하다'라는 뜻을 가진 (B)가 정답이다.

지문 1

www.trueview.com/ourmission
TRUE VIEW — Our Mission

True View is a social enterprise with the goal of providing people everywhere with affordable eyewear for minor vision problems. [196]We accomplish this by getting retailers and clinics in the developing world to partner with us. Once our affordable reading glasses are added to their inventory, they can then sell them to people at a low price.

In addition to making glasses more accessible to developing communities and providing retailers with ongoing support, we're involved in a number of connected projects. For instance, last year, we began working with certain partners to provide them with training and the diagnostic equipment necessary to administer comprehensive eye examinations to those with more complicated vision problems. [197]Our new innovation director, Olivier Laurent, will announce a related development on our Web site on January 5.

www.trueview.com/ourmission
TRUE VIEW – 우리의 미션

True View사는 모든 곳의 사람들에게 경미한 시력 문제를 위한 저렴한 안경을 제공한다는 목표를 가진 사회적 기업입니다. [196]저희는 개발도상국의 소매상들과 병원들이 저희와 제휴를 맺도록 함으로써 이것을 성취합니다. 저희의 저렴한 독서용 안경이 그들의 물품 목록에 추가되면, 그들은 그것들을 사람들에게 낮은 가격에 판매할 수 있습니다.

개발도상국들에서 안경을 더 쉽게 접근할 수 있게 하고 소매업자들에게 지속적인 지원을 제공하는 것에 더하여, 저희는 많은 연관된 프로젝트에 참여하고 있습니다. 예를 들어, 작년부터 저희는 더 복잡한 시력 문제를 가진 사람들에게 종합적인 시력 검사를 시행하는 데 필요한 훈련과 진단 장비를 제공하기 위해 특정 혁신 파트너들과 함께 일하기 시작했습니다. [197]저희의 새로운 혁신 책임자 Olivier Laurent이 관련된 진행 상황을 1월 5일 저희 웹사이트에 공지할 것입니다.

지문 2

[198]True View—December Newsletter

New Horizons

[198]Last month, we welcomed Olivier Laurent as True View's new innovation director. In this role, Mr. Laurent is responsible for designing and implementing strategies that will broaden our reach as a social enterprise. So far, Mr. Laurent has more than risen to the challenge. In fact, less than a week into the job, [200]he proposed that True View put a "buy a pair, give a pair" policy into effect for all the partners that have successfully completed our eye examination training course. This means that, for every pair of glasses these eligible partners buy from us, we'll give them a pair to donate to someone in need. True View has chosen to move forward with the proposal, and the project will officially be underway as of mid-January.

[198]True View—12월 소식지

새로운 시야

[198]지난달, 우리는 Olivier Laurent을 True View사의 새로운 혁신 책임자로 맞이했습니다. 이 직책에서, Mr. Laurent은 사회적 기업으로서 우리의 범위를 넓힐 전략을 설계하고 실시하는 책임을 맡고 있습니다. 지금까지, Mr. Laurent은 업무를 잘 대처하는 것 이상을 보여주었습니다. 실제로, 업무를 시작한 지 일주일도 안 돼서, [200]그는 True View사가 우리의 시력 검사 교육과정을 성공적으로 마친 모든 파트너들에 있어 "하나를 사면 하나를 더 드립니다"라는 정책을 실행하는 것을 제안했습니다. 즉, 이 자격을 갖춘 파트너들이 우리에게서 안경 한 개를 구매할 때마다, 우리는 그들이 필요한 사람에게 기부할 수 있도록 한 개를 드릴 것입니다. True View사는 이 제안을 추진하기로 선택했으며, 이 프로젝트는 1월 중순부터 공식적으로 진행될 예정입니다.

지문 3

To: Olivier Laurent <olivierlaurent@trueview.com>
From: Leslie Hebert <lesliehebert@trueview.com>
Subject: Partner List
[197]Date: January 3

Dear Mr. Laurent,

As you know, [200]the list of partners that meet True View's criteria to participate in your "buy a pair, give a pair" program was recently posted on the company intranet. I took a close look at it, and [199/200]I just want to let you know that one more business called Abidi-Dar Shop should be added to it. It seems to have been accidentally left out when it is just as eligible to participate as any other retailer or clinic on the list. I'll get someone to update it soon. [197]Also, I've gone over

수신: Olivier Laurent <olivierlaurent@trueview.com>
발신: Leslie Hebert <lesliehebert@trueview.com>
제목: 파트너 목록
[197]날짜: 1월 3일

Mr. Laurent께,

아시다시피, [200]귀하의 "하나를 사면 하나를 더 드립니다" 프로그램에 참여하기 위한 True View사의 기준을 충족하는 파트너 목록이 최근 회사 인트라넷에 게시되었습니다. 자세히 살펴봤는데, [199/200]Abidi-Dar 가게라는 업체가 목록에 추가되어야 한다는 것을 알려드리고 싶습니다. 목록에 있는 다른 소매점이나 병원과 마찬가지로 참여 자격이 있는데 실수로 빠진 것 같습니다. 곧 누군가가 목록을 갱신하

the blog entry you intend to post in two days, as requested. It looks pretty good, and [197]I think our supporters will be really pleased to hear that we've recently received substantial backing from a private investor. However, I think the post should also include more general details about the success of the training course as well as the social and economic impact of what True View does.

Leslie Hebert
True View Editor-in-Chief

도록 하겠습니다. [197]또, 요청하신 대로 이틀 후 올리시려고 하는 블로그 글을 검토했습니다. 꽤 좋아 보이고, [197]저희가 최근 개인 투자자로부터 상당한 후원을 받았다는 소식을 들으면 저희 지지자들이 정말 기뻐할 것 같습니다. 다만, 저는 이 게시물이 True View사가 하는 일의 사회적 그리고 경제적 영향뿐만 아니라 교육과정의 성공에 대한 보다 일반적인 내용도 포함해야 한다고 생각합니다.

Leslie Hebert 드림
True View사 편집장

지문 1	□ social enterprise phr. 사회적 기업	□ retailer n. 소매상	□ developing world phr. 개발도상국
	□ inventory n. 물품 목록	□ ongoing adj. 지속적인, 진행 중인	□ diagnostic adj. 진단의
	□ administer v. 시행하다, 관리하다	□ comprehensive adj. 종합적인, 포괄적인	
지문 2	□ implement v. 실시하다, 시행하다	□ broaden v. 넓히다	□ reach n. 범위; v. 도달하다
	□ rise to the challenge phr. 임무를 잘 대처하다, 감당하다		
	□ move forward phr. 추진하다, 진행하다	□ underway adj. 진행 중인	
지문 3	□ criteria n. 기준	□ leave out phr. ~을 빠뜨리다	□ substantial adj. 상당한, 큰
	□ backing n. 후원, 지원		

196

What is implied about True View?

(A) It provides affordable eye procedures.
(B) It partners with companies from multiple countries.
(C) It manufactures testing equipment.
(D) It must employ doctors to examine customers.

True View사에 대해 암시되는 것은?

(A) 저렴한 눈 시술을 제공한다.
(B) 여러 국가들의 회사들과 제휴한다.
(C) 검진 장비를 생산한다.
(D) 고객들을 진찰하기 위해 의사들을 고용해야 한다.

■ **추론** 세부 정보   정답 (B)

질문의 핵심 어구인 True View에 대해 추론하는 문제이므로 True View사가 언급된 첫 번째 지문인 웹페이지에서 관련 내용을 확인한다. 'We[True View] accomplish this[goal] by getting retailers and clinics in the developing world to partner with us.'에서 True View사는 개발도상국의 소매상들과 병원들이 자신들과 제휴를 맺도록 함으로써 목표를 성취한다고 했으므로 True View사가 여러 국가들의 회사들과 제휴한다는 것을 추론할 수 있다. 따라서 (B)가 정답이다.

197

What will be announced on January 5?

(A) A large donation of glasses was made.
(B) The training course will be enhanced.
(C) The company has secured a new source of funds.
(D) A program will continue for longer than intended.

1월 5일에 무엇이 공지될 것인가?

(A) 많은 양의 안경이 기부되었다.
(B) 교육과정이 개선될 것이다.
(C) 회사가 새로운 자본의 출처를 확보했다.
(D) 프로그램이 의도된 것보다 더 오래 계속될 것이다.

■ **육하원칙** 연계 문제   정답 (C)

세 지문 중 두 지문의 내용을 종합해서 풀어야 하는 연계 문제이다. 질문의 핵심 어구인 announced on January 5에서 1월 5일에 무엇이 (What)이 공지될 것인지를 묻고 있으므로 1월 5일이 언급된 웹페이지를 먼저 확인한다.

단서 1 첫 번째 지문(웹페이지)의 '~ Olivier Laurent, will announce a related development on our Web site on January 5.'에서 Olivier Laurent이 관련된 진행 상황을 1월 5일 웹사이트에 공지할 예정이라고 했다. 그런데 공지할 진행 상황의 세부 내용이 제시되지 않았으므로 이메일에서 관련 내용을 확인한다.

단서 2 세 번째 지문(이메일)의 'Date: January 3', 'I've gone over the blog entry you intend to post in two days ~. I think our supporters will be really pleased to hear that we've recently received substantial backing from a private investor'에서 1월 3일에 귀하, 즉 Mr. Laurent이 이틀 후 올리려고 하는 블로그 글을 검토했으며 True View사가 최근 개인 투자자로부터 상당한 후원을 받았다는 소식을 들으면 지지자들이 정말 기뻐할 것 같다고 했다.

두 단서를 종합할 때, 1월 5일에 회사가 새로운 자본의 출처를 확보했다는 사실이 공지될 것임을 알 수 있다. 따라서 (C)가 정답이다.

198

What took place in November at True View?

(A) A new eyewear product was released.
(B) A new project was officially begun.
(C) A new design strategy was implemented.
(D) A new executive was hired.

True View사에서는 11월에 어떤 일이 일어났는가?

(A) 새로운 안경 제품이 출시되었다.
(B) 새로운 프로젝트가 공식적으로 시작되었다.
(C) 새로운 디자인 전략이 시행되었다.
(D) 새로운 임원이 고용되었다.

■ 육하원칙 What   정답 (D)

True View사에서 11월에 어떤(What) 일이 일어났는지를 묻는 육하원칙 문제이므로 True View사가 언급된 두 번째 지문인 소식지에서 관련 내용을 확인한다. 소식지의 'True View—December Newsletter'에서 True View사의 12월 소식지임을 알 수 있고, 'Last month, we welcomed Olivier Laurent as True View's new innovation director.'에서 지난달, 즉 11월에 Olivier Laurent을 True View사의 새로운 혁신 책임자로 맞이했다고 했으므로 (D)가 정답이다.

어휘 executive n. 임원; adj. 행정의

199

What is one reason Ms. Hebert wrote the e-mail?

(A) To provide a reminder about a task
(B) To ask a question about a requirement
(C) To recommend a program for a business
(D) To call attention to an oversight

Ms. Hebert가 이메일을 작성한 한 가지 이유는?

(A) 업무에 대해 상기시키기 위해
(B) 요건에 대해 질문하기 위해
(C) 업체를 위한 프로그램을 추천하기 위해
(D) 실수에 대해 주의를 환기하기 위해

■ 주제/목적 찾기 글을 쓴 이유   정답 (D)

Ms. Hebert가 이메일을 작성한 이유를 묻는 목적 찾기 문제이므로 세 번째 지문인 이메일의 앞부분을 주의 깊게 확인한다. 'I just want to let you know that one more business ~ should be added ~. It seems to have been accidentally left out ~.'에서 한 업체가 실수로 빠진 것 같아서 추가되어야 한다는 것을 알리고 싶다고 했으므로 (D)가 정답이다.

어휘 task n. 업무, 과제 call attention phr. 주의를 환기하다 oversight n. 실수, 부주의

200

What is indicated about Abidi-Dar Shop?

(A) It requires new diagnostic equipment.
(B) It participated in an educational program.
(C) It is not eligible to receive a donation.
(D) It requested that a list be changed.

Abidi-Dar 가게에 대해 암시되는 것은?

(A) 새로운 진단 장비를 필요로 한다.
(B) 교육 프로그램에 참여했다.
(C) 기부를 받을 자격이 없다.
(D) 목록이 변경될 것을 요청했다.

■ 추론 연계 문제   정답 (B)

세 지문 중 두 지문의 내용을 종합적으로 확인한 후 추론해서 풀어야 하는 연계 문제이다. 질문의 핵심 어구인 Abidi-Dar 가게가 언급된 이메일을 먼저 확인한다.

단서 1 세 번째 지문(이메일)의 'the list of partners that meet True View's criteria to participate in your "buy a pair, give a pair" program was recently posted'에서 "하나를 사면 하나를 더 드립니다" 프로그램에 참여하기 위한 True View사의 기준을 충족하는 파트너 목록이 게시되었다고 했고, '~ one more business called Abidi-Dar Shop should be added to it. ~ it is just as eligible to participate as any other retailer or clinic on the list.'에서 Abidi-Dar 가게라는 업체가 목록에 있는 다른 소매점이나 병원과 마찬가지로 참여 자격이 있으므로 목록에 추가되어야 한다고 했다. 그런데 프로그램에 참여하기 위한 기준이 무엇인지 제시되지 않았으므로 소식지에서 관련 내용을 확인한다.

단서 2 두 번째 지문(소식지)의 'he[Mr. Laurent] proposed that True View put a "buy a pair, give a pair" policy into effect for all the partners that have successfully completed our eye examination training course'에서 Mr. Laurent이 True View사의 시력 검사 교육과정을 성공적으로 마친 모든 파트너들에 있어 "하나를 사면 하나를 더 드립니다"라는 정책을 실행하는 것을 제안했다고 했다.

두 단서를 종합할 때, Abidi-Dar 가게는 True View사의 시력 검사 교육 프로그램에 참여했기 때문에 "하나를 사면 하나를 더 드립니다" 프로그램에 참여할 자격이 있다는 사실을 추론할 수 있다. 따라서 (B)가 정답이다.

바꾸어 표현하기

successfully completed ~ eye examination training course 시력 검사 교육과정을 성공적으로 마쳤다
→ participated in an educational program 교육 프로그램에 참여했다

정답 ▌

▌TEST 01

101 (B)	102 (C)	103 (C)	104 (B)	105 (B)
106 (A)	107 (B)	108 (D)	109 (B)	110 (C)
111 (B)	112 (C)	113 (D)	114 (A)	115 (A)
116 (D)	117 (B)	118 (A)	119 (C)	120 (C)
121 (A)	122 (D)	123 (C)	124 (A)	125 (D)
126 (A)	127 (C)	128 (B)	129 (A)	130 (B)
131 (B)	132 (B)	133 (A)	134 (D)	135 (A)
136 (D)	137 (D)	138 (B)	139 (C)	140 (A)
141 (A)	142 (C)	143 (B)	144 (A)	145 (C)
146 (D)	147 (B)	148 (C)	149 (B)	150 (A)
151 (B)	152 (D)	153 (B)	154 (D)	155 (A)
156 (C)	157 (D)	158 (B)	159 (C)	160 (B)
161 (B)	162 (D)	163 (C)	164 (C)	165 (B)
166 (A)	167 (C)	168 (C)	169 (C)	170 (B)
171 (C)	172 (B)	173 (B)	174 (D)	175 (B)
176 (A)	177 (C)	178 (C)	179 (C)	180 (B)
181 (D)	182 (C)	183 (C)	184 (A)	185 (B)
186 (D)	187 (B)	188 (B)	189 (A)	190 (C)
191 (B)	192 (C)	193 (C)	194 (B)	195 (C)
196 (B)	197 (B)	198 (D)	199 (D)	200 (C)

▌TEST 02

101 (B)	102 (C)	103 (D)	104 (C)	105 (B)
106 (D)	107 (D)	108 (A)	109 (B)	110 (C)
111 (B)	112 (A)	113 (C)	114 (D)	115 (D)
116 (A)	117 (C)	118 (A)	119 (C)	120 (B)
121 (D)	122 (B)	123 (C)	124 (A)	125 (A)
126 (B)	127 (B)	128 (C)	129 (C)	130 (D)
131 (C)	132 (B)	133 (B)	134 (C)	135 (C)
136 (D)	137 (B)	138 (C)	139 (B)	140 (D)
141 (C)	142 (B)	143 (D)	144 (A)	145 (C)
146 (D)	147 (C)	148 (A)	149 (B)	150 (A)
151 (C)	152 (B)	153 (C)	154 (C)	155 (B)
156 (C)	157 (B)	158 (A)	159 (C)	160 (D)
161 (D)	162 (C)	163 (B)	164 (B)	165 (A)
166 (D)	167 (A)	168 (D)	169 (D)	170 (D)
171 (B)	172 (C)	173 (C)	174 (C)	175 (D)
176 (D)	177 (B)	178 (C)	179 (D)	180 (B)
181 (C)	182 (C)	183 (D)	184 (B)	185 (C)
186 (C)	187 (A)	188 (D)	189 (A)	190 (D)
191 (A)	192 (B)	193 (B)	194 (D)	195 (C)
196 (B)	197 (D)	198 (A)	199 (A)	200 (D)

▌TEST 03

101 (A)	102 (B)	103 (C)	104 (C)	105 (C)
106 (C)	107 (D)	108 (C)	109 (A)	110 (D)
111 (B)	112 (A)	113 (A)	114 (B)	115 (C)
116 (B)	117 (C)	118 (B)	119 (C)	120 (A)
121 (A)	122 (B)	123 (A)	124 (C)	125 (C)
126 (A)	127 (C)	128 (B)	129 (A)	130 (B)
131 (A)	132 (A)	133 (D)	134 (C)	135 (D)
136 (B)	137 (C)	138 (C)	139 (C)	140 (B)
141 (B)	142 (D)	143 (B)	144 (A)	145 (C)
146 (D)	147 (B)	148 (D)	149 (D)	150 (C)
151 (B)	152 (A)	153 (C)	154 (D)	155 (C)
156 (D)	157 (B)	158 (B)	159 (A)	160 (C)
161 (C)	162 (D)	163 (C)	164 (D)	165 (D)
166 (C)	167 (B)	168 (C)	169 (B)	170 (B)
171 (A)	172 (C)	173 (D)	174 (A)	175 (C)
176 (A)	177 (D)	178 (B)	179 (C)	180 (A)
181 (A)	182 (B)	183 (D)	184 (D)	185 (D)
186 (D)	187 (B)	188 (B)	189 (D)	190 (D)
191 (B)	192 (B)	193 (B)	194 (D)	195 (A)
196 (C)	197 (A)	198 (C)	199 (C)	200 (D)

▌TEST 04

101 (B)	102 (C)	103 (D)	104 (B)	105 (A)
106 (D)	107 (D)	108 (C)	109 (D)	110 (B)
111 (A)	112 (D)	113 (B)	114 (D)	115 (B)
116 (A)	117 (D)	118 (B)	119 (D)	120 (D)
121 (B)	122 (A)	123 (D)	124 (D)	125 (A)
126 (B)	127 (C)	128 (B)	129 (D)	130 (B)
131 (B)	132 (C)	133 (D)	134 (C)	135 (B)
136 (B)	137 (A)	138 (A)	139 (C)	140 (B)
141 (D)	142 (B)	143 (B)	144 (A)	145 (D)
146 (C)	147 (C)	148 (D)	149 (A)	150 (B)
151 (C)	152 (B)	153 (D)	154 (B)	155 (A)
156 (C)	157 (A)	158 (A)	159 (B)	160 (C)
161 (B)	162 (A)	163 (B)	164 (B)	165 (B)
166 (C)	167 (A)	168 (C)	169 (B)	170 (B)
171 (B)	172 (B)	173 (C)	174 (C)	175 (B)
176 (B)	177 (C)	178 (C)	179 (D)	180 (A)
181 (D)	182 (C)	183 (C)	184 (D)	185 (A)
186 (C)	187 (B)	188 (B)	189 (D)	190 (A)
191 (B)	192 (A)	193 (D)	194 (C)	195 (C)
196 (D)	197 (B)	198 (B)	199 (C)	200 (C)

▌TEST 05

101 (C)	102 (C)	103 (A)	104 (C)	105 (C)
106 (B)	107 (D)	108 (B)	109 (D)	110 (C)
111 (D)	112 (B)	113 (A)	114 (B)	115 (C)
116 (C)	117 (C)	118 (D)	119 (A)	120 (A)
121 (A)	122 (A)	123 (D)	124 (B)	125 (C)
126 (D)	127 (D)	128 (C)	129 (D)	130 (C)
131 (B)	132 (A)	133 (D)	134 (C)	135 (D)
136 (C)	137 (C)	138 (B)	139 (B)	140 (C)
141 (D)	142 (A)	143 (D)	144 (D)	145 (C)
146 (B)	147 (B)	148 (A)	149 (B)	150 (D)
151 (D)	152 (C)	153 (A)	154 (D)	155 (A)
156 (D)	157 (B)	158 (C)	159 (B)	160 (D)
161 (B)	162 (D)	163 (C)	164 (C)	165 (D)
166 (A)	167 (D)	168 (A)	169 (B)	170 (B)
171 (B)	172 (C)	173 (B)	174 (A)	175 (D)
176 (B)	177 (C)	178 (A)	179 (B)	180 (B)
181 (D)	182 (A)	183 (C)	184 (B)	185 (B)
186 (D)	187 (B)	188 (B)	189 (A)	190 (B)
191 (C)	192 (C)	193 (D)	194 (A)	195 (C)
196 (A)	197 (B)	198 (A)	199 (D)	200 (D)

▌TEST 06

101 (C)	102 (B)	103 (D)	104 (C)	105 (C)
106 (D)	107 (D)	108 (D)	109 (D)	110 (B)
111 (B)	112 (B)	113 (C)	114 (B)	115 (C)
116 (C)	117 (B)	118 (C)	119 (C)	120 (D)
121 (B)	122 (B)	123 (B)	124 (D)	125 (B)
126 (D)	127 (D)	128 (C)	129 (A)	130 (C)
131 (A)	132 (A)	133 (D)	134 (C)	135 (C)
136 (D)	137 (B)	138 (B)	139 (A)	140 (A)
141 (A)	142 (B)	143 (C)	144 (B)	145 (D)
146 (C)	147 (B)	148 (D)	149 (B)	150 (A)
151 (B)	152 (C)	153 (B)	154 (D)	155 (C)
156 (C)	157 (D)	158 (B)	159 (C)	160 (C)
161 (B)	162 (C)	163 (B)	164 (B)	165 (C)
166 (B)	167 (A)	168 (B)	169 (A)	170 (D)
171 (B)	172 (D)	173 (C)	174 (A)	175 (A)
176 (A)	177 (C)	178 (B)	179 (C)	180 (D)
181 (A)	182 (D)	183 (D)	184 (C)	185 (B)
186 (C)	187 (C)	188 (B)	189 (A)	190 (A)
191 (D)	192 (C)	193 (B)	194 (C)	195 (C)
196 (D)	197 (D)	198 (A)	199 (D)	200 (B)

▌TEST 07

101 (B)	102 (D)	103 (D)	104 (D)	105 (B)
106 (B)	107 (D)	108 (B)	109 (C)	110 (C)
111 (A)	112 (B)	113 (D)	114 (C)	115 (C)
116 (D)	117 (B)	118 (D)	119 (B)	120 (B)
121 (B)	122 (C)	123 (B)	124 (D)	125 (D)
126 (D)	127 (C)	128 (B)	129 (D)	130 (C)
131 (C)	132 (B)	133 (C)	134 (D)	135 (C)
136 (B)	137 (C)	138 (A)	139 (D)	140 (B)
141 (C)	142 (C)	143 (B)	144 (A)	145 (C)
146 (B)	147 (D)	148 (B)	149 (C)	150 (D)
151 (D)	152 (A)	153 (B)	154 (D)	155 (B)
156 (D)	157 (C)	158 (C)	159 (C)	160 (C)
161 (B)	162 (D)	163 (C)	164 (D)	165 (A)
166 (B)	167 (D)	168 (B)	169 (B)	170 (C)
171 (C)	172 (C)	173 (A)	174 (D)	175 (D)
176 (D)	177 (C)	178 (C)	179 (A)	180 (B)
181 (C)	182 (D)	183 (C)	184 (B)	185 (B)
186 (D)	187 (C)	188 (A)	189 (B)	190 (A)
191 (A)	192 (C)	193 (D)	194 (B)	195 (C)
196 (B)	197 (B)	198 (A)	199 (D)	200 (D)

▌TEST 08

101 (B)	102 (D)	103 (C)	104 (D)	105 (D)
106 (A)	107 (C)	108 (B)	109 (C)	110 (D)
111 (C)	112 (A)	113 (C)	114 (B)	115 (B)
116 (B)	117 (B)	118 (A)	119 (C)	120 (B)
121 (C)	122 (C)	123 (B)	124 (B)	125 (A)
126 (C)	127 (D)	128 (B)	129 (D)	130 (B)
131 (D)	132 (C)	133 (A)	134 (B)	135 (C)
136 (D)	137 (B)	138 (D)	139 (D)	140 (A)
141 (B)	142 (C)	143 (D)	144 (A)	145 (D)
146 (B)	147 (C)	148 (C)	149 (D)	150 (A)
151 (C)	152 (B)	153 (D)	154 (B)	155 (D)
156 (C)	157 (B)	158 (B)	159 (C)	160 (B)
161 (A)	162 (B)	163 (A)	164 (C)	165 (A)
166 (B)	167 (D)	168 (B)	169 (C)	170 (D)
171 (A)	172 (C)	173 (C)	174 (B)	175 (C)
176 (C)	177 (D)	178 (D)	179 (A)	180 (B)
181 (C)	182 (A)	183 (B)	184 (C)	185 (B)
186 (C)	187 (C)	188 (B)	189 (C)	190 (B)
191 (B)	192 (C)	193 (C)	194 (C)	195 (D)
196 (B)	197 (C)	198 (D)	199 (C)	200 (B)

▌TEST 09

101 (D)	102 (A)	103 (D)	104 (D)	105 (C)
106 (C)	107 (B)	108 (D)	109 (B)	110 (D)
111 (C)	112 (B)	113 (B)	114 (C)	115 (A)
116 (C)	117 (B)	118 (B)	119 (D)	120 (D)
121 (B)	122 (C)	123 (D)	124 (B)	125 (B)
126 (C)	127 (D)	128 (B)	129 (B)	130 (C)
131 (B)	132 (C)	133 (C)	134 (B)	135 (D)
136 (B)	137 (B)	138 (B)	139 (D)	140 (B)
141 (A)	142 (A)	143 (C)	144 (D)	145 (B)
146 (B)	147 (C)	148 (A)	149 (C)	150 (B)
151 (C)	152 (A)	153 (B)	154 (C)	155 (C)
156 (A)	157 (D)	158 (D)	159 (A)	160 (B)
161 (C)	162 (A)	163 (A)	164 (C)	165 (D)
166 (A)	167 (C)	168 (C)	169 (B)	170 (D)
171 (C)	172 (B)	173 (A)	174 (B)	175 (A)
176 (D)	177 (D)	178 (C)	179 (A)	180 (A)
181 (C)	182 (C)	183 (A)	184 (C)	185 (D)
186 (C)	187 (C)	188 (D)	189 (B)	190 (A)
191 (C)	192 (A)	193 (B)	194 (C)	195 (B)
196 (D)	197 (B)	198 (D)	199 (C)	200 (B)

▌TEST 10

101 (C)	102 (C)	103 (D)	104 (C)	105 (D)
106 (A)	107 (A)	108 (D)	109 (B)	110 (C)
111 (D)	112 (B)	113 (A)	114 (B)	115 (D)
116 (D)	117 (B)	118 (B)	119 (C)	120 (C)
121 (B)	122 (B)	123 (D)	124 (C)	125 (D)
126 (A)	127 (A)	128 (D)	129 (D)	130 (C)
131 (B)	132 (C)	133 (A)	134 (B)	135 (B)
136 (B)	137 (D)	138 (C)	139 (A)	140 (A)
141 (B)	142 (D)	143 (C)	144 (A)	145 (A)
146 (D)	147 (D)	148 (A)	149 (B)	150 (C)
151 (D)	152 (C)	153 (A)	154 (C)	155 (D)
156 (C)	157 (C)	158 (D)	159 (C)	160 (A)
161 (D)	162 (D)	163 (B)	164 (D)	165 (C)
166 (B)	167 (B)	168 (D)	169 (D)	170 (B)
171 (C)	172 (D)	173 (B)	174 (B)	175 (A)
176 (D)	177 (D)	178 (C)	179 (C)	180 (C)
181 (B)	182 (B)	183 (A)	184 (D)	185 (B)
186 (C)	187 (B)	188 (B)	189 (A)	190 (C)
191 (A)	192 (C)	193 (D)	194 (D)	195 (B)
196 (B)	197 (C)	198 (D)	199 (D)	200 (B)

최신 기출유형으로 실전 완벽 마무리

해커스 토익 RC

실전 1000제 3
READING 해설집

개정 2판 5쇄 발행 2024년 8월 19일

개정 2판 1쇄 발행 2022년 6월 28일

지은이	해커스 어학연구소
펴낸곳	㈜해커스 어학연구소
펴낸이	해커스 어학연구소 출판팀

주소	서울특별시 서초구 강남대로61길 23 ㈜해커스 어학연구소
고객센터	02-537-5000
교재 관련 문의	publishing@hackers.com
동영상강의	HackersIngang.com

ISBN	978-89-6542-483-3 (13740)
Serial Number	02-05-01

외국어인강 1위, 해커스인강
HackersIngang.com

해커스인강

· 해커스 토익 스타강사의 **본 교재 인강**
· 최신 출제경향이 반영된 **무료 온라인 실전모의고사**
· 들으면서 외우는 **무료 단어암기장 및 단어암기 MP3**
· 빠르고 편리하게 채점하는 **무료 정답녹음 MP3**

영어 전문 포털, 해커스토익
Hackers.co.kr

해커스토익

· **무료 매월 적중예상특강 및 실시간 토익시험 정답확인/해설강의**
· **매일 실전 RC/LC 문제 및 토익 기출보카 TEST, 토익기출 100단어** 등 다양한 무료 학습 콘텐츠

헤럴드 선정 2018 대학생 선호브랜드 대상 '대학생이 선정한 외국어인강' 부문 1위

5천 개가 넘는
해커스토익 무료 자료!

대한민국에서 공짜로 토익 공부하고 싶으면 해커스영어 Hackers.co.kr ▾ 검색

RC 정수진   **RC 이상길**

강의도 무료

베스트셀러 1위 토익 강의 150강 무료 서비스,
누적 시청 1,900만 돌파!

3,730제 무료

문제도 무료

토익 RC/LC 풀기, 모의토익 등
실전토익 대비 문제 3,730제 무료!

LC 한승태   **RC 김동영**

최신 특강도 무료

2,400만뷰 스타강사의
압도적 적중예상특강 매달 업데이트!

공부법도 무료

토익 고득점 달성팁, 비법노트,
점수대별 공부법 무료 확인

전원 무료

가장 빠른 정답까지!

615만이 선택한 해커스 토익 정답!
시험 직후 가장 빠른 정답 확인

*미션 달성 시

더 많은 토익무료자료
보기 ▶